OS ADMINISTRADORES
DE SOCIEDADES ANÓNIMAS

LUÍS BRITO CORREIA

OS ADMINISTRADORES
DE SOCIEDADES ANÓNIMAS

LIVRARIA ALMEDINA
COIMBRA – 1993

Do Autor:

1. *Os Direitos Inderrogáveis dos Accionistas*, 1966, 250 págs. (policopiado).
2. "Efeitos jurídicos dos contratos de trabalho inválidos executados", in *Economia e Finanças – Anais do ISCEF*, t. I, vol. XXXVI, 1968, 66 págs..
3. "A Comunidade Económica Europeia e a harmonização das legislações sobre sociedades", in *Boletim do Ministério da Justiça*, nº 182 (1969), pág. 248 a 274.
4. "Responsabilidade civil dos administradores de sociedades anónimas e dos gerentes de sociedades por quotas", in *Boletim do Ministério de Justiça*, nº 192, 193, 194 e 195 (1970), 470 págs. (como colaborador do Prof. Doutor Raúl Ventura).
5. "Transformação de sociedades", in *Boletim do Ministério da Justiça*, nº 218, 219, 220 (1973), 255 págs. (como colaborador do Prof. Doutor RAÚL VENTURA).
6. "A fixação de salários segundo a qualificação dos empregos", in *Boletim do CFB*, nº 12/1969 e 1, 2 e 3/1970, 12 págs..
7. *La participation des travailleurs aux décisions dans l'entreprise* (nota técnica para preparação de aulas do INSEAD), 1971, 17 págs. policopiadas.
8. "Les relations de travail et l'entreprise au Portugal", in *Direito e Justiça*, vol. I, 1980, pág. 189 a 208.
9. "A Lei sobre as Comissões de Trabalhadores", in *Revista da Ordem dos Advogados*, ano 40, 1980, II, pág. 443 a 467.
10. *Autogestão em Portugal – Relatório da Comissão Interministerial para Análise da Problemática das Empresas em Autogestão*, Lisboa, Dir. Ger. Cont. Imp., 1980, 384 págs..
11. "A adesão de Portugal e os movimentos dos trabalhadores", in *Portugal e o Alargamento das Comunidades Europeias*, Lisboa, Inteuropa, 1981, pág. 435 a 489.
12. *Direito do Trabalho – I – Relações Individuais* (lições dadas na Universidade Católica, em 1980-81), 318 págs..
13. *Direito Comercial* (lições dadas na Faculdade de Direito da Universidade de Lisboa, em 1981--82, e 1983-84), 3 vols., 1526 págs..
14. "Cooperativa", in *Polis – Enciclopédia Verbo da Sociedade e do Estado*, vol. I.
15. "Factoring", in *Polis – Enciclopédia Verbo da Sociedade e do Estado*, vol. II.
16. "Direito europeu das sociedades", in *Temas de Direito Comunitário*, Lisboa, Ordem dos Advogados, 1983, pág. 51 a 77.
17. "A estrutura das sociedades anónimas na proposta modificada de 5ª Directiva", in *Boletim da Ordem dos Advogados*, nº 24, Março/1984, pág. 13-15.
18. *Direito do Trabalho – III – Participação nas Decisões da Empresa* (lições dadas na Universidade Católica Portuguesa, em 1983-84), 315 págs..
19. "Comentários sobre concertação social e política de rendimentos em Portugal: experiência recente e perspectivas para a década de 80", in *Pacto Social e Política de Rendimentos*, editado por ANÍBAL CAVACO SILVA, Lisboa, F.C.H. da Universidade Católica Portuguesa, 1984, pág. 301 a 304.
20. "Obrigações", in *Polis – Enciclopédia Verbo da Sociedade e do Estado*, vol. IV.
21. "Seguro", in *Polis*.
22. "Título de crédito", in *Polis*.
23. "O Projecto do Código das Sociedades – Parte Geral" (intervenção no seminário promovido pelo PSD, em 13 e 14.7.1984, na Associação Comercial do Porto) in *Código das Sociedades Comerciais e Legislação Complementar*, Lisboa, E.P.S.D., 1987, pág. 457 a 472.
24. "Sociedades anónimas", in *Código das Sociedades Comerciais e Legislação Complementar*, Lisboa, E.P.S.D., 1987, pág. 484 a 500.
25. *Direito Comercial*, vol. I, 1987-88, 401 págs., vol. II, 1989, 527 págs., vol. III, 1989-90, 391 págs..
26. "Vinculação da sociedade", in *Novas Perspectivas do Direito Comercial*, Coimbra, Liv. Almedina, 1988, pág. 337 a 354.
27. "Grupos de sociedades", in *Novas Perspectivas do Direito Comercial*, pág. 377 a 399.
28. *Agrupamento Europeu de Interesse Económico – Nota Justificativa e Anteprojecto de Decreto-Lei*, 1989, 91 págs..
29. *Contrato de Compra e Venda Internacional*, 1989, 17 págs..

À memória de meus Pais.

*À Ana, minha mulher,
à Margarida, ao Miguel e à Isabel, meus filhos.*

ABREVIATURAS

Ac	— Acórdão
AcD	— *Acórdãos Doutrinais do Supremo Tribunal Administrativo*
AcP	— *Archiv fuer die civilistische Praxis*
ADCiv	— *Anuario de Derecho Civil*
ADCom	— *Annalles de Droit Commercial*
ADComp	— *Annuario di Diritto Comparato e di Studi Legislativi*
ADHGB	— Allgemeines Deutsches Handelsgesetzbuch (Código Comercial alemão de 1861)
AG	— *Die Aktiengesellschaft*
AHD	— *Anuario de Historia del Derecho*
AktG	— Aktiengesetz (Lei alemã das sociedades por acções; na falta de indicação em contrário, trata-se do Aktiengesetz de 1965)
AnMac	— *Annalli della Università di Macerata per cura della Facoltà Giuridica*
AHD	— *Anuario de Historia del Derecho*
AOER	— *Archiv des oeffentlichen Rechts*
Apel	— Corte d'Appelo (italiana) ou Cour d'Appel (francesa)
ARC	— *Acórdãos da Relação de Coimbra*
ArchG	— *Archivio Giuridico "Filippo Serafini"*
ARL	— *Acórdãos da Relação de Lisboa*
ARLM	— *Acórdãos da Relação de Lourenço Marques*
ATRL	— *Acórdãos do Tribunal da Relação de Luanda*
BBTC	— *Banca, Borsa e Titoli di Credito*
BFD	— *Boletim da Faculdade de Direito (de Coimbra)*
BGB	— Buergerliches Gesetzbuch (Código Civil alemão de 1896)
BGH	— Bundesgerichtshof (Supremo Tribunal Federal alemão)
BMJ	— *Boletim do Ministério da Justiça*
BOfMJ	— *Boletim Oficial do Ministério da Justiça*
BolCE	— *Boletim das Comunidades Europeias*
CAdm	— Código Administrativo
Cass	— Tribunal da Cassação (italiano ou francês)
CCInd	— Código da Contribuição Industrial
CCiv	— Código Civil (na falta de indicação em contrário, trata-se do Código Civil português de 1966)

CCiv fr	— Código Civil francês
CCiv it	— Código Civil italiano (na falta de indicação em sentido diverso, trata-se do Código Civil italiano de 1942)
CCom	— Código Comercial (na falta de indicação em sentido diverso, trata-se do Código Comercial português de 1888)
CCom esp	— Código Comercial espanhol
CCom fr	— Código de Comércio francês
CCom it	— Código de Comércio italiano
CCoop	— Código Cooperativo
CIP	— Código do Imposto Profissional
CIRC	— Código do Imposto de Rendimento das Pessoas Colectivas
CIRS	— Código do Imposto de Rendimento das Pessoas Singulares
CJ	— *Colectânea de Jurisprudência*
CNot	— Código do Notariado
Cof	— *Colecção Oficial dos Acórdãos Doutrinais do Ministério da Justiça*
COS	— Código das Obrigações suíço (OR)
CPC	— Código de Processo Civil (na falta de indicação em contrário, trata-se do Código de Processo Civil de 1961, na versão em vigor)
CPCom	— Código de Processo Comercial
CPen	— Código Penal
CPI	— Código da Propriedade Industrial
CPT	— Código de Processo do Trabalho
CPTT	— Código de Processo nos Tribunais do Trabalho
CRCom	— Código do Registo Comercial
CRP	— Constituição da República Portuguesa
CRPred	— Código do Registo Predial
CSC	— Código das Sociedades Comerciais
CTF	— *Ciência e Técnica Fiscal*
D	— *Recueil Dalloz*
DAR	— *Diário da Assembleia da República*
DB	— *Der Betrieb*
Dec	— Decreto
DespNorm	— Despacho Normativo
DG	— *Diário do Governo*
DI	— *Il Digesto Italiano*
Dir	— *O Direito*
DirCom	— *Il Diritto Commerciale*
DirEcon	— *Diritto e Economia*
DJAP	— *Dicionário Jurídico da Administração Pública*
DL	— Decreto-Lei
DPDP	— *Dizionario Pratico di Diritto Privato*
DLegReg	— Decreto Legislativo Regional
DR	— *Diário da República*
DReg	— Decreto Regulamentar
DRegReg	— Decreto Regulamentar Regional
DS	— *Diário das Sessões*

ED	— Enciclopedia del Diritto
EF	— Economia e Finanças. Anais do Instituto Superior de Ciências Económicas e Financeiras
ESC	— Estudos Sociais e Corporativos
FI	— Il Foro Italiano
GARL	— Gazeta dos Advogados da Relação de Luanda
GcomDCom	— Giurisprudenza comparata di Diritto Commerciale, Maritimo, Aeronautico, Industriale e d'Autore
GmbHG	— Gesetz betreffend die Gesellschaften mit beschraenkter Haftung (Lei alemã das sociedades por quotas de 1892, alterada pela Lei de 1980)
GI	— Giurisprudenza Italiana e la Legge
GJ	— Gazeta Judiciária
GmbHRdsch	— GmbH-Rundschau
GRL	— Gazeta da Relação de Lisboa
HGB	— Handelsgesetzbuch (Código Comercial alemão de 1897)
JF	— Jornal do Foro
JehrJb	— Jherings Jahrbuecher fuer die Dogmatik des buergerlichen Rechts
JP	— Justiça Portuguesa
JR	— Jurisprudência das Relações
JRdsch	— Juristische Rundschau
JS	— Journal des Sociétés
Jur	— Jurídica (Brasil)
JurS	— Juristische Schulung
Jus	— Jus. Rivista di Scienze Giuridiche
JW	— Juristische Wochenschrift
JZ	— Juristenzeitung
Lei fr 1966	— Lei francesa sobre sociedades comerciais n.º 66-537, de 24.7.1966
LCCT	— Regime jurídico da cessação do contrato individual de trabalho e da celebração e caducidade do contrato de trabalho a termo, aprovado pelo DL nº 64-A/89, de 27.2.
LCSC	— Lois coordonnées sur les sociétés commerciales, da Bélgica
LCT	— Regime jurídico do contrato individual de trabalho, aprovado pelo DL nº 49 408, de 24.11.1969
LSQ	— Lei de 11.4.1901 sobre sociedades por quotas
LULL	— Lei uniforme sobre letras e livranças
LUCH	— Lei uniforme sobre cheques
NDI	— Il Nuovo Digesto Italiano
NEJ	— Nueva Enciclopedia Jurídica
NJW	— Neue Juristische Wochenschrift
NmoDI	— Novissimo Digesto Italiano
NRDCom	— Nuova Rivista di Diritto Commerciale, Diritto dell'Economia e Diritto Sociale
OLG	— Oberlandesgericht (Tribunal de Apelação alemão)
OPA	— Oferta pública de aquisição
OPV	— Oferta pública de venda
OR	— Obligationenrecht (Código das Obrigações suíço — COS)

P	— Portaria
POC	— Plano Oficial de Contabilidade para as empresas, aprovado pelo DL nº 410/89, de 21.11
RCDI	— *Revista Critica de Derecho Immobiliario*
RCM	— Resolução do Conselho de Ministros
RDCom	— *Revista de Direito Comercial*
RDE	— *Revista de Direito e Economia*
RDES	— *Revista de Direito e de Estudos Sociais*
RDM	— *Revista de Derecho Mercantil*
RDPriv	— *Revista de Derecho Privado*
RDProc	— *Revista de Derecho Procesal*
RegRegCom	— Regulamento do Registo Comercial, aprovado pelo Dec nº 42 645, de 14.11.1959
Rel	— Tribunal da Relação
RelL	— Tribunal da Relação de Lisboa
RelP	— Tribunal da Relação do Porto
RevS	— *Revue des Sociétés*
RF	— *Revista Forense* (Brasil)
RFD	— *Revista da Faculdade de Direito*, da Universidade de Coimbra
RFDUL	— *Revista da Faculdade de Direito da Universidade de Lisboa*
RivDCiv	— *Rivista di Diritto Civile*
RivDCom	— *Rivista di Diritto Commerciale*
RG	— Reichsgericht (Supremo Tribunal alemão)
RGDCom	— *Revue Générale de Droit Commercial*
RGLJ	— *Revista General de Legislación y Jurisprudencia*
RIDComp	— *Revue Internationale de Droit Comparé*
RivDCiv	— *Rivista di Diritto Civile*
RivDCom	— *Rivista di Diritto Commerciale*
RivDFin	— *Rivista di Diritto Finanziaro e Scienze delle Finanze*
RivDLav	— *Rivista di Diritto del Lavoro*
RivDPriv	— *Rivista di Diritto Privato*
RivDProc	— *Rivista di Diritto Processuale*
RivDPub	— *Rivista di Diritto Pubblico*
RivIDPen	— *Rivista Italiana di Diritto e Procedura Penale*
RivISG	— *Rivista Italiana per le Scienze Giuridiche*
RivS	— *Rivista delle Società*
RivTDPC	— *Rivista Trimestriale di Diritto e Procedure Civile*
RJ	— *Revista de Justiça*
RJur	— *Revista de Jurisprudência*
RLJ	— *Revista de Legislação e de Jurisprudência*
RNotRP	— *Revista do Notariado e do Registo Predial*
ROA	— *Revista da Ordem dos Advogados*
ROC	— Revisor oficial de contas
RT	— *Revista dos Tribunais*
RTDCom	— *Révue Trimmestrielle de Droit Commercial*
S	— *Recueil Sirey*

SE	— Sociedade Anónima Europeia
SIur	— *Scientia Iuridica*
STA	— Supremo Tribunal Administrativo
STJ	— Supremo Tribunal de Justiça
TC	— Tribunal Constitucional
Temi	— *Temi. Rivista di Giurisprudenza Italiana*
Trib	— Tribunal (salvo indicação em sentido diverso, trata-se de tribunal de 1ª instância)
TS	— Tribunal Supremo espanhol
VJ	— *Vida Judiciária*
ZAdR	— *Zeitschrift der Akademie fuer deutsches Recht*
ZBHR	— *Zentralblatt fuer Handelsrecht*
ZUGR	— *Zeitschrift fuer Unternehmens- und Gesellschaftsrecht*
ZHR	— *Zeitschrift fuer das gesamte Handels- und Konkursrecht* (ou *und Wirtschaftsrecht*)
ZPO	— Zivilprozessordnung (Código de Processo Civil alemão)
ZZP	— *Zeitschrift fuer Zivilprozess*

SUMÁRIO

INTRODUÇÃO

PARTE I
NOÇÃO DE ADMINISTRAÇÃO: LUGAR DA ADMINISTRAÇÃO ENTRE OS ÓRGÃOS DA SOCIEDADE ANÓNIMA

Capítulo I — **Noção de administração; terminologia e distinção de figuras afins** 49
Capítulo II — **Necessidade do órgão de administração** 67
Capítulo III — **Sistemas de organização das sociedades anónimas: história e direito comparado** 77

PARTE II
NATUREZA DA ADMINISTRAÇÃO ENQUANTO ELEMENTO DA PESSOA COLECTIVA; DISPOSIÇÕES APLICÁVEIS

Capítulo I — **Colocação do problema** 173
Capítulo II — **Natureza da pessoa colectiva** 175
Capítulo III — **Natureza da administração enquanto elemento da pessoa colectiva** 191

    Secção I — Considerações gerais 191
    Secção II — Teoria da representação 191
    Secção III — Teoria orgânica 201
    Secção IV — Posição adoptada 214
    Secção V — Enquadramento da administração entre as espécies de órgãos .. 218

Capítulo IV — **Disposições aplicáveis à administração enquanto elemento da pessoa colectiva** 223

PARTE III
COMPOSIÇÃO E ESTRUTURA DO CONSELHO DE ADMINISTRAÇÃO

Capítulo I — **Considerações gerais** 231
Capítulo II — **Administradores efectivos, suplentes e substitutos** 233
Capítulo III — **Número de administradores** 241

Capítulo IV — **Presidente do conselho de administração, vice-presidente e secretário** 265
Capítulo V — **Representação voluntária de administradores** 271
Capítulo VI — **Administradores-delegados e comissão executiva** 275

PARTE IV

RELAÇÃO ENTRE A SOCIEDADE
E O ADMINISTRADOR: NATUREZA

TÍTULO I
CONSIDERAÇÕES GERAIS 293

TÍTULO II
TEORIA DA IDENTIDADE ENTRE A RELAÇÃO DE ADMINISTRAÇÃO DE DIREITO PRIVADO E A RELAÇÃO ORGÂNICA DE DIREITO PÚBLICO 299

TÍTULO III
SÍNTESE DAS TEORIAS SOBRE A RELAÇÃO DE ADMINISTRAÇÃO DA SOCIEDADE ANÓNIMA 303

TÍTULO IV
O PROBLEMA EM FRANÇA 307

TÍTULO V
O PROBLEMA NA ITÁLIA 325

TÍTULO VI
O PROBLEMA NA ALEMANHA 347

TÍTULO VII
CONCLUSÕES DA ANÁLISE COMPARATIVA 371

TÍTULO VIII
O PROBLEMA EM PORTUGAL 375

SUBTÍTULO I
CONSIDERAÇÕES GERAIS 375

SUBTÍTULO II
TEORIAS CONTRATUALISTAS 375
Capítulo I — **Teoria do mandato** 375
Capítulo II — **Teoria do contrato de prestação de serviço** 383

Capítulo III — **Teoria do contrato de trabalho subordinado** 383
Capítulo IV — **Teoria do contrato de administração** 391

SUBTÍTULO III
TEORIA UNILATERALISTA 392

SUBTÍTULO VI
TEORIA DUALISTA 397

SUBTÍTULO V
REFERÊNCIA AO ESTATUTO DO GESTOR PÚBLICO 410

SUBTÍTULO VI
POSIÇÃO ADOPTADA 412

Capítulo I — **Considerações gerais** 412
Capítulo II — **Valor das qualificações legais** 413
Capítulo III — **Relevância da doutrina estrangeira** 415
Capítulo VI — **O problema da natureza do acto constituitivo: sequência** 416
Capítulo V — **Eleição pela colectividade dos accionistas** 418

Secção I — Natureza negocial da eleição 418

Subsecção I — *Natureza negocial da eleição; necessidade da eleição* 418
Subsecção II — *A eleição como execução do contrato de sociedade* 421
Subsecção III — *A eleição como deliberação social* 425

Secção II — Natureza contratual da eleição e aceitação 454

Subsecção I —*Distinção entre negócio unilateral e contrato* 454
Subsecção II — *Necessidade da aceitação* 460
Subsecção III — *A aceitação como elemento essencial do negócio e não mera condição de eficácia* 465
Subsecção IV — *Contrato ou instituição* 478
Subsecção V — *A eleição e a aceitação como negócio unitário* 482
Subsecção VI — *Participação do administrador na sua própria eleição* . 492
Subsecção VII — *Determinação da remuneração do administrador* 494
Subsecção VIII — *Conclusões* 495

Secção III — Caracterização do contrato de administração em confronto com os contratos de mandato, de prestação de serviço e de trabalho subordinado 496

Subsecção I — *Distinção entre os contratos de mandato, de prestação de serviço e de trabalho subordinado: Análise histórico-comparativa* 496

Subsecção II — *Confronto do contrato de administração com os contratos de mandato, de prestação de serviço e de trabalho subordinado* 520

Divisão I — Dualidade de partes 520
Divisão II — Obrigação de exercício de actividade por conta e em nome da sociedade com relativa autonomia 522
Divisão III — Onerosidade ou gratuitidade 564
Divisão IV — Inegibilidade específicas do administrador 571
Divisão V — Forma 573
Divisão VI — Proibição de acumulação da administração com contrato de trabalho 575
Divisão VII — Prestação de caução 593
Divisão VIII — Dever de diligência e responsabilidade civil do administrador . 595
Divisão IX — Cessação da relação de administração 621
Divisão X — Inaplicabilidade directa ao administrador do regime laboral de protecção ao trabalhador 731
Divisão XI — Conclusões sobre a qualificação da eleição e aceitação do administrador 732

Capítulo VI — **Designação pelos fundadores** 740
Capítulo VII — **Designação por accionistas minoritários** 748
Capítulo VIII — **Designação pelos trabalhadores** 751
Capítulo IX — **Chamada de suplentes** 758
Capítulo X — **Cooptação** 760
Capítulo XI — **Designação pelo órgão de fiscalização** 761
Capítulo XII — **Designação pela mesa da assembleia geral** 764
Capítulo XIII — **Designação pelo Estado** 765
Capítulo XIV — **Nomeação pelo tribunal** 772
Capítulo XV — **Qualificação do administrador em face do direito da segurança social** 786
Capítulo XVI — **Qualificação do administrador em face do direito fiscal** 789
Capítulo XVII — **Conclusões (teses)** 792

TÍTULO VIII

DISPOSIÇÕES APLICÁVEIS À RELAÇÃO DE ADMINISTRAÇÃO 805

INTRODUÇÃO

INTRODUÇÃO

CAPÍTULO I

Delimitação e importância do tema

I – O objectivo nuclear do presente estudo é esclarecer a natureza da relação jurídica entre a sociedade anónima e um seu administrador. Quais os motivos da escolha deste tema?

II – Os administradores de empresas ([1]) têm um enorme poder no mundo actual.

Deles dependem as condições de trabalho e de remuneração de muitas pessoas, assim como a qualidade, a quantidade e o preço de muitos bens – oferecidos para uso ou consumo, ou procurados como matéria-prima ou equipamento. Influem na obtenção e utilização de avultados recursos financeiros, inclusivamente de contribuições para as despesas do Estado. Condicionam a criação e aplicação de importantes meios tecnológicos. Podem contribuir para a preservação do ambiente e a promoção da qualidade de vida. Exercem considerável influência sobre os governos e os regimes políticos. Influenciam, assim, significativamente a vida da generalidade das pessoas, podendo mesmo pôr em causa a justiça social e a paz.

Os administradores exercem, na verdade, *o poder na empresa* – na célula base da economia e, portanto, numa das componentes fundamentais da vida da humanidade. E o seu poder é tanto mais relevante quanto maior for a empresa ou quanto maior for a sua importância estratégica.

([1]) Adiante se explicará melhor o que se entende por empresa. Cf., a este respeito, Luís Brito Correia, *Direito Comercial,* 1987, vol. I, pág. 25 e segs., 89 e segs., 213 e segs.

Por isso, têm sido realizados numerosos estudos científicos, técnicos e políticos sobre a situação e a actuação dos administradores ou gestores de empresas, segundo os mais variados métodos e com frequência crescente.

Também no campo do direito tal fenómeno se verifica. E torna-se tanto mais significativo quanto os regimes tradicionais são criticados e postos em causa, surgindo propostas variadas de modificações mais ou menos profundas; e suscitam conflitos de elevado valor, mesmo quando não chegam aos tribunais.

Portugal não podia escapar a esta tendência, embora seja dos países europeus em que têm sido publicados menos estudos jurídicos sobre o assunto.

Parece, pois, evidente a importância do estudo das normas do direito português que regem tal poder na empresa ([2]). E esse estudo é particularmente oportuno por ocasião de uma modificação profunda na legislação sobre as sociedades comerciais, como a realizada pelo recente Código das Sociedades Comerciais (CSC), de 1986.

III – Mas o tema do poder na empresa é tão amplo, que os objectivos tidos em vista exigem a sua limitação a alguns problemas nucleares.

Na verdade, o poder do administrador na empresa traduz-se num poder de planear, organizar, prover, dirigir e controlar ([3]). De um ponto de vista jurídico – o que mais interessa aqui – são de salientar, entre estes poderes ou funções do gestor, o poder de dirigir pessoas e de usar e dispor de coisas (meios de produção, em sentido amplo), exercendo com elas uma actividade livre, embora com limitações.

O poder de dirigir pessoas baseia-se mais frequentemente no contrato de trabalho.

O poder de dispor de coisas (instalações, equipamentos, matérias-primas, produtos, recursos financeiros, etc.) baseia-se tipicamente no direito de propriedade (e noutros direitos reais menores), mas também em direitos de crédito e nos vários actos e contratos que permitem adquiri-los (compra e venda, arrendamento, aluguer, empréstimo, negócios cartulares, etc.).

([2]) Reconhece-o, por exemplo, J. OLIVEIRA ASCENSÃO, *Teoria Geral do Direito Civil*, 1985, vol. IV, pág. 281.

([3]) Cf. KOONTZ e O'DONNEL, *Principles of Management – An Analysis of Managerial Functions*, New York, McGraw Hill, 4ª ed., 1968, pág. 47 e segs..

Estes poderes de direcção e de disposição podem ser exercidos directamente por pessoas singulares (empresários ou comerciantes em nome individual). Mas a maior parte da actividade empresarial moderna é exercida por entidades colectivas, com formas jurídicas variadas: as sociedades comerciais, as sociedades civis ([4]), as cooperativas, os agrupamentos complementares de empresas e as empresas públicas ([5]).

De entre os vários tipos de pessoas colectivas que se enquadram nestas categorias parecem mais importantes, do ponto de vista agora em causa, as sociedades anónimas. Embora, em Portugal, as sociedades por quotas sejam mais numerosas, as sociedades anónimas movimentam mais pessoas, mais capitais e maior volume de negócios ([6]). Se é certo que muitas das maiores empresas portuguesas são actualmente empresas públicas – muitas delas em vias de privatização ([7]) –, o regime destas é

([4]) Não parece corresponder ao direito português vigente a chamada concepção empresarial, que levaria a considerar como necessariamente comerciais (não civis) todas as empresas sob forma societária. Cf. LUÍS BRITO CORREIA, *Direito Comercial,* vol. I, 1987, pág. 14 e segs. e 25 e segs..

([5]) Cf. LUÍS BRITO CORREIA, *ob. e vol. cits.,* pág. 151 e segs..

([6]) Cf. *ob. cit.,* pág. 552 e segs..

([7]) Na base do disposto na Lei nº 84/88, de 20.7, ou na Lei nº 11/90, de 5.4 (Lei quadro das Privatizações), que revogou e substituiu aquela, foram privatizadas, até agora, as seguintes empresas públicas: **UNICER** [DL nº 353/88, de 6.10, DL nº 71/89, de 3.3, RCM nº 11/89, de 11.3, OPV de 26.4.1989 (49%), DL nº 170-A/90, de 26.5, RCM nº 20/90, de 1.6, OPV de 28.6.1990 (50%)], **Banco Totta & Açores** [DL nº 352/88, de 1.10, RCM nº 22/89, de 11.5, OPV de 13.7.1989 (49%), DL nº 170-B/90, de 26.5, RCM nº 23/90, de 21.6, RCM nº 45-D/90, de 17.12, OPV de 31.7.1990 (31%)], **Aliança Seguradora** [DL nº 109/89, de 13.4, RCM nº 28-A/89, de 23.8, OPV de 29.9.1989 (49%), DL nº 348/90, de 5.11, RCM nº 46/90, de 29.11, OPV de 29.5.1990 (51%)], **Tranquilidade** [DL nº 108/89, de 13.4, RCM nº 38/89, de 12.10, OPV de 29.9.1989 (49%), DL nº 260/90, de 17.8, RCM nº 33/90, de 24.8, OPV de 9.5.1991 (51%)], **CENTRALCER** (DL nº 300/90, de 24.9, RCM nº 39/90, de 28.9, OPV de 12.9.1990), **Banco Português do Atlântico** [DL nº 321-A/90, de 15.10, RCM nº 42/90, de 2.11, OPV de 11.12.1990 (33%)], **Sociedade Financeira Portuguesa** (DL nº 282-A/90, de 14.9, DL nº 138-A/91, de 9.4, RCM nº 12/91, de 11.4, OPV de 6.5.1991), **Bonança** [DL nº 278/90, de 12.9, DL nº 140/91, de 10.4, RCM nº 14/91, de 8.5, OPV de 25.6.1991 (60%)], **Banco Espírito Santo e Comercial de Lisboa** [DL nº 282/90, de 13.9, DL nº 165/91, de 7.5, RCM nº 17/91, de 27.5, OPV de 9.7.1991 (40%)], **Banco Fonsecas & Burnay** [DL nº 279/90, de 12.9, RCM nº 17-A/91, de 18.5, OPV de 27.8.1991 (80%)], **Garantia** [DL nº 406/90, de 26.12, art. 9º, nº 2, RCM nº 41/91 (2ª S.), in *DR,* II s., nº 183, de 10.8.1991, pág. 8265], **Covina** [DL nº 406/90, de 26.12, art. 9º, nº 1, RCM de 27.12.1990, in *DR,* II série, 297 – Supl., de 27.12.1990, pág. 14128-(4)].

muito recente (e, por isso, menos estudado) e, sobretudo, baseia-se em grande parte nas normas anteriormente estabelecidas para as sociedades anónimas – ainda que tenha objectivos diversos. Aliás, na generalidade dos países ocidentais, a sociedade anónima é a forma mais generalizada das grandes empresas ([8]).

E, nas sociedades anónimas, quem exerce, de facto, o poder empresarial são, sobretudo, os administradores.

Parece, pois, que o estudo do regime da administração das sociedades anónimas pode constituir um contributo importante para a análise do problema do poder na empresa.

Esta primeira limitação do tema não exclui, aliás, o interesse da análise do regime dos administradores ou gerentes de outros tipos de sociedades ou dos gestores de empresas públicas – que se fará apenas quando for conveniente para um melhor esclarecimento das questões, mas não como tema principal.

Por outro lado, ao tratar dos administradores de sociedades anónimas têm-se em vista, sobretudo, os membros do órgão societário que, em Portugal, se designa habitualmente por conselho de administração (na terminologia acolhida pelo CSC, pois o CCom chamava-lhe direcção).

E iniciou-se o processo de privatização relativamente a mais as seguintes: **Banco Borges & Irmão** (DL nº 22/89, de 19.1), **QUIMIGAL** (DL Nº 25/89, 20.1, DL nº 319/90, de 15.10, DL nº 128/91, de 22.3, RCM nº 22/91, de 11.6, RCM nº 24/91, de 12.6, RCM nº 25-A/91, de 11.7), **PETROGAL** (DL nº 103-A/89, de 4.4), **União de Bancos Portugueses** (DL nº 126/89, de 15.4), **TLP** (DL nº 147/89, de 6.5), **Companhia das Lezírias** (DL nº 182/89, de 31.5), **Petroquímica e Gás de Portugal** (DL nº 226/89, de 7.7), **SOCARMAR** (DL nº 33789, de 4.10), **Banco de Fomento e Exterior** (DL nº 428/89, de 7.12), **Rodoviária Nacional** (DL nº 12/90, de 6.1, DL nº 47/91, de 24.1), **DOCAPESCA** (DL nº 107/90, de 27.3), **Crédito Predial Português** (DL nº 272/90, de 7.9), **Mundial Confiança** (DL nº 271/90, de 7.9), **Banco Pinto & Sotto Mayor** (DL nº 280/90, de 12.9), **ENU** (DL nº 376/90, de 30.11), **PORTUCEL** (DL nº 405/90, de 21.12), **EPAC** (DL nº 26/91, de 11.1), **Estaleiros Navais de Viana do Castelo** (DL nº 55/91, de 26.1), **SETENAVE** (DL nº 56/91, de 26.1), **CIMPOR** (DL nº 197/91, de 29.5).

Entretanto, foram privatizadas outras empresas ou participações do Estado na base de outros diplomas (v. g., DL nº 358/86, de 27.10, Lei nº 24/87, de 24.6, Lei nº 71/88, de 24.5, Lei nº 72/88, de 26.5, DL nº 328/88, de 27.9).

([8]) Enquanto a lei anterior exigia que as sociedades anónimas tivessem um mínimo de dez accionistas (CCom, art. 162º, nº 1), mas não estabelecia qualquer montante mínimo para o capital, o CSC contenta-se com um mínimo de cinco ou dois accionistas, ou mesmo um só (art. 273º, 488º e 545º), mas exige um capital mínimo de Esc. 5 000 000$00, na sequência, aliás, do estabelecido pelo art. 6º, nº 1, da 2ª Directiva da CEE, que exige um mínimo de 25 000 ecus.

Far-se-á referência também à figura dos directores, tal como está prevista no CSC (art. 278º) para as sociedades anónimas de estrutura dualista; mas isso num plano de menor relevo, porque se trata de uma figura nova no direito português, ainda com escassa aplicação prática e que suscita alguns problemas específicos.

Só incidentalmente e por contraste constituirão objecto de estudo figuras afins, como o procurador, o gerente de comércio e o director (trabalhador ou quadro superior da empresa), bem como o liquidatário ([9]) e o administrador judicial ([10]).

Estudar-se-á, fundamentalmente, o regime geral dos administradores, embora se faça referência ocasional a certos regimes especiais, como o dos administradores por parte do Estado, dos administradores nomeados pelo Governo no caso de intervenção do Estado na empresa ([11]) e da comissão directiva nomeada no caso de requisição civil ([12 12a]).

IV – O regime da administração das sociedades anónimas é um tema ainda demasiado vasto para o objectivo agora em vista. E, de resto, foi recentemente objecto de análise desenvolvida um dos aspectos impor-

---

([9]) Cf. RAÚL VENTURA, «O liquidatário de sociedades comerciais», in *RFDL*, vol. XII, 1960, pág. 48 e segs.; id., *Sociedades Comerciais: Dissolução e Liquidação*, vol. II, pág. 123 e segs.; id., *Comentário ao Código das Sociedades Comerciais –Dissolução e Liquidação de Sociedades,* 1987, pág. 297 e segs.

([10]) Na figura do administrador judicial ainda há a distinguir o administrador nomeado pelo tribunal para substituir administradores em falta (CSC, art. 394º), o administrador judicial em sentido restrito, nomeado no âmbito de um processo especial de recuperação de empresas e de protecção dos credores [distinto, aliás, da «nova administração» designada pelos credores para proceder à gestão controlada – DL nº 177/ 86, de 2.7, art. 8º, nº 1, al. *a*), 9º e 33º, nº 1] e o administrador de falências (CPC, art. 1210º e segs.).

([11]) Cf. DL nº 660/74, de 25.11, DL nº 540-A/74, de 12.10, DL nº 597/75, de 28.10, DL nº 422/76, de 29.5, DL nº 907/76, de 31.12, DL nº 150/78, de 20.6, DespNorm nº 17/79, de 19.10, e DL nº 26/79, de 22.2, revogados pelo DL nº 90/81, de 28.4.

([12]) O DL nº 637/74, de 20.11, sobre a requisição civil, permite a nomeação, por portaria ministerial ou do Chefe do Estado-Maior-General das Forças Armadas, de uma comissão directiva para a sociedade, que fica sujeita a um regime excepcional.

([12a]) Não será possível atender a regimes especiais aplicáveis, por exemplo, a administradores de sociedades correspondentes a instituições de crédito. Sobre este assunto, cf. *Livro Branco sobre o Sistema Financeiro: 1992 –As Instituições de Crédito,* Lisboa, Min. Finanças, 1991, vol. I, pág. 131 e segs..

tantes desse regime ([13]), que aqui não haverá, por isso, que repetir, mas apenas sumariar e actualizar.

De entre os vários problemas da administração das sociedades anónimas, pareceu, pois, preferível escolher, como tema dominante, o da natureza da relação entre o administrador e a sociedade – *da relação de administração*.

É um tema com um interesse teórico manifesto ([14]).

Estão em causa aspectos delicados da teoria da personalidade colectiva, que respeitam, aliás, não só ao direito privado, como também ao direito público. É ainda hoje muito vivo o debate a seu respeito na doutrina e na jurisprudência. Se há alguns países (como a Alemanha Federal e a França) em que se chegou a uma relativa acalmia doutrinária, é curioso verificar que esta se baseia na aceitação quase unânime de teses contrapostas: em França, a velha teoria do mandato; e na Alemanha, a teoria dualista da nomeação ("Bestellung") e do contrato de emprego ("Anstellung"). Pode, pois, imaginar-se que a harmonização das legislações a empreender no quadro da integração europeia poderá reavivar o debate.

O tema tem sido pouco aprofundado pela doutrina portuguesa, que apenas o refere de passagem, tendo tomado posições muito diversificadas, quase sem apresentar fundamentação – exceptuada a dissertação de mestrado de ILÍDIO DUARTE RODRIGUES, publicada em 1990 ([15]).

E tem um interesse prático significativo, dada a relativa frequência e o elevado valor dos conflitos entre as sociedades e os administradores, por um lado, e as dúvidas suscitadas pelos preceitos vigentes, assim como as diferentes consequências das várias soluções possíveis do

---

([13]) Cf. RAÚL VENTURA-LUÍS BRITO CORREIA, «A responsabilidade civil dos administradores de sociedades anónimas e dos gerentes de sociedades por quotas», in *BMJ*, n° 192 a 195.

([14]) Cf. BORGIOLI (*I Direttori Generali di società per azioni*, Milão, Giuffrè, 1975, pág. 142 e seg.) considera que "a controvérsia órgão-representante e talvez também o nascimento da própria teoria orgânica parecem responder mais a instâncias de lógica formal que a verdadeiras e próprias exigências de carácter prático". E relaciona o problema com a jurisprudência dos conceitos, que considera ultrapassada. Mas não parece que o problema órgão-representante seja assim despiciendo, e deve dizer-se que a questão agora em estudo não se limita a tal problema e apresenta aspectos práticos de real importância, como se verá.

([15]) Cf. A *Administração das Sociedades por Quotas e Anónimas – Organização e Estatuto dos Administradores*, Lisboa, Liv. Petrony, 1990.

problema ([16]), por outro. Na verdade, os acórdãos dos tribunais superiores sentem muitas vezes a necessidade de discutir tal problema, nomeadamente a propósito da destituição de administradores ([17]), da sua remuneração ([18]) e mesmo da competência dos tribunais para julgar questões como essas ([19]) ([20]).

A variedade das teorias apresentadas sobre a questão é sinal manifesto da sua dificuldade.

Não se exclui que uma parte das conclusões da análise sobre a natureza da relação de administração seja aplicável a outros órgãos da sociedade anónima (v. g., ao órgão de fiscalização e aos liquidatários) e até da generalidade das pessoas colectivas – que não sejam a própria assembleia geral dos associados ([21]). Mas parece preferível começar por analisar um tipo de órgão e só depois tentar generalizar – com ou sem adaptações – as conclusões alcançadas ([22]).

V – Trata-se, como é evidente, de fazer um estudo predominantemente jurídico do direito positivo português.

Mas, na medida do possível, procura-se ir mais longe e penetrar na estrutura do poder na empresa, não só através de referências históricas e

---

([16]) Cf. SOPRANO, *Trattato teorico-pratico delle società commerciale*, vol. I, pág. 248.

([17]) Como mero exemplo recente, cf. o Ac RelL de 27.11.1984, in *CJ*, 1984, V, pág. 152.

([18]) Cf. também Ac STJ do 15.6.1948, in *BMJ*, nº 7, pág. 292.

([19]) Cf., por exemplo, Ac RelL de 9.5.1990, in *CJ*, 1990, vol. III, pág. 179, em relação com o art. 66º, al. *b*) e *f*), da Lei nº 82/77, de 6.12. É diferente a redacção do correspondente art. 64º da Lei nº 38/87, de 23.12.

([20]) Quanto à figura similar do contrato de gestão pública, cf. o Parecer nº 31/80 da Comissão Constitucional, in *Pareceres*, 14º vol., págs. 15 e segs., em que se reconhece a dificuldade de qualificação do contrato entre o gestor público e a pessoa jurídica gerida (empresa pública ou nacionalizada, ou sociedade participada).

([21]) Neste sentido, cf. SOPRANO, *Trattato teorico-pratico delle società commerciali*, vol. I, pág. 248. Em sentido diverso, cf., porém, VOLKER GROSS, *Das Anstellungsverhaeltnis des GmbH-Geschaeftsfuehrers im Zivil-, Arbeits-, Sozialversicherungs- und Steuerrecht*, Koeln, V. Otto Schmidt, 1987, *passim*.

([22]) Para se perceber a diversidade de problemas suscitados pela natureza da relação de administração (ou gerência) de outras sociedades bastará, talvez, pensar no facto de os gerentes de sociedades em nome colectivo serem, em princípio, todos os sócios, por inerência legal (embora facultativa – CCom, art. 152º, CSC, art. 191º, nº 1) – sem falar já no facto de as sociedades de pessoas não terem, em alguns países (v. g., na Alemanha e na Itália), personalidade jurídica. Sobre o assunto, cf., por exemplo, GALGANO, *Degli amministratori di società personali*, 1968, pág. 9 e segs. e 33 e segs., e autores aí citados.

comparativas (com maior desenvolvimento – relativamente às questões mais importantes ou polémicas – quanto aos direitos da Alemanha Federal, da França e da Itália, e, ocasionalmente, de outros países), como também do recurso a outras disciplinas científicas (v. g., Economia, Sociologia e Ciências da Gestão), tentando mesmo ir até aos fundamentos ideológicos do regime jurídico.

Com consciência das limitações de capacidade de utilização de métodos menos familiares aos juristas e com a preocupação de não confundir os vários modos de abordagem das questões, interessa acima de tudo tentar uma compreensão mais completa (pluridisciplinar) da realidade jurídica no contexto da realidade fáctica subjacente.

VI – Grande parte do texto que agora se apresenta estava já escrito quando foi publicado o recente Código das Sociedades Comerciais, aprovado pelo DL nº 262/86, de 2.9. Por óbvia exigência de actualidade, houve que introduzir no lugar próprio referências e observações ao novo diploma, que se tornou, assim, no principal objecto de análise, para além de outras alterações evidentes.

Tendo tido oportunidade de intervir, ainda que sob estritas limitações de tempo, na redacção final do Código, compreender-se-á que tenha proposto a introdução nele de algumas das orientações propugnadas neste estudo – que foram quase todas acolhidas no texto final –, embora tenha procurado respeitar, sempre que possível, o texto de RAÚL VENTURA, principal autor do Projecto [23]. Aliás, o desenvolvimento dado pelo novo Código à matéria da administração das sociedades anónimas é também revelador da sua importância e incentivador da sua análise.

---

[23] Cf. *Código das Sociedades (Projecto)*, Lisboa, Ministério da Justiça, 1983.

CAPÍTULO II

Método

I – Antes ainda de entrar na exposição dos problemas que constituem objecto fundamental do presente estudo, parece conveniente explicitar (sem preocupações de inovação) alguns princípios ou tomadas de posição acerca de questões de método, de que dependem, em certa medida, as soluções para tais problemas.

II – O direito (a norma jurídica) – objecto principal deste estudo – é um conjunto de regras elaboradas para resolver com justiça e, se necessário, coercivamente conflitos concretos de interesses entre pessoas.

Por razões históricas, que não importa agora analisar ([1]), perdeu relevo social a norma consuetudinária.

Por influência do princípio da separação dos poderes, enunciado por MONTESQUIEU ([2]) e generalizado a partir da Revolução Francesa, a norma jurídica passou a ser, fundamentalmente, criada pelo "poder legislativo" (primeiro o Parlamento, depois também o Governo): o juiz passou a dever obediência à lei, a ser um "aplicador" da lei, e não – ou só raras vezes – um criador de normas jurídicas.

Consequentemente, a jurisprudência passou a ser uma fonte de direito subordinada ou secundária, ainda que muito importante na prática.

O desenvolvimento da ciência do direito permitiu a elaboração de leis e de códigos cada vez mais aperfeiçoados: a doutrina passou a ser também uma fonte de direito secundária (não existe um "jus publice res-

---

([1]) Cf. LUÍS BRITO CORREIA, *Direito Comercial,* vol. I, 1987, pág. 110 e segs..
([2]) Cf. *De l' esprit des lois,* livro XI, n° 6.

pondendi", nem é vinculativa a "communis opinio doctorum"). Por isso, o objecto principal da ciência do direito passou a ser a norma escrita, legislada, ocasionalmente completada pelo recurso a normas de origem jurisprudencial, doutrinal ou consuetudinária.

O objectivo da ciência do direito é, aqui e agora:

a) Compreender a norma escrita, para que possa ser aplicada de harmonia com o seu sentido último (a justiça);

b) Procurar um sistema de conceitos e princípios que facilite tal compreensão, permita a integração de lacunas e abra caminho a novos progressos.

III – Assim, a ciência do direito é, em primeiro lugar, hermenêutica: visa a interpretação correcta de textos escritos, a compreensão do seu significado, segundo determinados métodos ou regras de interpretação.

A – As regras gerais da *hermenêutica* ([3]) podem, seguindo COING ([4]), sumariar-se do seguinte modo:

a) Regra da objectividade ou da autonomia do texto a interpretar: a interpretação visa compreender o texto em si e nas suas características, independentemente do interesse subjectivo ou de preconceitos do intérprete;

b) Regra da unidade: o texto deve ser compreendido como unidade, em que cada frase se relaciona com o conjunto do texto;

c) Regra da interpretação genética: o texto deve ser compreendido a partir da sua origem, isto é, do pensamento individual do seu autor (dependente da sua personalidade) e da formulação desse pensamento numa língua com um significado histórico objectivo;

d) Regra da interpretação material ("aus der Sachbedeutung") ou técnica: o texto, sob certa expressão linguística, aponta para um determinado conteúdo material, para uma certa relação interna – diz alguma coisa que importa apreender e que é independente da pessoa do seu autor; admite-se mesmo que o texto tenha um significado para além da previsão e da intenção do seu autor;

([3]) Não especificamente jurídica.
([4]) *Grundzuege der Rechtsphilosophie*, 3. Aufl., pág. 309 e segs., e *Die juristischen Auslegungsmethoden und die Lehren der allgemeinen Hermeneutik*, 1959.

e) Regra da comparação: deve-se comparar o texto a interpretar com textos semelhantes de significado conhecido, seja do mesmo autor, seja da mesma época ou do mesmo género.

Estas regras hermenêuticas têm, em princípio, igual importância e devem ser conjugadas. A sua aplicação e ponderação realiza-se segundo um processo tópico.

B – 1. O objectivo da interpretação jurídica é a compreensão do significado das normas jurídicas como expressão da ordem jurídica – da ordenação justa e adequada da vida do homem em comum.

O carácter específico da *hermenêutica jurídica* decorre do sentido normativo, ordenador, dos textos a interpretar. E a importância relativa das regras da hermenêutica jurídica – que é definida actualmente pela própria lei ([5]) – obriga a representá-las por uma ordem diversa da acima referida quanto à hermenêutica em geral.

2. A hermenêutica jurídica pede sem dúvida um esforço de objectividade: a lei não pode ser interpretada segundo fins subjectivos de cada parte ou do intérprete. E, sendo dirigida a um grande número de pessoas e destinada a ser aplicada igualmente por todos, deve ser interpretada segundo os elementos objectivos de interpretação acessíveis a todos (o "pensamento legislativo" ou "mens legis") e não segundo a intenção (subjectiva), real ou hipotética, do legislador ("mens legislatoris"), frequentemente desconhecida ou mal conhecida.

3. *a.* Mas o ponto de partida de toda a interpretação jurídica relaciona-se com as regras acima referidas como de interpretação genética.

Na verdade, a interpretação das normas jurídicas parte da letra da lei (**elemento literal**): deve "reconstituir a partir dos textos o pensamento legislativo".

Socorre-se para isso do significado das palavras ou dos conceitos na linguagem comum e na linguagem técnico-jurídica, segundo as regras da gramática e da lógica.

Embora o art. 9°, n° 1, do CCiv acentue que "a interpretação não deve cingir-se à letra da lei", a protecção da boa fé justifica que se dê à letra da lei um relevo considerável: quem quiser sustentar um significado

---

([5]) Cf. José de Oliveira Ascensão, *O Direito —Introdução e Teoria Geral*, pág. 348.

diverso terá de fazer a respectiva prova (⁶). O próprio CCiv salienta, no n° 2 do art. 9°, que "não pode, porém, ser considerado pelo intérprete o pensamento legislativo que não tenha na letra da lei um mínimo de correspondência verbal, ainda que imperfeitamente expresso". E, no n° 3 do mesmo artigo, diz que "o intérprete presumirá que o legislador [...] soube exprimir o seu pensamento em termos adequados".

b. O texto de cada preceito deve ser interpretado de harmonia com os princípios gerais do sistema jurídico, com o seu contexto e com os chamados lugares paralelos, pressupondo que não há contradição entre as várias normas do sistema: "tendo em conta a unidade do sistema jurídico", como diz o art. 9°, n° 1, do CCiv, referindo-se ao chamado **elemento sistemático** da interpretação (⁷). Trata-se afinal da regra hermenêutica da unidade.

c. Outro elemento fundamental da interpretação da lei, ligado à regra da interpretação genética, é o **elemento histórico**: " as circunstâncias em que a lei foi elaborada e as condições específicas do tempo em que é aplicada". Trata-se de determinar o que o legislador quis com a lei: a situação jurídica preexistente à lei e o sentido da alteração que o legislador quis introduzir nela.

A jurisprudência dos interesses vai mais além, exigindo a reconstrução do conflito de interesses que o legislador teve em vista e da situação do poder social que o levou a dar certo predomínio a um dos interesses. Este tipo de análise utiliza não só a história, como a sociologia.

Em qualquer caso, trata-se de determinar, não o pensamento de um legislador concreto, de uma determinada pessoa (normalmente a lei é obra colectiva e não raro se desconhece o seu autor real, quem a redigiu ou pensou e o que pensou), mas antes o "pensamento legislativo", o objectivado, que o aplicador da norma pode apreender.

A escola histórica chamou a atenção para a conveniência de ter em conta o desenvolvimento histórico dos institutos jurídicos e a história das ideias jurídicas.

(⁶) Cf. COING, *ob. cit.,* pág. 314, e MEIER – HAYOZ, *Der Richter als Gesetzgeber,* 1951, pág. 42.

(⁷) Cf. SANTI ROMANO, *Frammenti di un dizionario giuridico,* pág. 124, e JOSÉ DE OLIVEIRA ASCENSÃO, *O Direito —Introdução e Teoria Geral,* pág. 346 e seg. e 359 e segs..

E note-se que o elemento histórico não é apenas o que respeita ao tempo da elaboração da lei [os precedentes normativos históricos e comparativos, os trabalhos preparatórios e o circunstancialismo social em que a lei surgiu ([8])], mas também e sobretudo o que respeita ao tempo da sua aplicação. A norma legal faz parte de uma ordem social viva, susceptível de adaptação às novas circunstâncias: "a fórmula em que a lei se consubstancia está fixada, mas o sentido pode variar" ([9]). E é de acentuar este aspecto da questão, quando se trata da análise de disposições legais constantes de textos relativamente antigos (como o CCom de 1888). Esses textos mantêm-se – ou mantiveram-se até há pouco – em vigor, não só porque sucessivos governos (e Parlamentos) não quiseram (ou não foram capazes de) alterá-los, mas porque, no seu conjunto, têm sido considerados suficientemente adequados, tal como podem ser entendidos hoje, em conjugação com cada vez mais textos extravagantes que os alteraram parcialmente ([10]). Deste modo, os textos do velho CCom, ao lado de novas leis, ganham um sentido actualizado.

É de salientar também o interesse do método comparativo. O conhecimento do modo como, noutros países, o mesmo género de problemas é equacionado e resolvido é frequentemente esclarecedor, não só quando se sabe que o legislador foi influenciado por tal conhecimento, mas também porque se encontram, muitas vezes, tratadas pelas fontes estrangeiras questões não suficientemente explicitadas pelas nacionais.

d. Além disso, há que ter em conta a regra da interpretação técnica ou material; a norma deve ser compreendida em função do seu significado material, enquanto ordenação justa e adequada de um problema social. Trata-se de atender à finalidade objectiva da norma, à "ratio legis" (**elemento racional** ou **teleológico**). Aí intervêm os fundamentos éticos e pragmáticos da lei: "o intérprete presumirá que o legislador consagrou as soluções mais acertadas" (CCiv, art. 9°, n° 3).

6. Como se articulam estes vários elementos da interpretação jurídica?

([8]) Cf. JOSÉ DE OLIVEIRA ASCENSÃO, *O Direito – Introdução e Teoria geral,* pág. 361 e seg..

([9]) Cf. JOSÉ DE OLIVEIRA ASCENSÃO, *ob. cit.,* pág. 353 e seg..

([10]) Isto não prejudica o reconhecimento, "de lege ferenda", de inúmeras deficiências da lei comercial e do seu carácter caótico.

As várias e sucessivas escolas do pensamento jurídico têm-se caracterizado por darem maior relevo a um ou outro desses elementos.

a. Por exemplo, e tomando apenas as principais correntes posteriores ao movimento de codificação, a *escola francesa da exegese* atende sobretudo à letra da lei ["Les textes avant tout" ([11])].

b. A *escola histórica* considera o direito a expressão histórica do espírito do povo ("Volksgeist"), o resultado de um longo processo evolutivo, que a ciência do direito deve procurar compreender histórica e sistematicamente (filosoficamente). A observação da história fornece o fundamento para a compreensão dos vários institutos jurídicos, à luz dos quais devem ser interpretadas as normas concretas. Para poder conhecer o pensamento da lei é preciso, pois, observar as circunstâncias históricas do seu aparecimento, mas também o seu significado no conjunto, no sistema, dando assim grande relevo ao elemento histórico e ao elemento sistemático e rejeitando uma interpretação teleológica ([12]).

c. A *jurisprudência dos conceitos* desenvolve a preocupação da escola histórica pela sistemática, a ponto de atribuir à ciência do direito a tarefa de construir uma "pirâmide de conceitos", relacionados como um organismo, a partir dos quais se deduzem as normas jurídicas concretas ([13]). Numa linha próxima desta, WINDSCHEID afirma que a interpretação da lei deve determinar o sentido que "o legislador atribuiu às palavras por ele usadas", realizando assim uma investigação histórico-empírica, mas deve, além disso, descobrir o "pensamento próprio" que o legislador quis expressar, a sua vontade racional, e esse "pensamento próprio" da norma configura-se em conceitos jurídicos, isto é, em sínteses de elementos conceptuais ("Denkelementen") ([14]).

([11]) Expressão atribuída a DEMOLOMBE por GENY, *Méthode d' interprétation et sources en droit privé positif,* 2ª ed., reimpressão de 1954, vol. I, pág. 30 (cit. por COING, *Grundzuege der Rechtsphilosophie,* pág. 303). Cf. também BONNECASE, *La pensée juridique française de 1804 à l'heure présente,* 1933, vol. I, pág. 234 e segs. e 288-347.

([12]) Cf. SAVIGNY, *Vom Beruf unserer Zeit fur Gesetzgebung und Rechtswissenschaft,* 1814; SAVIGNY, *System des heutigen Roemischen Rechts,* vol. I, 1840, pág. 90; LARENZ, *Methodenlehre der Rechtswissenschaft,* pág. 8 e segs., e COING, *Grundzuege der Rechtsphilosophie,* pág. 41 e segs..

([13]) Cf. PUCHTA, *Lehrbuch der Pandekten;* JEHRING, *Geist des Roemishen Rechts* e *JehrJb,* e LARENZ, *Methodenlehre der Rechtswissenschaft,* pág. 16 e segs..

([14]) Cf. *Lehrbuch der Pandekten,* 7. Aufl., pág. 51 e seg., e LARENZ, *Methodenlehre der Rechtswissenschaft,* pág. 27 e segs..

d. Diferentemente, a *jurisprudência dos interesses*, radicada na concepção utilitarista de BENTHAM, observa o direito essencialmente como protecção de interesses e como resultante do confronto de interesses materiais, nacionais, religiosos e éticos numa comunidade jurídica. Por isso, a sua pretensão metodológica fundamental consiste em reconhecer com correcção histórica os interesses reais que causaram a lei e atender nas decisões casuísticas aos interesses reconhecidos ([15]).

e. Para a *escola do direito livre*, a lei é apenas "uma preparação, uma tentativa de realizar uma ordem jurídica". A decisão judicial não se limita a aplicar uma norma pronta, antes cria direito, escolhendo a regra jurídica que parece mais correcta ao juiz, de entre os vários significados que a letra da lei pode ter. Ao pensar no critério dessa escolha, uns autores são levados para o voluntarismo (o direito torna-se um produto da vontade), chegando outros ao subjectivismo (a justiça não é compreensível pela razão; a sentença é um produto da sensibilidade jurídica) ([16]).

f. Do ponto de vista que agora interessa considerar, KELSEN faz, de certo modo, uma síntese destas várias tendências juspositivistas. Partindo da sua teoria da construção escalonada da ordem jurídica ("Stufenbau der Rechtsordung"), entende que as normas jurídicas surgem através de actos sucessivos, fundados uns nos outros, aproximando-se progressivamente do concreto. A própria sentença judicial não tem mera função declaratória, mas constitutiva: concretiza para cada caso a norma geral, criando uma norma de grau mais baixo.

Assim, a interpretação de uma norma, de grau necessariamente mais elevado do que aquela que o juiz vai criar para o caso concreto, não pode determinar completamente o sentido da decisão: apenas define limites dentro dos quais o juiz vai criar, por acto de vontade, uma norma concreta nova. A ciência do direito apenas pode, assim, indicar os possíveis significados de uma determinada norma, deixando ao juiz a autoridade da escolha ([17]).

([15]) Cf. PHILIPP HECK, "Gesetzesauslegung und Interessenjurisprudenz", in *AcP*, 112, pág. 60; LARENZ, *Methodenlehre der Rechtswissenschaft*, pág. 47 e segs..
([16]) Cf. OSKAR BULOW, *Gesetz und Richteramt*, pág. 32, 36 e 45; EUGEN EHRLICH, *Freie Rechsfindung und freie Rechtswissenschaft*, pág. 5, 28 e seg.; KANTOROWICZ, *Der Kampf um die Rechtswissenschaft*, 1908; H. ISAY, *Rechtsnorm und Entscheidung*, 1929, págs. 18, 25 e 56; LARENZ, *Methodenlehre der Rechtswissenschaft*, pág. 59 e segs..
([17]) Cf. *Reine Rechtslehre*, pág. 74 e segs., 91 e segs., e LARENZ, *Methodenlehre der Rechtswissenschaft*, pág. 79 e seg..

g. Em contrapartida, o *jusnaturalismo* parte da ideia de que existe uma ordem jurídica superior ao direito positivo – um conjunto coerente de normas de direito natural, que o direito positivo deve respeitar e concretizar.

As normas do direito natural fundamentam-se na natureza do homem, isto é, no seu próprio modo de ser e de agir, enquanto pessoa, ser racional e social, e são, por isso mesmo, cognoscíveis por todos os homens, através da razão (embora possam ser melhor compreendidas à luz da lei eterna, revelada por Deus).

Há divergências entre os jusnaturalistas quanto à formulação e ao grau de concretização dessas normas, distinguindo-se correntes maximalistas, minimalistas e intermédias, bem como, mais recentemente, correntes que defendem um direito natural de conteúdo variável ([18]).

Convergem, porém, em reconhecer a necessidade prática de um direito positivo, estabelecido e sancionável socialmente, por vontade dos particulares, de todo o povo ou do legislador ("do príncipe"). Na verdade, o direito natural é insuficiente (embora não deficiente) para regular todos os aspectos da vida social que carecem de ser ordenados segundo critérios genéricos (e não apenas segundo juízos casuísticos, facilmente abertos à arbitrariedade); as suas normas são muito gerais e abstractas (só assim podendo ser dotadas de uma certa permanência) e não têm sanção socialmente eficaz. A própria necessidade de segurança jurídica (inclusivamente em matérias indiferentes para a lei natural, como no exemplo clássico da circulação de veículos pela esquerda ou pela direita) exige a criação de um direito positivo. Mas o direito positivo tem por fundamento e justificação última o direito natural, e deve ser construído a partir do direito natural (por dedução lógica, a partir dos princípios, e por determinação ou concretização dos preceitos naturais).

Aliás, reconhece-se que o direito positivo só consegue ser acatado pela generalidade da população se respeitar, ele próprio, certos valores substanciais comumente reconhecidos como justos (e, por isso, obrigatórios em consciência), pois não é possível aplicar sanções a todas as

---

([18]) Cf. GIORGIO DEL VECCHIO, *Lições de Filosofia do Direito* (trad. port.), Coimbra, Arménio Amado, 2ª ed., 1951, pág. 419 e segs.; A. VERDROSS, *Abendlaendische Rechtsphilosophie*, Wien, Springer, 2º ed., 1963, pág. 53 e segs. e 221 e segs.; A. FERNANDEZ-GALLIANO, *Derecho Natural – Introducción Filosofica al Derecho*, 4ª ed., Madrid, 1985, pág. 106 e segs.; SOARES MARTÍNEZ, *Filosofia do Direito*, Coimbra, Almedina, 1991, pág. 296 e segs., e ANTÓNIO BRAZ TEIXEIRA, *Filosofia do Direito*, Lisboa, AAFDL, 1988, pág. 257 e segs..

pessoas, tendo, consequentemente, o receio da sanção eficácia motivadora apenas para camadas marginais da população ([19]).

Consequentemente, as normas de direito positivo devem ser interpretadas, primordialmente, em função das normas ou valores de direito natural que visam (ou devem visar) realizar (a "ratio legis").

O jusnaturalismo vai mesmo ao ponto de pôr em causa a vigência ou o carácter vinculativo das leis (positivas) injustas. Para SANTO AGOSTINHO ([20]) e SÃO TOMÁS DE AQUINO ([21]), a lei humana (positiva) que contraria a lei natural não é lei, mas corrupção de lei.

O próprio SÃO TOMÁS reconhece, em todo o caso, a dificuldade de aplicação desta regra e apresenta um critério prático: quando as leis são injustas por atentarem contra um bem humano, o súbdito deve obedecer-lhes "pelo escândalo ou desordem que o seu incumprimento poderia trazer consigo"; quando são injustas por atentarem contra o bem divino, não só não obrigam, como no caso anterior, mas além disso o súbdito não as deve acatar nem cumprir ([22]). Consagra assim um direito de resistência (passiva ou activa) à lei injusta.

Mais recentemente tem-se acentuado o reconhecimento deste direito de resistência (sobretudo, em face de experiências concretas de despotismo, que atingiram um expoente máximo recente nos julgamentos de Nuremberga), a ponto de se transigir com o risco de enfraquecimento do poder do Estado e de anarquia. Por outro lado, observa-se que muitas normas de direito positivo são inevitavelmente imperfeitas e, nessa medida, injustas. E mantém-se a dificuldade de saber quem aprecia a injustiça da lei e segundo que critério: se há casos em que ela é notória, noutros suscita controvérsia, envolvendo uma certa medida de subjectivismo ([23]).

h. Os defensores do *pensamento sistemático* ([24]) colocam a argumentação a partir do "sistema interno da lei" "no mais alto nível entre os meios da interpretação" ([25]).

([19]) Cf. A. FERNANDEZ-GALLIANO, *ob. cit.*, pág. 51.
([20]) Cf. *De libero arbitrio*, 5.
([21]) Cf. *Summa Theologica*, I-II, q. 96, a. 4.
([22]) Cf. *Summa Theologica*, I-II, q. 96, a. 4.
([23]) Cf. LEGAZ LACAMBRA, *Filosofia del Derecho*, pág. 290 e segs., e A. FERNANDEZ-GALLIANO, *ob. cit.*, pág. 135 e segs.
([24]) Cf. C.-W. CANARIS, *Pensamento Sistemático e Conceito de Sistema na Ciência do Direito* (trad. port.), Lisboa, Fund. C. Gulbenkian, 1989, pág. 5 e segs..
([25]) Cf. *ob. cit.*, pág. 159.

Importa, porém, não esquecer que definem sistema "como uma ordem axiológica ou teleológica de princípios gerais de Direito, na qual o elemento de adequação valorativo se dirige mais à característica de ordem teleológica e o da unidade interna à característica dos princípios gerais" ([26]). É nesse contexto que se compreende a afirmação de que "deve-se antes conferir à interpretação teleológica a primazia" ([27]).

i. A doutrina que parece *preferível* tende a reconhecer valor aos diversos elementos de interpretação, estabelecendo uma certa hierarquia, ainda que não rígida, entre eles.

Assim, seguindo de perto LARENZ ([28]), a letra da lei, o seu sentido literal ou gramatical, segundo a linguagem corrente, é muitas vezes coincidente com o seu espírito e deverá então ser decisivo para julgar situações que cabem, sem dúvida, no núcleo da previsão legal. Em todos os outros casos será necessário acentuar outros critérios, constituindo então os sentidos possíveis da letra da lei o limite da interpretação.

Quando a lei utiliza expressões em sentido técnico-jurídico diverso do da linguagem corrente, é aquele sentido que deve prevalecer, devendo atender-se a critérios teleológicos para esclarecer o seu significado.

O elemento sistemático (no sentido tradicional da expressão) pode constituir também um limite às interpretações possíveis das disposições legais.

As concepções jurídicas das pessoas que participaram na elaboração da lei são também um critério importante de interpretação, ainda que não vinculativo e secundário relativamente aos elementos teleológicos.

De entre os elementos teleológicos, têm um lugar geralmente preponderante os objectivos reconhecidamente prosseguidos pelo legislador. Em todo o caso, quando a finalidade desejada pelo legislador histórico, em consequência de uma alteração da situação, deixou de fazer sentido ou passou a contradizer valores reconhecidos da nova ordem jurídica, então o preceito legal (que não deva, apesar disso, considerar-se revogado) deve ser entendido de harmonia com os valores e princípios da

---

([26]) Cf. *ob. cit.*, pág. 77 e seg..
([27]) Cf. *ob. cit.*, pág. 159, nota 23.
([28]) Cf. *Methodenlehre der Rechtswissenschaft*, pág. 257 e segs., e COING, *Grundzuege der Rechtsphilosophie*, pág. 319 e segs..

ordem jurídica actual, atendendo a critérios teleológicos objectivos e actualizados.

Estes critérios são decisivos também quando os objectivos do legislador histórico não sejam conhecidos claramente ou pareçam contraditórios.

Não pode esquecer-se, porém, que a lei escrita é, em primeiro lugar, expressão de uma vontade de resolver problemas sociais concretos, surgindo com frequência em resposta a questões reais ou previsíveis num certo contexto. É, consequentemente, expressão da cultura dos seus autores. Resulta de um conjunto variado de factores, que não se podem reconduzir a um só, como, por exemplo, as relações de produção ou o poder económico.

Em última análise, deve admitir-se, como regra, que visa uma certa ideia de justiça, cujo conteúdo é certamente influenciado pela concepção de vida dos seus autores. Durante muito tempo, essa ideia de justiça era expressa no chamado direito natural, ideal de direito que servia – e deve continuar a servir – de inspirador da lei e, por isso, seu elemento de interpretação e de integração. Mas não se exclui que possam existir – e a prática mostra que existem – leis com objectivos de defesa de interesses pouco conformes com a ideia de justiça ou com o direito natural (v. g., para servir interesses, nem sempre claros, do próprio legislador), ou por erro de apreciação ou de expressão. Exemplo típico e recente disto pode encontrar-se na despenalização do aborto, enquanto claro menosprezo pelo direito à vida. E não se diga que um erro generalizado deixa de ser erro.

Tem de reconhecer-se, pois, que nem sempre o direito positivo corresponde ao direito natural e que o "direito injusto", neste sentido, não deixa de ser direito, como tal socialmente relevante, real, positivo.

Uma opção metodológica no sentido do estudo – exclusivo ou predominante – do direito positivo não pode, por isso, ser tomada como positivista, no sentido filosófico-jurídico da expressão.

A defesa da justiça (ou do direito natural) exige, antes de mais, no século XX, a defesa da democracia, enquanto expressão da autodeterminação dos povos, responsáveis por si próprios; e, bem assim, a defesa do Estado de direito, inclusivamente do princípio da legalidade. Por outras palavras, a defesa da justiça supõe o respeito pela lei estabelecida pelo órgão legislativo legítimo, até ser alterada democraticamente, não podendo cada um afirmar que a lei diz o que cada um entende ser justo, apesar de a lei dizer manifestamente o contrário. Defender a justiça pode implicar esforços no sentido de mudar a lei, mas pelas vias constitucionais – e só excepcionalmente por outras vias, nomeadamente quando a Constituição seja manifestamente injusta, inclusivamente quanto ao regime da sua modificação, o que não parece ser, actualmente, o caso português ([29]).

Por outro lado, não pode esquecer-se que o legislador, mesmo quando inspirado pelos mais puros ideais de justiça, tem de partir dos dados reais da vida e só consegue realizar as mudanças socialmente possíveis em face das forças existentes. Por outras palavras, o conteúdo ético da lei tem, por vezes, de ceder o passo ao realismo ou ao pragmatismo. A lei (positiva) é instrumento da política e a política é a arte do possível ([30]).

Em qualquer caso, pode admitir-se que a lei escrita deve ser interpretada à luz dos princípios da justiça ou do direito natural – ao menos, tal como são entendidos (com estes ou outros nomes) comummente pela maioria de um povo, num determinado momento, ou pela concepção dominante. Isto não significa que se adopte uma concepção relativista do direito: há um só direito natural e não vários. Mas essa ideia de justiça não é conhecida do mesmo modo por todos; em cada momento, a ideia de justiça que se pode considerar socialmente vinculativa, positiva, é a que corresponde à opinião dominante, ou seja, em democracia, à opinião da maioria: dos eleitores, dos deputados votantes ou dos membros dos órgãos partidários democraticamente eleitos, que, em última análise, decidem sobre o sentido do voto parlamentar, ou ainda dos membros do Governo – segundo o estabelecido na Constituição e na lei. Acredito numa escala de valores objectiva, permanente e obrigatória em consciência; mas constato que nem sempre esses valores são reconhecidos e respeitados, como tais, pela opinião real dominante no meu próprio País – e uma das regras básicas daquela escala de valores consiste no respeito pelas convicções dos outros, sem prejuízo do dever de dar testemunho da Verdade e de lutar, por meios legítimos, pela realização do Bem e da Justiça.

([29]) Sobretudo depois da 2ª revisão constitucional [Lei Constitucional nº 1/89, de 8.7, que suprimiu vários limites materiais da revisão constitucional (art. 288º)].

([30]) Talvez por esquecer isto existem muitas leis inaplicadas e inaplicáveis: impõem (por palavras) o óptimo (?), mas não conseguem alcançar sequer o bom, consentindo afinal o medíocre. Pense-se, por exemplo, no fenómeno da construção clandestina.

IV – Sendo a lei o principal objecto da ciência do direito, a interpretação da lei é apenas uma primeira tarefa a realizar.

A interpretação da lei serve para sua aplicação. E à ciência do direito cabe também a tarefa de preparar essa aplicação, não só pelo juiz, como por todos os que são chamados a aplicar a lei, seja como autoridades (notários, conservadores dos registos, autoridades administrativas, etc.), seja como cidadãos.

À interpretação pertence ainda determinar, em relação a normas concretas, a quais grupos de casos da vida se aplica certa norma e a quais não se aplica. Para isso, a ciência do direito tem de descrever os casos típicos previstos na norma para que esta foi pensada, esclarecer os casos de fronteira e determinar com clareza o sentido da estatuição.

Mas, mais do que isso, cabe à ciência do direito contribuir para o trabalho criador da integração das lacunas da lei.

Quanto ao conceito de lacuna e à integração de lacunas por recurso à analogia, bastará agora salientar a importância do trabalho de confronto entre o caso omisso e o caso análogo ([31]).

V – Quer para compreender (e fazer compreender) as normas legais, quer para integrar (ou orientar a integração de) lacunas e colaborar na realização da justiça, incumbe à ciência do direito a tarefa de elaboração de conceitos, de explicitação dos valores e princípios gerais, e de integração desses conceitos, normas e princípios num sistema.

A doutrina é, em Portugal, uma mera fonte mediata do Direito: não existe "jus publice respondendi", nem é vinculativa a "communis opinio doctorum" ([32]). Mas tem um papel altamente relevante na formação dos juristas e, ao menos indirectamente, na modelação da consciência jurídica do povo.

([31]) Para maiores desenvolvimentos, cf. JOSÉ DE OLIVEIRA ASCENSÃO, *O Direito – Introdução e Teoria Geral*, págs. 385 e segs., que é aceitável.

([32]) Cf. id., *ibid.*, pág. 280 e seg..

CAPÍTULO III

Plano da exposição

I – A questão nuclear do presente estudo – a natureza da relação de administração – poderia ser abordada segundo diversas sistematizações. Por exemplo, seria possível expor e criticar cada uma das posições anteriormente sustentadas pelos diversos autores, concluindo pela apresentação fundamentada da posição preferível – aproveitando a referência a cada argumento para analisar os respectivos aspectos do regime jurídico da relação de administração (porventura em extensas notas de roda-pé), ou então partir das teses a defender, apresentando, em relação a cada uma delas, os argumentos pró e contra e expondo, a propósito de cada um destes, os vários aspectos do regime jurídico da relação de administração.

II – Parece preferível adoptar uma sistematização diversa.

Uma das principais missões dos que se dedicam ao aprofundamento da ciência do direito consiste em definir quadros conceptuais e sistemáticos que permitam à generalidade dos juristas e até aos cidadãos em geral compreender e aplicar as leis que vão sendo sucessivamente publicadas. Há que negar razão àqueles que, porventura, supõem que a revogação de um código inutiliza uma biblioteca e coloca os juristas de novo na ignorância (quase) completa.

Por outro lado, interessa encontrar um esquema de análise que permita e facilite a comparação entre os regimes jurídicos dos vários países [ao menos, dos que pertencem à mesma "família romano-germânica" ([1])].

([1]) Cf. RENÉ DAVID, *Les grands systèmes de droit contemporains*, Paris, Dalloz, 1964, pág. 18 e segs..

A conjugação destes objectivos implica naturalmente a escolha de um esquema puro, no sentido kelseniano – isto é, de um esquema não comprometido, à partida, com nenhum conteúdo normativo e compatível com todos, ou, ao menos, com todos os que partem de um certo número de pressupostos mínimos essenciais ao sistema jurídico.

Além disso, num tempo em que o estudo da relação de trabalho reflecte uma reforçada protecção do trabalhador, parece importante acentuar que, na relação de administração, é o interesse da sociedade que tem tido – e deve continuar a ter – maior relevância, ainda que, num ou noutro aspecto, se tenda a admitir – e bem – uma mais intensa protecção do administrador, sobretudo quando não seja accionista. É o administrador que está ao serviço da sociedade (merecendo por isso remuneração e respeito) e não a sociedade ao serviço do administrador ([2]). E não se pode compreender o regime da relação de administração desligado do contexto que é a missão própria do órgão da sociedade.

Por isso seria preferível tratar do tema principal deste estudo enquadrado no seu contexto normal, isto é, no âmbito do regime do órgão de administração da sociedade anónima, aprofundando os vários aspectos desse regime no seu lugar próprio, ainda quando as conclusões desse aprofundamento possam ser chamadas à colação – v. g., no debate sobre a natureza da relação de administração – antes de terem sido apresentados os respectivos fundamentos. É evidente que as conclusões quanto à natureza da relação de administração pressupõem, na fase de investigação, a análise do seu regime. Mas parece legítimo – porque mais claro e mais coerente com os objectivos acima referidos – expor primeiro as concepções sobre a natureza da relação e apresentar depois o regime da relação como aplicação daqueles.

([2]) Com isto não se quer dar a entender que a empresa está ao serviço dos trabalhadores, só porque estes beneficiam de protecção legal reforçada. Mas também se quer dizer claramente que são erradas as afirmações – frequentes após 25 de Abril de 1974 – no sentido de que as empresas devem ser colocadas ao serviço dos interesses dos seus trabalhadores ou sequer das classes trabalhadoras. As empresas devem estar ao serviço dos consumidores ou utentes dos seus produtos ou serviços e só se o fizerem cabalmente ganham jus a uma remuneração satisfatória para o capital e para o trabalho. A protecção jurídica reforçada que merecem os trabalhadores, em confronto com as entidades empregadoras, justifica-se em face das actuais circunstâncias sociais de mais frequente desigualdade real desfavorável ao trabalhador.

Deste modo, o texto apresentado seria também mais acessível aos estudiosos e aos práticos do direito.

Todavia, limitações práticas dificultam a execução completa deste esquema, em tempo útil, pelo que se optou por uma solução de compromisso, incluindo-se ao longo da argumentação algumas observações sobre o regime da relação consideradas mais importantes para fundamentar a posição tomada. Assim, corre-se, conscientemente, o risco de crítica pelo aparente desequilíbrio no desenvolvimento das matérias dos vários títulos ou capítulos; mas ganha-se em clareza da fundamentação.

III – Deste modo, começa-se por analisar a noção de administração e determinar o lugar dela entre os órgãos da sociedade anónima (parte I), com o objectivo de esclarecer questões de terminologia e distinguir a administração de figuras afins (capítulo I), de salientar a necessidade desse órgão (capítulo II) e de conhecer o modo como se relaciona com os demais órgãos sociais, nos vários países e ao longo da história (capítulo III).

Recordam-se, a seguir, os pontos fundamentais dos debates sobre a natureza da pessoa colectiva e a natureza da administração enquanto elemento da pessoa colectiva (parte II) – acerca dos quais é necessário tomar posição clara antes de abordar o tema principal da dissertação.

Segue-se referência às regras sobre a composição do conselho de administração (parte III).

Na parte IV, trata-se do problema nuclear da dissertação: a natureza da relação entre a sociedade e o administrador, concluindo-se pela determinação das disposições aplicáveis a tal relação.

Aí, depois de algumas considerações gerais (título I), analisa-se a teoria que pretende identificar a natureza da relação de administração de direito privado (v. g., da sociedade anónima) com a relação orgânica de direito público (título II) – que é importante para situar e delimitar o estudo subsequente.

Em seguida, antecipa-se uma síntese das teorias sobre a relação de administração da sociedade anónima que se encontram nos vários direitos estudados (título III), tendo em vista justificar a sequência da exposição das teorias formuladas em cada um deles: francês (título IV), italiano (título V) e alemão (título VI). Seguem-se as conclusões da análise comparativa (título VII).

No título VII, expõem-se as teorias defendidas em Portugal (subtítulo I) e fundamenta-se a posição adoptada (subtítulo II).

Esta fundamentação exige, além de algumas considerações gerais (capítulo I), a apreciação preliminar do problema do valor das qualificações legais (capítulo II) e da relevância da doutrina estrangeira (capítulo III). Depois, mostra-se (no capítulo IV) que tem de se atender aos vários modos como se constitui a relação de administração: eleição pela colectividade dos accionistas (capítulo V), designação pelos fundadores (capítulo VI), designação por accionistas minoritários (capítulo VII), eleição pelos trabalhadores (capítulo VIII), chamada de suplentes (capítulo IX), cooptação (capítulo X), designação pelo órgão de fiscalização (capítulo XI), designação pela mesa da assembleia geral (capítulo XII), designação pelo Estado (capítulo XIII) e nomeação pelo tribunal (capítulo XIV).

A exposição é mais desenvolvida, naturalmente, quanto à eleição pela colectividade dos accionistas – o modo mais frequente e normal de constituir a relação de administração. A esse respeito, trata-se, primeiro, de saber se a eleição tem ou não natureza negocial, o que obriga a estudar o problema da natureza das deliberações sociais (secção I). Concluindo-se pela afirmativa, inquire-se, a seguir, se tem natureza contratual (secção II). Decidindo-se afirmativamente, procura-se, depois, confrontar o contrato de administração com as espécies contratuais mais próximas: o mandato, a prestação de serviço e o trabalho subordinado (secção III). Para este confronto é necessário, primeiro, um estudo cuidadoso das características fundamentais de cada um destes contratos, nos vários direitos estudados e ao longo da história (subsecção I), pois detectam-se variações relevantes para o tema em estudo. Depois, importa analisar as características fundamentais do contrato de administração, em comparação com os demais (subsecção II). A este respeito, estuda-se, com particular desenvolvimento, o regime da cessação da relação de administração, pelo facto de alguns autores verem nele um elemento fundamental para definir a natureza desta e também pela importância prática dos problemas que suscita.

Aborda-se ainda o problema da compatibilidade das qualificações juscomercialistas com as que decorrem do direito da segurança social (capítulo XV) e do direito fiscal (capítulo XVI).

Finalmente, apresenta-se uma síntese das conclusões obtidas ao longo do estudo anterior (capítulo XVII) e, a partir daí, determinam-se as disposições subsidiariamente aplicáveis à relação de administração.

No esquema completo inicialmente concebido – mas que não é possível realizar imediatamente – seguir-se-ia uma parte V, em que se analisaria o regime do acto constitutivo dessa relação: os pressupostos e requisitos das várias modalidades de designação e as consequências dos respectivos vícios.

Depois, estudar-se-iam os deveres e direitos do administrador (parte VI) e o regime de cessação da relação de administração (parte VII).

E, uma vez completada a análise do estatuto do administrador, estudar-se-ia a competência do conselho de administração (parte VIII) e o seu modo de funcionamento (parte IX).

PARTE I

NOÇÃO DE ADMINISTRAÇÃO; LUGAR DA ADMINISTRAÇÃO ENTRE OS ÓRGÃOS DA SOCIEDADE ANÓNIMA

CAPÍTULO I

Noção de administração; terminologia e distinção de figuras afins

SECÇÃO I

Considerações gerais

I – Em todas as sociedades, comerciais ou civis, existe um órgão de administração, diferenciado, mais ou menos intensamente, da colectividade dos sócios.

Se, em relação ao regime da colectividade dos sócios, é possível fazer um estudo das regras fundamentais comuns aos vários tipos de sociedades, ainda que assinalando algumas regras específicas de cada um destes, em relação à administração as diferenças são tão profundas entre os vários tipos que é preferível estudar em separado a administração de cada um dos tipos de sociedades – embora haja algumas regras comuns (v. g., sobre o dever de diligência, a apreciação anual da situação da sociedade e a responsabilidade civil – CSC, art. 64º e 70º e 72º a 80º).

Assim, a organização das sociedades em nome colectivo está concebida para co-empresários de pequenas empresas: os sócios colaboram todos nas actividades da sociedade, respondem todos solidária e ilimitadamente (embora subsidiariamente) pelas dívidas sociais e, por isso, todos são, em regra, gerentes (CSC, art. 191º, nº 1 e 2).

As sociedades por quotas têm já uma organização mais flexível, que permite adaptá-las a pequenas ou médias empresas em que os sócios têm responsabilidade limitada e, por isso, podem manter-se mais afastados da gestão corrente; mas, porque são normalmente poucos, mantêm frequentemente uma ligação estreita com ela: os gerentes podem ser ou não sócios, mas dependem muito dos sócios (CSC, art. 252º, nº 1, e 259º).

Diversamente, as sociedades anónimas estão organizadas de modo a permitir que um ou poucos empresários (accionistas ou não) utilizem, com grande autonomia e sob sua responsabilidade, capitais de muitos investidores, apenas interessados em receber os dividendos ou a valorização das suas entradas (limitadas) e dispostos a fiscalizar, mais ou menos longinquamente, a administração (CSC, art. 390º, nº 1 a 3, 391º, nº 3, 403º, 405º, 413º, 424º, 430º, 431º, 434º, 441º e 446º).

E nas comanditas a organização atende às duas espécies de sócios que as caracteriza (com responsabilidade ilimitada ou limitada), atribuindo-se a gerência, em regra, apenas aos sócios de responsabilidade ilimitada (CSC, art. 470º).

Agora interessa estudar apenas a administração das sociedades anónimas.

Em que consiste, porém, a administração de uma sociedade anónima? O que é a administração?

SECÇÃO II

Terminologia

Parece importante começar por esclarecer algumas questões de terminologia, pois reina nesta matéria considerável confusão.

A palavra administração [do latim "administratio" ([1])] é usada com vários significados.

É utilizada para referir, umas vezes, uma actividade (série de actos com uma finalidade comum, v. g., a tomada de decisões relativas a pessoas ou bens); outras vezes, o órgão ([2]) de uma pessoa colectiva que exerce tal actividade (v. g., a gestão e representação de uma sociedade

---

([1]) Por sua vez, derivada de "ministratio", que significa ministério, serviço, fornecimento.

([2]) Em organizações muito complexas, como o Estado (pessoa colectiva de direito público), a Administração (ou Administração Pública) pode ser encarada como um órgão do Estado, mas, em rigor, é constituída por um conjunto, não só de órgãos e serviços, mas mesmo de pessoas colectivas (com maior ou menor autonomia).

comercial) ou um serviço de uma organização (v. g., um serviço administrativo); outras vezes ainda o conjunto de pessoas, titulares desse órgão (v. g., os administradores de uma sociedade) ou desse serviço, ou, mais restritamente, como aquele(s) titular(es) do órgão cuja intervenção é necessária e suficiente para vincular a pessoa colectiva ([3]).

Interessa aqui tratar da administração enquanto órgão da sociedade e, nesse âmbito, do estatuto dos titulares desse órgão (os administradores), aprofundando especialmente o problema da natureza da relação entre a sociedade e esses titulares.

SECÇÃO III

Conselho de administração, administrador único, direcção e director único

I – O órgão de administração da sociedade anónima caracteriza-se pela composição, pela competência e pelo modo de funcionamento, tal como resultam das normas aplicáveis.

II – Em Portugal, *antes do CSC,* a administração da sociedade anónima é confiada por lei a um conselho de administração (também designado direcção), composto por um número ímpar e plural de membros (pelo menos três), designados pelos accionistas e que funciona caracteristicamente de modo colegial (CCom, art. 171º, e DL nº 389/77, de 15.9). A sua competência é referida na lei de modo impreciso ("a administração" – CCom, art. 171º e 173º) e disperso (por exemplo, no CCom, art. 162º, § 4º, 167º, 180º, 186º, § 2º, 188º e 189º).

A doutrina admite que determinadas funções de administração sejam exercidas por um (ou mais) administradores-delegados ou por uma comissão executiva.

III – O *CSC* veio permitir que o contrato de sociedade adopte uma de duas estruturas de administração e fiscalização:
a) Uma estrutura chamada monista – correspondente à do CCom –, com um órgão de administração (o conselho de administração

---

([3]) Cf. DOSE, *Die Rechtsstellung der Vorstandsmitglieder einer Aktiengesellschaft,* pág. 1.

ou, nas sociedades com capital inferior a 20 000 contos, o administrador único) e um órgão de fiscalização (o conselho fiscal ou, nas sociedades com capital inferior a 20 000 contos, o fiscal único) [art. 278º, nº 1, al. a), e nº 2, 390º, nº 2, e 413º, nº 4];

b) Uma estrutura chamada dualista – de inspiração germânica –, com uma direcção (ou, em sociedades com capital inferior a 20 000 contos, um director único), um conselho geral e um revisor oficial de contas [ou uma sociedade de revisores oficiais de contas – art. 278º, nº 1, al. b), e nº 2, 424º, nº 2, e 446º].

O conselho de administração é, assim, o órgão plural competente para gerir (colegialmente) e representar (conjunta ou disjuntamente) a sociedade anónima com estrutura monista.

O administrador único é o órgão singular competente para gerir e representar a sociedade anónima com estrutura monista e com capital inferior a 20 000 contos, se assim for estipulado.

A direcção é o órgão plural competente para gerir (colegialmente) e representar (conjunta ou disjuntamente) a sociedade anónima com estrutura dualista.

O director único é o órgão singular competente para gerir e representar a sociedade anónima com estrutura dualista e com capital inferior a 20 000 contos, se assim for estipulado.

O conselho geral é o órgão plural, intermédio entre a colectividade dos accionistas e a direcção, competente para designar e destituir os directores, fiscalizar as actividades da direcção, aprovar o relatório e contas do exercício, autorizar determinadas categorias de actos da direcção e representar a sociedade nas relações com os directores (CCom, art. 441º a 443º).

O próprio CSC permite a delegação de poderes pelo conselho de administração (art. 407º e 408º, nº 2), pela direcção (art. 431º, nº 3) e pelo conselho geral (art. 443º, nº 1, e 444º).

Como fica dito acima, interessa analisar a seguir sobretudo o conselho de administração e o administrador único, embora, para certos efeitos, seja importante estudar também a direcção e o director único.

E, para entender o significado profundo do conselho de administração (ou administrador único), como órgão da chamada estrutura monista, parece importante compará-lo com a direcção e o conselho geral da chamada estrutura dualista.

IV – O CCom de 1888 diz que "a administração das sociedades anónimas é confiada a uma direcção..." (art. 171°, pr.). E, nos demais artigos da secção III, em que se integra este preceito, fala na eleição dos directores (art. 172°, pr.), nas faltas dos directores e na nomeação de directores para suprir essas faltas (art. 172º, § 2º), na responsabilidade dos directores (art. 173º, aliás parcialmente revogado) e na caução dos directores (art. 174°).

E também noutras secções revela manifesta preferência pelos termos direcção e director (v. g., art. 164º, § 2º, nº 5, 167º, 176º, nº 3, §§ 7 e 8, 177º, 178º, § 2º, 179º, § único, nº 2, 180º, 187º, nº 1, 188º, 189º e 190º).

Usa também o termo administração (art. 114º, nº 5, epígrafe da secção III, art. 171º, 176º, nº 4, 187º, § 3º, e 194º), mas para se referir mais à actividade ou função exercida do que ao órgão ou aos seus membros. Quando fala de administradores (nos art. 119º, nº 1, 121º, 122º, § único, 132º, 139º, 144º, § 1º, e 148º, § 1º), visa pessoas com funções de administração em vários tipos de sociedades, ou nas sociedades em nome colectivo (art. 154°, 155° e 156°, na redacção original), ou em sociedades cooperativas [art. 207º, § 2º, hoje revogado (⁴)], mas não especificamente nas sociedades anónimas.

E usa ainda a expressão mandato (art. 118º, nº 4, 156º, 172º, pr., e § 1º, 173º, pr., e § 2º, 179º, § 2º e 192º, § 1º).

Assim, o CCom usa frequentes vezes o termo direcção como sinónimo de administração, embora prefira aquele a este.

É estranha esta preferência do CCom de 1888 pelos termos direcção e directores. Com efeito, estas expressões eram então, como são hoje, usuais em Inglaterra. Mas a lei port de 1867, que mais influência terá recebido da lei inglesa de 1856, prefere a expressão mandatários [art. 13º, 14º, 15º, 16º, 17º, 18º, 19º, 30º, 31º, 34º, 48º (⁵)], usando, por vezes, o termo gerência (art. 47º, 48º, § 2º, 53º, § 1º, nº 2) e administração, relativamente à função ou mesmo ao órgão (epígrafe da secção IV, art. 6º, nº 6, 15º, 20º, 22º, nº 4, 29º, nº 1, e §§ 3º e 4º, 32º e 36º), utilizando também uma vez os termos direcção (art. 22°, n° 3), administradores (art. 42º) e mandatários administradores (art. 45º, § 1º). Aliás, admite expressamente a possibilidade de utilização de diversa denominação (art. 13º,

---

(⁴) Em todo o caso, o CCom usa o termo direcção para cooperativas, no art. 213º, § único, actualmente revogado.

(⁵) Cf. também o art. 55°, de significado possivelmente comum ao que hoje se chamariam administradores e mandatários (representantes por substituição de vontades).

§ 2º) e chega a utilizar em sinonímia os termos directores, gerentes ou administradores (art. 53º, § 1º, nº 2).

Por outro lado, todas as leis europeias importantes que precederam o CCom port de 1888 preferem o termo administrador (aliás, o seu equivalente na língua respectiva), aplicando o termo director (ou director geral) a um delegado ou representante da administração (administrador ou não).

O CCom it de 1865 usa os termos mandatários (art. 129º) e administradores (art. 130º, 138º, 139º, 142º, 147º, 148º, 162º, 167º e 168º).

A lei francesa de 1867 prefere os termos mandatários (art. 22º) ou administradores (art. 25º, 26º, 27º, 30º, 32º, 37º, 40º, 42º, 44º e 45º), prevendo a possibilidade de os administradores escolherem de entre si um director (art. 22º).

A lei belga de 1873 ([6]) usa o termo mandatários (art. 43º e 44º) e administradores (v. g., art. 45º, 46º, 47º, 48º, 49º, 50º, 51º, 52º e 56º), permitindo que a gestão quotidiana dos negócios da sociedade e a representação desta sejam delegadas em directores, gerentes e outros agentes, sócios ou não (art. 53º).

O CCom it de 1882 tem todo um parágrafo (art. 139º a 153º) sob a epígrafe "Dos administradores". Prevê, todavia, a possibilidade de o pacto social ou uma deliberação da assembleia geral atribuir "a parte executiva das operações sociais" a "um director estranho ao conselho de administração". O director é descrito pela doutrina como "uma pessoa delegada para representar a sociedade perante terceiros e para atender à parte executiva", para além do conselho de administração; "representa um meio que a prática escogitou e actuou, para evitar as delongas e lentidões que naturalmente derivam de uma administração confiada a várias pessoas" ([7]).

O CCiv it de 1942 usa o termo administradores (art. 2380º a 2395º); o termo directores (e directores gerais — art. 2396º) é aplicado num sentido diverso e pouco claro, considerando a doutrina que ele respeita a funcionários superiores das empresas ([8]).

A Lei fr 1966 usa o termo administradores para os membros do conselho de administração (art. 89º e segs.) e a expressão membros do

---

([6]) Transcrita na obra de TAVARES DE MEDEIROS, *Comentário da Lei das Sociedades Anónimas*, pág. 28 e seg..

([7]) Cf. MARGHIERI, in BOLAFFIO-VIVANTE, *Il Codice di Commercio Commentato*, Verona, 1902, vol. III, pág. 285 e seg..

([8]) Cf. FRÉ, *Società per azioni*, pág. 438 e seg..

directório quanto às sociedades com este órgão (art. 118º e segs.), utilizando a expressão directores gerais para assistentes do presidente do conselho de administração, com poderes delegados deste conselho (art. 115º a 117º) e para membros do directório com poderes especiais de representação concedidos pelo conselho de vigilância (art. 126º).

V — A prática portuguesa das últimas décadas revela uma tendência clara para seguir a terminologia francesa, ou seja, para chamar administradores aos membros do órgão de administração das sociedades anónimas [a que o CCom de 1888 chama directores ([8a])] e para usar o termo directores (e directores gerais) para quadros técnicos superiores (trabalhadores subordinados) das empresas, a quem a administração da sociedade normalmente confere poderes mais ou menos amplos. É esta, aliás, a tendência mais generalizada nos países latinos da Europa quanto a figuras semelhantes.

A generalidade dos estatutos de sociedades anónimas dos anos 60 e 70 chama conselho de administração (e não direcção) ao órgão de administração.

Por isso as leis portuguesas mais recentes, anteriores ao CSC, relativas à administração das sociedades anónimas, utilizam de preferência a expressão administradores, e não directores ([9]) ([10]).

VI — O CSC retoma esta tendência quando chama conselho de administração ao órgão de administração da sociedade anónima de estrutura tradicional, chamada monista [art. 278º, nº 1, al. *a*)], ou seja, àquilo a que o CCom chamava direcção e a que a prática chamava já conselho de administração.

Mas introduz uma novidade terminológica e substancial importante, quando admite que os sócios adoptem uma estrutura chamada dualista, de inspiração germânica, em vez da tradicional (monista), e chama aos respectivos órgãos direcção e conselho geral.

([8a]) Todavia, o CCom também emprega o termo administradores no art. 207º, § 2º, relativo às sociedades cooperativas, a que manda aplicar as "disposições respectivas às sociedades anónimas".

([9]) Cf., por exemplo, o importante DL nº 49 381, de 15.11.1969, art. 17º a 26º, e o DL nº 154/72, de 10.5, art. 4º, al. *a*).

([10]) O CCiv port de 1966 usa também o termo administradores para as sociedades civis (art. 985º a 987º).

Estas expressões correspondem aos termos "Vorstand" (em alemão) e "directoire" (em francês) e "Aufsichtsrat" e "conseil de surveillance", respectivamente, que tendiam a ser traduzidos por directório e conselho de vigilância, respectivamente, para evitar confusão, quer com a direcção, quer com o conselho fiscal do CCom ([11]).

Revogadas as disposições do CCom, nenhuma objecção importante se poderia opor aos termos direcção e conselho geral, a que se reconhecem algumas vantagens ([12]).

VII — Na análise subsequente, o termo administrador vai ser utilizado em sentido restrito, para abranger os membros do conselho de administração (com esta ou outra denominação legal ou estatutária, v. g., direcção) e também o administrador único. Em observações genéricas, relativas quer aos administradores, em sentido restrito, quer aos membros da direcção (ou directório) e do conselho geral (ou conselho de vigilância) de sociedades dos países que os prevêem (v. g., Alemanha, França e Portugal), poderá utilizar-se o termo administrador, em sentido amplo, abrangendo todas essas figuras, que, todavia, devem em rigor distinguir-se, uma vez que têm regimes diferenciados. Aliás, pode discutir-se a natureza do conselho geral: em face do CSC, é sobretudo um órgão de fiscalização (art. 441º), embora possam ser-lhe atribuídos alguns poderes de gestão (art. 442º) e tenha escassos poderes de representação (art. 443º).

VIII — É frequente usar-se a expressão *direcção* para referir, não um órgão da sociedade, mas quadros superiores da empresa societária, isto é, trabalhadores subordinados do topo da hierarquia, mas dependentes da administração da sociedade.

Nalguns países, os directores ou, num sentido ainda mais amplo, os empregados dirigentes ("leitende Angestellte") têm um regime jurídico-

---

([11]) Cf., por exemplo, RAÚL VENTURA-LUÍS BRITO CORREIA, *Responsabilidade Civil dos Administradores,* pág. 33 e segs. e 39 e segs., e LUÍS BRITO CORREIA, *Direito do Trabalho,* vol. III, pág. 90 e 160 e segs..

([12]) Por exemplo, se ao conselho geral se chamasse conselho de vigilância, seria difícil ou mesmo impossível encontrar tradução alemã ou francesa diferenciada para este e para o conselho fiscal, uma vez que aos termos fiscalização e vigilância correspondem uma mesma palavra nas duas línguas (pelo menos, na terminologia jurídica): "Aufsicht" e "surveillance", respectivamente. Traduzir conselho fiscal por "Prüfungsrat" é, talvez, menos incorrecto do que por "Aufsichtsrat"; mas aquela expressão ("Prüfung") cabe melhor à função dos revisores oficiais de contas, correspondendo apenas a parte da competência do conselho fiscal.

-laboral específico (¹³), o que não acontece em Portugal – a não ser, porventura, por força de convenções colectivas de trabalho (¹⁴). Trata-se, porém, de trabalhadores subordinados, sujeitos ao direito do trabalho e não ao direito das sociedades.

Em França, a própria Lei fr 1966 prevê a possibilidade de o conselho de administração conferir mandato a uma pessoa física (ou mesmo a duas pessoas, em sociedades de maior dimensão) para assistir o presidente a título de *director geral* (art. 115º).

A regra é, porém, que o presidente do conselho de administração exerça, ele próprio, as funções de director geral da sociedade (Lei fr 1966, art. 113º), daí resultando o uso da expressão presidente-director geral (PDG) (¹⁵).

Em Portugal, o art. 25º do DL nº 49 381, de 15.11.1969, abre caminho para a existência destas figuras, mas sem utilizar as expressões director ou director geral.

O CSC não faz nenhuma referência a director ou director geral, neste sentido. Nada impede que eles existam, mas sujeitos, como se disse, ao regime do direito laboral, não ao direito das sociedades. Em face do CSC, directores são apenas os membros da direcção, enquanto órgão da chamada estrutura dualista.

SECÇÃO IV

Administração, gestão e representação

I – O CSC atribui ao conselho de administração poderes de gestão e poderes de representação (art. 405º a 408º) (¹⁶).

Ainda antes do CSC, a doutrina portuguesa (¹⁷) fazia já uma distinção semelhante, de inspiração germânica, entre poderes de adminis-

---

(¹³) Cf., por exemplo, ZOELNER, *Arbeitsrecht*, pág. 43 e segs., e BRUN-GALLAND, *Droit du Travail*, vol. I, pág. 154 e segs..

(¹⁴) Como se sabe, a LCT acabou com a distinção entre empregados e operários. Sobre o assunto, cf. LUÍS BRITO CORREIA, *Direito do Trabalho*, vol. I, pág. 93, e MONTEIRO FERNANDES, *Noções Fundamentais de Direito do Trabalho*, 6ª ed., vol. I, pág. 105 e segs..

(¹⁵) Sobre o assunto, cf. HÉMARD-TERRÉ-MABILAT, *ob. cit.*, vol. I, pág. 858 e segs..

(¹⁶) Cf. também CSC, art. 431º, 441º a 443º.

(¹⁷) Cf. FERRER CORREIA, *Lições*, vol. II, pág. 323 e segs..

tração ("Geschaeftsführung") ([18]) e poderes de representação ("Vertretung").

Com esta distinção pretende-se contrapor a competência interna à competência externa do órgão de administração — consoante se trate de praticar actos que produzam efeitos apenas nas relações entre a sociedade e os sócios ou entre a sociedade e os membros dos órgãos, ou antes, nas relações entre a sociedade e terceiros ([19]) ([20]).

Deste modo, dá-se à mesma palavra administração, sucessivamente, um sentido amplo e um sentido mais restrito, abrangendo a administração, em sentido amplo, tanto a administração, em sentido restrito (ou gestão), como a representação ([21]).

O CSC de 1986 prefere dizer que a administração (órgão) da sociedade anónima tem poderes de gestão e poderes de representação (art. 406º e 408º).

Uma e outra terminologias são aceitáveis, desde que se entenda, pelo contexto, o sentido que se dá às palavras; mas a do CSC parece mais feliz. E é necessária uma análise mais aprofundada desse sentido, que tem lugar noutro contexto, a propósito da competência do órgão de administração.

([18]) Parece mais correcto traduzir "Geschaeftsführung" por gestão (ou gerência, no contexto das sociedades por quotas). A palavra administração corresponde a "Verwaltung".

([19]) Sobre o assunto, a desenvolver noutro contexto, cf., por exemplo, MERTENS, in *Koelner Kommentar AktG*, § 77, Anm. 3, § 78, Anm. 3 a 6, e § 82, Anm. 3 a 12, e F. BONELLI, *Gli Amministratori*, pág. 87 e segs. Esta distinção não é corrente noutros países, como a França, em que se prefere distinguir entre poderes gerais e poderes especiais (à semelhança do mandato — CCiv, art. 1159º; cf. RIPERT-ROBLOT, *Traité*, 11ª ed., vol. I, pág. 884 e segs., e HÉMARD-TERRÉ-MABILAT, *ob. cit.*, vol. I, pág. 802 e segs.).

([20]) Este critério de distinção não suscita, por certo, quaisquer dúvidas em relação aos poderes referidos nas alíneas *a*), *b*), *c*), *d*) e *g*) do art. 406º do CSC. Já pode suscitar algumas em relação aos poderes referidos nas alíneas *e*), *f*) e *h*), uma vez que a aquisição, alienação e oneração de bens imóveis, bem como a prestação de cauções e garantias pela sociedade, exigem negócios jurídicos desta com terceiros; todavia, parece dever entender-se que a inclusão destes actos entre os "poderes de gestão" do conselho de administração corresponde à exigência de que, antes da prática de tais actos perante terceiros pelos administradores (conjuntamente, nos termos do art. 408º), tenha lugar uma deliberação do conselho de administração (como órgão colegial), com eficácia interna (nas relações entre a sociedade e os administradores).

([21]) E isto mesmo quando se diz que a característica fundamental da administração da sociedade anónima é ser órgão desta, ou seja, exercer a representação orgânica desta...

II – A gestão, no sentido do art. 406º do CSC, tem um significado, obviamente, mais restrito que o da palavra gestão ([22]), usada nas ciências empresariais. Todavia, mesmo nos domínios destas, a palavra é usada com vários sentidos.

A – Num primeiro sentido, muito amplo, gestão ou administração é a tomada de decisões relativamente à afectação de quaisquer recursos à satisfação de quaisquer necessidades. É o significado que a expressão tem quando se diz de qualquer pessoa que administra o seu património ou administra o seu tempo. Administrar é então uma actividade da pessoa (singular ou colectiva) que pode dizer respeito a qualquer parte do seu património ou até da sua pessoa e tanto pode consistir na escolha de objectivos últimos (planeamento a longo, médio ou curto prazo) ou de objectivos próximos (programação), como na organização, provimento, direcção e controlo da actividade de outrem ([23]).

Fala-se, efectivamente, tanto da administração de empresas (singulares ou colectivas), como da Administração Pública (do Estado), da administração de uma herança ou de um qualquer património.

Relativamente a sociedades anónimas, a administração, neste sentido muito amplo, corresponde à actividade de qualquer dos órgãos da pessoa colectiva (colectividade dos accionistas, administração e fiscalização).

B – Fala-se de gestão também num sentido mais restrito que este (mas, ainda assim, mais amplo que o do art. 406º do CSC), para referir as

---

([22]) Há quem, com algum snobismo, ignorância linguística ou desconsideração pela língua portuguesa, prefira usar a expressão inglesa "management", ignorando que esta palavra não tem apenas o significado técnico com que é usada para referir os métodos modernos de gestão de empresas. Aliás, os ingleses e americanos têm tanta dificuldade em definir "management" como os portugueses em definir gestão ou administração (cf., por exemplo, KOONTZ-O'DONNEL, *Principles of Management*, pág. 5 e segs.; HENN, *Law of Corporations*, pág. 343, chama "management" ao conjunto dos "directors and officers", mas na pág. 406, usa "direct" e "manage" como sinónimos). E não deixa de ser curioso referir que RICARDO TEIXEIRA DUARTE (no *Comentário ao Título XII, Parte I, Livro II, do Código Comercial Portuguez*, 1843, pág. 20), em sinonímia com a expressão administração, usa o termo **manejo**, que é afinal a palavra etimologicamente mais próxima de "management". Para ele, o administrador ou gerente é "aquelle que tracta do manejo e regimen dos negocios communs ou alheios". A palavra manejo não soa bem aos ouvidos do português de hoje, mas não deixa, por isso, de ser vernáculo.

([23]) Cf. KOONTZ-O'DONNEL, *Principles of Management*, pág. 5 e segs. e 47 e segs..

actividades ou funções dos gestores nos vários sectores (comercial, financeiro, produção, pessoal, investigação e desenvolvimento) e nos vários níveis da empresa: planeamento, organização, provimento, direcção e controlo.

Nas ciências empresariais, entende-se por *planeamento* a definição de objectivos da empresa, a selecção entre alternativas de acção e a elaboração de políticas e programas para alcançar os objectivos.

A *organização* inclui a determinação das actividades necessárias para alcançar os objectivos, a classificação dessas actividades em funções ou tarefas, a atribuição dessas tarefas aos postos de trabalho que vão ficar encarregados de as executar, a definição da estrutura de relações entre esses postos de trabalho e a concessão de poderes adequados.

O *provimento* envolve a definição de necessidades de colaboradores e a especificação dos requisitos exigidos para cada posto de trabalho, o recrutamento, selecção, formação, colocação e apreciação de colaboradores.

A *direcção* abrange a motivação (com prémios e castigos), a comunicação e o comando dos colaboradores, de modo a conseguir que eles actuem de maneira a alcançar os objectivos.

O *controlo* corresponde à verificação do trabalho realizado em confronto com os planos e programas e a sua correcção, tendo em vista alcançar os objectivos ([24]).

C – Mas mesmo entre os teóricos das ciências empresariais há quem distinga administração e gestão. Embora reconhecendo que estes termos exprimem as mesmas funções (a tomada de decisões para que um conjunto organizado de pessoas realize determinados objectivos), prefere-se o termo administração para funções superiores de gestão, no sector público (Administração civil ou militar), nas empresas (sociedades e outras), etc. ([24a]).

III – Repare-se que o termo administração como sinónimo de gestão, no sentido amplo usado nas ciências empresariais, inclui uma actividade de controlo ou de fiscalização.

([24]) Cf. KOONTZ-O'DONNEL, *ob. cit.*, pág. 47 e segs..
([24a]) Cf. P. TABATONI-P. JARNIOU, *Les systèmes de gestion – Politiques et structures*, Paris, PUF, 1975, pág. 1 e segs., e JANE AUBERT-KRIER, *Gestion de l'entreprise*, Paris, PUF, 2ª ed., 1966, pág. 1 e segs..

É evidente que os administradores controlam ou fiscalizam os trabalhadores seus subordinados.

Mas, quando se fala da estrutura das sociedades, a administração aparece como um órgão distinto do órgão de fiscalização, com funções diferentes (cf. a epígrafe do capítulo VI do título IV do CSC, que antecede o art. 390º, e os poderes referidos nos art. 406º, 408º e 420º do CSC). O órgão de fiscalização fiscaliza as actividades do órgão de administração e dos colaboradores deste.

IV — Deve observar-se aqui também que, se o conselho de administração da sociedade anónima tem poderes de representação desta, não deve, todavia, confundir-se esta representação (orgânica) por tal órgão com a representação por substituição de vontades.

Como é sabido e será aprofundado mais adiante, a vontade do órgão é, em si mesma (e não só nos seus efeitos), directamente imputada à pessoa colectiva, que não tem outra vontade senão a dos seus órgãos (ou melhor, dos titulares dos seus órgãos). Diversamente, a vontade do representante por substituição de vontades (mandatário, procurador, representante legal de um menor, etc.) substitui-se à vontade do representado. A vontade do representante é imputada apenas a ele próprio, sendo os seus efeitos imputados ao representado — que, normalmente, tem vontade própria, independente da vontade do representado, ainda que aquele não possa ou não queira exercê-la.

Nada impede que a sociedade, através de acto do seu órgão representativo (v. g., o conselho de administração), se faça representar através de procuradores, mandatários, gerentes comerciais, agentes comerciais, trabalhadores subordinados, etc., segundo as regras gerais do direito comercial ou civil (CCiv, art. 262º e 478º, CCom, art. 231º e 248º, DL nº 178/86, de 3.7, LCT, art. 5º, nº 3) [25].

---

[25] O CSC é expresso a este respeito, em relação às sociedades por quotas (art. 252º, nº 6), dada a proibição do art. 252º, nº 5. Quanto às sociedades anónimas, o regime é um tanto diferente, pois falta tal proibição genérica, admitindo-se em termos limitados a representação em reuniões e deliberações do conselho (art. 410º, nº 5), bem como a delegação de poderes de gestão e de representação (art. 407º e 409º, nº 2); mas não parece poder duvidar-se do que se afirma no texto, apesar de faltar texto equivalente ao art. 252º, nº 5.

SECÇÃO V

Administração e disposição

É importante anotar aqui também a contraposição, corrente no âmbito do direito civil, entre actos de mera administração (ou administração ordinária) e actos de disposição ([26]).

Noutro contexto se analisará esta distinção, devendo salientar-se, desde já, que o órgão de administração da sociedade anónima tem poderes para praticar tanto actos de mera administração (nesse sentido) como actos de disposição [CSC, art. 406º, al. *e*) e *f*), e 408º].

SECÇÃO VI

Administração e gerência

I – Por vezes, usa-se a expressão administração em sinonímia com gerência – tendo em vista quer sentidos amplos quer sentidos restritos das duas palavras. É o que faz, por exemplo, o CCom, art. 173º, § 3º.

II – Outras vezes, distinguem-se sentidos diferentes para as duas palavras, segundo variados critérios ([27]).

Nuns casos, reserva-se a expressão gerência para o órgão de "administração" da sociedade em nome colectivo (CSC, art. 191º a 193º), da sociedade por quotas (LSQ, art. 26º a 32º, CSC, art. 252º a 261º) e da sociedade em comandita (CCom, art. 203º, 205º e 206º, CSC, art. 470º e 471º), enquanto se usa o termo administração para o órgão equivalente da sociedade anónima (CSC, art. 390º e segs.).

Pode, porventura, afirmar-se a identidade de natureza destes órgãos dos vários tipos de sociedades (ou pelo menos das sociedades por quotas e das sociedades anónimas), embora se admita que há algumas diferenças importantes de regime (para além da óbvia tradição terminológica) – diferenças, aliás, menos profundas entre a gerência das sociedades por quotas e a administração das sociedades anónimas do que entre a admi-

---

([26]) Cf., por exemplo, CCiv de 1867, art. 1325º, CCiv de 1966, art. 1159º; MANUEL DE ANDRADE, *Teoria Geral da Relação Jurídica*, vol. II, pág. 58 e segs., e A. MENEZES CORDEIRO, *Teoria Geral do Direito Civil*, 1987, vol. II, pág. 80 e segs..

([27]) Cf. ALMEIDA LANGHANS, "Poderes de gerência nas sociedades comerciais", in *ROA*, ano 11º, 1951, nº 1 e 2, pág. 104 e segs..

nistração das sociedades anónimas e a administração (assim designada pelo CCiv, art. 985º e 996º) das sociedades civis, bem como a administração (assim designada pelo CCom, art. 154º, na redacção do art. 7º do DL nº 378/77, de 2.9) das sociedades em nome colectivo.

Alguns autores tentam encontrar para essa divergência de terminologia diferenças de natureza ou, pelo menos, de amplitude dos poderes ([28]).

Em face do CCom e da LSQ, podia duvidar-se de que tais diferenças tivessem fundamento bastante, quer na terminologia corrente, quer na terminologia legal ([29]) ([30]).

Em face do CSC o problema muda de figura, na medida em que se acentuam as diferenças de regime entre os administradores das sociedades anónimas (cujos poderes são alargados) e os gerentes das sociedades por quotas ([31]). Tais diferenças resultam de as sociedades por quotas estarem concebidas para pequenas ou médias empresas, enquanto as sociedades anónimas estão concebidas para grandes empresas (com maior número de sócios, capital, volume de vendas, número de trabalhadores, etc.) – o que, naturalmente, se reflecte no nível social (for-

---

([28]) É o que faz, por exemplo, ALMEIDA LANGHANS, art. cit., in *ROA*, ano 11º, 1951, nº 1 e 2, pág. 107 e seg..

([29]) ALMEIDA LANGHANS, art. cit., pág. 107, refere preceitos do CCiv de 1867, esquecendo, todavia, a terminologia usada pelo CCom de 1888 (v. g., art. 154º e 171º), que aponta em sentido diverso. E o CCiv de 1966 não confirma aquela posição, mas antes o seu contrário.

([30]) ALMEIDA LANGHANS, art. cit., pág. 108, defende também a distinção entre administração e mera administração, entendendo que "há mera administração" quando "não há plenitude dos poderes como mandatário, e quando não há esta plenitude, que só é própria da pessoa colectiva sociedade, não há administração, mas gerência". Não se vê razão bastante para fazer uma distinção nestes termos. A expressão actos de mera administração contrapõe-se – na linguagem do CCiv de 1867 (art. 59º, 150º, 152º, 243º, nº 1, 1117º a 1119º, 1189º a 1191º, 1270º, 1325º, 2082º, 2083º e 2179º), como na do CCiv de 1966 (art. 94º, nº 3, 1159º, 1446º, 1678º, 1922º, 1937º, 1938º, 1967º e segs., 2079º e segs., e 2091º) – a actos de disposição e não a actos de (plena) administração. Cf. também MANUEL DE ANDRADE, *Teoria Geral da Relação Jurídica*, vol. II, pág. 58 e segs.; A. MENEZES CORDEIRO, *Teoria Geral do Direito Civil*, 1987, vol. II, pág. 80 e segs., e o CCom de 1888, art. 233º.

([31]) As diferenças são tão importantes que alguns autores alemães, aliás em minoria, atribuem naturezas diferentes a uns e outros. Cf., por todos, VOLKER GROSS, *Das Anstellungsverhaeltnis des GmbH-Geschaeftsführers im Zivil-, Arbeits-, Sozialversicherungs- und Steuerrecht*, pág. 108 e segs. O aprofundamento desta questão excede, porém, o âmbito do presente estudo.

mação, aptidões, remuneração, etc.) das pessoas que exercem tais funções –, chegando tais títulos a constituir símbolos de posição social ("status").

III – Noutros casos, usa-se a expressão administração para o órgão da pessoa colectiva (v. g., sociedade comercial) e o termo gerência ou gerência de comércio (ou gerência comercial) para o mandatário com poderes amplos de representação (por substituição de vontades – não representação orgânica) permanente de um comerciante, em determinado lugar (CCom, art. 248º) ([32]).

IV – Noutros casos ainda usa-se o termo gerência para o período anual de exercício da administração. É o que se passa com as contas de gerência (CCom, art. 132º e 133º), a que o CSC prefere chamar contas do exercício (art. 65º, por exemplo).

SECÇÃO VII

Administração e administradores

Embora o CSC atribua a administração da sociedade anónima com estrutura monista a um conselho de administração (art. 390º, 405º, 406º e 408º), o certo é que os poderes de representação da sociedade são, em regra, exercidos pelos administradores, não colegialmente, mas sim conjunta ou mesmo disjuntamente (CSC, art. 408º, nº 1 e 3) ([33]). Pode, por isso, perguntar-se se o órgão de administração é o conselho de administração (como órgão naturalmente colegial) ou se são os administradores, agindo ora individualmente, ora como conjunto, ora como colégio.

O problema pode pôr-se também quanto aos directores de sociedades anónimas com estrutura dualista.

E pode pôr-se igualmente em face da lei anterior, sobretudo a partir do momento em que o DL nº 387/77, de 15.9, passa a exigir que seja colegial o órgão de administração das sociedades anónimas. É prática muito generalizada nos estatutos de sociedades portuguesas, ainda antes

---

([32]) Cf. L. BRITO CORREIA, *Direito Comercial*, 1987, vol. I, pág. 197 e segs..

([33]) Sobre a distinção entre o modo de funcionamento disjunto, conjunto e colegial, cf. L. BRITO CORREIA, *Direito Comercial*, 1989, vol. III, pág. 6 e segs..

do CSC, a atribuição a um ou, mais frequentemente, dois dos administradores de poderes "para obrigar" (ou vincular) a sociedade. Trata-se obviamente de poderes para representar, activa ou passivamente, a sociedade. Não é concebível que o DL nº 389/77 tivesse em vista impedir esta prática, nem tal diploma foi entendido nesse sentido. Aliás, pode dizer-se que tal prática é acolhida pelo CSC (art. 408º, nº 1).

A questão não é apenas de terminologia, nem afecta só o modo de exercício dos poderes dos órgãos de administração. Mas talvez tenha menos importância do que parece à primeira vista; e noutro contexto haverá ocasião de analisá-la em relação a questões com maior relevância prática.

SECÇÃO VIII

Administração e liquidação

I – Por outro lado, importa acentuar que o conselho de administração (ou / e os administradores) ou a direcção (ou / e os directores) é o órgão "normal" de administração da sociedade – no sentido de órgão previsto na lei para a vida "normal" da sociedade.

Mas a lei prevê que, em determinadas situações, a sociedade seja administrada por outras entidades que não o conselho de administração (ou o administrador único), nem a direcção (ou o director único), tendo em vista fins específicos.

Assim, no caso de dissolução e *liquidação* da sociedade, esta passa a ser "administrada" pelos liquidatários (CCom, art. 121º, 122º, § único, e 134º; CSC, art. 151º, 152º, etc.).

No caso de *falência*, a sociedade mantém os seus administradores, que, todavia, passam a ter obrigações específicas (CPC, art. 1289º, que remete para os art. 1140º, 1141º, 1144º, etc.), sendo o conjunto dos bens sociais apreendido (CPC, art. 1205º) e administrado pelo administrador designado pelo tribunal (CPC, art. 1181º, 1208º, 1210º e 1289º).

Num caso e noutro, trata-se de processos que se arrastam no tempo, sendo, por isso, necessária uma actividade de verdadeira administração, embora limitada aos objectivos da liquidação judicial ou extrajudicial. A actividade dominante não é, porém, de administração, mas antes de pagamento do passivo e de conversão dos elementos do activo em bens susceptíveis de partilha entre os sócios.

O estatuto dos liquidatários apresenta algumas semelhanças com o dos administradores, mas também significativas diferenças, não sendo possível o seu estudo aqui ([34]).

II – Como se disse acima, o estudo seguinte respeita, fundamentalmente, aos administradores (membros do conselho de administração) sujeitos ao regime geral, salvo indicação em sentido diverso. Grande parte das observações feitas poderá aplicar-se, "mutatis mutandis", aos directores; mas tal aplicação exige análise específica, que não vai fazer-se a seguir — a não ser quanto aos direitos alemão e francês, na medida em que a doutrina aí desenvolvida tem influenciado a doutrina portuguesa e interessa ver em que medida ela é aplicável aos administradores de sociedades com estrutura monista.

([34]) Cf. RAÚL VENTURA, *Sociedades Comerciais: Dissolução e Liquidação*, 1960, vol. II, pág. 123 e segs.; id., *Comentário ao Código das Sociedades Comerciais – Dissolução e Liquidação,* 1987, pág. 297 e segs..

CAPÍTULO II

Necessidade do órgão de administração

I – A sociedade anónima é um tipo de entidade colectiva concebido para captar grandes massas de capitais e agregar muitas pessoas, tendo em vista exercer uma actividade caracteristicamente empresarial de dimensão média ou grande ([1]).

([1]) As estatísticas mostram que a realidade corresponde a esta concepção. Todavia, a frequência e a dimensão dos diversos tipos de sociedades varia muito de país para país, como pode deduzir-se do quadro seguinte:

País	Sociedades anónimas		Sociedades por quotas	
	Nº	% *	Nº	% *
Alemanha	2 508	0,62	401 887	99,38
Bélgica	80 514**	35,7	145 126**	64,3
Dinamarca	25 742**	30	60 175**	70
Espanha	531 534	81,09	123 957	18,91
França	152 594	21,8	546 576	78,2
Grécia	22 604	31,9	48 215	68,1
Holanda	3 343	2,73	243 617	97,27
Irlanda	425	0,39	109 993	99,61
Itália	71 779	19	312 358	81
Luxemburgo	3 922	29,3	9 483	70,7
Portugal	5 654	2,96	185 233	97,04
Reino Unido	11 100	1	994 200	99

* Percentagem sobre o total de SA + SPQ.
** Dados de 1989; os dos restantes países são de 1990.

Fontes: – Comissão das Comunidades Europeias;
– Registo Nacional de Pessoas Colectivas.

Para alcançar este objectivo têm de escolher caminhos: têm de praticar muitos actos de vontade, têm de tomar decisões. Na verdade, ela conjuga a actividade de pessoas e diversos bens (equipamentos, meios financeiros, matérias-primas, etc.) para produzir novos bens (produtos) ou serviços destinados ao uso ou consumo por terceiros. Tal actividade desdobra-se, não só na definição de preferências de acção, mas na prática de actos concretos de administração e disposição de bens e de criação de direitos e obrigações relativos a terceiras pessoas.

Esta situação não é exclusiva das sociedades anónimas: numerosas outras entidades colectivas (sociedades civis e comerciais de outros tipos, cooperativas, empresas públicas, associações e diversas outras entidades privadas e públicas) têm problemas análogos, embora com objectivos e dimensões, porventura, diversos. O problema é efectivamente comum à generalidade das pessoas colectivas.

Mas põe-se com particular agudeza e evidência em relação a colectividades numerosas, a quem as circunstâncias da vida (v. g., a procura e a concorrência no mercado) exigem grande eficácia em acções concretas.

Na verdade, muitos actos de vontade exigidos pela vida da sociedade não podem ser praticados sistematicamente por todos os accionistas. Há que escolher alguns de entre eles (ou, porventura, entre terceiras pessoas) para praticar tais actos, isto é, para formar, expressar e executar (ou promover que seja executada) a vontade da colectividade e controlar a actuação dessas pessoas, para assegurar que ela corresponde aos interesses legítimos da colectividade.

Surge assim a necessidade do que hoje se chama órgão da sociedade anónima (como da generalidade das pessoas colectivas).

II – Mas logo se verifica, não apenas a necessidade genérica de órgãos, mas mesmo a necessidade de espécies diferentes de órgãos, entre os quais haverá que repartir poderes e, eventualmente, estabelecer uma certa hierarquia.

Considera-se mais conveniente que certas decisões fundamentais sejam reservadas para a colectividade dos associados. Mas cedo tem de se abandonar o desejo utópico de consenso permanente (a regra da unanimidade), em face da realidade das divergências irredutíveis e das frequentes ausências. As deliberações passam a ser tomadas pela maioria dos accionistas presentes (ou representados) em reuniões mais ou menos formais. Toma-se a vontade da maioria da assembleia geral como vontade da sociedade: a assembleia geral torna-se órgão da sociedade. Mais recentemente, admite-se mesmo que os accionistas deliberem por escrito, sem se reunirem (CSC, art. 373º, nº 1): órgão da sociedade passa a ser, assim, a colectividade dos accionistas, deliberando colegial ou conjuntamente (²).

Por outro lado, as decisões do dia-a-dia têm de ser atribuídas a um número mais restrito de pessoas: a um ou poucos administradores, reunidos ou não em conselho, aptos a tomar decisões rápida e eficazmente.

Torna-se necessário, porém, assegurar que os administradores respeitem sempre as regras de vida da sociedade. Considerando que, frequentemente, a colectividade dos accionistas não pode exercer tal função de modo eficaz, cria-se para isso um (ou vários) órgão(s) de fiscalização.

III — Esta necessidade de órgãos resulta, assim, da "natureza das coisas" — das características que as relações societárias mais frequentemente assumem na vida real e das necessidades desta.

Não se trata de uma necessidade lógica, mas de uma exigência económico-social, que o direito assume e tutela.

Quando o legislador se esforça por tipificar as situações e definir regras para prevenir ou resolver, com justiça e segurança, conflitos de interesses entre os sócios e entre estes e terceiros, faz dessa necessidade económico-social um imperativo coercível e estrutura de certo modo os órgãos — do modo que melhor corresponde (no entender do criador do direito) à configuração típica dos fenómenos previstos. Trata-se, pois, também de uma necessidade jurídica (³).

Por isso se encontra na lei a afirmação, mais ou menos clara, da necessidade de órgãos (⁴), v. g., de um órgão de administração da sociedade anónima (⁵).

E repare-se que esta necessidade de órgãos — de certos tipos de órgãos — é configurada de modo específico e particularmente acentuado nas sociedades anónimas.

Na verdade, nas sociedades em nome colectivo, com um número de

---

(²) Cf. Luís Brito Correia, *Direito Comercial*, vol. III, pág. 20, 67, 248 e segs..

(³) Em sentido análogo, cf. *Répertoire Dalloz*, 1859, nº 1513, e De Gregorio, *Delle società e delle associazioni commerciali*, pág. 208 e seg..

(⁴) Cf., por exemplo, CRP, art. 113º, Lei nº 79/77, de 25.10, art. 1º, nº 2, 4º, 39º, 82º, CCiv, art. 170º a 178º, 195º, 985º a 987º, 996º e 998º.

(⁵) Cf. CSC, art. 278º e 390º a 445º; anteriormente, CCom, art. 114º, nº 5, 118º, nº 3, 119º, nº 2, 171º, 172º, 179º, § único, nº 2.

sócios habitualmente reduzido (em consequência do princípio da ilimitação da responsabilidade), admite-se que todos os sócios possam ter igual poder de administrar ([6]), a ponto de se diluir muito o contraste entre a qualidade de sócio gerente e a de sócio membro da assembleia geral (ou colectividade dos sócios), o qual nem por isso desaparece totalmente ([7]).

Nas sociedades por quotas, em que o número de sócios é ainda relativamente pequeno, tal contraste é mais saliente, contrapondo-se claramente a situação dos gerentes [que podem nem ser sócios ([8])] e a dos sócios membros da assembleia geral [ou colectividade dos sócios ([9])], permitindo-se mesmo que haja um conselho fiscal ([10]) ([11]).

Nas sociedades anónimas, concebidas para atrair grandes volumes de capitais de numerosos accionistas, os órgãos têm uma estrutura mais elaborada e rígida, que sofreu, aliás, evolução significativa, até se chegar à situação hoje vigente, em Portugal, em que o CSC permite a escolha entre duas modalidades de organização:

a) Colectividade dos accionistas, conselho de administração (ou administrador único) e conselho fiscal (ou fiscal único);

b) Colectividade dos accionistas, conselho geral, direcção (ou director único) e revisor oficial de contas (ou sociedade de revisores oficiais de contas) (CSC, art. 278º).

Significará esta necessidade de órgãos (v. g., de administração) que a sociedade anónima não pode existir sem órgãos, ou, apenas, que não pode sem eles agir juridicamente?

Partindo da distinção, adiante analisada, entre órgão (centro de imputação de poderes funcionais) e titular do órgão (indivíduo provido no órgão), é evidente que a pessoa colectiva tem de ter órgãos e não pode existir sem órgãos: não é concebível uma pessoa colectiva que não tenha, de todo e permanentemente, a possibilidade de formar e declarar uma vontade. O órgão é elemento essencial e intrínseco da pessoa colectiva ([12]).

([6]) Cf. CSC, art. 191º; antes, CCom, art. 114º, nº 5, 152º, § 2º , e 154º.

([7]) Cf. CSC, art. 189º e 190º; antes, CCom, art. 151º, 152º, e 154º, e CCiv, art. 985º a 987º.

([8]) Cf. CSC, art. 252º; antes, LSQ, art. 26º e 29º.

([9]) Cf. CSC, art. 252º; antes, LSQ, art. 36º.

([10]) Cf. CSC, art. 262º; antes, LSQ, art. 33º.

([11]) Sobre a necessidade de gerentes, cf. RAÚL VENTURA, "Funcionamento da gerência das sociedades por quotas", in *Dir*, ano 100, 1968, pág. 146 e segs.

([12]) Cf. CASTRO MENDES, *Teoria Geral do Direito Civil*, vol. I, pág. 227 e segs..

Quanto à sociedade anónima, poderia o legislador conceber a sua organização de vários modos. Mas deve entender-se como essencial ao tipo legal de sociedade anónima, tal como a lei o estrutura, a existência de um órgão de administração.

Em face do CCom, uma sociedade anónima cujo contrato excluísse – por hipótese de escola ([13]) – a existência da "direcção" ou do conselho fiscal (CCom, art. 171º a 174º e 179º a 187º, e DL nº 49 381, de 15.11.1969, art. 1º a 16º) – teria de considerar-se irregular (art. 107º) ([14]). Assim como seria irregular uma sociedade anónima cujo contrato não especificasse a organização da administração e fiscalização (isto é, não contivesse as regras mínimas necessárias ao funcionamento destes órgãos, em conjugação com as normas legais imperativas e supletivas) e, nomeadamente, não declarasse quem podia usar da firma social (CCom, art. 114º, nº 5 – sendo certo que só os administradores, e não todos os accionistas, podiam fazê-lo, como se verá adiante).

Em face do CSC, é essencial que do contrato conste "a estrutura adoptada para a administração e fiscalização da sociedade" [art. 272º, al. g)]: um conselho de administração (ou administrador único) ou uma direcção (ou director único) e um conselho geral, bem como um conselho fiscal (ou fiscal único) ou um ROC, além da colectividade dos accionistas (CSC, art. 278º, 373º, 390º, 413º, 424º e 446º).

A cláusula que excluísse a existência de um dos órgãos referidos teria de considerar-se ilegal e nula, por violar regras imperativas (art. 373º, 390º, 413º, 424º, 434º e 446º); mas, caso a sociedade estivesse já registada (!), isso não arrastaria a invalidade do contrato no seu conjunto (art. 42º) ([15]), ao menos como regra (CCiv, art. 292º), devendo aplicar-se as disposições relativas à substituição de administradores ou directores (CSC, art. 393º, 394º, 426º e 438º). E tal solução parece dever aplicar-se também a sociedades unipessoais (CSC, art. 488º): a remissão do nº 2 do art. 488º justifica-se, entre outros motivos, pela conveniência de impor o funcionamento de órgãos distintos (accionistas, administração e fiscalização), que, de algum modo, assegurem o respeito da separação patrimonial pelo accionista único.

([13]) De escola, porque é pouco provável que algum notário aceite subscrever uma escritura nesses termos e que algum conservador aceite registar tal constituição.

([14]) Com todas as consequências analisadas desenvolvidamente em LUÍS BRITO CORREIA, *Direito Comercial*, vol. I, 1983-84, pág. 650 e segs.; cf. também DE GREGORIO, *Delle società e delle associazioni commerciali*, pág. 213 e seg..

([15]) Cf. LUÍS BRITO CORREIA, *Direito Comercial*, vol. II, 1989, pág. 203 e segs..

Uma deliberação de alteração do contrato que suprima o conselho de administração (não se limitando a destituir todos os administradores), sem o substituir por outro órgão equivalente (ainda que com outro nome – CSC, art. 278º, nº 3), tem de considerar-se nula por ter objecto ilegal [CSC, art. 56º, nº 1, al. c) e d) ([16])], a menos que, por mera hipótese, deva interpretar-se como significando a vontade de dissolver a sociedade, dada a impossibilidade de realização do seu fim ou do objecto [CCom, art. 120º, nº 3, CSC, art. 142º, nº 1, al. b)].

Caso o contrato contenha as disposições necessárias, mas os órgãos não sejam efectivamente providos, de harmonia com a lei e os estatutos, pode perguntar-se qual a sanção aplicável.

A Lei fr de 1867 dispõe que a sociedade não está definitivamente constituída senão depois da nomeação dos administradores e comissários (art. 25º), entendendo a doutrina, mais exactamente, que tal se verifica só depois da aceitação por estes do mandato conferido pela assembleia geral ([17]).

No direito português, parece necessário distinguir a constituição sem apelo a subscrição pública da constituição com apelo a subscrição pública.

Para o caso de constituição sem apelo a subscrição pública, não exige o CSC, de forma expressa, a indicação no contrato de sociedade da identidade dos administradores [art. 391º ([18])]. Pelo contrário, quando o art. 391º, nº 1, diz que "os administradores podem ser designados no contrato de sociedade [...]", inculca a ideia de que não tem necessariamente de ser assim. Podem, pois, os administradores ser designados posteriormente, sem que isso afecte a criação da pessoa jurídica por efeito da escritura pública e do registo ([19]).

No caso de constituição com apelo a subscrição pública, o CSC dá claramente a entender que, no momento do registo provisório do contrato, não têm ainda de estar designados os administradores da sociedade (o art. 279º não menciona qualquer designação), impondo, todavia, que a posterior assembleia constitutiva delibere sobre as designações para os

---

([16]) Em face do CCom, esta afirmação pode ainda suscitar dúvidas e exigiria demonstração, que não parece, porém, ter interesse aprofundar aqui.

([17]) Cf. THALLER-PIC, *Traité général théorique et pratique de Droit Commercial – Des Sociétés Commerciales*, vol. II, 1911, pág. 537.

([18]) Antes, no CCom, art. 162º e 163º.

([19]) Solução semelhante podia basear-se no art. 171º, § único, do CCom.

órgãos sociais [art. 281º, nº 7, al. b)], devendo a respectiva acta ser exibida ao notário, por ocasião da escritura, e ficar arquivada na conservatória do registo comercial (art. 283º) ([20]).

Mas, mesmo neste caso, a falta de designação de administradores não é fundamento de invalidade do contrato que, apesar disso, seja (indevidamente!) registado (CSC, art. 42º).

Mas é evidente que sem certos órgãos "vitais" ([21]), como a administração, a sociedade não pode, de facto, funcionar: sem administradores (nem quem os substitua), não pode administrar o seu património, nem praticar, em geral, actos jurídicos eficazes perante terceiros ([22]). A designação de administradores constitui assim como que um ónus.

Efectivamente, a sociedade anónima não pode, em regra, ser representada perante terceiros pela colectividade dos accionistas ([23]), nem

---

([20]) Diversamente, o CCom dava a entender que, no momento da constituição provisória, não tinham de estar designados os directores (repare-se na palavra "porventura" do art. 164º, § 2º, nº 5); e que a constituição definitiva precedia a eleição da direcção, embora os dois actos devessem constar da mesma acta, a apresentar para a conversão em definitivo do registo do contrato (art. 164º, § 6º).

([21]) A colectividade dos accionistas pode deliberar desde que existam accionistas que possam provocar a sua convocação (CSC, art. 377º; antes, CCom, art. 180º, 182º e 183º) ou mesmo deliberem por escrito (CSC, art. 373º); por isso, dificilmente se concebe uma sociedade anónima sem colectividade de accionistas. E pode admitir-se que exista este órgão social, mesmo quando a sociedade seja unipessoal, embora fique então sujeito a um regime específico – que afinal se aplica também (ao menos parcialmente) quando, numa sociedade pluripessoal, compareça à assembleia um único accionista, representando uma parte do capital suficiente para satisfazer as exigências estatutárias de quórum. Mas a impossibilidade de funcionamento efectivo da colectividade dos accionistas (v. g., por incapacidade dos accionistas) pode, obviamente, implicar a incapacidade de exercício de direitos e de cumprimento de diversas obrigações legais e as respectivas sanções (v. g., CSC, art. 376º, 451º e 515º, na redacção do DL nº 184/87). A falta do órgão de fiscalização não inviabiliza totalmente a vida social, embora impossibilite o cumprimento de diversas obrigações legais (v. g., CSC, art. 420º, 422º, 452º, 453º; antes, DL nº 49 381, art. 10º, 12º, 34º, 36º, 38º). A sua não designação pode envolver, não só as sanções aplicáveis ao incumprimento de tais obrigações (v. g., multas), como também responsabilidade dos administradores (CSC, art. 72º, 413º e 417º e DL nº 84/82, de 17.3; antes, no DL nº 49 381, art. 7º, 17º e 38º e DL nº 135/78, de 9.6) e mesmo a acção prevista no art. 147º do CCom, que não tem, aliás, equivalente no CSC (cf., contudo, o art. 144º).

([22]) Não pode, nomeadamente, ser parte em acção judicial: cf. CPC, art. 21º, nº 2, e Ac STJ de 22.1.1980, in BMJ, nº 293, pág. 249.

([23]) A não ser no acto de designação de terceiros como membros de órgãos sociais; neste sentido, cf., por exemplo, A. DONATI, L'invalidità, pág. 28 e segs..

pelos accionistas individualmente considerados (²⁴), nem pelo presidente da mesa da assembleia geral (ou pela mesa, no seu conjunto) (²⁵), nem pelo órgão de fiscalização (²⁶).

Se, já depois de constituída regularmente, a sociedade vier a encontrar-se ocasionalmente sem administradores (por exemplo, porque morreram todos num acidente de viação), ela fica incapacitada de exercer os seus direitos e de cumprir as suas obrigações perante terceiros (²⁷). Caso a situação assuma carácter duradouro, pode vir a ser considerada como uma causa de impossibilidade legal de satisfazer o fim da sociedade e, portanto, causa de dissolução da sociedade [CSC, art. 141º, nº 1, al. c), e 142º, nº 1, al. b) (²⁸)].

Parece, inclusivamente, dever entender-se que a ausência dos administradores do estabelecimento social, "sem deixar legalmente indicado quem [...] represente (a sociedade) na respectiva gestão", pode ser motivo de declaração de falência da sociedade (²⁹).

(²⁴) Cf. Ac STJ de 18.3.1949, in *BMJ*, nº 12, pág. 374, que considerou "nulo" o contrato-promessa de compra e venda a terceiro de todo o activo de uma sociedade comercial por quotas, sem gerentes devidamente nomeados, outorgado por um sócio sem o consentimento do outro único sócio. Actualmente, seria mais curial aplicar a este caso o disposto no art. 253º do CSC, no seguimento, aliás, do art. 268º do CCiv.

(²⁵) Sobre a competência destes, cf. Luís BRITO CORREIA, *Direito Comercial*, vol. III, pág. 527 e segs..

(²⁶) A não ser no acto de designação de não accionistas como administradores substitutos [CSC, art 393º, nº 1, al. c); antes, no CCom, art. 172', § 2º] e nalguns outros casos especialmente previstos na lei [v. g., CSC, art. 421º, nº 1, al. c); antes, no DL nº 49 381, de 15.11.1969, art. 11º, nº 1, al. c)].

(²⁷) Neste sentido, no âmbito das pessoas colectivas de direito civil, cf. CASTRO MENDES, *Teoria Geral do Direito Civil*, vol. I, pág. 229 e segs. e 237 e segs.; cf. também Luís BRITO CORREIA, *Direito Comercial*, 1989, vol. I, pág. 279 e seg..

(²⁸) Antes, no CCom, art. 120º, nº 3º; em sentido análogo, em face do CCom it 1882, art. 189º, cf. DE GREGORIO, *Delle società*, pág. 213 e seg..

(²⁹) Cf. CPC, art. 1174º, nº 1, al. b), que deve considerar-se aplicável às sociedades comerciais. Neste sentido, PEDRO DE SOUSA MACEDO, *Manual de Direito das Falências*, vol. I, pág. 288; contra, cf. ANTÓNIO MOTA SALGADO, *Falência e Insolvência — Guia Prático*, pág. 204 e segs., por entender que "não pode conceber-se que a sociedade, como tal, se evada, desapareça, se retire, brusca e precipitadamente, para lugar oculto. Podem fazê-lo os sócios, os administradores, os gerentes — porém, estes não são o comerciante a que se reporta a alínea b) do nº 1 do art. 1174º". Esquece, contudo, que os actos dos órgãos (colectividade dos sócios, conselho de administração, órgão de fiscalização) são imputáveis à sociedade, não se vendo por que razão a ausência ou fuga do conjunto dos administradores, que não seja suprida nos termos legais, não há-de ser imputável à sociedade, inclusivamente para efeitos de falência.

Por isso a lei facilita relativamente a designação dos administradores, admitindo que seja feita tanto pelo contrato, como por deliberação dos accionistas [CSC, art. 391º (³⁰)], ou mesmo pelo tribunal [CSC, art. 394º (³¹)].

E prevê diversos modos de substituição dos administradores que, por qualquer motivo, estejam impedidos definitivamente de exercer funções [CSC, art. 393º e 394º (³²)].

É certo que o contrato de sociedade pode criar outros órgãos além dos impostos na lei – estejam ou não previstos na lei como facultativos (³³). Mas não pode, como se disse, deixar de constituir os órgãos impostos por lei, nem pode atribuir a outros órgãos estatutários certas competências mínimas reservadas por lei para os órgãos obrigatórios (³⁴).

IV – O órgão de administração tem de existir durante toda a vida da sociedade, desde a constituição até ao fim da liquidação (³⁵). E deve estar provido de titulares, sem solução de continuidade (³⁶). Por isso pode

---

(³⁰) Antes, CCom, art. 171º.
(³¹) Antes, DL nº 49 381, de 15.11.1969, art. 29º, nº 3 a 5, DL nº 154/72, de 10.5, art. 4º e 5º.
(³²) Antes, CCom, art. 172º, § 2º.
(³³) Por exemplo, o CCiv it de 1942 prevê, como órgãos facultativos, o comité executivo (art. 2381º) e os directores gerais (art. 2396º). Cf. MOSSA, *Trattato del nuovo diritto commerciale*, vol. IV, pág. 364 e seg., e BRUNETTI, *Trattato del diritto delle società*, vol. I, pág. 280. O CSC prevê, por exemplo, a criação de uma comissão de accionistas para fixar as remunerações dos administradores (art. 399º, nº 1), bem como a existência de administradores delegados e de uma comissão executiva (art. 407º).
(³⁴) Cf. MOSSA, *ob. cit.*.
(³⁵) Após a dissolução, a sociedade continua a ter necessidade de um órgão de administração ("latissimo sensu"), embora com objectivos e poderes limitados: os liquidatários (CSC, art. 151º, antes, no CCom, art. 121º, 131º e segs.). Em rigor, devia entender-se, em face do CCom, que os administradores se mantinham em funções, mesmo após a dissolução, até ao início do exercício de funções dos liquidatários (CCom, art. 122º, § único, e 133º); em face do CSC, os administradores passam a ser liquidatários a partir da dissolução, por força da lei, salvo cláusula contratual ou deliberação em contrário (art. 151º).
(³⁶) Esta regra implica a obrigatoriedade de designação de administradores (os mesmos ou outros) de cada vez que termina o prazo legal de duração de funções ou cessam, de outro modo, as funções dos administradores; e, como regra, a obrigatoriedade de manutenção em exercício de funções dos administradores, cujo prazo de funções tenha terminado, até à sua substituição (o CSC, art. 391º, nº 4, é explícito a este respeito). Adiante serão analisadas mais desenvolvidamente estas matérias.

dizer-se que o órgão de administração, v. g., o conselho de administração, é um órgão permanente.

Antecipando conclusões da análise posterior, deve observar-se, porém, que este carácter de permanência não é suficiente para ver no conselho de administração uma pessoa jurídica (colectiva) distinta dos seus membros e da sociedade ([37]).

V — Não basta, porém, impor a existência e o funcionamento dos órgãos. A lei tem de definir um regime mais ou menos completo que lhes seja aplicável e que tem de respeitar a concepção geral e os princípios fundamentais da ordem jurídica em que se integra.

É para compreender e explicar esta concepção geral e estes princípios fundamentais que a doutrina se esforça por definir a natureza dos órgãos e, nesse contexto, fundamentar a sua própria existência jurídica ([38]).

VI — Antes, porém, de abordar com o necessário desenvolvimento esta questão, parece conveniente analisar os principais sistemas de organização das sociedades anónimas e ver como neles se enquadram os previstos pelas sucessivas leis portuguesas.

([37]) Como parece resultar de uma sentença do Tribunal de Riom, citada por GOURLAY, *Le conseil d'administration de la société anonyme*, pág. 14.

([38]) Sobre o mesmo problema, mas numa perspectiva metodológica um tanto diversa, cf. GOURLAY, *ob. cit.*, pág. 11 e segs..

CAPÍTULO III

Sistemas de organização das sociedades anónimas: história e direito comparado

SECÇÃO I

Considerações gerais

O modo como se estruturam e funcionam os órgãos das sociedades anónimas tem variado ao longo da história e de país para país, acompanhando naturalmente a evolução de outros aspectos do regime das próprias sociedades e da vida em geral. Por isso a análise histórica e comparativa desses órgãos tem de ser enquadrada na história das sociedades anónimas e mesmo na evolução social de cada país, no contexto mundial.

E a evolução de tais órgãos é moldada não só pelas leis e outras fontes de direito comum, mas também pelos estatutos de cada sociedade e por outros actos jurídicos e não jurídicos, a que, por vezes, é difícil ter acesso.

Por isso o estudo seguinte incidirá, sobretudo, nas leis e outras normas jurídicas dos países que se tomam como mais significativos na Europa ou que mais influenciaram o direito português.

Quanto à análise histórica, interessa, principalmente, desenvolvê-la a partir do período em que foi elaborado o Código Comercial português de 1888, recentemente substituído pelo Código das Sociedades Comerciais de 1986. Mas o período anterior também merece referência sumária.

SECÇÃO II

Das origens ao século XVIII

I – Há quem (¹) considere como antepassados remotos das modernas sociedades anónimas (²) as "societates publicanorum" ou "societates vectigalium publicorum" (³) (⁴), sociedades com personalidade jurídica, em que várias pessoas contribuíam com bens ou serviços para cobrar impostos devidos ao Estado ou aos municípios ou para realizar obras públicas ou fornecimentos, com fim lucrativo, sendo o respectivo título de participação transmissível. Tais sociedades tinham por órgãos o "magister", o "pro magister" e o "syndicus", ao lado de assembleias gerais dos "socii" e "adfines".

Apesar de algumas semelhanças com as actuais sociedades anónimas, estas sociedades romanas estavam longe, porém, de ter características que hoje se consideram da essência daquelas. Para além de exercerem uma função de carácter público, a situação do "socius" não é comparável à do accionista, nem a "pars" tinha as características e o regime de transmissão das acções (⁵).

II – Antecedentes mais próximos das sociedades anónimas podem encontrar-se, na Idade Média, nos "montes" italianos.

(¹) Cf. BOUCHAUD, "Mémoire sur les sociétés que formèrent les publicains pour la levée des impôts", in *Mémoires de littérature tirés des registres de l'Académie Royale des Inscriptions,* Paris, 1774, vol. XXXVII, pág. 241 e segs., cit. por A. VIGHI, "Notizie Storiche sugli amministratori ed i sindaci delle società per azioni anteriori al Codice di Commercio Francese", in *RivS,* 1969, pág. 665; cf. também GEORGES-G. BOURSAN, *Droit Romain du Contrat de Société* (tese), Paris, L. Larose et Forcel, 1883, pág. XXXVI e segs..

(²) Ou, talvez melhor, das sociedades em comandita por acções; cf. K. LEHMANN, *Das Recht der Aktiengesellschaften,* 1898, vol. I, pág. 17 e seg..

(³) Com antecedentes na Grécia; cf. K. LEHMANN, *Das Recht der Aktiengesellschaften,* vol. I, pág. 6 e segs., e THALLER-PIC, *Traité général théorique et pratique de droit commercial – Des sociétés commerciales,* t. I, 1907, nº 91.

(⁴) Cf. ARIAS BONET, "Societates publicanorum", in *AHD,* XIX, 1948-1949, pág. 18 e segs.; RENAUD, *Das Recht der Aktiengessellshaft,* Leipzig, 2. Aufl., 1875, pág. 3 e segs.; GOLDSCHMIDT, *Universalgeschichte des Handelsrechts,* Stuttgart, 1891, pág. 71 e segs., cit. por DOSE, *ob. cit.,* pág. 6; K. LEHMANN, *Das Recht der Aktiengesellschaften,* 1898, vol. I, pág. 8 e segs.; THALLER-PIC, *Traité,* t. I, nº 99; BRUNETTI, *Trattato del diritto delle società,* vol. II, pág. 1 e segs., e ANGEL CRISTÓBAL-MONTES, *La administración delegada de la sociedad anonima,* pág. 13 e segs..

(⁵) Cf. *ob. cit.*.

Para ocorrer às suas necessidades e empreendimentos as cidades medievais contraíam grandes empréstimos junto de particulares e, perante a impossibilidade de os reembolsar com juros, concediam aos credores o direito de cobrar os impostos, como garantia dos empréstimos. O total do empréstimo ("monti", "masse" ou "compere") era dividido em partes iguais ("loca"), que eram consideradas como coisas móveis, alienáveis e frutíferas, dando direito a uma parte proporcional nas receitas públicas. Nalguns casos, os beneficiários destas receitas agruparam-se em organizações autónomas, como o célebre Banco di San Giorgio, de Génova (consolidado em 1407), o Banco de Santo Ambrósio, de Milão (1598), e o Banco dei Paschi, de Siena.

O Banco di San Giorgio é considerado, por vários autores, a primeira sociedade que se pode qualificar seguramente como sociedade anónima: a responsabilidade era limitada ao montante do crédito de cada participante, o capital estava dividido em partes iguais, representadas por documentos e transmissíveis ("loci comperarum"). Tinha uma administração composta por oito membros ("collegium" dos "protettori"), uma assembleia geral ("consiglio generale") com 480 membros e um órgão de fiscalização ("sindicatori") ([6]).

Análogos aos "montes" eram as "maone" (palavra árabe que significa ajuda ou socorro), consideradas como antecessoras das sociedades coloniais dos séculos XVII e XVIII. As "maone" eram associações de cidadãos que, sob a direcção do Estado, empreendiam uma expedição naval para a conquista de uma colónia e obtinham, por um certo número de anos, em garantia e para extinção do seu crédito, a administração e o usufruto das colónias e o monopólio do comércio dos produtos

---

([6]) Cf. L. GOLDSCHMIDT, *Handbuch des Handelsrechts*, vol. I, 1: *Universalgeschichte des Handelsrechts*, 3ª ed., Stuttgart, 1891, reimpr. 1973, pág. 290 e segs.; K. LEHMANN, *Geschichtliche Entwicklung des Aktienrechts bis zum Code de Commerce*, Berlim, 1895, reimp. 1964, pág. 43 e segs.; K. LEHMANN, *Das Recht der Aktiengesellschaften*, 1898, vol. I, pág. 42 e segs.; LUZZATTO, *Storia del Commercio*, vol. I, pág. 377; SCIALOJA, *Saggi di vario diritto*, Roma, 1927, vol. I, nº 10, pág. 243; NIELSEN--STOKKEBY, *Die Organe der Aktiengesellschaft, Ein Beitrag zur Frage der Aktienrechtsreform*, diss., Hamburgo, 1954, pág. 6; WIETHOELTER, *Interessen und Organisation der Aktiengesellschaft*, Karlsruhe, 1961, pág. 54 e seg.; DOSE, *Die Rechtsstellung der Vorstandsmitglieder einer Aktiengesellschaft*, pág. 7; T. ASCARELLI, "Princípios e problemas das sociedades anónimas", in *Problemas das Sociedades Anónimas e Direito Comparado*, S. Paulo, 1945, pág. 337; PIRES CARDOSO, *Problemas do Anonimato. I — Sociedade Anónima*, pág. 30, e MARIA DE LOURDES CORREIA E VALE, "Evolução da sociedade anónima", in *ESC*, nº 6, 1963, pág. 80 e segs..

coloniais. O crédito total estava dividido em partes iguais, que davam direito a participação correspondente nos rendimentos da colónia, constituindo os titulares dessas partes uma sociedade que administrava a colónia, até à extinção da dívida pública, e que tinha os seus conselhos, maior e menor (⁷).

De entre as precursores das sociedades anónimas citam-se também, por vezes, as corporações mineiras do antigo direito alemão ("Gewerkschaften") (⁸), a "comenda" (⁹) e as sociedades de armadores germânicas ("Reederei"), embora exista polémica sobre a sua natureza (¹⁰) (¹¹).

III — Um novo passo no sentido da estruturação das modernas sociedades anónimas foi dado, após os Descobrimentos, com as companhias coloniais do século XVII, que parece não terem tido qualquer relação com o Banco di San Giorgio (¹²).

A necessidade de recursos financeiros e de gestão para ocorrer às despesas das expedições navais e da conquista, defesa, colonização e exploração das colónias, levou os Estados, em luta pela supremacia nos mares e nos novos territórios descobertos, a apoiarem-se nos seus cidadãos. Assim se constituíram diversas companhias, a que eram atribuídas prerrogativas de soberania: a East India Company inglesa [criada em

---

(⁷) Cf. L. GOLDSCHMIDT, *ob. cit.*, pág. 292; K. LEHMANN, *ob. cit.*, vol. I, pág. 36 e segs., e A. CRISTÓBAL-MONTES, *ob. cit.*, pág. 15 e seg..

(⁸) Cf. O. V. GIERKE, *Das Deutsche Genossenschaftsrecht*, Berlim, 1868, reimp. 1954, vol. I, pág. 990 e segs., e K. LEHMANN, *ob. cit.*, vol. I, pág. 24 e segs..

(⁹) Cf. FICK, "Ueber Begriff und Geschichte der Aktiengesellschaften", in *ZHR*, 5 (1862), pág. 1 e segs., cit. por GAUDENCIO ESTEBAN VELASCO, *El Poder de Decision en las Sociedades Anónimas —Derecho Europeo y Reforma del Derecho Español*, Madrid, Civitas, 1982, pág. 43.

(¹⁰) Cf. A. RENAUD, *Das Recht der Aktiengesellschaften*, Leipzig, 2ª ed., 1875, pág. 1 e segs.; K. LEHMANN, *ob. cit.*, vol. I, pág. 24 e segs. e 57; H. LEVY-BRUHL, *Histoire Juridique des Sociétés de Commerce en France au XVIIe et XVIIIe siècles*, Paris, 1938; J. RUBIO, *Curso de Derecho de sociedades anónimas*, Madrid, 1964, pág. 4; GAUDENCIO ESTEBAN VELASCO, *ob. cit.*, pág. 43 e seg., e A. CRISTÓBAL-MONTES, *ob. cit.*, pág. 16.

(¹¹) GOMES EANES DE AZURARA, na *Crónica do Descobrimento e Conquista da Guiné* (cap. XL e segs.), refere a expedição à Guiné de uma "companhia" de LANÇAROTE e "outros de Lagos", com licença do infante D. HENRIQUE. Mas não se vê motivo para pensar que se trate neste caso, habitualmente localizado em 1444, de algo diferente do que hoje se chamaria sociedade em nome colectivo.

(¹²) Cf. K. LEHMANN, *ob. cit.*, pág. 51 e segs., e A. VIGHI, "Notizie Storiche sugli amministratori ed i sindaci delle società per azioni anteriori al Codice di Commercio Francese", in *RivS*, 1969, pág. 672 e segs..

1600 ([13])], a Companhia Holandesa das Índias Orientais (criada em 29.3.1602), a Companhia Sueca das Índias Orientais (1615), a Companhia Dinamarquesa das Índias Orientais (1616), a Companhia Holandesa das Índias Ocidentais (1621), a Companhia Francesa das Índias Ocidentais (1628), a Companhia Francesa das Antilhas (1635), a Companhia Brandeburguesa da Índia Oriental (1647), a Companhia Francesa para a Viagem da China (1660), a Companhia Francesa das Índias Ocidentais e Orientais (1664), etc. ([14]).

Em Portugal ([15]), a primeira companhia colonial monopolista de que há referência foi criada em 1587: a Companhia Portuguesa das Índias Orientais ([16]).

([13]) Cf. GOWER, *The principles of modern company law*, 3ª ed., pág. 24 e segs., e W. R. SCOTT, *Joint Stock Companies to 1720*, Camb., 1909-1912, vol. II, pág. 89 -206. Mais frequentemente é, todavia, a companhia holandesa, de 1602, que é considerada modelo das demais. Cf., por exemplo, K. LEHMANN, *ob. cit.*, pág. 51 e segs.; VIGHI, "Notizie Storiche", in *RivS*, 1969, pág. 674; THALLER-PIC, *Traité Général*, t. I, 1907, nº 99A, e HUECK, *Gesellschaftsrecht*, 17ª ed., pág. 117.

([14]) Cf. LEHMANN, *Das Recht der Aktiengesellschaften*, vol. I, pág. 51 e segs.; WIETHOELTER, *Interessen*, pág. 56 e segs.; LEVY-BRUHL, *Histoire juridique des sociétés de commerce en France aux XVIIe et XVIIIe siècles*, 1937; ESCARRA, *Les sociétés commerciales*, vol. I, Paris,1950, pág. 10 e segs.; BRUNETTI, *ob. cit.*, vol. II, pág. 9 e segs., e A. CRISTÓBAL-MONTES, *ob. cit.*, pág. 16 e seg. As companhias espanholas (como a Real Compañia Guipuzcoana de Caracas, de 1728, a Real Compañia de La Habana, de 1740, a Real Compañia de Filipinas, etc.) tiveram escassa importância relativa, uma vez que o comércio com a América era realizado directamente pela Coroa e à sua expansão se opuseram as Casas de Contratacion de Sevilha e Cadiz e os comerciantes individuais dos escassos portos autorizados para o tráfico com o ultramar. Cf. GARRIGUES, *Curso de Derecho Mercantil*, vol. I, Madrid, 1968, pág. 336; RUBIO, *Curso de Derecho de sociedades anonimas*, pág. 7 a 9; A. CRISTÓBAL-MONTES, *ob. cit.*, pág. 17, e MARIA DE LOURDES CORREIA E VALE, *ob. cit.*, pág. 82 e segs..

([15]) São poucas as disposições sobre o "contracto de sociedade e companhia" contidas nas Ordenações Filipinas (IV livro, título XLIV, in *Ordenações e Leis do Reino de Portugal*, publicadas em 1603). O contrato pode ser feito entre duas ou mais pessoas, "ajuntando todos os seus bens, ou parte delles para melhor negocio, e maior ganho". Parece ter em vista apenas as sociedades civis (neste sentido, cf. FERREIRA BORGES, *Dicionário juridico-commercial*, 1856, pág. 88). Sobre a organização da sociedade ou o modo como esta se obriga, apenas diz que "quando o contracto da companhia não for de todos os bens, mas de parte delles, assi como de certo tracto, ou negocio, aquillo somente se communicará entre os companheiros, que cada hum delles houver por seu trabalho ou indústria no mesmo tracto, ou negocio ..." — dando assim a entender que qualquer deles representa a sociedade em negócios de que resulte aquisição. "Socio a socio habet mandatum", diz MANUEL DA COSTA FRANCO (*Tractado practico jurídico e cível*, Lisboa, 1768, t. II, pág. 31, nº 8). No entanto, nos ganhos adquiridos por um sócio por via ilícita não podem os outros exigir parte.

([16]) Cf. J. PIRES CARDOSO, *Problemas do Anonimato. I — Sociedade Anónima — Ensaio Económico*, 1943, pág. 33.

É de 11.2.1619 a fundação da Companhia para a Navegação e Comércio da Índia, inspirada "nas companhias que os estrangeiros ordenaram", e que se extinguiu e incorporou no Conselho da Fazenda em 1633. Foi criada, em 10.3.1649, uma Companhia Geral para o Comércio do Brasil, que se extinguiu em 1720 ([17]); houve uma Companhia de Cacheu e Rios, criada em 1656; uma Companhia da Costa da Guiné, a que foi concedido, por provisão de 1.9.1664, o exclusivo do comércio do Porto de Palmida (Arguim); a Companhia de Cacheu, Rios e Comércio da Guiné, cujos estatutos foram aprovados por alvará de 19.5.1676, e uma Companhia de Cabo Verde e Cacheu, criada para o tráfego de negros, por alvará de 1690 ([18]).

Criadas por acto público de outorga ("octroi", carta régia ou alvará), as companhias coloniais tinham um estatuto especial, diferente para cada uma delas, que concedia diversos privilégios, não só de limitação de responsabilidade, como mesmo de soberania [de fazer a guerra, de celebrar tratados comerciais em nome do Estado (ou do rei), de ter jurisdição própria, etc.]. Resultam frequentemente da fusão de pequenas sociedades anteriormente existentes. Inicialmente eram liquidadas no termo de cada expedição.

Desde 1602 que se utiliza o termo acção (do holandês "aktie") para designar o título de participação do sócio na companhia, que lhe confere o direito a uma quota sobre o património social e sobre os lucros, tem natureza mobiliária (mesmo que o fundo social conste de imóveis), é geralmente transmissível e, em regra, nominativo.

Nos estatutos das primeiras grandes companhias holandesas, a assembleia dos accionistas não existe de todo ou tem escassa importância, reúne esporadicamente e não tem uma posição de supremacia: não são reconhecidos aos participantes poderes de decisão e, por vezes,

---

([17]) Acerca do que viria a ser esta Companhia, disse D. João IV, em 8.1.1649, que "convinha fazer hua companhia dos homens de negocio, e mais pessoas que nella quizerem entrar a semelhança das de Holanda". Tal Companhia tinha um conselho de nove deputados eleitos, sendo oito homens de negócios e um do povo que fosse comerciante. Tinha o monopólio da farinha de trigo, bacalhau, vinho e azeite. Cf. VERÍSSIMO SERRÃO, *História de Portugal*, vol. V, pág. 119 e segs..

([18]) Cf. FERREIRA BORGES, *Dicionário Jurídico e Comercial*, pág. 88; ANTÓNIO CARREIRA, *As Companhias Pombalinas*, pág. 22 e segs.; cf. também FRANCISCO ANTÓNIO CORREIA, *História Económica de Portugal*, vol. I, pág. 230 e seg., e TITO AUGUSTO DE CARVALHO, *As Companhias Portuguesas de Colonização*, Congresso Colonial Nacional, Lisboa, Imprensa Nacional, 1902.

ouvem ameaças de não distribuição de lucros, ficando assim numa posição análoga à dos actuais obrigacionistas ou titulares de "títulos de participação".

É um conselho reduzido, composto oligarquicamente por participantes de primeiro grau ("bewindhebbers", na Holanda, "chief adventures", na Inglaterra) designados pelo Governo, que detém na realidade o poder, quase sem limites ([19]), não sendo obrigado a prestar contas aos outros participantes e mantendo estreitas relações com o poder público ([20]).

Só lentamente se forma a assembleia geral, em que, inicialmente, apenas os grandes accionistas têm direito de voto, e cujos poderes se vão pouco a pouco alargando (aprovação das contas, influência na composição da administração, distribuição dos dividendos, alteração dos estatutos, dissolução antecipada) ([21]).

Em todo o caso, nas primeiras companhias alemãs, inglesas, italianas e francesas é já a assembleia geral que delibera sobre a nomeação dos administradores, que são considerados mandatários temporários, remunerados ou gratuitos e revogáveis, devendo ser accionistas ([22]).

O carácter oligárquico e publicístico das companhias coloniais fez com que elas não viessem a ser objecto da legislação e da doutrina comerciais (privadas).

Efectivamente, a Ordenança de Luís XIV/Colbert, de 1673, não trata das sociedades por acções, mas apenas da sociedade geral de responsabilidade limitada e da sociedade em comandita simples [usada

---

([19]) Nos estatutos da Companhia Holandesa das Índias Ocidentais, de 1621, aparece já dito que os directores não contraem obrigação pessoal pelos contratos que se referem à sua administração — como veio a ser consagrado no CCom fr de 1807, art. 32º, daí passando para outros códigos posteriores (cf. VIGHI, *loc. cit.*, pág. 676), inclusivamente o CCom port de 1833, art. 542º, 2ª parte, e o CCom port de 1888, art. 173º, pr., 1ª parte.

([20]) Cf. K. LEHMANN, *ob. cit.*, vol. I, pág. 62; VIGHI, "Notizie storiche sugli amministratori e sindaci", Camerino, 1898, e in *RivS*, 1969, pág. 675 e segs.; LEVY-BRUHL, *Histoire juridique des sociétés de commerce en France aux XVIIe et XVIIIe siècles*, Paris, 1938, pág. 192; GIRON TENA, *Derecho de sociedades anónimas*, Valladolid, 1952, pág. 6; A. CRISTÓBAL-MONTES, *ob. cit.*, pág. 18 e segs.; SCHMALZ, *Die Verfassung der Aktiengesellschaft*, Berlim, 1950, pág. 5 e seg., e NIELSEN-STOKEBY, *ob. cit.*, pág. 9 e seg..

([21]) Cf. K. LEHMANN, *ob. cit.*, vol. I, pág. 62 e seg., e VIGHI, *ob. cit.*, pág. 676 e segs..

([22]) Cf. VIGHI, *ob. cit.*, pág. 667 e segs..

para permitir aos nobres o exercício do comércio (²³)]; e as Ordenanças de Bilbao, de 1737, apenas prevêem um tipo de sociedade em comandita.

Deste modo, as companhias coloniais do século XVII aparecem como uma figura intermédia entre as empresas públicas e as sociedades anónimas de hoje (²⁴).

IV – Durante o século XVIII, inicialmente marcado pelo mercantilismo estatizante, observa-se uma tendência no sentido da "privatização da iniciativa económica", surgindo então numerosas companhias em diversos sectores de actividade e com intenso mercado de valores.

O fenómeno começou em França, estendendo-se logo a Inglaterra, ainda que, neste último país, devido a abusos cometidos, o "Buble Act" de 1720 (considerado uma primeira tentativa de "Companies Act") tenha proibido a criação de companhias sem autorização do Parlamento ou carta da Coroa e o exercício de actividade segundo estatutos obsoletos (²⁵) – proibição que perdurou até 1825.

A sociedade anónima continua a ser uma criação do Estado, relativamente rara, tendendo-se para restringir os poderes dos conselhos de administradores e ampliar a intervenção da assembleia dos sócios. O poder mantém-se, em todo o caso, na mão de um grupo de grandes accionistas e de representantes do poder público (²⁶).

Em Portugal, no reinado de D. José e sob o impulso do Marquês de Pombal, ainda influenciado pelo mercantilismo, as companhias atingem o seu apogeu no período moderno. Foram então criadas várias: a Companhia do Comércio Oriental (1753), a Companhia Geral do Grão-Pará e Maranhão (1755), a Companhia do Comércio de Moçambique, a Companhia Geral da Agricultura das Vinhas (²⁶ᵃ)

(²³) Cf. SCIALOJA, "Sull'origine delle società commerciale", in *Saggi di vario diritto*, vol. I, Roma, 1727, pág. 249, e BRUNETTI, *ob. cit.*, pág. 17 e 20.

(²⁴) Cf. DOSE, *ob. cit.*, pág. 7.

(²⁵) Cf. JENKS, *A short history of english Law*, 1934, pág. 294 e segs., e GOWER, *ob. cit.*, pág. 28 e segs..

(²⁶) Cf. A. CRISTÓBAL-MONTES, *ob. cit.*, pág. 21.

(²⁶ᵃ) Por vezes, faz-se referência a esta Companhia – ainda hoje existente – como Companhia Geral da Agricultura dos Vinhos do Alto Douro. Mas é erro evidente. Aliás, esta Companhia, além dessa denominação (firma), usa também os nomes registados de

do Alto Douro (1756), a Companhia de Pernambuco e Paraíba (1759), a Companhia para a Pesca das Baleias na Costa do Brasil (1759) e a Companhia Geral das Reais Pescas do Algarve (1774) ([27]).

À "junta da administração" destas companhias foram concedidos, não só exclusivos de comércio, como poderes de governo político e militar de vastos territórios coloniais e poderes de cobrar impostos, por diplomas mantidos secretos ([28]).

Em face das dificuldades de constituição de sociedades personificadas, aumenta consideravelmente o número de companhias sem personalidade jurídica, intensificando-se, em Inglaterra, a utilização da figura do "trust", como forma de conseguir as vantagens da personificação sem incorrer nas sanções do "Buble Act" ([29]). É na forma de associações não personificadas que surgem várias companhias de seguros terrestres (Sun, Phoenix, Norwich General, Norwich Union, etc.), de metalurgia, de construção de canais, etc. ([30]).

Esta solução suscitava, porém, dificuldades de demandar e ser demandado em tribunal e impedia a limitação da responsabilidade dos sócios ([31]).

V — Com a Revolução Francesa, o triunfo do *liberalismo* e a Revolução Industrial começa verdadeiramente a história das sociedades anónimas.

Interessa conhecer os marcos e tendências fundamentais desta história, em relação a cada um dos principais países europeus, cujo

---

Real Companhia dos Vinhos do Porto, Companhia Velha e Real Companhia Velha, não devendo confundir-se com a Real Companhia Vinícola do Norte de Portugal, S. A. R. L., constituída em 1889, embora actualmente pertença ao mesmo grupo.

([27]) Cf. ANTÓNIO CARREIRA, *As Companhias Pombalinas*, pág. 35 e segs.; VERÍSSIMO SERRÃO, *História de Portugal,* vol. VI, pág. 98 e segs., 195, 212 e seg. e 218, e JOSÉ CALVET MAGALHÃES, *História do Pensamento Económico em Portugal,* Coimbra, 1967, pág. 163 e segs. e 385 e segs..

([28]) Cf. ANTÓNIO CARREIRA, *ob. cit.,* pág. 41 e segs. e 44.

([29]) Cf. GOWER, *ob. cit.,* pág. 32 e segs. É curioso observar que ADAM SMITH (*Wealth of Nations,* V, chap. 1, part. III, art. l) considera a "joint stock company" como um tipo de organização apropriado apenas para os comércios que possam tornar-se numa rotina, nomeadamente a banca, seguros de incêndio e marítimos, construção e manutenção de canais e abastecimento de água a cidades, sendo para os demais ineficiente e contrário ao interesse público.

([30]) Cf. GOWER, *ob. cit.,* pág. 34.

([31]) Cf. id., *ibid.,* pág. 36.

regime mais tem influenciado o português e, por isso, vai ser objecto de análise desenvolvida: a Alemanha, a França e a Itália ([32]) ([33]).

SECÇÃO III

Sistema alemão

I – Na Alemanha ([1]), as primeiras sociedades análogas às modernas sociedades anónimas surgem em meados do século XVIII ([2]), criadas pelo Estado, sem regulamentação legal, segundo o sistema da

---

([32]) Poderia pensar-se em começar pela França, por ter sido a primeira a regular em lei a sociedade anónima (no Código de Comércio de 1807) e ter influenciado significativamente muitos outros países (cf. K. LEHMANN, *Das Recht der Aktiengesellschaft*, vol. I, pág. 68). É certo que foi assim no século XIX, mas também é certo que a Lei fr de 1966 se inspirou nas leis alemãs de 1937 e de 1965, que têm também considerável influência relativamente ao direito italiano e ao recente CSC de 1986. Optou-se, por isso, pela ordem alfabética.

([33]) As leis belgas (CCom de 1808, Lei de 1873, Lei de 1886, Lei de 1913, DL de 31.10.1934, etc.), brasileiras (CCom de 1850, Lei nº 1083, de 22.8.1860, Lei nº 3150, de 4.11.1882, Dec nº 434, de 4.7.1891, DL nº 2627, de 26.9.1940, Lei nº 6404, de 15.12.1976) e espanholas (CCom de 1829, Lei de 28.1.1848, Dec de 28.10.1868, Lei de 19.10.1869, CCom de 1885, Lei de 17.7.1951) tiveram também considerável influência sobre a lei portuguesa (cf. TAVARES DE MEDEIROS, *ob. cit.*, pág. VI). Todavia, a análise dessas leis com igual desenvolvimento envolveria excessiva dispersão de esforços sem correspondente vantagem. Optou-se, por isso, por referir tais leis apenas sumariamente, nalguns casos que parecem mais significativos. Sobre a história dos direitos belga, brasileiro e espanhol, cf. J. VAN RYN-J. HEENEN, *Principes de Droit Commercial*, Bruxelas, Bruylant, 1954, vol. I, pág. 316 e segs.; WALDEMAR FERREIRA, *Tratado de Direito Comercial*, São Paulo, 1960, vol. I, pág. 67 e segs., e vol. IV, pág. 21 e segs.; GARRIGUES-URIA, *Comentario à la Ley de sociedades anonimas*, Madrid, 3ª ed., 1976, pág. 67 e segs., e GAUDENCIO ESTEBAN VELASCO, *El poder de decision en las sociedades anonimas – Derecho Europeo y Reforma del Derecho Español*, Madrid, Civitas, 1982, pág. 43 e segs..

([1]) Pode encontrar-se um estudo desenvolvido e recente do direito alemão, sobre estas matérias, em GAUDENCIO ESTEBAN VELASCO, *El poder de decision en las sociedades anonimas – Derecho Europeo y Reforma del Derecho Español*, Madrid, Civitas, 1982, pág. 43 e segs..

([2]) Cf. RENAUD, *Das Recht der Aktiengesellschaften*, 2ª ed., Leipzig, 1875, pág. 38 e segs.; K. LEHMANN, *Das Recht der Aktiengesellschaften*, pág. 75 e segs.; ZOELLNER, in *Koelner Kommentar*, Einl. Anm. 56 e segs.; SCHUMACHER, "Die Entwicklung der inneren Organisation der Aktiengesellschaft im deutschen Recht bis zum

outorga (³). Eram dominadas por um pequeno grupo de fundadores, mesmo quando os estatutos previam a existência de uma assembleia geral, de um directório ["Vorstand" (⁴)] e de um conselho de vigilância ("Aufsichtsrat") (⁵) (⁶).

ADHGB", in *Abhandlungen aus dem gesamten Handelsrecht, Buergelichen Recht und Konkursrecht*. Beiheft der *ZHR*, Heft 10 (1937), pág. 1 e segs.; WIETHOELTER, *Interessen und Organisation der Aktiengesellschaft*, 1961, pág. 53 e segs.; SCHMALZ, *Die Verfassung der Aktiengesellschaft*, Berlim, 1950, pág. 12 e segs.; NIELSEN-STOKKEBY, *Die Organe der Aktiengesellschaft*, pág. 16, e DOSE, *Die Rechtsstellung der Vorstandsmitglieder einer Aktiengesellschaft*, pág. 7.

(³) Nalgumas regiões chegou a vigorar o Código de Comércio francês de 1807. Cf. DOSE, *ob. cit.*, pág. 7.

(⁴) É frequente ver-se traduzido o termo alemão "Vorstand" por directório, por influência da correspondente tradução francesa "directoire". Uma vez que o CSC adoptou o termo direcção (nos art. 278º e 424º a 433º) para órgão equivalente (e claramente inspirado na lei germânica, em que a Lei fr 1966 também foi decalcada), parece possível adoptar esta terminologia. Importa, em todo o caso, não confundir a direcção prevista no CSC com a direcção estabelecida no CCom (art. 171º a 174º). Esta corresponde ao conselho de administração do CSC (art. 390º a 412º). Por comodidade (e hábito) utiliza-se a seguir o termo directório para referir o "Vorstand".

(⁵) O termo alemão "Aufsichtsrat" é frequentemente traduzido por "conselho de vigilância", por influência da correspondente tradução francesa "conseil de surveillance", quando não por "conselho fiscal". À letra, a palavra "Aufsicht" significa supervisão ("sehen auf" é ver sobre), vigilância, fiscalização ou controlo. Parece, em todo o caso, preferível evitar traduzir "Aufsichtsrat" por "conselho fiscal", atendendo a que o conselho fiscal da lei e da prática portuguesas tem um carácter marcadamente diferente do "Aufsichtsrat" das sociedades alemãs. Na verdade, este tem todos os poderes do conselho fiscal português, mais os de eleger e destituir os membros da direcção, de aprovar as contas do exercício e de autorizar diversos actos do directório (ou direcção), reunindo com mais frequência. Como órgão intermédio entre a assembleia geral e a direcção, tem, de facto, um papel de maior relevo do que o conselho fiscal português, intervindo em apreciações de mera conveniência e não apenas em verificações de legalidade ou estatutariedade. Para estas verificações existe, aliás, uma figura, dos "Abschlusspruefer", análoga aos revisores oficiais de contas, que, todavia, não são membros do "Aufsichtsrat", nem são considerados órgãos da sociedade, mas meros prestadores de serviço. Contudo, a tradução de conselho fiscal para alemão parece não poder deixar de ser "Aufsichtsrat", como para francês "conseil de surveillance" — pois em alemão não há outra palavra correspondente a fiscalização; "Pruefungsrat" seria demasiado restritivo e as palavras francesas "fiscal" e "fiscalisation" têm predominante, senão exclusiva, conotação com impostos. Uma vez que o CSC adoptou a expressão conselho geral (nos art. 278º e 434º a 445º) para órgão equivalente ao "Aufsichtsrat" alemão (por inspiração das leis germânica e francesa), parece possível adoptar esta terminologia. No entanto, também por comodidade (e hábito), traduz-se, no texto, "Aufsichtsrat" por conselho de vigilância.

(⁶) Cf. DOSE, *ob. cit.*, pág. 8, e autores aí citados.

II – A primeira lei alemã sobre sociedades por acções foi a **Lei prussiana dos caminhos de ferro**, de 3.11.1838, baseada no sistema da autorização.

Continha poucas referências à organização interna da sociedade, prevendo apenas um directório ("Vorstand") e um órgão de controlo estatal (o "Kommissar"); deixava para os estatutos a regulamentação da matéria [7].

Pouco tempo depois, foi publicada a **Lei prussiana sobre as sociedades por acções**, de 9.11.1843, que continha um conjunto de disposições de âmbito mais vasto, mas previa apenas que os negócios da sociedade seriam conduzidos por um directório nomeado segundo as disposições dos estatutos e que estes deviam prever a criação de uma assembleia geral [8].

É manifesta a influência do Código do Comércio francês, de 1807 [9].

Até 1861, a organização interna das sociedades anónimas dependia dos estatutos aprovados pelos "Landesherren". Mais frequentemente, as sociedades são dominadas por um conselho de administração ("Verwaltungsrat"), composto mais ou menos informalmente pelos grandes accionistas, e a gestão compete a uma direcção ("Direktion"). Não existe um conselho de vigilância ("Aufsichtsrat") comparável com o actual [10].

III – Foi o Código Comercial Alemão Geral, **ADHGB** ("Allgemein Deutsches Handelsgesetzbuch"), de 1861, conhecido por Código de Nuremberga, que introduziu todo um conjunto de disposições imperativas sobre a organização das sociedades por acções, mantendo o sistema da autorização (art. 208º).

Regula a assembleia geral como órgão da sociedade, com certas competências mínimas (v. g., aprovação do balanço e alteração dos estatutos). Prevê a nomeação de um conselho de vigilância ("Aufsichtsrat") [11], facultativo e como órgão de controlo (art. 225º), e impõe a existência de um directório ("Vorstand" – art. 227º), composto por um

---

[7] Cf Wiethoelter, *ob. cit.*, pág. 71, e Dose, *ob. cit.*, pág. 8.
[8] Cf. Wiethoelter, *ob. cit.*, pág. 71, e Dose, *ob. cit.*, pág. 8.
[9] Cf. K. Lehmann, *ob. cit.*, vol. I, pág. 77 e seg..
[10] Cf. Wiethoelter, *ob. cit.*, pág. 72.
[11] Cf. K. Lehmann, *ob. cit.*, vol. I, pág. 347, nota 4; Wiethoelter, *ob. cit.*, pág. 74, e Dose, *ob. cit.*, pág. 8 e segs..

ou mais membros que podem ser revogados a todo o tempo. O ADHGB não diz a quem compete a eleição dos membros do directório, sendo frequente os estatutos preverem que sejam eleitos pelo conselho de vigilância. Nem regula o modo como são distribuídos os votos entre os accionistas, sendo frequente os pequenos accionistas não terem direito de voto. Para obrigar a sociedade é necessária a assinatura de todos os membros do directório, a não ser que os estatutos digam o contrário (art. 229) ([12]).

IV – A **Aktiennovelle**, de 11.06.**1870**, é que adoptou, na Alemanha, o sistema do reconhecimento normativo ([13]) e tornou obrigatória a existência do conselho de vigilância, ao lado do directório, como contrapeso para o risco, implícito na supressão da outorga ("Verleihung") ou autorização ("Genehmigung") para a constituição das sociedades anónimas, que a mesma Lei instaurou ([14]).

A Lei previu uma certa delimitação entre os poderes dos dois órgãos, o que não impediu, todavia, intromissões do conselho de vigilância no que se considerava ser a esfera de acção do directório ([15]).

V – Para pôr termo a abusos entretanto verificados, a **Aktiennovelle**, de 18.07.**1884**, não só regulamentou mais como delimitou melhor os poderes e deveres dos vários órgãos da sociedade, acentuou a influência da assembleia geral, regulou o direito de voto, protegendo as minorias, e regulou a responsabilidade dos membros do directório e do conselho de vigilância, impondo-lhes um dever de diligência de um homem de negócios ordenado ("eines ordentlichen Geschaeftsmannes" – art. 226-I e 241-II) ([16]).

VI – O Código de Comércio de 1897 (**HGB**) manteve, no essencial, as regras de organização da Lei de 1884, remetendo para os estatutos a delimitação de competência entre os órgãos sociais; mas previu o

---

([12]) Sobre a origem do "Aufsichtsrat" há vivo debate na doutrina alemã: cf. WIETHOELTER, *ob. cit.*, pág. 270 e segs.; cf. também VIGHI, "Note storiche sugli amministratori ed i sindaci delle società per azioni anteriori al codice di commercio francese", in *RivS*, 1969, pág. 694.
([13]) Cf. K. LEHMANN, *ob. cit.*, I, pág. 79, e A. HUECK, *Gesellschaftsrecht*, pág. 119.
([14]) Cf. WIETHOELTER, *ob. cit.*, pág. 74 e 285 e seg..
([15]) Cf. SCHMIDT, *GrossKommentar AktG*, vol. I, 1961, pág. 248, cit. por A. CRISTOBAL MONTES, *ob. cit.*, pág. 90.
([16]) Cf. A. HUECK, *ob. cit.*, pág. 119; WIELAND, *ob. cit.*, vol. II, pág. 116 e 287 e seg., e DOSE, *ob. cit.*, pág. 9.

aumento do número de membros do directório consoante a dimensão da sociedade.

Este crescimento do directório conduziu à criação por muitos estatutos do lugar de director geral -- em regra, presidente do directório --, com poderes tais que ele se torna, de facto, na figura dominante da empresa. Em contrapartida, muitos outros estatutos concedem ao conselho de vigilância o poder de dar instruções ao directório, de tal modo que aquele se transforma, na realidade, no verdadeiro órgão de administração da sociedade, tendo o directório meras funções de execução, dependentes do conselho de vigilância ([17]). Os membros do directório são eleitos pela assembleia geral, podendo os estatutos prever que sejam eleitos pelo conselho de vigilância ([18]).

A I Grande Guerra e a inflação que se lhe seguiu provocaram profundas mudanças na distribuição da riqueza. Para evitar o risco da tomada de poder por estrangeiros nas empresas alemãs, generalizou-se o uso de acções de voto plural, mais tarde utilizadas para evitar a influência de novos accionistas. Com objectivos semelhantes, recorria-se à aquisição de acções próprias, cujos direitos eram exercidos pela administração, que assim consolidava o seu poder ("Verwaltungsaktien"). Tornou-se frequente também o exercício de voto pelos bancos, em representação dos seus clientes. Assim se acentuou a separação entre a participação no capital e o poder de administração, cada vez mais oligárquico e menos sujeito ao controlo dos accionistas ([19]).

VII – Na sequência de estudos e discussões que se prolongaram desde 1920, a importante Lei das sociedades por acções de 30.1.1937 (**AktG 1937**) reduziu os poderes da assembleia geral, delimitou de forma mais rigorosa as competências do directório e do conselho de vigilância e reforçou a posição do directório, introduzindo o princípio do chefe ("Fuehrerprinzip"), de inspiração nacional-socialista ([20]). Além disso, limitou a utilização das acções de voto plural, das acções da administração e do direito de voto dos bancos.

A assembleia geral só tem os poderes que lhe são atribuídos pela lei ou pelos estatutos (não tem um poder residual) e não pode imiscuir-se na

---

([17]) Cf. SCHLEGELBERGER-QUASSOWSKI, *ob. cit.*, § 95, Anm. 28, e DOSE, *ob. cit.*, pág. 9 e seg..

([18]) Cf. K. LEHMANN, *ob. cit.*, vol. I, pág. 239 e seg..

([19]) Cf. A. HUECK, *ob cit.*, pág. 120.

([20]) No seguimento da Lei sobre a Organização do Trabalho Nacional, de 20.1.1934.

gestão da sociedade. Nomeia e revoga os membros do conselho de vigilância e os revisores de contas ("Abschlusspruefer" e "Sonderpruefer"), delibera sobre a liberação dos membros do directório e do conselho de vigilância, sobre emissão de obrigações, sobre alterações dos estatutos, etc..

O AKtG 1937, na sua versão original, prevê que o directório seja composto por uma ou várias pessoas físicas, designadas pelo conselho de vigilância (§§ 70-II e 75-I).

Tem poderes exclusivos para dirigir a sociedade "como o bem do estabelecimento e do seu pessoal e o bem comum do povo e do 'Reich' exigirem" ([21]) (§ 70-I).

Quando o directório é composto por um só director, este torna-se a "alma da empresa", o chefe (o "Fuehrer"). Quando o directório tenha vários membros, o conselho de vigilância pode nomear um presidente do directório ("Vorstands-vorsitzer"), que tem poderes de decisão em caso de divergências de opinião entre os outros membros (§§ 70-II e 75-II) ([22]).

O conselho de vigilância passa a ser composto por um número mínimo de 3 e um máximo de 20 membros (§ 86 – anteriormente, o máximo era de 30, segundo um Decreto de 19.9.1931) e a ter funções claramente diferenciadas das do directório: este gere e representa a sociedade, enquanto aquele controla a correcção e a conveniência da gestão do directório ([23]) e designa os membros do directório (§§ 95-I e 75-I); não podem ser atribuídas ao conselho de vigilância funções de gestão ("Geschaftsführung"), mas os estatutos podem prever que certas espécies de negócios só devem realizar-se com o consentimento do conselho de vigilância (§ 95-V) – o que é frequente na prática. O balanço e contas do exercício, elaborados pelo directório, antes de serem submetidos a aprovação pelo conselho de vigilância, têm de ser revistos – sob pena de nulidade – por revisores de contas ("Abschlusspruefer"), eleitos pela assembleia geral ([24]) de entre revisores oficiais de contas ("Wirtschafts-

---

([21]) "Wie das Wohl des Betriebs und seiner Gefolgschaft und der gemeine Nutzen von Volk und Reich es fordern".

([22]) Cf. SCHLEGELBERGER-QUASSOWSKI, *Aktiengesetz*, 2. Aufl., 1937, § 70, Anm. 1.

([23]) Cf. SCHLEGELBERGER-QUASSOWSKI, *Aktiengesetz*, § 95, Anm. 8.

([24]) O directório, o conselho de vigilância ou uma minoria de accionistas com 10% do capital, pelo menos, podem opor-se à eleição. Nesse caso, o tribunal decidirá (§ 136).

pruefer") ou sociedades de revisão de contas ("Wirtschaftspruefungsgesellschafften"), que têm de ser pessoas estranhas à sociedade (§§ 136 e 137) (²⁵).

VIII – Depois da II Grande Guerra, a Lei do Conselho de Controlo Interaliado, de 16.5.1950 – depois retomada pela Lei da participação dos trabalhadores nos conselhos de vigilância e nos directórios das empresas das minas e das indústrias transformadoras do carvão e do aço, de 21.5.1951, ou Lei da co-gestão ("Mitbestimmungsgesetz", ou **MitbestG 1951**), introduziu um sistema de co-gestão ou participação paritária de representantes dos trabalhadores nos conselhos de vigilância e no directório das sociedades dos referidos sectores do carvão e do aço com mais de 1000 trabalhadores.

Segundo o MitbestG 1951, o conselho de vigilância é composto, nestas sociedades, em regra, por 11 membros (podendo ter também 15 ou 21), sendo: 4 representantes dos sócios, mais um "outro membro", eleitos pela assembleia geral dos sócios; 4 representantes dos trabalhadores, mais um "outro membro", eleitos formalmente pela assembleia geral dos sócios, que não pode, todavia, recusar as propostas dos conselhos de estabelecimento e dos sindicatos; um "outro membro" (o chamado décimo primeiro homem), eleito pela assembleia dos sócios sob proposta dos outros 10 membros do conselho de vigilância, e que tem uma função de desempate (§ 7).

Além disso, nas mesmas sociedades tem de existir um director do trabalho ("Arbeitsdirektor"), que é membro pleno do directório, mas não pode ser designado nem exonerado contra a maioria dos representantes dos trabalhadores no conselho de vigilância (§ 33) (²⁶).

IX – A Lei da constituição do estabelecimento, de 11.10.1952 ("Betriebsverfassungsgesetz " ou **BetVG 1952**), para além das disposições sobre os conselhos de estabelecimento, prevê um sistema de participação minoritária (um terço) de representantes dos trabalhadores

---

(²⁵) Os §§ 135 e segs. do AKtG 1937 baseiam-se na Aktienrechtsnovelle de 1931. Anteriormente, a revisão de contas era obrigatória ou, pelo menos, a sua falta acarretava apenas a anulabilidade da deliberação de aprovação das contas. Cf. SCHLEGELBERGER--QUASSOWSKI, *Aktiengesetz*, Vorb. § 135.

(²⁶) Para maiores desenvolvimentos, cf. LUÍS BRITO CORREIA, *Direito do Trabalho*, vol. III, pág. 153 e segs., e autores aí cits..

nos conselhos de vigilância das sociedades com mais de 500 trabalhadores da generalidade dos sectores da economia (com excepção dos do carvão e do aço, a que continua a aplicar-se o MitbestG 1951) ([27]).

X – A Lei complementar da Lei da co-gestão de 7.8.1956 ("Mitbestimmungsergaenzungsgesetz", **MitbestErgG 1956** ou "Holdingnovelle"), completou o MitbestG 1951, com vista a assegurar a participação dos trabalhadores de sociedades dos sectores do carvão e do aço nas decisões do órgão deliberativo da respectiva sociedade dominante ([28]).

XI – O AktG 1937 veio a ser substituído por uma nova Lei das sociedades por acções, de 6.9.1965 (**AktG 1965**), que introduziu, pela primeira vez na Europa, uma regulamentação completa sobre grupos de sociedades, mas mantém as regras fundamentais de 1937 sobre a organização da sociedade, limitando-se a suprimir os vestígios mais frequentemente relacionados com o nacional-socialismo, assim como conservou em vigor as leis sobre a participação dos trabalhadores.

Mantém-se, pois, o sistema dualista de organização (directório e conselho de vigilância) ([29]). O novo § 76-I da AktG 1965 diz que "o directório dirigirá a sociedade sob a sua própria responsabilidade", suprimindo assim a expressão do § 70 do AktG 1937: "segundo as exigências do bem da empresa e do seu pessoal e o interesse comum do povo e do 'Reich'".

O directório pode ser composto por uma ou mais pessoas físicas (§ 76), que não têm de ser accionistas, mas não podem ser membros do conselho de vigilância (§ 105). São nomeadas e destituídas pelo conselho de vigilância (§ 84) – a não ser nas sociedades dos sectores do carvão e do aço, para as quais se mantém em vigor o MitbestG 1951, isto é, a obri-

---

([27]) Para maiores desenvolvimentos, cf. LUÍS BRITO CORREIA, *Direito do Trabalho*, vol. III, pág. 157 e segs., e bibliografia aí citada.

([28]) Cf. LUÍS BRITO CORREIA, *Direito do Trabalho*, vol. III, pág. 173, e bibliografia aí citada.

([29]) Ao directório compete a gestão ("Leitung" ou "Geschaeftsfuehrung") e a representação ("Vertretung") da sociedade, enquanto compete ao conselho de vigilância a vigilância, fiscalização ou controlo ("Aufsicht" ou "Ueberwachung") da actuação do directório. Ambos os órgãos são considerados como órgãos de administração ("Verwaltung"), cf. H. J. MERTENS, in *Koelner Kommentar zum AktG*, Vorb. § 76, Anm. 3.

gatoriedade de designação de um director do trabalho, com o voto favorável dos representantes dos trabalhadores no conselho de vigilância.

Quando o directório tenha vários membros, estes administram e representam a sociedade em conjunto, salvo disposição em contrário dos estatutos (§§ 77 e 78). Mas os estatutos não podem atribuir a um ou mais membros do directório voto de desempate nas suas deliberações (§ 77--I-2). Deste modo se pôs fim ao "Fuehrerprinzip".

Os poderes de representação do directório não podem ser limitados pelos estatutos (§ 82-I) ([30]).

Os estatutos podem, todavia, determinar que alguns membros do directório, sozinhos ou em conjunto com um procurador ("Prokurist"), possam representar a sociedade. O mesmo pode ser determinado pelo conselho de vigilância, caso o estatuto o tenha autorizado (AktG, § 78--III). E os membros do directório com poderes de representação conjunta podem conferir poderes a alguns deles para realizar determinados negócios ou determinadas espécies de negócios — o mesmo se aplicando quando um só membro do directório pode representar a sociedade em conjunto com um procurador (§ 78-IV) ([31]).

O conselho de vigilância é composto por 3 a 21 membros, consoante o capital da sociedade (§ 95). Estes membros são eleitos pela assembleia geral dos accionistas ou pelos trabalhadores (ou suas organizações representativas), consoante a dimensão e o sector de actividade da sociedade, pois o AktG 1965 (§§ 95, 96 e 101) não modificou as leis anteriormente referidas sobre a participação dos trabalhadores (MitbestG 1951, BetrVG 1952 e MitbestErgG 1956).

Ao conselho de vigilância compete nomear e destituir os membros do directório (§ 84), controlar a administração da sociedade e autorizar certas categorias de negócios indicadas nos estatutos (§ 111) ([32]).

A assembleia geral continua a ter poderes limitados, embora um pouco mais amplos que em face do AtkG 1937, só podendo deliberar sobre questões de administração (v. g., a compra de um terreno ou a criação de uma filial) quando o directório o solicite. Compete-lhe, nomeadamente, designar e revogar os representantes dos accionistas no conselho de vigilância, designar os revisores de contas, deliberar sobre a aplicação

---

([30]) Cf. A. HUECK, ob. cit., pág. 143 e segs..
([31]) Sobre o assunto, cf. MEYER-LANDRUT, in *GrossKomm. AktG*, § 78, Anm. 3 e 25.
([32]) Cf. A. HUECK, ob. cit., pág. 168 e seg..

dos lucros, liberar os membros do directório e do conselho de vigilância, deliberar sobre acções de responsabilidade relativas à constituição ou contra membros destes órgãos e sobre alterações aos estatutos (aumento ou redução do capital, emissão de obrigações convertíveis, fusão, transformação, alienação do património, criação de uma comunidade de interesses e dissolução) ([33]).

Além dos órgãos referidos (directório, conselho de vigilância e assembleia geral), determinados actos e documentos da sociedade anónima estão sujeitos a fiscalização de legalidade e estatutariedade por revisores de contas ("Abschlusspruefer" – quanto ao balanço e contas anuais – e "Sonderpruefer" – quanto a subavaliações ilícitas), eleitos pela assembleia geral ou nomeados pelo tribunal (AktG, §§ 163 e 258) de entre revisores oficiais de contas ("Wirtschaftspruefer") ou sociedades de revisão de contas ("Wirtschaftspruefergesellschaften"), que têm de ser pessoas estranhas à sociedade (AktG, §§ 164-I e 258-IV) ([34]).

XII – A Lei da constituição do estabelecimento de 15.1.1972 (**BetrVG 1972**) substituiu o BetrVG 1952, mas manteve em vigor as disposições deste (§§ 76 e 77a) relativas à participação minoritária de representantes dos trabalhadores no conselho de vigilância de sociedades fora do âmbito de aplicação do MitbestG 1951 e do MitbestErgG 1956 (sectores do carvão e do aço) ([35]).

Já a Lei da participação de 4.5.1976 (MitbestG 1976) introduziu modificações importantes, na medida em que impõe um sistema de participação quase paritária dos trabalhadores nos conselhos de vigilância de sociedades com mais de 2000 trabalhadores na generalidade dos sectores da economia (com excepção dos do carvão e do aço, em que se mantém em vigor o MitbestG 1951 e o MitbestErgG 1956) – continuando em vigor as disposições do BetrVG 1952 quanto à participação minoritária em sociedades com 500 a 2000 trabalhadores ([36]).

Deste modo, vigoram actualmente na Alemanha Federal três sistemas de participação dos trabalhadores nos órgãos de administração das sociedades: o sistema de co-gestão ou participação paritária, aplicável às sociedades dos sectores do carvão e do aço com mais de 1000 traba-

---

([33]) Cf. A. HUECK, *ob. cit.*, pág. 158 e segs..
([34]) Cf. A. HUECK, *ob. cit.*, pág. 204 e seg. e 209 e seg..
([35]) Cf. LUÍS BRITO CORREIA, *Direito do Trabalho*, vol. III, pág. 110.
([36]) Cf. id., *ibid.*, pág. 160 e segs..

lhadores (MitbestG 1951); o sistema de participação minoritária, aplicável à generalidade das sociedades com 500 a 2000 trabalhadores (BetrVG 1952), e o sistema de participação quase paritária, aplicável às sociedades com mais de 2000 trabalhadores (MitbestG 1976). Existem, além disso, regras específicas para os grupos de sociedades (MitbestErgG 1956, BetrVG 1972, § 77a, e MitbestG 1976, §§ 5 e 32). Nas sociedades com menos de 500 trabalhadores, a participação de representantes dos trabalhadores nos órgãos das sociedades anónimas não é obrigatória, prevendo a lei a constituição de conselhos de estabelecimento ([37]).

XIII – É importante ter presente que, na Alemanha Federal, em 1984, havia 2118 sociedades anónimas (325 000 GmbH), tendo, em média, 1600 trabalhadores (GmbH: 14), um capital de DM 50 148 000 (GmbH: DM 398 000) e um volume de negócios anual médio (em 1970) de DM 436 milhões ([38]). Ou seja, a sociedade anónima é um tipo de sociedade utilizado apenas para empresas de grande dimensão.

XIV – Deve referir-se também que a legislação federal sobre sociedades anónimas foi mandada aplicar ao território da antiga República Democrática Alemã pelo art. 8º do Tratado entre a RFA e a RDA, de 31.8.1990 ([39]).

SECÇÃO IV

Sistema francês ([1])

I – A Revolução Francesa começou por tornar as sociedades anónimas apenas dependentes de autorização legislativa (Dec de 1793). Depois suprimiu-as (Dec do ano II), vindo, pouco tempo passado, a autorizar a sua constituição livremente (Lei do ano IV), o que permitiu diversos abusos.

([37]) Cf. BertVG 1972, §§ 7 e 8, e LUÍS BRITO CORREIA, *Direito do Trabalho*, vol. III, pág. 125 e segs..

([38]) Cf. VOLKER GROSS, *Das Anstellungsverhaeltnis des GmbH-Geschaeftsfuehrers*, pág. 116 e seg. e 124. Cf. também o quadro da pág. 67.

([39]) Aprovado pela Lei de 23.9.1990, in *BGB*, vol. II, 35, de 28.9.1990.

([1]) Acerca da evolução do direito francês sobre a matéria, cf. LE DOUAREC, *Rapport* à Assembleia Nacional, Anexo nº 1368 às actas da Sessão de 14.5.1965, t. I, pág. 3, e HAMIAUT, *La Réforme des Sociétés Commerciales*, Paris, Dalloz, 1966, vol. III, pág. 11 e segs..

II - Por isso, o **Código de Comércio francês**, de 10.9.**1807**, tornou a constituição de sociedades anónimas dependente de autorização do Governo (art. 37º) (²), introduzindo-se assim, pela primeira vez na Europa, o chamado sistema da autorização, em substituição do anterior sistema da outorga.

O CCom fr de 1807 previa que a sociedade anónima fosse "administrada por mandatários a prazo, revogáveis, associados ou não associados, assalariados ou gratuitos" (art. 31º). Estas regras, inspiradas nos estatutos das grandes companhias comerciais dos séculos XVII e XVIII, não previam, assim, o que viria a chamar-se conselho de administração.

Rapidamente, as disposições do art. 31º do CCom fr de 1807 foram interpretadas como excluindo as do art. 1859º do CCiv fr de 1804, segundo o qual, na falta de estipulação especial sobre o modo de administração, se presume que os associados conferiram reciprocamente o poder de administrar um ao outro (³) (⁴).

Todavia, o conselho de administração não era desconhecido. Era frequente os estatutos preverem, ao lado dos administradores propriamente ditos, um órgão colegial com essa designação. Nalguns casos, tinha por missão "dirigir a administração", mas era, sobretudo, um órgão de tutela e de vigilância, encarregado de controlar ou aconselhar os administradores ou ainda de autorizar certos actos, não havendo então comissários de contas (⁵).

III — Em França, foi a **Lei de 23.5.1863** que concedeu liberdade de constituição às "sociedades de responsabilidade limitada" (correspondentes às sociedades anónimas de hoje), adoptando assim o sistema de reconhecimento normativo, na sequência do "Joint Stock Companies Act" inglês, de 1856.

(²) Por Decreto aprovado em Conselho de Estado, que só era concedida quando os estatutos respeitassem certas regras fixadas também pelo Conselho de Estado.

(³) Cf. *Repertoire de Jurisprudence Générale Dalloz*, 1859, vº Société, nº 1513; GOURLAY, *Le conseil d'administration de la société anonyme*, pág. 1.

(⁴) O art. 1857º do CCiv fr acrescenta que "quando vários associados são encarregados de administrar, sem que as suas funções sejam determinadas, ou sem que se tenha expresso que um não poderia agir sem o outro, podem fazer cada um separadamente todos os actos desta administração" – é a consagração do princípio da administração disjunta.

(⁵) Cf. *Repertoire Dalloz* cit., nº 1521; ESCARRA-J. RAULT, *Traité*, t. IV, nº 1352, e GOURLAY, *ob. cit.*, pág. 1.

Introduziu duas alterações fundamentais às regras de organização da sociedade anónima do CCom fr 1807: admitiu expressamente a possibilidade de a sociedade ser administrada por um único (ou vários) mandatário(s) e estabeleceu que os administradores deviam ser escolhidos de entre associados pela assembleia geral. Instituiu, além disso, os "comissaires de surveillance" ([6]).

IV – A célebre **Lei fr de 24.7.1867** – que revogou o art. 37º do CCom fr 1807 (que exigia autorização do Governo para a constituição de sociedades anónimas) e a Lei fr de 1863 – manteve, em matéria de organização, os princípios anteriores, estabelecendo que "as sociedades anónimas são administradas por um ou vários mandatários a prazo, revogáveis, assalariados ou gratuitos, escolhidos de entre os sócios" (art. 22º), designados pelos estatutos ou pela assembleia geral, sendo as suas contas submetidas obrigatoriamente a parecer de comissários, sócios ou não, eleitos pela assembleia geral (art. 33º e 34º).

Mas as necessidades da prática levaram os estatutos a substituir pouco a pouco os administradores, individualmente considerados, por um órgão colegial de administração (e não de tutela), submetido a regras próprias. Os poderes de administração eram atribuídos ao colégio dos administradores, que tomavam deliberações em conselho ([7]). O mandato conferido aos administradores era, não para administrar, mas para participar nas deliberações do conselho de administração ([8]).

A doutrina e a jurisprudência francesas consideravam existir uma hierarquia entre os órgãos – estando os administradores subordinados à assembleia geral – e uma separação de poderes: cada um dos órgãos tinha a sua competência própria e não podia delegar todos os seus poderes noutro órgão ([9]).

([6]) Cf. J. e E. ESCARRA-J. RAULT, *ob. cit.*, vol. IV, pág. 7, e GOURLAY, *ob. cit.*, pág. 2.
([7]) Cf. THALLER-PIC, *Traité*, vol. II, pág. 537 (nº 1100) e 571 e segs. (nº 1122), e RIPERT-ROBLOT, *Traité élémentaire de droit commercial*, vol. I, 9ª ed., pág. 766 (nº 1257).
([8]) Cf. GOURLAY, *ob. cit.*, pág. 2.
([9]) Cf. PERCEROU, *J. S.*, 1907, pág. 54; LEBLOND, *J. S.*, 1932, pág. 149; J. e E. ESCARRA-J. RAULT, *ob. cit.*, vol. IV, pág. 3; GOURLAY, *ob. cit.*, pág. 12 e 13; HÉMARD--TERRÉ-MABILAT, *ob. cit.*, vol. I, pág. 801.

V – Esta prática veio a ser consagrada na **Lei fr de 26.4.1917**, sobre as sociedades anónimas com participação operária, que acrescentou à Lei fr de 24.7.1867 um art. 78º, em que, pela primeira vez, aparece a expressão "conselho de administração" (depois retomada pelo DL fr de 8.3.1922, sobre as sociedades de seguros, e pelo DL fr de 8.8.1935, que alterou a dita Lei de 1917). Mas continuava a ser possível a existência de um administrador único ([10]).

VI – Foi com a **Lei fr de 16.11.1940** que se tornou obrigatória a administração colegial: o art. 1º desta Lei estabeleceu que " a sociedade anónima é administrada por um conselho de três membros, pelo menos, e de doze, no máximo"([11]). Além disso, a Lei prevê expressamente que o presidente do conselho de administração desempenhe as funções de director geral, dando assim origem à figura do presidente-director geral, inspirada no "Fuehrerprinzip", embora admita, como alternativa, um presidente do conselho de administração ao lado de um director geral. Esta figura do director geral vem a ser reformulada pela Lei fr de 4.3.1943 ([12]).

Na realidade, a partir da Lei fr de 16.11.1940, o poder passa a pertencer realmente aos administradores e, sobretudo, ao presidente-director geral, cujas prerrogativas foram consideravelmente reforçadas – ainda que, formalmente, se mantenha a organização hierarquizada e a separação de poderes. Tal organização é por muitos considerada longe da ideia de contrato, antes participando da noção de instituição ([13]).

VII – Entretanto, o **DL nº 45-280, de 22.2.1945**, estabeleceu que dois membros do comité de empresa, pertencentes um à categoria dos quadros, técnicos e mestres e outro à categoria de operários e empregados, têm direito de assistir, com voto consultivo, a todas as sessões do conselho de administração das sociedades anónimas que ocupem mais de 50 pessoas (art. 3º) ([14]).

([10]) Cf. GOURLAY, *ob. cit.*, pág. 2 e seg..
([11]) Cf. GOURLAY, *ob. cit.*, pág. 3.
([12]) Cf. RIPERT-ROBLOT, *Traité*, vol. I, pág. 766 (nº 1257), e HÉMARD-TERRÉ--MABILAT, *ob. cit.*, pág. 828 e segs..
([13]) Cf. J. e E. ESCARRA-J. RAULT, *Les sociétés commerciales*, vol. IV, 1959, pág. 3 e 9.
([14]) Para maiores desenvolvimentos sobre este DL, cf. LUÍS BRITO CORREIA, *Direito do Trabalho*, vol. III, pág. 65 e segs. e bibliografia aí cit..

VIII – A importante **Lei fr de 24.7.1966** (publicada 99 anos depois da célebre Lei fr de 24.7.1867) oferece aos interessados a escolha entre dois sistemas de organização da sociedade anónima: um sistema tradicional, com um conselho de administração e um presidente do conselho de administração, e outro, de inspiração germânica, com um directório e um conselho de vigilância. Em ambos os sistemas existem, além disso, a assembleia geral dos accionistas e os comissários de contas ([15]).

A – No sistema tradicional, o conselho de administração e o presidente do conselho de administração têm poderes legais próprios, distintos dos da assembleia geral e dos dos comissários de contas.

O conselho de administração e o seu presidente, embora intimamente relacionados, são órgãos distintos ([16]).

O presidente do conselho de administração é eleito pelo próprio conselho de administração de entre os seus membros e pode ser revogado "ad nutum" por ele (Lei fr 1966, art. 110º) ([17]). O conselho de administração e o seu presidente têm poderes, que em boa parte se sobrepõem, para "agir em todas as circunstâncias em nome da sociedade", nos limites do objecto social e sem prejuízo dos poderes atribuídos aos outros órgãos. O conselho de administração pode limitar os poderes do seu presidente, embora tais limites não sejam oponíveis a terceiros.

Constituem, todavia, órgãos distintos, pois o presidente do conselho de administração, como órgão singular, tem poderes próprios de direcção geral e de representação perante terceiros, funcionando assim como órgão executivo; enquanto o conselho de administração, órgão colegial (com 3 a 12 membros, que têm de ser accionistas), é um mero órgão interno da sociedade, sem poderes de representação, funcionando como órgão deliberativo ([18]). O presidente do conselho de administração tem de ser uma pessoa física ([19]), enquanto os outros administradores podem ser pessoas colectivas, representadas por um representante permanente ([20]). O presidente do conselho de administração não pode acu-

---

([15]) Cf. RIPERT-ROBLOT, *Traité*, vol. I, pág. 767 (nº 1257 e 1258), e HÉMARD-TERRÉ-MABILAT, *Sociétés Commerciales*, vol. 1, pág. 683 e segs..

([16]) Cf. HÉMARD-TERRÉ-MABILAT, *ob. cit.*, vol. I, pág. 772 e segs. e 828 e segs..

([17]) Cf. HÉMARD-TERRÉ-MABILAT, *ob. cit.*, vol. I, pág. 831 e segs. e 836 e segs..

([18]) Cf. HÉMARD-TERRÉ-MABILAT, *ob. cit.*, vol. 1, pág. 800 e segs. e 848 e segs..

([19]) Cf. Lei fr 1966, art. 110º, al. 1, e HÉMARD-TERRÉ-MABILAT, *ob. cit.*, vol. I, pág. 833.

([20]) Cf. HÉMARD-TERRÉ-MABILAT, *ob. cit.*, vol. I, pág. 687 e segs..

mular mais de dois postos de presidente de conselho de administração, enquanto os outros administradores podem acumular oito postos de membros de conselhos de administração de diferentes sociedades anónimas ([21]).

Os administradores são eleitos pela assembleia geral constitutiva (por um máximo de 3 anos) ou pela assembleia geral ordinária (por um máximo de 6 anos). No caso de vacatura por morte ou demissão de um ou mais lugares de administradores, o conselho de administração pode, entre duas assembleias gerais, proceder a nomeação a título provisório (por cooptação) ([22]).

O presidente do conselho de administração tem direito a uma remuneração (art. L 110º), enquanto os administradores recebem apenas senhas de presença ou remunerações excepcionais por missões ou mandatos confiados (art. L 108º e 109º e art. D 93º).

Os administradores são sempre revogáveis pela assembleia geral, independentemente de justa causa e sem direito a indemnização (salvo no caso de abuso de direito) ([23]).

Um trabalhador da sociedade pode ser eleito administrador da mesma sociedade desde que o contrato de trabalho seja anterior dois anos à sua nomeação e corresponda a um emprego efectivo, e desde que o número de administradores-trabalhadores não exceda um terço dos administradores em funções (salvo quanto a sociedades anónimas com participação operária). Mas o trabalhador nomeado administrador tem de ser ou tornar-se accionista. E um administrador em exercício não pode celebrar um contrato de trabalho com a sociedade que administra ([24]).

Os trabalhadores da sociedade, como tais, têm representação no conselho de administração, através de dois membros do comité de empresa, que tem o direito de participar nas reuniões do conselho de administração, embora com voto meramente consultivo e com dever de discrição quanto a informações confidenciais ([25]).

Além do conselho de administração e do presidente do conselho de administração, a Lei fr 1966 permite (mas não impõe) que o conselho de

---

([21]) Cf. id., *ibid.*, vol. I, pág. 730 e segs. e 833 e segs..
([22]) Cf. id., *ibid.*, vol. I, pág. 738 e segs..
([23]) Cf. id., *ibid.*, vol. I, pág. 747 e segs..
([24]) Cf. HÉMARD-TERRÉ-MABILAT, *ob. cit.*, vol. I, pág. 716 e segs..
([25]) Cf. Código do Trabalho francês, art. L 432-4; HÉMARD-TERRÉ-MABILAT, *ob. cit.*, vol. I, pág. 784 e seg.; N. CATALA, *L'entreprise*, pág. 847 e segs., e LUÍS BRITO CORREIA, *Direito do Trabalho*, vol. III, pág. 89 e seg..

administração, sob proposta do presidente, nomeie um ou, para grandes sociedades, dois directores gerais (necessariamente pessoas físicas) para assistirem o presidente, durante o tempo e com os poderes delegados que o conselho, de acordo com o presidente, determinar. Em todo o caso, perante terceiros, os directores gerais têm os mesmos poderes que o presidente.

A Lei fala a seu respeito de mandato, mas a doutrina discute se os directores gerais são mandatários do presidente ou/e do conselho de administração e chega a qualificá-los como órgãos da sociedade. São sempre revogáveis "ad nutum" pelo conselho de administração, sob proposta do presidente ([26]).

B – O sistema de directório e conselho de vigilância foi introduzido pela primeira vez em França por influência do debate anterior a 1966, acerca da reforma da empresa ([27]) e da experiência alemã, tendo em vista a harmonização das legislações dos Estados membros da CEE ([28]).

Pretende-se facilitar o exercício efectivo dos poderes da assembleia dos accionistas, reforçar o controlo sobre os administradores activos, moderar o peso do accionista maioritário (inclusivamente quando é um grupo de empresas ou uma sociedade estrangeira), bem como do accionista minoritário, mas dominante (perante o absentismo dos demais), conferir maior autonomia aos gestores de sociedades pertencentes ao Estado e preparar a participação dos representantes dos trabalhadores no órgão de controlo da sociedade ([29]).

Possibilita uma solução equilibrada para as relações entre os chamados administradores activos, que intervêm na gestão quotidiana, e os administradores passivos, que se ocupam menos intensamente dos problemas do dia-a-dia, intervindo sobretudo nas grandes operações e nas decisões estratégicas ou de médio e longo prazo. Embora claramente inspirado pelo modelo germânico, apresenta, em todo o caso, diferenças significativas.

Assim, as sociedades anónimas com directório e conselho de vigilância estão sujeitas ao regime geral das sociedades anónimas, com excepção das regras relativas ao conselho de administração e ao seu

---

([26]) Cf. HÉMARD-TERRÉ-MABILAT, ob. cit., vol. I, pág. 858 e segs..

([27]) V. g., das sugestões de BLOCH-LAINÉ, Pour une réforme de l'entreprise, 1963, pág. 73 e segs..

([28]) Cf. RIPERT-ROBLOT, Traité, vol. I, pág. 800 e segs. (nº 1311).

([29]) Cf. HÉMARD-TERRÉ-MABILAT, ob. cit., vol. I, pág. 921 e segs..

presidente (Lei fr, art. 89º a 117º e 118º). Não se trata, pois, de um novo tipo de sociedade comercial, mas simplesmente de uma forma de organização diferente do mesmo tipo (a possível mudança de organização, durante a vida da sociedade, não é uma "transformação", mas uma simples alteração dos estatutos).

Tem quatro órgãos: assembleia geral, conselho de vigilância, directório e comissários de contas.

A assembleia geral é o órgão supremo (ou "soberano"), com mais poderes do que na Alemanha, mas com menos do que no sistema tradicional.

É a assembleia geral que elege e revoga os membros do conselho de vigilância (assim como os comissários de contas), revogação esta que pode ser deliberada por maioria absoluta (enquanto a Lei alemã prevê maioria de três quartos).

É a assembleia geral que aprova o relatório e as contas do exercício apresentados pelo directório (submetidos, na Alemanha, ao conselho de vigilância) ([30]).

O directório é um órgão colegial, composto por 2 a 5 membros (salvo nas sociedades com um capital social inferior a FF 250 000, em que pode ser composto por um director único), que têm de ser pessoas físicas.

Os membros do directório podem não ser accionistas (devendo, contudo, participar nas assembleias gerais). Podem ser escolhidos de entre os trabalhadores da sociedade e podem também celebrar contrato de trabalho com a sociedade durante o exercício de funções do directório.

Todavia, a Lei não prevê a existência de representantes dos trabalhadores, como tais, no directório (diferentemente do sistema alemão em vigor nos sectores do carvão e do aço).

Os membros do directório são nomeados, por 4 anos, pelo conselho de vigilância (mesmo no caso de vacatura por morte ou demissão de um dos membros), que confere a qualidade de presidente.

Os membros do directório podem ser revogados pela assembleia geral, sob proposta do conselho de vigilância [enquanto na Alemanha é a este que compete a própria revogação ([31])]. Mas a revogação sem justa causa pode conferir direito a indemnização ([32]).

([30]) Cf. HÉMARD-TERRÉ-MABILAT, *ob. cit.*, vol. I, pág. 928 e segs..
([31]) Cf. A. HUECK, *Gesellschaftsrecht*, pág. 147 e seg..
([32]) Cf. HÉMARD-TERRÉ-MABILAT, *ob. cit.*, pág. 933 e segs..

O directório tem poderes amplos para agir em nome da sociedade, nos limites do objecto social e sem prejuízo dos poderes atribuídos ao conselho de vigilância e à assembleia geral ([33]).

O presidente do directório, embora não tenha a posição proeminente do presidente do conselho de administração no outro sistema (v. g., não é órgão autónomo, nem tem voto de desempate), é mais do que um "primus inter pares": para além de presidir às reuniões do directório, compete-lhe representar a sociedade perante terceiros ([34]) — diferentemente do regime alemão, em que os membros do directório têm poderes de representação conjunta ([35]).

Todavia, os estatutos podem prever que este poder de representação seja conferido pelo conselho de vigilância a um ou mais dos outros membros do directório (designados então directores gerais) ([36]).

Salvo cláusula estatutária em contrário, os membros do directório podem, com autorização do conselho de vigilância, repartir entre eles as tarefas da direcção. Mas esta repartição não pode retirar ao directório o carácter de órgão colegial ([37]).

As cláusulas estatutárias que limitem os poderes do directório são inoponíveis a terceiros.

Mas, na ordem interna, os estatutos podem subordinar a autorização prévia do conselho de vigilância a conclusão das operações que eles enumerarem (é a importante figura do "catálogo", que, na Alemanha, pode ser fixada pelo próprio conselho de vigilância, enquanto, em França, só pode sê-lo pelos estatutos). Da recusa de autorização do conselho de vigilância cabe recurso para a assembleia geral (que não é admitido na Alemanha) ([38]).

O conselho de vigilância é um órgão colegial composto por 3 a 12 membros, eleitos pela assembleia geral constitutiva (por um máximo de 3 anos) ou pela assembleia geral ordinária (por um máximo de 6 anos), de entre pessoas físicas ou colectivas, que têm de ser ou tornar-se accionistas e não podem ser trabalhadores da sociedade. Dois membros do comité de empresa devem participar em todas as reuniões do conselho de

---

([33]) Cf. HÉMARD-TERRÉ-MABILAT, *ob. cit.*, vol. I, pág. 962 e segs..
([34]) Cf. HÉMARD-TERRÉ-MABILAT, *ob. cit.*, vol. I, pág. 964.
([35]) Cf. A. HUECK, *Gesellschaftsrecht*, pág. 151.
([36]) Cf. Lei fr 1966, art. 126º.
([37]) Cf. HÉMARD-TERRÉ-MABILAT, *ob. cit.*, vol. I, pág. 965.
([38]) Cf. HÉMARD-TERRÉ-MABILAT, *ob. cit.*, vol. I, pág. 966 e segs..

vigilância, mas apenas com voto consultivo (diferentemente do regime alemão) e com dever de discrição quanto a informações confidenciais.

No caso de vacatura por morte ou demissão de um ou vários lugares de membro do conselho de vigilância, este pode, entre duas assembleias gerais, proceder a nomeações a título provisório (por cooptação) ([39]).

Os membros do conselho de vigilância podem sempre ser revogados "ad nutum" pela assembleia geral ordinária ([40]).

O conselho de vigilância elege de entre os seus membros (que sejam pessoas físicas) um presidente e um vice-presidente, encarregados de convocar o conselho e dirigir os debates ([41]).

O conselho de vigilância exerce o controlo permanente da gestão da sociedade pelo directório (controlo de regularidade e de oportunidade), sem poder intervir directamente na administração da sociedade. Para isso, pode sempre fazer as verificações e controlos que considerar oportunos e obter os documentos que entender úteis; cabe-lhe apreciar os relatórios que o directório lhe deve apresentar trimestralmente. Estes poderes do conselho de vigilância não podem ser restringidos pelos estatutos nem pela assembleia geral. Além disso, compete-lhe conceder autorização ao directório para realizar as operações enumeradas nos estatutos ([42]).

IX — Em consequência da aprovação da Lei fr de 24.7.1966, foi alterado o citado art. 3º do DL nº 45-280, de 22.2.1945, para alargar a representação do comité de empresa ao conselho de vigilância das sociedades anónimas de estrutura dualista.

Posteriormente, a Lei fr de 29.12.1972 aumentou para quatro o número de delegados do comité de empresa com direito a assistir às reuniões do conselho de administração ou de vigilância das sociedades em que se constituam três colégios eleitorais (ou seja, as que tenham 25 ou mais engenheiros ou quadros).

X — Após a chegada da Esquerda ao poder (em 1981), foi aprovada a **Lei nº 83-675,** de 26.7.**1983**, relativa à democratização do sector público, que tornou obrigatória a representação dos trabalhadores nos

---

([39]) Cf. HÉMARD-TERRÉ-MABILAT, *ob. cit.*, pág. 974 e segs..
([40]) Cf. HÉMARD-TERRÉ-MABILAT, *ob. cit.*, vol. I, pág. 989.
([41]) Cf. id., *ibid.*, vol. I, pág. 992 e seg..
([42]) Cf. id., *ibid.*, vol. I, pág. 998 e segs..

conselhos de administração ou de vigilância das sociedades em que o Estado detém a maioria do capital. E, como esta experiência foi considerada positiva, o DL nº 86-1135, de 21.10.1986, veio permitir a estipulação, nos estatutos de sociedades anónimas privadas, da participação minoritária, com voto deliberativo, de representantes dos trabalhadores nos conselhos de administração ou de vigilância das sociedades privadas.

Esta lei prevê que, além dos membros do conselho de administração ou de vigilância eleitos pelos acccionistas nos termos da Lei fr de 1966, haja um máximo de 4 representantes dos trabalhadores, não podendo exceder um terço dos demais membros. Os representantes dos trabalhadores têm os mesmos direitos e deveres que os representantes dos accionistas. Mas, naturalmente, não podem ser revogados pela assembleia geral, embora possam sê-lo pelo tribunal, caso haja justa causa ([43]).

SECÇÃO V

Sistema italiano

I – Na Antiguidade Clássica e na Idade Média encontram-se no território da actual Itália antepassados remotos das sociedades anónimas modernas, como se referiu acima. E é genovês o já citado Banco di San Giorgio, considerado por muitos como a primeira sociedade anónima.

Nos séculos XVII e XVIII desenvolvem-se as sociedades anónimas segundo o sistema da outorga pelo Estado ([1]).

II – Por **Decreto de 17.7.1808,** foi posto em vigor na Itália (a partir de 1.9.1808) o CCom fr de 1807, o qual sofreu algumas modificações por leis de alguns Estados italianos ([2]).

III – Após a proclamação de Victor Manuel II como rei da Itália (em 1861), foi publicado o **Código de Comércio do Reino de Itália,**

([43]) Cf. Y. GUYON, *Droit des Affaires,* 5ª ed., 1988, vol. I, pág. 390 e seg., e P. BÉZARD, *La société anonyme,* Paris, Montchrestien, 1986, pág. 506 e segs..

([1]) Cf. BRUNETTI, *Trattato,* vol. II, pág. 9 e segs..

([2]) Cf. VIDARI, *Corso di diritto italiano,* 5ª ed., vol. I, pág. 92 e seg..

de 25.6.1865, conhecido por Código de Comércio Albertino, que entrou em vigor em 1.1.1866, tendo sido posteriormente aplicado às províncias romana (1870), veneta e mantuana (1871) ([3]).

O CCom it de 1865 é inspirado no CCom fr de 1807 e na Lei fr de 1856 sobre as comanditas por acções, mas introduz algumas inovações interessantes. Nomeadamente, consagra o sistema da revogabilidade dos administradores por deliberação da assembleia geral ([4]), mas a doutrina dominante reconhece-lhes o direito a indemnização no caso de revogação sem justo motivo; considera os administradores responsáveis perante terceiros e perante os accionistas pela verdade do capital subscrito e das entradas realizadas, pela realidade dos dividendos pagos e pela execução das formalidades legais relativas à existência da sociedade; e, para pôr termo a abusos verificados na emissão de obrigações e outros títulos, proíbe os administradores de serem banqueiros e construtores de obras por conta da sociedade administrada ([5]).

O CCom it de 1865 não prevê a existência de um órgão permanente de fiscalização, apenas admitindo a possibilidade de inspecções ordenadas por um serviço governativo, quando requeridas ([6]).

IV – O CCom it de 1865 vem a ser substituído pelo **Código de Comércio de 2.4.1882,** que não introduz novidades substanciais quanto às sociedades anónimas. A autorização governamental preventiva é suprimida, mas substituída por vigilância posterior do Governo ([7]). Não regula de forma imperativa a administração da sociedade anónima. Limita-se a estabelecer uma série de regras mínimas, que dão grande liberdade aos sócios para introduzir nos estatutos as cláusulas que entenderem mais adequadas a cada caso.

Por influência da Lei fr de 1867, o art. 121º do CCom it de 1882 preceitua que a sociedade será administrada por um ou vários mandatários, sócios ou não. Não atribui, pois, ao órgão de administração carácter colegial, embora outros artigos (140º e 141º) apontem nesse sentido,

---

([3]) Cf. VIDARI, *Corso*, vol. I, pág. 93 e seg..
([4]) O art. 129º do CCom it de 1865 diz que a sociedade anónima "é administrada por mandatários temporários revogáveis, sócios ou não sócios, remunerados ou gratuitos".
([5]) Cf. BRUNETTI, *Trattato*, vol. II, pág. 22 e seg., e MORI, *Società anonima – Amministrazione*, 1897, vol. I, pág. 28.
([6]) Cf. NAVARRINI, *Trattato*, vol. IV, pág. 444.
([7]) Cf. BRUNETTI, *Trattado*, vol. II, pág. 23.

que vem a ser frequentemente adoptado, na prática, pelos estatutos e pela doutrina ([8]).

O CCom it de 1882 permite a constituição de um órgão colegial mais reduzido que o conselho de administração – a comissão executiva ("comitato esecutivo") –, destinado a facilitar ao conselho o cumprimento da sua missão ([9]).

E prevê expressamente, no art. 148º, a figura do director geral, como pessoa estranha ao conselho de administração, nomeada por este, a que o pacto social ou a assembleia geral pode atribuir a execução das operações sociais, sendo responsável perante os sócios e perante terceiros pelo cumprimento dos seus deveres, tal como os administradores. A doutrina qualifica-o como mandatário ([10]).

O CCom it de 1882 não prevê nem impede (diversamente do que faz o art. 138º do Código Albertino de 1865) a delegação de poderes do conselho de administração num ou vários dos seus membros. Na prática, é então frequente a figura do administrador-delegado, cuja qualificação e regime, em confronto com os do director geral, são objecto de polémica doutrinária ([11]).

De qualquer modo, é o conselho de administração que toma as decisões mais importantes para a gestão social. Alguns autores afirmam que os administradores têm autoridade própria fundada na lei, podendo e devendo resistir às deliberações ilegítimas da assembleia que os nomeou ([12]).

Outros consideram o órgão administrativo subordinado à assembleia geral ([13]).

([8]) Cf. VIVANTE, *Trattato di diritto commerciale*, Milano, 4ª ed., 1912, vol. II, pág. 353 e seg.; NAVARRINI, *Trattato teorico-pratico di diritto commerciale*, Torino, 1920, vol. IV, pág. 386, e VIVANTE ," Il Consiglio di amministrazione e el esecutivo nelle società anónima", in *RivDCom*, 1910, pág. 876 e segs.. Em sentido diverso, cf. MORI, *Società anonima – Amministrazione*, 1897, vol. I, pág. 21 e segs..

([9]) Cf. NAVARRINI, *ob. cit.*, vol. IV, pág. 388, nota 4.

([10]) Cf. NAVARRINI, *ob. cit.*, vol. IV, pág. 387 e seg..

([11]) Cf. DE GREGORIO, *De las sociedades y de las asociaciones comerciales*, Buenos Aires, 1950, vol. VI, pág. 422; FRÈ, *L'organo amministrativo nelle società anonime*, Roma, 1938, pág. 184; PESCE, *Amministrazione e delega di potere amministrativo nelle società per azioni*, Milano, 1969, pág. 64; VIVANTE, "Il consiglio", in *RivDCom*,1910, pág. 879 e segs., e SOPRANO, *Trattato teorico-pratico delle società commerciali*, Torino, 1934, vol. II, pág. 660 e segs..

([12]) Cf. VIVANTE, *Trattato*, vol. II, pág. 354.

([13]) Cf. NAVARRINI, *Trattato*, vol. IV, pág. 369.

O CCom it de 1882 impõe a designação pela assembleia geral de um órgão permanente de fiscalização (os "sindaci"), composto por 3 ou 5 membros permanentes e 2 suplentes, encarregados da vigilância das operações sociais e da revisão do balanço, devendo, nomeadamente, vigiar por que as disposições da lei, do acto constitutivo e do estatuto sejam cumpridas pelos administradores (art. 183º e 184º) ([14]).

V – O **Código Civil italiano** de 16.3.**1942** prevê, como "órgãos sociais", a assembleia (art. 2363º a 2379º), os administradores (art. 2380º a 2396º) e o conselho fiscal ("collegio sindacale") (art. 2397º a 2409º).

Mantém a relativa liberdade de organização da administração da sociedade anónima. A administração pode ser confiada a uma ou mais pessoas, que podem ser ou não sócias. Em todo o caso, quando sejam vários os administradores, estes constituem um conselho de administração, órgão colegial (art. 2380º), que delibera por maioria absoluta, salvo disposição diversa do acto constitutivo (art. 2388º).

Os administradores são eleitos pela assembleia geral dos accionistas (ou pelo pacto social) por um período máximo de três anos, sendo, em princípio, reelegíveis (art. 2383º).

Os administradores gozam, porém, de autonomia relativamente à assembleia, no âmbito dos seus poderes de gestão da empresa social: a assembleia pode revogar os administradores, pode não os reeleger, mas não pode impor-lhes directivas vinculativas nesse campo ([15]).

Caso o acto constitutivo ou a assembleia o consinta, o conselho de administração pode delegar algumas das suas atribuições numa comissão executiva (composta por administradores) ou num ou vários dos seus membros (administradores-delegados) (art. 2381º).

A maioria da doutrina considera a comissão executiva e os administradores-delegados, não como meros mandatários substitutos ou mandatários do conselho de administração ([16]), mas como verdadeiros órgãos administrativos eventuais da sociedade ([17]).

([14]) Cf. NAVARRINI, *Trattato*, vol. IV, pág. 444 e segs., e VIVANTE, *Trattato*, vol. II, pág. 368 e segs..

([15]) Cf. FERRI, *Le Società*, pág. 488 e seg., e PIETRO ABBADESSA, *La gestione dell'impresa nella società per azioni*, Milão, Giuffrè, 1975, pág. 1 e segs..

([16]) Como defende BRUNETTI, *Trattato*, vol. II, pág. 370.

([17]) Cf. PESCE, *Amministrazione e delega di potere amministrativo nelle società per azioni*, pág. 98 e segs., e GRAZIANI-MINERVINI, *Manuale di diritto commerciale*, 1979, pág. 145.

O CCiv it de 1942 prevê também a designação pela assembleia ou pelo acto constitutivo de directores gerais (art. 2396º), a quem se entende que poderá ser atribuída apenas a "parte executiva das operações sociais" ([18]).

O conselho fiscal (ou colégio dos síndicos) é composto por três ou cinco membros efectivos, sócios ou não sócios, e dois suplentes. As sociedades com um capital não inferior a 50 milhões de liras devem escolher de entre os inscritos na lista dos revisores oficiais de contas, pelo menos, um ou dois dos síndicos, consoante o colégio tenha três ou cinco síndicos, e mais um suplente. As sociedades com um capital inferior àquele montante devem escolher, pelo menos, um dos síndicos efectivos e um suplente nas listas profissionais determinadas na lei (art. 2397º).

Ao colégio dos síndicos compete o controlo da legalidade e estatutariedade dos actos dos administradores e da regularidade das contas sociais (art. 2403º). Não lhe cabe, pois, o controlo "de mérito", que, na Alemanha e em França, compete ao conselho de vigilância.

VI – O **Decreto** do Presidente da República, de 29.12.**1969**, nº 1127 ([19]), alterou diversos preceitos do CCiv it relativos à administração de sociedades anónimas, fundamentalmente para dar cumprimento à 1ª Directiva da CEE, adiante analisada. Nomeadamente, modificou as disposições sobre a nomeação e revogação dos administradores (art. 2383º), os poderes de representação (art. 2384º) e os actos que excedam os limites do objecto social (art. 2384º-bis).

VII – Assim, são bem patentes as *diferenças entre o sistema italiano e o sistema alemão* de organização da sociedade, quer no último quartel do século XIX, quer sobretudo actualmente. Aquele impõe apenas um órgão de administração (o administrador ou o conselho de administração), sempre eleito pela assembleia geral, embora permita a designação pelo conselho de administração de administradores-delegados ou de uma comissão executiva ([20]), e prevê um órgão interno de fiscalização (o colégio dos síndicos). Diferentemente, o direito alemão adopta o

---

([18]) Cf. PESCE, *Amministrazione e delega*, pág. 76 e segs..

([19]) Publicado na *Gazzeta Ufficiale* de 10.2.1970.

([20]) Na prática, é normal a existência de um ou mais administradores delegados, ou de uma comissão executiva.

sistema dualista (conselho de vigilância, eleito pela assembleia geral, e directório, eleito pelo conselho de vigilância), permitindo, além disso, a delegação de poderes entre membros do directório e a designação de procuradores, e prevê que a fiscalização da sociedade seja feita por revisores independentes da sociedade, designados pela assembleia geral ([21]).

São igualmente evidentes as *diferenças entre o sistema italiano e o francês*, seja o clássico (conselho de administração, presidente do conselho de administração e comissários de contas), seja o de inspiração germânica (conselho de vigilância, directório e comissários de contas).

Parece, pois, mais acertado distinguir três sistemas de administração: o italiano e o francês (clássico), monistas, por um lado, e o germânico, dualista.

VIII – Parece importante salientar também a *diferença entre*, por um lado, *o conselho de vigilância*, de tipo germânico, e, por outro lado, *o conselho fiscal*, de tipo italiano (e português), bem como *o conselho de administração*, de tipo francês (clássico).

A este respeito, é esclarecedora a análise histórico-comparativa de K. LEHMANN ([22]), que se resume a seguir, com alguns comentários.

Com maior ou menor estabilidade, para um controlo meramente contabilístico e de legalidade ou também de conveniência, com competência delimitada de modo rigoroso ou flexível, trata-se sempre de órgãos situados entre a assembleia geral e a direcção ou directório ("Vorstand"), com o fim comum de controlar a direcção – o que a assembleia geral, por ter muitos membros, não pode fazer eficazmente.

Historicamente, surgem de raízes diversas. Nas companhias coloniais, os grandes accionistas tinham uma influência considerável junto dos administradores. Inicialmente funcionaram como assembleia geral; quando os pequenos accionistas passam a participar na assembleia geral, os grandes accionistas mantêm a sua influência numa espécie de comis-

---

([21]) É, pois, errado falar de um sistema germano-italiano, por oposição ao sistema anglo-francês, como faz PINTO FURTADO, *Código*, vol. II, t. I, pág. 302, citando WIELAND, *Handelsrecht*, 1931, 2, § 100. Aliás, na Alemanha, as pequenas e médias empresas adoptam, sobretudo, o tipo de sociedade por quotas, enquanto as sociedades anónimas correspondem, em geral, a grandes empresas. Diferentemente, na Itália, há relativamente poucas sociedades por quotas, sendo a sociedade anónima utilizada não só para grandes empresas, mas também, frequentemente, para empresas de dimensão média.

([22]) Cf. *Das Recht der Aktiengesellschaften*, vol. I, pág. 335 e segs..

são de accionistas ou conselho de administração ("Verwaltungsrat"), que controla permanentemente a direcção ("Vorstand") e a autoriza a praticar certos actos.

A partir daqui a evolução segue duas tendências diferentes.

Na Inglaterra, Estados Unidos, França, Itália, etc., o conselho de administração funde-se com a direcção num único órgão, embora alguns dos seus membros (executivos) exerçam efectivamente funções permanentes, enquanto outros (não executivos) se limitam a reunir com maior ou menor frequência para dar instruções e controlar a actividade dos primeiros. Em rigor, há apenas um órgão de administração ("board of directors" ou "conseil d'administration") ([23]).

Na Alemanha, Dinamarca, Noruega, Holanda e outros países, mantém-se um órgão de controlo ("Verwaltungsrat" ou "Aufsichtsrat"), ao lado do órgão de direcção ("Vorstand"). Todavia, aquele não tem apenas funções de controlo ou fiscalização, mas participa, em certa medida e permanentemente, na administração da sociedade, numa posição de superioridade relativamente ao directório: designa e destitui os directores (na Alemanha, imperativamente só a partir de 1937) e autoriza diversos actos do directório ([24]).

Origem diferente tem um outro órgão de controlo: os revisores de contas ["Revisoren", "Pruefer", "auditors", "comissaires de surveillance", "commissaires aux comptes" ([25])]. Desde cedo é habitual nomear revisores para verificar as contas e o balanço, quer por parte do governo, no tempo do sistema da outorga, quer por parte dos accionistas (ou dos grandes accionistas). A sua função é apenas contabilística, não de verificação da maior ou menor diligência da administração ou da conveniência dos actos desta. Muitas vezes têm funções meramente transitórias (v. g., por ocasião da elaboração do balanço anual) — como os "Abschlusspruefer" (e os "Sonderpruefer") alemães; noutros casos,

---

([23]) Só mais tarde o presidente do conselho de administracção assume, em França, poderes próprios e uma certa autonomia relativamente ao conselho. Afim deste sistema francês é o adoptado pela Lei brasileira nº 6404, de 15.12.1976, sobre as sociedades por acções, que prevê a existência de um conselho de administração e uma directoria, ou apenas uma directoria, sendo, no primeiro caso, os directores eleitos pelo conselho de administração de entre os seus membros (art. 138º, 139º e 143º).

([24]) Cf. K. LEHMANN, *ob. cit.*, vol. I, pág. 338 e segs.; SCHLEGELBERGER - QUASSOWSKI, *Aktiengesetz*, 2ª ed., 1937, § 70, Anm. 1, e WIETHOELTER, *ob.cit.*, pág. 20 e segs..

([25]) Cf. K. LEHMANN, *ob. cit.*, vol. I, pág. 341 e segs..

são órgãos permanentes da sociedade, como os "commissaires aux comptes" franceses. Mas não influenciam as decisões da direcção.

Um tanto diversa é a função dos "sindaci" italianos. À semelhança dos "sindicatori" do Banco di San Giorgio, são um órgão permanente de controlo contabilístico, de legalidade e estatutariedade dos actos da administração, sem competência administrativa ([26]).

SECÇÃO VI

Sistema português

SUBSECÇÃO I

Do século XVIII a 1833

Antes de 1833, as companhias de comércio não eram regidas, em Portugal, por disposições gerais, mas apenas pelas cartas régias ou alvarás que autorizavam a sua constituição e, frequentemente, concediam privilégios e monopólios comerciais.

Sobre as companhias deste período não há estudos jurídicos de conjunto publicados ([1]).

([26]) K. LEHMANN, *ob. cit.*, vol. II, pág. 346 e seg., diz que o HGB de 1897 adoptou esta concepção quanto ao que chamou de "Aufsichtsrat"; mas tal afirmação veio a ser desmentida pela prática, como referem WIELAND, *Handelsrecht*, vol. II, 1931, pág. 89 e 114 e seg., e SCHLEGELBERGER-QUASSOWSKI, *Aktiengesetz*, 1937, § 95, Anm. 28. O AktG 1937 e o AktG 1965 regulam o "Aufsichtsrat" como um órgão de controlo de legalidade e conveniência, estreitamente ligado à administração, podendo quase considerar-se como um segundo órgão de administração, intermédio entre o directório e a assembleia geral. Cf. H. J. MERTENS, in *Koelner Kommentar AktG*, Vorb. § 95, Anm. 1 (que designa o "Aufsichtsrat" como "órgão de controlo cooperativo"). Cf. também BRUNETTI, *Trattato del diritto delle società*, vol. II, pág. 361.

([1]) O mais desenvolvido, mas numa perspectiva de história económico-social, é o de ANTÓNIO CARREIRA, *As Companhias Pombalinas de Grão-Pará e Maranhão e Pernambuco e Paraíba*, Lisboa, Ed. Presença, 1983. A título de curiosidade, pode observar-se que a "Instituição da Companhia Geral do Grão-Pará e Maranhão", de 1755, refere o seguinte:

"1 — A dita Companhia constituirá um corpo político composto de um Provedor, de oito Deputados, e de um Secretário: a saber oito homens de negócio da praça de Lisboa, e um Artífice da Casa dos Vinte e Quatro, sendo todos qualificados na maneira abaixo declarada. Além dos referidos deputados haverá três Conselheiros do mesmo

SUBSECÇÃO II

O Código Comercial de 1833

I – Com o Código Comercial de 1833, inspirado nos CCom fr de 1807 e esp de 1829 (²), a constituição de "companhias de comércio", verdadeiras sociedades por acções de responsabidade limitada (³), continuou a depender de autorização especial do governo e da aprovação da sua instituição (art. 546º); fixam-se, porém, os princípios fundamentais reguladores das responsabilidades dos administradores e accionistas (art. 538º a 546º).

II – A companhia é "administrada por mandatários temporários, revogáveis, accionistas ou não accionistas, assalariados ou gratuitos" (art. 538º). "Os mandatários administradores de uma companhia só respondem pela execução do mandato recebido e aceite. Eles não contraem

---

corpo do comércio, em que concorram as mesmas condições, posto que não tenham a do capital na Companhia [...].

"2 – O sobredito Provedor, e Deputados serão comerciantes vassalos de V. Magestade, naturais ou naturalizados; e moradores nesta Corte, que tenham dez mil cruzados de interesse na dita Companhia, e daí para cima [...].

"3 – As eleições do sobredito Provedor, Deputados, e Conselheiros, se farão sempre na Casa do despacho da Companhia pela pluralidade de voto dos interessados, que nela tiverem cinco mil cruzados de acções, ou daí para cima. Aqueles que menos tiverem, se poderão contudo unir entre si para que, perfazendo a dita quantia, constituam em nome de todos um só voto; que poderão nomear como bem lhes parecer: Servindo os primeiros eleitos para a fundação pelo tempo de três anos: E sendo todos os outros anuais, [...]". Cf. ANTÓNIO CARREIRA, *ob. cit.*, pág. 252 e seg. A Companhia Geral da Agricultura das Vinhas do Alto Douro tinha, além da "junta geral" (dos accionistas), "um corpo político composto de hum Provedor, doze Deputados e hum Secretário (... e) seis Conselheiros", bem como "hum juiz conservador (...) com jurisdição privativa", com o seu Escrivão e Meirinho. Cf. *Instituição da Companhia Geral da Agricultura das Vinhas do Alto Douro*, Lisboa, António Rodrigues Galhardo, 1792, pág. 4 e segs.. Cf. também TITO AUGUSTO DE CARVALHO, *As Companhias Portuguesas de Colonização*, 1902, e JORGE BORGES DE MACEDO, "Companhias comerciais", in *Dicionário da História de Portugal*, vol. I, pág. 636 e segs..

(²) Cf. FERREIRA BORGES, *Das Fontes Especialidade e Excellencia da Administração Comercial Segundo o Código Comercial*, Porto, 1835, pág. 78 e segs., e RICARDO TEIXEIRA DUARTE, *Commentário ao Titulo XII, Parte I, Livro II do Código Commercial Portuguez*, Lisboa, 1843, pág. 4 .

(³) Neste sentido, cf. FERREIRA BORGES, *Dicionário Jurídico Comercial*, Porto, 1856, pág. 88; DIOGO FORJAZ DE SAMPAIO PIMENTEL, *Anotações ao Código de Comércio Portuguez*, Coimbra, 1866, vol. I, pág. 237.

obrigação alguma, nem solidária, nem pessoal, relativamente às convenções da companhia" (art. 542º).

Como diz D. FORJAZ DE SAMPAIO PIMENTEL, "os administradores ou directores das companhias são eleitos nas épochas fixadas nos estatutos pela assemblêa geral ou reunião de associados d'entre estes ou d'entre pessoas estranhas à associação. E pela mesma assemblêa podem ser arbitrariamente substituidos, sem que seja mister dar a razão da revogação do mandato. É um cargo de confiança, e a confiança ou a desconfiança são pessoais, e nem sempre podem explicar-se e justificar-se — quanto mais que os membros da assemblêa geral podem ser pessoas diferentes d'uma para outra epocha da eleição, porque da transmissão da acção vem o direito a eleger, e a tomar parte nas deliberações da assemblêa. Estão sujeitos em sua acção aos estatutos ou contrato primordial da companhia, às instruções e ordens da assemblêa geral, e às leis do mandato mercantil. E como mandatários não contrahem obrigação alguma própria, à excepção da responsabilidade pelo valor das entradas, se forem accionistas (art. 542º, 543º e 778º, pág. 52 do tomo 1º)" ([4]).

III — A assembleia geral dos accionistas nomeia uma mesa (chamada mesa de direcção), análoga à actual mesa, mas encarregada, não só de convocar a assembleia, mas também de "vigiar e promover o progresso da Companhia", "dar o seu parecer sobre as contas apresentadas pelos administradores, etc.. Todavia, nem esta Mesa, nem os Accionistas têm direito de fazer exame ou investigação na administração senão nos termos legislados no art. 652º" ([5]) — muito restritivamente. Daqui se conclui que as "companhias de comércio" não tinham um verdadeiro órgão de fiscalização ([6]).

IV — Mas, por volta de 1849, existiam em Portugal apenas 8 destas companhias, com um capital de 106 632 contos, das quais 5 se dedicavam ao comércio (com 103 502 contos de capital), uma à indústria, uma à agricultura e outra à pecuária ([7]).

([4]) Cf. *Anotações ao Código de Comércio Portuguez*, vol. II, pág. 237.
([5]) R. TEIXEIRA DUARTE, *Comentário ao Título XII*, pág. 3.
([6]) Neste sentido, cf. também PIRES CARDOSO, *Problemas do Anonimato. II—Fiscalização das Sociedades Anonimas*, pág. 236.
([7]) Cf. ARMANDO DE CASTRO, "Sociedades anónimas", in *Dicionário de História de Portugal*, vol. IV, pág. 52.

V – A Lei de 16.4.1850 marcou um primeiro passo limitado no sentido da liberalização: permitiu o estabelecimento de quaisquer bancos nos distritos do reino e ilhas adjacentes, mas sujeitou-os a prévia confirmação do poder legislativo (art. 50º) – sem prejuízo do privilégio de emitir notas e obrigações ao portador concedido ao Banco de Lisboa pela Lei de 7.6.1824 ([8]).

SUBSECÇÃO III

A Lei de 22.6.1867

I – Seguindo de perto a tendência manifestada pelo "Joint Stock Companies Act" inglês de 1856 ([9]) e pela Lei fr de 1863, a Lei port de 22.6.1867 (que antecedeu a célebre Lei fr de 24.7.1867) veio substituir o anterior sistema de autorização do governo, permitindo a livre constituição de sociedades anónimas "pela simples vontade dos associados" (art. 2°), desde que cumpridos os requisitos gerais estabelecidos na lei, v. g., a escritura pública, a publicação e o registo. E estabeleceu, pela primeira vez, um conjunto de regras relativamente completo sobre este tipo de sociedades.

II – Para a administração da sociedade, a Lei de 1867 prevê a existência de "mandatários temporários, revogáveis, retribuídos ou gratuitos, escolhidos de entre os associados" (art. 13º, pr.), já então correntemente designados por conselho de administração ou direcção ([10]).

III – Para operações que exijam conhecimentos técnicos e especiais, a Lei prevê a nomeação de gerentes, accionistas ou não, "devendo a sua nomeacção, exoneração e atribuições ser reguladas pelos estatutos" (art. 20º). TAVARES DE MEDEIROS ([11]) comenta que "nada obsta, porém, a que as funções de gerente sejam desempenhadas por acumulação de um dos directores, que neste caso se denomina de director ou administrador-delegado".

([8]) Cf. TAVARES DE MEDEIROS, *Comentário à Lei das Sociedades Anónimas*, pág. 26.
([9]) Cf. GOWER, *The principles of modern company law*, pág. 48 e segs..
([10]) Cf. TAVARES DE MEDEIROS, *ob. cit.*, pág. 109.
([11]) *Ob. cit.*, pág. 140 e seg..

IV – A Lei de 1867 prevê também a existência de um conselho fiscal (art. 21º a 24º), a que incumbe a fiscalização dos actos da administração, podendo assistir "com voto unicamente consultivo, às sessões da direcção, sempre que o julgue conveniente".

É curioso observar que TAVARES DE MEDEIROS ([12]) considera que tanto a direcção como o conselho fiscal "representam o poder executivo das sociedades"; e nota que o relatório do governo relativo a esta Lei usa indiferentemente a expressão conselho fiscal e conselho de vigilância, citando como fonte inspiradora o acto do Parlamento inglês de 14.6.1856 ([13]).

O art. 25º da Lei de 1867, também inspirado na Lei inglesa de 1856, acrescenta que "as assembleias gerais, quando o julgam necessário, nomeiam comissões especiais de inquérito para o exame dos actos de administração".

Deste modo, a Lei de 1867 adopta, embora de modo impreciso, um sistema de órgãos com grandes semelhanças com o sistema dualista alemão. A evolução posterior viria afastar o sistema português do germânico, aproximando-o do sistema monista italiano.

V – A Lei de 1867 regula também a constituição e o funcionamento de assembleias gerais (art. 26º a 29º), mas não delimita os seus poderes, porque, diz TAVARES DE MEDEIROS ([14]), a assembleia geral "resume em si toda a soberania em conformidade com o fim que a sociedade se propõe", é o "parlamento destas sociedades"; "tratam elas todos os negócios concernentes ao fim social e tomam as deliberações que as administrações têm de executar".

SUBSECÇÃO IV

O Código Comercial de 1888

I – O Código Comercial (CCom), aprovado por Carta de Lei de 18.6.1888 e publicado no *Diário do Governo,* de 6.9.1888, retomou com algumas alterações o regime da Lei de 1867.

([12]) Cf. *ob. cit.*, pág. 109.
([13]) Cf. *Diário de Lisboa,* nº 19, de 24.1.1867, pág. 195, cit. por TAVARES DE MEDEIROS, *ob. cit.*, pág. 144.
([14]) Cf. *ob. cit.*, pág. 160.

Segundo o CCom, a sociedade anónima tem três órgãos essenciais: a direcção ([15]), o conselho fiscal e a assembleia geral.

Cada um deles tem uma função própria, que os autores comparam aos três clássicos poderes do Estado: a assembleia geral tem uma função deliberativa (correspondente ao poder legislativo, do Parlamento); a direcção é o órgão de administração ou executivo (correspondente ao poder executivo, do governo), e o conselho fiscal constitui um órgão de fiscalização (análogo ao poder judicial, dos tribunais) ([16]).

As competências dos três órgãos não estão, porém, claramente delimitadas.

II – A assembleia geral dos accionistas aparece como órgão supremo da sociedade. É ela que elege e pode revogar os membros da direcção (embora a primeira direcção possa ser designada no pacto social – art. 171º e 172º). Tem competência para deliberar sobre qualquer assunto que diga respeito à sociedade (art. 179º e 180º), impondo a sua orientação aos membros da direcção (art. 186º, § 2º) ([17]).

III – Na redacção inicial do CCom não se estabelece qualquer número mínimo, nem máximo, de membros da direcção. Por isso, a doutrina chegou a discutir a possibilidade de ela ser composta por um único membro ([18]). Quando constituída por vários membros, admite-se que tenha a natureza de órgão colegial ([19]).

A competência da direcção é definida de modo muito impreciso. O art. 171º do CCom diz que a uma direcção é confiada a administração das sociedades anónimas, mas não diz em que consiste esta. E a doutrina está longe de ser unânime a este respeito. Para uns, ela abrange apenas actos de administração e certos tipos de actos de disposição; para outros, compreende o exercício da actividade económica objecto da sociedade,

---

([15]) Na linguagem corrente nas últimas décadas, a direcção era mais frequentemente denominada conselho de administração.

([16]) Cf. PINTO FURTADO, *Código Comercial Anotado*, vol. II, t. I, pág. 301.

([17]) Cf. RAÚL VENTURA-LUÍS BRITO CORREIA, *Responsabilidade Civil dos Administradores*, pág. 69 e segs. e 408 e segs.. Os institucionalistas defendem um reforço da autonomia da administração relativamente à assembleia geral (cf. PIRES CARDOSO, *Problemas do Anonimato*. I – *Sociedade Anónima*, pág. 64 e segs.). Mas não se vêem, antes do CSC, fundamentos jurídico-positivos bastantes para essa ideia.

([18]) Cf. *infra*.

([19]) Cf. *infra*.

incluindo todas as operações sociais, sem limites, ou, segundo outros, apenas as "normais". Em qualquer caso, compete-lhe, em exclusivo, representar a sociedade perante terceiros.

O CCom não prevê expressamente a possibilidade da existência de outros órgãos de administração além da direcção, devendo os estatutos dizer como se obriga a sociedade (art. 114º, nº 5). Todavia, por influência da prática de outros países (v. g., da França e da Itália) e das necessidades da empresa, é frequente os estatutos e deliberações sociais preverem, ao lado da "direcção" (normalmente designada conselho de administração), uma comissão executiva, um presidente do conselho de administração, um administrador-delegado, bem como um director geral e directores, com diversos tipos de estatutos e de poderes. Em qualquer caso, a existência de tais órgãos não pode afectar a competência legal e a responsabilidade dos administradores, de quem advêm os seus poderes.

Por vezes, os estatutos de algumas sociedades anónimas prevêem também o funcionamento de um órgão designado conselho geral, constituído pelo conjunto dos administradores e dos membros do conselho fiscal, ao qual incumbe dar parecer ou mesmo deliberar sobre certas matérias importantes para a sociedade ([20]).

IV – O conselho fiscal, por seu turno, é composto, segundo a versão inicial do CCom, por três sócios, pelo menos, eleitos pela assembleia geral (art. 175º), e tem por atribuições fundamentais o controlo da legalidade e estatutariedade dos actos da administração e da contabilidade da sociedade (art. 176º). Não foi retomado pelo CCom de 1888 o disposto no art. 25º da Lei de 1867 sobre as comissões especiais de inquérito, designadas pela assembleia geral.

V – Deste modo, o sistema monista adoptado pelo CCom de 1888, na sua redacção inicial, é muito semelhante ao da Lei francesa de 1867 e dos Códigos comerciais italianos de 1865 e de 1882, distinguindo-se claramente do sistema germânico e dos franceses vigentes, quer pela ausência de previsão legal de um conselho de vigilância, quer pelo facto de a fiscalização da sociedade ser atribuída a um órgão composto por sócios e não a revisores de contas independentes.

([20]) Esta prática, seguida, nomeadamente, por alguns bancos, era expressamente permitida pela Lei belga de 18.5.1873. art. 57º, transcrita por TAVARES DE MEDEIROS, *Comentário*, pág. 296.

SUBSECÇÃO V

A Lei da Fiscalização das Sociedades Anónimas
(DL nº 49 391, de 5.11.1969)

I – O CCom de 1888 vem a ser modificado, ou completado, em matéria de organização da sociedade anónima, por alguns diplomas posteriores.

O DL nº 49 381, de 15.11.1969, sobre a fiscalização das sociedades anónimas, não só vem alterar profundamente o regime do órgão de fiscalização, como altera alguns aspectos importantes do regime da administração ([21]).

II – Quanto ao órgão de fiscalização, o DL nº 49 381 admite que ele possa assumir três formas fundamentais:

a) Um conselho fiscal, com 3 ou 5 membros efectivos e 1 ou 2 suplentes, eleitos pela assembleia geral de entre sócios ou não sócios, devendo um membro efectivo e um suplente ser revisores oficiais de contas ([22]), a que podem acrescer um ou dois membros efectivos e um ou dois suplentes nomeados pelo tribunal (art. 1º, nº 2, 5º, nº 2 e 3, e 6º);

b) Um fiscal único efectivo e um suplente, eleitos pela assembleia geral de entre revisores oficiais de contas (art. 1°, nº 2 e 3), a que pode acrescer um fiscal efectivo e um suplente nomeados pelo tribunal, constituindo, neste caso, um conselho fiscal (art. 5º, nº 2 e 3, e 6º);

c) Uma sociedade de revisão oficial de contas eleita pela assembleia geral (art. 4º).

Adopta, pois, um modelo próximo do do CCiv it de 1942.

III – Quanto à administração, inclui um conjunto de regras fundamentais relativas à responsabilidade civil dos administradores (art. 17º a 26º) e, do mesmo passo, impõe aos administradores um dever de diligência de um ''gestor criterioso e ordenado'' (art. 17º, nº 1), torna clara a supremacia da assembleia geral sobre os administradores (art. 17º, nº 4),

---

([21]) Sobre este diploma, cf. RAÚL VENTURA- LUÍS BRITO CORREIA, *Responsabilidade Civil dos Administradores*.

([22]) Sobre o regime dos revisores oficiais de contas, cf. também o DL nº 1/72, de 3.1 (revogado), DL nº 519 - L2/79, de 29.12, DL nº 268/72, de 1.8, P nº 420/72, de 1.8, P nº 83/74, de 6.2, P nº 709/74, de 31.10, P nº 91/77, de 22.2, P nº 26-D1/80, de 9.1, DL nº 80/81, de 21.4, e P nº 271/85, de 10.5.

e a possibilidade de existência de órgãos ou mandatários (criados pelos estatutos ou por deliberação social) com poderes de administração, nomeadamente a comissão executiva [art.11º, nº 1, al. *d*)] e directores (art. 25º).

SUBSECÇÃO VI

O Dec.- Lei nº 729/74, de 20.12

O DL nº 729/74, de 20.12, constatando a frequência e a conveniência da designação de trabalhadores de empresas como administradores destas, assegura a manutenção dos seus direitos nas instituições de previdência. Foi parcialmente modificado pelo DL nº 16/76, de 14.1 ([22a]).

SUBSECÇÃO VII

O Dec.- Lei nº 389/77, de 15.9

O DL nº 389/77, de 15.9, veio permitir a designação de não accionistas como administradores e impor o carácter plural e colegial do órgão de administração. Importava, por um lado, fazer corresponder a lei às necessidades da vida económico-social, que exigiam a designação de administradores não accionistas, sem forçar a aquisição, tantas vezes fictícia, de acções por gestores profissionais qualificados, mas não pertencentes realmente à sociedade. Por outro lado, quis-se harmonizar a lei comercial com o disposto no art. 162º do CCiv, exigindo que os administradores sejam em número ímpar.

SUBSECÇÃO VIII

O art. 30º da Lei sobre as Comissões de Trabalhadores
(Lei nº 46/79, de 12.9)

A Lei nº 46/79, de 12.9, sobre as comissões de trabalhadores, por seu turno, prevê, no art. 31º, a possibilidade de designação de "representan-

---

([22a]) Cf. J. C. FREITAS MOTA, "Alguns aspectos da evolução das sociedades em Portugal no período de 1973 a 1976", in *CTF*, 238/240.

tes dos trabalhadores para os órgãos sociais da respectiva empresa", embora, no sector privado, tal possibilidade fique "na disponibilidade das partes" (²³).

SUBSECÇÃO IX

Administradores por parte do Estado

I – Para além dos administradores designados pelos accionistas ou, eventualmente, pelos trabalhadores, a lei portuguesa estabelece um regime especial para os chamados administradores por parte do Estado, resultante de sucessivos diplomas (DL nº 40 833, de 29.10.1956, DL nº 44 722, de 24.11.1962, e DL nº 76-C/75, de 21.2) (²⁴).

A possibilidade de nomeação de administradores por parte do Estado existe relativamente às seguintes sociedades:

a) Sociedades de que o Estado seja accionista ou em que tenha participação nos lucros, desde que tais posições estejam previstas em diploma legal ou nos respectivos estatutos (DL nº 40 833, art. 1º);

b) Sociedades que explorem actividades em regime de exclusivo ou com benefício ou privilégio não previsto em lei geral (DL nº 40 833), art. 1º);

c) Sociedades (ou empresas) que explorem indústrias de importância relevante para a economia nacional, quando se verifique que mais de 50 % dos investimentos por elas realizados foram financiados pelo Estado ou por instituições de previdência – directamente ou mediante a subscrição de obrigações ou prestação de aval (DL nº 44 722, art. 1º);

d) Sociedades em que o Estado ou outras pessoas colectivas de direito público, separada ou conjuntamente, detenham pelo menos 20 % do capital social (DL nº 76-C/75, art. 1º, nº 1).

(²³) Sobre o assunto, cf. Luís Brito Correia. *Direito do Trabalho*, vol. III, pág. 300 e segs., e Pinto Furtado, *Código*, vol. II, t. I, pág. 355 e segs..

(²⁴) Cf. também Dec c f Lei de 27.7.1900, sobre a nomeação de administradores por parte do Estado para empresas coloniais. Cunha Gonçalves, *Comentário*, vol. I, pág. 424, e Pinto Furtado, *Código*, vol. II, t. I, pág. 326 e segs..

e) Sociedades em que uma percentagem mínima de 50 % do capital pertença, separada ou conjuntamente, a:

i – Sociedades em que o Estado ou outras pessoas colectivas de direito público detenham uma percentagem do capital igual ou superior a 50 %;

ii – Sociedades cujo capital seja detido numa percentagem igual ou superior a 50 % por sociedades abrangidas pela presente alínea (DL nº 76-C/75, de 21.2, art. 1º, nº 2);

f) Sociedades em que as participações no capital e os empréstimos ou garantias prestados pelo Estado, ou por outras pessoas colectivas de direito público e pelas sociedades referidas nas alíneas *i* e *ii* da alínea anterior, correspondam em globo a uma percentagem igual ou superior a 50 % do activo total, líquido de amortizações e excluindo contas de ordem, do último balanço aprovado (DL nº 76-C/75, de 21.2, art. 1º, nº 3).

O número de administradores nomeados pelo Estado será o estabelecido nos diplomas aplicáveis ou nos estatutos, não devendo, em qualquer caso, exceder metade do número máximo de administradores previsto nos estatutos.

Quando o Estado ou outra pessoa colectiva de direito público dispuser de mais de 50 % do capital social, a presidência do conselho de administração caberá a um dos administradores nomeados pelo governo (DL nº 40 833, art. 1º, § 2º).

II – A – Antes do DL nº 831/76, de 25.11, os administradores por parte do Estado, nomeados pelo Governo (Conselho de Ministros) para tais sociedades, têm os mesmos poderes, direitos e deveres que os demais administradores, "competindo-lhes zelar, juntamente com estes e segundo o seu prudente critério, os interesses das respectivas empresas" (DL nº 40 833, art. 10º). Em caso de concorrência ou conflito de interesses, cabe-lhes, porém, defender os interesses do Estado, quer de natureza patrimonial, quer de natureza geral, observando a tal respeito as instruções especiais que lhes sejam dadas pelo Governo (DL nº 40 833, art. 10º, § único).

Se carecerem de esclarecimentos para este efeito, podem obter a suspensão das deliberações sociais por um prazo de 8 ou 15 dias (consoante haja ou não delegado do Governo), sendo nulas as deliberações eventualmente tomadas durante esse prazo (DL nº 40 833, art. 11º).

B – O DL nº 831/76, de 25.11, que aprovou o primeiro Estatuto do Gestor Público, alterou profundamente este regime. Tal Estatuto foi concebido, sobretudo, para os membros dos órgãos de administração das empresas públicas resultantes das nacionalizações realizadas após o 11 de Março de 1975. Aliás, muitas das empresas que, anteriormente, tinham administradores por parte do Estado foram nacionalizadas. De qualquer modo, o Estatuto aplica-se também aos administradores por parte do Estado em sociedades anónimas não nacionalizadas (art. 1º, nº 1).

Com 61 artigos, o Estatuto de 1976 regula o quadro da carreira de gestor público (profissional ou não) e estabelece as suas garantias e responsabilidades.

C – Este Estatuto de 1976 veio a ser substituído pelo DL nº 464/82, de 9.12, que aprovou um novo Estatuto dos Gestores Públicos. Pretende-se com ele "assegurar o recrutamento de gestores altamente qualificados e profissionalizados" e criar condições mais atractivas para o exercício das funções de gestão, quanto a retribuição, autonomia de decisões e responsabilização pelos resultados.

III – Merece referência ocasional o facto de vários diplomas, posteriores a 25 de Abril de 1974, terem previsto diversas medidas de intervenção do Estado nas empresas privadas, incluindo a nomeação de administradores ([25]). Passado, porém, o período de euforia colectivizante, tais diplomas foram revogados ([26]).

SUBSECÇÃO X

Código das Sociedades Comerciais

I – O Código das Sociedades Comerciais (CSC), aprovado pelo DL nº 262/86, de 2.9 ([27]), modificou o regime anterior em diversos aspectos importantes.

([25]) Cf. DL nº 660/74, de 25.11, DL nº 540-A/74, de 12.10, DL nº 597/75, de 28.10, DL nº 422/76, de 29.5, DL nº 907/76, de 31.12, DL nº 150/78, de 20.6, Desp Norm nº 17/9, de 19.1, e DL nº 26/79, de 22.2.

([26]) Cf. DL nº 90/81, de 28.4.

([27]) Entrou em vigor em 1.11.1986, foi rectificado por declarações publicadas no *DR*, Iª série, de 29.11.1986 e de 31.8.1987 (supl.) e alterado pelos DL nº 184/87, de 21.4, nº 280/87, de 8.7, nº 229-B/88, de 4.7, e nº 238/91, de 2.7.

Assim, à semelhança da Lei francesa de 1966, o CSC permite a adopção de uma de duas modalidades de estrutura (art. 278º).

A primeira corresponde ao chamado sistema monista, tradicional no direito português, com um único órgão de administração (o conselho de administração), fiscalizado por um conselho fiscal, para além da colectividade dos accionistas (deliberando em assembleia geral ou por escrito – CSC, art. 373º).

A segunda corresponde ao chamado sistema dualista, em que, além da colectividade dos accionistas, há uma direcção, um conselho geral e um revisor oficial de contas. Corresponde ao sistema alemão, também permitido pela Lei francesa de 1966, e é novo em Portugal.

A possibilidade de escolha entre as duas modalidades de estrutura (monista e dualista) é claramente inspirada pelo desejo de harmonização da legislação portuguesa com as dos demais Estados membros da CEE, antecipando-se, assim, à aprovação da 5ª Directiva, cuja proposta ([28]) continua ainda em estudo.

Em rigor, o CSC permite também estruturas mais simplificadas para sociedades anónimas com um capital não superior a 20 000 contos: podem ter um administrador único, em vez de conselho de administração (art. 278º, nº 2, e 390º, nº 2); um director único, em vez da direcção (art. 278º, nº 2, e 424º, nº 2); e um fiscal único, em vez do conselho fiscal (art. 278º, nº 2, e 413º, nº 4). E permite que as funções de fiscal único ou de revisor oficial de contas sejam exercidas por uma sociedade de revisores oficiais de contas (art. 414º, nº 2, e 446º, nº 1).

Em qualquer momento, pode o contrato ser alterado para adopção da outra estrutura (CSC, art. 278º, nº 2).

II – O CSC alarga às sociedades anónimas – como a todos os tipos de sociedades – a possibilidade de as deliberações dos sócios serem tomadas por escrito, sem reunião em assembleia (art. 373º) – o que anteriormente só era admitido indiscutivelmente nas sociedades por quotas (LSQ, art. 36º, § 2º). Daí que se possa dizer que, em face do CSC, órgão da sociedade é a *colectividade dos accionistas* e não propriamente a assembleia geral. Subsistem, em todo o caso, algu-

---

([28]) Cf. *JOCE*, nº C 131, de 13.12.1972, e *JOCE*, nº C 240, de 9.9.1983.

mas diferenças de regime entre os vários tipos de sociedades quanto às deliberações por escrito (CSC, art. 53º, 54º, 189º, 247º, 373º e 472º) ([29]).

Por outro lado, o CSC reforçou significativamente a autonomia quer do conselho de administração, quer da direcção, relativamente à colectividade dos accionistas (art. 6º, nº 4, 72º, nº 2, 373º, nº 2 e 3, 405º, 409º e 431º) e reconhece também considerável (embora menor) autonomia da direcção relativamente ao conselho geral (art. 431º, 432º, 441º a 443º).

III – A – Nas sociedades com *estrutura monista*, o *conselho de administração* tem poderes legais próprios, distintos dos dos accionistas (CSC, art. 405º), bem como do conselho fiscal (CSC, art. 420º).

Ressalvados os casos de administrador único, o conselho de administração é um órgão plural (com um número ímpar de membros – art. 390º, nº 1), exercendo colegialmente (por maioria) os poderes de gestão e conjuntamente os poderes de representação (art. 406º, 408º e 410º).

À semelhança da Lei fr 1966, o CSC prevê a existência de um presidente do conselho de administração (art. 395º). Mas, enquanto na Lei fr 1966 o presidente deve ser eleito pelo próprio conselho de administração, por imposição imperativa da lei (art. 110º), no CSC o presidente pode também ser designado pela assembleia geral (art. 395º). Por outro lado, na Lei fr 1966, o presidente tem poderes legais próprios (v. g., de direcção geral e de representação da sociedade), distintos dos poderes do conselho de administração (art. 113º), enquanto o CSC não atribui ao presidente poderes próprios ([30]), apenas permitindo que o contrato lhe confira voto de qualidade nas deliberações do conselho (art. 395º, nº 3), para além de poderes delegados, que podem ser conferidos a qualquer outro administrador (art. 407º). Quanto ao resto, o regime do presidente do conselho de administração é praticamente idêntico ao dos demais administradores ([31]), diversamente do que se passa em França.

Assim, o presidente do conselho de administração previsto no CSC não constitui verdadeiramente um órgão distinto do conselho de administração, diversamente do que se passa em face da Lei fr 1966.

([29]) Sobre o assunto, cf. LUÍS BRITO CORREIA, *Direito Comercial*, 1989, vol. III, pág. 248 e segs..

([30]) Cf., em todo o caso, o art. 408º, nº 4.

([31]) Cf., contudo, CSC, art. 393º, nº 1, al. *a*), 410, nº 1 e 6.

Os administradores podem não ser accionistas (art. 390º, nº 3, como antes, segundo o DL nº 389/77, de 15.9). Mas têm de ser pessoas singulares com capacidade jurídica plena (art. 390º, nº 3). Em todo o caso, o CSC contemporiza com a prática anterior quando diz que "se uma pessoa colectiva for designada administrador, deve nomear uma pessoa singular para exercer o cargo em nome próprio", respondendo a pessoa colectiva solidariamente com a pessoa designada pelos actos desta (art. 390º, nº 4, e 83º).

Os administradores são designados no contrato de sociedade ou eleitos pela assembleia geral ou constitutiva, por um máximo de 4 anos, sendo reelegíveis (CSC, art. 391º). Mas o CSC prevê algumas regras especiais de eleição para protecção das minorias (art. 391º, nº 2, e 392º, nº 1 a 10), sendo de salientar o carácter imperativo de algumas delas, quanto a sociedades com subscrição pública ou concessionárias do Estado ou de entidade equiparada (art. 392º, nº 8, e 545º). E ressalva o regime dos administradores por parte do Estado ou de entidade pública a ele equiparada por lei (CSC, art. 392º, nº 1).

Os administradores podem ser destituídos em qualquer momento por deliberação dos accionistas, salvo quando tenham sido nomeados pelo Estado ou entidade equiparada (CSC, art. 403º e 545º).

Os trabalhadores da sociedade, como tais, não têm qualquer representação no conselho de administração, nem no conselho fiscal – embora possa sustentar-se que o art. 31º da Lei nº 46/79, de 12.9 (que permite tal representação, a título facultativo), como lei especial, não foi revogado pelo CSC – problema a abordar adiante. E quando um trabalhador da sociedade for designado seu administrador, o contrato de trabalho extingue-se ou suspende-se, consoante dure há menos ou mais de um ano (CSC, art. 398º, nº 2).

O CSC permite (mas não impõe) que o conselho delegue poderes de gestão num ou mais administradores (delegados) ou numa comissão executiva, sem excluir a competência do conselho sobre as matérias objecto da delegação (art. 407º).

E estabelece um regime de vinculação da sociedade por actos dos administradores decalcado no art. 9º da 1ª Directiva do Conselho da CEE ([32]), que Portugal se obrigou a cumprir, por força do Acto de Adesão de 11.6.1985 ([33]).

([32]) Cf. *JOCE*, nº L 65/8, de 14.3.1968, e *RDE*, 4 (1978), pág. 252 e segs..
([33]) Res AR nº 22/85, de 18.9.

B — Quanto ao *conselho fiscal*, o CSC retoma, com pequenas alterações, o estabelecido no DL nº 49 381, de 15.11.1969, acima referido.

Assim, a estrutura monista do CSC aproxima-se mais do sistema italiano do que do francês clássico (monista) ou do alemão (dualista).

IV — Quanto às sociedades com *estrutura dualista*, o CSC segue mais de perto o novo modelo francês, embora existam algumas diferenças que, por vezes, o aproximam do modelo germânico.

Não há dúvida de que a sociedade anónima com direcção e conselho geral não constitui um tipo de sociedade distinto da sociedade anónima com conselho de administração e conselho fiscal; trata-se apenas de duas modalidades de estrutura de um único tipo de sociedade (anónima). A terminologia dos art. 1º, nº 2, e 278º é clara neste sentido; e repare-se que a possível mudança de estrutura constitui mera alteração do contrato (art. 278º, nº 3) e não uma transformação da sociedade, no sentido do art. 130º, nº 1, do CSC.

A — Órgão supremo da sociedade é a *colectividade dos accionistas* (que pode deliberar por escrito, sem reunir em assembleia geral — diversamente dos regimes alemão e francês).

São os accionistas que elegem os membros do conselho geral, por maioria relativa (CSC, art. 435º e 386º, nº 2). E parece que aqueles compete também destituí-los — na falta de disposição específica, por força da parte final do nº 2 do art. 373º do CSC —, sendo a destituição deliberada por maioria absoluta, por força da regra geral do art. 386º, nº 1.

São também os accionistas que designam o revisor oficial de contas ou a sociedade de revisores oficiais de contas (CSC, art. 446º).

Não são, porém, os accionistas (como em França), mas antes o conselho geral (como na Alemanha), que aprova o relatório e as contas do exercício elaborados pela direcção [CSC, art. 442º, al. *f*)].

B — A *direcção* é um órgão colegial, composto por três ou cinco membros, salvo nas sociedades com um capital social inferior a 20 000 contos, que podem ter um director único (CSC, art. 424º). Distingue-se da "direcção", prevista no art. 171º do CCom, porque os membros daquela são, em regra, designados e podem ser destituídos, não pela assembleia geral, mas sim pelo conselho geral (CSC, art. 425º, nº 1, e 430º) (³⁴).

Os membros da direcção têm de ser pessoas singulares com capacidade jurídica plena, mas podem não ser accionistas (CSC, art. 425º, nº 5).

O CSC não prevê a existência de representantes dos trabalhadores, como tais, na direcção (diferentemente do sistema alemão em vigor nos sectores do carvão e do aço). Impõe, todavia, a designação de um director do trabalho especialmente encarregado das relações com os trabalhadores (CSC, art. 427º, nº 3).

O cargo de director está concebido para ser exercido, tendencialmente, a tempo completo (CSC, art. 428º).

Depende directamente do conselho geral também a autorização para os directores exercerem outras actividades (CSC, art. 428º), a fixação da remuneração (CSC, art. 429º), a dispensa de caução e a reforma dos directores, e a declaração de nulidade das deliberações da direcção (CSC, art. 433º).

A destituição sem justa causa dos directores confere-lhes o direito a indemnização (CSC, art. 430º, nº 3), não previsto para os administradores (CSC, art. 403º) (³⁵).

A própria actividade administrativa da direcção é estreitamente controlada pelo conselho geral. A direcção tem o dever de comunicar ao conselho geral, nomeadamente: pelo menos uma vez por ano, a sua política de gestão; trimestralmente, antes da reunião do conselho geral, o curso dos negócios e a situação da sociedade; na época determinada pela lei [em regra, nos três primeiros meses de cada ano –CSC, art. 454º, 455º e 376º, nº 1, al. *a*)], o relatório completo da gestão relativo ao exercício anterior (CSC, art. 432º). E a prática de determinadas categorias de actos pela direcção pode depender do consentimento prévio do conselho geral, por força da lei, do contrato ou de deliberação do próprio conselho (como acontece na Alemanha e diversamente do que se passa em

---

(³⁴) Recorde-se que, na Alemanha, compete ao conselho de vigilância a destituição dos membros do directório, enquanto, em França, os membros do directório podem ser revogados pela assembleia geral, sob proposta do conselho de vigilância. Observa-se também que, segundo o CSC, constitui justa causa de destituição pelo conselho geral a retirada de confiança nos directores pela assembleia geral [art. 430º, nº 2, 376º, nº 1, al. *c*)].

(³⁵) Adiante se verá se é de aplicar aos administradores regra semelhante à estabelecida para os directores.

França, em que o conselho de vigilância não tem este último poder — CSC, art. 442º, nº 1). Da recusa de consentimento do conselho geral cabe recurso para a assembleia geral (admitido em França, mas não na Alemanha — CSC, art. 442º, nº 2).

À direcção compete gerir as actividades da sociedade (porventura, com prévio consentimento do conselho geral) e representá-la perante terceiros (embora não perante os próprios directores — CSC, art. 431º).

O CSC prevê a existência de um presidente da direcção, a que o contrato pode (mas não tem de) atribuir voto de qualidade (art. 427º) — não constituindo assim um órgão distinto da sociedade.

O CSC admite que a direcção delegue poderes de gestão em directores-delegados ou numa comissão executiva (art. 431º, nº 3, e 407º).

C — O *conselho geral* ([36]) é um órgão colegial composto por um número ímpar de membros, sempre superior ao número de directores e não superior a 15.

Os seus membros são designados no contrato ou eleitos pela assembleia geral ou constitutiva, por um máximo de 4 anos, de entre accionistas com voto (CSC, art. 434º e 435º). São-lhe aplicáveis regras especiais de eleição semelhantes às previstas para os administradores, tendo em vista a representação de minorias (CSC, art. 435º, nº 2 e 3, que remetem para os art. 391º, nº 2, e 392º). Tal como os administradores, os membros do conselho geral devem ser pessoas singulares, mas, se for designada uma pessoa colectiva, a designação é válida, só que esta deve nomear uma pessoa singular para exercer o cargo em nome próprio (CSC, art. 434º, nº 3).

O CSC não estabelece para os membros do conselho geral regras semelhantes às do art. 398º, impedindo o exercício de funções ao abrigo de contrato de trabalho, simultaneamente com as funções próprias daqueles. Mas também não prevê a designação de representantes dos trabalhadores, como tais, como membros do conselho geral (diferentemente do previsto quer na lei alemã, quer na lei francesa).

Pode mesmo pôr-se o problema de saber como conjugar a exigência do art. 434º, nº 2, do CSC, de que os membros do conselho geral sejam

---

([36]) A expressão conselho geral era usada pelos estatutos de diversas sociedades portuguesas (v. g., bancos), antes das nacionalizações, para referir um órgão composto pelos administradores e pelos membros do conselho fiscal, a que são atribuídos, mais frequentemente, poderes meramente consultivos ou de autorização de certos tipos de actos importantes. Trata-se, pois, de uma figura claramente diferente do conselho geral previsto no CSC.

accionistas, com a possibilidade de designação de "representantes dos trabalhadores para os ógãos sociais da respectiva empresa", prevista no art. 31º da Lei nº 46/79, de 12.9.

Este art. 31º não deve considerar-se revogado pelo CSC?

Nada impede a sua aplicabilidade a representantes dos trabalhadores como membros do conselho de administração (à semelhança da experiência francesa), ou do conselho fiscal, ou da direcção (à semelhança do director do trabalho, nas empresas alemãs dos sectores do carvão e do aço). Também nada impede a eleição de representantes dos trabalhadores como membros do conselho geral, caso tais representantes sejam também accionistas.

Mas será contrária ao CSC a eleição de representantes dos trabalhadores como membros do conselho geral, caso tais representantes não sejam nem queiram ser accionistas?

Sugeri a introdução no CSC de um preceito permitindo a existência de representantes dos trabalhadores nos conselhos gerais de sociedades anónimas com mais de 1000 trabalhadores, mediante convénio colectivo celebrado entre a direcção e a comissão de trabalhadores, previamente aprovado pela assembleia geral dos accionistas, nos termos previstos para as alterações dos estatutos, e pela assembleia dos trabalhadores, nos termos previstos para a aprovação dos estatutos da comissão de trabalhadores. Tal sugestão não foi acolhida. Mas julgo saber que também não foi intenção do legislador do CSC revogar o art. 31º da Lei nº 46/79 ou impedir a sua aplicação a tais casos.

Apesar de a letra do art. 434º, nº 2, apontar para uma interpretação desta disposição como imperativa, parece mais consentâneo com a história da questão um entendimento dela como disposição geral, enquanto o art. 31º seria considerado como disposição especial (de protecção aos trabalhadores) e, por isso (em face do art. 7º, nº 3, do CCiv), não revogado por aquele.

Aliás, a promulgação do DL nº 262/86, que aprovou o CSC, não foi precedida de qualquer consulta às organizações de trabalhadores, como a CRP [art. 55º, al. d), e 57º, nº 2, al. b), na versão de 1982] exige relativamente à legislação do trabalho ([37]).

([37]) Sobre as consequências da falta desta consulta, a Comissão Constitucional pronunciou-se no sentido de a considerar violação de um direito estabelecido na CRP, que, todavia, não implica a inconstitucionalidade do diploma publicado, não tendo,

A Lei nº 46/79 foi aprovada com os votos favoráveis dos deputados do Partido Socialista e dos sociais-democratas independentes (pouco antes saídos do PSD) e, na parte agora em causa, sobretudo por pressão destes, tendo os deputados do Partido Social-Democrata preferido a abstenção [apesar de o programa do PSD ([38]) ser favorável à participação]. E o CSC foi aprovado pelo Governo do PSD, de Cavaco Silva, que não se tem mostrado favorável a uma intensificação das experiências de participação dos trabalhadores, embora também não se tenha oposto claramente à Lei nº 46/79.

O que parece mais importante para caracterizar o conselho geral é a competência que lhe é atribuída nos art. 441º a 443º do CSC. Em resumo, diz-se aí que o conselho geral tem não só poderes semelhantes aos atribuídos ao conselho fiscal na estrutura monista [art. 441º, al. d), e), em confronto com o art. 420º, nº 1, al. a), c) e d)], mas também poderes para nomear e destituir os directores, representar a sociedade perante os directores, aprovar o relatório e contas da direcção e consentir na prática de determinadas categorias de actos de gestão [art. 441º, al. a), b), c) e f), e 442º].

Assim, o conselho geral não é apenas um órgão de fiscalização, mas também um verdadeiro órgão de administração, embora num plano mais geral e mais distante da gestão corrente do que a direcção.

D – Além da colectividade dos accionistas, da direcção e do conselho geral, a estrutura dualista inclui ainda um órgão especificamente de fiscalização, que é o revisor oficial de contas [CSC, art. 278º, nº 1, al. b), e 446º]. Melhor teria sido chamar-lhe fiscal único, à semelhança do previsto no art. 413º, nº 4, uma vez que tanto pode tratar-se de um revisor oficial de contas, como de uma sociedade de revisores oficiais de contas (art. 446º, nº 1).

Tem os poderes e os deveres atribuídos pelo CSC ao conselho fiscal e aos seus membros (art. 446º, nº 4), já acima sumariados.

---

portanto, os efeitos de reprodução previstos no art. 282º da CRP [cf. *Pareceres*, vol. I, pág. 77 e segs.; LUCAS PIRES, "Art. 56º, alínea e)", in *Estudos sobre a Constituição*, vol. I, pág. 376 e segs., e Parecer/ Informação nº 9/88, in *DAR*, II série, nº 66, de 20.4.1988, pág. 1245 e segs.]. Todavia, o Ac do Tribunal Constitucional nº 64/91, de 4.4.1991 (in *DR*, de 11.4.1991), decidiu no sentido de considerar inconstitucional um diploma aprovado sem tal consulta prévia.

([38]) Cf. *Programa do Partido Social-Democrata*, Lisboa, 1974, pág. 106 e segs..

SUBSECÇÃO XI

Dec.-Lei nº 68/87, de 9.2

Neste panorama histórico da legislação portuguesa sobre a administração de sociedades parece importante referir também o DL nº 68/87, de 9.2, que veio alterar o regime de responsabilidade fiscal e parafiscal dos administradores de sociedades de responsabilidade limitada (por dívidas ao Estado ou à Segurança Social), reconduzindo-o ao regime geral do art. 78º do CSC. Alterou, assim, o regime de responsabilidade objectiva, particularmente gravoso e injustificado, que decorria do art. 16º do Código de Processo das Contribuições e Impostos e do art. 13º do DL nº 103/80, de 9.5.

SUBSECÇÃO XII

Privatizações

Mais significativo é o processo de privatização das empresas públicas desencadeado pelo Governo de CAVACO SILVA.

Ainda antes da 2ª revisão constitucional (Lei Constitucional nº 1/89, de 8.7), que revogou o princípio da irreversibilidade das nacionalizações efectuadas depois de 25 de Abril de 1974 (art. 83º), foi aprovada a Lei nº 84/86, de 20.7, permitindo a transformação de empresas públicas em sociedades anónimas e a alienação de acções destas, desde que não implique reprivatização do capital nacionalizado, salvo nos casos previstos no art. 83º, nº 2, da CRP, devendo a maioria absoluta do capital e a maioria da representação nos órgãos sociais pertencer à parte pública (art. 2º).

Na base desta lei, foram privatizadas parcialmente (49% do capital) quatro empresas públicas [UNICER, BT&A, ALIANÇA SEGURADORA E TRANQUILIDADE ([39])].

Depois da 2º revisão constitucional, a Lei nº 84/86 foi substituída pela Lei nº 11/90, de 3.3, Lei quadro das privatizações, que admite a alienação das acções representativas da totalidade do capital social, bem como a subscrição das acções provenientes de aumento do capital a favor

---

([39]) Cf. diplomas citados na nota 7 da pág. 21.

de particulares, mediante concurso público, oferta na bolsa de valores ou subscrição pública (art. 6º).

O art. 15º desta Lei estabelece que "1. A título excepcional, e sempre que razões de interesse nacional o requeiram, o diploma que aprovar os estatutos da empresa a reprivatizar poderá prever, para garantia do interesse público, que as deliberações respeitantes a determinadas matérias fiquem condicionadas à confirmação por um administrador nomeado pelo Estado [...]. 3. Poderá ainda o diploma referido no nº 1 do art. 4º (decreto-lei de transformação da empresa pública em sociedade anónima), e também a título excepcional, sempre que razões de interesse nacional o requeiram, prever a existência de acções privilegiadas, destinadas a permanecer na titularidade do Estado, as quais, independentemente do seu número, concederão direito de voto quanto às alterações do pacto social e outras deliberações respeitantes a determinadas matérias, devidamente tipificadas nos mesmos estatutos" (40) (41).

SECÇÃO VII

Síntese histórico-comparativa

I — Da análise feita acima, completada com elementos relativos a outros países, que não é possível referir aqui senão de passagem, podem retirar-se algumas conclusões importantes para o estudo subsequente, quer sobre as principais tendências históricas do direito europeu das sociedades anónimas, quer para uma classificação dos sistemas de organização destas sociedades.

---

(40) Ao abrigo desta Lei nº 11/90, de 5.4, foram ou vão ser proximamente privatizadas várias outras empresas públicas, indicadas na nota 7 da pág. 21 e segs..

(41) Sobre as privatizações, em geral, cf., por exemplo, NUNO SÁ GOMES, *Nacionalizações e Privatizações*, Cad. CTF, nº 155, Lisboa, 1988; LUÍS MORAIS, *Privatização de Empresas Públicas — As Opções de Venda*, Lisboa, AAFDL, 1990; M.-C. BOUTARD-LABARDE, "Droit Communautaire et Privatisation", in *Droit et Pratique du Commerce International*, 1987, nº 3, pág. 493 e segs.; J.-L. DELAHAYE, "La golden share à la française: l'action spécifique", in *DPCI*, 1987, nº 4, pág. 579 e segs., e M.-J. COFFY DE BOISDEFFRE, "La Loi nº 86-793 du 6 aout 1986 relative aux modalités d'application des privatisations", in *Actualité Législative Dalloz*, 1987, 3e. Cahier — Com. Légis., pág. 26.

II – Em termos gerais, podem referir-se como *tendências comuns* mais importantes, nos séculos XIX e XX, as seguintes:

a) É substituído o sistema juspublicístico da concessão ou outorga pelo sistema da autorização, desde o CCom fr de 1807; e, a partir da Lei inglesa de 1856, é adoptado o actual sistema de reconhecimento normativo, com liberdade de constituição da sociedade anónima, com respeito pela regulamentação genérica da vida societária, de carácter privado.

b) Numa primeira fase, acentua-se o papel da assembleia geral, que é transformada em órgão supremo (ou "soberano") da sociedade, assim revestida de um certo carácter "democrático", sendo os administradores meros mandatários da assembleia geral. Mais tarde, a partir dos anos 30 e 40 deste século, voltam a reduzir-se os poderes da assembleia geral e a reforçar-se os poderes dos administradores.

Esta tendência resulta da conjugação de vários factores. Por um lado, o aumento da dimensão das empresas leva a acentuar a importância dos interesses dos trabalhadores e do público (isto é, dos clientes actuais ou potenciais, directos ou indirectos, bem como dos fornecedores e financiadores, quando não do próprio Estado) na sobrevivência e na eficácia da empresa, em contraposição aos interesses dos accionistas, mais preocupados com a obtenção de dividendos (sobretudo os pequenos accionistas) ou com a valorização das acções. O interesse da empresa (ou melhor, o ponto de encontro dos interesses do conjunto dos accionistas, dos administradores, dos trabalhadores e do público) é sobretudo compreendido e defendido pelos administradores, que tendem a não ser accionistas, mas "tecnocratas", e se encontram realmente em contacto directo com os vários grupos de interessados na vida da empresa.

Esta realidade social conduz a um certo apagamento das concepções contratualistas e a um relativo êxito das concepções institucionalistas, que chegam a ver na empresa uma realidade social com valor e interesses próprios, que se sobrepõem aos interesses dos accionistas ([1]). Do mesmo passo, assiste-se a uma grande elaboração doutrinária sobre a figura da pessoa colectiva, tendendo-se na doutrina e nas novas leis a qualificar os administradores, não já como mandatários, mas como órgãos.

([1]) Cf. Luís Brito Correia, *Direito Comercial*, 1989, vol. II, pág. 32 e segs..

Assim se vai acentuando a separação entre a propriedade do capital e o efectivo poder de decisão ([2]), concentrado nas mãos de poucas pessoas. Aliás, o real e crescente desinteresse dos accionistas (cada vez mais considerados meros investidores) pela participação nas assembleias gerais contribui também para tal tendência e facilita, em certa medida, a nacionalização de algumas grandes empresas societárias.

c) É criado um órgão ou entidade de fiscalização da legalidade e estatutariedade da actividade dos administradores, acentuando-se cada vez mais o profissionalismo e a independência desse órgão ou entidade relativamente aos administradores e aos accionistas ("Abschlusspruefer", "commissaires aux comptes", revisores oficiais de contas).

d) Nas grandes empresas, tendem a ser utilizados quer sistemas dualistas ([3]), de inspiração germânica (directório e conselho de vigilância), quer sistemas "monistas", de tipo francês (conselho de administração e presidente do conselho de administração), para além de se preverem na lei ou nos estatutos órgãos com poderes delegados do conselho de administração ou do directório (como a comissão executiva, o administrador delegado ou/e directores). Deste modo, acentua-se também a separação entre a propriedade e o risco da empresa (o capital), por um lado, e o poder de decisão (a administração ou direcção), por outro.

Ao mesmo tempo, a gestão torna-se cada vez mais complexa e profissionalizada, num mercado amplificado e altamente competitivo, em que desempenham um papel fundamental grandes empresas, resultantes de expansão ou concentração [por fusão ou participação no capital, por concentração horizontal, vertical ou conglomerada ([4])].

([2]) Cf. GARRIGUES, *Nuevos hechos, nuevo Derecho de sociedades anónimas*, 1933; G. RIPERT, *Aspects juridiques du capitalisme moderne*, 1946; JAMES BURNHAM, *L'ère des organisateurs*, 4ª ed., Paris, 1948, pág. 79 e 81; BERLE-MEANS, *The modern corporation and private property*, New York, 1932, apud GARRIGUES-URIA, *Comentário a la ley de sociedades anónimas*, vol. II, 3ª ed., 1976, pág. 10 e segs.; HUECK, *Gesellschaftsrecht*, pág. 143; PAILUSSEAU, *La société anonyme – Technique d'organisation de l'entreprise*, pág. 244, e HÉMARD-TERRÉ-MABILAT, *ob. cit.*, vol. I, pág. 801.

([3]) É interessante observar que o sistema dualista é, sobretudo, adequado para grandes empresas – como são, na generalidade, as sociedades anónimas alemãs. Em países como a Itália e o Reino Unido, em que são muito numerosas as sociedades anónimas de pequena dimensão (tendo as sociedades por quotas menor divulgação relativa), o sistema dualista é menos adequado como sistema generalizado.

([4]) Cf. LUÍS BRITO CORREIA, "Grupos de sociedades", in *Novas Perspectivas do Direito comercial*, pág. 377 e segs..

e) Tem-se intensificado, lenta ([5]), mas progressivamente, a participação dos trabalhadores nas decisões da empresa, não só através da negociação colectiva das condições de trabalho e remuneração (a cargo dos sindicatos e de organismos de concertação social) e da participação no capital, mas também através de organismos de informação, consulta, fiscalização e mesmo co-decisão em muitos domínios da gestão empresarial (através de comissões de trabalhadores, a nível do estabelecimento ou da empresa), chegando à designação pelos trabalhadores de representantes seus, em posição minoritária ou mesmo paritária, no conselho de vigilância ou/e no conselho de administração da sociedade anónima ([6]).

f) Passa-se por uma fase de progressiva intervenção do Estado no capital e na administração das sociedades anónimas, por formas diversas (sociedades de economia mista, sociedades de capitais públicos, administradores por parte do Estado, delegados do governo, empresas "intervencionadas", etc.), e mesmo de nacionalização e transformação de sociedades em empresas públicas. Ultimamente, acentua-se, porém, a tendência inversa, favorável à liberalização, à reprivatização de empresas e à desregulamentação.

III – Observa-se uma tendência acentuada (sobretudo nos meios comunitários) para reconduzir os sistemas de organização das sociedades anónimas, em vigor nos 12 Estados membros das Comunidades Europeias, a duas espécies: os sistemas monistas e os sistemas dualistas ([7]). Mas não é fácil dar uma definição rigorosa de cada um deles.

([5]) Fora, evidentemente, de períodos revolucionários, como o vivido em Portugal de 1974 a 1976, que sempre deixam marcas para o futuro. Deve notar-se, aliás, que em Portugal o número de comissões de trabalhadores em funcionamento (formalmente constituídas e com mandatos actualizados) tem vindo recentemente a decrescer: passou de 398, em 31.12.1989, para 388, em 31.12.1990.

([6]) Sem falar já em modelos de participação dos trabalhadores que excluem da administração os próprios representantes do capital (as empresas em autogestão), pois, nesses casos, deixa de haver sociedade anónima. Trata-se, porém, de modelos cada vez menos seguidos. Sobre o assunto, cf. *Autogestão em Portugal – Relatório da CIAPEA*. Sobre os sistemas de participação em geral, cf. Luís BRITO CORREIA, *Direito do Trabalho*, vol. III, pág. 50 e segs..

([7]) Cf. *Participation des travailleurs et structure des sociétés,* Suppl. 8/75 *Bull. CE*, pág. 17 e segs.; Proposta modificada de 5ª Directiva do Conselho CEE, relativa à estrutura das sociedades anónimas e aos poderes e obrigações dos seus membros, apresentada em 19.8.1983, in *JOCE*, nº C 240, de 9.9.1983, art. 3º e segs. e 21a) e segs.;

À primeira vista, é-se tentado a pensar que monistas são os sistemas em que, por lei, a sociedade deve ter um único órgão (direcção ou conselho de administração), além da colectividade dos accionistas (ou assembleia geral) — ainda que os estatutos possam prever administradores-delegados, directores executivos ou uma comissão executiva; e dualistas, aqueles em que, por lei, a sociedade deve ter dois órgãos (directório e conselho geral ou conselho de vigilância), além da colectividade dos accionistas (ou assembleia geral).

Todavia, tem-se entendido que os sistemas dualistas são apenas aqueles em que, além da colectividade dos accionistas, existe um órgão de direcção, encarregado da gestão e representação da sociedade, e um órgão de vigilância (ou supervisão), que não só exerce um controlo geral (e não só contabilístico) e constante da actividade da direcção, como designa e pode destituir os directores, e, bem assim, aprova as contas do exercício e autoriza determinados actos mais importantes da direcção, não podendo um membro da direcção ser, simultaneamente, membro do órgão de vigilância. Este é, em síntese, o conceito que resulta das observações constantes do chamado Livro verde da Comissão ([8]), bem como da Proposta modificada de 5ª Directiva ([9]) e da Proposta de Regulamento sobre a sociedade anónima europeia ([10]).

Caracteristicamente dualistas são os sistemas da **Alemanha** ([10a]) e da **Holanda**, assim como o novo sistema da **França**, de directório e conselho de vigilância [Lei fr 1966, art. 118º e segs. ([10b])], o da **Dinamarca** [quanto a sociedades com "comité de accionistas", segundo a Lei nº 433, de 18.7.1988, § 59 (1)] e o novo sistema de **Portugal**, de direcção e conselho geral [CSC, art. 278º, nº 1, al. b)].

Consideram-se monistas:

a) Os sistemas da **Bélgica** [cuja lei prevê um conselho de administração com, pelo menos, três membros eleitos pela assembleia

---

Proposta de Regulamento do Conselho estabelecendo um estatuto das sociedades anónimas europeias, apresentada em 24.8.1989, in *JOCE*, nºC 263, de 16.9.1989, art. 61º e segs..

([8]) Cf. *Participation des travailleurs et structure des sociétés*, Suppl. 8/75 *Bull. CE*, pág. 17 e segs..

([9]) Cf. art. 3º, nº 1, 4º, nº 1, 6º, 12º e 13º, em confronto com os art. 21a), nº 1, 21b), nº 1, 21l), 21s) e 21t).

([10]) Cf. art. 62º, nº 2, 63º, nº 2, 66º, nº 3, e 72º.

([10a]) Cf. *supra*, pág. 93 e segs..

([10b]) Cf. *supra*, pág. 102 e segs..

geral (^{11}), e um ou mais comissários, que, nas grandes sociedades, devem ser revisores (oficiais de contas) e, nas médias, podem não existir (^{12})], do **Luxemburgo** (semelhante ao belga), da **Suíça** (^{12a}) e dos **Estados Unidos da América** (^{12b});

b) Os sistemas do **Reino Unido** [cuja lei impõe a designação de, pelo menos, um director ou, para "public companies" registadas depois de 1.11.1929, dois (^{13}), e de um ou mais auditores (^{14})], da **Irlanda** (semelhante ao britânico) e da **Grécia** [cuja lei prevê a existência de um conselho de administração, eleito, em regra, pela assembleia geral (^{15}), bem como de dois auditores ou de um auditor-contabilista diplomado (^{16}), eleitos anualmente pela assembleia geral (^{17})];

c) Os sistemas da **Itália** [em que é obrigatória a existência de um conselho de administração, cujos membros são eleitos pela assembleia geral, e de um "collegio sindacale", com funções de fiscalização, tendo, em grandes sociedades, pelo menos, um revisor de contas, sendo facultativa, mas realmente necessária e corrente, a designação de administradores-delegados ou comissão executiva (^{18})], da **Espanha** [em que pode haver um ou mais administradores, agindo disjunta, conjunta ou colegialmente, fiscalizados por "censores de cuentas" accionistas e, em certos casos, também por "censores jurados de cuentas", nem uns nem

---

(^{11}) Cf. LCSC, art. 53º e 55º, e MICHEL DAERDEN, *Introduction à l'étude des sociétés*, Bruxelles, Labor, 1988, pág.101.

(^{12}) Cf. LCSC, art. 64º, na versão de 1985, e MICHEL DAERDEN, *ob. cit.*, pág. 110 e seg..

(^{12a}) Cf. MARIE-FRANCE BERSET, *L'Administrateur non directeur de la société anonyme en droit suisse et américain* (tese), Neuchatel, 1988, pág. 5.

(^{12b}) Cf. HENN, *Law of Corporations*, pág. 406 e segs., MARIE-FRANCE BERSET, *ob. cit.*, pág. 132.

(^{13}) Cf. Companies Act 1985, S. 282. Os estatutos podem autorizar a designação dos directores por qualquer período de tempo e, por vezes, adoptam o sistema dualista ("two-tier system"). Cf. PENNINGTON, *Company Law*, 4ª ed., pág. 501, FARRAR, *Company Law*, London, 1985, pág. 285 e segs..

(^{14}) Devem ser designados anualmente pela assembleia geral [Companies Act 1985, S. 384(1)] e não são considerados "officers" da companhia [Companies Act 1985, S. 389(6) e 744].

(^{15}) Cf. Lei grega 2190/1920 sobre sociedades anónimas, codificada pelo Decreto Real nº 174/1963 e alterada pelo EL 148/1967, art. 18º.

(^{16}) "Chartered accountant", em situação análoga à dos revisores oficiais de contas portugueses.

(^{17}) Cf. Lei grega 2190/1920, art. 36.

(^{18}) Cf. *supra*, pág. 109 e seg..

outros "censores" sendo considerados órgão da sociedade ([19])] e de **Portugal** [o sistema tradicional, de conselho de administração e conselho fiscal, semelhante ao italiano – CSC, art. 278º, nº 1, al. *a*)];

d) O sistema tradicional da **França** [com conselho de administração, presidente-director geral e "comissaires aux comptes"([20])].

Assim, consideram-se monistas sistemas em que a fiscalização é feita apenas pelos próprios accionistas, não existindo um órgão específico de fiscalização (*a*), ou por pessoas estranhas à sociedade (prestadores de serviço independentes), que não são órgãos dela (*a* e *b*); mas também aqueles em que existe um órgão com poderes de fiscalização (contabilística e de legalidade ou também de conveniência), mas sem poderes para designar e destituir os administradores, nem para aprovar as contas e autorizar determinados actos da administração (*c*); e ainda um em que há dois órgãos de administração, sendo um deles (PDG) membro do outro e tendo este amplos poderes de gestão (*d*).

Também não é rigoroso dizer-se que os sistemas dualistas são os que têm dois órgãos legais de administração, pois o conselho de vigilância germânico tem, sobretudo, poderes de fiscalização. E o sistema francês tradicional é normalmente considerado monista, quando é certo que tem dois órgãos de administração (o conselho de administração e o presidente do conselho de administração, que constitui, como se disse, um órgão autónomo, com poderes próprios).

É de notar que, na Alemanha, o sistema dualista (com directório e conselho de vigilância) é obrigatório para todas as sociedades anónimas. Noutros Estados membros, como a França e Portugal, deixa-se às sociedades a escolha entre o sistema monista tradicional (com conselho de administração) e o sistema dualista de inspiração germânica (com directório e conselho de vigilância).

Por outro lado, o contraste entre os dois sistemas (monista e dualista) é atenuado, na realidade, pelo facto de se encontrar, nas sociedades que adoptam um sistema clássico (monista), uma divisão de funções entre administradores que exercem a efectiva administração e representação da sociedade no dia-a-dia (presidente-director geral, administrador-delegado, comissão executiva, etc.) e administradores que

---

([19]) Cf. Lei esp de SA, de 1951, art. 71º e segs. e 108º; GARRIGUES-URIA, *Comentario*, vol. II, pág. 17 e segs. e 80 e segs., e VICENT CHULIA, *Compendio Critico de Derecho Mercantil*, vol. I, pág. 365 e seg. e 397 e seg..

([20]) Cf. *supra*, pág. 100 e segs..

apenas participam nas reuniões periódicas (semanais, quinzenais ou mensais) do conselho de administração, exercendo, de facto, meras funções de controlo dos actos dos administradores executivos e de definição da orientação geral da gestão, a que acrescem, porventura, alguns (grandes) negócios, com características especiais (v. g., em que são úteis relações nos meios políticos).

IV — Parece importante ter presente também toda a gama de estruturas que decorrem dos diversos sistemas de participação dos trabalhadores.

Em vários países mantém-se ainda o sistema clássico, em que o órgão de administração é exclusivamente composto por administradores eleitos pelos accionistas (sendo, frequentemente, eles próprios accionistas), embora a lei admita a participação nele de representantes eleitos pelos trabalhadores da empresa, mas a título facultativo, na base de convénio colectivo de trabalho. É o que se passa na Itália ([21]) e no Reino Unido ([22]). A lei portuguesa prevê também tal possibilidade ([23]), mas em termos não regulamentados e, por esse motivo (e outros), não aplicada na prática ([24]).

Noutros países, existem sistemas de participação bilateral, em que certas deliberações da administração devem obter o parecer ou a aprovação da comissão de trabalhadores (com esta ou outra designação: comité de empresa, delegado do pessoal, "shop steward", etc.), chegando, por vezes, a esboçar-se uma forma de participação orgânica, em que representantes da comissão de trabalhadores participam nas reuniões do conselho de administração ou do conselho de vigilância, embora com voto meramente consultivo. É o que se passa em França, como se disse acima.

Noutros países ainda, vigoram sistemas de participação orgânica minoritária ou paritária, quer mediante representantes eleitos pelos tra-

---

([21]) Cf. LUÍS BRITO CORREIA, *Direito do Trabalho*, vol. III, pág. 213 e seg..

([22]) Cf. LUÍS BRITO CORREIA, *Direito do Trabalho*, vol. III, pág. 212 e seg., e *People and Companies — Employee Involvment in Britain*, London, H. M. Stationery Office, 1989.

([23]) Cf. Lei nº 46/79, de 12.9, art. 30º, e LUÍS BRITO CORREIA, *Direito do Trabalho*, vol. III, pág. 300 e segs..

([24]) É conhecido apenas um caso: da Sociedade Manuel Pereira Roldão, uma fábrica de vidros da Marinha Grande, que celebrou, em 1985, um "pacto social" com os seus trabalhadores a fim de pôr termo a uma situação de crise grave.

balhadores ou seus organismos representativos (como na Alemanha), quer mediante cooptação controlada (na Holanda) ([25]).

SECÇÃO VIII

Harmonização e unificação das legislações nas Comunidades Europeias

SUBSECÇÃO I

Considerações gerais

I — Perante toda a gama de sistemas de organização das sociedades anónimas vigentes nos doze Estados membros, compreende-se que as instituições das Comunidades Europeias tenham sentido a necessidade de **harmonização** das legislações. As divergências existentes não só dificultam as relações económicas entre empresas de Estados membros diferentes, como podem criar obstáculos à livre concorrência e à liberdade de estabelecimento ([1]).

Da consciência dessa necessidade resultou, num primeiro momento — e abstraindo de temas alheios ao objecto do presente estudo ([2]) —, um esforço de harmonização dirigido ao modo como se obrigam as sociedades, esforço esse que veio a concretizar-se na 1ª Directiva do Conselho da CEE, de 9.3.1968 (nº 68/151/CEE). Tendo esta Directiva sido já apli-

---

([25]) Cf. Luís Brito Correia, *Direito do Trabalho*, vol. III, pág. 38 e segs., 160 e segs., e 211 e segs..

([1]) Sobre a base jurídica da intervenção das instituições comunitárias nesta matéria, cf. Luís Brito Correia, "Direito europeu das sociedades", in *Temas de Direito Comunitário*, Lisboa, Ordem dos Advogados, 1983, pág. 56 e seg..

([2]) Sobre os quais pode ver-se Luís Brito Correia, "Direito europeu das sociedades", in *Temas de Direito Comunitário*, 1983, pág. 53 e segs.; Étienne Cerexhe, *Le Droit Européen — La Libre Circulation des Personnes et des Entreprises*, Bruxelles, Nauwelaerts, 1982, pág. 251 e segs. (há trad. port.); Markus Lutter, *Europaeisches Gesellschaftsrecht — Texte und Materialien zur Rechtsangleichung nebst Einfuehrung und Bibliographie*, Berlim, De Gruyter, 2. Aufl., 1984; Alberto Santa Maria, *Diritto Commerciale Communitario*, Milão, Giuffrè, 1990; Janet Dine, *EC Company Law*, Chancery Law Publ., 1991, e Frank Woodridge, *Company Law in the United Kingdom and the European Community — Its Harmonization and Unification*, London, Athlone, 1991.

cada pelo CSC, o seu conhecimento é importante, como elemento de interpretação deste diploma.

Posteriormente, vem sendo tentada a harmonização das legislações sobre um conjunto mais amplo de princípios relativos à estrutura das sociedades anónimas, no âmbito da Proposta de 5ª Directiva. Interessa conhecer os trabalhos preparatórios desta Directiva, ainda não aprovada, na medida em que revelam as linhas de orientação do futuro direito comunitário nesta matéria.

II – Paralelamente, têm sido feitos esforços de **unificação** do direito das sociedades, nomeadamente no âmbito da Proposta de Regulamento instituindo o estatuto das sociedades anónimas europeias. Pretende-se criar um novo tipo de sociedade anónima, de carácter supranacional, que facilite a cooperação e a reestruturação das sociedades, adaptando-as à dimensão do grande mercado interno previsto para 1993, bem como a transferência de sede de um Estado membro para outro e a fusão de sociedades de Estados membros diferentes. O estudo desta Proposta é relevante, na medida em que permite prever as características do que será um sério concorrente dos tipos nacionais de sociedades anónimas.

SUBSECÇÃO II

A 1ª Directiva

I – A coordenação das garantias exigidas, nos Estados membros, das sociedades para proteger os interesses dos sócios e de terceiros estava incluída entre as tarefas atribuídas pelo art. 54º, nº 3, alínea g), do Tratado da CEE ao Conselho e à Comissão, com vista a suprimir as restrições à liberdade de estabelecimento.

E a urgência de tal tarefa foi acentuada logo no Programa geral elaborado para esse efeito, no fim de 1961.

Mas só em 21.2.1964 foi apresentada pela Comissão a 1ª Proposta de Directiva, que viria a ser aprovada em 9.3.1968 ([3]).

([3]) 1ª Directiva do Conselho, de 9.3.1968, tendente a coordenar as garantias que, para protecção dos interesses dos sócios e de terceiros, são exigidas nos Estados membros às sociedades, na acepção do segundo parágrafo do art. 58º do Tratado, a fim de tornar equivalentes essas garantias em toda a Comunidade (68/151/CEE), in *JOCE*, nº L 65/8, de 14.3.1968, e *RDE* 4 (1978), pág. 252 e segs..

II – Esta 1ª Directiva aplica-se apenas às chamadas sociedades de capitais, ou, mais exactamente, aos tipos de sociedades que, em cada Estado membro, correspondem à sociedade anónima, à sociedade em comandita por acções e à sociedade por quotas (⁴).

III – E estabelece regras sobre três matérias: publicidade, validade das obrigações contraídas pela sociedade e invalidade do contrato de sociedade.

IV – Sobre a validade das obrigações contraídas pela sociedade, a 1ª Directiva estabelece algumas regras importantes, que divergiam, em parte, das anteriormente vigentes em Portugal, mas vieram a ser acolhidas pelo CSC.

Quanto às sociedades em formação (antes da aquisição da personalidade jurídica), os actos praticados em nome da sociedade responsabilizam pessoal e ilimitadamente as pessoas que os praticaram, salvo convenção em contrário ou se a sociedade assumir as obrigações deles resultantes (art. 7º). O regime português anterior ao CSC não era exactamente idêntico e foi objecto de conhecido debate, a propósito da questão das sociedades irregulares (⁵). Todavia, o CSC adoptou regime harmónico com o da 1ª Directiva, nos art. 36º (com remissão para os art. 997º e 998º do CCiv) e 40º (⁶).

Quanto às sociedades constituídas, a Directiva estabelece que "a realização das formalidades de publicidade relativas às pessoas que, na qualidade de órgão social, têm o poder de vincular a sociedade, torna qualquer irregularidade ocorrida na sua nomeação inoponível a terceiros, salvo se a sociedade provar que estes terceiros tinham conhecimento da

---

(⁴) A 1ª Directiva fixa um prazo de 18 meses para os Estados membros adaptarem as respectivas leis internas. E os três Actos de Adesão dos novos Estados membros estabelecem também prazos para esse efeito. Na realidade, os vários Estados membros introduziram no seu direito interno disposições legais de adaptação à 1ª Directiva, nem sempre respeitando, aliás, os prazos estabelecidos. Cf., por exemplo, DL fr nº 69-1176, de 20.12.1969 (que alterou o art. 113º da Lei fr de 1966), Dec do Pres. Rep. Italiana nº 30, de 10.2.1986, in *Gaz. Uff. Rep. Ital.*, s. g. nº 40, de 18.2.1986, Companies Act 1985, s. 35.

(⁵) Cf. Luís Brito Correia, *Direito Comercial*, Lisboa, AAFDL, 1981/82, vol. I, pág. 650 e segs., e Raúl Ventura, "Adaptação do Direito Português à Primeira Directiva do Conselho da CEE sobre direito das sociedades", in *Documentação e Direito Comparado*, nº 2, pág. 52 e segs..

(⁶) Cf. Luís Brito Correia, *Direito Comercial*, vol. II, 1989, pág. 182 e segs..

irregularidade" (art. 8º). Não existia regra equivalente na lei portuguesa anterior ao CSC ([7]). Hoje, regra semelhante resulta da conjugação dos art. 3º, al. *m*), 11º e 15º, nº 1, do CRCom.

Por outro lado, o art. 9º da 1ª Directiva dispõe que:

"1. A sociedade vincula-se perante terceiros pelos actos realizados pelos seus órgãos, mesmo se tais actos forem alheios ao seu objecto social, a não ser que esses actos excedam os poderes que a lei atribui ou permite atribuir a esses órgãos.

"Todavia, os Estados membros podem prever que a sociedade não fique vinculada, quando aqueles actos ultrapassem os limites do objecto social, se ela provar que o terceiro sabia, ou não podia ignorar, tendo em conta as circunstâncias, que o acto ultrapassava esse objecto; a simples publicação dos estatutos não constitui, para esse efeito, prova bastante.

"2. As limitações aos poderes dos órgãos da sociedade que resultem dos estatutos ou de uma resolução dos órgãos competentes, são sempre inoponíveis a terceiros, mesmo que tenham sido publicadas".

V – A lei portuguesa anterior ao CSC estabelecia um regime profundamente diferente do da 1ª Directiva. Na verdade, era entendimento da doutrina, em face do disposto no CCom, art. 173º, pr., e 186º, § 2º, e no DL nº 49 381, de 15.11.1969, art. 26º, que os actos lícitos ou ilícitos praticados pelos administradores fora do âmbito do objecto social estatutário e até de limitações impostas por deliberação dos accionistas ("ultra vires") não obrigavam a sociedade ([8]).

O CSC alterou este regime, introduzindo, no art. 409º (aplicável à direcção por força do art. 431º, nº 3), regras semelhantes às da 1ª Directiva: a sociedade anónima fica vinculada perante terceiros por actos praticados em nome dela pelos administradores ou directores no âmbito dos seus poderes legais, apesar de tais actos excederem as limitações a esses poderes constantes do contrato de sociedade ou de deliberação dos

---

([7]) Cf., contudo, DL nº 42 644, de 14.11.1959, art. 19º, e CRPred de 1965, art. 7º; RAÚL VENTURA, *ob. cit.*, pág. 54 e segs..

([8]) Para maiores desenvolvimentos, cf. RAÚL VENTURA-LUÍS BRITO CORREIA, *Responsabilidade Civil dos Administradores de Sociedades Anónimas*, pág. 295 e segs. e 452 e segs.; RAÚL VENTURA, "Objecto da sociedade e actos ultravires", in *ROA*, ano 40, 1980, I, pág. 29 e segs.; RAÚL VENTURA, *Adaptação do Direito Português à 1ª Directiva*, nº 4 e segs.; LUÍS BRITO CORREIA, *Direito Comercial*, vol. I, 1986, pág. 765--4, e LUÍS BRITO CORREIA, "Vinculação da sociedade", in *Novas Perspectivas do Direito Comercial*, pág. 337 e segs..

sócios, a não ser que a sociedade prove que o terceiro sabia ou não podia ignorar, tendo em conta as circunstâncias ([9]), que o acto desrespeitara as limitações resultantes do objecto contratual e os sócios não tenham deliberado assumir o acto. Note-se, além disso, que as limitações ao objecto social ou as proibições de certos actos, resultantes do contrato ou de deliberação dos accionistas, não limitam a capacidade da sociedade, embora obriguem os órgãos sociais a respeitá-las (CSC, art. 6º, nº 4). Por outro lado, mantém-se a regra de que a sociedade responde civilmente pelos actos dos seus representantes legais, "nos termos em que os comitentes respondem pelos actos ou omissões dos comissários" (CSC, art. 6º, nº 5).

SUBSECÇÃO III

A Proposta de 5ª Directiva

I – De maior importância, em razão da variedade e do relevo das matérias abrangidas, são os esforços de aproximação das legislações empreendidos no âmbito da Proposta de 5ª Directiva, sobre a estrutura das sociedades anónimas e os poderes e obrigações dos seus órgãos ([1]).

A coordenação das legislações sobre organização foi considerada prioritária quanto às sociedades anónimas, em razão da sua importância relativa no domínio das actividades económicas transnacionais.

II – A *Proposta de 5ª Directiva* contém um conjunto desenvolvido de preceitos sobre a composição, a competência e o funcionamento dos vários órgãos da sociedade anónima (administração, fiscalização e assembleia geral), bem como sobre o estatuto dos seus membros.

Entre outros objectivos, visa introduzir princípios que correspondem para vários países a uma profunda reforma de empresa.

Nomeadamente, a primeira versão da Proposta de 5ª Directiva propõe a adopção, em alternativa, de dois sistemas de participação dos trabalhadores nas decisões das sociedades, inspirados nas experiências alemã e holandesa. Segundo um dos modelos propostos, os trabalhadores poderiam eleger, pelo menos, um terço dos membros do órgão de vigilância

---

([9]) Na redacção do DL nº 280/87, de 8.7.
([1]) In *JOCE*, nº C 131, de 13.12.1972, e *Bull. CE*, Suppl. 10/72.

(art. 4º, nº 2); segundo o outro modelo, todos os membros do órgão de vigilância seriam designados por cooptação, mas tanto a assembleia geral, como os representantes dos trabalhadores, poderiam opor-se à nomeação de certos candidatos, com fundamento em que a composição do órgão careceria de equilíbrio relativamente aos interesses da sociedade, dos accionistas ou dos trabalhadores (art. 4º, nº 3). Tal Proposta encontrou forte resistência não só da França e da Itália, como sobretudo da Grã-Bretanha, cujas forças políticas e sindicais dominantes não são favoráveis a tais sistemas.

A Proposta de 5ª Directiva foi objecto de um parecer do Comité Económico e Social, de 25.5.1974 ([2]), favorável à "participação dos trabalhadores em certas decisões, sem afectar a responsabilidade e a eficácia da gestão".

O assunto foi objecto de um "Livro verde", publicado em 1975, pela Comissão, sob o título *Participation des travailleurs et structure des sociétés* ([3]), sobre o qual o Comité Económico e Social emitiu novo parecer ("Avis"), editado com o mesmo título em 1978.

O Parlamento Europeu discutiu várias vezes a Proposta de 5ª Directiva, desde 1972, tornando-se logo claro que não a adoptaria sem alterações mais ou menos profundas ([4]). Mas só em 13.5.1982 adoptou (por 158 votos, contra 109 e 7 abstenções) o relatório GEURTSEN, pronunciando-se pela introdução de um sistema dualista de órgãos de administração, mas a título facultativo, e pela introdução de um regime de participação dos trabalhadores nas sociedades com mais de 1000 trabalhadores. Quanto à designação dos membros do órgão de vigilância, o Parlamento adoptou a emenda de BOUKE BEUMER, orientando-se para um sistema paritário, de modo a garantir uma representação equivalente dos accionistas e dos trabalhadores, após um período transitório a fixar pela Comissão; isto, em todo o caso, com a condição de que medidas de compensação salvaguardem os direitos dos accionistas de tomar a decisão final ([5]) ([6]).

([2]) In *JOCE*, nº C 109, de 19.9.1974, pág. 9.
([3]) In *Bull. CE*, Suppl. 8/75.
([4]) Cf. KLAUS HOPT, "Problèmes fondamentaux de la participation en Europe", in *Rev. Comm.*, 1981, pág. 403.
([5]) Cf. *Bull. CE*, 5-1982, ponto 2.4.12, e *JOCE*, nº 149, de 14.6.1982.
([6]) Sobre a Proposta de 5ª Directiva, nesta fase, cf. B. GOLDMAN-A. LYON-CAEN, *Droit commercial Européen*, Paris, Dalloz, 4ª ed., 1983, pág. 253 e segs.; E. CEREXHE, *Le droit europeén — La Libre circulation des personnes et des entreprises*, Bruxelas,

III – Em face desta tomada de posição do Parlamento Europeu, a Comissão apresentou ao Conselho, em 19.8.1983, uma *Proposta modificada de 5ª Directiva* (⁷), que introduziu diversas alterações profundas relativamente à Proposta inicial, no sentido de admitir a sobrevivência de estruturas monistas, muito arreigadas em alguns Estados membros – embora se possa duvidar de que assim se consiga verdadeira harmonização das legislações.

Já se disse acima que, enquanto uns Estados membros adoptam o sistema monista de organização da sociedade anónima [como a França (modelo tradicional), a Itália e o Reino Unido], outros adoptam sistemas dualistas [como a Alemanha ou a França (modelo germânico)]. E que o contraste entre os dois sistemas é, na realidade, atenuado pela existência nas sociedades de sistema monista de divisão de funções entre os administradores activos (PDG, administrador-delegado, comissão executiva, etc.) e administradores que apenas participam nas reuniões periódicas do conselho de administração.

A Comissão das CE considera conveniente para os accionistas e terceiros delimitar claramente as funções respectivas e, por isso, atribuir a dois órgãos distintos de direcção e de vigilância, respectivamente, as competências de gestão e representação, por um lado, e de controlo do órgão de direcção, por outro (art. 2º) – além da assembleia geral e das pessoas independentes encarregadas do controlo das contas (⁸).

1982, pág. 287 e segs.; M. van Der Haegen-E. M. Knops, "La proposition de cinquième directive CEE relative à la structure des sociétés anonymes ainsi qu'aux pouvoirs et obligations de leurs organes", in *Journal Trib.*, 1976, pág., 397-407. Sobre o problema da participação dos trabalhadores, cf. Klaus Hopt, "Problèmes fondamentaux de la participation en Europe. Bilan de droit comparé – Appréciation des propositions pour l'harmonisation des législations sur la participation des salariés dans les Communautés Européennes", in *Rev. Comm.*, 1981, pág. 401-428, com abundantes referências bibliográficas, e Luís Brito Correia, "A adesão de Portugal e os movimentos de trabalhadores", in *Portugal e o Alargamento das Comunidades Europeias*, Conferência Internacional, Inteuropa, 1981, pág. 474 e segs.. Cf. também Yves Djian, *Le contrôle des sociétés anonymes dans les pays du Marché Commun*, Paris, Sirey, 1965, e Susanne Fudickar, *Die Befugnisse des Aufsichtsrats in den Aktienrechten der Laender der Europaeischen Gemeinschaft* (dissertação), Bona, 1983, pág. 262 e segs..

(⁷) In *JOCE*, nº C 240, de 9.9.1983, pág. 2; sobre esta Proposta modificada, cf. Jane Welch, "The Fifth Draft Directive – A False Down?", in *European Law Review*, 1983, pág. 83 e segs..

(⁸) Recorde-se que o órgão de vigilância (ou de supervisão) previsto na Directiva é muito diferente do conselho fiscal das sociedades portuguesas anteriores ao CSC, assemelhando-se antes ao conselho geral previsto pelo CSC (art. 434º): é o órgão de vigilância

Em todo o caso, a Comissão entende que a imposição generalizada do sistema dualista é actualmente impraticável, parecendo-lhe desejável a possibilidade de adopção de tal sistema pelas sociedades, a título facultativo. A Proposta modificada de 5ª Directiva admite, por isso, que os sistemas monistas se mantenham, desde que o seu funcionamento se harmonize com o dos sistemas dualistas, de modo que se tornem equivalentes (art. 2º).

Esta harmonização traduz-se, fundamentalmente, na clara distinção entre membros gerentes e não gerentes.

A sociedade é gerida pelos membros gerentes do órgão de administração sob o controlo dos membros não gerentes do mesmo órgão, devendo o número de membros não gerentes ser divisível por três e superior ao número dos gerentes [art. 21a), nº 1, al. *a*)].

Os membros gerentes são designados pelos membros não gerentes [podendo os primeiros ser designados pelos estatutos – art. 21a), nº 1, al. *b*)]. Os membros não gerentes assumem, afinal, uma posição análoga à do órgão de vigilância (ou de supervisão) dos sistemas dualistas. Os membros gerentes assemelham-se a administradores-delegados, mas são impostos por lei (⁹).

IV – Além disso, a Proposta modificada de 5ª Directiva prevê a coordenação das legislações nacionais sobre participação dos trabalhadores na gestão das sociedades anónimas.

Como é sabido, nalguns Estados membros, v. g. na Alemanha Federal, a lei prevê a participação de trabalhadores, quer no órgão de vigilância, quer no órgão de direcção de certas sociedades, enquanto noutros

---

que nomeia e revoga os membros do órgão de direcção (art. 3º, nº 1, e 13º), controla permanentemente a actividade do órgão de direcção (art. 11º) e dá a necessária autorização para determinadas decisões importantes da direcção (art. 12º). Ninguém pode ser simultaneamente membro do órgão de direcção e do órgão de vigilância (art. 6º). Na estrutura comunitária, além deste órgão, prevê-se a existência de pessoas independentes encarregadas do controlo das contas anuais (art. 48º e seg.), como existem na Alemanha ("Abschlusspruefer"), e correspondem aos revisores oficiais de contas portugueses.

(⁹) Recorde-se que a lei portuguesa anterior ao CSC adoptava um sistema de organização monista, semelhante ao italiano, e não fazia qualquer distinção entre administradores gerentes e administradores não gerentes. O CSC, publicado depois da Proposta modificada de 5ª Directiva, prevê a possibilidade de opção entre uma estrutura monista, semelhante à do CCom, e uma estrutura dualista, de inspiração germânica; mas, quanto à estrutura monista, não prevê a distinção entre administradores gerentes e administradores não gerentes. Aliás, a 5ª Directiva não estava, então – nem está ainda hoje –, em vigor.

Estados não existem regras semelhantes. A Comissão considera que tal participação deveria ser a regra, em todas as sociedades com mais de 1000 trabalhadores, mas reconhece a necessidade de alcançar esse objectivo por fases; admite que, numa fase preliminar, em vez da participação de trabalhadores no órgão de vigilância, se constitua um órgão distinto, composto por representantes dos trabalhadores (comissão de trabalhadores, conselho de empresa ou análogo), ou que o modo de representação dos trabalhadores seja definido por convenção colectiva; e aceita mesmo que não exista de todo participação dos trabalhadores nas sociedades em que a maioria deles se tenha pronunciado contra tal participação [art. 4º, n° 2, "in fine" e art. 21b), nº 2, "in fine"].

A Proposta modificada de 5ª Directiva, em vez de impor um regime uniforme para todos os Estados membros, permite a escolha entre vários sistemas que são considerados equivalentes. Adopta pois uma posição muito mais flexível do que a da versão inicial da Proposta de 5ª Directiva, que apenas previa dois modelos de participação inspirados nas experiências alemã e holandesa. Pode duvidar-se de que se possa falar ainda de harmonização de legislações, mas há que reconhecer a dificuldade de uniformização de regimes tão marcados pela história e pelas ideologias e o esforço de realismo da Comissão ao apresentar uma Proposta que representa, apesar de tudo, um passo em frente.

Os sistemas apresentados em alternativa pela Proposta modificada de 5ª Directiva são os seguintes:

a) Sistemas de participação orgânica minoritária ou paritária, mediante representantes eleitos pelos trabalhadores;

b) Sistema de participação orgânica, mediante cooptação controlada;

c) Sistema de participação bilateral;

d) Sistemas de participação adoptados por convenção colectiva.

Em todos os sistemas, a designação dos representantes dos trabalhadores deve respeitar os seguintes princípios ([10]):

a) A eleição deve ser realizada segundo sistemas de representação proporcional que assegurem a protecção das minorias;

b) Todos os trabalhadores devem poder participar na eleição;

c) As eleições deverão ser por votação secreta;

d) Deverá garantir-se a liberdade de expressão [art. 4i), 21f), nº 2, 21j)].

([10]) Recomendados pelo Parlamento Europeu.

Por outro lado, em todos os sistemas, todos os membros (accionistas ou trabalhadores) dos órgãos de direcção e de vigilância ou do órgão de administração devem exercer as suas funções no interesse dos accionistas e dos trabalhadores [art. 10º e 21q)].

Em que consiste, em linhas gerais, cada um dos sistemas apresentados em alternativa pela Proposta modificada de 5ª Directiva?

a) Sistemas de participação orgânica minoritária ou paritária mediante representantes eleitos pelos trabalhadores:

Pelo menos, nas sociedades com mais de 1000 trabalhadores, um terço a dois terços do órgão de vigilância ou dos membros não gerentes do órgão de administração devem ser eleitos pela assembleia geral dos accionistas e um terço a metade, pelos trabalhadores [art. 4b), e 21d)]. E permite-se que um dos membros do órgão de direcção, encarregado especialmente das questões de trabalho, não possa ser nomeado, nem revogado, contra o parecer dos representantes dos trabalhadores no órgão de vigilância (art. 3º, nº 3). Pretende-se, deste modo, abrir caminho para a manutenção dos três sistemas em vigor na Alemanha Federal (paritário, minoritário e quase paritário), bem como do sistema em vigor na Dinamarca.

b) Sistema de participação orgânica mediante cooptação controlada:

Pelo menos nas sociedades com mais de 1000 trabalhadores, os membros do órgão de vigilância são designados por cooptação; "no entanto, a assembleia geral, ou uma comissão de accionistas designada pela assembleia, ou os representantes dos trabalhadores, poderão levantar objecções contra a designação de um candidato proposto, alegando que não tem a capacidade suficiente para desempenhar as suas funções, ou que a sua designação implicaria uma composição inadequada do órgão de vigilância, tendo em vista os interesses da sociedade, dos accionistas e dos trabalhadores. Nestes casos, a designação não poderá ter lugar, a não ser que a objecção seja declarada sem fundamento por um organismo independente de direito público" [art. 4c)].

Este regime tem claramente em vista o sistema em vigor na Holanda. A proposta modificada não prevê a aplicação deste sistema a sociedades que tenham apenas um órgão de administração (sistema monista).

c) Sistema de participação bilateral:

Pelo menos nas sociedades (com administração dualista ou monista) com mais de 1000 trabalhadores, prevê-se a existência de um órgão representativo dos trabalhadores, com direito de informação e consulta sobre a administração, a situação, a evolução e as perspectivas da sociedade, a sua posição concorrencial, o seu endividamento e os seus projectos de investimento.

Este órgão representativo dos trabalhadores tem os mesmos direitos de informação que o órgão de vigilância [art. 4d), nº 1, 11, 12b), nº 2, e 21e)] e deve ser consultado antes de o órgão de vigilância deliberar sobre a autorização a dar a diversos actos importantes da direcção [art. 4d), nº 2, e art. 12º].

Todavia, a decisão cabe sempre ao órgão de direcção ou de vigilância.

Os membros do órgão representativo dos trabalhadores têm um dever de discrição relativamente a informações confidenciais [art. 4º, nº 3, 10a), nº 2, 2ª e 3ª partes, 21e), nº 3, e 21q) nº 2, 2ª e 3ª partes].

Este regime tem em vista manifestamente permitir, no essencial, a manutenção dos sistemas de participação ao tempo vigentes em países como a França, onde funcionam comités de empresa e delegados de pessoal, com poderes análogos aos previstos na Proposta modificada de 5ª Directiva.

d) Sistemas de participação adoptados por convenção colectiva:

Como alternativa aos sistemas anteriormente referidos, a Proposta modificada de 5ª Directiva permite que a participação dos trabalhadores seja organizada por convenção colectiva entre a sociedade ou uma organização que a represente (v. g., associação patronal) e as organizações representativas dos trabalhadores da sociedade [sindicatos ou comissões de trabalhadores – art. 4, nº 2, 4e), 21b), nº 2, e 21f)].

Mas determina, além disso, o conteúdo mínimo da convenção colectiva a adoptar.

Assim, a convenção colectiva deve prever um dos sistemas seguintes:

– Designação de representantes dos trabalhadores para o órgão de vigilância, segundo as disposições aplicáveis aos sistemas de tipo germânico [art. 4e), 4f) e 5 a 21]; ou de um terço a metade dos membros não gerentes do órgão de administração, segundo as disposições respectivas [art. 21f), 21g) e 21j) a 21n];

— Designação de representantes dos trabalhadores para o órgão de vigilância, segundo as disposições aplicáveis ao sistema de cooptação controlada [art. 4e), 4f) e 5 a 21, 21f) e 21h)];

— Designação de representantes dos trabalhadores com poderes de informação e consulta análogos aos previstos para o sistema de participação bilateral [art. 4e) e 4g), 21f) e 21h)].

Os Estados membros devem prever que, caso não seja celebrada ou renovada qualquer convenção colectiva dentro de certo prazo, torna-se obrigatória a adopção de um dos sistemas de participação impostos por lei (seja de participação orgânica representativa, seja de cooptação controlada, seja de participação bilateral) [art. 4h) e 21i)].

A lei portuguesa, nomeadamente a Lei nº 46/79, de 12.9, sobre as comissões de trabalhadores, estabelece um sistema de participação (controlo de gestão) próximo do sistema de participação bilateral da Proposta modificada de 5ª Directiva, embora com diferenças significativas.

E o art. 30º da Lei nº 46/79, quanto a empresas do sector privado ([11]), abre caminho para sistemas de participação orgânica, minoritária ou paritária, a título facultativo e mediante convenção colectiva, mas sem as caracterizar. Limita-se a dizer que "fica na disponibilidade das partes".

V — Quanto à responsabilidade dos membros dos órgãos de direcção, de vigilância e de administração, a Proposta modificada de 5ª Directiva estabelece um regime [art. 14 a 21 e 21u)] pouco diferente do que consta do CSC (art. 72º a 82º) e constava já da lei portuguesa de fiscalização das sociedades anónimas (DL nº 49 381, de 15.11.1969, art. 17º a 25º, 27º e 28º).

VI — É de salientar que a Proposta modificada acentua a importância dos órgãos de direcção e de vigilância, ou de administração, relativamente à assembleia geral. Partindo da constatação de que os accionistas frequentemente se desinteressam de participar na vida da sociedade, a Comissão vê nisso uma razão para reforçar o papel do órgão de vigilância ou de administração.

([11]) Não se consideram aqui as empresas públicas sob forma não societária, acerca das quais as CE não estabelecem regras de estrutura. Cf. Directiva da Comissão CE de 25.6.1980, relativa à transparência das relações financeiras entre os Estados membros e as empresas públicas, in *JOCE*, nº L 195, de 29.7.1980.

VII – Quanto à assembleia geral, a Proposta de 5ª Directiva impõe a sua convocação uma vez por ano, pelo menos, admitindo que ela seja convocada, em qualquer momento, pelo órgão de direcção, ou pelos membros gerentes do órgão de administração, ou por accionistas com 5% do capital ou com acções no valor de 100 000 ecus (art. 22º e 23º). Mas não distingue entre assembleia geral ordinária e extraordinária.

Regula pormenorizadamente a convocação (art. 24º), prevendo a possibilidade de accionistas minoritários acrescentarem matérias à ordem de trabalhos (art. 25º).

Condiciona a designação, como representantes de accionistas na assembleia geral, de pessoas que se ofereçam publicamente para tal (art. 28º).

Disciplina desenvolvidamente os direitos de informação, de participação e de voto dos accionistas (art. 30º, 31º e 33º). Limita o direito de voto no caso de conflito de interesses (art. 34º). Proíbe certas convenções de voto (art. 35º).

Consagra o princípio da deliberação por maioria absoluta dos votos expressos pelos presentes ou representados, salvo cláusula a exigir maioria qualificada (art. 36º). Mas exige para modificações dos estatutos, como regra, maioria de dois terços dos votos correspondentes aos títulos representados na assembleia ou ao capital subscrito representado (art. 37º e 39º).

Quando existam várias categorias de acções, faz depender a validade de certas deliberações de voto separado de cada uma das categorias (art. 40º).

Indica também os casos de nulidade ou anulabilidade de deliberações da assembleia geral (art. 42º e 46º).

VIII – A aprovação de contas anuais tanto pode ser atribuída à assembleia geral, como, nas sociedades que adoptem o sistema dualista, ao órgão de vigilância (art. 48º).

No entanto, a Proposta modificada de 5ª Directiva impõe que haja uma ou várias pessoas independentes encarregadas do controlo das contas da sociedade (art. 51º e segs.).

Estas pessoas são nomeadas, em regra, pela assembleia geral (art. 55º), mas de entre as pessoas designadas ou autorizadas por uma autoridade judicial ou administrativa (art. 52º) – autorização esta a sujeitar às regras da Proposta de 8ª Directiva (v. g., exame de aptidão profissional de nível universitário ou equivalente qualificação).

A Proposta modificada de 5ª Directiva, como já a Proposta inicial, rejeita, assim, o sistema clássico do conselho fiscal (CCom, art. 175º), ou mesmo o sistema misto introduzido em Portugal pelo DL nº 49 381, de 15.11.1969, e mantido pelo CSC (art. 413º e segs.), adoptando claramente o sistema dos revisores oficiais de contas.

IX — Finalmente, a Proposta modificada de 5ª Directiva toma em consideração o facto de a sociedade estar integrada num grupo, como sociedade dominante ou como filial.

Na verdade, os trabalhadores das sociedades filiais são tidos em conta para saber se a sociedade deve ou não adoptar os sistemas de participação estabelecidos para as grandes empresas (com mais de 1000 trabalhadores – art. 4, nº 1, 21b), nº 1).

E admitem-se derrogações transitórias às regras da Proposta de Directiva sobre a participação dos trabalhadores de grupos de empresas, nomeadamente em relação a sociedades de participação financeira e grupos internacionais, bem como para admitir a relevância da estratégia do grupo [art. 63b)].

Admite-se também que os Estados não apliquem as regras sobre participação dos trabalhadores em sociedades cujo objecto único ou principal seja político, religioso, humanitário, caritativo, pedagógico, científico, artístico, ligado à informação do público ou à expressão de opinião [art. 63d)].

X — A Proposta modificada de 5ª Directiva foi objecto de uma *primeira leitura* por um grupo de peritos dos vários Estados membros, no âmbito do Conselho [Grupo das Questões Económicas (Estabelecimento e Serviços)]. Com base nas sugestões resultantes dessa primeira leitura, os serviços da Comissão distribuíram, em 26.3.1987, um novo documento de trabalho ([12]).

XI — Com base neste documento, o mesmo grupo procedeu a uma *segunda leitura*, ao longo da qual se verificou considerável oposição à distinção, nas sociedades de estrutura monista, entre administradores

---

([12]) A versão italiana foi publicada in *Il Foro Italiano, Cronache Comunitarie — Le società nel diritto comunitario*, Roma, 1987, pág. 279 e segs.. Cf., aí também, RAFFAELE LENER, *L'organo di amministrazione*, pág. 163 e segs.; RAFFAELE FOGLIA, *La partecipazione dei dipendenti alla gestione della società*, pág. 175 e segs., e GIUSEPPE NICOLINI, *Il funzionamento dell'assemblea di società per azioni nella proposta modificata di quinta direttiva*, pág. 187 e segs..

gerentes e administradores não gerentes. Além disso, alguns Estados membros contestam que a estrutura monista, que inclua representantes dos trabalhadores no órgão de administração, seja equivalente à estrutura dualista respectiva, uma vez que, nesta, os trabalhadores têm quase só poderes de fiscalização, enquanto naquela terão poderes de decisão. Por outro lado, alguns Estados membros não aceitam que a participação, segundo os modelos propostos, seja obrigatória para as sociedades, entendendo que deve ser facultativa. E chega mesmo a haver quem duvide da conveniência da harmonização, nestes domínios, para a realização do mercado interno, desejando manter a maior flexibilidade.

XII – Finda a segunda leitura, foi distribuída, em 16.10.1989, uma nova versão da Proposta, para *terceira leitura*.

E ao iniciar esta, em Junho de 1990, a Comissão propôs que a matéria da participação dos trabalhadores fosse posta de lado (embora sem excluir que ela venha a ser retomada ulteriormente). Essa proposta poderá facilitar a aprovação da 5ª Directiva, embora reduza o âmbito das disposições a harmonizar.

XIII – Entretanto, a Comissão apresentou, em 13.12.1990, uma segunda modificação à Proposta de 5ª Directiva, com vista a eliminar os entraves às ofertas públicas de aquisição (OPA) ([12a]), na sequência da Proposta de 13ª Directiva, relativa às OPA ([13]). Aquela segunda modificação propõe:

a) Limitar a emissão de acções preferenciais sem voto a um máximo de 50 % do capital e impedir a limitação do número de votos atribuídos a um único accionista (art. 33º, nº 2);

b) Proibir as cláusulas estatutárias que atribuam aos titulares de uma categoria de acções um direito exclusivo de apresentar propostas de designação de membros de órgãos sociais [art. 4º, nº 5, e 21b), nº 5];

c) Proibir regras legais ou estatutárias que exijam para a designação ou destituição de membros dos órgãos de administração, direcção ou fiscalização maioria mais ampla que a maioria dos votos expressos por todos os accionistas presentes ou representados (art. 36º, nº 3).

XIV – Actualmente (Outubro de 1991), estão em curso os trabalhos da 3ª leitura da Proposta.

([12a]) In *JOCE*, nº C 7, de 11.1.1991.
([13]) In *JOCE*, nº C 64, de 14.3.1989, constando a Proposta modificada do *JOCE*, nº C 240, de 26.9.1990.

SUBSECÇÃO IV

*Propostas de Regulamento e de Directiva sobre a
Sociedade Anónima Europeia*

I – A – Os primeiros projectos de unificação do direito das sociedades surgiram, no âmbito do Conselho da Europa, em 1949 e 1952.

A ideia de uma sociedade internacional, como meio de resolver os problemas suscitados pelo direito das sociedades nas relações internacionais aparece defendido também por NIBOYET, num relatório apresentado à Associação de Direito Internacional, na conferência de Lucerna de 1952.

Entretanto, várias sociedades europeias são criadas por convenção internacional: EUROFIMA, Eurochimique, Union Charbonnière Sam Lorraine, etc.. O Tratado CEE criou, ele próprio, uma sociedade europeia, o Banco Europeu de Investimento (art. 129º), e o Tratado da EURATOM prevê a criação de "empresas comuns" (art. 45º a 51º) ([1]).

B – Mas é no quadro da CEE que a ideia de uma sociedade anónima europeia ganhou consistência e viabilidade.

A sugestão partiu de THIBIERGE, em 1959 ([2]), e foi objecto de um primeiro estudo do Prof. SANDERS, de 22.3.1959 ([3]).

A Comissão da CEE foi chamada a pronunciar-se sobre o problema, pela primeira vez, em 1.12.1959, em resposta a uma pergunta escrita de LICHTENAUER ([4]).

Seguiram-se diversos estudos e consultas aos grupos interessados.

Mas, oficialmente, os trabalhos começaram em 15.3.1965, a partir de uma nota do Governo francês dirigida ao Conselho da CEE, sugerindo aos outros Estados membros a criação de uma sociedade comercial de tipo europeu.

([1]) Cf. E. CEREXHE, *Le Droit Européen – La libre circulation des personnes et des entreprises,* 1982, pág. 367 e segs..

([2]) Cf. *Le statut des sociétés étrangères,* 57º Congrès des Notaires de France à Tours 1959, Paris, 1959, pág. 270 e segs., 351, 360 e segs..

([3]) Cf. "Vers une société anonyme européenne", in *RivS,* 1959, pág. 1163 e segs..

([4]) Cf. *JOCE,* nº 65, de 19.12.1959, pág. 1272.

Seguiu-se um memorando da Comissão, de 22.4.1966 ([5]), e a nomeação de um grupo de especialistas ([6]), presidido pelo Prof. PIETER SANDERS, para preparar um projecto de estatutos.

O anteprojecto de estatutos elaborado por este grupo foi apresentado ao Conselho em Dezembro de 1966 ([7]).

Entretanto, a Comissão apresentou ao Conselho, em 30.6.1970, a *Proposta de Regulamento* que institui o Estatuto da Sociedade Anónima Europeia, baseada no art. 235º do Tratado CEE ([8]).

C — Ouvidos os pareceres do Comité Económico e Social ([9]) e do Parlamento Europeu ([10]), a Comissão apresentou ao Conselho uma *Proposta modificada de Regulamento*, em 13.5.1975 ([11]).

Esta Proposta foi objecto de estudo ([12]), mas suscitou dificuldades — decorrentes, nomeadamente, do seu carácter supranacional e dos problemas suscitados pela participação dos trabalhadores —, que levaram à suspensão dos trabalhos desde 1982 ([13]).

D — Entretanto, a publicação do Regulamento sobre o agrupamento europeu de interesse económico (AEIE) ([14]) possibilitou a superação dos

---

([5]) Cf. *Bull. CE*, Suppl. 9/10-1966.

([6]) O grupo era composto pelos Profs. VON CAEMMERER (RFA), DABIN (Bélgica), MARTY (França), MINERVINI (Itália) e ARENDT (Luxemburgo).

([7]) E publicado em Agosto de 1967, sob o título *Société anonyme européenne —Projet d'un statut des Sociétés Anonymes Européennes*, e, mais tarde, na Colecção "Études – Série Concurrence", nº 6, Bruxelas, Comissão CEE, 1967. Cf. AIRES CORREIA, "O Direito das Sociedades na Comunidade Económica Europeia", in *BMJ*, nº 190, pág. 118 e segs..

([8]) Cf. *Bull. CE*, Suppl. 8/70; RAFAEL PEREZ ESCOLAR, *La Sociedad Anónima Europea*, Madrid, Ed. Montecorvo, 1972, e GLEICHMANN-T. CATHALA, "Le statut des sociétés anonymes européennes selon la proposition de la Commission des Communautés Européennes", in *RevS*, 1972, pág. 7 e segs..

([9]) Cf. *JOCE*, nº C 93, de 7.8.1974.

([10]) Cf. *JOCE*, nº C 131, de 13.12.1972.

([11]) Cf. *Bull. CE*, Suppl. 4/75.

([12]) Cf. E.CEREXHE, *ob. cit.*, pág. 371.

([13]) Cf. MARKUS LUTTER, *Die Europaeische Aktiengesellschaft*, Koeln, Carl Heymans, 2ª ed., 1978, com exaustivas referências documentais e bibliográficas; RUI FALCÃO DE CAMPOS, "A sociedade anónima europeia: projectos e perspectivas", in *RDES*, ano XXXI, 1989, nº 1/2, pág. 255 e segs..

([14]) Regulamento (CEE) nº 213/85, do Conselho de 25.7.1985, in *JOCE*, nº L 199, de 31.7.1985.

problemas relativos a esse carácter supranacional e, no Livro Branco da Comissão sobre a Realização do Mercado Interno ([15]), o Estatuto da SE figura entre os actos a adoptar antes do fim de 1992.

Dando seguimento a essa tomada de posição e ao memorando da Comissão de 6.6.1988 ([16]), esta apresentou, em 25.8.1989, uma nova *Proposta de Regulamento,* que institui o Estatuto da Sociedade Europeia, tendo por base o art. 100º-A do Tratado, acompanhada de uma *Proposta de Directiva* relativa à posição dos trabalhadores, tendo por base o art. 54º do Tratado ([17]) – em substituição da Proposta de 1975, que foi retirada. A nova versão (com 137 artigos no Regulamento, mais 13 na Directiva) é substancialmente mais pequena que a de 1975 (com 284 artigos, mais quatro anexos extensos). Enquanto esta pretendia regular expressamente a generalidade dos problemas suscitados pela constituição, funcionamento e extinção da SE, a versão de 1989 remete a solução de muitas destas questões para o direito interno do Estado membro da sede de cada SE.

Aquelas Propostas foram objecto de uma primeira leitura por um grupo "ad hoc", constituído no âmbito do Conselho, de cujas conclusões resultou um projecto do Secretariado-Geral, de 28.5.1990 ([18]).

Este projecto serviu de base a uma segunda leitura, ao longo de 1990 e 1991.

E – Entretanto, o Comité Económico e Social emitiu o seu parecer ([18a]); e, em 24.1.1991, o Parlamento Europeu emitiu também parecer sobre as Propostas de 1989, sugerindo numerosas alterações ([19]).

Na sequência deste parecer, a Comissão apresentou, em 6.5.1991, ao Conselho, uma *Proposta alterada de Regulamento e de Directiva* ([20]).

([15]) COM (85) 310 final, de 14.6.1985, nº 136 e segs..
([16]) COM (88) 320, de 15.7.1988.
([17]) Cf. *JOCE*, nº C 263, de 16.10.1989; HERVÉ SINVET, "Enfin la Société européenne?", in *RTDE*, 1990, nº 2, pág. 253 e segs., e MARKUS LUTTER, "Genuegen die vorgeschlagenen Regelungen fuer eine Europaesische Aktiengesellschaft", in *AG*, 1990, nº 10, pág. 413 e segs..
([18]) Doc SN 2254/90, SN 3054/90 e SN 3461/90.
([18a]) Cf. *JOCE*, nº C 124, de 21.5.1990.
([19]) Doc PE 148.554, de 24.1.1991, pág. 15 e segs., e *JOCE*, nº C 48, de 25.2.1991.
([20]) COM (91) 174 final – SYN 218 e 219, de 16.5.1991, e *JOCE*, nº C 138, de 29.5.1991.

Estas propostas estão actualmente a ser objecto de análise pelo grupo "ad hoc" constituído no âmbito do Conselho.

II – A sociedade anónima europeia visa, hoje, permitir às sociedades sujeitas ao direito de Estados membros diferentes a escolha de uma estrutura de cooperação e de reestruturação correspondente à dimensão do grande mercado interno previsto para 1992.
Tem por objectivos libertar as sociedades dos constrangimentos jurídicos e práticos que resultam da existência de 12 ordens jurídicas diferentes (v. g., quanto à transferência de sede, à fusão internacional, à criação de filiais comuns, às tomadas de participação e ao acesso ao mercado financeiro), oferecendo-lhes uma estrutura opcional, baseada no direito comunitário e relativamente independente dos direitos nacionais, ainda não harmonizados ([21]).

III – Tal como decorre das Propostas de 1989, a sociedade anónima europeia tem a *natureza* de uma sociedade anónima – uma sociedade em que cada sócio limita a sua responsabilidade ao valor das acções que subscreveu, as quais são representadas por títulos ou registos escriturais e facilmente negociáveis (art. 1º, 38º e 53º).
E é europeia, pois estará sujeita a um regime de direito comunitário, supranacional, constante de um Regulamento do Conselho, directamente aplicável em todos os Estados membros. Não se trata de uma sociedade de direito nacional, de tipo europeu, criada por lei uniforme de cada Estado membro (à semelhança da Lei uniforme sobre letras e livranças), como propunha a nota da França de 1965; nem de simples harmonização das leis internas dos vários Estados membros, como resultará da 5ª Directiva; trata-se, sim, de uma sociedade europeia, com um regime único, decorrente de um regulamento comunitário, cujas disposições são aplicáveis igualmente em todos os Estados membros.
Em todo o caso, as disposições substantivas constantes do Regulamento serão – por força de disposições remissivas deste mesmo diploma – completadas por disposições do direito interno do Estado membro em que a sociedade tiver a sua sede (art. 7º, etc.). Assim, só haverá unificação parcial.

([21]) Cf. E. CEREXHE, *ob. cit.*, pág. 372 e segs..

A SE tem personalidade jurídica (art. 1º, nº 4), a qual será reconhecida em todos os Estados membros ([22]) ([23]).

À qualificação da SE como comercial ou não aplicar-se-á o direito do Estado da sede da SE, uma vez que foi suprimido o nº 3 do art. 1º.

IV – Tem sido discutida a questão do *fundamento jurídico* do Regulamento e da Directiva propostos. É contestada a invocação dos art. 100ºA e 54º do Tratado, respectivamente, alegando-se que não se trata de harmonizar as legislações dos Estados membros, mas antes de criar um novo tipo de sociedade de direito comunitário. Para isso será necessário tomar como fundamento o art. 235º do Tratado, quer para o Regulamento, quer para a Directiva complementar, aliás condicionados um ao outro. Neste sentido se pronunciou o Serviço Jurídico do Conselho, em 29.1.1990.

A questão é importante, visto que é diferente a maioria exigida para a aprovação de diplomas, consoante o fundamento invocado: maioria qualificada ou unanimidade, respectivamente.

V – As *fontes de direito* aplicáveis à SE apresentam alguma complexidade.

Efectivamente, o principal diploma contendo o seu regime será o Regulamento. Mas este – sobretudo nas versões de 1989 e 1991 – não inclui disposições a resolver todos os problemas que a SE poderá vir a suscitar e manda, expressamente (no art. 7º e noutros preceitos dispersos), aplicar:

– Os estatutos de cada SE, "sempre que o Regulamento o autorizar expressamente";

– As " disposições da legislação do Estado da sede da SE relativas a sociedades anónimas";

([22]) Ficará, assim, resolvido, relativamente às SE, o delicado problema do reconhecimento mútuo das sociedades, que o Tratado da CEE (art. 220º) pretendeu que fosse resolvido por convenção internacional, a qual foi assinada em Bruxelas em 29.2.1968, mas não chegou a entrar em vigor até hoje. Cf. Luís BRITO CORREIA, "A Comunidade Económica Europeia e a harmonização das legislações sobre sociedades", in *BMJ*, nº 182, pág. 253 e segs..

([23]) Não diz a Proposta desde quando é reconhecida a personalidade jurídica, por não parecer possível pôr de acordo os Estados membros sobre o assunto: alguns pretendem que seja a partir da celebração do contrato; outros, a partir do seu registo. Assim, aplicar-se-á o direito do Estado da sede da SE (art. 7º).

— As "disposições livremente determinadas pelas partes definidas nos estatutos, nas mesmas condições que as sociedades anónimas abrangidas pelo direito do Estado da sede da SE".

Além disso, segundo o art. 136º do Regulamento, só "pode constituir-se uma SE em qualquer Estado membro que tenha transposto para o direito nacional as disposições da Directiva...(que completa o Estatuto da SE no que se refere à posição dos trabalhadores na SE)".

Fica assim claro que o regime das SE não será totalmente unificado: haverá alguns princípios unificados (os constantes do Regulamento), ao lado de numerosas disposições do direito interno dos 12 Estados membros (algumas das quais, relativas à participação dos trabalhadores, devem respeitar a Directiva), a que acrescem estipulações estatutárias.

VI – O *acesso* à SE era relativamente limitado nas Propostas de 1970 e de 1975, pois se pretendia que a SE fosse mais um instrumento de reestruturação e de cooperação entre empresas europeias já existentes ([24]).

A Proposta de 1989 e, sobretudo, a Proposta alterada de 1991 alargam esse acesso, embora mantenham algumas restrições (art. 2º).

Na verdade, só as sociedades anónimas constituídas de acordo com o direito de um Estado membro e que tenham a sua sede estatutária e a sua administração central na Comunidade podem constituir uma SE **por fusão**, se, pelo menos, duas delas tiverem a sua administração central em Estados membros diferentes (nº 1).

Tanto as sociedades anónimas, como as sociedades por quotas, constituídas de acordo com o direito de um Estado membro e que tenham a sua sede estatutária e a sua administração central na Comunidade, podem constituir uma **SE gestora de participações sociais** ("holding"), se pelo menos duas delas tiverem a sua administração central em Estados membros diferentes, ou tiverem uma sociedade filial num Estado membro que não seja o da sua administração central (nº1A).

No entanto, quaisquer sociedades, na acepção do 2º parágrafo do art. 58º do Tratado, bem como outras entidades jurídicas de direito público ou privado constituídas de acordo com o direito de um Estado membro e que tenham a sua sede estatutária ou legal e a sua administração central na Comunidade, podem constituir uma SE através da **criação de**

([24]) Cf. E. CEREXHE, *ob. cit.*, pág. 379 e segs., e RUI FALCÃO DE CAMPOS, art. cit., in *RDES*, ano XXXI, 1989, nº 1/2, pág. 272 e segs..

uma filial comum, se, pelo menos, duas delas tiverem a sua administração central em Estados membros diferentes, ou tiverem uma sociedade filial num Estado membro que não seja o da sua administração central (nº 2).

Além disso, a Proposta de 1991 admite que uma sociedade anónima constituída de acordo com o direito de um Estado membro e que tenha a sua sede estatutária e a sua administração central na Comunidade possa constituir uma SE **por transformação**, desde que tenha uma sociedade filial ou um estabelecimento num Estado membro que não seja o da sua administração central (nº 3).

Deste modo, a SE apenas é acessível a entidades que tenham já actividades estáveis em vários Estados membros ou queiram passar a tê-las, em colaboração com outras entidades de outros Estados membros. Na constituição de uma SE por fusão ou por transformação, todavia, só podem participar sociedades anónimas.

Em todo o caso, a Proposta de 1991 admite ainda (no art. 3º) que uma SE constitua outra SE:

— **Por fusão** com uma ou várias SE ou com uma ou várias sociedades anónimas, constituídas de acordo com o direito de um Estado membro e que tenham a sua sede estatutária e a sua administração central na Comunidade (nº 1);

— **Por criação de uma sociedade gestora de participações sociais** (''holding'') com uma ou várias SE ou com uma ou várias sociedades anónimas, na acepção do nº 1-A do art. 2º;

— **Através da criação de uma filial comum** com uma ou várias SE ou com uma ou várias entidades jurídicas, na acepção do nº 2 do art. 2º (nº 2);

— Como **sua filial**, ou mesmo várias (nº 3), inclusivamente ''em cascata'' (uma vez que foi suprimida a 2ª parte deste nº 3).

O acesso à SE é limitado ainda pelo montante do capital mínimo exigido: 100 000 ecus (art. 4º), equivalentes, actualmente, a cerca de 18 300 000$00 – quando a Proposta de 1975 exigia esse montante ou 250 000 ecus, consoante os casos.

Assim, a SE ficará aberta a empresas de dimensão relativamente pequena e com actividades europeias.

VII – A Proposta de Regulamento inclui disposições sobre as formalidades de *constituição* da SE, dos vários modos possíveis: fusão, constituição de uma sociedade gestora de participações sociais, de uma filial comum, de uma filial por uma SE e transformação (art. 11º-A a 37º-A).

VIII – Depois de um extenso título III, sobre o capital, acções e outros títulos (art. 38º a 60º), a Proposta de Regulamento apresenta disposições sobre os *órgãos* da SE (art. 61º a 100º), claramente inspiradas na Proposta modificada de 5ª Directiva, mas menos desenvolvidas.

Quanto à administração e fiscalização da SE, o art. 61º faculta aos fundadores a escolha, nos estatutos, entre o sistema dualista ou o monista, mas permite que o Estado membro imponha um deles.

Em seguida, a Proposta tem regras sobre a administração e fiscalização, específicas para o sistema dualista (art. 62º a 65º) e para o sistema monista (art. 66º a 67º-A), e regras comuns aos dois sistemas (art. 68º a 80º).

A – Quanto ao **sistema dualista**, prevê que exista um órgão de direcção e um órgão de fiscalização, sendo os membros daquele designados e destituídos por este. Ninguém pode, simultaneamente, ser membro dos dois órgãos, a não ser no caso de vacatura. O número de membros do órgão de direcção é fixado nos estatutos (art. 62º).

O órgão de fiscalização não tem competência própria em matéria de gestão da SE e não pode representá-la perante terceiros. Todavia, em caso de litígio ou aquando da celebração de contratos, o órgão de fiscalização representará a SE perante os membros do órgão de direcção ou "de um dos membros deste órgão" *(sic!)* (art. 63º, nº 1).

Os membros do órgão de fiscalização serão designados e destituídos pela assembleia geral. Todavia, os membros do primeiro órgão de fiscalização podem ser designados nos estatutos. E fica ressalvado o disposto na Proposta de Directiva que completa o estatuto da SE no que se refere à posição dos trabalhadores (art. 63º, nº 2). Esta última matéria será analisada mais adiante.

O número de membros do órgão de fiscalização é fixado nos estatutos (art. 63º, nº 3).

A proposta regula, no art. 64º, o direito deste órgão à informação, pelo órgão de direcção, sobre o andamento dos negócios da SE e sobre a sua evolução previsível – quer a informação regular (de 3 em 3 meses), quer a ocasional, por ocasião de ocorrências susceptíveis de terem repercussões significativas sobre a situação da SE, ou a pedido do próprio órgão de fiscalização. Todos os membros deste órgão (inclusivamente os representantes dos trabalhadores) podem tomar conhecimento de todas as informações comunicadas pelo órgão de direcção ao órgão de fiscalização.

Este órgão elegerá um presidente de entre os membros eleitos pela assembleia geral dos accionistas (art. 65º).

B – Quanto ao **sistema monista**, a Proposta estabelece que o órgão de administração assegura a gestão da SE e que o ou os membros deste órgão têm competência para obrigar a SE perante terceiros e para a representar em juízo, em conformidade com as disposições adoptadas em execução da 1ª Directiva (68/151/CEE) pelo Estado da sede da SE (art. 66º, nº 1).

O órgão de administração será composto por, pelo menos, três membros, no limite fixado pelos estatutos. Todavia, quando não haja participação de trabalhadores nele, pode ser composto por apenas dois ou um membro (art. 66º, nº 1-A).

O órgão de administração apenas pode delegar num ou vários dos seus membros o poder de gestão da SE (indeterminado). Mas pode delegar determinados poderes de gestão numa ou em várias pessoas singulares que não sejam membros do órgão. Os estatutos ou, caso sejam omissos, a assembleia geral podem fixar as condições em que intervém uma tal delegação (art. 66º, nº 2). Deste modo, não se impõe a distinção entre administradores gerentes e administradores não gerentes – diferentemente da Proposta de 5ª Directiva.

Sem prejuízo do disposto na Directiva complementar, sobre a posição dos trabalhadores, os membros do órgão de administração serão designados e destituídos pela assembleia geral (art. 66º, nº 3).

Em seguida, a Proposta contém regras sobre o direito à informação do órgão de administração (art. 67º), correspondentes às do art. 64º, relativo ao sistema dualista.

O órgão de administração elegerá um presidente de entre os membros designados pela assembleia geral dos accionistas (art. 67º-A).

C – Na secção das **regras comuns** aos dois sistemas dispõe-se que os membros dos órgãos são designados por um período não superior a seis anos, podendo ser reeleitos (art. 68º).

Permite-se que uma pessoa colectiva seja membro de um órgão (devendo designar um representante pessoa singular), salvo disposição em contrário da legislação do Estado da sede da SE aplicável às sociedades anónimas (art. 69º, nº 1).

São ressalvadas as legislações nacionais que permitem a uma minoria de accionistas designar uma parte dos membros dos órgãos (art. 69º, nº 4).

O art. 72º contém uma lista das operações que requerem autorização do órgão de fiscalização (no sistema dualista) ou do órgão de administração (no sistema monista). Mas os Estados membros podem determinar, para as SE registadas no seu território, as categorias de operações sujeitas a autorização, em condições idênticas às fixadas para as sociedades anónimas abrangidas pelo direito desses Estados; e podem prever que o órgão de fiscalização ou de administração das SE registadas no seu território possa sujeitar, ele próprio, determinadas categorias de operações a autorização ou a deliberação, em condições idênticas às estabelecidas para as sociedades anónimas abrangidas pelo direito desses Estados.

O art. 74º estabelece o princípio da igualdade de direitos e obrigações de cada membro de um órgão, no exercício das suas funções — particularmente importante quando há membros representantes dos trabalhadores. E impõe a todos os membros um dever de discrição.

O modo de funcionamento dos órgãos é regulado pelo art. 76º, que atribui ao presidente voto de desempate — que é importante no caso de haver membros representantes dos trabalhadores, mas porventura inconveniente, no caso contrário.

Finalmente, os art. 77º a 80º contêm regras sobre a responsabilidade dos membros dos órgãos em causa.

IX — A — Durante a elaboração do anteprojecto do Prof. PIETER SANDERS, de 1966, foi suscitado o problema da inclusão de disposições sobre a *participação dos trabalhadores*, tendo em conta os regimes existentes na Alemanha Federal e em França ([25]). Mas o relatório SANDERS acabou por renunciar a propor uma solução unitária e recomendou que se mantivessem nesse domínio as soluções das leis nacionais.

Todavia, o Prof. G. LYON-CAEN, num estudo elaborado a pedido da Comissão ([26]), criticou a orientação do relatório SANDERS e recomendou a inclusão de disposições sobre a matéria.

([25]) Cf. AIRES CORREIA, art. cit., in *BMJ*, nº 190, pág. 150 e segs..
([26]) *Contribution à l'étude des formes de représentation des intérêts des travailleurs dans le cadre des sociétés anonymes européennes*, 1970.

Após consulta aos parceiros sociais, a Comissão incluiu na Proposta de Regulamento de 1970 um título sobre a "representação dos trabalhadores na sociedade anónima europeia" (art. 100º a 147º).

B — Na Proposta Modificada de Regulamento de 1975 foram introduzidos ajustamentos, tornados necessários pela adesão da Dinamarca, da Irlanda e do Reino Unido, bem como para harmonização com outras disposições propostas, entretanto, pela Comissão no âmbito da 5ª Directiva e para ter em conta numerosos pareceres de agrupamentos profissionais e organizações sindicais.

Nomeadamente, prevêem-se três formas de participação dos trabalhadores: através do comité europeu da empresa (art. 100º a 129º), do comité de empresa de grupo (art. 130º a 136º) e da representação dos trabalhadores no conselho de vigilância (art. 137º a 145º) ([27]).

C — A Proposta de 1989 — elaborada depois de todo o debate ocorrido no âmbito da 5ª Directiva, acima sumariado — veio a adoptar uma orientação profundamente diferente da anterior.

Coloca as disposições sobre a posição dos trabalhadores num diploma distinto, com a forma de Directiva, e não de Regulamento — o que revela a intenção de aplicar nessas matérias os sistemas vigentes nos vários Estados membros (sem criar figuras novas). E invoca o art. 54º do Tratado como seu fundamento, para dizer que deseja uma certa harmonização (ou tão-só coordenação) desses sistemas, deixando aos Estados membros e aos interessados ampla liberdade de escolha dos modelos. Em todo o caso, o Regulamento e a Directiva estão indissociavelmente condicionados um ao outro (Reg., art. 63º, nº 2, 66º, nº 3, 135º e 136º, Dir., art. 1º).

O modelo de participação dos trabalhadores é escolhido por acordo escrito entre os órgãos de administração ou direcção das entidades fundadoras da SE e os representantes dos trabalhadores, de entre os modelos previstos na Directiva e permitidos ou impostos pelo Estado membro da sede da SE. Não chegando a acordo, os representantes dos trabalhadores podem tomar posição por escrito, a qual será apreciada, juntamente com o respectivo relatório da administração ou direcção, pela assembleia

---

([27]) Para maiores desenvolvimentos, cf. LUÍS BRITO CORREIA, *Direito do Trabalho*, vol. III, pág. 201 e segs.; E. CEREXHE, *ob. cit.*, pág. 391 e segs., e RUI FALCÃO DE CAMPOS, art. cit., in *RDES*, ano XXXI, 1989, nº 1/2, pág. 280 e seg..

geral da entidade fundadora que se pronunciará sobre a constituição da SE e escolherá o modelo de participação a adoptar. Os Estados membros podem limitar a escolha dos modelos previstos na Directiva ou impor um único desses modelos às SE com sede no seu território (art. 3º).

A Proposta alterada de Directiva prevê os seguintes modelos:

a) Participação de representantes eleitos pelos trabalhadores no órgão de fiscalização ou de administração da SE, à razão de um terço a metade dos seus membros (correspondente aos sistemas germânicos) (art. 4º-I);

b) Cooptação dos membros desses órgãos, controlada pelos accionistas e pelos representantes dos trabalhadores, que podem propor candidatos e opor-se à designação de um candidato (correspondente ao sistema holandês) (art. 4º-II);

c) Representação dos trabalhadores através de um "órgão distinto" (correspondente às comissões de trabalhadores portuguesas), com certos direitos de informação e consulta, equivalentes aos atribuídos ao órgão de fiscalização da estrutura dualista pelo art. 64º do Regulamento (art. 5º);

d) Outros modelos estabelecidos por acordo entre o órgão de administração ou de direcção da SE e os representantes dos seus trabalhadores, garantindo-lhes certos direitos mínimos de informação e consulta (art. 6º).

Deve salientar-se que "quando as duas partes que intervêm na negociação o decidirem, ou quando não puder ser celebrado qualquer acordo tal como referido no nº1, aplica-se à SE um modelo normalizado estabelecido pela legislação do Estado da sede. Este modelo deve garantir aos trabalhadores, pelo menos, os direitos de informação e consulta referidos no presente artigo"(art. 6º, nº 8).

"Os representantes dos trabalhadores da SE são eleitos segundo as modalidades previstas pela lei ou de acordo com a prática dos Estados membros, no respeito dos seguintes princípios:

a) Devem ser eleitos representantes dos trabalhadores em todos os Estados membros em que se situem estabelecimentos da SE;

b) O número de representantes deve ser, tanto quanto possível, proporcional ao número de trabalhadores que representam;

c) Todos os trabalhadores devem poder participar na votação, independentemente da sua antiguidade ou do número de horas de trabalho que prestam semanalmente;

d) A votação realiza-se por votação secreta" (art. 7º, nº 1).

Em relação a todos os modelos, é estabelecido, para os representantes dos trabalhadores ou/e para todos os membros do órgão em causa, um dever de discrição relativamente às informações de natureza confidencial de que dispõem sobre a SE (Reg., art. 74º, nº 3, Dir., art. 5º, nº 3, e 6º, nº 4).

D – Deve notar-se que, apesar de ter afastado da 5ª Directiva a matéria da participação dos trabalhadores, a Comissão pretende mantê-la nas Propostas sobre a sociedade anónima europeia – o que se compreende, uma vez que esta é um tipo novo e facultativo, que poderá servir para promover a própria ideia da participação.

X – A Proposta alterada de Regulamento de 1991 contém ainda diversos preceitos sobre a assembleia geral (art. 81º a 100º), contas anuais e contas consolidadas (art. 101º a 113º), grupos de sociedades (art. 114º), dissolução, liquidação, falência e cessação de pagamentos (art. 115º a 130º), fusão (art. 131º e 132º), estabelecimentos estáveis (art. 133º), sanções aplicáveis (art. 134º) e disposições finais (art. 135º a 137º) – que não interessa agora analisar.

Também a Proposta de Directiva complementar trata ainda da representação dos trabalhadores no estabelecimento da SE (art. 10º), do acesso dos trabalhadores ao capital e da participação nos resultados da SE (art. 11º e 11º-A).

XI – Tendo presente o conjunto de observações feitas até aqui e, sobretudo, as resultantes da análise histórico-comparativa, é ocasião de estudar o problema da natureza do conselho de administração e do administrador único, enquanto elemento da pessoa colectiva sociedade anónima.

PARTE II
NATUREZA DA ADMINISTRAÇÃO ENQUANTO ELEMENTO DA PESSOA COLECTIVA; DISPOSIÇÕES APLICÁVEIS

TÍTULO I

Colocação do problema

Tem sido muito discutida na doutrina a natureza da administração. E a questão é particularmente complexa porque se trata de explicar duas realidades conexas, mas distintas:

a) A natureza da administração como órgão da pessoa colectiva, isto é, a posição da administração como elemento integrante da pessoa colectiva, justificando os poderes dos administradores ou do conselho de administração para agir em nome da sociedade (perante os sócios, os membros dos órgãos e terceiros) e fundamentando a imputação desses actos e/ou dos seus efeitos à própria sociedade;

b) A natureza da relação de administração, entre os administradores e a pessoa colectiva, e do acto constitutivo dessa relação, de cuja qualificação depende, em última análise, a determinação das normas subsidiariamente aplicáveis e, do mesmo passo, o estatuto dos administradores, isto é, os direitos e deveres dos administradores, como tais, perante a sociedade.

Esta segunda questão — que se pretende aprofundar mais adiante — depende da solução que se adoptar quanto à primeira, a qual, por sua vez, depende da posição adoptada acerca da natureza da pessoa colectiva.

Importa, por isso, começar por tratar desta última.

TÍTULO II

Natureza da pessoa colectiva

CAPÍTULO I

Considerações gerais

São demasiado conhecidas (¹) as numerosas teorias que têm sido apresentadas acerca da natureza da pessoa colectiva, para que se justifique, neste contexto, a sua análise desenvolvida. Bastará recordar alguns aspectos fundamentais e tomar posição sobre as questões que afectam a análise subsequente.

(¹) Podem ver-se, por exemplo, as exposições de HANS J. WOLFF, *Organschaft und Juristische Person — Untersuchungen zur Rechtstheorie und zum oeffentlichen Recht*, Berlim, C. Heymans, 1933, vol. I, pág. 1 e segs.; MICHOUD, *La théorie de la personalité morale et son application au droit français*, 3ª ed., vol. I, pág. 16 e segs.; FERRARA, *Le persone giuridiche*, pág. 18 e segs.; BRUNETTI, *Trattato del dirito delle società*, vol. I, pág. 173 e segs.; MANUEL DE ANDRADE, *Teoria Geral da Relação Jurídica*, vol. I, pág. 49 e segs.; DIAS MARQUES, *Teoria Geral do Direito Civil*, 1958, vol. I, pág. 161 e segs.; J. CASTRO MENDES, *Teoria Geral do Direito Civil*, 1978, vol. I, pág. 223 e segs.; J. DE OLIVEIRA ASCENSÃO, *Teoria Geral do Direito Civil*, 1984-85, vol. I, pág. 225 e segs., e L. CARVALHO FERNANDES, *Teoria Geral do Direito Civil*, 1979-80, vol. I, t. II, pág. 42 e segs..

CAPÍTULO II

Teoria da ficção

I – Com antecedentes no direito romano e canónico (²), a teoria da ficção foi retomada modernamente por SAVIGNY (³), PUCHTA (⁴), LYON--CAEN, RENAULT (⁵) e THALLER-PIC (⁶), entre outros.

II – A ideia de pessoa colectiva surge no direito romano, ao fim de uma longa evolução, encontrando expressão no princípio "quod est universitatis non est singulorum".

Esta ideia não foi correctamente entendida na Idade Média, a não ser com os pós-glosadores, por influência dos canonistas (v. g., SINIBALDO DEI FIESCHI, mais tarde Papa INOCÊNCIO IV). A pessoa colectiva é concebida, então, como um ente abstracto e fictício (ou místico). BÁRTOLO e os comentadores concebem a "universitas" como uma pessoa — como um todo distinto e diverso da soma das pessoas singulares que a compõem —, em consequência de uma ficção. E mesmo assim admitem que os membros têm sobre o património da "universitas" uma propriedade secundária, em conjunto com a propriedade principal do ente colectivo, e respondem secundária e subsidiariamente pelas dívidas e delitos do ente colectivo. Só mais tarde se admite uma separação completa entre o património do ente colectivo e o dos seus membros.

Na Alemanha, o conceito de pessoa colectiva apenas surge com a recepção do direito romano (⁷).

(²) Cf. GANGI, *Persone fisiche e persone giuridiche*, 2ª ed., 1948, pág. 207 e segs..

(³) Cf. *System des roemischen Rechts*, vol. II, 1840, pág. 60 e 85 (na trad. francesa de GUENOUX, 1841, pág. 234; na trad. italiana de SCIALOJA, 1888, pág. 239 e segs.).

(⁴) In WEISKE, *Rechtslexikon*, vol. III, pág. 65 e segs., e PUCHTA, *Institutionen*, pág. 190, *Pandekten*, pág. 25 e segs..

(⁵) Cf. *Traité de droit commercial*, vol. II, nº 105 e seg..

(⁶) Cf. *Traité Général Théorique et Pratique de Droit Commercial – Les sociétés commerciales*, t. I, 1907, nº 164 e segs., e 177 e segs..

(⁷) No direito germânico antigo, os direitos só podiam pertencer a pessoas singulares, e, na Idade Média, o património das corporações pertencia aos membros destas em comunhão de mão comum, embora administrado pelos órgãos da corporação. Cf. SOHM, *Institutionen des roemischen Rechts*, 17ª ed., pág. 195 e seg.; GIERKE, *Deutsches Privatrecht*, vol. I, pág. 457 e seg.; SOLMI, *Storia del diritto italiano*, pág. 724 e seg., e GANGI, *Persone fisiche e persone giuridiche*, pág. 207 e segs..

Na versão de SAVIGNY e seus seguidores, a teoria da ficção considera que só o ser humano pode ser pessoa, porque concebe o direito subjectivo como um poder de vontade e o dever como uma necessidade imposta à vontade; como só o homem tem vontade, só ele pode ser sujeito de direitos e deveres, só ele tem capacidade jurídica. É por mera ficção, por simples fingimento, que podem ser atribuídos direitos – e portanto personalidade jurídica, enquanto susceptibilidade de ser sujeito ou titular de direitos – a entidades diferentes do homem. Só por ficção se pode entender que a vontade, necessariamente expressa por uma pessoa singular (o "representante" da pessoa colectiva), seja atribuída a uma entidade diversa (a própria pessoa colectiva), e que, por isso, os correspondentes poderes de vontade (direitos subjectivos) sejam atribuídos a tal entidade.

III — Actualmente, pode considerar-se a teoria da ficção ultrapassada. A doutrina não considera o direito subjectivo um mero poder de vontade, nem afirma, consequentemente, que só o homem pode ser pessoa jurídica.

E, rejeitados estes pontos de apoio, a teoria não pode subsistir. Aliás, a teoria da ficção acaba por não explicar satisfatoriamente o problema fundamental da personalidade jurídica, que decorre da existência de direitos que não pertencem a nenhuma pessoa física. Dizer que pertencem a um sujeito fingido é, no fundo, dizer que não pertencem a ninguém — o que não é admissível, pelo menos, como situação estável. É como pendurar o chapéu num cabide imaginário — na conhecida frase de BRINZ.

Por outro lado, o direito não finge que o ente colectivo é um ser humano, apenas considera que ambos podem ser sujeitos de direito.

CAPÍTULO III

Teoria do património-fim

I — A teoria do património-fim, que se encontra de algum modo na sequência da teoria da ficção, foi defendida por WINDSCHEID ([8]), BRINZ ([9]), DEMELIUS ([10]) e BONELLI ([11]).

([8]) Cf. "Die ruhende Erbschaft", in *Krit. Ueberschau*, vol. I, pág. 186.
([9]) Cf. *Pandekten*, vol. II, § 226 e seg., pág. 979.
([10]) Cf. "Ueber fingierte Persoenlichkeit", in *JherJb*, vol., IV, pág. 113-158.
([11]) Cf. *La personalità giuridica dei beni di liquidazione giudiziale*, 1889.

II – A teoria do património-fim ou património de afectação ("Zweckvermoegen") vê naquilo a que correntemente se chama pessoa colectiva apenas um património sem sujeito, afectado à realização de um fim, ou seja, uma simples massa de bens que não pertencem a pessoa nenhuma, mas não são tratados como "res nullius" por estarem afectados a um fim.

III – A teoria do património-fim baseia-se na admissibilidade, como situação normal, de direitos sem sujeito, chegando alguns autores a encarar o património da pessoa singular como património-fim e a prescindir, por isso, do homem na construção da realidade jurídica. Tal concepção é manifestamente de rejeitar. De resto, ela não explica a existência de pessoas colectivas sem património, nem os direitos não patrimoniais dessas pessoas (por exemplo, o direito ao bom nome e reputação).

CAPÍTULO IV
Teorias individualistas

I – As teorias individualistas ou da aparência foram defendidas por JEHRING ([12]) e BINDER ([13]), entre outros.

II – Consideram a pessoa colectiva como um sujeito aparente, que esconde os verdadeiros sujeitos, que são sempre os homens (únicos que podem ser sujeitos de direitos subjectivos, considerados como interesses protegidos).
A pessoa colectiva é tomada como mero procedimento de simplificação de relações, através da criação de um ente artificial que figura externamente como sujeito, mas que não passa de uma máscara. Titulares dos direitos são os indivíduos interessados que se encontram por trás dela.

III – Não explicam a personalidade jurídica das fundações, nem dão o devido relevo à personalidade colectiva, enquanto realidade jurídica, com consistência própria, e não simples máscara.

([12]) Cf. *Geist des roemischen Rechts*, vol. III, pág. 46, e vol. IV, pág. 65, 68 e 70, *Zweck im Recht*, pág. 460 e seg..
([13]) Cf. *Das Problem der juristischen Persoenlichkeit*, Leipzig, 1907.

CAPÍTULO V

Teoria orgânica

I – Iniciada por BESELER (^{14}) e, sobretudo, desenvolvida por O. V. GIERKE (^{15}), como concepção caracteristicamente germânica, a teoria orgânica veio a ser defendida por diversos outros autores, tanto alemães (^{16}) como de outros países (^{17}), por vezes com formulações diferentes (^{18}).

II – No extremo oposto da teoria romanista da ficção, a teoria orgânica concebe a pessoa colectiva como um organismo social, nascido de um facto histórico ou de um agrupamento voluntário, com vida real e autónoma e com vontade própria, que o direito se limita a reconhecer. O conceito de pessoa jurídica não coincide com o de homem, mas com o de sujeito de direito.

A teoria orgânica apresenta-se em oposição ao individualismo, defendendo a vida comunitária e os organismos sociais como uma forma de vida de ordem superior.

Chega a assumir feição antropomórfica, ao comparar com o corpo humano o corpo social (ou corporação), com cabeça e membros (os associados), com órgãos e funções, etc. (^{19}).

(^{14}) Cf. *Erbvertraegen*, vol. I, 1835, pág. 76 e segs., *Volksrecht und Juristenrecht*, 1843, pág. 158 e segs., *System des Deutschen Privatrechts*, 1ª ed., 1847, 2ª ed., 1866, e 3ª ed., 1873.

(^{15}) Cf. *Das Deutsche Genossenschaftsrecht*, 1868, 1873 e 1887, *Die Genossenschaftstheorie und die deutsche Rechtssprechung*, 1887, *Deutsches Privatrecht*, vol. I, e *Das Wesen der menschlichen Verbande*, 1902.

(^{16}) BLUNTSCHLI, SCHUELER, WEISKE, KUNTZE, BARON, ZITELMANN, HEGEL, KRAUSE, AHRENS, etc., cit. por O. v. GIERKE, *Die Genossenschaftstheorie*, pág. 5 e seg..

(^{17}) SALEILLES, *Les associations dans le nouveau droit allemand (Rapport au IV Congrès sur le droit d'association)*; HAURIOU, "De la personalité comme élément de la réalité sociale", in *Rev. gén. de droit*, 1898, pág. 1 e 118 e seg.; VALERY, GEORGI, FADDA e BENSA, DE RUGGIERO, etc., cit. por FERRADA, *Le persone giuridiche*, pág. 22 e seg..

(^{18}) Por exemplo, alguns autores falam da pessoa colectiva como ente portador de interesses colectivos e permanentes, com uma organização capaz de desenvolver uma vontade própria. Cf. ZITELMANN, *Begriff und Wesen der sogenannten juristischen Personen*, Leipzig, 1873; JELLINECK, *System der subjektiven oeffentlichen Rechte*, pág. 213 e seg.; MICHOUD, *Théorie de la personalité morale*, vol. I pág. 105 e seg., e SANTI ROMANO, *Nozione e natura degli organi costituzionali dello Stato*, pág. 31 e seg..

(^{19}) Cf. O. v. GIERKE, *Das Wesen der menschlichen Verbaende*, pág. 16.

III – A crítica dirige-se frequentemente ao antropomorfismo caricato da teoria orgânica – que, apesar de tudo, é apresentado pelos organicistas como mero auxiliar do conhecimento, na sequência da tradição platónica. Mas não deixa de salientar que só o ser humano tem vontade psíquica e que só por um mecanismo jurídico pode tal vontade ser atribuída a uma entidade distinta. A pessoa colectiva é uma "unidade de ordem ou de relação, só apreensível no plano intelectual" ([20]).

CAPÍTULO VI

Teoria da instituição

I – A teoria da instituição foi pressentida por THALLER ([21]), no fim do século passado, a propósito de deliberações da assembleia geral, e desenvolvida por HAURIOU ([22]), SALEILLES ([23]), RENARD ([24]), DELOS ([25]), MICHOUD ([26]), GAILLARD ([27]), RIPERT ([28]), SANTI ROMANO ([29]), SOLÀ CAÑIZARES ([30]), etc.

II – A doutrina da instituição assenta numa crítica à teoria contratualista liberal. Diz que a ideia de contrato não explica todos os efeitos que resultam da criação da pessoa colectiva. Do contrato nasce a pessoa

---

([20]) Como diz J. DE OLIVEIRA ASCENSÃO, *Teoria Geral do Direito Civil*, vol. I, 1985, pág. 225.

([21]) Cf. Note sous Cass. Civ., 30.5.1892, in *D*, 1893, 1105.

([22]) Cf. "L'institution et le droit statutaire", in *Rec. Acad. Legisl. Toulouse*, 1906; *Principes de droit public*, Paris, 1910, pág. 123 e seg., "La théorie de l'institution et de la fondation", in *4e. Cahiers de la Nouvelle Journée*, 1925; *Principes de droit constitutionnel*, Paris, 1929, *Théorie de l'institution*, 1935.

([23]) Cf. *De la personnalité juridique*, Paris, 1910, 2ª ed., 1922.

([24]) Cf. *L'institution*, 1923, *La théorie de l'institution*, Paris, 1930, *La philosophie de l'institution*, 1935.

([25]) Cf. "La théorie de l' institution", in *Arch. Phil. Droit*, 1931, cahiers 1 e 2.

([26]) Cf. *Théorie de la personnalité morale*, 3ª ed., Paris, 1930.

([27]) Cf. *La société anonyme de demain*, 1932.

([28]) Cf. *Aspects juridiques du capitalisme moderne*, nº 39, e segs., *Traité élémentaire de Droit Commercial*, 11ª ed. (com ROBLOT), 1984, vol. I, pág. 491 e seg..

([29]) Cf. *L' ordinamento giuridico*, 11-20.

([30]) Cf. "Le caractère institutionnel de la société de capitaux – Rapport au 3e congrès de droit comparé", Londres, 1950, in *RevS*, 1950, pág. 35.

colectiva, mas ele não determina livremente a sua condição jurídica; pelo contrário, a pessoa colectiva, designadamente a sociedade anónima com milhares de accionistas, é que domina as vontades individuais. Os direitos e interesses dos sócios estão subordinados aos fins que a pessoa colectiva visa realizar e que perduram para além da vida dos sócios ou da sua vinculação à sociedade. A pessoa colectiva é uma instituição — "ideia de obra ou de empresa que permanece e perdura num meio social". É uma organização social para a realização de um fim. Tal organização não é um serviço, não tem vontade natural, mas nela opera a vontade combinada de várias pessoas (físicas).

III — Embora seja apreciável o contributo da teoria da instituição para o esclarecimento dos entes sociais, o certo é que o conceito de instituição é impreciso, abrangendo entidades que não têm personalidade jurídica (instituições-coisas ao lado das instituições-pessoas); e podem ser criadas pessoas colectivas que não correspondam ainda a qualquer realidade social significativa (a qualquer instituição).

Por outro lado, a intervenção do legislador na constituição e na vida da sociedade é um fenómeno geral de defesa do bem comum, que afecta os limites da autonomia da vontade privada em muitos outros contratos, que não deixam por isso de o ser.

CAPÍTULO VII

Teoria da realidade jurídica

I — A concepção adoptada, hoje, pela maioria da doutrina, quer estrangeira ([31]), quer portuguesa ([32]), é a chamada teoria da realidade jurídica.

([31]) Cf., por todos, FERRARA, *Teoria delle persone giuridiche*, Torino, pág. 331 e segs.; FERRARA, *Le persone giuridiche*, Torino, 1958, pág. 32 e segs.; ASCARELLI, *Società e associazioni commerciali*, 3ª ed., Roma, 1936, pág. 43 e segs., e BRUNETTI, *Trattato del diritto delle società*, vol. I, pág. 175.

([32]) Cf. GUILHERME MOREIRA, *Instituições de Direito Civil*, 1929, vol. I, pág. 742 e segs., e "Da personalidade colectiva", in *RLJ*, anos 40, 41 e 42; JOSÉ TAVARES, *Princípios Fundamentais de Direito Civil*, Coimbra, 1928, vol. II, pág. 112 e segs.; L. CABRAL DE MONCADA, *Lições de Direito Civil*, 2ª ed., 1954, vol. I, pág. 371 e segs.; MANUEL DE

II — A teoria da realidade jurídica considera que a personalidade jurídica, enquanto susceptibilidade de ser titular de direitos e obrigações, é uma realidade do mundo jurídico, que tanto pode (e deve) ser reconhecida às pessoas físicas (entidades biológicas e éticas, dotadas de consciência, vontade, liberdade e sentido da responsabilidade), como pode ser atribuída a grupos sociais ou a massas de bens, existentes ou a formar-se, para a prossecução de interesses ou fins relevantes [colectivos ou mesmo individuais ([33])].

O que é característico da pessoa jurídica (singular ou colectiva) é a possibilidade de intervir como sujeito na vida jurídica.

III — Os fundamentos em que se baseia esta teoria são suficientemente conhecidos — decorrendo em grande parte das críticas às demais teorias, atrás referidas, e da concepção dominante sobre o direito subjectivo que não interessa desenvolver aqui ([34]). É a teoria que parece de acolher.

CAPÍTULO VIII

Teoria dos sistemas

I — Mais recentemente, PAUL LE CANNU ([35]) lançou a ideia de qualificar a sociedade anónima, enquanto pessoa colectiva, como um sistema. Por ser menos conhecida, vale talvez a pena e, à primeira

---

ANDRADE, *Teoria Geral da Relação Jurídica*, Coimbra, 1960, vol. I, pág. 49 e segs.; J. DIAS MARQUES, *Teoria Geral do Direito Civil*, Coimbra, Coimbra Ed., 1958, vol. I, pág. 161 e segs.; PAULO CUNHA, *Teoria Geral da Relação Jurídica* (lições de 1959-60, coligidas por DANIEL GONÇALVES, LUÍS BRITO CORREIA e ALBERTO MELO), vol . I, pág. 168 e segs.; J. CASTRO MENDES, *Teoria Geral do Direito Civil*, Lisboa, AAFDL, 1978, vol. I, pág. 227; L. CARVALHO FERNANDES, *Teoria Geral de Direito Civil*, Lisboa, AAFDL, 1983, vol. I, t. II, pág. 437 e segs., e J. DE OLIVEIRA ASCENSÃO, *Teoria Geral do Direito Civil*, 1985, vol. I, pág. 225 e segs..

([33]) Na verdade, podem ser dotadas de "personalidade colectiva" entidades que funcionam, ao menos transitoriamente, para fins meramente individuais, como acontece com as sociedades unipessoais.

([34]) Cf. *ob. cit.* na nota 32.

([35]) Cf. *La société anonyme à directoire*, Paris, LGDJ, 1979, pág. 176 e segs..

vista, é aliciante analisar esta concepção com algum desenvolvimento.

Esta ideia surge, em primeiro lugar, de críticas acerbas, quer às teorias contratualistas, quer à teoria da instituição; em segundo lugar, do desejo de encontrar uma referência unitária para a diversidade de situações relativas à sociedade anónima e à empresa; e, além disso, do desenvolvimento da teoria dos sistemas, utilizada essencialmente na análise política e económica, e da tendência para a aplicar a outros domínios.

A — Relativamente às teorias contratualistas, PAUL LE CANNU retoma grande parte das críticas dos institucionalistas. Assim, observa que o CCiv fr (art. 1110º) centra o contrato sobre o acordo de vontades criador de obrigações e defende a autonomia da vontade e a expressão da liberdade contratual. Toda a fixação imperativa dos efeitos do contrato aparece, pois, como um limite à liberdade contratual. Ora, o contrato de sociedade cria por si próprio efeitos limitativos da vontade das partes, que estas não consentiram à partida. A vida da sociedade, pessoa colectiva nascida com o contrato, passa a ter dinamismo próprio, marcado pelo princípio maioritário e por disposições imperativas cada vez mais numerosas, que se sobrepõem à vontade dos sócios. Pergunta, por isso, se o princípio contratual não se tornou a excepção.

B — Mas critica igualmente as teses institucionalistas. Considera a própria ideia de instituição vaga e imprecisa. Observa que os accionistas aceitam contratualmente a regra da maioria. Refere que os accionistas continuam a ser os mandantes dos administradores (que podem nomear e destituir), mesmo se os poderes destes são definidos por lei; e que a sociedade tem por fim, antes de mais, realizar lucros e não um fim moral. "Adaptar um contrato, fixando alguns dos seus efeitos, não equivale necessariamente a mudar a natureza desse contrato" ([36]).

Admite distinguir o contrato do acto jurídico colectivo, mas, no contexto da sociedade anónima, considera necessário ter em conta o fenómeno criador (acto colectivo) e o efeito produzido (a instituição). É importante a vontade dos acccionistas, mesmo enquanto participa no funcionamento da sociedade; a instituição regenera tal vontade e organiza a sua superação, objectivando-a. "O potencial de indeterminação da instituição" torna-se útil para integrar as modernas reformas do direito das

---

([36]) Cf. PAUL LE CANNU, *La société anonyme à directoire*, pág. 179.

sociedades, incluindo as sugeridas pelo relatório SUDREAU (v. g., sobre participação dos trabalhadores nas decisões) ([37]).

PAUL LE CANNU salienta que a figura da sociedade anónima com directório, introduzida em França pela Lei de 1966, reforça a análise institucional, na medida em que aumenta a colegialidade (os dois órgãos criados deliberam por maioria), distingue mais claramente a função de cada órgão (gestão e controlo), diminui a importância do direito de propriedade (na medida em que instala um "duplo écrã" entre os accionistas e a maior parte das decisões, ao introduzir dois órgãos em vez de um), reduz os poderes da assembleia geral e distingue cada vez mais o fim social dos interesses dos accionistas: a instituição vive para si própria, mais talvez que para satisfazer o gosto do lucro dos dadores de capital ([38]).

Em todo o caso, considera necessário reconhecer os limites postos pelo direito positivo à teoria da instituição. A assembleia geral conserva poderes consideráveis, o conselho de vigilância propõe mais do que dispõe e o directório raramente pode abrigar-se atrás do conselho para fazer frente à assembleia; os accionistas mantêm o poder determinante de fazer os estatutos (escolher ou não a forma dualista, estipular limites internos aos poderes dos órgãos, regulamentar condições relativas aos dirigentes) e certas prerrogativas em matéria de gestão e organização da sociedade.

Este papel importante reconhecido à vontade dos accionistas reconduz à órbita do contrato. Mas PAUL LE CANNU considera que "a instituição fornece uma explicação melhor: criação jurídica contínua, resultante de numerosas vontades comuns, produz as suas próprias regras de funcionamento, por maioria, quando a lei o não faz". "O essencial na sociedade anónima, como na instituição, reside na estruturação colectiva em benefício do interesse comum" ([39]).

C— PAUL LE CANNU analisa a tendência para a progressiva "institucionalização da empresa" ([40]), embora reconheça, à partida, que sempre tem sido recusada a personalidade jurídica à empresa e que a perso-

---

([37]) Cf. PAUL LE CANNU, ob. cit., pág. 182.
([38]) Cf. ob. cit., pág. 182 e seg..
([39]) Cf. ob. cit., pág. 183.
([40]) Citando, como expressão dessa tendência na doutrina francesa, entre outros, PAUL DURAND, "La notion juridique d'entreprise", in *Journées de l'Association H. Capitant*, 1947, Dalloz; RIPERT, *Aspects juridiques du capitalisme moderne*, 2ª ed., Paris, LGDJ, 1948; M. DESPAX, *L'entreprise et le droit*, Paris, LGDJ, 1958; PAILLUSSEAU, *La société anonyme, technique d'organisation de l'entreprise*, e CHAMPAUD-PAILLUSSEAU, *L'entreprise et le droit commercial*, Paris, Armand Colin, 1970.

nalidade colectiva e a teoria da instituição não estão indissociavelmente ligadas ([41]).

Observa que, no âmbito do direito do trabalho, os poderes discricionários do empregador-empresário são progressivamente reduzidos e que aumenta a estabilidade dos trabalhadores, protegida contra modificações jurídicas da empresa.

E que, no âmbito do direito comercial (a que pouco interessam as relações com o pessoal), a empresa é um "agrupamento de pessoas, estável e organizado": é uma instituição, citando PLAISANT. A organização é de natureza económica "orientada para a produção ou a troca de bens e de serviços, na qual se exerce a actividade profissional do empresário".

Estabelece-se a especificidade da organização essencialmente sobre os fenómenos jurídicos de dissociação entre a empresa e a pessoa do empresário, embora os limites dessa dissociação apareçam claramente nas incertezas quanto à natureza do estabelecimento comercial (basicamente qualificado como organização dos bens da empresa).

Entende que se pode falar de uma "fusão institucional da empresa e da sociedade anónima com directório", isto é, que a institucionalização da empresa tem afinal o mesmo objecto que a institucionalização da sociedade anónima. Rejeita a distinção, considerada de origem contratualista, entre as relações de trabalho entre a sociedade e os trabalhadores, do domínio do direito do trabalho, e as relações internas da sociedade, destinadas a formar a vontade do empresário, do domínio do direito comercial. Considera que a sociedade anónima dá à empresa personalidade jurídica; e que a sociedade anónima com directório oferece à empresa uma distribuição funcional que lhe convém. Inclusivamente, o conselho de vigilância pode tornar-se uma instância mista, representativa dos accionistas e dos trabalhadores (como na Alemanha), realizando-se então a "unidade institucional do capital e do trabalho", ao serviço dos interesses da empresa.

Invocando PAILLUSSEAU, afirma que a sociedade anónima tem por objecto a "organização jurídica da empresa", o seu governo. Os órgãos sociais têm apenas poderes funcionais, destinados a assegurar a vida do organismo económico. A partilha colegial do poder entre órgãos heterogéneos acentua o seu aspecto funcional.

P. LE CANNU entende, todavia, que a teoria da unidade institucional, sendo sedutora, acumula os seus próprios defeitos com os da teo-

---

([41]) Cf. *La société anonyme à directoire*, pág. 184 e segs..

ria da instituição e tem de ser superada. Nomeadamente, entende que a instituição é um quadro autónomo, que se define pela sua finalidade; mas esta finalidade não é definível e tal autonomia não é possível. Quem controla o interesse da instituição são, afinal, os accionistas ou, no caso de co-vigilância, os accionistas e os trabalhadores (ressurgindo o antagonismo capital-trabalho), ou, em alternativa, o juiz, com risco de um arbítrio tecnocrático.

Para PAUL LE CANNU, a problemática da instituição mascara diversidades irredutíveis (tendo em vista, ao que parece, o conflito capital-trabalho). A ideia de unidade institucional entre a empresa e a sociedade anónima mostra-se artificial (sendo caso para dizer mesmo que falha rotundamente) quanto a numerosas empresas que não são sociedades anónimas. E falar de fusão institucional por absorção da sociedade anónima pela empresa seria também um logro, por se fundamentar em bases falsamente igualitárias, quando – diz PAUL LE CANNU – é impossível "participar" sendo trabalhador. A co-vigilância conduziria à reivindicação ou à cumplicidade. A superação do salariato parece praticamente impossível: falta à empresa "o elemento moral indispensável a toda a verdadeira comunidade: uma solidariedade sentida e aceite entre o pessoal e os dirigentes". A instituição torna-se assim uma fonte de equívocos.

D – Neste contexto, PAUL LE CANNU ([42]), embora reconhecendo que a ideia de contrato serve correctamente para explicar certas manifestações da sociedade anónima, assim como a ideia de acto jurídico colectivo, considera necessário procurar uma referência unitária, um conceito técnico flexível.

Nesta linha de orientação, refere a ideia de "mecanismo jurídico" sugerida por RIPERT ([43]), mas rejeita-a por falta de consequências jurídicas; assim como recusa outras tentativas de superação da teoria institucional, por as considerar de "resultados particularistas", nomeadamente a concepção da sociedade anónima como "técnica jurídica de organização da empresa" de PAILLUSSEAU.

PAUL LE CANNU ([44]) defende a aplicação ao direito das sociedades da noção de sistema, que define como "a reunião de componentes individualizáveis que têm relações dinâmicas entre eles e com o todo".

([42]) *Ob. cit.*, pág. 198.
([43]) Cf. *Aspects juridiques du capitalisme moderne*, pág. 127 e seg..
([44]) *Ob. cit.*, pág. 199.

Observa que a noção de sistema tem sido utilizada essencialmente na análise política e económica, podendo falar-se mesmo de uma "moda sistémica". PAUL LE CANNU quer aproveitar a renovação parcial que ela permite.

Considera que o interesse essencial desta noção está em dar uma visão dinâmica, em "medir as mudanças ao nível do funcionamento global, pela estabilidade ou a variação das relações recíprocas dos elementos variáveis componentes".

A noção de sistema é uma noção aberta, porque cada componente pode ser analisado em si mesmo como um sistema.

PAUL LE CANNU reconhece que a noção de sistema convém mais aos conjuntos políticos e económicos do que a uma construção jurídica particular, como a da sociedade anónima com directório. Mas pode analisar-se a componente jurídica de um sistema mas amplo ("macrojurídico" ou não jurídico) como sendo ela própria um sistema ("microjurídico").

O sistema microjurídico pode ser caracterizado pelas suas fontes, a sua forma e a sua função.

O atractivo principal da noção de sistema relativamente à sociedade anónima com directório respeita à forma em que se insere a estruturação: a análise permite estabelecer as mudanças reais em relação à sociedade de tipo clássico e as capacidades da nova organização. A estruturação é considerada como um elemento activo, flexível, que depende do resto do sistema, da sua função e dos movimentos que ele sofre do exterior. O sistema determina-se não só pela sua estrutura interna, mas pela capacidade de acolhimento e de produção desta estrutura, pelas suas "entradas" ("input") e "saídas" ("output").

Além disso, a noção de sistema permite, no que respeita à sua função, apreender para além do conjunto abstracto (mas rico de virtualidades) da regulamentação.

II — Não é possível desenvolver mais aqui a aplicação à sociedade anónima — generalizável às pessoas colectivas — da noção de sistema, que aliás PAUL LE CANNU também não aprofunda muito mais, no aspecto que agora importa — e adiante se voltará a outros aspectos interessantes por ele referidos.

Importa, sobretudo, fazer algumas considerações críticas sobre a questão de saber se a noção de sistema contribui de algum modo para esclarecer a natureza da pessoa colectiva.

Não há dúvida de que a pessoa colectiva pode considerar-se um sistema – segundo a definição apresentada por PAUL LE CANNU e que é comum entre os teóricos da análise de sistemas ([45]).

Também se admite facilmente que a aplicação do método sistemático permita apreender alguns aspectos interessantes da pessoa colectiva ou da sociedade anónima. Mas não se pode dizer que sistema seja o género próximo de pessoa colectiva, de modo a contribuir para a definição do conceito. Por outro lado, a ideia de sistema é muito vaga e imprecisa – como, aliás, a de realidade jurídica, que vale mais pelo contraste com as outras teorias do que pelo seu conteúdo.

CAPÍTULO IX

Posição adoptada

Não parece que possa colocar-se a noção de sistema no mesmo plano em que a doutrina jurídica utiliza os conceitos de contrato ou de instituição – como faz PAUL LE CANNU – ou sequer de pessoa colectiva, de ficção, de património-fim, de órgão ou de realidade jurídica – como se está a fazer agora, apenas para efeitos de demonstração.

Nem, em rigor, parece correcto contrapor contrato e instituição, como o faz a teoria francesa da instituição.

O acto constitutivo da sociedade anónima tem a natureza de um contrato de fim comum ([46]). Isso não impede que se reconheça que tal contrato dá origem a um conjunto de relações jurídicas centradas num novo ente colectivo, a que o direito atribui personalidade jurídica. O novo sujeito de direito tem um regime fundamentalmente moldado pela vontade das partes, no âmbito – cada vez mais restrito, é certo – dos limites impostos por lei para protecção dos próprios sócios, dos credores e de outros terceiros.

Pode admitir-se que a sociedade-pessoa colectiva apresenta afinidades com a figura da instituição – nomeadamente, uma certa perma-

---

([45]) Cf., para além dos citados por PAUL LE CANNU, *ob. cit.*, pág. 199, CANARIS, *Pensamento Sistemático e Conceito de Sistema na Ciência do Direito*, pág. 25 e segs..

([46]) Como se supõe ter demonstrado em LUÍS BRITO CORREIA, *Direito Comercial*, vol. I, pág. 557 e segs., no seguimento, aliás, da doutrina comercialista anterior.

nência, apesar da variabilidade dos sócios. Mas é inaceitável – por motivos expostos noutro lugar ([47]) – que a sociedade exista para outros fins que não sejam o interesse comum dos sócios como tais. Não existe um interesse da instituição (ou da empresa em si) que não se reconduza, em última análise, a interesses de pessoas físicas, nomeadamente dos sócios.

A pessoa colectiva não é uma ficção, nem um mero património-fim: é uma realidade. Não é uma realidade orgânica, como o homem, mas é uma realidade jurídica, construída pelo direito com referência a um determinado substracto social existente ou a criar.

Afirmar isto não exclui a simultânea qualificação da pessoa colectiva (v. g., da sociedade anónima) como um sistema, que é. Mas do uso de tal qualificativo não resultam efeitos jurídicos aparentes – até prova em contrário, que PAUL LE CANNU não faz.

Não se rejeita o interesse da análise de sistemas para o direito. Mas a noção do sistema é tão ampla, vaga e imprecisa que se torna, em si, pouco esclarecedora neste campo.

Parece, pois, de manter a concepção da pessoa colectiva como realidade jurídica.

([47]) Cf. LUÍS BRITO CORREIA, *Direito Comercial*, vol. I, 1989, pág. 49 e segs..

TÍTULO III

Natureza da administração enquanto elemento da pessoa colectiva

CAPÍTULO I

Considerações gerais

Mais directamente relacionadas com a questão que interessa desenvolver aqui – ainda que estreitamente ligadas às teorias acima referidas sobre a natureza da pessoa colectiva – são as diversas teorias que têm sido apresentadas acerca da organização das pessoas colectivas, sobretudo de tipo associativo.

Essas teorias podem reconduzir-se a dois grupos fundamentais: a teoria da representação (voluntária ou legal) e a teoria orgânica.

CAPÍTULO II

Teoria da representação

SECÇÃO I

Considerações gerais

I – Para entender criticamente a teoria da representação, parece conveniente começar por analisar sumariamente o conceito de representação, tal como a doutrina actual o encara (¹), e depois confrontá-lo com a teoria da representação, enquanto explicação da natureza dos "representantes" das pessoas colectivas.

II – Chama-se comummente representação ao instituto pelo qual os actos jurídicos praticados por uma pessoa (representante), dotada dos correspondentes poderes (representativos), em nome e por conta de outra pessoa (representado), produzem os seus efeitos directamente na esfera jurídica dessa pessoa (representado).

A regra, em direito, é que o autor de um acto jurídico só tem legitimidade para o praticar quando é titular das situações jurídicas atingidas pelo acto (²); e os actos de uma pessoa são imputados, em regra, a essa pessoa, produzindo os seus efeitos (v. g., criadores de obrigações) na esfera jurídica da mesma pessoa.

Através da atribuição de poderes representativos, o representante adquire legitimidade para influir na esfera jurídica do representado, de tal modo que este se considera, juridicamente, o autor dos actos efectivamente praticados pelo representado, mero *agente* do acto (³).

III – A representação, em sentido técnico, refere-se apenas a *actos jurídicos*. Fala-se correntemente em representação num sentido mais amplo, abrangendo também a prática de actos materiais (factos jurídicos em sentido estrito) correspondentes à gestão de facto por uma pessoa dos interesses de outrem. Na verdade, os representantes legais têm, por força da lei, esses poderes mais amplos que os legitimam para administrar genericamente os bens dos representados, exercendo sobre eles as faculdades adequadas. Mas tal legitimação resulta do estatuto que lhes é conferido – pela função de tutor ou outra análoga (CCiv, art. 142º, 144º, 145º,

---

(¹) Segue-se de perto o entendimento exposto por GIERKE, *Die Genossenschaftstheorie und die deutsche Rechtssprechung*, pág. 603 e segs.; FERRARA, *Le persone giuridiche*, pág. 111, nota 1; MANUEL DE ANDRADE, *Teoria Geral do Direito Civil*, vol. II, pág. 285 e segs.; PAULO CUNHA, *Teoria Geral do Direito Civil*, vol. II, pág. 175 e segs.; J. CASTRO MENDES, *Teoria Geral do Direito Civil*, vol. II, pág. 284 e segs.,e J. DE OLIVEIRA ASCENSÃO, *Teoria Geral do Direito Civil*, vol. IV, pág. 257 e segs..

(²) Cf. J. OLIVEIRA ASCENSÃO, *Teoria Geral do Direito Civil*, 1985, vol. III, pág. 66.

(³) Sobre a distinção entre autor e agente, cf. J. OLIVEIRA ASCENSÃO, *ob. cit.*, vol. IV, pág. 56.

154º, 1878º e segs., 1935º, etc.) – e não directamente da representação (⁴).

Algo de semelhante se passa com a representação voluntária, conferida por um negócio unilateral (v. g., procuração – CCiv, art. 262º) ou por contrato (v. g., de mandato – CCiv, art. 1159º, n° 2, CCom, art. 233º – ou de trabalho subordinado – LCT, art. 5º).

E o mesmo se poderá dizer quanto à representação orgânica, na medida em que, por exemplo, o administrador de uma sociedade tem poderes para administrar o património desta, praticando os actos materiais convenientes, ao lado de poderes para a representar, praticando actos jurídicos em nome dela perante terceiros. Mas a representação, em sentido técnico, abrange, como se disse, apenas actos jurídicos.

Mais: para haver representação, é necessário que o representante disponha de um mínimo de autonomia de vontade na prática dos actos jurídicos para que recebeu poderes. Quem se limita a reproduzir a vontade totalmente formada pelo autor do negócio não é verdadeiro representante, mas mero *núncio*. E a distinção é importante, porque, em regra, é na pessoa do representante que deve verificar-se, para efeitos de nulidade ou anulabilidade da declaração, a falta ou vícios da vontade e outros estados subjectivos relevantes (CCiv, art. 259º), enquanto tal regra não se aplica ao núncio, sendo então na pessoa do autor do negócio que tais estados subjectivos devem verificar-se.

IV – Para haver representação, é necessário que o representante actue em nome do representado – com a chamada "contemplatio domini" (CCiv, art. 258º).

Caso uma pessoa actue no interesse de outrem, mas em nome próprio, não existe representação: o acto do agente não produz efeitos na esfera jurídica alheia, por falta de legitimidade; ou só os produz segundo um regime diverso, v. g. do mandato sem representação (CCiv, art. 1180º a 1184º, CCom, art. 268º e segs.) ou de outros casos de interposição real. A declaração de actuar em nome alheio tem um triplo significado e alcance:

a) O agente não quer que o negócio produza efeitos na sua própria esfera jurídica;

(⁴) Neste sentido, cf. J. OLIVEIRA ASCENSÃO, *Teoria Geral de Direito Civil*, 1985, vol. IV, pág. 257 e segs..

b) Esses efeitos ficam à disposição da pessoa em cujo nome o negócio foi praticado;

c) A outra parte não pode impedir que os efeitos se projectem sobre o representado, se este efectivamente declarou ou vier a declarar que deles se apropria (mediante procuração ou mandato representativo ou mediante ratificação, respectivamente) ([5]).

A representação visa portanto a prática pelo representante de um acto jurídico em nome do representado perante uma terceira pessoa, de modo a constituir, modificar ou extinguir uma relação jurídica entre o representado e o terceiro. Não há representação quando o acto de uma pessoa visa o interesse de uma segunda pessoa e é praticado exclusivamente perante esta, sem que haja qualquer declaração a sujeitos diversos do interessado e sem que seja afectada qualquer relação jurídica entre o interessado e um terceiro ([6]).

O conceito de representação implica actuação em nome alheio, perante terceiro, sendo inaplicável quando a pessoa se limita a querer para o próprio interessado, sem manifestar essa vontade a pessoa diversa desta. A representação corresponde a uma relação triangular tendo por sujeitos o representante, o representado e o terceiro ([7]).

Assim, em regra, não pode considerar-se como representante de uma pessoa colectiva uma assembleia geral, que normalmente toma deliberações com mera eficácia interna, às quais falta a relação de alteridade característica da representação ([8]).

V — Para haver representação é necessário também que o representante actue *no interesse* ou por conta do representado, isto é, de modo que a sua actuação se destine a prosseguir os interesses deste.

([5]) Cf. Pessoa Jorge, *O Mandato sem Representação*, pág. 189.

([6]) Neste sentido, cf. Fiorentino, *Gli organi*, pág. 6, e Betti, *Teoria general del negocio juridico* (trad.esp.), pág. 427 e segs..

([7]) Cf. Betti, *Teoria general del negocio juridico* (trad. esp.), pág. 427 e segs.., e Fiorentino, *Gli organi*, pág. 6.

([8]) Fiorentino, *Gli organi*, pág. 6, e os autores aí citados, fazem uma afirmação semelhante, em termos absolutos, esquecendo que há, pelo menos, um tipo de deliberações de assembleia com eficácia externa: a designação de um não sócio como administrador ou membro de um órgão de fiscalização de uma sociedade. Cf. Donati, *L'invalidità della deliberazione di assemblea della società anonima*, 1937, pág. 33 e segs.. Esta questão será aprofundada mais adiante.

Caso uma pessoa actue em nome de outra, mas no seu próprio interesse, não há verdadeira representação, mas antes mera *substituição*, v. g., *acção sub-rogatória* (CCiv, art. 606º a 609º).

VI – Para haver representação, é necessário, além disso, que o representante tenha *poderes de representação*.

Quando alguém age, em nome e no interesse de outrem, mas sem poderes de representação, os efeitos do acto não se produzem na esfera jurídica do "representado" se não for por ele ratificado (CCiv, art. 268º). Tal actuação pode considerar-se lícita, no quadro da gestão de negócios (CCiv, art. 464º), embora possa também ser ilícita e até criminosa (v. g., CPen, art. 319º).

VII – A atribuição de poderes de representação pode verificar-se para corresponder a necessidades de vária ordem.

Nuns casos, trata-se de possibilitar a prática de actos jurídicos a pessoas, dotadas de vontade normal, que não podem ou não querem, por qualquer motivo, intervir directamente neles. Fala-se nesses casos de *representação por substituição de vontades*.

É o que se passa com a pessoa que quer realizar um negócio num local diverso daquele em que se encontra (para poder ausentar-se ou não ter de se deslocar); ou que se encontra impedida (por doença, acidente ou outro motivo) ou considera inconveniente intervir pessoalmente no negócio que quer celebrar (por supor que a sua intervenção pessoal pode influir desfavoravelmente na negociação). Em tais casos, o próprio interessado poderá nomear um *representante voluntário*.

Noutros casos, trata-se de possibilitar a prática de actos jurídicos a pessoas incapazes ausentes, falidos ou insolventes. Tais situações são supridas através da representação legal ou da assistência.

Fala-se de *representação legal* quando o acto é praticado em nome de uma pessoa (incapaz, etc.) por outra pessoa designada na lei (os pais ou cônjuge, por exemplo) ou, por imposição legal, pelo tribunal (por exemplo, o tutor, nos casos previstos no CCiv, art. 1931º) ou por outrem (que não o interessado – por exemplo, o tutor nomeado pelos pais, segundo o CCiv, art. 1928º).

Fala-se de *assistência* quando o acto é praticado pelo incapaz, com ajuda prévia, simultânea ou posterior, de outra pessoa que dê mais garantias de adequação aos interesses em jogo – ajuda que se traduz na autorização, na comparticipação ou na aprovação (confirmação ou ratificação) do acto, respectivamente.

Também nestes casos de representação legal (e de assistência) há representação por substituição de vontades: a vontade do representante substitui (ou completa) a vontade de algum modo deficiente ou desconhecida do representado, que tem, em todo o caso, uma vontade própria, ao menos potencial, como pessoa física que é.

Em ambos os casos de representação por substituição de vontades (voluntária e legal) o representante tem uma vontade distinta da vontade do representado; a vontade do representante é imputada por lei ao próprio representante, e apenas os efeitos do acto (voluntário) praticado são atribuídos à esfera jurídica do representado.

VIII – Os poderes de representação podem ser atribuídos ao representante de vários modos:
  a) Por acto voluntário do representado (representação voluntária):
    i – Negócio jurídico unilateral:
      α – Procuração (anterior ao acto do representante – CCiv, art. 262º);
      β – Aprovação da gestão de negócios (posterior ao acto do gestor– CCiv, art. 469º);
    ii – Contrato:
      α – De mandato (CCiv, art. 1178º);
      β – De trabalho subordinado (LCT, art. 5º);
      γ – De outros tipos (v. g., quando a procuração seja mera declaração negocial integrada num contrato);
  b) Por imposição da lei ou/e mediante decisão judicial ou de outrem que não o interessado:
    i – Quanto a incapazes (menores, interditos ou inabilitados): aos pais, tutores, pró-tutores, curadores, administradores de bens, Ministério Público (CCiv, art. 1878º, 1881º, 1891º, 1924º, 1935º, 1955º, 1956º, 1967º, 1971º, 139º, 153º, 154º e 156º; CPC, art.15º);
    ii – Quanto ao cônjuge [CCiv, art. 1678º, nº 1, al. *f*) e 1679º];
    iii – Quanto a ausentes e incertos (CCiv, art. 89º, 94º, 110º; CPC, art. 15º);
    iv – Quanto ao falido e ao insolvente (CPC, art. 1210º e 1315º);
    v – Quanto a empresas em situação de recuperação (DL nº 177/86, de 2.7).

SECÇÃO II

Teoria da representação voluntária

I – Quanto aos "representantes" das pessoas colectivas, a chamada teoria da representação (voluntária) ou teoria romanista surge inicialmente ligada à tradicional teoria da ficção.

Teve a sua formulação moderna em SAVIGNY [9], sendo adoptada também por PUCHTA [10], UNGER [11], THALLER-PIC [12], e defendida pelos adeptos da teoria do património-fim [13], bem como por alguns defensores da teoria da realidade [14].

Parte da ideia de que a pessoa colectiva, como mera ficção, não tem vontade própria nem capacidade de agir e, tal como o menor ou o demente, carece de representação – à semelhança da tutela – para poder exercer a sua actividade jurídica.

Para a teoria da representação (voluntária), nas pessoas colectivas de tipo associativo, a assembleia geral dos sócios é a forma oficial de apresentação da própria pessoa colectiva – a "universitas ipsa" –, enquanto os administradores são verdadeiros representantes: representantes da pessoa colectiva, que o mesmo é dizer representantes dos sócios.

Trata-se aí de uma forma de representação por substituição de vontades – a vontade dos administradores substitui a vontade dos sócios (que não seria conveniente pôr a actuar no dia-a-dia) – e de representação voluntária, visto que os administradores são designados por acto de

---

[9] Cf. *System des roemischen Rechts*, vol. II, pág. 282 e segs..

[10] In WEISKE, *Rechtslexiton*, vol. III, pág. 71, e PUCHTA, *Institutionen*, § 202, *Pandekten*, § 50, e *Vorlesungen*, § 50.

[11] Cf. *System...*, vol. I, pág. 343, apud GIERKE, *Genossenschaftstheorie*, pág. 604.

[12] Cf. *Traité générale – Des Sociétés commerciales*, t. I, nº 197.

[13] Cf. WINDSCHEID (embora posteriormente se aproxime da teoria orgânica: cf. *Pandekten*, § 59); BRINZ, *Lechbuch der Pandekten*, 1. Aufl., 1857, pág. XI e 979 e segs.; DEMELIUS, *Jahrbuch für Dogmatik*, vol. IV, 1861, pág. 113 e segs., apud GIERKE, ob. cit., pág. 604, e BONELLI, *La personalità giuridica dei beni di liquidazione giudiciale*, 1889, apud FERRARA.

[14] KUNTZE, *Krit. Zeitschr. f. d. gesamte Rechtswiss.*, V, 1859, pág. 359 e segs.; ZITELMANN, *Begriff und Wesen der sogenannten juristischen Person*, 1873, pág. 53 e segs., apud GIERKE, ob. cit., pág. 604, e GANGI, *Delle persone fisiche e delle persone giuridiche*, pág. 200 e segs. e 230 e segs..

vontade da assembleia geral dos sócios,isto é, da sociedade ([15]), quando não pelo próprio contrato de sociedade.

II – Têm sido dirigidas várias críticas à teoria da representação voluntária, ainda que algumas delas formuladas em conexão com a figura do mandato e pondo em causa, em certa medida, também a teoria do mandato, que se analisará mais adiante.

Diz-se, nomeadamente, que a lei impõe a existência de administradores nas sociedades anónimas, pondo em causa a liberdade contratual ([16]).

E é a lei, e não a vontade das partes, que define os poderes dos administradores ([17]).

Diz-se que ela não explica a responsabilidade da sociedade por actos dos administradores mesmo quando estes não têm poderes de representação, já que o mandato sem representação não determina uma relação entre o mandante e o terceiro ([18]); e inversamente não explica a responsabilidade dos administradores perante terceiros por actos praticados no âmbito dos seus poderes de representação, já que, segundo as regras gerais do mandato, nesses casos só o mandante (representado) deveria responder ([19]).

Observa-se também que, se os administradores fossem representantes, deveriam poder fazer-se substituir nas suas funções (como podem os mandatários-representantes), o que a lei não permite, pelo menos quanto a certos poderes (como o de usar a firma social) ([20]).

([15]) No sentido de qualificar os administradores da pessoa colectiva, em particular da sociedade por acções, como representantes voluntários e por substituição de vontades, rejeitando expressamente o carácter necessário da "representação orgânica" (por ter por fonte a concessão de poderes pela assembleia dos interessados) e reconhecendo aí "suficiente separação entre o sujeito agente e o sujeito interessado que permite acomodar as acções do primeiro ao esquema de representação", cf. BETTI, Teoria general del negócio jurídico (trad. esp.), pág. 441.

([16]) Cf., por exemplo, BERDAH, Fonctions et responsabilités, pág. 20.

([17]) Cf. NEPPI, La rappresentanza nel diritto privato moderno, Padova, 1930, pág. 241 e segs..

([18]) Cf. SOPRANO, Trattato teorico-pratico delle società commerciali, vol. I, pág. 248 e seg. (citando o CCiv it de 1865, art. 1744º, e o CCom it de 1882, art. 381º).

([19]) Cf. SOPRANO, ob. cit. (citando o CCiv it de 1865, art. 1737º, 1746º e 1782º, e o CCom it de 1882, art. 147º e 349º).

([20]) Cf. SOPRANO, Trattato, vol. I, pág. 249 (citando o CCiv it de 1865, art. 1748º, e o CCom it de 1882, art.105º, 114º, 116º e 121º).

Não explica tão-pouco a responsabilidade penal que sobre eles incide, e que exorbita da relação privada de mandato (representativo) ([21]).

Além disso, há órgãos que não têm poderes para expressar a vontade da pessoa colectiva perante terceiros estranhos à sociedade, mas apenas para formar essa vontade e expressá-la nas relações internas: a assembleia geral (em regra), o órgão de fiscalização, e mesmo alguns administradores a quem os estatutos não confiram poderes para obrigar a sociedade.

Por outro lado, a teoria da representação voluntária não explica satisfatoriamente como é que a sociedade – ou seja, na perspectiva da teoria da ficção, todos os sócios – fica obrigada por administradores-representantes eleitos apenas por alguns sócios (embora maioritários).

Nem permite colocar no mesmo plano administradores eleitos pelos sócios (e, por isso, seus representantes) e administradores nomeados pelo Estado/Administração Pública ou pelo tribunal, ou até por um terceiro (quando tal seja possível).

SECÇÃO III

Teoria da representação legal

I – Outra corrente da doutrina entende que os poderes dos administradores decorrem da lei – é a lei que os define de modo, em boa parte, imodificável. Trata-se aqui, por isso, de uma forma de representação legal, análoga à representação de incapazes ([22]), em termos que parte da doutrina considera aplicáveis também ao poder representativo do comandante do navio, do gerente comercial ["*institore*" ([22a]) – CCiv it, art. 2203º] e do caixeiro ["*comesso*" ([22b]) – CCiv it, art. 2210º].

([21]) Cf. SOPRANO, *ob. cit.*.

([22]) Cf. LAUTERBURG, *Die rechtliche Stellung des Vorstands der Aktiengesellschaft* (Inaugural-Dissertation), Goettingen, 1980; RENAUD, *Das Recht der Aktiengesellschaft*, 2 Aufl., 1875, pág. 528; HOELAND, *Die Organen der Aktiengesellschaften*, Iena, 1886, pág. 88, cit. por H. DIETLER, *Die rechtliche Stellung der Verwaltung der Aktiengesellschaft*, pág. 76 e segs; NEPPI, *La rappresentanza nel diritto privatto moderno*, Padova, 1930, pág. 241 e segs., cit. por MINERVINI, *Gli Amministratori*, pág. 5.

([22a]) Sobre esta figura, cf. VIDARI, *Corso di Diritto Commerciale*, 5ª ed., 1903, vol. IV, pág. 317 e segs..

([22b]) Sobre esta figura, cf. VIDARI, *ob. cit.*, vol. IV, pág. 358 e segs..

II – É importante distinguir, a este propósito, entre a figura da *representação legal* e a do *cargo de direito privado*.

A representação legal ou necessária pressupõe, em regra, uma impossibilidade jurídica em que se encontra o interessado, v. g., como incapaz de realizar por si próprio negócios jurídicos. A lei subtrai ao incapaz a faculdade de prover por si mesmo aos seus próprios interesses e substitui a vontade dele pela de outra pessoa, a quem confia conjuntamente a competência para cuidar dos interesses do incapaz, das resoluções de gestão dos seus assuntos e da representação nos negócios que celebre por conta dele. Em tal cargo são investidas pessoas determinadas na lei (v. g., ascendentes ou descendentes do incapaz) ou nomeadas pelo juiz.

O cargo consiste num conjunto de atribuições e deveres que se concedem ao investido em ordem ao interesse alheio. O encarregado exerce, em nome alheio ou em nome próprio, uma função no interesse alheio, conforme a um dever e em virtude de um poder próprio. O cargo pode envolver uma função de representação (legal ou necessária), mas isso pode não acontecer (como no caso do executor testamentário e do depositário judicial).

A representação legal ou necessária pressupõe, conceptualmente, um cargo de direito privado, mas pode existir cargo sem representação ([23]).

III – À teoria da representação legal têm sido opostas, porém, várias críticas. Em primeiro lugar, diz-se que a representação legal é ainda uma espécie de representação por substituição de vontades: a vontade (presumivelmente sã) do representante substitui-se à vontade (presumivelmente deficiente) do incapaz. Ora, não é isso que se verifica no caso do administrador de uma sociedade anónima (ou de outra pessoa colectiva): a pessoa colectiva não tem outra vontade senão a dos seus administradores (ou de outros órgãos, em posição análoga); não há substituição possível. Por isso mesmo, a teoria da representação legal é insusceptível de ser aplicada ao Estado (pessoa colectiva): faltaria ao Estado uma vontade para nomear a si próprio um representante ([24]).

([23]) Sobre a distinção, cf. BETTI, *Teoria generale del negocio juridico* (trad. esp.), pág. 439 e segs.; MESSINEO, *Contributo alla dottrina della esecuzione testamentaria*, 1923, vol. II, pág. 74 e segs.; MESSINEO, *Manuale di diritto civile e commerciale*, vol. III, pág. 137; RANELLETTI, *Principi di diritto ammnistrativo*, pág. 168, e ESPOSITO, "Organo, ufficio e sogettività del ufficio", in *Annali Univ. Camerino*, 1932, 6, pág. 249.

([24]) Cf. L. MICHOUD, *La Théorie de la personalité morale*, vol. I, pág. 133.

Por outro lado, a determinação da pessoa do administrador não resulta da lei: tem que ser eleito pela assembleia geral ou designado pelo contrato de sociedade ou ainda por outro órgão ou entidade concreta. Apenas em relação à assembleia geral da sociedade se pode dizer que a qualidade de titular do órgão resulta da lei, por inerência com a qualidade de accionista (e mesmo assim pode ser condicionada a requisitos estatutários); mas a assembleia geral, embora exprima a vontade da pessoa colectiva, não tem, em regra, poderes de representação perante terceiros (é um órgão interno).

CAPÍTULO III

Teoria orgânica

I – A teoria orgânica surge em oposição à teoria da ficção, tendo sido iniciada por BESELER ([1]), desenvolvida por O. V. GIERKE ([2]) e depois adoptada, por vezes com variações, pelos defensores da teoria da instituição ([3]) e da teoria da realidade jurídica ([4]). Constitui hoje, do ponto de vista agora em análise, a concepção largamente dominante, tanto no estrangeiro ([5]), como sobretudo em

---

([1]) Cf. *Volksrecht und Juristenrecht*, 1843, pág. 181 e segs., e *System des Deutschen Privatrechts*, 1. Aufl., 1847, vol. I, § 68.

([2]) Cf. *Die Genossenschaftstheorie und die deutsche Rechtsprechung*, pág. 603 e segs..

([3]) Cf. SANTI ROMANO, *Frammenti*, 1947, pág. 150 e segs.; J. e E. ESCARRA-RAULT, *Traité Théorique et pratique*, vol. IV, pág. 144; RIPERT - ROBLOT, *Traité élémentaire de Droit Commercial*, vol. I, 11ª ed., pág. 491 e seg..

([4]) Cf., por exemplo, FERRARA, *Le persone giuridiche*, pág. 272; GANGI, *Persone fisiche e persone giuridiche*, pág. 195 e segs. e 231 e segs.; SOPRANO, *Trattato teorico-pratico delle società commerciali*, vol. I, pág. 248 e segs.; BRUNETTI, *Trattato del diritto delle società*, vol. I, pág. 158, e vol. II, pág. 285 e segs., e FIORENTINO, *Gli Organi*, pág. 1 e segs..

([5]) Cf., por exemplo. LARENZ, *Allgemeiner Teil des deutschen Buergerlichen Rechts – Ein Lehrbuch*, 2. Aufl., 1972, pág. 122 e segs.; ERNST WOLFF, *Allgemeiner Teil des Buergerlichen Rechts*, 3. Aufl., 1982, pág. 643 e segs.; PALANDT, *BGB*, 32. Aufl., 1973, Einf. v. § 21, Anm. 3; J. CARBONNIER, *Droit Civil*, 6ª ed., 1965, vol. I, pág. 275; ALEX WEIL-FRANÇOIS TERRÉ, *Droit Civil – Les Personnes, La Famille, Les Incapacités*, Paris, Dalloz, 5ª ed., 1983, pág. 157; H., L. e J. MAZEAUD, *Leçons de Droit Civil*, Paris, Montchréstien, 6ª ed., 1981, pág. 688; FERRARA, *Le Persone Giuridiche*, pág. 272, e GANGI, *ob. cit.*, pág. 230 e seg..

Portugal, quer entre os jusprivatistas (⁶), quer entre os juspublicistas (⁷).

II – Segundo a versão actualmente dominante da teoria orgânica, considera-se que a pessoa colectiva, como um ente abstracto, embora juridicamente real, não tem uma existência físico-psíquica, e, por isso, só pode agir no mundo do direito na medida em que pessoas físicas ponham ao serviço dela a sua vontade actuante.

Isso não significa que a pessoa colectiva seja considerada incapaz (à semelhança dos menores, por exemplo), no sentido de não ter de todo vontade ou de ter uma vontade deficiente e por isso não ser susceptível de exercer pessoal e livremente os seus direitos, carecendo tal incapacidade (de exercício) de suprimento. O órgão faz parte integrante da pessoa colectiva, do seu modo de ser. A vontade do órgão é atribuída à pessoa colectiva; é a vontade da pessoa colectiva. Não se trata de pessoas físicas que agem para o ente colectivo, mas é o próprio ente que quer e age.

A pessoa colectiva tem, pois, de ter órgãos, embora possa ter mais ou menos órgãos, estruturados de vários modos possíveis, e repartindo entre eles os poderes de agir ou competências, consoante seja mais conveniente – assim como pode ter, além dos órgãos, verdadeiros representantes (por substituição de vontades).

Deste modo, a vontade do órgão não substitui a vontade da pessoa colectiva. A vontade do órgão, expressa pelas pessoas físicas nele providas no exercício das suas funções, é atribuída, em si mesma, à pessoa colectiva, vale como vontade desta.

O órgão (⁸) é definido por MARCELLO CAETANO (⁹) como "o elemento da pessoa colectiva (¹⁰) que consiste num centro institucionalizado de poderes funcionais a exercer pelo indivíduo ou colégio de indivíduos

---

(⁶) ALMEIDA LANGHANS, "Poderes de gerência", in *ROA,* ano 11º, nº 1 e 2, pág. 131 e segs.; J. CASTRO MENDES, *Teoria Geral do Direito Civil,* vol. I, pág. 229 e segs.; J. OLIVEIRA ASCENSÃO, *Teoria Geral do Direito Civil,* vol. I, pág. 244 e segs.. Cf. também PIRES CARDOSO, *Problemas do Anonimato – I – Sociedade Anónima,* pág. 60 e segs..

(⁷) MARCELLO CAETANO, *Manual de Direito Administrativo,* vol. I, 10ª ed., pág. 203 e segs..

(⁸) Do grego οργανον, que significa instrumento, instrumento para agir.

(⁹) *Direito Administrativo,* 10ª ed., vol. I, pág. 204.

(¹⁰) Note-se que há quem sustente a possibilidade de constituição de órgãos e de relações orgânicas para entes sociais, de tipo associativo ou fundacional, sem personalidade jurídica. Cf. SANTI ROMANO, *Frammenti di un dizionario giuridico,* pág. 150;

que nele estiverem providos com o objectivo de exprimir a vontade juridicamente imputável a essa pessoa colectiva".

Talvez melhor se possa dizer que o órgão é o centro de imputação de poderes funcionais a exercer por um ou mais indivíduos, que nele estiverem providos, para formar e manifestar a vontade juridicamente imputável à pessoa colectiva ([11]). Ou ainda que o órgão é o meio de formação e expressão da vontade da pessoa colectiva.

III – Entre os defensores da teoria orgânica, alguns entendem que o órgão é a pessoa física ou o grupo de pessoas físicas investidas no poder de formar e expressar a vontade colectiva ([12]).

A opinião actualmente dominante entende que órgão é o cargo ("ufficio") ou centro de imputação de poderes funcionais exercidos pela pessoa física nele investida – e que se designa por titular, membro ou suporte do órgão ("Organtraeger") ([13]).

A questão tem significado sobretudo quanto a órgãos compostos por uma pluralidade de membros: a vontade do órgão é a vontade do conjunto ou colégio, resultante da conjugação, segundo um processo jurídico específico (votação), das vontades (votos) dos vários membros (pessoas físicas). Órgão é a assembleia geral, o conselho de administração e o conselho fiscal – ou mesmo o administrador único –, não directamente o senhor A ou o senhor B. Mas é óbvio que não faz sentido falar de órgão que não seja constituído (directa ou indirectamente) por pessoas físicas ([14]) – que, hoje, podem ser A, B e C e, amanhã, F, G e H.

MAIORCA, *La nozione di organo nel diritto privato*, pág. 68 e seg., e ROMANO-PAVONI, *La deliberazioni di assemblea*, pág. 49.

([11]) Cf. L. CARVALHO FERNANDES, *Teoria Geral do Direito Civil*, 1983, vol. I, t. II, pág. 429.

([12]) Cf. GIERKE, *Die Genossenschaftstheorie und die deutsche Rechtsprechung*, pág. 615; H. J. WOLFF, *Organschaft und Juristische Person*, Berlim, 1933, vol. II, pág. 124 e segs.; FRÉ, *L'organo amministrativo nelle società anonime*, pág. 36, e BRUNETTI, *Trattato*, vol. I, pág. 279, e vol. II, pág. 285 e seg..

([13]) Cf. JELLINEK, *Allgemeine Staatslehre*, 3ª ed., 1922, pág. 559; S. ROMANO, *Nozione e natura degli organi costituzionali dello Stato*, Palermo, 1898, pág. 39 e seg., e MARCELLO CAETANO, *Direito Administrativo*, 10ª ed., vol. I, pág. 205.

([14]) Concebe-se que seja designado titular de um órgão uma pessoa colectiva; mas esta só pode exercer tal função (orgânica) desde que designe para isso uma pessoa física. A própria lei diz hoje isto (CSC, art. 390º, nº 3 e 4). Mas é assim, mesmo quando o não diz.

IV – Entre os que concebem o órgão como cargo ou centro de poderes funcionais há ainda divergências. Alguns defendem que o órgão tem personalidade própria ([15]) ou quase personalidade ([16]), ou é um sujeito por si, distinto da pessoa colectiva que representa ([17]), uma vez que o órgão tem direitos e deveres como órgão (v. g., deveres perante outros órgãos, como o dever da administração de cumprir deliberações da assembleia geral).

Mas a doutrina dominante considera, e bem, que o órgão não é nada disso, mas apenas uma parte integrante e inseparável da pessoa jurídica a que pertence ([18]). O órgão não é um novo sujeito, visto que se limita a exercer os direitos e deveres da própria pessoa colectiva. Direitos e deveres têm os titulares do órgão, enquanto pessoas distintas da pessoa colectiva, embora a ela estreitamente ligadas. O órgão tem competência, tem poderes-deveres, que não são mais do que instrumentos estruturados e repartidos para a realização dos fins e dos direitos e deveres da própria pessoa colectiva.

V – Consoante a maior ou menor complexidade da sua organização, a pessoa colectiva tem um número maior ou menor de órgãos, entre os quais são repartidas, por lei ou/e pelos estatutos, as diversas funções que a pessoa colectiva carece que sejam exercidas.

É habitual classificar os órgãos segundo vários critérios:
 a) Segundo o número dos seus titulares:
  i – Órgãos singulares – com um titular apenas;
  ii – Órgãos plurais – com dois ou mais titulares;

([15]) Cf. CAMMEO, *Commentario delle leggi sulla guistizia amministrativa*, pág. 49; HAENEL, *Deutsches Staatsrecht*, Leipzig, 1892, pág. 86, e STEIN, *Handbuch der Verwaltungslehre*, Stuttgart, 1888, pág. 36 e seg., apud DONATI, *L'invalidità*, pág. 20.

([16]) Cf. GIERKE, *Die Genossenschaftstheorie und die deutsche Rechtsprechung*, pág. 169; PREUSS, "Stellvertretung oder Organschaft", in *Jherings Jahrb.*, 1902, vol. 44, pág. 451 e seg., e BONELLI, "La personalità giuridica delle società di commercio", in *Legge*, 1887, II, 317.

([17]) Cf. TRENTIN, *L'actto amministrativo*, Roma, 1915, pág. 20, e DE VALLES, *Teoria giuridica dell'organizzazione dello Stato*, vol. I, 1931, pág. 131.

([18]) Cf. S. ROMANO, *Nozioni e natura degli organi costituzionali dello Stato*, pág. 39 e seg.; S. ROMANO, *Frammenti*, pág. 160 e segs.; JELLINEK, *Allgemeine Staatslehre*, pág. 559; MAYER, *Verwaltungsrecht*, vol. II, pág. 143; BETTI, *Teoria general del negocio juridico* (trad. esp.), pág. 430, e E. SOPRANO, *Trattato Teorico-pratico delle società commerciali*, 1934, vol. I, pág. 244 e seg..

b) Segundo a sua competência:
  i – Órgãos internos – que agem apenas no âmbito das relações entre a pessoa colectiva e os seus membros e/ou órgãos, sem entrar em contacto com terceiros, estranhos à sociedade:
    α – Órgãos consultivos – que apenas emitem pareceres ou recomendações;
    β – Órgãos deliberativos – que aprovam directivas obrigatórias para outros órgãos;
    γ – Órgãos executivos – que praticam operações materiais ou jurídicas de execução de deliberações ([19]) de órgãos deliberativos;
    δ – Órgãos fiscalizadores – que vigiam ou fiscalizam a actividade dos outros órgãos ou dos associados, verificando a legalidade, estatutariedade e mesmo a conveniência dela e denunciando irregularidades;
  ii – Órgãos externos – que exteriorizam a vontade da pessoa colectiva perante terceiros, praticando actos jurídicos ou materiais que afectam as relações da sociedade perante terceiros.

A estes órgãos externos é frequente chamar órgãos representativos. Mas será possível considerar os órgãos como meros representantes?

Que sentido tem falar de representação orgânica ou de órgãos representativos?

VI – Em face do que fica dito acima, são muito claras as diferenças entre as figuras da representação (por substituição de vontades) e do órgão.

A – Há órgãos internos (não "representativos") que não chegam verdadeiramente a expressar a vontade da pessoa colectiva perante terceiros, estranhos a esta, limitando-se a contribuir, internamente, para a formação da vontade colectiva. O conceito de representação implica actuação em nome alheio, perante terceiro, sendo inaplicável quando a pessoa se limita a querer para o próprio interessado, sem manifestar essa vontade a pessoa diversa deste ([20]).

([19]) Quando o órgão é plural; quando o órgão é singular fala-se antes de decisões.

([20]) Neste sentido, cf. FIORENTINO, *Gli organi*, pág. 6, e BETTI, *Teoria general del negocio juridico* (trad. esp.), pág. 427 e segs..

Nomeadamente, não faz sentido considerar como representante de uma sociedade anónima a assembleia geral dos accionistas, que normalmente toma deliberações com mera eficácia interna, às quais falta a relação de alteridade característica da representação ([21]).

Em todo o caso, a vontade expressa por esses órgãos tem relevância jurídica no plano das relações internas da pessoa colectiva: enquanto cria, modifica ou extingue relações jurídicas tendo por sujeitos a sociedade, por um lado, e os sócios ou os titulares dos órgãos, por outro ([22]).

O próprio órgão de administração frequentemente se limita também a tomar deliberações com mera eficácia interna, que não chega a comunicar a terceiros, estranhos à sociedade ([23]).

B – O órgão, no exercício das suas funções, não se limita a praticar actos jurídicos (característicos da representação), intervindo frequentemente em meros actos materiais (factos jurídicos em sentido estrito), necessários à concretização do objecto social ([24]).

Pense-se, por exemplo, nos numerosos actos de gestão corrente da empresa colectiva que os administradores têm de praticar, em actos de mera informação [activa ([25]) ou passiva ([26])], de fiscalização, etc.

Também nesses casos o órgão não se identifica com o representante ([27]).

([21]) FIORENTINO, *ob. cit.*, pág. 6, e os autores aí citados fazem uma afirmação semelhante em termos absolutos, esquecendo que há, pelo menos, um tipo de deliberações da assembleia geral com eficácia externa: a designação como administrador ou membro do órgão de fiscalização de um não accionista. Cf. DONATI, *L'invalidità della deliberazione di assemblea delle società anonime,* 1937, pág. 33 e segs., e LUÍS BRITO CORREIA, *Direito Comercial,* 1989, vol. II, pág. 119 e seg..

([22]) Cf. DONATI, *L'invalidità della deliberazione di assemblea delle società anonime,* pág. 25, e GIRON TENA, *Derecho de sociedades,* pág. 304.

([23]) Cf. FIORENTINO, *Gli organi,* pág. 6.

([24]) Cf. FIORENTINO, *ob. cit.,* e GIRON TENA, *ob. cit.,* pág. 304.

([25]) A mera emissão de declarações de ciência não é um acto jurídico de autonomia privada. Cf. BETTI, *Teoria general del negocio juridico* (trad. esp.), pág. 430.

([26]) A chamada "representação passiva", que consiste na mera recepção de declarações alheias, não é verdadeira representação, visto que não se traduz na prática de um negócio jurídico (acto jurídico de autonomia privada). Cf. BETTI, *Teoria general del negocio jurídico* (trad. esp.), pág. 429. Nem é, obviamente, representação a mera recolha de informações de outra ordem.

([27]) Embora seja certo que o representante também pratica actos materiais, mas estranhos à situação de representação, como se disse acima.

C – No órgão não há substituição de vontades, característica da representação (por isso mesmo qualificada ''por substituição de vontades''). A pessoa colectiva não tem outra vontade que não seja a vontade dos seus órgãos. Estes são instrumentos destinados a formar e declarar a vontade (própria e única) da pessoa colectiva.

D – A vontade do órgão é, em si mesma, imputada à pessoa colectiva, considerada autora e agente do acto praticado.

Diversamente, a vontade do representante é imputada a ele próprio, como agente do acto, embora os seus efeitos jurídicos se venham a produzir na esfera jurídica do representado, considerado como autor do acto.

Esta diferença é importante para vários efeitos, nomeadamente em matéria de vícios da vontade (CCiv, art. 259º) e de responsabilidade da pessoa colectiva por actos ilícitos dos seus órgãos ou representantes. Tratando-se de acto ilícito de um representante, a pessoa colectiva é responsável por acto de outrem (CCiv, art. 165º e 500º); tratando-se de acto ilícito de um órgão, a pessoa colectiva é responsável por acto próprio [28].

E – O órgão é um elemento essencial ao funcionamento da pessoa colectiva. A pessoa colectiva não pode exercer qualquer actividade jurídica sem órgãos. Neste sentido, um órgão, pelo menos, é sempre necessário.

---

[28] MARCELLO CAETANO, ''As pessoas colectivas no novo Código Civil'', in *Dir*, ano 99, vol. II, pág. 104, e J. OLIVEIRA ASCENSÃO, *Teoria Geral do Direito Civil*, vol. IV, 1985, pág. 282, entendem que o art. 165º do CCiv se refere apenas aos representantes por substituição de vontades e não aos órgãos (representativos), cujo regime resultaria da própria lógica da teoria orgânica, acolhida pelo CCiv, dispensando explicitação especial. Mas não parece que assim seja, pois o CCiv usa a expressão representantes relativamente à pessoa colectiva, no sentido em que a doutrina fala de representação orgânica, ou seja, relativamente aos chamados órgãos externos. Na lógica desses autores, o art. 163º do CCiv também seria desnecessário em face das regras gerais que permitem que qualquer pessoa (singular ou colectiva) se faça representar. O que o CCiv quer dizer com o art. 165º (e com o art. 998º, quanto a sociedades civis com personalidade) é que o regime de responsabilidade das pessoas colectivas por actos dos seus representantes (inclusivamente dos seus ''órgãos representativos'') é semelhante ao regime da responsabilidade por acto de outrem, apesar de não se tratar de um acto de outrem. Só assim se pode harmonizar (relativamente) com a teoria orgânica o disposto no art. 26º do DL nº 49 381, de 15.11.1969, publicado poucos anos depois do CCiv e com intervenção material de alguns dos autores deste (v. g., VAZ SERRA). Os art. 163º e 165º do CCiv tratam das relações externas da pessoa colectiva, enquanto o art. 164º trata das relações internas.

É claro que é possível constituir órgãos além do estritamente necessário, por meros motivos de conveniência: há órgãos facultativos. E o próprio regime dos órgãos necessários (ou obrigatórios) pode ser moldado pela lei e pelos estatutos.

Mas há um mínimo de órgãos que todas as pessoas colectivas tem de ter, por natureza.

Nesta perspectiva, o órgão distingue-se do representante voluntário, que o representado pode nomear ou não, consoante mais lhe convenha, e aproxima-se do representante legal, que é também necessário, por natureza ou por imposição da lei.

Mas enquanto o representante legal é designado entre pessoas com certas qualificações indicadas na lei, o titular do órgão pode, em regra, ser escolhido livremente entre quaisquer pessoas (embora esta liberdade possa sofrer algumas limitações).

F – Sendo o órgão um elemento da sociedade-pessoa colectiva, a designação de um sócio como titular de um órgão é um acto que diz respeito apenas às relações internas da sociedade. A designação de um não sócio conduz a colocar este também no plano das relações internas, embora ele seja, à partida, um estranho à sociedade: é um acto que diz respeito às relações externas, embora vise criar uma relação interna. Diversamente, a nomeação de um representante voluntário é sempre um acto pertencente às relações externas da sociedade, mesmo que, por mera coincidência, o representante nomeado seja também sócio.

VII – Sendo assim, só pode aceitar-se a expressão representação orgânica ([29]) se se considerar como representação a prática de actos jurídicos por uma pessoa (titular do órgão) em nome de outra (pessoa colectiva), perante terceiro – admitindo que, ao lado da representação por substituição de vontades, existe representação por integração de vontade. Mas a figura da representação orgânica não abrange todas as especies de órgãos, mas apenas os órgãos externos que praticam actos jurídicos –

([29]) Cf. BONELLI, *Commentario al Codice di Commercio – Fallimento*, vol. II, nº 471, cit. por DE GREGORIO, *Delle Società*, pág. 210. O conceito de representação orgânica é criticado por alguns autores. Cf. BRUNETTI, *Trattato*, vol. I, pág. 281 e segs., e vol. II, pág. 365.

que, por isso, se chamam órgãos representativos ([30]). Há órgãos que não são representativos.

VIII — É aceitável a ideia de que a qualificação de certa situação como correspondente a um órgão, ou antes, a um representante, tem de fazer-se em face do direito positivo e não por mera dedução a partir do conceito de pessoa colectiva: "a pessoa colectiva, abstractamente considerada, pode socorrer-se para a sua participação no 'comércio jurídico' tanto de órgãos, como de representantes. É, pois, o ordenamento jurídico que prevê, para cada pessoa jurídica, a presença de órgãos, ou antes, de representantes; ou eventualmente tanto de órgãos, como de representantes, para esferas distintas de actividade" ([31]). Aliás, é concebível o funcionamento de órgãos de entidades que não tenham o atributo da personalidade (por exemplo, quanto a sociedades não personificadas ou quanto à administração de prédios em propriedade horizontal) ([32]). Também neste caso se dá uma "imputação orgânica". O problema tem, pois, de ser visto em relação a cada tipo de sociedade.

IX — Para a teoria orgânica, a assembleia geral dos accionistas da sociedade anónima (como dos associados de qualquer pessoa colectiva de tipo associativo) é um órgão, enquanto meio de formação e expressão, no âmbito da sua competência, da vontade da pessoa colectiva — e não a incarnação desta ([33]). É impensável considerá-la como representante, por ser mero órgão interno — a não ser nos raros casos em que pratica actos de eficácia externa, como, por exemplo, quando designa um não sócio titular de um órgão social. Para a teoria orgânica, a administração da sociedade anónima é também considerada órgão, e não representante (por substituição de vontades) — ou, quando muito, órgão representativo,

---

([30]) MOSSA, *Trattato del nuovo diritto commerciale*, vol. IV, pág. 410, fala em representação orgânica quanto aos administradores e também quanto aos procuradores e directores da sociedade anónima, pressupondo um conceito de representação orgânica correspondente a qualquer forma de representação da sociedade, o qual, para além de impreciso, acaba por gerar grandes confusões.
([31]) Cf. MINERVINI, *Gli amministratori*, pág. 1.
([32]) Cf. GIRON TENA, *ob. cit.*, vol. I, pág. 305 e segs..
([33]) Esta é a posição dominante na doutrina actual, mas nem sempre foi assim. Alguns defensores da teoria orgânica, sobretudo mais antigos, entendem que a assembleia geral dos sócios não é órgão da sociedade, mas a incarnação da própria sociedade. Neste sentido, cf. ALMEIDA LANGHANS, "Poderes de gerência", in *ROA,* ano 11º, 1951, nos 1 e 2, pág. 131.

mas não só isso (visto que também tem competência para praticar actos materiais – factos jurídicos em sentido estrito) ([34]).

X – Este entendimento é contestado por MINERVINI ([35]), que aceita os termos correntes da distinção entre órgão e representante, defende que a pessoa colectiva tanto pode ter órgãos como representantes, consoante o que dispuser o ordenamento jurídico, mas sustenta que os administradores têm a qualidade de representantes.

"Isso resulta do direito positivo, com referência a um característico aspecto diferencial das duas disciplinas, próprias do órgão e do representante: o concernente à imputação jurídica do acto ilícito ao agente. Enquanto a imputação jurídica do acto ilícito à pessoa colectiva induz a responsabilidade directa desta e exclui a responsabilidade do agente perante o terceiro prejudicado; o acto ilícito realizado pelo administrador no exercício das suas funções é-lhe imputado: o administrador responde por ele directamente perante o terceiro prejudicado e a sociedade só a título de responsabilidade indirecta [...]. O ordenamento jurídico mostra com isso que adopta relativamente ao administrador de sociedade por acções a disciplina própria do representante da pessoa colectiva."

MINERVINI invoca, neste passo ([36]), a argumentação, que desenvolve mais adiante ([37]), no sentido de interpretar o disposto no art. 2395º do CCiv it (sobre a acção individual do sócio e do terceiro contra o administrador para ressarcimento do dano directamente causado por actos culposos ou dolosos deste) como referindo-se a actos praticados no exercício das funções de administrador e tendo em vista danos incidentes sobre direitos dos sócios ou de terceiros (e não sobre direitos pertencentes ao património social, a cuja reintegração eles tenham interesse). E considera tal responsabilidade dos administradores para com terceiros por actos praticados no exercício das suas funções como incompatível com a teoria orgânica, uma vez que, em face desta, tais actos seriam imputáveis exclusivamente à sociedade.

([34]) Esta é a posição dominante na doutrina actual. Cf., por exemplo, ASCARELLI, in *FI*, 1949, vol. I, pág. 519; BRUNETTI, *Tratatto*, vol. II, pág. 285 e segs. e 362 e seg.; DE GREGORIO, *Società*, nº 162; MESSINEO, *Manuale di diritto civile e commerciale*, vol. I, 1943, pág. 135, e FIORENTINO, *Gli organi*, pág. 7.

([35]) "Alcune riflessione sulla teoria degli organi delle persone giuridiche private", in *Riv. trim. dir. proc. civ.*, 1953, pág. 942 e segs., e *Gli amministratori di società per azioni*, 1956, pág. 1 e segs..

([36]) Cf. *Gli amministratori*, pág. 2 e seg..

([37]) *Ibid.*, pág. 362 e segs..

MINERVINI (³⁸) refere a tendência jurisprudencial e minoritária na doutrina administrativista italiana (³⁹), no sentido de admitir o cúmulo de responsabilidades directas do Estado ou ente público e do funcionário; mas rejeita-a por entender que "aceitar a concepção orgânica implica confinar na esfera do facto a *imputação psicológica,* e reconhecer como única decisiva — para a pertença jurídica da 'fattispecie' ao sujeito — a *imputação jurídica,* realizada pelo ordenamento jurídico''. Entende que "não é possível considerar decisiva, para efeitos jurídicos, a imputação jurídica, e portanto considerar fonte de produção de 'fattispecie' jurídicas a pessoa colectiva que se socorra de órgãos, e ao mesmo tempo atribuir relevância jurídica à imputação psicológica, ao dado de (mero) facto de que "o acto é sempre obra da vontade do agente", reconhecendo também a este a "pertença jurídica do mesmo acto" (⁴⁰).

MINERVINI rejeita, consequentemente, a responsabilidade directa (isto é, por facto próprio) da sociedade pelos actos ilícitos praticados pelos administradores no exercício das suas funções. E, reconhecendo os inconvenientes dessa solução, do ponto de vista da reintegração dos direitos lesados, admite a responsabilidade indirecta (por facto de outrem) da sociedade pelos referidos actos dos administradores, com base no art. 2049º do CCiv (sobre a responsabilidade dos patrões e comitentes).

MINERVINI defende a doutrina (⁴¹) que fundamenta a responsabilidade dos patrões e comitentes na possibilidade normal de controlo destes sobre os empregados e comitidos ("culpa in vigilando"), em virtude do vínculo de subordinação hierárquica que liga estes àqueles; mas entende que o administrador, não sendo trabalhador subordinado, se encontra numa situação de subordinação relativamente a órgãos sociais (v. g., o

---

(³⁸) *Ibid.*, pág. 369.

(³⁹) Citando sobretudo ALESSI, "Responsabilità del pubblico funzionario e responsabilità dello Stato in base all'art. 28 Cost.", in *Riv. trim. dir. pubbl.*, 1951, pág. 897, e GLUGLIELMI, "L'art. 28 Cost. e la responsabilità dello Stato e degli enti pubblici", in *Rass. Avv. Stato*, 1949, pág. 173 e 175.

(⁴⁰) Cf. MINERVINI, *Gli amministratori,* pág. 369 e seg., que rejeita — e bem — a teoria de ESPOSITO ("La responsabilità dei funzionari e dipendenti pubblici secondo la Costituzione", in *Riv. trim. dir. pubbl.*, 1951, pág. 338 e 343 e segs.), da duplicidade de actos ilícitos, para justificar a cumulação de imputações: relativamente a um único facto empírico, distingue um acto ilícito imputável ao Estado de um outro acto ilícito imputável ao agente. A construção é manifestamente artificiosa e fictícia.

(⁴¹) De SANTORO-PASSARELLI, "Responsabilità del fatto altrui, mandato, contratto di lavoro gestorio", in *FI*, 1937, vol. IV, pág. 330, e *Nozioni,* pág. 69.

conselho fiscal) que constituem fundamento bastante para esta responsabilidade.

XI – Não parecem convincentes os argumentos de MINERVINI, – que são criticados por alguns autores italianos ([42]) – nem aceitáveis as suas conclusões, em face da lei portuguesa.

É bastante clara, nos art. 6º, nº 5, 78º e 79º do CSC (como antes nos art. 26º, 23º e 24º, respectivamente, do DL nº 49 381, de 15.11.1969), a possibilidade de cumulação de responsabilidades da sociedade e do administrador perante terceiros, por actos ilícitos do administrador. Repare-se, nomeadamente, na palavra "também" do art. 79º, sendo de salientar que este preceito se refere expressamente a actos praticados "no exercício das suas funções" (o que o preceito italiano correspondente não esclarece).

Nem se vê obstáculo lógico à imputação jurídica de um acto (e não apenas dos seus efeitos) de uma pessoa simultaneamente a dois sujeitos ([43]). E é isso que se passa com os actos ilícitos do administrador: são imputados à sociedade e ao próprio administrador.

É certo que o art. 6º, nº 5, do CSC responsabiliza a sociedade pelos actos e omissões "de quem legalmente a representa" (quando o art. 26º do DL nº 49 381 falava "dos seus administradores"). Esta expressão não deve, porém, entender-se no sentido de que a sociedade fica responsável pelos actos e omissões dos seus "representantes legais". Não se trata aqui de confirmar a teoria da representação legal. O que se tem em vista são os gerentes, administradores, directores ou outras pessoas que representem a sociedade "nos termos da lei" (e não "por imposição da lei"). E compreende-se a alteração da redacção do art. 6º, nº 5, do CSC relativamente ao art. 26º do DL nº 49 381, em que foi decalcado ([44]), visto que aquele se aplica não só aos administradores de sociedades anónimas (como este art. 26º), mas também a gerentes de sociedades em nome colectivo e de sociedades por quotas, a directores de sociedades anónimas e a outras pessoas com funções de representação da sociedade (liqui-

---

([42]) Cf. G. RAGUSA MAGGIORE, *La responsabilità individuale degli amministratori*, 1969, pág. 21 e segs. e sobretudo pág. 79 e segs..

([43]) A possibilidade de cumulação em duas pessoas dos efeitos (pelo menos) de um mesmo acto é expressamente admitida pelo art. 500º, nº 1, do CCiv.

([44]) Foi o autor destas linhas que propôs a inclusão do texto do nº 5 do art. 6º do CSC neste lugar.

datários, etc.). É o que se deduz da nova localização sistemática do preceito (na parte geral do CSC e não já numa lei relativa a sociedades anónimas) e do confronto com o art. 80º do CSC (ou do art. 25º do DL nº 49 381).

É certo também que o art. 6º, nº 5, do CSC manda aplicar à responsabilidade da sociedade por actos ilícitos do administrador o regime da responsabilidade por facto de outrem (constante do CCiv, art. 500º) – aliás fundado no risco e não na culpa "in vigilando", como o italiano (o que dispensa os juristas portugueses de procurar no conselho fiscal uma superioridade hierárquica, ou um dever de vigilância suficientemente eficaz sobre os administradores, que ele manifestamente não tem). Pode, por isso, ser-se levado a crer que o legislador abandonou neste artigo (como no CCiv, art. 165º, 501º e 998º) a teoria orgânica, para adoptar a da representação. Não parece, todavia, que deva ser este o entendimento do sistema jurídico português. São relativamente abundantes as disposições legais que revelam ter o legislador português acolhido a teoria orgânica ([45]).

Esta era, aliás, a posição adoptada pela doutrina dominante ao tempo da elaboração do CCiv de 1966 ([46]) e pelos próprios autores deste diploma ([47]), o mesmo podendo dizer-se quanto ao CSC ([48]).

Interpretar o art. 6º, nº 5, como contrário à teoria orgânica corresponde a reconhecer uma contradição interna na lei. Como isto não é admissível (CCiv, art. 9º), haverá que atribuir ao citado art. 6º, nº 5 do CSC (como ao art. 165º do CCiv) um sentido compatível com a teoria orgânica: o de que os actos do administrador, mesmo quando ilícitos, são imputáveis juridicamente à sociedade (e ao administrador), devendo, todavia, aplicar-se à responsabilidade da sociedade pelos actos do admi-

---

([45]) Cf., por exemplo, CCiv, art. 162º, 163º, 164º, 170º, 171º e 172º, e compare-se o CCom, art. 186º, § 2º, com o DL nº 49 381, art. 26º. Sobre este assunto, cf. também RAÚL VENTURA-BRITO CORREIA, *Responsabilidade Civil dos Administradores*, pág. 291 e segs., pág. 319 e segs., e sobretudo pág. 325 e segs., bem como pág. 451 e seg..

([46]) Cf. GUILHERME MOREIRA, "Estudo sobre a responsabilidade civil", in *RLJ*, ano 39º, pág. 323; DIAS MARQUES, *Teoria Geral do Direito Civil*, 1958, vol. I, pág. 214 e segs.; MANUEL DE ANDRADE, *Teoria Geral da Relação Jurídica*, 1960, vol. I, pág. 118 e segs., e PAULO CUNHA, *Teoria Geral do Direito Civil*, 1960, vol. I, pág. 209 e seg..

([47]) Cf. PIRES DE LIMA-ANTUNES VARELA, *Código Civil Anotado*, 2.ª ed., vol. I, pág. 153 e seg., e FERRER CORREIA, "Pessoas colectivas", in *BMJ*, nº 67, pág. 249 e 255.

([48]) Cf. art. 6º, nº 4, 260º, 409º, por exemplo.

nistrador o regime da responsabilidade civil por facto do comitente (CCiv, art. 500º) ([49]).

É claro que a responsabilidade pessoal do administrador por actos ilícitos praticados no exercício das suas funções constitui um desvio à regra de que os actos funcionais são imputáveis à pessoa colectiva e só a ela. Esse desvio tem justificação na própria ilicitude do acto e na consequente censurabilidade pessoal do agente. Traduz-se afinal num caso tipificado de desconsideração da personalidade colectiva ("Durchgriff", "lifting the veil" ou "superamento" da personalidade colectiva) para protecção dos interesses dos terceiros prejudicados ([50]): a personalidade colectiva é atribuída pelo direito para protecção de certos interesses, nomeadamente dos sócios das sociedades; mas não deve ser entendida em termos tão rigorosamente conceptualistas que possa transformá-la em cobertura ou protecção para actos ilícitos, em prejuízo de terceiros. Não é esta a ocasião para desenvolver a análise dos casos em que a lei consagra a figura da desconsideração da personalidade colectiva, nem da questão de saber se haverá uma regra geral sobre esta. Mas há que reconhecer no caso referido uma manifestação da figura, pelo menos num sentido amplo da expressão.

CAPÍTULO IV

Posição adoptada

I – O órgão é, pois, elemento integrante da pessoa colectiva e a vontade do órgão identifica-se com a vontade da pessoa colectiva. Não existem, portanto, relações jurídicas entre a pessoa colectiva e o órgão. O órgão não tem, como tal, personalidade jurídica própria.

Isso não significa, todavia, que não existam relações jurídicas entre a pessoa colectiva e os *titulares* dos seus órgãos ([1]). Na formulação ori-

---

([49]) Cf. RAÚL VENTURA-L. BRITO CORREIA, *Responsabilidade Civil dos Admimistradores,* pág. 322 e segs..

([50]) Cf. LUÍS BRITO CORREIA, *Direito Comercial,* 1989, vol. III, pág. 237 e segs..

([1]) Cf. SCHLOSSMANN, "Organ und Stellvertreter", in *JehrJB,* 1902, pág. 298 e segs.; PREUSS, "Ueber Organpersoenlichkeit", in *Schmollers Jahrbuch,* 1902, pág. 554, 590 e segs., e SOPRANO, *Trattato teor.-prát. delle società commerciali,* vol. I, pág. 246.

ginária da teoria orgânica, negava-se a existência de qualquer relação jurídica entre a sociedade e os administradores, que eram considerados partes integrantes daquela ([2]). Todavia, esta ideia é actualmente rejeitada pela generalidade da doutrina, que distingue claramente entre o órgão (parte integrante da pessoa colectiva) e o titular do órgão ([3]).

Embora o direito considere a vontade do órgão [que não é outra coisa senão a vontade do titular do órgão, ao menos quanto a órgãos singulares ([4])] como vontade da pessoa colectiva, o direito não esquece a realidade psicológica e ética, atribuindo *também* relevância jurídica à vontade do titular do órgão relativamente à esfera jurídica deste.

É o que se passa, como se disse, quando o administrador de uma sociedade anónima, no exercício das suas funções ([5]), pratica actos ilícitos e danosos para a sociedade ou/e para terceiros: por prejuízos decorrentes desses actos é responsável a sociedade (CSC, art. 6º, nº 5, como, antes, DL nº 49 381, de 15.11.1969, art. 26º), mas é responsável também o próprio administrador, quer perante a sociedade (CSC, art. 72º; DL nº 49 381, art. 17º), quer perante terceiros (CSC, art. 78º e 79º; DL nº 49 381, art. 23º e 24º).

A teoria orgânica, na sua formulação clássica, não permite explicar que um mesmo acto, praticado pelo titular de um órgão no exercício das suas funções, possa constituir em responsabilidade civil perante terceiros não só a pessoa colectiva (o que seria coerente com tal teoria), mas também o próprio titular do órgão (CSC, art. 6º, nº 5, 78º e 79º).

([2]) Cf. GIERKE, *ob. cit.*, pág. 605 e segs..

([3]) Cf. JELLINEK, *apud* FRÈ, *L'organo amministrativo nelle società anonime*, pág. 9 e seg..

([4]) Quando o órgão é plural, a vontade do órgão é já, mais do que uma simples vontade psicológica, uma vontade jurídica (tratada pelo direito), na medida em que como tal se considera o sentido correspondente à vontade psicológica da maioria (ou outro quórum) dos votantes (titulares do órgão). É essa vontade, resultante da unificação jurídica das vontades dos titulares do órgão, que vem a ser imputada à pessoa colectiva. Cf. Luís BRITO CORREIA, *Direito Comercial*, 1989, vol. III, pág. 112 e segs..

([5]) É de rejeitar a ideia – durante algum tempo defendida na doutrina (reflectida no CCom, art. 186º, § 2º, substituído pelo art. 6º, nº 5, do CSC), mas actualmente abandonada – de que os actos dos órgãos, pelo simples facto de serem ilícitos, são inimputáveis à pessoa colectiva, v. g., por extravasarem do objecto social e, portanto, da capacidade desta ou, pelo menos, da competência do órgão. Basta ter presente o disposto no CCiv, art. 165º, para além do que se diz no texto. No mesmo sentido, cf. MANUEL DE ANDRADE, *Teoria Geral da Relação Jurídica*, vol. I, pág. 125 e segs., e Luís BRITO CORREIA, *Direito Comercial*, 1989, vol. III, pág. 253 e segs..

Há que reconhecer, todavia, que o titular do órgão constitui uma personalidade jurídica diversa da pessoa colectiva e que a sua (única) vontade é imputada e produz efeitos, como regra, na esfera jurídica da pessoa colectiva, mas também – nomeadamente nos casos de actos ilícitos – na esfera jurídica do próprio titular do órgão, seu agente. Assim, a pessoa colectiva e o titular do seu órgão constituem dois sujeitos de direito – à semelhança da representação por substituição de vontades – mas com uma só vontade juridicamente imputável apenas à pessoa colectiva ou a ambos – diferentemente dessa figura da representação.

Há verdadeiras relações jurídicas entre a pessoa colectiva e o titular de um seu órgão, nomeadamente relações de responsabilidade civil do titular do órgão para com a pessoa colectiva por actos praticados no exercício das suas funções e que vinculam esta perante terceiros.

Isto não significa que a teoria orgânica seja de rejeitar completamente: continua a ser verdadeira a sua contribuição fundamental, que consiste na ideia da imputação directa à pessoa colectiva do acto do titular do seu órgão. Só que essa ideia é compatível com a dualidade de pessoas (pessoa colectiva e titular do órgão) e de imputações e com a existência de uma relação jurídica entre a pessoa colectiva e o titular do órgão (⁶).

Assim, é essencial a distinção entre órgão e titular do órgão: órgão é apenas um centro de imputação de poderes funcionais; titular do órgão é a pessoa física que efectivamente exerce tais poderes, ou melhor, que está investida nessa função, podendo efectivamente expressar a vontade imputável à pessoa colectiva. Sendo o órgão colegial, existe apenas uma vontade imputável à pessoa colectiva: a vontade do órgão, ou melhor, aquilo que a lei considera como expressão colectiva única de vontade resultante da unificação jurídica das vontades psicológicas dos titulares do órgão (⁷) (⁸).

(⁶) Cf. GARRIGUES - URIA, *Comentario*, vol. II, pág. 19.

(⁷) Sobre as deliberações de órgãos colegiais, cf. LUÍS BRITO CORREIA, *Direito Comercial*, 1989, vol. III, pág. 97 e segs., e *infra*.

(⁸) Esta distinção entre o órgão e o titular do órgão é importante também quanto aos accionistas como titulares do órgão que é a assembleia geral, ou melhor, a colectividade dos sócios (accionistas). E é porque os administradores são designados pela colectividade dos accionistas – como titulares desse órgão e não individualmente con-

II – Por outro lado, existem indiscutivelmente deveres e direitos dos titulares dos órgãos relativamente à pessoa colectiva. Nomeadamente, os administradores de sociedades anónimas têm o dever de diligência (CSC, art. 64º, como antes DL nº 49 381, art. 17º, nº 1), o dever de cumprir as deliberações da assembleia geral (CSC, art. 6º, nº 4, 72º, nº 4. e 405º; antes DL nº 49 381, art. 17º, nº 4), o dever de não concorrência (CSC, art. 398º, nº 3 e 4; antes, CCom, art. 173º, § 4).

Existem, pois, relações jurídicas entre a pessoa colectiva e os titulares dos seus órgãos. Trata-se, obviamente, de relações internas (o que não impede que, além disso, a sociedade tenha relações externas com os titulares dos seus órgãos, mas já não na qualidade de órgãos).

Tais relações extravasam, porém, o âmbito da matéria a que correspondem caracteristicamente as figuras da representação e do órgão – à semelhança dos direitos e obrigações entre o representante e o representado, que dizem respeito ao estatuto próprio deles, decorrente do mandato, do contrato de trabalho ou de outro negócio – da relação fundamental, em suma – a que a representação está normalmente associada ([9]).

Por outras palavras, a relação entre o administrador e a sociedade anónima não se esgota na situação de titular do órgão: é isso, mas é mais do que isso. E, quer quanto à situação de titular de um órgão, quer quanto à restante situação do administrador, importa determinar a natureza do acto que origina a relação, para compreender a natureza desta e o seu regime. Essa questão fundamental vai ser tratada mais abaixo.

Antes, porém, importa ainda enquadrar a administração entre as principais espécies de órgãos, ver quais as disposições que lhe são aplicáveis e estudar a composição do órgão de administração.

---

siderados – que se criam relações jurídicas entre a sociedade e os administradores, não entre os accionistas (maioritários ou não) e os administradores (como bem decidiu o Ac RelL de 9.5.1990, in *CJ,* 1990, vol. III, pág. 180). Apenas quando as deliberações dos accionistas sejam ilícitas e prejudiciais para os administradores poderá admitir-se responsabilidade civil pessoal daqueles para com estes, na medida em que seja de admitir dupla imputação dos actos (votos) dos accionistas à sociedade (como deliberação social) e aos próprios accionistas, individualmente considerados (cf. LUÍS BRITO CORREIA, *Direito Comercial,* 1989-90, vol. III, pág. 375 e segs.).

([9]) Cf. J. OLIVEIRA ASCENSÃO, *Teoria Geral do Direito Civil,* vol. IV, pág. 259 e seg..

CAPÍTULO V

Enquadramento da administração entre as espécies de órgãos

I – É habitual classificar os órgãos das pessoas colectivas segundo vários critérios: o número de titulares, a competência, o modo de funcionamento.

II – Segundo o *número de titulares*, distinguem-se os *órgãos singulares*, servidos por um só titular, e os *órgãos plurais*, servidos por dois ou mais titulares. E, entre os órgãos plurais, é costume designar por *assembleias* os órgãos concebidos para terem um número relativamente elevado de titulares (em regra, todos os sócios) e por *conselhos* os órgãos concebidos para terem um número relativamente reduzido de titulares.

Como se verá melhor adiante, o órgão de administração da sociedade anónima, em face do CCom, na sua versão inicial, era caracteristicamente um órgão plural (direcção), sendo discutido na doutrina se podia também ser um órgão singular.

Esta discussão terminou com o DL nº 389/77, de 15.9, que impôs o carácter "colegial" e, por conseguinte, plural, de tal órgão.

Em face do CSC, tanto pode ser plural (na modalidade de conselho de administração, como na de direcção como singular (administrador único ou director único), consoante o montante do capital social e o que for estipulado no contrato de sociedade (CSC, art. 278º, 390º, nº 1 e 2, 424º e 434º).

III – Segundo os poderes funcionais ou *competência* atribuída aos órgãos, estes classificam-se, como se disse acima ([9a]), em: *órgãos internos* (consultivos, deliberativos, executivos ou de fiscalização) e *órgãos externos* (representativos).

O CCom refere-se à competência da direcção de modo impreciso, mas em termos tais que permitem a sua qualificação como órgão simultaneamente deliberativo, executivo e representativo.

Igual conclusão pode deduzir-se, com mais segurança, do CSC: os poderes de gestão do conselho de administração, referidos no art. 406º, correspondem caracteristicamente à competência deliberativa; os pode-

---

([9a]) Cf. pág. 205.

res de gestão corrente da sociedade, que o art. 407º permite que sejam delegados pelo conselho de administração num ou mais administradores-delegados ou numa comissão executiva, correspondem à competência executiva; os poderes de representação, referidos no art. 408º, correspondem obviamente a competência representativa.

E o mesmo pode dizer-se da direcção (CSC, art. 431º).

Já ao conselho geral é atribuída competência deliberativa [CSC, art. 441º, al. *a*), *b*), *f*), *g*), *h*), e 442º], representativa [apenas nas relações da sociedade com os directores – CSC, art. 441º, al. *c*), e 443º] e sobretudo de fiscalização [CSC, art. 441º, al. *d*) e *e*)]. A amplitude dos poderes de fiscalização e a limitação dos poderes de administração (de gestão e representação) podem mesmo levar a perguntar se o conselho geral deverá qualificar-se predominantemente como um órgão de administração ou antes como um órgão de fiscalização. Em face do CSC, os poderes de administração podem ser mais ou menos amplos, conforme o que for estipulado no contrato de cada sociedade ou até deliberado pelo próprio conselho geral (CSC, art. 442º). Por isso, a resposta a tal pergunta só pode ser dada em relação a cada sociedade em concreto. Em face da lei, trata-se de um órgão misto ou com competência mista. Nessa medida, pode qualificar-se também como órgão de administração e pode dizer-se que o sistema do art. 278º, nº 1, al. *b*), é um sistema dualista no sentido mais estrito da expressão – quer dizer, um sistema com dois órgãos de administração.

IV – Atendendo ao modo de funcionamento, há que fazer várias distinções quanto aos órgãos plurais ([10]).

Na verdade, os órgãos plurais podem ser compostos por membros com poderes para exercer as suas funções simultaneamente *(pluralidade simultânea)*, ou incluir alguns membros (v. g., suplentes) que só podem actuar na falta ou impedimento de outros membros *(pluralidade sucessiva)*.

Os membros de órgãos plurais com poderes para agir simultaneamente podem funcionar também de modos diversos:

a) Funcionamento disjunto (ou separado) – quando cada titular do órgão pode actuar sozinho, tendo poderes iguais e independentes dos outros titulares, salvo na medida em que algum deles tenha o direito de

---

([10]) Cf. R. VENTURA e L. BRITO CORREIA, *Responsabilidade Civil dos Administradores*, pág. 29 e segs..

se opor a outro (é o que se passa, por exemplo, quando uma sociedade é administrada por dois gerentes, cada um dos quais pode, só por si, vinculá-la);

b) *Funcionamento conjunto* – quando os vários titulares devem actuar num ou mais grupos, independentemente de deliberação em conselho ou assembleia; podem ainda considerar-se neste caso várias situações:

    i – Conjunção integral – quando existe um só grupo composto por todos os titulares do órgão plural (por exemplo, quando uma sociedade com três gerentes, por força do contrato, só fique vinculada mediante a concordância de todos eles, a qual, todavia, não assume a forma de deliberação, tomada em reunião, podendo ser obtida em momentos distintos e sucessivos; é também o caso previsto no CSC, art. 247º, nº 2 a 8);

    ii – Conjunção parcial – quando o ou os grupos são compostos apenas por alguns dos titulares, e não todos, tendo cada um dos vários grupos que possam formar-se poderes iguais e independentes, salvo eventual direito de oposição (por exemplo, quando, por força do contrato, a sociedade fica obrigada por dois quaisquer dos seus cinco gerentes, podendo as suas vontades ser manifestadas em momentos diferentes, fora de qualquer conselho);

    iii – Conjunção imprópria – quando o(s) grupo(s) se compõe(m) de um ou mais titulares do órgão e de um (ou mais) terceiros (por exemplo, de um administrador e um procurador);

c) *Funcionamento colegial* – quando os titulares do órgão plural actuam em grupo, mediante deliberação tomada em reunião, podendo variar o quórum constitutivo ou deliberativo (é o modo tradicional de funcionamento da assembleia geral, do conselho de administração e do conselho fiscal).

Por vezes, um certo tipo de funções (por exemplo, de administração) é atribuído a dois grupos distintos de titulares articulados entre si de certa maneira (por exemplo, sendo repartida entre eles a competência para tomar determinadas deliberações, devendo um dos órgãos obediência às deliberações do outro, etc.).

Fala-se então de *funcionamento composto,* quando os titulares dos órgãos actuam em dois grupos distintos, podendo cada titular pertencer apenas a um desses grupos (nisto se distingue da organização conjunta), cada um dos quais tem poderes (competência) diferentes do outro, podendo eventualmente um deles ter supremacia (poder de dar ordens ou de controlo) sobre outro, em todas ou em algumas das matérias da competência deste; cada um dos grupos, que pode considerar-se um órgão distinto, pode estruturar-se por qualquer das formas anteriormente descritas (disjunta, conjunta ou colegial). É o que se passa, por exemplo, com a direcção e o conselho geral das sociedade anónimas e com o sistema francês clássico de presidente-director geral e conselho de administração.

Diferente é o *funcionamento complexo,* em que os titulares de um órgão, ao actuarem (disjunta ou conjuntamente), devem obediência às decisões ou deliberações de certo titular ou grupo de titulares (dominantes) do mesmo órgão – podendo aqueles titulares integrar-se também no grupo dominante. É o tipo de organização sugerida pela parte final do § 2º do art. 29º da LSQ (sem correspondente no CSC).

Podem ainda conceber-se modos de *funcionamento misto,* em que os titulares do órgão actuam de uma ou outra das formas anteriormente referidas, consoante o objecto ou as circunstâncias do acto. Por exemplo, podem os administradores de uma sociedade anónima actuar disjuntamente quando "gerem" (internamente) a sociedade, mas conjuntamente, quando a representam perante terceiros (devendo porventura obediência a deliberações tomadas colegialmente).

A direcção prevista no CCom suscita algumas dúvidas de qualificação. A primeira decorre do referido debate sobre a admissibilidade de um director único. A segunda consiste em saber se ela deve funcionar de modo colegial ou se pode também funcionar de modo conjunto ou/e disjunto. A doutrina propende a admitir que os poderes de gestão devem ser exercidos colegialmente, enquanto os poderes de representação devem ser exercidos conjunta ou disjuntamente, consoante o que dispuser o pacto social ([11]).

O DL nº 389/77, de 15.9, veio impor que o órgão de administração seja colegial. Mas pode perguntar-se se o objectivo não terá sido impor a pluralidade de membros, mais que o modo de funcionamento colegial do conselho de administração. Aliás, não parece realista exigir que a representação da sociedade seja sempre assegurada pelo conselho de administração reunido. Na prática, os estatutos sempre disseram que a sociedade se obrigava com a assinatura de um ou dois (raras vezes mais)

([11]) Cf. FERRER CORREIA, *Lições,* vol. II, pág. 337 e seg., e PINTO FURTADO, *Curso,* pág. 185.

administradores — ou seja, disjunta ou conjuntamente. E nunca a doutrina ou a jurisprudência contestou a validade das correspondentes cláusulas estatutárias.

Em face do CSC, a situação é hoje muito clara. O conselho de administração deve funcionar de modo colegial para exercer certas funções (v. g., de gestão — art. 406º), mas pode ou deve funcionar de modo conjunto ou disjunto para exercer outras (v. g., de gestão corrente e de representação — art. 407º, 408º e 409º) ([12]).

O mesmo pode dizer-se da direcção (art. 431º). Já o conselho geral é, caracteristicamente, um órgão colegial, apenas podendo ou devendo funcionar de modo conjunto ou disjunto para exercer os seus escassos poderes de representação (art. 441º a 443º) ([13]).

V — Das características esboçadas nos números anteriores resulta que o órgão de administração das sociedades anónimas pode considerar-se um órgão *permanente*.

É óbvio que isso não significa que ele tenha de exercer actividade 24 horas por dia, todos os dias do ano. Mas pode ser convocado ou chamado a actuar em qualquer momento e exercer funções com relativa regularidade e frequência — embora estas dependam da natureza do objecto social e das solicitações do mercado ou dos accionistas.

Se se pensar no conselho de administração como órgão colegial, pode dizer-se que ele tem um funcionamento intermitente, pois os seus membros não estão sempre reunidos. É normal que reúnam uma vez por mês, podendo reunir com mais ou menos frequência, consoante as necessidades (CSC, art. 410º, nº 1 e 2).

Mas o órgão de administração funciona também de modo conjunto ou disjunto — como se disse acima. E, quando assim é, os administradores exercem actividade ao longo do período de funcionamento do estabelecimento (no sentido do art. 23º, nº 2, do DL nº 409/71, de 27.9) e até, por vezes, para além dele.

([12]) Cf. Ilídio Duarte Rodrigues, *A Administração*, pág. 89.
([13]) Cf. id., *ibid.*, pág. 94.

TÍTULO IV

Disposições aplicáveis à administração enquanto elemento da pessoa colectiva

I – As considerações feitas acerca da natureza da administração têm importância, nomeadamente, para saber quais as normas que regulam a sua composição, competência e modo de funcionamento.

II – *Ao tempo do CCom*, há algumas disposições dispersas directamente aplicáveis (v. g., CCom, art. 171º a 174º, 177º, DL nº 49 381, de 15.11.1969, art. 17º a 26º, DL nº 154/72, de 10.5, art. 4º a 6º, DL nº 389/77, de 15.9), mas manifestamente insuficientes para resolver todos os problemas suscitados.

Por isso assume particular relevo e delicadeza o problema de saber como integrar as lacunas da lei.

Estando a sede da matéria no CCom, é natural que se recorra ao art. 3º do mesmo diploma para encontrar a resposta. Daí resulta que se deve recorrer, primeiro, às disposições estabelecidas para os casos análogos e, se ainda assim não for possível resolver a questão, às disposições do direito civil.

Quais são as disposições estabelecidas para os casos análogos? É questão a analisar caso a caso. Numa primeira aproximação, pode pensar-se em recorrer às disposições estabelecidas para as outras sociedades comerciais, seja no próprio CCom (art. 154º, 203º, 205º e 206º), seja na LSQ (art. 26º a 32º), seja noutras leis comerciais extravagantes.

Acontece, porém, que estas disposições, em si mesmas, são tanto ou mais escassas que as estabelecidas para a administração das sociedades anónimas. E, por outro lado, apresentam, por vezes, especificidades ligadas a características próprias de tipos de sociedades essencialmente diversos da sociedade anónima, o que afasta a existência de analogia. Boa parte das lacunas fica, por isso, por integrar, quando se recorre à analogia com as regras estabelecidas para outras sociedades comerciais.

Deve observar-se, além disso, que o art. 154º do CCom (na redacção do DL nº 368/77, de 2.9., art. 7º) remete para os art. 985º a 987º do CCiv. Parece evidente que aquela regra (art. 154º) equivale a tornar as normas dos art. 985º a 987º do CCiv (sobre a administração das sociedades civis) como normas directamente aplicáveis às sociedades em nome colectivo e, nessa medida, de direito comercial — é como se passassem a estar integradas no CCom.

Acontece que o art. 987º do CCiv dispõe que "aos direitos e obrigações dos administradores são aplicáveis as normas do mandato". Para além de outras questões delicadas a abordar mais adiante, esta disposição suscita duas questões.

Primeiro, repare-se que ela só manda aplicar as regras do mandato "aos direitos e obrigações dos administradores". Deverá entender-se esta expressão à letra, restritiva ou extensivamente? Em que medida é que as regras do mandato (v. g., as do mandato com representação — por substituição de vontades) devem aplicar-se aos administradores — representantes orgânicos? É questão a que parece preferível responder perante questões concretas de aplicação analógica das regras do mandato.

Segundo, deve recorrer-se, por força do art. 987º, nº 1, do CCiv, às normas sobre o mandato comercial (CCom, art. 231º a 277º) ou às normas sobre o mandato civil (CCiv, art. 1157º a 1184º)? Partindo da ideia de que o art. 987º do CCiv se tornou parte integrante do CCom, por força do art. 154º do CCom (na redacção do DL nº 368/77, art. 7º), parece mais curial entender que devem aplicar-se, em primeiro lugar, as regras sobre o mandato comercial e, só no seu silêncio, as do mandato civil, por força do art. 3º do CCom.

Aliás, o recurso ao direito civil, decorrente da parte final deste art. 3º, aponta para a aplicação subsidiária, em primeiro lugar (antes do recurso às regras do mandato civil), das regras estabelecidas para a administração das pessoas colectivas em geral (art. 162º a 165º) e das associações (art. 170º e 171º) — sendo certo que o art. 157º considera tais disposições aplicáveis as sociedades, "quando a analogia das situações o justifique" ([1]).

([1]) Sobre os problemas suscitados por esta expressão, cf. MARCELLO CAETANO, "As pessoas colectivas no novo Código Civil", in *Dir*, ano 99º, 1967, nº 2, pág. 96 e segs. (nº 6).

É de notar, por outro lado, que o art. 164º, nº 1, do CCiv manda aplicar, de novo, as regras do mandato às obrigações e responsabilidade dos órgãos das pessoas colectivas, na falta de disposições estatutárias, "com as necessárias adaptações".

Por caminhos diversos, o intérprete é, assim, conduzido a aplicar à administração das sociedades anónimas, subsidiariamente, as normas sobre o mandato ([2]).

III – *Em face do CSC*, a questão põe-se em termos diferentes.

O próprio CSC contém disposições mais completas sobre o assunto, quer em relação ao conselho de administração e administrador único (art. 390º a 412º), quer em relação à direcção e director único (art. 424º a 433º) e ao conselho geral (art. 434º a 445º) – o que reduz, mas não elimina totalmente, as lacunas.

Por outro lado, não pode esquecer-se que, após a adesão de Portugal às Comunidades Europeias, em 1985, algumas disposições sobre a administração de sociedades anónimas foram introduzidas para dar cumprimento a directivas comunitárias e por isso devem ser interpretadas tendo em conta as disposições que visam executar. É o que se passa, nomeadamente, com o art. 409º do CSC, que visa cumprir o art. 9º da 1ª Directiva do Conselho da CEE ([3]).

Os casos não previstos pelos preceitos do CSC são regulados "segundo a norma desta lei aplicável aos casos análogos e, na sua falta, segundo as normas do Código Civil sobre o contrato de sociedade no que não seja contrário nem aos princípios gerais da presente lei nem aos princípios informadores do tipo adoptado" (CSC, art. 2º).

Pode perguntar-se em que medida são aplicáveis ao conselho de administração regras estabelecidas para a direcção (por exemplo, os nº 2 e 3 do art. 430º) e vice-versa. O problema é delicado. Em princípio, a aplicação parece possível, mas tem de verificar-se caso a caso se há ou não verdadeira analogia.

Quanto à aplicação subsidiária do disposto no CCiv, deve notar-se que o art. 2º remete apenas para as normas do CCiv sobre o contrato de

---

([2]) Em sentido semelhante, cf. CUNHA GONÇALVES, *Comentário*, vol. I, pág. 420 (sendo de notar que o art. 251º, § 2º, do CCom, sobre os gerentes de sociedades, se refere aos gerentes comerciais e não aos gerentes órgãos).

([3]) In *JOCE*, nº L65/8, de 14.3.1968.

sociedade (v. g., os art. 980º a 1021º, bem como, por força do art. 157º do CCiv, os art. 158º a 194º).

Em todo o caso, o art. 2º do CSC estabelece dois limites importantes a essa aplicação.

Em primeiro lugar, as normas do CCiv sobre o contrato de sociedade não são aplicáveis quando forem contrárias aos princípios gerais do CSC. Quais sejam esses princípios gerais é questão que o CSC não resolve e irá, por certo, resultar da elaboração doutrinária e jurisprudencial. Pode admitir-se, por exemplo, que não são aplicáveis a sociedades comerciais regularmente constituídas (CSC, art. 5º) normas do CCiv concebidas para sociedades sem personalidade jurídica.

Em segundo lugar, as normas do CCiv sobre o contrato de sociedade não são aplicáveis quando sejam contrárias aos princípios informadores do tipo adoptado. O CSC também não diz quais sejam estes princípios. Mas pode imaginar-se, por exemplo, que o disposto no art. 985º, nº 1, do CCiv não possa aplicar-se, no caso de os estatutos omitirem totalmente regras sobre a composição da administração [o que não conduz a invalidade do contrato registado — CSC, art. 42º —, embora o registo deva ser recusado, por violação do art. 272º, al. *g*)], por contrariar os princípios do CSC sobre a designação e substituição de administradores de sociedades anónimas (art. 391º a 394º) — princípios que são característicos deste tipo, pois os art. 191º e 253º do CSC estabelecem para as sociedades em nome colectivo e para as sociedades por quotas regras diferentes e mais próximas das do CCiv.

Deve observar-se também que o CSC não prevê a hipótese de recurso analógico ou subsidiário a normas do CCom, nem de outros capítulos do CCiv.

Sendo o CSC, inequivocamente, uma lei comercial — como resulta do seu título e do art. 1º ([4]) —, parece dever entender-se o art. 2º como uma regra especial, relativamente à regra geral do art. 3º do CCom. Compreende-se a remissão imediata (mas cautelosa) do CSC para as normas do CCiv sobre o contrato de sociedade, quanto a matérias especificamente societárias. Quanto a matérias que tocam noutros domínios (por exemplo, títulos de crédito ou operações bancárias), não se vê razão para afastar a regra geral do art. 3º do CCom.

Entre as normas do CCiv sobre o contrato de sociedade, aplicáveis subsidiariamente, por força do art. 2º do CSC, inclui-se o art. 987º, nº 1,

---

([4]) Cuja fundamental importância se confirma em casos como este.

que manda aplicar aos direitos e obrigações dos administradores as normas do mandato.

Pode pôr-se a questão de saber se aos administradores de sociedades anónimas deverão aplicar-se subsidiariamente as normas do mandato civil ou se, antes de aplicar estas, não deverão aplicar-se as normas do mandato comercial.

A questão é delicada. As normas sobre o mandato, para que remete o art. 987º, nº 1, do CCiv, já não são, em rigor,"normas do Código Civil sobre o contrato de sociedade", embora a sua aplicabilidade resulte de uma norma sobre o contrato de sociedade (o art. 987º, nº 1).

Por outro lado, o art. 987º, nº 1, do CCiv não diz se devem aplicar-se as normas do mandato civil ou antes as do mandato comercial. Sendo assim, poderão aplicar-se tanto aquelas como estas, consoante a natureza civil ou comercial do acto a regular. Como, no caso de administradores de sociedades anónimas, se trata de matéria comercial, parece mais curial começar por aplicar as regras da lei comercial e, só se estas não previrem o caso, as da lei civil.

PARTE III

COMPOSIÇÃO E ESTRUTURA DO CONSELHO DE ADMINISTRAÇÃO

CAPÍTULO I

Considerações gerais

1 – A parte III, que agora se inicia, bem como as seguintes, vão ocupar-se apenas do conselho de administração, como órgão da sociedade anónima de estrutura monista.

Muitas das normas legais relativas ao conselho de administração aplicam-se (por força do art. 390º, nº 2, do CSC) também ao administrador único – que as sociedades anónimas cujo capital social não exceda 20 000 contos podem ter, em vez do conselho de administração.

Algumas das normas legais relativas ao conselho de administração aplicam-se também à direcção e ao director único das sociedades anónimas com estrutura dualista, por remissão expressa do CSC (art. 425º, nº 4, 426º, 428º, nº 4, 431º. nº 3, e 433º).

E ao conselho geral des as sociedades também se aplicam algumas das normas legais relativas ao conselho de administração (CSC, art. 434º, nº 3, 435º, nº 2 e 3, e 445º).

Todavia, parece preferível estudar primeiro – e, agora, apenas – o regime aplicável ao conselho de administração e só depois – noutro contexto – o regime aplicável aos outros órgãos de administração da sociedade anónima e de outros tipos de sociedade, por motivos referidos no início deste texto.

CAPÍTULO II

Administradores efectivos, suplentes e substitutos

SECÇÃO I

Considerações gerais

O conselho de administração é composto por administradores.

A lei prevê a designação de administradores em três situações distintas: administradores efectivos, administradores suplentes e administradores substitutos.

Administradores efectivos são os designados para exercer funções durante todo o período normal da sua duração (CCom, art. 171º, § único, e 172º, pr.; CSC, art. 390º, nº 1 a 4, 391º e 392º).

Administradores suplentes são os designados para suprir as eventuais faltas temporárias ou definitivas de administradores efectivos, antes de se verificarem e até ao fim do período para o qual foram eleitos ou durante o qual estejam suspensos (CCom, art. 172, § 2º, primeira parte; CSC, art. 390º, nº 5).

Administradores substitutos, em sentido estrito, são os designados para suprir as faltas temporárias ou definitivas dos administradores efectivos e dos suplentes, após estas se verificarem e até ao fim do período para o qual estes foram eleitos ou durante o qual estejam suspensos (CCom, art. 172º, § 2º, primeira e segunda partes; CSC, art. 393º e 394º).

O facto de o CSC fazer referência aos administradores suplentes, não só no art. 390º, nº 5, mas também no art. 393º, sob a epígrafe "Substituição de administradores", conduz a um conceito de administrador substituto, em sentido amplo, que abrange tanto o administrador suplente, como o administrador substituto, em sentido estrito, tal como ficou definido acima.

No conceito de administrador substituto, em sentido estrito, é de incluir o administrador nomeado judicialmente (CSC, art. 394º).

Quanto aos administradores substitutos, em sentido amplo, o CSC estabelece um regime diverso do do CCom.

SECÇÃO II

Regime do Código Comercial

I — Na verdade, o art. 172º, § 2º, do CCom prevê que os estatutos indiquem o modo de suprir as faltas temporárias de qualquer dos administradores, o que corresponde a admitir a figura dos administradores suplentes ([1]), como também a figura dos administradores substitutos ([2]).

Podem os estatutos fazê-lo de vários modos:

a) Designando um ou mais administradores suplentes para suprir as faltas temporárias ou definitivas de um qualquer dos administradores;

b) Designando um ou mais administradores suplentes para suprir as faltas temporárias ou definitivas de determinado administrador (por exemplo, um administrador suplente do presidente do conselho de administrador, outro administrador suplente de outro administrador efectivo determinado, etc.);

c) Indicando um órgão societário (mesa da assembleia geral, conselho fiscal, os demais administradores efectivos, a assembleia geral ou

---

([1]) A lei alemã admite a eleição de suplentes para membros do directório, mas não para membros do conselho de vigilância. Cf. MEYER-LANDRUT, in *Grosskomm. AktG*, § 94, Anm. 1-5 e § 101, Anm. 19-23. A Lei fr de 1966 não prevê a designação de administradores suplentes e a doutrina não se refere a eles (cf., por exemplo, HÉMARD--TERRÉ-MABILAT, *ob. cit.*, vol. I, pág. 739 e segs.). O mesmo acontece com o CCiv it e a doutrina italiana (cf. MINERVINI, *Gli Amministratori*, pág. 29 e segs., e BONELLI,*Gli Amministratori*, pág. 52 e segs.).

([2]) Cf. CUNHA GONÇALVES, *Comentário*, vol. I, pág. 425 e segs., e PINTO FURTADO, *Código*, vol. II, t. I, pág. 365 e segs..

outro órgão estatutário) ou uma terceira entidade (v. g., um accionista), a quem incumbam de designar um ou mais administradores substitutos;

d) Determinando que os restantes administradores (se subsistir algum ou alguns, podendo fixar-se um número mínimo) continuem a exercer sozinhos as suas funções ([3]).

Assim, a designação de administradores suplentes depende de cláusula expressa nos estatutos, enquanto a designação de administradores substitutos pode ocorrer por imposição dos estatutos ou por aplicação da segunda parte do § 2º do art. 172º do CCom.

Caso os estatutos nada digam acerca do modo de suprir as faltas temporárias dos administradores, então não parece admissível que a assembleia geral designe administradores suplentes: tais faltas deverão ser supridas por administradores designados, caso a caso, pelo conselho fiscal ou, na falta deste, pela mesa da assembleia geral (CCom, art. 172º, § 2º), ou seja, deverão ser supridas por administradores substitutos.

Em qualquer caso, parece resultar do art. 172º, § 2º, do CCom que, no silêncio dos estatutos, não pode nunca entender-se que, estando todos os administradores impossibilitados de exercerem as suas funções, a representação da sociedade pertença a todos e cada um dos accionistas([4]).

II – Os *administradores suplentes* são designados, em regra, ao mesmo tempo e nos mesmos termos que os administradores efectivos. Mas nada impede que, por exemplo, no caso de falecer um administrador suplente, seja eleito outro administrador suplente – enquanto os administradores efectivos continuam a exercer as suas funções. O que parece característico do administrador suplente é que ele seja designado antes de se verificar a falta do administrador efectivo que ele irá eventualmente substituir – é isso que distingue o administrador suplente do administrador substituto, em sentido estrito.

Os administradores suplentes iniciam funções efectivas nos termos estipulados nos estatutos (CCom, art. 172º, § 2º); iniciam-nas, em regra, quando para isso forem chamados pelo órgão competente ou quando tomem conhecimento da falta temporária ou definitiva do administrador a substituir.

([3]) Sobre o assunto, cf. TAVARES DE MEDEIROS, *Comentário*, pág. 121 e seg..

([4]) Em sentido contrário, quanto aos sócios de sociedades por quotas, cf. Ac STJ de 26.1.1940, in *Cof,* ano 39º, pág. 19.

Enquanto se encontrarem a exercer efectivamente funções, os administradores suplentes têm os mesmos poderes, direitos e obrigações que os administradores efectivos — salvo cláusula diversa dos estatutos (a lei não o diz expressamente, mas isso parece resultar do recurso à analogia — CCom, art. 3º). Nomeadamente, têm poderes para representar a sociedade e não para representar os administradores efectivos em falta ([5]).

Enquanto não faltarem administradores efectivos, os administradores suplentes têm o dever de disponibilidade para iniciar o exercício efectivo de funções, quando necessário, e os demais direitos e obrigações previstos nos estatutos. Estes podem estabelecer um mero dever de informação de residência ou antes um dever de acompanhamento da actividade social (para estarem aptos a substituir outro administrador que falte, em qualquer momento) e, porventura, um direito a remuneração (naturalmente inferior à dos administradores efectivos).

Os administradores suplentes terminam as suas funções efectivas nos termos estipulados nos estatutos: quando terminar a falta do administrador substituído (voltando o administrador suplente à situação de não efectividade) ou quando terminar o período normal de exercício de funções deste ou se verificar nova eleição de um administrador efectivo (casos em que, em regra, cessa a situação de administrador suplente, a menos que haja reeleição).

E terminam as suas funções como meros suplentes quando cessar o período normal de funções fixado pelos estatutos (em regra coincidente com o dos administradores efectivos) ou por mútuo acordo, ou quando forem destituídos ou renunciarem ao cargo.

III — Os *administradores substitutos,* em sentido estrito, são designados após a verificação da falta ou suspensão de administradores efectivos e suplentes e iniciam funções logo após a designação.

Compete ao conselho fiscal ou, na falta deste, à mesa da assembleia geral nomear os administradores substitutos (CCom, art. 172º, § 2º).

Enquanto se encontrarem a exercer efectivamente funções, parece dever entender-se, no silêncio da lei e do contrato, que os administradores substitutos têm os mesmos poderes, direitos e obrigações que os administradores efectivos.

([5]) Neste sentido, cf. MEYER-LANDRUT, in *Grosskomm. AktG,* § 94, Anm. 1.

E exercem efectivamente funções "até à reunião da mesma assembleia" (geral) (CCom, art. 172º, § 2º) – que deverá eleger novos administradores efectivos.

SECÇÃO III
Regime do Código das Sociedades Comerciais

I – Em face do *CSC,* o regime é um tanto diverso.

O art. 390º, nº 5, do CSC diz expressamente que "o contrato de sociedade pode autorizar a eleição de *administradores suplentes* até número igual a um terço do número de administradores efectivos" (itálico nosso).

Se o contrato não autorizar tal eleição ou nada disser, deve entender-se que não é possível a eleição de administradores suplentes, por força do disposto no art. 9º, nº 3, do CSC.

Embora o CSC nada diga a tal respeito, parece dever entender-se que os administradores suplentes são designados, em regra, ao mesmo tempo e nos mesmos termos que os administradores efectivos – tal como em face do CCom.

Os administradores suplentes iniciam efectivamente funções no caso de suspensão ou falta definitiva de algum administrador, quando o presidente efectue a sua chamada; esta deve ser feita pela ordem por que os suplentes figurem na lista submetida à assembleia geral dos accionistas [CSC, art. 393º, nº 1, al. *a*), e nº 4], a não ser que se trate de falta de administrador eleito ao abrigo de regras especiais (CSC, art. 393º, nº 5).

O CSC não é claro neste ponto, mas parece que tem em vista aqui o presidente do conselho de administração, porque é este que está em melhor posição para dar pela falta de algum administrador (v. g., por ocasião de uma reunião para que o tenha convocado) e porque, não havendo suplentes, a ele compete a iniciativa da solução subsequente, que é a cooptação [CSC, art. 393º, nº 1, al. *b*)]. O recurso ao presidente da mesa da assembleia geral dos accionistas [solução apenas sugerida pela referência a esta no final da al. *a*) do art. 393º] parece desnecessariamente mais complicada, uma vez que ele se encontra frequentemente afastado da gestão. De resto, a escolha e chamada do suplente é, em si, uma operação simples, bastando consultar a lista submetida à assembleia geral dos accionistas que elegeu os suplentes [CSC, art. 393º, nº 1, al. *a*)] – a qual deve constar da acta [CSC, art. 63º, nº 2, al. *e*), *f)* e *g*)], cujo livro se encontrará, normalmente, na sede da sociedade.

Enquanto se encontrarem a exercer efectivamente funções, os administradores suplentes têm os mesmos poderes, direitos e obrigações que os administradores efectivos (por analogia – CSC, art. 2º).

Enquanto não faltarem administradores efectivos, os suplentes têm, naturalmente, o dever de estar à disposição da sociedade para iniciar o exercício efectivo de funções, quando necessário, e os demais direitos e obrigações previstos nos estatutos. O CSC não diz nada sobre o assunto, mas parece evidente que os estatutos podem estabelecer um mero dever de informação de residência ou/e um dever de acompanhamento da actividade social (para estarem aptos a substituir outro administrador que falte, em qualquer momento) ([6]) e, porventura, um direito a remuneração (naturalmente inferior à dos administradores efectivos).

Os administradores suplentes terminam as suas funções efectivas, no caso de falta definitiva de administradores efectivos, no fim do período para o qual os administradores foram eleitos (CSC, art. 393º, nº 3); no caso de substituição temporária, quando termine a suspensão do administrador substituído (CSC, art. 393º, nº 4).

E terminam as suas funções, como meros suplentes, quando cessa o período para o qual foram designados, ou por mútuo acordo, ou por destituição, ou por renúncia ao cargo.

II – Os *administradores substitutos*, em sentido estrito, são designados no caso de falta definitiva ou de suspensão de algum administrador efectivo e não havendo suplentes [CSC, art. 393º, nº 1, al. *b*), *c*) e *d*), e nº 4).

Em regra, a designação de substitutos nessas circunstâncias compete, em primeiro lugar, ao próprio conselho de administração, por cooptação, a não ser que os administradores em exercício não sejam em número suficiente para o conselho poder funcionar [CSC, art. 393º, nº 1, al. *b*)] – número este que corresponde à maioria dos seus membros (CSC, art. 410º, nº 4).

Havendo falta de quórum, ou se, por outros motivos, não se verificar cooptação dentro de 60 dias a contar da falta, o conselho fiscal pode designar o administrador substituto [CSC, art. 393º, nº 1, al. *c*)].

([6]) No silêncio do contrato, pode mesmo admitir-se que estes deveres resultam do dever de diligência (CSC, art. 64º).

A cooptação e a designação pelo conselho fiscal devem ser submetidas a ratificação na primeira assembleia geral seguinte (CSC, art. 393º, nº 2). Esta poderá ratificar ou não a designação.

Caso não seja possível (por falta de quórum) ou querida a designação por cooptação, caso não seja possível (antes de passados 60 dias sobre a falta) ou querida a designação pelo conselho fiscal e caso a primeira assembleia geral seguinte recuse a ratificação da designação de substitutos, procede-se à substituição "por eleição de novo administrador" [CSC, art. 393º, nº 1, al. *d*)].

Esta expressão parece significar à primeira vista que a designação compete nestes casos à assembleia geral dos accionistas (CSC, art. 391º, nº 1) – ou melhor, à colectividade dos accionistas; e que o "novo administrador" é um administrador efectivo e não meramente substituto. Todavia, resulta do art. 393º, nº 3, que "as substituições efectuadas nos termos do nº 1 [inclusivamente da al. *d*)] duram até ao fim do período para o qual os administradores forem eleitos".

O que significa esta expressão? O período para o qual os demais administradores (não o substituto) foram eleitos? Ou o período para o qual cada administrador substituto foi eleito?

Esta segunda alternativa não parece razoável, visto que os administradores substitutos, no caso da al. *b*) do nº 1, não são eleitos, mas cooptados; e no caso da al. *a*) do nº 1 são eleitos para o mesmo período que os demais administradores.

Por outro lado, o objectivo do nº 3 parece ser o de assegurar que os administradores efectivos sejam designados simultaneamente – o que pressupõe que terminem também simultaneamente as funções de todos os administradores anteriormente em exercício.

É de concluir, por isso, que o nº 3 do art. 393º significa que as substituições efectuadas nos termos no nº 1 duram até ao fim do período para o qual os demais administradores (efectivos) foram eleitos. E entre as substituições efectuadas nos termos do nº 1 inclui-se a da alínea *d*), o que significa que o "novo administrador" deve considerar-se um administrador substituto e não um administrador efectivo.

Este conjunto de regras (dos nº 1 a 4 do art. 393º do CSC) aplicam-se à falta ou suspensão de administradores efectivos ou suplentes designados segundo as regras gerais de eleição (do art. 391º do CSC). "Faltando administrador eleito ao abrigo das regras especiais estabelecidas no art. 392º, chama-se o respectivo suplente e, não o havendo, procede-se a nova eleição, à qual se aplicam, com as necessárias adaptações, aquelas regras especiais."

Enquanto se encontrarem a exercer efectivamente funções, parece dever entender-se, no silêncio da lei e do contrato, que os administradores substitutos designados nos termos referidos acima têm os mesmos poderes, direitos e obrigações que os administradores efectivos.

"Quando durante mais de 60 dias não tenha sido possível reunir o conselho de administração, por não haver bastantes administradores efectivos e não se ter procedido às substituições previstas no art. 393º, e, bem assim, quando tenham decorrido mais de 180 dias sobre o termo do prazo por que foram eleitos os administradores sem se ter efectuado nova eleição, qualquer accionista pode requerer a nomeação judicial de um administrador, até se proceder à eleição daquele conselho" (CSC, art. 394º, nº 1).

O administrador nomeado judicialmente, nos termos deste preceito (para que não há equivalente na legislação portuguesa anterior ao CSC), deve considerar-se ainda um administrador substituto, visto que se tem em vista colmatar faltas particularmente graves de administradores efectivos, eleitos segundo as normas legais aplicáveis. E a designação é transitória: vigora apenas "até se proceder à eleição daquele conselho".

Há, no entanto, três diferenças importantes de regime em relação aos demais administradores substitutos:

a) Competente para a designação é o tribunal e não um órgão da própria sociedade;

b) O administrador nomeado judicialmente é equiparado ao administrador único, permitido pelo art. 390º, nº 2, mesmo que a sociedade tenha um capital superior a 20 000 contos (CSC, art. 394º, nº 2);

c) "Nos casos previstos no nº 1 (do art. 394º), os administradores ainda existentes terminam as suas funções na data da nomeação judicial de administrador" (CSC, art. 394º, nº 3).

III — O que adiante se diz acerca dos administradores, sem mais, aplica-se, em princípio, apenas aos administradores efectivos, a não ser que do contexto resulte o contrário. Tal não significa que as mesmas regras não possam aplicar-se também aos administradores suplentes e aos substitutos, v. g., quando no exercício de funções, e quanto aos seus poderes, direitos e obrigações; mas tal aplicação poderá ter de sofrer adaptações, v. g., quanto a outras matérias.

CAPÍTULO III

Número de administradores

SECÇÃO I

Unidade e pluralidade de administradores: limite mínimo e proporções legais

I – As legislações mais antigas dão grande liberdade aos associados para fixar, nos estatutos, a organização da administração das sociedades anónimas, permitindo tanto a existência de um único administrador como de uma pluralidade, sem limites ([1]).

Cedo, porém, começaram a discutir-se as vantagens e inconvenientes da unidade e da pluralidade de administradores.

A – Alguns entendem que a administração de uma sociedade anónima (sobretudo quando se trata de uma grande empresa) comporta decisões complexas, que envolvem grandes responsabilidades e exigem conhecimentos cada vez mais vastos e variados (comerciais, financeiros, técnicos, jurídicos, etc.) e cuidada ponderação, defendendo por isso a conveniência de uma *pluralidade* de administradores. Salientam que tal pluralidade permite o controlo (prévio) das decisões de uns administra-

---

([1]) Cf., por exemplo, ADHGB de 1861, art. 227, HGB de 1897, § 231, CCom esp de 1885, art. 155º, Lei fr de 1867, art. 22º, CCom it de 1882, art. 121º, COS de 1911, art. 649º. Cf., todavia, Lei belga de 10.5.1873, art. 45º, que exige um mínimo de três administradores. A Lei port de 1867, art. 14º, tal como o CCom de 1888, art. 171º, não tomam posição clara sobre o problema, o que deu lugar a dúvidas, como se verá mais adiante, no texto.

dores pelos outros, antes da sua execução, reduzindo os riscos de erros e abusos, bem como os perigos da excessiva concentração do poder económico (v. g., perante o poder político). E diminui os riscos da paralisação da empresa ou, pelo menos, as dificuldades de substituição dos administradores que cessam funções (v. g., no caso de morte), ou estão ausentes ou impedidos de as exercer, uma vez que existe mais do que uma pessoa informada sobre o conjunto dos problemas da empresa e disponível para tomar decisões. Além disso, só a pluralidade de membros possibilita a participação directa na tomada de decisões dos vários grupos de interessados (familiares, económicos ou até políticos) que normalmente se associam na sociedade, permitindo uma composição dos interesses mais equilibrada.

Por outro lado, é frequentemente importante para a sociedade contar com a confiança de terceiros, nomeadamente dos bancos e dos poderes públicos; a presença de determinadas personalidades na administração, ainda que em posição menos activa, pode, assim, ser objectivamente útil à sociedade, convindo adaptar as suas estruturas para isso.

B — Outros autores respondem que as decisões colectivas são tanto mais lentas quanto mais numeroso for o colégio encarregado de as tomar. Consideram, por isso, vantajosa uma administração *singular,* com um único administrador, que poderá ser mais rápido, mais eficaz e ter maior força negocial (perante clientes, fornecedores, bancos e o Estado), ficando em melhores condições para fazer frente a exigências frequentes de um mercado altamente concorrencial.

Observam que para a actuação coordenada, eficaz e disciplinada dos colaboradores da empresa (v. g., trabalhadores) é importante, se não mesmo indispensável, a unidade de comando, o que exige uma única pessoa no topo da hierarquia da empresa — embora se reconheça que este objectivo pode ser alcançado, não só com o administrador único, mas também com uma administração plural conjugada com um único presidente do conselho de administração ou administrador-delegado ou até com um director geral, subordinado do conselho de administração.

E não se diga que, por esta via, o conselho de administração deixa de ser um órgão de decisão, para passar a ser um órgão de mero controlo. Embora isso seja possível, não tem necessariamente de ser assim, tudo dependendo do modo de repartição das competências.

Os defensores da administração singular dizem, com alguma ironia, que, de facto, o conselho não decide, contentando-se com adiar as decisões dos administradores executivos – o que depende, naturalmente das pessoas que forem colocadas no conselho e de diversas outras circunstâncias.

Entendem, por outro lado, que a pluralidade de administradores conduz a uma diluição de responsabilidades (quando muitos são responsáveis, ninguém é responsável), e que a unidade é compatível com o controlo das decisões por outro órgão (embora, em regra, posterior às decisões) e se adapta melhor a pequenas e médias empresas.

Acrescentam ainda que, mesmo quando a lei ou os estatutos exigem a pluralidade, nada impede que tal regra seja contornada, na realidade, mediante a designação de administradores passivos, que se tornam um encargo para a sociedade, sem qualquer vantagem real, sendo preferível construir um regime legal realista, em vez de estabelecer regras teóricas, que não se aplicam (²). Por outro lado, é claro que dois ou mais administradores envolvem, normalmente, maiores encargos para a sociedade (com remuneração, etc.) do que um só.

Em face deste género de argumentos, há quem defenda que a ponderação e decisão do problema deve ser deixada aos próprios interessados (fundadores e accionistas), como acontece para outros tipos de sociedades (³), enquanto outros consideram necessário definir limites legais para proteger os accionistas minoritários, sobretudo nas grandes sociedades.

Na Alemanha, a admissibilidade de um administrador único tem sido, por alguns autores, relacionada com um dos princípios do nacional-socialismo – o princípio do chefe ("Fuehrerprinzip") (⁴). Mas é óbvio que não existe conexão necessária entre a admissibilidade de um administrador único e esta ideologia (⁵).

C – De qualquer modo, os argumentos a favor da pluralidade de administradores tendem a obter maior acolhimento quando o tipo da

---

(²) Cf. OMMESLAGHE, *Le régime des sociétés par actions*, pág. 306; HÉMARD--TERRÉ-MABILAT, *ob. cit.*, vol. I, pág. 773 e segs., 828 e segs., 954 e segs., e GOURLAY, *ob. cit.*, pág. 75 e segs..

(³) Cf. CCiv, art. 985º, nº 2, CCom, art. 154º, 201º e 203º, LSQ, art. 26º, Dec. de 21.10.1907, art. 3º.

(⁴) Cf. ROLLERI, *Der Fuehrergrundsatz im Vereinsrecht*, Bona, Leipzig, 1936; STOLL, in *ZAdR*, 1934, pág. 137; FRANK, in *ZAdR*, 1935, pág. 491; DOSE, *Die Rechtsstellung*, pág. 70, e MOSSA, *Trattato del nuovo diritto commerciale*, vol. IV, pág. 362 e seg..

(⁵) Cf. SCHMALZ, *Die Verfassung der Aktiengesellschaft*, cit. por MOSSA, *ob. cit.*.

sociedade anónima é utilizado para grandes empresas, usando-se a sociedade por quotas para empresas médias ou pequenas.

II – Na realidade, há alguns países em que se admite actualmente que a sociedade tenha um só administrador, qualquer que seja a sua dimensão.

É o que acontece com a Lei esp de 1952 (art. 73º), CCiv it de 1942 (art. 2380º) e o COS de 1911 (art. 707º - I).

Deve notar-se, porém, que nesses países a sociedade anónima pode ser – e é, de facto, frequentemente – utilizada para pequenas empresas (ou para sociedades com o número reduzido de sócios "efectivos"), pois é relativamente reduzido o capital mínimo exigido para a constituição ([6]). E, apesar da regra legal, a maior parte das sociedades tem uma pluralidade de administradores.

III – Noutros países, exige-se que a administração tenha mais que um membro, sempre ou, pelo menos, para sociedades de dimensão (v. g., com capital) superior a certo limite mínimo.

Nos países com um sistema dualista de administração, o directório ou órgão equivalente pode ser singular ou plural, impondo a lei, nalguns casos, a pluralidade; enquanto o conselho de vigilância ou órgão equivalente tem sempre composição plural.

E, quando a lei exige composição plural, estabelece um ou vários limites mínimos.

Nalguns casos, o limite mínimo é *dois*.

Contra este número tem-se objectado, porém, que, no caso de desacordo entre os dois administradores, não é possível tomar qualquer decisão, a menos que um deles tenha voto de desempate. Além disso, o conselho fica paralisado sempre que um dos administradores esteja

---

([6]) 1 000 000 liras, segundo o CCiv it de 1942 (art. 2327º), 50 000 francos suíços, segundo o COS de 1911 (art. 621º). Segundo a Lei esp de 1952, as sociedades de responsabilidade limitada com capital superior a 50 milhões de pesetas devem revestir a forma de sociedade anónima (art. 4º). A Lei esp nº 19/1989, de 25.7, alterou esta disposição, passando a exigir um capital mínimo de 10 milhões de pesetas. Recorde-se que o CCom não estabelece qualquer limite mínimo para o capital social das sociedades anónimas (cf. Luís Brito Correia, *Direito Comercial*, 1986 vol. II, pág. 91 e segs.). O CSC exige um capital mínimo de 5 000 000$00 (art. 276º, nº 3), no seguimento da 2ª Directiva da CEE (art. 6º)

impossibilitado de participar na reunião (a não ser que haja possibilidade de delegação) ou cesse funções (salvo se existir administrador suplente disponível ou até que seja designado um substituto) ([7]).

Noutros casos, o limite mínimo é *três*, o qual não tem suscitado este género de objecções, apenas se podendo invocar contra ele os argumentos favoráveis à administração singular, já atrás referidos.

Além disso, exige-se, por vezes, que o número plural de membros seja *ímpar*, o que pode ter a vantagem de facilitar a formação de maioria, evitando situações de impasse (ou reduzindo as probabilidades da sua verificação, pois basta que falte um administrador à reunião para que o impasse seja possível) e o inconveniente de desincentivar a busca de consenso, estimulando, porventura, a divisão.

Outras vezes, exige-se que o número de membros seja *divisível por dois, por três* ou *outra proporção*. Tem-se em vista, normalmente, assegurar uma certa repartição ponderada dos membros do órgão pelos vários grupos de interesses nele representados (v. g., accionistas, trabalhadores e/ou representantes de interesses públicos).

IV — Assim, na *Alemanha Federal*, o *directório* pode ser composto por um ou vários membros. Mas em sociedades com um capital superior a DM 3 000 000 será composto por duas pessoas, pelo menos, a não ser que os estatutos determinem que seja apenas por uma (AktG 1965, § 76 - II) ([8]). E nas sociedades dos sectores do carvão e do aço, a que se aplica a lei de co-gestão, o directório tem de ser constituído por dois membros, pelo menos, para respeitar o princípio da participação paritária dos trabalhadores, não podendo um deles (o director do trabalho) ser designado contra o voto da maioria dos representantes dos trabalhadores no conselho de vigilância [MitbestG 1951, § 13 ([9])].

Para o *conselho de vigilância*, a lei alemã estabelece o limite mínimo geral de três membros, admitindo que os estatutos fixem um número determinado de membros mais elevado, mas sempre divisível por três (AktG 1965, § 95). Estes limites foram introduzidos já tendo em conta o regime de participação minoritária de representantes dos trabalhadores no conselho de vigilância, à razão de um terço dos membros deste, segundo o BetrVG 1952.

([7]) Cf. GOURLAY, *ob. cit.*, pág. 81.
([8]) Cf. MEYER-LANDRUT, in *Grosskomm. AktG*, § 76, Anm. 13.
([9]) Cf. MEYER-LANDRUT, *ob. cit.*, § 76, Anm. 14, e autores aí citados.

E não prejudicam as disposições da MitbestG 1951 e do MitbestErgG 1956 relativamente às sociedades dos *sectores do carvão e do aço* (AktG 1965, § 95 - II). Os conselhos de vigilância destas sociedades têm de ter, em regra, 11 membros, podendo ter 15 ou 21 membros, quando o capital da sociedade exceda 20 ou 50 milhões de marcos (MitbestG 1951, §§ 4 e 9) ([10]). A distribuição destes membros é objecto de regras relativamente complexas. Assim, um conselho com 11 membros é composto por:

– Quatro representantes dos sócios, mais um "outro membro";
– Quatro representantes dos trabalhadores, mais um "outro membro";
– Um outro membro (o chamado "11º homem").

Os "outros membros" não podem estar ligados a um sindicato operário, nem a uma associação patronal, nem ser trabalhadores da empresa ou possuir aí interesses económicos importantes (MitbestG 1951, § 4- -II). Em geral, são personalidades dos meios políticos, científicos ou religiosos.

Os representantes dos trabalhadores são formalmente eleitos pela assembleia geral dos sócios da sociedade, que não pode, todavia, recusar as propostas dos conselhos de estabelecimento e dos sindicatos. Efectivamente, dois dos candidatos – um empregado e um operário da empresa – são propostos pelos conselhos de estabelecimento, ouvidos os sindicatos representados na empresa e as suas cúpulas. Os outros três representantes dos trabalhadores (incluindo um "outro membro") são propostos pelas cúpulas sindicais, após consulta aos sindicatos representados no estabelecimento e aos conselhos de estabelecimento (MitbestG 1951, § 6).

O "11º homem" é eleito pela assembleia geral dos sócios, sob proposta dos outros 10 membros do conselho de vigilância. Esta proposta é deliberada por maioria absoluta dos membros do conselho, mas necessita do assentimento de, pelo menos, três dos representantes dos sócios e dos trabalhadores. Se não se conseguir apresentar uma proposta deste modo, segue-se um processo complicado de designação com intervenção de uma comissão mediadora e, eventualmente, do tribunal (MitbestG 1951, § 8) ([11]).

([10]) Cf. A. HUECK, *Gesellschaftsrecht*, pág. 58 e segs., e MEYER-LANDRUT, in *Grosskomm. AktG*, § 95, Anm. 2.

([11]) Cf. LUÍS BRITO CORREIA, *Direito do Trabalho*, vol. III, pág. 155 e seg., e ZOELLNER, *Arbeitsrecht*, pág. 358 e seg..

Já depois da publicação do AktG 1965, entrou em vigor a Lei da participação de 1976 (MitbestG 1976), aplicável à generalidade das sociedades anónimas (e outras) com mais de 2000 trabalhadores, fora dos sectores do carvão e do aço, e que estabelece que o conselho de vigilância deve ter, em regra, 12, 16 ou 20 membros, consoante o número de trabalhadores seja inferior a 10 000, superior a 10 000 mas inferior a 20 000, ou superior a 20 000, respectivamente (MitgestG 1976, § 7). Desses membros, metade são representantes dos sócios e a outra metade dos trabalhadores. Entre os representantes dos trabalhadores, 4, 6 ou 7 têm de pertencer à empresa e 2, 2 ou 3, aos sindicatos representados nela, respectivamente (§ 7). Entre os representantes pertencentes à empresa, tem de ser eleito pelo menos um operário, um empregado e um quadro, devendo estes vários grupos estar representados proporcionalmente (MitbestG 1976, § 15-II-3) ([12]).

V — Em *França*, a Lei de 1966, quanto às sociedades com um sistema tradicional de órgãos de administração, impõe a designação de um órgão singular por natureza (o presidente do conselho de administração), ao lado de um órgão plural (o conselho de administração) com um mínimo de três membros (art. 110º e 89º). E quanto às sociedades com um sistema de inspiração germânica, prevê que o directório tenha um mínimo de dois membros, salvo nas sociedades com um capital social inferior a FF 250 000, que podem ter um director único (art. 119º), e que o conselho de vigilância tenha um mínimo de três membros (art. 129º) ([13]).

VI — Na *Itália*, o CCiv it permite que a sociedade anónima tenha um ou mais administradores, admitindo que o acto constitutivo estabeleça o número de administradores ou indique somente um número máximo e mínimo. Neste caso, a competência para determinar o número de administradores pertence à assembleia. Quando há vários administradores, estes constituem o conselho de administração, que escolhe entre os seus membros o presidente, se este não for nomeado pela assembleia (art. 2380º) ([13a]). O conselho de administração, se o acto constitutivo ou a

---

([12]) Cf. LUÍS BRITO CORREIA, *Direito do Trabalho*, vol. III, pág. 160 e segs. e bibl. aí cit..

([13]) Cf. HÉMARD-TERRÉ-MABILAT, *ob. cit.*, vol. I, pág. 773 e segs., 828 e segs., 954 e segs., 973 e 992.

([13a]) Cf., por exemplo, F. DI SABATO, *Manuale delle Società*, 2ª ed. rist., 1988, pág. 414 e segs..

assembleia o consentir, pode delegar as suas atribuições numa comissão executiva, composta por alguns dos seus membros, ou num ou mais dos seus membros (administradores-delegados) (art. 2381º) ([13b]).

VII – A Proposta modificada de 5ª Directiva do Conselho da CEE, de 1983, prevê que a sociedade anónima que adopte o sistema monista seja gerida pelos membros gerentes de um órgão de administração sob o controlo dos membros não gerentes deste órgão. O número de membros não gerentes deve ser divisível por três e superior ao dos membros gerentes [art. 21a), nº 1]. Ninguém pode ser membro gerente e membro não gerente do mesmo órgão [art. 21l]. Esta disposição visa aproximar o sistema monista do sistema dualista e facilitar a participação de representantes dos trabalhadores no órgão de administração.

Todavia, foram-lhe dirigidas várias críticas, por alguns Estados membros defenderem a possibilidade de estipular um único administrador, se oporem à referida participação de representantes dos trabalhadores e considerarem que o sistema monista assim definido não é equivalente ao sistema dualista (tendo em vista o disposto no art. 54º do Tratado CEE).

Por isso, a versão mais recente da Proposta de 5ª Directiva, de 1989, estabelece o princípio de que o órgão de administração será composto pelo menos por três membros, sem distinguir entre membros gerentes e não gerentes [art. 21a)], mas prevê que os Estados membros possam permitir que as sociedades de menor dimensão [segundo os critérios do art. 11º da 4ª Directiva ([13c])] e que não se encontrem sujeitas a uma participação dos trabalhadores possam ter um órgão de administração com menos de três membros [art. 21t), A].

VIII – A *Lei portuguesa de 1867* diz expressamente que o número de mandatários é fixado pelos estatutos, sem fixar qualquer limite mínimo (art. 14º). Pode, por isso, pôr-se em dúvida a admissibilidade da administração singular em face de tal preceito.

([13b]) Cf. *ob. cit.*, pág. 418 e segs..

([13c]) Directiva nº 78/660/CEE, de 23.7.1978, relativa às contas anuais de certas formas de sociedades (in *JOCE*, nº L 222, de 14.8.1978), que abrange as sociedades que, na data de encerramento do balanço, não ultrapassem os limites quantitativos de dois dos três critérios seguintes:

— total do balanço: 1 550 000 ecus;

— montante líquido das vendas e prestações de serviços: 3 200 000 ecus;

— número de membros de pessoal empregado em média durante o exercício: 50.

TAVARES DE MEDEIROS ([14]) dá conta da existência de uma sociedade com um só administrador, mas considera que "o pensamento geral é sem dúvida que a administração seja colectiva e não singular". Argumenta nesse sentido com o facto de a lei exigir um mínimo de 10 accionistas para a constituição definitiva da sociedade (art. 3º, nº 1) com tal objectivo; de exigir três membros para o conselho fiscal (art. 21º), o que leva a supor que "não quis, decerto, torná-lo mais numeroso que a administração e muito menos criar três fiscais para um só director"; de deixar aos estatutos o regular se a reeleição deve ser parcial ou total (art. 14, § 1º); de estabelecer a responsabilidade solidária dos administradores [art. 16º ([15])]; e com a conveniência de reflexão e discussão.

Compara ainda o regime da Lei de 1867 com o da Lei belga de 1873, que exige um mínimo de três membros para a administração (art. 45º).

Nenhum destes argumentos parece concludente, quando é certo que, nesse tempo, o ADHGB de 1861 (art. 227º), o HGB de 1897 (art. 282º, nº 2), o CCom esp de 1885 (art. 155º), a Lei fr de 1867 (art. 22º), o CCom it de 1865 (art. 120º) e o CCom it de 1882 (art. 121º) admitiam expressamente a administração singular.

IX – O art. 171º do *CCom* de 1888, ao estabelecer que "a administração das sociedades anónimas é confiada a uma direcção...", não diz claramente se tal órgão de administração tem de ser plural ou se pode ser singular.

Não há dúvida de que a "direcção" pode ser plural: várias disposições legais apontam claramente nesse sentido (CCom, art. 172º, 173º, 174º, 177º, 179º, § único, nº 2, e 188º, DL nº 49 381, de 15.11.1969, art. 17º a 20º, 22º, 23º e 26º).

Mas discutiu-se na doutrina, até 1977, se a "direcção" poderia ou não ser composta por um só administrador ou director.

A doutrina tradicional é favorável à possibilidade de uma administração singular ([16]). Invoca-se nesse sentido o significado ambivalente do

---

([14]) Cf. *Comentário*, pág. 118 e seg..

([15]) Este argumento não é rigoroso, porque o art. 16º fala em "responsabilidade pessoal ou solidária", o que é compatível tanto com a administração singular como com a plural.

([16]) Neste sentido, cf. *RLJ*, 32º, 1899-1900, p. 536; ADRIANO ANTHERO, *Comentário*, vol. I, p. 329 e seg.; CUNHA GONÇALVES, *Comentário*, vol. I, p. 419; RAÚL VENTURA-LUÍS BRITO CORREIA, *Responsabilidade Civil dos Administradores*, p. 41 e seg., e PINTO FURTADO, *Código Comercial Anotado*, vol. II, t. I, p. 305 e seg..

termo "direcção" e o disposto na redacção original do art. 120º, § 3º, do CCom, que admitia a subsistência da sociedade durante seis meses, apesar de o número de accionistas ser inferior a 10 (inclusivamente, de um só) – sendo certo que o art. 172º exigia que os administradores fossem eleitos de entre accionistas, e os art. 175º e 182º do CCom impõem um número mínimo de membros para outros órgãos sociais.

Este argumento não é, porém, concludente, pois é, teoricamente, possível conceber que a lei imponha que os estatutos prevejam uma administração plural e, apesar disso, admita a sobrevivência da sociedade quando alguns lugares de administradores não estejam efectivamente providos.

A tese contrária à administração singular ([17]) não tem, contudo, bases mais sólidas. Na verdade, invoca-se nesse sentido a utilização da palavra "directores", no plural, nos preceitos acima citados (CCom, art. 172º, 173º, 174º, 177º, 179º, § único, nº 2, e 188º, DL nº 49 381, art. 17º a 20º, 22º, 23º e 26º), em contraste com a referência dos art. 205º e 206º do CCom ao gerente, no singular, das sociedades em comandita. Pode, porém, admitir-se que a lei tinha em vista os casos mais frequentes, que são decerto os de pluralidade de administradores nas sociedades anónimas e de singularidade nas comanditas (embora a lei também admita a gerência plural nestas – CCom, art. 206º).

Por outro lado, deve entender-se que, se a lei quisesse proibir a administração singular, deveria fazê-lo de forma mais clara e peremptória.

Esta questão agudizou-se com a publicação do *CCiv de 1966*, cujo art. 162º dispõe que "os estatutos da pessoa colectiva designarão os respectivos orgãos, entre os quais haverá um órgão colegial de administração e um conselho fiscal, ambos constituídos por um número ímpar de titulares, dos quais um será o presidente".

É-se tentado a considerar este preceito como um princípio geral, impondo que a administração de quaisquer pessoas colectivas seja plural (e com número ímpar de titulares) e colegial.

Todavia, tal preceito só é aplicável às sociedades "quando a analogia das situações o justifique" (CCiv, art. 157º). E para que haja lugar a recurso a analogia é preciso que a lei não preveja o caso (que haja

---

([17]) Cf. MARCELLO CAETANO, "Algumas notas sobre a interpretação da Lei nº 2105", in *Dir*, ano 93º, 1961, pág. 88, e F. P. ALMEIDA LANGHANS, "Poderes de gerência", in *ROA*, ano 11º, 1951, nº 1 e 2, pág. 132.

"lacuna" ou caso omisso) e que "as razões justificativas da regulamentação do caso previsto na lei" procedam no caso omisso (CCiv, art. 10º).

Ora, quanto às sociedades anónimas, pode duvidar-se de que exista verdadeira lacuna. E, mesmo admitindo que haja lacuna, parece que ela deveria ser integrada, primeiro, por recurso aos casos análogos da lei comercial e, só depois, aos da lei civil (CCom, art. 3º). Acontece que os casos análogos da lei comercial apontam no sentido da possibilidade da administração singular (CCom, art. 152º e 205º, LSQ, art. 26º), salvo o disposto no art. 207º, § 2º, do CCom, relativo às cooperativas (entretanto revogado pelo DL nº 454/80, de 9.10, que aprovou o novo CCoop), e no art. 15º do Dec de 21.10.1907, relativo as sociedades mútuas de seguros, que pode admitir-se que não sejam só por si concludentes, até por respeitarem a tipos especiais de sociedades (havendo mesmo quem negue que sejam verdadeiras sociedades). Por outro lado, o DL nº 154/72, de 10.5, aplicável aos vários tipos de sociedades comerciais, refere-se expressamente à possibilidade de eleição de "um administrador ou gerente" (art. 5º, nº 3) ([18]).

X – Os dados da questão alteram-se com a publicação do *DL nº 389/77*, de 15.9, cujo artigo único dispõe que "o órgão colegial de administração das sociedades anónimas será constituído por um número ímpar de membro [...]". Deste modo, o órgão de administração tem de ser plural – não pode ser singular. E tem de ter um número ímpar de membros: 3, 5, 7, etc. Existe assim um número mínimo de membros do órgão (três), embora não se fixe um número máximo.

Pode perguntar-se se este preceito é aplicável às sociedades anónimas constituídas antes da sua entrada em vigor, com ou sem alteração dos estatutos.

A questão chegou a ser discutida nos tribunais, tendo a Relação de Lisboa decidido que o DL nº 389/77 não é aplicável a sociedades constituídas antes dela, "sob pena de retroactividade que o art. 12º, nº 1, do Código Civil proíbe" ([19]).

Aliás, o DL nº 389/77 não impõe a alteração dos estatutos de sociedades anteriores que prescrevam número par de membros dos seus órgãos de administração.

([18]) Em sentido análogo, cf. Ac RelL de 31.5.1983, in *CJ*, 1983, vol. III, pág. 138.
([19]) Cf. Ac RelL de 31.5.1983, in *CJ*, 1983, vol. III, pág. 138.

XI – Em face do art. 390º do *CSC:* "1. O conselho de administração é composto por um número ímpar de membros fixado no contrato. 2. O contrato de sociedade pode dispor que a sociedade tenha um só administrador, desde que o capital não exceda 20 000 contos; [...]".

Assim, a regra é que a administração é um órgão plural (é um "conselho"), tendo um número mínimo de administradores, que deve ser ímpar e não pode, portanto, ser inferior a três.

Em relação a sociedades de menor dimensão, o CSC admite, porém, que haja apenas um administrador. Para a determinação da dimensão da sociedade abaixo da qual a administração pode ser singular, o CSC toma como referência o montante do capital social (20 000 contos). Este limite tem a vantagem de ser facilmente cognoscível e ser estável. Tem, contudo, o inconveniente de nem sempre corresponder à dimensão real da sociedade, pois poderá esta ter um activo de valor muito elevado (v. g., por ter lucros acumulados ou passivo importante), um grande volume de negócios ou um grande número de trabalhadores e, apesar disso, manter um capital reduzido – até para evitar os encargos e outros inconvenientes da administração plural ([20]).

Por seu lado, a direcção "é composta por um número ímpar de membros, no máximo de cinco"; "o contrato deve fixar o número de directores, mas a sociedade só pode ter um único director quando o seu capital for inferior a 20 000 contos" (art. 424º) ([21]).

E o conselho geral "é composto por um número ímpar de membros, a fixar no contrato de sociedade, mas sempre superior ao número de directores e não superior a quinze" (art. 434º).

Este regime do CSC é aplicável para o futuro as sociedades constituídas antes da sua entrada em vigor, nos termos do art. 530º do CSC.

([20]) O art. 21ºt-A da proposta modificada de 5ª Directiva do Conselho da CEE, na versão de 1989, admite que tenham um administrador único as sociedades que não atinjam dois dos três limites seguintes:
– Total do balanço: 1 550 000 ecus;
– Montante mínimo das vendas e prestações de serviços: 3 200 000 ecus;
– Número de membros de pessoal empregado em média durante o exercício: 50 (iguais aos constantes do art. 11º da 4ª Directiva CEE).

([21]) Não se vê nenhum motivo para as diferenças de redacção entre o art. 390º, nº 1 e 2, e o art. 424º.

SECÇÃO II

Limite máximo legal

I – Alguns autores defendem a fixação por lei de um limite máximo de membros do órgão de administração. Pretendem com isso evitar que órgãos executivos importantes fiquem impossibilitados de tomar decisões eficazmente, por terem um número excessivo de membros (a menos que fiquem mudos e inúteis, limitando-se a votar); bem como evitar a excessiva diluição de responsabilidades e afastar as pessoas que vivem a expensas da sociedade sem exercerem funções realmente úteis, numa situação de verdadeiro parasitismo. Tem de reconhecer-se, porém, a dificuldade de realização deste objectivo, que importa conjugar com o interesse legítimo da sociedade – sobretudo se de maior dimensão – de dispor de administradores com diversos tipos de habilitações, de experiência ou de influência, bem como de administradores passivos, com funções predominantemente de conselho ou de controlo prévio, cuja remuneração pode ser diversa da dos administradores activos ([1]).

II – Efectivamente, a maioria das legislações estudadas não estabelece qualquer limite máximo de membros dos órgãos de administração. Mas há algumas legislações que estabelecem um ou vários desses limites máximos.

É o que se verifica na Alemanha Federal, que estabelece limites máximos de membros dos conselhos de vigilância, em função do valor do capital social emitido. Assim, para sociedades com capital até DM 30 000 000, esse limite é de 9; com capital de mais de DM 30 000 000, 15; de mais de DM 20 000 000, 21 (AktG 1965, § 95) ([2]). Isto sem prejuízo dos limites diversos estabelecidos para as sociedades dos sectores do carvão e do aço, já acima referidos (11, 15 e 21, consoante os casos) por motivos ligados à participação de representantes dos trabalhadores nesse órgão ([3]). Já quanto ao directório não existe qualquer limite máximo ([4]).

([1]) Cf. OMMERSLAGHE, *ob. cit.*, pág. 308, e GOURLAY, *ob. cit.*, pág. 81 e segs..
([2]) Cf. MEYER-LANDRUT, in *Grosskomm. AktG*, § 95, Anm. 2.
([3]) Cf. A. HUECK, *Gesellschaftsrecht*, pág. 163, e BAUMBACH-HUECK, *AktG*, § 95, Anm. 2.
([4]) Cf. KARSTEN SCHMIDT, *Gesellschaftsrecht*, Köln, 1986, pág. 615 e segs..

A Lei fr de 1966 estabelece vários limites máximos. O directório não pode ter mais de 5 membros (art. 119º) (⁵). O conselho de administração e o conselho de vigilância não podem ter um número de membros superior a 12, a não ser no caso de fusão e apenas temporariamente, em que esse número pode atingir 24, promovendo a lei a sua redução ao limite normal (art. 89º e 129º) (⁶). Estes limites são por vezes contestados, tendo sido inclusivamente apresentadas propostas para os aumentar ou suprimir, mas até agora sem êxito (⁷).

Em Portugal, nem a Lei de 1867 (art. 14º) nem o CCom de 1888 (art. 171º e 172º) nem o CSC (art. 390º) estabelecem qualquer limite máximo para o número de administradores de sociedades anónimas (⁸). Mas o CSC diz que a direcção é composta por um número ímpar de directores, no máximo de cinco (art. 424º), e que o número de membros do conselho geral deve ser "sempre superior ao número de directores e não superior a 15" (art. 434º).

SECÇÃO III

Cláusulas estatutárias

I — Uma vez que a lei portuguesa, como outras estrangeiras, não fixa um número determinado de membros para os órgãos de administração, podem e devem os estatutos fixar esse número dentro dos limites legais referidos (número mínimo, máximo e ímpar).

II — A — No silêncio da *lei anterior ao CSC* (DL nº 389/77), entende-se que os estatutos podem também fixar apenas um número mínimo e/ou máximo de administradores (sempre ímpar e superior a três) (⁹).

(⁵) Escusado será dizer que o presidente do conselho de administração não pode ser mais do que uma pessoa.

(⁶) Cf. HÉMARD-TERRÉ-MABILAT, *ob. cit.*, vol. I, pág. 776 e segs., 957 e 992, e GOURLAY, *ob. cit.*, pág. 85 e segs..

(⁷) Cf. GOURLAY, *ob. cit.*, pág. 83.

(⁸) Cf. TAVARES DE MEDEIROS, *Comentário*, pág. 118 e seg..

(⁹) Neste sentido, em face da lei respectiva, cf. GOURLAY, *ob. cit.*, pág. 84; CCiv it, art. 2380-III, que pôs termo a uma controvérsia antiga: SCIALOJA, *Saggi*, vol. II, pág. 158 e 206; MINERVINI, *Gli amministratori*, pág. 76 e seg. e 385 e segs.; FRÉ, *Società per azioni*, pág. 355, e FERRI, *Le società*, pág. 489.

Entre as legislações estudadas só a Lei alemã de 1965 impõe que os estatutos fixem um número certo para os membros do conselho de vigilância, não permitindo a estipulação de limites mínimo e máximo apenas (§ 95) — o que tem como consequência que o número de membros desse órgão só pode ser modificado mediante alteração dos estatutos. Quer as leis alemãs anteriores, quer a Lei de 1965 relativamente ao directório, admitem aquele tipo de estipulação ([10]).

Caso os estatutos fixem limites mínimo e/ou máximo, a assembleia geral deve prover o número mínimo de administradores e pode prover ou não os demais até ao número máximo. Deve, em todo o caso, prover sempre um número ímpar de membros, para satisfazer a exigência do DL nº 389/77, de 15.9.

B — Nalguns direitos estrangeiros, admite-se, inclusivamente, que os estatutos atribuam à assembleia geral (ou ao conselho de vigilância, se for caso disso) o poder de fixar o número de administradores, sem limites estatutários ([11]), e até que os estatutos prevejam que a assembleia (ou o conselho de vigilância) designe os administradores que entender na ocasião (respeitados os limites legais), sem fixar previamente qualquer número de lugares ([12]).

Esta solução tem a vantagem de evitar que o conselho de administração fique impossibilitado de deliberar, caso um dos seus membros cesse funções por qualquer motivo (ou, pelo menos, caso restem em funções menos membros do que os legal ou estatutariamente necessários para haver quórum) ([13]). Mas essa impossibilidade pode ser desejada, v. g., para evitar a tomada do poder em exclusivo por um ou alguns representantes de certos grupos. E é sanável através da designação oportuna de administradores suplentes ou substitutos.

Tal solução tem também o inconveniente de provocar repetidas discussões sobre a estrutura da administração, de cada vez que a assembleia seja chamada a eleger administradores, o que acarreta uma certa instabilidade.

Certo é que o art. 114º, nº 5, do CCom de 1888 não exige que os estatutos indiquem um número determinado de administradores ([14]).

([10]) Cf. MEYER-LANDRUT, in *Grosskomm. AktG*, § 95, Anm. 2.
([11]) Cf. autores cit. por OMMESLAGHE, pág. 309.
([12]) Cf. GOURLAY, *ob. cit.*, pág. 84.
([13]) Cf. OMMESLAGHE, *ob. cit.*, pág. 309, e GOURLAY, *ob. cit.*, pág. 84.
([14]) Cf. CUNHA GONÇALVES, *Comentário*, vol. I, pág. 260 e seg..

C—Se os estatutos não indicarem de todo o número de membros do órgão de administração, nem atribuírem qualquer poder à assembleia geral (ou ao conselho de vigilância) para isso, nem nomearem nenhuns administradores ([15]), poderá interpretar-se essa omissão (nos termos do art. 239º do CCiv) como significando a atribuição à assembleia geral do poder de determinar tal número, genericamente ou caso a caso ([16]).

O Decreto francês de 1967 permite expressamente esta solução quando diz que "o número de membros do directório é fixado pelos estatutos ou, na sua falta, pelo conselho de vigilância" (art. D 96º) ([17]).

Os estatutos não poderão, contudo, deixar de determinar a "forma de obrigar a sociedade", isto é, o número mínimo ou a identidade de administradores ou outras pessoas (v. g., procuradores) cuja assinatura (conjunta ou separadamente) é necessária para vincular a sociedade perante terceiros. Na verdade, esse parece ser o conteúdo mínimo obrigatório, não só para dar cumprimento ao art. 114º, nº 5, do CCom, como também para satisfazer os requisitos da inscrição de constituição no registo comercial [Reg. Reg. Com., art. 78º, al. g)], que é obrigatória (DL nº 42 644, de 14.11.1959, art. 13º).

III—A—Uma vez que o nº 1 do art. 390º do *CSC* diz que o número de membros do conselho de administração é "fixado no contrato de sociedade", deverá entender-se que o contrato deve determinar esse número, não se limitando a deixá-lo à discricionariedade da colectividade dos accionistas?

Falando esse mesmo preceito de "*um* número ímpar", é de entender que o contrato só pode indicar um número e não dois (ou mais) em alternativa, nem limites mínimo e máximo?

Preceito semelhante se aplica à direcção e ao conselho geral, pois que o CSC diz que "o contrato de sociedade deve fixar o número de directores" (art. 424º, nº 1) e que "o conselho geral [...] é composto por um número ímpar de membros, a fixar no contrato de sociedade [...]" (art. 434º, nº 1).

Para alguns autores, "não parece de excluir a possibilidade de se fixar nos estatutos um número variável de administradores, dentro de determinados limites mínimo e máximo, e de se remeter a determinação do número preciso com relação a cada mandato para a assembleia que

---

([15]) Hipótese esta que só vale, obviamente, para o primeiro período de funções.
([16]) Neste sentido, cf. CUNHA GONÇALVES, *Comentário,* vol. I, pág. 260 e seg..
([17]) Cf. HÉMARD-TERRÉ-MABILAT, *ob. cit.,* vol. I, pág. 957.

preceder à eleição. Nem repugna tão-pouco que os estatutos prevejam em alternativa um administrador único e um conselho de administração com determinada composição, caso em que caberia à assembleia geral a opção por um ou outro sistema'' ([18]).

A vantagem de admitir que o contrato estipule um número variável de administradores reside na flexibilidade, na facilidade de adaptação do órgão de administração às exigências do funcionamento da sociedade (dependente do mercado e de diversas outras circunstâncias mutáveis), evitando-se alterações estatutárias onerosas.

Todavia, não pode esquecer-se que o número de administradores que compõem o conselho é importante para calcular a maioria necessária para vincular a sociedade, a menos que o contrato fixe um número inferior à maioria para esse efeito (CSC, art. 408º, nº1). E isso é fundamental para os terceiros que contactam com a sociedade. Nem pode esquecer-se o disposto no art. 9º, nº 3, do CSC.

Embora a estipulação de um número variável de administradores não seja motivo de nulidade do contrato registado (CSC, art. 42º), a falta de fixação de um número pode e deve ser motivo de recusa da escritura pelo notário (CNot, art. 190º) e do registo comercial pelo conservador [CRCom, art. 47º e 48º, nº 1, al. d)].

B – Os estatutos não podem, por conseguinte, atribuir à colectividade dos accionistas o poder de fixar o número de administradores, de directores ou de membros do conselho geral; não podem atribuir ao conselho geral o poder de fixar o número de directores; não podem atribuir aos primeiros órgãos o poder de designar os membros dos segundos órgãos, que entenderem na ocasião, sem fixar nenhum número de membros.

SECÇÃO IV

Administradores suplentes

I – O que se disse acima vale para os administradores efectivos. O CCom não estabelece qualquer limite mínimo ou máximo quanto aos administradores suplentes. Parece, por isso, de admitir, em face do

---

([18]) Cf. ALBINO MATOS, *Constituição de Sociedades*, 1988, pág. 243, e também ILÍDIO DUARTE RODRIGUES, *A Administração de Sociedades*, pág. 85.

art. 172º, § 2º, do CCom, que os estatutos podem prever a designação de um número de administradores suplentes igual, inferior (¹) ou mesmo superior ao número de administradores efectivos fixado pelos estatutos, dentro dos limites legais. Assim como podem não estipular nada sobre o assunto, aplicando-se nesse caso as regras legais sobre o suprimento das faltas temporárias dos administradores (CCom, art. 172º, § 2º).

II – Em face do *CSC*, a solução é diferente, pois que, segundo o art. 390º, nº 5, "o contrato de sociedade pode autorizar a eleição de administradores suplentes, até número igual a um terço do número de administradores efectivos".

Esta limitação, para que não se vê motivo justificativo, parece ter inconvenientes, por impedir a eleição de administradores suplentes em número igual ao dos administradores efectivos, que pode ter interesse, nomeadamente, quando os vários grupos de accionistas estejam de acordo em se fazer representar no conselho de administração, segundo certa proporção; sendo o número de suplentes necessariamente inferior ao dos efectivos, daí pode resultar que o recurso aos suplentes [pela ordem por que figurem na lista submetida aos accionistas – CSC, art. 393º, nº 1, al. *a*)] venha a alterar o equilíbrio acordado entre os vários grupos. Este género de problemas só pode, em certa medida, ser resolvido por recurso às regras especiais de eleição (CSC, art. 392º) ou pela não designação de suplentes.

Quando o número de administradores efectivos não for divisível por três, o número de administradores suplentes a designar deve ser o que resultar da divisão com arredondamento por defeito, e não por excesso, pois este iria contrariar o nº 5 do art. 390º do CSC.

SECÇÃO V

Sanções

I – Qual a sanção aplicável aos casos em que as *regras legais* sobre a composição do órgão de administração sejam violadas?

(¹) Neste sentido, cf. MEYER-LANDRUT, in *Grosskomm. AktG,* § 76, Anm. 13, e § 94.

Há que distinguir vários tipos de casos, sendo a solução diversa consoante a violação provenha dos estatutos ou do acto de designação dos administradores.

II – A – Caso os estatutos não digam, de todo, qual o número de administradores da sociedade, nem a forma como esta se obriga, parece dever entender-se, em face do *CCom*, que a faculdade de "usar da firma" fica pertencendo a todos os sócios (art. 114º, nº 5), até à eleição pela assembleia geral (art. 171º).

B – Em face do *CSC,* o referido silêncio do contrato de sociedade sobre o número de administradores é ilícito por violação da lei (art. 390º, nº 1) e, por conseguinte, o contrato é nulo (CSC, art. 41º, e CCiv, art. 280º, nº 1), devendo ser recusada a outorga da escritura pública pelo notário (CNot, art. 190º), e recusado o registo pelo conservador do registo comercial [CRCom, art. 47º e 48º, nº 1, al. *d*)], com todas as consequências daí decorrentes ([2]).

Caso seja outorgada a escritura e feito o registo, o contrato não pode já ser impugnado (CSC, art. 42º); por isso, haverá que convocar a assembleia geral para alterar o contrato, introduzindo nele as cláusulas exigidas por lei e, em seguida, eleger os administradores.

Se nada disso for feito, a eleição de administradores sem base contratual bastante não pode ser válida e, por conseguinte, não pode ser registada, não podendo a sociedade exercer a sua actividade normal ([3]).

Noutro contexto se verá quais os efeitos dos actos dos administradores eventualmente eleitos nessas circunstâncias.

III – A – Caso os *estatutos* estabeleçam que a administração tem um número *determinado* de membros inferior ao número legal (v. g., um ou dois membros) ou diverso da proporção legal (v. g., um número par de membros superior a três), deve entender-se, em face da *lei anterior ao CSC,* que tal cláusula é ilegal, por violação do DL nº 389/77, de 15.9. A situação é pouco provável, dada a intervenção do notário e do conservador do registo comercial na constituição da sociedade, mas é susceptível de verificar-se, pelo menos, por lapso.

([2]) Para maiores desenvolvimentos, cf. LUÍS BRITO CORREIA, *Direito Comercial,* 1989, vol. II, pág. 197 e segs..

([3]) Cf. LUÍS BRITO CORREIA, *ob. cit.,* vol. II, pág. 279 e seg..

Perante uma situação como esta, nalguns países estrangeiros considera-se a sociedade nula ([4]).

Noutros casos, tal violação não conduz à nulidade da sociedade, produzindo, todavia, a nulidade de todos os actos da administração constituída ilegalmente (embora de harmonia com os estatutos) ([5]).

Em face da lei portuguesa pregressa, pode perguntar-se se a sociedade deve ser considerada irregular, por força do art. 107º do CCom. Este preceito faz referência aos termos e trâmites "indicados neste código", mas tem de admitir-se que ele se aplica a termos e trâmites constantes de quaisquer leis comerciais posteriores, como é o caso do DL nº 389/77 ([6]).

Todavia, alguns autores entendem que nem todas as menções cuja inclusão nos estatutos é exigida por lei são essenciais, apenas considerando essenciais as dos nº 1º, 2º e 3º do art. 114º do CCom e admitindo que a omissão das restantes pode ser suprida por recurso às disposições supletivas da lei ([7]). Esta posição parece aceitável, nomeadamente em face da disposição análoga constante do art. 61º da LSQ. Sendo assim, não custa admitir a nulidade da cláusula estatutária (que os notários e conservadores devem recusar), mas a regularidade da sociedade, apesar disso, ao menos quando se verifiquem os requisitos da redução do negócio jurídico (CCiv, art. 292º); isto é, a cláusula nula não determina a irregularidade da sociedade, quando se mostre que esta se teria constituído também com uma cláusula que respeitasse a lei. Esta posição não significa, porém, que a sociedade possa funcionar livremente com qualquer número de administradores: o acto de designação de administradores deve respeitar a lei, mesmo contrariando os estatutos. A sanção aplicável ao caso em que tal acto respeite uma cláusula estatutária

---

([4]) Em face da Lei fr anterior a 1966, ESCARRA-RAULT, *Traité*, t. IV, nº 1464, e GOURLAY, *ob. cit.*, pág. 92 e seg..

([5]) Neste sentido, cf., em face do art. 360º da Lei fr de 1966, GOURLAY, *ob. cit.*, pág. 93, que critica a jurisprudência francesa que considera nula a própria convocação da assembleia geral por uma administração irregularmente constituída.

([6]) Neste sentido, que não suscita certamente grande controvérsia, pode invocar-se o paralelismo com a interpretação de expressão correspondente do art. 2º do CCom. Cf. LUÍS BRITO CORREIA, *Direito Comercial*, 1987, vol. I, pág. 33 e seg., e autores aí cit..

([7]) Cf. FERRER CORREIA, *Lições*, vol. II, pág. 271 e segs., e RAÚL VENTURA, "Duração e prorrogação da sociedade", in *SI*, nº XXVI (1977), nº 144 e 145, nº 1 e segs. (pág. 3 e segs. da separata).

ilegal é a que decorre das regras gerais sobre deliberações anti-estatutárias ([7a]).

B – Em face do *CSC,* a referida cláusula é ilegal (art. 390º, nº 1) e, por conseguinte, o contrato é parcialmente nulo (CSC, art. 41º, nº 1, e 42º e CCiv, art. 280º, nº 1), devendo o notário recusar a outorga da escritura (CNot, art. 190º) e o conservador recusar o registo comercial [CRCom, art. 47º e 48º, nº 1, al. *c*)], com todos as consequências daí decorrentes.

A sanção aplicável ao caso de, apesar disso, serem designados administradores é também a que decorre das regras gerais sobre deliberações anti-estatutárias ([7b]).

IV – A – Se os *estatutos* previrem que a administração pode ser composta por um número *variável* de membros que viole os limites legais (entre um e seis, por exemplo), sendo o número efectivamente provido determinado (genericamente ou caso a caso) pela assembleia geral, pode admitir-se, em face da *lei anterior ao CSC,* que a sociedade não seja totalmente irregular, mas deve a assembleia geral (ou outro órgão competente) designar sempre um número ímpar não inferior a três (para respeitar a lei) e que não exceda o máximo estatutário (de seis), isto é, no exemplo referido, três ou cinco administradores. Como é possível, assim, dar comprimento simultaneamente aos requisitos legais e estatutários, não custa admitir a validade parcial dos estatutos. Mas pode e deve o notário e o conservador do registo comercial recusar a intervenção no acto em tais condições e exigir a sua rectificação, caso ele tenha sido já realizado.

B – Em face do *CSC,* parece de adoptar a mesma solução.

V – Questão distinta é a de saber qual a sanção aplicável ao caso em que a composição da administração prevista nos estatutos satisfaz os requisitos legais, mas o acto de *designação* de administradores da assembleia geral (ou de outro órgão competente) viola a lei (e os estatutos) por designar um único administrador ou um número par de administradores, deixando lugares vagos.

([7a]) Cf. Luís Brito Correia, *Direito Comercial,* 1989-90, vol. III, pág. 334 e segs..

([7b]) Cf. id., *ibid.*.

Nestes casos, o acto de designação viola uma lei imperativa. Mas a lei (seja o *CCom*, seja o *CSC*) não estabelece qualquer sanção específica. Pode, por isso, perguntar-se se a designação é nula ou anulável, total ou parcialmente; se esta anulabilidade ou mesmo aquela nulidade é sanável mediante posterior designação dos restantes administradores; ou se, diversamente, a designação é válida, mas incompleta, não podendo a administração agir validamente enquanto não forem designados os administradores necessários para respeitar a lei.

Certo é que o vício não reside, em princípio, na designação dos administradores que foram designados – a qual pode, pois, admitir-se que subsista –, mas antes na omissão da designação de pessoas para os lugares vagos. Pode, por isso, admitir-se que tal omissão tenha uma sanção análoga à aplicável à não designação de administradores para substituir aqueles cujas funções chegaram ao fim.

Em face do *CCom*, a sociedade a cujo órgão de administração falte o número mínimo de membros, abaixo do qual o órgão não possa deliberar (por falta de quórum constitutivo), é incapaz de exercer os direitos e obrigações da competência desse órgão ([8]). Em último caso, pode ser declarada a falência da sociedade [CPC, art. 1174º, nº 1, al. *b*)] ou ser declarada oficiosamente a inexistência da sociedade (CCom, art. 147º).

Se a falta de administradores não afectar o quórum constitutivo, a sociedade não deixa de ser capaz e o conselho de administração pode deliberar validamente.

Em face do *CSC*, a falta de administradores de que resulte falta de quorúm acarreta a incapacidade de exercício da sociedade, mas qualquer accionista pode requerer a nomeação judicial de um administrador, nos termos do art. 394º, já acima analisado.

VI – Outra hipótese ainda é a de o acto de *designação* ser conforme com a lei (designando um número de administradores igual ou superior a três e ímpar), mas com violação dos estatutos (por ser inferior ao mínimo estatutário, superior ao máximo estatutário ou diverso do número certo ou da proporção fixada pelos estatutos, de harmonia com a lei).

([8]) Cf. MEYER-LANDRUT, in *Grosskomm. AktG*, § 76, Anm. 13, e § 95, Anm. 2, e HÉMARD-TERRÉ-MABILAT, *ob. cit.*, vol. I, pág. 780.

Nesse caso, o acto de designação — que será, normalmente, uma deliberação dos accionistas — é anti-estatutário e, por isso, anulável [CSC, art. 58º, nº 1, al. *a*)] ([9]).

VII — Finalmente, pode dar-se o caso de o acto de designação respeitar os estatutos, mas contrariar a lei. Então, a sanção aplicável é a que decorre das regras gerais sobre deliberações com objecto ilegal ([10]).

([9]) Cf. Luís Brito Correia, *Direito Comercial,* 1989-90, vol. III, pág. 334.
([10]) Cf. id., *ibid.,* pág. 331 e segs..

CAPÍTULO IV

**Presidente do conselho de administração,
vice-presidente e secretário**

I – O conselho de administração pode ter um número de membros maior ou menor, consoante a vontade dos accionistas. Mas, quando esse número seja elevado, torna-se necessário ou conveniente que alguém esteja especialmente encarregado de o convocar, dirigir as reuniões, elaborar a acta, promover a execução das deliberações tomadas, etc..
Por isso, é frequente os estatutos de sociedades anónimas preverem a eleição de um presidente do conselho de administração.

II – Na *Alemanha, antes de 1937*, a doutrina admite que a direcção composta por vários membros tenha um presidente ("Vorsitzender"), um vice-presidente, um secretário, um tesoureiro, etc.. Mas não refere qualquer obrigação legal nesse sentido, nem quaisquer poderes especiais desses membros, cujo regime pode resultar dos estatutos ou de deliberação da assembleia geral ([1]).
Diversamente, o *AktG 1937* dispõe que "se forem nomeadas várias pessoas para o directório, o conselho de vigilância pode designar um membro para presidente do directório" (§ 75, Abs. 2). E acrescenta que "se for nomeado um membro do directório para presidente do directório, este decide em caso de empate, caso os estatutos não determinarem o contrário" (§ 70, Abs. 2, S. 2) ([2]). Trata-se de uma manifestação do princípio do chefe ("Fuehrerprinzip").

([1]) Cf. K. LEHMAN, *Das Recht der Aktiengesellschaften*, vol. II, pág. 232, e WIELAND, *Handelsrecht*, Muenchen, 1931, vol. II, pág. 129.
([2]) Cf. SCHLEGELBERGER-QUASSOWSKI, *AktG*, § 70, Anm. 13-18, § 75, Anm. 8.

O *AktG 1965* mantém a possibilidade de nomeação do presidente do directório (§ 84), mas não permite que os estatutos estipulem que um ou mais membros do directório possam decidir as divergências de opinião dentro dele contra a maioria dos seus membros (§ 77, Abs. 1). A doutrina entende que este preceito permite a atribuição pelos estatutos ao presidente ou a outro membro de voto de desempate, excepto no caso de o directório ter apenas dois membros ([3]).

III – Em *França*, a *Lei de 24.7.1867* apenas dispunha que os mandatários, que administram a sociedade, "podem escolher de entre eles um director, ou, se os estatutos o permitirem, substituir-se por um mandatário estranho à sociedade e por quem eles são responsáveis perante ela" (art. 22º, nº 2). Na prática, apareceram vários personagens com funções diversas: presidente do conselho de administração, administrador-delegado, director geral, directores técnicos, mandatários substitutos, etc.. O presidente do conselho de administração presidia às reuniões deste e da assembleia geral.

O administrador-delegado estava encarregado da direcção dos negócios sociais; por vezes, era também presidente do conselho de administração. O director geral, escolhido quer pela assembleia quer pelo conselho, era encarregado da administração corrente; mais frequentemente, não era membro do conselho. Os directores técnicos eram já empregados superiores da sociedade ([4]).

A *Lei fr de 16.11.1940,* inspirada aparentemente no AktG 1937 e no "Fuehrerprinzip", promoveu a concentração dos poderes nas mãos de um só, ao dispor que "o presidente do conselho de administração desempenha as funções de director geral, ou, não sendo assim, o director geral exerce as suas funções por conta e sob a responsabilidade do presidente do conselho de administração" (art. 2º, nº 1); "nenhum outro membro do conselho de administração pode ser investido nas funções de direcção da sociedade" (art. 2º, nº 2) ([5]).

Estas regras foram muito criticadas e, por isso, foram modificadas pela *Lei fr de 4.3.1943*. Não põe em causa o princípio da acumulação das funções de presidente do conselho de administração e de director geral,

---

([3]) Cf. MERTENS, in *Koelner Kommentar AktG*, § 84, Anm. 55 e 56, e GESSLER--HEFERMEHL, *AktG Kommentar*, § 77, Anm. 7 e 8 e § 84, Anm. 58-60.

([4]) Cf. HÉMARD-TERRÉ-MABILAT, *ob. cit.*, vol. I, pág. 828 e seg..

([5]) Cf. HÉMARD-TERRÉ-MABILAT, *ob. cit.*, vol. I, pág. 829 e seg..

mas define o director geral substituto do presidente como um administrador ou mandatário escolhido pelo conselho (e não pelo presidente e sob sua responsabilidade) para assistir o presidente ([6]).

A *Lei fr de 24.7.1966* manteve a orientação anterior, reforçando mais o papel do presidente do conselho de administração. O presidente é eleito pelo conselho de administração de entre os seus membros (art. 110º, nº 1), tem plenos poderes para agir em nome da sociedade, sem prejuízo dos poderes legais (especiais) do conselho de administração e da assembleia geral, e assume, sob sua responsabilidade, a direcção geral da sociedade (art. 113º, na redacção da Lei nº 67-559, de 12.7.1967). Deste modo, o presidente do conselho de administração passa a ter poderes próprios, decorrentes da lei (e não apenas estatutários ou delegados pelo conselho) ([7]).

No silêncio da lei, e mesmo dos estatutos, admite-se que o conselho de administração escolha um vice-presidente e um secretário ([8]).

IV – Na *Itália*, o CCom de 1882 não previa, mas o CCiv it de 1942 prevê expressamente, a figura do presidente do conselho de administração, limitando-se, porém, a estabelecer que ele deve ser escolhido pelo conselho de entre os seus membros, se não for nomeado pela assembleia (art. 2380º, nº 4). Mas a lei não dispõe sobre as suas atribuições, que são geralmente a convocação do conselho, a direcção das suas reuniões, o controlo e a assinatura das actas. Frequentemente, os actos constitutivos atribuem ao presidente do conselho a representação da sociedade; tal atribuição não vale, porém, como delegação no presidente dos poderes deliberativos que competem colegialmente ao conselho, pelo que o presidente, embora vinculando a sociedade, é responsável pelos danos que eventualmente cause à sociedade ao exercer a representação sem poderes deliberativos ([9]).

É discutido se, no silêncio da lei, o acto constitutivo pode prever a nomeação de um vice-presidente com funções próprias. Mas é usualmente admitida a cláusula estatutária a prever que o presidente do con-

---

([6]) Cf. HÉMARD-TERRÉ-MABILAT, *ob. cit.*, vol. I, pág. 830.
([7]) Cf. HÉMARD-TERRÉ-MABILAT, *ob. cit.*, vol. I, pág. 831 e segs. e 848 e segs., e GOURLAY, *ob. cit.*, pág. 116 e segs..
([8]) Cf. GOURLAY, *ob. cit.*, pág. 122.
([9]) Cf. BONELLI, *Gli amministratori di società per azioni*, pág. 22 e segs., e FRÈ, *Società per azioni*, pág. 433.

selho seja substituído, nas suas faltas e impedimentos, pelo vice-presidente ([10]).

V – A – Em *Portugal, antes do CSC*, a lei não faz qualquer referência ao presidente do conselho de administração, entendendo-se que é lícito os estatutos preverem a sua eleição e regularem o seu regime. E os estatutos fazem-no com relativa frequência.

B – O *CSC* impõe a existência de um presidente do conselho de administração (art. 395º, nº 2), que poderá ser designado pela colectividade dos accionistas (por ocasião da eleição do conselho de administração), se o contrato assim o estipular (art. 395º, nº 1), ou, na falta de cláusula contratual nesse sentido, será escolhido pelo próprio conselho de administração (art. 395º, nº 2).

O presidente do conselho de administração tem, naturalmente, de ser administrador — embora o CSC não o diga expressamente.

Sobre a competência do presidente do conselho de administração, o CSC limita-se a estabelecer que o conselho de administração pode ser convocado pelo seu presidente, ou também por outros dois administradores (CSC, art. 410º, nº 1); e que as notificações ou declarações de um administrador cujo destinatário seja a sociedade devem ser, em regra, dirigidas ao presidente do conselho de administração (CSC, art. 408º, nº 4).

O presidente do conselho de administração não tem poderes próprios de gestão nem de representação da sociedade: só os terá se o conselho de administração lhos delegar, como noutro administrador qualquer (CSC, art. 405º a 408º).

O conselho pode deliberar mesmo que não esteja presente o seu presidente: basta que esteja presente ou representada a maioria dos seus membros (CSC, art. 410º, nº 4).

As deliberações são tomadas por maioria dos votos dos administradores presentes ou representados e dos que, caso o contrato o permita, votem por escrito (CSC, art. 410º, nº 7), tendo o presidente do conselho de administração voto de qualidade (voto de desempate) só se o contrato lho atribuir (CSC, art. 395º, nº 5).

Assim, o presidente do conselho de administração pode ter um papel mais ou menos importante na sociedade, consoante o que os accio-

---

([10]) Cf. BONELLI, *ob. cit.*, pág. 22, nota 36.

nistas ou o conselho de administração deliberarem. Tanto pode ser o personagem mais importante da sociedade, como um simples "primus inter pares".

O CSC não prevê a figura do vice-presidente do conselho de administração. Mas nada impede que os estatutos o admitam e que, no silêncio dos estatutos, o próprio conselho o designe. Aliás, o CSC permite que o presidente do conselho de administração, escolhido pelo próprio conselho, seja substituído por este a qualquer tempo (art. 395º, nº 2).

No silêncio da lei e, porventura, também dos estatutos, pode o conselho de administração designar um secretário, para redigir as actas.

CAPÍTULO V

Representação voluntária de administradores

I – O *CCom* não faz qualquer referência à possibilidade de os administradores (ou a "direcção") se fazerem representar no exercício das suas funções, nomeadamente pedindo a um outro administrador (ou a um terceiro) que vote por ele em certa reunião do conselho de administração em que aquele não quer (por qualquer motivo) estar presente.

É muito duvidoso que deva aplicar-se a estes casos – que não devem confundir-se com a delegação de poderes do conselho num dos seus membros – o disposto no art. 172º, § 2º, do CCom.

Há quem considere que "os cargos sociais só podem ser exercidos pelas próprias pessoas para eles eleitas, e não por quaisquer outras em sua representação" (¹), sem excepções.

A questão deve resolver-se por aplicação do regime do mandato (CCiv, art. 1165º, que remete para o art. 264º), donde resulta que o mandatário "só pode fazer-se substituir por outrem se o representado o permitir ou se a faculdade de substituição resultar do conteúdo da procuração ou da relação jurídica que a determina" (²). Não parece que da simples designação do administrador possa resultar a faculdade de substituição. Por isso, parece necessária permissão do mandante, que pode resultar dos estatutos, mas também, no silêncio destes, de deliberação da assembleia geral (³).

(¹) Cf. BARBOSA DE MAGALHÃES, *Indivisibilidade e Nulidade de um Negócio Jurídico de "Sindicato de Voto"*, Lisboa, 1956, pág. 20 e seg.

(²) A solução era semelhante em face do CCiv de 1867, art. 1342º.

(³) Sobre o assunto, cf. J. e E. ESCARRA-RAULT, *Les Sociétés Commerciales*, t. IV, pág. 225 e segs.; HÉMARD-TERRÉ-MABILAT, *Sociétés Commerciales*, vol. I, pág. 828 e segs., CCiv it, art. 2381º, e BONELLI, *Gli amministratori*, pág. 41 e segs.,

II – O *CSC* resolve expressamente o problema posto.

A – Segundo o art. 391º, nº 6, "não é permitido aos administradores fazerem-se representar no exercício do seu cargo, a não ser no caso previsto no artigo 410º, nº 5, e sem prejuízo da possibilidade de delegação de poderes nos casos previstos na lei".

O princípio fundamental é que os administradores – cada um dos administradores, só por si – não podem fazer-se representar no exercício do seu cargo. Compreende-se que assim seja, uma vez que a designação de administradores é um acto "intuitu personae" – uma escolha que atende às qualidades pessoais do escolhido – e seria estranho que este utilizasse a sua qualidade apenas ou predominantemente para se fazer substituir.

Todavia, a impossibilidade absoluta de substituição também seria inconveniente. Por isso, a lei autoriza que o contrato de sociedade permita "que qualquer administrador se faça representar numa reunião por outro administrador, mediante carta dirigida ao presidente, mas cada instrumento de representação não pode ser utilizado mais do que uma vez" (CSC, art. 410º, nº 5).

Note-se que esta possibilidade de substituição depende de cláusula contratual expressa – o que corresponde ao princípio geral que vigora no âmbito da representação, seja por procuração (CCiv, art. 264º), seja por mandato (CCiv, art. 1165º).

Por outro lado, a substituição só é possível dentro de limites estreitos. Primeiro, para uma reunião, não podendo o instrumento de representação ser utilizado mais de uma vez: se for necessária substituição em várias reuniões, é preciso emitir outros tantos instrumentos (cartas mandadeiras). Segundo, o administrador só pode fazer-se substituir por outro administrador (anteriormente designado pelos accionistas).

Em todo o caso, a forma da concessão de poderes é relativamente simplificada: basta uma simples carta dirigida ao presidente do conselho de administração.

B – Não deve, porém, confundir-se esta representação voluntária de cada administrador pessoa singular com a representação necessária da pessoa colectiva nomeada administrador.

Segundo o CSC, "os administradores devem ser pessoas singulares [...]" (art. 390º, nº 3). Mas, transigindo com a prática anterior ao

CSC (^{4}), o art. 390º, nº 4, acrescenta que "se uma pessoa colectiva for designada administrador, deve nomear uma pessoa singular para exercer o cargo em nome próprio; a pessoa colectiva responde solidariamente com a pessoa designada pelos actos desta" (art. 390º, nº 4).

C — Não deve também confundir-se a representação de cada administrador, pela qual cada um abdica, em certa medida, do cargo de que foi incumbido, com a delegação de poderes.

A *delegação* de poderes corresponde à atribuição pelo conselho de administração — pelo órgão, no seu conjunto — de uma parte dos seus poderes a um ou mais dos seus membros. Trata-se aí de um modo de exercício das funções do órgão que pode ser conveniente ou necessário, embora sujeito a certos limites.

Com efeito, a lei admite a possibilidade de delegação de poderes "nos casos previstos na lei" (CSC, art. 391º, nº 6).

E estes casos são os referidos nos art. 407º e 408º, nº 2, do CSC, relativos à delegação de poderes de gestão e de poderes de representação, respectivamente — matéria que será abordada no capítulo seguinte.

D — Tão-pouco deve confundir-se a representação de cada administrador, nem a delegação de poderes do conselho de administração, com a representação da sociedade através de procuradores da sociedade, nos termos gerais do direito civil e comercial.

Há motivos de interesse público ou particular para restringir a possibilidade de representação de cada administrador e a delegação de poderes do conselho de administração — motivos ligados à organização interna da sociedade, para protecção dos sócios, dos próprios administradores e de terceiros. Mas nada impede que a sociedade, como pessoa colectiva, se apresente perante terceiros, não só através dos seus órgãos representativos (designados nos termos da lei e do contrato de sociedade), mas também, quando necessário ou conveniente, através de representantes (por substituição de vontades) nomeados pelo órgão social competente.

A possibilidade de nomeação de representantes, procuradores ou mandatários da sociedade (não dos seus órgãos, nem dos membros des-

---

(^{4}) Não já quanto a sociedades por quotas (art. 252º, nº 5), no seguimento do proposto por FERRER CORREIA-VASCO XAVIER-ANTÓNIO CAEIRO-MARIA ÂNGELA COELHO, "Sociedade por quotas de responsabilidade limitada — Anteprojecto", in *RDE,* ano III, 1977, nº 2, pág. 370 (art. 85º, nº 1).

tes) depende apenas da capacidade jurídica da sociedade (CSC, art. 6º) e está expressamente prevista na lei quanto às chamadas formas locais de representação (CSC, art. 13º). Pode invocar-se neste sentido também o disposto no art. 252º, nº 6, relativo às sociedades por quotas.

Trata-se, porém, de matéria que não interessa agora aprofundar.

CAPÍTULO VI

Administradores-delegados e comissão executiva

I – Há diversas circunstâncias em que se torna necessário ou conveniente o conselho de administração, como tal, fazer-se substituir no exercício da sua competência por um ou mais dos seus membros.

Nuns casos, trata-se de praticar actos de gestão corrente da sociedade, para que é dispensável o concurso de todos os seus membros reunidos; noutros casos, trata-se de negócios mais ou menos complexos em local distante, a que não podem deslocar-se todos os membros; noutros ainda, trata-se de praticar operações materiais ou actos jurídicos de execução de deliberações tomadas em conselho, que, por natureza, têm de ser realizadas por uma ou poucas pessoas físicas.

Para isso foram concebidas as figuras dos administradores-delegados e da comissão executiva, ambas assentes numa delegação de poderes.

II – Chama-se delegação (delegação de poderes ou delegação de competência) ao acto pelo qual um órgão de uma pessoa colectiva confere uma parte dos seus poderes a um ou vários membros do mesmo órgão.

É um modo de substituição de um órgão plural por um ou mais dos seus membros, no exercício de parte das suas funções.

Se a delegação é concedida a um ou vários administradores para ser exercida disjunta ou conjuntamente, fala-se de administradores-delegados; se é concedida a vários administradores para a exercerem colegialmente, fala-se de comissão executiva.

III – É discutida na doutrina a natureza da delegação de poderes.
Alguns autores sustentam que se trata de um mandato do órgão a um seu substituto (¹) – uma espécie de substabelecimento. Mas para quem entenda que a relação entre o órgão ou os seus membros e a pessoa colectiva não deve qualificar-se como mandato – por motivos acima referidos –, a atribuição dos poderes de um órgão, no seu conjunto, a um dos seus membros também não se configura como um verdadeiro mandato. O delegado não é mandatário do órgão, nem substabelecido da pessoa colectiva.

Aliás, o CSC, do mesmo passo que restringe a possibilidade de delegação de poderes (art. 391º, nº 6, e 407º), admite facilmente a nomeação de mandatários ou procuradores (art. 391º, nº 7) – o que confirma a diferença de natureza dessas figuras, para além de diferenças de regime (a nomeação de mandatários é um acto de representação da sociedade perante terceiros por quem tiver poderes para tal, enquanto a delegação é um acto interno de gestão, objecto de deliberação do conselho de administração).

Outros autores entendem que os delegados são órgãos autónomos da pessoa colectiva, ao lado do órgão delegante (²). Mas não parece que seja assim, porque o órgão delegante pode modificar os actos do delegado, e não o inverso.

Outros ainda consideram que se trata simplesmente de administradores dotados de maiores poderes que os restantes membros do conselho de administração (³). Mas esta solução não é exacta, porque os poderes recebidos pelos administradores-delegados são poderes do conselho de administração, não dos demais administradores individualmente considerados.

(¹) Cf. VAVASSEUR, *Traité des sociétés civiles et commerciales*, 1883, vol. II, pág. 28; THALLER-PIC, *Traité général théorique et pratique de Droit Commercial – Des sociétés commerciales*, 1911, vol. II, pág. 576; ESCARRA-RAULT, *Traité*, t. IV, pág. 194 e seg.; BRUNETTI, *Trattato del Diritto delle Società*, Milão, 1948, vol. II, pág. 370; HOUPIN-BOSVIEUX, *ob. cit.*, vol. II, pág. 275; CUNHA GONÇALVES, *Comentário*, vol. I, pág. 424,e ALMEIDA LANGHANS," Poderes de gerência nas sociedades comerciais", in *ROA*, ano 11º, 1951, nº 1 e 2, pág. 132 e 136.

(²) Cf. FANELLI, *La Delega di Potere Amministrativo*, pág. 21 e segs., e GARRIGUES-URIA, *Comentario a la Ley de Sociedades Anónimas*, 3ª ed., 1976, vol. II, pág. 133.

(³) Cf. FIORENTINO, *Gli organi delle società di capitali*, Nápoles, 1950, pág. 126, nota 50.

Há também quem considere que a delegação de poderes de administração tem a mesma natureza que a delegação administrativa ou delegação de funções do direito administrativo ([4]). Há, todavia, diferenças significativas entre as duas figuras. Nomeadamente, só quem tenha a qualidade de administrador pode ser delegado, enquanto se admite, na delegação administrativa, que o delegado possa ser um outro órgão ou um agente ([5]).

Mais acertada, em face do direito português, parece ser a ideia de que os delegados são órgãos da pessoa colectiva, previstos na lei (como facultativos) ou nos estatutos (como facultativos ou obrigatórios), cujos membros são designados pelo órgão de que ficam a depender ([6]). São o que pode chamar-se de sub-órgãos.

Têm parte dos poderes do órgão delegante, dentro dos limites definidos no acto de delegação.

Discute-se na doutrina se o órgão delegante mantém ou perde os poderes que delega, sendo a doutrina dominante no sentido de que mantém tais poderes, cumulativamente com o delegado, como se verá.

Cria-se assim uma situação de subordinação do delegado ao delegante, na medida em que este pode modificar os actos daquele.

Em qualquer caso, perante terceiros, os actos do delegado vinculam a pessoa colectiva, tendo pois o mesmo alcance e efeitos que os actos do delegante ([7]).

IV – A delegação de poderes envolve uma alteração profunda da organização da sociedade, uma vez que se traduz na criação de um novo órgão (ou sub-órgão), sendo as funções de cada órgão, como tais, intransmissíveis, em princípio. Por isso, a doutrina entende que ela tem

---

([4]) Cf. PINTO FURTADO, *Código Comercial Anotado*, vol. II, t. I, pág. 318, e "Recurso contencioso dos actos praticados mediante competência conferida por delegação", in *Rev. Jurisp.*, vol. I, pág. 385 e segs..

([5]) Cf. MARCELLO CAETANO, *Manual de Direito Administrativo*, 10ª ed., vol. I, pág. 226 e segs..

([6]) Cf. F. RODRIGUEZ ARTIGAS, *Consejeros Delegados, Comissiones Ejecutivas y Consejos de Administración*, Madrid, Ed. Moncorvo, 1971, pág. 411 e segs.; A. CRISTÓBAL-MONTES, *La administracion Delegada de la Sociedad Anónima*, Pamplona, 1977, pág. 149 e segs., e F. BONELLI, *Gli Amministratori di Società per Azioni*, pág. 46.

([7]) Para maiores desenvolvimentos, cf. A. CRISTÓBAL-MONTES, *ob. cit.*, pág. 160 e segs..

carácter excepcional, só sendo permitida na medida em que a lei a autorize.

E deste carácter excepcional decorre a inadmissibilidade da subdelegação de poderes pelo administrador-delegado ou pela comissão executiva – que nenhuma lei permite, nem sequer mediante cláusula estatutária ([8]).

Em Portugal, estes princípios podem considerar-se acolhidos no art. 391º, nº 6, do CSC.

V – A figura da delegação de poderes correspondia a uma prática frequente, em *França*, antes da Lei de 1940 ([9]).

A lei de 1966 (como já a Lei de 1940) faz referência à delegação do conselho de administração apenas para o caso de impedimento temporário ou morte do presidente do conselho de administração (art. 112º). E compreende-se essa situação, na medida em que a própria lei atribui ao presidente as funções de representação e de direcção geral da sociedade (art. 113º) ([10]) – ou seja, as funções que, em Portugal, como noutros países, são habitualmente conferidas ao(s) administrador(es)--delegado(s).

Assim, em França, o administrador-delegado é apenas um substituto temporário do presidente do conselho de administração: os poderes do administrador-delegado assemelham-se aos poderes (legais) do presidente do conselho de administração, tendo o conselho de administração, nesse caso, apenas um poder de designação (não de delegação), semelhante ao da assembleia geral relativamente aos administradores. Por isso, os administradores não delegados não têm qualquer poder de direc-

---

([8]) Neste sentido, cf. THALLER, *Traité élémentaire de Droit Commercial*, Paris, 1931, pág. 418; FANELLI, *La Delega*, pág. 60; DETTI,"Organi amministrativi delle società capitalistiche. Mandatario con rappresentanza e procura a terzi", in *Riv. Not.*, 1966, pág. 811; GIULIANI,"Comentario a la sentencia de la S.C. de 25 de enero de 1965", in *Riv. Not.*, 1965, pág. 1032; GARRIGUES-URIA, *Comentario a la Ley de sociedades anonimas*, vol. II, pág. 141; J. L. IGLESIAS PRADA, *Administracion y Delegacion de Faculdades en la sociedad anonima*, Madrid, 1971, pág. 317 e segs.; VAN RYN, *Principes de Droit Commercial*, Bruxelles, vol. I, 1954, pág. 409; MEYER, *Die rechtliche Stellung des Delegierten des Verwaltunsrats*, Zuerich, 1945, pág. 44, e HOLZACH, *Der Ausschuss des Verwaltungsrats der Aktiengesellschaft und die Haftungsverhaeltnisse bei Verwaltungsrats internen Delegierungen*, Basel, 1960, pág. 65 e seg..

([9]) Cf. ESCARRA-RAULT, *Traité*, vol. IV, pág. 195 e 225 e segs..

([10]) HÉMARD-TERRÉ-MABILAT, *Sociétés Commerciales*, vol. I, pág. 839 e segs., e RIPERT-ROBLOT, *Traité*, vol. I, pág. 891 e seg..

ção sobre o administrador-delegado, como o não têm sobre o presidente do conselho de administração ([11]) ([12]).

VI — Na *Alemanha* a doutrina prefere falar a este propósito de repartição de funções ("Geschaeftsverteilung").

A disposição fundamental sobre esta questão consta do § 77 do AktG, segundo o qual "se a direcção for composta por várias pessoas, só conjuntamente têm os membros da direcção poder de gestão. Os estatutos ou o regimento da direcção podem dispor diversamente, mas não podem dispor que um ou vários membros da direcção decidam divergências de opinião na direcção contra a maioria dos seus membros".

Em face deste preceito, entende a generalidade da doutrina ([13]) que a organização interna da direcção foi deixada amplamente à disposição da sociedade. O § 77 do AktG parte do princípio da atribuição de poderes de gestão ("Geschaeftsfuehrungsbefugnisse") por igual a todos os membros da direcção. Mas pode estipular-se de modo diferente. E DOSE refere dois grupos de soluções possíveis:

a) Os membros da direcção podem participar nas actividades do órgão:
— através de deliberação colegial maioritária (derrogando a regra legal da unanimidade);
— através de actuação conjunta (A e B, ou A com outro qualquer membro, etc.);
— através da actuação disjunta (A sozinho; ou B e C em conjunto; ou A sozinho e os outros membros em conjunto);

b) Podem ser limitadas parcialmente as funções de determinados membros da direcção, de modo que não participem em todos os

---

([11]) Cf. ESCARRA-RAULT, *Traité Théorique et Pratique de Droit Commercial — Les Sociétés Commerciales*, t. IV, pág. 231 e seg., que consideram mesmo que é erro de terminologia falar de delegação nesse caso, quando se trata verdadeiramente de uma designação.

([12]) É certo que o art. 90º do Dec de 1967 permite que o conselho de administração confira a um ou vários dos seus membros ou a terceiros, accionistas ou não, quaisquer mandatos especiais para um ou vários objectos determinados — o que RIPERT--ROBLOT, *Traité*, vol. I, pág. 892 (nº 1301-1), chamam "delegação de poderes". Mas parece tratar-se aí de um vulgar mandato e não de uma delegação em sentido próprio, pois que pode ser conferido a terceiros, não administradores.

([13]) Recolhida e aprofundada por DOSE, *Die Rechtsstellung der Vorstandsmitglieder einer Aktiengesellschaft*, pág. 32 e segs. e sobretudo pág. 47 e segs..

actos da competência da direcção, mas só em alguns deles (segundo o chamado sistema departamental ou de pelouros – "Ressortsystem").

Estas soluções técnico-jurídicas podem adaptar-se facilmente a uma repartição de poderes por funções empresariais (aprovisionamento, produção, vendas, finanças, investigação e administração), ou por produtos, ou por clientes ([14]).

Reconhece-se geralmente que o funcionamento da direcção por consenso não é utilizável na prática para muitos actos de administração: há muitos destes actos que se consideram, por natureza, inadaptados à regra legal do consenso ([15]).

Observa-se também que o processo de decisão envolve várias fases sucessivas: *a*) colocação do problema; *b*) recolha de dados; *c*) discussão e consultas; *d*) tomada de deliberações (votação). A colocação dos problemas e a recolha de dados pode fazer-se dentro da direcção ou abaixo dela, normalmente sem observância de regras jurídicas estritas e com eventual repartição de tarefas. A discussão e tomada de decisão beneficia com a dinâmica de grupo e, por isso, considera-se que cada membro da direcção deve participar na discussão e na tomada de deliberação, excluindo a lei que um director possa decidir contra a maioria (AktG, § 77-I-2); admite-se, em todo o caso, a atribuição ao presidente de voto de desempate ([16]). As alterações pela direcção ao seu próprio regimento é que têm de ser deliberadas por unanimidade (AktG, § 77-II-3) ([17]).

Na prática, é frequente a repartição de poderes de direcção entre os vários directores (por pelouros).

Pode pretender-se com isso afastar certos directores da decisão sobre assuntos dos pelouros dos outros, sem lhes retirar o poder de o fazer.

Mas, mais frequentemente (e mesmo presumivelmente), pretende-se com isso afastar certos directores dos pelouros dos outros, reservando o poder-dever de decisão para cada director no seu pelouro (com exclusão do poder dos outros). Neste caso, a posição de cada director é reforçada quanto ao seu pelouro (em que só ele decide), mas enfraque-

---

([14]) Cf. DOSE, *ob. cit.*, pág. 52.
([15]) Cf. DOSE, *ob. cit.*, pág. 52.
([16]) Cf. DOSE, *ob. cit.*, pág. 52 e seg..
([17]) Cf. DOSE, *ob. cit.*, pág. 55 e seg..

cida quanto aos pelouros dos outros (em que ele não pode decidir só por si) ([18]).

Entende-se, contudo, que, mesmo neste caso, se mantém a competência e responsabilidade da direcção, como órgão para deliberar sobre matérias de certo pelouro. E considera-se, por isso, que cada director tem o direito e a obrigação de vigiar ou fiscalizar ("ueberwachen") a actividade dos outros directores, no âmbito dos respectivos pelouros ([19]). Deste modo, a repartição de funções de gestão significa uma distinção entre actividades executivas e de vigilância.

E isso tem consequências também quanto à responsabilidade: no âmbito do seu pelouro, um director responde pela realização de uma acção, pelo modo da execução e porventura até pelo resultado; fora do seu pelouro, um director pode desculpar-se, caso tenha observado atentamente o comportamento geral do outro director e não tenha podido descobrir qualquer falta, não sendo responsável pelo modo da execução, nem pelo resultado. A repartição de pelouros envolve assim uma atenuação da responsabilidade do director por actos do pelouro de outro ([20]).

Em todo o caso, há matérias que, por força da lei, não podem ser retiradas da competência da direcção ou de certo director para serem atribuídas a outro director.

É o que se passa, por exemplo, com as funções do director do trabalho, expressamente previstas no MitbestG, discutindo a doutrina o regime de várias funções (escrituração, apresentação do balanço, obrigações em caso de perdas, excesso de dívidas e impossibilidade de pagamento, etc.) ([21]).

([18]) Caso o estatuto e o regimento da direcção não prevejam uma repartição de funções entre os directores, estes podem, apesar disso, reparti-las entre si informalmente; mas tal repartição não os exonera da responsabilidade por todos os negócios sociais (cf. GESSLER- HEFERMEHL, *AktG-Kommentar*, Bd. II, § 77, Anm. 19).

([19]) Cf. DOSE, *ob. cit.*, pág. 57, que cita, no mesmo sentido, MEYER-LANDRUT, in *Grosskomm. AktG*, § 77, Anm. 3 (2f.); MERTENS, in *Koelner Komm*, § 77, Anm. 11 e 15; SCHLEGELBERGER-QUASSOWSKI, *Kommentar zum AKG*, 3. Aufl., 1939, § 70, Anm. 11; GODIN-WILHELMI, *Komm. zum AktG*, 2. Aufl., 1950, § 82, Anm. 8 a. E., RGZ Urt. de 3.2.1920, vol. 98, pág. 98 e segs. (100) para GmbH, e BAUMBACH-HUECK, *Komm. zum AktG*, 13. Aufl., § 77, Anm. 2, 4.

([20]) Cf. DOSE, *ob. cit.*, pág. 75. O direito de vigilância pode ser reforçado quanto a certo director (v. g., o presidente), mas não diminuído.

([21]) Cf. DOSE, *ob. cit.*, pág. 58 e segs..

A doutrina estuda, em particular, os poderes específicos do presidente da direcção ([22]).

Quanto aos poderes de representação da direcção, o direito alemão considera que eles são ilimitados e ilimitáveis (AktG, § 82-I), salvo em casos excepcionais previstos na lei (v. g., quando o representante ou quando o terceiro agem em conjunto em prejuízo da sociedade representada ou quando o terceiro sabia que o representante estava a abusar dos seus poderes) ([23]).

Assim, não podem ser limitados ou excluídos os poderes de representação de nenhum director ([24]).

A lei alemã prevê expressamente a possibilidade de os membros da direcção com poderes para representarem conjuntamente a sociedade delegarem num deles poderes para praticar determinados negócios ou determinadas espécies de negócios (§ 78 - IV). Tal delegação pode, aliás, depender de autorização do conselho de vigilância (§ 111-IV-2).

A doutrina considera, todavia, que esta delegação significa um alargamento do poder legal de representação (conjunto) para um poder de representação disjunto com um âmbito limitado, que nas suas consequências não se distingue de uma procuração ([25]). Tal delegação não pode, porém, abranger poderes gerais de representação ou sequer poderes para praticar quaisquer negócios de valor inferior a certo montante ([26]).

VII – Diversamente, na *Itália*, o CCiv it de 1942 adoptou o sistema monista de organização, não atribuindo poderes especiais ao presidente do conselho de administração, pelo que a figura do administrador-delegado (como a da comissão executiva) está expressamente referida na lei (art. 2381º) e é frequente na prática.

Diz o art. 2381º do CCiv it que "o conselho de administração, se o acto constitutivo ou a assembleia o consentirem, pode delegar as suas atribuições numa comissão executiva composta por alguns dos seus membros ou num ou mais dos seus membros, determinando os limites da

---

([22]) Cf. DOSE, *ob. cit.*, pág. 70 e segs..
([23]) Cf. DOSE, *ob. cit.*, pág. 80.
([24]) Cf. DOSE, *ob. cit.*, pág. 89 e segs..
([25]) Neste sentido, cf. H. J. MERTENS in *Koelner Kommentar zum AktG*, § 78, Anm. 35 (citando, no mesmo sentido, BRODMANN, FRELS, GODIN-WILHELMI, SCHILLING, SCHMIDT-MEYER-LANDRUT, etc.).
([26]) Cf. H. J. MERTENS, *ob. cit.*.

delegação. Não podem ser delegadas as atribuições indicadas nos art. 2423º, 2443º, 2446º e 2447º''.

A maioria da doutrina italiana entende que o conselho de administração que delega poderes conserva uma competência concorrente e superior à dos delegados, podendo revogar ou impedir os actos (prejudiciais) objecto da delegação e dar instruções aos delegados ([27]).

Embora a lei não estabeleça expressamente esta cumulação de competências, entende-se que ela decorre do art. 2392º, nº 2, do CCiv it, que estabelece a responsabilidade solidária de todos os administradores, "se não vigiaram o andamento geral da gestão ou, conhecendo os actos prejudiciais, não fizeram quanto podiam para impedir a sua realização ou para eliminar ou atenuar as suas consequências danosas".

Em todo o caso, a delegação exclui a responsabilidade solidária dos administradores delegantes pela inobservância dos deveres relativos ao exercício das atribuições delegadas ([28]).

Na verdade, o art. 2392º, nº 1, do CCiv, dispõe que "os administradores [...] são solidariamente responsáveis perante a sociedade pelos danos derivados da inobservância de tais deveres (legais e estatutários), a menos que se trate de atribuições próprias da comissão executiva ou de um ou mais administradores".

"Consequentemente, entende-se que, àparte a responsabilidade — que evidentemente subsiste — pelas funções não delegadas, os administradores respondem só pela falta do exercício da vigilância sobre o andamento geral da gestão delegada, ou por não terem feito quanto podiam para impedir a realização de actos prejudiciais ou para lhes eliminar, ou mesmo só atenuar, as consequências danosas'' ([29]).

"Esta atenuação da responsabilidade dos administradores delegantes subsiste só se a delegação for consentida pelos sócios (no acto

---

([27]) Neste sentido, cf. FERRI, *Le Società*, pág. 501 e segs.; GALGANO, *Diritto Commerciale*, vol. II, pág. 330; FANELLI, *La Delega di Potere Amministrativo*, pág. 18; GRAZIANI, *Diritto delle Società*, 5ª ed., pág. 383; MINERVINI, *Gli Amministratori*, pág. 440 e segs.; FERRARA JR., *Imprenditori e Società*, pág. 483; CAGNASSO, *Gli organi delegati nelle società per azioni*, Torino, 1976, pág. 120 e segs., e 131 e segs.; FRÈ, *Società per Azioni*, pág. 436, e F. BONELLI, *Gli Amministratori*, pág. 41 e seg.. Contra, cf. DEVESCOVI, "Controllo degli amministratori sull' attività degli organi delegati", in *RS*, 1981, pág. 120 e segs..

([28]) Cf. BONELLI, *Gli ammnistratori*, pág. 41.

([29]) Neste sentido, cf. BONELLI, *Gli Amministratori*, pág. 42 e seg. e autores aí citados (ALLEGRI, BORGIOLI, GRIPPO, DALMARTELLO, PORTALE).

constitutivo ou, no silêncio deste, por uma deliberação da assembleia) (v. art. 2381º do CC) [...]; caso contrário, isto é, se falta o consentimento dos sócios, os administradores não podem autolimitar a sua responsabilidade, procedendo a repartições internas de funções – mesmo quando lícitas – no âmbito dos seus membros (as chamadas delegações internas ou atípicas) ou conferindo determinadas funções ou poderes a directores gerais" ([30]).

A diferença entre a hipótese de comissão executiva e a de pluralidade de administradores-delegados consiste em que o primeiro é um órgão colegial, enquanto os segundos agem disjunta ou conjuntamente, conforme o estabelecido nos estatutos ou no acto de delegação ([31]).

A nomeação dos membros da comissão executiva ou dos administradores-delegados e a determinação dos limites da delegação são da competência do conselho de administração (CCiv it, art. 2381º) ([32]).

Se nenhuma limitação for expressamente posta pelo estatuto ou pelo acto de nomeação, a delegação deve considerar-se como compreendendo todos os poderes do conselho, incluindo a representação social, com excepção das atribuições indelegáveis, por força do art. 2381º (redacção do balanço, aumento do capital, atribuições no caso de redução do capital) ([33]).

VIII – Em *Espanha*, a Lei das sociedades anónimas de 1951 adopta um sistema análogo ao italiano, prevendo expressamente que, "quando os estatutos da sociedade não dispuserem outra coisa, o conselho de administração poderá [...] designar do seu seio uma comissão executiva ou um ou mais conselheiros delegados [...]. Em nenhum caso poderá ser objecto de delegação a prestação de contas e a apresentação de balanços à assembleia geral, nem as faculdades que esta conceda ao conselho, salvo se for expressamente autorizado por ela" (art. 77º).

A generalidade da doutrina espanhola entende que o conselho de administração que delega poderes mantém, apesar disso, a totalidade dos seus poderes, passando a haver assim dois (ou mais) órgãos com

---

([30]) Cf. BONELLI ob. cit., pág. 43 e seg..
([31]) Cf. BONELLI, ob. cit., pág. 44 e seg..
([32]) É discutido se esta competência do conselho é exclusiva; cf. BONELLI, ob. cit., pág. 46.
([33]) Cf. BONELLI, ob. cit., pág. 47 e segs..

competência concorrente ou cumulativa ([34]). O órgão delegante pode mesmo modificar ou revogar os actos do delegado (com respeito pelos direitos de terceiros) ([35]).

Em todo o caso, observa-se que, na prática, a experiência e os conhecimentos dos delegados, a sua dedicação à sociedade e a sua inserção no grupo de controlo tornam impossíveis, de facto, os conflitos entre eles e o conselho ([36]).

A Lei esp de 1951 não contém nenhuma referência expressa à questão da responsabilidade dos administradores por actos dos delegados – diversamente do que se passa com o CCiv it.

Todavia, a doutrina considera que compete sempre ao conselho de administração fixar a política geral da sociedade e programar a gestão nas suas linhas gerais (como se deduz do artº 77º-II da Lei esp de 1951), o que implica que lhe incumbe dirigir e controlar a marcha da sociedade para assegurar a correcta aplicação pelos delegados dos planos programados. Consequentemente, a delegação não envolve para o conselho de administração a desvinculação da actividade de gestão, nem exonera os seus membros de responder pela culpa em que incorram os delegados. Os administradores têm a obrigação de participar pessoalmente nas reuniões do conselho de administração e devem desempenhar pessoalmente o seu cargo ([37]).

Decorre também do art. 77º-II da Lei esp de 1951 que compete ao conselho de administração um dever de vigilância sobre a marcha geral da gestão, ainda que não um controlo pormenorizado de todos e de cada um dos actos dos delegados (pois isto envolveria na prática a anulação das vantagens da delegação). O conselho deve também evitar, na medida do possível, o dano que possa derivar da actividade dos delegados ou, pelo menos, reduzi-lo, quando já produzido. Por isso, reconhece-se ao conselho a faculdade de deliberar sobre a matéria objecto de delegação ([38]).

([34]) Neste sentido, cf. A. CRISTÓBAL-MONTES, *La Administración Delegada*, pág. 165 e segs.; F. RODRIGUEZ ARTIGAS, *Consejeros Delegados*, pág. 331 e segs., e J. L. IGLESIAS PRADA, *Administración y Delegación de Facultades en la Sociedad Anonima*, Madrid, Ed. Tecnos, 1971, pág. 283 e segs..

([35]) Cf. A.CRISTOBAL-MONTES, *ob. cit.*, pág. 167; F. RODRIGUEZ ARTIGAS, *ob. cit.*, pág. 334 e segs.,e J. L. IGLESIAS PRADA, *ob. cit.*, pág. 286 e segs..

([36]) Cf. F. RODRIGUEZ ARTIGAS, *ob. cit.*, pág. 335 e segs..

([37]) Cf. F. RODRIGUEZ ARTIGAS, *ob. cit.*, pág. 387 e segs..

([38]) Cf. F. RODRIGUEZ ARTIGAS, *ob. cit.*, pág. 396.

Normalmente, a vigilância exercer-se-á através da informação que o conselho deve obter periodicamente dos delegados, bem como da presença destes nas reuniões do órgão. "Mas o exercício do dever de vigilância não se esgota nesta actuação colegial, posto que, na medida em que o dever de diligência se impõe no art. 79º aos administradores considerados individualmente, pesará sobre eles a obrigação de vigiar a marcha da sociedade ([39]). E, neste sentido, os administradores devem solicitar a convocação do conselho de administração quando observem anomalias na actuação dos delegados, a fim de que o conselho tenha o devido conhecimento disso e possa actuar em consequência, de acordo com as faculdades que este órgão tem com respeito aos delegados ([40]).

Considera-se também que o conselho tem o dever de dar instruções aos delegados, com base nas suas funções de programação ([41]).

IX – A – Em *Portugal*, o CCom não prevê as figuras do administrador-delegado e da comissão executiva.

No entanto, na prática, é frequente a nomeação de administradores-delegados ou de comissões executivas, para exercerem funções de administração corrente da sociedade ou para a celebração de determinados negócios, nos intervalos entre as reuniões (semanais, quinzenais, mensais) do conselho de administração.

A doutrina admite esta prática, entendendo que ela deve ([42]) ou tem de ser prevista pelos estatutos ([43]).

A questão deve resolver-se por aplicação do regime do mandato (CCiv, art. 1165º, que remete para o art. 264º), donde resulta que o mandatário "só pode fazer-se substituir por outrem se o representado o permitir ou se a faculdade de substituição resultar do conteúdo da pro-

---

([39]) Cf. F. RODRIGUEZ ARTIGAS, *ob. cit.*, pág. 398, que neste sentido cita FRÈ, *Società per azioni*, pág. 413, HOLZACH, *Der Ausschuss des Verwaltungsrats*, 1960, pág. 80, e FRELS, "Die Geschaeftsverteilung im Vorstand der Aktiengesellschaft", in *ZHR*, v. 122, H. 1, pág. 28.

([40]) Cf. F. RODRIGUEZ ARTIGAS, *ob. cit.*, pág. 398, e MESTMAECKER, *Verwaltung, Konzerngewalt und Rechte der Aktionaere*, pág. 214.

([41]) Cf. F. RODRIGUEZ ARTIGAS, *ob. cit.*, pág. 399 e segs..

([42]) Cf. CUNHA GONÇALVES, *Comentário*, vol. I, pág. 419 e 424, e ALMEIDA LANGHANS, "Poderes de gerência", in *ROA*, ano 11º, 1951, nº 1 e 2, pág. 161.

([43]) Cf. PINTO FURTADO, *Código*, vol. II, t. I, pág. 314 e seg., e RAÚL VENTURA-L. BRITO CORREIA, "Responsabilidade dos administradores", in *BMJ*, nº 192, pág. 43, não tomam posição clara sobre este problema.

curação ou da relação jurídica que a determina" ([44]). Não parece que da simples designação do administrador possa resultar a faculdade de substituição. Por isso, parece necessária permissão do mandante (neste caso, a sociedade), que pode resultar dos estatutos, mas também, no silêncio destes, de deliberação da assembleia geral ([45]).

B – O *CSC*, relativamente às sociedades anónimas com estrutura monista ([46]), permite expressamente a delegação de poderes "nos casos previstos na lei" (art. 391º, nº 6) – ou seja, em casos limitados, que são, fundamentalmente, os seguintes ([47]).

Quanto a poderes de gestão, permite que o conselho de administração (não um administrador isolado) delegue os seus poderes num ou vários administradores, para se ocuparem de "certas matérias de administração", salvo proibição contratual (CSC, art. 407º, nº 1); admite que o contrato autorize que o conselho de administração (não um administrador isolado) delegue num ou mais administradores ou numa comissão executiva a "gestão corrente da sociedade" (CSC, art. 407º, nº 3), e, quanto a poderes de representação, diz que "o contrato de sociedade pode dispor que esta fique também vinculada por vários negócios celebrados por um ou mais administradores-delegados, dentro dos limites da delegação do conselho" (CSC, art. 408º, nº 2).

Por outras palavras, o art. 407º do CSC permite três modalidades de "delegação de poderes de gestão" pelo conselho de administração:

a) Num ou nalguns administradores (delegados), "para certas matérias de administração";

b) Num ou nalguns administradores (delegados), para a "gestão corrente da sociedade";

c) Numa comissão executiva, para a "gestão corrente da sociedade".

([44]) A solução era semelhante em face do CCiv de 1867, art. 1342º.

([45]) Sobre o assunto, cf. J. e E. ESCARRA-RAULT, *Les Sociétés Commerciales*, t. IV, pág. 225 e segs.; HÉMARD-TERRÉ-MABILAT, *Sociétés Commerciales*, vol. I, pág. 828 e segs., CCiv it, art. 2381º; BONELLI, *Gli amministratori*, pág. 41 e segs.; JUAN LUIS IGLESIAS PRADA, *Administración y Delegacion de Facultades en la Sociedad Anonima*, Madrid, Tecnos, 1971, pág. 137 e segs.; FERNANDO RODRIGUEZ ARTIGAS, *Consejeros Delegados, Comisiones ejecutivas y Consejos de Administración*, Madrid, Montecorvo, 1971, pág. 179 e segs., e ANGEL CRISTÓBAL-MONTES, *La Administración Delegada de la Sociedad Anonima*, Pamplona, Ed. Univ. Navarra, 1977, pág. 129 e segs..

([46]) Quanto a sociedades por quotas, o regime é um pouco diferente (art. 252º, nº 4 e 5, e 261º, nº 2).

([47]) Cf. ILÍDIO DUARTE RODRIGUES, *A Administração*, pág. 89 e seg..

A primeira modalidade é limitada a "certas matérias de administração" e, por isso, é, em princípio, admitida por lei, embora o contrato possa proibi-la.

A segunda e a terceira envolvem uma alteração mais ampla da organização societária e, por isso, só é permitida quando o contrato expressamente a autorizar.

Quanto a poderes de representação, o CSC permite apenas uma modalidade de delegação de poderes pelo conselho de administração: num ou mais administradores-delegados, desde que prevista no contrato e delimitada pelo conselho de administração.

Note-se, porém, que, segundo o CSC, a delegação de poderes não significa uma diminuição de poderes do conselho de administração delegante ou dos demais administradores (não delegados): estes continuam a ter a sua "*competência normal*" e correspondente responsabilidade (CSC, art. 407º, nº 2 e 5, devendo o mesmo princípio entender-se aplicável à delegação de poderes, por força do art. 409º).

Há, desde logo, certos poderes que não podem sequer ser delegados (CSC, art. 407º, nº 2, primeira parte, e nº 4).

Mas, mesmo no âmbito dos poderes delegados, o órgão delegante e os seus membros não ficam privados da competência que tinham antes da delegação (diversamente do que permite a lei alemã): isso resulta claramente da frase do nº 2 do art. 407º, segundo a qual a delegação "não exclui a competência normal dos outros administradores ou do conselho"; e da frase, mais incisiva ainda, do nº 5 do art. 407º, segundo a qual a delegação "não exclui a competência do conselho para tomar resoluções sobre os mesmos assuntos" – nem, por maioria de razão, sobre os assuntos que não foram objecto da delegação.

Este regime acentua ainda mais a ideia, corrente na doutrina italiana e espanhola acima citada, de que a competência do delegado é concorrente ou cumulativa com a do delegante: a delegação não diminui em nada os poderes do delegante. Apenas permite facilitar ao delegante o exercício das suas funções, mas não o exonera dos seus poderes-deveres.

É um regime semelhante, aliás, ao do mandato: o mandante pode sempre praticar os actos que encarregou o mandatário de praticar.

Nesta perspectiva, parece evidente que qualquer repartição de poderes entre administradores, como uma distribuição de pelouros, só tem relevo jurídico se se traduzir, não apenas numa divisão de tarefas materiais preparatórias de deliberação do conselho, mas sim de uma repartição acompanhada de delegação de poderes para praticar certos actos de gestão ou de representação da sociedade.

Por outras palavras, uma distribuição de pelouros é necessariamente uma modalidade de delegação de poderes, no sentido dos arts. 407º e 408º do CSC. E, se não corresponder à "gestão corrente da sociedade" (nº 3), só pode ser efectuada para os delegados "se ocuparem de certas matérias de administração" (nº 1 do art. 407º) ou para actos de representação.

PARTE IV

RELAÇÃO ENTRE A SOCIEDADE E O ADMINISTRADOR: NATUREZA

TÍTULO I
Considerações gerais

I – Uma vez analisada a composição e estrutura do conselho de administração, importa estudar a relação entre a sociedade e cada administrador.

É um problema que não se põe – ou se põe em termos profundamente diferentes – relativamente aos accionistas, enquanto membros do órgão que é a colectividade dos accionistas (a assembleia geral). Estes são membros do órgão por inerência com a qualidade de sócios. A sua relação com a sociedade, enquanto membros do órgão, confunde-se com a sua relação com a sociedade, enquanto sócios (com a participação social).

No caso dos órgãos de administração – como também no dos órgãos de fiscalização –, os membros podem não ser sócios e, mesmo quando são sócios, pode haver sócios que não são membros desses órgãos.

Mesmo nas sociedades em nome colectivo, em que a regra é que todos os sócios são gerentes (CCom, art. 154º, e CCiv, art. 985º; CSC, art. 191º, nº 1), podem ser gerentes apenas alguns sócios, e não todos, e até estranhos à sociedade.

Por isso, a relação orgânica – a relação entre a sociedade e o membro de um órgão – não se confunde, nestes casos, com a relação de participação social.

Quando a teoria orgânica se opõe à teoria da representação para dizer que a vontade da pessoa colectiva é a vontade dos seus órgãos (ou dos membros dos seus órgãos), poderá, porventura, pensar-se que, havendo apenas uma vontade (a dos membros dos órgãos) imputada à pessoa colectiva, não há lugar para uma relação jurídica entre a pessoa colectiva e os membros dos seus órgãos, por falta de alteridade. Mas não é assim, como já se disse acima (¹). A vontade dos membros dos órgãos é imputada à pessoa colectiva, mas não deixa, por isso, de ser vontade dos próprios membros e de poder ser imputada também a estes, nomeadamente responsabilizando-os pessoalmente por actos ilícitos praticados em nome da pessoa colectiva. De resto, no caso de órgãos plurais, a vontade que é imputada à pessoa colectiva é o produto da unificação jurídica das vontades dos vários membros do órgão (da maioria, como regra) (²). E mesmo que a vontade de um órgão singular (ou do seu titular) seja imputada à pessoa colectiva, o titular do órgão não perde a sua personalidade jurídica própria, não se confunde, como pessoa, com a pessoa colectiva de cujo órgão é membro.

Existe, pois, uma relação jurídica entre a pessoa colectiva e cada membro dos seus órgãos. É a natureza dessa relação jurídica que interessa estudar a seguir.

II — Tem sido muito discutida na doutrina a natureza das relações entre os administradores e a sociedade que administram. Aliás, o problema põe-se não só quanto à administração das sociedades anónimas, mas também relativamente ao órgão de administração de qualquer tipo de pessoa colectiva (inclusivamente empresa pública); todavia, aqui importa tratá-lo apenas quanto às sociedades anónimas e tem sido sobretudo a seu respeito que se tem processado a discussão, no âmbito do direito privado.

O problema reconduz-se, fundamentalmente, a saber qual a natureza do acto de que nasce a relação de administração, pois é esse acto que imprime o carácter a toda a situação posterior — embora seja importante atender também a outros aspectos do seu regime.

III — A propósito da contraposição entre a representação orgânica e a representação contratual, diz BONELLI (³) que "a primeira emana ou directamente da lei ou mediatamente do juiz, ou de outro órgão imediato da vontade de um ente organizado".

Efectivamente, os titulares de um órgão podem sê-lo por inerência, estabelecida na lei, em relação com a aquisição de outra qualidade. É o

---

(¹) Cf. pág. 212 e segs..
(²) Para maiores desenvolvimentos, cf. LUÍS BRITO CORREIA, *Direito Comercial*, vol. III, pág. 112 e segs..
(³) Cf. *Commentario al Codice di Commercio — Fallimento*, vol. II, nº 471, cit. por DE GREGORIO, *Delle società*, pág. 210.

que se passa com os accionistas, enquanto membros do órgão que é a colectividade (ou a assembleia geral) dos accionistas da sociedade anónima, que têm essa qualidade, em regra, pelo simples facto de serem accionistas, isto é, como efeito da própria participação no contrato de sociedade ou da posterior aquisição de acções (embora com eventuais limitações – CSC, art. 379º e 384º).

Noutros casos, a qualidade de titular de um órgão social resulta de uma decisão judicial, que é um acto processual, unilateral e de direito público (de autoridade) – como se verá melhor adiante. É o que se verifica, por exemplo, com o administrador nomeado judicialmente para suprir a falta de administradores (CSC, art. 394º), ou para representar a sociedade em acções de responsabilidade contra administradores (CSC, art. 76º) ([4]).

E há também casos em que os titulares de um órgão social são nomeados por acto administrativo do Governo, de um Ministro ou, porventura, de um órgão de uma autarquia local, como acontece com os administradores por parte do Estado (DL nº 40 833, de 29.10.1956, art. 1º, DL nº 44 722, de 24.11.1962, art. 1º, e DL nº 76-C/75, art. 1º) ([5]).

Noutros casos ainda – os mais frequentes, aliás –, os titulares de um órgão social adquirem essa qualidade por força de um acto de outro órgão da sociedade. É o que acontece com os administradores de sociedades anónimas eleitos pelos accionistas (CSC, art. 391º; antes, CCom, art. 171º). É sobretudo quanto a estes casos que a doutrina discute a natureza da relação de administração. E é sobre eles também que incidirá a maior parte da análise subsequente.

Mas não pode esquecer-se que os administradores podem ser designados também pelo próprio contrato de sociedade (CCom, art. 171º, pr., CSC, art. 391º), por cooptação [CCom, art. 172º, § 2º, CSC, art. 393º, nº 1, al. b)], ou pelo órgão de fiscalização [CCom, art. 172º, § 2º, CSC, art. 393º, nº 1, al. c)] ([6]).

([4]) Antes do CSC, o tribunal podia nomear administradores em certos casos de graves irregularidades no exercício das funções dos administradores (DL nº 49 381, de 15.11.1969, art. 29º, nº 3 e 5), bem como no caso de divergências entre sócios com igual poder de voto (DL nº 154/72, de 10.5, art. 4º e 5º).

([5]) Assim como com as empresas intervencionadas ou em regime provisório de gestão (DL nº 422/76, de 29.5, art. 4º e 6º, nº 2, aliás revogado pelo DL nº 90/81, de 28.4).

([6]) Antes do CSC, também pela mesa da assembleia geral (CCom, art. 172º, § 2º), por eleição pela assembleia de obrigacionistas (Regulamento de 27.8.1896, art. 14º, revogado pelo Dec nº 10 634, de 20.3.1929) e ainda por outros modos previstos no pacto social (CCom, art. 172º, § 2º).

Quanto aos directores, são designados no contrato de sociedade ou pelo conselho geral (CSC, art. 425º, nº 1 e 3), podendo sê-lo também pelo tribunal (CSC, art. 426º).

Não parece, pois, fácil excluir, à partida, que a "representação orgânica" seja tão contratual como a "representação contratual", de BONELLI, a que talvez seja mais correcto chamar "representação voluntária por substituição de vontades".

O caso mais frequentemente debatido e mais importante é o da eleição pela assembleia geral dos accionistas. Por isso vai analisar-se primeiro a natureza da relação de administração nesse caso, importando depois saber em que medida as conclusões dessa análise se aplicam ou não aos demais casos e se é possível a construção de uma teoria que abranja todos os casos.

Deste modo, parece de rejeitar, à partida, uma concepção comum aos membros de todos os órgãos sociais, mesmo excluindo a assembleia geral ([7]), embora não se exclua a possibilidade de determinação, a final, de muito de comum.

IV – Antes de prosseguir, parece importante salientar que o problema que vai analisar-se nesta parte IV – da natureza da relação entre a sociedade e o administrador – deve distinguir-se claramente do problema analisado na parte II – da natureza da administração enquanto elemento da pessoa colectiva.

Na verdade, é relativamente frequente encontrar autores que rejeitam que o administrador seja mandatário, por entenderem que ele é órgão da sociedade; e esclarecem que o mandato supõe duas vontades (substituição de vontades), enquanto a vontade do órgão e a vontade da sociedade (pessoa colectiva) são uma só vontade ([8]).

Todavia, este género de observações confunde dois planos distintos e acaba por não ser esclarecedor.

Em primeiro lugar, identifica mandato com representação por substituição de vontades – o que não é exacto, até porque há mandato sem representação (CCiv, art. 1180º, e CCom, art. 266º), e representação

---

([7]) Como faz SOPRANO, *Trattato teorico-pratico delle società commerciale*, vol. I, pág. 248.

([8]) Cf., por exemplo, AVELINO DE FARIA, *Noções Elementares e Práticas sobre a Lei das Sociedades por Quotas*, pág. 60 e seg.; PIRES CARDOSO, *Problemas do anonimato*. I– *Sociedade Anónima*, pág. 59 e segs., e GAMA PRAZERES, *Das Sociedades Comerciais*, pág. 70 e seg..

sem mandato (por procuração ou contrato de trabalho, por exemplo – CCiv, art. 262º, e LCT, art. 5º).

Em segundo lugar, confunde as *situações* do representante relativamente ao representado e do órgão relativamente à pessoa colectiva, por um lado, com o *acto constitutivo* dessas situações jurídicas.

É que pode dizer-se hoje aceite, quase unanimemente, na doutrina que os administradores de sociedades anónimas são órgãos e não representantes (por substituição de vontades): e isto significa que eles estão numa situação tal que os actos praticados pelos administradores são imputados (em si mesmos e não só nos seus efeitos) à pessoa colectiva, como actos desta. O que está por esclarecer e continua a ser objecto de controvérsia é a questão de saber como qualificar o acto constitutivo dessa situação de titular do órgão – e a natureza da relação assim constituída.

Alguns autores continuam a afirmar que a situação do titular do órgão nasce de um mandato. Dizer que não é mandato porque o administrador é órgão, nada adianta: é concebível à partida, por hipótese (não é totalmente absurdo), que a situação de titular de um órgão se constitua na base de um mandato. Se o acto constitutivo não é um mandato, então não basta dizer que é órgão (situação-efeito de tal acto): não deve confundir-se a causa e o efeito. O mesmo efeito pode, teoricamente, ser conseguido por várias causas.

TÍTULO II

Teoria da identidade entre a relação de administração de direito privado e a relação orgânica de direito público

I – Há quem defenda que a relação de administração de uma sociedade anónima (como de qualquer outra pessoa colectiva de direito privado) tem a mesma natureza que a relação orgânica de direito público. Diz-se que o conceito de pessoa jurídica é unitário e por isso a natureza da relação orgânica deve ser a mesma no direito público e no direito privado ([1]).

II – Mas esta ideia não conduz, só por si e à partida, a resultados esclarecedores.

Por um lado, é concebível que a noção de órgão e o seu lugar na pessoa colectiva sejam idênticos no direito público e no direito privado, sem que exista tal identidade quanto à relação entre o titular do órgão e a pessoa colectiva. Basta pensar que, na constituição e desenvolvimento da relação orgânica de direito público, a pessoa colectiva se apresenta e actua com poderes de autoridade e, portanto, num plano de supremacia sobre o titular do órgão.

Daí se poderá deduzir que a relação entre a pessoa colectiva de direito público e o titular de um seu órgão é sempre baseada num contrato de direito público, diversamente do que se passa quanto às pessoas colectivas de direito privado ([2]).

Por outro lado, também no direito público tem sido discutida a natureza do acto que constitui a relação orgânica – entre o titular do órgão e a pessoa colectiva.

([1]) Cf. FERRARA, *Teoria delle persone giuridiche*, § 93 e segs., e RIPERT, *Traité*, vol. I, pág. 784 e seg..

([2]) Cf. FANELLI, *La delega*, pág. 81 e seg., e ZANOBINI, *Corso di diritto amministrativo*, vol. I, pág. 126, e vol. III (1946), pág. 19.

Com efeito, são defendidas pela doutrina diversas qualificações para esse acto ([3]):
1. Contrato de direito privado:
   a) Contrato de mandato;
   b) Contrato de prestação de serviço ([4]);
2. Contrato de direito público ([5]);
3. Acto administrativo unilateral (negócio de proposição ou provimento) ([6]);
4. Acto administrativo bilateral ([7]);
5. Acto de direito público de natureza diversa, consoante se trate de:
   a) Provimento numa função honorária – acto unilateral;
   b) Provimento numa função profissional (emprego / função pública):
      — Em regra, acto unilateral;
      — No caso de pessoal fora do quadro e de pessoal técnico, contrato.

Assim, tentar, desde o início, encontrar uma resposta para o problema da natureza da relação de administração comum a todas as pessoas colectivas de direito público e do direito privado envolve o risco de complicar ainda mais um problema já de si complexo, em vez de o esclarecer.

III — Não se exclui, à partida, que a resposta para tal problema possa ser a mesma ou semelhante nos vários ramos do direito. Parece, todavia, mais correcto metodologicamente começar por analisá-lo num âmbito restrito e só depois tentar a generalização. Por outro lado, tudo indica que a natureza e os fins próprios das pessoas colectivas de direito público exijam a introdução no regime dos respectivos órgãos de regras dificilmente compatíveis com o regime das pessoas colectivas de direito pri-

---

([3]) Cf. autores e *ob. cits.* por FANELLI, *La Delega,* pág. 82.
([4]) Cf., ao que parece, MARCELLO CAETANO, *Manual de Direito Administrativo,* vol. I, 10ª ed., pág. 205, e GARCIA TREVISANO," Relación orgánica y relación de servicio", in *Revista de Administración Pública,* 1954, nº 13.
([5]) Cf. LABAND, JELLINEK, *L'Etat moderne et son droit,* vol. II, pág. 219, ORLANDO, BOSSI.
([6]) Cf. CAMMEO, RANELLETTI, SANTI ROMANO, O. MAYER, KORMANN.
([7]) Cf. PETROZIELLO.

vado, nomeadamente nos aspectos que pressuponham uma posição de autoridade para defesa do bem comum ([8]).

A relação entre a administração ou os administradores de uma sociedade anónima (e mesmo de outras pessoas colectivas de direito privado) e a respectiva sociedade é seguramente uma relação de direito privado. Qualquer transposição para este campo de princípios ou conceitos de direito público deverá ser objecto de cautelas que impeçam juízos inadequados à justa composição dos interesses em presença.

Além disso, também parece preferível começar pela análise do problema em relação a um dos órgãos de um tipo (importante e complexo) de pessoa colectiva (a administração da sociedade anónima), admitindo que a conclusão possa ser (ou não) generalizável a outros órgãos (v. g., órgão de fiscalização) do mesmo ou de outros tipos de pessoas colectivas privadas ou públicas.

([8]) Cf. RAGUSA MAGGIORE, *La responsabilità*, pág. 61 e segs..

TÍTULO III

Síntese das teorias sobre a relação de administração da sociedade anónima

I — Importa, pois, prosseguir o estudo da natureza da relação de administração pela análise e crítica das várias teorias elaboradas para as sociedades anónimas (ou porventura elaboradas também para outras pessoas colectivas de direito privado ou mesmo de direito público, mas aplicadas à sociedade anónima).

II — Acerca deste problema, têm sido defendidas várias teorias, que interessa analisar com algum desenvolvimento antes de tomar posição no debate:
1. Teorias contratualistas:
   a) Teoria do mandato;
   b) Teoria do contrato de prestação de serviço (ou locação de obra);
   c) Teoria do contrato de trabalho (subordinado);
   d) Teoria do contrato de administração ("sui generis");
2. Teorias unilateralistas:
   a) Teoria da representação legal;
   b) Teoria da nomeação;
3. Teorias dualistas:
   a) Teoria da nomeação (negócio unilateral) — "Bestellung" — e do contrato de prestação de serviço (oneroso) ou de mandato (gratuito) — "Anstellung";
   b) Teoria do contrato de nomeação ("Bestellungsvertrag") e do contrato de emprego ("Anstellungsvertrag");
4. Teorias eclécticas.

III — Todavia, uma análise, ainda que sumária, da doutrina dos vários países escolhidos conduz à verificação de que conceitos à primeira vista equivalentes — como o de mandato, "Auftrag", "mandat", "mandato" — não são realmente idênticos. Apresentam, pelo contrário, diferenças muito significativas de país para país, de tal modo que se alteram decisivamente os dados do problema e, consequentemente, as soluções. Por isso, parece fundamental prosseguir a análise das diversas teorias separadamente em relação a cada país e analisar com cuidado os conceitos de referência. Só assim é possível fazer a comparação com um mínimo de rigor.

Do ponto de vista que se toma agora, parece mais esclarecedor começar pela França (em que a teoria do mandato se pode considerar quase pacífica), seguindo-se a Itália (em que se encontra toda a gama de teorias), depois a Alemanha (dominada pela teoria dualista) e finalmente Portugal.

Note-se também que a teoria dualista foi construída para explicar a situação dos membros do directório de uma sociedade com estrutura dualista (como a germânica). Importa verificar se ela é transponível para os administradores de sociedades com estrutura monista.

IV — Apenas de passagem, tem interesse referir ainda que, no direito inglês, o funcionamento das associações sem personalidade jurídica ("unincorporated associations") e, em particular, das sociedades sem personalidade ("partnerships") assenta no regime da agência ("agency") ([1]), figura próxima, mas distinta, do contrato de mandato dos direitos continentais ([2]). Considera-se que cada associado actua como "agente" dos outros, numa posição "fiduciária" em relação a eles.

E o regime da agência está também na base do regime da administração das sociedades personificadas ("companies"). Cita-se um caso, FERGUSON v. WILSON (1866) ([3]), em que é dito que "a própria companhia não pode agir pela sua própria pessoa, visto que não tem personalidade (física: 'it has no person'); só pode agir através de directores e, relativamente a esses directores, o caso é meramente o caso ordinário do

---

([1]) Cf. GOWER, *The principles of modern company law*, pág. 126.

([2]) Cf. STEVENS & BORRIE, *Mercantile Law*, 17ª ed., London, Butterworths, 1978, pág. 151 e segs., e ZWEIGERT, *Einfuehrung in die Rechtsvergleichung auf dem Gebiete des Privatrechts*, 2ª ed., Tuebingen, Mohr, 1984, pág. 129 e segs..

([3]) Cf. *Law Reports*, 2 ch., pág. 89.

principal e do agente". Em todo o caso, reconhece-se que os princípios da agência sofreram várias modificações na sua aplicação às companhias ([4]). Mas há também quem distinga duas posições dos directores, como "officers of the company", nomeados segundo as disposições dos seus estatutos, e como "employees or agents" da companhia, servindo na base de "contracts of service" ([5]).

([4]) Cf. GOWER, *ob. cit.*, pág. 126.
([5]) Cf. PENNINGTON, *Company Law*, Londres, Butterworths, 4ª ed., 1979, pág. 507 e segs..

TÍTULO IV

O problema em França

CAPÍTULO I
Considerações gerais

Em França, o debate tem-se processado, fundamentalmente, entre os contratualistas, defensores da teoria clássica do mandato, ainda hoje largamente dominante na jurisprudência e na doutrina, e os institucionalistas, que criticam fortemente a teoria do mandato, mas se dividem entre os que afirmam claramente que os administradores são representantes legais (ou mandatários legais), os que defendem que o acto de designação tem a natureza de uma prestação de serviço ou de uma nomeação e os que, em última análise, não conseguem libertar-se totalmente da ideia de mandato, chegando a falar de um mandato "sui generis".

A teoria dualista chegou a ter adeptos "de jure condendo", na fase de elaboração da Lei fr de 1966, mas os seus pressupostos não foram acolhidos pelo legislador, não tendo hoje expressão na doutrina.

Recentemente, assiste-se a um certo esforço de superação da dicotomia contrato-instituição, havendo quem defenda a qualificação da sociedade anónima como sistema e a natureza mista (mandato e instituição) das funções de administrador (ou, mais exactamente, de membro do directório).

CAPÍTULO II

Teorias contratualistas

SECÇÃO I

Teoria do mandato

I – As leis francesas mais antigas dizem expressamente que a sociedade anónima é administrada por "mandatários" (CCom fr de 1807, art. 31º, Lei fr de 23.5.1863, art. 6º, Lei fr de 1867, art. 22º) – na sequência, aliás, dos estatutos das primeiras companhias coloniais francesas ([1]).

Não admira, por isso, que a doutrina e a jurisprudência mais antigas considerem os administradores como mandatários e retirem daí todas as consequências ([1a]).

Para os defensores, mais ou menos convictos, da teoria clássica da ficção, esta qualificação dos administradores como mandatários equivale a considerá-los como representantes dos sócios, que o mesmo é dizer da sociedade ([2]).

Alguns autores chegam mesmo a dizer que "a administração pertence aos próprios accionistas, que a exercem por intermédio de mandatários" ([3]).

([1]) Cf. VIGHI, "Notizie Storiche", in *RivS*, 1969, pág. 677 e 681.

([1a]) Cf. GIVERDON, "Mandat Commercial", in *Encyclopédie Dalloz, Droit Commercial*, nº 5; BERDAH, *Fonctions et responsabilité des dirigeants de sociétés par actions*, pág. 9 e segs.; P. MAUREIL-DESCHAMPS, *Situation respective du Conseil d'administration et du Directeur* (tese), Paris, A. Michalon, 1909, pág. 9 e 34, por exemplo, e EMILE CHAUSSE, *Des administrateurs des sociétés anonymes* (Thèse Marseille), Marseille, Imprimerie Marseillaise, 1901, pág. 9.

([2]) Neste sentido, cf. BOURSAN, *De l'administration des sociétés anonymes* (Thése), Paris, 1883, pág. 13 e segs.; VILLARD, *Des attributions et de la responsabilité des administrateurs*, Paris, 1884, pág. 16 e segs.; DENFERT-ROCHEREAU, *Des fonctions et de la responsabilité des administrateurs*, Paris, 1888, pág. 30 e segs.; THALLER-PIC, *Traité Général...– Des Sociétés Commerciales*, t. II, 1911, nº 1100 e segs, 1140 e segs.; BOURCART, in *JS*, 1922, pág. 289 e segs.; C. ATHANASO VICI, *Les pouvoirs des gérants dans les sociétés à responsabilité limités* (tesc), Paris, 1929, pág. 16 e seg. e 23 e seg., e HOUPIN- BOSVIEUX, *Traité Générale Théorique et pratique des sociétés civiles et commerciales*, t. II, 7ª ed., 1935, pág. 182 e 194.

([3]) Cf. HOUPIN-BOSVIEUX, *ob. cit.*, vol. II, pág. 182, e VILLARD, *ob. cit.*, pág. 16.

E essa qualificação é considerada de tal modo evidente que a generalidade dos autores não se preocupa sequer com a sua fundamentação ([4]).

A própria a jurisprudência posterior à Lei fr de 1966 continua, todavia, a falar, a propósito dos administradores e dos membros do directório, de mandatários ou "mandatários sociais" ([5]), quando não evita comprometer-se ([6]).

II – À teoria do mandato são dirigidas várias críticas, sobretudo provenientes dos defensores da teoria da instituição.

Observa-se que a ideia de contrato de mandato supõe o princípio da autonomia da vontade. Mas o legislador impõe a existência nas sociedades anónimas de administradores (ou de um conselho de administração ou directório), pondo assim em causa a liberdade contratual ([7]).

Considera-se que não é possível falar de mandato dos associados, quando a designação e revogação dos administradores é deliberada por maioria e não por unanimidade – o que mostra, aliás, que a própria assembleia geral é um órgão da pessoa colectiva. E não se sabe ao certo quem seja o mandante do presidente do conselho de administração ou dos membros do directório: a assembleia ou o conselho de administração, a assembleia ou o conselho de vigilância ([8])?

Em seguida, salienta-se que o recurso ao mandato surgiu para explicar o mecanismo da representação da sociedade pelos administradores,

---

([4]) Cf. a generalidade dos autores citados nas notas 2 e 3 da pág. 308. DENFERT--ROCHEREAU, *ob. cit.*, pág. 32, refere a dificuldade de considerar os primeiros administradores designados pelos fundadores como mandatários, por parecerem escolhidos e investidos nos seus poderes por alguém que não o seu mandante. Mas supera essa aparente dificuldade dizendo que, "no fundo, o administrador, mesmo designado pelos fundadores, é o mandatário dos accionistas; porque eles nomeiam-no ao aderir aos estatutos pela sua assinatura aposta em baixo do boletim de subscrição ou pela compra das suas acções. Há aí algo de análogo ao que se passa quando os administradores não são eleitos por unanimidade; embora só tenha reunido a maioria, devem ser considerados também como mandatários dos accionistas dissidentes. A adesão aos estatutos implica, entre todos os accionistas, a convenção de escolher mandatários comuns e a ratificação dada antecipadamente por todos à escolha feita pela maioria". Em sentido análogo, mas mais sumariamente, cf. BOURSAN, *ob. cit.*, pág. 15.

([5]) Cf. *ob. cit.* por LE CANNU, *La société anonyme à directoire*, pág. 353, nota 21.

([6]) Cf. *ibid.*, pág. 353, nota 22.

([7]) Cf., por exemplo, BERDAH, *Fonctions et responsabilité*, pág. 20.

([8]) Cf. J.-P. BERDAH, *Fonctions et responsabilités des dirigeants de sociétés par actions*, pág. 122.

não se justificando tal recurso após a evolução da doutrina civilista no sentido de distinguir a figura do mandato e a da representação e de admitir a possibilidade de uma representação orgânica (ou funcional), sem mandato ([9]) ([10]).

Tal representação é o "fenómeno pelo qual os órgãos de uma sociedade agem em seu nome". "É porque eles são órgãos e exercem uma função, que eles detêm o poder de vincular a sociedade" – não por concessão voluntária dos associados.

Há também quem diga que os administradores não são mandatários da sociedade, por não terem, individualmente, o poder de a representar, sendo antes órgãos sociais, encarregados colectivamente de gerir a sociedade ([10a]).

Além disso, diz-se que o mandato, mesmo geral, só confere, em regra, poderes de mera administração (não de disposição) – o que é manifestamente insuficiente para o funcionamento da pessoa colectiva ([11]).

Observa-se também que o mandante pode, em princípio, praticar ele próprio os actos de cuja prática encarregou o mandatário. Diversamente, a sociedade não pode praticar actos jurídicos senão através dos seus órgãos e só pode ser representada pela administração. "A assembleia geral não pode intrometer-se nas prerrogativas do conselho em matéria de administração", como decidiu a célebre sentença "Motte"; nem ratificar actos viciados de outros órgãos que sejam da competência própria destes ([12]).

Além disso, verifica-se uma tendência no sentido de algumas disposições legais [v. g., o art. 2º da Lei fr de 16.11.1940, modificado pela Lei fr de 4.3.1943 ([13])], fixarem a extensão dos poderes dos administradores, restringindo a possibilidade de limitação desses poderes (sobretudo de representação) pelos estatutos ou pela assembleia geral rela-

---

([9]) Ou com "mandato legal", segundo alguns autores. Cf. HÉMARD-TERRÉ-MABILAT, *Sociétés Commerciales*, vol. I, pág. 749, 800.

([10]) Cf. J.-P. BERDAH, *Fonctions et responsabilités*, pág. 12.

([10a]) Cf. YVES GUYON, *Droit des Affaires*, Paris Economica, 5ª ed., 1988, vol. I, pág. 311.

([11]) Cf. HÉMARD-TERRÉ-MABILAT, *Sociétés commerciales*, vol. I, pág. 802 e segs..

([12]) Cf. BERDAH, *Fonctions et responsabilité*, pág. 68 e segs..

([13]) Cf. também o art. 24º, nº 2, da Lei fr de 7.3.1925, quanto às sociedades por quotas.

tivamente a terceiros (v. g., para protecção de terceiros, dispensando estes de verificar caso a caso no registo comercial a exacta extensão estatutária dos poderes dos administradores) ou mesmo nas relações internas. E deduz-se daí que a fonte dos poderes não é o contrato, mas a lei – embora se reconheça a intervenção indirecta dos sócios, na medida em que a extensão dos poderes depende do objecto social e este é fixado pelos estatutos ([14]) ([15]).

Esta tendência passou por várias fases significativas, que parece interessante sumariar aqui.

Primeiro, a jurisprudência adoptou o esquema do mandato para caracterizar os poderes dos administradores: o contrato de mandato (isto é, neste caso, o pacto social) fixa os limites desses poderes. Tais limites coincidem, em princípio, com o objecto social constante dos estatutos, cujo conhecimento pelos terceiros se presumia, do mesmo passo que se exigia a publicação daquelas.

Mas a Lei fr de 1966 introduziu uma distorção ao regime do mandato, na medida em que admitiu a inoponibilidade a terceiros das restrições estatutárias dos poderes dos administradores (art. 98º e 113º, nº 3).

E, aplicando o art. 9º da 1ª Directiva 68/151 do Conselho da CEE, o DL de 20.12.1969 veio mesmo estabelecer que a sociedade fica vinculada por actos do órgão de administração (presidente director geral, conselho de administração e directório), mesmo que excedam o objecto social, a não ser que ela prove que o terceiro sabia que o acto excedia o objecto social, ou que não podia ignorá-lo, tendo em conta as circunstâncias – excluindo-se que a mera publicação dos estatutos baste para constituir esta prova (art. 3º, 4º e 5º). A partir deste preceito – e rejeitada que seja, como tende a ser neste caso, a teoria do mandato aparente –, a doutrina francesa reconhece que os poderes dos administradores deixaram de se basear na ideia de mandato para assentarem em lei imperativa, chegando mesmo a afirmar que tal DL inverteu o princípio tradicional da especialidade das pessoas colectivas ([16]).

([14]) Neste sentido, cf. C. BERR, *L'exercice du pouvoir*, pág. 29 e segs.; BERDAH, *Fonctions et responsabilité*, pág. 21, e P. LE CANNU, *La société*, pág. 354.

([15]) Mas "esquecendo" que os administradores são designados e podem ser destituídos pela assembleia geral dos sócios, v. g., se não cumprirem as deliberações desta...

([16]) Para maiores desenvolvimentos, cf. BERDAH, *Fonctions et responsabilité*, pág. 30 a 46, e HÉMARD-TERRÉ-MABILAT, *Sociétés*, vol. I, pág. 827.

Contra a qualificação como mandato diz-se também que a remuneração do presidente do conselho de administração e dos membros do directório é "determinada" ou "fixada" pelo conselho de administração ou pelo conselho de vigilância (Lei fr de 1966, art. 110º, 115º, 123º e Dec fr de 23.3.1967, art. 94º) e não por acordo, o que mostra que tal remuneração tem natureza institucional ([17]).

Aliás, em face do art. 40º da Lei fr de 1867, punha-se o problema de saber se a fixação da remuneração do presidente do conselho de administração estava ou não sujeita a autorização prévia do conselho de administração, como todas as convenções entre a sociedade e um seu administrador, acabando a jurisprudência por entender que sim ([18]). Todavia, a Lei fr de 1966 adoptou a solução contrária, não sujeitando a remuneração ao controlo previsto nos art. 101º e segs., mas por ela ser objecto de revelação global, nos termos do art. 168º, nº 4 ([19]).

Considera-se insuficiente a aplicação aos administradores do critério de diligência do "bom pai de família", exigido do mandatário assalariado (a "culpa levis in abstracto"), pelo que a jurisprudência é mais exigente quanto àqueles ([20]).

Por outro lado, observa-se que, enquanto o mandante não é responsável por delitos civis cometidos pelo mandatário (a menos que este possa cumulativamente considerar-se seu proposto, com referência ao art. 1384º, nº 5, do CCiv fr sobre a responsabilidade por facto de outrem), a sociedade é responsável pelos delitos dos seus órgãos, na base do disposto no art. 1384º, nº 1, do CCiv fr (isto é, por facto próprio) ([21]).

Além disso, observa-se que tanto a sociedade como os accionistas individualmente podem exigir dos administradores a reparação de prejuízos causados à sociedade (através da acção social "ut universi" e da acção social "ut singuli", respectivamente). E considera-se esta duali-

---

([17]) Cf. BERDAH, *Fonctions et responsabilités des dirigeants de sociétés*, pág. 85 e segs..

([18]) Cf. L. MAZEAUD - J. M. MICHAUD - J.-L. DELVOLVE, "Le statut du président directeur général est-il soumis à l'article 40 de la loi du 24.7.1966 ?", in *D*, 1964, Chron. 257.

([19]) Cf. HÉMARD-TERRÉ-MABILAT, *Sociétés*, vol. I, pág. 843 e segs.; BERDAH, *Fonctions et responsabilité*, pág. 86 e segs., e P. LE CANNU, *La société anonyme à directoire*, pág. 354.

([20]) Cf. BERDAH, *Fonctions et responsabilité*, pág. 90 e segs..

([21]) Cf. BERDAH, *Fonctions et responsabilité*, pág. 47 e segs., e o Ac da Cassação, Ch. civ de 17.7.1967, in *Gaz. Pal.*, 1967, 2, pág. 235.

dade de "mandantes" (a sociedade e — individualmente ou em conjunto – os accionistas) dificilmente compatível com a ideia de mandato ([22]).

Maior dificuldade de compatibilização com a ideia de mandato reside na acção social de responsabilidade, que a Lei fr de 1966 permite exercer a grupos minoritários de accionistas contra os administradores (art. L 245 e art. D 200 e 201): como falar de mandato conferido por tal grupo? Acresce que é a sociedade que em tal caso recebe a indemnização ([23]).

Por outro lado, o art. 246º da Lei fr de 1966 considera nulas as cláusulas que façam depender o exercício da acção social de responsabilidade de parecer prévio ou autorização da assembleia ou que envolvam a renúncia prévia a tal exercício, e não permite a liberação ("quitus") da responsabilidade da administração por deliberação da assembleia geral — o que contraria o princípio da validade das cláusulas de exoneração total ou parcial de responsabilidade contratual ([24]).

Há também diferenças significativas entre o regime do mandato e o aplicável aos administradores no que respeita à sua revogabilidade. A revogabilidade "ad nutum" do mandato é da natureza, mas não da essência, do mandato, podendo as partes prever expressamente a irrevogabilidade do mandato (ao menos quando a duração do mandato não seja indeterminada). O art. 2004º do CCiv fr, que consagra o princípio da revogabilidade do mandato, não é de ordem pública. Por vezes, a jurisprudência decidiu, em todo o caso, no sentido da irrevogabilidade por mera iniciativa do mandante, quando o mandato tivesse sido conferido no interesse do mandatário ([25]). Diversamente, quanto aos administradores de sociedades anónimas é consagrado o princípio do carácter necessariamente temporário das funções (com o máximo de duração de três ou seis anos, consoante sejam designados pelos estatutos ou pela assembleia geral, sendo embora reelegíveis), e da revogabilidade "em qualquer momento" pela assembleia geral (Lei fr de 1867, art. 22º e 25º, e Lei fr de 1966, art. 90º, nº 2, 110º, nº 3, 116º, 134º, nº 2, 160º, nº 3), regras estas que se consideram de ordem pública, sendo nulas as cláusulas estatutárias

---

([22]) Cf. BERDAH, *Fonctions et responsabilités,* pág. 16 e segs..
([23]) Cf. BERDAH, *ob. cit.,* pág. 25.
([24]) Cf. BERDAH, *ob. cit.,* pág. 28 e segs..
([25]) Cf. BERDAH, *ob. cit.,* pág. 52 e segs..

em contrário ([26]). Apenas quanto aos membros do directório o art. 121º da Lei fr de 1966 estabelece que, "se a revogação for decidida sem justo motivo, pode dar lugar a indemnização", sendo, todavia, válida ([27]). Inclusivamente, a lei proíbe, em certas condições, a acumulação da função de administrador com uma relação de trabalho, para evitar que as garantias de estabilidade da lei laboral frustrem o princípio da revogabilidade "ad nutum" dos administradores ([28]).

Especificamente quanto aos membros do directório, observa-se ainda que estes são nomeados pelo conselho de vigilância, mas revogados pela assembleia geral, sob proposta do conselho de vigilância. Este regime — que corresponde a um desejo de continuidade da gestão caracteristicamente "institucional" — contraria a regra aplicável ao mandato, segundo a qual a revogação é feita do mesmo modo que a nomeação ([29]). E pergunta-se quem seria o mandante.

Além disso, a distinção de poderes entre o directório e o conselho de vigilância está longe de corresponder aos princípios do mandato (em que o mandante tem sempre os poderes do mandatário). E o regime de representação da sociedade pelo presidente do directório e eventualmente pelos directores gerais — quando o órgão de direcção é o directório, como colégio — afasta-se também do regime do mandato ([30]).

Aliás, a Lei fr de 1966 já não qualifica os administradores como mandatários, usando outras expressões anódinas.

III — Estas críticas não convencem a maioria dos autores, que continua a defender a natureza contratual da situação dos administradores e a teoria tradicional do mandato ([31]).

([26]) Cf. Lei fr de 1867, art. 41º, Lei fr de 1966, art. 90º, nº 3, 110º, nº 3, 134º, nº 3; BERDAH, *ob. cit.*, pág. 54 e segs., e HÉMARD-TERRÉ-MABILAT, *Sociétés Commerciales*, vol. I, pág. 748 e seg., 836 e segs. e 989.

([27]) Cf. HÉMARD-TERRÉ-MABILAT, *Sociétés Commerciales*, vol. I, pág. 950 e segs..

([28]) Cf. BERDAH, *Fonctions et responsabilité*, pág. 79 e segs..

([29]) Cf. SOULEAU, "La démission des dirigeants des sociétés commerciales", in *Rev. Trim. Dr. Com.*, 1972, nº 12, cit. por P. LE CANNU, *La société anonyme à directoire*, pág. 355.

([30]) Cf. P. LE CANNU, *ob. cit.*, pág. 356.

([31]) Cf. BASTIAN, *J.-Cl.-Sociétés*, fasc. 130-3, nº 4; BÉRNARD BOULOC, *Encycl. Dalloz — Mandat Commercial*, nº 6 e 7; JUGLART-IPPOLITO, *Traité de Droit Commercial*, vol. II, I parte, 3ª ed., pág. 502 e segs.; B. PIÉDELIÈVRE, *Situation juridique et responsabilité des dirigeants des sociétés anonymes*, Dunod, 1967, pág. 1 e 3; PAUL DIDIER,

Observa-se que mandante é a sociedade e não os sócios ou os órgãos ([32]); e a regra da maioria é apenas um modo de assegurar a formação da vontade colectiva. Tal função pode ser assegurada por vários órgãos da pessoa colectiva, consoante os casos (v. g., designação e destituição), sem que a sociedade deixe de ser o mandante.

Note-se que a representação não está necessariamente ligada ao mandato, embora seja uma das características deste. Mas diz-se que os membros do directório ou os administradores, mesmo quando não têm poderes para representar a sociedade perante terceiros, têm mera função de representação nas relações internas.

Consideram-se os poderes legais dos administradores como compatíveis com a noção de mandato.

Entende-se que a determinação da remuneração faz parte do acto de nomeação, podendo os administradores ou membros do directório recusá-la — o que é coerente com a teoria do mandato ([33]).

Quanto ao argumento baseado na acção social "ut singuli" dos accionistas para efectivar a responsabilidade dos administradores, ao lado da acção social "ut universi", alguns contratualistas respondem com a teoria do duplo mandato. Nomeadamente, J. PERROUD ([34]), depois

---

Droit Commercial, Paris, PUF, 1970, vol. I, pág. 384 e segs., e P. BÉZARD, *La société anonyme*, Paris, Montchrestien, 1986, pág. 48.

([32]) PIÉDELIÈVRE, *ob. cit.*, pág. 3, diz que "os administradores são os mandatários da assembleia geral dos accionistas, designados por ela"; e que o presidente do conselho de administração é mandatário a duplo título: como administrador, mandatário da assembleia geral, e como presidente do conselho de administração e director geral da sociedade, mandatário do conselho de administração. Para PIÉDELIÈVRE, *ob. cit.*, pág. 42, o director geral é também um mandatário do conselho de administração, embora de um género especial, uma vez que só pode ser designado e revogado pelo conselho, por proposta do presidente do conselho de administração. PIÉDELIÈVRE, *ob. cit.*, pág. 59 e segs., considera que os membros do directório são também mandatários, e não prestadores de serviços, nem trabalhadores subordinados, embora com um mandato especial: representam a sociedade perante terceiros, têm obrigação de prestar contas, têm as mesmas responsabilidades que o presidente do conselho de administração; mas são nomeados pelo conselho de vigilância e revogáveis pela assembleia geral, por proposta do conselho de vigilância.

([33]) Cf. P. LE CANNU, *La société anonyme à directoire*, pág. 356 e seg., e autores aí cit..

([34]) Cf. *De l'exercice des actions judiciaires* (Thèse Lyon), Paris, Arthur Rousseau, 1901, pág. 92 e segs.; cf. também J. PERROUD, "La condition de l'actionnaire", in *Études Ripert*, Paris, 1950, vol. II, pág. 324.

de examinar as várias construções da doutrina francesa, defende que a acção social "ut singuli" se baseia no mandato conferido pelo accionista à pessoa colectiva, no momento da sua entrada para a sociedade – mandato para fazer prosperar o montante da sua entrada; por virtude deste mandato, a pessoa colectiva confere ela própria mandato aos administradores; consequentemente, pela sobreposição destes dois mandatos, considera-se que o accionista (representado pela sociedade) conferiu mandato directamente ao administrador.

Outros sustentam para isso a negação do efeito interno da personalidade jurídica; alguns defensores da teoria da ficção afirmam que a personalidade jurídica existe para servir os accionistas, não para os prejudicar e, por isso, podem os accionistas, nas relações internas (entre accionistas e representantes da sociedade), rejeitar (ou desconsiderar) a ficção da personalidade jurídica e exercer o seu direito de acção "mandati" ([35]). É claro que esta teoria da negação do efeito interno da personalidade jurídica suscita dificuldades a quem rejeite a teoria da ficção ([36]).

IV – Mas mesmo alguns dos autores que acolhem tais críticas à teoria do mandato reconhecem que o legislador se mantém fiel à concepção tradicional do mandato, quer quanto aos administradores (nomeadamente pela necessidade de explicar a revogabilidade "ad nutum"), quer quanto aos membros do directório e do conselho de vigilância ([37]), ou defendem a ideia de que se trata de um mandato "sui generis" ([38]). Outros optam, todavia, por qualificações diversas, que interessa referir em seguida.

([35]) Cf. LACAN, " L'action sociale exercée 'ut singuli'", in *Rev. Soc.*, 1946, pág. 223, e HOUPIN-BOSNIEUX, *Traité des sociétés*, vol. II, nº 1368, pág. 620.

([36]) Cf. críticas de BERDAH, *Fonctions et responsabilité*, pág. 22 e segs.

([37]) Cf. HAMEL-LAGARDE, *Traité*, vol. I, 1954, pág. 756 e segs., e HÉMARD--TERRÉ-MABILAT, *Sociétés commerciales*, vol. I, pág. 749 e seg., 800, 946 e seg. e 987 e segs..

([38]) Cf. J.-J. CAUSSAIN, *Le directoire et le conseil de surveillance dans la nouvelle société anonyme* (Thèse Paris), 1968, pág. 103; M.-J. COFFY, "Le nouveau type d'administration des sociétés commerciales", in *JNot*, 1971, art. 50 309, pág. 1233.

SECÇÃO II

Teoria do contrato de prestação de serviço

A teoria do contrato de prestação de serviço é defendida, em França, apenas "de lege ferenda", por MARIE JOSEPH COFFY ([39]), depois de uma extensa análise comparativa do direito francês e do alemão.

SECÇÃO III

Teoria do contrato de trabalho

A generalidade da doutrina francesa rejeita que os administradores ou sequer os membros do directório sejam assalariados da sociedade.

Mas cita-se uma posição favorável a esta qualificação, na frase do senador DAILLY, aquando do debate parlamentar sobre a Lei fr de 1966 ([40]). Todavia, esta posição não foi fundamentada, nem tem outros seguidores convictos.

CAPÍTULO III

Teoria unilateralista ou da nomeação

I – Muitos dos defensores da teoria da instituição sustentam que os administradores e directores não são mandatários dos associados, mas sim órgãos da sociedade, constituindo "a autoridade encarregada de assegurar a realização do bem comum", ao qual estão subordinados os interesses particulares de cada associado. Consideram que há uma representação original da pessoa colectiva pelos órgãos que a lei instituiu. Os poderes de representação dos administradores decorrem da qualidade ou da função, ou seja, da lei. Para que a representação da sociedade produza

---

([39]) Cf. *Le Recrutement des dirigeants des sociétés anonymes en Droit français et Droit allemand* (Thèse Strasbourg), 1972, pág. 353.

([40]) "Il y a tout lieu de penser, parce que tel est bien l'esprit de la réforme, que le président du conseil de direction sera précisément un salarié de l'entreprise." Cf. *JO, Déb. Sénat*, 22.4.1966, pág. 256.

os seus efeitos normais, ela supõe que o órgão tenha sido regularmente nomeado, tenha agido sob a denominação social e no limite dos seus poderes. O acto de designação do órgão é, pois, qualificado como nomeação, excluindo expressamente o qualificativo de mandato ([1]).

A maioria dos autores não chega a analisar desenvolvidamente a figura da nomeação.

II – Outros autores institucionalistas tomam posições análogas, mas menos precisas, propondo qualificações diversas, como a ideia de estatuto e a "noção profissional" ([2]), e a função institucional de natureza legal ([3]).

III – Em crítica à teoria da nomeação, diz-se que, se se abandona a concepção contratual, a faculdade de revogação "ad nutum" da relação de administração torna-se incompreensível. Assim como o mandato dado aos representantes da Nação não pode ser revogado por aqueles que o conferiram, também o mandato do administrador – que tem o mesmo carácter que o mandato público – não deveria poder ser revogado senão por justa causa e sob controlo judicial ([4]). Mas a verdade é que a lei mantém a regra da revogabilidade "ad nutum", deixando em causa a teoria da nomeação.

CAPÍTULO IV

Teoria dualista

I – Durante a elaboração da Lei fr de 1966, chegaram a confrontar-se duas concepções acerca do estatuto dos membros do directório.

([1]) Cf. J.-E. ESCARRA-RAULT, *Traité,* vol. IV, pág. 14; RIPERT-ROBLOT, *Traité,* vol. I, 11ª ed., pág. 491 e seg. e 505 e seg.; C. BERR, *L'exercice du pouvoir dans les sociétés commerciales,* 1961, pág. 10 e seg. e 29 e segs.; MARTIN, *La représentation des sociétés commerciales par leurs organes* (thèse dactil.), Nancy, 1977, e GOURLAY, *Le conseil d'administration,* pág. 12.

([2]) Cf. J.-P. BERDAH, *Fonctions et responsabilités des dirigeants des sociétés par actions,* pág. 104; C. CHAMPAUD, *Le pouvoir de concentration de la société par actions,* pág. 51, e PAILLUSSEAU, *La société anonyme, technique d'organisation de l'entreprise,* pág. 254.

([3]) Cf. BURGARD, "Heurs et malheurs de la société anonyme à directoire", in *Rev. Jur. Com.,* 1975, pág. 285.

([4]) Cf. RIPERT, *Traité,* vol. I, pág. 784 e seg..

A primeira tende a reconhecer aos membros do directório a qualidade de "assalariados superiores" (⁵). Por influência do direito alemão, entende-se que eles estão submetidos ao regime da "locação de serviços", quer porque são escolhidos entre assalariados, quer porque celebram tal contrato quando se tornam membros do directório.

Mas, na realidade, segundo a outra concepção, defendida por H. CAPITANT e LE DOUAREC (⁶), a situação destes "analisa-se num cúmulo da situação social de carácter institucional, conferida pela função de director, e da contratual de assalariado da sociedade, conferida pela locação de serviços" (⁷). E, desde logo, a cessação de funções de director não acarreta, "ipso facto", a cessação da situação de servidor da sociedade. Isso resulta, diz-se ainda, da distinção entre a nomeação como membro do directório ("Bestellung") e do contrato de emprego ("Anstellungsvertrag").

II – Todavia, o Senado excluiu mais ou menos explicitamente a tese tendente a conferir aos membros do directório o estatuto de assalariados. E o Ministro da Justiça ("Garde des Sceaux") observou que o disposto no art. 121º, nº 2, da Lei fr de 1966 implicava que os membros do directório não estavam todos necessariamente ligados à sociedade por um contrato de trabalho. Tal preceito é entendido como rejeição da concepção alemã (⁸).

Isso não basta para excluir a referência à ideia institucional. Mas alguns autores entendem que o legislador francês, mantendo-se fiel à concepção contratualista, parece ter hesitado entre a referência ao contrato de prestação de serviço ("louage de services") e a referência ao mandato, e preferido até esta última qualificação – como decorre do disposto no art. 121º (⁹). Reconhecem-se, em todo o caso, diferenças entre o mandato dos membros do directório e o mandato comum ou mesmo o

---

(⁵) Cf. *JO, Déb. Senat*, sessão de 22.4.1966, pág. 251, cit. por HÉMARD-TERRÉ--MABILAT, *Sociétés*, vol. I, pág. 946.

(⁶) Cf. *Rapport*, nº 1368, pág. 704, art. 112-2, cit. por LE CANNU, *Société anonyme à directoire*, pág. 352.

(⁷) Cf. R. SINAY, " La société anonyme de type nouveau du projet de loi français sur les sociétés commerciales", in *Gaz. Pal.*, 1966, I, Doct. pág. 56, nº 30.

(⁸) Cf. HÉMARD-TERRÉ-MABILAT, *Sociétés commerciales*, vol. I, pág. 946 e seg..

(⁹) Cf. PIÉDELIÈVRE, "Le directoire et le conseil de surveillance des sociétés anonymes de type nouveau", in *Gaz. Pal.*, 1968, 1º Sem, Doct., pág. 94, nº 7 e segs., e HÉMARD-TERRÉ-MABILAT, *Sociétés*, vol. I, pág. 947.

mandato dos administradores: o objecto do mandato é mais amplo; a revogação compete à assembleia geral e não ao conselho de vigilância; a revogação não pode ser "ad nutum". Considera-se por isso que se trata de um mandato especial, criado pela nova lei ([10]).

CAPÍTULO V

Teorias mistas

SECÇÃO I

Teoria do mandato e representação legal

I – COPPER ROYER ([11]) defende que os administradores são mandatários, mas que este mandato compreende duas partes, consoante os administradores têm de representar o ente moral perante os próprios accionistas ou perante terceiros, estranhos à sociedade. O mandato "compreende, portanto, poderes internos e poderes externos".

Os administradores têm um mandato geral, conferido para todos os negócios do mandante, que é o ente moral. Tal mandato resulta da lei, que não compreende uma sociedade anónima sem administradores. Mas são mandatários apenas nas relações internas que os associados têm entre si ([12]).

Em todas as relações externas da sociedade é o conselho de administração que intervém, como órgão de acção da sociedade (enquanto a assembleia geral é o seu órgão de vontade). Os terceiros "tratam com a própria sociedade quando tratam com os seus representantes legais" ([13]).

Há sempre um mandato. Nas relações internas, os administradores são apenas mandatários. Nas relações externas, deixam de ser mandatários para serem representantes legais. Os terceiros não conhecem os administradores, só conhecem a sociedade ([14]).

([10]) Cf. PIÉDELIÈVRE, *ob. cit.*, nº 8 a 10.
([11]) Cf. *Traité des sociétés anonymes*, 4ª ed., Paris, Dalloz, t. IV, pág. 4 e segs..
([12]) *Ibid.*, pág. 7.
([13]) *Ibid.*, pág. 8.
([14]) *Ibid.*, pág. 10.

Esta concepção permitiria compreender melhor a responsabilidade penal dos administradores, bem como os actos praticados pelos administradores para além do âmbito do mandato conferido – isto é, com abuso ou excesso de mandato ([15]).

II – Em crítica a esta teoria de COPPER ROYER, pode dizer-se que ela complica a questão sem contribuir para a esclarecer. Não é argumento suficiente para afirmar que há representação legal o facto de os administradores terem poderes imperativamente previstos na lei. Uma coisa é o conteúdo da competência dos administradores (que pode ser e é fixado, em parte, por lei); outra diferente é o acto em que se baseia a atribuição de tal competência (a deliberação da assembleia geral, no caso mais frequente).

SECÇÃO II

Teoria do mandato e instituição

I – P. LE CANNU, depois de ter criticado as teorias contratualistas e as da instituição e defendido a aplicação da teoria dos sistemas, quanto à natureza da sociedade anónima com directório, interroga-se sobre a "natureza das funções dos membros do directório".

Começa por observar que, nas pequenas e médias sociedades anónimas, as relações entre os accionistas e os dirigentes se estabelecem de modo próximo do mandato, enquanto nas grandes sociedades anónimas parece ter-se verificado uma "revolução managerial", que torna inadaptadas as explicações tradicionais ([16]).

Rejeita claramente que os membros do directório sejam, como tais, assalariados da sociedade ([17]).

Refere as críticas dirigidas pela doutrina à teoria do mandato e os contra-argumentos a favor desta ([18]).

Reconhece que "a situação dos membros do directório conserva aspectos contratuais; e estes aspectos estão mais próximos do mandato do que de qualquer outro contrato".

([15]) *Ibid.*, pág. 9.
([16]) Cf. *La société anonyme à directoire,* pág. 350 e segs..
([17]) Cf. *ob. cit.,* pág. 352 e seg..
([18]) Cf. *ob. cit.,* pág. 353 e segs..

"Todavia, sem perder todo o seu valor, esta referência tornou-se insuficiente".

Encontra-se a mesma trama do mandato: nomeação aceite, eventualmente demissão, revogação, exercício do poder em nome do mandante, obrigação de prestar contas, responsabilidade por culpa na execução do contrato.

"E a vontade das partes conserva a sua importância ao nível do pacto social".

À semelhança do que se passa, segundo os institucionalistas, entre o trabalhador e a empresa, no contrato de trabalho, o contrato explica a entrada dos membros do directório para a sociedade, em que eles passam a ficar abrangidos pelas regras aplicáveis em função do conjunto. "Na óptica de um sistema jurídico, a análise deve ser levada mais longe, na medida em que importa estabelecer a fonte das decisões e das regras do sistema: ela está a maior parte das vezes no próprio sistema e por vezes na vontade individual dos participantes. Tem-se aí um índice sério da homogeneidade e do bom funcionamento do sistema, que conduz frequentemente a salientar o aspecto contratual do vínculo que une os membros do directório à sociedade."

Observa que as tendências legislativas parecem conduzir a novas amputações da liberdade contratual, orientando-se para uma "profissionalização" das funções dos dirigentes de sociedades. Se se exige maior competência, parece necessário garantir a estabilidade e acentuar a responsabilidade. Tal "profissionalização" pode, todavia, realizar-se, segundo LE CANNU, mantendo-se no terreno contratual com a prestação de serviços ("louage de services" — ou contrato de trabalho). Em todo o caso, LE CANNU considera que esta mudança não foi ainda realizada, nem é provável que venha a realizar-se tão cedo ([19]).

Já quanto à situação dos membros do conselho de vigilância, P. LE CANNU tem poucas dúvidas em qualificá-los como mandatários. A própria lei usa para eles a expressão mandato (Lei fr de 1966, art. 130º, nº 2, 138º, nº 2, 136º, nº 2, 3 e 4, e 250º, e Dec fr de 1967, art. 98º).

É certo que os membros do conselho de vigilância devem respeitar regras orgânicas próprias, que não parecem compatíveis com o contrato de mandato. O conselho tem poderes próprios, que os outros órgãos não podem exercer. Os seus membros são designados pela maioria dos accionistas e a duração das funções é limitada por lei.

([19]) Cf. ob. cit., pág. 357 e seg..

Mas estes argumentos não são considerados suficientes para afastar a ideia de mandato. O conselho de vigilância é o representante dos accionistas na ordem interna. Os seus membros são nomeados e revogados "ad nutum" pela assembleia. Devem prestar contas do seu mandato. E a sua responsabilidade é entendida como a de um mandatário [20].

"Esta trama contratual co-existe com elementos que poderiam qualificar-se de estatutários, que derivam imperativamente do sistema orgânico ou de sistemas exteriores (condições de admissão, remunerações, etc.), mas que não são suficientes para pôr em causa, tão profundamente como para os membros do directório, a natureza contratual das funções."

Este diagnóstico teria razões para evoluir, caso a co-vigilância [21] viesse a ser introduzida no direito positivo. A nova finalidade do conselho e a sua composição mais imperativa influiriam na qualidade reconhecida aos seus membros. E repercutir-se-ia na situação do directório, tornando necessária uma gestão mais neutra [22].

II — Em crítica a esta concepção de P. LE CANNU, pode dizer-se que, ao fim e ao cabo, ela se mantém fiel à teoria do mandato, embora reconheça especificidades introduzidas por normas legais imperativas. Qualifica estas de manifestações da ideia de instituição, quando afinal elas parecem compatíveis com a natureza contratual do acto constitutivo da relação jurídica.

Apenas traduzem intervenções do legislador no sentido de limitar a autonomia contratual para proteger interesses de terceiros, à semelhança de outras regras estabelecidas para tantos outros contratos, que não deixam por isso de o ser.

Bem vistas as coisas, seria talvez mais correcto considerar LE CANNU como mais um defensor da teoria do mandato...

Aliás, a influência da teoria dos sistemas, que ele invoca a este propósito, revela-se afinal insignificante.

LE CANNU não aprofunda a análise da estrutura da relação de administração em confronto com a figura do mandato.

---

[20] Cf. P. LE CANNU, *ob. cit.*, pág. 359.
[21] A participação de representantes dos trabalhadores no conselho de vigilância.
[22] Cf. P. LE CANNU, *ob. cit.*, pág. 360.

CAPÍTULO VI

Administradores não eleitos pela assembleia geral

A doutrina francesa refere os casos em que os administradores são designados por modos diversos da eleição pela assembleia geral, v. g., pelos estatutos (no momento da constituição simultânea da sociedade), por cooptação (nos casos de vacatura de um lugar de administrador) e provisoriamente pelo tribunal, bem como o respectivo regime, mas sem se alongar na análise da natureza específica desses actos ([23]).

Num caso e noutro, encontram-se reflectidas a este respeito as posições correspondentes às teorias referidas quanto à eleição e algumas novas objecções.

Assim, alguns autores consideram que a cooptação é simplesmente uma espécie de mandato, mais exactamente um substabelecimento ([24]).

Mas os críticos da teoria do mandato objectam que, pela cooptação, os administradores não se fazem substituir, antes designam um novo mandatário da sociedade – o que não seria coerente com as regras gerais do mandato, segundo as quais só o mandante pode nomear um seu mandatário ([25]).

([23]) Cf., por exemplo, HAMEL-LAGARDE, *Traité*, 1954, vol. I, pág. 758 e segs., e 769; RIPERT-ROBLOT, *Traité*, 11ª ed., vol. I, pág. 861 e segs.; HÉMARD-TERRÉ-MABILAT, *ob. cit.*, vol. I, pág. 738 e segs. e 744; GOURLAY, *ob. cit.*, pág. 24 e seg. e 51 e segs., e P. BÉZARD, *La Société Anonyme*, pág. 61 e seg.

([24]) Cf. THALLER-PIC, *ob. cit.*, vol. II, nº 2026; LYON-CAEN e RENAULT, *ob. cit.*, vol. II, nº 811 bis; ESCARRA-RAULT, *ob. cit.*, vol. IV, nº 1410, *apud* GOURLAY, *ob. cit.*, pág. 52.

([25]) Cf. HOUPIN, *Note J.S.*, 1910.7; WAHL, Note sous Milan 5 Février 1907, § 1908.4.1, *apud* GOURLAY, *ob.cit.*, pág. 52.

TÍTULO V

O problema na Itália

CAPÍTULO I
Considerações gerais

De entre os direitos estudados, o italiano é aquele em que a controvérsia doutrinal é mais acesa e os autores estão mais divididos, encontrando-se defensores para as mais diversas teorias. É também onde o debate tem sido mais profundo e, por isso mesmo, mais interessante.

CAPÍTULO II
Teorias contratualistas

SECÇÃO I
Teoria do mandato

I – Os primeiros códigos comerciais italianos qualificavam expressamente os administradores de sociedades anónimas como mandatários: o Código de Napoleão de 1807, posto em vigor na Itália pelo Decreto de 17.7.1808 (art. 31º), o Código de Comércio Albertino de 1865 (art. 129º), bem como o CCom it de 1882 (art. 121º, 122º, nº 2, e 124º), claramente inspirado na Lei fr de 1867.

Compreende-se, por isso, que a jurisprudência e a doutrina mais antigas considerem comummente os administradores como mandatários ([1]), na sequência, aliás, do relatório apresentado por MANCINI ao Senado italiano e considerado como a fonte mais conspícua para a interpretação do CCom it de 1882 ([2]).

II — Os defensores da teoria da ficção entendem que os administradores são mandatários *dos sócios,* nomeados e revogados em assembleia, exercendo os seus poderes por delegação ([3]).

III — Vários adeptos da teoria orgânica ou da teoria da realidade jurídica consideram os administradores como mandatários, não dos sócios, mas da sociedade, sendo nomeados pela assembleia geral e constituindo um órgão permanente, com autoridade própria em face da assembleia geral ([4]). Não contraem responsabilidade pessoal pelos negócios que praticam, mas respondem pelas consequências do mandato, delineado no contrato social, v. g., no âmbito do objecto social. O mandato dos administradores é temporário e revogável ([5]).

IV — Alguns defensores da teoria orgânica entendem que os administradores não são representantes (por substituição de vontades), mas órgãos, e, todavia, consideram que eles são mandatários, não da sociedade, mas dos sócios. Dizem que a sociedade não pode existir sem

---

([1]) Cf. PUGLIATI, "Il rapporto di gestiore sottostante alla rappresentanza", in *Ann. Ist. Scienze Giur. Univ. Messina,* 1929, 3, pág. 31, e in *Studi sulla rappresentanza,* 1965, pág. 183.

([2]) Cf. G. RAGUSA MAGGIORE, *La responsabilità individuale degli ammnistratori,* pág. 38 e 41 e seg., e também VIGHI, "Notizie storiche", in *RivS,* 1969, pág. 677.

([3]) Cf. BOLAFFIO, "Responsabilità degli amministratori di una società anonima", in *Riv. it. Scienze giuridiche,* 1890, pág. 79 e segs.; NAVARRINI, "Del diritto dell'azionista di società anonima", in *Giur. it.,* 1898, I, 1, pág. 456, cit. por G. RAGUSA MAGGIORE, *ob. cit.,* pág. 38 e 44. Diversamente, ROCCO, *Le società commerciale in rapporto al giudicio civile,* 1898, pág. 117, considera os administradores mandatários dos sócios, nas relações internas, e da sociedade, no que respeita ao exercício do comércio.

([4]) Cf. VIDARI, *Corso di diritto commerciale,* 5ª ed., 1900, vol. II, pág. 737; C. VIVANTE, *Trattato di diritto Commerciale,* 4ª ed, 1912, vol. II, pág. 353 e seg.; DE GREGORIO, *Delle società,* pág. 211 e segs. (embora reconheça a necessidade de excepções e aditamentos relativamente ao regime do mandato), e F. FERRARA, *Le Persone Giuridiche,* pág. 285 e segs..

([5]) Cf. NAVARRINI, *Trattato teorico-pratico di diritto commerciale,* vol. IV, 1920, pág. 369 e segs..

órgãos, que estes não podem realizar qualquer acto (social) antes que uma vontade os anime (isto é, lhes confira mandato) e que não podem conferir mandato os órgãos (v. g., a assembleia geral) desprovidos de poderes de representação do ente colectivo. Sem órgãos representativos a sociedade não pode conferir mandato e tais órgãos não podem mandatar-se a si próprios. Por isso, recorrem à ideia de mandato conferido pelos sócios: os administradores são mandatários dos sócios, não da sociedade. Ao nomear os administradores (seja no pacto social, seja em posterior assembleia), os sócios mais não fazem do que completar a obra criadora do organismo social, dando-lhe movimento ([6]).

Esta construção assenta, todavia, num pressuposto que a própria doutrina italiana vem a rejeitar: o de que a assembleia geral não tem poderes de representação para designar os administradores. Na verdade, entende-se hoje, mais frequentemente, que a assembleia geral pode praticar certos actos com eficácia externa, nomeadamente designar administradores e membros do órgão de fiscalização ([7]). Torna-se, por isso, artificioso falar de mandato dos sócios, tanto mais que a doutrina dominante é hoje no sentido de considerar a assembleia geral dos accionistas como órgão da sociedade, donde resulta que as deliberações dos sócios, tomadas na assembleia, são directamente imputadas à pessoa colectiva: o mandato dos sócios seria um mandato da sociedade.

V – Vários autores italianos, ainda antes de 1942, salientam diferenças significativas entre a situação do administrador e o mandato, que levam boa parte deles a contestar a própria teoria do mandato ([8]).

([6]) Cf. SOPRANO, *Trattato teorico-pratico delle società commerciale*, pág. 250 e segs.. Este autor recorre depois (pág. 252 e seg.) a um outro argumento baseado no regime de prestação de contas dos liquidatários (que ele considera deverem ter a mesma natureza que os administradores). Diz que, em certas condições, os liquidatários prestam contas aos sócios e não à sociedade (CCom de 1882, art. 208º, 215º e 216º), o que confirmaria a tese do mandato dos sócios. Deve notar-se que, em face da lei portuguesa, os liquidatários prestam sempre contas à assembleia geral da sociedade, e só depois de tal prestação esta se extingue (CCom, art. 142º, e CSC, art. 157º, 159º e 160º). Mas mesmo em face da lei italiana vigente (CCiv it, art. 2453, 2454 e 2456), o argumento não colhe.

([7]) Cf. VIVANTE, *Trattato*, vol. II, pág. 216; DONATI, *L'invalidità delle deliberazioni di assemblea*, pág. 24 e segs.; CANDIAN, *Nullità ed annulabilità*, pág. 180 e seg.; BRUNETTI, *Trattato*, vol. II, pág. 328; ROMANO-PAVONI, *Le deliberazioni delle assemblea*, pág. 56 e seg.; FANELLI, *La delega*, pág. 93; contra: ASCARELLI, *Società e associazioni commerciali*, 3ª ed., 1936, pág. 142 e segs.

([8]) A doutrina italiana actual é unânime na rejeição da teoria do mandato. Cf. BONELLI, *Gli amministratori*, pág. 60, nota 22.

Assim, os administradores são considerados pela lei como um elemento necessário do ente social, essencial à existência da sociedade; são um órgão sem o qual a sociedade não teria capacidade jurídica, não poderia funcionar ([9]).

Observa-se que os poderes dos administradores podem ser-lhes atribuídos pelo pacto social e permanecer, não obstante a assembleia geral querer modificá-los, enquanto esta vontade não seja expressa com a maioria e as formalidades requeridas para as alterações estatutárias ([10]) – o que diverge do regime do dever do mandatário de respeitar as instruções do mandante.

Análoga divergência se verifica na medida em que os administradores podem insurgir-se contra as deliberações ilegais da assembleia geral ([11]), o que não pode acontecer no mandato.

O mandato só confere os poderes que o mandante quer atribuir ao mandatário. Diferentemente, o administrador da sociedade anónima tem poderes próprios, que lhe são conferidos por lei e não podem ser limitados por cláusula estatutária nem deliberação da assembleia geral ([12]). Excepcionalmente, são simples executores de ordens precisas e isoladas recebidas da assembleia ([13]).

E têm funções muito diversas: dirigem o funcionamento social e o desenvolvimento da empresa, representam a sociedade perante terceiros, tutelam o interesse do sodalício, dos componentes singulares e dos credores do mesmo: zelam pela observância da lei, do estatuto e pela execução das deliberações sociais ([14]).

"O mandatário ordinário age, em regra, no interesse do representado, gratuitamente ou mediante compensação determinada [...]. Diversamente o administrador é interessado como funcionário e, em regra, possuidor de acções" ([15]).

"O mandatário ordinário depende de pessoa capaz de conhecer as funções delegadas [...]. Diversamente, o administrador goza de larga independência, representando pequenos ou grandes accionistas, que for-

---

([9]) Cf. MORI, *Società anonima – Amministrazione*, 1897, pág. 4, e DE GREGORIO, *Delle società e delle assoziazioni commerciali*, 1938, pág. 211 e seg..
([10]) Cf. DE GREGORIO, *ob. cit,*.
([11]) Cf. DE GREGORIO, *ob. cit.*, pág. 211.
([12]) Cf. DE GREGORIO, *Le società*, pág. 212, cit. por FANELLI, p. 84, nota 78.
([13]) Cf. MORI, *ob. cit.*, pág. 3.
([14]) Cf. MORI, *ob. cit.*, pág. 3.
([15]) Cf. MORI, *ob. cit.*, pág. 3.

necem os meios para a empresa, mas que pouco se ocupam dos negócios sociais'' (¹⁶).

VI – Conhecedor deste género de objecções, o legislador italiano não incluiu no CCiv it de 1942 qualquer qualificação da relação de administração como mandato (v. g., no art. 2380º) – não sendo convincente a referência do art. 2392º à ''diligência do mandatário''.

Na falta de argumentos textuais concludentes, quer na lei civil, quer na lei fiscal (¹⁷), quer quanto às figuras análogas dos liquidatários e dos administradores de sociedades de pessoas (¹⁸), deixam de se encontrar autores a defender a teoria do mandato, quanto aos administradores de sociedades anónimas, em face do CCiv it de 1942 (¹⁹) (²⁰).

VII – Na verdade, intensificam-se, após 1942, as críticas à teoria do mandato, provindas de sectores diversos da doutrina e com reflexos na jurisprudência.

Muitas delas correspondem a críticas equivalentes às já referidas a propósito do direito francês. Vale a pena, em todo o caso, referi-las de novo, na medida em que, frequentemente, os autores italianos apresentam formulações mais elaboradas que as dos franceses e invocam novos argumentos. Aliás, alguns dos argumentos invocados tendem não só a demonstrar que o acto de designação não tem a natureza de um mandato, como mesmo que não é um contrato.

Invoca-se, por um lado, o carácter necessário da nomeação de administradores: a sociedade não pode exercer a sua actividade normal sem administradores que a representem. Ora, considera-se essencial à figura do mandato a liberdade de o conferir ou não: ''não se pode conceber a existência de um mandato onde não haja a possibilidade da não existência de mandato'' (²¹).

(¹⁶) Cf. MORI, ob. cit., pág. 3 e seg..
(¹⁷) Cf. observações de MINERVINI, Gli amministratori, pág. 63 e segs..
(¹⁸) Cf. MINERVINI, Gli amministratori, pág. 66 e seg..
(¹⁹) Cf. BONELLI, Gli amministratori, pág. 60, nota 22.
(²⁰) Quanto às sociedades de pessoas (sem personalidade jurídica), a jurisprudência e a doutrina dominantes consideram os administradores como mandatários dos sócios. Mas uma parte da doutrina rejeita tal qualificação. Cf. GALGANO, Degli amministratori di società personali, pág. 9 e segs. e 33 e segs..
(²¹) Cf. CANDIAN, ''L'azione civile di responsabilità'', in Riv. dir. proc. civ., 1933, I, pág. 146 e segs.; FRÈ, ''Il rapporto fra l'organo amministratore delle società anonime e la società'', in Riv. dir. com., 1938, pág. 405 e segs.; FRÈ, L'organo amministra-

Afirma-se também que o colégio dos administradores surge como órgão essencial à capacidade da pessoa jurídica, no mesmo momento em que surge a própria pessoa jurídica, "o que exclui, por lógica evidente, a subsistência de um contrato qualquer entre a sociedade e os administradores relativamente à gestão social" ([22]). Por outras palavras, diz-se que falta à sociedade um representante que intervenha no contrato em nome dela, uma vez que a colectividade dos sócios (ou a assembleia geral) não tem poderes representativos, sendo mero órgão interno ([23]).

Diz-se também que, ao eleger ou nomear os administradores, a assembleia geral (ou, se se preferir, a sociedade) não celebra qualquer contrato, limitando-se a dar execução ao contrato social, na parte relativa à organização da sociedade, concretizando quem são os administradores ([24]).

Alguns autores entendem que a nomeação do administrador não é um contrato, porque a deliberação da assembleia não é uma "proposta" destinada a encontrar-se com a "aceitação" do administrador para dar lugar a um único negócio bilateral ([25]). A nomeação é um negócio unilateral, como a aceitação, sendo esta mera condição de eficácia daquela e não requisito de validade ([26]). Há um concurso, não um encontro de vontades ([27]).

Vigoram para os administradores causas de inelegibilidade não previstas para os mandatários ou sujeitas a um regime, em certa

---

tivo nelle società per azioni, 1938, pág. 25 e segs.; FRÈ, *Società per azioni,* 3ª ed., 1966, pág. 351; LOVATO, "Natura giuridica e trattamento tributario dell'atto di nomina degli amministratori di società di capitali", in *Riv. not.,* 1949, pág. 62 e segs., e FANELLI, *La delega,* pág. 84 e segs..

([22]) Cf. BRUNETTI, *Trattato,* vol. II, pág. 365.

([23]) Cf. FRÈ, *L'organo,* pág. 28 e seg. Já se disse acima que a própria doutrina italiana admite, mais frequentemente, que a assembleia geral tenha poderes representativos (ou para praticar actos com eficácia externa), ao menos quando designa como titulares dos seus órgãos (administradores ou membros do órgão de fiscalização) não accionistas.

([24]) Cf. FRÈ, *L'organo amministrativo,* pág. 187 e segs..

([25]) Cf. LORDI, *Instituzioni di Diritto Commerciale,* Pádua, 1943, vol. I, pág. 328; SALANDRA, *Manuale di Diritto Commerciale,* Bolonha, 1947, vol. I, pág. 269, e FIORENTINO, *Gli organi,* pág. 101.

([26]) Cf. BRACCO, "L'accettazione e la pubblicità della nomina degli amministratore", in *Dir. prat. comm.,* 1943, pág. 24, e FIORENTINO, *Gli organi,* pág. 101.

([27]) Cf. FRÈ, *Società per azioni,* pág. 351 e seg..

medida, diferente (CCiv it, art. 2382º, em confronto com o art. 1389º) (²⁸).

Diversamente do que se passa no mandato, o administrador, enquanto accionista e membro da assembleia geral, pode votar, porventura decisivamente, na sua própria eleição para administrador.

Por outro lado, se a assembleia geral dos accionistas fosse o mandante, não se compreenderia que os administradores tivessem, como têm, o poder-dever de impugnar as deliberações ilegais ou anti-estatutárias da própria assembleia (CCiv it, art. 2377º, nº 3) (²⁹). E, no caso de perdas que diminuam o capital social além de um terço, os administradores devem requerer ao tribunal a redução do capital social, mesmo contra vontade da assembleia geral (CCiv it, art. 2446º) (³⁰).

Por outras palavras, o administrador tem perante a sociedade (ou a assembleia geral) uma posição de maior autonomia que o mandatário perante o mandante (³¹).

Outros autores, porém, contestam a existência de mandato porque os administradores não gozariam da autonomia característica do mandatário, nomeadamente por ser um "colaborador da empresa" e estar sujeito continuamente ao controlo e vigilância do órgão de fiscalização, além de poder a assembleia geral exercer, em certa medida, um poder de direcção (ao abrigo do CCiv it, art. 2364º, nº 4) (³²).

Os mandatários com representação têm apenas poderes de representação do mandante perante terceiros, enquanto os administradores têm poderes de representação perante terceiros e poderes de administração interna da sociedade (³³).

(²⁸) Cf. RAGUSA MAGGIORE, *La responsabilità*, pág. 51 e seg., aliás com algumas observações críticas a este argumento.

(²⁹) Cf. BRUNETTI, *Trattato*, II, pág. 362 e seg., e SCORZA, "Gli amministratori di società per azioni di fronte alle delibere invalide dell'assemblea", in *RS*, 1963, pág. 520 e 526.

(³⁰) Cf. BRUNETTI, *Trattato*, vol. II, pág. 387; RAGUSA MAGGIORE, *La responsabilità*, pág. 51, com algumas observações críticas na pág. 53 e seg., dizendo, nomeadamente, que mandante seria a sociedade, não a assembleia, respeitando os administradores "a vontade substancial do ente" e devendo "tutelar os interesses da sociedade, a qual só pode agir por seu intermédio". Em todo o caso, no mandato não há possibilidade de contraste de vontade de dois órgãos, no âmbito do mesmo sujeito.

(³¹) Cf. FERRARA JR., *Gli imprenditori e le società*, 4ª ed., 1962, pág. 433 e seg..

(³²) Cf. MINERVINI, *Gli amministratori*, pág. 68 e segs..

(³³) Cf. FANELLI, *ob. cit.*, pág. 80.

O mandato é conferido para actos singulares (separados ou isolados) ou, no caso de mandato geral, para uma série de actos, não para uma actividade (série de actos coordenados) (CCiv it, art. 1703º e 1708º). É possível atribuir um poder geral para o exercício de uma actividade, mas então já não se trata de um mandato verdadeiro e próprio, mas sim de uma "proposição institória" (CCiv it, art. 2203º) − que a doutrina italiana distingue claramente do mandato ([34]) ([35]).

Diversamente do mandato, a gestão dos administradores refere-se a uma actividade, a uma série de actos coordenados (não separados) ([36]).

A responsabilidade da sociedade por actos ilícitos dos administradores é mais ampla que a do mandante por actos ilícitos do mandatário ([37]).

Nomeadamente, por acto ilícito extracontratual do mandatário responde este e o mandante (CCiv it, art. 2043º e 2049º), enquanto pelo excesso de poderes do mandatário só responde o próprio mandatário, não o mandante (CCiv it, art. 1389º). Diversamente, a sociedade responde tanto por acto ilícito como por excesso de poderes do administrador (CCiv it, art. 2384º, 2384º bis e 2395º).

No entender de MESSINEO ([38]), não deve considerar-se como mandato um encargo a que não se pode renunciar "ad libitum", mesmo quando exista uma justa causa de renúncia ([39]).

Em suma, na doutrina italiana, há actualmente unanimidade na rejeição da tese que assimila a relação de administração ao mandato ([40]). Mas já não há unanimidade na afirmação de outro qualificativo.

([34]) Cf. BIGIAVI, *L'imprenditore occulto*, 1957, pág. 118 e segs.; BIGIAVI, *Difesa dell'imprenditore occulto*, 1962, pág. 164 e segs.; CANDIAN, "L'imprenditore indiretto", in *Temi*, 1950, pág. 611 e segs.; em posição crítica, BELVISO, *L'institore*, I, pág. 121 e segs., do qual discorda RAGUSA MAGGIORE, *La responsabilità*, pág. 60 e seg..

([35]) A "proposição institória" corresponde, no direito português, à figura do gerente de comércio (CCom, art. 248º e segs.), que é uma espécie de mandato comercial.

([36]) Cf. RAGUSA MAGGIORE, *La responsabilità*, pág. 60.

([37]) Cf. FERRARA JR., *Gli imprenditori e le società*, pág. 434, e, mais desenvolvidamente, RAGUSA MAGGIORE, *La responsabilità*, pág. 51, 54 e segs..

([38]) Cf. *Manuale di diritto civile e commerciale*, vol. III, pág. 137, e BRUNETTI, *Trattato*, vol. II, pág. 365.

([39]) Esta afirmação contrasta, em todo o caso, com o disposto no art. 2385º do CCiv it. Cf. G. RAGUSA MAGGIORE, *La responsabilità*, pág. 49.

([40]) Cf. BONELLI, *Gli amministratori di società per azioni*, pág. 60, nota 22, e autores aí cit.. BONELLI não toma posição explícita no debate.

SECÇÃO II

Teoria do contrato de trabalho

ASCARELLI ([41]) rejeita que os administradores das pessoas colectivas sejam mandatários, interpretando a qualificação nesse sentido do CCom it de 1882 como significando apenas uma remissão para o regime do mandato, sendo algumas normas deste, aliás, inaplicáveis; e qualifica a relação entre a sociedade e os administradores como um verdadeiro contrato de trabalho.

SECÇÃO III

Teoria do contrato de administração

I – Pode considerar-se que a teoria do contrato de administração tem um precursor sério em MORI ([42]), que afirma que "os administradores não são simples mandatários por força de convenção e da lei".

"Se entre o mandatário e o administrador existem pontos de contacto, caracteres semelhantes, existem também profundas diferenças": na variedade e qualidade das funções, na independência e no carácter necessário deste, como se referiu acima. E conclui que o administrador é um órgão que "constitui uma *figura jurídica 'sui generis'*", embora se lhe apliquem, "na falta de normas especiais e na medida em que o comporta a sua natureza, as regras sobre o mandato, instituto que mais se avizinha daquele. E é por isso que as leis chamam aos administradores mandatários, evitando assim a referência aos princípios relativos ao gerente comercial ('institore'), ao prestador de serviço, aos administradores das outras espécies de sociedade".

MORI não qualifica a figura como contrato, mas também não rejeita esta qualificação; não chega, todavia, a qualificá-lo como contrato de administração e, por isso, não passa de um precursor.

([41]) Cf. *Appunti di diritto commerciale; Società*, 3ª ed., Roma, 1936, pág. 150.
([42]) Cf. *Società anonima – Amministrazione*, vol. I, 1897, pág. 3 e seg..

II — DE GREGORIO ([43]), depois de criticar a qualificação dos administradores como mandatários, diz tratar-se de um *"contrato de proposição orgânica"*.

Mas é FANELLI e sobretudo MINERVINI que constroem a teoria do contrato de administração.

Para FANELLI ([44]) — um organicista ([45]) — o contrato de que resulta a proposição para o órgão (administrativo ou delegado) não é um mandato, nem uma locação de obra, mas é um contrato típico e característico, pois que é típica e característica a sua função económico-social (causa), que consiste em dar vida a um elemento da estrutura da sociedade pelo exercício de uma função orgânica — é um *contrato de proposição orgânica*.

Outros contratos podem gerar o mesmo efeito (de proposição orgânica), v. g., o contrato de sociedade, a nomeação de administradores pelo Estado ou outro ente público.

Tal contrato tem efeitos jurídicos de duas ordens:

a) Constituição da relação orgânica;

b) Obrigações para a sociedade e para o proposto (prestar caução, não concorrência, assumir a função orgânica; para a sociedade: não rescisão sem justa causa).

III — Como se disse acima, MINERVINI ([46]), numa das obras mais profundas sobre esta matéria, embora aceite a distinção clássica entre órgão e representante, considera que os administradores de sociedades anónimas, enquanto realizam uma actividade jurídica por conta da sociedade, são representantes (voluntários). Tal qualificação respeita, porém, ao modo de participação da pessoa colectiva no "comércio jurídico", deixando imprejudicado o vínculo entre a pessoa colectiva e o administrador.

Para MINERVINI ([47]), o ordenamento jurídico configura a fonte desta relação entre a sociedade anónima e o administrador como um tipo particular de contrato, a que chama *contrato de administração*.

([43]) Cf. *Società ed associazioni commerciali*, pág. 213, nota 1, "in fine".

([44]) Cf. *La delega di potere amministrativo nelle società per azioni*, 1952, pág. 96 e segs.

([45]) Cf. *ob. cit.*, pág. 85 e seg..

([46]) Cf. *Gli amministratori di società per azioni*, 1956, pág. 1 e segs..

([47]) Cf. *ob. cit.*, pág. 3 e segs..

Para demonstrar esta tese, começa por invocar diversos preceitos do CCiv it (art. 2298º, nº 2, 2383º, nº 4, 2384º e 2387º), donde se deduz não só que a deliberação de nomeação é receptícia, mas que a aceitação é necessária ([48]).

Em seguida, rebate os argumentos dos unilateralistas contra a tese contratualista.

Assim, quanto à necessidade da nomeação de administradores, afirma que prova demais: se faltasse desse modo a autonomia negocial, não haveria negócio unilateral. E quanto à falta de representação da sociedade para intervir no contrato com os administradores, pelo facto de a assembleia geral ser um órgão meramente interno, ela verificar-se-ia igualmente quanto à nomeação como negócio unilateral: também prova demais, portanto ([49]).

Por outro lado, entende, com BETTI ([50]), que, perante uma pluralidade de declarações, deve optar-se pela existência de um negócio jurídico unitário ou de uma pluralidade de negócios, consoante as várias declarações criem ou não um mesmo preceito de autonomia privada, ditem ou não uma mesma regulamentação de interesses, tenham ou não um alcance normativo dependente uma da outra, e isso quanto aos efeitos jurídicos principais (os correspondentes ao fim do negócio), não aos secundários, preliminares ou preparatórios. Seguindo tais critérios, MINERVINI entende que o efeito jurídico principal (a constituição da relação de administração) só se verifica com a aceitação. A nomeação tem, pois, a natureza de uma proposta contratual (que produz alguns efeitos de carácter secundário), não sendo a aceitação mera condição de eficácia daquela. O facto constitutivo da relação de administração tem, pois, natureza contratual ([51]).

Para MINERVINI, "com o contrato de (proposição à) administração, uma parte (o 'administrador') obriga-se a realizar uma determinada actividade por conta de outra (a sociedade por acções proponente) e – normalmente – esta última obriga-se perante a primeira a pagar-lhe uma remuneração" ([52]).

Trata-se de um contrato consensual, bilateral, oneroso ou gratuito, tendo por objecto a prestação de uma actividade por conta de outrem,

---

([48]) Cf. *ob. cit.*, pág. 48 e seg..
([49]) Cf. *ob. cit.*, pág. 56 e seg..
([50]) Cf. *Teoria generale del negozio giuridico*, 1950, pág. 297 e 301.
([51]) Cf. MINERVINI, *Gli amministratori*, pág. 57 e segs.
([52]) Cf. *ob. cit.*, pág. 61.

podendo qualificar-se, segundo MINERVINI, como um contrato de trabalho em sentido amplo.

Na falta de argumentos textuais concludentes, quer no CCiv it de 1942, quer na lei fiscal ([53]), quer quanto às figuras análogas dos liquidatários e dos administradores de sociedades de pessoas ([54]), MINERVINI observa que o administrador presta prevalentemente uma actividade jurídica, como o mandatário; mas interroga-se sobre se o administrador será um trabalhador autónomo (como o mandatário) ou um trabalhador subordinado. E conclui que não é uma coisa nem outra, embora apresente características próprias de ambos.

O administrador é um "colaborador na empresa" do sujeito a quem presta a sua actividade (CCiv it, art. 2094º), o que exclui a aplicação de algumas regras do mandato. E a sociedade, através do conselho fiscal, exerce continuadamente poderes de controlo e vigilância sobre a actividade do administrador, e, através da assembleia, pode mesmo exercer em certa medida o poder de direcção (v. g., quando o acto constitutivo reserve para a assembleia ampla competência em matéria de gestão, ao abrigo do CCiv it, art. 2364º, nº 4) – o que, aliás, é raro. O administrador não é, pois, um trabalhador autónomo ([55]).

Mas também não é, para MINERVINI, um trabalhador subordinado, visto que a sociedade não tem o poder disciplinar, e mesmo o poder de direcção da assembleia geral não pode ser integral, dada a existência de uma esfera de actividade respeitante inderrogavelmente à competência do administrador. Na realidade, é mais frequente o controlo da sociedade pelo administrador; sendo este frequentemente titular de um lote de acções significativo, participa no exercício do poder pertencente ao órgão dito soberano, bem como no risco da empresa. Em qualquer caso, a qualificação de trabalhador subordinado seria sempre de excluir relativamente ao administrador não retribuído ([56]).

O administrador presta a sua actividade a um "principal abstracto" e está sujeito a um reduzido grau de subordinação, com a agravante de que institucionalmente este principal tem o seu "centro motor" próprio na pessoa do administrador.

([53]) Cf. ob. cit., pág. 63 e segs..
([54]) Cf. ob. cit., pág. 66 e seg..
([55]) Cf. ob. cit., pág. 68 e segs..
([56]) Cf. ob. cit., pág. 70 e seg..

"Se o contrato de administração de sociedade por acções é um contrato de um tipo específico ('a sè stante'), que tem por objecto a prestação de trabalho em sentido amplo, tendo por conteúdo actividade prevalentemente jurídica e em posição que, em certos aspectos, é de autonomia e noutros é de subordinação, é claro que a sua disciplina vai buscar-se a uma pluralidade de sedes. Quando a disciplina específica do instituto, estatuída na sua 'sedes materiae', falte, deve por vezes recorrer-se aos princípios gerais relativos ao contrato de trabalho em sentido amplo; se têm maior relevo os aspectos da subordinação ou da autonomia, aos princípios que regulam o contrato de trabalho subordinado ou os contratos de trabalho autónomo, respectivamente; se assume importância prevalente o conteúdo gestório da prestação, à regulamentação específica do contrato de mandato" ([57]).

IV — Esta tese de FANELLI, desenvolvida por MINERVINI, veio a ser aceite por parte da doutrina italiana posterior, que invoca como argumento nesse sentido ainda a circunstância de ser excepcional que, no campo do direito privado, surjam obrigações a cargo de terceiros que as não consintam, faltando normas categóricas a impô-las aos administradores ([58]).

V — Mas também tem sido objecto de críticas.
Nomeadamente, diz-se ([59]) que os poderes dos administradores não podem considerar-se derivados de um "contrato de administração" entre a sociedade e os administradores. "Os poderes dos administradores, indisponíveis pela assembleia, devem ser concebidos como originários, ou seja, como poderes que os administradores, quais órgãos necessários de execução do contrato de sociedade, recebem directamente deste contrato". Nem se diga que os administradores não são, como tais, partes no contrato de sociedade e por isso não poderiam encontrar neste a fonte dos seus poderes. "Como o contrato em geral pode, em dadas condições, atribuir direitos a sujeitos que não são suas partes [...], assim aquele (contrato de sociedade) pode, em dadas condições, atribuir-lhes poderes: [...].

([57]) Cf. *ob. cit.*, pág. 71 e seg..
([58]) Cf. GRECO, *Le società*, pág. 290 e seg., e GRAZIANI, *Diritto delle società*, pág. 363 e segs..
([59]) Cf. GALGANO, *La società per azioni*, Pádua, CEDAM, 2ª ed., 1988, pág. 271 e seg..

"A nomeação dos administradores pela assembleia e a aceitação da nomeação por estes não devem considerar-se, em suma, como o acordo entre a sociedade e os administradores para a constituição de uma relação contratual específica, distinta da relação contratual de sociedade e tendo por objecto a execução deste último [...]. A nomeação dos administradores não é um acto atributivo de poderes: é, mais simplesmente, o acto que designa as pessoas propostas para o órgão que está, por lei, incumbido de dar execução ao contrato [...]".

CAPÍTULO III

Teorias unilateralistas ou da nomeação

SECÇÃO I

Considerações gerais

I – A maioria dos autores italianos mais recentes rejeita as teorias contratualistas, por considerar que a deliberação da assembleia geral, como acto interno, não é uma "proposta" destinada a encontrar-se com a "aceitação" do administrador para dar lugar a um único negócio bilateral ou contrato ([60]). E rejeita sobretudo a teoria do mandato, pelos motivos já atrás referidos – o que, aliás, não a impede de admitir a aplicabilidade à nomeação das regras do mandato, por analogia ([61]).

E considera que a designação dos administradores – enquanto órgãos da sociedade – pela assembleia geral tem a natureza de uma nomeação, isto é, de um acto unilateral.

Mas há divergências entre os defensores da teoria da nomeação, quanto à natureza negocial ou não negocial da deliberação de nomeação, quanto ao carácter recipiendo ou não desta e sobretudo quanto à relevância jurídica da aceitação.

([60]) Cf., por exemplo, CANDIAN, "L'azione civile di responsabilità contro gli amministratori di società anonime", in *Riv. Dir. proc. civ.*, 1933, I, pág. 178 e segs.; FIORENTINO, *Gli organi*, pág. 101, e FERRI, *Le società*, pág. 494.

([61]) Cf. FIORENTINO, *Gli organi*, pág. 101.

II – Há quem chegue a duvidar de que a deliberação de nomeação, tomada pela assembleia geral, tenha sequer carácter negocial ([62]).

Esta dúvida pode considerar-se contudo afastada hoje pela generalidade da doutrina: as deliberações da assembleia geral têm, na maior parte dos casos, por conteúdo declarações de vontade tendo em vista um efeito jurídico particular tendente a satisfazer interesses da sociedade ([63]).

III – O carácter *recipiendo* da deliberação de nomeação encontra sólido fundamento na lei, v. g., nos preceitos do CCiv it que impõem certas obrigações aos administradores dentro de prazos a contar da notícia da nomeação: a inscrição da nomeação no registo das empresas (art. 2383º, nº 4), o depósito das assinaturas no mesmo registo (art. 2384º e 2298º, nº 2), a prestação de caução (art. 2387º, nº 1 e 2). Por isso, a maioria da doutrina não tem dúvidas sobre a necessidade de comunicação da deliberação de nomeação aos administradores nomeados ([64]).

Não deixa, em todo o caso, de haver alguns autores ([65]) que afirmam que a deliberação de nomeação não é recipienda (não é dirigida aos administradores) e "realiza imediatamente a investidura no cargo, enquanto a aceitação é só condição da sua plena eficácia, não da sua validade: é sintomática a esse respeito a norma do art. 2383º, nº 4, pela qual a publicidade da nomeação deve ser efectuada dentro de 15 dias "da nomeação" e não "da aceitação". Tem de reconhecer-se, porém, que este argumento não é convincente quanto ao carácter não recipiendo da nomeação, visto que o preceito citado fala da "notícia da nomeação".

Resta saber se a nomeação notificada, constituindo certas obrigações (v. g., publicitárias) para os administradores nomeados, é bastante como facto constitutivo da relação de administração, ou tem de ser completada pela aceitação e em que termos.

([62]) Cf. CANDIAN, "L'azione civile di responsabilità", cit. in *Saggi di diritto*, II, pág. 143.

([63]) Cf. DONATI, *L'invalidità della deliberazione di assemblea*, pág. 49; GRAZIANI, *Diritto delle società*, pág. 229; VASELLI, *Deliberazioni nulle e annulabili*, pág. 10 e segs.; ROMANO-PAVONI, *Le deliberazioni di assemblee*, pág. 69 e segs., e o próprio CANDIAN, *Nullità e annulabilità*, pág. 33 e seg..

([64]) Cf. FANELLI, *La delega*, pág. 92 e segs.; ROMANO-PAVONI, *Le deliberazioni*, pág. 81; CANDIAN, *Nullità e annulabilità*, pág. 186 e seg., e DONATI, *L'invalidità*, pág. 29 e seg..

([65]) Cf. FIORENTINO, *Gli organi*, pág. 101.

SECÇÃO II
Teoria do negócio unilateral

I – No extremo oposto às teorias contratualistas, F. FERRARA JR. ([66]) sustenta que a nomeação de administradores é um simples negócio unilateral, afirmando mesmo que "a lei prescinde da aceitação, porque é natural pensar que a assembleia se dê ao cuidado de interpelar o sujeito se consente em assumir o cargo, antes de nomeá-lo, e que não o nomeie se ele não quiser", e, de qualquer modo, "a lei presume que o nomeado aceite, e deste consentimento presumido faz surgir a seu cargo as obrigações referidas [cf. art. 1718º ([67])]"; e a presunção da lei não poderia ser destruída senão por um acto de recusa, que o sujeito nomeado deveria comunicar à sociedade.

Assim, pode dizer-se ([68]) que, para FERRARA, a nomeação e a recusa são dois negócios unilaterais, ambos recipiendos: o primeiro, com eficácia constitutiva, e o segundo, com eficácia extintiva.

II – Em crítica, observa-se que a invocação do art. 1718º (reminiscência de uma concepção acolhida pelo CCom it anterior) não é suficiente para demonstrar a irrelevância da aceitação, sobretudo quando a lei, no CCiv it, art. 2385º, nº 1, segunda parte, para certo efeito, faz referência ao "momento em que a maioria do conselho se reconstituiu em seguida à aceitação dos novos administradores" ([69]). Nem os trabalhos preparatórios do CCiv it, invocados por FERRARA em apoio da sua tese, constituem argumento convincente nesse sentido ([70]).

([66]) Cf. *Gli imprenditori e le società*, 3ª ed., 1952, pág. 320. Na 7ª ed. da mesma obra (a pág. 503 e segs.), FERRARA critica a teoria do mandato e a do contrato de administração e defende que os administradores "são uma espécie de funcionários privados, que ocupam um cargo ('ufficio'), cujos direitos e deveres são estabelecidos pela lei e pelo acto constitutivo (da sociedade) e só dentro de limites restritos podem ser disciplinados pela assembleia". Mas acaba por não dizer qual a natureza do acto que coloca os administradores nesse cargo.

([67]) Este art. 1718º do CCiv it de 1942 impõe ao mandatário o dever de guarda das coisas e de tutela dos direitos do mandante, mesmo que o mandatário não aceite o mandato, sempre que tal encargo entre na actividade profissional do mandatário.

([68]) Como diz MINERVINI, *Gli amministratori*, pág. 49 e seg..

([69]) Cf. BRACCO, "L'accettazione e la pubblicità della nomina ad amministratore di società per azioni", in *Dir. prat. com.*, 1943, pág. 5 e segs., e MINERVINI, *Gli amministratori*, pág. 49 e segs..

([70]) Para maiores desenvolvimentos, cf. MINERVINI, *Gli amministratori*, pág. 51.

Além disso, a unilateralidade da nomeação daria lugar à imposição de um encargo, enquanto o administrador poderia apenas abster-se de iniciar o exercício do cargo e, posteriormente, a renúncia não teria significado sem a adesão da sociedade, precisamente pela existência daquela imposição. Mas isso contrastaria com o disposto no art. 2385º do CCiv it, que facilita muito a renúncia do administrador ao cargo. Tal renúncia pressupõe a liberdade de aceitação, pois não se pode, em regra, renunciar a um cargo que não se é livre de aceitar (assim como é a sociedade que impõe a aceitação, só ela poderia revogar o encargo) e demonstra o grande relevo que a lei atribui à aceitação ([71]).

De resto, não é normal, no âmbito do direito privado, a imposição de um encargo sem o consentimento do encarregado.

Por isso, a doutrina dominante reconhece a necessidade da aceitação para a constituição da relação de administração na plenitude dos seus efeitos ([72]): a deliberação de nomeação não é suficiente.

SECÇÃO III

Teoria do negócio unilateral condicionado

I – Segundo a concepção, de inspiração germânica ([73]), actualmente dominante na doutrina comercialista italiana, o acto de nomeação de um administrador pela assembleia geral tem a natureza de um negócio jurídico unilateral, sendo a aceitação pelo nomeado mera condição de eficácia, que não de validade, da nomeação ([74]). Análoga natureza é atri-

---

([71]) Cf. G. RAGUSA MAGGIORE, *La responsabilità individuale degli amministratori*, pág. 49.

([72]) Cf. PAVONE LA ROSA, *Il registro delle imprese*, Milão, 1954, pág. 398; FANELLI, *La delega*, pág. 90; FERRI, *Manuale*, pág. 226; GRAZIANI, *Diritto*, pág. 258; FRÈ, *Società per azioni*, pág. 361; FIORENTINO, *Gli organi*, pág. 101; BRUNETTI, *Trattato*, vol. II, pág. 369, e vol. III, pág. 195; SALANDRA, *Manuale*, pág. 315; AULETTA, *Appunti di diritto commerciali, Imprenditori e società*, pág. 149, e outros autores cit. por MINERVINI, *Gli amministratori*, pág. 52, nota 102; RAGUSA MAGGIORE, *La responsabilità individuale degli amministratori*, pág. 47 e segs..

([73]) De FISCHER, segundo diz MINERVINI, *Gli amministratori*, pág. 56.

([74]) Cf. CANDIAN, "L'azione civile di responsabilità contro gli amministratori di società anonime", in *Riv. dir. proc. civ.*, 1933, I, pág. 178 e segs.; DONATI, *L'invalidità della deliberazione di assemblea*, 1937, pág. 29; FRÈ, *L'organo amministrativo*, 1938,

buída à nomeação de titulares de órgãos de outras pessoas colectivas pela doutrina administrativista italiana ([75]).

A nomeação é, para estes autores, um negócio unilateral e abstracto, uma autorização, cujo efeito consiste essencialmente na investidura ou atribuição de poderes a um sujeito ([76]).

A favor desta teoria, estreitamente ligada à teoria orgânica, invoca-se, primeiro, o carácter necessário da relação de administração, sem a qual a sociedade não pode realizar a actividade própria do seu objecto.

Diz-se também que a deliberação da assembleia, pela sua natureza de acto interno da sociedade, não pode dar origem a uma relação contratual: falta um outro órgão representativo que a leve ao conhecimento de terceiros. E como o órgão representativo da sociedade é a própria administração, não é possível que a sociedade possa celebrar um contrato antes de dispor do instrumento necessário para o realizar ([77]).

Este argumento é, todavia, rejeitado pela maioria dos autores, que admite hoje sem dificuldade que as deliberações da assembleia geral possam ter directamente eficácia externa em relação a terceiros ([78]). Pressupõe-se naturalmente que a deliberação social seja comunicada a terceiros, mas a comunicação não é um novo negócio jurídico (o presidente da mesa funciona como mero núncio).

II – As críticas à teoria do negócio unilateral condicionado foram já expostas, a propósito da teoria do contrato de administração, e nomeadamente das concepções de FANELLI e MINERVINI: segundo a síntese de GRECO ([79]), "se não fosse concebível a distinção e a contraposição

---

pág. 25 e segs.; CANDIAN, *Nullità e annulabilità di delibere di assemblea delle società per azioni*, 1942, pág. 185; BRUNETTI, *Trattato del diritto delle società*, vol. II, 1948, pág. 364 e segs.; FERRI, *Manuale di diritto commerciale*, 1976, pág. 326; FIORENTINO, *Gli organi*, 1950, pág. 101, e FRÈ, *Società per azioni*, 1959, pág. 351 e seg..

([75]) Cf. SANTI ROMANO, *Corso di diritto amministrativo*, Padova, 1937, pág. 186; ZANOBINI, *Corso di diritto amministrativo*, Milão, 1958, 6ª ed., vol. III, pág. 266; SANDULLI, *Manuale di diritto amministrativo*, 10ª ed., pág. 145, e MIELE, *La volontà del privato nel diritto amministrativo*, Roma, 1931, pág. 45 e segs..

([76]) Cf. CANDIAN, *L'azione*, cit..

([77]) Cf. FRÈ, *L'organo amministrativo*, pág. 28 e seg. e 67 e seg..

([78]) Cf. VIVANTE, *Trattato di diritto commerciale*, vol. II, pág. 216; DONATI, *L'invalidità*, pág. 28, em nota; CANDIAN, *Nullità ed annulabilità*, pág. 180 e seg.; BRUNETTI, *Trattato di diritto delle società*, vol. II, pág. 328; ROMANO-PAVONI, *Le deliberazioni delle assemblee*, pág. 56 e seg., e FANELLI, *La delega*, pág. 93.

([79]) Cf. *Le società*, pág. 289.

intersubjectiva entre a sociedade e os seus administradores [...], se à colectividade dos sócios não pudesse reconhecer-se uma função representativa da sociedade [...], se a necessidade da relação excluísse a autonomia negocial na sua constituição [...], a consequência lógica e inelutável seria a de negar não só a 'fattispecie' contratual, mas toda a 'fattispecie' negocial, e portanto também os dois actos unilaterais autónomos da nomeação e da aceitação". Em suma, o argumento prova demais.

CAPÍTULO IV
Teoria dualista

I — FERRI, na sua obra de 1971 ([80]), toma uma posição à primeira vista favorável à teoria da nomeação, criticando as teorias contratualistas, mas acaba por reconhecer uma dualidade de relações entre a sociedade e o administrador, ao menos como possível.

Com efeito, começa por dizer peremptoriamente que " o acto de nomeação dos administradores, isto é, o acto de proposição ao órgão, enquanto respeita à organização interna da sociedade, é um acto unilateral e portanto, enquanto se concretiza numa deliberação da assembleia, é um acto interno".

"A chamada aceitação da nomeação é apenas uma condição de eficácia da nomeação [...]. A relação de administração surge do concurso da deliberação de nomeação e da aceitação do nomeado, não do encontro de duas vontades, a da sociedade e a do nomeado."

"A deliberação de nomeação, como acto interno, não pode evidentemente assumir o valor de proposta; por outro lado, a relação de administração é uma relação intra-subjectiva e não intersubjectiva ([81]). Com a aceitação, o administrador assume uma posição no interior da sociedade, na organização da pessoa colectiva, por efeito da qual tem determinados poderes e funções. E não deve confundir-se esta relação

---

([80]) Cf. *Le Società* (vol. X, t. 3, do *Trattato di diritto civili italiano*, de VASSALLI), 1971, pág. 493 e segs..

([81]) Neste sentido, cf. também SANTORO-PASSARELLI, *Dottrine generali di diritto civile*, trad. esp., 1964, pág. 31.

interna de administração com a relação inter-subjectiva que pode surgir entre a sociedade e o administrador, a fim de regular as condições relativas ao exercício da actividade e à remuneração, e que, comportando-se de um modo particular, pode até assumir natureza contratual."

Além disso, "o acto de nomeação, precisamente porque se refere à organização da pessoa colectiva, dirige-se não tanto ao administrador nomeado, mas sobretudo à generalidade, isto é, nas relações internas aos sócios e aos outros órgãos sociais e nas relações externas a terceiros, importando a investidura de uma determinada pessoa numa posição orgânica, à qual são comuns determinados poderes. Naturalmente, esta atribuição de poderes para funcionar concretamente pressupõe o assentimento da pessoa nomeada. Mas isto implica que a aceitação se ponha como condição de eficácia do acto unilateral e interno da sociedade e não também que se torne elemento constitutivo. A relação de administração como tal surge na base de deliberação da assembleia e encontra nesta a fonte exclusiva da sua disciplina. Nem vale para transformar em contrato o acto unilateral de nomeação o facto de que no exercício das suas funções os administradores devam adequar-se a determinados comportamentos (usar da diligência do administrador de patrimónios alheios, abster-se de concorrência) ou que seja prevista uma compensação pelo exercício das suas funções: trata-se de comportamentos que derivam da lei e de compensações que são fixadas no acto constitutivo ou determinadas unilateralmente pela assembleia; isto é, de efeitos que prescindem de uma correspondente vontade do administrador e que se determinam pelo facto de que concretamente se assume aquela dada posição na organização da sociedade".

II — Em relação a esta tese, pode replicar-se que a deliberação da assembleia, com a correspondente e necessária comunicação ao nomeado, é verdadeiramente um acto externo, sobretudo quando o administrador nomeado seja um não accionista. Isto é hoje admitido por grande parte da doutrina italiana.

Por outro lado, não se vê razão, na lei italiana, para contrapor a relação intra-subjectiva de nomeação (nascida de um acto unilateral) e a relação intersubjectiva (de fonte contratual), não existindo na realidade dois actos da sociedade, mas um só.

CAPÍTULO V

Teorias mistas

I – MOSSA ([82]), partindo da ideia de que o administrador, enquanto órgão da sociedade, é titular de um cargo (''ufficio''), entende que este é dominado pelos interesses da sociedade e dos accionistas, enquanto interesses comuns mas diversos e convergentes num mesmo centro.

O cargo tem a sua justificação na organização da sociedade e na estrutura do órgão.

O cargo pode conjugar-se e fundir-se com uma relação de mandato, mas pode também conjugar-se com outra relação.

"A relação dos administradores deve naturalmente conciliar-se com as relações distintas mas nela operantes. Só relações e prestações de obra ou de obras podem, consequentemente, ligar-se com o cargo dos administradores. Relações de trabalho e de emprego em primeira linha, os quais não alteram nem o mandato nem o cargo, antes os integram numa relação ampla e viva [...]".

"O administrador pode estar ligado ao cargo também em virtude de um contrato de emprego ou de trabalho".

II – Esta concepção, embora claramente inspirada na doutrina germânica (basta ver os autores citados), não coincide com a teoria da nomeação e contrato de emprego e é muito imprecisa e pouco fundamentada, podendo conduzir a resultados contraditórios.

CAPÍTULO VI

Administradores não eleitos pela assembleia geral

O CCiv it – como também o CCom it de 1882 ([83]) – prevê a possibilidade de designação de administradores por outros modos que não a eleição pela assembleia geral.

([82]) Cf. *Trattato del nuovo diritto commerciale*, vol. IV, pág. 405 e segs..
([83]) Cf. CCom it, art. 124º e 125º.

Nomeadamente, permite que o acto constitutivo estabeleça "normas particulares" para a nomeação para cargos sociais (art. 2368º-I, "in fine") (⁸⁴); permite a nomeação dos primeiros administradores pelo acto constitutivo (art. 2383º); prevê a substituição de administradores em falta mediante cooptação, com aprovação do conselho fiscal (art. 2386º); permite que, por lei ou pelo acto constitutivo, seja conferida ao Estado ou a entes públicos a faculdade de nomear um ou mais administradores para sociedades anónimas, tenham ou não participação nelas (art. 2458º e 2459º).

E a doutrina estuda, naturalmente, o regime destes modos de designação, mas sem aprofundar a sua natureza específica, limitando-se a aplicar-lhes a qualificação atribuída à eleição (mandato, nomeação, etc.) ou nem isso (⁸⁵).

(⁸⁴) Com base nesta disposição, a doutrina italiana admite que o estatuto preveja sistemas particulares de nomeação, que, salvaguardando embora a competência inderrogável da assembleia geral, consintam às minorias accionistas a nomeação de uma parte dos administradores (por exemplo, a possibilidade para todas as acções de exprimir o voto para a nomeação de um só administrador, o sistema de listas em bloco, a nomeação de um número de candidatos inferior ao dos postos a prover, a adopção do voto de lista). Mas não é possível prever cláusulas estatutárias que acabem por subtrair a nomeação dos administradores à assembleia, por exemplo, atribuindo a cada grupo de sócios a nomeação de um certo número de administradores. Por razões análogas, os sócios não podem predeterminar em pactos para-sociais a composição do órgão administrativo, por exemplo, obrigando-se a nomear o órgão administrativo segundo uma composição predeterminada. Cf. BONELLI, *Gli Amministratori*, pág. 56 e segs..

(⁸⁵) Cf., por exemplo, DE GREGÓRIO, *Delle Società*, 1938, pág. 243 e segs e 251 e segs.; FIORENTINO, *Gli organi*, 1950, pág. 94 e segs. e 101; MINERVINI, *Gli Amministratori*, 1956, pág. 29 e segs. e 42 e segs.; FRÈ, *Società per azioni*, 3ª ed., 1959, pág. 368 e segs., 381 e segs. e 726 e segs., e BONELLI, *Gli Amministratori*, 1985, pág. 51 e segs..

TÍTULO VI
O problema na Alemanha

CAPÍTULO I
Considerações gerais

Na Alemanha, a doutrina mais antiga é também no sentido da teoria do mandato. Mas em meados do século XIX começou a ser defendida a teoria mista da nomeação ("Bestellung") e contrato de emprego ("Anstellung"), que foi ganhando adeptos e consagração legislativa, de tal modo que é hoje apoiada pela quase totalidade da doutrina. De todo o profundo debate verificado a este respeito é particularmente interessante analisar os argumentos da rejeição das teorias do mandato e do contrato de trabalho (quanto a esta, já no contexto da teoria dualista) e as recentes críticas à teoria dominante.

CAPÍTULO II
Teorias contratualistas

SECÇÃO I
Teoria do mandato

I – A *Lei prussiana dos caminhos de ferro de 1838* manda aplicar às relações entre a sociedade e os seus representantes o regime dos contratos de mandato ("Mandatsvertraege" ou "Vollmachtsauftraege" – § 3, Abs. 2).

A *Lei prussiana sobre as sociedades por acções de 1843* inclui também disposições sobre a posição dos directores decalcadas no regime do mandato (§ 19 e segs.).

Compreende-se, por isso, que a doutrina e a jurisprudência alemãs mais antigas qualifiquem a relação de administração como um mandato, aliás, por influência do CCom fr de 1807 ([1]). Admitem então que o mandato dos directores pode ser gratuito ou oneroso – o que suscita controvérsia ([2]).

Também o ADHGB de 1861 reflecte a teoria do mandato, designadamente ao estabelecer que a nomeação dos directores é revogável em qualquer momento, sem prejuízo das pretensões a indemnização baseadas em contratos existentes (art. 227, Abs. 3) ([3]).

KARL LEHMAN ([4]) afirma que a nomeação e respectiva aceitação constituem um contrato e refere que a doutrina dominante no estrangeiro qualifica a relação entre a sociedade e o director como mandato, aliás no seguimento do direito romano. Mas considera que nos países – como a Alemanha – em que a lei civil considera a gratuitidade como um elemento do conceito de mandato, tal relação corresponde a um tipo diferente, consoante seja onerosa ou gratuita, respectivamente, o contrato de prestação de serviço ou o mandato.

([1]) Cf. J. JOLLY, "Das Recht der Aktiengelleschaften", in *Zeitschr. fuer deut. Recht und deut. Rechtswissenschaft,* II (1847), pág. 317 e 370 e segs., cit. por BAUMS, *Der Geschaeftsleitervertrag,* Koeln, V. Dr. O. Schmidt, 1987, pág. 10.

([2]) Sobre o problema, cf. F. P. V. KUEBEL, *Recht der Schuldverhaeltnisse,* Teil 2, *Besonderer Teil* (Nachdruck Berlin/New York, 1980), pág. 801 e segs., cit. por BAUMS, *ob.cit.*, pág. 10.

([3]) No sentido da teoria do mandato, cf. F. REGELSBERGER, *Beitraege zur Lehre von der Haftung der Behoerden und Beamten der Aktiengesellschaften,* Giessen, 1872, pág. 16 e segs., cit. por BAUMS, *ob. cit.,* pág. 10 e segs.. Cf. também V. VOELDERNDORFF, *Das Reichsgesetz betreffend die Kommanditgesellschaften auf Aktien und die Aktiengesellschaften vom 18. Juli 1884,* pág. 626; VIKTOR RING, *Das Reichsgesetz betreffend die Kommanditgesellschaften auf Aktien und die Aktiengesellschaften vom 18. Juli 1884,* pág. 525, cit. por HANS DIETLER, *Die Rechtliche Stellung der Verwaltung des Aktiengesellschaft nach den Bertimmungen des Schweizerischen Obligationenrechts,* Luzern, 1895, pág. 65 e 87 e seg..

([4]) Cf. *Das Recht des Aktiensgesellschaften,* Berlim, 1904, vol. II, pág. 244 e seg..

II – Todavia, cedo se manifestaram as críticas à teoria do mandato, de tal modo que na primeira leitura do projecto prussiano do ADHGB chegou a ser pedido um texto para o artigo sobre a destituição, contrapondo a procuração e o contrato subjacente em moldes análogos ao que já havia sido adoptado para o gerente do comércio ("Prokurist") no art. 49º do Projecto prussiano.

Trata-se, afinal, de aplicar ao director de sociedade anónima a teoria de LABAND ([5]), que veio a ser acolhida no CCiv port de 1966, com a distinção entre procuração e mandato (art. 1178º e 1180º).

Tal pedido não foi então acolhido no ADHGB, mas a ideia veio a ser adoptada progressivamente pela doutrina e pela jurisprudência alemãs.

Efectivamente, o Reichsgericht decidiu que "a questão da continuação do contrato de prestação de serviço ('Dienstvertrags') quando da revogação da nomeação ('Bestellung') deve ser julgada segundo o direito civil comum. Mas, neste caso, este direito [...] é o direito comum, segundo o qual uma revogação unilateral injustificada não extingue o contrato de prestação de serviço" ([6]).

Noutro caso, considerou que o art. 227º, Abs. 3, do ADHGB não resolve a questão de saber se o director destituído sem justa causa tem direito a indemnização, devendo por isso aplicar-se as disposições do direito civil comum (CCiv fr, art. 1110º e 1184º) ([7]).

E, noutro caso ainda, julgou que, apesar da revogação de nomeação, o direito a remuneração (na hipótese concreta, a habitação) se mantém ([8]).

Entretanto, o HGB de 1897 veio dispor que a nomeação de um director de uma sociedade é sempre revogável, "sem prejuízo da pre-

---

([5]) Para PAUL LABAND, "o gerente ('Prokurist'), [...] a direcção de uma sociedade anónima têm uma procuração ('Vollmacht'), quer tenham um mandato ('Auftrag') quer não [...]. Terceiras pessoas, que com eles tenham contratado, adquirem direitos contra o comitente, a sociedade [...], mesmo quando sabiam que o seu co-contratante agia contra o mandato conferido. Por isso, o mandato é irrelevante para o poder de representação ('Stellvertretungsbefugnis'). A procuração ('Vollmacht') é conferida e tem de ser revogada por formas diversas do mandato ('Auftrag')" [cf. "Die Stellvertretung bei dem Abschluss von Rechtsgeschaeften nach dem allgemeinen Deutschen Handelsgsetzbuch", in *ZHR* (10) (1867), pág. 205 e seg., cit. por BAUMS, *ob. cit.*, pág. 11].
([6]) Cf. RG JW 1901, 542, apud BAUMS, *ob. cit.*, pág. 12 e seg..
([7]) Cf. RGZ 7, 77 seg., apud BAUMS, *ob. cit.*, pág. 13.
([8]) Cf. RGZ 22, 35, apud BAUMS, *ob. cit.*, pág. 14 e seg..

tensão à remuneração contratual" ("auf die vertragsmaessige Verguetung" — § 231, Abs. 3). Pretendeu-se então harmonizar a lei comercial com o novo BGB, que não prevê a revogação sem pré-aviso e sem justa causa de uma relação de prestação de serviço remunerada (a não ser no § 627) (⁹).

Considerou-se ficar assim expressamente diferenciada a revogação da nomeação ("Widerruf der Bestellung") e a rescisão do contrato ("Kuendigung des Vertrags"). Foi com base nesta disposição legal que a jurisprudência e a doutrina alemãs passaram a distinguir claramente a posição orgânica ("Organstellung"), baseada na nomeação ("Bestellung"), e a relação de prestação de serviço ("Dienstverhaeltnis"), baseada no contrato de emprego ("Anstellungsvertrag") (¹⁰) — adoptando, assim, a chamada teoria dualista da nomeação e contrato de emprego.

SECÇÃO II

Teoria do contrato de prestação de serviço

Entretanto, alguns autores isolados defendem que a relação entre a sociedade e os directores deve considerar-se baseada num contrato de prestação de serviço (¹¹).

SECÇÃO III

Teoria do contrato "sui generis"

Outros, partindo de críticas à teoria do mandato, nomeadamente por encontrarem na relação entre a sociedade e os directores aspec-

---

(⁹) Cf. BAUMS, *ob. cit.*, pág. 15.

(¹⁰) Cf. BAUMS, *ob. cit.*, pág. 17 e seg.; STAUB, *Handelsgesetzbuch*, Berlim, Heines Verlag, 6. Aufl., 1900, vol. I, § 231, Anm. 14 e 18 a 20, e R. FISCHER, *Die Aktiengesellschaft*, in EHRENBERG, *Handbuch*, Leipzig, 1913, vol. III-1, pág. 213 e segs. [*Las Sociedades anonimas* (trad. esp. de W. ROCES), Madrid, 1934, pág. 282 e seg.].

(¹¹) Cf. V. PETERSEN-V. PECHMANN, *Gesetz betreffend die Kommanditgesellschaften auf Aktien und die Aktiengesellschaften, vom 18. Juli 1884* (vol. III de PUCHELT, *Kommentar zum deutschen Handelsgesetzbuch*), cit. por HANS DIETLER, *Die rechtliche Stellung der Verwaltung der Aktiengesellschaft*, pág. 89 e seg..

tos de direito público, consideram que se trata de uma relação mista, com elementos de direito público e de direito privado, e, à falta de melhor designação, consideram-na baseada num contrato "sui generis" ([12]).

CAPÍTULO III

Teoria unilateralista ou da nomeação

Na Alemanha, a teoria unilateralista ou da nomeação é defendida por A. VON TUHR, numa obra de teoria geral do direito civil ([13]), e em relação à generalidade das pessoas colectivas de tipo associativo ("Vereine"), em que se incluem as sociedades anónimas ([14]).

Começa por referir que "a nomeação ('Bestellung') do directório realiza-se por deliberação da assembleia dos associados, § 27-I. O estatuto pode estabelecer um outro modo, por exemplo, eleição pelo conselho de vigilância ou cooptação pelos actuais membros do directório", nomeação por uma terceira pessoa (v. g., um funcionário), nomeação pelo próprio estatuto de uma determinada pessoa (v. g., um fundador) ou do titular de uma certa posição (v. g., o director de um determinado banco).

Depois, observa que "a eleição do directório pela assembleia dos associados é um negócio jurídico interno, pelo qual a associação cria um órgão para si ([15]). A deliberação [...] é eficaz para a associação e os seus membros [...] no momento da sua formalização ('Beurkundung') [...].

([12]) Cf. BEKKER, "Beitraege zum Aktienrecht", in GOLDSCHMIDTS, *Zeitschrift fuer das gesamte Handelsrecht*, 1872, pág. 642, cit. por H. DIETLER, *Die rechtliche Stellung der Verwaltung der Aktiengesellschaft*, pág. 76 e segs..

([13]) Cf. *Der Allgemeine Teil des Deutschen Buergerlichen Rechts*, Berlim, Duncker und Humboldt, 1910 (Nachdruck 1957), vol. I, pág. 520 e segs..

([14]) A doutrina dominante na Alemanha qualifica as "Aktiengesellschaften" como "Vereine", embora a questão seja discutida. Sobre o assunto, cf., por exemplo, ALFRED HUECK, *Gesellschaftsrecht*, 17. Aufl., pág. 116; MEYER-LANDRUT, in *Grosskomm. AktG*, § 1, Anm. 4, e ECKARDT, *AktG Kommentar*, § 1, Anm. 50.

([15]) E, em nota, diz que "a eleição não é um negócio da associação com os candidatos; por isso, o § 34 não se aplica".

Uma comunicação da deliberação aos eleitos é, na minha opinião, desnecessária para a eficácia da eleição [...] ([16]). A aceitação do eleito é, em minha opinião, desnecessária para a constituição do poder de representação do directório ([17]), mas sim para a constituição das obrigações que lhe incumbem, salvo se for imposta aos associados nos estatutos a obrigação de exercer os cargos que lhes couberem por eleição [...]. A aceitação do eleito pode ser declarada na assembleia ou a um órgão da associação para isso indicado (conselho de vigilância ou anterior directório); pode também ser manifestada tacitamente pela tomada em mão dos negócios. A deliberação da assembleia e a aceitação do eleito não devem, em minha opinião, ser entendidas em conjunto como factos correspondentes a um contrato [...]; pois a deliberação de eleição é um negócio jurídico interno da associação e para a sua eficácia não precisa de nenhuma declaração dirigida aos eleitos. Em contrapartida, a associação pode celebrar com o directório ou com uma pessoa prevista para o directório um contrato, em que o directório assume perante a associação determinadas obrigações, mesmo para além das determinadas por lei, ou reserva para si direitos, que não lhe pertencem segundo os estatutos, em especial a uma remuneração; um tal contrato, como todos os contratos de associação, tem de ser celebrado por um representante (directório em exercício ou representante especial do § 30) com base na sua competência ou numa deliberação especial da assembleia [...] e consiste, como todos os contratos, em duas declarações recipiendas".

Note-se que VON TUHR distingue a nomeação (negócio unilateral) e o contrato, mas considera este como possível e não necessário.

Dada a projecção da obra de VON TUHR fora da Alemanha (através de traduções), parece de supor que esteja aí a origem da teoria unilateralista, tão em voga na Itália e em Portugal.

Não parece, todavia, que tenha igual projecção na Alemanha, nem a fundamentação apresentada é muito convincente.

([16]) Em nota, observa que "o directório é representante da associação, mas a sua nomeação não é a concessão de uma procuração, mas sim um acto jurídico próprio do direito associativo ('ein dem Vereinsrecht eigentuemlicher Rechtsakt') e por isso não se realiza por declaração recipienda".

([17]) "Em especial não (é necessária) para a sua legitimação para receber declarações de terceiros à associação."

CAPÍTULO IV

Teorias dualistas da nomeação e contrato de emprego

SECÇÃO I

Antes da Lei de 1935

I – Como se disse acima, a propósito da teoria do mandato, a distinção entre a nomeação (negócio unilateral, recipiendo e abstracto) e o contrato de emprego (com a natureza de prestação de serviço ou mandato, consoante seja ou não remunerado) é acolhida pela doutrina alemã ainda antes do ADHGB de 1861, tornando-se progressivamente na posição dominante ([18]).

II – A – A maioria da doutrina rejeita então que os directores sejam trabalhadores subordinados ([19]), porque considera que eles exercem funções patronais – são aquilo a que TITZE ([20]) chama o "principal concreto dos trabalhadores da sociedade".
Efectivamente, a propósito dos auxiliares do comerciante ("das kaufmaennische Hilfspersonal"), TITZE contrapõe os conceitos de principal e de pessoal. O conceito de principal é utilizado pelo HGB de 1897 para caracterizar o comerciante, como titular do estabelecimento ("Handelsgeschaeft") e dono do negócio ("Dienstberechtigter") relativamente ao seu pessoal. Os conceitos de principal e de pessoal excluem-se um ao outro: quem é principal não pode pertencer simultaneamente ao pessoal e vice-versa; e qualquer pessoa que exerce actividade no estabelecimento deve qualificar-se numa ou noutra categoria.

([18]) Cf., além dos autores citados na pág. 348, RIEZLER-STAUDINGER, *BGB*, § 27, Anm. I 5; WESTMANN, *Die Rechtsstellung des aus mehreren Personen bestehenden Vorstands*, pág. 25, cit. por MOLITOR, "Die Bestellung zum Vorstandsmitglied", in *Leipziger Festschrift fuer Victor Ehrenberg*, 1927, pág. 46.

([19]) Cf. TITZE, in EHRENBERG, *Handbuch des Handelsrechts*, vol. II, pág. 549 e seg.; KASKEL, *Arbeitsrecht*, pág. 34; HORRWITZ, *Recht der Generalversammlung*, pág. 18, e outros cit. por MOLITOR, "Die Bestellung zum Vorstandsmitglied", in *Leipziger Festschrift fuer Victor Ehrenberg*, 1927, pág. 64.

([20]) Cf. EHRENBERG, *Handbuch des gesamten Handelsrecht*, Leipzig, vol. II, 1918, pág. 545 e segs., cit. por VOLKER GROSS, *Das Anstellungsverhaeltnis des GmbH-Geschaeftsfuehrers*, pág. 14 e 74 e segs..

Destas premissas resulta um dilema. Os membros do órgão não são donos do negócio (dono é a pessoa colectiva e só esta é comerciante) e, por isso, deveriam incluir-se no pessoal. Mas esta qualificação teria como consequência a aplicabilidade dos §§ 59 e segs. do HGB sobre os auxiliares do comerciante, o que a doutrina dominante sempre rejeitara. Para evitar tal consequência, TITZE considera que os membros do órgão têm no "organismo do negócio" uma "posição dirigente e controladora semelhante à do comerciante individual no seu negócio"; eles são "a autoridade decisiva para a disciplina". Embora tenham um dever de serviço para com a pessoa colectiva na sua actividade comercial ("Handelsgewerbe"), não são pessoal, mas antes principal, são a personificação do principal "abstracto" (a pessoa colectiva) e incluem-se neste; do ponto de vista do pessoal, são o "principal concreto". No âmbito do direito do trabalho, esta tese conduziu afirmação de que "os membros do órgão, como principal concreto, não são trabalhadores" ([21]).

B – Todavia, há alguns autores que sustentam o contrário. Nomeadamente E. MOLITOR, num estudo de 1927 ([22]), considera que os membros da direcção devem considerar-se como trabalhadores subordinados ("Arbeitnehmer"), embora em casos pouco frequentes. MOLITOR parte da distinção entre a nomeação, como acto unilateral, recipiendo e abstracto de concessão de poderes para exercer a actividade de órgão ("Befaehigung zur Organtaetigkeit"), e o contrato de emprego, como assunção do dever de exercer tal actividade ("Verpflichtung zur Organtaetigkeit") ([23]). Trata-os como actos separados, considerando, nomeadamente, a possibilidade de voto do director na sua própria nomeação e a subsistência do direito a remuneração (baseada no contrato de emprego) após a revogação da nomeação, e invocando o § 231-III do HGB.

([21]) Cf. uma exposição e crítica da teoria de TITZE em VOLKER GROSS, ob. cit., pág. 14 e 74 e segs..

([22]) Cf. "Die Bestellung zum Vorstandsmitglied einer Aktiengesellschaft, ihre Voraussetzungen und Folgen", in *Leipziger Festschrift fuer Victor Ehrenberg*, 1927, pág. 41 e segs..

([23]) Cf. ob. cit., pág. 46 e segs.. Reconhece, todavia, que da nomeação podem resultar deveres jurídico-públicos, limitando-se a observar que "a lei parte do pressuposto – que, na prática, corresponde à realidade – de que o nomeado vai exercer a actividade de director, sem se preocupar mais com o modo como ele é levado a isso" (!) (cf. pág. 46 e seg.).

Considera que o contrato de emprego significa que o director se obriga a conformar a sua actividade como órgão com as deliberações da assembleia geral (²⁴).

No entanto, critica a doutrina dominante – que nega a natureza laboral à relação de emprego do director –, considerando inconclusivos os argumentos baseados em disposições de leis laborais que excluem a sua própria aplicabilidade aos directores de sociedades anónimas (TarifVO, BetrRG, § 12-II, AngarbZVO, § 12, nº 1, AGG, § 5-II). E invoca a favor da sua tese disposições da legislação fiscal (que considera a remuneração dos directores como rendimento de trabalho não independente) e da segurança social (que trata os directores como empregados para certos efeitos). E daqui deduz que a lei de protecção contra despedimentos, de 9.7.1926, se aplica aos directores (²⁵).

Em todo o caso, considera que só caso a caso se pode determinar se certo grupo de pessoas pertence à categoria dos trabalhadores (²⁶).

Critica a distinção de TITZE entre o principal abstracto e o principal concreto e sustenta que, mesmo admitindo que o director seja o principal concreto perante os trabalhadores da sociedade, seus subordinados, não impede que o próprio director seja subordinado da sociedade, que pode tomar esta posição através de outros órgãos. Nomeadamente, afirma que os directores devem cumprir as deliberações da assembleia geral (HGB, § 235), podem ter deveres de obediência resultantes do contrato de emprego e estão sujeitos às instruções especiais ou gerais do conselho de vigilância. E observa que o mandatário só em casos excepcionais pode desrespeitar as instruções do mandante (BGB, § 665, aplicável ao director por força de BGB, § 27-III) (²⁷).

Depois de chamar a atenção para a diferença entre a subordinação jurídica e a subordinação de facto, reconhece que, em muitíssimos casos, não existe subordinação dos directores à sociedade, porque são eles que realmente dirigem a empresa, não recebem instruções dos outros órgãos, em grandes sociedades com o capital disperso, são eles que determinam as deliberações dos outros órgãos (v. g., porque têm a maioria do capital ou dos votos).

(²⁴) Cf. *ob. cit.*, pág. 53.
(²⁵) Cf. *ob. cit.*, pág. 64 e segs..
(²⁶) Cf. *ob. cit.*, pág. 67.
(²⁷) Cf. *ob. cit.*, pág. 68 e segs..

Mas sustenta que, em muitas outras sociedades anónimas, a situação é de subordinação e que esta deve presumir-se com base no § 235 do HGB ([28]).

SECÇÃO II
A Lei de 1935

I – O *AktG de 1935* vem dar uma contribuição decisiva para a evolução da doutrina alemã, ao estabelecer, no § 75, que "1. Os membros do directório são nomeados ('bestellt') pelo conselho de vigilância pelo máximo de cinco anos. É permitida uma nomeação repetida [...] 3. [...] A revogação é eficaz enquanto não for decidido definitivamente sobre a sua ineficácia. Às pretensões decorrentes do contrato de emprego ('Anstellungsvertrag') aplicam-se as disposições gerais".

Por isso, a partir de 1935, a doutrina e a jurisprudência alemãs quase unânimes, ao considerar as relações entre os directores (membros do directório – "Vorstand") e a sociedade anónima, distinguem dois actos diferentes: a nomeação ("Bestellung") e o contrato de emprego ("Anstellungsvertrag").

II – A doutrina dominante considera que a nomeação é o acto societário unilateral que confere ao director a qualidade (ou posição) de membro do directório (órgão da sociedade – "Organstellung"); a sua eficácia depende da sua comunicação ao nomeado e da aceitação deste, sem que, todavia, a nomeação se torne um contrato.

Diversamente, pelo contrato de emprego o director obriga-se perante a sociedade a prestar a sua actividade de gestão, mediante remuneração (salvo se tiver sido estipulada a gratuitidade).

O contrato de emprego tem, em regra, a natureza de um contrato de prestação de serviço ("Dienstvertrag"); mas se a actividade for prestada gratuitamente, é qualificado como um contrato de mandato ("Auftrag") ([29]). Não se trata, em qualquer caso, de um contrato de tra-

---

([28]) Cf. *ob. cit.*, pág. 70 e segs..
([29]) Neste sentido cf. STAUDINGER, *BGB,* § 27, Anm. 1, cit. por RITTER, *ob. cit.,* § 75, Anm. 2 a); SCHLEGELBERGER-QUASSOWSKI, *AktG,* 2. Aufl., 1937, § 75, Anm. 2 e 6; TEICHMANN-KOEHLER, *AktG,* 3. Aufl., 1950, § 75, Anm. 1; A. HUECK, "Die Rechtsstellung der Mitglieder von Organen der juristischen Personen", in *DB,* 1954, pág. 274, e BAUMBACH-HUECK, *AktG,* 12. Aufl. 1965, § 75, Anm. 1 e 3.

balho, embora algumas (poucas) disposições do direito laboral sejam aplicáveis aos directores ([30]).

III — Todavia, alguns autores entendem que a nomeação é um contrato que constitui uma única relação jurídica ("Bestellungsverhaeltnis") e regula tanto as relações externas, como as relações internas, tendo a natureza de um contrato social ("koerperschaftlicher Vertrag"); admitem, em todo o caso, que possa existir um contrato complementar sobre a remuneração, a que a lei chama contrato de emprego, mas que não é um contrato de trabalho, pois os directores não são empregados da sociedade ([31]).

IV — Há também quem entenda que a nomeação tanto pode ser a conclusão de um contrato de prestação de serviço, como uma proposta de tal contrato, como a concessão de poderes para declarações de vontade de um negócio unilateral de quem nomeia ([32]).

V — E alguns autores consideram os membros do directório como trabalhadores subordinados ([33]).

SECÇÃO III

A Lei de 1965

SUBSECÇÃO I

Considerações gerais

I — Os preceitos do AktG de 1935 vêm a ser retomados pelo *AktG de 1965*, que os reproduz, no § 84, alterando, entre outras, a expressão

---

([30]) A. HUECK, "Die Rechtsstellung der Mitglieder von Organen der juristischen Personen", in *DB*, 1954, pág. 275.

([31]) Cf. GODIN-WILHELMI, *AktG*, 2. Aufl., § 75, Anm. II, 2; CARL RITTER, *AktG*, 2. Aufl., 1939, § 75, Anm. 2 a) e h), e W. HEFERMEHL, "Zur hoechstdauer der Vorstandsvertraege bei Aktiengesellschaften", in *DJ*, 1942, pág. 619.

([32]) Cf., por exemplo, WIELAND, § 101, cit. por RITTER, *ob. cit.*, § 75, Anm. 2 a).

([33]) Cf. E. MOLITOR, "Die Rechtsverhaeltnisse der Vorstandsmitglieder", in *AG*, 1957, pág. 195 e segs.. Contra: NIKISCH, *Arbeitsrecht*, Tuebingen, 3. Aufl., 1961, vol. I, pág. 99 e segs..

do nº 1 do seguinte modo: "É permitida uma nomeação repetida ou prorrogação do período de funções, sempre pelo máximo de cinco anos. Para isso é necessária uma nova deliberação do conselho de vigilância [...]. Só para uma nomeação por menos de cinco anos pode prever-se uma prorrogação do período de funções sem nova deliberação do conselho de vigilância, desde que, desse modo, o total do período de funções não exceda cinco anos. Isto aplica-se adequadamente ao contrato de emprego; [...]".

Acentua-se, assim, a separação entre a nomeação e o contrato de emprego.

SUBSECÇÃO II

Teoria da nomeação como negócio unilateral condicionado e do contrato de emprego como prestação de serviço ou mandato

A doutrina largamente dominante entende que a nomeação é um negócio jurídico unilateral que confere ao director a posição de membro do órgão social ("Organstellung"); a sua eficácia depende da sua comunicação ao nomeado e da aceitação deste, sem que, todavia, a nomeação se torne um contrato.

Diferentemente, pelo contrato de emprego o director obriga-se perante a sociedade a prestar a sua actividade de gestão, mediante remuneração.

O contrato de emprego tem, em regra, a natureza de um contrato de prestação de serviço ("Dienstvertrag"); mas se a actividade for prestada gratuitamente, é considerado como um contrato de mandato ("Auftrag") ([34]).

([34]) Cf. BAUMBACH-HUECK, *AktG*, 13. Aufl., 1968, § 84, Anm. 3 e 6; GODIN--WILHELM, *AktG*, 4. Aufl., 1971, § 84, Anm. 3 e 9; A. HUECK, *Gesellschaftsrecht*, 17. Aufl., pág. 148 e segs.; MEYER-LANDRUT, in *Grosskommentar AktG*, 3. Aufl., 1972, § 84, Anm. 1, 15 e 16; HEFERMEHL in GESSLER-HEFERMEHL, *AktG*, 1973, § 84, Anm. 5, 6, 35 e 36; DOSE, *Die Rechtsstellung der Vorstandsmitglieder einer Aktiengesellschaft*, Koeln, 1975, pág. 12 e seg. e 132; MERTENS, in *Koelner Komm. AktG*, 1985, § 84, Anm. 3 e 26; KARSTEN SCHMIDT, *Gesellschaftsrecht*, Koeln, C. Heymanns V., 1986, pág. 312 e segs. e 615 e segs.; HOFMANN-BECKING, *Muenchner Handbuch des Gesellschaftsrecht*, § 20, Rdn. 10 e segs., e GUENTER HENN, *Handbruch des Aktienwesens*, Heidelberg, Müller, 4. Aufl., 1991, pág. 209 e segs..

Em relação aos membros do conselho de vigilância, cf., no mesmo sentido, A. HUECK, *ob. cit.*, pág. 159; MEYER-LANDRUT, in *Grosskommentar AktG*, 3. Aufl., § 101,

Embora estreitamente relacionado com a nomeação, o contrato de emprego está sujeito a regras próprias. Assim, por causa daquela relação, o contrato de emprego não pode ser celebrado por duração superior à da nomeação ([35]); mas pode prever-se que, no caso de prolongamento do exercício de funções, ele perdure até este terminar (AktG, § 84, Abs.1, § 5). Também não pode estipular-se o pagamento da totalidade da remuneração para além da duração de cinco anos da nomeação ([36]). Em contrapartida, a autonomia do contrato de emprego manifesta-se claramente no caso de revogação dos directores. Se se verificar uma causa justa de revogação, a nomeação como membro do directório ("Organstellung") cessa em consequência disso e sem mais. Mas o contrato de emprego pode continuar, pois a causa justa de revogação da nomeação pode ser, mas não tem necessariamente de ser justa causa de rescisão imediata do contrato de prestação de serviço (BGB, § 626), por exemplo, quando se trata de voto de desconfiança da assembleia geral não fundamentado objectivamente. Em tal caso, o contrato de emprego continua em vigor, e a sociedade anónima tem, consequentemente, de continuar a pagar a remuneração estipulada, a menos que o membro do directório poupe alguma coisa através da cessação do seu serviço ou se ganhar através de outra utilização da sua capacidade de trabalho ou deixar de ganhar maliciosamente (BGB, § 615) ([37]).

Na falta de disposições especiais do AktG, consideram-se aplicáveis, subsidiariamente, à relação de administração as regras do contrato de prestação de serviço ("Dienstvertrag"), quando seja remunerada, ou as do mandato ("Auftrag"), quando não seja remunerada ([38]).

No entanto, dada a semelhança entre a relação de administração e a relação de trabalho, não está excluída a aplicação analógica àquela de algumas disposições do direito de trabalho, em determinados casos ([39]).

Anm. 6; BAUMBACH-HUECK, *AktG*, 101, Rn 2,7; no sentido de a considerar mera relação jurídica societária, cf. GESSLER bei GESSLER-HEFERMEHL-ECKARDT-KROPFF, *AktG*, 101 Rn. 50ff..

 ([35]) Cf. BGH Bd.3, S. 90.
 ([36]) Cf. BGH Bd. 8, S. 360.
 ([37]) Cf. BGH Bd. 15, S.75, LM § 75, AktG Nr. 5 – cf. A. HUECK, *Gesellschaftsrecht*, pág. 149.
 ([38]) Cf. MEYER-LANDRUT, *Grosskommentar AktG*, § 84, Anm. 15.
 ([39]) Cf. BGH Bd., 10.S. 192; A. HUECK, *ob. cit.*, pág. 149.

SUBSECÇÃO III

*Teoria da nomeação como contrato "sui generis"
e do contrato de emprego como contrato complementar*

A doutrina dominante (no sentido da natureza unilateral da nomeação) continua, porém, a ser objecto de críticas, entendendo vários autores que a nomeação e a respectiva aceitação constituem um contrato, complementado pelo contrato de emprego ([40]).

Nomeadamente, THEODOR BAUMS ([41]) observa que a nomeação (deliberação do conselho de vigilância) tem de ser comunicada ao nomeado e aceite por este para poder constituir deveres para ele. Em seu entender, pode falar-se da nomeação, não como um mero negócio unilateral, mas como um contrato, embora com características próprias ([42]).

A nomeação de um membro de um órgão (director ou gerente) tem por objecto, não apenas a atribuição do poder de representação ou a relação externa, mas também a relação interna ([43]). Aliás, é difícil delimitar os poderes e deveres que respeitam àquela dos que respeitam a esta ([44]). A nomeação visa conferir um mandato ("Auftrag") para exercer a actividade de direcção — mandato em sentido não técnico, não no sentido do § 662 e segs. do BGB ([45]).

"Por isso, tudo indica que o poder de representação como director [...] só tem fundamento no acordo sobre a administração (prévio consentimento ou aceitação da nomeação), não na deliberação unilateral de nomeação ou na comunicação desta."

"Sem o consentimento da nomeação para director [...] este não tem assim, em princípio, poder de representação activa nem passiva (abstraindo, naturalmente, da legitimação por outra via, por exemplo com base na inscrição no registo comercial ou em especial comunicação para o exterior)" ([46]).

([40]) Cf. HANS WUERDINGER, *Aktien- und Konzernrecht,* 2. Aufl., 1966, pág. 114; THEODOR BAUMS, *Der Geschaeftsleitervertrag,* Koeln, 1987, pág. 37 e segs..
([41]) Cf. *ob. cit.,* pág. 37.
([42]) Cf. *ob. cit.,* pág. 39 e seg..
([43]) Cf. *ob. cit.,* pág. 41.
([44]) Cf. *ob. cit.,* pág. 5 e seg., 293 e seg. e 450.
([45]) Cf. *ob. cit.,* pág. 42.
([46]) Cf. *ob. cit.,* pág. 43. BAUMS (*ibid.*) nota que o juiz do registo pode, todavia, aceitar como legitimação a acta da deliberação de nomeação, não precisando, nor-

BAUMS (⁴⁷) pergunta a partir de que momento é que se constituem os deveres dos directores e gerentes e observa que, para isso, só é suficiente a deliberação de nomeação e a sua comunicação caso a pessoa em causa se tenha candidatado ao lugar de modo vinculativo. Fora desse caso, é necessária a aceitação.

Refere que, na doutrina, há quem opine que os deveres jurídico-públicos de um administrador (v. g., de escrituração, balanço e registo) lhe são impostos com base na sua função, sem ser necessária a aceitação (⁴⁸). Mas BAUMS considera que tais deveres não lhe podem ser impostos unilateralmente (⁴⁹).

E sustenta que, no caso de haver uma nomeação aceite, não se prevendo um contrato de emprego, a pessoa fica obrigada a exercer funções. É o que se passa com directores que aceitem a nomeação, para iniciar funções imediatamente ou em certo prazo, antes de chegar a acordo sobre as cláusulas do contrato de emprego. Assim, pela aceitação da nomeação realiza-se um contrato de prestação de serviço ou um contrato de emprego (⁵⁰).

BAUMS considera que a posição de órgão ("Organstellung") inclui poderes e deveres e, por isso, tem natureza "sui generis". Se existe uma relação de serviço ("Dienstverhaeltnis") entre a sociedade e o director, ela resulta da aceitação da nomeação. É necessário um contrato de emprego como complemento para regular as demais condições do emprego, v. g., a remuneração (⁵¹). Mas, se o nomeado iniciar actividade antes de celebrado o contrato de emprego, as partes estão obrigadas por um contrato a regular as condições de emprego em aberto de modo equitativo (⁵²).

BAUMS considera que este contrato de emprego complementar não é um contrato de prestação de serviço, no sentido do § 611 do BGB. Tal

---

malmente, de prova especial da declaração de aceitação, pois, em qualquer caso, pela execução da apresentação a aceitação da declaração de nomeação se torna crível e por isso se considera provada a legitimação (citando REUTER, *Muenchkomm. BGB*, vol. I, § 27, Rdz. 2).

(⁴⁷) Cf. *ob. cit.*, pág. 43 e seg..
(⁴⁸) Cf. FEINE, *Die Gesellschaft mit beschraenkter Haftung* (EHRENBERG, *Handbuch des gesamten Handelsrecht*, vol. III, t. III), Leipzig, 1929, pág. 470.
(⁴⁹) Cf. *ob. cit.*, pág. 44 e seg..
(⁵⁰) Cf. BAUMS, *ob. cit.*, pág. 44 e seg., e WIELAND, *Handelsrecht*, vol. II, pág. 123, aí cit..
(⁵¹) Cf. *ob. cit.*, pág. 50.
(⁵²) Cf. *ob. cit.*, pág. 52.

contrato fixa o momento de início das funções (se não resultar da nomeação) e o âmbito das tarefas de que o director vai ficar incumbido, estipula alguns deveres complementares (não decorrentes da lei nem dos estatutos, como o de residência ou de aceitar lugares em órgãos de sociedades coligadas), regula a remuneração e eventuais pensões de reforma, bem como a duração da relação. Mas não é, em suma, um contrato autónomo ([53]). Nem é sequer um contrato bilateral ("gegenseitig"), no sentido do § 320 do BGB, visto que constitui a obrigação de remuneração, mas não a de prestação de serviço ([54]).

BAUMS sustenta, enfim, que a nova concepção, segundo a qual a revogação ("Abberufung") e a renúncia ("Amtsniederlegung") afectam apenas a posição orgânica, enquanto o despedimento ("Kuendigung") se refere apenas à relação de emprego, põe em causa o dogma da separação entre a posição orgânica e a relação de emprego ([55]).

SUBSECÇÃO IV

Rejeição do carácter laboral da relação
entre a sociedade e o director

I — Na jurisprudência e na doutrina alemãs é quase unânime a opinião de que os membros do directório não são trabalhadores — que a relação de direcção não é uma relação de trabalho subordinado ("Arbeitnehmerverhaeltnis") ([56]).

([53]) Cf. *ob. cit.*, pág. 54 e segs..
([54]) Cf. *ob. cit.*, pág. 57.
([55]) Cf. *ob. cit.*, pág. 351 e segs. e 451.
([56]) Cf. VOLKER GROSS, *Das Anstellungsverhaeltnis des GmbH-Geschaeftsfuehrers im Zivil-, Arbeits-, Sozialversicherungs- und Steuerrechts*, Koeln, 1987, pág. 13 e segs., e a jurisprudência e doutrina aí cits.: BGHZ 10, 187 (de 11.7.1953), BGHZ 12, 1 (8) (de 16.12.1953), BGHZ 36,142 (de 7.12.1961), BGHZ 49,30 (de 9.11.1967), OLG Frankfurt a. M. DB 1973, 129 (de 6.12.1972); GOLDSCHMIDT, *Die Aktiengesellschaft*, 1927, HGB, § 231, Anm. 31; BRODMANN, *Aktienrecht*, 1932, HGB, § 231, Anm. 6; BAUMBACH, *AktG*, 1937, § 75, Anm. 2B; GADOW, *AktG*, 1939, § 75, Anm. 10; HAUPT, *Gesellschaftsrecht*, 1939, pág. 82; HUECK-NIPPERDEY, *Lehrbuch des Arbeitsrecht*, vol. I, pág. 60; WAECHTER, "Rechtsstellung des leitenden Angestellten", in *DB*, 1950, nº 13, pág. 250; NIKISCH, *Arbeitsrecht*, Tübingen, Mohr, 3. Aufl., vol. I, pág. 98 e segs.; GESSLER-HEFERMEHL, *AktG*, § 84, Anm. 35; A. HUECK, *Gesellschaftsrecht*, 17. Aufl., 1975, pág. 149, e, com dúvidas, MERTENS, in *Koelner Komm. AktG.*, § 84, Anm. 27.

Acontece mesmo que é discutida a qualificação como trabalhador do gerente de sociedade por quotas, havendo alguns autores que a sustentam com argumentos impressionantes, em relação aos gerentes não sócios ([57]), e um dos argumentos da doutrina dominante, no sentido de recusar tal qualificação, consiste precisamente em considerar a posição do gerente comparável com a do director (incontestavelmente não trabalhador) ([58]).

Em geral, o membro do directório é considerado "económica, social e juridicamente em confronto ('Gegensatz') com os trabalhadores da pessoa colectiva" ([59]).

Esta posição assenta fundamentalmente em quatro ordens de argumentos:

a) Na posição societariamente ilimitada do director da sociedade anónima, tal como resulta do AktG;
b) Na não subordinação nas relações internas;
c) No exercício de funções patronais;
d) No regime jurídico geral do director, nomeadamente na não aplicação a ele de disposições legais típicas de protecção ao trabalhador;
e) Na desnecessidade de protecção social ([60]).

a) A posição do director na sociedade anónima é considerada ilimitada, na medida em que o directório dirige ("leitet") a sociedade sob sua responsabilidade (AktG, § 76, Abs. 1); o conselho de vigilância não tem poder de direcção sobre os membros do directório, e este tem mesmo uma influência inderrogável sobre a aplicação dos resultados do exercício (AktG, § 58, Abs. 2). Deste conjunto de características deduz a doutrina dominante que os membros do directório não estão subordinados a um poder de direcção, são social ou pessoalmente autónomos. A dependência relativamente à pessoa colectiva é semelhante à da relação de prestação de serviço ("Dienstverhaeltnis").

([57]) Cf. VOLKER GROSS, *ob. cit.*, pág. 51 e segs. e 219 e segs.
([58]) Cf. VOLKER GROSS, *ob. cit,*, pág. 119 e segs..
([59]) Cf. RGZ 120, 300 (303), cit. por VOLKER GROSS, *ob. cit.*, pág. 120.
([60]) Cf. VOLKER GROSS, *ob. cit.*, pág. 120.

Perante terceiros, a directório tem poderes de representação plenos e ilimitáveis (AktG, § 82) ([61]).

b) Nas relações internas, tem amplos poderes de gestão (AktG, § 76, Abs. 1). Só determinadas decisões fundamentais são da competência da assembleia geral dos accionistas, como, por exemplo, alteração dos estatutos (AktG, §§ 179 e segs.), aumento e redução do capital (AktG, §§ 182 e segs., e 222 e segs.), fusão, transformação e dissolução (AktG, §§ 339 e segs.; 362 e segs. e 262 e segs.) ([62]); e só são possíveis limitações dos poderes de gestão do directório pelos estatutos, pelo conselho de vigilância, pela assembleia geral ou pelo regimento do directório, dentro dos limites legais (AktG, § 82, Abs. 2) ([63]).

Nomeadamente, não podem ser transferidos para o conselho de vigilância poderes de gestão (AktG, § 111, Abs. 4, S. 1); este não pode, portanto, transformar-se em superior heirárquico ("Vorgesetzter") do directório, devendo limitar-se a uma posição de supervisão. Os estatutos ou o conselho de vigilância podem estipular que determinadas espécies de negócios só possam ser praticados pelo directório com o consentimento dele (AktG, § 111, Abs. 4, S. 2). Mas, mesmo neste caso, trata-se de um direito de veto limitado, destinado a assegurar a sua função de supervisão; o conselho de vigilância não pode impor, positivamente, ao directório a prática de determinados actos de gestão.

Por outro lado, o directório só fica vinculado por deliberações da assembleia geral, quando esta delibera a pedido dele (AktG, § 119, Abs. 2). Mas o directório não está obrigado a apresentar tal pedido.

Assim, nem a assembleia geral, nem o conselho de vigilância, nem um grande accionista, nem um terceiro podem dar ordens ao directório (com excepção do directório de sociedades dependentes ou subordinadas – AktG, §§ 308 e 323).

O directório e os seus membros não estão, portanto, subordinados a (ordens de) ninguém, gozando, pois, de grande autonomia – o que

---

([61]) Cf. GESSLER-HEFERMEHL, *AktG*, § 82, Anm. 23 e segs.; MERTENS, in *Koelner Komm. AktG*, § 82, Anm. 8 e segs.; VOLKER GROSS, *ob. cit.*, pág. 121. É diferente, segundo V. GROSS (*ob. cit.*, pág. 87 e segs. e 93 e segs.), a situação do gerente não sócio.

([62]) Cf. MERTENS, in *Koelner Komm. AktG*, § 77, Anm. 3.

([63]) Cf. GESSLER-HEFERMEHL, *AktG*, § 82, Anm. 23 e segs., e MERTENS, in *Koelner Komm. AktG*, § 82, Anm. 8 e segs..

exclui, desde logo, a sua qualificação como trabalhadores subordinados ([64]).

c) O exercício de funções patronais pelos membros de directório traduz-se, segundo a doutrina dominante, em que:
 i – Como órgão deliberativo, tem poder de direcção sobre os trabalhadores da empresa, de quem é o seu "principal concreto";
 ii – Como órgão, tem poder de disposição sobre os meios de produção;
 iii – Tem uma relação mais estreita com a empresa do que os trabalhadores subordinados ([65]).

A ideia de que os membros do directório não são trabalhadores, porque são o "principal concreto" dos trabalhadores e, nessa medida, exercem funções patronais, baseia-se na concepção de TITZE ([66]) – frequentemente referida na doutrina alemã ([67]) e acima sumariada.

A teoria de TITZE suscitou, em todo o caso, várias críticas. Dizem alguns autores que ela foi construída no âmbito do direito comercial para resolver um problema de interpretação restrito, sendo para isso inadequada e desnecessária ([68]). E surgiu quando a dogmática do direito do trabalho estava ainda a dar os primeiros passos. Alguns juslaboralistas posteriores admitem que o principal concreto pode ser trabalhador do principal abstracto ([69]). Para o conceito de principal concreto, todavia, TITZE considera decisiva a posição no organismo negocial ("Geschaeftsorganismus"): principal concreto é só quem não é obrigado a obedecer a ninguém ([70]). Bem vistas as coisas, segundo TITZE, a posição de subor-

---

 ([64]) Neste sentido, cf. GESSLER-HEFERMEHL, *AktG*, § 76, Anm. 12 e 82, Anm. 23 e 24, e VOLKER GROSS, *ob. cit.*, pág. 121 e segs..
 ([65]) Cf. VOLKER GROSS, *ob. cit.*, pág. 123 e segs. e loc. aí cit..
 ([66]) Exposta em EHRENBERG, *Handbuch des gesamten Handelsrecht*, Leipzig, 1918, vol. II, pág. 545 e segs., cit. por VOLKER GROSS, *ob. cit.*, pág. 14 e 74 e segs..
 ([67]) Cf. VOLKER GROSS, *ob. cit.*, pág. 14, nota 50.
 ([68]) Cf. VOLKER GROSS, *ob. cit.*, pág. 78 e segs..
 ([69]) Cf. MOLITOR, "Zum Begriff des Arbeitgebers", in *DB*, 1956, pág. 21 e seg.; MOLITOR, "Die Rechtsverhaeltnisse der Vorstandsmitglieder", in *Die AG*, 1957, pág. 193 e segs.; PAKEBUSCH, *Die arbeitgeberaehnlichen Personen und ihre arbeitsrechtliche Sonderstellung* (Diss. Koeln), 1961, pág. 62 e segs., cit. por V. GROSS, *ob. cit.*, pág. 80.
 ([70]) Cf. TITZE, *ob. cit.*, pág. 551 e segs. e 556, cit. por V. GROSS, *ob. cit.*, pág. 82.

dinação e de principal não são compatíveis, mas a posição de subordinação e de órgão são-no (⁷¹). De qualquer modo, os membros do directório são comummente considerados principal concreto e não trabalhadores (⁷²).

d) A doutrina alemã dominante encontra em várias disposições de outros ramos de direito relativos ao regime dos membros do directório diferenças significativas relativamente ao regime dos trabalhadores subordinados:

i – O regime da responsabilidade criminal dos directores (AktG, §§ 399 e segs.);

ii – O regime da responsabilidade pessoal pelo incumprimento de obrigações fiscais e da segurança social (Ao, § 34, Abs. 1, e § 69; RVO i.V.m., § 529; BGB, § 823, Abs. 2);

iii – A exclusão dos directores do âmbito de aplicação da Lei da constituição do estabelecimento (BetrVG, § 5, Abs. 2., Nr. 1), da Lei de protecção dos despedimentos (KSchG, § 14, Abs. 1, Nr. 1, 17, Abs. 5, Nr. 1), da Lei dos Tribunais do Trabalho (ArbGG, § 5, Abs. 1, S. 3) e da Lei da participação (MitbestG, § 3, Abs. 1, S. 2) (⁷³).

e) A doutrina alemã dominante considera que os membros do directório de uma sociedade anónima não necessitam de protecção

---

(⁷¹) Cf. V. GROSS, *ob. cit.,* pág. 81 e segs..

(⁷²) Mas há autores alemães que, admitindo a teoria de TITZE, sustentam que os gerentes não sócios de sociedades por quotas são principais concretos e também trabalhadores. Cf. V. GROSS, *ob. cit.,* pág. 86 e segs..

(⁷³) Cf. VOLKER GROSS, *ob. cit.,* pág. 55 e seg. a 125 e loc. aí cit.. As diferenças referidas em *ii* não são consideradas concludentes por alguns autores, por entenderem que:

– Se o legislador entendesse que os membros dos órgãos não são trabalhadores, não precisava de os ressalvar expressamente;

– Certas expressões legais, no sentido de que "não se consideram como empregados ou trabalhadores os membros do órgão", são, tecnicamente, uma ficção negativa, da qual se deduz que, sem elas, os membros do órgão são trabalhadores;

– Algumas das disposições em causa referem também empregados dirigentes ("leitende Angestellte"), que são, indubitavelmente, trabalhadores.

Cf. V. GROSS, *ob. cit.*, pág. 56 e segs.; G. HUECK, "Bemerkungen zum Anstellungsverhaeltnis von Organmitglieder juristischer Personen", in *Festschrift fuer Marie Luise Hilger und Hermann Stumpf,* Muenchen, 1983, pág. 365.

social especial (semelhante à concedida aos trabalhadores subordinados), com base em quatro circunstâncias:

i – A força especial da sua posição negocial: o director, graças à sua posição social, está em situação de determinar contratualmente as condições da sua colocação e de assegurar uma certa duração para o contrato ou um determinado prazo de destituição – de modo muito diferente do trabalhador subordinado;

ii – O montante da remuneração e das pensões – é tal que o director não precisa da mesma protecção social que o trabalhador subordinado;

iii – As relações negociais e pessoais – o director consegue por esse meio proteger-se contra o risco de desemprego e encontrar uma solução, mais facilmente que os trabalhadores subordinados;

iv – A dependência da revogação da relação de colocação ("Anstellungsverhaeltnis") relativamente à revogação da nomeação ("Bestellung") ou à verificação de justa causa (AktG, § 84, Abs. 3, S. 1) ([74]) ([75]).

II – Todavia, a jurisprudência alemã chegou a qualificar a relação de emprego ("Anstellungsverhaeltnis") sobrevivente à revogação da nomeação como uma relação de trabalho, julgando competente o tribunal do trabalho para conhecer de acções de despedimento de membros do directório ([76]).

([74]) E. MOLITOR ("Rapporto di lavoro e rapporto sociale", in *RS,* ano IV, fasc. 4.5,1959, pág. 845 e segs.) chega à mesma conclusão, mas com argumentos parcialmente diversos: partindo da distinção, correcta na doutrina germânica, entre a organização económica da empresa ("impresa") que representa o fim da pessoa jurídica e a unidade técnico-organizativa do estabelecimento ("azienda"), entende que os membros do conselho de administração, enquanto dirigentes da empresa, estão acima do(s) estabelecimento(s) da pessoa jurídica, e não estão enquadrados neste(s), como os dirigentes vinculados por uma relação de trabalho subordinado. Falta pois o elemento de enquadramento (ou incorporação) no estabelecimento, que MOLITOR considera essencial ao contrato de trabalho (em vez, aliás, da subordinação à entidade patronal). Em sentido diverso, cf. A. HUECK, "Die Rechtsstellung", in *Der Betrieb*, 1954, nº 13, pág. 275.

([75]) Cf. VOLKER GROSS, *ob. cit.*, pág. 126, e refs. aí cit..

([76]) Cf. THEODOR BAUMS, *Der Geschaeftsleitervertrag*, pág. 17 e 395 e segs..

E alguns autores, admitindo, embora, que quase todas as leis laborais são inaplicáveis aos directores, criticam os argumentos utilizados pela doutrina dominante e consideram que há casos em que os directores podem qualificar-se como empregados dirigentes ("leitende Angestellte"), ou seja, como trabalhadores subordinados ([77]).

CAPÍTULO V

Membros do directório
não eleitos pelo conselho de vigilância

I – Segundo o *HGB de 1897*, os estatutos devem estabelecer o modo de nomeação dos directores, sob pena de nulidade (sanável) (§ 182, Abs. 2, Nr. 4) ([78]). Por isso, entende-se que a nomeação dos directores pode competir ao conselho de vigilância (quando existe, pois não é obrigatório) ([79]), mas também à assembleia geral, ao próprio contrato de sociedade (quanto aos primeiros directores), aos directores em exercício (por cooptação), ou até a um terceiro (por exemplo, o Estado ou um município, desde que fique salvaguardada a possibilidade de revogação pela sociedade). E, em casos de urgência, o tribunal pode nomear provisoriamente um director (BGB, § 29) ([80]).

Todavia, a doutrina não aprofunda a natureza da nomeação feita por outra entidade que não o conselho de vigilância ([81]).

II – Do § 75 do *AktG de 1937* decorre que a competência para a nomeação dos directores pertence exclusivamente ao conselho de vigi-

---

([77]) Cf. HANS TRINKHAUS, "Aktuelle Probleme des Rechts der leitenden Angestellten (im weitesten Sinne)", in *DB*, 1968, n.º 40, pág. 1756 e segs..

([78]) O ADHB tinha uma disposição semelhante, no art. 209, n.º 7, mas sem referir a sanção para a omissão.

([79]) Na prática, é mais frequente que os directores sejam nomeados pelo conselho de vigilância.

([80]) Cf. K. LEHMANN, *Das Recht der Aktiengesellschaften*, vol. II, pág. 239 e segs..

([81]) Cf. id., *ibid.*.

lância, não podendo os estatutos dispor diversamente ([82]) ([83]). Só quando faltam directores necessários para representar a sociedade pode o tribunal nomeá-los, em casos de urgência, a pedido de um interessado (accionista, membro do directório ou do conselho de vigilância ou credor da sociedade), e até que termine a falta (v. g., por nomeação pelo conselho de vigilância) (AktG, § 76) ([84]). No entanto, a doutrina não aprofunda o problema da natureza desta nomeação judicial ([85]).

III – O *AktG de 1965* alterou vários aspectos do regime da nomeação (§§ 84 e 85), mas manteve os princípios que constavam do AktG de 1937 e acabam de ser referidos, na parte que agora interessa.

E a doutrina mantém, substancialmente, a mesma orientação, continuando a não aprofundar o problema da natureza da nomeação pelo tribunal ([86]). Apenas MERTENS ([87]) diz que pela nomeação judicial se constitui uma relação obrigacional entre a sociedade e o administrador, que segue as regras do contrato de gestão ("Geschaeftsbesorgungsvertrag"), que é uma espécie de contrato de prestação de serviço ([88]). Alguns autores acentuam que o director assim nomeado tem os mesmos poderes, direitos e deveres que os nomeados pelo conselho de vigilância ([89]).

Estas regras aplicam-se também às sociedades abrangidas pelas leis sobre a participação de representantes dos trabalhadores ([90]).

([82]) Neste sentido, cf. SCHLEGELBERGER-QUASSOWSKI, *Aktiengesetz*, 2. Aufl., § 75, Anm. 3.

([83]) O que se admite é que o conselho de vigilância delegue esses poderes numa comissão ("Ausschuss") por ele eleita de entre os seus membros. Cf. GODIN--WILHELMI, *Aktiengesetz*, 4. Aufl., § 84, Anm. 4.

([84]) Cf. SCHLEGELBERGER-QUASSOWSKI, *Aktiengesetz*, 2. Aufl., § 76, Anm. 1 e segs..

([85]) Cf. SCHLEGELBERGER-QUASSOWSKI, *Aktiengesetz*, 2. Aufl., § 76, Anm. 1 e segs.; RITTER, *Aktiengesetz*, 2. Aufl., § 76, Anm.1 e segs.; TEICHMANN-KOEHLER, *Aktiengesetz*, 3. Aufl., § 76, e BAUMBACH-HUECK, *Aktiengesetz*, 12. Aufl., § 76, Anm. 1 e segs..

([86]) Cf. BAUMBACH-HUECK, *Aktiengesetz*, 13. Aufl., § 76, Anm. 1 e segs.; GODIN-WILHELMI, *Aktiengesetz*, 4. Aufl., § 84, Anm. 4; MEYER-LANDRUT, in *Grosskomm. AktG*, § 84, Anm. 4, e § 85, Anm. 5; MERTENS, in *Koelner Kommentar zum AktG*, § 84, Anm. 5-9, e § 85, Anm. 1 e segs.; GESSLER-HEFERMEHL, *AktG Kommentar*, § 84, Anm. 7 e 8, § 85, Anm. 1 e segs., e BAUMS, *Der Geschaeftsleitervertrag*, pág. 64 e segs..

([87]) In *Koelner Kommentar zum AktG*, § 85, Anm. 13.

([88]) Sobre estes tipos de contratos, cf. PALANDT, *BGB*, 32. Aufl., Einf v § 611, Anm. 2) a) e b), e § 675.

([89]) Cf. BAUMBACH-HUECK, *Aktiengesetz*, 13. Aufl., § 76, Anm. 8.

([90]) Cf. BAUMS, *Der Geschaeftsleitervertrag*, pág. 64.

TÍTULO VII

Conclusões da análise comparativa

I—Do conjunto da análise comparativa efectuada (¹) podem retirar-se, em resumo, as seguintes conclusões.

A teoria do mandato continua a ser a dominante em França, enquanto é unanimemente rejeitada pela doutrina italiana actual, que, todavia, se encontra muito dividida acerca da natureza a atribuir à relação de administração (sendo dominante a teoria da nomeação como negócio unilateral condicionado à aceitação); e a teoria dualista (da nomeação e

---

(¹) Não sendo possível, por óbvias limitações de tempo, aprofundar o problema posto em relação a todos os outros países do mundo ou sequer da Europa, faz-se uma breve referência ao modo como o problema tem sido encarado nalguns outros países com os quais o direito português tem mais afinidades.

Assim, é interessante observar que, na sequência do que referem os estatutos das primeiras companhias coloniais holandesas (segundo dá a entender VIGHI, "Notizie storiche", in *RivS*, 1969, pág. 677), muitas leis do século XIX qualificam expressamente os administradores de sociedades como mandatários (cf. Leis belga, art. 43º, holandesa, art. 45º, húngara, art. 189º, nº 2, sueca, art. 46º, suíça, art. 654º, cit. por K. LEHMANN, *Das Recht der Aktiengesellschaften*, vol. II, pág. 244).

Na **Áustria**, o § 75 do AktG de 31.3.1965 (seguindo, aliás, o § 75 do AktG alemão de 1935, que vigorou naquele país) distingue claramente entre a nomeação ("Bestellung") e o contrato de emprego ("Anstellungsvertrag"), pelo que a doutrina acolhe esta distinção (cf. W. KASTNER, *Grundriss des oesterreichischen Gesellschaftsrechts*, Wien, Manz, 1979, pág. 167 e segs.).

Na **Bélgica**, é claramente dominante a teoria do mandato (cf. LCSC, art. 53º; JEAN VAN RYN, *Principes de Droit Commercial*, Bruxelles, Bruylant, 1970, pág. 366; P. COPPENS, *Cours de Droit Commercial*, Louvain-la-Neuve, Cabay, 1985, vol. III, pág. 382; M. DAERDEN, *Introduction à l'étude des sociétés*, Bruxelles, Ed. Labor, 1988, pág. 101, e J. M. VAN HILLE, *La Société Anonyme*, Bruxelles, Bruylant, 1990, pág. 128).

No **Brasil**, o Código Comercial de 25.6.1850 (inspirado no CCom port de 1833), falava em mandato, a propósito dos administradores de sociedades anónimas, o mesmo

contrato de emprego) é unanimemente seguida na Alemanha, embora com entendimentos divergentes a seu respeito.

Inclusivamente, quando a Lei francesa adoptou, embora como facultativo, o sistema dualista de inspiração germânica, chegou a discutir-se se os membros do directório deveriam ser considerados trabalhadores (quadros superiores) ou vinculados por uma dupla relação de nomeação ("institucional") ou de contrato de trabalho. Todavia, a admissibilidade, em face do art. 121º da Lei fr de 1966, da acumulação da relação de trabalho com a qualidade de membro do directório, e da sobrevivência daquela quando esta se extingue, tem levado a doutrina

---

acontecendo com o Dec nº 434, de 4.7.1891 (art. 97º, § 2º, 98º, 100º e 109º, nº 1). O DL nº 2627, de 26.9.1940 (art. 116º) e a Lei nº 6404, de 15.12.1976 (art. 138º e segs.), omitem essa expressão, falando antes de órgãos. A generalidade da doutrina entende, há muito, que os administradores não são mandatários, mas sim órgãos da sociedade, sem, todavia, aprofundar melhor a natureza da relação (cf. SPENCER VAMPRÉ, *Tratado Elementar de Direito Comercial*, Rio, Briguiet, 1922, vol. II, nº 247; CARVALHO DE MENDONÇA, *Tratado de Direito Comercial Brasileiro*, Rio, Freitas Bastos, 3ª ed., 1940, vol. IV, pág. 40; GUDESTEU PIRES, *Manual das Sociedades Anónimas*, Rio, Freitas Bastos, 1942, pág 244; A. LOPES PONTES, *Sociedades Anónimas*, 4ª ed., 1957, vol. II, pág. 506; TRAJANO DE MIRANDA VALVERDE, *Sociedades por Acções*, Rio, Forense, 3ª ed., 1959, vol. II, pág. 275; RUY CARNEIRO GUIMARÃES, *Sociedades por Acções*, Rio, Forense, 1960, vol. III, pág. 10 e segs.; WALDEMAR FERREIRA, *Tratado de Direito Comercial*, 1961, vol. IV, pág. 419 e segs.,e P. R. TAVARES PAES, *Responsabilidade dos Administradores de Sociedades*, São Paulo, Ed. Rev. Tribunais, 1978, pág. 3).

Em **Espanha**, os autores mais antigos defendem a teoria do mandato (cf. sentença do Tribunal Supremo de 25.6.1959, cit. por GARRIGUES-URIA, *Comentário*, 3ª ed., vol. II, pág. 28); os autores mais recentes repartem-se pela teoria do contrato de administração ("sui generis") (cf. LOPEZ DE MEDRANO, *La separación de los administradores en la sociedad anónima*, Barcelona, Bosch, 1985, cit. e apoiado por VICENT CHULIA, *Compendio crítico de Derecho Mercantil*, Barcelona, Bosch, 2ª ed., 1986, vol. I, pág. 364), pela teoria da nomeação (cf. GARRIGUES-URIA, *Comentario a la ley de sociedades anonimas*, 3ª ed., vol. II, pág. 26 e segs.) e pela teoria dualista da nomeação e contrato de emprego (cf. GIRON TENA, *Derecho de sociedades anonimas*, pág. 267 e segs., e 388 e segs.; JESUS RUBIO, *Curso de Derecho de Sociedades anónimas*, pág. 186 e 235 e segs., e BROSETA PONT, *Manual de Derecho Mercantil*, pág. 222).

Na **Suíça**, o acto constitutivo da relação de administração de sociedades anónimas é qualificado por alguns autores como um mandato (cf. HANS DIETLER, *Die rechtliche Stellung der Verwaltung der Aktiengesellschaft nach den Bestimmungen des schweizerischen Obligationenrechts,* Luzern, 1895, pág. 83 e segs. e 92, e DE STEIGER, *Le droit des sociétés anonymes en Suisse,* 1973, pág. 239) e, por outros, como em contrato de prestação de serviço (cf. SCHUKANY, *Kommentar zum schweizerischen Aktienrecht*, 2ª ed., 1960, pág. 139).

francesa a reafirmar a sua fidelidade à concepção contratualista do mandato (²).

É evidente que esta situação está relacionada com o regime estabelecido para a relação de administração na lei de cada país. Mas depende também do quadro de conceitos em que se pretende classificar a relação de administração – como se tentará evidenciar mais adiante.

II – As Propostas de 5ª Directiva da CEE, sobre a estrutura das sociedades anónimas, e de Regulamento sobre a sociedade anónima europeia não contêm elementos que apontem explicitamente para nenhuma das teorias sobre a natureza da relação de administração defendidas pela doutrina dos vários Estados membros, sendo compatíveis com todas elas.

Na verdade, não falam de mandato, nem de nomeação, nem de contrato entre o administrador e a sociedade, nem dão ensejo a distinguir entre a nomeação e o contrato de emprego. Aliás, nas instâncias comunitárias tem havido a preocupação pragmática de evitar tomar posições sobre problemas teóricos que sejam motivo de controvérsia susceptível de atrasar o próprio processo de elaboração dos diplomas.

Não é de estranhar, por isso, o silêncio dos comentadores das Propostas comunitárias a respeito do problema em estudo.

Nos países anglo-saxónicos, o quadro de conceitos é substancialmente diferente do adoptado nos países romano-germânicos, pelo que o problema da natureza da relação de administração se põe em termos bastante diversos.

Assim, em **Inglaterra**, nas primitivas "joint stock companies", os directores eram "trustees" para quem a "property" dos bens delas era transferida na base de "deeds of settlement" (figura sem correspondência exacta nos direitos romano-germânicos; cf. GOWER, *The Principles of Modern Company Law*, 3ª ed., pág. 515). Mais recentemente, alguns autores consideram-nos como "agents" da sociedade, numa posição fiduciária semelhante à dos "trustees" (cf. GOWER, *ob. cit.*, pág. 516). O problema tem sido pouco aprofundado pela jurisprudência, que por vezes reconhece que os directores ocupam duas posições reguladas por normas inteiramente diferentes: a de "officers" da sociedade nomeados segundo as disposições do acto constitutivo e a de "employees or agents" da sociedade prestando serviços na base de "contracts of service" (cf. PENNINGTON, *Company Law,* 4ª ed., pág. 507 e segs.). Entretanto, admite-se que os directores estejam ou não abrangidos pela lei de protecção contra despedimentos [Employment Protection (Consolidation) Act 1978], consoante tenham ou não celebrado "contracts of service"; caso não tenham celebrado tais contratos, tendo apenas sido nomeados segundo os estatutos ("articles"), não têm direito a indemnização por destituição sem justa causa (cf. FARRAR, *Company Law,* pág. 285 e 292).

Nos **Estados Unidos da América,** entende-se que os directores têm uma posição "sui generis", de "fiduciaries" ou "trustees", mas não de "agents" dos accionistas (cf. HENN, *Law of Corporations,* 2ª ed., 1970, pág. 415 e seg.).

(²) Cf. HÉMARD-TERRÉ-MABILLAT, *ob. cit.*, vol. I, pág. 946 e seg. e 987.

TÍTULO VIII

O problema em Portugal

SUBTÍTULO I

Considerações gerais

Em Portugal, encontram-se reflexos das várias teorias apresentadas na França, na Itália e na Alemanha, predominando, entre os autores mais antigos, a teoria do mandato, e havendo grandes divergências entre os mais recentes. Todavia, o problema só recentemente começou a ser aprofundado.

SUBTÍTULO II

Teorias contratualistas

CAPÍTULO I

Teoria do mandato

I – A doutrina mais antiga e ainda hoje com adeptos, embora em decréscimo, considera que a relação entre o administrador e a sociedade anónima assenta num contrato de mandato.

II – *Antes do CCom de 1833* são relativamente escassas as referências à natureza da relação de administração, mas as conhecidas apontam no sentido da qualificação como mandato (¹).

III – O *CCom de 1833* contém algumas disposições gerais sobre os administradores, qualificando-os expressamente como mandatários: a companhia é "administrada por mandatários temporários, revogáveis, accionistas ou não accionistas, assalariados ou gratuitos" (art. 538º); "os mandatários administradores duma companhia só respondem pela execução do mandato recebido e aceite. Eles não contraem obrigação alguma, nem solidária, nem pessoal, relativamente às convenções da companhia" (art. 542º).

Compreende-se, por isso, que a doutrina da época qualifique os administradores como mandatários, sem que tal suscite qualquer dúvida nem exija fundamentação especial. É essa a posição de RICARDO TEIXEIRA DUARTE (²), J. FERREIRA BORGES (³), DIOGO FORJAZ DE SAMPAIO PIMENTEL (⁴).

IV – A *Lei de 22.6.1867* retoma, com pequenas alterações, o texto citado do art. 538º do CCom de 1833 (⁵): "As sociedades anonymas são administradas por mandatários temporários, revogáveis, retribuídos ou gratuitos, escolhidos d'entre os associados" (art. 13º, proémio). E volta a usar a expressão mandatários ou mandato relativamente aos administradores nos §§ 1º e 2º do mesmo art. 13º, e nos art. 14º, 15º, 16º, 17º, 18º, 19º e 48º.

Contrapõe, aliás, estes mandatários (administradores-accionistas) aos gerentes (accionistas ou não), eventualmente encarregados de deter-

---

(¹) Por exemplo, MANUEL DA COSTA FRANCO (*Tractado practico jurídico e cível*, 1768, vol. II, pág. 31, nº 8), referindo-se à sociedade de todos os bens (que parece corresponder à sociedade universal do CCiv de 1867, art. 1243º), observa que "para as cousa pertencentes à sociedade, se diz que o sócio *a socio habet mandatum*".

(²) Cf. *Commentário ao Título XII, Parte I, Livro II do Código Commercial Portuguez*, 1843, pág. 20 e segs. e 31 e seg., que refere, como subsidiariamente aplicáveis aos administradores, os princípios do mandato civil (mandato de direito comum) e não os do mandato mercantil ou comissão.

(³) Cf. *Das Fontes, Especialidade e Excellencia da Administração commercial segundo o Código Commercial, Jurisprudência do contrato mercantil de sociedade, segundo a Legislação, e Arestos dos Códigos, e Tribunais das Nações mais Cultas da Europa*, Londres, 1830, pág. 110, nota; *Dicionário jurídico-commercial*, 1856, pág. 88.

(⁴) Cf. *Anotações ao Código de Commercio Portuguez*, 1866, vol. II, pág. 237.

(⁵) Em sentido análogo, cf. CCiv de 1867, art. 987º.

minadas operações "que dependerem de conhecimentos técnicos e especiais" ou da "administração quotidiana dos negócios sociais" — cujo regime é o do contrato de mandato (art. 20º).

O único comentário conhecido a esta Lei de 1867, de TAVARES DE MEDEIROS ([6]), diz que "os administradores são perfeitos mandatários delegados da sociedade; por isso os seus actos, direitos e obrigações se regulam em geral pelas disposições que regem as relações entre mandante e mandatário [...]; mas pelo § 1º elles são os legais representantes da sociedade em todos os actos judiciaes e extrajudiciaes. Parece, pois, que nesta conformidade os administradores não têm sòmente os poderes que em direito se consideram de simples administração..."

Note-se que a referência a "legais representantes" não tem nada que ver com a actual teoria da representação legal. Mas não deixa de ser curioso observar que TAVARES DE MEDEIROS transcreve ([7]), sem comentários, uma frase de um autor belga, M. PIRMEZ, que depois de afirmar que "o administrador de uma sociedade anonyma é qualificado como mandatario", acrescenta que "mas nem por isso se lhe pódem applicar em todo o seu rigor as regras relativas ao mandato"; "o administrador é alguma cousa mais que um simples mandatario, isto é, mais que uma terceira pessoa que obre em logar e nome de outra [...] porque é d'ella (sociedade) o seu orgão legal, a sua personificação. Quando o administrador practica qualquer acto, é a propria sociedade que o faz pelo unico modo de acção directa que possue".

É de salientar também que, para TAVARES DE MEDEIROS, é já evidente a distinção entre mandatários e empregados da sociedade — que ele refere a propósito dos mencionados gerentes ([8]).

V — O *CCom de 1888* usa também o qualificativo de mandato relativamente aos administradores (ou directores) de sociedades anónimas ([9]), falando da "revogabilidade do mandato" (art. 172º, pr.), do "prazo do mandato" (art. 172º, § 1º), da "inexecução do mandato" (art. 173º, pr.), de "violação expressa do mandato" (art. 173º, § 2º), do "termo do mandato" (art. 179º, § único, nº 2º) e de "violação do man-

---

([6]) Cf. *Commentario da Lei das sociedades anonymas de 22 de Junho de 1867*, 1886.
([7]) Cf. *ob. cit.*, pág. 114.
([8]) Cf. *ob. cit.*, pág. 141.
([9]) Também relativamente a outros tipos de sociedades: nos art. 118º, nº 4, e 156º do CCom, na sua redacção original. Cf. também o CCiv de 1867, art. 1267º, a LSQ art. 28º, pr. e § único, e o CCiv de 1966, art. 164º, 165º e 987º.

dato" (art. 192º, § 1º). Repare-se, em todo o caso, que o Código não usa a expressão "mandatários" em relação aos administradores (ou directores).

Compreende-se, por isso, que a doutrina mais antiga entenda que a relação entre o administrador e a sociedade anónima ([10]) tem a natureza de mandato, sem suscitar sequer dúvidas a esse respeito.

Neste sentido se pronunciou, para além do próprio VEIGA BEIRÃO ([11]), o VISCONDE DE CARNAXIDE ([12]), para quem a assembleia geral é a mandante dos directores (administradores) da sociedade.

Diversamente, para a *Revista de Legislação e Jurisprudência,* "os directores são mandatários da sociedade" ([13]).

Também CUNHA GONÇALVES ([14]) diz, sem qualquer dúvida, que "os directores são mandatários", deduzindo daí toda uma série de conclusões sobre o seu regime.

No sentido de considerar os administradores de sociedades anónimas como mandatários, pronunciou-se igualmente MÁRIO DE ALMEIDA ([15]).

JOSÉ TAVARES entende que, nas sociedades anónimas, a gerência (administração) tem "o carácter de um mandato especial temporário e essencialmente revogável" ([16]) — apesar de ter dito antes, em relação às

---

([10]) A mesma qualificação é adoptada por grande parte da doutrina quanto ao gerente de sociedade por quotas: cf. SANTOS LOURENÇO, *Das Sociedades por Quotas*, vol. II, pág. 24 e segs.; VAZ SERRA, em anotações a acórdãos do STJ, in *RLJ*, ano 104º, 1971-72, pág. 78 e segs., ano 108º, 1975-76, pág. 167 e segs., ano 109º, 1976-77, pág. 350 e segs. (cf., porém, a posição tomada na *RLJ*, ano 112º, 1979-80, pág. 58, adiante referida); ALMEIDA LANGHANS, "Poderes de gerência nas sociedades comerciais", in *ROA*, ano 11º, 1951, nº 102, pág. 164 e seg., toma uma posição diversa, considerando os gerentes sócios, não como órgão, mas como "gerentes-delegados" (mandatários) e os gerentes não sócios como "empregados".

([11]) Cf. *Direito Commercial Portuguez (Esboço do curso)*, 1912, pág. 70.
([12]) Cf. *Sociedades anonymas*, 1913, pág. 147, 149, 284 e seg. e 400.
([13]) Cf. "Resposta a uma consulta", in *RLJ*, ano 32º, 1899-1900, pág. 537. Em todo o caso, no "Estudo sobre a responsabilidade civil", a mesma *RLJ*, ano 38º, 1905-1906, pág. 259, diz que "as sociedades ou companhias não podem, porém, considerar-se committentes, para os efeitos do art. 2380º (do CCiv de 1867) em relação aos sócios administradores. Entre as sociedades e os seus administradores não existe a relação de direcção e de vigilância que esse artigo pressupõe como base da responsabilidade civil que é atribuída aos committentes".

([14]) Cf. *Comentário ao Código Comercial Portuguez*, 1914, vol. I, pág. 421.
([15]) Cf. *Elementos de Direito Comercial*, 2ª ed., Coimbra, 1923, pág. 83.
([16]) Cf. *Sociedades e Empresas Comerciais*, 2ª ed., 1924, pág. 309.

sociedades em geral, que "os agentes ou administradores da sociedade não são mandatários dela, mas são a própria sociedade representada pelos seus órgãos directos" ([17]).

Posição análoga toma ADRIANO ANTHERO, quando diz que os directores são "orgãos ordinários das sociedades anonymas", e que "vê-se igualmente do artigo (171º) que os directores são considerados como mandatarios, o que tambem se confirma pelo art. 173º. Mas este mandato não corresponde ao mandato ordinário; porque os directores teem poderes fixados na lei organica, e a propria assemblêa não pode modificar esses poderes. Ficam, certamente, sujeitos à assemblêa geral, que os pode exonerar; mas aquelles poderes subsistem, enquanto os directores não forem exonerados. E se a assemblêa tomar deliberações illegaes, a direcção deve recusar o seu cumprimento, d'onde tambem se conclue que os directores exercem uma função de mandato especial".

"Os directores são, pois, mandatários especiaes da sociedade" ([18]).

A favor da teoria do mandato pronunciou-se também recentemente ALCINO FERREIRA DOS REIS ([18a]). E mesmo na actualidade a qualificação dos administradores de sociedades anónimas como mandatários é considerada "orientação pacífica" ([18b]).

A jurisprudência, em decisões, aliás raras, tem-se pronunciado também no sentido da teoria do mandato ([19]), sem se preocupar, todavia,

---

([17]) Cf. *ibid.*, pág. 174.

([18]) Cf. *Comentário ao Código Commercial Portuguez*, 2ª ed., vol. I, pág. 383 e 385.

([18a]) Cf. *Pessoas Colectivas e Sociedades Comerciais — A Sua Representação*, Porto, ELCLA, 1990, pág. 84 e segs. e 95 e segs..

([18b]) Cf. A. MONTEIRO FERNANDES, *Direito do Trabalho*, 6ª ed., vol. I, pág. 87; A. MENEZES CORDEIRO (*Manual de Direito do Trabalho*, pág. 523) refere sem crítica que a jurisprudência distingue duas situações: a dos sócios gerentes e a dos restantes; na primeira, não haveria contrato de trabalho, mas, em regra, mandato; na segunda, os "gerentes seriam trabalhadores". E cita o Ac STJ de 16.12.1983, in *BMJ*, nº 332, pág. 418, e o Ac RelL de 13.7.1988, in *CJ*, ano XIII, 1988, t. 4, pág. 150, que, todavia, tratam de casos de sócios não gerentes.

([19]) Cf. Ac RelP de 26.11.1932, in *RT*, ano 50º, pág. 349; Ac RelL de 9.5.1990, in *CJ*, 1990, vol. III, pág. 179. Já quanto a sociedades por quotas são numerosos os arestos, no sentido da teoria do mandato. Cf. Ac RelP de 19.11.1947, in *RT*, ano 66º, pág. 173 (com anotação de J.G. SÁ CARNEIRO); Ac STJ de 23.11.1948, in *BMJ*, nº 10, pág. 343; Ac STJ de 15.2.1949, in *BMJ*, nº 11, pág. 208 e RLJ, ano 82º, pág. 133 (com anotação de J. ALBERTO DOS REIS); Ac STJ de 13.7.1954, in *BMJ*, nº 44, pág. 434; Ac RelP de 17.4.1959, in *JR*, 1959, pág. 375; Ac RelP de 23.10.1959, in *JR*, 1959, pág. 778; Ac RelP de 22.7.1960, in *JR*, 1960, pág. 801; Ac STJ de 6.4.1961, in *BMJ*,

com a fundamentação, embora existam arestos em sentido diverso, adiante citados.

Reflexo desta posição doutrinária são ainda os preceitos do CCiv de 1966, que consideram aplicáveis aos administradores de sociedades civis as regras do mandato (art. 986º, nº 3, e 987º, nº 1), embora sem os qualificar como mandatários. Tais preceitos são, em todo o caso, compatíveis com uma qualificação diversa da relação, podendo as regras do mandato ser consideradas aplicáveis a título subsidiário, por analogia ([20]).

VI – Encontram-se reproduzidas na doutrina e na jurisprudência portuguesas as principais *críticas* que se viu serem dirigidas pelos autores estrangeiros contra a teoria do mandato.

Assim, já FERREIRA BORGES ([21]) observava que o sócio (administrador) não é um mandatário, cumprindo "não confundir jamais estas qualidades".

PIRES CARDOSO ([22]), partindo de uma concepção institucionalista, associa a qualificação dos administradores como mandatários da sociedade ao "sistema da ficção", considerando "legítimo objectar-se que a sociedade – ser fictício – não possui condições para poder conferir um mandato, para delegar uma vontade real que não existe. Dizer-se que é a assembleia dos sócios que confere tal mandato também não resolve a dificuldade porque, manifestamente, a sociedade-pessoa não é o simples conjunto dos associados, e continuava a ser necessário que, inicialmente, essa pessoa desse os precisos poderes à Assembleia para a representar

---

nº 116, pág. 493; Ac STJ de 20.2.1962, in *BMJ*, nº 114, pág. 485; Ac STJ de 30.3.1962, in *BMJ*, nº 115, pág. 569; Ac RelL de 3.4.1963, in *JR*, 1963, pág. 266; Ac RelL de 12.6.1964, in *JR*, 1964, pág. 529; Ac RelP de 6.12.1968, in *JR*, ano 14º, pág. 1000; Ac STJ de 2.12.1975, in *RLJ*, ano 109º, 1976-77, pág. 349; Ac STJ de 9.2.1978, in *BMJ*, nº 274, pág. 282; Ac RelP de 19.10.1977, in *CJ*, 1977, 5º, pág. 1189; Ac STJ (Trib. Pleno) de 9.11.1977, in *BMJ*, nº 271, pág. 96 (com anotação de P.S.M., referindo que "há tendência para figurar o exercício de gerência como um mandato remunerado por certo tempo"); Ac STJ de 8.2.1979, in *BMJ*, nº 284, pág. 230; Ac STJ de 6.12.1979, in *BMJ*, nº 292, pág. 385.

([20]) Note-se que o DL nº 49 381, de 15.11.1969, v. g., no art. 9º, relativo aos membros do conselho fiscal, não faz qualquer referência ao mandato.

([21]) Cf. *Jurisprudência do Contrato Mercantil de Sociedade, segundo a Legislação e Arestos dos Códigos e Tribunais das Nações mais cultas da Europa*, 1844, 2ª ed., pág. 110, nota.

([22]) Cf. *Problemas do anonimato. I – Sociedade Anónima, Ensaio Económico*, 1943, pág. 58 e segs..

(isto é, a constituisse sua mandatária), facto visivelmente impraticável, excepto se entrarmos mais uma vez no domínio da ficção" ([23]).

RAÚL VENTURA ([24]) observa que "não se trata, contudo, de verdadeiro mandato, porque não há voluntariedade, mas dum caso de representação necessária – representação orgânica". E isto, quer se encare a assembleia como "a própria pessoa colectiva", quer como "órgão da pessoa colectiva".

Deduz daí a impossibilidade de um indivíduo funcionar simultaneamente como "administrador e trabalhador" e conclui "que os directores ou administradores de pessoas colectivas são seus representantes orgânicos, constituindo uma figura que se aproxima muito mais do mandato que do contrato de trabalho". Assim, rejeita a identificação da figura do administrador com a do mandatário, embora afirme a sua proximidade ([25]).

O Acórdão do Supremo de 15.6.1948 ([26]), a propósito da remuneração de um gerente de uma sociedade por quotas, a cuja fixação se aplica o disposto para as sociedades anónimas (o art. 31º da LSQ remete para o art. 177º, § único, do CCom), afirmou que "enquanto, no caso do mandato, a gerência ([27]) é exercida por virtude de um contrato bilateral, em que há o acordo do mandante e do mandatário, na gerência exercida pelo sócio por ter sido eleito ou nomeado gerente no pacto social ou em deliberação posterior, o sócio-gerente exerce a gerência por imposição da lei, visto que, nos termos do art. 118º, nº 3, do Código Comercial, todo o sócio é obrigado a exercer os cargos para que a sociedade o nomear".

FERRER CORREIA ([28]), por seu lado, rejeita a teoria do mandato por entender que há diferenças estruturais entre a administração das sociedades e o mandato do direito civil, salientando as seguintes: *a)* o carácter imprescindível dos administradores, como órgão da sociedade, em con-

---

([23]) Mas não toma posição sobre a natureza do acto constitutivo da relação de administração, limitando-se a defender que os administradores são órgãos.

([24]) Cf. *Teoria da Relação Jurídica de Trabalho*, Porto, 1944, vol. I, pág. 299.

([25]) Cf. também RAÚL VENTURA, "O liquidatário de sociedades comerciais", in *RFDUL*, vol. XII, 1958, pág. 22 e segs., e *Sociedades Comerciais: Dissolução e Liquidação*, 1960, vol. II, pág. 127 e segs., adiante sumariado.

([26]) In *BMJ*, nº 7, pág. 292.

([27]) Tem-se em vista o chamado gerente de comércio, citando-se expressamente o art. 232º, § 1º, do CCom.

([28]) Cf. *Lições de Direito Comercial*, vol. II – *Sociedades Comerciais – Doutrina Geral*, 1968, pág. 324 e segs.. Cf. também *Aditamentos às Lições de Direito Comercial*, 1963, pág. 53 e seg..

traste com o carácter voluntário e livre do mandato; *b*) a não subordinação ou autonomia dos administradores (v. g., em relação à assembleia geral), em contraste com a subordinação do mandatário às instruções do mandante; *c*) a inclusão na administração das sociedades da prática de operações puramente materiais, em contraste com a limitação do mandato à prática de actos jurídicos; e ainda *d*) o facto de o administrador, quando seja sócio, contribuir com o próprio voto para a sua designação, enquanto o mandatário não se designa a si próprio, é designado pelo mandante.

Estas críticas são retomadas por PINTO FURTADO ([29]), que acrescenta que a competência funcional do administrador "não resulta do acto da assembleia geral [...] mas directamente da lei" (v. g., do art. 171º do CCom).

FERNANDO OLAVO ([30]) entende também que os "administradores das sociedades não sejam propriamente mandatários, mas exerçam uma representação *necessária* [...]" ([31]).

O recente Acórdão da Relação de Lisboa de 27.11.1984 ([32]) considera que a eleição do sócio como administrador em assembleia geral corresponde a "uma representação orgânica e não a um contrato de mandato. Na verdade, o administrador não pode, por si, conferir poderes de gestão ou de administração a outrem, só o podendo fazer através do órgão colegial—conselho de administração—; no mandato, o representante está adstrito à prática de um ou mais actos jurídicos, enquanto que o administrador tem que gerir a sociedade, praticando actos jurídicos e materiais; o administrador, apesar de tal, sendo sócio, pode votar como accionista, podendo-o fazer até para a sua própria eleição. Quer dizer, na representação orgânica, os representantes da pessoa colectiva fazem parte dela,

---

([29]) Cf. *Código*, vol. II., t. I, pág. 315 e segs..

([30]) Cf. *Direito Comercial*, 1963, vol. II, pág. 30, e "Termo do exercício das funções dos membros do conselho de administração e do conselho fiscal nas sociedades anónimas", in *CJ*, ano IX, 1984, t. 5, pág. 10.

([31]) Também M. A. GAMA PRAZERES, *Das Sociedades Comerciais*, 1974, pág. 70 e seg., entende que as relações entre a sociedade (por quotas, parecendo alargar tal entendimento à sociedade anónima, na pág. 169) e o gerente ou administrador "não integram uma relação de mandato": quando a sociedade "nomeia os seus corpos gerentes não contrata com eles coisa alguma [...] apenas cumpre uma das disposições impostas por lei"; "o mandato supõe a existência de duas vontades distintas — a do mandante e a do mandatário. Nas pessoas colectivas (sociedades) existe apenas a vontade do órgão [...]". Transcreve assim (sem o citar) AVELINO DE FARIA, *Noções elementares e práticas sobre a lei das sociedades por cotas*, 1945, pág. 60 e seg..

([32]) In *CJ*, 1984, V, pág. 152.

confundem-se com ela, constituindo ambos uma única pessoa actuante. O que não acontece no mandato".

"Daqui que concluamos que a eleição do administrador não representa a concessão de um contrato de mandato, mas, quando muito, uma relação próxima da representação legal".

O Acórdão da Relação de Coimbra de 6.1.1987 ([33]) considera como "geralmente aceite que o administrador de uma sociedade anónima não adquire os seus poderes através de um contrato de mandato", mas não explica porquê.

CAPÍTULO II

Teoria do contrato de prestação de serviço

Não se encontra na doutrina e na jurisprudência portuguesas nenhum defensor da qualificação do acto constitutivo da relação de administração de sociedade anónima como contrato de prestação de serviço ou de trabalho autónomo ([34]).

CAPÍTULO III

Teoria do contrato de trabalho subordinado

I—A teoria do contrato de trabalho subordinado aparece referida na doutrina e na jurisprudência portuguesas, sobretudo para ser rejeitada,

---

([33]) Revogado pelo Ac STJ de 26.11.1987 (Proc. 75 357), adiante referido.

([34]) O Ac RelL de 30.7.1971 (in *BMJ*, nº 209, pág. 186) decidiu que a actividade de uma pessoa designada para exercer as funções de director geral de uma empresa, embora estivesse subordinada aos órgãos dirigentes (conselho de administração e assembleia geral) quanto à definição do resultado pretendido, mas não quanto à forma de o alcançar, não é regulada pelos art. 1152º e 1153º do CCiv, nem pelas alíneas *a*) e *f*) do art. 14º do CPT – considerando-a, pois, correspondente, não a um contrato de trabalho, mas a um contrato de prestação de serviço. Todavia, não tem em vista tanto a qualidade de administrador (titular de um órgão) da sociedade, mas antes a de director geral, colaborador dela. Este acórdão veio a ser revogado pelo Ac STJ de 4.2.1972, in *BMJ*, nº 214, pág. 101. Cf. também Parecer nº 31/80 da Comissão Constitucional, in *Pareceres*, 14º vol., pág. 15 e segs., sobre o contrato de gestão (pública).

apenas sendo acolhida por um acórdão do STJ de 1972 e, quanto ao administrador não accionista, por um autor (PINTO FURTADO).

Na verdade, o Acórdão do STJ de 4.2.1972 ([35]) decidiu que constitui contrato de trabalho e não contrato de prestação de serviços o contrato pelo qual um dos contraentes se obriga, ainda que na qualidade de administrador e director geral, ao exercício de uma actividade predominantemente intelectual e remunerada, sob a orientação, direcção e fiscalização do outro contraente. Deve atender-se, porém, à circunstância de a pessoa em causa ter sido "nomeado director geral", nomeação esta que "não será afectada pela eleição para o cargo de administrador da sociedade que se prevê para a mesma data". Parece assim tratar-se de um caso de acumulação de funções de director geral (de natureza incontestavelmente laboral) e de administrador (sobre cuja natureza o acórdão não é claro).

Por seu turno, PINTO FURTADO, no *Curso de Direito das Sociedades* ([36]), afirma que "a investidura duma concreta pessoa estranha (não--sócia) como *titular* de determinado *órgão* faz-se, naturalmente, pela via contratual, utilizando um *contrato de trabalho*, pois constitui a admissão de um empregado da sociedade na veste de *entidade patronal*" ([37]).

O Ac STJ de 20.1.1982 ([38]) considerou que "os administradores das sociedades, enquanto sujeitos activos de direito a uma remuneração periódica pelo trabalho que desenvolvem, têm perante estas uma situação semelhante à dos trabalhadores por conta de outrem face à entidade patronal, devendo ser-lhes aplicável, por analogia, o regime jurídico do contrato individual de trabalho, aprovado pelo Decreto-Lei nº 49 408, de 24 de Novembro de 1969".

Note-se, em todo o caso, que este acórdão não chega a qualificar a relação de administração como relação de trabalho — problema que não chega a tratar, limitando-se a citar a posição de RAÚL VENTURA (no sen-

---

([35]) In *BMJ*, nº 214, pág. 101. Este acórdão revogou o Ac ReL de 30.7.1971, referido na nota anterior.

([36]) De 1983, pág. 180, diversamente da posição tomada no *Código Comercial Anotado*, 1ª ed., 1979, pág. 373, adiante referida.

([37]) Cf. também o Ac STJ de 16.12.1983 (in *BTE*, 2ª s., nº 7-8-9/84, p. 858), no sentido de que o *sócio não gerente* de uma sociedade por quotas que nela exerça a sua actividade profissional remunerada e sob autoridade e direcção da respectiva gerência está ligado à sociedade por um contrato de trabalho subordinado. Trata-se, porém, aqui de uma situação obviamente diferente, em que não há qualquer relação de administração ou gerência.

([38]) In *BMJ*, nº 323, pág. 405.

tido de que "mais se aproxima do mandato do que do contrato de trabalho"). E só aplica a LCT ao administrador, "por analogia", em matéria de remuneração ("gratificação" ou "complemento de remuneração") — sobre a qual a lei aplicável ao administrador ou ao mandato é lacunar.

II — Mas já RAÚL VENTURA ([39]) notou, ao pôr o problema de saber se "os administradores de uma pessoa colectiva devem ser considerados trabalhadores subordinados", que, se se lhes atribuir a qualidade de órgãos, integrados na pessoa colectiva, "não haveria que falar em relações de trabalho ou de subordinação entre eles — "eles" que afinal são "um"; e se se disser que os administradores são representantes necessários da pessoa colectiva, a resposta será a mesma, "mutatis mutandis", pois o administrador "não pode contratar consigo próprio".

E, analisando a hipótese de considerar a assembleia geral como "representante necessário da pessoa colectiva [...] ao lado e acima da administração", acaba por concluir também que "os directores representam directamente a pessoa colectiva e não a assembleia e, por intermédio desta, aquela". Consequentemente, "não há possibilidade de falar em relações de trabalho" entre o administrador e a pessoa colectiva.

Para RAÚL VENTURA, "os directores ou administradores são seus representantes orgânicos"; e sustenta mesmo "a impossibilidade de um indivíduo funcionar simultaneamente como administrador e trabalhador".

Também I. GALVÃO TELLES ([40]) observou que "quanto aos *administradores* das sociedades tem de se excluir, *em princípio*, a existência de subordinação jurídica e portanto de contrato de trabalho, porque fazem parte da própria estrutura da sociedade como seus órgãos, não podendo considerar-se dependentes dela. Nem tal dependência poderia conceber-se relativamente à assembleia geral, que não é órgão activo mas apenas deliberativo".

III — A — Entretanto, suscitou-se em juízo o problema de saber se o tribunal do trabalho é ou não competente para apreciar uma pretensão de um administrador de uma sociedade anónima, destituído sem justa causa, a remunerações desde a data da destituição até à do termo normal das funções.

([39]) Cf. *Teoria da Relação Jurídica de Trabalho*, vol. I, pág. 296 e segs..
([40]) Cf. "Anotação ao Ac do STJ de 21.4.1972", in *Dir,* ano 104º, 1972, pág. 336.

B — Não terá, certamente, passado pela cabeça de ninguém recorrer a um tribunal de árbitros avindores ([41]) para resolver questões entre uma sociedade anónima e um seu administrador. E o mesmo se poderá dizer em relação aos tribunais do trabalho, em face dos primeiros diplomas que os criaram e definiram a sua competência ([42]).

O Código de Processo nos Tribunais do Trabalho (CPTT, aprovado pelo DL nº 30 910, de 23.11.1940), por seu turno, considera da competência dos tribunais do trabalho: "1º As questões emergentes de contratos individuais de trabalho, salvo as relativas a trabalho a bordo [...]" (art. 11º).

O contrato de trabalho está definido, então, na Lei nº 1952, de 10.3.1937, como "toda a convenção por força da qual uma pessoa se obriga, mediante remuneração, a prestar a outra a sua actividade profissional, ficando, no exercício desta, sob as ordens, direcção ou fiscalização da pessoa servida" (art. 1º).

Compreende-se, por isso, que o problema suscitado não se tenha posto em face do CPTT.

C — Mas já veio a pôr-se, relativamente a um gerente de uma sociedade por quotas, perante o Código de Processo do Trabalho (CPT, aprovado pelo DL nº 45 497, de 30.12.1963), cujo art. 14º dispõe o seguinte: "São da competência dos tribunais do trabalho:

"*b*) As questões emergentes de relações de trabalho subordinado, e bem assim das relações que tenham sido estabelecidas com vista à celebração de contratos de trabalho [...];

"*f*) As questões emergentes de trabalho autónomo, quando este não seja prestado por empresários ou profissionais livres nessas qualidades [...]".

([41]) Foi autorizada a sua criação pela Lei de 14.8.1889, cujo art. 2º define a sua competência. Esta Lei foi regulamentada por três Decretos de 19.3.1891 e alterada pela Lei nº 83, de 24.7.1913, regulamentada pelo Dec nº 183, de 24.10.1913, alterado pelos Dec nº 1894, de 21.10.1915, Dec nº 4288, de 9.3.1918, Dec nº 5636, de 10.5.1919, Dec nº 7400, de 17.3.1921, e Dec nº 16 021, de 12.10.1928.

([42]) Cf. Dec nº 23 048, de 23.9.1933 (Estatuto do Trabalho Nacional), art. 50º e 51º; Dec nº 23 053, de 23.9.1933, art. 37º (§ 2º: "A competência é facultativa em matéria de contratos individuais de trabalho, sendo, neste caso, as decisões do tribunal proferidas 'ex aequo et bono'"); DL nº 24 194, de 20.7.1934, art. 11º ("Compete aos tribunais do trabalho conhecer e julgar: [...] 11º. As questões cujo valor não exceda 50 000$ em Lisboa e no Porto e 5000$ nos demais distritos, emergentes de contratos individuais de trabalho; 12º As questões similares, nas quais se não tenha de fazer

Na verdade, o Ac do STA de 1.2.1966 ([43]) decidiu que "a actividade de um gerente social de uma sociedade por quotas eleito em assembleia geral para esse cargo não pode ser considerada como resultante de um contrato de trabalho, mesmo que tal gerente, não sendo sócio, se veja coagido na sua actividade a proceder conforme às indicações do principal sócio".

"São por isso incompetentes em razão da matéria, os Tribunais do Trabalho para conhecerem da acção em que se discuta o crédito desse gerente à sua remuneração pela gerência social que exerceu".

D – 1. Posteriormente, foi publicada a Lei nº 82/77 (Lei Orgânica dos Tribunais Judiciais), cujo art. 66º dispõe que "compete aos tribunais do trabalho conhecer, em matéria cível: [...].

"b) Das questões emergentes de relações de trabalho subordinado e de relações estabelecidas com vista à celebração de contratos de trabalho [...].

f) Das questões emergentes de trabalho autónomo, quando este não seja prestado por empresários ou profissionais livres nessas qualidades [...]".

Em face desta nova disposição, o Tribunal da Relação de Lisboa, em Acórdão de 30.10.1981 ([44]), decidiu que o tribunal comum é o competente para conhecer do pedido do pagamento de quotas referentes a remunerações e subsídios pelo exercício de funções de administradores numa sociedade comercial anónima.

E o Ac RelL de 9.5.1990 ([45]) veio decidir no mesmo sentido, com uma fundamentação particularmente interessante.

Este acórdão considerou que a relação de administração não pode incluir-se no âmbito da alínea b) do art. 66º da Lei nº 82/77 (sobre relações de trabalho subordinado), por lhe faltar "o vínculo de subordinação traduzido no dever de obediência às ordens e directivas da entidade patronal, a qual, através dessas mesmas ordens, define o conteúdo das prestações

---

aplicação de direito estrito; [...]"; § 5º: "É da competência dos tribunais comuns o julgamento das acções emergentes dos contratos individuais de trabalho de valor superior a 50 000$"); DL nº 24 362, de 15.8.1934, art. 11º (reproduz o art. 11º do DL nº 24 194).

([43]) Cf. *AcD*, nº 52, pág. 499.
([44]) Cf. *BMJ*, nº 315, pág. 320.
([45]) Cf. *CJ*, 1990, vol. III, pág. 179.

que o trabalhador deve realizar, a forma dessa realização, as suas circunstâncias de modo, lugar e tempo".

O administrador, em conjunto com os restantes membros do conselho, é considerado "o órgão definidor da vontade da empresa em tudo o que respeita à sua administração, tomando as iniciativas e exercendo as actividades de controle e direcção necessárias à execução do escopo produtivo da empresa, tudo de forma autónoma e não subordinada [...]. A ineficácia da gestão exercida não dá lugar a responsabilidade disciplinar propriamente dita, mas tão-só à quebra de confiança, fundamental neste tipo de relação, e à consequente exoneração que pode ser sempre validamente deliberada pela Assembleia Geral".

E, mais adiante ([46]), o acórdão afirma que incumbe ao administrador "desempenhar-se de tal missão (executar as políticas definidas pelo órgão deliberativo da empresa) segundo o seu próprio critério, pela maneira que achar mais conveniente, criando soluções para os problemas, sem estar nesse campo dominado por ordens de outros órgãos; isto sem prejuízo de dever consultar o órgão deliberativo quando se trate de opções fundamentais para a empresa, podendo para tanto convocar assembleias gerais extraordinárias".

Afastado o enquadramento da relação de administração nas relações de trabalho subordinado, o acórdão cita RAÚL VENTURA, para quem, "excluída por motivos evidentes uma interpretação que de 'empresário' faça sinónimo de 'trabalhador autónomo', afigura-se que a intenção do legislador foi abranger apenas aqueles trabalhadores autónomos que prestem pessoalmente serviço consistente na aplicação directa e essencial da sua força de trabalho". Cita também CASTRO MENDES, que entende que a citada alínea f) do art. 66º da Lei nº 82/77 se refere a uma categoria especial de trabalho que deve "ser autónoma, mas não ser livre": autónomo, enquanto o trabalhador trabalha fora da autoridade e direcção da contraparte; não livre, enquanto trabalha "para outro, integrado na empresa deste, nela actuando, dela economicamente dependendo".

O mesmo acórdão considera que, no caso concreto, o administrador "não pode de modo algum considerar-se como empresário, por isso que não é titular ou co-titular da empresa, não detendo qualquer parcela do seu capital social.

([46]) O acórdão afasta ainda a existência de um contrato de trabalho entre o administrador e o accionista maioritário (no caso concreto, o Estado).

"Por outro lado, a actividade de administrador que exerceu na Ré não representa o exercício de profissão liberal, visto que o A. não prestou os seus serviços através de organização própria, por ele dominada, nem recebia a correspondente retribuição pelo sistema de honorários, como é típico de tais profissões.

"Antes pelo contrário, o A., sendo uma pessoa estranha à sociedade Ré, foi por esta contratado para profissionalmente se dedicar à administração da empresa industrial da mesma Ré, a troco de uma retribuição, funções estas que implicavam a sua integração no seio da empresa administrada para a poder gerir eficazmente como representante dos accionistas que o elegeram e no cumprimento do mandato que para tal lhe foi outorgado e que aceitou.

"O A. prestava pessoalmente à Ré a sua actividade profissional de gestor, integrado na empresa como um seu órgão de direcção, exercendo tal actividade com autonomia, no uso dos poderes que nele foram delegados, mas encontrando-se economicamente dependente da Ré, na medida em que dela recebia uma remuneração que lhe permitia assegurar a própria subsistência".

E considera a situação controvertida enquadrada na alínea *f)* do art. 66º da Lei nº 82/77, "que alarga a competência material dos tribunais do trabalho a este tipo de questões". Todavia, "o conflito *sub judice* terá que ser resolvido não pela aplicação das regras legais respeitantes ao contrato (de trabalho) subordinado, mas pelas que regem a prestação de trabalho autónomo, designadamente pelas que disciplinam o contrato de mandato, em conjugação com as que regem as sociedades anónimas e as sociedades em geral".

2. Deste modo, o acórdão acaba por defender a teoria do mandato sem fundamentar suficientemente esta conclusão. Merece concordância, contudo, a rejeição da teoria do contrato de trabalho subordinado e da concomitante aplicabilidade da legislação laboral substantiva. Já o reconhecimento da competência dos tribunais do trabalho para julgar questões sobre relações de administração suscita muitas dúvidas.

A referida alínea *f)* do art. 66º da Lei nº 82/77 parece ter em vista aqueles trabalhadores autónomos cuja situação social "é tão próxima da dos trabalhadores subordinados que inclina para lhes conceder as vantagens presumivelmente retiradas pelos segundos da submissão dos seus litígios profissionais à jurisdição de trabalho" –

como diz RAÚL VENTURA ([47]), em texto citado pelo referido acórdão.

Pode facilmente admitir-se que se justifica a competência dos tribunais do trabalho para os conflitos relativos aos contratos equiparados a contratos de trabalho subordinado, a que se refere o art. 2º da LCT: contratos de trabalho a domicílio e contratos de obra com dependência económica. Mas tal competência não resulta da alínea b) do art. 66º da Lei nº 82/77, uma vez que não se trata de relações de trabalho subordinado e que o art. 2º da LCT se refere apenas "aos princípios definidos neste diploma" (não na legislação processual). Ela só pode enquadrar-se na alínea f), sendo, aliás, o objecto fundamental desta alínea.

Os administradores de sociedades anónimas não são certamente profissionais liberais, no sentido que esta expressão tem em Portugal.

Mas é, pelo menos, duvidoso que eles não sejam "empresários", para os efeitos da Lei nº 82/77 e do anterior CPT de 1963.

É de notar que, em 1963, só podiam ser eleitos administradores de entre os accionistas (CCom, art. 172º); esta regra só foi alterada pelo DL nº 389/77, de 15.9.

Por outro lado, a doutrina dominante qualificava, então, os administradores como mandatários. E é evidente que a situação social destes não era semelhante à dos trabalhadores subordinados, a ponto de justificar a protecção específica da legislação laboral e do foro laboral. Por isso, dificilmente se concebe que o legislador de 1963 tenha querido abranger os administradores de sociedades anónimas entre os trabalhadores autónomos; e, se isso aconteceu, é verosímil admitir que os tenha abrangido na categoria dos empresários – ressalvada pela alínea f). A lei não definia nem define empresário. Mas esta expressão abrange certamente não só os empresários individuais, titulares do estabelecimento e sujeitos, em nome próprio, da actividade empresarial, mas também as pessoas que tomam a iniciativa e dominam, de facto, uma actividade económica organizada (empresarial), ainda que o estabelecimento pertença a uma sociedade, de que eles são meros accionistas (maioritários ou mesmo minoritários) e administradores (únicos ou com outros).

Não é provável que a expressão empresário tenha em vista apenas o empresário individual. É mais lógico e coerente que vise todos os que

---

([47]) Cf. *Curso de Direito Processual do Trabalho,* supl. *RFDUL,* 1964, pág. 9.

estão do lado do capital, como seus titulares ou representantes directos. Embora os quadros superiores das empresas tenham vindo a beneficiar do regime de protecção laboral, inicialmente concebido para os operários e os empregados mais desfavorecidos, não parece que se justifique o novo alargamento de uma protecção tão reforçada aos administradores de sociedades anónimas (no topo da hierarquia da empresa). Embora estes tendam a ser, cada vez mais, recrutados de entre aqueles quadros superiores, formando com eles um grupo social de gestores profissionais, que merece protecção, enquanto dependem economicamente da empresa em que estão integrados e de que não são accionistas, não parece razoável que eles sejam equiparados a trabalhadores subordinados, quando não têm as mesmas obrigações e responsabilidades, nem os mesmos poderes e direitos, nem a mesma situação social.

E – Deve dizer-se que a Lei Orgânica dos Tribunais Judiciais (Lei nº 38/87, de 23.12), actualmente em vigor, não reproduz (v. g., no art. 64º) a citada alínea *f*) do art. 66º da Lei nº 82/77. Por isso, as questões entre sociedades anónimas e os seus administradores só poderiam considerar-se da competência dos tribunais do trabalho, em face da nova lei, caso fossem qualificáveis como "relações de trabalho subordinado"[alínea *b*)] ou assentassem em "contratos equiparados por lei aos de trabalho" [alínea *f*) ([48])] – o que não é o caso, como se tentará demonstrar mais adiante.

CAPÍTULO IV

Teoria do contrato de administração

A teoria do contrato de administração apenas encontrou acolhimento em Portugal por parte de um autor, relativamente ao gerente de sociedade por quotas ([1]).

([48]) Cf. LCT, art. 2º.

([1]) ANTÓNIO PEREIRA DE ALMEIDA, embora sem se comprometer claramente, dá a entender que rejeita que os gerentes de sociedades por quotas sejam mandatários e que adopta a "teoria moderna do contrato de administração" (*La société à responsabilité limitée en droit portugais et sa réforme*, 1975, pág. 265 e segs. e 278).

SUBTÍTULO III

Teoria unilateralista

I – A teoria unilateralista é sustentada, na doutrina portuguesa, por três autores, tendo sido acolhida por um acórdão da Relação de Lisboa de 1984.

II – A – Efectivamente, a teoria unilateralista foi defendida, em Portugal, em primeiro lugar, por RAÚL VENTURA, num estudo relativo ao liquidatário de sociedades comerciais ([1]).

Para averiguar se a qualificação dos administradores se ajusta aos liquidatários, rejeita a qualificação daqueles como mandatários da sociedade, considerando, além de outros argumentos inconclusivos ([1a]), que "o motivo fundamental que determina a exclusão do mandato é a criação por outra fonte – a lei – dos efeitos que resultariam do mandato", designadamente o efeito representativo ([2]). Depois, rejeita que os liquidatários sejam mandatários dos sócios ou dos credores sociais, considerando que a sociedade em liquidação mantém a personalidade jurídica ([3]); e sustenta que os liquidatários são órgãos da sociedade, embora diferentes dos administradores ("pela necessidade legal de substituição dos administradores pelos liquidatários na fase de liquidação; pela composição; pelas regras de constituição; sobretudo pela diversidade de funções") ([4]).

Mais adiante, afirma que "a deliberação da assembleia geral não é, porém, uma oferta ou proposta de contrato que se conclua pela aceitação da parte contrária. A deliberação da assembleia é um acto jurídico unila-

---

([1]) Cf. "O liquidatário de sociedades comerciais", in *RFDUL*, vol. XII, 1958, pág. 22 e segs., retomado, depois, em *Sociedades Comerciais: Dissolução e Liquidação*, 1960, vol. II, pág. 127 e segs..

([1a]) O argumento da impossibilidade da não existência de administradores em confronto com o carácter facultativo do mandato (R. VENTURA considera que pode, ocasionalmente, a sociedade não ter administradores) e o argumento da falta de um órgão que represente a sociedade para outorgar o contrato do mandato (R. VENTURA entende que "se admitirmos, porém, que o acto de nomeação é um acto unilateral, teremos a mesma dificuldade").

([2]) Cf. *Sociedades Comerciais: Dissolução e Liquidação*, 1960, vol. II, pág. 127 e segs..

([3]) Cf. *ob. cit.*, pág. 132 e segs..

([4]) Cf. *ob. cit.*, pág. 135 e segs..

teral, a aceitação é outro acto jurídico unilateral, e assim se mantêm, sem nunca se unificarem num contrato. A aceitação condiciona, porém, os efeitos da deliberação, quer dizer, determina a sua eficácia, como uma condição suspensiva que se verifique" ([5]).

"Esta doutrina — continua RAÚL VENTURA — é particularmente clara quanto ao liquidatário nomeado pelo juiz. Se o acto de nomeação tivesse natureza contratual, ou deveríamos aceitar que o juiz, actuando como órgão da sociedade, celebra um contrato com o liquidatário, em nome da sociedade — o que é manifestamente absurdo —, ou teríamos necessidade de atribuir duas naturezas jurídicas à nomeação, conforme fosse realizada pela assembleia ou pelo juiz — o que é artificioso. Nada disto é necessário se a nomeação se desdobrar nos dois actos unilaterais indicados, podendo até dizer-se que a nomeação do liquidatário pelo juiz constitui elemento valioso para fundamentar aquela doutrina, esclarecendo a situação, mesmo quando se trata de administradores" ([6]).

B — A posição de RAÚL VENTURA é clara, mas, salvo o devido respeito, não parece suficientemente fundamentada, pois não basta rejeitar a tese do mandato nem afirmar a qualificação do administrador como órgão para concluir pelo carácter unilateral do acto constitutivo da relação de administração.

Por outro lado, não se vê por que motivo é "artificioso" atribuir duas naturezas jurídicas à nomeação, quando é certo que a eleição é um acto de autonomia da vontade privada, insusceptível de impor obrigações (quer directamente, quer criando, só por si, uma situação de facto a que a lei associe obrigações), e a nomeação judicial é um acto de autoridade pública, obrigatório por si próprio. Assim como é possível atribuir poderes de representação por substituição de vontades através de vários tipos de actos de naturezas diferentes (procuração, mandato, contrato de trabalho, etc. — CCiv, art. 262º e 1178º, e LCT, art. 5, nº 3), nada parece impedir que se atribuam poderes de representação orgânica por meios de natureza diversificada.

III — A — Por seu lado, DURVAL FERREIRA ([7]) entende que a Lei de 22.6.1867 abandonou a concepção contratualista, que constava do CCiv

---

([5]) Cf. ob. cit., pág. 163.
([6]) Cf. ob. cit., pág. 163 e seg..
([7]) Cf. Do Mandato Civil e Comercial. O Gerente de Sociedades. O Contrato de Mediação, 1967, pág. 90 e segs..

de 1867 (art. 987º) e do CCom de 1833 (art. 538º a 546º), "em favor duma institucionalização orgânica do cargo da administração", concepção que transitou para o CCom de 1888.

Adoptando o que diz ser a concepção "hoje decisivamente dominante nas legislação e doutrina", considera que "o gerente não celebra um contrato com a sociedade, sendo antes unilateralmente nomeado pela sociedade"; e que "o cargo de gerência é tido como uma espécie de ofício de direito privado, um órgão da sociedade que exerce o seu ofício no interesse desta e no interesse público em geral". "O gerente responde pelo bom desempenho do seu cargo e cumprimento da lei e dos estatutos, não só em face da própria sociedade, mas também em face dos sócios pessoalmente, dos credores sociais e de terceiros especialmente prejudicados", enquanto "numa concepção contratualista, o gerente só poderia ser responsável perante a própria sociedade, visto que só a esta o prendiam relações jurídicas de obrigações e portanto só em face desta poderia haver um acto ilícito" ([8]). E "é livremente destituído pela sociedade, não lhe podendo obstar quaisquer estipulações relativas" *(sic)*.

DURVAL FERREIRA afirma que a regulamentação da administração de sociedades anónimas "já não cabe no quadro apertado e defeituoso do contrato de mandato, nem no contrato de prestação de serviços" ([9]). A institucionalização da administração foi "um dos meios a que se lançou também mão [...] para obviar aos aspectos catastróficos da má administração das sociedades anónimas" ([10]).

"Os administradores são 'nomeados' unilateralmente pela sociedade, e [...] a aceitação é um simples acto de adesão [...] A figura do administrador é constituída sobre a base duma 'representação orgânica'" ([11]).

Em abono da sua tese, cita as opiniões de A. BRUNETTI, L. MOSSA, R. GAY DE MONTELLÁ, J. GARRIGUES e G. RIPERT, em face das respectivas leis ([12]).

B – Deste modo, DURVAL FERREIRA limita-se a adoptar uma posição doutrinal institucionalista, então em voga no estrangeiro,

---

([8]) Cf. *ob. cit.*, pág. 92.
([9]) Cf. *ob. cit.*, pág. 93.
([10]) Cf. *ob. cit.*, pág. 94.
([11]) Cf. *ob. cit.*, pág. 95.
([12]) Não deixa de ser estranho que, depois de atacar tão vivamente a teoria do mandato, DURVAL FERREIRA analise o regime da revogação do administrador como se se tratasse de um mandato (cf. *ob. cit.*, pág. 218 e segs.).

como se viu, sem aprofundar verdadeiramente as bases dessa posição.

Deve salientar-se que DURVAL FERREIRA, como também outros institucionalistas, confunde duas questões bem distintas: a qualificação da administração como órgão (ou representante orgânico) da sociedade não exclui, só por si, a possibilidade de qualificar o acto constitutivo da relação orgânica como contrato e, porventura, como contrato de mandato. A ideia de órgão visa explicar a imputação dos actos de uma pessoa física (titular do órgão) a uma pessoa colectiva, sem implicar necessariamente qualquer tomada de posição quanto à natureza do acto (constitutivo) pelo qual uma pessoa (física) adquire a qualidade de titular do órgão.

E coloca no mesmo plano a teoria da nomeação (como negócio unilateral) e a teoria da investidura em cargo de direito privado (acto não negocial).

Por outro lado, a possível responsabilidade civil do administrador perante a sociedade, os sócios e terceiros (inequivocamente afirmada pelo DL nº 49 381, de 15.11.1969, art. 17º, 23º e 24º, mas já então resultante do CCom, art. 173º, pr.) não exclui também a natureza contratual, nem sequer mandatista, da relação de administração. Se um mandatário, como qualquer outro proposto, praticar um acto ilícito e danoso em nome do mandante ou proponente, é responsável, não só perante este, como perante os terceiros prejudicados (CCiv de 1867, art. 2380º, e CCiv de 1966, art. 500º).

Não são, pois, estes aspectos do regime da administração que permitem decidir sobre a sua natureza.

IV – A – PINTO FURTADO, na 1ª edição do *Código Comercial Anotado* ([13]), depois de rejeitar a concepção do mandato com os argumentos acima referidos, afirma que "a *direcção* constitui, portanto, o órgão ao qual incumbe, *autónoma e originariamente*, não apenas o exercício da administração, como também e da mesma forma a representação da própria sociedade". E acrescenta, mais adiante ([14]), a propósito da aceitação do cargo, que, "na doutrina, alguns autores integram esta aceitação na tese *contratualista*" (citando FANELLI, GRECO, GRAZIANI e MINERVINI) – "mas parece-nos mais correcta a concepção que a aproxima da visão publicística, que a configura, a exemplo do que ocorre no

---

([13]) Cf. *ob. cit.*, vol. II, t. I, pág. 316 e segs. e 373 e seg..
([14]) Cf. *ibid.*, pág. 373 e seg..

direito administrativo, como uma simples condição de eficácia da designação (*eleição* ou *nomeação*).

"Antes da aceitação, a pessoa designada para tal ainda não pode ser considerada *director*" (citando MARCELLO CAETANO).

"Efectivamente, o caso geral da eleição na assembleia ordinária constitui um acto interno, inconcebível como *proposta* contratual a que se siga uma *aceitação* também contratual.

"Como escreve FERRI, a relação de administração é uma relação intrasubjectiva e não intersubjectiva [...]".

PINTO FURTADO rejeita, por isso, a concepção germânica (sufragada por FERRER CORREIA, como se dirá adiante), considerando que "os poderes de actuação como órgão e o concomitante dever de remuneração não se estruturam por um acordo ulterior à designação, mas resultam directamente desta, que, pela aceitação, desprende depois toda a plenitude da sua eficácia".

No *Curso de Direito das Sociedades* ([15]), PINTO FURTADO expõe de novo esta posição quanto à relação entre a sociedade e o titular do órgão que seja sócio dela, mas, como se disse, toma posição diversa quanto ao titular do órgão que não seja sócio: "A investidura duma concreta pessoa estranha como titular de determinado órgão faz-se, naturalmente, pela via contratual, utilizando um contrato de trabalho, pois constitui a admissão de um empregado ao serviço da sociedade na veste de entidade patronal".

B – Adiante se tomará posição sobre os argumentos invocados, que exigem análise cuidada.

V – Um acórdão recente da Relação de Lisboa de 27.11.1984 ([16]) "considera actos unilaterais, quer a eleição, quer a aceitação" de um accionista como administrador. "É a eleição que faz detonar todo o conjunto de poderes-deveres, pelo que a aceitação, quando muito, apenas será condição de plena eficácia. Basta atentar no disposto nos arts. 118º, nº 3, e 171º do Código Comercial". A eleição do sócio em assembleia geral corresponde a "uma representação orgânica e não a um contrato de mandato" – por motivos semelhantes aos já atrás transcritos.

([15]) Cf. 1983, pág. 180 e segs..
([16]) In *CJ*, 1984, V, pág. 152.

Subtítulo IV

Teoria dualista

I – A teoria dualista tem três defensores em Portugal.

II – A – F. P. DE ALMEIDA LANGHANS ([1]), depois de equacionar "a questão de saber como é que se relacionam as pessoas físicas dos órgãos, no ponto de vista jurídico, com a sociedade", refere que "há duas correntes preponderantes": "a doutrina contratualista [...] nascida do individualismo jurídico do século passado", que "considera as relações estabelecidas entre a sociedade e aqueles que por ela actuam, relações contratuais de mandato"; e a doutrina institucionalista, para a qual "não há lugar a falar-se em mandato e mandatários quando se trate de administradores, gerentes ou directores estabelecidos por lei para representar e actuar em nome da sociedade: são instrumentos *necessários* à execução da vontade colectiva. São órgãos com funções próprias do organismo das sociedades, que existem por força da natureza destas e por disposição da lei. As relações entre órgão e organismo são eminentemente constitutivas. São relações da parte com o todo [...]. Não há mandato entre a sociedade e os seus órgãos [...]. Há nomeação e investidura e poderes".

Dito isto, reconhece que "a realização da doutrina institucionalista implica profunda revisão do direito legislado" e que "tem de adoptar-se solução oportunista em presença do direito vigente. Surge, assim, uma doutrina mista que tem o maior interesse: as pessoas físicas dos órgãos societários podem suscitar duas espécies de relações jurídicas – as entabuladas com a sociedade de que fazem parte e as estabelecidas com terceiros. As primeiras ligam a pessoa física ao órgão mediante convenção com a pessoa moral sociedade por meio de mandato. Mas quando a pessoa física actua no exercício das suas funções, actua em nome da sociedade em relação a terceiros. A relação jurídica que se estabelece já não é de mandato, por não relacionar as mencionadas pessoas físicas com terceiros, mas sim estes com a sociedade".

([1]) Cf. "Poderes de gerência nas sociedades comerciais", in *ROA*, ano 11º, 1951, nº 1 e 2, pág. 137 e segs..

B — Deste modo, ALMEIDA LANGHANS só aparentemente adopta uma "doutrina mista", porque esta segunda relação não é a relação das pessoas físicas dos órgãos com a sociedade — única que está em causa na questão equacionada. Consequentemente, pode bem dizer-se que ALMEIDA LANGHANS é afinal um defensor da teoria do mandato.

III — A — FERRER CORREIA ([2]) analisa o problema da natureza jurídica da relação de administração considerando "definitivamente abandonada" a orientação que considerava os administradores das sociedades mandatários. E isto por entender que há diferenças estruturais entre a administração das sociedades e o mandato do direito civil, já acima referidas ([3]).

Defendendo a teoria orgânica, FERRER CORREIA acolhe a distinção entre o órgão e o titular do órgão e refere a existência das "mais divergentes orientações" acerca da natureza da relação jurídica entre a sociedade e os titulares do seu órgão de gestão: declarações unilaterais, contrato de prestação de serviços, contrato de administração, ofício de direito privado, etc. ([4]).

E diz propender "a aceitar a orientação da doutrina germânica, que distingue no problema em análise, por um lado, um *negócio jurídico unilateral*, traduzido no *acto de nomeação* do administrador — acto de onde procedem os poderes de gestão e representação da sociedade, o direito de agir como seu órgão; e, por outro lado, um *contrato* (de *emprego*) celebrado entre o administrador e a corporação, contrato de *direito comum*, que é fonte da obrigação do primeiro de gerir e da obrigação da segunda de o remunerar" ([5]) ([6]).

([2]) Cf. *Lições de Direito Comercial*, vol. II, *Sociedades Comerciais — Doutrina Geral*, 1968, pág. 324 e segs.; cf. também *Aditamento às Lições de Direito Comercial*, 1963, pág. 53 e segs.

([3]) Cf. pág. 377 e seg..

([4]) Cf. *Lições*, vol. II, pág. 328 e segs..

([5]) Cf. *ob. cit.*, vol. II, pág. 330 e seg., em que cita FEINE, HUECK e LEHMANN.

([6]) Concepção análoga, igualmente inspirada na doutrina alemã, é a referida, em relação a um gerente de uma sociedade por quotas, por VAZ SERRA, "Anotação ao Ac do STJ de 15.6.1978", in *RLJ*, ano 112º, 1979-1980, pág. 58, que refere que, "segundo opinião muito generalizada, conclui-se, entre a sociedade e os gerentes, um contrato de prestação de serviço, pois da nomeação ou eleição do gerente (a qual significa a concessão da posição de gerente para efeitos externos) distingue-se o contrato que regula a situação na relação interna (o contrato de serviço)".

Isto não impede, porém, FERRER CORREIA de admitir a aplicação aos administradores das normas do mandato, por analogia, por serem "inegáveis as afinidades existentes entre a relação de administração e o mandato", e por força do art. 987º, nº 1, do CCiv de 1966, considerado em todo o caso como "norma de reenvio" e não "norma de qualificação ([7]).

B – É pena que FERRER CORREIA não tenha apresentado os motivos em que baseia a sua aceitação da teoria dualista germânica (ou de uma versão dela) – embora se compreenda essa omissão, dado o carácter do texto em que se inclui.

Na verdade, não se vislumbra na lei portuguesa qualquer indicação que sirva de fundamento à distinção entre o acto de nomeação e o contrato de emprego – diversamente do que se passa com a lei alemã, que é expressa nesse sentido. Nem se vê motivo para admitir, em face do direito português, a constituição e a sobrevivência da relação de emprego, em momentos distintos da nomeação e da cessação desta – como a lei e a doutrina alemãs claramente aceitam.

Por outro lado, fica por definir a natureza do "contrato de emprego", sendo manifestamente insuficiente a referência ao "direito comum": trata-se de um contrato de trabalho, ou de um contrato "sui generis"? O próprio recurso subsidiário ao direito alemão não seria esclarecedor, uma vez que, como se disse, o quadro germânico de conceitos é significativamente diferente dos tipos contratuais do direito português.

IV – A – A teoria dualista encontrou acolhimento recente, em Portugal, na dissertação de mestrado de ILÍDIO DUARTE RODRIGUES ([8]), que constitui o estudo nacional mais extenso publicado até agora sobre a administração de sociedades comerciais. Merece, por isso, particular atenção ([9]).

ILÍDIO DUARTE RODRIGUES, começando por pressupor a existência de uma relação intersubjectiva entre a sociedade e o administrador ([10]),

---

([7]) Cf. ob. cit., vol. II, pág. 331 e seg..

([8]) *A Administração das Sociedades por Quotas e Anónimas – Organização e Estatuto dos Administradores*, Lisboa, Liv. Petrony, 1990.

([9]) Deve notar-se que o autor só teve acesso a esta dissertação no final de 1990, quando estava já escrita a maior parte da presente dissertação.

([10]) Cf. ob. cit., pág. 263.

expõe e critica as três correntes a que, em sua opinião, se reconduzem as diversas posições doutrinais: as teorias do acto unilateral, as teorias contratuais e as teorias ecléticas.

Para ele, as teorias do acto unilateral "acabam por encarar apenas um aspecto da posição do administrador – a relação orgânica", quando é de admitir que "entre sociedade e administrador pode interceder uma relação intersubjectiva, de natureza contratual, com vista a regular quer as condições de exercício da actividade do administrador quer a respectiva remuneração". A esta relação contratual chama "relação de administração" ou "relação orgânica" ([11]).

"A designação é um acto unilateral", que "é fonte da relação orgânica". A aceitação condiciona a eficácia da designação. "Os actos que o administrador pratica em representação da sociedade [...], por um lado, exprimem a sua qualidade de órgão da sociedade e, por outro, são o cumprimento de um dever que assumiu perante a sociedade" – o qual "não procede da designação. A designação confere-lhe os poderes de órgão mas não lhe impõe perante a sociedade o dever de os exercer. Este dever tem, pois, outra fonte" ([12]).

Contra as teorias contratuais, diz que "a designação não pode valer como proposta contratual da sociedade", por ser, em regra, "efectuada por deliberação de um órgão colegial, com carácter interno, cujos destinatários não são, em princípio, terceiros, carecendo da interposição de um acto executivo autónomo em relação àquele. E, quando a designação couber a sócio ou grupo de sócios, como é possível nas sociedades por quotas, se esse sistema for estipulado no contrato de sociedade, muito menos se poderá dizer, então, que existe uma proposta contratual da sociedade" ([13]).

Para ILÍDIO DUARTE RODRIGUES, "esta hipótese só vem confirmar a autonomia da relação orgânica e da relação de serviço".

Descreve, depois, sem objecções, as "teorias ecléticas", que distinguem "a relação orgânica e a instalação do órgão ('Organstellung'), por um lado, a relação de serviço ou a relação de emprego ('Anstellungsverhaeltnis'), por outro", atribuindo a cada uma o seu facto gerador – respectivamente, "a designação – acto unilateral corporativo ('koer-

---

([11]) Cf. *ob. cit.,* pág. 266.
([12]) Cf. *ob. cit.,* pág. 267.
([13]) Cf. *ob. cit.,* pág. 269 e 115.

perschaftlichen Organisationsakt der Bestellung') – e a relação de serviço com o contrato de emprego ('Anstellungsvertrag')" ([14]).

E, para ILÍDIO DUARTE RODRIGUES ([15]), a "solução adoptada perante o direito português vigente" enquadra-se nestas teorias eclécticas. Com efeito, considera que o CSC "distingue entre a instalação do órgão administrativo e a relação de serviço entre o administrador e a sociedade". Vê essa distinção, nomeadamente, na referência do art. 430º, nº 3, ao "contrato com ele celebrado", que só pode ser "o contrato de emprego ou o contrato de administração", distinto da "designação pelo conselho geral, por resultar esta de um acto interno, que não pode valer como proposta contratual, de que surgisse o contrato com a respectiva aceitação pelo director".

Tal distinção é importante porque "a designação é livremente revogável e [...] a relação de emprego só poderá cessar nos termos previstos no contrato" ([16]).

Também a designação de um gerente de uma sociedade por quotas por um sócio, exercendo assim um direito social, "não pode valer como proposta contratual da sociedade", sendo "o colégio dos sócios a fixar-lhe a remuneração (art. 225º, nº 1)".

"Finalmente, a distinção entre a relação orgânica e a relação de serviço permite uma compreensão clara da razão de ser da indemnização devida ao administrador em caso de destituição sem justa causa [...]. Porque a destituição, fazendo cessar licitamente a relação orgânica, inutiliza o contrato de emprego ou contrato de administração, gerador da relação de serviço, autónoma, ainda que sobreposta à primeira. E, até por isso, a indemnização deverá ser fixada tendo em atenção as remunerações que auferiria durante o tempo de duração normal da relação de serviço (art. 257º, nº 7º, e 430º nº 3)".

Procurando, em seguida, "qualificar o contrato de emprego ou contrato de administração", ILÍDIO DUARTE RODRIGUES ([17]) critica a teoria do contrato de mandato.

([14]) Cf. ob. cit., pág. 270, em que se referem, como defensores destas teorias, apenas MERTENS in HACHENBURG, *GmbH Grosskommentar*, § 35, Anm. 41, e FERRER CORREIA, *Lições*, vol. II, pág. 330 e seg..
([15]) Cf. ob. cit., pág. 271.
([16]) Cf. ob. cit., pág. 114.
([17]) Cf. ob. cit., pág. 272 e segs..

"Semelhante concepção sentia uma extrema dificuldade em definir os papéis da sociedade e dos sócios: quem é o mandante dos administradores?

"Para uns seriam os sócios os mandantes [...].

"Para a doutrina clássica o verdadeiro mandante seria a sociedade".

Para ILÍDIO DUARTE RODRIGUES, "semelhantes concepções não podem ser aceites [...]. A ordem jurídica poderia alcançar a concreção das sociedades através de mandatários, mas não o fez, preferindo a essa técnica a do recurso a órgãos" ([18]). E, ao adoptar esta técnica, "o legislador não deixou margem de liberdade aos associados [...] – onde ficam, então, a autonomia da vontade, os princípios reguladores dos contratos e o contrato de mandato? Assim, não podendo prescindir-se da utilização dos administradores não existe uma atribuição de poderes livre, antes necessária e indispensável ([19]).

"Por outro lado, não podendo os sócios invadir a esfera de competência exclusiva dos administradores, que devem respeitar, não pode falar-se de subordinação dos administradores em relação ao colégio dos sócios: a relação entre colégio dos sócios e administradores não é uma relação de supremacia hierárquica, mas sobretudo uma relação de fiscalização.

"Ora o mandato pressupõe estes aspectos.

"Por outro lado, o mandato tem por objecto a prática de actos jurídicos: [...] (art. 1157º do Código Civil). Ora o administrador é investido na gestão económico-patrimonial da sociedade e não é incumbido tão-só da simples execução de um ou mais actos jurídicos. E no exercício da gestão económico-patrimonial podem os administradores executar operações materiais, que não são susceptíveis de enquadramento no mandato.

"Acresce que – diz ainda ILÍDIO DUARTE RODRIGUES ([20]) – o sócio pode contribuir com o próprio voto para a sua designação, diversamente do que sucede no mandato [...].

"Também o *intuitus personae* é elemento essencial da relação de administração, não podendo o administrador fazer-se substituir no exercício das suas funções", diversamente do que se passa com o mandato (CCiv, art. 264º e 1166º).

([18]) Cf. *ob. cit.*, pág. 275.
([19]) Cf. *ob. cit.*, pág. 276 e segs..
([20]) Cf. *ob. cit.*, pág. 278.

"Finalmente [...] há diferenças profundas entre o regime de responsabilidade civil dos administradores e do mandatário [...].

"[...] a ideia de mandato não é sequer necessária para explicar os poderes de representação dos administradores", pois "pode haver representação sem mandato" ([21]).

Rejeitada a qualificação do contrato de administração como mandato, ILÍDIO DUARTE RODRIGUES procura demonstrar que se trata de um contrato de trabalho ou de um contrato de prestação de serviço ([22]).

Refere que "nas sociedades de pessoas, o administrador — cuja qualidade é inerente à qualidade de sócio — reproduz a figura clássica do empresário: suporta o risco da empresa e detém o respectivo poder de direcção. Nelas há vários empresários que exercem colectivamente uma mesma empresa [...]. Nas anónimas, se o sócio enquanto tal não é administrador, ainda, inicialmente, só era administrador quem fosse sócio e, mais, em regra, só quem tivesse o capital de comando [...]" ([23]).

Mas "este quadro vem a transformar-se": "o administrador torna-se um técnico altamente especializado [...]. O administrador detém os poderes do 'patrão', mas já não é necessariamente o patrão [...]. Se hoje [...] os administradores não recebem ordens da assembleia, recebem-nas, fora da assembleia, do grupo de comando [...].

"Todavia, é óbvio que esta subordinação real em que os administradores se podem encontrar não é relevante para qualificar o seu vínculo à sociedade como contrato de trabalho" ([24]).

Em todo o caso, ILÍDIO DUARTE RODRIGUES ([25]) considera que "não deve escandalizar a eventual existência de relações de trabalho sem poder disciplinar" e que a possibilidade de destituição dos administradores "sem direito a qualquer indemnização, se se verificar a existência de justa causa", é a "consagração de um poder disciplinar da sociedade sobre o administrador". Entende que "o poder determinativo não é essencial ao conceito de subordinação jurídica, porque a esta basta o conceito de organizar a execução do trabalho"; e que "a subordinação jurídica não é incompatível com a autonomia técnica do trabalhador".

"[...] Para que se possa concluir pela existência de subordinação jurídica do administrador [...] necessário será verificar a quem cabe orga-

---

([21]) Cf. *ob. cit.*, pág. 278.
([22]) Cf. *ob. cit.*, pág. 279 e segs..
([23]) Cf. *ob. cit.*, pág. 291.
([24]) Cf. *ob. cit.*, pág. 292.
([25]) Cf. *ob. cit.*, pág. 293 e seg..

nizar a execução do seu trabalho: se essa organização couber ao administrador não estaremos perante um contrato de trabalho, mas sim perante um contrato de prestação de serviço; se, pelo contrário, couber à sociedade, o contrato de administração é fonte de trabalho subordinado.

"A existência ou não desse elemento só poderá apurar-se através do próprio contrato de administração [...]. Se ao administrador é fixado o tempo de trabalho a prestar, se lhe são fixadas especialmente certas tarefas, se se dispõe quanto ao modo de exercer a sua actividade, estar-se-á a atribuir à sociedade o poder de organizar a execução do trabalho de administrador. E afigura-se que, assim sendo, neste caso, o administrador exercerá as suas funções numa posição de subordinação jurídica [...], se assim não suceder caberá ao administrador organizar a execução do seu trabalho, pelo que o contrato que o vincula à sociedade não poderá ser outro senão o de prestação de serviço."

Daqui, ILÍDIO DUARTE RODRIGUES conclui que "o contrato de administração constituirá um contrato de trabalho sempre que, tendo o administrador direito a retribuição, tenha sido atribuído à sociedade o poder de organizar a execução do seu trabalho, particularmente pela fixação do tempo de trabalho a prestar e do modo de o executar; constituirá um contrato de prestação de serviço sempre que não seja remunerado ou, sendo-o, caiba ao próprio administrador organizar a execução do seu trabalho" ([26]).

Desta conclusão deduz, em seguida, a competência dos tribunais do trabalho para julgar litígios entre a sociedade e o administrador, quando a relação tenha natureza laboral ([27]).

B — Sem prejuízo do aprofundamento posterior de várias questões suscitadas nesta dissertação de ILÍDIO DUARTE RODRIGUES, parece importante salientar, desde já, alguns aspectos mais relevantes.

1. A contraposição que faz entre o que chama de "relação orgânica" e de "relação de serviço" corresponde a um deficiente enquadramento de duas questões distintas. Não existe uma "relação orgânica":

([26]) Cf. *ob. cit.*, pág. 295.
([27]) Cf. *ob. cit.*, pág. 296 e segs..

o órgão faz parte integrante da pessoa colectiva e, portanto, não há uma relação entre a pessoa colectiva e o órgão (que não tem personalidade jurídica própria, sem a qual não pode haver relação).

Não se vê por que motivo diz que da designação nascem os poderes de representação e não os direitos inerentes à qualidade de administrador (v. g., a remuneração, quando seja caso disso, ainda que de montante a determinar por negócio complementar posterior).

2. Não tem fundamento, em face da lei portuguesa ([28]), a afirmação de ILÍDIO DUARTE RODRIGUES ([29]) de que "basta [...] pensar que a designação é livremente revogável e que a relação de emprego só poderá cessar nos termos previstos no contrato para concluir pela importância da distinção" (entre nomeação e contrato de emprego).

O art. 403º, nº 1º, do CSC diz que "qualquer membro do conselho de administração [...] pode ser destituído por deliberação da assembleia geral, em qualquer momento" — sem distinguir entre nomeação e cotrato de emprego: ou seja, se fosse de distinguir, eles terminariam necessariamente ao mesmo tempo, "por deliberação da assembleia geral".

E o art. 430º, nº 3, citado em abono da tese em causa, não diz o que o referido autor lhe atribui. Tal preceito apenas remete para o "contrato" a determinação do modo de fixação da indemnização. Admite, pois, que haja um contrato; mas não dá nenhum indício de supor que este se distinga da nomeação, nem que esta termine em momento ou por causa diferente daquele — diversamente do que se passa com o § 84 do AktG.

Aliás, faltaria sempre demonstrar que o regime previsto para o director é também aplicável ao administrador — o que intencionalmente não se pretende agora discutir, pois nada impede que a situação seja diferente (embora também não seja de presumir a diferença).

3. Não se vê que seja argumento bastante para afastar a qualificação da designação como proposta contratual dizer que ela é efectuada, em regra, "por deliberação de um órgão colegial, com carácter interno".

Há deliberações de órgãos colegiais (inclusivamente da assembleia geral dos accionistas) com eficácia externa, bastando para esta

---

([28]) Não assim em face da lei alemã, como se disse.
([29]) Cf. ob. cit., pág. 114.

que sejam comunicadas ao destinatário, através de um mero acto material [30].

Por outro lado, se se conceber a proposta contratual como o início de um processo de negociação que conduz, se ela for aceite (nos seus precisos termos ou com alterações posteriores), a um contrato, não corresponde à realidade dizer que a eleição de um administrador é uma proposta contratual. A eleição é, normalmente, o culminar de um processo negocial e não o seu início. Na realidade, o que acontece é que um ou mais accionistas começam por propor a certa pessoa que aceite ser candidato e, se for eleito, ser administrador; e só se ele aceitar é que chega a ser submetido a votação. Compreende-se que assim seja, pois o processo de deliberação é tão demorado e caro que é, em regra, imprudente eleger uma pessoa sem ter, previamente, a garantia de que ela aceita a eleição.

Mas se se considerar a proposta contratual como uma das declarações negociais componentes de um contrato, não se vê motivo para rejeitar a qualificação da eleição como proposta contratual. Os autores alemães (v. g., VON TUHR) e italianos que fazem tal afirmação não apresentam nenhum fundamento para ela.

4. A designação por um sócio ou grupo de sócios – possível nas sociedades por quotas (CSC, art. 252º, nº 2, "in fine") e, em certas condições, nas sociedades anónimas (CSC, art. 391º, nº 2, "in fine", e 392º nº 6 e 8) – suscita problemas específicos que não devem afectar o raciocínio sobre o caso normal.

Aliás, sempre se poderia dizer que os poderes de representação do gerente ou administrador, assim designado, resultam da cláusula contratual a conceder tal direito de designação (mera escolha ou selecção, não provimento) e não da designação em si: como poderia um sócio, só por si, conferir poderes de administração de uma sociedade, que o transcende?

E não parece de excluir "a priori" que o acto constitutivo da relação tenha natureza diferente consoante se trata de eleição pela colectividade de accionistas ou antes de designação por um grupo de accionistas minoritários. Mesmo que a designação seja um negócio unilateral, a designação pela sociedade sempre seria diferente da designação por um grupo de accionistas minoritário.

---

[30] Como se tentará demonstrar mais adiante.

5. Não se vê nenhuma necessidade de distinção entre "relação orgânica" e "relação de serviço" para explicar a indemnização por destituição por justa causa.

6. Por outro lado, é curioso observar que ILÍDIO DUARTE RODRIGUES utiliza, para criticar a teoria do mandato, argumentos que serviriam também para rejeitar as qualificações que defende.

Primeiro, contrapõe o mandatário ao órgão, ao mesmo tempo que admite a cumulabilidade da qualidade de trabalhador ou prestador de serviço e órgão — sem se dar conta de que o mandatário é uma espécie de prestador de serviço (CCiv, art. 1155º).

7. Depois, critica a teoria do contrato de mandato dizendo que "o legislador não deixou margem de liberdade aos associados", não havendo, por isso, autonomia da vontade, que seria essencial a qualquer contrato. Mas, mais adiante, defende que se trata de um contrato — embora de prestação de serviço ou de trabalho. Afinal, há ou não suficiente autonomia da vontade para um contrato? E para o negócio unilateral de nomeação não é necessária autonomia de vontade?

8. A seguir, rejeita a teoria do mandato por não haver subordinação jurídica dos administradores ao "colégio dos sócios", nem supremacia hierárquica deste sobre aqueles, quando, em sua opinião, "o mandato pressupõe estes aspectos". Mais abaixo, todavia, admite que possa haver subordinação jurídica de tal grau que possa tratar-se de um contrato de trabalho subordinado! Afinal, parece que esse argumento não deveria ser oposto à teoria de mandato! Acontece que a doutrina comum considera que o mandato (como espécie de prestação de serviço – CCiv, art. 1155º) não pressupõe subordinação jurídica [embora haja um dever de cumprir as instruções do mandante – CCiv, art. 116º, al. *a*)] e esse é mesmo um dos elementos de diferenciação relativamente ao trabalho subordinado ([31])!

([31]) Cf., por todos, RAÚL VENTURA, *Teoria Geral da Relação Jurídica de Trabalho*, vol. I, pág. 53 e segs., 103 e segs.; A. MONTEIRO FERNANDES, *Noções Fundamentais de Direito do Trabalho*, 6ª ed., vol. I, 65 e segs. e 86 e segs.; MENEZES CORDEIRO, *Manual de Direito do Trabalho*, pág. 127 e 520 e segs., e M. JANUÁRIO COSTA GOMES, *Contrato de Mandato*, 1990, pág. 90 e segs..

9. Também não é exacto dizer que as operações materiais correspondentes ao "exercício da gestão económico-patrimonial" "não são susceptíveis de enquadramento no mandato". O mandato tem por objecto nuclear a prática de actos jurídicos. Mas sempre se admitiu que o mandatário, para executar esses actos jurídicos, possa e deva praticar actos materiais preparatórios, executivos e até complementares daqueles ([32]). O problema principal não está aí.

10. É errado admitir a possibilidade de relações de trabalho subordinado sem poder disciplinar ([33]).

Assim como é errado e contraditório afirmar que o poder de destituição por justa causa sem dever de indemnizar equivale a um poder disciplinar: é certo que tal destituição pode ser uma sanção disciplinar [LCT, art. 27º, nº 1, al. *a*)]; mas, se se admite que o seja sempre, então há poder disciplinar em todos os contratos (CCiv, art. 432º e 801º, nº 2) – o que não corresponde, de todo, à concepção comum do poder disciplinar ([34]). O argumento prova demais.

11. Além disso, ao reduzir a especificidade do contrato de trabalho subordinado ao poder de organizar a execução do trabalho, esquece todo o debate doutrinário e jurisprudencial acerca da distinção entre esse contrato e o de prestação de serviço – em que sempre se ouve dizer que não basta um factor isolado para decidir ([35]). É-se levado a supor que, para Ilídio Duarte Rodrigues, quando um doente vai à consulta de um médico, se for aquele a marcar a hora e a dizer que prefere comprimidos, em vez de injecções, trata-se de contrato de trabalho subordinado, se for este, é prestação de serviço...

([32]) Cf. CCom, art. 233º; Pires de Lima-Antunes Varela, *Código Civil Anotado*, 2ª ed., vol. II, pág. 624 e segs.; Durval Ferreira, *Do Mandato Civil e Comercial*, pág. 32 e segs., e M. Januário Costa Gomes, *Contrato de Mandato*, 1990, pág. 11 e segs., 59 e segs..

([33]) Cf., por todos, A. Monteiro Fernandes, *Noções Fundamentais de Direito do Trabalho*, 6ª ed., vol. I, pág. 59 e seg. e 172 e segs., e Menezes Cordeiro, *Manual de Direito do Trabalho*, pág. 125 e segs. e 745 e segs..

([34]) Cf. *ob. cit.* na nota anterior.

([35]) Cf., por todos, A. Monteiro Fernandes, *ob. cit.*, vol. I, pág. 73 e segs., e Menezes Cordeiro, *ob. cit.*, pág. 532 e segs..

12. É bom não esquecer também que ILÍDIO DUARTE RODRIGUES sustenta que, nas sociedades anónimas, o CSC "instituiu a remuneração como elemento essencial da relação de administração", pelo simples facto de, nos art. 399º e 429º, definir os órgãos competentes para as fixar, os critérios a que a fixação deve obedecer e as prestações que a podem integrar, sem admitir expressamente que ela possa não existir (diferentemente do art. 255º, nº 1) ([36]) — o que não é argumento bastante.

13. Por outro lado, ILÍDIO DUARTE RODRIGUES dá um relevo às cláusulas do contrato de administração que não corresponde, de modo nenhum, à prática portuguesa. Na Alemanha, é normal a celebração de tal contrato ([37]). E foi, obviamente, por influência alemã que ele vem a ser previsto no CSC (art. 430º, nº 3). Mas, em Portugal, é extremamente raro que, relativamente a administradores, tal contrato seja reduzido a escrito ou que nele sejam incluídas cláusulas como as previstas por ILÍDIO DUARTE RODRIGUES. E, mesmo quando tal acontece, não parece que isso seja bastante para atribuir ao contrato natureza laboral, como se tentará demonstrar mais adiante.

Por outro lado, não parece possível estipular, nomeadamente, uma obrigação da sociedade de nomear o administrador por um período superior ao estabelecido no contrato, ao abrigo do art. 391º, nº 3, do CSC — o que é admitido pela lei alemã ([38]) e constitui um dos motivos da distinção referida. Em face da lei portuguesa, tal estipulação seria contrária ao referido preceito e, por conseguinte, inválida.

([36]) Cf. *ob. cit.*, pág. 137.
([37]) Cf. *ob. cit.* no título VI da parte IV.
([38]) Cf. AktG, § 84, Abs. 1, S. 1, e MEYER-LANDRUT, in *Grosskomm. AktG*, § 84, Anm. 9.

SUBTÍTULO V

Referência ao estatuto do gestor público

I – Embora a figura do gestor público tenha sido concebidada sobretudo para as empresas públicas, criadas após as nacionalizações de 1975, e esteja sujeita a um estatuto próprio (constante, inicialmente, do DL nº 831/76, de 25.11, com alterações posteriores, e revogado e substituído mais recentemente pelo DL nº 464/82, de 9.12), distinto do estatuto juscomercialista dos administradores de sociedades anónimas, o certo é que os gestores públicos podem exercer funções de administração em sociedades anónimas de capitais públicos, ou participadas pelo Estado ([1]). Por isso, embora o estatuto dos gestores públicos não constitua objecto de análise desenvolvida neste estudo, deve fazer-se-lhe uma referência, ainda que breve.

II – Em face do DL nº 831/76, de 25.11, que primeiro regulou, de modo sistemático e desenvolvido, o estatuto do gestor público (no seguimento do disposto no DL nº 260/76, de 8.4, v. g., no art. 31º), suscitou-se o problema da natureza do acto constitutivo da relação jurídica que liga o gestor público à respectiva empresa pública, ou equiparada, sob intervenção do Estado, participada pelo sector público ou sociedade com administradores por parte do Estado.

O art. 8º, nº 1, do DL nº 831/76 diz que, "pela designação e subsequente posse, constitui-se entre a empresa e o gestor uma relação de prestação de serviço por tempo determinado...". Mas, logo no nº 3, fala no prazo do "mandato".

Alguns autores qualificam tal acto de mandato ([2]), outros de nomeação ([3]). O Parecer nº 31/80 da Comissão Constitucional ([4]), a propósito de um decreto do Governo enviado ao Presidente da República para promulgação, analisa com um pouco mais de desenvolvimento o problema,

---

([1]) Cf. DL nº 831/76, de 25.11, art. 1º, e DL nº 464/82, de 9.12, art. 1º.

([2]) Cf. CARLOS FERREIRA DE ALMEIDA, *Direito Económico*, Lisboa, AAFDL, 1979, vol. I, pág. 153 (sem aprofundar a questão, aliás); SIMÕES PATRÍCIO, *Direito Económico*, 2ª ed., Lisboa, AAFDL, 1981-82, pág. 603 (também sem analisar a questão); A. L. SOUSA FRANCO, *Noções de Direito da Economia*, Lisboa, AAFDL, 1983, vol. II, pág. 54, e MANUEL AFONSO VAZ, *Direito Económico – A Ordem Económica Portuguesa*, Coimbra, Coimbra Editora, 1984, pág. 211.

([3]) Cf. CARLOS MOTA PINTO, *Direito Público da Economia*, Coimbra, 1982-83, pág. 159 (sem aprofundar a questão).

([4]) In *Pareceres*, 14º vol., pág. 17 e segs., e *BMJ*, nº 301, pág. 243 e segs..

em face do DL nº 831/76 (alterado pelos DL nº 151/77, de 14.4, DL nº 387/77, de 14.9, DL nº 51/79, de 22.3, e Lei nº 52/79 de 14.9) e conclui que "o vínculo contratual ou se reconduz ao contrato de gestor público profissional a que, por virtude do acto de destacamento, se vem a acrescentar um contrato de administração ou de prestação de serviço ou um contrato de mandato orgânico com a empresa em causa ou, no caso de gestor público não profissional, o vínculo identifica-se com o próprio contrato de mandato orgânico, de administração ou, como pretendem alguns, de prestação de serviço entre a pessoa jurídica gerida (empresa pública ou nacionalizada, sociedade participada) e o próprio gestor, pressupondo-se em qualquer caso um acto prévio de designação ou nomeação". E, em nota (na pág. 20), reconhece que "a qualificação deste contrato não é tarefa fácil. Porém, no âmbito do presente parecer bastará dizer que se trata de um contrato oneroso em que o gestor recebe poderes de representação 'orgânica' da entidade que por si vai ser administrada".

III – O art. 1º do DL nº 464/82, de 9.12, contém uma definição de gestor público mais restrita que a do DL nº 831/76: "1. Consideram-se gestores públicos os indivíduos nomeados pelo Governo para os órgãos das empresas em que a lei ou os respectivos estatutos conferirem ao Estado essa faculdade. [...] 3. Os indivíduos designados por eleição para os órgãos de sociedades de capitais públicos ou participadas não são considerados gestores públicos, mas poderá ser autorizado o exercício dessas funções em regime de requisição, nos termos do artigo 5º do presente diploma."

Mas vários preceitos do DL nº 464/82 qualificam claramente o acto constitutivo da relação entre o gestor público e a respectiva empresa como mandato.

O art. 2º, nº 1, diz expressamente que "a nomeação do gestor público envolve a atribuição de um mandato para o exercício das funções pelo prazo constante dos estatutos da empresa". Logo a seguir, no nº 2, acrescenta que "o gestor público é nomeado e exonerado por despacho conjunto do Primeiro-Ministro, do Ministro de Estado e das Finanças e do Plano e do ministro da tutela". E, no art. 3º, diz: "1. A aceitação do mandato conferido resulta da simples tomada de posse pelo gestor das funções para que foi nomeado. 2. Pode, porém, a aceitação do mandato processar-se através da celebração de um contrato formal de mandato para o exercício das funções de gestão, ou acordo de gestão, a celebrar entre o Estado e o gestor público [...] 3. Em tudo o que for ressalvado expressamente no presente diploma aplicam-se, ao regime do mandato, as disposições constantes da lei civil para o contrato de mandato."

SUBTÍTULO VI

Posição adoptada

CAPÍTULO I
Considerações gerais

I – Depois de expostas as variadas posições da lei, da doutrina e da jurisprudência de diversos países ao longo de mais de um século, é chegada a ocasião de fundamentar sistematicamente a posição que parece preferível, relativamente à questão da natureza da relação entre o administrador e a sociedade anónima: a relação de administração.

Pareceu importante percorrer a história do direito dos países escolhidos, no que respeita ao tema em estudo, para facilitar a formulação das questões, a análise e crítica dos argumentos e a fundamentação das teses que vão defender-se a seguir.

Na fase de investigação, foram-se detectando problemas, cuja esclarecimento exigia a análise que se fez – e talvez agora nem se dê pela importância de certas dúvidas que foram sendo esclarecidas ao longo da exposição (v. g., sobre a origem do "Aufrichtsrat", o significado de "Bestellung" e "Anstellung", etc.).

Intencionalmente optou-se por uma exposição descritiva e sintética, com poucos comentários críticos próprios, referindo-se quase só as críticas dos autores dos respectivos países. Isso porque, ao analisar direitos estrangeiros, não se quis meter foice em seara alheia; e porque se preferiu não isolar posições e argumentos do seu contexto e distinguir bem o que é doutrina alheia e o que é a própria.

É agora a ocasião de formular precisamente as questões, analisar criticamente os problemas suscitados pela natureza da relação de administração e de tomar posição sobre eles, atendendo à valoração dos interesses envolvidos.

II – A posição a adoptar não é uma concepção puramente teórica, desligada do direito positivo. Procura-se a melhor explicação para o conjunto do regime do direito português: quer em face do CCom de 1888, ainda em vigor ao tempo da elaboração da maior parte do presente estudo, quer em face do novo CSC de 1986.

III – Para definir a natureza da relação de administração, como de muitas outras realidades, é fundamental analisar a sua génese. Mas é importante também acompanhar o desenvolvimento da sua vida e compreender o modo como termina: por vezes, é a morte que dá sentido à vida. Ao procurar determinar a natureza do acto constitutivo da relação de administração, há que explicar simultaneamente:

 a) A origem dos poderes do administrador para agir em nome da sociedade;
 b) A origem dos direitos e deveres do administrador perante a sociedade, assim como perante os sócios e os terceiros;
 c) A estrutura do acto constitutivo, isto é, o papel e o modo como se relacionam entre si as declarações de vontade da sociedade e do administrador, que dão vida à relação de administração.

Só assim é possível enquadrar esse acto no conjunto dos actos jurídicos e determinar quais as normas estabelecidas para outros actos análogos ou afins susceptíveis de serem subsidiariamente aplicáveis a tal acto.

CAPÍTULO II

Valor das qualificações legais

I – Antes de tomar posição em face do regime legal, há que esclarecer, porém, o problema do carácter vinculativo ou não das qualificações legais.

Na verdade, qualificando o CCom de 1888, em várias disposições, a relação de administração como mandato (art. 118º, nº 4, 172º, pr. e § 1º, 173º, pr. e § 2º), o problema da natureza desta relação estaria resolvido, desde o início, caso o qualificativo legal fosse vinculante para o intérprete. Só se o não for é que interessará prosseguir na análise.

Já o CSC, com o manifesto intuito ([1]) de não tomar posição favorável à teoria do mandato, nem à teoria da nomeação, evita estas expres-

---

([1]) Que se torna patente pelo confronto entre o texto final dos art. 390º e segs. do CSC e os artigos 391º e segs. do Projecto que lhes correspondem. Aliás, a preferência terminológica referida no texto resulta de proposta minha.

sões ([2]), preferindo o termo neutro designação [art. 391º, 393º, nº 1, al. c), e 2], salvo quanto à eleição pela assembleia geral [art. 390º, nº 5, 391º, 392º, 393º, nº 1, al. d), e 5, e 395º], quanto à cooptação [art. 393º, nº 1, al. b) e c), e nº 2] e quanto à nomeação judicial (art. 394º) ([3]).

II – Sobre esta questão, a doutrina pode, todavia, considerar-se assente, no sentido de que o intérprete não está obrigado a reconhecer a certa figura jurídica determinada natureza só porque o legislador a designa pelo termo correspondente a essa natureza ([4]).

Quando o legislador utiliza determinadas expressões e até quando define conceitos, tem em vista, fundamentalmente, delimitar o âmbito de aplicação (ou determinar a aplicabilidade) das normas estabelecidas para as situações que qualifica com tais expressões.

Assim, quando a lei diz, por hipótese, que a administração é uma espécie de mandato, tal texto legal apenas significa que à administração são aplicáveis, em certa medida, as normas estabelecidas para o mandato.

Mas isso não significa que a doutrina fique obrigada a identificar o conceito de administração com o conceito de mandato (ou uma sua espécie): pode bem chegar à conclusão, pela análise do conjunto das normas legais (e até não legais), que há diferenças conceptuais essenciais que distinguem a administração e o mandato. "A interpretação não deve cingir-se à letra da lei" (CCiv, art. 9º, nº 1).

Nem significa que as normas sobre o mandato se apliquem directamente à administração: pode bem concluir-se que tal aplicação só tem lugar por via da analogia, quando não existem regras específicas sobre a administração.

([2]) Salvo, quanto ao mandato, no art. 416º, nº 2, "in fine", tendo em vista o período de funções dos membros do órgão de fiscalização, por óbvio lapso, aliás, corrigido pela declaração publicada no DR, 1ª s., de 29.11.1986; e, quanto à nomeação, nos art. 256º, 257º, nº 7, 281º, nº 7, também rectificados pelo DL nº 280/87, de 8.7. Mas usa a expressão nomeação, quanto à nomeação judicial, nos art. 253º, nº 3 e 4, 394º, 417º, 418º, 419º, nº 3, 426º e 439º, bem como, quanto à nomeação pelo Estado, nos art. 392º, nº 11, e 403º, e à nomeação oficiosa pela Câmara dos ROC, no art. 416º.

([3]) Quanto aos membros do conselho fiscal, cf. os art. 415º a 418º; quanto aos directores, os art. 425º e 426º; quanto aos membros do conselho geral, os art. 435º 436º, 438º, nº 2, e 439º, e, quanto ao revisor oficial de contas, o art. 446º. Quanto ao gerente de sociedades em nome colectivo, cf. o art. 191º. Quanto ao gerente de sociedades por quotas, cf. os art. 252º e 253º. E quanto ao gerente de sociedades em comandita, cf. o art. 470º.

([4]) Neste sentido, cf., por exemplo, KARL LARENZ, *Methodenlehre der Rechtswissenschaft*, pág. 343 e segs.

E também não quer dizer que todas as normas sobre o mandato sejam (directa ou analogicamente) aplicáveis à administração: pode haver (e há) normas específicas sobre a administração diferentes das estabelecidas para o mandato, que excluam, por isso mesmo, a aplicabilidade (directa ou mesmo analógica) destas; nomeadamente, é concebível que certas normas específicas sobre a administração estabeleçam um regime radicalmente diverso do do mandato, de tal modo que, mesmo havendo lacuna no regime legal da administração, tenha de se concluir pela inaplicabilidade da norma sobre o mandato relativo a um caso "análogo", por se verificar que esta norma assenta num princípio profundamente diferente e incompatível com o estabelecido para a administração.

Nem se exclui sequer que uma qualificação legal esteja, bem vistas as coisas, em contradição com o regime estabelecido pela própria lei – embora tal qualificação não seja de presumir (CCiv, art. 9º, nº 3).

Consequentemente, embora se possa (e deva), à partida, propender para admitir que a lei qualifica correctamente a realidade regulada, não deve aceitar-se tal qualificação sem crítica.

Portanto, pode e deve continuar-se a análise da questão posta.

CAPÍTULO III

Relevância da doutrina estrangeira

Tem havido uma tendência marcada na doutrina portuguesa para adoptar a orientação que se supõe dominante no estrangeiro ou em certo país que mais se admira, em determinado período. Essa tendência é muita clara nesta matéria, como decorre do que se disse acima.

Mas da análise histórico-comparativa feita acima resulta claramente que tal tendência pode induzir em erro: porque a orientação da doutrina de cada país é (e deve ser) decisivamente influenciada pela lei (e pela jurisprudência) desse país, sendo certo que as leis são muitas vezes diferentes em aspectos importantes, mesmo quando usam palavras equivalentes (e apesar dos esforços de harmonização das legislações empreendidos pelas Comunidades Europeias) ([5]); e porque, por vezes, se toma como

---

([5]) Recorde-se o que se disse acima sobre o conceito de mandato nos vários direitos analisados.

doutrina dominante em certo país o que não passa de simples moda, mais ou menos efémera, ou nem isso.

Só com muita cautela se pode, por isso, utilizar a lição da doutrina estrangeira, sendo sempre necessário verificar cuidadosamente em que medida tal lição é compatível com o direito vigente em Portugal.

CAPÍTULO IV
O problema da natureza do acto constitutivo: sequência

Posto isto, a primeira questão a esclarecer é a do género próximo do acto constitutivo da relação de administração, o que depende fundamentalmente da sua estrutura: se se trata de um negócio jurídico e, no caso afirmativo, se de um contrato, de um negócio jurídico unilateral (recipiendo ou não) ou antes de um negócio jurídico misto (negócio unilateral e contrato), ou até de outra espécie de facto jurídico.

Só depois se poderá analisar a questão de saber em que espécie de contrato ou de negócio unilateral ou de facto jurídico se integra.

A doutrina citada toma frequentemente posição a este respeito, tendo em vista apenas uma das modalidades do acto constitutivo, nomeadamente a eleição pela assembleia geral. Mas para esclarecer cabalmente a questão parece necessário analisá-la em relação às várias modalidades que o acto constitutivo pode assumir em face da lei portuguesa (CCom e CSC).

Na verdade, a relação de administração pode constituir-se como efeito de vários actos:

a) Eleição pela colectividade dos accionistas (CCom, art. 171º; CSC, art. 391º, nº 1);

b) Designação pelo contrato de sociedade (CCom, art. 171º, § único; CSC, art. 391º, nº 1);

c) Cooptação [CCom, art. 172º, § 2º, e cláusula estatutária; CSC, art. 393º, nº 1, al. b)];

d) Designação pelo órgão de fiscalização [CCom, art. 172º, § 2º; CSC, art. 393º, nº 1, al. c), e 4];

e) Designação pela mesa da assembleia geral (CCom, art. 172º, § 2º);

f) Designação por accionista ou terceiro indicado no contrato de sociedade (CCom, art. 172º, § 2º, e cláusula estatutária; CSC, art. 391º, nº 2, *in fine*);

g) Designação pelos trabalhadores (Lei nº 46/79, de 12.9, art. 31º, convénio colectivo e cláusula estatutária);
h) Designação pelo Estado (DL nº 40 833, de 29.10.1956, DL nº 44 722, de 24.11.1962, DL nº 76-C/75, de 21.2, DL nº 831/76, de 25.11, DL nº 464/82, de 9.12);
i) Nomeação pelo Tribunal (CSC, art. 394º).

Noutro contexto se verá em que circunstâncias se utiliza cada uma destas modalidades de designação e qual o seu regime. Agora interessa apenas analisá-las do ponto de vista da natureza do acto constitutivo da relação de administração. E a simples enumeração das modalidades que pode assumir, pela sua heterogeneidade, leva a pensar que a qualificação pode não ser a mesma em todas elas ([6]).

Em qualquer caso, a esse acto de designação (e com este termo se englobam todas as modalidades referidas, por motivos terminológicos adiante explicados) acresce sempre um acto de aceitação por parte do administrador. Aliás, uma das questões cruciais relativas à natureza do acto constitutivo da relação de administração é, justamente, o modo como se articula a designação (em sentido estrito) com a aceitação.

([6]) Deve pôr-se também o problema de saber se a recondução de um administrador (reeleição, etc.) deve considerar-se como constituição de uma nova relação de administração, independente da anterior, que se considera terminada (v. g., caducada), ou antes como prorrogação do prazo de duração da relação anteriormente constituída e que continua, por novo período. O CSC admite a reeleição (art. 391º, nº 3) – em termos, aliás, diferentes dos do CCom (art. 172º, § 1º) –, mas não é claro sobre este problema. O CRegCom manda registar a designação por *inscrição* (autónoma, a não ser que resulte do título constitutivo ou da sua alteração – art. 63º e 66º, nº 2, "a contrario"), enquanto manda registar a recondução por *averbamento* à inscrição respectiva [art. 69º, nº 1, al. e), a não ser que conste de alteração ao título constitutivo – art. 66º, nº 2]. Esta diferença de regime leva a pensar que o legislador supôs que a recondução é mera prorrogação da relação anteriormente constituída. Em todo o caso, o argumento não é totalmente seguro, pois pode haver para ela apenas motivos de ordem prática (como os que levam a estabelecer o princípio da unidade de inscrição). Certo é que a antiguidade no cargo pode ter relevância jurídica, v. g., para efeitos de reforma (CSC, art. 402º), devendo contar-se desde o início da ("primeira") relação de administração. Parece, pois, mais razoável adoptar aqui uma solução semelhante à que vigora no âmbito do contrato de trabalho (LCCT, art. 47º). Por esse motivo, não se vai estudar a recondução como facto constitutivo autónomo da relação de administração. Aliás, ela traduz-se sempre em actos (reeleição ou nova designação) que têm a mesma estrutura e, substancialmente, o mesmo regime que os da primeira designação.

CAPÍTULO V

Eleição pela colectividade dos accionistas

SECÇÃO I

Natureza negocial da eleição

SUBSECÇÃO I

Natureza negocial da eleição; necessidade da eleição

I – A – A eleição pela assembleia geral dos accionistas é o modo normal e mais frequente de designação dos administradores da sociedade anónima, em face do CCom, art. 171º, pr..

B – Em face do CSC, o modo normal de designação dos administradores da sociedade anónima é também a eleição pela assembleia geral dos accionistas ou pela assembleia constitutiva [art. 281º, nº 7, al. b), e art. 391º, nº 1]. Mas o CSC permite, por um lado, que os accionistas deliberem por escrito, sem reunir em assembleia geral (art. 373º), nada parecendo impedir que esse método seja adoptado para a eleição de administradores (CSC, art. 53º, nº 2). E, por outro lado, estabelece diversas regras especiais de eleição (art. 391º, nº 2, e 392º).

A tomada de deliberação por escrito afecta, naturalmente, o regime da deliberação, mas não parece alterar a sua natureza, como se verá mais adiante.

As regras especiais de eleição podem ter consequências mais profundas, que serão também analisadas mais abaixo.

II – É de excluir liminarmente que a eleição seja um acto jurídico, em sentido estrito, e, por maioria de razão, um facto jurídico, em sentido estrito.

Trata-se, sem dúvida, de um evento a que a norma jurídica atribui efeitos de direito; mas de um evento humano (não natural) voluntário – para cujos efeitos jurídicos é relevante a vontade humana.

A relação de administração nasce de duas manifestações de vontade (neste caso, da colectividade dos accionistas, enquanto órgão da sociedade, e do administrador) a que a norma atribui efeitos de direito. Mas, mais do que isso, trata-se de um negócio jurídico: de manifestações de vontade privada que visam a produção de efeitos de direito, de actos de autonomia de vontade (ou, se se preferir, de actos de auto-regulamentação de interesses). A norma associa os efeitos constitutivos da relação de administração (v. g., a concessão de poderes de agir em nome da sociedade e a constituição do dever de prestar actividade e do direito a remuneração, entre outros) às manifestações de vontade da sociedade (por intermédio da colectividade dos accionistas) e do administrador, dirigidas à produção desses mesmos efeitos jurídicos (em regra queridos globalmente, mas não raro queridos discriminadamente). É relevante, pois, não apenas a vontade de acção (querer um certo comportamento) e a vontade de declaração (querer traduzir com esse comportamento um certo conteúdo de vontade), mas também a vontade funcional: a vontade dirigida à produção de certos efeitos jurídicos.

A relação de administração constitui-se porque tanto a sociedade (representada pela colectividade dos accionistas) como o administrador querem que ela se constitua (quer a qualifiquem rigorosamente, quer de modo apenas correspondente à noção comum de administração) e a norma jurídica atribui relevância jurídica a tais manifestações de vontade ([1]). Note-se, de resto, que se trata de actos de conteúdo indeterminado na lei, cujos efeitos as partes podem, em certa medida, determinar através das suas estipulações, pelo que cabem no âmbito da figura do negócio jurídico, mesmo que se adopte uma concepção restrita deste (que dele

---

([1]) É evidente que, deste modo, se acolhe o quadro de conceitos generalizado na doutrina civilista portuguesa, não parecendo oportuno fundamentar mais desenvolvidamente algumas opções feitas e que correspondem à posição dominante na doutrina. Para maiores desenvolvimentos, cf. MANUEL DE ANDRADE, *Teoria Geral da Relação Jurídica*, vol. II, pág. 2 e segs.; L. CABRAL DE MONCADA, *Lições de Direito Civil*, 2ª ed., vol. II, pág. 146 e segs.; PAULO CUNHA, *Teoria Geral da Relação Jurídica*, 1960, vol. II, pág. 5 e segs.; I. GALVÃO TELLES, *Manual dos Contratos em Geral*, 3ª ed., pág. 9 e segs., J. DIAS MARQUES, *Teoria Geral do Direito Civil*, 1959, vol. II, pág. 6 e segs.; C. MOTA PINTO, *Teoria Geral do Direito Civil*, 1973, pág. 358 e segs.; J. CASTRO MENDES, *Teoria Geral do Direito Civil*, 1979, vol. II, pág. 13 e segs.; L. CARVALHO FERNANDES, *Teoria Geral do Direito Civil*, 1983, vol. II, pág. 171 e segs.; J. OLIVEIRA ASCENSÃO, *Teoria Geral do Direito Civil*, 1983-84, vol. III, pág. 6 e segs., e A. MENEZES CORDEIRO, *Teoria Geral do Direito Civil*, 1987, vol. II, pág. 25 e segs..

excluiria actos de conteúdo determinado na lei, como, por exemplo, o casamento) ([2]) – embora não seja esta concepção restrita a que parece preferível.

III – Vários autores estrangeiros ([3]), em crítica à teoria do mandato (e em defesa da teoria da nomeação, como negócio unilateral), observam que a ideia de contrato de mandato supõe o princípio da autonomia da vontade, enquanto o legislador impõe a existência nas sociedades anónimas de administradores, como elemento necessário do ente social, pondo assim em causa a liberdade contratual.

Mas este argumento foi rebatido por alguns autores ([4]) porque prova demais: se faltasse desse modo a autonomia negocial, não haveria negócio bilateral (contrato), mas também não haveria negócio unilateral.

Assim é. Mas o que importa salientar é que, como se disse acima, a sociedade anónima tem efectivamente necessidade jurídica de órgãos, como elemento essencial e intrínseco da pessoa colectiva e, especificamente, de um órgão de administração. Todavia, o provimento dos titulares deste órgão não se faz por inerência [como acontece com os membros da colectividade dos sócios ou assembleia geral, cuja qualidade resulta da qualidade de sócio, e, em regra, com os gerentes de sociedades em nome colectivo ([5])]; nem pode estipular-se um direito especial de certo accionista a ser administrador (CSC, art. 391º e 392º). Por outro lado, a sociedade pode sobreviver sem que estejam providos ocasionalmente os titulares do órgão de administração, embora não possa administrar o seu património, nem praticar, em geral, actos jurídicos eficazes perante terceiros.

Isto significa que a designação de administradores é condição do normal funcionamento da sociedade; que tal designação constitui para a sociedade (v. g., para os accionistas) como que um ónus, mas não algo de inevitável, de automático.

Nessa medida, os accionistas gozam de uma certa liberdade de eleger ou não eleger administradores, de prover todos ou só alguns dos

---

([2]) Cf., por exemplo, L. CARVALHO FERNANDES, *Teoria Geral*, vol. II, pág. 191.

([3]) Cf., por exemplo, DE GREGORIO, CANDIAN, FRÈ, LOVATO, FANELLI e BERDAH, citados acima.

([4]) Cf. MINERVINI, *Gli amministratori*, pág. 56 e segs..

([5]) Cf. CSC, art. 191º, nº 1, antes, no CCom, art. 152º, § 2º, e SOPRANO, *Trattato teorico-pratico delle società commerciali*, vol. I, pág. 248.

lugares da administração (v. g., o mínimo necessário para representar a sociedade perante terceiros – mínimo que é normalmento inferior ao total dos lugares que compõem o órgão), e, sobretudo, de eleger o senhor A ou o senhor B, de o eleger agora ou mais tarde, de determinar os poderes, direitos (v. g., a remuneração) e deveres relativos ao exercício das funções (dentro dos limites da lei e do contrato), etc.. Ou seja, os accionistas gozam de liberdade de celebração e de liberdade de estipulação (ou fixação do conteúdo do negócio) características dos contratos, como, em menor medida, dos negócios jurídicos unilaterais ([6]).

Aliás, não deve confundir-se a necessidade de designação de administradores com a necessidade de eleição pelos accionistas. Se a primeira assume uma considerável premência, já a segunda é menos premente, tanto mais que a lei prevê mecanismos de designação de administradores para os casos em que os accionistas os não elejam (CSC, art. 393º e 394º; antes, CCom, art. 172º, § 2º).

A necessidade de designação de administradores, sobretudo por eleição, não exclui, pois, a natureza negocial dessa designação, que é, à partida, compatível tanto com a natureza de contrato, como de negócio jurídico unilateral ou de acto misto.

É certo que as limitações à autonomia da vontade são, no que respeita à designação de administradores, mais intensas do que as relativas ao mandato. Mas tais limitações são hoje, como é sabido, um fenómeno generalizado a muitos tipos contratuais, que não perdem, por isso, esta sua natureza. Não é, pois, correcto invocar tais limitações para negar a natureza contratual da eleição de administradores.

SUBSECÇÃO II

A eleição como execução do contrato de sociedade

I – Em crítica à teoria do mandato, FRÈ ([1]) observa que, ao eleger ou nomear os administradores, a assembleia geral (ou, se se preferir, a

---

([6]) Cf. CCiv, art. 405º, e, por todos, ANTUNES VARELA, *Direito das Obrigações*, vol. I, pág. 204 e segs., e MENEZES CORDEIRO, *Direito das Obrigações*, vol. I, pág. 63 e segs..

([1]) Cf. *L'organo amministrativo*, pág. 187 e segs..

sociedade) não celebra qualquer contrato, limitando-se a dar execução ao contrato social na parte relativa à organização da sociedade, concretizando quem são os administradores. E algo de semelhante diz GALGANO, em crítica à teoria do contrato de administração ([1a]).

II — Esta observação está relacionada com a polémica acerca da natureza do cumprimento das obrigações. Efectivamente, é muito discutido na doutrina se a execução da prestação devida (a produção do resultado mediante a actuação do devedor — ou de terceiro — encaminhada para ela) é suficiente para dar lugar ao efeito jurídico do cumprimento ou se é necessário, além disso, o acordo entre o credor e o devedor para que a prestação tenha por finalidade o cumprimento, ou seja, um contrato de cumprimento ([2]).

Segundo a chamada teoria geral do contrato ([3]), o cumprimento exige sempre um contrato, que consiste no oferecimento pelo devedor da prestação "como cumprimento" e na sua aceitação como tal pelo credor. Com esta aceitação vai implícito um acto de disposição sobre o crédito, que só é eficaz quando o credor aceitante tenha capacidade negocial plena ou a sua incapacidade seja suprida.

Segundo a teoria limitada do contrato ([4]), é necessário um contrato de cumprimento, nos casos em que a prestação só possa efectuar-se mediante um contrato (real), como acontece em hipóteses de transferências (v. g., transmissões de bens); mas basta a realização efectiva da prestação, nos casos em que não é necessário um acto de prestação jurídico-negocial ou uma declaração de aceitação do credor, como acontece nas hipóteses de prestações de serviços ou de obras ou de deveres de omissão.

Segundo a teoria da execução da prestação ([5]), o cumprimento exige sempre a produção do resultado da prestação mediante uma actuação

---

([1a]) Cf. *La Società per Azioni*, 2ª ed., pág. 271 e segs..

([2]) Segue-se de perto a exposição de LARENZ, *Derecho de obligaciones* (trad. esp.), vol. I, pág. 409 e segs..

([3]) Cf. VON TUHR, *Der Allgemeine Teil des deutschen buergerlichen Rechts*, 1910-1918, vol. III, pág. 82; HENLE, *Lehrbuch des Buergerlichen Rechts*, 1934, vol. II, pág. 368, e KRESS, *Lehrbuch des Allgemeinen Schuldrechts*, 1929, pág. 446.

([4]) Cf. ENNECCERUS-LEHMANN, *Recht des Schuldverhaeltnisse*, 14ª ed., 1954, pág. 237 e segs.; JAKISCH," Der Begriff der Erfuellung im heutigen Recht", in *JherJb.*, 68, 287, e PALANDT, *Buergerliches Gesetzbuch*, 16ª ed., 1957, § 362, Anm. 1.

([5]) Cf. BOEHMER, *Der Erfuellungswille*, 1910; KRETSCHMAR, *Die Erfuellung*, 1. Teil, 1906; KRETSCHMAR, "Beitraege zur Erfuellungslehre", in *JherJb.*, 85, 184; 86, 145; OERTMANN, *Recht der Schuldverhaeltnisse*, 5ª ed., 1928, vol. I, § 362, Anm. 5;

encaminhada para obtê-lo, correspondente manifestamente à actuação devida. O cumprimento, como tal, nunca é um negócio jurídico, antes é um "acto real de extinção" que liberta o devedor, porque, assim, converte em realidade a prestação devida. Quando o resultado da prestação só pode ser produzido através de um negócio jurídico, como no caso de a dívida consistir na transmissão de uma coisa (v. g., no caso de um contrato-promessa de compra e venda), tal negócio jurídico é parte da actuação do devedor para cumprir a prestação e não um contrato de cumprimento. Quando o credor coopera no resultado da prestação, por exemplo, tomando posse da coisa, e está obrigado a aceitar a oferta de transmissão, esta sua cooperação necessária refere-se unicamente à obtenção do resultado da prestação, não sendo necessário, além disso, uma especial aceitação do cumprimento.

A teoria da execução da prestação é a concepção actualmente dominante e que parece de acolher, pelos convincentes motivos expostos por LARENZ ([6]) e que seria deslocado desenvolver aqui.

III — Em relação aos argumentos de FRÈ e GALGANO, tem de reconhecer-se que a eleição de administradores pela assembleia geral ([7]) é um acto que, de algum modo, executa o contrato de sociedade. Este prevê a composição do órgão de administração e, para que a sociedade possa exercer a sua actividade própria, necessita de que a estatuição do contrato social seja concretizada através da designação de determinadas pessoas para os lugares aí previstos.

Afirmar isto não conduz, porém, a concluir que a eleição não é um negócio jurídico ou, pelo menos, uma declaração negocial. A eleição não é um mero acto material de aplicação de uma estatuição normativa.

A norma estatutária, para ser aplicada, exige a prática de actos juridicamente inovadores: actos que são necessários para constituir relações jurídicas entre a sociedade e os administradores e que podem, em

---

STAUDINGER, *Kommentar zum BGB*, vol. II, *Schuldrecht*, vol. I, *Allgemeiner Teil*, 9. Aufl., § 362, Vorb.; LARENZ, *Derecho de Obligaciones* (trad. esp.), vol. I, pág. 410 e segs.; ESSER, *Schuldrecht*, vol. I, 4ª ed., pág. 151, e I. GALVÃO TELLES, *Direito das Obrigações*, 1979, pág. 173 e segs..

([6]) Cf. *ob. cit.*, pág. 411 e segs..

([7]) O argumento não é procedente quanto à designação pelos fundadores no próprio contrato de sociedade inicial (seja no acto de constituição simultânea, seja no acto de constituição provisória).

certa medida, moldar tal relação [v. g., limitando os poderes ([7a]), estabelecendo deveres ou regulando os direitos dos administradores, por exemplo, quanto a remuneração], criar "uma disciplina de interesses" ([8]).

Por outro lado, não pode dizer-se que a eleição de administradores seja, em rigor, um modo de "cumprimento"(de satisfação) do contrato de sociedade. É, seguramente, uma condição de exercício da actividade social, de realização do objecto estatutário. Mas, se é um dever para a colectividade dos sócios (um dever meramente instrumental), não vincula terceiros candidatos a administradores. E, se é um acto de execução do contrato de sociedade, tal execução tem por conteúdo um negócio jurídico – assemelhando-se o contrato de sociedade, neste aspecto apenas, ao contrato-promessa, na medida em que a sua execução exige efectivamente a prática de negócios jurídicos (e nem só de eleição de administradores, como é evidente).

Os argumentos de FRÈ e GALGANO não excluem, portanto, a natureza negocial da eleição de administradores.

O carácter negocial da eleição é particularmente flagrante em relação a administradores que não sejam accionistas.

Quanto a administradores accionistas, o art. 118º, nº 3º, do CCom contém um dever de "exercer os cargos para que a sociedade o nomear". Este preceito pode levar a crer que o dever de administrar decorre já do contrato de sociedade, estando apenas condicionado ao acto de eleição ou de "nomeação" e que, portanto, este acto não é, realmente, inovador para a esfera jurídica do accionista eleito ou nomeado administrador. Adiante se verá que não é assim.

Aliás, o CSC não retomou tal preceito ([9]).

Mas quanto a administradores não accionistas (o que é permitido pelo DL nº 389/77, de 15.9, e pelo CSC, art. 390º, nº 3), nem esse argumento pode ser invocado: a eleição cria efectivamente novos poderes, direitos e deveres na esfera jurídica dos administradores, que não estavam anteriormente vinculados à sociedade, nem podem passar a estar sem o seu consentimento.

A natureza negocial da eleição é, pois, irrecusável.

([7a]) Ainda que de modo inoponível a terceiros, mas vinculante entre as partes (cf. CSC, art. 6.º, nº 4, e 409º).
([8]) Cf. I. GALVÃO TELLES, *Direito das Obrigações*, 1979, pág. 173.
([9]) Cf. art. 20º, 21º, nº1, al. *d*), 285º e segs., 390º e segs..

SUBSECÇÃO III

A eleição como deliberação social

DIVISÃO I

Considerações gerais

Para recusar à eleição de administradores a natureza de contrato, de negócio jurídico ou até de declaração negocial há quem invoque o facto de que a eleição pelos accionistas é afinal uma deliberação dos accionistas, uma deliberação social — havendo quem negue a esta tal natureza.

Importa, por isso, analisar a questão da natureza das deliberações dos accionistas e, depois, ver se a eleição pelos accionistas tem a natureza de uma deliberação e se tem algo de específico e diferente relativamente às demais deliberações.

DIVISÃO II

Natureza das deliberações sociais ([1])

Chama-se *deliberação* à expressão da vontade de um órgão plural, que corresponde à proposta que obtiver a maioria dos votos, isto é, das declarações dos membros do órgão ([2]).

([1]) Reproduz-se a seguir, com algumas alterações, um texto anteriormente publicado pelo autor, em *Direito Comercial*, 1989, vol. III, pág. 97 e segs..

([2]) Cf. Marcello Caetano, *Manual de Direito Administrativo*, 10ª ed., vol. I, pág. 207 e segs. e 443, e Manuel de Andrade, *Teoria Geral da Relação Jurídica*, vol. II, págs. 40 e segs.. Alguns autores falam de deliberações só quanto a órgãos colegiais (para expressões de vontade simultâneas de vários membros do órgão), e não quanto a órgãos de funcionamento conjunto (para expressões de vontade sucessivas de vários membros do órgão), não abrangendo nesse conceito as deliberações tomadas por escrito, nos termos do art. 54.°, nº 1, do CSC. Sobre o assunto, cf. Vasco G. Lobo Xavier, *Anulação*, pág. 35 e seg. e bibliog. aí cit.. Com o CSC a questão fica resolvida no sentido do texto, uma vez que se consideram deliberações tanto as tomadas em assembleia (art. 373º, por exemplo) ou conselho (art. 410.°, 423º, 433º, 445º), colegialmente, como as tomadas por escrito (art. 54º, nº 1), conjuntamente. Num sentido muito amplo, pode chamar-se deliberação à expressão da vontade de um conjunto de pessoas que obtém o apoio da maioria destas.

Deliberação social é a deliberação de um órgão plural de uma sociedade ([3]).

Aqui interessa analisar a natureza das deliberações da colectividade dos accionistas das sociedades anónimas – tendo presente que estas tanto podem ser tomadas em assembleia geral como por escrito (CSC, art. 53.°, n° 2, 54º e 373º, nº 1).

A natureza das deliberações sociais ([4]) tem sido dos problemas mais debatidos na doutrina comercialista ([5]), como, aliás, também na civilista. Nesse complexo debate contrapõem-se, fundamentalmente, as seguintes teorias, que interessa analisar e criticar, ainda que sumariamente:

a) Teoria do contrato;
b) Teoria do acordo;
c) Teoria da pluralidade de negócios de voto;
d) Teoria do acto jurídico (não negocial);

([3]) Não se vê razão para negar a qualificação de deliberação social a deliberações de outros órgãos colegiais de uma sociedade anónima (de administração, de fiscalização, etc.) ou de outros tipos de sociedades. Neste sentido, cf., por exemplo, G. ROMANO-PAVONI, *Le deliberazioni delle assemblea delle società*, pág. 29 e segs.; contra: MIGUEL PUPPO CORREIA, *Direito Comercial*, Lisboa, Univ. Lusíada, 1988, pág. 491, e PINTO FURTADO, *Curso de Direito das Sociedades*, pág. 236, que afirma que as deliberações do conselho de administração ou do conselho fiscal de uma sociedade personalizada "não são imputáveis à sociedade como pessoa colectiva" e por isso não são "deliberações sociais", mas "resoluções"; o argumento é inexacto e prova demais, pois, a ser assim, aqueles conselhos não seriam sequer órgãos da sociedade – contra o entendimento corrente da doutrina. O CSC usa a expressão "deliberações" nesse sentido (art. 410.°, 423.°, 433.° e 445.°), por sugestão do autor destas linhas (salvo no art. 407.°, n° 5, por mero lapso).

([4]) Esta é uma expressão clássica usada para referir as deliberações das assembleias gerais de sócios de sociedades. Mas a maioria das observações feitas vale também para deliberações de outros órgãos plurais de pessoas colectivas.

([5]) Para maiores desenvolvimentos e além dos autores a seguir citados, cf. BARTHOLOMEYCZ, *Die Stimmabgabe im System der Rechtshandlungen*, Bresland, 1937; BARTHOLOMEYCZ, "Der Körperschaftsbeschluss als Rechtsgeschäft", in *ZHR*, 105 (1937), págs. 293-334; BOHN, *Wesen und Rechtsnatur des Gesellschaftsbeschlusses* (Diss.), Hamburgo, 1950; VICENTE Y GELLA, *Las resoluciones de la assemblea general de una sociedad anonima*, 1932, págs. 24 e 35; VICENTE Y GELLA, *Curso de Derecho mercantil*, Zaragoza, 1948, vol. I, pág. 217; A. DONATI, *L'invalidità della deliberazione di assemblea delle società anonime*, Milano, 1937, pág. 33 e segs.; A. DONATI, "Natura giuridica delle deliberazioni di assemblea delle società commerciali", in *Scritti in memoria de Ageo Arcangeli*, 1939, vol. I, pág. 185; G. ROMANO-PAVONI, *Le deliberazioni delle assemblea delle società*, Milano, 1951, pág. 4 e segs., e BRUNETTI, *Trattato del diritto delle società*, 1948, vol. I, págs. 118 e segs., e vol. II, págs. 324 e segs..

e) Teoria do acto jurídico negocial ou não;
f) Teoria do negócio jurídico;
g) Teoria do acto plurilateral;
h) Teoria do acto colectivo ou complexo;
i) Teoria do negócio unilateral plural heterogéneo;
j) Teoria do acto simples colegial;
l) Teoria do acto colegial ou conjunto.

SUBDIVISÃO I

Teoria do contrato

I – Para alguns autores, a deliberação social é um contrato, enquanto negócio jurídico bilateral ou plurilateral ([6]).

Corresponde à concepção mais antiga, que encara as deliberações dos sócios como explicitação, completamento e, porventura, modificação do contrato de sociedade ([7]).

II – Em crítica, diz-se que, no contrato, os contraentes visam a satisfação de interesses contrapostos, criando um vínculo entre eles, mediante consenso, enquanto na deliberação social os sócios não visam a satisfação de interesses antagónicos (mas um fim comum), nem criam um vínculo entre eles (mas entre a sociedade e os sócios ou entre aquela e os membros de outros órgãos), nem é necessário consenso (basta a maioria de votos) ([8]).

III – Em face destas críticas, responde-se que nas deliberações sociais também há frequentemente interesses antagónicos, v. g., quando uns sócios pretendem distribuir lucros e outros retê-los como

---

([6]) Cf. BEKKER, *System des heutigen Pandektenrechts*, vol. II, pág. 94, e in *ZHR*, vol. 17, pág. 427; BIERMANN, *Bürgerliches Recht*, 1908, vol. I, pág. 45, n.° 5 a), e ENNECCERUS-KIPP-WOLFF, *Handbuch des Bürgerlichen Rechts*, Marburgo, 1928, vol. 1, pág. 359, cit. por DONATI, *L'invalidità*, pág. 39.

([7]) Deve notar-se que a noção de contrato evoluiu no sentido de restringir esta figura a negócios jurídicos bilaterais ou plurilaterais. A doutrina mais antiga adopta um conceito de contrato mais amplo. Cf. EDUARDO CORREIA, "A punibilidade da simulação nas deliberações sociais", in *RLJ*, ano 97º, 1964/65, pág. 17 e segs. e 49 e segs..

([8]) Neste sentido, cf. BARTHOLOMEYCZ, "Der Koerperschastsbeschluss als Rechtsgeschaeft", in *ZHR*, 1938, pág. 326, e A. DONATI, *L'invalidità della deliberazione di assemblea delle società anonime*, pág. 40.

reservas, ou uns querem criar direitos especiais que outros não aceitam.

Além disso, alguns autores consideram que a deliberação social é um contrato, ao menos, no caso de alteração do contrato de sociedade ([9]) ou de dissolução e liquidação.

Mas pode replicar-se que, mesmo nesses casos, há modificação das relações entre a sociedade e os sócios, não entre os sócios (quando a sociedade tem personalidade jurídica) ([10]).

E alguns entendem que a deliberação social tomada por unanimidade seria um contrato ([11]), admitindo que o não seja quando tomada por maioria. Mas replica-se que, mesmo no caso de unanimidade, não há o vínculo recíproco característico do contrato ([12]).

SUBDIVISÃO II

Teoria do acordo

I – Alguns autores contrapõem contrato ("Vertrag") e acordo ("Vereinbarung"), entendendo que, no acordo, concorrem várias declarações de vontade com o mesmo conteúdo (não conteúdos opostos ou análogos), que os diversos declarantes não têm interesses contrapostos e que os acordos criam normas ou estatuições gerais e abstractas ([13]).

E consideram que a deliberação social não é um contrato, mas um acordo ([14]).

([9]) Neste sentido, cf. VIVANTE, *Trattato di diritto commerciale*, vol. II, pág. 79, nº 45; SALANDRA, "Ancora sui mutamenti sociali pubblicati", in *FI*, 1933, I, pág. 755, cit. por DONATI, *L'invalidità*, pág. 40.

([10]) Cf. SCORZA, *Ancore sull'esecuzione di mutamenti statutari non pubblicati di una società regolarmente costituita*, Nápoles, 1933, pág. 5 e segs., e A. DONATI, *L'invalidità*, pág. 40.

([11]) Cf. HECK, "Gesellschaftsbeschluesse und Willensmaengel bei der Gesellschaft des BGB", in *Festschrift f. O. Gierke*, Weimar, 1911, pág. 319 e seg. e 351.

([12]) Cf. A. DONATI, *L'invalidità*, pág. 40.

([13]) Cf. MANUEL ANDRADE, *Teoria Geral da Relação Jurídica*, vol. II, pág. 41.

([14]) Cf. JELLINEK, *Allgemeine Staatslehre*, 3ª ed., 1922, pág. 559, *System der oeffentlichen subjektiven Rechte* (trad. it.), 1912, pág. 224; TRIEPEL, *Voelkerrecht und Landesrecht*, Leipzig, 1889, pág. 35 e segs.; KORMANN, *System des rechtsgeschaeftlichen Staatsaktes*, 1910, pág. 41 e 43, cit. por DONATI, *L'invalidità*, pág. 42, e NAVARRINI, *Trattato teorico-prático di diritto commerciale*, vol. IV, 1920, pág. 421 e seg..

II – A noção de acordo respeita, porém, a uma classificação dos actos jurídicos ultrapassada pela doutrina ([15]) e que não corresponde bem à natureza da deliberação social: os sócios, ao deliberar, não se vinculam uns aos outros através de um acordo, antes exprimem a vontade que há-de vincular a pessoa colectiva ([16]).

SUBDIVISÃO III

Teoria da pluralidade de negócios de voto

I – Partindo da ideia de que não há actos bilaterais ou plurilaterais que não sejam contratos, há quem entenda que a deliberação social não é um acto único, mas uma pluralidade de negócios de voto, cada um com o seu efeito próprio, os quais, em conjunto, produzem efeitos combinados por virtude de um puro procedimento de facto ([17]).

II – Desde que se admita a existência de actos bilaterais ou plurilaterais não contratuais, v. g., actos colectivos ou complexos, esta tese deixa de ter fundamento ([18]). Aliás, os efeitos da deliberação social, como conjunto de votos, resultam da lei e não de um mero procedimento de facto.
Por outro lado, as declarações de vontade componentes da deliberação não podem, isoladamente, produzir os efeitos característicos da deliberação: só apurados os resultados do conjunto delas e determinado o respectivo significado isso pode acontecer ([19]).

([15]) Cf. A. DONATI, *ob. cit.*, pág. 33 e segs., e SANTORO-PASSARELLI, *Teoria Geral do Direito Civil* (trad. port.), pág. 176 e seg..

([16]) Cf. BARTHOLOMEYCZ, "Der Koerperschastsbeschluss als Rechtsgeschaeft", in *ZHR*, 1938, pág. 329.

([17]) Cf. SEUFERT, recens. a BEKKER, in *Krit. Vierteljahresschrift*, nova série, vol. IV, pág. 609; REGELSBERGER, *Pandekten*, Leipzig, 1893, vol. I, pág. 322 e segs., cit. por A. DONATI, *L'invalidità*, pág. 40.

([18]) Cf. A. DONATI, *L'invalidità*, pág. 40 e ob. aí cit..

([19]) Cf. BARTHOLOMEYCZ, "Der Koerperschastsbeschluss als Rechtsgeschaeft", in *ZHR*, 1938, pág. 330 e seg..

SUBDIVISÃO IV

Teoria do acto jurídico (não negocial)

I – Alguns autores entendem que a deliberação social não é um contrato, nem outro negócio jurídico, mas sim um acto jurídico em sentido estrito, ou "um acto social de formação da vontade colectiva através de decisão maioritária". E negam que ele tenha natureza negocial, por dizer respeito apenas à vida interna da pessoa colectiva, não produzindo efeitos jurídicos perante terceiros, pelo menos em regra. Por exemplo, a aprovação do balanço da sociedade não seria negócio jurídico, pelo mesmo motivo que a aprovação do balanço de um comerciante individual não o seria ([20]).

II – Todavia, a doutrina dominante considera hoje que pode haver deliberações da assembleia geral com eficácia externa ([21]); e que mesmo as deliberações com mera eficácia interna podem ter a natureza de negócios jurídicos ([22]).

SUBDIVISÃO V

Teoria do acto jurídico negocial ou não

I – Numa posição ecléctica, alguns autores entendem que as deliberações sociais tanto podem ser negócios jurídicos como meros actos jurídicos não negociais.

Observam que uma deliberação de uma assembleia pode ser uma declaração de vontade, mas pode também ser uma declaração de desejo, ou uma declaração de representação (v. g., um parecer dirigido aos administradores), ou uma declaração de ciência, ou mesmo uma declaração de um sentimento (v. g., de aplauso ou de pesar) ([23]).

([20]) Cf. HORRWITZ, *Das Recht der Generalversammlungen der Aktiengesellschaften und Kommanditgesellschaften auf Aktien*, 1913, pág. 71; GESSLER-HEFERMEHL, *AktG-Kommentar*, § 133, Anm. 5-7; SCHMIDT, in HACHENBURG, *GmbHG*, § 45, Anm. 8 (entende que é o voto e não a deliberação que tem a natureza de negócio jurídico), e PINTO FURTADO, *Código Comercial Anotado*, vol. I, pág. 503 e segs., e vol. II, t. II, pág. 584.

([21]) Cf., por todos, A. DONATI, *L'invalidità*, pág. 28 e seg..

([22]) Cf. A. DONATI, *L'invalidità*, pág. 53.

([23]) Cf. A. DONATI, *L'invalidità*, pág. 50 e segs.; GRAZIANI, *Diritto delle società*, pág. 348 e segs.; RENKL, *Der Gesellschafterbeschluss*, pág. 34; BARZ, in *Grosskomm. AktG*, § 119, Anm. 13, e GODIN-WILHELMI, *AktG-Kommentar*, § 119, nota 7.

Noutra perspectiva, partindo da distinção entre deliberações autónomas e deliberações de procedimento (por exemplo, as que elegem o presidente da mesa, estabelecem o modo de votação, ou adiam a reunião), consideram que estas não constituem um negócio jurídico, mas um mero elemento do processo formativo da deliberação autónoma ([24]).

Além disso, consideram como negócio jurídico as deliberações autónomas que formam a vontade social com eficácia meramente interna, assim como as deliberações autónomas que formam e declaram a vontade social com eficácia externa; mas qualificam as deliberações que formam uma vontade da sociedade, destinada ao exterior, mas que deverá ser declarada pelos administradores, como mero elemento do negócio jurídico ([25]).

II – Parece evidente que o processo de votação característico das deliberações sociais tanto pode ser usado para apurar uma vontade imputável à pessoa colectiva e com conteúdo negocial, como para apurar um sentimento comum de uma colectividade ou uma situação de ciência de um conjunto de pessoas. Resta saber se não será preferível pôr designações diferentes a realidades com natureza e efeitos jurídicos diversos, reservando, por exemplo, a expressão deliberação, em sentido amplo, para todas essas realidades heterogéneas e deliberação, em sentido estrito, para as que têm carácter negocial.

SUBDIVISÃO VI

Teoria do negócio jurídico

I – Uma grande parte da doutrina actual considera que a deliberação social tem sempre a natureza de negócio jurídico, isto é, de declaração de vontade com efeito jurídico correspondente ao querido pelo agente ([26]).

II – Entre os defensores desta teoria não há, contudo, acordo quanto à qualificação da deliberação entre as várias espécies de negócios jurí-

---

([24]) Cf. DONATI, *L'invalidità*, pág. 52.
([25]) Cf. DONATI, *L'invalidità*, pág. 53 e seg..
([26]) Neste sentido, cf., por exemplo, BRUNETTI, *Trattato del diritto delle società*, vol. II, pág. 324 e segs. e autores cit. por VASCO G. LOBO XAVIER, *Anulação*, pág. 554.

dicos: para uns, é um negócio jurídico comum ([27]), para outros, um negócio jurídico particular ([28]), ou "sui generis" ([29]), ou interno ([30]), ou independente ([31]), ou dependente ([32]), ou social ([33]), ou colectivo ([34]).

E mesmo para os que defendem concepções eclécticas, há divergências quanto à qualificação da deliberação social entre os vários tipos possíveis de actos ou negócios jurídicos.

SUBDIVISÃO VII

Teoria do acto plurilateral

I − Alguns autores afirmam que a deliberação social não é um contrato, mas um acto plurilateral ([35]), por provir de uma pluralidade de declarações de vontade.

II − Esta tese é rejeitada pelos que consideram que a distinção entre o acto unilateral e o acto plurilateral não assenta na unidade ou pluralidade de declarações de vontade, mas sim na unidade ou pluralidade de direcções de vontade ou de partes ([36]); e observam que na deliberação social não há várias direcções de vontade ou partes, mas várias vontades

---

([27]) Sem indagar a espécie, cf. VIVANTE, NAVARRINI, SCORZA, cit. por DONATI, *L'invalidità*, pág. 49; M. ANDRADE, *Teoria Geral da Relação Jurídica*, vol. II, pág. 40 e seg., e VASCO G. LOBO XAVIER, *Anulação de Deliberação Social e Deliberações Conexas*, págs. 554 e 555, nota 15.

([28]) Cf. A. SCIALOJA, VON TUHR, *Der Allgemeine Teil des Deutschen Buergerlichen Rechts*, vol. I, pág. 517, cit. por DONATI, *L'invalidità*, pág. 49.

([29]) Cf. FERRI, in *Dir. e prat. comm.*, 1932, I, 190, e "Eccesso di potere e tutela delle minoranze", in *RivDCom*, 1934, I, pág. 740, nota 4, cit. por DONATI, *L'invalidità*, pág. 49.

([30]) Cf. MOSSA, "L'inefficacia della deliberazione dell' assemblea nelle società per azioni", in *RivDCom*, 1915, pág. 444, cit. por DONATI, *L'Invalidità*, pág. 50.

([31]) Cf. MOSSA, cit. por DONATI, *L'invalidità*, pág. 50.

([32]) Cf. HECK, cit. por DONATI, *L'invalidità*, pág. 49 e segs..

([33]) Cf. O. GIERKE, *Gennossenschaftstheorie*, pág. 133 e 714.

([34]) Cf. SOPRANO, *Trattato teorico-prático delle società commerciali*, pág. 586 e seg..

([35]) Cf. VON TUHR, *Der allgemeine Teil des deutschen bürgerlichen Rechts*, Leipzig, 1914, vol. II, pág. 232; ZOELLNER, in *Koelner Kommentar*, § 133, Anm. 13-15, e ROCCO, *Principi di diritto commerciali*, Torino, 1928, pág. 266.

([36]) É a terminologia de I. GALVÃO TELLES, *Dos Contratos em Geral*, 2ª ed., págs. 18 e segs..

unidas ou fundidas (³⁷). Por outro lado, há deliberações tomadas por um único sócio (³⁸).

III — Numa formulação mais recente, LARENZ (³⁹) contrapõe os negócios jurídicos unilaterais (que podem ser praticados eficazmente por uma única pessoa), os contratos (negócios jurídicos em cuja verificação participam necessariamente várias pessoas, em regra duas, que por esse meio se vinculam reciprocamente) e as deliberações.

Estas consistem em declarações de vontade de uma associação, de uma sociedade (não personificada — "Gesellschaft"), de uma pessoa colectiva ("Koerperschaft") ou de um órgão plural de uma pessoa colectiva, formadas por unanimidade ou por maioria de votos, pelas quais devem ser reguladas as relações internas desta associação. São vinculativas não só para os que participaram na tomada da deliberação (votando a favor ou contra), mas para todos os associados. Mas não regulam as relações da associação (isto é, do conjunto dos associados ou da pessoa colectiva) com terceiros; para regular estas relações é necessário um negócio jurídico celebrado perante terceiros em nome de todos os associados ou da pessoa colectiva.

A deliberação distingue-se do contrato porque, quando tomada de harmonia com os estatutos, vincula também os associados que não a votaram e porque modela, não as relações dos votantes entre si, como indivíduos, mas a esfera jurídica que lhes é comum ou a esfera jurídica da pessoa colectiva que eles representam.

Não toma, assim, em consideração os casos (raros, é certo) em que a deliberação tem eficácia externa.

SUBDIVISÃO VIII

Teoria do acto colectivo ou complexo

I — A teoria do acto colectivo ou complexo assenta na contraposição destes ao contrato. Foi desenvolvida por KUNTZE (⁴⁰) e, depois,

---

(³⁷) Cf. A. DONATI, *L'Invalidità*, pág. 41.
(³⁸) Cf. BARTHOLOMEYCZ, "Der Koerperschastsbeschluss als Rechtsgeschaeft", in *ZHR*, 1938, pág. 330.
(³⁹) Cf. *Allgemeiner Teil des deutschen buergerlichen Rechts — Ein Lehrbuch*, 2ª ed., 1972, pág. 261 e seg..
(⁴⁰) Cf. "Der Gesamtakt, ein neuer Rechtsbegriff", in *Festgabe fuer Mueller*, 1892.

acolhida na doutrina italiana por Rocco ([41]) e Messineo ([42]), entre outros ([43]).

O contrato é visto como uma síntese de declarações de vontade entrecruzadas, de conteúdo heterogéneo, produzindo efeitos diferentes para cada uma das partes, tendo em vista a composição de interesses antagónicos (por exemplo, na compra e venda, a aquisição da propriedade de uma coisa tendo em vista desfrutá-la, por um lado, e a aquisição do preço, para dispor de dinheiro, por outro).

Diferentemente, o acto colectivo ["Gesamtakt" ([44])] é um conjunto (soma) de declarações de vontade paralelas, de conteúdo homogéneo, produzindo um efeito jurídico comum a todas as partes, em que cada uma participa "pro quota", e visando interesses semelhantes e comuns.

Alguns autores falam indiferentemente em actos colectivos (ou conjuntos) e actos complexos; outros contrapõem estes àqueles, considerando que no acto colectivo as vontades dos declarantes se fundem numa vontade unitária, perdendo a individualidade, enquanto no acto complexo as vontades se unem, mantendo-se discerníveis no interior do acto ([45]).

A partir destas distinções, há quem considere a deliberação como um característico acto colectivo: um conjunto de declarações de vontade paralelas, de conteúdo homogéneo, produzindo um efeito jurídico comum a todas as partes, em que cada uma participa "pro quota", e visando interesses semelhantes e comuns ([46]).

([41]) Cf. *Princípios de Direito Comercial* (trad. port.), 1931, pág. 364 e segs..

([42]) Cf. "La strutura della società e il c. d. contrato plurilaterale", in *RDCiv*, 1942, pág. 65 e segs., e *Studi di diritto delle società*, pág. 15 e segs..

([43]) Cf. as referências de Soprano, *Le società commerciali*, 1934, vol. I, pág. 586 e segs..

([44]) I. Galvão Telles, *Dos Contratos em Geral*, 2ª ed., pág. 19, traduz "Gesamtakt" por acto plural. Esta terminologia diverge, contudo, da corrente na doutrina comercialista italiana e portuguesa.

([45]) Cf. Messineo, art. cit. in *Studi*, pág. 28.

([46]) Cf. Vivante, *Trattato di diritto commerciale*, n.° 488; A. Scialoja, "L'opposizione del socio alle deliberazioni delle assemblee nelle società anonime", in *RivDCom*, 1903, I, pág. 202 e seg., e in *Studi di dir. priv.*, Roma, 1906, pág. 338; Messineo, *Doctrina general del contrato* (trad. esp.), Buenos Aires, 1952, vol. I, págs. 63 e segs.; Mossa, "L'ineficacia della deliberazione dell'assemblea nelle società per azioni", in *RivDCom*, 1915, I, pág. 444; Roujou de Boubée, *Essai sur l'acte juridique collectif*, Paris, LGDJ, 1961. Remy Cabrillac *(L'acte juridique conjonctif en droit privé français*, Paris, LGDJ, 1990, pág. 145 e segs.) considera a deliberação de uma assembleia de uma colectividade sem personalidade jurídica como um acto unilateral

Alguns autores qualificam a deliberação social, indiferentemente, como acto colectivo ou complexo ([47]).

Entre os autores que distinguem as duas figuras, uns qualificam a deliberação social como acto colectivo ([48]), outros consideram que se trata de um acto complexo ([49]).

II – Em crítica a estas teorias diz-se, primeiro, que, se se admite a distinção entre acto colectivo e acto complexo, a deliberação social pode ser um ou outro, mas não ambos ao mesmo tempo ([50]).

Em segundo lugar, observa-se que o acto colectivo supõe consenso ou acordo unânime dos declarantes, para a satisfação de interesses comuns, produzindo efeitos jurídicos comuns a todas as partes; enquanto a deliberação social é tomada por maioria das declarações de vontade dos sócios, que se fundem, perdendo a individualidade, nem sempre visam interesses comuns e o seu efeito jurídico é atribuído à pessoa colectiva, vinculando mesmo (indirectamente) os sócios ausentes ou discordantes ([51]).

Quanto à qualificação como acto complexo, objecta-se que este corresponde a declarações de vontade de vários sujeitos ou de vários órgãos distintos (cada um com determinada competência), e não à fusão de declarações de vontade de várias pessoas físicas pertencentes ao

---

conjuntivo ou acto conjuntivo colectivo, partindo da definição de acto conjuntivo como acto jurídico em que várias pessoas se juntam no seio de uma mesma parte, isto é, para um mesmo interesse, definido por referência ao objecto do acto. J. DIAS MARQUES ("A simulação nas deliberações sociais", in *ROA*, ano 11º, 1952, pág. 334 e segs.) qualifica a deliberação como "acto colectivo", mas num sentido diverso do referido pela doutrina italiana e francesa.

([47]) Cf. NAVARRINI, *Commentario*, pág. 628; ROCCO, cit. por DONATI, *L'invalidità*, pág. 41, nota 3; SCORZA, *Gli statuti degli enti a tipo associativo*, Roma, 1934, pág. 106, distingue acto colectivo e acto complexo, mas usa as duas expressões indiferentemente para a deliberação social.

([48]) Cf. autores cit. na nota 46.

([49]) Cf. COVIELLO, *Manuale di diritto civile italiano*, Milano, 1924, pág. 321; PUGLIATTI, *Istituzioni di diritto civile*, Milano, 1935, vol. III, pág. 73; SCORZA, "L'eccesso di poteri come causa di invalidità delle deliberazioni di assemblea delle anonime", in *RivDCom*, 1933, I, pág. 657, e *Ancora sull'esecuzione di mutamenti;* CARNELUTTI, "Contratto e diritto pubblico", in *Studi per Ascoli*, Messina, 1930, e *RivDPub*, 1929, págs. 659 e segs.; S. ROMANO, *Corso di diritto amministrativo*, pág. 181; VITTA, *Gli atti collegiali*, Roma, 1920, pág. 33, cit. por DONATI, *L'invalidità*, pág. 43.

([50]) Cf. A. DONATI, *L'invalidità*, pág. 41.

([51]) Cf. A. DONATI, *L'invalidità*, pág. 42.

mesmo órgão. Argumenta-se que não pode falar-se de verdadeira fusão de declarações de vontade quando a deliberação pode ser tomada por maioria, existindo, portanto, contraste entre a maioria e a minoria ([52]).

SUBDIVISÃO IX

Teoria do negócio unilateral plural heterogéneo

I – I. GALVÃO TELLES, a propósito da classificação dos contratos entre os factos jurídicos, qualifica as deliberações como uma espécie de negócio jurídico unilateral plural heterogéneo ([53]). Unilateral por ser manifestação de uma única parte – e "parte é o suporte, o titular de cada um dos interesses em causa, suporte formado por várias pessoas sempre que o interesse tem carácter comum ou colectivo"; plural, porque a parte se compõe de mais de uma pessoa; e heterogéneo, porque supõe a possibilidade de uma luta de vontades divergentes, decidida pelo princípio da maioria.

II – Esta qualificação é aceitável relativamente a deliberações de colectividades sem personalidade jurídica. No entanto, quando a deliberação é directamente imputada a uma pessoa colectiva, não parece correcto falar de acto plural, porque a parte no acto é uma só: a pessoa colectiva. Os membros do órgão não são parte no acto jurídico, não são (pelo menos, não têm de ser sempre) sujeitos da relação jurídica criada, modificada ou extinta pela deliberação. Basta pensar numa deliberação no sentido de ser intentada uma acção de responsabilidade civil contra um administrador: não afecta directamente os accionistas (ainda que o resultado dessa acção possa vir a beneficiá-los indirectamente). A deliberação social constitui um acto da sociedade.

([52]) Cf. BARTHOLOMEYCZ, "Der Koerperschastsbeschluss als Rechtsgeschaeft", in *ZHR*, 1938, pág. 333, e A. DONATI, *L'invalidità*, pág. 42 e segs.. Este autor considera como acto complexo o acto constituído por declarações de vontade de vários órgãos de uma mesma pessoa colectiva (acto complexo interno); contra: ASCARELLI, *Società e associazioni commerciali*, pág. 144.

([53]) Cf. *Manual dos Contratos em Geral*, 3ª ed., pág. 21 e seg..

SUBDIVISÃO X

Teoria do acto simples colegial

I – Outros autores ainda – e parece ser a posição actualmente dominante – defendem que a deliberação social é um acto simples colegial. Partem da crítica às demais concepções e, sobretudo, à teoria do acto complexo. E, uma vez reconhecida à assembleia geral a qualidade de órgão e admitido o princípio maioritário, entendem que a vontade de cada membro (em concurso com a vontade dos outros membros da maioria) pode ser dirigida, não à realização do fim da deliberação, mas só à formação da vontade do órgão (à formação da deliberação), a qual por sua vez se dirige a um determinado fim. É o ordenamento jurídico que determina, no sentido do querido pela maioria, a declaração de vontade do órgão e, portanto, da pessoa colectiva.

A deliberação da assembleia, como vontade de um órgão único (diversa da vontade dos seus membros), é, pois, um acto simples (ou unitário) e unilateral, ainda quando seja elemento (como proposta ou aceitação) de um contrato ou de outro negócio bilateral ou plurilateral concluído com terceiros. Distingue-se, em todo o caso, no seu processo de formação, do negócio jurídico individual e, por isso, é qualificado como acto simples (ou unilateral) colegial ([54]).

([54]) Cf. S. ROMANO, "Osservazioni preliminari per una teoria sui limiti della funzione legislativa", in *Arch. dir. pubbl.*, 1902, pág. 7; TRENTIN, *L'acto amministrativo*, Roma, 1915, pág. 154; DE VALLES, *Teoria giuridica dell'organizzazione dello Stato*, 1931, vol. I, pág. 31, nota 40, 190; ASCARELLI, *Note preliminari sulle intese industriali*, sep. *RivISG*, 1933, pág. 20, nota 11, e *Società e associazioni commerciali*, Roma, 1936, 3ª ed., pág. 144; CALAMANDREI, "La sentenza soggettivamente complexa", in *Studi sul processo civile*, 1930, vol. II, pág. 223 e 226; SOPRANO, *Trattato teorico-pratico delle società commerciali*, 1934, vol. I, pág. 586 e segs.; A. DONATI, *L'invalidità*, pág. 43 e segs.; CANDIAN, *Nullità*, págs. 9 e segs.; BARTHOLOMEYCZ, "Der Koerperschastsbeschluss als Rechtsgeschaeft", in *ZHR*, 1938, pág. 325 e segs. e sobretudo 331 e segs.; BRUNETTI, *Trattato del diritto delle società*, vol. I, pág. 118 e segs., e vol. II, pág. 324 e segs.; GRECO, *Le società*, pág. 256 e segs.; GARRIGUES-URIA, *Comentario*, vol. I, pág. 576 e seg.. Neste sentido, cf. também DIAS MARQUES, "A simulação nas deliberações sociais", in *ROA*, ano 11.º (1951), nº 3-4, págs. 334 e segs. (embora qualifique a deliberação como "acto colectivo", mas num sentido diverso do referido acima, manifestando concordância com as posições de DONATI e BRUNETTI); GRAZIANI, *Diritto delle società*, págs. 346 e segs..

SUBDIVISÃO XI

Posição adoptada

I – Essencial ao conceito e à generalidade do regime da deliberação é o processo de votação, ou seja, de apuramento da opinião da maioria de um conjunto de pessoas. É um modo de escolha de alternativas por uma colectividade de pessoas.

É possível usar o processo de votação para expressar uma declaração de ciência (v. g., reconhecer a verificação ou o conhecimento de certo facto), uma declaração de um sentimento (v. g., saudação, confiança ou desconfiança, louvor, aplauso, protesto, pesar) ou de um desejo. Mas tais declarações não são, em regra, deliberações, em sentido próprio, mas simples moções ou votos. Podem produzir efeitos jurídicos como factos jurídicos, em sentido estrito ([55]). As deliberações sociais, em sentido próprio, são manifestações de vontade que, como tais, produzem efeitos de direito: são actos jurídicos.

Todavia, apesar das diferenças essenciais, há semelhanças processuais entre as duas figuras, podendo admitir-se um conceito genérico de deliberação social, em sentido amplo, abrangendo como espécies, tanto a deliberação social em sentido próprio ou estrito (acto de vontade), como a deliberação social em sentido impróprio – moção ou voto (declaração de ciência, de sentimento ou de desejo). A referência a deliberação social, sem mais adjectivos, corresponderá a seguir a um acto voluntário.

II – Parece actualmente fora de dúvida que, pelo menos, a maior parte das deliberações têm natureza negocial: são actos de autonomia da

---

([55]) Os votos de louvor, de pesar, de desconfiança e análogos não produzem, em regra, efeitos de direito (cf. GODIN-WILHELMI, *AktG Kommentar*, § 119, Anm. 7; SOPRANO, *Trattato*, vol. I, nº 586, pág. 597; DE GREGORIO, *Corso*, pág. 278; GRECO, *Le società*, pág. 264; TRIMARCHI, *Invalidità*, pág. 30). Mas podem, em certas circunstâncias, ter alguma relevância jurídica, v. g. quanto à responsabilidade dos administradores perante a sociedade, como observam estes dois últimos autores; e podem, em certos casos, ser passíveis de declaração de nulidade ou anulação, como aconteceu nos Ac STJ de 24.7.1962, in *BMJ*, nº 119, pág. 549, e Ac RelP de 21.7.1967, in *JR*, 1967, pág. 714 (cf. VASCO G. LOBO XAVIER, *Anulação de Deliberação Social*, pág. 560). Em face do CSC, as "deliberações" ou "votos de confiança" têm efeitos jurídicos importantes nas sociedades anónimas de estrutura dualista (CSC, art. 451.°, n° 2 e 3), podendo a "retirada de confiança" pela assembleia geral constituir justa causa de destituição de directores (CSC, art. 430°, nº 2).

vontade, actos a que o direito atribui efeitos jurídicos correspondentes aos objectivos queridos pelo agente (a não ser que estejam viciados).

Quando a assembleia geral de uma sociedade elege administradores, delibera distribuir certa importância como dividendo, ou alterar o contrato de sociedade, parece dificilmente contestável que ela está a praticar negócios jurídicos.

Mesmo quando a deliberação social produz efeitos meramente internos (nas relações entre a sociedade e os sócios ou entre a sociedade e os membros dos órgãos), ela é uma manifestação de vontade que, na sua forma perfeita, produz efeitos jurídicos correspondentes aos queridos e, portanto, é um negócio jurídico.

E as deliberações serão sempre negócios jurídicos?

É certo que a assembleia geral de uma sociedade pode utilizar o processo de votação para expressar uma declaração de ciência, de sentimento ou de desejo. Mas, como se disse já, parece mais curial entender que tais declarações não são verdadeiras deliberações, em sentido próprio, mas meras moções ou votos ([56]), sujeitas a um regime jurídico diverso, senão quanto ao processo formativo, ao menos quanto aos efeitos ([57]).

Por outro lado, parece de aplicar aos negócios jurídicos – ou, se se preferir, às declarações negociais – a classificação, corrente na doutrina civilista, que distingue os factos jurídicos principais (constitutivos, modificativos e extintivos) e os factos jurídicos secundários (impeditivos, permissivos e confirmativos) ([58]). Na verdade, não se vê razão para excluir a natureza de declaração negocial a uma declaração de vontade que produz os efeitos jurídicos queridos só por ela ser condição dos efeitos jurídicos de outra declaração principal.

Por igual razão, não se vê motivo para recusar a natureza negocial às deliberações de mero procedimento (fixação do tempo de uso da palavra de cada participante, encerramento do debate, fixação da ordem das propostas a submeter à votação, etc.), que de certo modo condicionam outras deliberações autónomas. Os actos processuais também podem ser negócios jurídicos, visto que produzem efeitos conformes à vontade (não viciada) do agente. O que não quer dizer que todos o sejam.

([56]) Cf. CRP, art. 169°, n.° 3.

([57]) Aliás, uma declaração de ciência pode, em certas circunstâncias, ser um negócio jurídico. Neste sentido, cf. CASTRO MENDES, *Teoria Geral do Direito Civil*, vol. II, pág. 77.

([58]) Cf., por todos, J. CASTRO MENDES, *Teoria Geral do Direito Civil*, 1979, vol. II, pág. 8 e segs..

Inclusivamente, pode constituir mero elemento de um negócio jurídico celebrado entre a sociedade e um terceiro (v. g., no caso de eleição de um administrador não sócio que depende da aceitação deste, em termos a analisar mais adiante, ou no caso de aumento de capital, que depende da subscrição das acções). A deliberação pode ser, pois, um negócio jurídico ou uma simples declaração negocial ([59]).

III – A deliberação tem natureza diferente consoante seja tomada por uma colectividade ou associação de pessoas, sem personalidade colectiva, ou por um órgão plural de uma pessoa colectiva.

A – A deliberação tomada por uma colectividade ou associação de pessoas sem personalidade jurídica (v. g., uma assembleia de condóminos, uma comissão de trabalhadores, uma assembleia de uma associação não reconhecida) vale como deliberação do colégio e vincula, como regra, todos os membros da colectividade (mesmo os que votem vencidos, salvo em casos especiais), mas é imputável a cada um dos membros da colectividade ou associação. Os efeitos jurídicos da deliberação produzem-se na esfera jurídica de cada um dos membros da colectividade, porventura em contitularidade.

Se tal deliberação visa produzir efeitos apenas nas relações internas, entre os membros do grupo, tem a natureza do negócio jurídico plurilateral, uma vez que corresponde, pelo menos em regra, à defesa dos interesses de cada um dos membros do grupo, em conflito potencial com os interesses dos restantes, ainda que os interesses de todos sejam harmonizáveis – e sejam harmonizados – pela própria deliberação.

Se tal deliberação visa produzir efeitos apenas nas relações da colectividade perante terceiros, aparecendo aquela como titular de um interesse comum em conflito com o dos terceiros, a deliberação tem a natureza de negócio jurídico unilateral ou declaração negocial unilateral.

B – 1. A deliberação tomada por um órgão plural de uma pessoa colectiva (v. g., uma deliberação de uma assembleia geral, de um con-

---

([59]) Utiliza-se a expressão "declaração negocial" no sentido dos arts. 217º e segs. do CCiv, admitindo que um negócio jurídico possa ser constituído por uma ou várias declarações negociais. Sabe-se, porém, que alguns autores identificam declaração negocial e negócio jurídico, considerando o contrato como negócio jurídico complexo resultante da coordenação de dois ou mais negócios jurídicos simples. Nomeadamente, a proposta e a aceitação de um contrato são considerados dois negócios jurídicos. Cf. J. DE OLIVEIRA ASCENSÃO, *Teoria Geral do Direito Civil*, vol. III, pág. 214 e segs..

selho de administração ou de um conselho fiscal de uma sociedade comercial), na sua origem, é um conjunto de declarações de vontade de uma pluralidade de pessoas físicas (por si ou/e como representantes de pessoas colectivas); mas essa pluralidade de vontades é unificada pelo direito (no sentido que corresponde à posição da maioria) e imputada à pessoa colectiva de cujo órgão os votantes são membros.

A atribuição ou imputação do acto unificado à pessoa colectiva imprime um carácter específico a tal deliberação; tal deliberação, como resultado, é um acto unitário, singular (ou simples, na terminologia de DONATI), unilateral, porque e na medida em que é um acto de uma pessoa só (a pessoa colectiva) ([59a]).

O que a deliberação social, como acto singular, tem também de característico – que a distingue dos actos de uma só pessoa física – é o processo formativo e a origem plural. E este processo é juridicamente relevante, em si mesmo (sendo objecto de normas jurídicas pormenorizadas) e no seu resultado. Embora cada voto venha a unificar-se com os outros numa única deliberação social, ele não perde a sua individualidade jurídica. À semelhança do que acontece com as universalidades, o direito associa efeitos jurídicos ao todo e também a cada uma das partes da deliberação. Por exemplo, só quando não tiver votado a favor de uma determinada proposta de deliberação é que um sócio pode, em regra, impugnar a deliberação efectivamente tomada, apesar desse voto vencido [CSC, art. 59°, n.° 1, e CPC, art. 396º ([60])]; e os vícios do voto que afectam a sua validade podem afectar ou não a validade da deliberação, consoante prejudiquem ou não a verificação da maioria ([61]).

Aliás, a deliberação social é caracteristicamente o resultado do apuramento dos votos de uma pluralidade de pessoas, membros de um órgão plural. Mas não tem necessariamente de se verificar pluralidade de votos. Uma assembleia geral, que se realize em segunda convocação, pode deliberar validamente mesmo que esteja presente ou vote apenas um sócio (com direito de voto, obviamente – CSC, art. 383°, nº 3). O mesmo pode dizer-se quanto à assembleia geral de uma sociedade unipessoal.

2. A deliberação social não é nunca um contrato, visto que não é necessário mútuo consenso, bastando o voto da maioria. Mesmo quando

---

([59a]) Assim se compreende o disposto nos arts. 60º e 61º do CSC.

([60]) Cf. CCom, art. 146º, 181º, § único, Ac RelL de 29.11.1974, in *BMJ*, nº 241, pág. 334.

([61]) Segundo a chamada "prova de resistência", analisada em LUÍS BRITO CORREIA, *Direito Comercial*, 1989, vol. III, pág. 324.

se exija a unanimidade, tal exigência tem apenas a natureza de quórum especial, que não altera a estrutura da deliberação.

Por outro lado, a deliberação social, enquanto é imputada juridicamente à pessoa colectiva, é um acto unilateral: não faz sentido falar de um contrato quando há uma só parte. Nem deve estranhar-se a rejeição da natureza contratual a uma deliberação modificativa do contrato de sociedade. Desse modo, a própria lei admite que um contrato (de sociedade) seja modificado por um acto não contratual (sem mútuo consenso), por reconhecer realisticamente a conveniência de modificações por deliberação maioritária (ainda que, porventura, por maioria qualificada e até por unanimidade, em casos limitados). De outro modo, o contrato de sociedade, sobretudo de sociedades com numerosos sócios, tornar-se-ia praticamente imutável, o que pode ser prejudicial para a sociedade.

3. A deliberação social, como resultado e em si mesma, é um acto de uma única pessoa (a sociedade) e, nessa medida, não é um acto plurilateral ou plural. A "deliberação" de uma assembleia de uma colectividade não personificada pode qualificar-se como um acto plurilateral. Mas se a deliberação de uma assembleia é imputada juridicamente a uma pessoa colectiva, só pode ser unilateral.

É certo que o processo de formação da deliberação social (a votação) está sujeito a um regime que apresenta semelhanças com o processo de votação de uma assembleia de uma colectividade não personificada. E podem, porventura, aplicar-se analogicamente a um deles as normas estabelecidas para o outro. Mas não pode esquecer-se a diferença essencial que reside na imputação do resultado do processo a uma pessoa colectiva, num caso, e a uma pluralidade de pessoas, no outro.

4. A deliberação social não é tão-pouco um acto colectivo: as declarações de vontade não são paralelas (há votos a favor, votos contra e abstenções); têm em vista definir o interesse social, sem deixar de reflectir interesses divergentes (heterogéneos) dos sócios; os sócios nem sempre participam "pro quota", directamente, nos efeitos da deliberação, na medida em que estes podem traduzir-se na criação de direitos ou deveres directamente imputáveis à sociedade, a outros órgãos ou a terceiros.

5. A deliberação social é mais parecida com um acto complexo (no sentido corrente na doutrina comercialista italiana), mas distingue-se

dele, na medida em que este é um conjunto de declarações de vontade paralelas com um efeito comum (a várias pessoas), enquanto a deliberação social é uma só declaração de vontade (ainda que resultante do apuramento de uma pluralidade de declarações de vontades), imputável em si mesma (e não só nos seus efeitos) a uma só pessoa colectiva. Mesmo uma "deliberação" de uma assembleia de uma colectividade não personificada não pode qualificar-se como acto complexo, na medida em que para ela vigore o princípio maioritário, isto é, sempre que ela vincule os associados discordantes, abstencionistas ou ausentes.

6. Como declaração de vontade imputável à pessoa colectiva, pode dizer-se que a deliberação social é um acto simples, no sentido em que A. DONATI utiliza esta expressão, por oposição a acto colectivo ou complexo (no sentido da doutrina italiana).

Todavia, repugna usar esta terminologia de acto simples para um acto de natureza negocial e realmente tão "complexo" (no sentido de complicado, constituído por uma multiplicidade de elementos ou formalidades), como é a deliberação social. Na verdade, a deliberação social é o resultado de uma série de actos orientados para um fim comum, de expressar a vontade da pessoa colectiva: é o resultado de um *processo* ([62]). Tal resultado é atribuído a uma pessoa só e, por isso, pode qualificar-se melhor de *acto singular* ([63]).

7. Tem de reconhecer-se, todavia, que nem sempre as deliberações sociais se reconduzem apenas a actos singulares, imputáveis exclusivamente à pessoa colectiva, com a configuração que acaba de ser descrita e que corresponde caracteristicamente a deliberações destinadas a produzir efeitos nas relações entre a sociedade e os membros dos seus órgãos ou terceiros.

Frequentemente, as deliberações sociais produzem efeitos jurídicos (constituem, modificam ou extinguem relações jurídicas), não apenas na esfera jurídica da sociedade, mas também na esfera jurídica dos sócios (votantes ou mesmo discordantes ou abstencionistas).

Uma deliberação de aumento do capital por incorporação de reservas, por exemplo, é um acto da sociedade, mas que modifica a relação

---

([62]) Neste sentido, cf. ALBERTO PIMENTA, *Suspensão e Anulação de Deliberações Sociais*, Coimbra, 1965, pág. 26 e segs..

([63]) Seguindo, aliás, J. CASTRO MENDES, *Teoria Geral do Direito Civil*, vol. III, pág. 325, e L. CARVALHO FERNANDES, *Teoria Geral do Direito Civil*, vol. II, pág. 198.

jurídica dos sócios (votantes ou não) com a sociedade, reduzindo o montante dos lucros distribuíveis, relativamente aos quais tinham uma expectativa jurídica (se não mesmo um direito subjectivo), aumentando o valor nominal das respectivas participações (v. g., acções) ou o seu número e alargando o limite da sua responsabilidade. Em casos como estes, dificilmente se pode negar a existência de interesses distintos e contrapostos, da sociedade, por um lado, e dos sócios, por outro, bem como dos sócios entre si. Em tais casos, não parece possível recusar às deliberações sociais o carácter de *negócios jurídicos plurilaterais* (por vincularem os sócios, além de obrigarem a sociedade).

O mesmo se pode dizer relativamente a deliberações ilegais ou anti-estatutárias, que não deixam, por isso, de ser deliberações e imputáveis à sociedade, responsabilizando-a ([64]), mas que, além disso, responsabilizam pessoal, solidária e ilimitadamente os sócios que as tenham votado favoravelmente (CSC, art. 6º, nº 5, e CCiv, art. 500º, nº 1) ([65]).

8. Não parece de aceitar a ideia (de LARENZ) de que a deliberação social, por natureza, seja necessariamente um acto interno, que só produz efeitos nas relações jurídicas entre a sociedade e os sócios (ou entre os sócios, em sociedades não personificadas) ou entre a sociedade e os titulares dos seus órgãos. Muitas deliberações visam condutas da sociedade perante terceiros. Para que tais deliberações sejam eficazes torna-se, por vezes, necessário que elas sejam comunicadas a terceiros por um outro órgão social. Mas a deliberação é que corresponde à formação e expressão da vontade social.

A intervenção de outro órgão é, muitas vezes (embora não necessariamente), de mero transmissor de uma vontade já manifestada (como o "nuntius"), não contribuindo em nada para a modelar, mas apenas para a comunicar.

9. A deliberação social é um negócio jurídico (ou uma declaração negocial) causal, visto que deve ter por função realizar o interesse social, enquanto fim da própria sociedade; mas pode concretizar esse fim assu-

---

([64]) Cf. LUÍS BRITO CORREIA, *Direito Comercial*, 1989, vol. II, pág. 253 e segs. e 274 e segs..

([65]) Cf. o que se disse sobre a desconsideração da personalidade jurídica em LUÍS BRITO CORREIA, *Direito Comercial*, 1989, vol. III, pág. 237 e segs..

mindo objectivos imediatos muito variados (eleger titulares de órgãos, aprovar um balanço, determinar a distribuição de lucros, alterar o contrato, etc.).

10. Assim e em conclusão, pode dizer-se que a *deliberação social é um acto jurídico que resulta da unificação jurídica de várias declarações de vontade de uma pluralidade de pessoas físicas* (mesmo quando representam pessoas colectivas), *reunidas num colégio ou agindo conjuntamente, que corresponde à posição da maioria dos votos dessas pessoas e que é imputável à pessoa colectiva de cujo órgão tais pessoas são titulares, podendo, em certos casos, ser imputável* (e produzir efeitos em relação) s*imultaneamente aos próprios titulares do órgão.*

As deliberações sociais podem, pois, ser negócios jurídicos ou meras declarações negociais (componentes de outros negócios jurídicos), singulares (e unilaterais) ou plurilaterais. Têm, pois, uma *natureza "sui generis"*, constituindo uma categoria própria, que se distingue tanto dos (demais) negócios jurídicos unilaterais, como dos (demais) negócios jurídicos plurilaterais. Parece de rejeitar a expressão acto colegial, na medida em que a colegialidade pressupõe a tomada de deliberação em reunião e o CSC (no art. 54.°) admite, expressamente e para todas as sociedades, a possibilidade de deliberação tanto em reunião, como por escrito, sem reunião (de modo conjunto). Por outras palavras, as deliberações sociais tanto podem ser *actos colegiais* como *actos conjuntos.*

DIVISÃO III

A eleição de administradores enquanto deliberação social

SUBDIVISÃO I

Considerações gerais

Uma vez analisada a natureza da deliberação social, importa demonstrar que a eleição de administradores pela colectividade dos accionistas é uma deliberação social, ainda que apresente algumas especificidades. A tal respeito importa distinguir a eleição segundo a regra geral da eleição segundo regras especiais.

SUBDIVISÃO II

Eleição segundo a regra geral

I – Não parece possível duvidar de que a eleição de administradores pela colectividade dos accionistas, segundo a regra geral (CCom, art. 172º e 183º, e CSC, art. 386º, nº 2, e 391º, nº 1), consiste no apuramento da vontade da maioria dos accionistas quanto à escolha de pessoas a prover como titulares de um órgão social (o conselho de administração ou o administrador único). Os accionistas querem que certa(s) pessoa(s) venha(m) a ser administrador(es) e manifestam essa vontade através de um processo de votação.

Tal manifestação de vontade é expressa pelos accionistas, enquanto titulares de um órgão social (o conjunto ou colégio dos accionistas) e, por isso, é imputada à sociedade, enquanto pessoa colectiva. E visa produzir e produz efeitos de direito: constitui uma relação jurídica entre a pessoa eleita e a sociedade, com os correspondentes deveres (de diligência, de não concorrência, etc.) e direitos (a remuneração, etc.) – desde que aceite, como se verá adiante.

O facto de a assembleia geral ser habitualmente qualificada como órgão interno (não representativo) e de expressar a sua vontade da forma específica que é a deliberação social não impede a qualificação da designação do administrador como negócio jurídico – e contrato –, mesmo e sobretudo quando o administrador não é accionista: ao menos neste caso a assembleia geral funciona como órgão externo, isto é, como órgão que expressa a vontade da sociedade perante um terceiro, que não pertence à sociedade, vontade que – como se verá – se une à do próprio administrador para formar o consenso constitutivo da relação de administração.

Quando o administrador designado não assiste à sua própria designação (v. g., por não ser accionista), será necessário que alguém lhe comunique a deliberação tomada. Em regra, será o presidente da mesa a fazê-lo. Mas trata-se aí de mera comunicação e não de representação da sociedade. O acto da sociedade é a deliberação da colectividade dos sócios. O presidente da mesa intervém apenas como núncio, como comunicador ou transmissor, não praticando qualquer novo negócio jurídico, nem qualquer acto de vontade (para além da vontade de comunicar).

II – É certo que a eleição de administradores apresenta algumas especificidades, que, todavia, não afectam a sua qualificação como deliberação social, pois dizem respeito, fundamentalmente, a alguns pressupostos e a certos requisitos relativos à apresentação de propostas, ao modo de submissão das propostas à votação, à forma de votação, ao quórum deliberativo e, naturalmente, ao próprio conteúdo da deliberação.

Efectivamente, a eleição tem por objecto a escolha de pessoas (candidatos), normalmente várias, para titulares de um órgão social, e não na opção por um texto contendo uma norma (v. g., cláusula estatutária) a adoptar (ou não) ou na descrição de uma conduta que se pretende que a sociedade adopte (aprovar ou não o relatório de gestão e as contas do exercício, ou certa proposta de aplicação de resultados, etc.).

Daí resulta que terão de verificar-se na eleição certos pressupostos relativos à capacidade dos candidatos e à inexistência de incompatibilidades, que não são exigidos noutros tipos de deliberações.

Por outro lado, as propostas de eleição assumem normalmente a forma de listas de nomes de pessoas. Frequentemente, há várias listas (2, 3, 4, ..., n) e, por isso, é usual submeter à votação todas as listas de candidatos aos mesmos lugares, simultaneamente — enquanto, para outros tipos de deliberação, é mais frequente submeter a votação cada proposta separadamente, pronunciando-se os accionistas a favor ou contra uma proposta apenas de cada vez.

Consequentemente, o que se espera dos accionistas é que votem numa (A), ou noutra (B), ou noutra ainda (C) das listas de candidatos (ou se abstenham) — em vez de votarem sim ou não a certa proposta (uma de cada vez).

A votação é, mais frequentemente, secreta (com listas ou com esferas), embora possa também ser pública.

O quórum deliberativo é afectado pela circunstância de os accionistas se pronunciarem simultaneamente sobre várias listas: "na deliberação sobre a designação de titulares de órgãos sociais [...] se houver várias propostas, fará vencimento aquela que tiver a seu favor maior número de votos" (CSC, art. 386º, nº 2). Em regra, basta, pois, maioria relativa, não sendo necessária maioria absoluta (diversamente do que estabelecia o CCom, art. 183º, § 2º).

Mas todas estas diferenças entre a eleição e as demais deliberações afectam apenas aspectos do seu regime e não a natureza das deliberações.

Pode, assim, concluir-se que a eleição de administradores, segundo a regra geral, tem a natureza de deliberação social e, como tal, de declaração negocial (negócio jurídico ou componente de um negócio jurídico mais complexo).

III – A – Tendo presentes as classificações de deliberações sociais, habitualmente consideradas pela doutrina ([66]), é fácil reconhecer que a eleição de administradores é uma deliberação individual (não normativa).

B – E que é uma deliberação substantiva ou material (não adjectiva ou processual).

C – Pode levantar algumas dúvidas a qualificação da eleição como deliberação ordinária ou como deliberação de alteração do contrato.

Todavia, não havendo cláusulas contratuais ou regras legais especiais, é entendimento corrente na doutrina que a eleição de administradores não constitui alteração do contrato, mesmo que haja administradores designados pelo contrato: ou estes continuam a sê-lo e aqueles são eleitos para vagas entretanto ocorridas; ou os administradores designados pelo contrato são previamente destituídos ou terminam as suas funções. Em ambos os casos, não se considera alteração do contrato nem a eleição nem sequer a destituição dos administradores designados pelo contrato ([67]).

D – Mais controvertida é a qualificação da eleição de administradores entre as deliberações de eficácia interna e as de eficácia externa. Como se disse acima, há autores que consideram que todas as deliberações da colectividade dos accionistas têm apenas eficácia interna (criam, modificam ou extinguem relações entre a sociedade e os sócios ou entre a sociedade e os membros dos seus órgãos).

Quando os administradores eleitos são accionistas, pode admitir-se que a eleição tem meramente eficácia interna. No entanto, mesmo nesse caso, pode observar-se que, não sendo os accionistas obrigados a exercer funções de administração (recorde-se que o nº 3 do art. 118º do CCom não foi reproduzido pelo CSC), a eleição envolve para eles um efeito estranho à participação social e, nessa medida, externo.

Quando os administradores eleitos não são accionistas, então não pode deixar de admitir-se que a deliberação de eleição tem eficácia

---

([66]) Cf. LUÍS BRITO CORREIA, *Direito Comercial*, 1989, vol. III, pág. 118 e segs..
([67]) Cf., por exemplo, RAÚL VENTURA, "Exoneração de gerentes de sociedades por quotas", in *CTF*, nº 82, 1985, nº 7 (pág. 21 da sep.), e jurisprudência aí cit..

externa — devendo entender-se, por motivos já acima referidos, que a mera comunicação da eleição não constitui um negócio jurídico autónomo, mas um simples acto material de comunicação da deliberação. Pode mesmo dizer-se que a eleição de administradores não sócios constitui um dos exemplos mais característicos de deliberações sociais com eficácia externa, e há poucos.

E — Quanto a saber se a eleição de administradores é uma deliberação autónoma (recipienda ou não) ou condicionada ou não pela aceitação, ou antes um elemento de um contrato, integrado ainda pela aceitação, é problema a aprofundar na secção seguinte.

SUBDIVISÃO III

Eleição segundo regras especiais

§ 1º — *Considerações gerais*

Antes, porém, interessa analisar a eleição de administradores como deliberação social, nos casos em que se apliquem regras especiais. Deve notar-se que interessam agora apenas as regras especiais de eleição pela colectividade dos accionistas. Adiante se analisará o problema quanto à designação por outras entidades.

§ 2º — *Regime do Código Comercial*

Em face dos art. 171º e 172º do CCom, é muito duvidoso que seja possível a eleição de administradores segundo regras especiais, uma vez que deles se deduz que os membros da direccção são "eleitos pela assembleia geral" (por maioria — art. 183º, § 2º); apenas "a primeira direcção pode ser designada no instrumento da constituição da sociedade" (por unanimidade). Em lado nenhum se admitem cláusulas prevendo um regime especial de eleição, nomeadamente reconhecendo a accionistas ou categorias de acções o direito (especial) de propor ou de aprovar a eleição de um ou mais administradores ([67a]). Apenas quanto aos administradores substitutos e para "suprir faltas temporárias" se admitem cláusulas estatutárias sem limitações ([68]).

Parece, pois, que só para estes casos se poderão admitir cláusulas desse género.

A doutrina da época não se refere, sequer, a esta possibilidade ([69]).

E a jurisprudência considera "nula a cláusula pela qual é convencionado entre sócios de uma sociedade anónima serem os eleitores dos corpos directivos dessa sociedade para se elegerem a si próprios e os irem ocupar" ([70]).

§ 3º – *Regime do Código das Sociedades Comerciais*

I – *Considerações gerais*

Em face do CSC, a situação é diferente.

Para além da eleição pela colectividade dos accionistas, através de uma deliberação por maioria relativa (CSC, art. 391º, nº 1, e 386º, nº 2), o CSC proíbe certos tipos de cláusulas estatutárias, permite outras e impõe outras ainda, em alternativa.

([67a]) É diferente o regime aplicável às sociedades por quotas, em que é possível estipular um direito especial à gerência, embora sem excluir a exoneração por justa causa, sendo discutido se o sócio gerente pode ou não exercer o direito de voto. Cf. LSQ, art. 27º e 28º, Assento do STJ de 9.11.1977 (in *DG*, 1ª s., nº 298, de 20.12.1977); RAÚL VENTURA, *Exoneração de Gerentes de Sociedades por Quotas* (separata da *CTF*, 1965, nº 82), pág. 45 e segs. (nº 11); ANTÓNIO CAEIRO, "As cláusulas restritivas da destituição do sócio-gerente nas sociedades por quotas e o exercício do direito de voto na deliberação de destituição", in *RDES*, ano XIII, 1966, nº 1 e 2, pág. 109 e segs., e in *Temas de Direito das Sociedades,* pág. 190 e segs. (nº 11 e segs.); id., "A destituição judicial do administrador ou gerente de sociedade civil, em nome colectivo e por quotas", in *RDES*, ano XV, 1968, nº 3-4, pág. 443 e segs., e in *Temas,* pág. 329 e segs. (nº 12).

([68]) À semelhança do CCom it de 1882, art. 125º. Cf. MORI, *Società anonima – Amministrazione,* vol. I, pág. 13.

([69]) Cf. CUNHA GONÇALVES, *Comentário,* vol. I, pág. 419 e segs. e 425 e segs..

([70]) Cf. Ac RelL de 18.5.1955, in *JR*, 1955, pág. 506.

II – *Proibição de direitos especiais de designação de administradores*

Primeiro, deve referir-se que o CSC proíbe estipular a atribuição a certas categorias de acções do direito de designar administradores (art. 391º, nº 2, no final). Deste modo, o CSC proíbe a atribuição a determinadas categorias de acções de um direito especial a designar administradores (inclusivamente a designar os próprios titulares das acções para tal função) ([71]) – o que reforça a importância da eleição como método de designação de administradores.

III – *Eleição por maioria especial*

Em segundo lugar, o CSC permite estipular que a eleição de administradores deve ser aprovada por votos correspondentes a determinada percentagem do capital (art. 391º, nº 2, 1ª parte). Trata-se de uma especial exigência de quórum deliberativo (ou maioria), que pode assumir várias modalidades: maioria relativa não inferior a certa percentagem, maioria absoluta, maioria qualificada.

Por esta via, pode assegurar-se que os titulares de determinada percentagem de votos (correspondentes a quaisquer acções, não a certa categoria de accionistas) conseguem decidir sobre a designação dos administradores.

Em todo o caso, a escolha é sempre da colectividade dos accionistas. Não há, por isso, motivo para ver nesse regime uma alteração à natureza da deliberação de designação.

([71]) É um princípio oposto ao admitido quanto à gerência de sociedade por quotas, também no âmbito do CSC, art. 257º, nº 3. Efectivamente, nestas é possível estipular a favor de determinado sócio um direito especial a ser gerente (cf. CSC, art. 252º, nº 2, 256º e 257º, nº 3; RAÚL VENTURA, *Sociedades por Quotas*, 1991, vol. III, pág. 16 e segs., e ILÍDIO DUARTE RODRIGUES, *A Administração*, pág. 104). A destituição por justa causa desse gerente está sujeita a um regime específico (CSC, art. 257º, nº 3) e, por isso, mesmo que se admita que tal destituição não seja uma verdadeira alteração do contrato, também não será propriamente uma deliberação ordinária (ao menos no sentido de deliberação sujeita ao regime comum).

IV – *Aprovação da designação de administradores minoritários por certa categoria de accionistas*

Em terceiro lugar, o CSC permite estipular que a eleição de alguns administradores, em número não superior a um terço do total, deve ser também aprovada pela maioria dos votos conferidos a certas acções.

Trata-se aqui de um direito especial atribuído "a certas acções" (que passam, por isso, a ser uma categoria) de aprovar ou vetar a designação pela colectividade dos accionistas de alguns administradores. O objectivo é, obviamente, assegurar aos titulares das acções privilegiadas o poder de influírem na designação de, ao menos, alguns administradores da sua confiança. Deste modo, tem de haver duas deliberações concordantes: a da colectividade dos accionistas e a dos titulares das acções privilegiadas (em assembleia especial – CSC, art. 398º), sendo, aliás, indiferente a sequência.

De salientar é que a designação continua a constituir uma deliberação da colectividade dos accionistas, embora conjugada com a dos accionistas privilegiados. Não são os accionistas privilegiados, por si sós, que designam os administradores, é a colectividade dos accionistas; só que esta não consegue eleger administradores sem obter a concordância dos accionistas privilegiados. Não se vê, por isso, motivo para atribuir à deliberação de designação natureza diferente da referida quanto ao regime geral. A designação é que pressupõe uma deliberação anterior (dos accionistas da categoria) no mesmo sentido ou fica sujeita a condição suspensiva.

V – *Eleição isolada de administradores minoritários entre pessoas propostas por grupos de accionistas minoritários*

Em quarto lugar, o CSC permite – ou eventualmente impõe (art. 392º, nº 8) – estipular que, para um certo número de administradores (não excedente a um, dois ou três, conforme o número total for de três, cinco ou mais de cinco), se proceda a eleição isolada, entre pessoas propostas em listas subscritas por grupos de accionistas, contanto que nenhum desses grupos possua acções representativas de mais de 20 % e de menos de 10 % do capital social (art. 392º, nº 1).

Deve notar-se que quem procede a esta "eleição isolada" é ainda a assembleia geral dos accionistas. Este sistema visa assegurar a grupos de accionistas minoritários a possibilidade de propor a eleição de administradores da sua confiança. Mas é sempre a assembleia geral que tem a última palavra.

Por isso, não se vê motivo para atribuir à deliberação de designação natureza diversa da emergente de uma eleição segundo o regime comum, acima descrita.

VI – *Designação de administradores por uma minoria de accionistas*

Além disso, o CSC permite – ou, eventualmente, impõe (art. 392º, nº 8) – que o contrato de sociedade estabeleça que "uma minoria de accionistas que tenha votado contra a proposta que fez vencimento na eleição dos administradores tem o direito de designar, pelo menos, um administrador, contanto que essa minoria represente, pelo menos, 10 % do capital social" (art. 392º, nº 6).

Note-se que, enquanto nos casos referidos nas secções anteriores a designação resulta, em última análise, de uma deliberação da colectividade dos sócios, a designação referida no nº 6 do art. 392º constitui uma deliberação de um grupo minoritário de accionistas, tomada por votação separada, entre "os accionistas da referida minoria" apenas [72].

Esta modalidade da designação suscita problemas específicos e será analisada mais adiante.

VII – *Substituição de administradores*

Relativamente à substituição de administradores, o art. 393º do CSC não prevê nem parece permitir cláusulas estatutárias como as referidas a propósito do art. 172º, § 2º, do CCom [73].

---

[72] Diz o art. 392º, nº 7, que "a eleição será feita por votação entre os accionistas da referida maioria, na mesma assembleia geral" – o que parece ter em vista afastar a aplicabilidade do regime das assembleias especiais (CSC, art. 389º). Aliás, a "minoria de accionistas" não constitui, em rigor, uma categoria de accionistas, no sentido do art. 24º, nº 3, do CSC, uma vez que dela podem fazer parte quaisquer accionistas que, ocasionalmente, discordem da posição que vem a obter vencimento. Consequentemente, deve entender-se também que o direito estatutário resultante do art. 392º, nº 6, não deve considerar-se sujeito ao regime dos direitos especiais (CSC, art. 24º), pois é, em rigor, atribuído por igual a todos os accionistas.

[73] Também o CCiv it adoptou, no art. 2386º, uma orientação mais rigorosa que a do art. 125º do CCom it de 1882. Cf. FRÈ, *Società per azioni*, pág. 383 e seg.

VIII – Conclusão

Pode, pois, concluir-se que a eleição de administradores pela colectividade dos accionistas é uma deliberação social e que tem a natureza de declaração negocial ou de negócio jurídico.

SECÇÃO II

Natureza contratual da eleição e aceitação

SUBSECÇÃO I

Distinção entre negócio unilateral e contrato

I – Todavia, não é suficiente dizer que o acto constitutivo da relação de administração é uma declaração negocial ou um negócio jurídico para considerar esclarecido o problema da sua natureza: é necessário esclarecer que espécie de negócio jurídico – não só do ponto de vista da sua estrutura, mas também do ponto de vista do seu conteúdo e dos aspectos essenciais do seu regime.

A eleição é um negócio jurídico unilateral – autónomo (recipiendo ou não) ou condicionado por outro negócio jurídico de aceitação – ou constitui com esta um verdadeiro contrato, ou um acto misto de negócio unilateral e contrato ou um conjunto de dois contratos?

Para esclarecer esta questão, há que, primeiro, rever os conceitos de contrato e de negócio jurídico unilateral, construídos pela doutrina civilista; e, depois, analisar o papel da eleição e da aceitação na produção do efeito constitutivo da relação de administração, em confronto com tais conceitos.

II – Para chegar à definição das figuras do contrato e do negócio jurídico, a doutrina civilista começa por fazer algumas classificações dos negócios jurídicos, segundo diversos critérios, que interessa ter presentes para melhor esclarecimento da questão.

A – Em primeiro lugar, é corrente distinguir entre os *negócios jurídicos singulares*, em que intervém apenas uma pessoa, e os *negócios jurídicos plurais*, em que intervêm duas ou mais pessoas ([1]).

B — Em segundo lugar, distingue-se entre *negócios jurídicos unilaterais*, em que intervém apenas uma parte, e *negócios jurídicos plurilaterais*, em que intervêm duas ou mais partes ([2]).
Esta distinção é mais delicada e mais importante que a anterior e, por isso, interessa analisá-la com mais cuidado.
O critério desta classificação assenta, fundamentalmente, no número e no modo de articulação das declarações de vontade que constituem o negócio.
Assim, nos negócios unilaterais há uma só declaração de vontade de uma só pessoa, para prossecução de um seu interesse, ou há várias declarações de vontade de várias pessoas no sentido da prossecução de um interesse comum ou colectivo (ou de interesses solidários de cada uma delas), de tal modo que elas formam um só grupo, uma só parte. Não se trata então da composição de um conflito de interesses, mas da expressão de vontades paralelas ou concorrentes, orientadas num mesmo sentido, visando um fim comum. A declaração ou as declarações de vontade dirigem-se a produzir só por si, com eventual concurso de alguma circunstância, mas sempre sem necessidade de concordância do adversário (isto é, de pessoa com interesse incompatível com o do declarante), o efeito prático-jurídico visado.
"Não exclui a unilateralidade o carácter recipiendo da declaração, ou seja, ter ela de se dirigir a certo destinatário para produzir efeitos jurídicos". "Destinatário de um acto jurídico e parte são qualidades distin-

---

([1]) Cf., por exemplo, J. CASTRO MENDES, *Teoria Geral*, vol. II, pág. 334 e seg., e L. CARVALHO FERNANDES, *Teoria Geral*, vol. II, pág. 198.

([2]) Alguns autores distinguem negócios unilaterais (com uma só parte), bilaterais (com duas partes) e plurilaterais (com três ou mais partes). Cf. L. CARVALHO FERNANDES, *Teoria Geral do Direito Civil*, vol. III, pág. 42. Mas a distinção neste termos, além de etimologicamente menos correcta (visto que o prefixo *pluri* significa dois ou mais e não três ou mais), pode induzir em erros, nomeadamente quando conduz à identificação do contrato com o negócio jurídico bilateral (como faz o autor citado, a pág. 201), pois correntemente se admite que os contratos podem ter duas, mas também mais de duas partes (como é, caracteristicamente, o caso dos contratos de sociedade). Por vezes, distinguem-se os negócios unilaterais (com uma só parte) e os bilaterais (com duas ou mais partes), considerando que o prefixo *bi* significa, por vezes, em direito, qualquer outro que não o primeiro. Cf. CASTRO MENDES, *Teoria Geral*, vol. II, pág. 323 e 324, nota 793. Tal significado é, porém, etimologicamente menos correcto, como este mesmo autor reconhece.

tas" (³). Parte é o titular de cada um dos interesses que o negócio visa prosseguir, podendo incluir várias pessoas, quando o interesse é comum ou colectivo (quando há solidariedade de interesses). Destinatário é a pessoa a quem a declaração é dirigida.

O negócio unilateral pode, pois, ser singular ou plural, assim como recipiendo ou não recipiendo.

Nos negócios jurídicos plurilaterais há duas ou mais declarações de vontade de duas ou mais pessoas, constituindo duas ou mais partes, prosseguindo cada uma das partes declarantes um interesse próprio, diverso do interesse prosseguido pela(s) outra(s) parte(s) (em virtude de "legitimações diferentes"), mas de modo convergente ou concordante (formando mútuo consenso ou acordo). As partes, reconhecendo que os seus interesses são, em certa medida, instrumentais ou/e que lhes convém pôr termo a um conflito de interesses, concordam numa certa composição de interesses. As declarações de vontade podem ter conteúdos diversos ou até opostos, mas harmónicos; ou podem ter o mesmo conteúdo (aprovação de um certo texto), com sentido ou significado diferente para cada uma das partes. Mais frequentemente, há uma proposta de uma parte e a aceitação dela pela(s) outra(s) parte. O proponente conta com a anuência do destinatário da proposta e só para este caso quer o efeito pretendido. Cada uma das declarações contratuais não é, em si mesma, um negócio unilateral (embora, em certas circunstâncias, possa simultaneamente funcionar como tal – v. g., CCiv, art. 459º): na falta da aceitação esperada ou da oferta pressuposta, não se produz o efeito pretendido. O negócio jurídico plurilateral é, pois, um "acordo de regulamentação coordenada de interesses contrapostos" (⁴).

III – A doutrina portuguesa actual identifica o *contrato* e o negócio jurídico plurilateral tal como ficou definido.

Diz-se que o contrato é o negócio jurídico plurilateral (ou bilateral, no sentido de poder ter duas ou mais partes); ou que é um acordo de

---

(³) Cf. I. GALVÃO TELLES, *Dos Contratos em Geral*, 2ª ed., pág. 18 e segs..

(⁴) Segue-se de perto a exposição de MANUEL DE ANDRADE, *Teoria Geral da Relação Jurídica*, vol. II, pág. 37 e segs., tendo em conta também observações de I. GALVÃO TELLES, *Dos Contratos em Geral*, 2ª ed., pág. 18 e segs.; C. MOTA PINTO, *Teoria Geral do Direito Civil*, pág. 392 e segs.; J. CASTRO MENDES, *Teoria Geral do Direito Civil*, vol. II, pág. 323; L. CARVALHO FERNANDES, *Teoria Geral do Direito Civil*, vol. II, pág. 198 e segs., e J. DE OLIVEIRA ASCENSÃO, *Teoria Geral do Direito Civil*, vol. III, pág. 22 e segs., além de ter presente, quanto à noção de interesse, o exposto por LUÍS BRITO CORREIA, *Direitos Inderrogáveis dos Accionistas*, pág. 67 e segs..

vontades que prosseguem interesses contrapostos; ou que é um acordo vinculativo assente sobre duas ou mais declarações de vontade (proposta e aceitação), substancialmente distintas mas correspondentes, que visam estabelecer uma regulamentação unitária de interesses contrapostos, mas harmónicos entre si ([5]).

E é de salientar o consenso existente na doutrina no sentido de considerar que, em face da lei portuguesa vigente, o contrato constitui uma figura geral da ordem jurídica, utilizável tanto no âmbito patrimonial, como no não patrimonial, e não só em matéria de obrigações (civis e comerciais), mas também de direitos reais, de direito da família e das sucessões e mesmo de direito público (v. g., administrativo) ([6]). A doutrina portuguesa diverge, neste ponto, de modo significativo, quer da doutrina francesa ([7]), quer da italiana ([8]), aproximando-se da alemã ([9]).

([5]) Cf., além das obras citadas na nota anterior, I. GALVÃO TELLES, *Direito das Obrigações*, 1979, pág. 59 e segs.; ANTUNES VARELA, *Direito das Obrigações*, 2ª ed., vol. I, pág. 196 e segs.; M. J. ALMEIDA COSTA, *Direito das Obrigações*, 3ª ed., pág. 174 e segs.; F. PESSOA JORGE, *Direito das Obrigações*, 1971-72, vol. I, pág. 216 e seg., e MENEZES CORDEIRO, *Direito das Obrigações*, vol. I, pág. 407 e segs..

([6]) Cf. autores e ob. cits. nas duas notas anteriores.

([7]) O art. 1101º do CCiv fr diz que "o contrato é uma convenção pela qual uma ou várias pessoas se obrigam, para com outra ou outras, a dar, fazer ou não fazer qualquer coisa". Por isso, a doutrina distingue entre convenção e contrato. "O contrato é a espécie de um género mais extenso que é a convenção". "O contrato é um acordo de vontade destinado a *criar* obrigações [...] enquanto a convenção é um acordo de vontade destinado a produzir um efeito de direito qualquer" (CARBONNIER, *Droit Civil*, t. II, pág. 310). Em sentido análogo, cf. H., L. e J. MAZEAUD, *Leçons de Droit Civil*, t. II, vol. I, 6ª ed., pág. 46 e segs.; A. WEIL-F. TERRÉ, *Droit Civil – Introduction générale*, 4ª ed., pág. 315.

([8]) O art. 1321º do CCiv it de 1942 define o contrato como "o acordo de duas ou mais partes para constituir, modificar ou extinguir entre elas uma relação jurídica patrimonial". A doutrina italiana limita, por isso, os contratos aos negócios plurilaterais patrimoniais, com exclusão dos não patrimoniais (pessoais, familiares, etc.). Cf. SANTORO--PASSARELLI, *Teoria Geral do Direito Civil* (trad. port.), pág. 175 e segs. e 182.

([9]) Quanto à noção de contrato, cf., nomeadamente, LARENZ, *Allgemeiner Teil des deutschen buergerlichen Rechts – Ein Lehrbuch*, 2. Aufl., pág. 261 e seg. e 431 e segs., e ERNST WOLF, *Allgemeiner Teil des buergerlichen Rechts –Lehrbuch*, 3. Aufl., pág. 361 e segs. É de salientar, todavia, o destaque dado pela doutrina alemã às deliberações como espécie de negócio jurídico, ao lado do contrato. Cf. JOHANNES BALTZER, *Der Beschluss als rechtstechnisches Mittel organschaftlicher Funktion im Privatrecht*, Koeln, Grote, 1965.

IV – Alguns autores italianos ([10]) distinguem, dentro da categoria dos negócios jurídicos plurilaterais (ou bilaterais), duas figuras diversas: o *contrato* e o *acordo*.

Para esses autores, o contrato é o negócio que resolve um conflito de interesses, enquanto o acordo é o negócio que dá satisfação a interesses distintos, mas concorrentes, paralelos ou convergentes para um fim comum. O contrato corresponderia à tradição romana, que vê nele a composição de pretensões em luta; o acordo surge por influência dos juspublicistas contemporâneos, indo ao encontro de uma exigência de colaboração entre as partes no negócio, visto mais como instrumento de utilidade social do que como meio de resolução de conflitos individuais.

Exemplos destes acordos seriam: o negócio de fundação de pessoas colectivas privadas, o negócio de fusão de sociedades comerciais (a que se refere o art. 2504º do CCiv it de 1942), o casamento, a adopção, o consórcio industrial, o compromisso arbitral.

Esta concepção é criticada por outros autores italianos ([11]), que entendem que "a lei também reconhece e considera decisivo nestes negócios o momento da combinação de interesses contrapostos, e por isso considera-os e define-os como contratos".

Esta parece ser também a posição correcta, em face da lei portuguesa vigente, que, partindo de um conceito amplo de contrato (mais amplo que o da lei italiana), qualifica como contratos, por exemplo, o contrato de sociedade (CCiv, art. 980º, em conjugação com o art. 157º; CCom, epígrafe da secção II, que antecede o art. 113º, por exemplo), o casamento (CCiv, art. 1577º) e o consórcio (DL nº 231/81, de 28.7) ([12]).

V – Do que se disse acima acerca da natureza da deliberação resulta que esta é uma figura distinta do contrato e que tanto pode ser um negócio

---

([10]) Cf. CASERTA, "Accordo e contratto", in *Annali dell'Università di Bari*, 1943, pág. 213 e segs., cit. por SANTORO-PASSARELLI, *Teoria Geral do Direito Civil* (trad. port.), pág. 177; TRIMARCHI," Accordo (Teoria generale)", in *Enc. Dir.*, vol. I, 1958, pág. 297 e segs.; E. BETTI, *Teoria general del negocio jurídico* (trad. esp.), 2ª ed., pág. 225 e segs..

([11]) Cf. F. SANTORO-PASSARELLI, *Teoria Geral do Direito Civil* (trad. port.), pág. 176 e seg..

([12]) A fusão de sociedades comerciais é considerada pela doutrina portuguesa como um contrato. Cf. LUÍS BRITO CORREIA, *Direito Comercial*, vol. I, 1986, pág. 842. A adopção só pode constituir-se, em Portugal, por sentença judicial (CCiv, art. 1973º). O compromisso arbitral é qualificado pela lei como uma modalidade da "convenção de arbitragem" (Lei nº 31/86, de 29.8, art. 1º).

jurídico (autónomo) como uma simples declaração negocial componente de um negócio jurídico mais complexo.

Importa salientar aqui que a deliberação, mesmo quando seja tomada por um órgão plural de uma pessoa colectiva (único caso que interessa agora considerar) e seja um negócio jurídico, tanto pode ser unilateral como plurilateral – como se disse acima.

É de acentuar também que, podendo uma deliberação social ser uma mera declaração negocial componente de um negócio jurídico mais complexo, é de admitir, à partida, a *possibilidade* de uma deliberação social corresponder a uma das declarações negociais componentes de um contrato.

Nomeadamente, não se vê razão para excluir – e antes parece ser uma situação frequente – que se celebre um contrato entre, por hipótese, uma pessoa singular, por uma parte, e uma pessoa colectiva, por outra parte, sendo a declaração contratual da pessoa colectiva proferida pelos vários membros de um órgão plural (competente) desta, nessa ocasião, sem que, por hipótese, tenha havido qualquer deliberação prévia desse órgão acerca do conteúdo do contrato em causa. Tal declaração contratual da pessoa colectiva não pode deixar de configurar-se como uma deliberação social. Se isto é óbvio em relação a deliberações ([13]) do conselho de administração (órgão representativo da sociedade), não se vê razão para não admitir o mesmo em relação a deliberações da colectividade dos accionistas – quando esta tome deliberações com eficácia externa ou mesmo com mera eficácia interna (afectando relações entre a sociedade e os sócios ou entre a sociedade e os titulares dos seus órgãos).

Esta afirmação, aparentemente óbvia, tem grande importância para a questão agora em causa, visto que, se assim não fosse, seria de excluir liminarmente a possibilidade da existência de um verdadeiro contrato no caso da eleição e aceitação do administrador.

([13]) Como se disse, há quem contraponha as "deliberações" dos sócios às "resoluções" do conselho de administração ou do conselho fiscal. Cf. CCom, art. 173º, § 1º, 183º, § 2º, 185º, 186º; *Código das Sociedades (Projecto)*, 1983, art. 402º; PINTO FURTADO, *Curso de Direito das Sociedades*, pág. 236, e MIGUEL PUPPO CORREIA, *Direito Comercial*, Lisboa, Univ. Lusíada, 1988, pág. 491. Mas não se vê nenhum motivo para a diferença de terminologia, uma vez que a estrutura é a mesma (um processo de votação) e as diferenças de regime não são maiores do que as diferenças entre várias espécies de deliberações da assembleia geral.

VI – Partindo das noções de negócio unilateral e de contrato que se desenharam acima, importa enquadrar, em seguida, a eleição e a aceitação do administrador. Tal enquadramento exige, porém, a análise e crítica sistemática das diversas observações da doutrina, já acima referidas sumariamente, e sobretudo dos argumentos invocados contra a teoria do mandato e em defesa das teorias unilateralistas ou mistas.

SUBSECÇÃO II

Necessidade da aceitação

I – Do acto constitutivo da relação de administração resulta, não só a concessão ao administrador de poderes para agir em nome da sociedade, mas também a constituição de direitos e deveres entre a sociedade e o administrador; por exemplo, o dever de prestar actividade, o dever de não concorrência e de prestar contas, o direito a remuneração.

No âmbito do direito privado, por princípio, não pode uma pessoa impor deveres a outra pessoa sem o consentimento desta, nem mesmo atribuir-lhe direitos ("nemo invito datur beneficium"), a não ser nos casos especialmente previstos na lei ([1]).

Aliás, como se disse, os poderes de representação atribuídos aos administradores não são, em rigor, meros poderes, mas sim poderes funcionais ou poderes-deveres.

E a relação de administração é, por natureza, duradoura (CCom, art. 172º, pr.; CSC, art. 391º, nº 3).

Consequentemente, não pode admitir-se que o estatuto de administrador (com os inerentes poderes, direitos e deveres) seja atribuído a uma pessoa sem a sua aceitação. A lei não o diz, de modo específico [nem no CCom, nem no CSC ([2])], mas resulta do referido princípio geral.

Por isso, parece de rejeitar, à primeira vista, que o acto constitutivo da relação de administração seja um acto unilateral, recipiendo ou não. Aliás, não parece razoável admitir – salvo circunstâncias excepcionais que neste caso não se verificam – que um acto lícito unilateral possa criar

---

([1]) Cf., por todos, ANTUNES VARELA, *Direito das Obrigações*, 6ª ed., 1989, vol. I, pág. 402 e segs., e MENEZES CORDEIRO, *Direito das Obrigações*, 1980, vol. I, pág. 555 e segs..

([2]) O mesmo acontece com o AktG 1965, a Lei fr 1966 e o CCiv it.

direitos e deveres na esfera jurídica de outra pessoa, sem sequer lhe ser dirigido e sem que esta tome ou possa tomar dele conhecimento.

Há, é certo, actos unilaterais de uma pessoa que podem criar direitos ou poderes para outra pessoa: os actos ilícitos constituem o direito a indemnização sem terem de ser comunicados ao prejudicado; e certos factos lícitos danosos constituem fonte de responsabilidade civil, mesmo sem serem comunicados ao prejudicado.

A própria lei portuguesa prevê a concessão de poderes de representação por um simples acto unilateral: a procuração (CCiv, art. 262º) ([3]). E está na base da tendência unilateralista a ideia de que a nomeação tem essencialmente por efeito apenas a concessão de poderes de representação, podendo, por isso, encarar-se como um acto essencialmente unilateral. Inclusivamente, a constituição de direitos e deveres na esfera jurídica do administrador resultaria de um outro negócio jurídico distinto da nomeação (o contrato de emprego), à semelhança da concepção germânica. Adiante se analisará mais aprofundadamente esta concepção.

Agora o que importa acentuar é que, na eleição de um administrador, não se trata apenas da atribuição de meros poderes, mas antes da escolha de uma pessoa a que é atribuído, por força da lei, um estatuto global em que se incluem poderes-deveres, direitos e deveres.

De uma forma, talvez, não totalmente conclundente, pode deduzir-se do art. 173º do CCom que os "directores" têm o dever de executar o "mandato". Do art. 174º do CCom resulta que eles têm o dever (ou ónus, adiante se verá melhor) de prestar caução. Do art. 17º do DL nº 49 381, de 15.11.1969, decorre que os administradores, pelo simples facto de o serem, têm um dever de diligência. E no CSC encontram-se vários preceitos que, ainda mais claramente, referem poderes, direitos e deveres dos administradores (art. 64º, 396º, 398º, 399º, 405º a 408º, etc.).

Não parece, por isso, que possa isolar-se o acto (unilateral) de concessão de poderes representativos dos deveres correspondentes. Além disso, trata-se de uma representação orgânica, que se traduz no exercício de competência (poder funcional ou poder-dever) e não de meros poderes.

A aceitação é, pois, necessária.

([3]) Sustentando o carácter unilateral da procuração, cf., por exemplo, FERRER CORREIA, "A procuração na teoria da representação voluntária", in *Estudos Jurídicos*, II, 1969, pág. 19, 29 e 32; PIRES DE LIMA e ANTUNES VARELA, *Código Civil Anotado*, 4ª ed., 1987, vol. I, pág. 244.

II – Não será assim apenas no caso de a colectividade dos accionistas eleger certa pessoa como administrador e um dos accionistas requerer e conseguir inscrever esse facto no registo comercial [DL nº 42 644, de 14.11.1955, art. 3º, al. *d*), RegRegCom, art. 72º, 78º, al. *e*), e 80º; CRCom, art. 3º, al. *m*)], sem que o eleito tenha aceitado a designação.

Trata-se de uma hipótese pouco realista, uma vez que quem tem legitimidade para requerer tal inscrição é o próprio administador e só se este não a requerer no prazo legal pode ela ser requerida por qualquer sócio ou por outra pessoa com interesse pessoal no acto (CRCom, art. 29º, nº 3).

Todavia, se tal acontecer e se um terceiro, confiando no teor do registo, dirigir uma comunicação (por exemplo, de aceitação de uma proposta contratual da sociedade, constitutiva de uma obrigação para esta) à pessoa em causa, na qualidade de administrador da sociedade, parece dever entender-se que a sociedade fica obrigada pelos efeitos jurídicos decorrentes dessa comunicação – apesar de essa pessoa não ter aceite tal designação.

Compreende-se que assim seja pela necessidade de protecção dos terceiros em face da aparência criada pela inscrição registral.

Poderá daqui deduzir-se que a designação produz efeitos constitutivos da relação de administração independentemente da aceitação?

Parece dever responder-se negativamente.

Primeiro, porque tais efeitos se referem apenas à representação passiva, que é apenas uma parte (importante, embora) do conjunto dos poderes, direitos e deveres que integram a referida relação.

Segundo, porque tais efeitos assentam, sobretudo, no próprio acto de registo e na necessidade de protecção da aparência dele decorrente. O terceiro merece protecção porque a pessoa eleita *parece* administrador, apesar de o não ser em plenitude (por faltar a aceitação).

Assim, pode admitir-se que a designação pode produzir, ainda antes da aceitação, alguns efeitos jurídicos, mas não a plenitude dos seus efeitos típicos. Isso verifica-se, aliás, com outros negócios jurídicos ([4]). Mas para que a designação produza a generalidade dos seus efeitos próprios essenciais é necessária a aceitação.

([4]) Cf., quanto ao contrato de trabalho, LUÍS BRITO CORREIA, "Efeitos jurídicos dos contratos de trabalho inválidos executados", in *Economia e Finanças – Anais do ISCEF*, t. I, vol. XXXVI, 1968.

III − A − Aliás, o art. 174º do CCom impõe aos directores que prestem caução, "sem o que não poderão entrar em exercício". Considerando que a prestação de caução incumbe, em regra, ao próprio administrador − embora possa ser prestada por terceiro ([5]) −, pode deduzir-se do referido preceito que o CCom exige, efectivamente, não só que a eleição tenha de ser comunicada ao eleito (de outro modo, como poderia ele cumprir o dever − ou ónus − de prestar caução ?), como tem de receber o seu acordo.

B − Este argumento não pode, todavia, invocar-se em face do art. 396º do CSC, que impõe a prestação de caução − aliás, substituível por seguro e até dispensável − mas não refere tal imposição aos administradores, sendo admissível que outrem a preste por eles. De resto, a falta de prestação de caução tem como consequência a "cessação imediata de funções", o que mostra que a relação de administração pode ter-se constituído plenamente antes dela.

Em contrapartida, o CSC refere-se expressamente à "aceitação do cargo pela pessoa designada", admitindo que ela "pode ser manifestada expressa ou tacitamente" [art. 391º, nº 5 ([5a])]. Daí parece poder deduzir-se que tal aceitação é necessária, sob pena de tal preceito ser inútil − o que não é de presumir (CCiv, art. 9º, nº 3).

IV − A − Em face do CCom, pode pôr-se o problema de saber se tal aceitação do cargo de administrador resulta ou não, implicitamente, da aceitação do contrato de sociedade, por força do disposto no art. 118º, nº 3, do CCom, segundo o qual "todo o sócio é obrigado: [...] 3º A exercer os cargos para que a sociedade o nomear; [...]".

A letra deste preceito comporta, todavia, duas interpretações. Segundo uma interpretação ampla, todo o sócio é obrigado a aceitar os cargos para que for nomeado e, posteriormente, a exercê-los. Segundo uma interpretação restrita, presume-se, como conteúdo mínimo legal do contrato de sociedade (ou considera-se imperativamente incluído nesse conteúdo), que os sócios aceitam todo e qualquer cargo para que forem nomeados, significando o nº 3 que os sócios têm o dever de exercer os

---

([5]) Neste sentido, cf. ILÍDIO DUARTE RODRIGUES, *A Administração das Sociedades por Quotas e Anónimas*, pág. 200.

([5a]) Correspondente ao art. 396º, nº 5, do Projecto.

cargos para que foram nomeados (e que se consideram previamente aceites).

Esta segunda interpretação restrita não corresponde, de modo nenhum, à opinião que a generalidade dos autores e dos accionistas tem acerca dos efeitos da entrada destes para a sociedade. Quando um accionista entra para uma sociedade por acções (quer por subscrição, no momento da constituição ou de um aumento de capital, quer posteriormente, por aquisição de acções), o que pretende, na maior parte dos casos, é investir ou aplicar capitais na expectativa de dividendos ou de valorização do capital e só nalguns casos (v. g., quando adquire a maioria do capital) pretende participar na administração da sociedade. Em caso nenhum se sente obrigado a exercer a administração (para que muitas vezes nem se sente apto ou disponível), até porque comummente se admite a faculdade de renúncia do administrador a esse cargo, independentemente de justa causa ([6]).

O art. 118, nº 3, do CCom parece ter sido introduzido a pensar, sobretudo, na situação dos administradores de sociedades em nome colectivo.

Aliás, o dever estabelecido nesse preceito, com um ou outro entendimento, parece não ter qualquer sanção: o seu incumprimento, só por si, não cria a obrigação de indemnizar a sociedade pelos prejuízos causados (embora esta afirmação possa suscitar dúvidas).

Parece pois de entender que o art. 118º, nº 3, não exclui a necessidade de um acto de aceitação, distinto do contrato de sociedade.

Aliás, tal preceito só pode, evidentemente, aplicar-se a administradores que sejam accionistas, uma vez que os não accionistas não são partes no contrato de sociedade, não tendo, pois, assumido qualquer dever de exercer quaisquer cargos na sociedade. A necessidade de aceitação da eleição de administradores não accionistas é óbvia.

B – Em face do CSC, tal problema não chega a pôr-se, visto que o CSC não contém qualquer disposição equivalente ao art. 118º, nº 3, do CCom, a impor aos accionistas o dever de exercer cargos sociais ([7]). E o art. 404º consagra a faculdade de renúncia do administrador, independen-

---

([6]) Neste sentido, cf. CUNHA GONÇALVES, *Comentário*, vol. I, pág. 426 e seg.; PINTO FURTADO, *Código*, vol. II, t. I, pág. 376 e seg., e ILÍDIO DUARTE RODRIGUES, *A Administração das Sociedades por Quotas e Anónimas*, pág. 238.

([7]) Cf. CSC, art. 20º.

temente de justa causa (apenas estabelecendo um prazo, aliás curto, de produção plena dos respectivos efeitos) ([8]).

SUBSECÇÃO III

A aceitação como elemento essencial do negócio e não mera condição de eficácia

I — Uma vez reconhecido que o acto constitutivo da relação de administração se compõe de dois actos distintos (a eleição pela colectividade dos accionistas, no caso agora em análise, e a aceitação pelo administrador), há que esclarecer o modo como esses dois actos se articulam em ordem à produção dos seus efeitos próprios.

Na vida jurídica privada, quando se exige o concurso de vontades de duas (ou mais) pessoas para produzir certo efeito, o que é normal é utilizar a figura do contrato, enquanto acordo de vontades com efeitos jurídicos.

E, na prática, é justamente isso que se verifica com a eleição de administradores. Normalmente, os accionistas que projectam propor certas pessoas (accionistas ou não) como candidatos à eleição pela assembleia geral, asseguram-se previamente da aceitação por elas da candidatura, o que implica, normalmente, a aceitação prévia sob condição suspensiva ou a obrigação de aceitação futura da eleição, caso esta lhes seja favorável. E, quando tal aceitação prévia (da candidatura ou/e da eleição) não é possível ou, por qualquer motivo, não é efectuada, é óbvio que a eleição tem de ser comunicada ao eleito e este só se sente obrigado a exercer o cargo desde que a aceite — ou na própria ocasião da eleição, se o eleito (por ser accionista ou por outro motivo) presenciou a eleição, ou posteriormente. Assim, os accionistas e o administrador eleito querem um mesmo conjunto de efeitos: que este seja administrador, isto é, que se constituam na sua esfera jurídica os poderes, deveres e direitos correspondentes a tal qualidade. Tudo aponta, pois, no sentido de considerar que se trata aqui de um contrato.

([8]) Em paralelo com as observações acima citadas da doutrina italiana, deve referir-se que os prazos para cumprimento de certas obrigações dos administradores são contados a partir da designação e não da comunicação desta: quanto à prestação de caução (CSC, art. 396º, nº 4) e quanto à inscrição da designação no registo comercial [CR Com, art. 3º, al. *m*), e 15º, nº 1]; quanto ao ''depósito de assinaturas'', que corresponde no direito italiano à nossa abertura de sinal (CNot, art. 157º), a lei não estabelece qualquer prazo. Este regime não serve, pois, de argumento, num sentido ou noutro, quanto à questão agora em causa.

E é esta a orientação da generalidade da doutrina mais antiga (v. g., da teoria do mandato), como de grande parte da mais recente.

De um ponto de vista de dogmática jurídica, há, todavia, que esclarecer algumas dúvidas.

Na verdade, viu-se acima que há alguns autores, sobretudo italianos, que entendem que a deliberação de nomeação não é recipienda (não tem de ser dirigida ao administrador nomeado) e "realiza imediatamente a investidura no cargo, enquanto a aceitação é só condição da sua plena eficácia, não da sua validade" ([9]).

Qual a diferença entre um contrato (composto por duas declarações de vontade concordantes) e um negócio unilateral sujeito a uma condição (legal) de eficácia? Donde vem esta ideia da nomeação sujeita a condição de eficácia? Porquê preferir esta solução à contratual? Que efeitos produz a nomeação/eleição antes de ser aceite?

II – No contrato, há duas (ou mais) declarações de vontade de conteúdo concordante: uma proposta e uma aceitação (ou várias). As duas (ou mais) declarações de vontade são elementos essenciais do contrato, isto é, são componentes desta figura jurídica, sem os quais ele deixa de ser o que é ([10]). Tais declarações de vontade são requisitos de existência e de validade do negócio, isto é, são realidades sem as quais o negócio não existe ou não é válido (mas nulo ou anulável), respectivamente ([11]).

([9]) Cf. FIORENTINO, *Gli organi*, pág. 101; LORDI, *Istituzioni*, pág. 328; SALANDRA, pág. 269; BRACCO, in *Dir. Prat. Comm.*, 1943, pág. 24, e FRÈ, *Società per azioni*, pág. 351 e seg..

([10]) Entre os elementos essenciais do contrato (ou negócio jurídico) distinguem-se os elementos essenciais gerais, necessários a todo e qualquer contrato (ou negócio jurídico), e os elementos essenciais específicos, necessários a determinado tipo, por força de lei imperativa (quanto a negócios nominados) ou por exigência da própria estrutura fundamental da espécie de negócio (inominado). Distinguem-se dos elementos naturais, que são os previstos em normas legais supletivas, podendo ser afastados pelas partes, e dos elementos acidentais, que são todos os outros que as partes podem estipular ou não. Sobre o assunto, cf. MANUEL DE ANDRADE, *Teoria Geral da Relação Jurídica*, vol. II, pág. 33; PAULO CUNHA, *Teoria Geral do Direito Civil*, vol. II, pág. 49 e segs.; I. GALVÃO TELLES, *Manual dos Contratos em Geral*, 3ª ed., pág. 209 e segs.; CASTRO MENDES, *Teoria Geral do Direito Civil*, vol. II, pág. 41 e segs. e 220 e segs.; C. MOTA PINTO, *Teoria Geral do Direito Civil*, pág. 388 e segs., e A. MENEZES CORDEIRO, *Teoria Geral do Direito Civil*, vol. II, pág. 89 e segs..

([11]) Por oposição a requisitos de eficácia, em sentido estrito, que são as realidades sem as quais o negócio existe e é válido mas não produz efeitos. Pode falar-se também

III – Segundo o entendimento comum na doutrina, a condição é a cláusula acessória típica de um negócio jurídico (unilateral ou plurilateral) pela qual o seu autor faz depender a eficácia daquele, total ou parcialmente, da verificação de um facto futuro e objectivamente incerto ([12]). A condição é também definida como o facto futuro e incerto de que as partes fazem depender a eficácia do negócio – seja o início da produção (de todos ou alguns) dos efeitos (condição suspensiva), seja o seu termo (condição resolutiva) (CCiv, art. 270º). Como cláusula acessória (em sentido formal), não faz parte da estrutura do negócio típico, embora assuma carácter essencial (constitutivo) do negócio concreto (forma um todo incindível com o conjunto do negócio) ([13]).

Distinta desta condição em sentido próprio (condição voluntária ou "conditio facti"), introduzida no negócio por vontade das partes, é a chamada condição legal ("conditio juris"), que é o facto futuro e incerto de que, por imposição da lei, depende a eficácia (mas não a validade) ([14]) do negócio. "Não se trata aqui de um elemento constitutivo do próprio

---

de requisitos de eficácia, em sentido amplo, quanto às realidades sem as quais o negócio não produz efeitos; neste sentido, os requisitos de existência e de validade são também requisitos de eficácia. Sobre o assunto, cf. CASTRO MENDES, *Teoria Geral do Direito Civil*, vol. II, pág. 44.

([12]) Cf. BARBERO, *Contributo alla teoria della condizione*, Milano, Giuffrè, 1937; FALZEA, *La condizione e gli elementi dell'atto giuridico*, Milano, Giuffrè, 1941; RESCIGNO, "Condizione (diritto vigente)", in *Enc. dir.*, VIII, pág. 763 e segs.; E. BETTI, *Teoria general del negocio jurídico* (trad. esp.), pág. 382 e segs.; SANTORO-PASSARELLI, *Teoria Geral do Direito Civil* (trad. port.), pág. 161 e segs.; F. GALGANO, *Il negozio giuridico*, Milão, Giuffrè, 1988, pág. 134 e segs.; LARENZ, *Allgemeiner Teil des deutschen Buergerlichen Rechts*, 2. Aufl., pág. 410 e segs.; J. G. PINTO COELHO, *Das Cláusulas Acessórias dos Negócios Jurídicos*, vol. I – *A Condição*, Coimbra, 1910; MANUEL DE ANDRADE, *Teoria Geral da Relação Jurídica*, vol. II, pág. 356 e segs.; J. CASTRO MENDES, "Da condição", in *BMJ*, nº 263, pág. 37 e segs.; J. CASTRO MENDES, *Teoria Geral do Direito Civil*, vol. II, pág. 222 e segs., e J. CARVALHO FERNANDES, *Teoria Geral do Direito Civil*, vol. II, pág. 429 e segs..

([13]) Salvo nos casos excepcionais em que se aplica a regra "vitiatur sed non vitiat". Cf. J. CASTRO MENDES, "Da condição", in *BMJ*, nº 263, pág. 53 e segs., que define cláusula, em sentido formal, como "parte diferenciada do texto negocial" e, em sentido material, como "manifestação de vontade autónoma, destacável do todo negocial", podendo "integrar-se ou não nele sem afectar o essencial do negócio". Neste sentido material, a condição não é, em regra, uma cláusula acessória: "o negócio é unitário como condicional".

([14]) E. BETTI [*Teoria general del negocio jurídico* (trad. esp.), pág. 388 e seg.] refere as "condiciones juris" como "pressupostos legais de validade do negócio jurídico" (e não de eficácia) extrínsecos ao negócio que "operam sobre o negócio com efi-

negócio [...] de um requisito da sua existência ou da sua validade". Trata-se sim de "algo exterior ao negócio, posto apenas como requisito da sua eficácia. Os efeitos do negócio têm como *causa determinante* o negócio mesmo. A condição legal será, como a voluntária, simples condição tornada indispensável para eles se produzirem" ([15]). É considerada uma condição imprópria.

Exemplos característicos de condições legais são: o nascimento com vida, de que depende a eficácia da doação ou legado a um nascituro (CCiv, art. 66º, nº 2); a sobrevivência do ausente, de que depende a eficácia do repúdio da sucessão do ausente e a disposição dos respectivos direitos sucessórios (CCiv, art. 109º, nº 2); o casamento válido, de que depende a eficácia da convenção antenupcial (CCiv, art. 1716º) ([16]); o casamento, de que depende a eficácia das doações para casamento (CCiv, art. 1760º, nº 1); o consentimento do perfilhado ou seus descendentes, de que depende a eficácia da perfilhação de maior (CCiv, art. 1857º) ([17]); a premoriência do testador, de que depende a eficácia da constituição de herdeiro ou legatário [CCiv, art. 2317º, al. *a*)].

Em todos estes casos os efeitos jurídicos são determinados por um contrato (convenção antenupcial) ou por um negócio jurídico unilateral (doação, testamento, repúdio, disposição ou perfilhação), como sua causa eficiente principal, embora a produção desses efeitos fique dependente da verificação de um posterior contrato (casamento), negócio jurídico unilateral (consentimento da perfilhação) ou facto jurídico em sentido estrito (nascimento ou premoriência).

---

cácia retroactiva" (dando como exemplos casos de exigência de autorização ou de ratificação do negócio); menciona, além disso, também como "condiciones juris", "outras circunstâncias, objectivamente separadas do negócio, que existe sem elas, mas que, embora cronologicamente posteriores, constituem antecedentes lógicos do negócio, pela sua natureza e configuração típica", às quais se aplica o princípio da irretroactividade dos factos jurídicos (dando como exemplo o casamento como condição legal da convenção antenupcial e a existência do sujeito a que se refere a deixa testamentária ou a doação).

([15]) Cf. MANUEL DE ANDRADE, *Teoria Geral da Relação Jurídica*, vol. II, pág. 359 e seg., que cita A. SCIALOJA, "Condizione voluntaria e condizione legale", in *Saggi di vario diritto*, vol. I, pág. 3; NICOLA, "La vocazione ereditaria diretta e indiretta", in *Annali dell'Istituto di scienzie giuridiche*, da Univ. Messina, VII, pág. 55; SCHEURL, "Zur Lehre von der Nebenbestimmungen bei Rechtsgeschaefte", in *Beitraege zu B.d. roem. R.*, 1871, II. 2, 95; EISELE, "Zur Lehre von der Conditiones juris", in *AcP*, 1871, 64, 109, 113; OERTMANN, *Rechtsbedingung ("condicio juris")*, 1924, pág. 28 e segs., e ALLORIO, in *FI*, 1938, vol. I, pág. 254 e autores citados na nota 12.

([16]) Cf. J. CASTRO MENDES, *Teoria Geral do Direito Civil*, vol. II, pág. 226..
([17]) Cf. F. PESSOA JORGE, *Direito das Obrigações*, 1971-72, pág. 218 e segs..

IV – Sendo assim, perante duas declarações de vontade, pode dizer-se que há contrato quando, tendo conteúdo concordante (seja idêntico – v. g., aprovam o mesmo pacto social de uma sociedade – seja correspondente – v. g., um vende ao outro o que este compra), são ambas elementos essenciais do negócio jurídico, sem os quais este não existe ou não é válido e, por conseguinte, também não produz os seus efeitos próprios.

Diversamente, perante duas declarações de vontade, dir-se-á que uma delas é negócio jurídico unilateral e a outra condição legal da primeira, quando aquela seja o único elemento essencial do negócio jurídico, que por isso se pode dizer existente e válido (perfeito – apto a produzir os seus efeitos próprios) só com ela, embora os seus efeitos se produzam apenas se (e quando) se verificar a segunda declaração de vontade, cuja falta não afecta, todavia, a validade da primeira.

Ou, de outro modo, seguindo BETTI ([17a]), pode entender-se que há contrato quando duas declarações negociais criam o mesmo preceito de autonomia privada, ditam uma mesma regulamentação de interesses e têm um alcance normativo dependente uma da outra.

Escusado será dizer que só faz sentido pôr o problema da qualificação da aceitação como condição legal, não como condição própria: não estão em causa os casos em que a deliberação eleitoral, voluntariamente, inclui uma cláusula em que se faz depender os seus efeitos da aceitação.

O que se verifica no caso da eleição e da aceitação do administrador é que a deliberação social é apta a produzir, por si só, apenas a atribuição de poderes (em sentido estrito), mas não a imposição de deveres ou de poderes-deveres, nem, em rigor, a atribuição de direitos.

Para esta imposição, é essencial – é requisito de existência e de validade (e não só de eficácia, em sentido estrito) – uma declaração de vontade do devedor (administrador).

Pode concluir-se, por isso, que a aceitação não é um elemento meramente extrínseco do negócio constitutivo da relação de administração, mas um elemento componente essencial deste negócio.

O acto criador de direitos e deveres entre o administrador e a sociedade depende essencialmente da vontade da sociedade e do administrador: no âmbito do direito privado, não pode uma pessoa impor a outra obrigações sem o consentimento desta – consentimento que não é mera condição de eficácia do acto (unilateral) daquela, mas verdadeiramente integrador, em plano de igualdade, do acto (bilateral) constitutivo dessas

---

([17a]) Cf. *Teoria generale del negocio giuridico*, 1950, pág. 297 e 301.

obrigações. Seja ou não remunerado o administrador, ele assume as obrigações e direitos correspondentes à sua função, porque ele e a sociedade, em conjunto, o quiseram, de harmonia com a lei.

Sem a designação pela sociedade não há administrador; mas sem a aceitação deste também aquela não pode produzir os seus efeitos próprios.

A eleição e a aceitação criam o mesmo preceito de autonomia privada (os accionistas querem que F seja administrador, com todos os inerentes poderes, direitos e deveres, e F quer ser administrador), ditam uma mesma regulamentação de interesses (cada uma na sua perspectiva) e têm um alcance normativo dependente uma da outra.

Parece evidente também que tanto a designação como a aceitação são actos recipiendos: se não forem comunicados à outra parte, não podem produzir os seus efeitos próprios. O administrador não pode considerar-se como tal nem exercer funções enquanto não souber que foi designado.

E cada um deles só pode produzir todos os seus efeitos quando conjugado com o outro, exactamente como acontece em qualquer contrato. Cada um deles pressupõe o outro, em pé de igualdade e reciprocidade.

Pode a validade da deliberação ser apreciada em si mesma, como deliberação social (declaração negocial), nomeadamente em face dos requisitos exigidos para a validade das deliberações sociais. Mas isso não significa que a eleição seja, só por si, um negócio jurídico ([18]). Também no caso de um contrato de compra e venda é possível apreciar a validade da declaração negocial do vendedor (por incapacidade, por menoridade, erro, coacção, por exemplo) separadamente da validade da declaração do comprador (por esses ou outros motivos).

É claro que, sendo esta declaração negocial anulada (ou declarada nula), todo o negócio o será em consequência.

([18]) No sentido de acto constitutivo da relação de administração. Como se disse, há quem considere cada uma das declarações negociais componentes de um contrato como negócios jurídicos (cf. OLIVEIRA ASCENSÃO, *Teoria Geral do Direito Civil*, vol. III, pág. 214 e segs.). Mas tem efeitos jurídicos diferentes: para transmitir a coisa é preciso uma compra e venda; a compra, por um lado, e a venda, por outro lado, podem considerar-se dois negócios jurídicos que produzem certos efeitos jurídicos (CCiv, art. 227º, 411º, 457º e segs.), mas só quando conjugados no contrato produzem o efeito translativo da coisa, característico da compra e venda. Do mesmo modo, a eleição poderá produzir certos efeitos jurídicos só por si (v. g., vinculando a sociedade); mas só em conjunto com a aceitação produz a plenitude dos efeitos característicos da constituição da relação de administração.

O mesmo se passa com a eleição: se esta deliberação for anulada (ou declarada nula), a mesma sorte terá, consequentemente, o acto constitutivo da relação de administração, como conjunto da eleição e da aceitação. E vice-versa: se a aceitação for anulada ou declarada nula, a mesma sorte tem o acto constitutivo da relação de administração (quanto ao administrador cuja aceitação seja inválida) ([19]).

A aceitação não é, portanto, mera condição de eficácia da eleição, mas elemento essencial, verdadeiro requisito de validade do acto constitutivo da relação de administração. A eleição não pode considerar-se como negócio jurídico unilateral: é apenas uma declaração negocial, integradora de um negócio jurídico de que faz parte também a aceitação.

O efeito característico da constituição da relação de administração — com todos os poderes, direitos e deveres que lhe são próprios — só pode resultar (no caso em análise) da combinação destas duas declarações negociais (eleição e aceitação).

V — Nem a esta conclusão se opõe o facto de a aceitação poder ser anterior ou posterior à eleição e não simultânea. Algo semelhante se passa com os contratos entre pessoas distantes umas das outras, v. g., quando as declarações negociais são transmitidas por correio ([20]).

VI — Nem se diga — como diz FERRI ([21]) — que a eleição se dirige, não tanto ao administrador nomeado, mas aos sócios, aos outros órgãos e a terceiros.

Não se vê qual o interesse de dizer que se dirige aos sócios um acto praticado afinal pelos próprios sócios, ainda que na veste de membros de um órgão social (a assembleia geral ou o conjunto dos sócios). Ou que se dirige "aos outros órgãos" — quando só há, em regra, mais um órgão (de fiscalização) em causa (a assembleia geral é autora do acto e o conselho de administração é composto pelos próprios administradores eleitos), cujas funções não mudam por isso, limitando-se a ter de suportar passivamente as consequências de fiscalizar a actividade do senhor A, e

---

([19]) A questão de saber se o acto de eleição de uma lista de administradores é prejudicado totalmente se a aceitação de apenas um deles for considerada inválida é questão distinta, a resolver segundo as regras aplicáveis à invalidade parcial das declarações negociais (CCiv, art. 292º).

([20]) Cf., por exemplo, I. GALVÃO TELLES, *Dos Contratos em Geral*, 2ª ed., pág. 202 e segs..

([21]) Cf. *La Società*, pág. 494.

não do senhor B. O órgão de fiscalização não é parte, nem sequer, em rigor, destinatário da eleição. Em consequência da eleição, o órgão de fiscalização apenas vê delimitado o objecto do seu próprio dever de fiscalizar, enquanto este se dirige à actividade administrativa de pessoas que passaram a estar determinadas. Assim, a eleição deve ser comunicada ao órgão de fiscalização ([22]), como pressuposto ou condição "sine qua non" do cumprimento por este das suas funções próprias. Mas isso não o transforma no principal destinatário do acto eleitoral, pois a natureza e o regime dos seus deveres não sofrem modificação substancial.

Tão-pouco parece correcto dizer que a eleição se dirige a terceiros. É certo que os terceiros precisam de saber que certa pessoa é administrador da sociedade com quem negoceiam e podem exigir a prova dessa qualidade (e, concomitantemente, dos poderes para o acto). Mas isso não altera em nada a natureza do acto constitutivo da relação entre o administrador e a sociedade. O facto de poder ser exigida ao procurador a exibição da procuração (CCiv, art. 260º, nº 1) não altera a natureza unilateral da procuração; nem o facto de poder ser exigida ao mandatário com representação a prova do mandato (CCiv, art. 1178º, nº 1, que remete, entre outros, para o CCiv, art. 260º, nº 1; CCom, art. 242º) afecta a natureza contratual do mandato ([23]).

VII – É particularmente interessante o contributo da doutrina administrativista para esclarecer o problema posto.

E compreende-se que assim seja, visto que, durante muito tempo, a admissibilidade da figura do contrato administrativo foi rejeitada na Alemanha e noutros países germânicos, com a alegação de que as condutas assim designadas não passariam de actos administrativos (unilaterais) dependentes de requerimento ou de consentimento do destina-

---

([22]) Isso não constitui, aliás, problema de maior, uma vez que os membros do conselho fiscal têm o dever de assistir às assembleias gerais [CSC, art. 422º, nº 1, al. *a*)] em que se procede à eleição dos administradores.

([23]) É equívoca a expressão de FERRI acima transcrita, de que os deveres do administrador (v. g., de diligência, de não concorrência) são efeitos que derivam da lei, que "prescindem duma correspondente vontade do administrador e que se determinam pelo facto de que concretamente se assume aquela dada posição na organização da sociedade". Quem é o sujeito que assume esta posição? Se é o administrador (como, logicamente, parece que deve ser), então FERRI está implicitamente a contradizer-se, porque reconhece afinal a necessidade desta assunção, ou seja, da aceitação. Se não é o administrador, como explicar a assunção de deveres por uma pessoa privada sem (ou contra) a sua vontade?

tário (²⁴). OTTO MAYER, por exemplo, entendia que o Estado e o súbdito não poderiam, no âmbito do direito público, conjugar as suas vontades num plano de igualdade, como se pressupõe no contrato (²⁵).

Também no direito administrativo português o consentimento do particular, exigido por lei, funciona como requisito de eficácia ou pressuposto do acto administrativo — consoante esse consentimento seja posterior ou anterior ao acto (como aceitação ou requerimento, respectivamente) (²⁶). Sendo assim, os contratos administrativos distinguem-se dos actos administrativos dependentes do consentimento prévio ou posterior do particular, na medida em que, nos primeiros, os efeitos jurídicos assentam na conjugação da vontade das partes, enquanto, nos segundos, o poder conformador ("*Gestaltungsrecht*") pertence apenas à administração. No acto administrativo, só a autoridade pública pode definir constitutivamente a situação jurídico-administrativa.

Como diz SÉRVULO CORREIA (²⁷), "a conduta do particular apenas servirá para criar os requisitos legais do exercício do poder pela Administração ou da transposição para o plano externo dos efeitos jurídicos já contidos no acto perfeito.

"Em suma, o contrato administrativo distingue-se do acto administrativo pela bilateralidade, pela conjugação indispensável de pelo menos duas vontades dotadas de igual valor. Esta *igual valia das vontades ou paridade de poderes* ('Gleichberechtigung') não impede que a situação fáctica das partes possa ser muito distinta — como sucede se o contrato for sobretudo de adesão — ou que o regime decorrente do contrato possa consagrar em boa medida a sujeição de uma parte ao exercício de poderes discricionários da outra. Trata-se tão-somente de assinalar que a criação, modificação ou extinção da relação jurídico-administrativa pressupõe a conjugação de ambas as vontades. E sendo, por isso, uma só delas insuficiente para o efeito, ambas se nivelam na qualidade de factor indispensável para a geração dos efeitos jurídicos em causa.

"Se, nos termos da lei, o particular deve solicitar o acto administrativo para que a Administração o possa praticar, nem o valor das vontades manifestadas nem o conteúdo dos poderes exercidos se equiparam. Só da

---

(²⁴) Cf. J. M. SÉRVULO CORREIA, *Legalidade e Autonomia Contratual no Contrato Administrativo*, pág. 344 e segs. e autores aí cits.

(²⁵) Cf. "Zur Lehre vom oeffentlichen Vertrage", in *AOER*, 1888, pág. 40 e segs., e *Deutsches Verwaltungsrecht*, Berlim, vol. I, 3ª ed., pág. 98.

(²⁶) Cf. J. M. SÉRVULO CORREIA, *ob. cit.*, pág. 346 e autores aí cits..

(²⁷) Cf. *ob. cit.*, pág. 347 e segs..

vontade da Administração podem resultar os efeitos de direito pretendidos e só a conduta do órgão da Administração se caracteriza por essa consequência. A declaração do particular apenas cria um pressuposto que a Administração poderá aproveitar ou não (ainda que ilegalmente se abstenha do exercício de um poder vinculado). E, se se trata de uma declaração de aceitação de um acto já praticado, apenas está em causa a atribuição de eficácia à definição já completada de uma situação jurídico-administrativa.

"Mas – continua SÉRVULO CORREIA – se em abstracto parece relativamente fácil circunscrever o fenómeno da convergência de vontades com um mesmo valor constitutivo e idêntico conteúdo de deveres e obrigações criados, modificados ou extintos, situações concretas surgem em que se torna árdua a diferenciação entre essa realidade e a da constituição unilateral dos efeitos apoiada muito embora em um acto preparatório ou integrativo proveniente do destinatário do acto constitutivo [...].

"Alguns dos critérios propostos para facilitar a ultrapassagem de tais dificuldades parecem pouco merecedores de acolhimento – continua SÉRVULO CORREIA. É o que acontece com a produção de efeitos obrigatórios bilaterais, propugnada por ZWAHLEN [...] Nada impede, com efeito, que uma situação jurídico-administrativa definida por acto administrativo compreenda direitos e deveres recíprocos entre Administração e administrado. Também a efectiva possibilidade do particular de influir sobre a determinação do conteúdo da relação jurídica enunciada representa um dado de facto muito variável de acto para acto e de contrato para contrato, sem que à intensidade de tal participação corresponda necessariamente uma diferença entre a natureza jurídica da manifestação de vontade que define os efeitos de direito. A emissão de um acto administrativo pode ter sido factualmente precedida de uma negociação cerrada, sem que no plano jurídico a decisão deixe por isso de ser unilateral. E a situação inversa pode ocorrer relativamente a um contrato administrativo de adesão que apenas deixe ao administrado a escolha entre celebrar ou não o negócio [...].

"Em suma, o critério de distinção entre contrato administrativo e acto administrativo dependente da colaboração do administrado tem de buscar-se – segundo SÉRVULO CORREIA – na *estrutura do acto*. Se se tratar de acto tipificado na lei, a compreensão de tal estrutura alcançar-se-á através da interpretação das normas aplicáveis. Se, pelo contrário, o acto for atípico naquilo que respeita à conjugação das vontades da Administração e do administrado, haverá que apurar-se qual foi efectivamente a vontade dos intervenientes, sendo certo que, se a Administração pretende exercer unilateralmente uma competência, a participação do particular não prevista na lei apenas poderá ter o relevo jurídico que o próprio acto administrativo eventualmente lhe atribua ao incluir como cláusula condicional a previsão de tal interferência.

"Se, no plano estrutural, a manifestação de vontade do particular surge como requisito de existência, está-se perante um contrato. Pelo contrário, o acto será unilateral quando aquela manifestação apenas constituir um requisito de legalidade (actos dependentes de requerimento) ou de eficácia (actos sujeitos a consentimento) da definição da situação jurídico-administrativa [...]. É neste plano que a igualdade ou a desigualdade das vontades das partes se revela. No contrato, as vontades são iguais como requisito de existência. No acto administrativo, são desiguais, porque o poder constitutivo apenas assiste à vontade da Administração, enquanto que à do administrado cabe uma mera virtualidade integrativa da vontade constitutiva da Administração.

"Para a interpretação das normas jurídicas aplicáveis ou da vontade concreta dos intervenientes desempenha papel relevante o modo como os preceitos estruturam o procedimento administrativo ou como este livremente se desenrolou no caso concreto. A arquitectura processual revela muitas vezes claramente se há ou não um acordo de vontades paritárias. Assim acontecerá naturalmente quando o acto deva ser e seja de facto simultaneamente subscrito por Administração e particular. Ou quando, pelo contrário, a manifestação de vontade do particular surja com a natureza de um acto referido a outro acto, isto é, como preparatório ou integrativo 'a posteriori' [...].

"As considerações que antecedem – diz ainda SÉRVULO CORREIA – versam sobre a diferença entre o acto administrativo e o contrato administrativo celebrado entre a Administração e particulares. Como porém adiante se exporá, nada no nosso ordenamento jurídico impede o ajuste de contratos pelos quais duas ou mais pessoas colectivas públicas criem, modifiquem ou extingam relações jurídicas de direito administrativo. O problema da distinção pode também suscitar-se neste âmbito, isto é, quando a emissão de actos administrativos resulta da colaboração de diferentes órgãos da Administração. Como ensina MARCELLO CAETANO, são muito frequentes os casos de competência conjunta, dada por lei a dois ou mais órgãos para ser exercida por acordo. Tal acordo torna-se então indispensável para que o acto seja praticado em co-autoria.

E o acto complexo nasce da manifestação de vontade dos vários órgãos sobre o conteúdo do futuro acto ([28]).

"Se os órgãos investidos da competência conjunta pertencem à mesma pessoa colectiva – como sucede quando a competência é de dois ministros –, a confusão não é possível: o contrato pressupõe pelo menos dois sujeitos distintos. Mas a qualificação pode tornar-se mais arriscada quando a co-decisão provenha de órgãos de diferentes pessoas colectivas. Em tal circunstância, não serve de critério a igualdade de vontades, pois que esta se verifica no acto complexo, permitindo distingui-lo da conjunção entre acto administrativo integrativo e acto administrativo integrado (como aquela que se produz, por exemplo, no âmbito de uma relação de tutela). Nestas eventualidades, o elemento aferidor parece dever residir antes na titularidade da relação jurídica criada, modificada ou extinta pelo acto em causa. Se ela tiver por sujeitos activos e passivos as pessoas colectivas cujos órgãos produzem o acto, haverá bilateralidade e estar-se-á perante um contrato. Se, pelo contrário, a situação jurídica definida tiver como sujeito, de um lado, a Administração, investida em interesses públicos cuja prossecução caiba como atribuição às pessoas colectivas cujos órgãos se pronunciam e, do outro, um administrado, mero destinatário passivo do comando, há simplesmente a emissão de um acto administrativo complexo."

Que conclusões retirar desta doutrina administrativista para o caso da eleição e aceitação do administrador?

Não pode falar-se, obviamente, de poder público ou de autoridade da colectividade dos accionistas relativamente ao candidato a administrador. Não existe entre aquela e este qualquer relação de subordinação, "maxime", caso ele não seja accionista.

Pode dizer-se que só um órgão da sociedade pode, em regra, conferir poderes para a representar. Mas a relação de administração inclui, além desses poderes (ou melhor, poderes-deveres) e – segundo a lei portuguesa – incindivelmente ligados a eles, direitos e obrigações; e estes só podem constituir-se com o concurso do "poder conformador" do candidato a administrador. A sociedade e este candidato a administrador são particulares e a vontade deste surge como indispensável para a produção dos efeitos próprios do acto e com igual valor. É necessária a conjugação das duas vontades. A aceitação do candidato a administrador

---

([28]) Cf. Marcello Caetano, *Manual de Direito Administrativo*, 10ª ed., vol. I, pág. 463 e 469.

não é mero pressuposto ou requisito de legalidade, nem simples condição de eficácia da eleição: a criação da relação de administração pressupõe a conjugação paritária de ambas as vontades.

VIII – A doutrina administrativista considera que muitos dos titulares dos órgãos de diversas pessoas colectivas de direito público e também de cargos do funcionalismo (de trabalhadores da função pública) são providos por nomeação, considerada como negócio unilateral sujeito à condição de eficácia da aceitação pelo titular ([29]).

Haverá diferenças entre esses provimentos e a designação de administradores de sociedades que justifiquem uma diferenciação de natureza jurídica?

Sem pretender aprofundar agora a questão, parece de reconhecer que há diferenças importantes. A nomeação de titulares de órgãos de pessoas colectivas de direito público, bem como de funcionários públicos, pode considerar-se como a imposição por uma autoridade pública de uma missão, de um (en)cargo, de um serviço no interesse da colectividade: missão, cargo ou serviço que pode (em certa medida) ser recusado, mas que se pode conceber que resulta substancialmente do acto da autoridade, sendo a aceitação mera condição de eficácia ([30]).

([29]) A doutrina administrativista portuguesa distingue entre o órgão e o titular do órgão, mas não se preocupa com a análise da natureza da relação entre o titular do órgão e a pessoa colectiva pública (ou do seu facto constitutivo). Cf. MARCELLO CAETANO, *Manual de Direito Administrativo*, 10ª ed., vol. I, pág. 203 e segs.; DIOGO FREITAS DO AMARAL, *Curso de Direito Administrativo*, Coimbra, Almedina, 1986, vol. I, pág. 592 e segs.; J. M. SÉRVULO CORREIA, *Noções de Direito Administrativo*, vol. I, pág. 164; apenas ESTEVES DE OLIVEIRA (*Direito Administrativo*, Coimbra, Almedina, 1980, vol. I, pág. 225 e segs.) analisa o problema distinguindo entre a relação de serviço (resultante de um acto unilateral – nomeação, requisição – ou bilateral – contrato de provimento) e a relação orgânica (resultante sempre de um acto unilateral da administração – nomeação, designação, etc.). Quanto aos modos de provimento dos agentes administrativos, é habitual admitir vários: acto administrativo (nomeação e requisição), contrato (de trabalho e de provimento), assalariamento (ou contrato de trabalho eventual) e eleição. Cf. MARCELLO CAETANO, *ob. cit.*, vol. II, pág. 630 e segs.; JOÃO ALFAIA, *Conceitos Fundamentais do Regime Jurídico do Funcionalismo Público*, Coimbra, Almedina, 1985, vol. I, pág. 31 e segs., e ISABEL MEIRELES TEIXEIRA-NUNO LOURO COELHO, *Regime Jurídico Geral dos Funcionários Civis*, Almada, 1980, pág. 20 e segs..

([30]) E, mesmo assim, tem de reconhecer-se uma certa aproximação do regime dos funcionários administrativos (ultimamente chamados trabalhadores da função pública) relativamente ao regime dos trabalhadores subordinados (privados).

Diversamente, nas pessoas colectivas de direito privado e, em especial, nas sociedades comerciais, a colectividade dos sócios não tem qualquer poder de autoridade para impor aos sócios e muito menos a terceiros o exercício de funções nos seus órgãos. Estas dependem decisivamente do consentimento dos candidatos. A eleição é apenas um dos componentes do acto constitutivo da relação de administração; o outro componente – a aceitação – é essencial à existência e validade desse acto, ainda que a eleição, só por si, possa produzir alguns efeitos jurídicos – mas não todos os efeitos característicos desse acto negocial.

IX – Por vezes, diz-se que a aceitação se traduz numa simples adesão a um estado global em que o administrador pouco ou nada pode influir ([31]). Será isso motivo para excluir a essencialidade da aceitação como elemento do negócio constitutivo da relação de administração?

Não parece que assim seja. É hoje frequente o fenómeno dos contratos de adesão em que um dos contratantes se limita a aceitar em bloco um conjunto de cláusulas propostas pela outra parte como, praticamente, inegociáveis. Isso resulta do peso desta parte no mercado. Mas nem por isso deixa de se poder falar de contratos. Exemplo mais característico disso é o contrato de seguro ([32]).

SUBSECÇÃO IV

Contrato ou instituição

I – Não é este o local próprio para apreciar na sua globabilidade a teoria da instituição, aliás já referida acima.

Em geral, parece, em todo o caso, de salientar que a oposição do institucionalismo ao contratualismo se coloca mais um plano de filosofia do direito ou até de política do direito do que num plano de dogmática jurídica.

([31]) Cf. DURVAL FERREIRA, *ob.cit.*, pág. 95.
([32]) Sobre os contratos de adesão, cf. I. GALVÃO TELLES, *Manual dos Contratos em Geral*, 3ª ed., pág. 407 e segs., e J. M. ANTUNES VARELA, *Das Obrigações em Geral*, 6ª ed., vol. I, pág. 257 e segs..

A instituição é definida como uma *"ideia* de obra ou de empresa que permanece e perdura num meio social''; ou é uma organização criada para servir essa ideia.

Se se partir desta perspectiva — que é a dos institucionalistas —, logo se vê que a instituição não é uma figura jurídica que possa servir de alternativa ao contrato, *como fonte de direitos e obrigações.* Tal fonte é, por definição, um facto jurídico instantâneo ou um conjunto de factos jurídicos que se combinam num determinado momento para dar origem a uma nova situação jurídica subjectiva. A instituição não é um facto, mas uma organização (ou rede de relações) criada por um ou vários factos: é o efeito, não a causa. Ou então é uma situação de facto duradoura, ou uma actividade (série de actos orientados para um fim comum).

Em rigor, não faz, pois, sentido falar de contrato ou instituição, como alternativas de qualificação dogmática de uma certa fonte de direitos e obrigações.

O institucionalismo surge mais como um certo espírito — contraposto ao do contratualismo — marcado pela preocupação de acentuar a importância ou supremacia do bem comum ou do interesse colectivo relativamente aos interesses individuais, e de salientar a perenidade de certos valores que se sobrepõem a um voluntarismo positivista. Estas preocupações têm, obviamente, algum fundamento e compreende-se que surjam no contexto histórico em que o institucionalismo se desenvolveu (sobretudo, nos anos 20 a 50 deste século). Parece é que o institucionalismo foi longe demais: ao mitificar o interesse colectivo, como se existisse acima e independentemente dos interesses dos homens; ao criticar de tal modo o contrato que quase se é levado a esquecer que o princípio ''pacta sunt servanda'' é também um valor importante; ao esquecer que as sociedades são criadas pelos homens para servir os seus interesses e podem ser por eles dissolvidas quando querem (embora tendo de respeitar certos limites impostos por lei para defesa dos interesses de outras pessoas); ao acentuar o papel da intervenção do Estado, como se as pessoas fossem meros instrumentos ao serviço do Estado, em vez de ser o Estado um instrumento criado pelas pessoas (em dado momento histórico) para proteger a dignidade e a plena realização destas.

É possível prosseguir o bem comum sem instrumentalizar as pessoas. É possível defender os grandes valores humanos sem recusar o papel fundamental do contrato. É possível tomar em conta os deveres sociais dos homens uns para com os outros e superar o individualismo positivista sem os sacrificar a entes colectivos abstractos e artificiais.

II – Mas aqui importa sobretudo ver em que medida são procedentes os argumentos invocados pelos defensores da teoria da instituição contra a qualificação como contrato do acto constitutivo da relação de administração ([1]).

E, desde já, tem de observar-se que uma parte dos institucionalistas, apesar de atacarem duramente o contratualismo e, neste campo, em especial, a teoria do mandato, acabam por reconhecer no acto constitutivo da relação de administração a natureza de um contrato e até mesmo de um mandato ([2]). A maioria dos institucionalistas é, todavia, adepta da teoria unilateralista da nomeação, como se viu acima ([3]).

Entendem estes institucionalistas que os administradores não são mandatários porque são órgãos, instituídos por lei. Os seus poderes – em última análise, a sua situação jurídica (ou a sua relação com a sociedade) – decorre da lei. Apenas é necessário que o administrador seja nomeado por mero negócio unilateral.

É evidente que estes argumentos não são convincentes. Não há dúvida de que os administradores são órgãos, como ficou dito acima. Mas também se disse já que dessa afirmação não decorre um impedimento à existência de uma relação entre a sociedade e o titular do órgão, nem uma conclusão segura quanto à natureza do acto constitutivo desta rel ção. A figura do órgão surge para explicar a imputação à pessoa colectiva dos efeitos dos actos (e dos próprios actos) do titular do órgão, mas antes tem de se pôr o problema de saber como é que uma pessoa (singular) se torna titular de um órgão.

Por outro lado, é ponto hoje assente na doutrina que os direitos e obrigações não têm por fonte apenas a lei. Eles resultam sempre de um facto concreto, integrador da previsão normativa.

O que pode acontecer é que a lei defina imperativamente o conteúdo mínimo (ou fixo, ou máximo) de certos tipos de negócios jurídicos, nomeadamente estatuindo que do acto constitutivo da relação de administração resulta a atribuição ao administrador de certa gama de poderes

---

([1]) Pode ver-se a posição tomada sobre a teoria da instituição quanto ao conceito de interesse social em LUÍS BRITO CORREIA, *Direitos Inderrogáveis dos Accionistas* (polic.), 1966, pág. 84 e segs., e *Direito Comercial*, 1989, vol. II, pág. 116 e segs..

([2]) Cf. GAILLARD, *La société anonyme de demain,* pág. 190 e segs.; RIPERT-ROBLOT, *Traité,* 11ª ed., vol. I, pág. 880 (nº 1287), e ESCARRA-RAULT, *Les Sociétés Comerciales,* t. IV, pág. 8 e 14.

([3]) Cf. pág. 317 e seg. e 338 e segs..

— que, por isso, se podem chamar poderes legais. A circunstância de a lei conter tal estatuição (possível e frequente em relação a muitos contratos em outros domínios) não retira, contudo, ao acto a natureza de negócio jurídico e de contrato — desde que se mantenha, como se viu ser o caso, um mínimo de autonomia da vontade.

A necessidade de administradores é imposta pelo legislador como elemento de um tipo legal de sociedade construído para empresas de grande dimensão, que, por terem tipicamente muitos accionistas, não podem ser administradas directamente por estes, mas só por alguma ou algumas pessoas designadas por eles. Não parece necessário abandonar a ideia de contrato para explicar esta figura, podendo bem compreender-se num enquadramento contratualista moderno: os fundadores escolhem certo tipo de sociedade, com todas as implicações que decorrem da lei.

Além disso, supõe-se ter já ficado demonstrado que a constituição da relação de administração não se resume à atribuição a uma pessoa de um conjunto de poderes, mas antes de poderes-deveres, direitos e deveres — o que só pode acontecer com o seu consentimento e não por mero acto unilateral de outra pessoa (privada). E da lei não decorre, manifestamente, que o senhor A seja administrador da sociedade X durante o tempo Y.

Parece de rejeitar a ideia de que o administrador seja um mero instrumento de interesses que o transcendem e a que inelutavelmente tem de sujeitar-se. O administrador está certamente ao serviço dos interesses comuns dos accionistas, como tais (do interesse social), mas não deixa de ter interesses próprios a salvaguardar, que a lei tutela, em maior ou menor medida, podendo sempre renunciar às suas funções. O administrador não é, pois, um mero elemento de uma instituição.

III — Os institucionalistas deixam-se impressionar também pelo fenómeno do absentismo dos accionistas nas assembleias gerais e pela variabilidade dos próprios accionistas (que facilmente transmitem as suas acções), em confronto com a importância, o poder e a estabilidade da sociedade, com os seus órgãos — o que os leva a quase mitificar esta realidade que perdura socialmente.

Mas a legitimidade ou a competência da assembleia geral ou do conjunto dos accionistas para eleger os administradores e a natureza deste acto de eleição não são afectados por esses fenómenos de absentismo e variabilidade: sejam muitos ou poucos os accionistas intervenientes, é o conjunto ou colégio dos accionistas que delibera – naturalmente, com os que querem intervir, pois tem de se presumir que os que não querem intervir aceitam as consequências das intervenções dos outros.

IV – Alguns autores poderão ser tentados a encontrar no CSC manifestações de "institucionalismo" mais claras e frequentes do que as detectáveis no CCom (de manifesta inspiração liberal). É óbvio que se encontram no CSC muitas novas formas de intervenção do Estado na vida das sociedades comerciais. Mas é bem clara também a inspiração contratualista do CSC, a começar na utilização sistemática da expressão contrato da sociedade em vez de estatutos. E muitas das referidas manifestações de institucionalismo têm fácil explicação num contexto contratualista moderno – a começar pelo disposto no art. 64º.

SUBSECÇÃO V

A eleição e a aceitação como negócio unitário

I – Seguindo, há muitos anos, uma via diferente da doutrina latina ([4]), a quase totalidade dos autores germânicos ([5]) – e, depois deles, alguns poucos latinos – tem vindo a defender que a relação de administração assenta, não num contrato apenas (eleição e aceitação), nem num só negócio jurídico unilateral (nomeação, condicionada ou não à aceitação), mas sim em dois negócios jurídicos, um unilateral ("Bestellung") e outro bilateral ("Anstellung") – como se expôs acima.
Haverá fundamento para tal dualidade?
Será necessário recorrer a ela para fundamentar a atribuição de poderes de representação (orgânica), por um lado, e a constituição de direitos (v. g., a remuneração) e deveres (v. g., de diligência e de não concorrência), por outro lado?

II – O CCiv fr de 1804 diz que "o mandato ou procuração é um acto pelo qual uma pessoa dá a outra o poder de fazer qualquer coisa pelo

---

([4]) Cf. o que se disse acima, a propósito do direito francês (pág. 307 e segs.), italiano (pág. 325 e segs.), belga e espanhol (pág. 371 e segs.).

([5]) Cf. o que se disse acima, a propósito do direito alemão (pág. 347 e segs.) e austríaco (pág. 371).

mandante e em seu nome. O contrato só se forma pela aceitação do mandatário" (art. 1984º).

Compreende-se que, a partir deste texto, a doutrina francesa e a de outros países por ela influenciada ([6]) tenha passado a identificar a atribuição de poderes de representação com o mandato: diz-se, então, que quando há representação existe mandato e quando há mandato são sempre conferidos poderes de representação ([7]).

Esta concepção identificadora do mandato com a procuração foi contestada pela pandectística alemã do século XIX e, em especial, por JHERING e LABAND, os quais elaboraram a concepção da representação que veio a tornar-se dominante. Segundo ela, o mandato e a representação não se identificam, podendo haver representação sem mandato e mandato sem representação.

Esta concepção veio a ser acolhida em Portugal, ainda antes do CCiv de 1966 ([8]), foi depois consagrada neste Código (nos art. 262º a 269º e 1157º, 1178º e 1180º) e é actualmente consensual na doutrina portuguesa ([9]).

Como é sabido, o mandato é definido hoje como o "contrato pelo qual uma das partes se obriga a praticar um ou mais actos jurídicos por conta da outra" (CCiv, art. 1157º).

E "diz-se procuração o acto pelo qual alguém atribui a outrem, voluntariamente, poderes representativos" (CCiv, art. 262º).

([6]) O CCiv português de 1867 contém uma definição de mandato decalcada no CCiv fr: "Dá-se o contrato de mandato ou procuradoria, quando alguma pessoa se encarrega de prestar, ou fazer alguma coisa, por mandado e em nome de outrem [...]" (art. 1318º); "diz-se procuração o documento, em que o mandante ou constituinte exprime o seu mandato [...]" (art. 1319º). Cf. também GORDILLO, *La representación aparente*, Sevilha, 1978, pág. 58, cit. por M. J. COSTA GOMES, *Em Tema de Revogação do Mandato Civil*, pág. 242.

([7]) Cf., na doutrina portuguesa, GUILHERME MOREIRA, *Instituições do Direito Civil Português*, vol. II, pág. 433; CUNHA GONÇALVES, *Tratado*, vol. VII, pág. 386 e segs., e PIRES DE LIMA, *Noções Fundamentais de Direito Civil*, 1945, vol. I, pág. 46, nota 1, entre outros.

([8]) Cf. I. GALVÃO TELLES, *Dos Contratos em Geral*, 1ª ed., 1945-46, pág. 261 e segs., 3ª ed., pág. 303 e segs., e "Mandato sem representação", in *CJ*, ano VIII, 1983, t. III, pág. 9; A. FERRER CORREIA, "A procuração na teoria da representação voluntária", in *BFD*, vol. XXIV, 1948, pág. 258 e segs., e F. PESSOA JORGE, *O Mandato sem Representação*, pág. 74 e segs..

([9]) Cf., por todos, MANUEL JANUÁRIO COSTA GOMES, *Em Tema de Revogação do Mandato Civil*, pág. 227 e segs..

III – É pacífico que o mandato é um contrato.

Quanto à procuração, alguns autores chegaram a contestar o seu carácter negocial; para KARLOWA, seria apenas uma manifestação de vontade não dirigida à produção de efeitos jurídicos, através da qual é simplesmente emitida uma decisão; e para HUPKA, da procuração pode resultar apenas um efeito potencial, conferindo a possibilidade jurídica de o representante conseguir efeitos jurídicos através dos seus actos ([10]). Todavia, pode considerar-se hoje consensual a ideia de que a procuração é um negócio jurídico unilateral, cujo efeito jurídico típico é a atribuição ao procurador de poderes de representação, ficando o constituinte num estado de receptividade ([11]) ou sujeição ([12]) aos efeitos jurídicos dos actos praticados pelo representante ([13]).

IV – A doutrina discute quem seja o destinatário da procuração: o terceiro (com quem procurador irá contratar), o procurador ou ambos. Não interessa agora aprofundar este debate ([14]). Dir-se-á apenas que a procuração é um negócio jurídico necessariamente recipiendo, cujo conteúdo importa que seja conhecido tanto pelo procurador – para saber se pode e que actos pode ([15]) praticar em nome do representado –, como, no essencial que lhe diga respeito, pelo terceiro ([16]) com quem o procurador vá negociar, para saber por que actos do procurador é que o constituinte fica obrigado (CCiv, art. 260º) ([17]).

([10]) Cf. M. J. COSTA GOMES, ob. cit., pág. 231.

([11]) Cf. FERRER CORREIA, "A procuração", in *BFD*, vol. XXIV, pág. 289, e *Estudos Jurídicos*, vol. II, pág. 29.

([12]) Cf. L. MOSCO, *La rappresentanza voluntaria nel diritto privato*, Nápoles, 1961, pág. 138.

([13]) Cf., por todos, M. J. COSTA GOMES, ob. cit., pág. 231.

([14]) Para maiores desenvolvimentos, cf. FERRER CORREIA, "A procuração na teoria da representação voluntária", in *Estudos Jurídicos*, vol. II, pág. 14; M. J. COSTA GOMES, ob. cit., pág. 233 e segs., e bibliografia aí cit., e GALGANO, *Il negozio giuridico*, Milão, 1988, pág. 343.

([15]) O contrato constitutivo da relação de gestão dirá que actos deve praticar em nome do representado e poderá também introduzir limites ou determinações complementares à procuração. Mas, mesmo quando isto aconteça, é esta que é juridicamente relevante nas relações entre o representante e o terceiro (precisamente porque é decisiva nas relações entre o representado e o terceiro).

([16]) Porventura indeterminado à partida.

([17]) Embora seja certo que o terceiro não tem, necessariamente, de conhecer o conteúdo integral da procuração para que o constituinte fique obrigado pelos actos do representante.

V – A procuração como negócio jurídico, atribui ao representante poderes de representação para este agir em nome do constituinte perante terceiros. Por força da procuração, o constituinte fica sujeito a receber na sua esfera jurídica os efeitos dos actos praticados pelo procurador em nome daquela. Assim, a procuração constitui uma relação jurídica entre o representado e o procurador, a que se tem chamado *relação de representação*, que visa ligar de algum modo o constituinte ao terceiro através do procurador e, nessa medida, pode dizer-se externa.

Mas, subjacente a essa relação externa existe normalmente uma relação entre o representante e o representado, a que se chama *relação de gestão* ou relação gestória – a relação jurídica que determina ou serve de base à procuração (CCiv, art. 264º, nº 1, e 265º, nº 1). Esta relação interna tanto pode derivar de um mandato (com representação – CCiv, art. 1178º), como de um contrato individual de trabalho subordinado (LCT, art. 5º, nº 3) ou de um contrato de agência (DL nº 178/86, de 3.7) ([18]).

Um problema que se discute e importa esclarecer aqui é o de saber se tem de haver uma relação jurídica determinante da procuração (relação de gestão), subjacente à relação de representação, ou se pode haver uma procuração (ou relação de representação) suspensa ou isolada (sem que exista uma relação de gestão).

A primeira solução é a que mais se aproxima da concepção francesa do mandato. SALVATORE PUGLIATTI ([19]) entende que, assim como não se pode admitir a existência da superfície de um corpo separado do próprio corpo, também não se concebe a representação separada do encargo a cuja realização se destina. E ENZO ROPPO ([20]), embora divergindo das teses de PUGLIATTI, considera que "a relação (o poder) de representação está [...] ligada à relação de gestão, é instrumental desta, e sem ela não se compreenderia a sua função: neste sentido, a representação não é autónoma relativamente à relação interna subjacente a esta".

([18]) Para maiores desenvolvimentos sobre este assunto, cf. M. J. COSTA GOMES, *ob.cit.*, pág. 239 e segs., e bibliografia aí cit.. Aquele autor refere ainda o contrato de prestação de serviços do advogado. Todavia, caso tal contrato tenha por objecto a prática de negócios jurídicos para a qual sejam necessários poderes de representação parece que deverá sempre qualificar-se como mandato, não tendo então autonomia.

([19]) Cf. "Il conflitto d'interessi tra principale e rappresentante", in *Studi sulla rappresentanza*, Milão, 1965, pág. 84 (cit. por M. J. COSTA GOMES, *ob. cit.*, pág. 242).

([20]) Cf. *O Contrato* (trad. port.), pág. 113 e segs..

Em sentido semelhante, J. OLIVEIRA ASCENSÃO ([21]) afirma que "a procuração não é um negócio abstracto, mas também não é um negócio completo. Supõe sempre uma relação fundamental que lhe dá a sua causa. Por isso, o art. 265º, nº 1, dispõe que a procuração se extingue quando cessa a relação fundamental que lhe serve de base". E, em nota, acrescenta: "excepto se outra for a vontade do representado [...], mas isso significa que a relação pode ser substituída por outra causa".

Pelo contrário, I. GALVÃO TELLES entende que "pode mesmo a representação voluntária existir sem qualquer relação contratual entre representado e representante, o que se dá quando uma pessoa confere a outra poderes para em seu nome praticar actos jurídicos, mas esta não assume a *obrigação* de efectivamente os celebrar" ([22]).

FERRER CORREIA sustenta que "a vinculação do representado ao negócio representativo não pressupõe forçosamente a celebração prévia de um contrato de gestão entre principal e representante". E refere o caso de A passar a B uma procuração genérica, na previsão de futuros mandatos, que não chega a concluir; e de B, abusando da confiança de A, contratar com um terceiro de boa fé em nome dele – caso em que A fica vinculado apenas por força da procuração ([23]). Por outro lado, entende que "as instruções *a latere* da procuração, comunicadas só ao representante, não valem contra terceiros que, sem culpa sua, as ignorassem" ([24]). E salienta que "a revogação do mandato não se torna eficaz para com terceiros enquanto lhes não for comunicada, ou – se forem incertos – enquanto não for publicada; salvo a hipótese da sua má fé".

"Portanto [...] extingue-se o mandato e subsistem os poderes representativos – é que mandato e representação, mesmo quando coincidem, têm fundamentos distintos [...] Afirma-se a natureza *abstracta* da procuração, para significar que ela não recebe em si o título que todavia materialmente a explica e justifica – o negócio jurídico fundamental" ([25]).

Também M. J. COSTA GOMES ([26]) considera que "se é certo que normalmente a procuração deve a sua existência à relação base (v. g.,

---

([21]) Cf. *Teoria Geral do Direito Civil*, vol. IV, pág. 259 e seg..
([22]) Cf. *Dos Contratos em Geral*, 3ª ed., pág. 312.
([23]) Cf. "A procuração", in *Estudos Jurídicos*, vol. II, pág. 13.
([24]) Cf. ob. cit., pág. 15.
([25]) Cf. ob. cit., pág. 26 e seg..
([26]) Cf. *Em Tema de Revogação do Mandato Civil*, pág. 242 e seg..

mandato), pode inexistir entre o representado e o procurador uma relação tecnicamente qualificável como *relação gestória*; assim acontece quando os poderes são conferidos ao procurador por razões de amizade ou de confiança [...] (ou) *ad cautelam* [...]. Nestes casos em que a procuração se encontra isolada, o representante, não ficando embora vinculado à prática do acto jurídico, fica habilitado para o fazer; em termos de *gestão*, o mesmo terá um *direito de gerir*, que poderá (ou não) exercer''.

Que pensar sobre o problema posto?

Em face da lei portuguesa vigente (v. g., CCiv, art. 262º e segs.), parece incontestável a necessidade de distinção entre a relação de representação e a subjacente relação de gestão.

Também parece de reconhecer que a procuração (negócio constitutivo da relação de representação) pode servir para várias causas-funções (mandato, trabalho subordinado, etc.) e tem uma certa autonomia em relação a estas [o negócio constitutivo da relação subjacente é irrelevante em relação a terceiros ([27])]. Logo, tem um certo grau de abstracção.

Por outro lado, não parece de excluir a possibilidade de conferir procuração – de modo válido e eficaz (vinculativo para o constituinte em face de terceiros) – sem que exista uma relação (jurídica) de gestão, nomeadamente nos casos referidos em que há uma relação (social) de amizade ou de confiança ou um desejo de mera cautela. E, por isso mesmo, não se vê motivo para excluir (em face do CCiv, art. 265º, nº 1) a possibilidade de sobrevivência da procuração depois de extinta a relação subjacente, mesmo que não tenha sido criada nova relação subjacente, caso seja essa a vontade do representado (por amizade, confiança ou cautela): o representante continua com o poder de agir, ainda que sem o dever de o fazer.

Saber quando é que isso acontece é problema de interpretação da vontade do representado ou, porventura, da lei.

VI – Outro problema discutido é o de saber se a procuração é a única fonte de poderes de representação voluntária ou se há outras fontes possíveis.

Compreende-se a importância desta questão para o presente estudo: caso a procuração seja a única fonte de poderes de representação

---

([27]) Cf. SANTORO-PASSARELLI, *Teoria Geral do Direito Civil* (trad. port.), pág. 238.

voluntária (e se se considerar que a representação orgânica é uma espécie de representação voluntária) terá de concluir-se que a designação de administradores é necessariamente uma procuração (negócio jurídico unilateral), possivelmente acompanhada de outro negócio subjacente, constitutivo da relação de gestão; caso contrário, é concebível outra solução.

Se se considerar que a representação orgânica é uma espécie de representação necessária (ao lado da representação legal, mas contraposta à representação voluntária) ([28]), ou não é sequer uma espécie de representação ([29]), então haverá que perguntar se é de aplicar à relação orgânica a distinção entre relação de representação e relação de gestão e o conjunto de considerações feitas quanto à natureza da procuração e do negócio subjacente e quanto às suas relações mútuas.

Trata-se de uma questão muito discutida na Itália.

A maioria dos autores italianos pronuncia-se no sentido de que a procuração é a única fonte de representação voluntária ([30]).

Em sentido contrário, alguns autores consideram que os poderes de representação podem derivar dos negócios constitutivos das próprias relações de gestão ([31]).

No direito português, a questão não tem sido aprofundada, nem é possível aprofundá-la aqui. Sobre ela, diz M. J. COSTA GOMES apenas o seguinte: "Sendo certo que dos contratos susceptíveis de constituir relações de gestão não resultam automaticamente poderes de representação, é de concluir, como princípio, que, quando estas existem, há procuração — ainda que a mesma se 'esconda' numa cláusula do contrato gestório —, com as necessárias consequências, nomeadamente em matéria de forma (art. 262º, nº 2). São apenas de excepcionar os casos em

---

([28]) Neste sentido, cf. F. GALGANO, *Il negozio giuridico*, Milão, Giuffrè, 1988, pág. 340.

([29]) Cf. J. OLIVEIRA ASCENSÃO, *Teoria Geral do Direito Civil*, vol. IV, pág. 277 e seg..

([30]) Cf. SANTORO-PASSARELLI, *Teoria Geral do Direito Civil* (trad. port.), pág. 237; MINERVINI; MIRABELLI; TRABUCCHI; SCONAMIGLIO; GALGANO, *Il negozio giuridico*, pág. 343 (mas referindo-se apenas à representação voluntária, que contrapõe à representação orgânica), cit. por M. J. COSTA GOMES, *ob. cit.*, pág. 240.

([31]) Cf SACCO e DE NOVA, *Obbligazioni e contratti — II* (vol. 10 do *Trattato di Diritto Privato*, de RESCIGNO), pág. 393 e seg., UGO NATOLI, *La rappresentanza*, Milão, Giuffrè, 1977, pág. 240 (§§ 14 e 21), e PUGLIATTI cit. por M. J. COSTA GOMES, *ob. cit.*, pág. 240.

que o conferimento dos poderes representativos resulte do negócio gestório como seu *elemento caracterizador* ou como consequência resultante da lei (v. g., LCT, art. 5º, nº 3)'' ([32]).

Há, efectivamente, contratos constitutivos de relações de gestão que não envolvem necessariamente a atribuição de poderes de representação.

O caso mais característico é o do mandato, que pode ser conferido com ou sem representação (CCiv, art. 1178º e 1180º).

E há outros contratos de que resulta a atribuição de poderes de representação sem necessidade de procuração. É o caso do contrato de trabalho que tenha por objecto a prática de negócios jurídicos, para os quais a lei não exija procuração especial (LCT, art. 5º, nº 3).

Mas não se vê qualquer motivo para considerar aqueles a regra e estes a excepção.

Pode, pois, concluir-se que a procuração não é o único negócio jurídico atributivo de poderes de representação voluntária. Consequentemente, haverá que analisar cada tipo de negócio para ver se dele resultam tais poderes ou se é necessário conjugá-lo com uma procuração.

VII – Analisando este problema relativamente à eleição de administradores de sociedades anónimas, parece fácil concluir que a lei não exige que seja conferida ao administrador qualquer procuração (no sentido de documento ou de acto) como condição de exercício dos seus poderes de representação (orgânica) da sociedade, nem é usual passá-la (de qualquer das formas previstas no CNot, art. 127º). Basta a deliberação dos accionistas, comprovada por acta: é o que resulta, hoje, claramente do art. 63º, nº 1, do CSC e o que corresponde à prática tradicional, no âmbito de vigência do CCom.

VIII – E será de distinguir, quanto ao administrador, entre uma relação de representação e uma relação de gestão ([33]) – à semelhança do que a doutrina faz quanto à procuração e à respectiva relação subjacente?

([32]) Cf. *Em Tema de Revogação do Mandato Civil*, pág. 240.

([33]) Não confundir estas duas relações com a distinção entre os poderes de representação e os poderes de gestão em que se pode decompor a competência do órgão de administração.

Há, certamente, alguma semelhança entre as duas situações do administrador e do procurador. Mas há também diferenças de natureza (um é titular de um órgão, outro representante voluntário, por substituição de vontades) e de regime.

Para sustentar que a designação constitui um acto jurídico autónomo e unilateral, distinto de um contrato de administração (qualquer que seja a natureza deste) – em posição semelhante à da procuração relativamente ao mandato –, será necessário admitir que da designação resulta apenas a concessão de poderes de representação e não deveres para o administrador.

Mas não parece que seja assim.

Em primeiro lugar, é de observar que não se trata, em rigor, de meros poderes, mas sim de poderes-deveres ou poderes funcionais, como se disse já. Neste aspecto, a eleição (como qualquer outra modalidade de designação de administradores de sociedades) diferencia-se do negócio unilateral de atribuição de poderes representativos por procuração. Não parece, portanto, que seja possível alcançar o efeito da atribuição da qualidade de administrador, mesmo que vista agora apenas como atribuição de poderes-*deveres*, sem o concurso da vontade da pessoa que os assume.

Em segundo lugar, a própria lei associa à qualidade de administrador, não só poderes (deveres) de representação, como deveres vários – a começar pelo dever de diligência (CSC, art. 64º). Estes deveres não podem surgir sem o consentimento do administrador à designação. Mas também não se vê como pode alguém praticar qualquer acto de representação da competência exclusiva dos administradores sem adquirir tal qualidade. Ou seja, pelo simples facto de praticar qualquer acto no exercício de poderes de representação, o designado não pode deixar de aceitar (ainda que tacitamente) *ser* administrador; e, ao aceitá-lo, assume necessariamente todo um conjunto de deveres e direitos inerentes a essa qualidade, por força da lei, mesmo que não haja mais estipulações contratuais.

Também não se vê, em face da lei portuguesa, como pode um administrador manter direitos e deveres inerentes a essa qualidade [34]

---

[34] Ressalvam-se os chamados direitos adquiridos, que de algum modo se autonomizam relativamente à relação fundamental, como é o caso do direito à remuneração vencida e não paga, que sobrevive à cessação da relação de administração, à semelhança do que acontece na relação de trabalho. Cf. Luís Brito Correia, *Direito do Trabalho*, vol. I, pág. 307 e segs..

quando tenha perdido os poderes respectivos. Não há qualquer preceito legal em que se fundamente tal ideia.

A posição da doutrina alemã compreende-se, neste aspecto, porque, como se viu acima, a lei alemã contém disposições que expressamente diferenciam os dois negócios ("Bestellung" e "Anstellung") – podendo, em todo o caso, duvidar-se da conveniência dessa diferenciação "de jure condendo".

Mas a lei portuguesa não contém qualquer disposição que aponte nesse sentido, nem no CCom (ou legislação avulsa complementar), nem no CSC. Pelo contrário, apenas fala de *um* acto de eleição ou designação (CSC, art. 391º e 392º; CCom, art. 171º e 172º), por um lado, e de aceitação (CSC, art. 391º, nº 5), por outro. E não se vê motivo para admitir, em face da lei portuguesa, a constituição de uma relação de nomeação ("Bestellung" – com este ou outro nome), antes ou depois ou sequer distintamente de uma relação de emprego ("Anstellung" – com este ou outro nome); nem a sobrevivência de uma relação de emprego após a cessação da relação de nomeação – como se viu que a lei alemã expressamente prevê – ou a sua inversa. Pelo contrário, a letra da lei e toda a tradição doutrinária portuguesa (salvo com FERRER CORREIA e, mais recentemente, ILÍDIO DUARTE RODRIGUES, manifestamente influenciados pela doutrina germânica) apontam no sentido de uma concepção unitária do acto constitutivo da relação de administração. Não se vê vantagem – e vêm-se inconvenientes – em que o administrador continue a sê-lo (com os seus direitos e deveres), quando já lhe foram retirados os seus poderes de representação. Nem se vê bem como desligar estes poderes (aliás, poderes-deveres) dos demais direitos e deveres.

Nem a prática portuguesa dá conta de qualquer distinção entre a eleição e um contrato entre a sociedade e o administrador.

O facto de o art. 430º, nº 3, do CSC fazer referência a um "contrato com ele (director) celebrado" significa (ou pode significar) que o conselho geral pode [no uso dos poderes que lhe são conferidos pelo art. 441º, al. *a*) e *c*)] formalizar a designação (prevista no art. 425, nº 1) num contrato assinado por dois membros do conselho geral (art. 443º, nº 1) e pelo director designado. Não significa que tenha de haver, necessariamente, um acto de designação (ou "nomeação") distinto do contrato de direcção. A assinatura do presidente da mesa na acta da deliberação de designação de um administrador não significa que a acta seja um negócio jurídico distinto da deliberação tomada na assembleia a que essa acta se refere. De modo semelhante, a assinatura dos dois membros do conselho geral no dito contrato não se traduz numa nova declaração negocial, mas na simples formalização (de um dos modos possíveis) da deliberação tomada pelo conselho geral.

Aliás, mesmo que fosse de admitir — sem conceder — que tal distinção devesse fazer-se quanto ao director, ainda faltaria demonstrar que igual distinção tem de fazer-se quanto ao administrador.

É claro que, depois da designação de um administrador e da sua aceitação (ou até antes da aceitação), pode haver uma estipulação contratual acerca, por exemplo, da remuneração ou das férias do administrador. Mas uma estipulação como esta não tem necessariamente de existir com autonomia e pode tratar-se de um mero complemento do contrato principal (que reside na designação e aceitação) — do mesmo modo que pode existir um contrato de trabalho sem que seja desde logo determinada a retribuição, sendo esta fixada por um acordo posterior, complementar e integrador (ou modificador) do primeiro, ou até de outro modo (LCT, art. 90º, n.º 1). A relação jurídica é a mesma e uma só.

Por outro lado, não se vê que exista qualquer argumento a impor a distinção entre a eleição e um contrato entre a sociedade e um administrador como logicamente necessária.

O facto de a lei permitir que haja representação sem mandato e mandato sem representação não significa que se tenha de dissociar sempre a representação (fundada num negócio unilateral) e a relação subjacente (fundada num contrato).

Parece, pois, mais correcto conceber a eleição e a aceitação como um negócio jurídico unitário.

SUBSECÇÃO VI

Participação do administrador na sua própria eleição

I — Importa analisar em seguida algumas objecções à natureza contratual do acto constitutivo da relação de administração, baseadas em certos aspectos do seu regime jurídico.

Em primeiro lugar, pode pôr-se o problema de saber se não será incompatível com o carácter contratual da eleição e aceitação do administrador o facto de este, enquanto accionista, votar, porventura decisivamente, na sua própria eleição. O facto de o administrador intervir por ambas as partes (eleitor e eleito) não excluirá a plurilateralidade, característica essencial do contrato?

É claro que a objecção não se aplica aos casos em que a pessoa a eleger não seja accionista (o que a lei permite – CSC, art. 390º, nº 3; antes, DL nº 389/77, de 15.9).

II – Em primeiro lugar, deve observar-se que é efectivamente possível que um accionista, como membro, até porventura maioritário, da assembleia geral, vote na deliberação eleitoral em que ele próprio é candidato e vem a ser eleito. Tem-se entendido, predominantemente, que tal coincidência de qualidades (eleitor e eleito) é admissível (não há incompatibilidade) e que não há qualquer conflito de interesses que iniba do exercício do voto ([1]).

E compreende-se que assim seja, uma vez que, sendo o candidato accionista, ele está naturalmente interessado na boa gestão do património social que, parcial e indirectamente embora, lhe pertence.

Tal intervenção do accionista na sua própria eleição não deve, por isso, considerar-se abrangida pela proibição do negócio consigo mesmo, precisamente porque o negócio exclui por sua natureza a possibilidade de um conflito de interesses (CCiv, art. 261º, nº 1, "in fine"). Nem se trata de relação entre a sociedade e o accionista "estranha ao contrato de sociedade" [CSC, art. 384º, nº 6, al. *d*)].

III – Por outro lado, o autor da eleição é, juridicamente, a sociedade (através do seu órgão, que é a colectividade dos accionistas), e não cada um dos votantes. Consequentemente, não se pode dizer que falte o requisito da dualidade de partes, necessário para que haja contrato.

([1]) Cf. LUÍS BRITO CORREIA, *Direito Comercial*, 1989, vol. III, pág. 155, nota 181, e 163.

SUBSECÇÃO VII

Determinação da remuneração do administrador

I – Outra dificuldade que poderá opor-se à ideia de contrato reside no facto de a remuneração do administrador poder ser fixada, não por acordo entre as partes, como é normal nos contratos onerosos, mas por deliberação da assembleia geral ([2]), ou de um órgão estatutário ou facultativo (CCom, art. 177º; CSC, art. 399º, nº 1) ([3]); e não tem de ser determinada no momento da eleição, podendo sê-lo posteriormente, independentemente de nova aceitação do administrador ([4]).

II – Tal dificuldade é, todavia, mais aparente do que real.

Em primeiro lugar, o cargo de administrador pode ser gratuito. O art. 177º do CCom admite-o expressamente. O art. 399º, nº 1, do CSC parece apontar em sentido contrário, mas a verdade é que não exclui que a colectividade dos accionistas delibere que a remuneração é igual a zero ou a um valor meramente simbólico (como um escudo). A remuneração não é, pois, elemento essencial do acto constitutivo da relação de administração. E dessa circunstância pode já deduzir-se que o regime da determinação do montante da remuneração não deve afectar a natureza do próprio acto constitutivo.

Além disso, há contratos onerosos em que a remuneração também não tem de ser fixada por acordo entre as partes e pode ser determinada e modificada posteriormente. Exemplo característico disso é o contrato de trabalho, em que a retribuição pode ser fixada, não só pelas partes, mas também por convenção colectiva de trabalho, por portaria de extensão ou de regulamentação de trabalho e pelo tribunal ([5]). O mesmo

---

([2]) Em que o administrador não está impedido de votar. Cf. LUÍS BRITO CORREIA, *Direito Comercial*, 1989, vol. III, pág. 163.

([3]) Cf. BERDAH, *Fonctions et responsabilités des dirigeants de sociétés*, pág. 85 e segs..

([4]) No âmbito da proposta da 5ª Directiva do Conselho da CEE, sobre a estrutura das sociedades anónimas, tende-se mesmo para afirmar o princípio de que o órgão de administração e de direcção não pode estabelecer as remunerações dos seus membros [art. 21º n) e 8º], a fim de proteger os accionistas, atendendo à posição proeminente desse órgão.

([5]) Cf. LCT, art. 90º, e LUÍS BRITO CORREIA, *Direito do Trabalho*, vol. I, pág. 253.

pode dizer-se da compra e venda (CCiv, art. 883º e 884º, CCom, art. 466º), de "outros contratos onerosos" (CCiv, art. 939º), do mútuo (CCiv, art. 1145º e 559º, CCom, art. 395º, § único), do mandato (CCiv, art. 1158º, CCom, art. 232º, § 1º), do depósito (CCiv, art. 1186º, CCom, art. 404º, § único), da empreitada (CCiv, art. 1211º).

Se o administrador não quiser aceitar a remuneração fixada, resta-lhe, pelo menos, a possibilidade de renunciar ao cargo (CSC, art. 404º) ([6]).

O regime de determinação da remuneração não é, pois, incompatível com a natureza contratual do acto constitutivo da relação de administração.

SUBSECÇÃO VIII

Conclusões

De tudo o exposto nas subsecções anteriores pode concluir-se o seguinte:

a) A eleição de um ou mais administradores pela colectividade dos accionistas tem a natureza de deliberação social e, portanto, de declaração negocial, não obstante a necessidade que a sociedade anónima tem de um órgão de administração provido de titulares, normalmente designados pela colectividade dos accionistas, para execução do contrato de sociedade;

b) A eleição só produz os seus efeitos próprios (atribuição de poderes funcionais e constituição de deveres e direitos) se for aceite pelo administrador, sendo a aceitação um elemento essencial ou requisito de validade do acto constitutivo da relação de administração e não mera condição de eficácia (em sentido estrito) da eleição; a eleição não é, por isso, um negócio jurídico unilateral bastante para constituir a relação de administração, mas uma componente de um negócio jurídico bilateral, de um contrato;

([6]) Sobre a renúncia, cf. infra. E esta possibilidade basta para afirmar a participação da vontade do administrador (ao menos tacitamente) na fixação da sua remuneração.

c) Em face do direito português (quer do CCom e legislação complementar, quer do CSC), não se vê motivo para distinguir no acto constitutivo da relação de administração um negócio unilateral de nomeação, ao lado de um contrato entre a sociedade e o administrador; a atribuição de poderes funcionais e a constituição dos direitos e deveres do administrador resultam de um negócio jurídico unitário;

d) A eleição e a aceitação de administradores da sociedade anónima têm a natureza de contrato – a que, por isso, pode chamar-se contrato de administração.

SECÇÃO III

Caracterização do contrato de administração em confronto com os contratos de mandato, de prestação de serviço e de trabalho subordinado

SUBSECÇÃO I

Distinção entre os contratos de mandato,
de prestação de serviço e de trabalho subordinado:
análise histórico-comparativa

DIVISÃO I

Considerações gerais

I – Assente que a relação de administração – por agora apenas no caso de eleição pela colectividade dos accionistas – tem por fonte um contrato, há que determinar em seguida qual a natureza desse contrato: mandato? Prestação de serviço? Contrato de trabalho subordinado? Ou contrato "sui generis"?

Para isso é necessário começar por analisar os elementos específicos de cada uma dessas figuras – as mais semelhantes ao contrato de administração, tendo este já sido qualificado pela doutrina como alguma delas e não se vendo que outro possa existir; e, depois, confrontar os elementos do contrato constitutivo da relação de administração com os de cada uma dessas figuras, apreciando a esse propósito os argumentos invocados pela doutrina acerca da correspondente qualificação.

II – Quanto à distinção entre os contratos de mandato, de prestação de serviço e de trabalho subordinado, parece importante começar por uma análise histórico-comparativa dos aspectos mais relevantes para o tema agora em causa.

É que, embora estas figuras tenham designações correspondentes nas línguas dos vários países, o modo como são caracterizadas é significativamente diferente de país para país. E só tendo presentes estas diferenças faz sentido comparar, por exemplo, a teoria do mandato francesa com a teoria do mandato italiana e com a teoria dualista alemã.

Para uma correcta caracterização do mandato – a figura, à primeira vista, mais parecida com o contrato de administração – parece mesmo conveniente remontar às suas origens, no direito romano, e acompanhar, ainda que sumariamente, a sua evolução histórica.

DIVISÃO II

Direito romano

I – A – Na *Roma antiga* ([1]), antes do aparecimento da figura do *mandato* propriamente dito ("mandatus", de "manum datum" – aperto de mão), o resultado económico equivalente ao mandato era alcançado por via de figuras com um âmbito mais limitado.

Assim, se se queria conferir a alguém a administração de um património, recorria-se à figura do "procurator", também chamado "procurator omnium bonorum" ou "procurator omnium rerum". Se se desejava ser substituído na condução de um processo judicial constituía-se um "procurator ad litem" ou "cognitor". A gestão de um negócio por intermédio de outrem podia ser obtida através da "fiducia cum amico".

([1]) Segue-se de perto a exposição de F. PESSOA JORGE, *Mandato sem Representação*, 1961, pág. 33 e segs.. Cf. também GIVERDON, *L'évolution du contrat de mandat* (tese dactilografada), Paris, 1947, pág. 9 e segs..

O "procurator omnium bonorum" era designado, no âmbito da família, pelo "pater familias" através de um acto unilateral de autorização para terceiros celebrarem com o "procurator" negócios pertencentes ao "pater". Mais tarde admitiu-se que o "procurator" pudesse ser estranho à família.

B — O mandato ("mandatus"), como encargo confiado a um amigo de praticar certo acto, surgiu na *época republicana*, quando a expansão territorial e o desenvolvimento das relações sociais tornaram impossível que os actos jurídicos fossem praticados pelos próprios interessados e exigiram a intervenção de outra pessoa.

Desenvolveu-se, a partir do século III, como fruto da actividade comercial e do contacto dos romanos com os "peregrini" (estrangeiros). Surgiu como contrato do "jus gentium", inspirado pela "naturalis ratio" e por isso susceptível de se estabelecer entre cidadãos e estrangeiros.

E surgiu distinto da figura do "procurator". Era um contrato consensual: não formal, nem real. Podia mesmo ser firmado entre ausentes e tacitamente. Tinha por objecto tanto actos jurídicos como actos materiais.

Era um contrato caracteristicamente gratuito. E este era precisamente o elemento que permitia distinguir o mandato da "locatio conductio operis" (prestação de serviço) e da "locatio conductio operarum" (trabalho subordinado), que eram contratos onerosos.

O mandatário podia exigir o reembolso das despesas feitas, mas não propriamente uma retribuição.

O mandato era um acto de confiança do mandante relativamente ao mandatário, com referência a uma actividade frequentemente de nível intelectual ou social elevado.

Por influência do regime aplicável a figuras análogas ao mandato — a do "procurator omnium bononum" e a do "procurator ad litem" — admitiu-se, na *época clássica adiantada*, o pagamento de uma remuneração ("honorarium"), não propriamente com a natureza de um preço ou contrapartida do serviço prestado, mas como prova de reconhecimento. Para exigir o seu pagamento o mandatário não podia, porém, recorrer à "actio mandati", mas à "cognitio extra ordinem". O mandato romano manteve sempre o carácter de negócio gratuito.

O objecto do mandato tinha de ser um acto lícito, sob pena de nulidade do mandato.

O mandatário podia ter maior ou menor liberdade de acção ("mandatum incertum" ou "plurium causarum", por oposição ao "mandatum certum"). Os *bizantinos* admitiam mesmo que a determinação do objecto pudesse ser deixada à liberdade do devedor, desde que este não procedesse por mero capricho, mas como faria um homem honesto ("arbitrium boni viri").

O mandato tem por objecto um acto praticado no interesse do mandante ou de terceiro, mas nunca no interesse exclusivo do mandatário. O "mandatum tua gratia" (no interesse do mandatário) era considerado "supervacuum" e, portanto, nulo. Quando muito, admitia-se o mandato de interesse misto, "mea et aliena gratia", "mea et tua gratia" ou "tua et aliena gratia".

C – Na *época clássica*, aplica-se já ao "procurator" o regime do mandato, v. g., a "actio mandati", consumando-se no direito justinianeu a justaposição das duas figuras, do mandato e da procuração.

D – É opinião dominante entre os romanistas que o direito romano não admitiu a figura da representação com carácter geral: "alteri stipulari nemo potest".

O mandatário actuava sempre em nome próprio, ficando obrigado pessoalmente perante terceiros. O mandante não tinha acção contra a pessoa com quem o mandatário contratara, nem esta contra aquele. Era possível, quando muito, transmitir a "actio".

Foi no início da época clássica, por acção do pretor, que se começou a admitir, em casos raros, que os efeitos dos actos praticados por uma pessoa se projectassem na esfera jurídica de outra. E, mesmo assim, não nos termos em que hoje se fala de representação, mas como fenómeno análogo ao da acessão.

Mesmo no direito justinianeu, a regra é que o mandato não é representativo.

II – Entretanto, durante o Império Romano, o *trabalho* é prestado segundo dois estatutos fundamentais: o trabalho *escravo* e o trabalho *livre*.

Os *escravos* são considerados como coisas (e não pessoas), como objectos de um direito de propriedade, sobre os quais o dono tem poderes de uso, fruição e disposição. A maior parte do trabalho manual é prestado por escravos; mas há também trabalho intelectual escravo (ficaram célebres certos escravos gregos que foram professores). O poder de dispor de um escravo tanto pode ser adquirido por compra como por aluguer ("locatio conductio") ao respectivo dono.

O *trabalho livre* é prestado com base em contratos de locação, análogos ao aluguer, distinguindo-se a locação de obra ("locatio conductio operis"), que corresponde ao actual contrato de prestação de serviço (de um resultado), e a locação de obras ("locatio conductio operarum"), que corresponde "grosso modo" ao actual contrato de trabalho (de prestação de uma actividade).

Deste modo, o trabalho, mesmo livre, é subestimado e assimilado a uma *mercadoria*. Com frequência os trabalhadores não podiam abandonar livremente a profissão, transmissível por herança, e estavam associados em "collegia" (²).

DIVISÃO III

Direito intermédio

I – A – No chamado período do *direito intermédio*, que vai do direito justinianeu até às modernas codificações, o *mandato* mantém as características da figura romana, com ligeiras alterações. Nomeadamente, a remuneração é admitida com mais facilidade (como elemento não essencial, mas apenas natural do mandato), e discute-se se o mandatário deve suportar ou não risco pelas perdas fortuitas, admitindo-se que a regra era não o suportar, a não ser quando assumisse tal risco (v. g., através da cláusula "del credere").

B – Admitiu-se em termos gerais a representação voluntária, sobretudo por influência do direito canónico, mais flexível que o romano, neste aspecto, por ter uma concepção menos individualista da dignidade humana.

(²) Cf. SOHM-MITTEIS-WENGER, *Institutionen, Geschichte und System des Roemischen Privatrechts*, 17. Aufl., pág. 431 e segs.; MAX KASER, *Roemisches Privatrecht*, 13. Aufl., pág. 202 e seg.; ALVARO D'ORS, *Derecho Privado Romano*, Pamplona, 1968, pág. 473 e segs.; RAÚL VENTURA, *Teoria da Relação Jurídica de Trabalho*, vol. I, pág. 52 e segs., e PEDRO SOARES MARTINEZ, *Manual de Direito Corporativo*, 2ª ed., Lisboa, 1967, pág. 19 e segs.

As expressões mais notáveis do regime do mandato nesta fase estão contidas no Decreto de Graciano (de cerca de 1140), nas Decretais de Gregório IX (1234), no Sextum de Bonifácio VIII (1289) e nos vários textos dos pós-glosadores.

Influência importante no desenvolvimento da representação tiveram os tabeliães e notários.

C – *No campo mercantil*, não parece que tenha sido aplicada a figura do mandato com carácter geral.

O comerciante recorria com frequência ao "nuntius" (mandato imperativo) para a prática de actos determinados (v. g., cobrança de dívidas).

Quando se tratava de actos indeterminados, v. g., do exercício do comércio, o comerciante entregava a outro mercadorias ou dinheiro com o encargo de este os negociar noutro local, mediante participação nos ganhos.

Daí nasceu a figura da "commenda", considerada como uma sociedade ("societas"), que, nos fins da Idade Média, deu origem ao que hoje se chama comandita.

Nalgumas cidades italianas utilizou-se também o mandato, admitindo-se que fosse normalmente oneroso nas relações comerciais.

O mandato mercantil, ou seja, o mandato que tem por objecto a prática de actos comerciais ou, em geral, o exercício de um comércio, começou a aparecer no século XVII, sob o nome de comissão ("commissio") – então com um significado amplo de mandato mercantil ([3]).

II – Quanto aos contratos de *prestação de serviço* e de *trabalho*, não é fácil traçar, em poucas palavras, as linhas da evolução durante os séculos do "direito intermédio", nos quatro países em estudo. Nem isso parece interessar para o objectivo agora em vista.

Parece de supor que se manteve (ou veio a ser retomada) a distinção romanística entre a "locatio conductio operis" e a "locatio conductio operarum", uma vez que ela se encontra na doutrina novecentista dos países europeus ([4]).

([3]) Cf. F. PESSOA JORGE, *O Mandato sem Representação*, pág. 31 e segs. e bibliografia aí cit..

([4]) Cf., por exemplo, M. A. COELHO DA ROCHA, *Instituições de Direito Civil Portuguez*, Coimbra, 4ª ed., 1857, t. I, pág. 662 e segs. e 666 e segs..

O seu significado social é que sofreu profundas modificações, que se reflectem sobretudo na história do direito laboral; mas seria deslocado desenvolver aqui a sua análise ([5]).

III – Não é possível, nem tem grande interesse agora, desenvolver a análise de toda a evolução do mandato da prestação de serviço e do trabalho subordinado, ao longo dos tempos, em cada um dos países cujos direitos importa estudar. Interessa antes observar as concepções recentemente adoptadas na França, na Itália e na Alemanha acerca da caracterização dessas figuras.

DIVISÃO IV

Direito francês

I – No direito francês, ainda hoje baseado no Código Civil de Napoleão de 1804 (art. 1984º e segs), o *mandato* ("mandat") caracteriza-se como contrato pelo qual uma pessoa (mandante) encarrega outra pessoa (mandatário), que aceita, de praticar actos jurídicos em seu nome. Para parte significativa da doutrina a representação é da essência do mandato, embora muitos autores, sobretudo mais recentes, admitam a figura do mandato sem representação ([6]).

É, por natureza, gratuito, embora se admita a estipulação de remuneração; e, quando o mandatário é uma pessoa que se ocupa profissionalmente dos negócios de outrem, presume-se mesmo a onerosidade.

O mandato pode ser geral ou especial, quanto aos bens ou quanto aos actos jurídicos a realizar. Porque a faculdade dada ao mandatário de obrigar o mandante é excepcional e perigosa e para proteger o mandante, os termos do mandato devem ser interpretados restritivamente e o mandato concedido em termos gerais considera-se limitado aos actos de administração.

([5]) Para maiores desenvolvimentos, cf., por exemplo, L. BRITO CORREIA, *Direito do Trabalho*, vol. I, pág. 12 e segs., e G. MAZZONI, *Manuale di Diritto del Lavoro*, 4ª ed., pág. 7 e segs..

([6]) Cf. PLANIOL-RIPERT, A. RODIÈRE, "Mandat", in *Encyclopédie Jur. Dalloz – Droit Civil*, V, nº 1 a 6; H., L. e J. MAZEAUD, *Leçons de droit civil*, vol. III, t. II, pág. 846 e segs.; PESSOA JORGE, *O Mandato sem Representação*, pág. 69 e segs., 89, 93 e autores aí cit.; cf. também GIVERDON, *L'évolution du contrat de mandat* (tese), Paris, 1947.

O mandato distingue-se de várias figuras que, por vezes, são designadas de "mandato sem representação", mas não são verdadeiros mandatos: o contrato comercial de comissão (pelo qual o comissário é encarregado de praticar um ou mais actos jurídicos em nome próprio, mas por conta do comitente), a declaração de "command" (que é uma comissão com representação condicional, em que o comissário declara agir por ordem de um comitente, reservando-se a faculdade de revelar o nome num certo prazo) e a convenção de simulação ("prête nom" – pela qual uma pessoa se obriga perante outra, o simulador, a praticar em nome próprio um acto jurídico com um terceiro, ficando entendido entre aqueles que o acto é assumido pelo simulador) (⁷).

O mandato distingue-se também quer do contrato de obra ou de empresa ("contrat d'entreprise", "louage d'ouvrage" ou "louage d'industrie"), quer do contrato de trabalho ("louage de services").

II – O *contrato de empresa* é o contrato pelo qual uma pessoa, o empresário ou locador, se obriga para com outra, o dono da obra, a executar, contra remuneração, um trabalho independente e sem representação. Pode ter por objecto a fabricação, a transformação ou a reparação de uma coisa, mas também a execução de outros serviços, mesmo de carácter intelectual. Trata-se em qualquer caso de actos materiais ou de ordem intelectual, não de actos jurídicos.

O contrato de empresa distingue-se do mandato porque não confere poderes de representação. Além disso, os honorários estipulados para o empresário não podem, em regra, ser reduzidos pelo tribunal, diferentemente do que é admitido quanto aos do mandatário.

O empresário goza de independência jurídica na execução da obra. O dono da obra pode definir planos e dar indicações sobre a execução da obra, mas o empresário é livre quanto ao modo de execução (⁸).

III – Este elemento permite distinguir o contrato de empresa do *contrato de trabalho*: neste, o trabalhador está numa situação de subordinação jurídica relativamente ao empregador, estando sujeito ao poder de direcção (de dar ordens) e ao poder disciplinar (de aplicar sanções) deste.

(⁷) Cf. H., L. e J. MAZEAUD, *Leçons de Droit Civil*, vol. III, t. II, pág. 846 e segs..
(⁸) Cf. H., L. e J. MAZEAUD, *Leçons de Droit Civil*, vol. III, t. II, pág. 737 e segs..

DIVISÃO V

Direito italiano

I – No *direito italiano*, o *mandato* é definido como o contrato pelo qual uma parte (mandatário) assume a obrigação de realizar um ou mais actos por conta de outrem (mandante – CCiv it, art. 1703º).

A doutrina – nomeadamente MINERVINI ([9]), numa obra clássica – considera que a prestação a que se obriga o mandatário tem por conteúdo um "facere" por conta de outrem e, por isso, inclui o mandato no âmbito do trabalho, em sentido amplo.

"Por conta de outrem", visto que o resultado da prestação do mandatário é adquirido por pessoa diversa do agente – o que é característico do trabalho, segundo a formulação de CARNELUTTI ([10]).

O trabalho do mandatário é um trabalho autónomo, não um trabalho subordinado. O contrato de trabalho subordinado é objecto de um regime específico regulado nos títulos II e IV do livro "Del lavoro" do CCiv it (art. 2094º a 2221º e 2239º a 2246º), enquanto as várias modalidades do trabalho autónomo estão dispersas no CCiv it: o contrato de obra (art. 2222º a 2228º), o exercício de profissões intelectuais (art. 2229º a 2238º), o contrato de empreitada ("appalto" – art. 1655º a 1677º), o contrato de comissão (art. 1731º a 1736º), o contrato de expedição (art. 1737º a 1741º), o contrato de agência (art. 1742º a 1753º), o contrato de mediação (art. 1754º a 1765º) e o contrato de depósito (art. 1766º a 1797º).

Específico do mandato é que a prestação do mandatário tem por objecto um acto jurídico; mais frequentemente, trata-se de um negócio jurídico, mas não tem necessariamente de ser assim. Uma mera actividade material, isto é, um facto jurídico em sentido estrito (ainda que voluntário, mas cujos efeitos jurídicos não se relacionam com a vontade do agente) não é objecto característico do mandato, mas antes do contrato de obra ("locatio operis").

O mandato pode ser com ou sem representação. A representação é uma figura jurídica autónoma, tratada pelo CCiv it num capítulo distinto (art. 1387º), a propósito do regime dos contratos em geral. A representação voluntária verifica-se quando o representante actua em nome do

---

([9]) Cf. *Il mandato, la commissione, la spedizione*, Torino, UTET, 1957, pág. 1 e segs..

([10]) Cf. "Il diritto di privativa nel contrato di lavoro", in *RivDCom*, 1910, II, pág. 435, nota 3.

representado, tendo-lhe sido conferidos poderes para isso por este. Se o mandato é com representação, os efeitos jurídicos dos actos realizados pelo mandatário em nome do mandante verificam-se directamente na esfera jurídica do mandante.

Se o mandato é sem representação, o mandatário age em nome próprio e adquire os direitos e assume as obrigações derivadas dos actos realizados e os terceiros não têm relação com o mandante (art. 1705º). O mandatário tem depois a obrigação, em virtude do mandato recebido, de transferir para o mandante, mediante um negócio posterior, o direito adquirido em nome próprio, mas no interesse do mandante.

O mandato pode ser geral ou especial, mas presume-se oneroso (art. 1709º).

II – O contrato de *comissão* é uma espécie de mandato sem representação, que tem por objecto a aquisição ou a venda de bens por conta do comitente mas em nome do comissário (art. 1731º).

A comissão é um contrato oneroso, por natureza: o comissário tem direito a uma "provisão" (art. 1733º).

III – Com o contrato de *agência,* uma parte (agente) assume estavelmente o encargo de promover, por conta de outra (proponente), mediante retribuição, a conclusão de contratos numa zona determinada (art. 1742º). Distingue-se do mandato, porque o agente, em regra, apenas promove a conclusão de contratos, mas não os celebra, embora possam ser-lhe conferidos também poderes de representação. Distingue-se do mediador porque o agente tem uma actividade estável, enquanto o mediador tem uma actividade ocasional, autónoma, de relacionar uma ou mais partes para a conclusão de negócios (art. 1754º), está ligado às partes por relações de colaboração, de dependência ou de representação (art. 1754º).

IV – Sob a epígrafe "Do trabalho autónomo", o contrato de *obra* é definido como aquele pelo qual uma parte se obriga, mediante uma contrapartida, a realizar uma obra ou um serviço, com trabalho prevalentemente próprio e sem vínculo de subordinação perante o comitente (art. 2222º).

V – O contrato de *empreitada* ("appalto") é o contrato pelo qual uma pessoa se obriga, mediante uma contrapartida, a realizar uma obra ou um serviço, com organização dos meios necessários e com gestão a risco próprio (art. 1655º). Distingue-se do contrato de obra precisamente porque o empreiteiro emprega capitais e corre os riscos do negócio, o que não se verifica no contrato de obra. Distingue-se do trabalho subordinado, porque não existe vínculo de subordinação do empreiteiro ao dono da obra.

VI – O Código Civil italiano trata do contrato de *trabalho* no título II, "Do trabalho na empresa", considerando o "prestador de trabalho subordinado" como um dos "colaboradores do empresário". "É prestador de trabalho subordinado quem se obriga mediante retribuição a colaborar na empresa, prestando o próprio trabalho intelectual ou manual na dependência e sob a direcção do empresário" (art. 2094º).

Na base deste preceito, que não é considerado particularmente rigoroso, a doutrina e a jurisprudência italianas caracterizam a relação de trabalho subordinado como tendo por objecto uma actividade laboral fornecida ao dador de trabalho mediante retribuição e sem correr riscos, sob a direcção, a vigilância e o controlo deste; contrapõe-se ao trabalho autónomo, em que o objecto da prestação é a obra, entendida como resultado da actividade auto-organizada do prestador, realizada com os seus meios e a seu risco ([10a]).

Numa outra formulação mais recente, entende-se que a característica diferencial do trabalho subordinado se reconduz a três factores: a heterodeterminação da prestação, a alienidade do resultado e a alienidade dos meios produtivos. Por esta via, considera-se subordinada a prestação laboral destinada a ser inserida numa organização produtiva sobre a qual o trabalhador não tem qualquer poder (jurídico) de controlo e a ser utilizada segundo as directivas do dador de trabalho para um fim em cuja realização o trabalhador não tem nenhum interesse (juridicamente) tutelado ([10b]).

Em qualquer caso, reconhece-se que não é fácil distinguir, na prática, um contrato de trabalho de um contrato de trabalho autónomo, pelo que a doutrina se preocupa com a determinação de critérios mais con-

---

([10a]) Cf. MARIO GHIDINI, *Diritto del Lavoro*, Pádua, CEDAM, 1981, pág. 183. Em sentido próximo, cf. MAZZONI, *Manuale di Diritto del Lavoro*, Milão, Giuffrè, 4ª ed., 1971, pág. 309 e segs., e RENATO CORRADO, *Manuale di Diritto del Lavoro*, Torino, UTET, 1973, pág. 108 e segs..

([10b]) Cf. CARINCI-DE LUCA TAMAJO-TOSI-TREU, *Diritto del Lavoro – 2 – Il Rapporto di Lavoro Subordinato*, Torino, UTET, 1988, pág. 21.

cretos: organização própria ou alheia; resultado ou actividade; com ou sem horário; em local do empregador ou próprio; correndo ou não os riscos da obra; utilizando instrumentos próprios ou do empregador; recorrendo a colaboradores ou não; em benefício exclusivo do empregador ou de várias pessoas; remuneração periódica ou irregular, actividade meramente executiva ou criativa ([10c]).

DIVISÃO VI

Direito alemão

I — No direito alemão é habitual contrapor os contratos de prestação de serviço ("Dienstvertrag"), de trabalho ("Arbeitsvertrag") e de obra ou de empreitada ("Werkvertrag"), por um lado, aos contratos de mandato ("Auftrag") e de gestão de negócios ("Geschaeftsbesorgungsvertrag"), por outro ([11]).

O BGB regula o contrato de prestação de serviço e o contrato de obra logo a seguir aos contratos translativos (de compra e venda, de troca, de doação, de locação, arrendamento, comodato e mútuo), seguindo a concepção romanística da "coisificação" do trabalho ("locatio conductio operarum") ou do seu resultado ("locatio conductio operis").

Do BGB resulta um conceito de contrato de prestação de serviço (*"Dienstvertrag"*) como o contrato pelo qual "aquele que promete serviços ('Dienste') fica obrigado à prestação dos serviços prometidos, devendo a outra parte pagar a remuneração acordada" (BGB, § 611-I). E acrescenta que "objecto do contrato de prestação de serviços podem ser serviços de qualquer espécie" (§ 611-II).

É característica deste tipo contratual que a obrigação de remuneração não depende do resultado ("Erfolg") da prestação, diferentemente do que se passa com o contrato de obra ("Werkvertrag") ([12]).

O contrato de prestação de serviço ("Dienstvertrag") é concebido como um género que abrange várias espécies de contratos, como, por

---

([10c]) Cf. MARIO GHIDINI, *Diritto del Lavoro*, Pádua, CEDAM, 1981, pág. 187 e segs..

([11]) Cf. J. ESSER, *Schuldrecht*, Band II — *Besonderer Teil*, 4ª ed., pág. 139 e segs..

([12]) Cf. ESSER, *ob. cit.*, pág. 139 e seg.. Em todo o caso, esta afirmação suscita dúvidas na doutrina; cf. ZOELLNER, *Arbeitsrecht*, pág. 32.

exemplo, o contrato de trabalho subordinado ("*Arbeitsvertrag*"), ao lado de contratos em que o prestador de serviço é autónomo (não subordinado) e não está integrado numa empresa, podendo determinar livremente a sua actividade e o seu tempo de trabalho.

Só ao contrato de trabalho subordinado são aplicáveis as normas de protecção social que foram introduzidas desde BISMARK e integram o direito do trabalho.

II – O contrato de trabalho ("Arbeitsvertrag") não é referido pelo BGB. A doutrina define-o como uma espécie de contrato de prestação de serviço ("Dienstvertrag"), de direito privado, pelo qual o trabalhador ("Arbeitnehmer") se obriga a prestar uma actividade ("Leistung") subordinada, isto é, um trabalho a determinar em concreto pelo empregador ("Arbeitgeber") ([13]).

A caracterização específica do contrato de trabalho dentro do género de contratos de prestação de serviço ("Dienstvertraege") suscita, porém, dificuldades.

A teoria da incorporação ("Eingliederungstheorie") considera elemento específico do contrato de trabalho a incorporação do trabalhador na empresa, estabelecimento ou organização ("Unternehmen", "Betrieb" ou "Haushalt") do empregador. Diferentemente, a teoria contratualista, dominante na doutrina, distingue o contrato de trabalho dos demais contratos de prestação de serviço em função do grau de subordinação pessoal do prestador de serviço, não sendo decisivo o grau de dependência económica. A distinção vem a fazer-se conjugando diversos critérios, nenhum dos quais sendo decisivo ("Kombinationstheorie"). Assim, considera-se que existe contrato de trabalho:

a) Quando o empregador tem um poder de direcção ou de dar ordens, ainda que o trabalhador goze de autonomia técnica (enquanto a autonomia completa na execução dos serviços é característica da prestação de serviço);

b) Quando o trabalhador se obriga a respeitar certas regras sobre o tempo de trabalho, mesmo que não esteja obrigado a um determinado horário de trabalho;

c) Quando o trabalhador ocupa toda ou grande parte da sua capacidade de trabalho com o empregador, ainda que sem exclusividade

---

([13]) Cf. ZOELLNER, *Arbeitsrecht*, pág. 31 e segs., e SCHAUB, *Arbeitsrechtshandbuch*, 3. Aufl., pág. 93 e 126 e segs..

(enquanto o prestador de serviço é livre, em regra, de exercer a sua actividade para vários clientes);

d) Quando o trabalhador deve exercer a sua actividade num determinado local, em regra pertencente ao empregador (sem excluir, contudo, trabalhos noutros locais, sendo, todavia, mais característico da prestação de serviço a actividade em local do próprio prestador);

e) Quando o risco e as despesas da empresa são de conta do empregador;

f) Quando o trabalhador tem um dever de informação regular sobre a sua actividade;

g) Quando o empregador adquire o produto do trabalho;

h) Quando é executada uma actividade subordinada ([14]).

III – O contrato de obra ("*Werkvertrag*") é definido como aquele pelo qual "o empresário ('Unternehmer') se obriga a produzir ('herstellen') a obra prometida e o dono da obra ('Besteller') a pagar a remuneração acordada" (BGB, § 631-I).

A distinção entre o contrato de prestação de serviço e o contrato de obra suscita dúvidas.

Em ambos há uma obrigação de prestar trabalho ("Arbeitsleistung"), em sentido amplo. O contrato de obra não visa a compra de uma "res sperata", antes obriga à própria acção de produção ou fabricação ("Herstellung"), portanto, uma prestação de trabalho, em sentido amplo ([15]).

Em todo o caso, no contrato de prestação de serviço é devida a actividade como tal, enquanto no contrato de obra é devido um certo resultado, seja uma prestação de facto ("Leistwerk" – um corte de cabelo, por exemplo), seja uma prestação de uma coisa ("Sachwerk" – a construção de uma casa, por exemplo), sendo o trabalho apenas um meio para alcançar tal resultado ([16]).

É essencial ao contrato de prestação de serviço a remuneração em função do tempo, enquanto no contrato de obra a remuneração é por peça.

([14]) Cf. SCHAUB, *Arbeitsrechtshandbuch*, 3. Aufl., pág. 127 e seg.; VOLKER GROSS, *Das Anstellungsverhaeltnis des GmbH-Geschaeftsfuehrers*, pág. 219 e segs., 252 e bibliografia aí cit..

([15]) Cf. ESSER, *Schuldrecht, Band II – Besonderer Teil*, 4ª ed., pág. 143 e segs..

([16]) Cf. SCHAUB, *Arbeitsrechtshandbuch*, pág. 129.

O primeiro é, em regra, um contrato duradouro, enquanto o contrato de obra tem por objecto uma única prestação (o que impede que esta prestação seja demorada).

No contrato de prestação de serviço, o risco da coisa ou da obra é suportado pelo dador de serviço (ou empregador), enquanto no contrato de obra, pelo empresário, que normalmente fornece os meios (matérias--primas e equipamentos) necessários à realização da obra ([17]).

IV – O mandato (*"Auftrag"*) é tratado como a forma básica dos contratos gratuitos de gestão de negócios alheios. "Pela aceitação de um mandato, o mandatário obriga-se a cuidar ('besorgen') gratuitamente de um negócio de que o mandante o encarregou, por conta deste" (BGB, § 662). Essencial à figura do mandato é, mais do que a gratuitidade, o cuidado pelos interesses alheios e a relação de confiança ("Treuhandbindung") entre as partes.

Por outro lado, o mandato refere-se a actividades com relevância económica, que afectam o património do mandante. E o mandatário exerce uma actividade independente, mas determinada.

Como critério jurídico de distinção do mandato relativamente ao contrato de prestação de serviço e ao contrato de obra apresenta-se apenas a obrigação de fidelidade ("Treupflicht") específica do mandatário relativamente à defesa ("Wahrnehmung") dos interesses do mandante.

Perante terceiros, o mandatário tanto pode apresentar-se como representante do mandante ("Bevollmaechtigter") como agir em nome próprio ([18]).

O BGB distingue claramente o mandato (§§ 662 e segs.) e a representação (§§ 164 e segs) ([19]) – tal como veio a fazer o CCiv português de 1966.

Por outras palavras, para o direito alemão, mandatário é aquele que age gratuitamente por conta do mandante, não distinguindo a doutrina entre actos jurídicos e actos materiais.

([17]) Cf. J. Esser, *Schuldrecht, Band II – Besonderer Teil*, 4ª ed., pág. 144 e segs..

([18]) Neste aspecto, o BGB afastou-se do Código da Prússia de 1794, em que o mandato surge associado à representação (§ 85, t. XIII, l. I).

([19]) Cf. J. Esser, *Schulrecht, Band II – Besonderer Teil*, pág. 181 e segs.

DIVISÃO VII

Direito português

I – No direito português anterior ao CCom de 1833 seguiam-se de perto as regras do direito romano, tal como foram entendidas no tempo do chamado direito intermédio, já acima descrito ([1]).

No âmbito do direito comercial anterior ao CCom de 1833, a comissão é considerada como simples modalidade mercantil do mandato, podendo ser com ou sem representação.

II – O CCom de 1833 modifica este quadro de conceitos, na medida em que trata o contrato de comissão como um mandato mercantil sem representação, admitindo ao lado dele o mandato mercantil com representação. E considera que o mandato é mercantil quando tem lugar entre comerciantes e por facto de comércio ([2]).

III – O CCiv de 1867 introduz algumas alterações ao quadro conceptual anterior. Para ele, "dá-se o contrato de mandato ou procuradoria quando alguma pessoa se encarrega de prestar, ou fazer alguma coisa, por mandado e em nome de outrem" (art. 1318º). Procuração é o "documento em que o mandante ou constituinte exprime o seu mandato" (art. 1317º).

Por isso grande parte da doutrina entende durante muito tempo que o mandato civil envolve a concessão de poderes de representação e que

---

([1]) Cf. PESSOA JORGE, *O Mandato sem Representação*, pág. 74 e segs..

([2]) É o que resulta dos art. 762º, 767º a 770º, a seguir transcritos:

Art. 762º. "O mandato em geral é um contracto, pelo qual um dos contrahentes, que se chama mandante, confia a gestão d'um ou mais negocios a outro, que se denomina mandatario, o qual se encarrega e se obriga a exequil-a. O mandato completa-se pela acceitação".

Art. 767º. "Quando o mandato tem logar entre negociantes e por facto de commercio, a convenção é mercantil, e regulada pelas leis d'este codigo".

Art. 768º. "Quando o mandatario contracta com terceiro em seu proprio nome, ou d'uma firma social, a que pertença, é commissario. Quando o mandatario contracta, com terceiro em nome do committente, é mandatario mercantil, mas não commissario propriamente dicto".

Art. 769º. "Todo o commissario mercantil ou negociante de commissão é mandatario; porém nem todo o mandatario é commissario".

Art. 770º. "O mandato póde ser gratuito; a commissão é sempre onerosa".

a representação voluntária é conferida, em regra, através do mandato (³).

Em todo o caso, a doutrina mais recente pronuncia-se a favor da admissibilidade do mandato sem representação (⁴), na base de argumentos desenvolvidamente analisados na dissertação de PESSOA JORGE (⁵).

O mandato civil presume-se gratuito, a não ser que tenha sido estipulada remuneração ou se tiver por objecto actos do ofício ou profissão lucrativa do mandatário (art. 1331º).

Ao lado do mandato, o CCiv de 1867 regula uma série de "contratos de prestação de serviços": serviço doméstico (art. 1370º), serviço salariado (art. 1391º), empreitada (art. 1396º), serviços prestados no exercício das artes e profissões liberais (art. 1409º), recovagem, barcagem e alquilaria (art. 1410º), albergaria ou pousada (art. 1419º), aprendizagem (art. 1424º), depósito (art. 1431º).

Em geral, os contratos de prestação de serviço têm por objecto a prestação de um serviço, gratuitamente ou mediante retribuição, mas sem concessão de poderes de representação.

Assim, a diferença essencial entre o mandato e a "prestação de serviços" é, em face do CCiv de 1867, a atribuição de poderes de representação, que se verifica no primeiro, mas não na segunda.

E é pelo facto de a representação apenas dizer respeito à prática de actos jurídicos que se pode dizer que, para o Código de Seabra, o mandato tem por objecto apenas actos jurídicos e não, pelo menos como objecto principal, meros actos materiais (factos jurídicos em sentido estrito).

III — Feita assim a caracterização, nas suas linhas fundamentais, do mandato civil, em face do CCiv de 1867, importa analisar em seguida a figura do *mandato comercial*, em face do CCom de 1888. E note-se que

---

(³) Cf. DIAS FERREIRA, *Código Civil Português Anotado*, 2ª ed., vol. III, pág. 5 e seg.; BRUSCHY, *Manual de Direito Civil Português segundo a Novíssima Legislação*, Coimbra, 1872, vol. III, pág. 210 e 253; GUILHERME MOREIRA, *Instituições*, vol. I, pág. 451, e vol. III, pág. 433; JOSÉ TAVARES, *Princípios Fundamentais de Direito Civil*, vol. II, pág. 435, nota; BELEZA DOS SANTOS, *A Simulação*, Coimbra, 1921, vol. I, pág. 296; CABRAL DE MONCADA, *Lições de Direito Civil*, vol. II, pág. 330; PIRES DE LIMA-ANTUNES VARELA, *Noções Fundamentais de Direito Civil*, vol. I, pág. 449 e segs., e PAULO CUNHA, *Teoria Geral da Relação Jurídica*, 1960, vol. II, pág. 185 e segs..

(⁴) Cf. I. GALVÃO TELLES, *Dos Contratos em Geral*, 2ª ed., pág. 302 e seg., e FERRER CORREIA, "A procuração", in *BFD*, XXIV, pág. 253.

(⁵) Cf. *O Mandato sem Representação*, Lisboa, 1961, pág. 99 e segs.

esta análise é particularmente importante para o objectivo agora em vista, porque, quando o CCom fala do mandato do director (ou administrador) da sociedade anónima, é natural que tenha em mente o conceito de mandato comercial constante deste mesmo Código. E se se concluir que o administrador de uma sociedade anónima – tipo caracteristicamente comercial – é um mandatário, as disposições aplicáveis subsidiariamente ao administrador serão, em primeira linha, as da própria lei comercial (CCom, art. 3º).

Pode ser-se tentado a recorrer directamente ao disposto no art. 231º do CCom. Mas é mais rigoroso partir do art. 2º do CCom: os mandatos são actos de comércio quando tiverem as características dos mandatos "especialmente regulados neste Código" (1ª parte do art. 2º), ou seja, as indicadas no art. 231º do CCom; mas, além disso, são comerciais (são actos de comércio) os mandatos dos comerciantes, "se o contrário do próprio acto não resultar", sendo evidente que o mandato não é "de natureza exclusivamente civil", uma vez que está regulado, tanto no CCiv, como no CCom.

Segundo o art. 231º do CCom, "dá-se mandato comercial quando alguma pessoa se encarrega de praticar um ou mais actos de comércio por mandado de outrem".

Deve observar-se, em primeiro lugar, que a antepenúltima palavra do proémio deste art. 231º é "mandado" e não "mandato" – como frequentemente se lê em colectâneas das últimas décadas ([6]).

Desta observação ortográfica resulta uma conclusão importante: é que o CCom não se limita a indicar a diferença específica do mandato comercial, antes contém uma definição completa (embora certamente imperfeita) de mandato comercial.

Se o CCom utilizasse, no final, a palavra *mandato* (com t), poderia deduzir-se daí que não definia o género próximo, o que equivalia a remeter para o conceito de mandato de outro diploma (então o CCiv de 1867). Ao usar a palavra mandado (com d) – que tem o significado mais amplo de ordem (e não necessariamente "mandato") –, o CCom mostra ter querido definir um conceito próprio, de algum modo independente do do CCiv. Resta saber se esse conceito é realmente diferente do da lei civil.

([6]) Isto acontece mesmo com a colectânea de ANTÓNIO CAEIRO e NOGUEIRA SERENS, *Código Comercial e Legislação Complementar*, 3ª ed., 1986, apesar de na sua revisão os autores terem posto muito cuidado, como refere NOGUEIRA SERENS, "A propósito de uma edição de textos legais", in *RDES,* ano XXV, nº 1-2, pág. 155 e segs..

Aliás, mesmo que não se aceite que tal diferença ortográfica tem o alcance exposto, ainda assim há que verificar se o conceito de mandato (género próximo do mandato comercial) usado pelo CCom coincide ou não com o conceito de mandato da lei civil. Com uma diferença importante: é que, se se entender que o conceito de mandato (género próximo) subjacente ao regime do CCom é o da lei civil, então há que saber se tal conceito deve buscar-se hoje no CCiv de 1867 ou no CCiv de 1966. A favor desta última solução pode dizer-se não ser curial integrar lacunas de um diploma, mesmo quanto a meros conceitos, por recurso a outro diploma revogado, para que o primeiro não remete expressamente ([7]).

Algum interesse – ao menos histórico – tem, em todo o caso, o confronto do conceito de mandato do CCom de 1888 com o do CCiv de 1867.

Tentando, pois, este confronto, deve observar-se, em primeiro lugar, que o CCom inclui o contrato de comissão (art. 266º a 277º) no título do mandato, donde se deduz que pressupõe claramente a possibilidade de mandato comercial sem representação – quando a doutrina dominante entendia que o mandato civil envolvia representação. Ou seja, o conceito de mandato subjacente ao CCom não coincide com o conceito de mandato do CCiv de 1867, tal como era entendido (bem ou mal) pela doutrina do seu tempo.

Por outro lado, várias disposições do CCom de 1888 apontam no sentido de considerar como objecto do mandato a obrigação de o mandatário praticar tanto actos jurídicos como meros actos materiais. O art. 231º fala genericamente em actos de comércio e estes incluem tanto os actos jurídicos como os meros actos materiais ([8]); e parece poder deduzir-se do regime contido nos art. 233º, 235º e 237º que o mandatário tem o dever, não só de celebrar o "negócio" objecto principal do mandato, mas diversos outros actos jurídicos ou materiais com ele conexos (v. g., actos necessários à execução daquele, guarda e conservação de mercadorias, contratos de seguro) ([9]).

([7]) Cf. J. DIAS MARQUES, *Introdução ao Estudo do Direito*, Lisboa, 1972, pág. 165 e seg.

([8]) Neste sentido, cf., por exemplo, J. G. PINTO COELHO, *Lições de Direito Comercial*, vol. I, pág. 68 e segs.; FERNANDO OLAVO, *Direito Comercial*, vol. I, 2ª ed., pág. 61 e segs., e LUÍS BRITO CORREIA, *Direito Comercial*, 1987, vol. I, pág. 32.

([9]) Cf. M. J. COSTA GOMES, *Contrato de Mandato*, pág. 11 e segs. e 17.

Deve notar-se também que a noção de acto de comércio abrange, segundo o entendimento dominante e preferível ([10]), tanto actos isolados como actividades.

É também significativo que o CCom de 1888 tenha incluído, entre as espécies de mandato, as figuras do gerente e do caixeiro. É que o caixeiro é usualmente considerado como trabalhador subordinado; e as expressões "patrão", "salário", "despedimento", utilizadas pelo CCom, (art. 263º, 264 e 265º) confirmam tal entendimento ([11]). E o gerente de comércio (CCom, art. 248º e segs.) é frequentemente considerado também, embora não necessariamente, como um trabalhador subordinado ([12]). É manifesto que o CCom qualificou ambas as figuras como espécies de mandato, atendendo à atribuição que neles se verifica de poderes de representação. Nessa época, não era tão clara a distinção, actualmente corrente, entre o mandato e a representação, não se concebendo facilmente a representação voluntária sem mandato ([13]).

Assim, o CCom adoptou um conceito muito amplo de mandato, que excede largamente o conceito de mandato do CCiv de 1867.

IV — Mais tarde, foi regulamentado o contrato de trabalho subordinado pela Lei nº 1952, de 10.3.1937, e depois pelo DL nº 47 032, de 27.5.1966.

Neste último diploma surge já a ideia — que viria a ser retomada pelo CCiv do mesmo ano (25.11.1966) e pelo DL nº 49 408, de 24.11.1969 — de que o contrato de trabalho implica a concessão de poderes de representação ao trabalhador, quando tiver por objecto a prática de actos jurídicos (art. 5º, nº 3).

Ganhava assim forma legal a distinção entre o mandato e a representação, entretanto esclarecida pela doutrina ([14]).

([10]) Neste sentido, cf. FERNANDO OLAVO, *ob. cit.*, vol. I, pág. 248 e segs.; VASCO G. LOBO XAVIER, *Direito Comercial*, Coimbra, 1977-78, pág. 38 e segs.; J. OLIVEIRA ASCENSÃO, *Lições de Direito Comercial*, 1986/87, vol. I, pág. 121 e segs.; LUÍS BRITO CORREIA, *Direito Comercial*, 1987, vol. I, pág. 32 e seg. Diversamente, embora sem rejeitar totalmente os actos do comércio isolados, cf. PAULO SENDIM, *Lições de Direito Comercial e de Direito da Economia*, 1979/80, vol. I, pág. 125 e segs., e *Lições de Direito Comercial*, 1990, pág. 17 e segs...

([11]) Cf. CUNHA GONÇALVES, *Comentário*, vol. II, pág. 61 e segs., e L. BRITO CORREIA, *Direito Comercial*, 1987, vol. I, pág. 200 e seg..

([12]) Cf. L. BRITO CORREIA, *ob. cit.*, vol. I, pág. 197 e seg..

([13]) Cf. o que se disse acima, na pág. 511 e segs..

([14]) Cf. supra, pág. 512.

V – Levando até ao fim esta orientação, o CCiv de 25.11.1966 adoptou um novo quadro conceptual, inspirando-se, em grande parte, no direito italiano. Assim, define primeiro o *contrato de trabalho* como "aquele pelo qual uma pessoa se obriga, mediante retribuição, a prestar a sua actividade intelectual ou manual a outra pessoa, sob autoridade e direcção desta" (art. 1152º).

A seguir, define o *contrato de prestação de serviço* como "aquele em que uma das partes se obriga a proporcionar à outra certo resultado do seu trabalho intelectual ou manual, com ou sem retribuição" (art. 1154º).

Deste modo, o contrato de trabalho distingue-se da prestação de serviço pelo objecto (uma actividade, não um resultado), pela subordinação jurídica (poder de direcção e poder disciplinar) e pela essencialidade da retribuição ([15]).

Por outro lado, o contrato de prestação de serviço é concebido como uma figura genérica que engloba várias modalidades, entre as quais se incluem o mandato, o depósito e a empreitada (art. 1155º), reguladas nos capítulos seguintes.

O *mandato* é caracterizado como "o contrato pelo qual uma das partes se obriga a praticar um ou mais actos jurídicos por conta de outra" (art. 1157º). Tanto pode ser gratuito como oneroso (art. 1158º), geral ou especial (art. 1159º).

E pode conferir ou não poderes de representação (art. 1178º e 1180º), isto é, poderes para o mandatário agir em nome (e não só por conta) do mandante, admitindo-se que os poderes de representação possam resultar de outros actos jurídicos, que não só o mandato [art. 258º e segs. ([16])] – por exemplo, do contrato de trabalho (art. 5º, nº 3).

Finalmente, a *empreitada* é definida como o "contrato pelo qual uma das partes se obriga em relação à outra a realizar certa obra, mediante um preço" (art. 1207º).

Assim, torna-se patente que o quadro de conceitos do CCiv port de 1966 é muito próximo do CCiv it de 1942, enquanto o do CCom port de 1888 se aproxima muito do do CCiv it de 1882.

E o conceito de mandato do CCiv de 1966 é claramente mais restrito que o do CCom de 1888.

([15]) Para maiores desenvolvimentos, cf. Luís Brito Correia, *Direito do Trabalho*, vol. I, pág. 92 e segs..

([16]) Cf. I. Galvão Telles, "Contratos civis", in *RFDUL*, vol. IX, pág. 211 e seg.

VI – A este quadro foi acrescentada recentemente a figura do contrato de *agência*, definido pelo DL nº 178/86, de 3.7., como "o contrato pelo qual uma das partes se obriga a promover por conta da outra a celebração de contratos em certa zona ou determinado círculo de clientes, de modo autónomo e estável e mediante retribuição" ([17]).

DIVISÃO VIII

Conclusões da análise histórico-comparativa

I – Desta breve análise histórico-comparativa resulta que há efectivamente diferenças, mais ou menos profundas, entre os conceitos de mandato adoptados nos países estudados e ao longo da história, e até mesmo entre o conceito de mandato da lei civil e o da lei comercial portuguesa.

Nomeadamente, no plano do direito comparado, é diferente a relação entre o mandato e a representação, assim como entre o mandato e a prestação do serviço, e, na Alemanha, é ainda hoje acentuado o carácter naturalmente gratuito do mandato, em termos inspirados no direito romano, que não encontram já eco nos outros países.

No direito português, o mandato civil tem fundamentalmente por objecto apenas actos jurídicos (CCiv, art. 1157º), enquanto o mandato comercial tem por objecto actos de comércio (CCom, art. 231º), que tanto podem ser actos jurídicos, como actos materiais (factos jurídicos em sentido estrito).

O mandato civil tem por objecto um resultado, como decorre da circunstância de o mandato ser definido como espécie do contrato de prestação de serviço (CCiv, art. 1155º). Diferentemente, o mandato comercial tanto pode ter por objecto um resultado como uma actividade – como é o caso do gerente comercial (CCom, art. 248º) e, sobretudo, dos auxiliares (CCom, art. 256º) e dos caixeiros (CCom, art. 259º e 260º).

Por outro lado, há algumas espécies de mandato comercial que são claramente espécies de contratos de trabalho subordinado (e não de pres-

---

([17]) Cf. M. JANUÁRIO C. GOMES, "Apontamentos sobre o contrato de agência", in *RTJ*, 1990, nº 3, pág. 9 e segs., e ANTÓNIO PINTO MONTEIRO, *Contrato de Agência – Anotação ao Decreto-Lei nº 178/86, de 3 de Julho*, Coimbra, Almedina, 1987, pág. 17 e segs..

tação de serviço). É o que se passa, designadamente, com os caixeiros – como resulta da utilização do termo salário pelo art. 263º do CCom e do termo patrão pelo art. 264º do CCom, bem como dos usos comerciais.

II – Deste modo, quando se trata de saber se o contrato de administração é ou não um mandato, em face da lei portuguesa, há que afastar argumentos baseados em características que o mandato tem noutros direitos, mas não no português. E há que adoptar um conceito de mandato de referência, optando pelo do CCiv de 1966 ou pelo do CCom de 1888, pois as conclusões são diferentes consoante se adopte um ou outro.

Posto assim o problema, pode ele ter soluções diferentes consoante se tenha em vista a figura do administrador no CCom de 1888 ou no CSC.

Quanto ao contrato de administração regulado no CCom de 1888, pode ser-se tentado a qualificá-lo como mandato, com referência ao conceito de mandato do próprio CCom de 1888. Mas, sendo a construção de conceitos uma tarefa da doutrina, que não tem de se ater à terminologia legal, essa conclusão não se impõe como inevitável – o que não impede, aliás, como se verá adiante, que o regime do mandato do CCom de 1888 seja aplicável subsidiariamente ao contrato de administração.

Por outro lado, verifica-se que o conceito de mandato do CCom, tal como ficou descrito acima, é um conceito tecnicamente impreciso, englobando figuras heterogéneas que é conveniente distinguir, uma vez que têm regimes diferentes. É exemplo flagrante desta situação o caso dos caixeiros, que devem claramente considerar-se como trabalhadores subordinados, beneficiando de toda a protecção decorrente da legislação laboral.

Assim, tem de reconhecer-se o carácter antiquado do quadro de conceitos e da terminologia do CCom de 1888, aliás ultrapassado por figuras como a do contrato de agência [a que o CCom fazia apenas uma breve e duvidosa ([18]) referência no art. 230º, nº 3].

Importa, pois, abandonar claramente esse quadro conceptual e adoptar o quadro mais moderno do CCiv vigente.

III – É claro que o contrato de mandato, o contrato de prestação de serviço (em sentido estrito), o contrato de trabalho subordinado e o que – a benefício de posterior qualificação mais fundamentada – pode cha-

---

([18]) Cf. L. BRITO CORREIA, *Direito Comercial*, 1987, vol. I, pág. 204 e segs..

mar-se contrato de administração criam, todos eles, obrigações de prestação de facto (de "*facere*") – e não de prestação de coisa (de "*dare*"), no sentido em que estas expressões são usadas no direito das obrigações ([19]). Pode assim admitir-se a existência de um género de contratos de prestação de serviços, em sentido amplo (ou de contrato de trabalho, em sentido amplo), de que os referidos tipos legais são espécies.

Não se pretende discutir neste contexto se foi acertada ou não a escolha do legislador do CCiv no sentido de contrapor o contrato de trabalho e o contrato de prestação de serviço (art. 1152º e 1154º), em vez de apresentar um tipo genérico comum de contrato de prestação de serviços, de que o contrato de trabalho seria uma espécie, ao lado do mandato, do depósito, etc. ([20]) – à semelhança da lei alemã. Isso extravasa o âmbito do presente estudo. Toma-se, pois, como um dado o quadro de conceitos (ou de tipos) da lei vigente.

O problema que interessa discutir é sobretudo o de saber se o contrato de administração deve qualificar-se como um mandato (ou uma espécie de mandato), ou como um contrato de prestação de serviço (no sentido do art. 1154º do CCiv) ao lado do mandato, ou como um contrato de trabalho subordinado, ou antes como uma espécie autónoma ("sui generis"). Por outras palavras, trata-se de saber qual o género próximo do contrato de administração e qual a sua diferença específica.

IV – Sendo assim, para se saber se o contrato de administração tem a natureza de um contrato de mandato, ou de prestação de serviço, ou de trabalho subordinado, ou antes, uma natureza "sui generis", há que confrontar sistematicamente as características essenciais do contrato de administração com as de cada um desses outros tipos contratuais, considerando, sucessivamente:

   a) A dualidade de partes;

   b) A atribuição do poder e a assunção da obrigação do administrador exercer actividade relativamente autónoma, por conta e em nome da sociedade;

   c) A onerosidade ou gratuitidade.

([19]) Cf., por todos, I. GALVÃO TELLES, *Direito das Obrigações,* 2ª ed., 1979, pág. 35 e segs., e ANTUNES VARELA, *Direito das Obrigações,* 6ª ed., vol. I, pág. 82 e segs..

([20]) Como parece sugerir A. MENEZES CORDEIRO, *Manual de Direito do Trabalho,* pág. 16, nota 1.

E, a propósito de cada uma dessas características, analisar em que medida procedem ou não os argumentos invocados na doutrina a favor ou contra tais qualificações.

Além disso, importará analisar as diferenças fundamentais entre o regime de tais contratos, para ver em que medida se justifica ou não uma autonomização da figura jurídica do contrato de administração com esse fundamento, interessando considerar a este respeito fundamentalmente:
 a) Inelegibilidades específicas do administrador;
 b) A forma;
 c) A proibição de cumulação da administração com contrato de trabalho;
 d) A prestação de caução;
 e) A responsabilidade do administrador;
 f) A cessação do contrato.

SUBSECÇÃO II

Confronto do contrato de administração com os contratos de mandato, de prestação de serviço e de trabalho subordinado

DIVISÃO I

Dualidade de partes

I — Uma das características comuns aos contratos de mandato, de prestação de serviço e de trabalho subordinado é terem apenas duas partes: mandante e mandatário; dador e prestador de serviço; empregador e trabalhador.

Não se trata, em nenhum deles, de um contrato plurilateral (com mais de duas partes). Quando, de um dos lados, haja uma pluralidade de pessoas de algum modo relacionadas entre si, entende-se que há também uma pluralidade de contratos (ou de relações — CCiv, art. 1160º) ([1]).

II — Relativamente à relação de administração, não restam dúvidas — depois do que se disse acima — de que o contrato respectivo tem duas

---
([1]) Quanto ao contrato de trabalho, cf. L. Brito Correia, *Direito do Trabalho*, vol. I, pág. 89 e segs..

partes: por um lado, a sociedade, representada para este efeito pelo conjunto ou colégio dos accionistas (no caso, agora em análise, de eleição por estes), e, por outro lado, o administrador.

Do lado da sociedade, parece evidente que só pode haver uma parte. Não faz sentido dizer que uma pessoa é eleita administrador de várias sociedades ao mesmo tempo. Mesmo que os accionistas das várias sociedades sejam os mesmos e deliberem isso simultaneamente e que as sociedades estejam coligadas, sempre deverá entender-se que, do ponto de vista jurídico, se constitui uma relação de administração com cada uma das sociedades, na base de contratos distintos.

E resulta já de quanto foi dito acima que não devem considerar-se como partes no contrato de administração os próprios accionistas ou a assembleia geral: parte é a sociedade de que eles são órgãos.

III – Do lado do administrador, podem suscitar-se dúvidas nos casos em que sejam eleitos numa mesma votação vários administradores (para um mesmo conselho de administração). Pode discutir-se – e já tem sido discutido – se tal eleição vale como acto unitário ou como pluralidade de actos. E a opção é importante, por exemplo, quando certa lista de candidatos resulta de um compromisso entre vários grupos de administradores no sentido de conseguir candidatos representativos desses vários grupos; a tal ponto que, terminadas as funções de um dos administradores assim eleito, devem considerar-se terminadas necessariamente também as dos outros (por força da cláusula "simul stabunt simul cadent") ([2]).

Todavia, parece dever entender-se que, mesmo nesses casos, há, juridicamente, um contrato de administração com cada um dos administradores. Pode, quando muito, admitir-se que tal espécie de compromisso implica a inclusão em cada um desses contratos de uma cláusula condicionando, suspensiva e/ou resolutivamente, a sua existência à existência dos outros. Mas trata-se sempre de uma situação acidental, a observar caso a caso ([3]).

IV – Consequentemente, pode concluir-se que é também característica do contrato de administração a dualidade de partes. Neste aspecto, este contrato é semelhante aos contratos de mandato, de prestação de serviço e de trabalho subordinado.

([2]) Sobre o assunto, cf., por exemplo, BONELLI, *Gli amministratori*, pág. 75.
([3]) Em sentido análogo, cf. MINERVINI, *Gli Ammnistratori*, pág. 479 e segs..

E esta conclusão não é afectada pela circunstância, hoje acidental ([4]), de o accionista candidato a administrador participar na sua própria eleição. Nesse caso, o accionista vota, não enquanto candidato, mas enquanto membro do órgão social (colectividade dos accionistas). E tal voto, integrado com os demais na deliberação social, vem a ser imputado à sociedade como pessoa colectiva. Quem elege não é o accionista (mesmo que seja o único a votar!), mas a sociedade (representada pelo seu órgão) – pessoa obviamente distinta de cada um dos accionistas.

Aliás, a doutrina pode considerar-se pacífica no sentido de reconhecer que não há qualquer impedimento a que um accionista vote na sua própria eleição, como já se disse acima ([5]).

DIVISÃO II

Obrigação de exercício de actividade por conta e em nome da sociedade com relativa autonomia

SUBDIVISÃO I

Obrigação de exercício de actividade

I – Qual o objecto do acto constitutivo da relação de administração? Esta uma questão nuclear a esclarecer.

Quando se fala da eleição de administradores de sociedades, é habitual colocar o acento tónico na atribuição de poderes para a prática de actos jurídicos em nome e por conta da sociedade. E esse é um aspecto em que o contrato de administração se aproxima do mandato.

Mas para esclarecer convenientemente a questão tem de observar-se que o contrato de administração tem um objecto bem mais amplo, incluindo não só a atribuição de poderes, mas sobretudo a criação da obrigação de exercer certa actividade (administrativa). E importa começar por saber se, verdadeiramente, se trata aí de prestar uma actividade ou antes um resultado.

É que este é um primeiro critério fundamental de diferenciação entre o contrato de trabalho subordinado e os contratos de prestação de

---

([4]) Quando a lei estabelecia que os administradores tinham de ser accionistas (CCom, art. 172º), tal circunstância era normal. Mas deixou de ser assim com o DL nº 389/77, de 15.9, seguido, neste aspecto, pelo CSC, art. 390º, nº 3.

([5]) Cf. pág. 493.

serviço (v. g., o mandato), segundo os conceitos do CCiv (art. 1152º e 1154º) ([6]). Na verdade, o mandatário não se limita a pôr a sua energia ou a sua capacidade de trabalho ([7]) à disposição do mandante — como faz o trabalhador perante o empregador —, ele assume uma obrigação relativa a um resultado previamente determinado com maior ou menor rigor.

É claro que tal determinação é maior no mandato especial que no mandato geral (v. g., no mandato do gerente comercial) — o que não deixa de suscitar dúvidas quanto aos próprios limites entre a noção de actividade e de resultado. Mas, em face do CCiv, o mandato tem por objecto um resultado, não uma actividade em si.

E é também por referência a esta distinção entre actividade e resultado que haverá que contrapor, em face do CCiv vigente, o contrato de mandato e o contrato de trabalho subordinado.

Na verdade, sendo o mandato uma espécie de prestação de serviço (CCiv, art. 1155º), não pode deixar de se partir da ideia de que o objecto do mandato é um resultado (CCiv, art. 1154º) — enquanto o objecto do contrato de trabalho é uma actividade (CCiv, art. 1152º).

II — Antes de mais, qual a diferença entre actividade e resultado?

No plano dos conceitos filosóficos, a diferença entre actividade e resultado é flagrante: a actividade (série de actos dirigida para um fim) é a causa determinante do resultado; este é o produto ou efeito daquela.

Do ponto de vista dos conceitos jurídicos, a diferença é ainda apreciável teoricamente, embora não isenta de críticas: quem se obriga a prestar uma actividade vincula-se a um certo movimento ou dinâmica tendente a um objectivo (satisfação de um interesse); quem se obriga a prestar um resultado vincula-se a produzir e entregar um bem ou uma outra utilidade (presumivelmente satisfatória de um interesse). No primeiro caso, o dever considera-se cumprido desde que o movimento ou acção tenha sido realizado nas condições estipuladas (v. g., com a orientação e o esforço acordados), mesmo que o resultado não tenha sido

---

([6]) Note-se que, nos sistemas jurídicos estrangeiros do grupo romanístico-continental, a distinção entre o mandato e o contrato de trabalho não assenta na distinção entre resultado e actividade, mas antes na autonomia do mandatário em confronto com a subordinação do trabalhador.

([7]) Parece inadequado falar de "força de trabalho" para um trabalho quase exclusivamente intelectual: é caricato imaginar alguém a pensar com muita força...

alcançado (por circunstâncias alheias à vontade do agente). No segundo caso, o dever só se considera cumprido com a produção e entrega da coisa ou utilidade com as características estipuladas ([8]).

Esta distinção entre actividade e resultado tem a sua origem na distinção entre a *locatio operarum* e a *locatio operis*, que a pandectística tinha atribuído à tradição romana e, invocando esta tradição, tinha fundado na distinção entre obrigação de meios e obrigação de resultado. E recorda-se que a *locatio operarum* tinha por objecto uma actividade laboral enquanto tal, independente do resultado prosseguido pelo credor e portanto sendo o devedor estranho ao risco relativo ao resultado; e a *locatio operis*, um específico resultado do trabalho, consistente na feitura de uma obra ou de um serviço, com o consequente risco a cargo do devedor ([8a]).

Todavia, a distinção entre obrigação de mera actividade e obrigação de resultado tem sido objecto de "crítica radical e definitiva" ([8b]), enquanto critério de discernimento entre os dois tipos de *locatio*. "Em primeiro lugar, ela não faz mais do que pôr em relevo a substancial identidade do objecto, que em ambas é o trabalho humano. Em segundo lugar, nenhum tipo de obrigação pode prescindir de um resultado idóneo a satisfazer o interesse do credor, nem é possível distinguir, no plano quantitativo, um resultado imediato de um resultado ulterior ou final da actividade desenvolvida como obrigação: que mais diferença subsiste, no plano do resultado devido, entre o médico profissional livre e o médico agindo ao serviço de uma clínica?" ([8c]).

Estas críticas não são, porém, irrespondíveis. Embora seja certo que as duas espécies de obrigação têm em comum um trabalho humano (em sentido amplo) ou, se se preferir, um serviço, o certo é que numa acentua-se a importância da actividade em si mesma, enquanto na outra se acentua o resultado dessa actividade: se o trabalhador prestou o número de horas estipulado com a diligência devida e, apesar disso, não con-

---

([8]) Cf. A. MONTEIRO FERNANDES, *Direito do Trabalho*, 7ª ed., 1991, pág. 94 e seg..

([8a]) Cf. CARINCI-DE LUCA TAMAJO-TOSI-TREU, *Diritto del Lavoro* — 2 — *Il Rapporto di Lavoro subordinato*, Torino, UTET, 1988, pág. 16 e seg..

([8b]) A expressão é de CARINCI-DE LUCA TAMAJO-TOSI-TREU, *ob. cit.*, pág. 17, que nesse sentido cita L. SPAGNUOLO VIGORITA, *Subordinazione e diritto del lavoro. Problemi storico-critici*, Nápoles, Morano, 1967, pág. 13 e segs., e L. MENGONI, *Lezioni sul contrato di lavoro*, Milão, Leluc, 1971, pág. 3 e segs..

([8c]) Cf. CARINCI-DE LUCA TAMAJO-TOSI-TREU, *ob. cit.*, pág. 17.

seguiu o resultado desejado pelo empregador, tem direito à retribuição estipulada; diversamente, o prestador de serviço só tem direito à remuneração estipulada se entregar o resultado da actividade a que se obrigou, dentro do prazo acordado. Caracteristicamente, o médico profissional liberal obriga-se a ver x doentes e só depòis de os ver todos tem direito a receber da empresa a remuneração acordada; o médico trabalhador subordinado obriga-se a ver doentes durante certo número de horas, tendo direito a retribuição desde que veja doentes durante esse tempo, qualquer que seja o número de doentes vistos.

I. GALVÃO TELLES, ao tratar da distinção entre o contrato de trabalho e o contrato de prestação de serviço ([9]), estabelece uma relação necessária entre a actividade e a subordinação jurídica (características do primeiro), por um lado, e entre o resultado e a autonomia (características do segundo), por outro.

Em todo o caso, na doutrina juslaboralista é habitual distingui--los ([10]) e, no caso do administrador, agora em estudo, parece justificar-se a dissociação entre actividade e subordinação jurídica.

No contrato de trabalho, o empregador tem o poder de determinar em cada momento o modo de realização da prestação laboral (poder de direcção, a que corresponde um dever de obediência do trabalhador, sujeito a sanção disciplinar), cabendo-lhe, portanto, a escolha dos meios para alcançar o resultado desejado e, consequentemente, suportando ele os riscos, caso o resultado não seja alcançado.

Diferentemente, no contrato de prestação de serviço (v. g., no mandato) o resultado é definido desde a celebração do contrato, cabendo a escolha dos meios de o alcançar ao prestador do serviço, que suporta por isso os respectivos riscos. O prestador de serviço (v. g., o mandatário) tem, é certo, o dever de respeitar as instruções do dono do negócio [v.g., do mandante – CCiv, art. 1161º, al. *a*)]. Mas este dever é obviamente menos intenso e até qualitativamente diverso do dever de obediência e da sujeição a sanção disciplinar que tem o trabalhador.

Por outras palavras, o trabalhador é subordinado, enquanto o prestador de serviço (v. g., o mandatário) é autónomo ([11]).

([9]) Cf. "Contratos civis", in *BMJ*, nº 83, pág. 165 e segs..

([10]) Cf. A. MONTEIRO FERNANDES, *ob. cit.*, pág. 94 e segs. e 104 e segs.; A. MENEZES CORDEIRO, *Manual de Direito do Trabalho*, pág. 533 e segs., e G. MAZZONI, *Manuale di Diritto del Lavoro*, Milão, Giuffrè, 4ª ed., 1971, pág. 309 e segs..

([11]) Cf. A. MONTEIRO FERNANDES, *ob. cit.*, pág. 110 e segs.; A. MENEZES CORDEIRO, *ob. cit.*, pág. 528 e segs., e G. MAZZONI, *ob. cit.*, pág. 315 e segs..

É claro que a obrigação de prestar uma actividade requer, normalmente, uma intervenção mais intensa do credor, para assegurar a efectiva realização do objectivo pretendido, do que a obrigação de prestar um resultado, em regra definido desde o início do contrato. Mas não parece que tenha necessariamente de ser assim. Pode haver prestação de actividade com ou sem subordinação jurídica.

Por outro lado, a subordinação jurídica pode assumir várias configurações, ser mais ou menos intensa, não se podendo sequer dizer com rigor que no contrato de prestação de serviço não existe qualquer subordinação jurídica. O prestador de serviço, como o mandatário ou mesmo, dentro de limites mais estreitos, o empreiteiro, devem obediência às instruções do dador de serviço, mandante ou dono da obra [CCiv, art. 1156º, 1161º, al. *a*), e 1216º] – de modo aliás análogo ao de qualquer devedor de uma prestação genérica (CCiv, art. 539º). O que eles não têm é um poder de direcção e, sobretudo, um poder disciplinar, como tem a entidade patronal [LCT, art. 1º, 5º, nº 2, 20º, nº 1, al. *c*), e 2, 22º, 26º a 35º, 39º e 49º] ([12]).

A obrigação de prestar uma actividade distingue-se da de prestar um resultado, fundamentalmente porque aquela se define por um certo tipo de actos ou de séries de actos, com referência à estrutura ou objecto característico desses actos, enquanto esta se caracteriza pela natureza dos produtos ou serviços que se pretendem obter. No primeiro caso, a obrigação tem por objecto a causa, no segundo caso, o efeito. A obrigação de prestar uma actividade considera-se cumprida (e devida a correspondente remuneração, quando seja caso disso) desde que tenham sido realizados com a diligência devida os comportamentos previstos como obrigatórios, ainda que o objectivo tido em vista não tenha sido total ou parcialmente alcançado; a obrigação de prestar um resultado só se considera cumprida quando a obra, produto ou serviço estipulado é entregue em condições de satisfazer o interesse típico do credor.

Quando se passa do plano teórico para o das aplicações práticas, a distinção entre actividade e resultado suscita, porém, dificuldades muito grandes.

É fácil a distinção em certos casos nítidos: quando uma pessoa se obriga a entregar certa coisa ou a realizar certa obra, definida à partida, trata-se da prestação de um resultado; quando uma pessoa se obriga a

---

([12]) Cf. Luís Brito Correia, *Direito do Trabalho*, vol. I, pág. 152 e segs..

colocar a sua capacidade de trabalho à disposição de outra para fazer o que esta ordenar, trata-se da prestação de uma actividade.

Mas há inúmeros casos de fronteira, cuja qualificação é muito duvidosa.

Dar conselhos médicos ou jurídicos é uma actividade ou um resultado? Ou um resultado que consiste, em si mesmo, numa actividade?

Na prática, a qualificação – que é sobretudo relevante para efeitos da protecção jurídico-laboral – acaba sempre por ser feita por recurso à ideia de subordinação jurídica, bem como a diversos indicadores, aliás considerados concludentes apenas em conjunto e não isoladamente (a existência ou não de horário de trabalho, a coincidência ou não do local da prestação com as instalações de quem a recebe, a designação e o regime da remuneração, etc.) ([13]). Adiante se voltará a este tema.

III – O administrador obriga-se a exercer uma actividade ou um resultado?

A este respeito a lei portuguesa não é muito elucidativa.

Na verdade, as referências do CCom à administração das sociedades anónimas, que "é confiada à direcção" (art. 171º), ao mandato (art. 172º, § 1º, e 173º, pr.), a operações da sociedade (art. 173º, pr. e § 2º), ao comércio ou indústria da sociedade (art. 173º, § 4º), pouco esclarecem. Aliás, o conceito de mandato do CCom não assenta na distinção entre actividade e resultado, como se disse acima.

O CSC pouco mais adianta quando diz que "os [...] administradores [...] devem actuar com a diligência [...]" (art. 64º); que compete ao conselho de administração "gerir as actividades da sociedade", tendo "exclusivos e plenos poderes de representação" (art. 405º); que, no âmbito dos poderes de gestão, lhe compete "deliberar sobre qualquer assunto de administração da sociedade", enumerando em seguida uma série de exemplos de tais assuntos (art. 406º); e que a sociedade fica vinculada "pelos negócios jurídicos concluídos pela maioria dos administradores [...]" (art. 408º).

Repare-se que destes preceitos não se deduz que o administrador tem o dever de exercer toda a actividade da sociedade, nem sequer toda a que não cabe na competência dos outros órgãos sociais. Apenas tem o

---

([13]) Cf. LUÍS BRITO CORREIA, *Direito do Trabalho*, vol. I, pág. 96 e seg.; MONTEIRO FERNANDES, *Direito do Trabalho*, 7ª ed., vol. I, pág. 116 e segs., e A. MENEZES CORDEIRO, *Manual de Direito do Trabalho*, pág. 532.

dever de gerir essa actividade "com a diligência de um gestor criterioso e ordenado".

Gerir é uma actividade ou um resultado?

Gerir é, sem dúvida, praticar uma série de actos com um objectivo comum e, nesse sentido, é uma actividade.

No âmbito das ciências empresariais, é frequente defender-se a gestão por objectivos ([14]) e dizer-se que os gestores são apreciados em função, nomeadamente, dos resultados que obtêm – e têm-se aqui em vista sobretudo os resultados financeiros, observáveis pelo balanço e contas do exercício (v. g., resultados do exercício e valor das vendas) ou pelos indicadores ou rácios financeiros, económicos, técnicos, sociais, etc. ([15]).

Quando se contrapõe actividade e resultado, usa-se, porém, esta palavra num sentido algo diverso.

O administrador tem um dever de diligência (CSC, art. 64º; antes, DL nº 49 381, de 15.11.1969, art. 17º, nº 1), o que significa um dever de aplicar um certo grau de esforço no sentido de realizar o interesse social, ou seja, tipicamente, realizar lucros. Mas não tem o dever de alcançar certo montante de lucros ou certo valor de vendas, por exemplo, nem tal seria exigível, uma vez que isso não depende só dele, mas também dos seus colaboradores (que ele, em todo o caso, pode, em certa medida, motivar), do mercado (que ele pode também motivar, mas mais dificilmente) e de outros factores ainda (muitas vezes fora totalmente do controlo do administrador).

Aliás, a tarefa do administrador é duradoura e, por natureza, tem de se adaptar às circunstâncias da realidade em constante mudança. É difícil, senão impossível, por isso, definir com rigor resultados a alcançar, de tal modo que possam ser concretamente exigidos do administrador, desde o início das suas funções, sob pena de se considerar que houve violação dos seus deveres funcionais caso os não alcance.

Podem apontar-se objectivos de vendas, por exemplo, como valores desejáveis e até mínimos. Mas, se o mercado evoluir favoravelmente,

---

([14]) Cf., por exemplo, MICHAEL JUCIUS, *Personnel Management*, Homewood (Ill.), Richard Irwin, 7ª ed., 1971, pág. 58 e segs., e STRAUSS-SAYLES, *Personnel – The Human Problems of Management*, Englewood Cliffs (N. J.), Prentice Hall, 3ª ed., 1972, pág. 135 e segs..

([15]) Cf., por exemplo, MICHAEL JUCIUS, *ob. cit.*, pág. 221 e segs.; STRAUSS-SAYLES, *ob. cit.*, pág. 508 e segs., e ROGÉRIO FERNANDES FERREIRA, *Gestão Financeira*, Lisboa, 1976, pág. 485 e segs..

pode o administrador ser censurado por falta de diligência, apesar de ter alcançado tais objectivos, se se provar que ele podia e, consequentemente, devia ter vendido muito mais do que os valores fixados como objectivos; e, se o mercado evoluir desfavoravelmente, pode acontecer que o administrador não seja censurável apesar de não ter alcançado os objectivos fixados (que se basearam afinal numa previsão irrealizável).

Partindo do sentido em que os termos actividade e resultado são usados nos art. 1152º e 1154º do CCiv, parece, pois, dever concluir-se que o administrador de sociedade anónima se obriga a praticar uma actividade e não um resultado. Ele tem o dever de empregar certo grau de esforço para realizar o interesse social, não o de realizar um resultado predeterminado.

IV — Esta conclusão leva a aproximar o contrato de administração do contrato de trabalho subordinado e a afastá-lo do contrato de prestação de serviço, bem como do mandato.

Não parece, contudo, que deva considerar-se a conclusão como decisiva a este respeito. Primeiro, porque a própria distinção entre actividade e resultado suscita, como se disse, muitas dúvidas. Segundo, porque é duvidoso que deva considerar-se a distinção entre actividade e resultado como um critério diferenciador decisivo entre tais contratos. É certo que o CCiv o usa, mas outras legislações não o fazem e, por isso, pode pôr-se em dúvida o carácter vinculativo de tais preceitos para a doutrina, no campo movediço — que é este — da construção de conceitos.

Deve reter-se a conclusão alcançada, mas tem de se continuar a análise para procurar outras características mais seguras.

SUBDIVISÃO II

Actos jurídicos e actos materiais

I — Uma das características específicas do mandato reside na obrigação de o mandatário praticar actos jurídicos (CCiv, art. 1157º), enquanto, no contrato de prestação de serviço, o objecto da obrigação pode ser a prática de meros actos materiais (factos jurídicos em sentido estrito – CCiv, art. 1154º, 1185º, 1207º) ([16]) e, no contrato de trabalho, a prestação devida pode consistir tanto em actos jurídicos como em actos materiais (LCT, art. 5º) ([17]).

O CCiv de Seabra não restringia o objecto do mandato à prática de actos jurídicos, admitindo a doutrina que ele pudesse ter por objecto também actos materiais (meros factos jurídicos). A representação era o critério diferenciador do mandato relativamente aos contratos de prestação de serviço ([18]).

O CCiv de 1966 segue uma via diferente. E repare-se que o art. 1157º do CCiv de 1966 fala de actos jurídicos e não de negócios jurídicos.

Sabendo-se que o legislador conhecia a discussão que houve em Itália a tal respeito, tem de entender-se que a expressão actos jurídicos é aqui utilizada em sentido técnico rigoroso (CCiv, art. 9º, nº 3): o mandato civil pode ter por objecto negócios jurídicos, mas também actos jurídicos não negociais. Actos materiais é que não podem ser objecto exclusivo ou principal do mandato civil, embora, obviamente, possam ser objecto acessório ou instrumental (preparatório ou executivo) ([19]).

Por outro lado, o mandato civil tanto pode ter por objecto actos jurídicos patrimoniais como actos jurídicos pessoais ([20]), como o casamento [CCiv, art. 1616º, al. *a*), e 1620º].

Quanto ao mandato comercial, deduz-se do CCom que tem por objecto actos de comércio, podendo incluir, além disso, actos não mercantis (art. 231º). Como há actos de comércio que são meros actos materiais (não jurídicos) ([21]), pode ser-se levado a pensar que não é essencial à figura do mandato comercial a prática de actos jurídicos.

II – A administração de sociedades inclui tanto actos jurídicos como actos materiais.

A – Em face do CCom, esta conclusão pode deduzir-se de vários preceitos – que usam terminologia nem sempre muito rigorosa ou actua-

---

([16]) Cf. M. JANUÁRIO DA COSTA GOMES, *Contrato de Mandato*, pág. 11 e segs..

([17]) Cf. A. MONTEIRO FERNANDES, *Direito do Trabalho*, 7ª ed., vol. I, pág. 97 e seg., e A. MENEZES CORDEIRO, *Manual de Direito do Trabalho*, pág. 536.

([18]) Segundo a doutrina dominante, contrariada sobretudo por I. GALVÃO TELLES, A. FERRER CORREIA e F. PESSOA JORGE. Cf. supra, pág. 511 e seg., e infra, pág. 535 e segs..

([19]) Cf. PESSOA JORGE, *O Mandato*, pág. 241.

([20]) Contra, DURVAL FERREIRA, *Do Mandato Civil e Comercial*, pág. 31.

([21]) CCom, art. 230º, nº 1 e 3; cf. *ob. cit.* na nota 8 da pág. 514.

lizada – mas, sobretudo, do art. 173º, que se refere a "operações" (pr. e § 2º), "negociar" (§ 3º), "comércio ou indústria" (§ 4º).

B – O CSC é bastante mais esclarecedor, pois inclui na competência dos administradores a prática de negócios jurídicos [art. 406º, al. *a*), *e*), *f*), *l*), 408º, etc.] ao lado de actos ou actividades que podem ser meramente materiais [art. 406º, al. *h*), *i*) e *n*), 407º, nº 3].

Neste aspecto, o contrato de administração aproxima-se, pois, do mandato, embora não se afaste decisivamente dos contratos de prestação de serviço e de trabalho.

Há, pois, que prosseguir a análise.

SUBDIVISÃO III

Actuação por conta da sociedade

I – Característica comum aos contratos de mandato, de prestação de serviço e de trabalho é a actuação de uma das partes (mandatário, prestador de serviço ou trabalhador, respectivamente) por conta da outra (mandante, dador de serviço ou empregador).

E, neste aspecto, o contrato de administração não se afasta desses vários tipos contratuais. Vale a pena, contudo, fazer algumas observações a este respeito.

II – É característica do mandato a actuação por conta do mandante ou, dito de outro modo, a realização de um acto jurídico alheio, no interesse de outrem.

A expressão "por conta de" parece ter origem histórica na prática comercial e mais exactamente na conta que o comerciante, que age para outra pessoa, abre nos seus livros de contabilidade e onde lança os créditos e débitos que vai tendo sobre essa pessoa ([1]).

A regra é que o acto que o mandatário se obriga a praticar visa satisfazer um interesse do mandante.

É certo que, quando o mandato é oneroso, o mandatário tem interesse em realizar o acto objecto do mandato para receber a correspondente remuneração. Mas o acto objecto do mandato, em si mesmo, não tem em vista satisfazer exclusivamente interesses do mandatário.

([1]) Cf. MINERVINI, *Il mandato*, pág. 4.

Como se sabe, o interesse é a ideia de relação entre uma necessidade de uma pessoa e um bem (em sentido lato, de utilidade) julgado capaz de satisfazer tal necessidade. Através de actos e sobretudo de negócios jurídicos, as pessoas que detêm bens de que não carecem transmitem-nos a outras que deles necessitam, normalmente mediante uma operação recíproca, visando uma distribuição dos bens mais satisfatória para todos e, indirectamente, a paz social.

Normalmente, são os próprios interessados que intervêm nestas trocas. Mas, frequentemente, utilizam-se intermediários, que assim vêm a tratar de interesses alheios.

Este carácter de alienidade dos actos jurídicos praticados pelo mandatário assume configuração diferente consoante o mandato envolve ou não representação.

No mandato representativo, o acto a praticar pelo mandatário é alheio, na medida em que os efeitos do acto se vão projectar directamente na esfera jurídica do mandante.

No mandato sem representação, o acto a praticar pelo mandatário produz efeitos na esfera jurídica do próprio mandatário; mas o acto é, ainda assim, alheio relativamente ao mandatário, visto que versa sobre interesses que não lhe respeitam, isto é, tem por objecto bens ou utilidades que se destinam a satisfazer necessidades que não são do mandatário, mas do mandante (do "dominus negotii").

Pode, de facto, uma pessoa realizar um negócio alheio no seu próprio interesse; mas tal actuação constitui, em regra, um acto ilícito.

Admite-se, em todo o caso, a licitude de um acto próprio no interesse alheio, desde que os efeitos do acto devam projectar-se na esfera jurídica da pessoa titular do interesse – desde que tais efeitos se destinem a satisfazer o interesse do mandante.

Assim, o mandato tem sempre por objecto um acto do mandatário no interesse do mandante.

Não se admite o mandato no exclusivo interesse do mandatário. O CCiv admite o mandato conferido "também no interesse do mandatário ou de terceiro" (art. 1170º, nº 2), mas não, ao que parece, o mandato no exclusivo interesse do mandatário ou de terceiro ([2]).

Os autores falam frequentemente da chamada procuração no interesse próprio ("in rem propriam" ou "in rem suam") como exemplo de mandato no exclusivo interesse do mandatário. Tem-se em vista a pro-

---

([2]) Cf. M. Januário da Costa Gomes, *Contrato de Mandato*, pág. 20 e segs..

curação que dá ao agente o poder de praticar um acto jurídico alheio, mas autorizando-o a ficar com o resultado económico desse acto: por exemplo, a procuração para cobrar um crédito em nome do credor, autorizando-se o procurador a fazer seu o produto da cobrança. A procuração "in rem suam" foi utilizada como expediente para realizar uma cessão de créditos. E alguns autores chegaram a afirmar que de tal procuração não resultavam poderes de representação, mas simplesmente a cessão do crédito ([3]).

Parece, todavia, dever entender-se que tal procuração corresponde à concessão de poderes de representação, conjugada com um outro negócio jurídico (doação, venda, dação em pagamento ou dação em função de pagamento), que constitui fundamento jurídico para o procurador se apropriar do resultado da cobrança. PESSOA JORGE ([4]) afirma que, neste caso, há procuração, mas não há mandato. Mas parece mais acertada a posição de PIRES DE LIMA e ANTUNES VARELA ([5]), no sentido de considerar aqui um mandato representativo de interesse comum. O próprio mandante tem interesse em cobrar o seu crédito, ainda que, do mesmo passo, cumpra uma sua outra obrigação para com o mandatário.

O mandato é tipicamente conferido no interesse do mandante. É isso que explica a obrigação de o mandatário prestar contas, a obrigação do mandante de indemnizar as despesas e prejuízos sofridos com a execução do mandato e a própria revogabilidade do mandato pelo mandante. O mandatário deve cumprir o mandato no interesse do mandante.

Isso não significa, em todo o caso, que o mandato não possa ser conferido simultaneamente no interesse do próprio mandatário ou de terceiro. A lei admite-o expressamente (CCiv, art. 170º, nº 2).

De resto, note-se que o mandato deve considerar-se simultaneamente no interesse do mandatário, não pelo simples facto de o mandato ser oneroso, mas sim quando do próprio acto objecto do mandato resulte directamente um benefício para o mandatário, a que este tenha direito ([6]).

([3]) Cf. COELHO DA ROCHA, *Instituições*, vol. II, § 770, e GUILHERME MOREIRA, *Instituições*, vol. III, pág. 434.
([4]) Cf. *O Mandato sem Representação*, pág. 183.
([5]) Cf. *Código Civil Anotado*, vol. II, 2ª ed., pág. 648.
([6]) Neste sentido, cf. VAZ SERRA, "Anotação ao Ac STJ de 7.3.1989", in *RLJ*, ano 103º, pág. 239, e M. JANUÁRIO COSTA GOMES, *Em Tema de Revogação do Mandato Civil*, pág. 146 e segs..

III – Nos demais contratos de prestação de serviço – moldados no mandato (CCiv, art. 1156º) – verifica-se situação semelhante.

IV – No contrato de trabalho, o trabalhador obriga-se a prestar uma actividade no interesse do empregador, que faz seu o respectivo produto (para, eventualmente, o vender depois a terceiros). Não há dúvida, por isso, de que o trabalhador actua por conta do empregador. Isso é da natureza do próprio contrato de trabalho, suscitando mesmo alguns problemas específicos ([7]).

V – A – No contrato de administração, em face do *CCom*, o dever de actuação por conta da sociedade pode deduzir-se do art. 173º, pr. e § 2º, quando se refere às "operações da sociedade" e a operações "por conta da sociedade".

E conclusão análoga pode deduzir-se, indirectamente, do art. 17º, nº 1, do DL nº 49 381, de 15.11.1969, que obriga os administradores a "empregar a diligência de um gestor criterioso e ordenado".

B – Em face do *CSC*, o dever de actuação por conta da sociedade no contrato de administração decorre claramente do art. 64º do CSC: "Os [...] administradores [...] de uma sociedade devem actuar [...] no interesse da sociedade, tendo em conta os interesses dos sócios e dos trabalhadores".

Assim, o administrador deve actuar primariamente no interesse da sociedade, como pessoa colectiva ([8]).

É certo que a actividade do administrador é, normalmente, remunerada – como se verá melhor adiante – e, por isso, pode dizer-se que o administrador tem interesse na subsistência da relação de administração. Mas essa remuneração constitui uma contrapartida da actividade prestada pelo administrador. Em si mesma, a prestação deste deve visar o interesse da sociedade, não o interesse do próprio administrador.

É frequente os administradores serem eles próprios accionistas da sociedade, muitas vezes mesmo maioritários. Isso não lhes permite, todavia, orientar a sua actividade no sentido da prossecução dos seus

---

([7]) Para maiores desenvolvimentos, cf. Luís Brito Correia, *Direito do Trabalho*, vol. I, pág. 171 e segs..

([8]) Sobre a noção de interesse social, cf. Luís Brito Correia, *Direito Comercial*, 1989, vol. II, pág. 32 e segs..

interesses próprios, pessoais. Os seus interesses como accionistas podem (mas apenas os seus interesses sociais devem) influenciar, com maior ou menor peso, a definição do interesse social (⁹). Mas é este e não aqueles que os administradores, como tais, devem prosseguir. Os actos que pratiquem em nome da sociedade para satisfazer interesses próprios diversos do interesse da sociedade não podem deixar de se considerar abusivos [CCiv, art. 334º; CSC, art. 58º, nº 1, al. *b*), e 411º].

É no dever de actuação por conta da sociedade que se fundamenta o dever dos administradores (ou do conselho de administração) de prestar contas. Trata-se, aliás, de um dever que assume grande importância nas sociedades anónimas, dados os valores e a variedade de interesses envolvidos, ocupando numerosos preceitos no CSC (art. 65º a 70º, 451º a 453º; antes, no CCom, art. 188º a 191º, e DL nº 49 381, art. 30º a 36º) e em diplomas dispersos (POC, CCInd, etc.).

Paralelo a este, é o dever de informação dos administradores que decorre do direito dos accionistas à informação [CSC, art. 21º, nº 1, al. *c*), e 288º a 293º].

No âmbito da administração de sociedades, é evidente também o dever da sociedade de reembolsar o administrador das despesas feitas e de o indemnizar de prejuízos sofridos em consequência da sua função, em paralelo com os deveres referidos no art. 1167º, al. *c*) e *d*), do CCiv. Em rigor, as despesas feitas pelo administrador no exercício das suas funções são imputáveis à própria sociedade.

E a sociedade é responsável pelos prejuízos causados pela actividade exercida pelos seus representantes (CSC, art. 6º, nº 5; antes, DL nº 49 381, art. 26º).

SUBDIVISÃO IV

Actuação em nome da sociedade: representação orgânica;
responsabilidade da sociedade por actos ilícitos do administrador

I — Verificam-se diferenças relevantes entre o contrato de administração e os tipos de contratos com que tem vindo a ser confrontado (mandato, prestação de serviço e trabalho), no que respeita à projecção do acto de uma parte, ou seus efeitos, na esfera jurídica da outra parte.

(⁹) Cf. L. BRITO CORREIA, *ob. cit.*, vol. II, pág. 51 e segs..

II – É claro que o contrato de prestação de serviço (em sentido estrito) não envolve, por natureza, a atribuição de poderes de representação (CCiv, art. 1154º a 1156º) – pois, se isto acontecer, passa a considerar-se um mandato com representação ([10]).

E este é um dos argumentos que se podem invocar para não qualificar o contrato de administração como um contrato de prestação de serviço em sentido estrito.

Resta confrontar aquele contrato com o de mandato e o de trabalho subordinado.

III – Uma vez que o mandato tem por objecto um acto por conta ou no interesse do mandante (ainda que, porventura, também no interesse do mandatário ou de terceiro), é compreensível que do próprio mandato resulte a necessidade para o mandatário de fazer projectar os efeitos do acto na esfera jurídica do mandante.

Este resultado é, todavia, alcançado de maneira diversa no mandato com representação e no mandato sem representação.

A – No *mandato sem representação*, o mandatário age por conta de outrem, mas em nome próprio. Assume a posição de parte no acto jurídico que pratica, não revelando à contraparte a qualidade em que intervém ou não mencionando a pessoa por conta de quem age – e, por isso, recebe, em princípio, na sua própria esfera jurídica os efeitos que decorrem do acto; mas pratica o acto no interesse de outrem – pelo que os efeitos do acto se destinam a este.

Este destino último dos efeitos do acto – a sua projecção na esfera jurídica do mandante – pode ser alcançado directa ou indirectamente.

A doutrina dominante ao tempo do CCiv de 1867 entendia que a actuação em nome próprio tinha como resultado fazer recair todos os efeitos do acto sobre o mandatário, e a actuação por conta de outrem constituía-o na obrigação de posteriormente transmitir, por novo acto, esses efeitos para o mandante. É a formulação *clássica* da chamada *teoria*

([10]) Cf. PIRES DE LIMA-ANTUNES VARELA, *Código Civil Anotado*, 3ª ed., vol. II, pág. 702 e segs..

da dupla transferência: a primeira, do terceiro para o mandatário, e a segunda, deste para o mandante ([11]).

Outros autores defendem a *teoria da transmissão fiduciária*, segundo a qual o mandante investe o mandatário na propriedade da coisa a alienar através de um negócio fiduciário, ficando o mandatário com a propriedade da coisa e a obrigação de lhe dar determinado destino ([12]).

Outros autores ainda sustentam a *teoria da dupla transferência simultânea*, segundo a qual o mandante investe o mandatário na titularidade do direito de cuja alienação está encarregado, no próprio momento em que se produz esta alienação para terceiro ([13]).

No extremo oposto, há autores que defendem a chamada *teoria da transferência imediata*: o direito que o mandatário aliena ou adquire, em execução do mandato, transmite-se directamente do mandante ao adquirente ou vice-versa, sem nunca se introduzir na esfera jurídica do mandatário ([14]).

E há ainda quem apoie *teorias eclécticas*, no sentido da dupla transferência para uns negócios ou efeitos (v. g., no mandato para adquirir ou quanto a imóveis ou bens sujeitos a registo) e da transferência imediata para outros negócios ou efeitos [v. g., no mandato para alienar ([15]) ou quanto a móveis ou bens não sujeitos a registo([16])].

O CCiv de 1966 adoptou claramente a orientação correspondente à teoria da dupla transferência (art. 1180º e segs.). Todavia, o regime do mandato comercial (comissão) manteve-se inalterado, sendo dificilmente contestável que o CCom de 1888 acolhe a teoria da transferência imediata, pelo menos quanto ao mandato para adquirir ou alienar (art. 241º, 247º e, sobretudo, 274º, 275º e 276º).

([11]) Defenderam esta teoria em Portugal: GUILHERME MOREIRA, BELEZA DOS SANTOS, PAULO CUNHA, I. GALVÃO TELLES, FERNANDO OLAVO, MANUEL DE ANDRADE, J. DIAS MARQUES. Cf. F. PESSOA JORGE, *O Mandato sem Representação*, pág. 276 e segs. e 284 e seg..

([12]) É a posição de F. FERRARA, GRASSETTI e JORDANO. Cf. F. PESSOA JORGE, *ob. cit.*, pág. 286 e seg..

([13]) É a posição de CARRARO, SCADUTO, SANTORO-PASSARELLI e RUSSO. Cf. F. PESSOA JORGE, *ob. cit.*, pág. 288 e seg..

([14]) É a posição de F. PESSOA JORGE, *ob. cit.*, pág. 291 e segs..

([15]) É a posição de ENNECCERUS, CARIOTTA FERRARA e N. COVIELLO. Cf. F. PESSOA JORGE, *ob. cit.*, pág. 289 e seg..

([16]) É a posição de MARTORELL e PUGLIATTI. Cf. F. PESSOA JORGE, *ob. cit.*, pág. 291.

Qualquer que seja a teoria que se considere preferível, tem de entender-se, porém, que os administradores (ou o conselho de administração) de sociedades anónimas devem agir sempre em nome, e não só por conta, da sociedade, como seus representantes (orgânicos). Está, por isso, fora de causa considerá-los como mandatários sem representação.

B – *No mandato com representação,* o mandatário tem o dever de agir, não só por conta, mas *em nome* do mandante, a não ser que outra coisa tenha sido estipulada (CCiv, art. 1178º).

A actuação *em nome* alheio – a chamada "contemplatio domini" – é uma condição essencial da representação (CCiv, art. 258º). E se aquele que actua em nome alheio tiver os necessários poderes de representação (se estiver "autorizado"), tal actuação em nome de outrem é suficiente para que os *efeitos* do acto realizado se produzam na esfera jurídica do representado – por força da própria lei.

A declaração de actuar em nome alheio tem um triplo significado e alcance:

a) O agente não quer que o negócio produza efeitos na sua própria esfera jurídica;

b) Esses efeitos ficam à disposição da pessoa em cujo nome o negócio foi praticado;

c) A outra parte não pode impedir que os efeitos se projectem sobre o representado, se este efectivamente declarou ou vier a declarar que deles se apropria (mediante procuração ou mandato representativo ou mediante ratificação, respectivamente).

Deste modo, embora o acto seja sempre considerado como acto do mandatário (juridicamente imputável, em si mesmo, ao mandatário), os efeitos típicos do acto produzem-se na esfera jurídica do mandante ([17]).

IV – Confrontando o contrato de administração com o mandato com representação, importa fazer algumas observações fundamentais.

Em primeiro lugar, o principal vício da teoria clássica do mandato reside em partir de um conceito de mandato que pressupõe uma relação necessária entre mandato e representação, de tal modo que todo o mandato envolve representação e todo o acto que confere poderes de representação se considera mandato.

([17]) Sobre o assunto, cf. PESSOA JORGE, *O Mandato sem Representação,* pág. 189.

Este conceito de mandato, que se mantém na doutrina francesa, foi, porém, ultrapassado pela doutrina alemã, italiana e portuguesa. A concepção actualmente dominante foi claramente exposta por I. GALVÃO TELLES ([18]), num texto preparatório do CCiv de 1966, que a acolheu.

I. GALVÃO TELLES diz frontalmente que "não existe ligação necessária entre mandato e representação.

"Pode haver mandato sem representação e representação (mesmo voluntária) sem mandato".

O mandato é uma espécie de contrato de prestação de serviço ("locatio operis"), isto é, "aquele em que uma das partes se obriga a proporcionar à outra certo *resultado* do seu trabalho intelectual ou manual, com ou sem retribuição" (CCiv, art. 1154º).

"O mandato – diz I. GALVÃO TELLES – tem de específico, em relação aos demais contratos de prestação de serviço, a natureza do seu objecto, que é a prática de actos jurídicos [...]. O mandatário obriga-se para com outrem, o mandante, a celebrar actos jurídicos no seu interesse ou por sua conta.

"O mandato lógica e praticamente não exige mais, não requer que o mandatário seja representante do mandante [...].

"Por outro lado, a representação pode andar associada a outros contratos."

Mais: "o mandato não é fonte da representação, nem mesmo quando esta o acompanha: porque pode haver o primeiro sem a segunda e a segunda sem o primeiro.

"Podendo *a representação* faltar no mandato e existir sem ele, daí se infere que *tem necessariamente a sua origem noutro acto jurídico, que se cumulará com o mandato, quando este seja representativo, dele se conservando porém distinto.*"

A esse acto jurídico atributivo de poderes de representação chama I. GALVÃO TELLES – e o CCiv, art. 262º, nº 1 – *procuração.*

E conclui: "O mandato é um *contrato,* a procuração é um *acto unilateral.* O primeiro impõe a *obrigação* de celebrar actos jurídicos *por conta* de outrem, o segundo confere o *poder* de os celebrar *em nome* de outrem".

A concessão de poderes de representação pode ser realizada por mero acto unilateral (procuração) ou em conjunto com vários tipos de contratos: mandato, contrato de trabalho, etc..

([18]) "Contratos civis", in *BMJ,* nº 83, pág. 173 e segs..

Sendo assim, a atribuição de poderes de representação ao administrador não é suficiente para conferir ao contrato de administração a natureza de mandato — embora não seja, sem mais, argumento para recusar tal natureza.

V — Em segundo lugar, pode perguntar-se se deverá então entender-se que a designação (v. g., a eleição) de um administrador implica paralelamente um acto unilateral de atribuição de poderes de representação e um outro acto distinto, consistente numa proposta de contrato conferindo deveres (de actividade, etc.) e direitos (v. g., à remuneração), destinado a encontrar-se com a declaração negocial de aceitação pelo administrador. Por outras palavras, decorrerá da exposição de I. GALVÃO TELLES que a designação (v. g., a eleição) de um administrador e a correspondente aceitação envolve simultaneamente um negócio unilateral e um contrato, cumulados — à semelhança, aliás, do que defende a doutrina alemã e FERRER CORREIA? O contrato de administração será uma espécie de mandato com representação?

Parece que não. Repare-se que I. GALVÃO TELLES observa que "não existe ligação necessária entre mandato e representação". Mas na eleição do administrador, tal como a lei portuguesa a concebe, existe ligação necessária entre a atribuição de poderes de representação e a atribuição de todos os outros deveres e direitos do administrador. E isso por imposição da própria lei, que define o conteúdo do acto constitutivo da relação de administração, associando a este os poderes, deveres e direitos correspondentes (embora facultando às partes alguma autonomia para definir alguns deles, como, por exemplo, a remuneração — CSC, art. 399º; antes, CCom, art. 177º).

Pode dizer-se que no contrato de mandato com representação a declaração do mandante tem de incluir, mais ou menos claramente, duas cláusulas distintas (ou, pelo menos, duas expressões distintas), uma a encarregar o mandatário de um acto jurídico por conta do mandante e outra a atribuir-lhe poderes de representação (ou a incumbi-lo de agir em nome do mandante). Na eleição do administrador isso não acontece: basta que os accionistas deliberem designar o senhor A como administrador para ter de se entender que este adquire desse modo (e com a aceitação) não só poderes (-deveres) de representação, como, simultânea e necessariamente, os deveres e direitos inerentes a essa qualidade.

O mesmo acontece, aliás, com o contrato de trabalho subordinado: basta a celebração de um contrato de trabalho tendo por objecto a prática de actos jurídicos em nome do empregador para que, por força da lei, o trabalhador adquira poderes de representação – a menos que a natureza dos actos a praticar pelo trabalhador exija a concessão de poderes mediante acto com forma tal (v. g., documento escrito com reconhecimento notarial ou mesmo instrumento público) que não tenha sido respeitada para contrato de trabalho (LCT, art. 5º, nº 1).

Pode pois concluir-se, em face da lei portuguesa vigente, que a eleição de administradores e a aceitação correspondente devem considerar-se um contrato unitário e não a cumulação de um negócio unilateral com um contrato. Não há na lei portuguesa qualquer motivo para distinguir aí dois negócios, diversamente do que se passa com a lei alemã.

E esta é uma diferença importante entre o contrato de mandato e o contrato de administração: este envolve necessariamente a atribuição de poderes de representação, o que não acontece com aquele.

VI – Em terceiro lugar, com o acto constitutivo da relação de administração são conferidos ao administrador poderes para agir em nome da sociedade, isto é, poderes de representação. Mas não representação por substituição de vontades, visto que a sociedade – pessoa colectiva – não tem senão a vontade dos seus órgãos, e o administrador não substitui, com a sua, a vontade (colectiva) dos sócios, antes expressa a vontade da própria sociedade – vontade em si mesma imputável à sociedade, e não apenas nos seus efeitos. Diversamente, no mandato, a vontade do mandatário-representante substitui-se à vontade do mandante-representado: a vontade do mandatário é imputada a ele próprio, ainda que os seus efeitos sejam atribuídos ao mandante – que tem vontade própria, independente da vontade do mandatário.

E desta diferença entre a representação orgânica e a representação voluntária por substituição de vontades decorre uma outra diferença importante entre o contrato de administração e o mandato. Como observam alguns autores ([19]), o mandante mantém os poderes de agir que confere ao mandatário: se quiser, pode ser ele a praticar os actos objecto do mandato. O mandante confere poderes, mas não os transmite e, por isso, não os perde. Diversamente, com a eleição de administradores, estes adquirem poderes que os próprios accionistas não têm, nem podem ter, nem nenhum outro órgão da sociedade tem: só os administradores podem

---

([19]) Cf. BERDAH, *Fonctions et responsabilité*, pág. 68 e segs..

gerir e representar a sociedade perante terceiros. Em rigor, os accionistas não conferem poderes aos administradores: limitam-se a designar as pessoas que, por força da lei, passam a ter certos poderes (aliás, poderes-
-deveres). Por isso os accionistas não podem substituir-se aos administradores na prática dos actos da competência exclusiva destes. E, por consequência, não pode a sociedade (apesar de "mandante" — para quem assim a qualifique) exercer os poderes dos seus administradores senão através destes mesmos.

Esta solução resulta, hoje, muito claramente do CSC, quando diz que "sobre matérias de gestão da sociedade, os accionistas só podem deliberar a pedido do órgão de administração" (art. 373º, nº 3), e que "o conselho de administração tem exclusivos e plenos poderes de representação da sociedade" (art. 405º, nº 2).

Mas não será concebível um mandato com representação orgânica?

É claro que é concebível — até porque foi, de facto, concebido, v. g., pela doutrina francesa e parte da doutrina italiana e portuguesa.

O que se pode perguntar é se será conveniente incluir num mesmo conceito jurídico figuras tão diversas no seu conteúdo como o mandato com representação substitutiva e o "mandato" com representação orgânica — além do mandato sem representação.

Mesmo prescindindo agora de considerar outras diferenças entre o contrato de administração e o mandato, parece que tal inclusão seria inconveniente e geradora de confusões e dificuldades — de que o debate doutrinário descrito é claro sintoma.

VII — Alguns autores observam que podem ser designados administradores sem poderes de representação — o que corresponderia a uma diferença importante relativamente ao mandato.

É claro que esta diferença só é relevante na medida em que se considere existir uma conexão necessária entre mandato e representação. Admitindo a lei portuguesa expressamente mandato sem representação, não pode invocar-se tal argumento contra a qualificação do contrato de administração como mandato.

A — De qualquer modo, deve observar-se que, em face do *CCom*, tal como é entendido na prática portuguesa, é efectivamente possível a existência de administradores sem poderes de representação. O art. 114º, nº 5º, impõe que o contrato de sociedade declare, "quando a faculdade de usar a firma social não ficar pertencendo a todos os sócios, quem dela pode usar". E admite que o contrato declare, por exemplo, que a sociedade tem um conselho de administração com cinco membros, um presidente, um vice-presidente, um secretário e dois vogais, e que a sociedade se considera obrigada apenas com a assinatura do presidente ou do vice-presidente e do secretário – ficando os vogais sem quaisquer poderes de representação e apenas com poderes de gestão. Todavia, mesmo nesses casos, todos os administradores contribuem para a formação da vontade da sociedade, embora não sejam eles a expressá-la perante terceiros. Nessa medida, participam na função representativa do órgão como um todo. E agem sempre em nome da sociedade (não são nunca mandatários sem representação).

B – Esta prática parece não ser admissível em face do *CSC*. Na verdade, segundo o art. 408º, nº 1, "os poderes de representação do conselho de administração são exercidos conjuntamente pelos administradores, ficando a sociedade vinculada pelos negócios jurídicos concluídos pela maioria dos administradores ou por eles ratificados, ou por número menor destes fixado no contrato de sociedade".

Sendo assim, uma sociedade com cinco administradores, cujo contrato nada estipule a este respeito, fica sempre vinculada, por força da primeira parte do preceito citado, pelos actos praticados em seu nome por três dos seus administradores, quaisquer que eles sejam.

E a parte final do preceito apenas permite que o contrato fixe um número menor de administradores que podem obrigar a sociedade; ou seja, permite que o contrato estipule que a sociedade fique obrigada pelos actos de dois ou de um dos administradores, quaisquer que eles sejam.

Mas deverá entender-se este preceito como imperativo ou dispositivo? Isto é, deverá entender-se que essas são as únicas soluções possíveis, ou antes que o CSC não proíbe, além dessas, práticas como as usadas ao tempo do CCom e acima referidas?

Parece dever entender-se que o art. 408º, nº 1, é imperativo, atendendo ao disposto no art. 409º, nº 1 e 2, do CSC [20]. Na verdade, as limitações aos poderes de representação dos administradores constantes do contrato de sociedade ou resultantes de deliberações dos accionistas não são oponíveis a terceiros, ficando a sociedade vinculada pelos actos

---

[20] Com nova redacção dada pelo DL nº 280/87, de 8.7.

praticados pelos administradores, em nome da sociedade e dentro dos poderes que *a lei* lhes confere; isto só não acontece relativamente a certas limitações de poderes resultantes do objecto social, o que não é manifestamente o caso.

Os art. 408º e 409º do CSC, na sequência, aliás, da 1ª Directiva comunitária (art. 9º), quiseram efectivamente estabelecer um regime em que os terceiros pudessem estar seguros de que a sociedade fica obrigada pelos actos de quem se apresenta credenciado como administrador e actua no âmbito dos seus poderes *legais,* dispensando quanto possível a consulta do registo comercial, tantas vezes distante.

O art. 408º, nº 1, do CSC corresponde à utilização pelo Estado Português da possibilidade aberta pelo nº 3 do art. 9º da 1ª Directiva. Mas parece contrário ao espírito desta Directiva a admissibilidade de outros sistemas além dos previstos nela.

Sendo assim, tem de concluir-se que, em face do CSC, não podem existir administradores de sociedades anónimas totalmente destituídos de poderes de representação. Pelo menos, em conjunto com outro ou outros administradores eles podem sempre representar a sociedade.

E, se isto é verdade para a representação activa (quanto a declarações dos administradores a terceiros), é-o mais ainda em relação à representação passiva, pois que "as notificações ou declarações de terceiros à sociedade podem ser dirigidas a qualquer dos administradores, sendo nula toda a disposição em contrário do contrato de sociedade" (CSC, art. 408º, nº 3) ([21]).

VIII – Em conexão com a segunda observação feita acima, mas com alguma independência conceptual, é de acentuar – como fazem alguns autores ([22]) – que grande parte dos poderes do administrador são poderes legais, que decorrem directamente da lei, sendo limitada a autonomia da vontade das partes quanto ao conteúdo do acto constitutivo da relação de administração, nesse aspecto.

Não se trata agora de voltar a pôr em causa – como fazem alguns desses autores – o carácter contratual (ou até negocial) deste acto, já acima dado como assente.

([21]) "As notificações ou declarações de um administrador cujo destinatário seja a sociedade devem ser dirigidas ao presidente do conselho de administração ou, sendo ele o autor ou não havendo presidente, ao conselho fiscal" (CSC, art. 408º, nº 4).

([22]) Cf. supra, pág. 310 e seg. e 328 e ob. aí cit..

Trata-se, sim, de salientar que reside aí uma diferença importante entre o contrato de mandato e o contrato de administração.

Os poderes conferidos pelo mandante são, em regra, todos e só os que este quer conferir ([23]). Os limites contratuais dos poderes do mandatário são oponíveis a terceiros.

Na eleição de administradores de sociedades anónimas, os accionistas conferem em bloco os poderes previstos na lei (CSC, art. 405º, 406º e 408º), pouco podendo acrescentar ou subtrair.

O carácter imperativo de muitos dos poderes legais dos administradores foi, aliás, reforçado pelo CSC, como pode deduzir-se dos art. 405º, 406º, 408º e 409º, em confronto com os art. 171º e 173º do CCom.

Esta relativa rigidez dos poderes dos administradores é dificilmente compatível com a ideia clássica do mandato.

IX – Diz-se, por outro lado, que o mandato, mesmo geral, só confere, como regra, poderes de mera administração (não de disposição) – o que é manifestamente insuficiente para o funcionamento da pessoa colectiva ([24]).

Efectivamente, é óbvio que o "mandato" dos administradores não é um mandato especial, no sentido do art. 1159º, nº 2, do CCiv: segundo este preceito, o mandato especial abrange os actos nele referidos (no próprio contrato de mandato) e todos os demais necessários à sua execução. Ora, aos administradores (ou melhor, ao conselho de administração), pelo simples facto da eleição (e aceitação), são conferidos amplos poderes indicados na lei (CSC, art. 405º a 409º), sem necessidade de estipulação contratual e até com limitada possibilidade de tal estipulação.

O CCiv de 1867 dizia que "a procuração geral só pode autorizar actos de mera administração" (art. 1325º). A doutrina contrapunha-os aos actos de disposição, cuja caracterização suscitava dúvidas, mas reconhecia que certos actos de disposição deviam considerar-se como actos de administração, que podiam ser praticados na base de um mandato geral ([25]).

([23]) As disposições como as do art. 115º do CCiv de 1966 são fundamentalmente interpretativas da vontade do mandante. Cf. M. JANUÁRIO DA COSTA GOMES, *Contrato de Mandato,* pág. 59 e segs..

([24]) Cf. HÉMARD-TERRÉ-MABILAT, *Sociétés commerciales,* vol. I, pág. 802 e segs..

([25]) Cf. MANUEL DE ANDRADE, *Teoria Geral da Relação Jurídica,* vol. II, pág. 58 e segs..

O CCiv de 1966 estabelece que "o mandato geral só compreende os actos de administração ordinária" (art. 1159º, nº1) ([26]).

É óbvio que não é adequado às necessidades de funcionamento normal das sociedades anónimas — correspondentes, em regra, a grandes empresas — que os poderes dos administradores tenham limites tão estreitos.

O CCom não definia de modo rigoroso limites semelhantes.

Mas o CSC veio esclarecer numerosas dúvidas suscitadas pela doutrina anterior e alargar inequivocamente os poderes dos administradores, na sequência, aliás, da 1ª Directiva comunitária (art. 9º) e da tendência generalizada na Europa.

Por um lado, diz que "compete ao conselho de administração gerir as actividades da sociedade, devendo subordinar-se a deliberações dos accionistas ou a intervenções do conselho fiscal apenas nos casos em que a lei ou o contrato de sociedade o determinarem" (art. 405º, nº 1). E enumera, exemplificativamente, vários "assuntos de administração" sobre os quais compete ao conselho de administração deliberar, no âmbito dos "poderes de gestão" (art. 406º), incluindo neles vários actos caracteristicamente de disposição [al. *e*) e *f*)].

Por outro lado, diz que "o conselho de administração tem exclusivos e plenos poderes de representação da sociedade" (art. 405º, nº 2).

E esta plenitude de poderes representativos do conselho de administração é ainda acentuada pela regra do art. 6º, nº 4, do CSC, segundo o qual "as cláusulas contratuais e as deliberações sociais que fixem à sociedade determinado objecto ou proíbam a prática de certos actos não limitam a capacidade da sociedade, mas constituem os órgãos da sociedade no dever de não excederem esse objecto ou de não praticarem esses actos".

O mesmo se pode dizer, de resto, do disposto nos nº 1 e 2 do art. 409º do CSC, que dizem o seguinte: "1. Os actos praticados pelos administradores, em nome da sociedade e dentro dos poderes que a lei (não o contrato!) lhes confere, vinculam-na perante terceiros, não obstante as limitações constantes do contrato de sociedade ou resultantes de deli-

---

([26]) Sobre o conceito de actos de administração ordinária, cf. PIRES DE LIMA--ANTUNES VARELA, *Código Civil Anotado*, 3ª ed., vol. II, pág. 711 e seg., e M. JANUÁRIO DA COSTA GOMES, *Contrato de Mandato*, pág. 59 e segs..

berações dos accionistas, mesmo que tais limitações estejam publicadas. 2. A sociedade pode, porém, opor a terceiros as limitações de poderes resultantes do seu objecto social, se provar que o terceiro sabia ou não podia ignorar, tendo em conta as circunstâncias, que o acto praticado não respeitava essa cláusula e se, entretanto, a sociedade o não assumir por deliberação expressa ou tácita dos accionistas'' ([27]).

É, assim, flagrante a diferença de poderes dos administradores e dos mandatários (mesmo gerais).

O que se pode perguntar é se não se trata aqui de uma diferença secundária de regime, que não afecta a essência (comum ?) das duas figuras.

Efectivamente, há espécies de mandato cujos poderes têm limites diferentes dos de outras espécies. Por exemplo, o mandato forense tem limites diversos (nalguns aspectos mais restritos, noutros mais amplos) dos do mandato comum. E nem por isso o mandato forense deixa de ser uma espécie de mandato.

Tem, verdadeiramente, de reconhecer-se que esta diferença efectiva entre o contrato de administração e o mandato é meramente acidental, não servindo de argumento contra a qualificação daquele como espécie deste.

X – A – Vários autores acentuam também diferenças significativas entre o regime de responsabilidade do mandante por actos ilícitos do mandatário e o da sociedade por actos ilícitos do administrador.

Assim, dizem alguns autores franceses ([28]) que o mandante não é responsável por delitos civis cometidos pelo mandatário, a menos que este possa considerar-se seu proposto, nos termos do art. 1384º, nº 5, do CCiv fr, sobre a responsabilidade por facto de outrem; diferentemente, a sociedade é responsável pelos delitos civis dos seus órgãos, na base do art. 1384º, nº 1, do CCiv fr, sobre a responsabilidade por facto próprio.

Alguns autores italianos ([29]), por seu turno, dizem que a responsabilidade da sociedade por actos ilícitos dos administradores é mais ampla que a do mandante por actos ilícitos do mandatário. Nomeadamente, a sociedade responde por excesso de poderes do administrador (CCiv it,

---

([27]) Redacção do DL nº 280/87, de 8.7. Cf. LUÍS BRITO CORREIA, "Vinculação da sociedade", in *Novas Perspectivas do Direito Comercial,* pág. 342 e segs..

([28]) Cf. pág. 312 e segs..

([29]) Cf. pág. 332.

art. 2384º, 2384º bis e 2395º), o que não acontece com o mandante relativamente ao mandatário (CCiv it, art. 2043º e 2049º).

B — Em face do CCiv de 1867, "o constituinte não pode escusar-se de cumprir todas as obrigações que o mandatário houver contraído em seu nome, dentro dos limites do mandato" (art. 1345º).

"O constituinte é responsável para com qualquer pessoa, nos termos do art. 1345º, pelo que o mandatário tiver feito, como tal, em relação a essa pessoa [...]" (art. 1350º). "Os actos que o mandatário pratica em nome do seu constituinte, mas fora dos limites expressos do mandato, são nulos em relação ao mesmo constituinte, se este os não ratificou tácita ou expressamente" (art. 1351º) ([30]).

Em face do CCiv de 1966 e do silêncio dos art. 1157º a 1184º, o regime da responsabilidade civil do mandante pelos actos do mandatário com poderes de representação (pois só este interessa agora considerar) assenta em quatro preceitos fundamentais: os art. 258º, 268º e 269º, quanto à responsabilidade contratual, e o art. 500º, quanto à responsabilidade delitual.

Do art. 258º ([31]) decorre que o mandante fica obrigado perante terceiros pelos negócios jurídicos realizados pelo mandatário em nome do mandante, "nos limites dos poderes que lhe competem".

O significado desta frase final resulta melhor esclarecido no disposto no art. 268º, nº 1, segundo o qual "o negócio que uma pessoa, sem poderes de representação, celebre em nome de outrem é ineficaz em relação a este, se não for por ele ratificado"; e esta regra "é aplicável ao caso de o representante ter abusado dos seus poderes, se a outra parte conhecia ou devia conhecer o abuso" (art. 269º).

Segundo o art. 500º do CCiv: "1. Aquele que encarrega outrem de qualquer comissão responde, independentemente de culpa, pelos danos que o comissário causar, desde que sobre este recaia também a obrigação de indemnizar. 2. A responsabilidade do comitente só existe se o facto danoso for praticado pelo comissário, ainda que intencionalmente ou contra as instruções daquele, no exercício da função que lhe foi confiada [...]".

([30]) Para maiores desenvolvimentos, cf. CUNHA GONÇALVES, *Tratado,* vol. VII, pág. 477 e segs..

([31]) Aplicável ao mandato com representação por força do art. 1178º, nº 1, do CCiv.

C – O tema da responsabilidade da sociedade anónima por actos ilícitos (contratuais, quase-contratuais ou delituais) do administrador foi já analisado com algum desenvolvimento noutro lugar ([32]). Por isso, trata-se aqui apenas de sintetizar as conclusões dessa análise, na parte que importa ao problema agora em estudo.

Ninguém contesta que a sociedade tem o dever de indemnizar os prejuízos causados a terceiros pelo não cumprimento das suas obrigações contratuais ou quase-contratuais imputável aos seus órgãos. Embora a lei portuguesa anterior a 1969 não o diga frontalmente, tal conclusão pode extrair-se da conjugação de vários preceitos do CCiv de 1867 (art. 34º, 702º, 705º, 711º e 732º), do CCom de 1888 (art. 105º, 153º, 173º, etc.) e do CCiv de 1966 (art. 163º, nº 1); e resultava claramente do art. 26º do DL nº 49 381, de 15.11.1969, como resulta hoje do CSC, art. 6º, nº 5. Apenas se discute se essa responsabilidade tem a natureza e o regime da responsabilidade por acto próprio ou da responsabilidade por acto de outrem (fundada na culpa ou, antes, no risco).

Quanto à responsabilidade delitual, a história foi mais acidentada. No direito romano, entendia-se que os actos ilícitos (delitos civis) dos órgãos não vinculam a pessoa colectiva, sendo estes mesmos responsáveis civilmente para com terceiros pelos prejuízos causados. Esta posição foi depois abandonada pelos glosadores e comentadores, mas retomada a partir do século XVIII, tendo sido defendida por SAVIGNY ([33]). Hoje, pode considerar-se quase pacífico que as pessoas colectivas respondem perante terceiros pelos delitos civis dos seus órgãos, havendo disposições legais expressas nesse sentido ([34]). O que se discute é também se as pessoas colectivas respondem pelos delitos civis dos administradores como por actos próprios ou antes como por actos de outrem e, neste caso, se com base na culpa ("in eligendo", "in instruendo" ou "in vigilando") ou no risco.

Sabe-se que, entretanto, o art. 26º do DL nº 49 381, de 15.11.1969, alterou este preceito (CCom, art. 186º, § 2º), no aspecto que agora inte-

---

([32]) Cf. RAÚL VENTURA-L. BRITO CORREIA, *Responsabilidade Civil*, pág. 295 e segs. e 451 e segs..

([33]) Cf. SAVIGNY, *System*, vol. I, § 94, cit. por FERRARA, *Le persone*, pág. 337 e seg..

([34]) Cf. BGB, § 31, COS, art. 718º, nº 3, CCiv de 1966, art. 165º, 501º e 998º, nº 1.

ressa ([35]), estabelecendo que "a sociedade responde civilmente pelos actos ou omissões dos seus administradores, nos mesmos termos em que os comitentes respondem pelos actos ou omissões dos comissários". Deste modo, mandou aplicar aos administradores (órgãos representativos) das sociedades anónimas (e por quotas – segundo o art. 47º, nº 3) o princípio antes consagrado nos art. 165º e 998º do CCiv para os "representantes, agentes ou mandatários" – esclarecendo a dúvida que surgiu quanto à aplicabilidade do art. 500º do CCiv aos actos dos órgãos.

O CSC, por seu turno, reproduz, no art. 6º, nº 5, com pequenas alterações, o citado art. 26º do DL nº 49 381: "a sociedade responde civilmente pelos actos ou omissões de quem legalmente a represente, nos termos em que os comitentes respondem pelos actos ou omissões dos comissários".

Deste modo, o argumento esgrimido contra a teoria do mandato pela doutrina francesa, na base das diferenças entre o regime da responsabilidade civil do mandante pelos actos ilícitos do mandatário praticados em seu nome perante terceiros e o da responsabilidade da sociedade pelos actos ilícitos dos administradores, tinha algum fundamento, em face da lei portuguesa anterior ao DL nº 49 381, de 15.11.1969, mas deixou de tê-lo depois deste diploma e do CSC.

XI – Confrontando agora o contrato de administração com o contrato de trabalho subordinado, no que respeita à actuação em nome da sociedade, tem de reconhecer-se, primeiro, que a representação do trabalhador é também uma forma de representação voluntária por substituição de vontades. E não parece justificar-se uma alteração de conceitos a este respeito, para admitir contratos de trabalho com representação orgânica, na medida em que há outros critérios decisivos de diferenciação entre tais contratos e o contrato de administração, v. g., a subordinação jurídica, como se verá adiante.

Em segundo lugar, os poderes de representação dos trabalhadores têm um âmbito estritamente limitado pelo objecto do próprio contrato (a

---

([35]) VASCO LOBO XAVIER (*Anulação*, pág. 357 e seg.), chama a atenção para o facto de o DL nº 49 381 não ter revogado totalmente o § 2º do art. 186º do CCom, mantendo-o em vigor na parte que se refere "à disciplina que do preceito resulta acerca dos poderes de representação do órgão administrativo, e indirectamente [...] acerca da posição deste órgão perante a assembleia geral". Tem, obviamente, razão.

espécie de prestação de trabalho considerada), definido em cada caso de modo mais ou menos preciso ([36]). Diversamente os poderes de representação dos administradores são fixados por lei, nos termos amplos já referidos.

Há, pois, diferenças significativas entre os dois tipos contratuais.

SUBDIVISÃO V

Autonomia

I – Uma das mais importantes características específicas do contrato de administração, que permite diferenciá-lo quer dos contratos de prestação de serviço e de mandato, quer sobretudo do contrato de trabalho subordinado, é a grande autonomia de que goza o administrador relativamente à sociedade, ou, mais exactamente, à colectividade dos accionistas e ao conselho fiscal.

II – A – Quanto ao mandato, o art. 1161º, nº 1, al. *a*), do CCiv diz que "o mandatário é obrigado: *a*) A praticar os actos compreendidos no mandato, segundo as instruções do mandante [...]".

Isto significa, em primeiro lugar, que o mandatário deve praticar o acto objecto da estipulação contratual respeitando as características, a metodologia e o objectivo ([37]) definidos pelo mandante, quer no próprio momento da celebração do contrato, quer posteriormente. O mandatário tem, normalmente, uma margem considerável de autonomia na execução do mandato, muito mais acentuada que o trabalhador subordinado – sujeito ao poder de direcção e ao poder disciplinar do empregador, que o mandante não tem. Mas, por natureza do contrato celebrado, o mandatário está a satisfazer um interesse alheio e deve, por isso, respeitar a vontade do interessado, na medida em que a conheça.

Além disso, por aplicação das regras gerais sobre o cumprimento das obrigações (CCiv, art. 487º, nº 2, aplicável por força do art. 799º, nº 1), o mandatário deve usar, na execução do mandato, da diligência de um bom pai de família. Isto significa que deve aplicar um grau de esforço

---

([36]) Quer pelo contrato individual, quer pelas ordens ou instruções do empregador (LCT, art. 5º, nº 3).

([37]) Cf. CCiv, art. 269º e 334º.

ou de empenhamento na execução do mandato e deve orientar esse esforço, segundo as circunstâncias do caso, do modo que faria um homem médio ou homem-modelo, correspondente à figura romana do bom pai de família.

B – Pode acontecer que as estipulações contratuais ou as instruções dadas antes da execução do mandato se revelem, em face das circunstâncias, insuficientes para a definição do acto a praticar ou inadequadas à realização do objectivo pretendido pelo mandante (e conhecido pelo mandatário), nomeadamente por acontecerem factos supervenientes ou se revelarem factos ou circunstâncias até então desconhecidas do mandante.

Nesse caso, o mandatário deve dar a conhecer oportunamente ao mandante os factos ou circunstâncias susceptíveis de o levar a modificar as estipulações ou instruções dadas. Embora este dever de informação não resulte directamente do texto do actual CCiv [como constava do Anteprojecto de GALVÃO TELLES, art. 5º, nº 2 ([38])], a doutrina tem entendido, e bem, que ele se inclui no dever geral de diligência do bom pai de família ([39]).

E relativamente ao mandato comercial tal dever resulta expressamente do art. 239º do CCom.

É claro que, em face destas novas informações, pode o mandante modificar as suas instruções iniciais, ou mesmo mandar suspender a execução do mandato ou revogá-lo.

C – Caso o mandatário não possa comunicar em tempo útil ao mandante os novos factos ou circunstâncias (v. g., por desconhecer o seu paradeiro ou por não ter tempo útil para contactar com ele) ou se o mandante não confirmar o mandato e as instruções anteriores nem tomar qualquer posição, o mandatário deve actuar consoante o que, em seu próprio juízo, for mais conforme à vontade presumível do mandante. O mandatário deve ser "o intérprete *inteligente* da vontade do mandante" ([40]). Quando seja razoável supor que o mandante manteria as instruções dadas, o mandatário deve executar o mandato conforme anteriormente

---

([38]) Cf. *BMJ*, nº 83, pág. 260.
([39]) Cf. PIRES DE LIMA-A. VARELA, *Código Civil Anotado*, vol. II, pág. 632, e M. JANUÁRIO C. GOMES, *Contrato de Mandato*, pág. 54.
([40]) Cf. MINERVINI, *Il mandato*, nº 22.

previsto; quando seja razoável supor que o mandante ordenaria a não execução do mandato ou modificaria as instruções de acordo com as novas circunstâncias, então o mandatário pode e deve suspender a execução do mandato ou executá-lo de modo diferente do indicado pelo mandante. É o que prevê o art. 1162º do CCiv. Este preceito diz que "o mandatário *pode* deixar de executar o mandato [...]". Mas da conjugação deste preceito com a regra que impõe a diligência do bom pai de família resulta que o afastamento pelo mandatário das instruções do mandante é susceptível de configurar-se como um verdadeiro dever, consoante as circunstâncias do caso.

D – Quanto ao *mandato comercial*, resulta do art. 238º do CCom que o mandatário deve "cumprir o mandato em conformidade com as instruções recebidas e, na falta ou insuficiência destas, com os usos do comércio". Esta remissão para os usos do comércio tanto pode significar uma exigência de diligência do "bom comerciante", como a imposição de comportamentos específicos que seja uso geral ou local praticar.

E – Deve mencionar-se ainda a este propósito que o mandatário pode abster-se da execução do mandato enquanto o mandante estiver em mora quanto à eventual obrigação de fornecer os meios necessários à execução do mandato (CCiv, art. 1168º). Algo de semelhante resulta do CCom (art. 243º, §§ 1º e 2º).

III – Quanto ao contrato de prestação de serviço, o CCiv não contém nenhuma disposição específica sobre esta matéria, havendo pois que aplicar o disposto no art. 1156º, que manda aplicar àquele contrato as disposições sobre o mandato "com as necessárias adaptações".

IV – Diversamente, tem sido considerada comummente como característica essencial do contrato de trabalho a subordinação jurídica do trabalhador ao empregador.

Segundo o art. 1º da LCT, o trabalhador obriga-se a prestar a sua actividade "sob a autoridade e direcção" da entidade patronal, o que significa que esta tem um poder de direcção e um poder disciplinar sobre aquele. A actividade do trabalhador é heterodeterminada.

O empregador tem o poder de determinar, em cada momento ou de forma genérica (através de ordens ou instruções, nomeadamente de regulamento interno), o modo e o conteúdo e circunstâncias da prestação de trabalho – dentro dos limites do contrato e das normas que o regem (LCT, art. 39º). E o trabalhador deve obediência ao empregador em tudo o que respeite à execução e disciplina de trabalho, sem prejuízo dos seus direitos e garantias [LCT, art. 20º, nº 1, al. c)].

Além disso – e diferentemente do que acontece na generalidade dos contratos de direito privado –, o empregador tem um poder disciplinar, isto é, pode aplicar sanções disciplinares ao trabalhador caso este não cumpra os seus deveres laborais, v. g., não obedeça às ordens do empregador (LCT, art. 26º e segs.). Perante esse poder, o trabalhador encontra-se numa situação de sujeição.

Esta situação de subordinação jurídica verifica-se mesmo em relação a trabalhadores que se obrigam a prestar actividades que, pela sua especial natureza, requerem autonomia técnica, sendo normalmente exercidas como profissões liberais (LCT, art. 5º, nº 2). Nesses casos, o trabalhador deve obediência ao empregador, excepto quando as ordens deste contrariem regras técnicas ou deontológicas da profissão daquele ([41]). É de destacar esta situação, pois que é sobretudo com este género de trabalhadores que o administrador de sociedades anónimas apresenta mais afinidades.

Por vezes, é difícil determinar, na prática, se existe ou não subordinação jurídica em certa relação – o que é fundamental para decidir se lhe é aplicável o regime do contrato de trabalho subordinado ou o de outro contrato. Por isso, a doutrina e a jurisprudência têm tentado identificar os sinais de subordinação que permitam qualificar tais relações.

São sinais inequívocos (mas mesmo assim discutíveis) dessa subordinação, certamente, as estipulações das partes que, mais ou menos claramente, façam referência ao poder de direcção ou disciplinar do empregador ou a um dever de obediência do trabalhador, bem como a prática incontestada de actos da direcção ou de acções disciplinares.

Na falta de sinais inequívocos, haverá que recorrer a sinais meramente indicativos, cada um dos quais pode ser, só por si, insuficiente para uma qualificação segura da relação, permitindo, em todo o caso, a sua utilização conjugada resolver muitas dúvidas. Assim, correspondem normalmente (mas não necessariamente) a relações de trabalho as situações em que o empregador tem a propriedade (ou a disponibilidade) dos meios

---

([41]) Cf. L. BRITO CORREIA, *Direito do Trabalho*, vol. I, pág. 94 e seg. e 152 e segs.; A. MONTEIRO FERNANDES, *Direito do Trabalho*, 7ª ed., vol. I, pág. 104 e segs., e A. MENEZES CORDEIRO, *Manual de Direito do Trabalho*, pág. 535 e segs..

de produção; em que o local de trabalho é o estabelecimento (v. g., a fábrica, o escritório, o armazém) do empregador (e não o domicílio, a oficina ou o escritório do trabalhador); em que o trabalhador se obrigou a uma actividade e não a um resultado; em que o trabalhador se obrigou a respeitar ou efectivamente respeita um horário de trabalho; em que existe uma retribuição regular e periódica (que não se designe por avença ou honorários – designações estas mais características das prestações de serviço); em que o risco da obra corre por conta do empregador; em que o trabalhador está inscrito na Segurança Social como trabalhador por conta de outrem (não como trabalhador independente); em que o trabalhador assina os recibos habitualmente utilizados por trabalhadores subordinados (não os recibos verdes exigidos dos profissionais liberais); etc. ([42]).

Relativamente ao poder disciplinar, interessa referir que ele permite ao empregador aplicar sanções não típicas (embora haja algumas nominadas) com um fim essencialmente conservatório e preventivo, nomeadamente repreensão, repreensão registada, multa, suspensão, despedimento (LCT, art. 27º, nº 1). Tal aplicação deve, porém, respeitar regras processuais pormenorizadamente definidas na lei, tendentes a assegurar ao trabalhador audiência prévia e outras garantias de defesa, sobretudo no caso de despedimento (LCT, art. 31º, LCCT, art. 10º a 15º) ([43]).

V – A situação do administrador é significativamente diferente da que acaba de ser descrita, quer quanto ao mandatário, quer quanto ao trabalhador subordinado. E tais diferenças acentuaram-se mais ainda com o CSC.

A – Na verdade, em face do *CCom*, os administradores (ou directores) devem respeitar as deliberações da assembleia geral; se não o fizerem, podem ser destituídos (art. 172º) e responsabilizados por "inexecução do mandato" (art. 173º, pr.), podendo, além disso, os actos praticados ser considerados como não vinculativos para a sociedade perante

---

([42]) Cf. L. BRITO CORREIA, *Direito do Trabalho*, vol. I, pág. 96 e seg.; A. MONTEIRO FERNANDES, *Direito do Trabalho*, 7ª ed., vol. I, pág. 110 e segs., e A. MENEZES CORDEIRO, *Manual de Direito do Trabalho*, pág. 532 e segs..

([43]) Cf. L. BRITO CORREIA, *Direito do Trabalho*, vol. I, pág. 164 e segs.; A. MONTEIRO FERNANDES, *Direito do Trabalho*, 7ª ed., vol. I, pág. 220 e segs., e A. MENEZES CORDEIRO, *Manual de Direito do Trabalho*, pág. 753 e segs..

terceiros, obrigando pessoal, solidária e ilimitadamente os próprios administradores (art. 186º, § 2º). Por outro lado, a assembleia geral tem uma competência muito ampla, que cobre todos os assuntos de interesse para a sociedade (art. 179º, § único, nº 3). Deste modo, a assembleia geral pode efectivamente impor condutas aos administradores em moldes teoricamente semelhantes aos utilizáveis pelo mandante relativamente ao mandatário: os administradores devem cumprir as deliberações da assembleia geral.

Na prática, a situação é, todavia, bastante diferente – mais, aliás, nas sociedades anónimas do que noutros tipos de sociedades. Efectivamente, as sociedades anónimas têm de ter, pelo menos, 10 accionistas (CCom, art. 162º, nº 1º, e 120º, § 2º), tendo frequentemente muitos mais. Em consequência, as assembleias gerais reúnem uma vez por ano (art. 179º, § único), ou pouco mais (art. 180º), com poucos accionistas e quase exclusivamente para aprovar o relatório e contas e proceder a eleições para os órgãos sociais. Assim, os administradores exercem, de facto, as suas competências como bem entendem, com escassíssimas instruções da assembleia geral, que se confinam, normalmente, às grandes opções estratégicas da empresa ou nem isso.

São os administradores que definem a vontade da sociedade, tomam as iniciativas, planeando, organizando, provendo, dirigindo e controlando as actividades da empresa e dos seus colaboradores. E fazem-no de forma autónoma, sem depender das ordens de ninguém – apenas podendo ver as suas actividades aprovadas ou desaprovadas anualmente pela assembleia geral. Mesmo quando a gestão não é considerada a mais adequada e até quando praticam actos ilícitos, eles não estão sujeitos a qualquer responsabilidade disciplinar, seja perante a assembleia geral (que pode, em todo o caso, destituí-los, com ou sem justa causa – CCom, art. 172º), seja perante o conselho fiscal (que apenas pode constatar os factos e denunciá-los à assembleia geral – CCom, art. 176º). Apenas estão sujeitos a responsabilidade civil, aliás regulada então de modo rudimentar (CCom, art. 173º) ([44]).

Por outro lado, muitos administradores são simultaneamente accionistas maioritários e, por consequência, se estão subordinados à assembleia geral, isso significa, de facto, que devem cumprir o que eles próprios

---

([44]) Para maiores desenvolvimentos cf. RAÚL VENTURA-LUÍS BRITO CORREIA, *Responsabilidade Civil dos Administradores* (sep. do *BMJ,* nº 192 a 195), pág. 113 e segs..

decidem – gozando nesse caso de autonomia total, apenas contida pelo respeito devido aos outros accionistas (minoritários).

Quando não são accionistas, têm de preocupar-se com o que desejam os accionistas maioritários, para não serem destituídos. Mas não estão juridicamente subordinados a nenhum accionista. E como a assembleia geral reúne esporadicamente (o prazo legal de convocação – CCom, art. 181º – não é compatível com reuniões frequentes e não é habitual haver sessões contínuas), não parece que possa falar-se de um verdadeiro poder de direcção da assembleia geral sobre os administradores.

E esta não tem tão-pouco um poder disciplinar semelhante ao da entidade patronal: o poder de destituição ou revogação é comum à generalidade dos contratos, a respeito dos quais não é curial falar de subordinação.

B – O *DL nº 49 381*, de 15.11.1969, vem alterar um pouco, mas não no essencial, este quadro, ao regulamentar com maior rigor a responsabilidade civil dos administradores, para além de reforçar a fiscalização das sociedades anónimas. De mais significativo neste campo, esclarece que "a responsabilidade dos administradores para com a sociedade não tem lugar quando o acto ou omissão assenta em deliberação da assembleia geral, ainda que anulável" (art. 17º, nº 4). Este preceito confirma marginalmente a supremacia da assembleia geral sobre os administradores.

Altera também o art. 186º, § 2º, do CCom, ao estabelecer que "a sociedade responde civilmente pelos actos e omissões dos seus administradores, nos mesmos termos em que os comitentes respondem pelos actos e omissões dos comissários" (art. 26º) – o que vem sobretudo proteger os terceiros prejudicados.

Além disso, impõe aos membros do conselho fiscal a obrigação de informar a assembleia geral de todas as irregularidades e inexactidões por eles verificadas e de participar ao Ministério Público os factos delituosos de que tenham tido conhecimento e que constituam crimes públicos [art. 12º, nº 1, al. *e*), e nº 3].

C – O *CSC* é que altera profundamente esta situação, reforçando os poderes dos administradores e retirando expressamente poderes à colectividade dos accionistas, ao mesmo tempo que retoma o regime de fiscalização introduzido pelo DL nº 49 381.

Na verdade, os accionistas passam a ter apenas competência para deliberar "sobre as matérias que lhes são *especialmente* atribuídas pela lei ou pelo contrato e sobre as que não estejam compreendidas nas atribuições de outros órgãos da sociedade" (art. 373º, nº 2). E "sobre matérias de gestão da sociedade, os accionistas *só* podem deliberar a pedido do órgão de administração" (art. 373º, nº 3).

Simultaneamente, é atribuída ao conselho de administração competência para "gerir as actividades da sociedade, devendo subordinar-se a deliberações dos accionistas ([45]) ou a intervenções do conselho fiscal *apenas* nos casos em que a lei ou o contrato o determinarem", bem como "*exclusivos e plenos* poderes de representação da sociedade "(art. 405º) ([46]).

Além disso, "os actos praticados pelos administradores, em nome da sociedade e dentro dos poderes (vastíssimos!) que *a lei* ([47]) lhes confere, vinculam-na para com terceiros, não obstante as limitações [...] resultantes de deliberações dos accionistas, mesmo que tais limitações estejam publicadas" (art. 409º). É certo, em todo o caso, que "as deliberações sociais que fixem à sociedade determinado objecto ou proíbam a prática de certos actos [...] constituem os órgãos da sociedade no dever de não excederem esse objecto ou de não praticarem esses actos" (art. 6º, nº 4).

E são também muito limitados os poderes do conselho fiscal (ou do fiscal único) de dar ordens ou instruções aos administradores (art. 420º e 421º).

Por outro lado, o CSC retoma, nos art. 6º, nº 5, e 72º, nº 4 e 5, o disposto nos art. 17º, nº 4, e 26º do DL nº 49 381, acima transcritos.

Assim, os administradores passaram a ter grande autonomia perante os outros órgãos sociais, que o mesmo é dizer, perante a sociedade ("mandante"?), autonomia que só não é absoluta na medida em que se mantém o poder dos accionistas de destituir os administradores (art. 403º), independentemente de justa causa ([48]), e de deliberar sobre alguns assuntos de gestão.

([45]) Redacção do DL nº 280/87, de 8.7.
([46]) Itálicos nossos.
([47]) Itálico nosso.
([48]) Adiante se tentará demonstrar esta última afirmação e se verá em que medida o administrador destituído sem justa causa tem direito a indemnização.

As sociedades anónimas passaram a poder ter apenas cinco ou dois accionistas (art. 273º, nº 1) ou até um só (art. 143º e 488º) – o que permitiria maior proximidade entre os accionistas e os administradores. Mas tudo leva a crer que as assembleias gerais continuarão a ser pouco mais que anuais (art. 376º) e escassamente frequentadas. O prazo legal de convocação (CSC, art. 377º, nº 4) continua a impedir reuniões frequentes – a menos que se trate de assembleias universais (CSC, art. 54º, nº 1, e 373º, nº 1), obviamente excepcionais.

Assim, pode dizer-se que os administradores estão sujeitos à orientação da colectividade dos accionistas e à fiscalização do conselho fiscal ou fiscal único, mas, em regra, não mais do que isso.

Na Itália, a autonomia dos administradores perante a assembleia geral chega ao ponto de aqueles poderem impugnar as deliberações ilegais ou anti-estatutárias desta (CCiv it, art. 2377º-III) ([49]). E, no caso de perdas que diminuam o capital social além de um terço, os administradores devem requerer ao tribunal a redução do capital social, mesmo contra vontade da assembleia geral (CCiv it, art. 2446º) ([50]).

O que se poderá dizer é que o "mandante" do administrador é a sociedade, não os accionistas; mas realmente só faz sentido falar da sociedade como mandante dos administradores se esta for representada perante estes por outro órgão, que não os próprios administradores, órgão que estes devam respeitar.

O regime da lei italiana é, na verdade, dificilmente compatível com a qualificação como mandato.

Mas o regime da lei portuguesa não suscita essa dificuldade, pois parece de admitir a arguição de nulidade de deliberações dos accionistas pelo administrador (CCiv, art. 286º), mas não a de anulabilidade (CCiv, art. 287º, e CSC, art. 59º, nº 1), ao menos como regra ([51]); e também o mandatário pode arguir a nulidade de instruções absolutamente nulas (CCiv, art. 286º).

Já o referido dever de requerer ao tribunal a redução do capital não existe na lei portuguesa vigente (cf., contudo, CSC, art. 35º), nem na anterior.

([49]) Cf. pág. 331.
([50]) Cf. BONELLI, Gli amministratori, pág. 1 e segs. e 32 e segs..
([51]) Nada impede, evidentemente, que o administrador que seja também accionista impugne, nesta qualidade, as deliberações anuláveis (CSC, art. 59º, nº 1).

VI – Deste modo, é grande a diferença entre o poder do mandante de dar instruções ao mandatário e o poder da sociedade, através dos seus órgãos (accionistas ou órgão de fiscalização), de deliberar sobre matérias de administração de modo vinculativo para os administradores.

Trata-se aqui de uma diferença de natureza ou de mera diferença de regime que não afecta a natureza da relação?

Não é fácil dizer onde começa a natureza e termina o regime. Mas o certo é que as figuras do contrato de prestação de serviço e do contrato de trabalho se diferenciam, fundamentalmente, pelo facto de o prestador de serviço ser autónomo (relativamente – pois deve respeitar as instruções do dador de serviço) e de o trabalhador estar juridicamente subordinado ao empregador. Gozando o administrador de sociedade anónima de maior autonomia que o prestador de serviço, parece de reconhecer aí um sinal justificativo de uma distinção conceptual.

É certo que noutros tipos de sociedade (v. g., sociedades por quotas e sociedades em nome colectivo) não se verifica tão grande autonomia dos gerentes relativamente à sociedade (representada pelos sócios).

Efectivamente, nas sociedades em nome colectivo, todos os sócios são, em regra, gerentes (CSC, art. 191º, antes CCom, art. 154º e CCiv, art. 985º); e a mesma situação é frequente, embora menos, nas sociedades por quotas (CSC, art. 252º; antes LSQ, art. 26º). E mesmo quando isso não se verifica os sócios dessas sociedades têm poderes mais amplos que os dos accionistas [CSC, art. 189º, 192º ([52]), 246º, 259º e 260º].

Mas isso é, porventura, um argumento para distinguir o contrato de administração do contrato de gerência ([53]), não para confundir estes dois contratos num conceito de mandato, que teria então um conteúdo demasiado heterogéneo (sem falar de outras características agora fora de causa).

([52]) Na redacção do DL nº 280/87, de 8.7.

([53]) Esta a tese defendida por VOLKER GROSS (*Das Anstellungsverhaeltnis des GmbH-Geschaeftsfuehrers*) em relação aos gerentes de sociedades por quotas, considerando os gerentes não sócios como trabalhadores subordinados (pág. 223 e segs.) e os gerentes sócios como trabalhadores autónomos ou prestadores de serviço, ao menos quando tenham a maioria do capital, ou uma minoria de bloqueio, ou até uma minoria decisiva, em resultado da distribuição do capital entre os outros sócios (pág. 256 e segs.). Tal tese suscita, porém, muitas dúvidas, que não se pretende esclarecer aqui.

VII – Do que se disse atrás sobre a situação do administrador decorre que as diferenças entre este e o trabalhador subordinado são também flagrantes.

Enquanto o administrador goza de grande autonomia perante a sociedade (ou os seus outros órgãos), o trabalhador está juridicamente subordinado ao empregador.

A sociedade não tem sobre o administrador um poder de direcção, com a intensidade característica da relação laboral; nem pode sequer dizer-se que o administrador tem mera autonomia técnica perante a sociedade, pois tem muito mais autonomia que essa.

Com efeito, é ao conselho de administração que, como se disse, compete "gerir as actividades da sociedade, devendo subordinar-se às deliberações dos accionistas ou às intervenções do conselho fiscal apenas nos casos em que a lei ou o contrato de sociedade o determinarem" (CSC, art. 405º, nº 1). Nestas circunstâncias, a subordinação dos administradores, em matérias de gestão, é variável. No silêncio dos estatutos, é muito limitada, pois que, segundo a lei, "sobre matérias de gestão da sociedade, os accionistas só podem deliberar a pedido do órgão de administração" (CSC, art. 373º, nº 3); e o conselho fiscal apenas tem poderes de fiscalização (CSC, art. 420º e 421º). O contrato de sociedade pode, contudo, estabelecer, com base no art. 405º, nº 1, do CSC, que o conselho de administração deve subordinar-se às deliberações dos accionistas ou às intervenções do conselho fiscal. O contrato de sociedade parece poder mesmo dar grande amplitude a esse dever de subordinação do conselho de administração às deliberações dos accionistas, de modo a aproximar-se praticamente da situação dos trabalhadores subordinados – nomeadamente quando seja muito reduzido o número de accionistas (que pode chegar a ser um só – CSC, art. 488º). Em todo o caso, parece deverem considerar-se tais cláusulas estatutárias como excepcionais, não devendo afectar a natureza da relação de administração. Nem parece admissível que, por essa via, se crie um poder disciplinar dos accionistas sobre os administradores – que tem de considerar-se excepcional, no âmbito do direito privado, não estando permitido pelo CSC.

Note-se, porém, que essas cláusulas contratuais apenas podem dizer respeito a poderes de gestão, pois que "o conselho de administração tem exclusivos e plenos poderes de representação" (CSC, art. 405º, nº 2). No âmbito dos poderes de representação, os accionistas e o conselho fiscal não têm, pois, qualquer poder de direcção sobre o conselho de administração.

Nem se diga que o art. 6º, nº 4, do CSC permite que o contrato ou deliberações sociais proíbam a prática de certos actos, criando um dever dos órgãos sociais (v. g., o conselho de administração) de não praticar esses actos. Este preceito é aplicável a todos os tipos de sociedades, não prevalecendo sobre disposições relativas a um determinado tipo (v. g., sociedade anónima), que, porventura, estabeleçam um regime mais restritivo.

A sociedade também não tem poder disciplinar sobre o administrador. No caso de infringir os seus deveres, pode a sociedade destituí-lo com justa causa; mas não pode aplicar-lhe outros tipos de sanções com carácter disciplinar, nem a própria destituição do administrador tem a natureza de verdadeira sanção disciplinar (sendo, como se disse, comum à generalidade dos contratos bilaterais – CCiv, art. 801º, nº 2).

Pode, porventura, observar-se que o administrador se encontra no topo da hierarquia da empresa societária, numa posição de representante (orgânico) do empregador e, por isso, não poderia ser considerado simultaneamente como trabalhador subordinado. É claro que os trabalhadores colocados num nível intermédio da escala hierárquica se encontram frequentemente na posição de subordinados relativamente aos trabalhadores seus superiores e de superiores (e, nesse sentido, representantes do empregador) relativamente aos respectivos subordinados; os próprios accionistas deveriam então considerar-se superiores dos administradores, como os verdadeiros e últimos representantes do empregador. Em todo o caso, como os accionistas não têm poder de direcção nem poder disciplinar sobre os administradores de sociedades anónimas, tem de admitir-se que são estes que exercem, efectivamente, o poder patronal: são eles o principal concreto, no sentido em que esta expressão é usada por TITZE ([54]).

Por outro lado, pode talvez defender-se uma aproximação do estatuto do administrador relativamente ao do trabalhador, v. g., através do reforço da protecção daquele. O CSC representa, sem dúvida, um passo nesse sentido (por exemplo, ao tratar da reforma dos administradores – art. 402º). Mas mesmo que se defenda tal orientação (sendo discutível até que ponto deve ela ir, considerando as diferenças sociológicas entre a situação dos administradores, mesmo meros profissionais, e a da generalidade dos trabalhadores, bem como as diferenças entre os factores de motivação de uns e de outros – v. g., o risco e a segurança), tem de reco-

---

([54]) Cf. supra, pág. 353 e segs..

nhecer-se que há diferenças essenciais entre o administrador e o trabalhador subordinado que não permitem identificar os dois tipos contratuais. Falta, em qualquer caso, fundamento para isso no direito português vigente ([55]).

VIII – Em face desta situação tem pouco interesse saber em que medida se verifica na relação de administração cada um dos índices de subordinação utilizados pela doutrina juslaboralista para caracterizar o contrato de trabalho subordinado e o distinguir do contrato de prestação de serviço.

Em todo o caso, pode observar-se que é a sociedade que tem a disponibilidade dos meios de produção utilizados pelo administrador ou seus colaboradores; o administrador exerce actividade, normalmente, nos escritórios da sociedade (em regra, coincidentes com a sua sede – CSC, art. 12º); o administrador não tem, em regra, horário de trabalho, não podendo invocá-lo para deixar de praticar actos que sejam exigíveis por força do seu dever de diligência (CSC, art. 64º); o administrador recebe frequentemente uma remuneração regular e periódica, v. g., mensal; é a sociedade que corre o risco da empresa.

X – Em relação a *sociedades em relação de domínio ou de subordinação*, o CSC estabelece que a sociedade dominante ou directora "tem o direito de dar à administração da sociedade subordinada instruções vinculantes" (art. 503º, nº 1, e 491º).

Apesar desta situação de subordinação, não parece dever entender-se que os administradores da sociedade subordinada ou dependente passem a ser trabalhadores subordinados da sociedade dominante ou directora: subordinada é a sociedade de cujos orgãos os administradores são titulares. Estes mantêm relações de administração com a sociedade subordinada ou dependente e só indirectamente e por consequência dessa qualidade dependem da sociedade dominante ou directora.

Tal subordinação entre sociedades apresenta características "sui generis" ([56]).

([55]) Há países em que tal identificação tem, porventura, base legal – como, ao que parece, a Holanda. Cf. SOLÀ CAÑIZARES, *Tratado de Derecho Comercial Comparado*, vol. III, pág. 400.

([56]) Sobre o assunto, cf. LUÍS BRITO CORREIA, "Grupos de sociedades", in *Novas Perspectivas do Direito Comercial*, pág. 395 e segs. e bibliografia aí cit..

DIVISÃO III

Onerosidade ou gratuitidade

SUBDIVISÃO I

Considerações gerais

I – Sabe-se que é característica tanto do contrato de *prestação de serviço* como do *mandato* a possibilidade de ser gratuito ou oneroso. Segundo o CCiv, o mandato presume-se gratuito, excepto se tiver por objecto actos que o mandatário pratique por profissão, caso em que se presume oneroso (art. 1158º) ([1]). E este preceito é aplicável ao contrato de prestação de serviço, nos termos do artigo 1156º do CCiv. Diferentemente, "o mandato comercial não se presume gratuito, tendo todo o mandatário direito a uma remuneração pelo seu trabalho" (CCom, art. 232º, pr.).

II – Já o contrato de *trabalho subordinado* é, por natureza, oneroso, sendo essencial a existência de retribuição – como resulta do art. 1152º do CCiv e dos art. 1º e 90º da LCT, e é entendimento pacífico na doutrina ([2]).

III – Nos direitos estrangeiros, é normal que as funções de *administrador* sejam remuneradas, embora frequentemente se admita que possam ser gratuitas.

Na *Alemanha Federal*, a função de membro do directório pode ser onerosa ou gratuita, embora se presuma onerosa ([3]), podendo a remuneração consistir numa participação nos lucros (AktG, §§ 86 e 87).

Em *França*, entende-se que as funções de administrador podem ser exercidas gratuitamente, mas a lei prevê que ele receba remuneração, tendo mesmo disposições restritivas sobre as modalidades que ela pode assumir, para evitar abusos (Lei fr 1966, art. 107º a 109º, 110º e 115º) ([4]).

([1]) Era assim também em face do CCiv de 1867 (art. 1331º e 1347º).

([2]) Cf. RAÚL VENTURA, *Teoria da Relação Jurídica de Trabalho*, vol. I, pág. 330 e segs.; LUÍS BRITO CORREIA, *Direito de Trabalho*, vol. I, pág. 98 e segs.; MONTEIRO FERNANDES, *Direito do Trabalho*, 6ª ed., vol. I, pág. 58 e segs., e A. MENEZES CORDEIRO, *Manual de Direito do Trabalho*, pág. 519.

([3]) Cf. BAUMBACH-HUECK, *AktG*, § 84, Anm. 8.

([4]) Cf. HÉMARD-TERRÉ-MABILAT, *ob.cit.*, vol. I, pág. 769 e segs..

Na *Itália*, o CCiv it não prevê especificamente um direito dos administradores a remuneração, mas dispõe, no art 2389º, que "as remunerações ('compensi') e as participações nos lucros respeitantes aos membros do conselho de administração e da comissão executiva são estabelecidas no acto constitutivo ou pela assembleia". E a doutrina dominante é no sentido da existência de um tal direito, mesmo no silêncio dos estatutos e da assembleia, com base em várias disposições legais (art. 2364º, nº 3, 2392º, conjugado com o art. 1709º, e 2383º) ([5]).

IV – A – Quanto aos administradores de sociedades anónimas, o *CCom* estabelece que "as funções dos membros da direcção [...] são remuneradas, salvo disposição dos estatutos em contrário" (art. 177º).

Assim, deste preceito decorre, por um lado, que as funções podem ser onerosas ou gratuitas: os estatutos podem estabelecer que não haja qualquer retribuição ([6]).

Por outro lado, se os estatutos nada disserem, é devida remuneração – não por presunção, mas por imposição legal ([7]).

B – O *CSC* contém, no art. 399º, algumas normas sobre a competência para a fixação da remuneração dos administradores de sociedades anónimas e sobre o seu valor, mas não diz claramente se a remuneração é sempre devida ou se pode ser dispensada (pelo contrato de sociedade, por deliberação social ou pelo contrato de administração).

Deverá deduzir-se desse silêncio que o CSC pressupõe que a remuneração é sempre devida?

Não se vê motivo para tal dedução ([8]).

([5]) Cf. GRAZIANI, *Società*, pág. 379, nota 2; FERRI, *Le Società*, pág. 495, nota 4; MINERVINI, *Gli amministratori*, pág. 104 e seg.; BONELLI, *Gli amministratori di società per azioni*, pág. 133 e seg.; em sentido contrário, cf. FRÈ, *Società per azioni*, 3ª ed., pág. 394 e seg..

([6]) Neste sentido, cf. CUNHA GONÇALVES, *Comentário*, vol. I, pág. 422 e seg., e PINTO FURTADO, *Código*, vol. II, t. I, pág. 434 e segs.

([7]) Este regime é também aplicável aos gerentes de sociedades por quotas, por força do art. 31º da LSQ. Sobre o assunto, cf. A. PEREIRA DE ALMEIDA, *La Société à Responsabilité Limitée en Droit Portugais*, pág. 277. Já quanto às sociedades em nome colectivo, o art. 154º do CCom (na redacção do DL nº 368/77, de 2.9, art 7º) remete para os art. 985º a 987º do CCiv, que, por seu turno, remetem para as normas do mandato acima referidas (sobre o assunto, cf. PINTO FURTADO, *Código*, vol. II, t. I, pág. 71 e seg., e PIRES DE LIMA-ANTUNES VARELA, *Código Civil Anotado*, 2ª ed., vol. II, pág. 288 e seg.).

([8]) Em sentido oposto, mas sem fundamento bastante, cf. ILÍDIO DUARTE RODRIGUES, *A Administração das Sociedades*, pág. 137.

Como se disse, a gratuitidade é admitida pela lei anterior, embora só por estipulação estatutária.

O CSC não impede que a assembleia geral ou a comissão de accionistas fixe a remuneração num valor simbólico (1$00) ou em zero: o art. 399º não impõe o pagamento de remuneração.

Embora a sociedade anónima seja utilizada, mais frequentemente, para grandes empresas (com capital elevado, grande volume de negócios, muitos trabalhadores), com gestores profissionais, nada impede que uma sociedade anónima pertencente a um accionista principal (com 98% do capital, por exemplo) esteja temporariamente com actividade reduzida e sem lucros que permitam cobrir a remuneração de um único administrador, que pode ser o principal accionista e não ter necessidade nem interesse em receber tal remuneração (pense-se, por exemplo, numa sociedade de investimentos imobiliários, enquanto aguarda a aprovação camarária para um loteamento, ou ainda numa SA filial de uma sociedade gestora de participações sociais).

Na falta de disposição expressa do CSC sobre a questão posta, parece mais curial recorrer à norma do CSC aplicável a casos análogos (art. 2º).

O CSC estabelece, quanto às sociedades por quotas, que "salvo disposição do contrato de sociedade em contrário, o gerente tem direito a uma remuneração, a fixar pelos sócios" (art. 255º, nº 1).

E, quanto às sociedades em nome colectivo, diz que "a gerência presume-se remunerada; o montante da remuneração de cada gerente, quando não excluída pelo contrato, é fixado por deliberação dos sócios" (art. 192º, nº 5).

É estranho que o CSC tenha adoptado para resolver uma mesma questão redacções tão diferentes para cada tipo de sociedade, quando as soluções são afinal muito semelhantes ([9]). Isso só parece explicar-se pela circunstância de o CSC ter resultado da conjugação de anteprojectos de autores diferentes, não tendo sido suficiente o esforço de harmonização dos vários títulos.

Seja como for, parece de aplicar por analogia a regra estabelecida para a figura mais próxima do administrador de sociedade anónima, que é a do gerente de sociedade por quotas. Parece, pois, de aplicar o art. 255º, nº 1, no sentido de admitir que não haja remuneração, se o contrato de sociedade assim estipular, mas seja devida no silêncio deste.

([9]) Os art. 192º, nº 5, 255º, nº 1, e 399º do CSC correspondem aos art. 181º, nº 5, 259º, nº 1, e 405º do Projecto do Código de Sociedades, respectivamente.

Aliás, a redacção do art. 192º, nº 5, parece menos feliz, visto que, na primeira parte, estabelece uma presunção aparentemente elidível por qualquer prova em contrário; mas, logo a seguir, dá a entender que a remuneração só pode ser excluída pelo contrato (de sociedade, ao que parece) – solução esta que coincide afinal com a do art. 255º, nº 1, que não contém qualquer presunção, aliás, desnecessária.

Pode, pois, concluir-se que o contrato de administração de sociedade anónima tanto pode ser oneroso como (se o contrato de sociedade o estipular) gratuito, embora seja natural a onerosidade, dada a dimensão normal das sociedades anónimas.

Neste aspecto, há, assim, maior afinidade do contrato de administração com o mandato e o contrato de prestação de serviço do que com o contrato de trabalho subordinado.

SUBDIVISÃO II

Determinação da remuneração

I – Em todo o caso, há a registar algumas especificidades do regime da remuneração dos administradores que o diferenciam significativamente do dos demais contratos em análise.

II – Quanto ao *mandato,* diz o nº 2 do art. 1158º do CCiv que "se o mandato for oneroso, a medida da retribuição, não havendo ajuste entre as partes, é determinada pelas tarifas profissionais; na falta destas, pelos usos; e na falta de uma e outras, por juízos de equidade".

III – No contrato de *trabalho subordinado,* a remuneração é objecto de regulamentação particularmente pormenorizada, constante quer da lei quer de instrumentos de regulamentação colectiva de trabalho, quer de estipulações contratuais.

Em síntese, pode dizer-se que de entre os montantes a que o trabalhador tem direito com fundamento no contrato de trabalho a lei destaca a retribuição, que pode definir-se como a prestação em dinheiro ou em espécie, normalmente regular e periódica, a que o trabalhador tem direito como contrapartida do trabalho prestado e como meio de subsistência seu e da sua família. Pode ser de várias espécies (directa ou indirecta, em dinheiro ou em espécie, certa, variável ou mista) e incluir diversos componentes (remuneração de base, diuturnidades, remuneração por trabalho nocturno, etc.).

O montante da retribuição é, em regra, fixado por acordo das partes, no momento da celebração do contrato ou posteriormente.

No entanto, pode acontecer que as partes nada estipulem. Neste caso, o montante será o que resultar das normas aplicáveis ao contrato (lei, IRCT, usos). E se ainda assim não for possível fixar o montante, será ele fixado pelo julgador (LCT, art. 90º).

É de notar que o trabalhador pode intervir na fixação da sua retribuição, não só como contraparte no contrato individual, mas também através dos seus representantes sindicais em negociações colectivas de trabalho e, porventura, através dos seus representantes nos órgãos da sociedade (conselho de administração, conselho geral ou direcção).

A fixação do montante da retribuição, quer por acordo das partes, quer por IRCT, quer pelo julgador, está sujeito a limites impostos pela Constituição [v. g., o princípio da igualdade – art. 59º, nº 1, al. *a*)], por convenções internacionais, pela lei e por instrumentos de regulamentação colectiva de trabalho. Tais limites têm por objectivo fundamental assegurar ao trabalhador um rendimento correspondente ao trabalho prestado e que lhe permita satisfazer regularmente as necessidades pessoais e familiares ([10]).

IV – A – Quanto ao *administrador,* em face do *CCom,* "se a remuneração não se achar fixada nos termos deste artigo, sê-lo-á pela assembleia geral" (art. 177º, § único).

A expressão "nos termos deste artigo" só parece poder significar nos termos de disposição dos estatutos.

Assim, este preceito permite não só a fixação da remuneração pelos próprios estatutos (v. g., em percentagem sobre os lucros do exercício ou, menos provavelmente, em montante certo ou variável segundo outro critério definido), mas também pela assembleia geral ([11]).

([10]) Para maiores desenvolvimentos, cf. Luís Brito Correia, *Direito do Trabalho*, vol. I, pág. 237 e segs. e sobretudo 253 e segs.; Monteiro Fernandes, *Direito do Trabalho*, 6ª ed., vol. I, pág. 331 e segs., e Menezes Cordeiro, *Manual de Direito do Trabalho*, pág. 717 e segs..

([11]) Sobre o assunto, cf. Cunha Gonçalves, *Comentário*, vol. I, pág. 422 e seg.; Pinto Furtado, *Código*, vol. II, t. I, pág. 436 e segs.. Os administradores por parte do Estado estão sujeitos a um regime específico: cf. DL nº 446/74, de 13.9, art. 1º, DL nº 672/74, de 29.11, DL nº 464/82, de 9.12, art. 7º, nº1 e 2, e RCM nº 29/89, de 26.8.

B – O *CSC* veio estabelecer que "compete à assembleia geral dos accionistas ou a uma comissão de accionistas por aquela nomeada fixar as remunerações de cada um dos administradores [...]" (art. 399º, nº 1). E, para o caso de a remuneração consistir parcialmente numa percentagem dos lucros do exercício, diz que "a percentagem global destinada aos administradores deve ser autorizada por cláusula do contrato de sociedade".

Assim, enquanto o CCiv, no citado art. 1158º, nº 2, aponta em primeira linha para o "ajuste entre as partes", o CSC não faz qualquer menção ao acordo do administrador sobre a sua remuneração, levando a crer que a fixação deste é um acto puramente unilateral – mesmo que o administrador não seja accionista. E ainda com a particularidade de que a deliberação dos accionistas ou da comissão de remunerações tanto pode ser tomada antes da prestação da actividade como depois dela.

Se o administrador considerar excessivamente reduzida a remuneração fixada e não conseguir convencer os accionistas ou a comissão a aumentá-la, só lhe resta a solução da renúncia às funções (CSC, art. 404º).

A aparente injustiça desta situação é, frequentemente, atenuada na prática, mediante contrato escrito entre a sociedade (representada nos termos gerais) e o administrador ou acordo prévio entre o administrador e os accionistas maioritários, no sentido de estes se obrigarem a votar no sentido da fixação de determinada remuneração (certa ou fixada em percentagem dos lucros do exercício). A este acordo é aplicável o disposto no art. 17º do CSC, e/ou as disposições gerais sobre contratos inominados.

Diversamente, quanto às sociedades por quotas, resulta do art. 255º, nº 1, que a fixação da remuneração compete aos sócios. Não se prevê qualquer comissão de sócios, mas da frase inicial desse nº 1 pode deduzir-se que o contrato de sociedade pode estipular que a remuneração seja fixada por tal comissão. Mais importante é a referência do nº 2 à possibilidade de redução das remunerações dos sócios gerentes pelo tribunal.

Compreende-se a consagração desta possibilidade quanto aos sócios gerentes – e não quanto a gerentes não sócios – na medida em que, sendo a remuneração fixada pelos sócios, sendo os sócios gerentes frequentemente maioritários e entendendo-se que não há impedimento a que o sócio vote na deliberação sobre a sua própria remuneração (^{12}), o sócio gerente maioritário pode ser tentado a fixá-la em montante excessivamente elevado, reduzindo em consequência os lucros a distribuir aos demais sócios e, porventura, afectando o capital. Trata-se, pois, de um meio de pôr termo a possíveis abusos da maioria, em prejuízo da minoria e dos credores (^{13}).

Será admissível recurso semelhante quanto às sociedades anónimas?

Parece de admitir que sim: se não por aplicação analógica do art. 255º (CSC, art. 2º), ao menos com fundamento na disposição sobre o abuso de direito [CSC, art. 58º, nº 1, al. *b*); CCiv, art. 334º] (^{14}).

Além disso, o CSC estabelece que a remuneração pode ser certa ou consistir parcialmente numa percentagem dos lucros do exercício; quando consista numa percentagem, o contrato de sociedade terá de fixar o seu montante global, não podendo ela incidir sobre reservas nem parte do lucro do exercício não distribuível, por lei, aos accionistas (art. 255º, nº 2 e 3). Mas a lei não fixa qualquer montante máximo para a remuneração dos administradores de sociedades anónimas (^{15}).

Por outro lado, quando o administrador seja simultaneamente accionista – o que é frequente –, ele participa, nesta qualidade, na fixação da sua própria remuneração, como administrador – até porque, como se disse, não há impedimento de voto do administrador nessas circunstâncias (^{16}).

Esta é uma situação inconcebível no contrato de mandato e que vários autores (^{17}) consideram como factor importante de diferenciação entre a relação de administração e o mandato.

Assim, enquanto a remuneração do mandatário e do prestador de serviço é fixada, na falta de acordo, por recurso a critérios objectivos estranhos às partes, ou por decisão de terceiro, a remuneração do administrador é, em regra, fixada por um órgão da entidade devedora, em que se pode incluir o próprio administrador (credor).

(^{12}) Neste sentido, cf. Luís Brito Correia, *Direito Comercial*, 1989, vol. III, pág. 163.

(^{13}) Cf. Raúl Ventura, *Sociedades por Quotas*, 1991, vol. III, pág. 69 e segs..

(^{14}) Em sentido análogo, cf. Ilídio Duarte Rodrigues, *A Administração das Sociedades*, pág. 141 e segs..

(^{15}) Quanto aos administradores por parte do Estado, vigora um regime específico, como se referiu acima (cf. nota 12).

(^{16}) Cf. Luís Brito Correia, *Direito Comercial*, vol. III, pág. 163.

(^{17}) Cf. supra.

Esta situação é realmente pouco habitual em relações nascidas de um contrato, que se compreende apenas pelo facto de o administrador ser frequentemente accionista. As eventuais injustiças que permite contra o administrador não são, de facto, frequentes porque os administradores dominam o mercado, em razão da escassez da oferta. São talvez mais frequentes as injustiças a favor do administrador.

É certamente um elemento importante de diferenciação entre as referidas espécies de contratos, mas como componente do regime, não da estrutura ou da natureza.

DIVISÃO IV

Ineligibilidades específicas do administrador

I – Alguns autores italianos acentuam o facto de a lei estabelecer para os administradores de sociedades anónimas causas de inelegibilidade não previstas para os mandatários, nem para os prestadores de serviço, ou sujeitas a um regime em certa medida diverso, nomeadamente quanto aos interditos, inabilitados, falidos, condenados a penas que envolvam a interdição de cargos públicos ou a incapacidade para exercer cargos directivos (CCiv it, art 2382º, em confronto com o art. 1389º) ([18]).

II – Em Portugal, nem o CCom nem o CSC contêm preceito semelhante ao art. 2382º do CCiv it. Mas há disposições dispersas das quais resulta conclusão diversa.

Com efeito, ao *mandatário* com representação aplica-se (por força do art. 1178º do CCiv) o art. 263º do CCiv, segundo o qual "o procurador não necessita de ter mais do que a capacidade de entender e querer exigida pela natureza do negócio que haja de executar".

III – Quanto ao *trabalhador*, há diversas regras específicas, relativas à capacidade para celebrar o contrato, no que respeita quer aos menores (v. g., para evitar o trabalho infantil, que prejudique a educação da criança ou crie situações de exploração), quer às mulheres (para

---

([18]) Cf. RAGUSA MAGGIORE, *La responsabilità*, pág. 51 e segs..

assegurar o princípio da igualdade), quer a exigências de habilitações literárias mínimas e de carteira profissional ([19]).

IV – Relativamente ao *administrador* de sociedade anónima e quanto ao menor, não há disposição específica sobre a matéria, nem no CCom nem no CSC, pelo que se é conduzido a aplicar o regime do mandato, por força do disposto nos art. 3º e 154º do CCom, no art. 2º do CSC, respectivamente, e no art. 987º do CCiv.

À mesma conclusão se chega quanto aos interditos, por força dos mesmos preceitos e do art. 139º do CCiv ([20]).

Quanto aos inabilitados, solução semelhante decorre dos art. 153º e 263º do CCiv ([21]) ([22]).

Específica do administrador (e do gerente ou director) é a proibição de desempenhar as funções de administrador de qualquer sociedade civil ou comercial, decorrente da declaração de falência ou insolvência (CPC, art. 1191º e 1315º) ([23]).

Relativamente a certas sociedades é de salientar a existência de uma incompatibilidade temporária. É o caso das sociedades concessionárias de serviços públicos ou bens do domínio público, das que exploram actividades em regime de exclusivo ou com benefício ou privilégio mais favoráveis do que os previstos na lei geral, daquelas em que o Estado tenha participação nos lucros ou de que seja accionista, desde que tais posições estejam previstas em diploma legal, em contrato ou nos respectivos estatutos, daquelas em que, independentemente deste condicionalismo, o Estado participe directa ou indirectamente em, pelo menos, 10% do capital e daquelas para as quais se deva nomear administradores ou delegados por virtude de financiamentos feitos ou garantidos. Tais sociedades não poderão, por sua escolha ou eleição, designar para quaisquer

---

([19]) Para maiores desenvolvimentos, cf. LUÍS BRITO CORREIA, *Direito do Trabalho*, vol. I, pág. 124 e segs.; MONTEIRO FERNANDES, *Direito do Trabalho*, 6ª ed., vol. I, pág. 247 e segs., e MENEZES CORDEIRO, *Manual de Direito do Trabalho*, pág. 541 e segs..

([20]) Diversamente, mas sem fundamentar, baseando-se aparentemente na doutrina e na lei italianas, diversas da portuguesa, cf. PINTO FURTADO, *Código*, vol. II, t. I, pág. 364.

([21]) Diversamente, cf. PINTO FURTADO, *ibid.*.

([22]) Quanto aos condenados criminalmente, cf. CPen, art. 69º.

([23]) Sobre o assunto, cf. LUÍS BRITO CORREIA, *Direito Comercial*, 1987, vol. I, pág. 173 e segs..

funções administrativas, directivas, consultivas ou fiscais da sociedade quem tenha exercido as funções de Ministro, Secretário de Estado, Governador de uma província ultramarina ou dirigente de um organismo de coordenação económica durante os três anos posteriores à exoneração do cargo, quando este respeite a Ministérios, Governos ultramarinos ou organismos com funções de fiscalização sobre a sociedade (art. 9º do DL nº 446/74, de 13.9, que revogou a Lei nº 2105, de 6.6.1960).

A idêntica incompatibilidade ficam submetidos os funcionários públicos compreendidos nos grupos de A a F referidos no nº 1 do art. 1º do DL nº 372/79, de 20.8 ([24]), e dos organismos de coordenação económica equiparáveis (DL nº 446/74, de 13.9, art. 9º, § único).

Trata-se, nestes casos, de regras preventivas tendentes a assegurar a seriedade no exercício de certas funções públicas de relevo.

V — Verifica-se assim que, relativamente a ineligibilidades específicas dos administradores, as diferenças de regime em confronto com o mandato são menos acentuadas que na Itália.

Em qualquer caso, trata-se de diferenças que não são suficientes, só por si, para fundamentar uma distinção de natureza entre as duas figuras, embora não deixem de confirmar tal distinção, baseada noutros motivos.

DIVISÃO V

Forma

I — Embora se trate de um aspecto que não atinge a natureza dos contratos em confronto, merece uma breve referência a diversidade de forma entre eles, que não deixa de reflectir características própria de cada um.

II — Quanto ao *mandato* e à *prestação de serviço* (CCiv, art. 1156º), a regra é a da liberdade de forma (CCiv, art. 219º).

Mas diversas disposições da lei estabelecem requisitos especiais de forma para certas modalidades de mandato. É o que se passa, por exemplo, quanto ao mandato com representação, nos termos do disposto

---

([24]) Cf. PINTO FURTADO, *ibid.*, pág. 365.

no art. 262º, nº 2, do CCiv (aplicável por força do art. 1178º): "salvo disposição legal em contrário, a procuração revestirá a forma exigida para o negócio que o procurador deva realizar" ([25]) ([26]).

III – Quanto ao *contrato de trabalho*, aplica-se também o princípio da liberdade de forma (LCT, art. 6º). Todavia, para certos contratos a lei exige a forma escrita:

a) Contrato a termo, certo ou incerto (LCCT, art. 42º);

b) Contrato de estrangeiros [DL nº 97/77, de 17.3, art. 2º, nº 1, al. *a)* ([27])];

c) Contrato com jovens para beneficiar de isenção de contribuições para a Segurança Social (DL nº 257/86, de 27.8, art. 2º);

d) Contrato de trabalho do pessoal da marinha de comércio (regime aprovado pelo DL nº 74/73, de 1.3, art. 3º);

e) Contrato de profissionais de espectáculos (DL nº 43 190, de 30.9.1960, art. 18º);

f) Contrato-promessa de trabalho (LCT, art. 8º, nº 1);

g) Contrato de aprendizagem (DL nº 102/84, de 29.3, art. 9º, nº 1).

Além disso, a lei exige a forma escrita para certas cláusulas contratuais, nomeadamente:

a) Condição ou termo suspensivo (LCT, art. 9º);

b) Ilisão da presunção de aceitação do contrato constante de regulamento interno (LCT, art. 7º, nº 2);

c) Inaplicabilidade dos usos da profissão do trabalhador ou da empresa (LCT, art. 12º, nº 2);

d) Não concorrência após a cessação do contrato [LCT, art. 36º, nº 2, al. *a)*];

e) Exclusão da revogabilidade do contrato durante o período experimental (LCCT, art. 55º, nº 1) ([28]).

([25]) Cf. também CNot, art. 127º e 129º, CRCiv, art. 54º e 55º, CRPred, art. 39º, CPC, art. 35º, e CCom, art. 231º, § único, 234º, 249º, 255º, 256º e 257º.

([26]) Cf. DURVAL FERREIRA, *Do Mandato Civil e Comercial*, pág. 106 e segs., e M. J. COSTA GOMES, *Contrato de Mandato*, 1990, pág. 28 e segs..

([27]) Este preceito não é aplicável a cidadãos de Estados membros da CEE, a partir de 1.1.1993, por força do art. 48º do Tratado, dos art. 215º e 216º do Acto de Adesão de Portugal (aprovado pela Resolução da A. R. nº 22/85, de 18.9), e do art. 4º do Regulamento (CEE) nº 1612/68, de 15.10.1968 (in *JOCE*, nº L 257, de 19.10.1968).

([28]) Para maiores desenvolvimentos, cf. LUÍS BRITO CORREIA, *Direito do Trabalho*, vol. I, pág. 128 e segs.; MONTEIRO FERNANDES, *Direito do Trabalho*, 6ª ed., vol. I, pág. 240 e segs., e MENEZES CORDEIRO, *Manual de Direito do Trabalho*, pág. 585 e segs..

IV – Quanto à eleição de *administradores*, a lei exige toda uma série de formalidades inerentes ao processo de deliberação dos accionistas: a apresentação de propostas, a sua admissão e discussão, a votação, o apuramento dos votos, a determinação e declaração dos resultados, a elaboração da acta ([29]) e a sua comunicação aos interessados.

A aceitação pela pessoa eleita pode ser manifestada expressa ou tacitamente (CSC, art. 391º, nº 5).

No entanto, a designação e aceitação devem ser objecto de registo e publicação [CRCom, art. 3º, al. *m*), 15º, nº 1, e 70º, nº 1, al. *a*)].

DIVISÃO VI

Proibição de acumulação da administração
com contrato de trabalho

I — Problema importante e delicado é o de saber se é possível uma pessoa ser simultaneamente administrador e trabalhador da mesma sociedade: se é possível um trabalhador subordinado ser eleito administrador da sociedade a que presta serviços, sem perder aquela qualidade; e se um administrador pode celebrar com a sociedade um contrato de trabalho subordinado, acumulando aquela qualidade com a do trabalhador.

À primeira vista, pode ser-se tentado a observar que o trabalhador é, por natureza, subordinado da entidade patronal (LCT, art.1º), e, sendo esta a sociedade, representada pelos seus administradores, tal acumulação de funções conduziria a que o trabalhador fosse subordinado de si próprio – o que seria absurdo. E o contrato de trabalho do administrador seria afinal um contrato consigo mesmo, portanto anulável (CCiv, art. 261º).

Todavia, a questão não pode ser resolvida de modo tão simplista.

Em primeiro lugar, o facto de o administrador representar a sociedade não significa que a sua pessoa se confunda juridicamente com a da sociedade: são pessoas distintas a sociedade e o administrador, podendo aquela ser representada também por outros administradores, ou pela vontade colectiva de vários administradores, em cuja formação o administrador-trabalhador pode não ter um voto decisivo ou até não votar de todo.

([29]) Para maiores desenvolvimentos, cf. LUÍS BRITO CORREIA, *Direito Comercial*, 1989, vol. III, pág. 126 e segs. e 239 e segs..

E, por outro lado, a lei admite, em certas condições, o negócio consigo mesmo (CCiv, art. 261º).

Mas importa sobretudo acentuar que a eventual acumulação de tais qualidades pode ser pretendida com objectivos diversos e, porventura, razoáveis:

a) Pode a sociedade ter interesse em aproveitar melhor a experiência e as aptidões particulares de um trabalhador (v. g., quadro superior), facultando-lhe um modo de promoção na empresa, sem provocar a perda dos benefícios decorrentes da legislação laboral (v. g., da protecção contra despedimentos sem justa causa e vantagens resultantes da antiguidade);

b) Pode a sociedade ter interesse em confiar a um administrador com aptidões particulares, além das suas funções de administração, funções técnicas especiais, em posição de subordinação relativamente ao órgão de administração;

c) Pode o administrador pretender ver assegurada uma certa estabilidade do emprego e outras vantagens do estatuto de trabalhador subordinado, evitando os inconvenientes da qualidade de administrador, v. g., a menor protecção no caso de destituição sem justa causa;

d) Podem os trabalhadores pretender participar na administração da sociedade, elegendo representantes para o próprio conselho de administração (com voto deliberativo ou consultivo), para defenderem melhor os seus interesses sem perderem a qualidade de trabalhadores.

Certo é que situações como estas são relativamente frequentes, quer no estrangeiro, quer em Portugal.

II – Os direitos estrangeiros apresentam soluções díspares ([1]). E parece interessante mencionar sumariamente, não só as soluções actualmente em vigor, como as defendidas pela jurisprudência e pela doutrina na falta de disposição legal expressa, em situação análoga à da lei portuguesa anterior ao CSC.

A – 1. Na *Alemanha, antes de 1937,* nada parece impedir, em regra, a referida acumulação. A capacidade para ser nomeado membro do directório é regulada segundo as regras gerais, embora os estatutos possam estabelecer limitações ([2]). A doutrina não chega sequer a pôr a questão.

([1]) Cf. OMMESLAGHE, *ob. cit.*, pág. 331 e segs..
([2]) Cf. KARL LEHMANN, *Das Recht der Aktiengesellschaften,* vol. II, pág. 237.

2. Após o *AktG 1937* a situação não se modificou substancialmente quanto aos membros do directório ([3]).

Já quanto aos membros do conselho de vigilância, o § 90-I dispõe que eles não podem ser simultaneamente membros do directório ou seus representantes duradouros nem dirigir, como empregados, os negócios da sociedade ([4]).

3. A partir da *Lei nº 27, de 16.5.1950*, do Conselho de Controlo Interaliado e, sobretudo, do *MitbestG 1951* (§ 6-I) e *Milbest ErgG 1956* (§ 6-I) passou a ser obrigatória a participação paritária de representantes dos trabalhadores nos conselhos de vigilância e mesmo no directório (o director do trabalho) de sociedades dos sectores do carvão e do aço com mais de 1000 trabalhadores, alargando-se com o *BetrVG 1952* (§ 76-II) a participação minoritária de representantes dos trabalhadores nos conselhos de vigilância às sociedades com mais de 500 trabalhadores da generalidade dos sectores da economia ([5]).

Deste modo, a acumulação das qualidades de membros do conselho de vigilância ou do directório e de trabalhador da mesma sociedade não só é permitida, como é imposta, em certa medida, por lei.

4. O *AktG 1965* esclarece que membro do directório só pode ser uma pessoa com capacidade jurídica plena (§ 76), não referindo a doutrina qualquer limitação à cumulabilidade dessa posição com a de trabalhador ([6]).

De resto, mantêm-se em vigor as leis sobre a participação dos representantes dos trabalhadores nos conselhos de vigilância e nos directórios (§§ 95 e 101) ([7]).

([3]) Cf. SCHLEGELBERGER-QUASSOWSKI, *Aktiengesetz*, 2. Aufl., § 75, Anm. 4, e C. RITTER, *Aktiengesetz*, 2. Aufl., § 70, Anm. 5.

([4]) Cf. SCHLEGELBERGER-QUASSOWSKI, *Aktiengesetz*, 2. Aufl., § 90, Anm. 3 e 4, e C. RITTER, *Aktiengesetz*, 2. Aufl., § 90, Anm. 4.

([5]) Cf. LUÍS BRITO CORREIA, *Direito do Trabalho*, vol. III, pág. 107 e segs. e bibliografia aí cit..

([6]) Cf. GODIN-WILHELMI, *AktG*, 4. Aufl., § 76, Anm. 8; MERTENS, in *Koelner Kommentar AktG*, § 76, Anm. 41; GESSLER-HEFERMEHL, *AktG*, § 76, Anm. 35, e MEYER-LANDRUT, in *Grosskomm. AktG*, § 76, Anm. 15.

([7]) Cf. GODIN-WILHELMI, *AktG*, 4. Aufl., § 95, Anm. 5; MERTENS, in *Koelner Kommentar AktG*, § 95, Anm. 24; GESSLER-HEFERMEHL, *AktG*, § 95, Anm. 39-42, e MEYER-LANDRUT, in *Grosskomm. AktG*, § 95, Anm. 6.

Aliás, o *MitbestG 1976* introduziu um sistema de participação quase-paritária de representantes dos trabalhadores nos conselhos de vigilância das sociedades com mais de 2000 trabalhadores da generalidade dos sectores da economia (salvo do carvão e do aço) (§ 7) ([8]).

A qualidade de trabalhador da empresa é condição de elegibilidade para os lugares de representantes dos trabalhadores [salvo quanto aos "outros membros" previstos pelo MilbestG 1951 (§ 4-II)], mesmo quando eles são formalmente eleitos pela assembleia geral com base em propostas das organizações representativas dos trabalhadores (como é o caso das sociedades dos sectores do carvão e do aço abrangidas pelo MilbestG 1951) ([9]).

É importante acentuar que, segundo o direito alemão, todos os membros do conselho de vigilância (sejam accionistas, trabalhadores ou terceiros) têm os mesmos direitos e obrigações e exercem as suas funções com independência, não estando vinculados a ordens ou instruções das entidades que os elegeram ou propuseram, nem, sendo trabalhadores, dos seus superiores na empresa. Todos, incluindo os representantes dos trabalhadores, devem em primeira linha servir os interesses da sociedade anónima ([10]).

Tem sido muito discutida a atitude a tomar pelos representantes dos trabalhadores no caso de conflito de interesses entre a sociedade e os trabalhadores, v. g., no caso de greve. Embora haja jurisprudência contraditória, parece dominar a opinião de que os membros do conselho de vigilância representantes dos trabalhadores podem ter uma participação passiva, mas não uma participação activa numa greve legítima, nem qualquer participação numa greve ilegítima (v. g., selvagem), pois isso violaria o seu dever de fidelidade para com a sociedade. Há jurisprudência no sentido de que as funções de membro do conselho de vigilância se suspendem, para os representantes dos trabalhadores, por efeito da greve, o que lhes permitiria uma participação activa na greve; mas essa posição tem sido criticada e parece não ser a dominante ([11]). Os litígios entre a sociedade anónima e os representantes dos trabalhadores no conselho de vigilância, relacionados com a actividade destes no conselho

---

([8]) Cf. LUÍS BRITO CORREIA, *Direito do Trabalho*, vol. III, pág.168 e segs. e bibliografia aí cit..
([9]) Cf. MEYER-LANDRUT, in *Grosskomm. AktG*, § 105, Anm. 5.
([10]) Cf. MEYER-LANDRUT, in *Grosskomm. AktG*, § 96, Anm. 1.
([11]) Cf. MEYER-LANDRUT, *ob. cit.*, § 96, Anm. 1, e ob. aí cit..

de vigilância (incluindo por responsabilidade civil pela participação ilícita numa greve) são da competência dos tribunais comuns (não dos tribunais do trabalho). Os litígios sobre a eleição, revogação e remuneração desses representantes competem aos tribunais do trabalho ([12]).

B – 1. Em face da *Lei francesa de 24.7.1867*, que não continha qualquer disposição expressa sobre a questão, entendia-se que não era proibida a acumulação das qualidades de administrador e de trabalhador. Admitia-se, consequentemente, que um trabalhador pudesse ter acesso às funções de administrador e que, em sentido inverso, um administrador pudesse tornar-se também assalariado da sociedade. Todavia, considerava-se que a manutenção ou a atribuição da qualidade de assalariado não devia ser unicamente inspirada pelo desejo de dificultar a revogabilidade "ad nutum" dos administradores. E a acumulação efectiva de funções, sem a qual o interessado não podia pretender as vantagens ligadas à qualidade de assalariado ([13]).

Este regime suscitou três críticas principais: era relativamente fácil aos administradores "contornar" o princípio da revogabilidade "ad nutum"; o recrutamento de administradores como assalariados (normalmente como directores técnicos da sociedade) contribuía para uma certa diluição de responsabilidades; e a acumulação perturbava a hierarquia da sociedade, enfraquecendo a direcção geral.

2. Por isso, o art. 2º, alínea 2, da *Lei fr de 16.11.1940*, modificada pela *Lei fr de 4.3.1943*, dispôs que "nenhum membro do conselho de administração além do presidente, do administrador que receba uma delegação no caso previsto nas alíneas 4) e 5) abaixo e do administrador escolhido como director geral pode ser investido em funções de direcção na sociedade".

Este texto suscitou sérias dificuldades de interpretação e acesa controvérsia na doutrina ([14]).

([12]) Cf. MEYER-LANDRUT, *ob. cit.*, § 96, Anm. 1, e ob. aí cit..
([13]) Cf. HÉMARD-TERRÉ-MABILAT, *Sociétés Comerciales*, vol. I, pág.716, e YVAN BALENSI, *Les Conventions entre les Sociétés Commerciales et leurs Dirigeants*, Paris, Economica, 1975, pág. 64.
([14]) Para maiores desenvolvimentos, cf. HÉMARD-TERRÉ-MABILAT, *ob. cit.*, vol. I, pág.717 e segs., e YVAN BALENSI, *ob. cit.*, pág. 64 e seg.

A jurisprudência, por seu lado, admitia a possibilidade de acumulação desde que o contrato de trabalho fosse sério e não destinado a frustrar a revogabilidade do mandato ([15]).

3. Após diversas flutuações nos trabalhos preparatórios da Lei fr nº 66-537, de 24.7.1966, veio a estabelecer-se, no art. 93º, posteriormente acrescentado pela *Lei fr nº 69-12*, de 6.1.1969, para as sociedades anónimas com conselho de administração (de tipo clássico), que "um assalariado da sociedade só pode ser nomeado administrador se o seu contrato de trabalho for anterior de dois anos pelo menos à sua nomeação e corresponder a um emprego efectivo; ele não perde o benefício deste contrato de trabalho. Qualquer nomeação realizada com violação das disposições da presente alínea é nula. Esta nulidade não implica a das deliberações em que tenha tomado parte o administrador irregularmente nomeado.

"O número de administradores ligados à sociedade por um contrato de trabalho não pode ultrapassar um terço dos administradores em funções (Lei nº 69-12, de 6.1.1969). Todavia, nas sociedades anónimas com participação operária, os representantes da sociedade cooperativa de mão-de-obra não são contados para determinação do número destes administradores.

"Em caso de fusão, o contrato de trabalho pode ter sido celebrado com uma das sociedades fundidas".

Deste modo, a lei admite, em certas condições, que um trabalhador seja promovido a administrador, sem perder os benefícios daquela qualidade. Mas a inversa não é admissível, embora a lei não a preveja expressamente: resulta claramente dos debates parlamentares que um administrador em funções não pode celebrar um contrato de trabalho com a sociedade, sob pena de nulidade deste contrato e eventual responsabilidade do administrador ([16]).

Para as sociedades anónimas com directório e conselho de vigilância, a Lei fr nº 66-537, ainda que indirectamente, admite que os membros do directório sejam designados de entre trabalhadores (considerando-se

---

([15]) Cf. HÉMARD-TERRÉ-MABILAT, *ob. cit.*, vol. I, pág. 719 e seg., e YVAN BALENSI, *ob. cit.*, pág. 66.

([16]) Cf. HÉMARD-TERRÉ-MABILAT, *ob. cit.*, vol. I, pág. 720 e segs.; GOURLAY, *ob. cit.*, pág. 109 e segs.; YVAN BALENSI, *ob. cit.*, pág. 66 e segs.; SAXAG, " Mandat social et contrat de travail: limites et fonctions", in *Rev. Soc.*, 1981, pág. 12 e segs., e FRANCIS LEFEBVRE, *Dirigeants de Sociétés*, Paris, Édit. F. Lefebvre, 1989, pág. 47 e segs..

mesmo natural que sejam quadros superiores da empresa), sem perda das regalias decorrentes desta qualidade; e admite mesmo que os membros do directório em funções celebrem contratos de trabalho com a própria sociedade ([17]). A Lei apenas dispõe que "no caso em que o interessado tenha celebrado com a sociedade um contrato de trabalho, a revogação das suas funções de membro do directório não tem por efeito rescindir este contrato" (art. 121º-II).

A jurisprudência entende que, se um assalariado nomeado membro do directório só exerce esta última função, conserva o benefício do seu contrato de trabalho pela suspensão deste; outra interpretação sobre este ponto teria por consequência, sob o pretexto falacioso de uma promoção perigosa, permitir contornar as regras protectoras do contrato de trabalho ([18]).

Diversamente, em relação aos membros do conselho de vigilância, a doutrina entende que a acumulação de tal qualidade com a de trabalhador da sociedade não é possível, com base no disposto no art. 142º, segundo o qual aqueles "não podem receber da sociedade nenhuma remuneração, permanente ou não, além das visadas nos artigos 140º e 141º" [isto é, senhas de presença, participação nos lucros ("tantièmes") e remunerações excepcionais] ([19]).

Deste modo, o Parlamento francês rejeitou o sistema alemão de participação paritária (cogestão) ou minoritária de representantes dos trabalhadores no conselho de vigilância. Manteve-se apenas a disposição do DL fr de 22.2.1945, art. 3º, al. 12, na redacção da Lei fr de 16.5.1946 e da Lei fr de 18.6.1966, segundo a qual, "nas sociedades anónimas, dois membros do comité da empresa, delegados pelo comité e pertencentes, um, à categoria dos quadros e dos mestres ('maitrise'), outro à categoria dos empregados e operários, assistirão, com voto consultivo, a todas as reuniões do conselho de administração ou do conselho de vigilância, segundo os casos". Tem-se entendido, porém, que estes dois delegados

---

([17]) HÉMARD-TERRÉ-MABILAT, *ob. cit.*, vol. I, pág. 937 e seg.; YVAN BALENSI, *ob. cit.*, pág. 75 e segs., e A. SAYAG, "Mandat social et contrat de travail: attraits, limites et fonctions", in *Rev. Soc.*, 1981, pág. 10.

([18]) Cf. "Sentença do Tribunal de Apelação de Saint-Denis-de-la-Réunion, de 23.6.1978", in *Rev. Soc.*, 1979, pág. 527, com comentário crítico de PAUL LE CANNU e autores cit. por PAUL LE CANNU, *La société anonyme à directoire*, pág. 353.

([19]) Cf. HÉMARD-TERRÉ-MABILAT, *ob. cit.*, vol. I, pág. 981 e segs., e SAYAG, *ob. cit.*, pág. 11.

não fazem parte do conselho, embora a falta da sua convocação para as reuniões acarrete a nulidade das deliberações do conselho ([20]).

C – 1. Na *Itália*, o *CCom it de 1882* não resolve expressamente o problema da compatibilidade do cargo de administrador com a qualidade de trabalhador subordinado da mesma sociedade (art. 121º). A jurisprudência foi chamada a pronunciar-se sobre a matéria, dando origem a intenso debate doutrinário ([21]).

2. O *CCiv it de 1942* mantém o silêncio a este respeito e a jurisprudência e a doutrina italianas continuam muito divididas.

Assim, alguns autores consideram aquelas qualidades incompatíveis, dada a natureza de órgãos dos administradores ([22]).

Várias sentenças retomam a orientação da sentença do Supremo Collegio de 1.4.1930, segundo a qual "o cargo de administrador duma sociedade anónima e a função de empregado privado não podem cumular-se por incompatibilidade na mesma pessoa e, salvo diversa vontade das partes, mantém-se a relação que preexistia no caso da nomeação sucessiva". Adoptam assim o chamado princípio da prevenção (ou da prevalência da primeira relação) ([23]).

Outras sentenças admitem a cumulabilidade das qualidades de administrador e de empregado, sempre que esta tenha precedido aquela ([24]).

São frequentes as decisões que afirmam a compatibilidade das qualidades de administrador e de director geral nomeado pelo pacto social ou por deliberação da assembleia geral, argumentando "a contrario sensu" com base no art.148º do CCom it de 1882, sem correspondência no CCiv it de 1942 (art. 2396º) ([25]).

Em sentenças de 1946 e 1951, a Cassação admitiu a cumulabilidade das qualidades de administrador e empregado. Mas logo em 1952 tomou

---

([20]) Cf. HÉMARD-TERRÉ-MABILAT, *ob. cit.*, vol. I, pág. 784; SAYAG, *ob. cit.*, pág. 14, e LUÍS BRITO CORREIA, *Direito do Trabalho*, vol. III, pág. 89 e segs..

([21]) Cf. PLACIDO PETINO, *Rapporto di amministrazione e rapporto di lavoro subordinato*, Milão, Giuffrè, 1968, pág. 5 e segs., e referências aí cit..

([22]) Cf. SANTORO-PASSARELLI, *Nozioni di diritto del lavoro*, pág. 80 e seg.; DE SEMO, "Socio od amministratore di società e rapporto di impiego nel sistema del nuovo codice civile", in *Mass. giur. corp.*, 1942, pág. 310, e FANELLI, *La Delega*, pág. 26 e segs., nota 26.

([23]) In *FI*, 1930, I, 414, e outras cit. por MINERVINI, *Gli amministratori*, pág. 78, cuja síntese se segue de perto.

([24]) Cf. *ob. cit.* por MINERVINI, *ob. cit.*, pág. 78, nota 59.

([25]) Cf. *ob. cit.* por MINERVINI, *ob. cit.*, pág. 79 e seg..

a posição oposta, considerando que "a relação de emprego entre uma sociedade e um sócio administrador, seja ou não este um administrador delegado, não é nula por ilicitude da causa ou do objecto, mas é anulável pelo art. 1395º c.c." (contrato consigo mesmo); e isto apesar de o administrador em causa se ter abstido na deliberação do conselho que aprovou o contrato de trabalho – o que parece merecer as críticas que lhe têm sido feitas pela doutrina ([26]).

Finalmente, numerosas sentenças e alguns autores entendem que só devem considerar-se as qualidades de administrador e de empregado como incompatíveis quando aquela exclua de facto que a pessoa nela investida possa assumir uma posição de subordinado da sociedade – o que é uma circunstância só eventual, a verificar caso a caso ([27]). Assim, não pode haver subordinação (e consequentemente há incompatibilidade das referidas qualidades) se a parte no contrato de trabalho for administrador único da sociedade. Mas pode haver subordinação (e compatibilidade) se existir um conselho de administração com um número tal de membros que possa deliberar sem o voto ou com o voto contrário do administrador empregado. Consequentemente, não pode haver subordinação (e há incompatibilidade) quando a sociedade tenha só dois administradores, a não ser que o administrador não empregado seja administrador-delegado (não bastando ser presidente do conselho de administração apenas – contra o que afirmam algumas sentenças). E não há subordinação (havendo incompatibilidade) quando o empregado seja administrador-delegado, ao menos quando a delegação inclua o exercício de superintendência sobre o próprio, como empregado ([28]).

Em relação aos casos em que não é possível a acumulação das qualidades de administrador e de empregado, pergunta-se o que acontece quando um trabalhador é nomeado administrador. A Cassação, numa sentença, entende que há incapacidade jurídica relativa da sociedade e do trabalhador quanto à relação de administração (segundo o referido princípio da prevenção). Noutras sentenças decide que a nomeação do administrador importa a resolução do contrato de trabalho ou a sua sus-

---

([26]) Cf. CARCANGIU, "Amninistratore-impiegato di società", in *Mass. giur. lav.*, 1955, pág. 116 e seg., e *ob. cit.* por MINERVINI, *ob. cit.*, pág. 80 e seg..

([27]) É a posição defendida por MINERVINI, *ob. cit*, pág. 81 e segs., e jurisprudência aí cit.; cf. também CASSÌ, *La subordinazione del lavoratore nel diritto del lavoro*, Milão, 1947, pág. 282 e 284, e SAVINO, *La subordinazione nel rapporti di lavoro*, Turim, 1944, pág. 223.

([28]) Cf. MINERVINI, *ob. cit*, pág. 83, nota 76.

pensão ([29]). MINERVINI considera que a estipulação do contrato de administração importa a resolução ou a suspensão do contrato de trabalho consoante a vontade das partes; e, no silêncio destas, pode presumir-se a suspensão do contrato de trabalho de duração muito superior à da relação de administração e a sua resolução nos demais casos ([30]).

Na hipótese inversa, em que é celebrado um contrato de trabalho com o administrador em exercício (sendo incompatíveis essas qualidades), há jurisprudência a considerar o contrato de trabalho nulo por impossibilidade do objecto; mas outros arestos e alguns autores, entre os quais MINERVINI, admitem a validade do contrato de trabalho para produzir efeitos após a cessação da relação de administração, com base no princípio da conservação do contrato (CCiv it, art. 1367º) ([31]).

III – A – Em Portugal, a *Lei de 1867* não contém qualquer preceito sobre a compatibilidade da qualidade de administrador e de trabalhador subordinado. E a doutrina não se refere à questão.

B – O *CCom* de 1888 tão-pouco inclui qualquer disposição sobre o assunto. O facto de o art. 172º exigir que a eleição dos directores seja "feita de entre os sócios" não exclui a possibilidade de designação de trabalhadores (v. g., quadros superiores) como administradores – desde que sejam ou se tornem previamente accionistas, não sendo incompatíveis as qualidades de trabalhador e accionista da mesma sociedade. Mas mantém-se em aberto o problema de saber se ambas as relações podem sobreviver lado a lado sem modificações importantes.

RAÚL VENTURA sustenta "a impossibilidade de um indivíduo funcionar simultaneamente como administrador e trabalhador" ([32]).

Em sentido oposto, I. GALVÃO TELLES ([33]) entende que "em relação a um administrador pode acontecer e acontece por vezes achar-se investido em funções especiais de natureza executiva, como a de director de serviço, que exerce subordinadamente ao conselho de administração, com uma remuneração própria, distinta da do administrador, caso em que

---

([29]) Esta última é a posição de FRÈ, *Società per azioni*, pág. 355.
([30]) Cf. MINERVINI, *ob. cit.*, pág. 86.
([31]) Cf. MINERVINI, *ob. cit.*, pág. 87, e FRÈ, *Società per azione*, pág. 356. Para maiores desenvolvimentos, cf. também PLACIDO PETINO, *Rapporto di amministrazione e rapporto di lavoro subordinato*, Milão, Giuffrè, 1968, pág. 5 e segs., e referências aí cit..
([32]) Cf. *Teoria da Relação Jurídica de Trabalho*, 1944, vol. I, pág. 299.
([33]) Cf. Anotação ao Ac do STJ de 21.4.1972, in *Dir*, art. 104º, 1972, pág. 336.

está também vinculado por um contrato de trabalho. Dá-se então como que um desdobramento de papéis: o de administrador, que concorre para a formação do órgão da sociedade, inserindo-se na estrutura desta, e o de prestador de trabalho subordinado da empresa''. Parece pois admitir a conjugação das duas qualidades, sem distinguir os casos em que a qualidade de administrador é anterior ou posterior à qualidade de trabalhador.

Também ABÍLIO NETO ([34]) considera que, "não constando do nosso direito positivo [...] a expressa proibição de o gerente ou administrador acumular o exercício das suas funções específicas com as de trabalhador subordinado (v. g., director de determinado departamento da empresa), nada obstará, em princípio, à reunião na mesma pessoa dessa dupla qualidade, mormente quando ao desempenho de uma e outra função esteja ligada a percepção de retribuições distintas e haja uma qualquer subordinação ao órgão de gestão''.

Entretanto, a jurisprudência sobre esta questão revela-se contraditória.

Na verdade, alguns acórdãos consideram não poder existir um contrato de trabalho entre a sociedade anónima e um seu administrador, pelo facto de esta qualidade ser incompatível com a subordinação jurídica que aquele contrato supõe ([35]).

Mas outros arestos decidem que nada obsta à acumulação da qualidade de administrador de sociedade anónima com a de trabalhador desta ([35a]).

Num plano diverso, encontram-se alguns pequenos estudos sobre a participação de trabalhadores, como tais, nas decisões da empresa ([36]). Mas a maioria deles visa a análise (e crítica) de experiências estrangei-

---

([34]) Cf. "O contrato de trabalho", in *Direito do Trabalho*, BMJ (suplemento), Lisboa, 1979, pág. 167.

([35]) Cf. Ac STA de 10.3.1953, in *Cof*, XV, pág. 134; Ac STJ de 15.10.1980, in *AcD*, nº 227, pág. 1342, e *BMJ*, nº 300, pág. 227; Ac STJ de 16.12.1983, in *BMJ*, nº 332, pág. 418. Em sentido semelhante, quanto aos gerentes de sociedades por quotas, cf. Ac STA de 18.7.1950, in *Cof*, XII, pág. 199; Ac STA de 18.10.1960, in *Cof*, XXII, pág. 956; Ac STA de 1.2.1966, in *AcD*, vol. V, pág. 499.

([35a]) Cf. Ac STJ de 4.2.1972, in *BMJ*, nº 214, pág. 101 (num caso de cumulação da qualidade de administrador com a de director geral, adquiridas na mesma data); Ac STJ de 7.2.1986, in *BMJ*, nº 354, pág. 380 (num caso em que um encarregado geral da sociedade é nomeado representante de uma sociedade administradora daquela). Em sentido semelhante, quanto a gerentes de sociedades por quotas, cf. Ac STJ de 23.7.1982, in *AcD*, nº 252, pág. 1612.

([36]) Cf. LUÍS BRITO CORREIA, "A lei sobre as comissões de trabalhadores", in *ROA*, 1980, II, pág. 449 e segs. e bibliografia aí cit..

ras ou de participação a nível do estabelecimento e da empresa, mas não a nível dos órgãos de administração da sociedade. E os poucos que chegam a equacionar este problema concluem pela inadmissibilidade de tal participação, ou, mais exactamente, pela sua viabilidade apenas mediante a eleição pela assembleia geral dos accionistas com prévia aquisição pelos candidatos da qualidade de accionista.

Não se encontra qualquer texto que ponha o problema da possibilidade jurídica de um administrador em exercício celebrar um contrato de trabalho com a sociedade, ou sequer da designação de um quadro superior como administrador, independentemente de ser ou não representativo dos demais trabalhadores ([37]).

C – A *CRP de 1976* consagra o direito dos trabalhadores a criarem comissões de trabalhadores, tendo estas o direito, entre outros, a "exercer o controlo de gestão nas empresas" (art. 55º e 56º) – e foi o primeiro diploma normativo a fazê-lo, em Portugal. Mas não define o que é o controlo de gestão. Em todo o caso, das intervenções dos constituintes e dos respectivos documentos partidários deduz-se claramente que não se teve em vista prever na CRP a possibilidade de representação dos trabalhadores nos órgãos das sociedades – como pretendia o PPD, mas era rejeitado por todos os demais partidos ([38]).

D – O *DL nº 389/77*, de 15.9, ao permitir a escolha dos administradores de entre accionistas ou não accionistas, facilita de certo modo a designação de trabalhadores, pois torna dispensável a aquisição prévia de acções. Mas tal diploma também não resolve a questão posta.

E a doutrina continua a não analisar o problema.

PINTO FURTADO ([39]) analisa experiências estrangeiras e a portuguesa, incluindo considerações "de jure condendo", mas não toma posição de direito constituído sobre o problema da possibilidade de trabalhadores serem simultaneamente administradores.

E – A *Lei nº 46/79*, de 12.9, é que veio permitir, pela primeira vez na legislação portuguesa, a eleição de representantes dos trabalhadores para órgãos sociais da respectiva empresa, sendo o número de traba-

---

([37]) Para maiores desenvolvimentos, cf. LUÍS BRITO CORREIA, *Direito do Trabalho*, vol. III, pág. 240 e segs..

([38]) Cf. LUÍS BRITO CORREIA, "A lei sobre as comissões de trabalhadores", in *ROA*, 1980, vol. II, pág. 452 e segs.

([39]) Cf. *Código Comercial Anotado*, vol. II, t. I, 1979, pág. 336 e segs..

lhadores a eleger e o "órgão social competente" os previstos nos estatutos da empresa (art. 30º). Esta forma de representação é obrigatória para as empresas do sector empresarial do Estado. Para as empresas do sector privado, a introdução deste regime "fica na disponibilidade das partes" — além de poder ser regulado por lei própria (art. 30º, nº 3 e 4) ([40]), ainda não publicada ([41]).

Importa salientar que o "sector empresarial do Estado" a que se refere este preceito abrange não só as empresas públicas económicas (sujeitas ao regime do DL nº 260/76, de 8.4), mas também as sociedades de capitais públicos, incluindo sociedades anónimas em que o Estado tenha participação totalitária ou mesmo maioritária ([42]).

Do art. 30º da Lei nº 46/79, de 12.9, pode, porém, deduzir-se com segurança a compatibilidade da qualidade de trabalhador — ao menos quando representante de trabalhadores — com a de membro de um órgão social de uma sociedade anónima. Não diz a lei qual seja esse órgão. Mas deixa à "disponibilidade das partes" a decisão sobre isso e diz que o órgão social competente é o previsto nos estatutos. Daqui se pode concluir que as "partes" (isto é, ao que parece, os accionistas e os trabalhadores) podem prever a representação laboral em qualquer dos órgãos sociais. É natural que a prevejam na administração ou no conselho fiscal, pois a assembleia geral é um órgão deliberativo dos accionistas, no qual estes têm óbvia conveniência em tratar dos seus interesses sem a intromissão de terceiros. Mas não é de excluir a representação laboral num órgão estatutário especial, v. g., uma espécie de conselho de vigilância, com competência estatutária, que não pode, todavia, limitar a competência legal da administração.

Terá de concluir-se que o trabalhador eleito para representar os seus camaradas no órgão de administração (ou de vigilância) de sociedade

---

([40]) Este art. 30º foi introduzido na lei por imposição dos deputados sociais-democratas independentes, após o veto do Presidente da República ao Dec nº 93/I da Assembleia da República. Sobre as circunstâncias da aprovação da Lei, cf. LUÍS BRITO CORREIA, *Direito do Trabalho*, vol. III, pág. 254 e segs..

([41]) A ASDI apresentou um Projecto de Lei nº 334/II sobre o assunto (in *DAR*, 2ª s., nº 82, de 27.4.1982), que não chegou a ser discutido, tendo voltado a ser apresentado como Projecto de Lei nº 46/III (in *DAR*, 2ª s., nº 2, de 9.8.1983), que também não chegou a ser discutido.

([42]) Neste sentido, cf., por exemplo, J. SIMÕES PATRÍCIO, *Curso de Direito Económico*, Lisboa, AAFDL, 1981-82, pág. 669 e segs., e ARMINDA M. C. ANTÓNIO, A. SOUSA MOTA, A. ROCHA CARVALHO, *O Sector Empresarial do Estado em Portugal e nos Países da CEE*, Lisboa, INCM, 1983, pág. 49 segs.

deixa, por esse facto, de poder exercer a sua actividade laboral subordinada? Não parece ser esse o espírito da lei. Pelo contrário, se o trabalhador é eleito para representar os interesses dos trabalhadores, deve manter essa qualidade, sob pena de correr o risco de perder a sensibilidade para os interesses que ele tem por missão defender (ainda que, como membro de um órgão social, ele deva orientar-se predominantemente pelo interesse social).

Deve observar-se, porém, que esta modalidade de representação dos trabalhadores nos órgãos sociais pressupõe sempre a existência de "representantes" dos accionistas em posição maioritária ou, pelo menos, paritária. Se os trabalhadores colectivamente passarem a ter posição maioritária (o que a Lei nº 46/79 não exclui), verifica-se uma modificação essencial da natureza da empresa e das relações de trabalho, deixando de poder falar-se de trabalho subordinado, para dever reconhecer-se a existência de trabalho associado, isto é, de autogestão, num sentido muito amplo desta palavra ([43]).

F — E, no silêncio da lei (CCom, etc.), poderá a assembleia geral dos accionistas (ou outro órgão competente) designar um trabalhador (v. g., um quadro técnico superior da empresa) administrador da sociedade, sem que aquele perca a qualidade de trabalhador subordinado, nem veja suspensos os seus direitos laborais ?

A este respeito e em face da lei anterior ao CSC, parece mais acertada uma posição como a de MINERVINI, isto é, a resposta à questão depende de se verificar, em cada caso concreto, se é possível ou não subsistir a subordinação jurídica, essencial ao contrato de trabalho, ao lado da qualidade de administrador, a que é inerente uma certa participação no poder de direcção.

É claro que não basta subsistir uma subordinação jurídica do trabalhador-administrador à assembleia geral dos accionistas. Já se disse que a administração tem poderes próprios e que a natureza e o grau de subordinação dos administradores à assembleia geral é claramente diversa e menor que a subordinação dos trabalhadores à respectiva entidade patronal. Tem, pois, de haver subordinação do trabalhador ao órgão representativo da sociedade anónima, isto é, ao conselho de administração.

([43]) Cf. LUÍS BRITO CORREIA, *Direito do Trabalho*, vol. III, pág. 56, e *Autogestão em Portugal — Relatório da Comissão Interministerial para Análise da Problemática das Empresas em Autogestão* (Cadernos de Ciência e Técnica Fiscal, nº 117), Lisboa, 1980, pág. 164 e segs..

É possível admitir que subsiste subordinação jurídica do trabalhador-administrador ao conselho de administração, caso este possa deliberar validamente sem o voto ou com o voto contra do trabalhador-administrador – o que pressupõe um número de membros superior a dois (que é, aliás, o imposto pelo DL nº 38 977, de 15.9). Em todo o caso, para que se possa admitir a acumulação das duas qualidades de administrador e trabalhador é necessário que o trabalhador continue obrigado, por força do contrato de trabalho, a prestar uma actividade que se distinga da actividade de administração da sociedade. E que o trabalhador receba, como tal, uma retribuição distinta da remuneração que eventualmente receba pela actividade de administração.

Pelo contrário, não parece possível a acumulação de qualidades quando o trabalhador seja designado administrador-delegado ([44]), com poderes de direcção do pessoal da empresa, incluindo sobre o posto de trabalho por ele próprio ocupado. Nesse caso, haveria confusão de qualidades de superior e subordinado na mesma pessoa. E o mesmo se pode dizer quando o trabalhador-administrador tenha no conselho de administração voto de desempate ou voto privilegiado, de tal modo que seja ele de facto quem detém a posição preponderante no conselho de administração.

Nesses casos, pode admitir-se a validade e eficácia da designação como administrador (a menos que se prove qualquer outro vício). Pode é perguntar-se se o contrato de trabalho cessa ou se suspende. Produzir-se-á um efeito ou outro consoante a vontade das partes. Na verdade, é concebível que o trabalhador aceite a designação com todas as suas consequências, pondo termo à relação de trabalho, por mútuo acordo.

Mais frequentemente, porém, o trabalhador que aceita ser designado administrador, com poderes de direcção do pessoal, pretenderá não perder com isso a sua relação laboral, porventura duradoura: pode admitir-se, então, que a relação de trabalho se suspenda até à cessação da relação de administração, ficando o administrador numa situação semelhante à da licença sem retribuição (DL nº 874/76, de 28.12, art. 16º e 17º) ([45]).

([44]) Não se põe, em Portugal, imediatamente antes da aprovação do CSC, a hipótese do trabalhador-administrador único, nem a de dois administradores, visto que o DL nº 389/77, de 15.9, impõe claramente a existência de um órgão com três membros, pelo menos.

([45]) Não pode falar-se aqui de suspensão por impedimento prolongado do trabalhador, visto que a designação como administrador depende da sua aceitação e, por isso, é-lhe imputável (por referência ao conceito do art. 73º da LCT, aliás revogado e não substituído pelo DL nº 874/76, de 28.12).

Se as partes nada estipularam sobre o assunto, pode mesmo presumir-se que quiseram a suspensão do contrato de trabalho nestes termos. Assim será quando o trabalhador-administrador exerça apenas a actividade de administração e aufira apenas a respectiva remuneração, tendo sido estipulada a sobrevivência da relação de trabalho. Trata-se, em qualquer caso, de uma questão de interpretação do contrato a resolver caso a caso, consoante as circunstâncias.

Não é de excluir a hipótese de a designação de um trabalhador como administrador, com a intenção reservada de pôr termo ao contrato de trabalho e, posteriormente, pôr termo à relação de administração, vir a configurar-se como uma forma de abuso de direito, visando alcançar um objectivo proibido por lei (o despedimento sem justa causa), por uma via aparentemente legal (a designação como administrador e posterior destituição).

G — Diferente é a situação do administrador que pretende celebrar um contrato de trabalho com a respectiva sociedade.

Neste caso, para além da possibilidade de subordinação, a verificar caso a caso, nos termos expostos acima, há que respeitar os apertados limites legais de validade do negócio consigo mesmo (CCiv, art. 261º).

Assim, não poderá celebrar tal contrato de trabalho um administrador-delegado, com poderes de direcção do pessoal da empresa, nem um administrador com voto privilegiado que lhe assegure posição preponderante no conselho de administração.

É óbvio que, por natureza, o contrato de trabalho não exclui, antes inclui, a possibilidade de conflito de interesses. Para que tal contrato seja válido é, pois, indispensável que "o representado tenha especificadamente consentido na celebração". O representado, neste caso, é a sociedade, cuja vontade terá de ser expressa pelo conselho de administração (órgão competente para celebrar contratos de trabalho em representação da sociedade), sem o voto do administrador interessado (por aplicação analógica do art. 39º, nº 3º, da LSQ).

Por outro lado, é necessário que o contrato de trabalho tenha por objecto a prestação de uma actividade distinta da actividade de administração (por natureza não subordinada).

E que seja estipulada uma retribuição distinta da remuneração recebida pela actividade administrativa, visto que a retribuição é elemento essencial do contrato de trabalho.

Deve notar-se que a celebração do contrato de trabalho não obsta à revogabilidade do administrador. Apenas acontece que o administrador revogado mantém a qualidade de trabalhador, apesar de perder a de administrador.

Não é de excluir, em princípio, a celebração de um contrato de trabalho sob condição ou termo suspensivo, v. g., para produzir efeitos quando o administrador cesse as suas funções.

H—Pode pôr-se o problema do abuso de direito na celebração de um contrato de trabalho com um administrador.

A lei impõe a eleição periódica dos administradores (CCom, art. 171º, § único, e 172º). E permite a estipulação de cláusulas de indemnização no caso de revogação sem justa causa, como adiante se demonstrará. Não autoriza a estipulação de um direito especial à designação como administrador; nem permite uma cláusula de irrevogabilidade. A celebração de um contrato de trabalho sem prazo por um administrador pode, por isso, ser encarada como a obtenção de uma situação de estabilidade de emprego, que a qualidade de administrador não lhe confere. Em si mesma, tal obtenção é legítima, nas circunstâncias acima referidas. Mas, se se souber ou for de presumir que a assembleia geral dos accionistas não aceitaria uma cláusula de indemnização por revogação sem justa causa e, apesar disso, o conselho de administração celebrar um contrato de trabalho com um dos administradores, para favorecer um colega e amigo, pode efectivamente admitir-se a hipótese de abuso de direito. Tal será mais claro se os administradores celebrarem todos contratos de trabalho com a sociedade, representada sucessivamente pelos outros administradores. Esta situação de reciprocidade na atribuição de vantagens pode ser um sinal evidente de abuso de direito, ainda que fique salvaguardada por força da lei a revogabilidade de todos os administradores.

IV — O *CSC* veio contribuir para resolver expressamente uma parte dos problemas suscitados acima, embora dê azo a algumas dúvidas.

Com efeito, o art. 398º do CSC dispõe o seguinte:

"1. Durante o período para o qual foram designados, os administradores não podem exercer, na sociedade ou em sociedades que com esta estejam em relação de domínio ou de grupo, quaisquer funções temporárias ou permanentes ao abrigo de contrato de trabalho, subordinado ou autónomo, nem podem celebrar quaisquer desses contratos que visem uma prestação de serviço quando cessarem as funções de administrador.

"2. Quando for designada administrador uma pessoa que, na sociedade ou em sociedades referidas no número anterior, exerça qualquer das funções mencionadas no mesmo número, os contratos relativos a tais funções extinguem-se, se tiverem sido celebrados há menos de um ano antes da designação, ou suspendem-se, caso tenham durado mais do que esse ano [...]".

Após o CSC, ILÍDIO DUARTE RODRIGUES ([46]) considera que "o administrador não é a sociedade". "[...] A titularidade de poderes não é incompatível com a subordinação jurídica".

"A existência de eventual subordinação jurídica tem de se apurar e medir no terreno concreto da vida". "Não se vê, pois, que exista incompatibilidade sempre e necessariamente entre as posições de administrador e de trabalhador subordinado da sociedade". Para ele "o regime do art. 398º pode resumir-se muito simplesmente em dois pontos, a saber:

"1º Durante o período para o qual foram designados, os administradores não podem celebrar com a sociedade um contrato de trabalho;

"2º Se um trabalhador for designado administrador, o seu contrato ou se extingue ou se suspende: extingue-se se tiver sido celebrado há menos de um ano antes da designação; suspende-se, se tiver durado mais do que um ano".

Do art. 398º não retira, porém, qualquer conclusão quanto à natureza da relação entre o administrador e a sociedade anónima.

Será que o art. 398º do CSC não contém elementos úteis para resolver esta questão?

Repare-se, primeiro, que o nº 1 do art. 398º proíbe aos administradores "quaisquer funções temporárias ou permanentes ao abrigo de contrato de trabalho, subordinado ou autónomo". Ou seja, a proibição abrange tanto contratos de trabalho subordinado como contratos de prestação de serviço.

Isto mostra que o legislador pretende que todas as prestações de serviço(s) do administrador à sociedade (qualquer que seja o seu objecto e a sua origem) fiquem sujeitas a um único regime – o da relação de administração – e não a dois ou mais regimes.

Pressupõe também, embora menos seguramente, que o regime da relação de administração não se identifica nem com o regime do contrato

---

([46]) Cf. *A Administração de Sociedades*, pág. 304 e segs..

de trabalho, nem com o regime do contrato de prestação de serviço (trabalho autónomo): tem um regime distinto. Se não, de pouco serviria a proibição. Aliás, sabe-se que os motivos históricos de semelhante disposição assentam na diferença de regime da relação de administração e do contrato de trabalho subordinado.

Será de concluir daí que a relação de administração não tem a natureza nem de trabalho subordinado nem de trabalho autónomo?

A conclusão afirmativa é compatível com o disposto no art. 398º. Mas tal conclusão não pode deduzir-se apenas do art. 398º: não cabe nas premissas dele dedutíveis.

Não pode excluir-se, em teoria, que a relação de administração seja qualificável por outros motivos como de trabalho subordinado e que o legislador tenha querido apenas dizer que, com a designação do administrador, se extingue ou se suspende o anterior contrato de trabalho para passar a haver um outro, com regime específico.

Assim, o art. 398º do CSC não fornece argumentos concludentes para confirmar ou afastar a tese resultante dos argumentos anteriormente defendidos.

DIVISÃO VII

Prestação de caução

I — Alguns autores referem o dever de prestação de caução entre as diferenças da relação de administração relativamente ao mandato, à prestação de serviço e ao trabalho subordinado ([47]).

II — Não existe um dever legal genérico de prestar caução imposto ao *mandatário* (CCiv, art. 1161º e segs.), embora seja possível estipulá-lo, nos termos gerais (CCiv, art. 623º a 626º). Na prática, isso é relativamente raro.

III — O mesmo se pode dizer quanto ao *prestador de serviço* (CCiv, art. 1156º).

([47]) Cf. supra.

IV – É semelhante também a situação da generalidade dos *trabalhadores* subordinados, sendo frequente a prestação de caução pelos trabalhadores a quem são confiados regularmente valores importantes (v. g., tesoureiros e caixas), por força do contrato individual.

V – A – Diversamente, o *CCom* impõe aos *administradores* um dever de prestar caução, sem cujo cumprimento "não poderão entrar em exercício" (art. 174º) ([48]).

Deste dever são dispensados os administradores nomeados pelo Governo (DL nº 40 833, de 29.10.1956, art. 1º, § 3º).

B – O *CSC* (no art. 396º) impõe também o dever de prestar caução, fixando mesmo um valor mínimo (500 000$00), mas admite a sua substituição por um contrato de seguro e até a sua dispensa, relativamente a sociedades sem subscrição pública.

A prestação de caução não é hoje condição de início de exercício de funções, uma vez que pode ser prestada depois deste, mas é condição resolutiva da relação (art. 396º, nº 4).

Compreende-se este dever de prestação de caução como modo de protecção dos interesses dos accionistas e de terceiros contra eventuais actos ilícitos dos administradores, atendendo aos elevados valores patrimoniais que lhes são entregues para administrar ([49]).

Todavia, não parece que esta exigência de prestação de caução (dispensável) feita aos administradores seja argumento concludente para contrapor a relação de administração ao mandato ou à prestação de trabalho, em que tal caução não é, em regra, obrigatória, mas pode ser exigida caso a caso.

([48]) Sobre o assunto, cf.CUNHA GONÇALVES, *Comentário*, vol. I, pág. 435 e seg., e PINTO FURTADO, *Código*, vol. II, t. I, pág. 414 e segs.

([49]) Sobre o assunto, cf. ILÍDIO DUARTE RODRIGUES, *A Administração das Sociedades*, pág. 198 e segs..

DIVISÃO VIII

Dever de diligência e responsabilidade civil do administrador

SUBDIVISÃO I

Considerações gerais

Vários autores, nomeadamente franceses, encontram diferenças significativas entre o regime de responsabilidade civil do administrador de sociedade anónima e o do mandatário.

Mais concretamente, os referidos autores franceses observam — como se disse acima (¹) — que do mandatário é exigida a diligência do "bom pai de família" (sendo sancionada a "culpa levis in abstracto"), enquanto a jurisprudência é mais exigente com o administrador.

Além disso, o art. 246º da Lei fr de 1966 considera nulas as cláusulas que façam depender o exercício da acção social de responsabilidade de parecer prévio ou autorização da assembleia ou que envolvam renúncia prévia a tal exercício ou liberação da responsabilidade por deliberação da assembleia — o que contraria o princípio da validade das cláusulas de exoneração de responsabilidade contratual.

A reparação dos prejuízos causados à sociedade pode ser exigida tanto pela sociedade como pelos accionistas (através da acção social "ut universi" e da acção social "ut singuli", respectivamente) e considera-se esta dualidade de "mandantes" (a sociedade e os accionistas) dificilmente compatível com a ideia de mandato. E mais difícil ainda é o que se passa com a acção social de responsabilidade que a Lei fr de 1966 permite exercer a grupos minoritários de accionistas contra os administradores (art. L 245º e art. D 200º e 201º).

Interessa analisar melhor estas questões (²), tomando em consideração também o regime aplicável ao trabalho subordinado. Quanto à

(¹) Cf. pág. 312 e segs.

(²) Quanto aos demais aspectos da responsabilidade civil do mandatário, do prestador de serviço, do trabalhador subordinado e do administrador (v. g., os factos constitutivos, a obrigação de indemnizar e os factos extintivos), pode dizer-se que se aplicam a todas essas figuras os princípios gerais da responsabilidade civil, havendo, porventura, a registar algumas particularidades específicas de alguma dessas figuras, que, todavia, não afectam a respectiva natureza e, por isso, não justificam maiores desenvolvimentos neste contexto. Cf., nomeadamente, DURVAL FERREIRA, *Do Mandato Civil e Comercial*,

prestação de serviço, aplica-se o regime do mandato, na falta de disposições específicas (CCiv, art. 1156º).

SUBDIVISÃO II

Dever de diligência

I — Quanto à diferença entre o *grau* de diligência exigido do mandatário, do prestador de serviço, do trabalhador subordinado e do administrador, há que recordar, previamente, um problema de sistematização que se tratou já noutro local ([3]).

A doutrina francesa trata desta questão como um aspecto do regime da responsabilidade (do administrador) — como questão da "apreciação da culpa em abstracto ou em concreto", a propósito, sobretudo, da mera culpa ou negligência, concebida como falta de diligência.

Mas este modo de colocar o problema não parece correcto. Com efeito, quando se aprecia a "culpa" de certo agente em abstracto, o que se faz é verificar, perante certo acto, se o agente se comportou ou não de acordo com certa norma que se toma como modelo (a norma seguida pelo bom pai de família, por exemplo). Ora, este é o tipo de raciocínio característico do juízo de ilicitude, não do juízo de culpabilidade: é ilícito o acto concreto que não corresponde ao acto devido; em contrapartida, diz-se culpado o agente quando é censurável por ter praticado um acto ilícito, quando podia ter actuado de outro modo (concordante com o direito). Ao determinar a culpabilidade, o que se vai saber é se o agente podia ter actuado conforme o direito, e este juízo só pode ser concreto, não abstracto ([4]).

Mais rigorosamente até, a questão da apreciação da culpa em abstracto ou em concreto não é um elemento do juízo de ilicitude — que

---

pág. 169 e segs.; LUÍS BRITO CORREIA, *Direito do Trabalho*, vol. I, pág. 158 e seg.; SCHAUB, *Arbeitsrechtshandbuch*, 3. Aufl., pág. 190 e segs., e RAÚL VENTURA-LUÍS BRITO CORREIA, *Responsabilidade Civil do Administrador*, pág. 122 e segs..

([3]) Cf. RAÚL VENTURA-LUÍS BRITO CORREIA, *Responsabilidade Civil do Administrador*, pág. 95 e segs. e 411.

([4]) Cf. PESSOA JORGE, *Ensaio sobre os Pressupostos da Responsabilidade Civil*, pág. 89 e segs..

consiste em saber se certo acto corresponde ou não ao acto devido (não correspondência não justificada, por hipótese) – mas um pressuposto desse juízo, na medida em que através dela se define qual o acto devido. Ao dizer que a culpa se aprecia em abstracto, segundo a diligência de um bom pai de família, isso significa apenas, no conceito comum, que o agente deve actuar do mesmo modo que actua um bom pai de família. Se não actuar desse modo – quer dizer, se o acto não corresponder ao devido – então o seu acto é ilícito. E só por uma posterior análise é possível dizer se o agente teve culpa: porque, por exemplo, sendo imputável, conhecia o seu dever e, apesar disso, quis actuar contra ele.

Esta questão, chamada da apreciação da culpa em abstracto ou em concreto, deve, portanto, ser tratada a propósito da delimitação do conteúdo do acto devido e não na culpa, e, coerentemente, tanto pode interessar no caso de o acto praticado ser intencional (doloso) como negligente (meramente culposo).

Atendendo a estas observações e à semelhança da lei alemã (AktG de 1937, § 84, nº I, AktG de 1965, § 93, nº I), o DL nº 49 381 inclui, no art. 17º, nº 1, uma disposição sobre o dever de diligência, evitando falar em "apreciação da culpa" – diferentemente dos art. 487º, nº 2, e 799º, nº 2, do CCiv.

O CSC vai mais longe ainda no sentido do acolhimento da tese que defendemos em 1970. Na verdade, o art. 64º alarga o dever de diligência aos gerentes e directores, impondo-o em todos os tipos de sociedades; completa-o com a referência ao interesse a prosseguir, e, sobretudo, destaca-o do capítulo da responsabilidade civil (em que o Projecto, seguindo o texto do art. 17º, nº 1, do DL nº 49 381, de 15.11.1969, o enquadrara) para o colocar no capítulo sobre a administração, pretendendo-se com isso salientar que esse dever surge mesmo antes de se pôr uma questão de responsabilidade civil, embora seja também um pressuposto desta.

II – Quanto ao fundo da questão, o CCiv não contém qualquer regra específica relativa ao grau de diligência exigível do *mandatário*. É aplicável, por isso, o regime geral das obrigações, segundo o qual "a culpa é apreciada nos termos aplicáveis à responsabilidade civil" (art. 799º, nº 2), ou seja, "a culpa é apreciada, na falta de outro critério legal, pela diligência de um bom pai de família, em face das circunstâncias de cada caso" (art. 487º, nº 2).

Assim, a lei manda apreciar a culpa, não em concreto, mas em abstracto, segundo um modelo comum, correspondente a um grau de exigência médio.

III – O mesmo deve dizer-se em relação ao *prestador de serviço*, por falta de disposições específicas (CCiv, art. 1156º).

IV – Quanto ao *trabalhador* subordinado, a LCT diz que ele deve "realizar o trabalho com zelo e diligência" [art. 20º, nº1, al. *b*)]; e a LCCT considera que constitui justa causa de despedimento, entre outros comportamentos do trabalhador, o "desinteresse repetido pelo cumprimento, com a diligência devida, das obrigações inerentes ao exercício do cargo ou posto de trabalho que lhe esteja confiado" [art. 9º, nº 2, al. *d*)].

Não diz a lei laboral qual o grau da "diligência devida". Haverá que recorrer, por isso, ao critério geral da "diligência de um bom pai de família, em face das circunstâncias de cada caso" (CCiv, art. 487º, nº 2) ([5]). Entre estas circunstâncias é de considerar o "cargo ou posto de trabalho que lhe esteja confiado".

V – Quanto às sociedades, a diligência devida pelo *administrador* é definida nos vários direitos estudados, não em concreto – segundo a diligência de que o administrador considerado é capaz ou que costuma pôr nos seus negócios – mas em abstracto, pela referência a um dos seguintes modelos fundamentais: o bom pai de família, o homem de negócios ordenado e consciencioso, o bom comerciante, o bom administrador, o bom administrador de certo tipo de sociedades ([6]). Cada um deles pode ainda ser matizado com a consideração de mais ou menos circunstâncias exteriores ao agente. A adopção de um ou outro modelo depende por vezes das dimensões da empresa societária, do facto de o administrador ser ou não remunerado, etc..

De qualquer modo, o administrador só é responsabilizado por "culpa grave" e por "culpa leve" (aquela falta de diligência em que não incorreria um bom pai de família, ou outra figura semelhante), mas não

---

([5]) Cf. CAMERLYNCK, *Contrat de Travail* (*Traité*, vol. I), pág. 200 e segs..

([6]) Para maiores desenvolvimentos, cf. RAÚL VENTURA-LUÍS BRITO CORREIA, *Responsabilidade Civil*, pág. 97 e segs..

por "culpa levíssima" (aquela em que só não incorreria um homem excepcionalmente diligente).

No direito português anterior a 1966 não existia nenhum preceito legal que se referisse directamente ao critério de "apreciação da culpa" do administrador. No domínio do CCiv de 1867, a doutrina considerava aplicável o art. 1336º (⁷), que impõe ao mandatário "a diligência e cuidado de que é capaz" – optando assim pela "apreciação da culpa em concreto" (⁸). Este é, aliás, o critério mais seguido pela doutrina, no que se refere à responsabilidade contratual, com base nos art. 717º, § 3º, e 1435º do CCiv de 1867 (⁹). Quanto à responsabilidade delitual, a doutrina comum defendia um critério de apreciação em abstracto (¹⁰).

Depois do CCiv de 1966 há que ter em conta os art. 487º, nº 2, e 799º, nº 2, e, de harmonia com esses preceitos, tanto na responsabilidade delitual como na contratual, "a culpa é apreciada, na falta de outro critério legal, pela diligência de um bom pai de família, em face das circunstâncias de cada caso" – em abstracto, portanto.

No DL nº 49 381, de 15.11.1969, o grau de diligência imposto aos administradores é o da "diligência de um gestor criterioso e ordenado", ainda à semelhança da lei alemã, que se refere a "um gestor de negócios ordenado e consciencioso" ("eines ordentlichen und gewissenhaften Geschaeftsleiters", nas leis acima citadas) e a "um homem de negócios ordenado" ("eines ordentlichen Geschaeftsmannes", no GmbHG, § 43) (¹¹).

O art. 64º do CSC retoma o texto do DL nº 49 381, neste aspecto.

Deste modo, enquanto a diligência exigível do mandatário, de um prestador de serviço e até, com alguns elementos específicos, do traba-

---

(⁷) Cf. A. ANTERO, *Comentário*, vol. I, pág. 390.

(⁸) No sentido da "apreciação da culpa em concreto", quanto aos liquidatários, cf. RAÚL VENTURA, *Dissolução*, vol. II, pág. 212.

(⁹) Cf. G. MOREIRA, *Instituições*, vol. II, pág. 114; I. GALVÃO TELLES, *Manual*, vol. I, pág. 182; e autores citados em VAZ SERRA, "Responsabilidade contratual," in BMJ, nº 85, pág. 123 e segs.. Em sentido diverso, cf. M. ANDRADE, *Teoria Geral das Obrigações*, vol. I, pág. 340 e seg., que entende que o juiz tem poder para qualificar a culpa segundo o seu prudente critério e na *Teoria Geral da Relação Jurídica*, vol. I, pág. 161, admite mesmo que a culpa pode ser apreciada de modo diferente, conforme as funções do órgão sejam ou não desempenhadas sem retribuição.

(¹⁰) Cf. autores citados por VAZ SERRA, *ob. cit.*.

(¹¹) Sobre o assunto cf. RAÚL VENTURA-LUÍS BRITO CORREIA, *Responsabilidade Civil*, pág. 97.

lhador subordinado é a de "um bom pai de família", a exigível de um administrador é a de "um gestor criterioso e ordenado".

Sendo evidente que não é exigível de um bom pai de família tanto como de um "gestor criterioso e ordenado", é claro que existe aqui uma diferença entre as figuras referidas. É uma diferença cujos limites se torna difícil recortar na generalidade, visto que se trata de critérios gerais e vagos, a concretizar por via casuística. Mas é uma diferença que passa as fronteiras de um mero aspecto secundário de regime para atingir o núcleo de cada uma das figuras a que se refere.

É de salientar que esta diferença foi introduzida no direito português em 1969, quando se mantinham em vigor preceitos que referiam expressamente a relação de administração como "mandato". Pode, pois, duvidar-se de que a mudança de critério tenha tido a intenção de descaracterizar a figura do administrador como mandatário. Mas não deixa de ser um elemento a ter em conta para a qualificação da figura no novo contexto do CSC, enquanto diploma codificado e presumivelmente mais coerente, que não qualifica já tal figura como mandato.

VI – Por outro lado, se o grau de diligência exigido do mandatário, do prestador de serviço e do trabalhador subordinado é diverso do exigido do administrador, deve salientar-se que também é diferente o sentido ou a *finalidade* para que deve ser orientada tal diligência.

Quanto ao *mandatário*, já se viu acima ([12]) que o acto objecto do mandato tem por objecto, tipicamente, o interesse do mandante. Embora a lei admita que o mandato seja conferido "também no interesse do mandatário ou de terceiro" (CCiv, art. 1170º, nº 2), não parece de admitir o mandato no exclusivo interesse do mandatário ou de terceiro.

E mandante pode ser qualquer pessoa singular ou colectiva, com a correspondente capacidade jurídica.

VII – O mesmo deve dizer-se quanto ao *prestador de serviço* (CCiv, art. 1156º).

VIII – Quanto ao *trabalhador* subordinado, não deve haver dúvidas de que este deve exercer a sua actividade no interesse do empregador, mas sem prejuízo dos interesses do próprio trabalhador protegidos pelo direito.

([12]) Cf. pág. 531 e segs..

Isso resulta, nomeadamente, da LCT, segundo a qual "a entidade patronal e o trabalhador são mútuos colaboradores e a sua colaboração deverá tender para a obtenção da maior produtividade e para a promoção humana e social do trabalhador" [art. 18º, nº 1 ([13])]. Note-se que a produtividade e a promoção do trabalhador são apresentadas aqui como objectivos para ambas as partes, e não só para a respectiva contraparte ([13a]).

Aliás, "o trabalhador deve: [...] c) Obedecer à entidade patronal em tudo o que respeite à execução e disciplina do trabalho, salvo na medida em que as ordens e instruções daquela se mostrem contrárias aos seus direitos e garantias [...]" (LCT, art. 20º, nº 1). E deve atender também aos interesses dos demais trabalhadores [LCT, art. 20º, nº 1, al. *a*), e LCCT, art. 9º, nº 2, al. *b*) e *c*)] e da economia nacional [LCCT, art. 9º, nº 2, al. *f*)].

IX – Quanto ao *administrador*, já antes do CSC era possível sustentar, como fizemos noutro local ([14]), que a diligência devia ser aplicada no sentido do interesse social, embora pudesse discutir-se o que fosse esse interesse social, uma vez que nem o CCom nem o DL nº 49 381, de 15.11.1969, referiam sequer esta expressão.

O CSC deu mais um passo em frente ao acentuar, no art. 64º, que os administradores devem actuar "no interesse da sociedade, tendo em conta os interesses dos sócios ([15]) e dos trabalhadores."

([13]) JORGE LEITE e COUTINHO DE ALMEIDA (cf. *Legislação do Trabalho*, 4ª ed., 1990, pág. 62) consideram este preceito "revogado pela nova ordem jurídico-constitucional que se traduziu na ruptura com o corporativismo de que o art. 18º era uma expressão". Mas não parece que seja assim. Tal preceito nunca foi revogado expressamente. E, se há quem interprete a Constituição de 1976 como consagrando a luta de classes e a sua incompatibilidade com o espírito de colaboração entre o trabalhador e o empregador, há também quem entenda que aquela não é incompatível com esta, projectando-se em domínios diferentes: o trabalhador exerce a sua actividade, inevitavelmente, para o empregador e com este, sendo, por isso, irrecusável falar de colaboração. Por outro lado, a ideia de colaboração entre o empregador e o trabalhador não é exclusiva do corporativismo. E as sucessivas reformas constitucionais abandonaram os vestígios da concepção da vida social baseada na luta de classes – concepção que veio, aliás, a revelar-se profundamente enganosa com os acontecimentos ocorridos na Europa de Leste, após a "perestroika".

([13a]) Cf. LCT, art. 20º, nº 1, al. *f*), e LCCT, art. 9º, nº 2, al. *e*) e *m*).

([14]) Cf. RAÚL VENTURA-LUÍS BRITO CORREIA, *Responsabilidade Civil*, pág. 101 e seg..

([15]) Na versão do DL nº 280/87, de 8.7.

Confrontando esta regra com a aplicável ao mandato, pode ser-se tentado a dizer que, sendo a sociedade a "mandante" do administrador, o citado art. 64º nada traz de novo, para além de mera especificação ou concretização do que resultaria já da regra geral do mandato. Mas só em parte assim é.

Por um lado, o art. 64º acentua que o interesse da sociedade é definido tendo em conta os interesses dos sócios; e poderia até ter dito o "interesse comum dos sócios como tais", para ser mais rigoroso ([16]) — mas não se quis ir tão longe na definição de algo que está ainda tão sujeito a controvérsia doutrinária. Aliás, com esta ou aquela redacção, poderia sempre dizer-se que o CSC continua a manter-se dentro de limites compatíveis com a teoria do mandato.

Mas, por outro lado e para além disso, o art. 64º diz que os administradores devem também ter em conta os interesses dos trabalhadores. Aqui há já algo de específico da situação jurídica do administrador, que reflecte a sua situação social. É certo que pode haver sociedades sem trabalhadores e, nesse caso, a frase final do art. 64º não terá, obviamente, aplicação ([17]). Mas, mais frequentemente, tem trabalhadores e a lei pretendeu dar relevo aos interesses destes no próprio momento em que se define a orientação a seguir pela sociedade.

Será isto incompatível com a ideia de mandato? Certamente que não. Mas não corresponde à situação mais comum nos contratos de mandato. E nenhuma lei impõe ao mandatário, como tal, que atenda a interesses dos trabalhadores do mandante, como tais.

Confrontando a regra do art. 64º do CSC com o regime aplicável ao contrato de trabalho, é fácil encontrar semelhanças e diferenças. Semelhanças, nomeadamente, na orientação para os interesses da outra parte. Diferenças, nomeadamente, no doseamento do peso relativo dos interesses de cada um: enquanto o administrador está ao serviço da sociedade, mas é tratado em pé de igualdade com esta, o trabalhador está ao serviço

---

([16]) Para maiores desenvolvimentos sobre a noção de interesse da sociedade, cf. Luís Brito Correia, *Direito Comercial*, 1987, vol. II, pág. 32 e segs..

([17]) Pode, porventura, imaginar-se que a lei teve em vista os trabalhadores, como classe social, e não apenas os trabalhadores da sociedade gerida pelo administrador. Mas não foi essa a intenção do legislador, nem é esse o significado que a expressão tem nos preceitos correspondentes da lei alemã (AktG de 1937, § 70) e da proposta modificada de 5ª Directiva da CEE [art. 10a)], em que o art. 64º foi inspirado. Cf. Luís Brito Correia, *Direito Comercial*, 1989, vol. I, pág. 49 e segs..

do empregador, mas os interesses daquele são protegidos juridicamente com particular rigor, atendendo não só à sua situação de subordinação jurídica, como sobretudo para compensar o presumido desfavorecimento social.

Em qualquer caso, trata-se aqui de matéria de primacial importância para a caracterização das figuras jurídicas em estudo, apesar do carácter vago das expressões utilizadas.

SUBDIVISÃO III

Cláusulas de responsabilidade

I — O regime das cláusulas de responsabilidade contratual ou delitual do mandante por actos do mandatário é também invocado como factor de diferenciação relativamente ao aplicável à responsabilidade da sociedade por actos do administrador.

Como dissemos já noutro lugar ([18]), as cláusulas sobre a responsabilidade civil podem ser de três tipos fundamentais: cláusulas de exoneração ou limitação da responsabilidade, cláusulas de agravamento da responsabilidade e cláusulas de fixação do montante da indemnização (cláusulas penais). Interessa considerar, sobretudo, as cláusulas de exoneração ou de limitação, em relação às quais se verificam, alegadamente, diferenças significativas ([19]).

Em relação a estes tipos de cláusulas, que podem constar tanto dos estatutos, como do chamado contrato de administração, o problema que se põe é o de saber se são ou não válidas relativamente à responsabilidade civil do administrador.

II — No direito comum das obrigações — aplicável ao *mandato* — incluem-se entre as cláusulas de exoneração ou limitação de responsabilidade contratual as que limitam os casos ou as condições em que a res-

---

([18]) Cf. RAÚL VENTURA-LUÍS BRITO CORREIA, *Responsabilidade Civil*, pág. 201 e segs.

([19]) As cláusulas de agravamento e as cláusulas penais são consideradas válidas, em geral, não havendo regras diversas para os administradores. Cf. RAÚL VENTURA-LUÍS BRITO CORREIA, *ob. cit.*, pág. 205 e seg. e 424.

ponsabilidade se constitui (por exemplo, ao caso de dolo) ([20]) e as que limitam o montante da indemnização ([21]) ([22]).

A doutrina estrangeira e a portuguesa anterior ao CCiv de 1966 entendem que, quanto à responsabilidade contratual por facto próprio, tais cláusulas são como regra válidas, com fundamento no princípio da autonomia da vontade ([23]). Esta regra cessa nos casos de dolo ([24]) e, segundo muitos, de culpa grave ([25]), nos previstos em disposições de ordem pública ([26]) e noutros expressamente ressalvados por lei ([27]).

Quanto à responsabilidade por facto de outrem, a lei portuguesa anterior a 1967, como algumas estrangeiras – francesa e espanhola, por exemplo – é omissa; outras leis regulam o caso, quer admitindo expres-

---

([20]) Não confundir com as cláusulas que reduzem as obrigações legais derivadas do contrato, que são válidas desde que tais obrigações não constem de lei imperativa. Cf. I. GALVÃO TELLES, *Manual*, pág. 211, e MAZEAUD-TUNC, *Traité*, vol. III, pág. 668.

([21]) Não confundir com as cláusulas que fixam o montante da indemnização.

([22]) Cf. HOUPIN-BOSVIEUX, *Traité*, vol. II, pág. 257, nota 4, referem – mas rejeitam que seja admissível – uma cláusula estatutária que afaste a regra da solidariedade entre os administradores responsáveis, o que também alivia, em certa medida, o peso da responsabilidade que sobre eles recai.

([23]) Cf. CCiv de 1867, art. 672º, e, com referência directa à responsabilidade civil, o art. 708º.

([24]) Cf. art. 668º e 1055º do CCiv de 1867; GUILHERME MOREIRA, *Instituições*, vol. II, nº 36; CUNHA GONÇALVES, *Tratado*, vol. IV, pág. 316, e vol. XII, pág. 603; M. ANDRADE, *Teoria Geral das Obrigações*, pág. 342; VAZ SERRA, "Cláusulas modificadoras da responsabilidade", in *BMJ*, nº 79, pág. 107 e segs. (quanto a Portugal, pág. 114) e 119 e segs.; I. GALVÃO TELLES, *Manual*, pág. 210; JAIME GOUVEIA, *Da Responsabilidade Contratual*, pág. 456; MAZEAUD-TUNC, *Traité*, 5ª ed., vol. III, pág. 668 e segs. e 703; LALOU, *Traité*, pág. 396 e segs.; PLANIOL-RIPERT, *Traité*, vol. VII (*Oblig.*, vol. II), pág. 155 (nº 850); CARBONNIER, *Droit civil*, vol. II, pág. 542 e segs.; CCiv it, art. 1229º; DE CUPIS, *Il danno*, pág. 231; BGB, § 276; COS, art. 100º. Uma cláusula que excluísse a responsabilidade por dolo retiraria, aliás, todo o carácter vinculativo ao contrato. Ressalva-se, no entanto, a possibilidade de as partes contraírem a obrigação como puramente natural. Cf. M. ANDRADE, *Teoria Geral das Obrigações*, pág. 343, nota 1. Alguns autores consideram válida a cláusula de exoneração de responsabilidade por culpa grave (alguns também por culpa leve), mas de tal modo que não é excluída a responsabilidade delitual pelo mesmo facto, tendo essa cláusula apenas o efeito de inverter o ónus da prova (cf. CARBONNIER, *Droit civil*, vol. II, pág. 539). Esta doutrina não parece, porém, de aceitar no direito português.

([25]) É tradicional o princípio segundo o qual "culpa lata dolo equiparatur". Cf. VAZ SERRA, "Cláusulas modificadoras da responsabilidade", in *BMJ*, nº 79, pág. 114, nota 16, 121, nota 28, e 122 e segs., e autores aí citados, bem como na nota anterior.

([26]) Cf. CCiv it, art. 1229º.

([27]) Cf., designadamente, o art. 393º do CCom..

samente a exoneração convencional da responsabilidade do contraente, mesmo que o facto do preposto seja doloso (BGB, § 278, COS, art. 100º e 101º, embora com excepções, Código grego, art. 334º), quer admitindo a cláusula em termos que deixam dúvidas quanto à sua aplicação (CCiv it, art. 1228º, perante o qual a jurisprudência considera nulas as cláusulas exoneratórias de responsabilidade em caso de dolo, mas a doutrina duvida) ([28]).

Perante o silêncio da lei portuguesa pregressa, pode adoptar-se, por ser fundamentalmente justa, a corrente dominante nos países onde a lei é igualmente omissa: as cláusulas de exoneração da responsabilidade do contraente por facto dum seu preposto deve ter limites iguais às cláusulas de exoneração de responsabilidade por facto próprio, isto é, consideram-se nulas as cláusulas que exoneram o contraente em caso de dolo ou culpa grave do preposto ([29]).

No CCiv de 1966, porém, esta matéria constitui objecto de regulamentação expressa nos art. 800º, nº 2, e 809º.

O art. 809º declara nula a cláusula de renúncia antecipada do credor aos seus direitos, ou seja, a cláusula de exoneração de responsabilidade. Da ressalva feita relativamente ao nº 2 do art. 800º deduz-se que aquela regra vale só para a responsabilidade por facto próprio, visto este último preceito se referir genericamente à responsabilidade por facto de outrem (representantes legais ou auxiliares). Quanto a esta, as cláusulas de exoneração ou de limitação são válidas, desde que não compreendam actos que representem a violação de deveres impostos por normas de ordem pública.

O art. 602º admite, porém, cláusulas de limitação da responsabilidade a alguns dos bens do devedor, "salvo quando se trate de matéria subtraída à disponibilidade das partes".

Quanto à responsabilidade delitual, a doutrina comum considera nulas as cláusulas limitativas, quer se trate de responsabilidade por facto próprio, quer por facto de preposto ([30]).

([28]) Cf. MESSINEO, *Manuale*, vol. II, pág. 237.
([29]) Cf. MAZEAUD-TUNC, *Traité*, vol. III, pág. 675; GARCIA AMIGO, *Cláusulas limitativas de la responsabilidad contratual*, pág. 155, e PLANIOL-RIPERT, *Traité*, vol. VII, pág. 157.
([30]) Cf. CARBONIER, *Droit civil*, vol. I, pág. 682; VAZ SERRA, "Cláusulas modificadoras da responsabilidade", in *BMJ*, nº 79, pág. 132 e segs. e autores aí cits..

III — Ao contrato de *prestação de serviço* aplica-se, na falta de disposições especiais, regime idêntico ao do mandato (CCiv, art. 1156º).

IV — Tão-pouco para o contrato de *trabalho* subordinado há disposições específicas sobre o tema agora em estudo, pelo que deve aplicar-se igualmente o referido regime geral.

V — E esse mesmo regime geral aplica-se também às cláusulas de exoneração ou limitação da responsabilidade civil dos *administradores* para com a sociedade, considerada como responsabilidade obrigacional?

Certas legislações determinam que as disposições sobre a responsabilidade dos administradores são imperativas, sendo nulas as cláusulas de exoneração ou limitação, mesmo no caso de negligência. Noutras, esta solução é admitida pela jurisprudência e pela doutrina, com fundamento em que tais disposições protegem não só o interesse da sociedade, mas também o interesse geral e particularmente o dos credores, chegando alguns autores a considerá-las de ordem pública ([31]). É o caso da Alemanha ([32]), da Bélgica ([33]), da França ([34]), da Inglaterra ([35]), da Itália ([36]) e da Suíça ([37]).

As razões apontadas parecem procedentes também em relação ao direito português *anterior a 1969*, apesar de não existir qualquer norma especial sobre o assunto ([38]). Aliás, a aplicação do disposto no CCiv de

---

([31]) Em geral, cf. OMMESLAGHE, *Le régime*, pág. 554, e autores aí cits..

([32]) Cf. MEYER-LANDRUT, in *Grosskomm. AktG*, § 84, Anm. 8; GODIN-WILHELMI, *AktG*, § 84, Anm. 2 e 3, Aufl., § 93, Anm. 4; HACHENBURG, *GmbHG*, § 43, Anm. 2; SCHOLZ, *GmbHG*, § 43, Anm. 2, e SUDHOFF, *Rechte*, pág. 78. Contra: BAUMBACH--HUECK, *GmbHG*, § 43, Anm. 1) B.

([33]) Cf. OMMESLAGHE, *Le régime*, pág. 555.

([34]) Cf. Lei fr de 1867, art. 17º (redacção de 31.8.1937); HAMMEL-LAGARDE, *Traité*, vol. I, pág. 791 e 794 e seg.; RIPERT, *Traité*, vol. I, pág. 624 e seg.; YAMULKI, *La responsabilité*, pág. 230 e seg., e Lei fr de 1966, art. 246º.

([35]) Cf. *Companies Act*, S. 205.

([36]) Cf. MARCORA, *L'azione civile*, pág. 38 e 50; NAVARRINI, *Società*, pág. 382; SCIALOJA, in *Saggi*, vol. I, pág. 387 (para este autor, a razão da inderrogabilidade das disposições em questão está em que "não pode ser lícito em geral estabelecer limitações de responsabilidade no cumprimento de uma obrigação genérica, complexa, de conteúdo indeterminado"); BRUNETTI, *Tratatto*, vol. I, pág. 391 e seg.; FRÈ, *Società per azioni*, pág. 417; MINERVINI, *Gli amministratori*, pág. 358 e seg.. Contra, no sentido do regime geral, cf. SOPRANO, *Società*, vol. II, nº 698, e FIORENTINO, *Gli organi*, pág. 139 e seg. e 143.

([37]) Cf. DE STEIGER, *Le droit*, pág. 279.

([38]) Neste sentido, cf. CUNHA GONÇALVES, *Comentário*, vol. I, pág. 428.

1966 à responsabilidade por facto próprio conduz também à nulidade das cláusulas de exoneração de responsabilidade; de qualquer modo, parece dever considerar-se esta matéria "subtraída à disponibilidade das partes", pelos motivos referidos, e excluir-se a validade das cláusulas de limitação da responsabilidade a alguns dos bens do devedor (art. 602º).

A primeira parte do nº 1 do art. 19º do *DL nº 49 381*, de 15.11.1969, declara nulas as cláusulas de exclusão (ou exoneração) ou de limitação de responsabilidade dos administradores, seguindo a tendência adoptada em vários países estrangeiros e que parecia já aceitável em face da legislação portuguesa anterior.

O art. 74º, nº 1, do *CSC* retoma, com poucas alterações, o que dispunha o art. 19º, nº 1, do DL nº 49 381. Apenas alarga o âmbito de aplicação do preceito aos fundadores, gerentes e directores, abrangendo, assim, qualquer tipo de sociedade; e refere expressamente que a estatuição se aplica quer a cláusula seja inserta ou não em contrato de sociedade.

Constata-se, pois, que, antes do DL nº 49 381, as cláusulas de exoneração ou limitação da responsabilidade do administrador tinham o mesmo valor que as cláusulas relativas ao mandatário, ao prestador de serviço e ao trabalhador subordinado.

Depois do DL nº 49 381, seguido pelo CSC, as cláusulas relativas ao administrador são sempre nulas, enquanto as relativas ao mandatário, ao prestador de serviço e ao trabalhador subordinado podem ser válidas. O certo é que as regras gerais do direito civil, aplicáveis ao mandato, à prestação de serviço e ao trabalho subordinado, estabelecem limites a esta validade, que são afinal fundamento de nulidade das cláusulas de responsabilidade dos administradores.

Deste modo, as diferenças entre os regimes, neste aspecto, são mais aparentes que reais e não parece tocarem em características essenciais diferenciadoras das várias figuras.

SUBDIVISÃO IV

Acção social "ut universi" e acção social "ut singuli"

I – O incumprimento culposo pelo *mandatário* das obrigações decorrentes do mandato tem, em regra ([39]), como consequência a respon-

---

([39]) Cf., todavia, o art. 1162º do CCiv.

sabilidade do mandatário, isto é, a obrigação de indemnizar os prejuízos causados ao mandante.

Esta obrigação decorre das regras gerais sobre a responsabilidade contratual: do art. 705º e segs. do CCiv de 1867 e, hoje, dos art. 798º e segs. do CCiv de 1966.

Ao direito do mandante de obter do mandatário o ressarcimento dos danos sofridos corresponde aquilo a que é tradicional chamar a "actio mandati" ([40]).

II – O mesmo regime é aplicável ao contrato de *prestação de serviço*, na falta de disposições específicas (CCiv, art. 1156º).

III – Quanto ao *trabalhador* subordinado, a legislação laboral portuguesa não contém regras específicas sobre a sua responsabilidade civil por actos ilícitos e danosos, limitando-se a uma ressalva (na LCT, art. 27º, nº 4), que equivale a uma remissão para o regime do direito comum – ou seja, para um regime semelhante ao descrito quanto ao mandato ([41]).

IV – Quanto ao *administrador* de sociedade anónima, sempre se admitiu que a sociedade tem direito a indemnização pelos prejuízos causados pelo incumprimento culposo pelo administrador dos seus deveres sociais – a que corresponde a chamada *acção social "ut universi"*.

E para quem vê nos administradores mandatários da sociedade, a chamada acção social é uma "actio mandati" – no sentido amplo da expressão –, cujo exercício pertence em primeiro lugar à sociedade mandante ([42]). Tal acção encontra-se referida no art. 48º da Lei de 22.7.1867 ([43]).

O CCom não lhe fazia referência, podendo, por isso, perguntar-se se era necessária deliberação da assembleia geral para que pudesse ser exercida tal acção ou se outro órgão (v. g., os directores não responsáveis) podia também tomar tal iniciativa. Antes do CCiv de 1966 parecia ser esta a solução mais curial ([44]).

([40]) Sobre o assunto, cf. DURVAL FERREIRA, *Do Mandato Civil e Comercial*, pág. 169 e segs..

([41]) Sobre o assunto, cf., nomeadamente, G. SCHAUB, *Arbeitsrechtshandbuch*, 3. Aufl., pág. 190 e segs..

([42]) Cf. YAMULKI, *La responsabilité*, pág. 227.

([43]) Cf. TAVARES DE MEDEIROS, *Comentário*, pág. 247.

([44]) Neste sentido, cf. RAÚL VENTURA-LUÍS BRITO CORREIA, *Responsabilidade Civil dos Administradores*, pág. 240 e segs..

Mas o CCiv de 1966 veio tornar a acção social "ut universi" dependente de deliberação da assembleia geral, no art. 172º, nº 2, que consideramos aplicável às sociedades anónimas (⁴⁵).

O DL nº 49 381, de 15.11.1969, veio acolher expressamente esta solução, dizendo que a "acção de responsabilidade proposta pela sociedade depende de deliberação da assembleia geral [...]" (art. 20º, nº 1). Em todo o caso, prevê a possibilidade de accionistas minoritários (com um décimo do capital) e o Ministério Público tomarem a iniciativa de pedir medidas jurisdicionais que podem conduzir à propositura de uma acção social de responsabilidade (art. 29º, nº 1, 3, 4 e 7) (⁴⁶).

O art. 75º, nº 1, do CSC diz também que "a acção de responsabilidade proposta pela sociedade depende de deliberação dos sócios [...]". Mas não reproduz o art. 29º do DL nº 49 381, que deve considerar-se revogado [DL nº 262/86, de 2.9, art. 3º, nº 1, al. *d*), na versão do DL nº 280/87, de 8.7].

Tal "acção da sociedade" corresponde à "actio mandati".

V – Mas, ao lado desta acção social "ut universi", pela qual a própria sociedade, através de um dos seus órgãos, faz valer o seu direito a uma indemnização pelos prejuízos causados pelo administrador, também os próprios accionistas podem exigir toda ou parte da indemnização devida à sociedade pelo administrador. É a chamada *acção social "ut singuli"*, ou acção social dos sócios.

A – Esta acção foi expressamente consagrada pelo art. 47º da Lei de 22.7.1867, segundo o qual "todo o accionista pode individual ou colectivamente intentar qualquer acção contra a gerência da sociedade pelos factos de que a julgue responsável".

O art. 48º da mesma lei acrescenta que "todas as acções para verificar a responsabilidade civil em que tenham incorrido os fundadores ou os mandatários de uma sociedade anónima, ou sejam intentadas por terceiro, ou *pelos associados* (⁴⁷), ou pela sociedade, prescrevem no prazo de cinco anos a contar da data da publicação ou da notícia que for fundamento da acção. § 2º – As acções, que os accionistas de uma sociedade

---

(⁴⁵) Cf. RAÚL VENTURA-LUÍS BRITO CORREIA, *ob. cit*, pág. 242 e seg..

(⁴⁶) Para maior desenvolvimento, cf. RAÚL VENTURA-LUÍS BRITO CORREIA, *ob. cit.*, pág. 425 e segs.. O art. 29º do DL nº 49 381 foi manifestamente inspirado no CCiv it, art. 2409º.

(⁴⁷) Não está em itálico no original.

anónima queiram intentar contra os mandatários ou liquidatários, no caso em que a assembleia geral tiver aprovado os actos da gerência ou liquidação, prescrevem no fim de seis meses a contar da aprovação sem reserva dada pela assembleia".

Destes dois preceitos, e sobretudo do § 2º do art. 48º, pode concluir-se que a lei de 1867 reconhece aos accionistas um direito de acção social *ut singuli*. Assim o entendeu a doutrina portuguesa da época, embora não utilize esta expressão ([48]). E parece razoável que assim seja, pois não se compreenderia que a acção individual dos accionistas (para exigir a responsabilidade para com eles) fosse prejudicada pela aprovação dos actos da gerência pela assembleia geral, como estabelece o § 2º do art. 48º.

B – O CCom de 1888 não contém qualquer preceito que directamente atribua ou retire aos accionistas um direito de acção social *ut singuli*.

Perante esta omissão, já se afirmou que o art. 47º da Lei de 22.6. 1867, por ser de carácter processual, não foi revogado pelo art. 3º, § 1º, da Lei que aprovou o CCom ([49]). Numa interpretação puramente histórica da expressão "legislação do processo" contida no citado art. 3º, § 1º, poderia talvez chegar-se à conclusão de que tem carácter processual o preceito que atribua a alguém um direito de acção (sub-rogatória ou não). Mesmo que assim fosse, todavia, tal preceito teria sido revogado pela posterior legislação de processo comercial e civil. Aliás, o art. 47º da Lei de 1867 atribui não apenas um direito de acção, mas um direito, simplesmente, ou melhor, a legitimidade para o exercício de um direito, inclusivamente (mas não só) em juízo.

Outros argumentos se invocam, porém, a favor do reconhecimento, no direito português anterior a 1969, de uma acção social *ut singuli*.

Diz-se, fundamentalmente, que os art. 146º e 186º do CCom devem aplicar-se por analogia à questão em estudo ([49a]). Estes preceitos concedem a "todo o sócio ou accionista" o direito de pedir a anulação de deliberações da assembleia geral ilegais ou anti-estatutárias. Esta acção de anulação é considerada uma acção social (por derivar de um facto

---

([48]) Cf. Tavares de Medeiros, *Comentário*, pág. 247; Visconde de Carnaxide, *Sociedades anonymas*, pág. 273, e Cunha Gonçalves, *Comentário*, vol. I, pág. 431.

([49]) Cf. Cunha Gonçalves, *Comentário*, vol. I, pág. 431.

([49a]) Cf., neste sentido, Cunha Gonçalves, *Comentário*, vol. I, págs. 320 e 431, e Visconde de Carnaxide, *Sociedades anonymas*, pág. 274.

que interessa à sociedade ou de uma lesão dos interesses colectivos). Afirma-se então que "se o sócio ou accionista pode exercer a acção social sempre que a assembleia geral ofende a lei ou o contrato social, também tem legitimidade para exigir perdas e danos aos gerentes, não a título de *mandante*, nem como órgão ou *representante* ordinário da sociedade, mas sim na simples qualidade de membro da colectividade lesada, o que o torna também representante da sociedade, não em relação a terceiros, mas somente em casos semelhantes.

"O argumento dos adversários desta doutrina, fundado na teoria da representação (segundo o qual os administradores são mandatários da sociedade, e só esta, como mandante e representada pela assembleia geral, pode demandar aqueles), cai pela base perante a moderna teoria da substituição processual, da qual, diz CUNHA GONÇALVES, o nosso legislador fez duas inconscientes aplicações nos citados art. 146º e 186º. E, de igual modo, a objecção de ser possível uma multiplicidade de acções, além de não ser fundada em nenhum caso prático, ocorrido em qualquer parte do mundo civilizado, fica destruída pela doutrina do litisconsórcio necessário" ([50]).

Por outro lado, considera-se que os interesses legítimos dos accionistas (indirectamente prejudicados pelos actos dos administradores) ficam insuficientemente protegidos por uma acção social que dependa exclusivamente da maioria da assembleia geral ou do conselho de administração, que de facto é dominado por aquela ([51]). Este argumento parece muito importante no caso de a minoria não ter o poder de tomar a iniciativa do exercício da acção social *ut universi*, pois sem este poder e sem o direito de acção social *ut singuli*, os administradores poderiam gozar, de facto, de completa impunidade.

Note-se, de passagem, que, entretanto, o art. 987º, nº 2, do CCiv estabelece para as sociedades civis que "qualquer sócio pode tornar efectiva a responsabilidade a que está sujeito o administrador" ([52]).

Os argumentos de defesa da acção social *ut singuli* no direito português anterior a 1961 não convencem. Os anteriores ao CCiv de 1966 não têm valor decisivo; o mais forte deles – que acentua a possibilidade de, faltando esta acção, ficarem por reparar alguns prejuízos causados por administradores – não é concludente, pois pode suceder, como sucede

---

([50]) Cf. CUNHA GONÇALVES, *Comentário*, vol. I, pág. 320 e seg..
([51]) Cf. CUNHA GONÇALVES, *Comentário*, vol. I, pág. 321.
([52]) Cf. também o artigo 172º, nº 2, do CCiv.

noutros direitos, que a lei não tenha querido ir tão longe na protecção da sociedade ou dos sócios, preferindo manter a competência dos órgãos representativos normais, além de que a acção *ut singuli*, quando não devidamente regulamentada, pode causar prejuízos à sociedade. O art. 987º, nº 2, do CCiv de 1966, não é aplicável às sociedades anónimas, faltando, neste aspecto, a analogia entre as sociedades civis, formadas por número reduzido de sócios, e as sociedades anónimas.

Não parece que as disposições do CPC acerca dos inquéritos judiciais possam constituir argumento bastante contra a nossa opinião. De um modo geral, os art. 1479º e segs. do CPC destinam-se a regulamentar a efectivação do direito dos sócios à informação, por um meio já previsto no art. 149º do CCom. O inquérito pode levar à descoberta de actos ilícitos constitutivos de responsabilidade e, para garantir a efectivação desta, prevê o art. 1481º do CPC "providências conservatórias", que, segundo parece, podem ser requeridas por qualquer interessado, nos termos gerais (art. 398º e segs. do CPC). A propósito do "regime de custas", o nº 2 do art. 1483º, por seu lado, refere a possibilidade de propositura de "alguma acção", em consequência do inquérito, e fala na "responsabilidade da direcção ou gerência", mas não diz quem tem legitimidade para intentar tal acção, não podendo deduzir-se sem mais que a tenham os requerentes do inquérito – os sócios.

C – O DL nº 49 381, de 15.11.1969, no art. 22º, retoma a orientação da Lei de 1867, consagrando de novo a acção social dos accionistas ("ut singuli").

D – O CSC reproduz, no art. 77º, o que dispunha o art. 22º do DL nº 49 381, com três alterações significativas: enquanto este se referia a accionistas e administradores, aquele refere-se a sócios e a gerentes, administradores ou directores, abrangendo, portanto, qualquer tipo de sociedade; o segundo concedia a acção aos accionistas que representassem um décimo do capital social, concedendo-a o primeiro a sócios que representem 5% do capital; o primeiro não contém a remissão final para os art. 41º e 42º do DL nº 49 381, que foram revogados, mas ainda não substituídos ([53]).

E – A natureza desta acção social "ut singuli" é um dos aspectos do regime dos administradores que mais pode pôr em causa a teoria do

---

([53]) É de esperar a inclusão de preceitos correspondentes no CPC.

mandato. A posição que se tomar acerca da natureza desta acção pode efectivamente ser importante para definir a natureza do acto constitutivo da relação de administração.

A questão foi discutida sobretudo pela doutrina francesa anterior à Lei fr de 1966.

As numerosas concepções defendidas reflectem, de algum modo, as divergências acerca da interpretação a dar aos textos legais em que se pretende fundar tais acções (art. 17º da Lei fr de 1867, fundamentalmente) e acerca do regime da acção *ut singuli*, divergências essas resultantes da deficiente redacção da lei. Tais concepções podem, porém, reconduzir-se a duas posições principais.

1. Em primeiro lugar, para alguns autores, a acção exercida por accionistas isolados é uma *acção individual*, através da qual eles estão a exercer um direito próprio; mas os mesmos autores divergem quanto ao modo de explicar tal qualificação. Há quem admita que a personalidade jurídica reconhecida à sociedade não se impõe aos accionistas, sendo pura ficção que estes podem aproveitar ou ignorar em certos casos – explicação manifestamente artificial, mesmo para quem aceite a teoria da ficção, e inaceitável quanto às sociedades anónimas (e às sociedades por quotas), cuja personalidade jurídica é independente dos sócios; aliás, tal concepção facilmente acarretaria prejuízos inadmissíveis para os credores sociais.

Outros justificam a referida qualificação pela chamada "teoria do duplo mandato": ao entrar para a sociedade, os accionistas conferem mandato à sociedade para fazer frutificar os seus bens e, depois, a sociedade, em seu nome e no dos accionistas, confere mandato aos administradores para o mesmo fim; consequentemente, os accionistas poderiam exercer uma *actio mandati* contra os administradores ao lado da da sociedade. Contra a teoria do duplo mandato argumenta-se que a personalidade jurídica da sociedade tem um fundamento legal e não contratual – logo a sociedade não seria mandatária dos sócios; e, por outro lado, a lei exige que a sociedade tenha administradores e fixa os poderes destes, o que diverge fundamentalmente do regime do mandato ([54]).

Outro autor rejeita que a acção exercida por um accionista em razão do prejuízo causado à sociedade seja uma acção social, considerando que

---

([54]) Ao lado destes argumentos, expostos pela doutrina francesa – cf. CHESSNÉ, *L'exercice*, pág. 354 e segs., e HOUPIN-BOSVIEUX, *Traité*, vol. I, pág. 261 e seg. –, outros se poderiam invocar.

um accionista não pode ter a pretensão de agir em nome da sociedade. Trata-se de um prejuízo sofrido na sua qualidade de accionista, pois o seu título diminuiu de valor; e a falta do administrador atingiu um direito individual do accionista aos lucros e às reservas ([55]).

Em todo o caso, para estes autores, a acção exercida colectivamente por um grupo de accionistas é uma modalidade da acção social — os accionistas fazem valer o direito da sociedade à indemnização pelos prejuízos que lhe foram causados; apenas o modo de exercício é diferente do da acção social *ut universi*.

2. Em segundo lugar, outros autores entendem que a acção *ut singuli*, quer seja exercida por accionistas isolados, quer por um grupo de accionistas, tem a natureza de *acção social*: funda-se no prejuízo causado à sociedade e por ela se faz valer o próprio direito da sociedade à sua reparação.

A natureza social da acção intentada *colectivamente* é, pois, aceite por todos, pode dizer-se, sobretudo após o DL fr de 31.8.1937, que acrescentou duas alíneas ao art. 17º da Lei fr de 1867, as quais constituem argumento importante no sentido dessa doutrina. Na verdade, não se justificaria a sua introdução se as acções a que elas se referem fossem acções individuais, pois quanto a estas sempre se admitiu a irrelevância das cláusulas de autorização e de aviso ([56]). Mas já antes desse diploma havia razões a favor da mesma doutrina, que se baseavam no próprio regime da acção, pouco compreensível se se aplicasse a uma acção individual ([57]).

Quanto à acção exercida por accionistas *isoladamente*, o segundo grupo de autores referido entende que ela tem a natureza de acção social por ter a mesma fonte que a acção *ut universi* no facto gerador de responsabilidade: "a má gestão dos negócios sociais imputável ao administrador" ([58]).

([55]) Cf. RIPERT, *Traité*, vol. I, pág. 622 e seg.. Para este autor, esta "acção exercida por um accionista em razão do prejuízo causado à sociedade" distingue-se da "acção individual" propriamente dita apenas porque, naquela, o prejuízo é indirecto (causado ao património social, afecta o accionista na medida em que participa na sociedade) e a titularidade da acção (judicial) se transmite com a acção (título de participação na sociedade).
([56]) Cf. ESCARRA, *Traité*, vol. IV, pág. 350.
([57]) Cf. ESCARRA, *Traité*, vol. IV, pág. 349 e segs..
([58]) Cf. WILHELM, *La responsabilité*, pág. 34.

Os autores que atribuem a natureza de acção social à acção dos accionistas – seja a exercida por um grupo de accionistas, seja também a exercida por accionistas isolados – estão ainda divididos quanto ao modo de conceber esta acção social *ut singuli*.

Na verdade, enquanto uma parte da doutrina considera os accionistas que exercem a acção *ut singuli* (isoladamente ou em grupo) como órgãos ou representantes da sociedade ([59]), outra parte dela considera que eles actuam em nome próprio e em razão da sua qualidade de accionistas, não como representantes da sociedade ([60]), chegando alguns defensores desta posição a falar numa acção sub-rogatória como modo de exercício em nome próprio de um direito de outrem ([61]).

A primeira destas orientações é seguida pelos autores que admitem que o accionista-autor na acção pode pedir a indemnização de todo o prejuízo causado à sociedade e que esta indemnização deve ser entregue directamente à sociedade e não ao accionista.

A segunda orientação é a daqueles para quem o accionista só pode pedir a indemnização da parte do prejuízo que corresponde à sua participação na sociedade, devendo a indemnização ser entregue directamente ao accionista-autor.

Naturalmente, também se encontra a posição intermédia daqueles que consideram que o accionista-autor, ao exercer a acção social, representa parcialmente a sociedade, na medida do seu interesse; assim, embora sigam a primeira orientação citada, não admitem que o accionista peça mais que a sua parte no prejuízo social ([62]) ([63]).

De qualquer modo, este poder dos accionistas era considerado como derrogação ao princípio de que só tem legitimidade para agir o titular do direito ou do interesse litigioso, que neste caso é, juridicamente, a sociedade ([64]).

([59]) Cf. HAMEL, *Traité*, vol. I, pág. 793 (como "gestor de negócios"); CHESNÉ, *L'exercice*, pág. 360 e seg. (como "encarregado da defesa dos interesses sociais", na inacção dos órgãos sociais – situação comparável com a da acção popular do direito romano).

([60]) Cf. ESCARRA, *Traité*, vol. IV, pág. 352.

([61]) Cf. GOLDSCHMIDT, "La responsabilidad civil de los administradores en las sociedades por acciones", in *Estudios de Derecho Comparado*, pág. 664, e a exposição e crítica de CHESNÉ, *L'exercice*, pág. 358 e segs..

([62]) Cf. HAMEL-LAGARDE, *Traité*, vol. I, pág. 793.

([63]) Para maiores desenvolvimentos sobre o regime francês, cf. RAÚL VENTURA-LUÍS BRITO CORREIA, *ob. cit.*, pág. 253 e segs..

([64]) Cf. ESCARRA, *Traité*, vol. IV, pág. 346 e seg..

Em face do regime fixado pelo art. 22º do DL nº 49 381, de 15.11. 1969, e retomado pelo art. 77º do CSC, a natureza que melhor parece caber à acção social dos sócios ("ut singuli") é a de acção sub-rogatória.

Com efeito, é de rejeitar, antes de mais, que o direito exercido pelos accionistas – isolados ou agrupados – seja um direito próprio. O nº 1 do art. 22º do DL nº 49 381 é claro ao dizer que se trata de reparar um prejuízo sofrido *pela sociedade*, respeitando pois à responsabilidade do administrador para com esta, e expressamente contrapõe tal acção ao "pedido de indemnização dos danos individuais a eles (accionistas) causados", ou seja, ao que tradicionalmente se chama acção individual dos accionistas. E o nº 1 do art. 77º do CSC usa expressões equivalentes [contrapondo o "prejuízo que esta (sociedade) tenha sofrido" aos "danos individuais que lhe tenham causado" – a eles, sócios].

Todavia, o direito de acção é concedido aos accionistas minoritários não só para defesa do interesse da sociedade, mas sobretudo para tutela de um interesse próprio, que de outro modo ficaria indirectamente lesado, por a sociedade não intentar a acção social *ut universi*. O facto de a indemnização dever ser entregue à sociedade (esse é o significado da expressão "a favor da sociedade" do nº 1 do art. 22º do DL nº 49 381 e do nº 1 do art. 77º do CSC) justifica-se apenas como modo de garantir por igual o interesse de todos os accionistas e de evitar uma multiplicação de acções *ut singuli* e a utilização destas como meio de antecipar a entrega de valores patrimoniais a que os accionistas só têm direito como quota de liquidação.

Se este argumento não for considerado decisivo para excluir a atribuição da qualidade de órgão ou representante da sociedade a meros accionistas, isolados ou agrupados e minoritários, parece que será convincente o facto de o nº 4 do art. 22º do DL nº 49 381 e o art. 77º do CSC exigirem a presença da sociedade na acção através dos seus "representantes legais", donde se deduz que os accionistas autores o não são.

Até 1967, em Portugal, a acção sub-rogatória era concedida aos credores por várias disposições do CCiv (art. 509º, 694º, 1405º, 2040º, etc.), pelo art. 148º do CCom, pelo art. 47º da LSQ – série de casos que a doutrina tendia a considerar excepcionais ([65]). Dessa excepcionalidade e da falta de preceito expresso quanto à acção social *ut singuli* resultava

---

([65]) Cf. I. GALVÃO TELLES, *Lições de Direito das Obrigações*, 1960/61, pág. 296 e segs., e VAZ SERRA, "Responsabilidade patrimonial", in *BMJ*, nº 75, pág. 153.

necessariamente a inadmissibilidade desta acção, se tivesse carácter sub-rogatório – razão do grande interesse da determinação da natureza da acção. No domínio do actual CCiv, art. 606º e 609º, a acção sub-rogatória passou a ser concedida aos credores com carácter geral ([66]). Não parece possível, apesar disso, basear nestes preceitos uma acção "sub-rogatória" dos accionistas, visto que estes não são "credores" da sociedade, no sentido pressuposto por tais preceitos. Aliás, a acção social dos sócios (considere-se sub-rogatória ou não) tem agora uma base suficiente no art. 77º do CSC (como tinha no art. 22º do DL nº 49 381). O interesse da determinação da natureza da acção *ut singuli* diminui, por isso, mas não se extingue, pois sempre interessará saber se a esta acção são aplicáveis, em certa medida, os preceitos relativos à acção sub-rogatória.

Contra a natureza sub-rogatória desta acção podem ser e têm sido apresentados vários argumentos. Primeiro, a acção sub-rogatória, em geral, é concedida a *credores*, no sentido em que a palavra é usada naqueles preceitos. Faltaria, porém, demonstrar que a natureza da acção sub-rogatória apenas se adapta a credores *stricto sensu* e que não bastam para isso a ideia e o mecanismo de substituição de uma pessoa no exercício do direito de outrem. Ainda se concebe que, faltando preceito expresso a atribuir aos sócios a acção *ut singuli*, se recusasse a acção com carácter sub-rogatório, mas tal argumento não funciona quando um texto expresso concede a acção *ut singuli*.

Diz-se também que a acção sub-rogatória só é viável quando o crédito do autor e o do credor inactivo sejam exigíveis, o que não aconteceria no caso em análise, pois o crédito da sociedade contra o administrador seria exigível, mas o mesmo não aconteceria quanto ao crédito do sócio relativamente à sociedade ([67]). Pelo menos no direito português, a exigibilidade do crédito não é, todavia, essencial à acção sub-rogatória, pois o art. 607º do CCiv permite-a a credores sob condição suspensiva e credores a prazo.

Não se pretende deste modo que a acção *ut singuli* coincida totalmente, nos requisitos e no regime, com a acção sub-rogatória dos credores, mas apenas determinar a natureza daquela.

A acção social *ut singuli* pode ser intentada por um ou por vários accionistas – desde que possuam pelo menos 5% do capital social –, podendo nestes casos fazer-se representar por um só de entre eles (CSC,

---

([66]) Cf. PIRES DE LIMA-A. VARELA, *Código Civil Anotado*, vol. I, pág. 437 e segs..
([67]) Cf. CHESNÉ, *L'exercice*, pág. 860.

art. 77º, nº 2) ([68]). Os accionistas têm de ter essa qualidade no momento da propositura da acção. Se a perderem, deixam de ter legitimidade para pedir indemnização de um prejuízo causado à sociedade de que já não são sócios; os adquirentes da acção (título) que tais accionistas cederem podem, porém, segundo parece, tomar a posição destes na acção judicial ([69]). De resto, mesmo que isto não aconteça, a acção prosseguirá por imposição expressa do art. 77º, nº 3. Este preceito parece ter de se aplicar mesmo que todos os accionistas que intentaram a acção percam tal qualidade ou desistam da acção. Nestes casos a acção mantém a sua utilidade em benefício da sociedade e indirectamente dos accionistas e dos credores sociais. Não fica excluída, em todo o caso, a possibilidade de renúncia ou transacção.

Esta acção tem por objecto o direito a indemnização da sociedade. Discutiu-se em França se o accionista podia pedir o total da indemnização devida à sociedade ou só a sua parte nesta indemnização e se, neste caso, a indemnização era entregue à sociedade ou imediatamente ao accionista. Ao dizer que o ou os accionistas podem propor a acção "com vista à reparação, *a favor* da sociedade, do prejuízo que esta tenha sofrido", o nº 1 do art. 77º do CSC toma posição clara no primeiro sentido: o pedido refere-se a todo o prejuízo sofrido e deve ser entregue à sociedade.

Aliás, só a entrega à sociedade da indemnização garante suficientemente os interesses dos credores sociais. Basta pensar no exemplo já atrás referido, em que todos os sócios exercem *ut singuli* a acção social de uma sociedade à beira da falência; os credores perderiam de outro modo um valor que faz parte do património social, pois o administrador que indemnizou os accionistas não tem segunda obrigação de indemnizar em benefício dos credores sociais ([70]). Nem se diga que o direito de acção sub-rogatória reconhecido aos credores sociais é tutela bastante para estes, pois, de facto, eles estão normalmente menos informados do que os

---

([68]) Sobre este assunto é interessante referir a possibilidade, admitida no direito francês, de a acção ser intentada por associações ou sociedades civis de accionistas. Cf. RAÚL VENTURA-LUÍS BRITO CORREIA, *ob. cit.*, pág. 253 e seg..

([69]) CUNHA GONÇALVES, *Comentário*, vol. I, pág. 323, considera necessário que a cessão da posição na acção judicial seja expressa, mas por motivos que não parecem convincentes. O adquirente da acção aceita-a pelo valor que corresponde à respectiva parte do património social e neste inclui-se também o direito a indemnização ainda não satisfeito.

([70]) Convém não esquecer que se está a falar só da responsabilidade para com a sociedade.

accionistas acerca da vida social e isso traduz-se numa posição de nítida inferioridade, que lhes poderia ser fatal.

O próprio interesse dos outros accionistas poderia ser lesado, se a indemnização fosse entregue aos accionistas-autores. No caso, já referido noutro local a propósito do direito francês anterior a 1966 ([71]), de a sociedade intentar a acção social contra um administrador, depois de alguns accionistas terem obtido a sua parte na indemnização pelo mesmo facto, através de acções sociais *ut singuli*, a sociedade só viria a receber a diferença entre a indemnização total devida e a parte já atribuída aos accionistas mais activos, visto que o administrador não pode ser obrigado a indemnizar duas vezes. Ora, nessa hipótese, se a indemnização obtida pela sociedade for repartida por todos igualmente, os accionistas já indemnizados sê-lo-iam segunda vez, em prejuízo injusto dos outros. Se ela for repartida só entre os accionistas que não obtiverem ainda qualquer indemnização pelo mesmo facto, para além das dificuldades de determinação da parte do prejuízo que cabe a cada accionista, torna-se mais evidente uma outra objecção oponível em geral à segunda solução referida: a entrega aos accionistas do valor da indemnização por um prejuízo causado à sociedade corresponde a uma distribuição de uma parte do património social feita antes da fase de liquidação e que não corresponde juridicamente a qualquer lucro. Esta distribuição parece inadmissível por reverter em prejuízo dos credores sociais.

De resto, o interesse do accionista, que a acção social *ut singuli* se destina a tutelar, é plenamente satisfeito se a indemnização paga pelo administrador se integrar no património social e não directamente no património pessoal do accionista. O prejuízo indirecto sofrido pelo accionista não precisa de ser reparado por mais que uma indemnização indirecta (prestada à sociedade).

Assim, o regime da acção *ut singuli* pouco diverge do que vale para a acção sub-rogatória dos credores. A diferença está em que estes exercem em nome próprio um direito de outrem (sociedade) para satisfazer um direito de crédito próprio, enquanto os accionistas (ou, em geral, os sócios) exercem em nome próprio um direito de outrem (da sociedade) para garantir o conteúdo do seu direito de participação social. Mas o essencial da ideia de sub-rogação mantém-se.

Como a indemnização pedida pelo(s) accionista(s) e prestada pelo administrador se integra no património social e não é entregue como tal

---

([71]) Cf. RAÚL VENTURA-LUÍS BRITO CORREIA, *ob. cit.*, pág. 254 e segs..

ao(s) accionista(s), vai aproveitar naturalmente a todos os accionistas – e não só ao(s) autor(es) na acção ([72]). Por isso se compreende que o(s) accionista(s) tenha(m) o direito de pedir a totalidade da indemnização devida à sociedade. A acção social *ut singuli* é, assim, por natureza, uma acção sub-rogatória, indirecta ou oblíqua.

Dentro da lógica deste regime, já se entendeu que o accionista-autor tem o direito a haver da sociedade as despesas feitas com a acção, no caso de esta ser julgada procedente ([73]). De outro modo, o accionista-autor seria prejudicado injustamente. Mas nem o DL nº 49 381 nem o CSC adoptaram esta orientação. Quanto à acção social *ut singuli,* diz este que "os sócios podem [...] encarregar, à *sua custa,* um ou alguns deles de os representar [...]" (nº 2 do art. 77º); donde se poderá deduzir que as despesas da acção correm por conta dos seus autores.

Resulta da expressão final do nº 1 do art. 77º do CSC – "quando a mesma (a sociedade) a não haja solicitado (a acção social de responsabilidade)" – que a acção social *ut singuli* tem carácter subsidiário relativamente à acção da sociedade ([74]). Em todo o caso, a sociedade, através dos seus representantes legais, deve ser sempre ouvida na acção intentada pelos accionistas (DL nº 49 381, art. 22º, nº 4; CSC, art. 77º, nº 4).

F – Se se considera, assim, a acção social *ut singuli* como acção sub-rogatória, tem de reconhecer-se, concretamente, que a existência de tal acção não constitui argumento tão pesado contra a teoria do mandato como outras qualificações doutrinárias acima referidas, uma vez que um credor do mandante pode exercer uma acção semelhante (com base nos art. 606º a 609º do CCiv). Em todo o caso, a posição do sócio é diferente da do credor, porque participa na própria sociedade e pode exigir, não só a sua parte na indemnização, mas a totalidade da indemnização devida à sociedade. Tal diferença revela algo que é evidente, mas nem por isso menos importante: o administrador não é responsável perante um mandante qualquer, mas sim perante uma pessoa colectiva de tipo associativo, em que os sócios têm uma posição específica, juridicamente protegida. De resto, os credores da sociedade também têm acção sub-rogatória contra os administradores (CSC, art. 78º, nº 2) e esta é que corresponde à referida acção sub-rogatória dos credores em geral (CCiv, art. 606º a 609º, aliás expressamente mencionados no CSC, art. 78º, nº 2).

([72]) Cf. TAVARES DE MEDEIROS, *Comentário,* pág. 248 e segs..
([73]) Cf. id., *ibid.,* pág. 249.
([74]) Cf. CUNHA GONÇALVES, *Comentário,* vol. I, pág. 321.

DIVISÃO IX

Cessação da relação de administração

SUBDIVISÃO I

Considerações gerais

I – Vários autores franceses salientam também – como se disse acima ([1]) – as diferenças de regime entre a destituição e renúncia dos administradores de sociedades anónimas, por um lado, e a revogação do mandato, por outro.

Maiores diferenças existem entre o regime aplicável ao administrador e o aplicável ao trabalhador subordinado, embora se assista, nalguns países, a uma certa aproximação.

É matéria que tem suscitado grande controvérsia e em relação à qual há diferenças significativas de regime de país para país; além disso, o regime de cessação da relação de administração tem sofrido alterações ao longo do tempo. Interessa, por isso, analisar o problema com particular cuidado.

II – E deve, preliminarmente, pôr-se a questão de saber se as diferenças de regime de cessação marcam o carácter das figuras confrontadas, a ponto de lhes conferir naturezas distintas, ou se, pelo contrário, são meramente acidentais ou secundárias, podendo compreender-se como simples regimes particulares de espécies diferentes de um mesmo tipo contratual. Tal questão só poderá, contudo, ser respondida fundamentadamente depois de analisadas tais diferenças.

III – Trata-se, agora, em todo o caso, apenas de acentuar as características diferenciais entre os tipos de contratos em causa, em face do direito português, não de uma análise aprofundada do regime da cessação da relação de administração, em todos os seus aspectos – e, muito menos, da cessação do mandato ([2]), da cessação do contrato de prestação de

---

([1]) Cf. pág. 313 e seg..
([2]) Para maiores desenvolvimentos sobre o assunto, cf. o estudo recente de MANUEL JANUÁRIO DA COSTA GOMES, *Em Tema de Revogação do Mandato Civil*, Coimbra, Almedina, 1989, e a bibliografia aí cit..

serviço ou da cessação do contrato de trabalho (³). Aliás, à cessação do contrato de prestação de serviço é quase sempre aplicável o regime da cessação do mandato, por falta de disposições legais específicas (CCiv, art. 1156º).

Haverá que analisar tais características diferenciais relativamente às várias causas de cessação dessas relações, que são, fundamentalmente:

    a) Acordo das partes;
    b) Caducidade;
    c) Revogação do mandato, despedimento do trabalhador, destituição do administrador;
    d) Renúncia ao mandato, rescisão pelo trabalhador, renúncia pelo administrador;
    e) Cumprimento do contrato.

Seria possível analisar estas várias causas de cessação dos diversos contratos a comparar de duas maneiras fundamentais: ou estudar as várias causas de cessação relativamente a um contrato e depois fazer o mesmo em relação a outro contrato e assim sucessivamente; ou comparar o regime dos vários contratos em relação a cada causa de cessação. O primeiro método permite apreender melhor o espírito de cada contrato e a influência que o regime de cada causa de cessação tem nas outras; o segundo método permite acentuar mais as diferenças entre os contratos. Parece preferível, para os objectivos agora em vista, seguir o segundo método, completando-o com algumas considerações conclusivas, feitas a partir do primeiro método.

IV – Note-se que está em causa agora apenas o conjunto de factos que fazem cessar os efeitos principais do contrato para o futuro: factos com efeito extintivo, não retroactivo nem repristinador, nem meramente modificativo (⁴) – o que não impede a sobrevivência de alguns dos efeitos do contrato extinto.

Mais concretamente, quando é revogado o mandato, despedido o trabalhador ou destituído um administrador, termina, em princípio, a

---

(³) Para maiores desenvolvimentos sobre o assunto, cf., por exemplo, LUÍS BRITO CORREIA, *Direito do Trabalho*, vol. I, 1980-81, pág. 228 e segs., e MORAIS ANTUNES--AMADEU RIBEIRO GUERRA, *Despedimentos e Outras Formas de Cessação do Contrato de Trabalho*, Coimbra, Almedina, 1984.

(⁴) Cf. MANUEL JANUÁRIO DA COSTA GOMES, *ob. cit.*, pág. 46.

obrigação e o poder de praticar o acto jurídico ou de prestar a actividade e deixam de se constituir novos direitos a remuneração; mas pode acontecer que subsistam direitos – v. g., a remuneração vencida e não paga – ou obrigações – v. g., de não concorrência – que não se extinguem, necessariamente, como consequência dos factos extintivos agora em estudo.

SUBDIVISÃO II

Acordo das partes

I – É sempre possível fazer cessar as relações de qualquer dos tipos contratuais em causa por acordo entre as partes (mútuo dissenso, distrate, "contrarius consensus", contrato revogatório, revogação bilateral ou revogação propriamente dita ([5]) – CCiv, art. 406º, nº 1, e 432º, nº 1).

O regime desse acordo apresenta, em todo o caso, alguns aspectos particulares, que não deixam de reflectir as características específicas de cada tipo de relação.

II – Assim, em relação ao *mandato civil*, o CCiv de 1867 não fazia referência expressa a esta causa, no art. 1363º, nem a doutrina lhe dá relevo ([6]). Obviamente, nada impede a cessação do mandato por acordo, na base do princípio geral do art. 702º. Aquele silêncio da lei apenas significa que não é necessária forma especial e que não se suscitam outros problemas específicos do mandato, que não possam ser resolvidos na base das normas gerais.

O CCiv de 1966 não é mais explícito (nos art. 1170º a 1177º, 1179º e 265º), e nem por isso a doutrina deixa de admitir a cessação do mandato por acordo das partes ou distrate, na base da disposição geral do art. 406º ([7]). É de salientar, todavia, que o acordo das partes (mandante e mandatário) pode não ser suficiente, quando o mandato tenha sido conferido no interesse de terceiro (CCiv, art. 1170º, nº 2) ([8]).

([5]) Cf. MANUEL JANUÁRIO DA COSTA GOMES, *ob. cit.*, pág. 45 e seg..

([6]) Cf., por exemplo, CUNHA GONÇALVES, *Tratado de Direito Civil*, vol. VIII, pág. 517 e segs.; id., *Dos Contratos em Especial*, pág. 800 e segs., e DURVAL FERREIRA, *Do Mandato Civil e Comercial*, pág. 182 e segs..

([7]) Cf. MANUEL JANUÁRIO DA COSTA GOMES, *ob. cit.*, pág. 41 e segs..

([8]) Cf. MANUEL JANUÁRIO DA COSTA GOMES, *ob. cit.*, pág. 48.

Quanto ao *mandato comercial*, o CCom apenas trata da revogação, da renúncia (art. 245º e 262º), da rescisão (art. 263º e 264º) – parecendo ter em vista, como o CCiv, actos unilaterais – e da morte do mandante (art. 261º). Mas também nada impede o mútuo acordo, nos termos da lei civil (CCom, art. 3º), embora a doutrina não lhe dê relevo ([9]).

III – O que se diz quanto ao mandato aplica-se ao contrato de *prestação de serviço*, uma vez que a lei civil não contém disposições específicas sobre este tipo contratual, limitando-se a remeter para o regime do mandato (CCiv, art. 1156º).

Em todo o caso, o DL nº 178/86, de 3.7, sobre o contrato de *agência* ou *representação comercial* – uma nova espécie autónoma de contrato comercial de prestação de serviço –, regula a cessação por mútuo acordo, exigindo documento escrito (art. 25º). Trata-se manifestamente de uma medida de protecção do agente, que, como noutros aspectos, parece inspirada no contrato de trabalho ([10]).

IV – Situação significativamente diferente se encontra quanto ao contrato de *trabalho subordinado*.

Enquanto os contratos de mandato e de prestação de serviço pressupõem uma situação de igualdade entre as partes – igualdade económica e social e, por isso, também jurídica –, o regime do contrato de trabalho é marcado por uma presunção de dependência económica e de desfavorecimento social do trabalhador, que leva o legislador a reforçar a sua protecção perante o empregador.

Não é assim no CCiv de 1867 (art. 1394º) nem na Lei nº 1952, de 10.3.1937 (art. 10º a 15º), omissos sobre o assunto. Mas a LCT (na versão de 1966, como na de 1969) exigia já para o acordo mútuo de cessação "documento assinado por ambas as partes, sempre que estas acordem em lhe atribuir outros efeitos que não sejam a pura e simples cessação imediata do contrato" (art. 99º).

Todavia, foi o DL nº 372-A/75, de 16.7, que levou a protecção do trabalhador até ao paroxismo, pois não só exige "documento escrito, assinado por ambas as partes, em duplicado, ficando cada parte com um

---

([9]) Cf., por exemplo, CUNHA GONÇALVES, *Comentário*, vol. II, pág. 381 e segs..

([10]) ANTÓNIO PINTO MONTEIRO (*Contrato de Agência*, Coimbra, Almedina, pág. 49 e seg.) limita-se a invocar "razões de segurança".

exemplar", para que impôs certo conteúdo, proibindo certas cláusulas, como chega a admitir a possibilidade de resolução unilateral do acordo pelo trabalhador no prazo de sete dias (art. 5º a 7º) ([11]).

Esta clara derrogação do princípio "pacta sunt servanda" foi considerada como reconhecimento de "imaturidade dos trabalhadores portugueses, que estes não merecem" pelo DL nº 64-A/89, de 27.2 (nº 18 do preâmbulo), que a revogou, mantendo a exigência de forma escrita e algumas disposições importantes sobre o conteúdo do documento (LCCT, art. 7º e 8º).

V – Quanto à relação de *administração*, a Lei de 1867 (art. 13º a 19º) e o CCom (art. 171º a 174º) não fazem qualquer referência à cessação por mútuo acordo. O legislador preocupa-se sobretudo com a acentuação do carácter temporário da função e com a revogabilidade por iniciativa da assembleia geral. E a doutrina não dá qualquer relevo à cessação por mútuo acordo ([12]). Como se lhe aplica subsidiariamente o regime do mandato ([13]), deduz-se que esta é possível segundo esse mesmo regime.

Igual situação se verifica em face do CSC relativamente aos administradores (art. 401º a 404º), como aos directores (art. 430º) e aos gerentes (art. 191º, 256º e 258º).

Ressalta assim um aspecto em que a relação de administração se diferencia da relação de trabalho subordinado. Nada justifica uma especial protecção do administrador neste campo. Mas a aproximação relativamente ao regime do mandato é talvez ilusória, pois que a facilidade de revogação e de renúncia da administração tornam os casos de cessação por mútuo acordo não só pouco frequentes, como isentos de problemas práticos.

([11]) Cf. A. MONTEIRO FERNANDES, *Noções Fundamentais do Direito do Trabalho*, 3ª ed., 1979, vol. I, pág. 302 e segs., e LUÍS BRITO CORREIA, *Direito do Trabalho*, 1980-81, vol. I, pág. 293 e seg.

([12]) Cf., por exemplo, TAVARES DE MEDEIROS, *ob. cit.*, pág. 109 e segs.; CUNHA GONÇALVES, *Comentário*, vol. I, pág. 421 e seg., e PINTO FURTADO, *Código*, vol. II, t. I, pág. 379.

([13]) Cf. o que se disse acima.

SUBDIVISÃO III

Caducidade

I – Qualquer dos contratos em confronto pode terminar por caducidade, num sentido amplo desta expressão, ou seja, em consequência da verificação de um facto jurídico em sentido estrito que produz efeitos para o futuro ([1]).

O regime da caducidade varia, porém, de um para outro de modo significativo.

II – Assim, em relação ao *mandato civil*, o CCiv de 1867 inclui expressamente entre os casos de extinção: a morte ou interdição do constituinte ou do mandatário; a insolvência ou a mudança de estado do constituinte ou do mandatário, se por esta mudança se tornar inábil aquele para a conferir, ou este para aceitar o mandato ([2]); e a expiração do prazo do mandato (art. 1363º, 1366º e 1367º) ([3]).

O CCiv de 1966, por seu lado, diz que "o mandato caduca:

a) Por morte ou interdição do mandante ou do mandatário;

b) Por inabilitação do mandante, se o mandato tiver por objecto actos que não possam ser praticados sem intervenção do curador" (art. 1174º).

E regula algumas situações em que estes factos não fazem caducar o mandato (art. 1175º) ou desencadeiam certos outros efeitos (art. 1176º e 1177º) ([4]).

O art. 1174º não é taxativo, pois não alude a outros casos de incapacidade (CCiv, art. 1176º, nº 2) ([5]), nem ao decurso do prazo, quando o

---

([1]) Seja um termo resolutivo certo (v. g., um prazo) ou incerto, seja uma condição resolutiva, negocial ou legal. Em sentido restrito, a caducidade é a extinção de um direito pelo decurso do prazo dentro do qual devia ser exercido (CCiv, art. 299º). Cf. J. DIAS MARQUES, *Noções Elementares de Direito Civil*, 1973, pág. 105 e segs. e 111 e segs., e J. CASTRO MENDES, *Teoria Geral do Direito Civil*, vol. II, pág. 271.

([2]) Cf. CCiv de 1867, art. 1116º.

([3]) Para maiores desenvolvimentos, cf. CUNHA GONÇALVES, *Tratado*, vol. VII, pág. 524 e segs..

([4]) Para maiores desenvolvimentos, cf. PIRES DE LIMA-ANTUNES VARELA, *Código Civil Anotado*, vol. II, 2ª ed., pág. 654 e segs..

([5]) Cf. DURVAL FERREIRA, *Do Mandato Civil e Comercial*, pág. 188.

mandato tenha sido conferido por tempo determinado ([6]) ([7]), nem à verificação de condição resolutiva, os quais produzem caducidade por aplicação das regras gerais ([8]).

Quanto ao *mandato comercial*, em geral, o CCom apenas prevê que "terminado o mandato por morte ou interdição de um dos contraentes, o mandatário, seus herdeiros ou representantes terão direito a uma compensação proporcional ao que teriam de receber no caso de execução completa" (art. 246º). Deste modo, confirma que o mandato termina (caduca), em regra, por morte ou interdição de um dos contraentes (sem referir outros casos de caducidade, nem as excepções a essa regra), a que se aplica o direito civil (CCom, art. 3º). Além disso, reconhece ao mandatário, seus herdeiros ou representantes direito a uma compensação. Esta compensação corresponde afinal à parte proporcional da remuneração a que o mandatário comercial tem direito, por se tratar de mandato presumidamente oneroso (CCom, art. 232º). Regime próximo deste deve aplicar-se hoje ao mandato civil, por força das normas gerais [CCiv, art. 1158º, 1167º, al. *b*), e 802º].

Quanto ao mandato do *gerente de comércio*, o art. 262º do CCom estabelece que "a morte do proponente não põe termo ao mandato conferido ao gerente". A razão de ser desta regra está na conveniência de assegurar a continuidade da actividade comercial confiada ao gerente, bem como na circunstância de se tratar de um mandato oneroso e, por isso, conferido também no interesse do gerente ([9]) – o que, hoje, corresponde também, grosso modo, ao regime do mandato civil (CCiv, art. 1175º) ([10]).

([6]) É discutido se a verdadeira causa de extinção é a caducidade ou antes o cumprimento ou o incumprimento dentro do prazo; cf. M. JANUÁRIO COSTA GOMES, *ob. cit.*, pág. 29.

([7]) O DL nº 178/56, de 3.7, sobre o contrato de agência, estabelece que o contrato caduca "findo o prazo estipulado" [art. 26º, al. *a*)].

([8]) Cf. M. JANUÁRIO COSTA GOMES, *ob. cit.*, pág. 29.

([9]) Cf. CUNHA GONÇALVES, *Comentário*, vol. II, pág. 54 e seg., e DURVAL FERREIRA, *Do Mandato*, pág. 190.

([10]) Deve notar-se, todavia, que a doutrina mais recente tende a considerar que o interesse comum relevante tem de respeitar à própria utilidade do acto objecto do mandato e não à remuneração. Cf. VAZ SERRA," Anotação ao Ac STJ de 7.3.1969", in *RLJ*, art. 103º, pág. 239, e M. JANUÁRIO COSTA GOMES, *ob. cit.*, pág. 146 e segs. e 281 e seg..

Aliás, regra semelhante se aplica aos casos de incapacidade ou falência do mandante ([11]). É claro que, sendo o mandante uma sociedade (ou outra pessoa colectiva), a situação equivalente à morte é o termo da liquidação.

III – O que se diz quanto ao mandato aplica-se também ao contrato de *prestação de serviço*, na falta de disposições específicas e por remissão do art. 1156º do CCiv.

IV – A – Significativamente diferente é o regime da caducidade do contrato de *trabalho subordinado*.

Este regime sofreu evolução considerável, mas que não interessa analisar aqui desenvolvidamente ([12]).

O diploma fundamental actualmente em vigor sobre esta matéria é o DL nº 64-A/89, de 27.2, que aprovou o regime jurídico da cessação do contrato individual de trabalho e da celebração e caducidade do contrato de trabalho a termo (LCCT) ([13]).

O art. 4º da LCCT começa por dizer que "o contrato de trabalho caduca nos termos gerais de direito [...]". E, em seguida, especifica três casos de caducidade:

a) A verificação do termo estipulado num contrato a termo;

b) A verificação da impossibilidade superveniente, absoluta e definitiva, de o trabalhador prestar o seu trabalho ou de a entidade empregadora o receber;

c) A reforma do trabalhador por velhice ou invalidez.

A doutrina dominante considera que esta enumeração (ou/e a enumeração equivalente de leis anteriores) é exemplificativa, como resulta claramente do seu texto, quando remete para os termos gerais do direito e quando usa a expressão "nomeadamente" ([14]).

([11]) Cf. *ibid*.

([12]) Cf. Luís Brito Correia, *Direito do Trabalho*, vol. I, 1980-81, pág. 289 e segs..

([13]) Publicado no 2º suplemento ao *Diário da República*, 1ª série, de 27.2.1989, distribuído em 29.3.1989. Entrou em vigor decorridos 90 dias sobre a data da sua publicação (DL nº 64-A/89, art. 5º).

([14]) Neste sentido, cf. Ac STA-TP de 14.1.1972, in *RDES*, ano XX, nº 1, pág. 55; Luís Brito Correia, *Direito do Trabalho*, vol. I, 1980-81, pág. 294 e seg.; A. Menezes Cordeiro, *Manual de Direito do Trabalho*, pág. 794 e seg., e Morais Antunes-Ribeiro Guerra, *Despedimentos e Outras Formas de Cessação do Contrato de Trabalho*, pág. 30 e seg..

Esta concepção foi criticada com fundamento em que "as hipóteses de caducidade devem ser consideradas excepcionais, pois atentam contra a regra geral da estabilidade do emprego, não sendo lícito o recurso à analogia para estender o regime da caducidade a circunstâncias no respectivo preceito não contempladas" ([15]).

Entretanto, foi alterada a lei, quanto à questão especialmente tratada pelos autores dessas críticas; e tem hoje consagração constitucional a garantia de segurança no emprego (art. 53º). Mas o certo é que há outros casos de caducidade, especialmente previstos na lei, além dos enunciados no citado art. 4º da LCCT, como, por exemplo, os seguintes:

a) Interdição do trabalhador;

b) Notificação da retirada ao trabalhador da carteira profissional, quando esta condicione legalmente o exercício da actividade estipulada (LCT, art. 4º, nº 2) ([16]);

c) Verificação de que, estando suspensa a prestação de trabalho por impedimento prolongado respeitante ao trabalhador [v. g., nos termos do art. 23º, nº 2, al. *e*), e 26º, nº 3, do DL nº 874/76, de 28.12], se torna certo que o impedimento é definitivo (DL nº 398/83, de 2.11, art. 3º, nº 3);

d) Verificação, quanto a trabalhadores do serviço doméstico, de manifesta insuficiência económica da entidade patronal superveniente à celebração do contrato ou de alteração substancial das circunstâncias familiares que determinaram a celebração do contrato (DL nº 508/80, de 21.10).

Quanto à *condição resolutiva* a lei é omissa.

No domínio da LCT, a doutrina era favorável à sua admissibilidade ([17]). Invocava-se nesse sentido o princípio da liberdade contratual (CCiv, art. 405º), a admissibilidade da cessação por mútuo acordo (LCT, art. 99º) e do trabalho eventual e sazonal (LCT, art. 11º, nº 1, 3 e 4).

Após a publicação da CRP de 1976, que acentua o valor da estabilidade do emprego, e do DL nº 781/76, de 28.10, cujo art. 1º proíbe a

---

([15]) Cf. SÉRVULO CORREIA-BERNARDO XAVIER, "Reforma do trabalhador e caducidade do contrato", in *RDES*, ano XX, nº 1, pág. 67 (em anotação ao Ac STA-TP de 14.1.1972).

([16]) Cf. DL nº 358/84, de 13.11.

([17]) Cf. RAÚL VENTURA, "Extinção da relação jurídica do trabalho", in *ROA*, 1950, nº 1-2, pág. 243 e 336, e *D*, ano 93º, p. 247 e segs.; M. CONCEIÇÃO TAVARES DA SILVA, *Direito do Trabalho*, pág. 594; com dúvidas, BERNARDO XAVIER, *Regime Jurídico do Contrato de Trabalho Anotado*, 2ª ed., pág. 50.

estipulação de termo resolutivo incerto, houve quem continuasse a admitir a estipulação de condição resolutiva, em face da admissibilidade da cessação por mútuo acordo (DL nº 372-A/75, de 16.7, art. 5º) ([18]). Em todo o caso, a reflexão sobre os referidos valores constitucionais da segurança e estabilidade do emprego [art. 51º, nº 1, e 52º, al. b), correspondentes aos art. 59º, nº 1, e 53º da CRP, revista em 1982], bem como a diversidade de situações da condição resolutiva e do acordo revogatório (quer porque o trabalhador está mais sujeito a pressões para aceitar a primeira do que para celebrar o segundo; quer porque o acordo revogatório pode ser denunciado unilateralmente, o que não acontece com a condição resolutiva) levou a rever essa posição e a sustentar a inadmissibilidade da aposição de condição resolutiva ao contrato de trabalho ([19]). Esta parece ser efectivamente a solução mais coerente com o regime do DL nº 372--A/75, sendo a dominante na doutrina ([20]) e a acolhida pelo STJ ([21]). Chegou mesmo a ser posta em dúvida a constitucionalidade material de um projecto de decreto-lei que admitia contratos de trabalho a prazo incerto ([22]).

O DL nº 64-A/89, de 27.2, veio permitir contratos de trabalho a termo incerto (LCCT, art. 48º), não fazendo nenhuma referência a contratos sob condição resolutiva. Mas a natureza imperativa do diploma (LCCT, art. 2º) e a intenção restritiva com que são admitidos os contratos a termo, em geral, e especialmente a termo incerto, em conjugação com o princípio constitucional da segurança no emprego (CRP revista em 1989, art. 53º e 58º, nº 1), levam a excluir a sua admissibilidade – e, por conseguinte, a possibilidade de caducidade por verificação de tal condição.

([18]) Cf. MONTEIRO FERNANDES, *Noções Fundamentais do Direito do Trabalho*, 1ª ed., pág. 180, 2ª ed., pág. 203, 3ª ed., vol. I, pág. 197; LUÍS BRITO CORREIA, *Direito do Trabalho*, 1980-81, vol. I, pág. 136, e A. J. MOTA VEIGA, *Direito do Trabalho*, 1982-83, vol. II, pág. 93 e segs..

([19]) Cf. MONTEIRO FERNANDES, *ob. cit.*, 4ª ed., pág. 200 e seg..

([20]) Cf. JORGE LEITE, *Direito do Trabalho*, 1978, pág. 141-147; J. BARROS MOURA, *Direito do Trabalho – Nota de Estudo*, 1980-81, pág. 506; F. RIBEIRO LOPES, *Direito do Trabalho*, 1977-78, pág. 89-91 e 152; JOSÉ ACÁCIO LOURENÇO, *Estudos sobre Temas de Direito do Trabalho*, 1979, pág. 36-42; JOSÉ JOÃO ABRANTES, *Do Contrato de Trabalho a Prazo*, 1982, pág. 54, e BERNARDO XAVIER, *Direito do Trabalho*, 1986--87, pág. 160 e seg..

([21]) Cf. "Ac STJ de 22.10.1982", in *BMJ*, nº 320, pág. 339, e *BTE*, 2ª s., nº 1--2-3/83, pág. 1501.

([22]) Cf. *Pareceres da Comissão Constitucional*, 13º vol., p. 4.

De qualquer modo, o regime de caducidade nalguns dos casos referidos acima revela aspectos da relação de trabalho diferenciadores dos outros tipos contratuais em confronto, que, por isso, interessa salientar.

B — Assim, quanto à caducidade por verificação de *termo* (final ou resolutivo), ela só pode dar-se quanto a contratos a termo, certo ou incerto, cuja celebração apenas é admissível em casos taxativamente enumerados na lei (LCCT, art. 41º, 45º e 48º) e desde que sejam reduzidos a escrito, com certo conteúdo mínimo (LCCT, art. 42º e 44º), implicando o dever de comunicação à comissão de trabalhadores (LCCT, art. 53º) ([23]).

1. Quanto a contratos a termo *certo* (a prazo), a caducidade no termo do prazo depende de comunicação escrita ao trabalhador da vontade do empregador de não renovar o contrato, até oito dias antes de o prazo expirar (LCCT, art. 46, nº 1). A falta de comunicação implica a renovação do contrato por período igual ao prazo inicial (LCCT, art. 46º nº 2) ou, se for ultrapassado o limite legal (LCCT, art. 44º, nº 2 e 3), a sua conversão em contrato sem termo (LCCT, art. 47º). Ou seja, o decurso do prazo não determina, só por si, a extinção automática do contrato; é necessária a oposição à sua renovação. É de notar que esta exigência de comunicação não é habitual na generalidade dos casos de caducidade (que, por definição, actua "ope legis"). Trata-se, manifestamente, de uma regra de protecção do trabalhador.

O mesmo sentido tem o reconhecimento ao trabalhador do direito a uma compensação remuneratória (LCCT, art. 46º, nº 3), bem como o impedimento de admissão de novo trabalhador a termo para o lugar daquele cujo contrato tenha cessado por motivo não imputável ao trabalhador (LCCT, art. 46º, nº 4) ([24]).

Se faltar a comunicação prévia de não renovação ou se foram excedidos os prazos do contrato ou da renovação (continuando a prestação de trabalho a realizar-se), o contrato converte-se em contrato sem termo (LCCT, art. 47º).

([23]) Para maiores desenvolvimentos, no âmbito do DL nº 874/76, de 28.12, cf. JOSÉ JOÃO ABRANTES, *Do Contrato de Trabalho a Prazo*, Coimbra, Almedina, 1982, e C. MORAIS ANTUNES-A. RIBEIRO GUERRA, *Despedimentos*, pág. 32 e segs..

([24]) Estas duas regras foram introduzidas, pela primeira vez, no direito nacional pelo DL nº 64-A/89, de 27.2.

Deve notar-se que o número de contratos de trabalho a prazo cresceu significativamente após 1975 e até à publicação do DL nº 64-A/89, a ponto de suscitar problemas sociais delicados, que este diploma pretende atenuar ([25]). Apesar disso, a larga maioria dos contratos de trabalho são sem prazo, não se lhes aplicando esta modalidade de caducidade.

2. Quanto a contratos a termo *incerto*, a caducidade depende também de comunicação do termo ao trabalhador, com antecedência variável (LCCT, art. 50º, nº 1 e 2), e confere a este o direito a compensação remuneratória (LCCT, art. 50º, nº 4).

A inobservância do pré-aviso obriga ao pagamento da retribuição correspondente ao período de pré-aviso em falta (LCCT, art. 50º, nº 3). Se o trabalhador continuar ao serviço decorrido o prazo de aviso prévio ou, na falta deste, passados quinze dias sobre a conclusão da actividade, serviço ou obra para que haja sido contratado ou sobre o regresso do trabalhador substituído, o contrato converte-se em contrato sem termo (LCCT, art. 51º, nº 1).

C – A caducidade por *impossibilidade superveniente, absoluta e definitiva de o trabalhador prestar o seu trabalho* ocorre, por exemplo, quando se verifique incapacidade (natural) de trabalho resultante de doença, acidente ou morte do trabalhador (a posição deste não é transmissível), ou a sua colocação involuntária ([26]) em situações de incompatibilidade permanente com o exercício da actividade ([27]).

D – A caducidade por *impossibilidade superveniente absoluta e definitiva de o empregador receber o trabalho* ocorre, por exemplo ([28]), quando se verifique a morte do empregador individual, a não ser que os sucessores do falecido continuem a actividade para que o trabalhador foi

---

([25]) Cf. JOSÉ JOÃO ABRANTES, *Do Contrato de Trabalho a Prazo*, Coimbra, Almedina, 1982, e MARIA JOSÉ CASTELLO-BRANCO, *Trabalho a Prazo. Trabalho Temporário*, Lisboa, Fundação Oliveira Martins, 1984.

([26]) Se for voluntária, reconduz-se ao abandono do trabalho (LCCT, art. 40º).

([27]) Cf. BERNARDO G. L. XAVIER, "A estabilidade no direito do trabalho português", in *ESC*, nº 31, pág. 53.

([28]) Sobre outros casos de caducidade por impossibilidade superveniente absoluta e definitiva de o empregador receber o trabalho, cf. MORAIS ANTUNES-RIBEIRO GUERRA, *Despedimentos e Outras Formas de Cessação do Contrato de Trabalho*, pág. 43 e segs..

contratado ou haja transmissão do estabelecimento (LCCT, art. 6º, nº 1). Em todo o caso, quando se verifique a caducidade por morte do empregador, o trabalhador tem direito a uma compensação remuneratória (LCCT, art. 6º, nº 2).

A extinção da entidade colectiva empregadora (em regra, com o termo da liquidação), quando não se verifique a transmissão do estabelecimento, determina a caducidade do contrato, mas também com direito a compensação remuneratória (LCCT, art. 6º, nº 3).

E – A caducidade por *reforma por velhice ou invalidez* está sujeita a um regime específico e um tanto mais complexo, que decorre da própria natureza dos factos que a originam e do carácter tendencialmente duradouro – vitalício, mesmo – da relação de trabalho.

1. A velhice não tem data certa. Corresponde a um processo lento de degradação do corpo humano, com modificações mais ou menos significativas das aptidões fisiológicas e psicológicas para o trabalho. Por isso, a lei laboral não fixa uma idade determinada para a reforma por velhice, limitando-se a fixar os efeitos desta reforma sobre o contrato de trabalho. A reforma por velhice corresponde, aliás, à constituição de um direito a pensões da segurança social, que pressupõem a sobrevivência a uma certa idade, a partir da qual se presume a impossibilidade de trabalho (ou um direito a deixar de trabalhar) e a consequente carência de um sucedâneo da retribuição.

O direito às pensões vitalícias de velhice é reconhecido aos beneficiários da segurança social que tenham completado a idade e o prazo de garantia previstos nas disposições aplicáveis. Na Caixa Nacional de Pensões, a idade normal de reforma é de 65 anos para os beneficiários do sexo masculino e de 62 anos para os do sexo feminino (Dec nº 45 266, de 23.9.1963, art. 88º, nº 2, na redacção do DReg nº 25/77, de 4.5). O prazo de garantia para verificação do direito à pensão de velhice não poderá ser inferior a 120 meses com entrada de contribuições (DReg nº 60/82, de 15.9, art. 4º) ([29]). A pensão de velhice é devida a partir da data do respectivo requerimento ou a partir da data em que tenha deixado de verificar-se entrada de contribuições ou situação equivalente, se esta for posterior (DReg nº 52/81, de 11.11, art. 18º, nº 1).

([29]) 60 meses quanto a beneficiários inscritos até 30 de Setembro de 1981, sem interrupção contributiva.

Este preceito mostra que a reforma é um direito do trabalhador e não um mero efeito legal inerente a certa idade. Por isso, tem de entender-se que a relação de trabalho cessa apenas quando for efectivamente apresentado e deferido o requerimento da reforma a que o trabalhador tenha direito por velhice, desde que, obviamente, a entidade empregadora tenha disso conhecimento ([30]) – devendo, aliás, a instituição de segurança social responsável pelo pagamento da pensão comunicar ao empregador o deferimento da concessão da pensão e a data a partir da qual a mesma é devida (DReg nº 52/81, de 11.11, art. 19º).

Dependendo a reforma por velhice de requerimento do trabalhador, pode perguntar-se em que medida se trata de verdadeira causa de caducidade do contrato de trabalho. Tem de reconhecer-se, porém, que a reforma depende decisivamente do deferimento desse requerimento – que é um acto de terceiro, estranho à relação laboral (a instituição de segurança social), e, por conseguinte, um facto jurídico, em sentido estrito, para as partes nela.

Em todo o caso, se o trabalhador atingiu os 70 anos de idade sem ter requerido a reforma por velhice, passa a estar sujeito ao regime dos contratos de trabalho a termo, com algumas especificidades: *a*) é dispensada a redução do (novo) contrato a escrito; *b*) o contrato vigora pelo prazo de seis meses, renovável por períodos iguais e sucessivos, sem limite; *c*) a caducidade do contrato no fim de cada um desses prazos fica sujeita a aviso prévio de 60 dias, se for da iniciativa da entidade empregadora, ou 15 dias, se a iniciativa pertencer ao trabalhador (LCCT, art. 5º, nº 2).

E, mesmo que o trabalhador requeira e obtenha a reforma por velhice, esta não desencadeia, necessariamente, a caducidade do contrato, pois a lei permite que a relação de trabalho continue, embora passe a ficar sujeita ao regime dos contratos de trabalho a termo, com as especificidades acabadas de referir (LCCT, art. 5º, nº 1).

De resto, a lei permite expressamente a acumulação de pensões de velhice com rendimentos do trabalho, embora dentro de certos limites (DL nº 41/89, de 2.2, art. 6º a 8º).

Têm direito à pensão de invalidez do regime geral os beneficiários que, havendo completado o prazo de garantia e antes de atingirem as condições de atribuição de pensão de reforma por velhice, se encontrem, por motivo de doença natural ou acidente que não esteja a coberto de legis-

---

([30]) Cf. Ac RelP de 23.6.1980, in *BTE*, 2ª série, nº 6-7/81, pág. 423. Não era assim anteriormente: cf. Ac STA de 19.4.1977, in *BTE*, 2ª série, nº 5/77, pág. 783.

lação especial sobre acidentes de trabalho ([31]), definitivamente incapacitados de trabalhar na sua profissão, de modo a não poderem auferir no desempenho desta mais de um terço da remuneração correspondente ao seu exercício normal, sem prejuízo da passagem da situação de doença a invalidez e desde que seja de presumir que, na falta de tratamento de recuperação profissional adequado, o beneficiário não teria melhoria apreciável dentro dos três anos subsequentes, de forma a poder auferir mais de 50% da referida remuneração (Dec nº 45 266, de 23.9.1963, art. 77º, nº 1 e 3).

A atribuição da pensão de invalidez aos beneficiários inscritos até Setembro de 1981, sem interrupção contributiva, depende do preenchimento de um prazo de garantia de 36 meses.

Para os beneficiários inscritos a partir de Outubro de 1981 ou os inscritos anteriormente com interrupção contributiva, a atribuição da pensão depende do preenchimento de um prazo de garantia de 60 meses com entrada de contribuições (DReg nº 60/82, de 15.9, art. 3º e 5º) ([32]). Para ser concedida a pensão de invalidez deverão os beneficiários requerer a submissão a um exame médico (Dec nº 45 266, art. 78º, DL nº 144/82, de 27.4, DReg nº 57/87, de 11.8).

Têm ainda direito à pensão, a partir da data em que completem o período máximo de concessão de subsídio de doença, os beneficiários que continuem impedidos de trabalhar (DL nº 132/88, de 20.4, art. 27º).

Decorridos 730 dias de incapacidade subsidiada (doença), pode ser oficiosamente promovida a verificação da eventual incapacidade permanente do beneficiário (DL nº 132/88, de 20.4, art. 34º) ([33]).

Quer as pensões de velhice quer as de invalidez constituem encargo da instituição de segurança social, embora se admitam, dentro de certos limites, pensões complementares a cargo do empregador ([34]) ou de certas outras instituições particulares ([35]).

V – O regime de caducidade da relação de *administração* diverge significativamente quer do mandato quer do trabalho subordinado: a rela-

---

([31]) A invalidez motivada por acto intencional do próprio beneficiário não confere o direito a pensão.

([32]) 72 meses para os inscritos no regime de seguro social voluntário.

([33]) Cf. APELLES DA CONCEIÇÃO, *Segurança Social – Sector Privado e Empresarial do Estado – Manual Prático*, 3ª ed., pág. 108.

([34]) Cf. DL nº 519-C1/79, de 29.12, art. 6º, nº 1, al. *e*), e nº 2.

([35]) Cf. DL nº 396/86, de 25.11, e DL nº 225/89, de 6-7.

ção de administração é mais estável que o mandato e menos estável que o trabalho subordinado.

A – 1. Em face do *CCom*, a função do administrador é, por natureza, temporária e de curta duração. A duração de funções é determinada pelos estatutos, mas não pode exceder três anos, quer o administrador seja designado pelo pacto social, quer eleito posteriormente pela assembleia geral ou por outro modo (CCom, art. 171º, § único, e 172º, pr. e § 2º) (36).

Os estatutos podem, pois, fixar uma duração de funções inferior ou igual a três anos, mas não superior, não havendo qualquer limite mínimo legal (37). Se os estatutos nada disserem, deve entender-se que a designação é pelo prazo legal (supletivo) de três anos (38), sem prejuízo da revogabilidade e da reelegibilidade, nos termos expostos noutro lugar (39).

Põe-se, todavia, o problema de saber se a relação de administração termina no dia em que se completa o prazo estatutário ou legal de duração de funções, independentemente de qualquer comunicação, ou se, diferentemente, ela cessa apenas quando do início de funções do novo administrador, que substitui o cessante.

O CCom português não resolve esta questão.

No direito francês, a regra vigente, que consagrou a opinião anteriormente dominante, é no sentido de que "as funções dum administrador terminam no fim da reunião da assembleia geral ordinária dos accionistas que tenha deliberado sobre as contas do exercício findo e realizada no ano em que expira o mandato do dito administrador" (Dec fr nº 67--236, de 23.3.1967, art. 77º). Isto significa que o administrador pode exercer as suas funções durante um pouco mais ou um pouco menos do

---

(36) ADRIANO ANTERO *(Comentário*, 2ª ed., vol. II, pág. 383) escreveu a este propósito que "a lei é favorável, assim, à brevidade do mandato, para que os administradores possam ser mudados, sem que seja preciso recorrer a uma revogação, acto hostil a que a assembleia dificilmente recorre; e para que se possa, a todo o tempo, contar com a confiança dos accionistas que estão mudando continuamente".

(37) Cf. PINTO FURTADO, *Código*, vol. II, t. I, pág. 370. Quanto aos administradores por parte do Estado, a duração de funções é sempre de três anos (DL nº 139/70, de 7.4.)

(38) Cf. *Justiça Portuguesa*, 1966, pág. 33.

(39) É diferente o regime dos gerentes das sociedades por quotas, cujas funções subsistem por tempo indeterminado, até expressa revogação, salvo estipulação de prazo no pacto social (LSQ, art. 28º).

que o prazo estatutário (que não pode exceder três ou seis anos, consoante a nomeação resulte dos estatutos ou da assembleia geral, respectivamente) (⁴⁰). E perante terceiros a sociedade não pode prevalecer-se da cessação de funções dos administradores enquanto não estiver publicada (Lei fr 1966, art. 8º, al. 2) (⁴¹).

Considera-se aplicável solução semelhante aos membros do directório e do conselho de vigilância (⁴²).

No direito italiano, "a cessação dos administradores por caducidade do prazo produz efeito a partir do momento em que o conselho de administração for reconstituído" (CCiv it, art. 2385º-II) (⁴³).

No direito alemão, parece não ser aplicável regra semelhante, salvo estipulação em sentido diverso: as funções do director terminam no prazo para que foi designado, a não ser que seja estipulada prorrogação (⁴⁴).

Em Portugal, esta questão foi objecto de um parecer de FERNANDO OLAVO, segundo o qual "o exercício das funções dos membros do conselho fiscal, como dos directores ou administradores de sociedades anónimas, termina, não por puro automatismo cronológico no momento em que se extingue o período de tempo do mandato, mas na data da próxima assembleia geral ordinária que procede à sua substituição" (⁴⁵).

Neste sentido, invoca: a necessidade desses órgãos, sem os quais a sociedade não pode funcionar; a expressão final do nº 2 do § único do art. 179º do CCom; a imposição pela lei a esses órgãos do dever de apresentar o balanço, a conta de ganhos e perdas, o relatório, a proposta de aplicação de resultados e o parecer (CCom, art. 176º, nº 5 e 7, 179º, § único, nº 1, e 189º e DL nº 49 381, de 15.11.1969, art. 30º e segs.), dever esse que não poderia ser cumprido se eles cessassem as suas funções

---

(⁴⁰) Convém não esquecer que a assembleia geral ordinária deve reunir no prazo de seis meses a contar do fecho do exercício, salvo prorrogação (Lei fr 1966, art. 157º, al. 1).

(⁴¹) Cf. HÉMARD-TERRÉ-MABILAT, *ob. cit.*, vol. I, pág. 745 e seg., e GOURLAY, *ob. cit.*, pág. 32 e seg..

(⁴²) Cf. HÉMARD-TERRÉ-MABILAT, *ob. cit.*, vol. I, pág. 947 e seg. e 987 e seg..

(⁴³) Cf. BONELLI, *Gli Amministratori*, pág. 81 e segs..

(⁴⁴) Cf. MERTENS, in *Koelner Kommentar AktG*, § 84, Anm. 10 a 22; GESSLER-HEFERMEHL, *AktG Kommentar*, § 84, Anm. 21 a 24, e BAUMS, *Der Geschaeftsleitervertrag*, pág. 436 e segs..

(⁴⁵) Cf. "Termo do exercício das funções dos membros do conselho de administração e do conselho fiscal nas sociedades anónimas", in *CJ*, ano IX, 1984, t. 5, pág. 7 e segs.. Em sentido análogo, cf. Ac RelMoçambique de 31.8.1910, in *GRL*, ano 27º, pág. 243.

antes de serem substituídos. Refere também várias disposições legais relativas a outros contratos (CCom, art. 122º, § único, e 234º; CCiv, art. 1175º), das quais deduz o princípio de que "as funções daqueles a quem está confiada a representação de interesses alheios não caducam, ainda quando se verifique uma causa que normalmente importaria a caducidade, enquanto esses interesses não forem devidamente acautelados". E cita sistemas jurídicos em que tal solução se encontra de forma expressa ditada na lei (CCiv it, art. 2385º, 2ª alínea, Lei peruana de 6.5.1966, art. 160º) ou é defendida pela doutrina (em face do art. 124º do CCom it de 1882, da Lei fr de 1867 e do art. 72º da Lei esp de 17.7.1951).

Efectivamente, embora a lei fixe um prazo máximo de três anos para a duração das funções dos administradores, parece dever entender-se que essa limitação visa sobretudo impedir que os estatutos fixem um prazo mais longo, contrariando o carácter temporário que a lei pretende impor. Mas não parece razoável entender tal preceito no sentido de impor a cessação das funções no dia em que se complete o prazo estatutário (ou o legal, se aquele for superior a três anos), mesmo que não tenha sido possível (por hipótese, por motivos justificados) reunir a assembleia geral para eleger novos administradores. A lei não deseja certamente impedir o funcionamento da administração em casos como esse.

Tal impedimento iria afectar interesses da sociedade e de terceiros protegidos pela lei. É por isso que, nomeadamente, o presidente da mesa da assembleia geral deve convocar a assembleia geral de modo a permitir a substituição dos administradores (CCom, art. 179º, § único, nº 2).

A cessação automática de funções no fim do prazo, antes de designados novos administradores, seria uma sanção excessiva para a violação (porventura, não culposa) de tais disposições, que poderia mesmo causar prejuízos irreparáveis à sociedade e a terceiros. Em qualquer caso, seria uma sanção inaceitável para a sociedade no seu conjunto por um acto (ou uma omissão) de um (ou mais) membro(s) dos seus órgãos.

2. O *CSC* mantém orientação semelhante à do CCom, mas alarga o prazo de duração máxima das funções para quatro anos civis e estabelece algumas regras tendentes a esclarecer dúvidas suscitadas pela legislação anterior e a assegurar a existência de administradores em exercício, mesmo depois de decorrido o prazo normal.

Na verdade, segundo o nº 3 do art. 391º do CSC, "os administradores são designados por um período fixado no contrato de sociedade, não excedente a quatro anos civis, contando-se como completo o ano civil em que os administradores forem designados; na falta de indicação do contrato, entende-se que a designação é feita por quatro anos civis, sendo permitida a reeleição".

E o nº 4 do mesmo artigo acrescenta que, "embora designados por prazo certo, os administradores mantêm-se em funções até nova designação, sem prejuízo do disposto nos artigos 394º (sobre nomeação judicial), 403º (sobre destituição) e 404º (sobre renúncia)" ([46]).

Deste modo, a caducidade pelo decurso do prazo contratual ou legal é o modo mais frequente de cessação de funções do administrador.

B — Em todo o caso, há outras causas de caducidade reguladas na lei: a incapacidade superveniente, a reforma, a morte e a nomeação judicial de administradores.

Sobre a *incapacidade superveniente*, o CCom não dizia nada, pelo que havia que aplicar as disposições sobre o mandato, já acima referidas ([47]).

Mas o CSC dispôs que, "caso ocorra, posteriormente à designação do administrador, alguma incapacidade ou incompatibilidade que constituísse impedimento a essa designação e o administrador não deixe de exercer o cargo, pode o conselho fiscal declarar o termo das funções" (art. 401º) ([48]).

C — Quanto à *reforma* por velhice ou invalidez, o CCom também não dizia nada. Alguns estatutos de sociedades anónimas previam a concessão de pensões de reforma, o que era considerado legalmente admissível — quer como pensões únicas, caso o administrador não recebesse outras, quer como pensões complementares das da previdência social ou da segurança social, caso o administrador fosse seu beneficiário.

O CSC prevê expressamente que o contrato de sociedade estabeleça um regime de reforma por velhice ou invalidez dos administradores, a cargo da sociedade, a regulamentar pela assembleia geral (art. 402º).

([46]) É claro que, perante terceiros, a sociedade não pode prevalecer-se da cessação de funções de um administrador enquanto não estiver registada e publicada [CSC, art. 168º, e CRCom, art. 3º, al. *m*), 15º, nº 1, 70º, nº 1, al. *a*)].

([47]) Cf. pág. 626.

([48]) Pode perguntar-se, quanto aos casos de incompatibilidade, se a "declaração" do conselho fiscal é um verdadeiro acto declarativo ou antes um acto constitutivo. Mas isso é questão que não importa agora aprofundar.

Assim, assiste-se, neste domínio, a uma aproximação do regime da relação de administração ao regime do contrato de trabalho, subsistindo, em todo o caso, diferenças significativas evidentes.

D – Nem o CCom nem o CSC regulam o caso de *morte* de um administrador. Mas é óbvio que esta faz caducar a relação, que não é transmissível, por ser "intuitu personae" ([49]).

E – A *nomeação judicial de administradores*, nos casos previstos no nº 1 do art. 394º do CSC, tem como consequência a cessação de funções dos demais administradores ainda existentes (CSC, art. 394º, nº 3). Não existe disposição equivalente durante a vigência do CCom.

SUBDIVISÃO IV

Destituição

§ 1º Considerações gerais

I – Qualquer dos contratos em análise pode terminar por revogação unilateral, isto é, por um acto voluntário de uma das partes ([1]).

É claro, porém, que, tratando-se de relações contratuais sujeitas ao princípio da força vinculativa do contrato ("pacta sunt servanda" – CCiv, art. 406º, nº 1), só é possível a revogação unilateral "nos casos admitidos na lei". Estes casos constituem excepções a esse princípio ([2]).

([49]) Neste sentido, cf. PINTO FURTADO, *Código*, vol. II, t. I, pág. 37, e HÉMARD--TERRÉ-MABILAT, *ob. cit.*, vol. I, pág. 747.

([1]) Recorda-se a definição ampla de revogação de I. GALVÃO TELLES (*Manual dos Contratos em Geral*, 3ª ed., pág. 348), enquanto "livre destruição dos efeitos de um acto jurídico pelo seu autor ou autores", e os problemas que ela suscita. Cf., por exemplo, M. JANUÁRIO COSTA GOMES, *Em Tema de Revogação do Mandato Civil*, pág. 41 e segs. e 101 e segs.. Sabe-se, porém, que outros autores, quanto aos contratos, contrapõem a revogação (bilateral, livre, discricionária e não retroactiva), a resolução ou rescisão (unilateral, condicionada, tendencialmente vinculada e retroactiva) e a denúncia (unilateral, livre, discricionária e não retroactiva); neste sentido, cf. A. MENEZES CORDEIRO, *Direito das Obrigações*, 1988, vol. II, pág. 162 e segs..

([2]) Sobre este princípio, cf. M. J. ALMEIDA COSTA, *Direito das Obrigações*, 4ª ed., pág. 207 e segs..

E é bom ter presente que, nalguns desses casos, a revogação unilateral é permitida de modo livre e discricionário; noutros casos, só é permitida de modo condicionado e vinculado. Nomeadamente, nos contratos sinalagmáticos, em geral, e especialmente nos contratos duradouros, a revogação unilateral é permitida nos casos de:

a) Impossibilidade de cumprimento por causa imputável ao devedor (CCiv, art. 801º, nº 2);
b) Perda do interesse do credor (CCiv, art. 808º);
c) Recusa do cumprimento (CCiv, art. 808º);
d) Alteração anormal das circunstâncias (CCiv, art. 437º);
e) Justa causa ([3]).

Todavia, deve salientar-se também o desfavor com que a lei encara, em geral, os contratos de duração indeterminada, cuja revogação unilateral (ou denúncia) admite com maior ou menor facilidade ([4]).

II – O regime da revogação apresenta, porém, profundas diferenças entre cada um dos contratos em estudo e consoante a revogação seja da iniciativa de uma ou de outra parte – a tal ponto que a própria terminologia diverge: revogação pelo mandante ou renúncia pelo mandatário ou prestador de serviço; despedimento pelo empregador e rescisão pelo trabalhador subordinado; destituição pela sociedade e renúncia pelo administrador.

E, sendo estas diferenças de regime muito significativas quanto à natureza do contrato, vale a pena analisá-las separadamente e com mais desenvolvimento ([5]).

([3]) Para maiores desenvolvimentos, cf. M. JANUÁRIO COSTA GOMES, *ob. cit.*, pág. 57 e segs. e autores aí cit..

([4]) Cf. PESSOA JORGE, *Lições de Direito das Obrigações*, vol. I, pág. 212; VAZ SERRA, "Tempo da prestação – Denúncia", in *BMJ*, nº 50, pág. 184 e segs., e A. MENEZES CORDEIRO, *Direito das Obrigações*, vol. II, pág. 166.

([5]) É curioso observar que a doutrina, por vezes, parte de certa qualificação da relação de administração (por exemplo, como mandato) para aplicar à destituição de administradores disposições relativas a outro tipo contratual (v. g., sobre a revogação do mandato – cf., por exemplo, CUNHA GONÇALVES, *Tratado*, vol. VII, pág. 521), enquanto, outras vezes, se baseia no regime legal específico da destituição do administrador (v. g., no princípio da revogabilidade) para afastar certa qualificação da relação de administração (v. g., a qualificação como mandato – cf., por exemplo, BERDAH, *Fonctions et responsabilités des dirigeants*, pág. 52 e segs.). É evidente que ambos os caminhos são teoricamente admissíveis, desde que cada um dos passos seja suficientemente fundamentado.

§ 2ª Revogação do mandato

I—Quanto ao *mandato civil*, o *CCiv de 1867*, na sua versão original, estabelece que "o constituinte pode revogar, quando e como lhe aprouver, o mandato conferido, sem prejuízo de qualquer condição ou convenção em contrário" (art. 1364º).

A doutrina civilista considera então que "pode o mandante a todo o tempo revogar o mandato [...] sem que lhe possa ser questionada a procedência dos motivos da revogação; mas se intempestivamente, sem causa legítima, cassa a procuração [...] há-de responder pelos prejuízos que daí resultarem ao mandatário". As palavras "sem prejuízo de qualquer condição ou convenção em contrário" significam, não a liberdade de estipular a irrevogabilidade do mandato, porque a revogabilidade é da *essência* do mandato, mas sim a faculdade de regular as consequências da revogação do mandato, quando se ajusta a irrevogabilidade". "A pena convencional é também admissível no contrato de mandato [...]. Não pode o mandatário questionar a revogação, mas pode exigir a indemnização dos danos causados pela revogação extemporânea" ([6]).

Assim, embora a lei induza a pensar que o mandato civil é, como regra, revogável "ad nutum", por pura e simples vontade arbitrária do mandante, a doutrina reconhece um direito a indemnização no caso de revogação "sem causa legítima".

E a própria lei admite a estipulação de "condição ou convenção em contrário".

Todavia, chegou a haver decisões dos tribunais a declarar nula a cláusula de irrevogabilidade ([7]), enquanto outras declaravam revogável o mandato, *sem prejuízo* de qualquer condição ou convenção ([8]).

Entretanto, o Dec nº 19 126, de 16.12.1930, alterou a redacção do art. 1364º, substituindo a expressão "sem prejuízo de qualquer condição ou convenção em contrário" por esta outra: "não obstante qualquer condição, convenção ou cláusula penal em contrário". O motivo invocado para esta alteração é que "a expressão 'sem prejuízo' empregada pelo Código não traduzia o pensamento do legislador e por isso foi substituída;

([6]) Cf. DIAS FERREIRA, *Código Civil Português*, 2ª ed., 1898, vol. III, pág. 36.

([7]) Cf. Ac RelP de 19.10.1880 e Ac STJ de 17.10.1913, in *RT*, ano I, pág. 268, cit. por CUNHA GONÇALVES, *Tratado*, vol. II, pág. 518.,

([8]) Cf. Acs STJ de 4.7.1884, in *Bol. Trib.*, ano I, pág. 328, de 5.3.1886, in *Bol. Trib.*, ano VI, pág. 217, de 5.7.1890, in *GRL*, ano I, pág. 749, de 5.12.1890, in *Bol. Trib.*, ano VI, pág. 217, cit. por CUNHA GONÇALVES, *Tratado*, vol. VII, pág. 518 e seg..

ao mesmo tempo evita-se que se tolha a liberdade da revogação do mandato, com cláusulas penais'' (⁹).

Mas, mesmo depois desta alteração, a doutrina considera "lícito convencionar: *a*) que o mandato só será livremente revogável desde que se verifique determinada condição ou facto futuro e incerto; *b*) que o mandato será irrevogável, durante um certo prazo ou enquanto ao mandatário convier exercê-lo; *c*) que o mandante pagará determinada penalidade ou indemnização de perdas e danos, no caso de revogar o mandato sem prévio acordo com o mandatário. Nenhuma destas cláusulas ou qualquer outra obstará à revogação (¹⁰); e a terceira, na realidade, não obsta; mas, o mandante que infringir o estipulado será obrigado a indemnizar de perdas e danos o mandatário, indemnização que, na terceira hipótese, é prefixada. Estipular a irrevogabilidade do mandato nada mais é do que sujeitar o mandante à indemnização de perdas e danos, quando ele exerça o direito de revogação sem o consentimento e com prejuízo do mandatário (¹¹). O mandante prefere assim um mal menor, para evitar o mal maior da continuação do mandatário perigoso'' (¹²).

Por outro lado, a doutrina – nomeadamente CUNHA GONÇALVES (¹³) – entende que "o art. 1364º só pode dizer respeito ao mandato conferido no interesse exclusivo do mandante: e, por isso, e também porque esse artigo não é uma disposição de ordem pública, o mandato não poderá ser revogado 'ad nutum' ou ao arbítrio do mandante, nos casos seguintes:

"1º *Quando o mandato fôr dado no interêsse comum do mandante e do mandatário* [...].

"2º *Quando o mandato é dado no interêsse comum do mandante e de terceiros, ou exclusivo de terceiros* [...].

"3º *Quando o mandato é, na realidade, o factor de um diverso acto jurídico,* como a ordem do sacador, nas letras, ou nos cheques, para o pagamento das respectivas importâncias (¹⁴) [...]''.

(⁹) Cf. Nota oficiosa do Ministério da Justiça relativa ao Dec nº 19 126, art. 1364º.

(¹⁰) Acs do STJ de 4.7.1884, de 5.3.1886 e de 5.7.1890, in *Bol. Trib.*, I, pág. 328, VI, pág. 217, e *Gaz. da Rel.*, I, pág. 749, cit. por CUNHA GONÇALVES, *Tratado*, vol. VII, pág. 519.

(¹¹) Cf. DIAS FERREIRA, vol. III, pág. 36; BAUDRY & WAHL, nᵒˢ 812 e 818, cit. por CUNHA GONÇALVES, *Tratado*, vol. VII, pág. 519.

(¹²) Cf. CUNHA GONÇALVES, *Tratado*, vol. VII, pág. 519.

(¹³) Cf. *ob. cit.*, pág. 519 e segs..

(¹⁴) Cf. CCiv brasileiro, art. 1317º.

"Além disto, a revogação do mandato não deve ser feita com *abuso de direito*, por mero capricho, com intenção de prejudicar; ou intempestivamente; pois, de contrário, será o mandante obrigado a indemnizar o mandatário das perdas e danos sofridos, por exemplo, quando este, para exercer o mandato, teve de abandonar outra ocupação lucrativa, ou partir para o estrangeiro, viver num clima inhóspito ([15])".

"É claro que nenhuma indemnização será devida quando a revogação do mandato fôr motivada por culpa, fraudes e abusos de confiança do mandatário. Doutro lado, não só a indemnização pode ser fixada numa soma invariável, superior ou inferior aos verdadeiros prejuízos do mandatário, mas pode também estipular-se que nenhuma indemnização será a este devida, sejam quais forem as circunstâncias em que a revogação do mandato se verifique ([16]).

"A revogação do mandato só compete ao constituinte ou mandante. Havendo vários mandantes, cada um pode revogar o mandato na parte que lhe concerne, o que não obsta a que subsista o mandato dos outros co-interessados [...].

"A revogação pode ser expressa ou tácita. O art. 1365º, porém, prevê uma revogação semi-tácita, dispondo que 'a nomeação dum novo procurador, para o mesmo e único objecto, equivale à revogação da primeira procuração, *sendo noticiada pelo constituinte ao anterior mandatário*', preceito este que teve por fonte o art. 2006º do Código Civil francês e já vem do direito romano" ([17]).

II – Actualmente, o regime da revogação do mandato civil está contido, fundamentalmente, nos art. 1170º a 1173º e 1179º do CCiv de 1966 e também, quanto ao mandato com representação, nos art. 265º a 267º, por remissão do art. 1178º do CCiv..

Em princípio, o mandato é livremente revogável por qualquer das partes, "não obstante convenção em contrário ou renúncia ao direito de revogação" (CCiv, art. 265º, nº 2, e 1170º, nº 1).

([15]) Cf. Dias Ferreira, vol. III, pág. 36; Baudry & Wahl, vol. II, nº 1424; Aubry & Rau, vol. IV, § 416; Guillouard, nº 225, cit. por Cunha Gonçalves, *ob. cit.*, pág. 520.

([16]) Cf. Baudry & Wahl, nos 813, 715 e 816, Guillouard, *ibidem*, cit. por Cunha Gonçalves, *ob. cit.*, pág. 520.

([17]) Cf. Cunha Gonçalves, *ob. cit.*, pág. 521.

Este princípio de revogabilidade "ad nutum" pressupõe a situação historicamente mais característica do mandato no interesse exclusivo do mandante e gratuito.

No caso de mandato também no interesse do mandatário ou de terceiro, a revogação só é possível com o acordo do interessado (mandatário ou terceiro) ou então quando ocorra justa causa (CCiv, art. 265º, nº 3, e 1170º, nº 2). Nestes casos, a revogação sem acordo do interessado e sem justa causa não é válida: o mandato não cessa. Mas a revogação com o acordo do interessado ou com justa causa é válida, mesmo que tenha havido convenção em contrário ou renúncia ao direito de revogação – é o que resulta da conjugação do nº 2 com o nº 1 do art. 1170º do CCiv (e também do nº 2 com o nº 3 do art. 265º) ([18]).

Não diz o CCiv o que se considera como justa causa de revogação do mandato (seja como causa de exclusão do dever de indemnizar, seja como requisito constitutivo do direito de revogar). Enquanto fundamento para a resolução dos contratos duradouros em geral, a justa causa consiste em "qualquer circunstância, facto ou situação em face da qual, e segundo a boa fé, não seja exigível ([19]) a uma das partes a continuação da relação contratual" ([20]). Nomeadamente, pode ser "todo o facto capaz de fazer perigar o fim do contrato ou de dificultar a obtenção desse fim, qualquer conduta que possa fazer desaparecer pressupostos, pessoais ou reais, essenciais ao desenvolvimento da relação, designadamente qualquer conduta contrária ao dever de correcção e lealdade (ou ao dever de fidelidade na relação associativa)" ([21]). Em relação ao mandato, tem-se entendido que a justa causa "não pode acantonar-se à falta de cumprimento de deveres contratualmente assumidos ou à assunção de atitudes, por acção ou omissão, de qualquer modo violadoras das regras que presidem à colaboração intersubjectiva" ([22]). Podem constituir justa causa de revogação pelo mandante tanto comportamentos do mandatário (v. g., o incumprimento), como acontecimentos que lhe são de todo estranhos ([23]).

([18]) Cf. DURVAL FERREIRA, *ob. cit.*, pág. 209 e segs..

([19]) O recurso ao conceito de exigibilidade/inexigibilidade veio a ser criticado por A. MENEZES CORDEIRO, *Da Boa Fé no Direito Civil*, vol. II, pág. 1020 e seg..

([20]) Cf. BAPTISTA MACHADO, *Pressupostos da Resolução por Incumprimento*, 1979, pág. 21 e 360, com a concordância de PIRES DE LIMA-ANTUNES VARELA, *Código Civil Anotado*, 2ª ed., vol. II, pág. 646.

([21]) Cf. id., *ibid.*.

([22]) Cf. M. JANUÁRIO COSTA GOMES, *ob. cit.*, pág. 64 e seg..

([23]) Cf. *ob. cit.*, pág. 219 e segs..

Há que distinguir, contudo, a questão da validade e eficácia da revogação da questão do direito da outra parte a indemnização. Mesmo quando a revogação é válida e produz o efeito de fazer cessar o mandato (seja ou não necessária justa causa para isso), pode a parte que foi vítima da revogação ter direito a indemnização. Isso acontece nos casos referidos no art. 1172º do CCiv, ou seja:

a) Se assim tiver sido convencionado (inclusivamente no caso de mandato no interesse exclusivo do mandante e gratuito);

b) Se tiver sido estipulada a irrevogabilidade ou tiver havido renúncia ao direito de revogação (quer no mandato no interesse exclusivo do mandante, quer no mandato no interesse do mandante e do mandatário ou de terceiro);

c) Se a revogação proceder do mandante e versar sobre mandato oneroso, sempre que o mandato tenha sido conferido por certo tempo ou para determinado assunto, ou que o mandante o revogue sem a antecedência conveniente.

É de notar que o conceito de justa causa, enquanto requisito constitutivo do direito de revogar o mandato, pode não coincidir com o conceito de justa causa, enquanto causa de exclusão do dever de indemnizar. Designadamente, pode haver factos objectivos que justifiquem uma revogação válida e eficaz (porque lícita), mas que, apesar disso, não sejam bastantes para excluir o dever de indemnizar. Por exemplo, pode acontecer que o mandante tenha conferido mandato oneroso para certa tarefa duradoura e que, posteriormente, venha a dar-se conta de que o completamento dessa tarefa é significativamente mais caro do que o inicialmente previsto (v. g., em consequência de inesperada inflação, sem qualquer culpa do mandatário); pode admitir-se que este encarecimento constitua justa causa de revogação do mandato, de modo que esta seja incontestavelmente válida (por inexigibilidade do excesso de despesa), sem que todavia seja de excluir o direito do mandatário a indemnização pelos prejuízos causados por essa revogação extemporânea (decorrentes, nomeadamente, de lucros cessantes por ele ter prescindido — com conhecimento do mandante — de outros trabalhos remunerados insubstituíveis para cumprir o mandato e receber a correspondente remuneração). É situação que cabe claramente na al. *c*) do art. 1172º, em conjugação com o nº 2 do art. 1170º, do CCiv.

Em tais circunstâncias, parece exigível do mandante que, ao ponderar a decisão de revogar o mandato, tome em consideração não só o seu próprio interesse legítimo, mas também o interesse do mandatário. Haverá, neste caso, responsabilidade por facto lícito ([24]).

Repare-se que o dever de indemnizar é imposto à "parte que revogar o contrato", seja o mandante, seja o mandatário. Assim, as partes estão colocadas, em princípio, num plano de igualdade. Quando o mandato é conferido apenas no interesse do mandante, são sobretudo os interesses deste que merecem protecção, embora a lei não descure os interesses legítimos do mandatário, sendo caso disso. Quando o mandato é conferido no interesse tanto do mandante como do mandatário ou de terceiro, então os interesses destes também são protegidos, quer tornando a revogação do mandato dependente do acordo do interessado ou da ocorrência de justa causa, quer conferindo à parte lesada um direito a indemnização. A revogabilidade do mandato fundamenta-se na necessidade de protecção do interesse do mandante, enquanto dono do negócio: o mandatário é chamado a praticar um acto jurídico no interesse alheio (por conta de outrem e, porventura, em nome de outrem); não faria sentido que o direito impusesse ao mandante a obrigação de suportar uma gestão dos seus interesses que se lhe afigurasse ruinosa, prejudicial ou incómoda.

A revogabilidade do mandato compreende-se também em função da confiança do mandante no mandatário, enquanto pressuposto normal do contrato: perdida essa confiança, desaparece uma das bases do negócio. Em todo o caso, tal relação de confiança não é essencial ao tipo de negócio, e pode haver revogação mesmo sem perda da confiança ([25]).

Sobre o montante da indemnização, o CCiv não diz nada, no capítulo do mandato, pelo que terão de aplicar-se as regras gerais: devem ser indemnizados tanto os danos emergentes, como os lucros cessantes realmente sofridos em consequência da revogação (CCiv, art. 562º a 564º) ([26]).

([24]) Em sentido parcialmente diverso, cf. M. JANUÁRIO COSTA GOMES, *ob. cit.*, pág. 269 e 273 e seg., que subestima a significativa diferença de redacção entre o art. 1725º, nº 1, do CCiv it e o art. 1172º, al. *c*), do CCiv.

([25]) Sobre o fundamento da revogabilidade, cf. DURVAL FERREIRA, *Do Mandato Civil e Comercial*, pág. 197 e segs., e M. JANUÁRIO COSTA GOMES, *Em Tema de Revogação do Mandato Civil*, pág. 83 e segs..

([26]) Não se vê motivo suficiente para restringir a indemnização ao lucro cessante, como pretende M. JANUÁRIO COSTA GOMES, *ob. cit.*, pág. 272 e seg..

III – A revogação do *mandato comercial* está sujeita a um regime parcialmente diferente, quer do do CCiv de 1867, quer do do CCiv de 1966, e que suscita algumas dúvidas.

Com efeito, o CCom de 1833 dizia que "o mandante pode revogar o mandato, quando bem quiser, e cassar a procuração, ordem ou poder dado, achando-se o negócio inteiro, ou indemnizando o comissário das despesas incursas e prejuízos emergentes na forma legislada".

E, segundo o art. 245º do CCom de1888, "a revogação e a renúncia do mandato, não justificadas, dão causa, na falta de pena convencional, à indemnização de perdas e danos".

Assim, o CCom vigente (tal como o CCiv de 1867) distingue a revogação e a renúncia do mandato comercial (quando o CCiv de 1966 usa a expressão revogação para ambos os factos), mas estabelece um regime comum a ambas.

Por outro lado, o regime do CCom pressupõe que o mandato seja exercido profissionalmente e seja oneroso (CCom, art. 232º) ([27]), e, por isso, assegura ao mandatário uma indemnização, no caso de revogação sem justa causa, a qual abrange quer os danos emergentes, quer os lucros cessantes ([28]).

O CCom não diz claramente se a revogação sem justa causa é válida ou não: se acarreta ou não a cessação do contrato. Mas o facto de o art. 145º referir o direito a indemnização aponta no sentido de se verificar a cessação, pois de outro modo não haveria, provavelmente, danos a indemnizar. Aliás, tal lacuna deve integrar-se por recurso à lei civil (CCom, art. 3º), que consagrava, ao tempo, o princípio da livre revogabilidade (CCiv de 1867, art. 1364º), actualmente reproduzido no CCiv de 1966 (art. 1170º, nº 1), com ressalva do mandato de interesse comum do mandatário ou de terceiro. Deve notar-se, aliás, que a onerosidade do mandato não implica, só por si, um interesse do mandatário no mandato, para o efeito do nº 2 do art. 1170º, pois a doutrina tem entendido que o interesse comum relevante tem de respeitar à própria utilidade do acto objecto do mandato ([29]).

([27]) Oneroso e não apenas presuntivamente oneroso, como bem observa M. JANUÁRIO COSTA GOMES, *ob. cit.*, pág. 281, nota 767.

([28]) Neste sentido, cf. M. JANUÁRIO COSTA GOMES, *ob. cit.*, pág. 282. Não se vê é motivo para a divergência aí referida (e na pág. 272 e seg.) entre o mandato civil e o mandato comercial, a este respeito.

([29]) Neste sentido, cf. VAZ SERRA, "Anotação ao Ac STJ de 7.3.1969", in *RLJ*, ano 103º, pág. 239, e M. JANUÁRIO COSTA GOMES, *ob. cit.*, pág. 146 e segs. e 281 e segs..

É de salientar ainda a expressa admissibilidade de pena convencional, à semelhança do actualmente disposto no CCiv [art. 1172, al. *a*)], mas diversamente da letra do CCiv de 1867 (art. 1364º).

§ 3º Despedimento do trabalhador

I – O regime de revogação do contrato de trabalho subordinado por declaração unilateral do empregador é significativamente diferente do do mandato.

Primeiro, e apenas em grandes linhas, porque reflecte a integração do trabalhador numa organização mais ampla (uma empresa), que não é tão característico que exista no mandato.

Segundo, porque é muito mais intensa a protecção do trabalhador, sendo sobretudo valorizada a estabilidade do emprego.

O primeiro aspecto traduz-se, por exemplo, na necessidade prática de explicitação do que, em circunstâncias normais, parece óbvio: que o despedimento (com ou sem justa causa) é um acto do empregador, não dos demais trabalhadores da empresa [v. g., os "saneamentos" (^{1})], por falta de legitimidade. Em todo o caso, a lei consagra o dever de consultar os representantes dos trabalhadores (a comissão de trabalhadores e, porventura, a associação sindical respectiva), antes das decisões de despedimento [LCCT, art. 10º, nº 2, 7º, 9º, 10º, 12º, nº 1, al. *c*), 17º, nº 1, 18º, 24º, nº 1, al. *a*) e *b*)]. Por outro lado, a lei dá relevo às relações entre os vários trabalhadores como possível motivo de despedimento [LCCT, art. 9º, nº 2, al. *c*)].

O segundo aspecto marca indelevelmente todo o regime dos despedimentos, a começar pelo princípio da proibição dos despedimentos sem justa causa ou por motivos políticos ou ideológicos, que tem dignidade constitucional desde 1976 (CRP, art. 53º). Reflecte não só a importância atribuída, nas últimas décadas, aos interesses dos trabalhadores, como também a gravidade do fenómeno social do desemprego.

(^{1}) Cf. Ac RelL de 12.3.1979, in *AcD*, nº 209º, pág. 666; Ac RelP de 25.3.1979, in *AcD*, nº 210, pág. 805, e Ac RelP de 27.4.1981, in *BTE*, 2ª s., nº 10-11-12/81, pág. 731.

II – A matéria dos despedimentos é das que maiores alterações tem sofrido, nas últimas décadas, sendo objecto de viva controvérsia, com acentuadas implicações político-sociais, e de invulgar elaboração doutrinária e jurisprudencial (²).

Como se disse acima, far-se-á referência apenas às características do regime vigente dos despedimentos (constante da LCCT aprovada pelo DL nº 64-A/90, de 27.2) que apresentam diferenças mais relevantes para o objectivo agora em vista.

(²) Cf., para além dos manuais de direito do trabalho, BERNARDO G. LOBO XAVIER, *Da Justa Causa do Despedimento no Contrato de Trabalho*, supl. XIV ao *BFD*, 1965; RUI MOURA AZEVEDO, *Cessação do Contrato de Trabalho – Regime Jurídico Anotado e Comentado*, Coimbra, Coimbra Editora, 1976; ERNESTO DE OLIVEIRA, *Despedimentos e Outros Casos de Cessação do Contrato de Trabalho – Legislação Anotada*, 2ª ed., Lisboa, 1977; JORGE LEITE, *Direito do Trabalho – Da Cessação do Contrato de Trabalho* (lições), Coimbra, 1978; B. LOBO XAVIER, "A recente legislação dos despedimentos (O processo disciplinar na rescisão por justa causa)", in *RDES*, ano XXIII, 1978, nº 1/4, pág. 153 e segs.; J. G. JESUS ROQUE, *Da Justa Causa do Despedimento face à Actual Lei Portuguesa*, Lisboa, Rei dos Livros, 1980; MARIA LUÍSA ANTAS, *A comparison between the law of individual dismissal of United States and Portugal*, Harvard, 1981 (inédito); MÁRIO PINTO-F. SOUSA FIALHO, *O Despedimento – Um Estudo de Direito Comparado*, Lisboa, Fund. Oliveira Martins, 1983; C. A. MORAIS ANTUNES-AMADEU RIBEIRO GUERRA, *Despedimentos e Outras Formas de Cessação do Contrato de Trabalho*, Coimbra, Almedina, 1984; MESSIAS DE CARVALHO-V. NUNES DE ALMEIDA, *Direito do Trabalho e Nulidade do Despedimento*, Coimbra, Almedina, 1984; J. J. GOMES CANOTILHO-JORGE LEITE, "A inconstitucionalidade da lei dos despedimentos", in *Estudos em Homenagem ao Prof. Doutor A. A. Ferrer Correia*, 1984; A. MENEZES CORDEIRO, "Anotação – Concorrência laboral e justa causa de despedimento", in *ROA*, ano 46, 1986, II, pág. 495 e segs.; ANTÓNIO JOSÉ MOREIRA, *O Regime Jurídico dos Despedimentos*, Porto, Porto Editora, 1987; BERNARDO LOBO XAVIER, "Deslocação de delegado sindical; ónus da prova da justa causa de despedimento", in *RDES*, ano XXIX, 1987, nº 1, pág. 21 e segs.; BERNARDO LOBO XAVIER, "Deficiência da nota de culpa e direito de defesa em processo disciplinar laboral", in *RDES*, ano XXIX, 1987, nº 3, pág. 373 e segs.; BERNARDO LOBO XAVIER, "Justa causa de despedimento: conceito e ónus da prova", in *RDES*, ano XXX, 1988, nº 1, pág. 1 e segs.; EDUARDO ALLEN, *Contrato de Trabalho – As Novas Leis (com Anotações)*, Lisboa, AAFDL, 1989; RODRIGUES DA SILVA, "O processo judicial de despedimento", in *RDES*, ano XXXII, 1990, pág. 57 e segs.; PEDRO CRUZ, *A Justa Causa de Despedimento na Jurisprudência*, Coimbra, Almedina, 1990; JOANA DE VASCONCELOS, "Despedimento ilícito, salários intercalares e deduções (art. 13º, nº 2, do DL 64-A/89)", in *RDES*, ano XXXII, 1990, pág. 157 e segs.; LUÍS D. SILVA MORAIS, *Dois Estudos: Justa Causa e Motivo Atendível de Despedimento; O Trabalho Temporário*, Lisboa, Ed. Cosmos, 1991.

III – Assim, é de salientar, primeiro, a distinção entre:
 a) Despedimento individual por justa causa subjectiva;
 b) Despedimento individual ou colectivo por justa causa objectiva;
 c) Revogação unilateral durante o período experimental.

IV – A – O *despedimento individual por justa causa subjectiva* ou disciplinar (a que a nova lei chama, imprecisamente, "despedimento promovido pela entidade empregadora" – como se os outros despedimentos não fossem promovidos por esta) é permitido, desde que exista justa causa subjectiva e seja instaurado processo disciplinar, nos termos pormenorizadamente regulados na lei, para verificação da sua existência.

B – A lei diz – com algum rigor, mas também com uma certa indeterminação – o que pode constituir justa causa: "o comportamento culposo do trabalhador que, pela sua gravidade e consequências, torne imediata e praticamente impossível a subsistência da relação de trabalho" (LCCT, art. 9º, nº 1) ([3]).

E enumera exemplificativamente diversos comportamentos do trabalhador que podem constituir justa causa (subjectiva) de despedimento individual (art. 9º, nº 2).

Tem-se entendido que os comportamentos abrangidos por este art. 9º são sempre *infracções disciplinares graves*, isto é, acções ou omissões violadoras de deveres disciplinares do trabalhador e culposas, que inviabilizem a relação de trabalho.

Os *deveres disciplinares* do trabalhador estão enunciados com maior ou menor rigor nas fontes de direito laboral – quer de modo positivo, no art. 20º da LCT e noutros preceitos dispersos, quer de modo negativo, nomeadamente no citado art. 9º, nº 2, da LCCT.

([3]) Note-se que este preceito diz que "o comportamento [...] constitui justa causa"; não diz que "justa causa é o comportamento [...]". Ou seja, o art. 9º, nº 1, da LCCT contém um enunciado e não uma definição (contra: MONTEIRO FERNANDES, *Direito do Trabalho*, 7ª ed., vol. I, pág. 455); e um enunciado incompleto – porque há outras situações não previstas aí que constituem justa causa de despedimento. Se assim não fosse, todas as disposições dos art. 16º a 33º da LCCT (como dos art. 13º a 23º do DL nº 372-A/75, de 16.7) teriam de considerar-se inconstitucionais – o que ninguém hoje sustenta seriamente.

Em qualquer caso, as infracções disciplinares não são típicas, diversamente do que se passa com as infracções criminais.

C – O despedimento individual por justa causa subjectiva constitui uma *sanção disciplinar*, entre outras que o empregador pode aplicar ao trabalhador [LCT, art. 27º, nº 1, al. *e*)]. Isto reflecte-se, nomeadamente, na obrigação imposta por lei ao empregador de atender a todo um conjunto de critérios de escolha do tipo de sanção a aplicar a certa infracção concreta e, quando seja caso disso, de graduação da sanção escolhida (o que só é possível, dentro de certos limites, relativamente à multa e à suspensão com perda de retribuição – entre as sanções previstas na lei, pois pode haver outras previstas por convenção colectiva de trabalho – LCT, art. 27º, nº 1). Esses critérios constam, nomeadamente, da LCT, art. 27º, nº 2, e 29º, nº 2, e da LCCT, art. 10º, nº 9, e (indirectamente) 12º, nº 3.

D – O despedimento individual com justa causa, como sanção disciplinar, pressupõe um *poder disciplinar* do empregador, específico da relação laboral.

Esse poder tanto pode ser exercido directamente pelo empregador como pelos superiores hierárquicos do trabalhador, nos termos por aquele estabelecidos (LCT, art. 26º, nº 2). Nele participam, embora apenas a título consultivo, a comissão de trabalhadores da empresa e, se o trabalhador for representante sindical, a associação sindical respectiva (LCCT, art. 10º, nº 2 e 3), podendo, além disso, intervir a comissão disciplinar paritária (LCT, art. 31º, nº 4) ([4]).

E – 1. O exercício do poder desciplinar tem de respeitar determinadas regras processuais, constantes da LCCT, art. 10º a 15º, e também da LCT, art. 31º.

([4]) A Lei nº 68/79, de 9.10, estabelecia que o despedimento de certos representantes dos trabalhadores só podia ter lugar por meio de acção judicial, se contra ele se tivesse pronunciado o trabalhador interessado e a comissão de trabalhadores ou a associação sindical respectiva. A jurisprudência discutia se a decisão judicial era constitutiva ou meramente confirmativa da decisão disciplinar patronal (no sentido de ser confirmativa, cf. Ac STJ de 27.3.1987, in *AcD*, nº 307, pág. 1057; contra, cf. Ac STJ de 7.11.1986, in *BMJ*, nº 361, pág. 380, e *AcD*, nº 303, pág. 440, e Ac STJ de 7.4.1987, in *AcD*, nº 322, pág. 1306). Mas a Lei nº 68/79 foi revogada pelo DL nº 64-A/89, de 27.2, que protege os representantes dos trabalhadores de modo diferente.

Sendo as regras relativas a *processos disciplinares* conducentes a despedimento mais rigorosas do que as da LCT, haverá que respeitar aquelas, desde o início do processo, sempre que se admitir a possibilidade de aplicação da sanção de despedimento.

2. Em qualquer caso, a acção disciplinar caduca se não for exercida no prazo de 60 dias a contar do conhecimento da infracção (LCT, art. 31º, nº 1)–ficando, todavia, este prazo suspenso com a comunicação da nota de culpa ao trabalhador (LCCT, art. 10º, nº 11) e com a instauração do processo prévio de inquérito, nas condições do nº 12 do art. 10º da LCCT.

E a infracção disciplinar prescreve ao fim de um ano a contar do momento da sua prática ou logo que cesse o contrato de trabalho (LCT, art. 27º, nº 3).

3. A LCCT regula desenvolvidamente duas *formas de processo disciplinar de despedimento*: um processo ordinário (com algumas especialidades tendentes a proteger os representantes dos trabalhadores – no sentido do art. 58º) e um processo sumário (para pequenas empresas).

4. O *processo ordinário*, aplicável à generalidade dos despedimentos, compreende cinco fases.

1ª fase – *Notícia da infracção* – O processo começa, naturalmente, com a *notícia* da infracção: por conhecimento directo pelo empregador (que convirá reduzir a auto de notícia) ou por queixa ou denúncia de outra pessoa (escrita ou verbal, convindo, neste caso, reduzi-la a escrito).

Em face desta notícia, o empregador pode decidir encarregar-se ele próprio do *inquérito* ou das averiguações necessárias à prova da existência do facto punível e da identidade do responsável, ou nomear um seu colaborador para esse efeito (LCCT, art. 10º, nº 12).

O empregador pode também, desde logo, *suspender preventivamente* o trabalhador sem perda da retribuição, "se a presença do trabalhador se mostrar inconveniente" (LCT, art. 31º, nº 2).

2ª fase – *Inquérito preliminar* – Seguem-se, normalmente, diligências de prova do facto e da identidade do seu autor tendentes a fundamentar a acusação: exames, inquirição de testemunhas e declarantes, recolha de documentos, etc.. Tais diligências são, obviamente, desnecessárias quando o próprio empregador tenha presenciado a infracção (flagrante delito) – a não ser para assegurar a prova do facto em futuro processo judicial.

3ª fase – *Acusação e defesa* – Caso se verifiquem indícios de que o comportamento do trabalhador constitui justa causa de despedimento (no sentido do art. 9º da LCCT), o empregador deve enviar ao trabalhador arguido uma *comunicação escrita* da sua intenção de proceder ao despedimento, acompanhada de uma *nota de culpa*, com a descrição circunstanciada dos factos que lhe são imputáveis (LCCT, art. 10º, nº 1). Da comunicação escrita e da nota de culpa deve ser enviada cópia à comissão de trabalhadores da empresa e, se o trabalhador for representante sindical, à associação sindical respectiva (LCCT, art. 10º, nº 2 e 3) (⁵).

Em seguida, o trabalhador poderá, dentro de cinco dias úteis, consultar o processo e *responder* à nota de culpa, deduzindo por escrito os elementos que considere relevantes para o esclarecimento dos factos e da sua participação neles, podendo juntar documentos e solicitar as diligências probatórias que se mostrem pertinentes para o esclarecimento da verdade (LCCT, art. 10º, nº 4).

O empregador deve proceder às *diligências probatórias* requeridas pelo trabalhador, salvo se forem dilatórias ou impertinentes ou excederem os limites legais (LCCT, art. 10º, nº 5 e 6). O resultado dessas diligências deve ser reduzido a escrito.

Concluídas tais diligências, deve ser enviada cópia do processo à comissão de trabalhadores e, sendo o arguido representante sindical, à associação sindical respectiva, que podem, no prazo de cinco dias úteis, fazer juntar ao processo o seu *parecer* fundamentado (LCCT, art. 10º, nº 7).

4ª fase – *Decisão* – Decorrido este prazo, o empregador dispõe de 30 dias para proferir a decisão, que deve ser fundamentada, constar de documento escrito e ser comunicada ao trabalhador, à comissão de trabalhadores e, sendo caso disso, à associação sindical (LCCT, art. 10º, nº 8, 9 e 10).

5ª fase – *Suspensão e impugnação judicial do despedimento* – O trabalhador despedido ilicitamente pode requerer ao tribunal do trabalho a suspensão do despedimento ou/e impugná-lo (LCCT, art. 12º e 14º, e CPT, art. 38º a 45º).

(⁵) Cf. também no nº 9 do art. 10º da LCCT.

Sendo o despedimento declarado ilícito, o empregador é obrigado:

a) A pagar ao trabalhador o valor das retribuições não auferidas até à data de sentença ou até ao termo estipulado, se for anterior [deduzido das importâncias correspondentes ao eventual período de passividade processual do trabalhador (⁶) e a rendimentos de trabalho auferidos em actividades posteriores deste]; e

b) A reintegrar o trabalhador, a não ser que este tenha optado por receber uma indemnização (de antiguidade – correspondente a um mês de remuneração de base por ano de antiguidade ou fracção, com um mínimo de três meses – LCCT, art. 13º), ou caso o termo estipulado ocorra antes da sentença (LCCT, art. 52º, nº 2) (⁷).

5. O *processo sumário*, aplicável a pequenas empresas (com 20 trabalhadores ou menos), desde que o trabalhador arguido não seja membro de comissão de trabalhadores ou representante sindical, compreende as mesmas fases que o processo ordinário, mas com algumas simplificações:

a) Não é obrigatório enviar cópia da comunicação da intenção de despedimento e da nota de culpa nem do conjunto do processo instruído às entidades representativas dos trabalhadores;

b) É garantida a audição do trabalhador e o poder de este responder por escrito à nota de culpa e requer a audição de testemunhas, mas o empregador não é obrigado a proceder a outras diligências probatórias eventualmente requeridas;

c) A decisão do despedimento deve ser fundamentada, mas não têm de ser ponderados os pareceres das entidades representativas dos trabalhadores;

d) Essa decisão deve ser comunicada por escrito ao trabalhador apenas.

V – Ao lado do despedimento por justa causa subjectiva admite a LCCT (de harmonia com a CRP) o *despedimento por justa causa objec-*

(⁶) Não aplicável, ao que parece, aos contratos a termo, uma vez que não está mencionada no art. 52º, nº 3, mas sem que se perceba o motivo da desigualdade.

(⁷) O mínimo de três meses baseia-se na presunção de que o trabalhador precisa desse período para encontrar novo emprego.

tiva — embora lhe ponha outros nomes, por motivos políticos conjunturais conhecidos ([8]).

Efectivamente, não devem identificar-se os casos de justa causa de despedimento individual, previstos no art. 9º da LCCT e acima referidos, com o conceito de justa causa de despedimento do art. 53º da CRP (que proíbe os despedimentos sem justa causa ou por motivos políticos ou ideológicos).

Nesta última disposição utiliza-se um conceito mais amplo de justa causa: a CRP não quis proibir os então chamados despedimentos colectivos, ou seja, os despedimentos "por motivos estruturais, tecnológicos ou conjunturais" ([9]). Por outras palavras, a CRP permite despedimentos por justa causa subjectiva (comportamentos gravemente ilícitos e culposos do trabalhador) e despedimentos por justa causa objectiva (situações não imputáveis ao trabalhador nem ao empregador que tornem inexigível deste a subsistência dos postos de trabalho).

O DL nº 64-A/89 veio concretizar o regime destes despedimentos com justa causa objectiva — sob a designação complexa e eufemística de "cessação de contratos de trabalho fundada em extinção de postos de trabalho por causas objectivas de ordem estrutural, tecnológica ou conjuntural relativas à empresa" — distinguindo duas modalidades: o despedimento colectivo e o despedimento individual (também eufemisticamente designado "cessação do contrato de trabalho por extinção de postos de trabalho, não abrangida por despedimento colectivo").

A — O *despedimento colectivo* é uma figura conhecida em Portugal desde o DL nº 44 506, de 10.8.1962, tendo sido depois regulado pelo DL nº 783/74, de 31.12. As disposições deste diploma vieram a ser intro-

---

([8]) Tem-se em vista a polémica gerada à volta das propostas de alteração do DL nº 372-A/75. Sobre ela, cf. A. MENEZES CORDEIRO, *Manual de Direito do Trabalho*, 1991, pág. 811 e segs., e referências aí citadas, bem como o *BTE*, 2ª s., nº 5-6/88, pág. 688 e segs..

([9]) Sem pretender entrar aqui na polémica reflectida no Ac TC nº 107/88, de 31.5.1988 (in *DR*, 1ª s., nº 141, de 21.6.1988, e *BMJ*, nº 377, pág. 155), pode dar-se, hoje, por assente que os constituintes de 1976 não tiveram em vista proibir os despedimentos colectivos — que estavam então previstos no DL nº 783/74, de 31.12, cujas disposições vieram a ser incorporadas, com algumas alterações, no DL nº 372-A/75, de 16.7, pelo DL nº 84/76, de 28.1. Neste sentido, cf. A. MENEZES CORDEIRO, *Manual de Direito do Trabalho*, Coimbra, Almedina, 1991, pág. 811 e segs., e referências aí citadas; cf. também BERNARDO LOBO XAVIER, "Justa causa de despedimento: conceito e ónus da prova", in *RDES*, 2ª série, 1988, nº 1, pág. 1 e segs..

duzidas, com algumas alterações, no DL nº 372-A/75, de 16.7, pelo DL nº 84/76, de 28.1, em substituição dos preceitos sobre os despedimentos (individuais) com motivos atendíveis, entretanto muito criticados.

O despedimento colectivo caracteriza-se:

a) Por abranger uma pluralidade de trabalhadores: dois ou cinco, pelo menos, conforme a empresa tenha, respectivamente, 2 a 50 ou mais de 50 trabalhadores, e isso quer os despedimentos sejam simultâneos, quer sejam sucessivos no período de três meses;

b) Por se fundamentar em "encerramento definitivo da empresa, encerramento de uma ou várias secções ou redução do pessoal determinada por motivos estruturais, tecnológicos ou conjunturais" (LCCT, art. 16º).

Assim, para que haja despedimento colectivo lícito não basta que existam motivos para despedir vários trabalhadores: é preciso que esses motivos determinem a redução de pessoal (despedimentos sem novas admissões de trabalhadores) ou o encerramento definitivo da empresa (com cessação completa da actividade empresarial) ([10]) ou o encerramento de uma ou várias secções (desta) ([11]) ([12]).

E é preciso que esses motivos possam qualificar-se de "estruturais, tecnológicos ou conjunturais". O DL nº 84/76 não definiu estes conceitos, o que não suscitava dificuldades práticas de maior, na medida em que o despedimento colectivo dependia sempre de autorização discricionária do Ministro do Trabalho [DL nº 372-A/75, art. 17º e 22º ([13])], ou, quanto aos representantes dos trabalhadores, de decisão judicial (Lei nº 68/79, de 9.10). Quando, porém, a LCCT atribui ao empregador o poder (e a responsabilidade) de decidir o despedimento colectivo, na falta de acordo (art. 20º), a definição desses conceitos torna-se importante. Para esclarecer o problema pode, em todo o caso, recorrer-se à aplicação analógica dos conceitos de motivos estruturais e tecnológicos, constantes

---

([10]) O encerramento não definitivo (temporário) pode justificar a suspensão ou redução da prestação de trabalho — regulada pelo DL nº 398/83, de 2.11.

([11]) A lei não exige explicitamente que este encerramento de uma ou várias secções seja definitivo, mas parece corresponder ao seu espírito — nomeadamente em confronto com o DL nº 398/83.

([12]) Note-se que o adjectivo "determinado" concorda com redução. Mas não parece que o encerramento definitivo da empresa por mero capricho ou arbitrariedade possa justificar um despedimento colectivo.

([13]) Curiosamente, estes artigos nunca falam de autorização de despedimentos, mas apenas da sua proibição ou de medidas tendentes a evitá-los ou a reduzi-los.

do art. 26º, nº 2, al. *b*) e *c*), da LCCT. Resta definir os motivos conjunturais — que podem não coincidir com os "motivos económicos ([14]) ou de mercado" do art. 26º, nº 2, al. *a*), da LCCT ([15]).

O regime do despedimento colectivo aplica-se, inclusivamente, aos casos de falência ou insolvência do empregador, pois a respectiva declaração judicial não é, só por si, motivo de caducidade do contrato (LCCT, art. 56º) ([16]). O mesmo se diga em relação à empresa objecto do processo especial de recuperação de empresas e protecção dos credores [DL nº 177/86, de 2.7, art. 3º, al. *o*)].

O despedimento colectivo só é válido se forem respeitados os *requisitos processuais* estabelecidos na lei:

a) Comunicações aos representantes dos trabalhadores a abranger ou a cada um destes e ao Ministério do Emprego e da Segurança Social (LCCT, art. 17º);

b) Consultas entre o empregador e os representantes dos trabalhadores, com participação fiscalizadora e conciliatória do Ministério, com vista à obtenção de um acordo sobre a dimensão e os efeitos das medidas a aplicar (os despedimentos, ao que parece) e, bem assim, sobre a aplicação de outras medidas que reduzam o número de trabalhadores a despedir (LCCT, art. 18º e 19º);

c) Celebrado o acordo ou, na falta deste, decorridos 30 dias sobre a data daquelas comunicações, comunicação da decisão de despedimento, por escrito, a cada trabalhador, ao Ministério e aos representantes dos trabalhadores, com a antecedência de 60 dias relativamente à data prevista para a cessação do contrato (LCCT, art. 20º e 21º).

Além disso, os trabalhadores abrangidos pelo despedimento têm direito a crédito de horas (para procurar novo emprego) e a uma com-

---

([14]) Esta expressão é infeliz, porque os motivos estruturais e os tecnológicos também são económicos, no sentido corrente destas palavras.

([15]) Sobre o significado de estrutura e conjuntura na economia, cf., por exemplo, ANDRÉ MARCHAL, *Systèmes et structures économiques*, Paris, PUF, 4ª ed., 1969, pág. 69 e segs. e 355 e segs..

([16]) Era motivo de caducidade, em face da LCT, art. 113º. Em face do DL nº 372--A/75, a declaração judicial de falência ou insolvência não era motivo de caducidade; o encerramento do estabelecimento é que provocava a cessação dos contratos de trabalho (art. 29º, nº 3). Em todo o caso, a jurisprudência decidiu que tal encerramento também não é motivo de caducidade, sendo devida indemnização, como se se tratasse de despedimento colectivo (cf. Ac RelC de 7.12.1982, in *CJ*, ano VII, 1982, t. V, pág. 49).

pensação de um mês de remuneração de base por ano de antiguidade ou fracção, não podendo ser inferior a três meses (LCCT, art. 23º).

O despedimento colectivo é ilícito se forem improcedentes os fundamentos invocados ou se forem desrespeitados certos requisitos processuais essenciais (LCCT, art. 24º, nº 1). E tal ilicitude tem por consequência o direito do trabalhador:

a) Às retribuições até à data da sentença (com eventuais deduções);

b) A reintegração ou, se ele preferir, a indemnização de antiguidade (LCCT, art. 24º, nº 2, e 13º).

Os trabalhadores que não aceitarem o despedimento colectivo podem requerer a suspensão judicial ou impugná-lo (LCCT, art. 25º, e CPT, art. 45º-A a 45º-C e 156º-A a 156º-H).

B – 1. O *despedimento individual com justa causa objectiva* – embora com outra designação – era admissível antes do DL nº 84/76, de 28.1, na medida em que a justa causa objectiva podia incluir-se quer no conceito de justa causa dos art. 101º, nº 2, e 102º da LCT ou dos preceitos precedentes ([17]), quer no conceito de motivo atendível do art. 14º do DL nº 372-A/75, de 16.7, na sua versão inicial.

Sabe-se, porém, que o regime do despedimento com base em motivo atendível, constante deste último diploma, foi muito criticado e que o DL nº 84/76, de 28.1, suprimiu todo o capítulo sobre o assunto. Daí resultou que, durante alguns anos, o despedimento com justa causa objectiva só era permitido nos termos então previstos para o despedimento colectivo (art. 13º a 23º do DL nº 372-A/75, na redacção do DL nº 84/76) – ou seja, quanto a uma pluralidade de trabalhadores (pelo menos, 2 ou 5, consoante a empresa tenha 2 a 50 ou mais de 50, em três meses), e "com fundamento no encerramento definitivo da empresa, encerramento de uma ou várias secções ou redução do pessoal determinada por motivos estruturais, tecnológicos ou conjunturais".

([17]) Cf., nomeadamente, CCiv de 1867, art. 1380º a 1382º e 1394º, Lei nº 1952, de 10.3.1937, art. 11º, § único, e 12º, al. *b*), LCT aprovada pelo DL nº 47 032, de 27.5.1966, art. 98º, nº 2, e 99º; é interessante, porém, observar o sentido restritivo do conceito de justa causa de rescisão do contrato entre o patrão e o caixeiro, contido no art. 264º do CCom de 1888 (limitado a infracções disciplinares – "ofensa feita por um à honra, dignidade ou interesse do outro"), devendo, em todo o caso, notar-se que tal se aplica só a contrato a prazo, admitindo-se a denúncia com pré-aviso do contrato sem prazo (art. 263º). É o primeiro preceito conhecido, em Portugal, de protecção do trabalhador contra despedimentos sem justa causa.

Este regime revelou-se inconveniente ([18]), a ponto de, em conjunto com outros aspectos do DL nº 372-A/75, ser invocado como um dos motivos da queda do IX Governo do Bloco Central (PS e PSD), em 1985.

Foi, porém, difícil encontrar uma formulação considerada constitucional e que não suscitasse a oposição dos representantes sindicais. Esse o motivo da complexidade do regime constante dos art. 26º a 33º da LCCT, que corresponde a uma solução de compromisso.

2. ¯ Este novo regime de despedimento com justa causa objectiva pode chamar-se individual, para o contrapor ao que a lei chama de despedimento colectivo. Na verdade, aquele só é aplicável quando este o não seja [LCCT, art. 27º, nº 1, al. *d*)]. Contudo, mais uma vez a terminologia não é inteiramente satisfatória, pois aquele é aplicável ao despedimento, não só de um, mas também de vários trabalhadores (menos de 5 trabalhadores numa empresa com mais de 50). Em todo o caso, os pressupostos de tal despedimento têm de verificar-se em relação a cada posto de trabalho a extinguir, podendo, pois, admitir-se a terminologia.

Para que se verifique justa causa objectiva de despedimento individual é preciso conjugar uma longa lista de *requisitos substantivos*.

a) É preciso, primeiro, que se trate da *extinção de um (ou poucos mais) posto(s) de trabalho*: se se pretende despedir um (ou poucos mais) trabalhador(es) e admitir outro(s) para o seu lugar, o despedimento não é lícito (LCCT, art. 26º, nº 1).

b) É preciso, depois, que essa extinção seja *necessária*: que "seja praticamente impossível a subsistência da relação de trabalho" [LCCT, art. 27º, nº 1, al. *b*), e 3].

c) E isso "por *motivos* económicos ou de mercado, tecnológicos ou estruturais, relativos à empresa" (que a lei concretiza um pouco mais), e não imputáveis a culpa do empregador nem do trabalhador [LCCT, art. 26º e 27º, nº 1, al. *a*)] ([19]).

d) É preciso, além disso, que, havendo vários postos de trabalho de conteúdo funcional idêntico, o *trabalhador* afectado seja *escolhido segundo determinados critérios objectivos* (LCCT, art. 27º, nº 2) e não

---

([18]) Por exemplo, uma entidade patronal (empresa ou não) com um único trabalhador nunca poderia despedi-lo por causas objectivas, a não ser no caso de encerramento por falência ou insolvência (DL nº 372-A/75, art. 29º, nº 3).

([19]) Este o requisito que suscita maiores dúvidas, que não é possível nem adequado analisar aqui.

existam contratos a termo para as tarefas correspondentes às do posto de trabalho a extinguir [LCCT, art. 27º, nº 1, al. c)].

e) E terá de ser posta à disposição do trabalhador a *compensação* devida: um mês de remuneração de base por ano de antiguidade ou fracção, não podendo ser inferior a três meses (LCCT, art. 31º, 23º, nº 1, e 13º, nº 3) ([20]).

O despedimento só será válido se, além disso, forem respeitados diversos *requisitos processuais*.

a) O empregador deve enviar *comunicações* da necessidade de extinção do posto de trabalho e da consequente cessação à entidade representativa dos trabalhadores (comissão de trabalhadores ou, na sua falta, comissão intersindical ou comissão sindical), acompanhada da *indicação* dos motivos, das categorias profissionais e dos trabalhadores envolvidos; caso estes sejam representantes sindicais, estas comunicações e indicações devem ser enviadas também a cada um dos trabalhadores envolvidos e ao respectivo sindicato (LCCT, art. 28º).

b) A entidade representativa dos trabalhadores deve e os próprios trabalhadores podem emitir *parecer*, no prazo máximo de 15 dias, a contar da recepção da comunicação, se outro maior não for estabecido em atenção da extensão ou complexidade da matéria (LCCT, art. 29º, e Lei nº 46/79, de 12.9, art. 24º, nº 2); e podem, no prazo de três dias úteis, solicitar a *intervenção da Inspecção do Trabalho* para fiscalizar a verificação de certos requisitos e elaborar e enviar um relatório (LCCT, art. 29º).

c) Passado o referido prazo (de 15 dias ou mais), o empregador proferirá, por escrito, *decisão* fundamentada, com determinado conteúdo, a qual será *comunicada* às entidades representativas dos trabalhadores e aos serviços regionais da Inspecção-Geral do Trabalho (LCCT, art. 30º); e será comunicada a cada trabalhador a despedir a decisão de despedimento, com menção expressa do motivo e da data da cessação do contrato, com antecedência não inferior a 60 dias (LCCT, art. 31º, 21º e 20º, nº 1).

([20]) A disponibilidade da compensação é configurada no art. 27º, nº 1, al. *e*), como um pressuposto do despedimento: tem de se verificar antes de este produzir efeitos. Por isso, não pode aplicar-se à compensação por despedimento individual com justa causa objectiva, que seja ilícito, o disposto na frase final do nº 3 do art. 13º, para que remete, indirectamente, o art. 31º da LCCT ("contando-se para o efeito todo o tempo decorrido até à data da sentença"). Esta regra só pode e deve, obviamente, aplicar-se no caso de despedimento ilícito. É uma das "devidas adaptações" estabelecidas no art. 31º.

Durante este prazo de aviso prévio, os trabalhadores envolvidos pelo despedimento têm direito a crédito de horas (para procurar novo emprego – LCCT, art. 31º e 22º); e podem, mediante aviso prévio de 3 dias úteis, rescindir o contrato, sem prejuízo do direito à compensação (LCCT, art. 31º e 23º, nº 2 e 3).

O despedimento individual com justa causa objectiva é (ilícito e) nulo se se verificar algum dos vícios referidos no art. 32º, nº 1, da LCCT.

Em consequência de tal nulidade, o trabalhador tem direito:

a) Às retribuições até à data da sentença (com eventuais deduções);

b) A reintegração ou, se ele preferir, a indemnização de antiguidade (LCCT, art. 32º, nº 3, e 13º).

Os trabalhadores que não aceitarem o despedimento podem requerer a suspensão judicial ou/e impugná-lo (LCCT, art. 33º, e CPT, art. 38º a 45º).

VI – Sempre se admitiu também a faculdade de *revogação unilateral* do contrato de trabalho por qualquer das partes *durante o período experimental*, independentemente da invocação de justa causa e sem direito a indemnização, salvo acordo escrito em contrário (LCCT, art. 55º) ([21]).

A duração do período experimental é, hoje, de 60 dias, para os contratos sem termo, podendo ser reduzida ou alargada até 6 meses relativamente a postos de trabalho em que, pela sua complexidade técnica ou grau de responsabilidade, a aptidão do trabalhador não possa apurar-se com segurança no prazo de 60 dias (LCCT, art. 55º, nº 3) ([22]). Para os contratos a termo, a duração do período experimental é de 30 dias, sendo reduzido a 15 dias no caso de contratos com prazo não superior a 6 meses e de contratos a termo incerto cuja duração se preveja não vir a ser superior a 6 meses (LCCT, art. 43º) ([23]).

([21]) Em sentido semelhante, cf. LCT, art. 112º, DL nº 372-A/75, de 16.7, art. 28º, e DL nº 781/76, de 28.10, art. 5º.

([22]) Anteriormente, o período experimental era, em regra, de 15 dias (DL nº 372- -A/75, art. 28º).

([23]) Anteriormente, o período experimental chegou a ser, em regra, de 2 meses (LCT, art. 44º), tendo depois passado a ser, em regra, de 15 dias (DL nº 372-A/75, 16.7, art. 28º, e DL nº 781/76, de 28.10, art. 5º).

§ 4º Destituição do administrador

I – CONSIDERAÇÕES GERAIS

À cessação da relação de administração por decisão unilateral da sociedade (ou por decisão judicial, a pedido da sociedade ou de um sócio) é usual chamar destituição, exoneração, demissão, revogação ou exclusão.

O regime da destituição do administrador de sociedade anónima tem sido objecto de grande polémica ([1]) e é, por vezes, invocado como argumento a favor ou contra a qualificação da relação de administração como mandato. Por isso, é conveniente analisá-lo aqui, nos seus aspectos fundamentais, com particular cuidado.

E vale a pena começar por aprofundá-lo à luz do art. 172º do CCom — apesar de revogado —, na medida em que o art. 403º, nº 1, do CSC parece reproduzir substancialmente o mesmo princípio.

II – PRINCÍPIO DA REVOGABILIDADE: PROBLEMA DO DIREITO A INDEMNIZAÇÃO POR DESTITUIÇÃO SEM JUSTA CAUSA

Pode dizer-se generalizado o reconhecimento do *princípio da revogabilidade* dos administradores de sociedades anónimas, no sentido de que estes podem ser destituídos em qualquer momento pela colectividade dos accionistas (não sendo admissíveis cláusulas estatutárias que excluam ou limitem tal poder) e que a destituição é válida e eficaz, haja ou não justa causa. A lei não exige qualquer processo disciplinar, nem mesmo a audiência prévia do administrador.

É flagrante, assim, a diferença relativamente ao regime vigente aplicável ao trabalhador subordinado.

([1]) Em Portugal, a destituição de gerentes de sociedades por quotas tem sido objecto de polémica ainda mais viva, sendo abundantes as decisões jurisprudenciais. Cf. RAÚL VENTURA, "Exoneração de gerentes de sociedades por quotas", in *CTF*, nº 82, pág. 7 e segs.; ANTÓNIO CAEIRO, *Temas de Direito das Sociedades*, pág. 161 e segs., 301 e segs., 363 e segs., 443 e segs. e 483 e segs., e ILÍDIO DUARTE RODRIGUES, *A Administração das Sociedades por Quotas e Anónimas*, pág. 242 e segs..

Problema tem sido apenas o de saber se o administrador destituído sem justa causa tem ou não direito a indemnização e como se determina esta.

A doutrina portuguesa mais antiga, ao afirmar o princípio da revogabilidade, sem restrições, mas também sem aprofundar a questão, parece não reconhecer ao administrador destituído sem justa causa um direito a indemnização. A doutrina e a jurisprudência mais recentes têm vindo a inclinar-se, porém, em sentido inverso, embora com hesitações. A este fenómeno não é estranha a maior frequência de administradores profissionais (não accionistas) e o confronto com a protecção dos trabalhadores subordinados (inclusivamente dos quadros superiores), reforçada pela legislação laboral posterior a 25.4.1974.

O CSC adoptou, no art. 403º, nº 1, uma redacção substancialmente equivalente à do art. 172º do CCom de 1888 —na medida em que consagra o princípio da revogabilidade "em qualquer momento", não fazendo referência ao direito a indemnização por destituição sem justa causa. Por isso, interessa analisar com especial cuidado esta questão à luz da história e do direito comparado, tanto mais que ela tem sido considerada como uma das pedras de toque no confronto entre contratualistas e institucionalistas, no domínio em estudo.

É de salientar que, em face do CCom, como do CSC, a destituição abrange apenas o ou os administradores que o órgão competente pretende destituir. Nada na lei portuguesa acolhe o princípio "simul stabunt simul cadent" (segundo o qual a cessação de funções de um administrador arrasta automaticamente a dos demais), por vezes referido por autores italianos como possível cláusula estatutária (²).

III – CÓDIGO COMERCIAL DE 1833

O *CCom de 1833* diz que a "Companhia é uma associação de accionistas sem firma social [...] administrada por mandatários temporários, revogáveis [...]" (art. 538º).

E a doutrina de então considera que "os administradores [...] são [...] revogáveis, podendo por isso ser despedidos ou substituídos em todo e qualquer tempo, ainda que para tanto não tenham dado causa, que lhes

---

(²) Cf., por exemplo, BONELLI, *Gli amministratori*, pág. 58 (nota 16) e 83, e *ob.* aí cit..

seja imputável. Na verdade, a confiança muitas vezes é mais fácil de se sentir, do que explicar; por conseguinte seria injusto obrigar os accionistas (que porventura até não teriam concorrido para se conferir a administração) a que alegassem os motivos, por que não confiavam em que certos indivíduos administrassem os seus cabedaes" ([3]). E este regime é claramente contraposto ao aplicável às "sociedades" (em nome colectivo).

IV – LEI DE 22.6.1867

A *Lei de 22.6.1867* diz expressamente que "as sociedades anónimas são administradas por mandatários temporários, revogáveis [...]" (art. 13º).

E a doutrina de então ([4]) fala de "revogabilidade em qualquer tempo", remetendo, quanto ao resto, para o regime do mandato (acima referido), sem mais desenvolvimentos.

É-se levado a crer que a regra não suscitava problemas na prática – ou porque os administradores eram os próprios accionistas maioritários que, naturalmente, não se destituem a si mesmos, ou porque seria de aplicar o regime da lei civil, relativamente conhecido.

V – CÓDIGO COMERCIAL DE 1888

A – Interpretação da doutrina e jurisprudência

1. O CCom de 1888, por seu turno, estabelece no art. 171º, § único, que "a primeira direcção pode ser designada no instrumento de constituição da sociedade, não podendo contudo durar mais de três anos, e sem prejuízo do direito de revogação nos termos do artigo seguinte".

([3]) Cf. R. TEIXEIRA DUARTE, *Commentario ao Título XII, Parte I, Livro II do Código Commercial Portuguez*, 1843, pág. 31. Em sentido análogo, cf. DIOGO FORJAZ DE SAMPAIO PIMENTEL, *Annotações ao Código de Commércio Portuguez*, vol. I, pág. 237.

([4]) Cf. TAVARES DE MEDEIROS, *Comentário*, pág. 112.

E o art. 172º dispõe, a seguir, que "a eleição dos directores será feita [...] sem prejuízo da revogabilidade do mandato, sempre que qualquer assembleia o julgue conveniente" ([5]).

2. Como são interpretados estes preçeitos?

a) VEIGA BEIRÃO ([6]) diz a este respeito o seguinte, muito sinteticamente: "Da revogabilidade do mandato. Poderá uma assembleia geral exonerar os administradores sem convocação especial para esse fim? (Combinação dos art. 181º, § único, e 172º). Sim, pois que o art. 172º dá esse direito sem restricção à assembleia geral, tanto mais quanto as palavras finaes do mesmo artigo foram aditadas na Camara dos Pares no intuito de não limitar a acção da assembleia geral ([7]). Contra: Tribunal do Commercio de Lisboa, despacho de 23 de junho de 1891, Processo dos Americanos, confirmado pela Relação de Lisboa em 28 de outubro do mesmo anno, e a cujo aggravo (24:521) o Supremo Tribunal de Justiça negou provimento em 12 de janeiro seguinte. A favor: accordão da Cour d'Appel de Paris de 1882, invocado na respectiva petição de aggravo. (Questão entre accionistas da Companhia do Caminho de Ferro de Médoc) e até certo ponto accordão do Tribunal da Appellação de Genova, de 14 de maio de 1886, invocado por Vidari, *Corso de diritto commerciale,* vol. II, nº 962, nota 4ª".

Este texto dá a entender, ainda que não muito claramente, que o autor do CCom é favorável ao princípio da revogabilidade "ad nutum".

O VISCONDE DE CARNAXIDE, apenas de passagem, refere o "carácter da revogabilidade incessante ou nunca interrompida do mandato" dos directores ([8]); admite "a destituição em qualquer tempo, como a assembleia pode fazer para os directores" ([9]); e diz que "a assembleia geral [...] tem o meio de retirar a sua confiança aos corpos gerentes destituindo-os pela libérrima revogação do mandato" ([10]).

([5]) O § 1º do art. 172º do CCom reforça ainda o carácter temporário da função do administrador, ao estabelecer a regra supletiva da sua não reelegibilidade, já contida também no art. 14º, § 1º, da Lei de 22.6.1967 — mas afastada, realisticamente, pelo art. 391º, nº 3, "in fine", do CSC.

([6]) Cf. *Direito Comercial Portuguez — Esboço do Curso,* Coimbra, 1912, pág. 70.

([7]) Cf. *Appendice ao Código Commercial Portuguez,* Coimbra, 1906, pág. 490 e 537.

([8]) Cf. *Sociedades anonymas,* 1913, pág. 79.

([9]) Cf. *ibid.,* pág. 140.

([10]) Cf. *ibid.,* pág. 149.

CUNHA GONÇALVES ([11]), por seu turno, diz que "o mandato, apesar de temporário, é sempre revogável (Cód. Civ. art. 1364º) [...]. A cláusula estatutária em contrário seria pois nula e de nenhum efeito, porque este preceito é de ordem pública.

"O director ou administrador que porventura seja demitido ou cujo mandato for revogado sem razão suficiente, terá direito a perdas e danos? A afirmativa parece defensável em face do art. 245º e também do § 3º do art. 205º, que, embora diga respeito às sociedades em comandita, é extensivo às comanditas por acções. Mas esta disposição especial do art. 172º mostra-nos que a revogação não tem de ser *justificada*, isto é, provocada por qualquer acto da direcção ou determinada por um motivo ponderoso. Basta que seja *conveniente*, embora se trate de uma conveniência de momento...

"Não havendo qualquer *conveniência* ou *justificação* as perdas e danos serão devidas".

JOSÉ TAVARES ([12]) limita-se a contrapor a situação dos gerentes das sociedades em nome colectivo e em comandita à dos gerentes de sociedades anónimas, em que "a gerência, sendo uma delegação de poderes da assembleia geral, está permanentemente sujeita à vontade desta.

"A gerência tem, por isso, nestas sociedades o carácter de um mandato especial, temporário e essencialmente revogável".

ADRIANO ANTHERO ([13]) afirma também que, diversamente do administrador da sociedade colectiva, o administrador de sociedade anónima pode ser exonerado "sempre e livremente pela assembleia"; "assim, nas sociedades anónimas, em que se não pode estabelecer no contrato social a irrevogabilidade da nomeação da direcção, a assembleia geral é a única que põe e dispõe da sua confiança nos administradores"([14]).

Verifica-se, assim, que a doutrina portuguesa mais antiga é favorável ao princípio da revogabilidade "ad nutum", tal como este era entendido pela doutrina francesa e espanhola do tempo.

([11]) Cf. *Comentário*, 1914, vol. I, pág. 422.
([12]) Cf. *Sociedades e Empresas Comerciais*, 1924, pág. 308 e seg..
([13]) Cf. *Comentário*, vol. I, 2ª ed., pág. 384 e 386.
([14]) J. G. PINTO COELHO (*Direito Comercial*, 2ª ed., 1966, vol. II, fasc. II, pág. 34 e seg.) refere apenas a revogabilidade do mandato, usando a expressão da própria lei.

b) – i – Diversamente, PINTO FURTADO ([15]) refere, a propósito da "revogabilidade do mandato", que, "mesmo no silêncio da lei que já não ocorre nas legislações mais modernas, tem-se entendido que, exercido pela assembleia geral o seu direito de *exclusão* sem *justa causa*, formar--se-á um dever de indemnizar o *administrador* excluído".

O acórdão da Relação de Lisboa de 27.10.1981 ([16]) vem aplicar — pela primeira vez, em decisão de um tribunal superior — esta mesma doutrina: "quer as relações contratuais entre o administrador e a sociedade sejam de mandato quer sejam de prestação de serviços, o art. 987º, nº 1, do CCiv declara aplicáveis aos direitos e obrigações dos administradores das sociedades civis as normas do mandato. E não há motivo para excluir de tal aplicação os administradores das sociedades comerciais, que, de acordo com o que nos parece ser a melhor doutrina, devem ser incluídos nas mesmas normas. O que, segundo a mesma doutrina, e sem prejuízo da faculdade de livre revogação do mandato concedido à assembleia das sociedades anónimas pelo art. 172º do Código Comercial, implica a subordinação da matéria à norma do art. 245º do C. Comercial, segundo a qual a revogação e a renúncia do mandato não justificadas dão causa, na falta de pena convencional, à indemnização de perdas e danos".

O acórdão do STJ de 14.10.1982 ([17]), por sua vez, decidiu que "preceituando o art. 245º do Código Comercial que a revogação e a renúncia ao mandato, não justificadas, dão causa, na falta de pena convencional, à indemnização de perdas e danos, parece de concluir pela aplicabilidade desta norma aos administradores das sociedades comerciais, sem prejuízo da faculdade de livre revogação concedida à assembleia das sociedades anónimas pelo art. 172º do Código Comercial".

Mas do mesmo modo que o citado acórdão da Relação, não fundamenta tal aplicabilidade do art. 245º aos administradores.

Em comentário ao referido acórdão do STJ, ANTÓNIO CAEIRO ([18]) diz que a norma do art. 172º "deve ser considerada imperativa" e "que

---

([15]) Cf. *Código Comercial Anotado*, 1979, vol. II, t. I, pág. 378 (que cita apenas MINERVINI e FRÈ).

([16]) Assinado por M. J. MENESES FALCÃO, V. M. LEITE MARREIROS e MÁRIO S. CURA MARIANO. Cf. *CJ*, 1981, t. IV, pág. 123.

([17]) Cf. *RDE*, VIII (1982), nº 2, pág. 385.

([18]) Cf. "Assembleia totalitária ou universal. Direito do administrador a uma percentagem dos lucros. Indemnização do administrador destituído sem justa causa", in *RDE*, ano VIII, 1982, nº 2, pág. 402 e segs., e *Temas de Direito das Sociedades*, 1984, pág. 485 e segs..

a faculdade de revogar o mandato dos administradores a todo o tempo permite à sociedade deliberar a revogação sem necessidade de invocar quaisquer motivos que a justifiquem. Todavia, e por um lado, a destituição do administrador não pode ser abusiva; por outro, se for deliberada sem justa causa, constitui a sociedade na obrigação de o indemnizar.

"Tais eram os princípios defendidos na Itália pela melhor doutrina ao tempo da vigência do velho *Codice di Commercio*, cujas normas eram neste particular praticamente idênticas às do nosso Código Comercial ([19]) [...]".

"No mesmo sentido, apesar de a Lei espanhola das sociedades anónimas não consagrar expressamente o direito à indemnização — ao contrário do respectivo projecto, que o previa — se pronunciam GIRÓN TENA ([20]), RUBIO ([21]) e GAY DE MONTELLÁ ([22]). Orientação contrária é perfilhada, todavia, por GARRIGUES-URÍA ([23]).

"Entre nós não temos visto tratar o tema com o merecido desenvolvimento. Mas, não duvidamos de que a melhor solução é a que reconhece ao administrador destituído antes de decorrido o prazo por que foi nomeado o direito a ser indemnizado dos prejuízos sofridos, desde que não exista justa causa para a exoneração ([24]).

"Com efeito, quer se adira à doutrina que vê na relação que intercede entre o administrador e a sociedade um contrato de prestação de serviços, quer se adira à concepção tradicional que qualifica essa relação como mandato, o resultado a que se chega é o mesmo. Desde logo, porque o Código Civil vigente dispõe no art. 1156º que 'as disposições sobre o mandato são extensivas, com as necessárias adaptações, às modalidades do contrato de prestação de serviço que a lei não regule especialmente'. Depois, porque o art. 987º, nº 1, também do Cód. Civil, concretizando esse princípio, manda aplicar aos direitos e obrigações dos administradores das sociedades civis as normas do mandato, solução que deve considerar-se válida não só para as sociedades civis como também para as sociedades comerciais [...].

([19]) Cita DE GREGORIO, *Delle società*, pág. 219 e seg., e FRÈ, *Società per azioni*, 1966, pág. 371 e seg..
([20]) Cf. *Derecho de sociedades anónimas*, 1952, pág. 288, e 354 e seg..
([21]) Cf. *Curso de derecho de sociedades anónimas*, 3ª ed., 1974, pág. 283 e seg..
([22]) Cf. *Tratado de sociedades anónimas*, 3ª ed., 1962, pág. 357.
([23]) Cf. *Comentário*, 1976, vol. II, pág. 105 e seg..
([24]) No mesmo sentido, J. PINTO FURTADO, *Código*, vol. II, t. I, pág. 377 e seg..

"Ora, como é sabido, o art. 245º do Cód. Com. dispõe que 'a revogação e a renúncia do mandato, não justificadas, dão causa, na falta de pena convencional, à indemnização de perdas e danos'. E esta disposição tem sido invocada pela doutrina mais moderna como fundamento da obrigação de indemnizar que impende sobre a sociedade por quotas que delibera a destituição do gerente sem justa causa, quer o gerente tenha sido nomeado por tempo limitado, quer por tempo ilimitado, e haja ou não cláusula expressa de indemnização [25].

"Neste sentido se pronunciaram RAÚL VENTURA [26] e ANTÓNIO PEREIRA DE ALMEIDA [27] [...].

"A argumentação que fundamenta o direito à indemnização do gerente da sociedade por quotas destituído sem justa causa vale igualmente para o administrador da anónima exonerado em idênticas condições. Pois se, por um lado, se continua a afirmar o direito de a sociedade (anónima ou por quotas) exonerar *ad nutum* os administradores ou gerentes, por outro põe-se em relevo a necessidade de dar protecção adequada aos interesses destes quando não ocorra justa causa para a destituição.

"Este modo de ver as coisas está também de acordo com a tendência moderna para uma certa eticização do direito que contraria o exercício completamente discricionário e incontrolado dos direitos por parte dos seus detentores.

"Acrescente-se ainda que a modificação legislativa operada pelo Dec.-Lei nº 389/77, de 15 de Setembro — o qual veio permitir que os administradores das sociedades anónimas fossem escolhidos entre não-sócios — aponta no mesmo sentido. Na verdade, pode ler-se no respectivo preâmbulo que a exigência de que os administradores fossem escolhidos entre os accionistas, 'que decorria da concepção contratualista da sociedade anónima que enformou a regulamentação das sociedades comerciais no Código Comercial, colide com a necessidade de profissionalizar a administração das sociedades anónimas, especialmente as de maior dimensão, confiando-a a gestores competentes que não têm de ser necessariamente accionistas'.

---

[25] "Também a doutrina italiana lançou mão da disposição paralela do art. 366º do *Codice di Commercio* para defender idêntica solução a propósito da revogação sem justa causa dos administradores das anónimas".

[26] Cf. *Exoneração de Gerentes de Sociedades por Quotas* (sep. de *Ciência e Técnica Fiscal*, nº 82), pág. 15 e seg..

[27] Cf. *La société à responsabilité limitée en droit portugais et sa réforme*, 1975, pág. 265 e seg..

"Como é evidente, a intenção legislativa assim claramente afirmada, não se compadece com a faculdade de a assembleia pôr termo à relação de administração quando bem o entenda, sem sequer indemnizar o administrador exonerado. Não tendo o legislador modificado o regime da destituição *ad nutum* dos administradores, forçoso é considerá-lo ainda em vigor. Mas a lógica do sistema impõe que se garanta ao administrador destituído sem justa causa, antes de decorrido o prazo por que foi nomeado, o direito à indemnização dos prejuízos sofridos" ([27a]).

ii — Em crítica à argumentação dos dois acórdãos de 1981 e 1982, como à de António Caeiro, deve observar-se desde já que todos eles partem do disposto nos art. 987º, nº 1, e 1156º do Código *Civil*, para concluir que se aplicam as regras do mandato (v. g., o art. 245º do Código *Comercial*) à destituição de administradores de sociedades *comerciais anónimas*.

Falta, porém, uma premissa em tal raciocínio. Na verdade, tratando-se obviamente de matéria comercial, o ponto de partida deve ser a lei comercial; e só se esta contiver uma lacuna é que se aplica, primeiro, o disposto para casos análogos na própria lei comercial e, na falta deles, o direito civil. É o que resulta do art. 3º do CCom. Ora, nenhum desses acórdãos, nem o autor referido, demonstram que haja lacuna no art. 172º do CCom.

c) Em sentido contrário, porém, o Ac RelL de 27.11.1984 ([28]) conclui por "confirmar o princípio da amovibilidade dos directores das sociedades anónimas e, consequentemente, a faculdade que a assembleia geral tem de os excluir do cargo sem que, para isso, tenha que estribar-se em qualquer situação de justa causa ou fundamento de facto [...]. Consequentemente, não existe obrigação de indemnizar".

No mesmo sentido, o Ac RelC de 6.1.1987 ([29]) considerou que o art. 172º do CCom confere "um poder discricionário à assembleia geral

---

([27a]) J. M. Coutinho de Abreu (*Do Abuso de Direito*, pág. 182 e segs.) considera que a deliberação de destituição é incontrolável por abuso de direito, o que "não obsta a que se defenda justamente o direito do administrador destituído sem justa causa ser indemnizado por perdas e danos".

([28]) Assinado por Cura Mariano (ao que parece, um dos que assinaram o citado Ac RelL de 27.10.1981), Beça Pereira e Ribeiro de Oliveira. Cf. *CJ*, ano IX, 1984, t. V, pág. 152.

([29]) Este acórdão (inédito) veio a ser revogado pelo Ac STJ de 26.11.1987, in *BMJ*, nº 371, pág. 490, adiante referido.

para, segundo um critério de mera conveniência da sociedade anónima, retirar ao administrador todos os seus poderes". "Só existe obrigação de indemnizar independentemente de culpa nos casos especificados na lei" (CCiv, art. 483º, nº 2). "Da letra do art. 172º não resulta directamente a existência de uma lacuna, em matéria de responsabilidade civil". "Da sua comparação com outros preceitos (CCom, art. 205º, § 3º, redacção inicial do art. 156º, LSQ, art. 28º, § único) resulta até que noutros casos, se atribuiu o dever de indemnizar dentro de certas condições, aliás diferentes, consoante o tipo de sociedade em causa.

"O que deve levar a concluir que, no art. 172º, se considerou que o interesse e conveniência da sociedade deve sobrepor-se à frustração da eventual expectativa do administrador". Isso também porque, não havendo lacuna no art. 172º do CCom, não há motivo para aplicar o regime próprio do mandato comercial, ou seja, o art. 245º do CCom.

d) Todavia, o Ac STJ de 26.11.1987 ([30]) segue orientação semelhante ao de 14.10.1982, com mais desenvolvida fundamentação, concluindo no sentido de que "a destituição do cargo de administrador de uma sociedade anónima ocorrida sem justa causa, durante o período de exercício para que fora eleito ou nomeado, e no domínio da lei vigente antes da publicação do actual 'Código das Sociedades Comerciais', dá ao referido administrador o direito a ser indemnizado pelos prejuízos eventualmente daí decorrentes". Baseia-se, para isso, na ponderação do interesse da sociedade em destituir certo administrador, por "pura conveniência" dela, que "pode não justificar o sacrifício (sem contrapartida) de quem — com eventual devoção e lealdade — a possa ter servido", quando não haja justa causa. Considera que o princípio da livre revogabilidade que dimana do art. 172º do CCom não dá resposta à questão de saber "se, não havendo justa causa (imputável ao destituído) este não deverá ser indemnizado". Afirma que tal "resposta terá de ser encontrada através da análise da natureza jurídica da relação existente entre a sociedade e o seu administrador (ou director)". Mas, depois de referir as teorias do mandato e do contrato de prestação de serviço (sem tomar posição sobre elas), menciona a posição de quem defende a aplicabilidade às sociedades comerciais do art. 987º do CCiv (que manda aplicar aos administradores as normas do mandato), "o que — deduz o acórdão — de uma forma ou de outra nos conduz à aplicabilidade do dispositivo

---

([30]) Proferido no recurso de revista do citado Ac RelC de 6.1.1987. Cf. *BMJ*, nº 371, pág. 490.

do art. 245º do Código Comercial, que, na falta de pena convencional, impõe o dever de indemnizar em caso de revogação do mandato [...] quando levada a cabo sem justa causa".

B – Posição adoptada

1. *Formulação do problema*

Que pensar sobre esta questão relativamente ao tempo em que vigorava o CCom (antes do CSC)?

Trata-se, antes de mais, de um problema de interpretação dos art. 171º, § único, e 172º do CCom.

E a primeira dificuldade reside em saber se a afirmação do princípio da revogabilidade, sem qualquer referência a um direito a indemnização para a hipótese de não haver justa causa, corresponde a dizer que não existe tal direito; ou, antes, equivale a estabelecer que a revogação é sempre válida e eficaz, deixando, porém, em aberto a questão desse direito a indemnização e sendo tal lacuna da lei integrada por recurso ao regime do mandato – o que conduz a afirmar esse direito a indemnização.

Para resolver o problema há que atender aos diversos elementos de interpretação habitualmente utilizados (e acima identificados).

2. *Elemento literal*

O elemento literal – o texto da lei – parece apontar no sentido de negar o direito a indemnização.

Primeiro, porque a lei não distingue e é costume dizer que, quando a lei não distingue, não é lícito ao intérprete distinguir.

Segundo, porque, se o "mandato" é revogável "sempre que a assembleia geral o julgue conveniente" (CCom, art. 172º), a revogação é um acto lícito (e, por conseguinte, válido e eficaz). Ora, só existe obrigação de indemnizar independentemente de culpa (isto é, por acto lícito, nomeadamente) nos casos especificados na lei (CCiv, art. 483º, nº 2). Acontece que o art. 172º do CCom não prevê nenhuma obrigação de indemnizar (como poderia ter feito e noutros casos paralelos fez, v. g., no art. 205º, § 3º, e no art. 245º do CCom). Daí se poderia deduzir que não existe obrigação de indemnizar no caso de revogação ou destituição dos administradores de sociedades anónimas (mesmo sem justa causa).

Por outro lado, se se admite que o princípio da revogabilidade é imperativo – como a doutrina dominante (sobretudo a francesa) admite – então, não só uma cláusula estatutária no sentido da irrevogabilidade seria nula, como a estipulação de uma indemnização (ou de um critério de a determinar) seria também nula, por ser uma limitação a essa revogabilidade.

Este argumento não é, todavia, irrespondível.

Na verdade, poderá dizer-se que o princípio imperativo da revogabilidade, tal como está formulado na lei (sem qualquer referência a indemnização), respeita apenas à eficácia extintiva da destituição, não a outros efeitos desta. Ou seja, poderá sustentar-se que são nulas as cláusulas que impeçam a destituição (à semelhança do que estabelece o art. 1170º, nº 1, do CCiv), ou que só a permitam havendo justa causa ou verificando-se outra condição; mas são válidas as cláusulas que atribuam um direito a indemnização ou que fixem o montante desta ou estabeleçam certo critério para o determinar [à semelhança do que admite o art. 1172º, al. *a*), do CCiv].

Assim, o elemento literal não permite uma conclusão segura.

3. *Elemento sistemático*

Importa, pois, atender também ao elemento sistemático. Na verdade, para entender o exacto significado dos art. 171º, § único, e 172º do CCom parece importante compará-los com o disposto relativamente à sociedade em nome colectivo, à sociedade em comandita por acções e à sociedade por quotas.

Segundo a redacção primitiva do art. 155º do CCom, "a administração social concedida a um sócio por cláusula especial do contrato não pode ser revogada.

"§ único. Se, porém, o sócio administrador fizer mau uso da faculdade que lhe foi dada no contrato nos termos deste artigo, e da sua gestão resultar perigo manifesto ao fundo comum, os mais sócios poderão nomear um administrador que intervenha em todos os actos sociais, ou promover judicialmente a rescisão do contrato" ([31]).

E o primitivo art. 156º estabelecia que "se a faculdade de administrar houver sido concedida por acto posterior ao primordial contrato

---

([31]) Cf. CPC de 1939, art. 1536º e 1537º, e CPC de 1961, art. 148º.

de sociedade em nome colectivo, será revogável como simples mandato, a arbítrio dos sócios.

"§ único. Para que a revogação haja lugar, basta que seja resolvida pela maioria dos sócios não administradores".

Quer dizer, o legislador de 1888 estabeleceu para a sociedade em nome colectivo, altamente personalizada, um regime em que os administradores designados no pacto social nunca podem ser destituídos (mesmo quando haja justa causa, os sócios apenas podem nomear outro administrador para intervir na gestão conjuntamente com o administrador estatutário ou dissolver a sociedade); enquanto os administradores designados após a constituição da sociedade podem sempre ser revogados, "como simples mandato", por deliberação da maioria dos sócios (em que não votam os administradores) ([32]) ([33]).

Quanto à sociedade anónima, quis-se adoptar um regime claramente diferente deste, na medida em que a situação dos administradores designados no pacto social passa a ser igual à dos eleitos posteriormente, aplicando-se a ambos o princípio da "revogabilidade do mandato, sempre que qualquer assembleia geral o julgue conveniente" (frase esta que equivale à referência do art. 156º ao "arbítrio dos sócios").

Por outro lado, o art. 205º do CCom estabelece que "nas sociedades em comandita por acções o gerente pode ser exonerado por deliberação dos sócios ou da assembleia geral [...]. 1º Os sócios vencidos poderão apartar-se da sociedade [...]. 3º Se a revogação não for justificada, o gerente tem direito a perdas e danos".

Parece evidente que o autor do CCom terá tido a intenção de não consagrar um direito a indemnização por destituição sem justa causa, quanto ao gerente de sociedade em nome colectivo e quanto ao administrador de sociedade anónima: se tivesse querido fazê-lo, tê-lo-ia dito expressamente, como disse quanto aos gerentes de sociedades em comandita por acções.

Em todo o caso, também pode contra-argumentar-se que a referência expressa dos art. 156º e 172º do CCom ao "mandato" (omissa no art. 205º) aponta no sentido de se aplicar subsidiariamente o regime da

---

([32]) Cf. CUNHA GONÇALVES, *Comentário*, vol. I, pág. 337 e segs..

([33]) O CCiv de 1867 estabelecia um regime um tanto diferente, mas próximo deste, quanto à sociedade particular: os poderes do sócio encarregado da administração por cláusula expressa do contrato "só poderão ser revogados ocorrendo causa legítima" (art. 1266º); "os poderes, conferidos por acto posterior à instituição da sociedade, podem ser revogados, como simples mandato" (art. 1267º).

revogação do mandato, nos aspectos não especificados naqueles preceitos e, nomeadamente, quanto ao direito a indemnização, na falta de justa causa (tendo em vista o disposto no art. 245º do CCom, por força do art. 3º do CCom – aliás, pouco diferente, no aspecto agora em análise, do entendimento da doutrina acerca do preceituado no art. 1364º do CCiv de 1867).

Todavia, o art. 172º não diz directamente que deve aplicar-se o regime do mandato, limitando-se a usar esta expressão para afirmar o princípio da revogabilidade. E falta demonstrar que existe lacuna, no art. 172º, quanto ao problema da indemnização.

Numa perspectiva actualista, poderá dizer-se – e já foi dito ([34]) – que o art. 987º, nº 1, do CCiv manda aplicar aos administradores as normas do mandato (logo, o disposto no art. 245º do CCom). Todavia, aquela regra – estabelecida para as sociedades civis – é de aplicar apenas quando haja lacuna no regime específico dos administradores das sociedades anónimas, faltando demonstrar que existe essa lacuna.

É interessante observar, por outro lado, o regime aplicável aos gerentes das sociedades por quotas. O art. 28º da Lei de 11.4.1901 diz que "as funções dos gerentes subsistirão até expressa revogação do mandato, quando a escritura de constituição da sociedade não fixar o prazo por que devem durar.

"§ único. O mandato dos gerentes pode sempre renovar-se e, sem prejuízo de qualquer indemnização que resulte das estipulações feitas, é sempre revogável".

Este preceito estabelece um regime intermédio entre os inicialmente estabelecidos para os administradores das sociedades em nome colectivo e para os das sociedades anónimas. Tem sido objecto de viva polémica na jurisprudência e na doutrina, que não interessa, todavia, analisar aqui ([35]).

([34]) Cf., por exemplo, Ac STJ de 26.11.1987, in *BMJ*, nº 371, pág. 494.

([35]) Cf. RAÚL VENTURA, "Exoneração de gerentes de sociedade por quotas", in *CTF*, nº 82, 1965, pág. 7 e segs.; ANTÓNIO AGOSTINHO CAEIRO, "As cláusulas restritivas da destituição do sócio-gerente nas sociedades por quotas", in *RDES*, ano XIII, 1966, nº 1 e 2; id., "A destituição judicial do administrador ou gerente de sociedade civil, em nome colectivo ou por quotas", in *RDES*, ano XV, 1968, pág. 417 e segs.; id., "Destituição do gerente designado no pacto social", in *RDE*, ano I, 1975, pág. 283 e segs.; id., "De novo sobre a destituição do gerente designado no pacto social", in *RDE*, ano III (1977), nº 2, pág. 337 e segs., reunidos in *Temas de Direito das Sociedades*, 1984, pág. 161 e segs., 301 e segs., 363 e segs. e 443 e segs., respectivamente.

Importa apenas salientar que, em face da omissão da LSQ sobre o direito a indemnização do gerente destituído sem justa causa, a doutrina mais antiga afirma que "o princípio da revogabilidade da gerência, 'ad nutum', não sofre nenhuma excepção ou restrição na nossa lei.

"Portanto, quaisquer que sejam as condições do contracto social, o mandato dos gerentes em toda a ocasião pode ser retirado, sem que aqueles possam fazer oposição à deliberação tomada, ainda que se não funde em causa legítima" ([36]).

"O direito à indemnização (no caso de uma revogação injusta ou extemporânea) resulta unicamente das estipulações que tenham sido feitas, e não de qualquer eventual prejuízo que o gerente sofra com a revogação, ou da investigação dos fundamentos a que os sócios tenham atendido quando a revogação é abertamente 'ad nutum'" ([37]).

E também a jurisprudência mais antiga recusa ao gerente destituído sem justa causa um direito a indemnização ([38]).

Já a doutrina mais recente é claramente favorável ao direito a indemnização do gerente destituído sem justa causa, que fundamenta na aplicabilidade subsidiária do regime do mandato (v. g., do art. 245º do CCom) e na conveniência de protecção não só dos interesses da sociedade, mas também dos interesses dos gerentes ([39]).

E há, pelo menos, uma decisão jurisprudencial ([40]) com esta orientação.

([36]) Cf. SANTOS LOURENÇO, *Das Sociedades por Quotas*, vol. II, pág. 24.

([37]) Cf. id., *ibid.*, pág. 28. Em todo o caso, AVELINO DE FARIA (*Noções Elementares e Práticas sobre a Lei das Sociedades por Quotas*, Coimbra, Atlântida, 1945, pág. 76 e seg.) diz que "a gerência é sempre revogável [...]. Tendo-se porém estabelecido prazo (para a sua duração), entendemos que a revogação só se pode dar quando a sociedade tenha causa legítima para destituir a gerência (art. 1266º do Cód. Civ. e art. 1536º do Cód. de Proc. Civ)".

([38]) Cf. Ac STJ de 15.3.1927, in *RLJ*, ano 59, pág. 409, Ac STJ de 11.7.1939, in *RT*, ano 57, pág. 231, Ac STJ de 16.11.1948, in *BMJ*, nº 10, pág. 340, in *RT*, ano 67, pág. 9, e in *RLJ*, ano 82, pág. 128, Ac STJ de 23.11.1948, in *BMJ*, nº 10, pág. 343, Ac STJ de 13.7.1954, in *BMJ*, nº 44, pág. 434, e in *RT*, ano 72, pág. 369, Ac RelP de 13.1. 1956, in *RT*, ano 74, pág. 187, e Ac STJ de 30.3.1962, in *BMJ*, nº 115, pág. 569.

([39]) Cf. RAÚL VENTURA, "Exoneração de gerentes de sociedade por quotas", in *CTF*, nº 82, 1966, pág. 15 e seg.; ANTÓNIO A. CAEIRO, *Temas*, pág. 487 e segs., e ANTÓNIO PEREIRA DE ALMEIDA, *La société à responsabilité limitée en droit portugais et sa réforme*, pág. 265 e seg..

([40]) Cf. Ac STJ de 19.11.1957, in *BMJ*, nº 71, pág. 549.

Deve fazer-se referência também ao regime aplicável aos gestores públicos — estabelecido, primeiro, no DL nº 831/76, de 25.11 [art. 25º, nº 1, al. *b*), e 45º a 49º] e, actualmente, no DL nº 464/82, de 9. 12 (art. 6º). O gestor público pode ser livremente exonerado, "por mera conveniência de serviço" (art. 6º, nº 1). Mas a exoneração sem motivo justificado dá lugar a "uma indemnização de valor correspondente aos ordenados vincendos até ao termo do mandato, mas não superior ao vencimento anual do gestor" (art. 6º, nº 2, do DL nº 464/82). Considera-se motivo justificado a falta de observância da lei ou dos estatutos da empresa e a violação grave dos deveres de gestor público (art. 6º, nº 3). Exige-se a audiência prévia do gestor sobre as razões invocadas, mas não um processo (disciplinar — art. 6º, nº 4).

Este regime não é aplicável, porém, a "indivíduos designados por eleição para os órgãos de gestão de sociedades de capitais públicos ou participadas" (art. 1º, nº 3).

Trata-se de um regime especial inspirado por objectivos claramente diversos dos que estão na base do CCom. Confere aos gestores públicos uma estabilidade próxima da dos trabalhadores subordinados e dos funcionários públicos, embora a lei diga que "a nomeação do gestor público envolve a atribuição de um mandato" (art. 2º, nº 1), cuja aceitação pode resultar da simples tomada de posse das funções (art. 3º, nº 1), ou de um "contrato formal de mandato" ou de "acordo de gestão" (art. 3º, nº 2).

Aliás, "para o exercício de funções de gestor público podem ser nomeados, em comissão de serviço, funcionários ([41]) da própria empresa" (art. 4º) e podem ser "requisitados agentes da Administração Pública e empregados das empresas públicas e privadas" (art. 5º).

Não parece curial basear neste regime argumentos para a interpretação do CCom. Em todo o caso, tal regime não deixa de se apresentar, no mercado de emprego, como alternativa ao dos administradores de sociedades anónimas, acabando por exercer influência prática sobre este.

Assim, do elemento sistemático não decorre um argumento concludente num sentido ou noutro.

([41]) É de lamentar a imprecisão terminológica deste diploma quanto ao uso das expressões "funcionário" e, logo a seguir, "empregado", ignorando toda a elaboração doutrinária sobre a noção de funcionário (cf. MARCELLO CAETANO, *Manual de Direito Administrativo*, 10º ed., vol. II, pág. 645 e segs.) e a supressão, realizada pela LCT de 1966, da distinção entre empregados e operários ou assalariados.

4. Elemento histórico

a. Trabalhos preparatórios

Interessa, pois, prosseguir a análise recorrendo agora ao elemento histórico.

Os trabalhos preparatórios não facultam qualquer achega para a questão posta ([42]).

O que tem particular interesse é observar as soluções dadas ao problema nos direitos dos países em que o legislador português de 1888 se terá inspirado e nos que, actualmente, maior influência exercem nos intérpretes nacionais.

A este respeito, é particularmente interessante referir, além dos direitos da França, Itália e Alemanha, mais aprofundados até aqui, também os da Bélgica, Espanha e Suíça, a que o legislador português habitualmente atende.

b. Direito francês

i — Em França, o art. 22º da Lei fr de 24.7.1867, diz — à semelhança do art. 13º da Lei port de 22.6.1867 — que "as sociedades anónimas são administradas por um ou vários mandatários temporários, *revogáveis,* assalariados ou gratuitos, escolhidos entre os associados".

A doutrina e a jurisprudência francesa vêem neste preceito a consagração do princípio da revogabilidade "ad nutum" dos administradores pela assembleia geral, entendendo que esta pode revogá-los em qualquer momento (sem pré-aviso), sem necessidade de invocar qualquer fundamento e sem ficar obrigada a indemnizar o administrador revogado, mesmo sem justa causa, quer se trate de administrador eleito pela assembleia, quer nomeado pelo pacto social.

Considera-se que esta revogabilidade é da "natureza" do mandato em geral [CCiv fr, art. 2004º — podendo ser afastada por acordo das

---

([42]) Cf. *Appendice ao Código Commercial Portuguez*, 3ª ed., Coimbra, Imprensa da Universidade, 1906, pág. 33 e segs. e 537.

partes (⁴³)], mas é da "essência" do mandato do administrador, não podendo ser derrogada directa ou indirectamente: é uma regra de ordem pública (⁴⁴). E, segundo a doutrina francesa, justifica-se que assim seja, porque, não sendo os administradores pessoalmente responsáveis pela gestão, a melhor garantia dos accionistas reside no direito de revogação, como ameaça constante sobre a sua cabeça. Além disso, perante a fácil negociabilidade das acções e consequente mobilidade dos accionistas, considera-se que o melhor meio de manter entre estes e os administradores uma atmosfera de confiança mútua, indispensável à boa condução dos negócios, é deixar àqueles total liberdade de modificar a composição do conselho de administração, sem ter de prestar contas da sua decisão (⁴⁵).

Qualquer cláusula limitativa deste "direito absoluto" da assembleia deve considerar-se nula: quer vise subordinar à apreciação dos tribunais a validade da revogação, quer a autorizar os tribunais a conceder indemnizações no caso de revogação não motivada, quer a limitar as causas de revogação. Qualquer compromisso, estatutário ou não, no sentido de manter os administradores em funções durante um certo tempo, ou de lhes conceder indemnização no caso de revogação, é considerado nulo (⁴⁶).

Este regime vem a ser criticado pelos institucionalistas, por considerarem que a referência ao mandato e a consequente admissão do princípio da revogabilidade são dificilmente conciliáveis com a qualificação da sociedade anónima como instituição; mesmo admitindo tra-

---

(⁴³) Fundando-se o mandato na confiança entre o mandante e o mandatário, qualquer deles pode pôr-lhe termo unilateralmente, desde que falte tal confiança. Em todo o caso, o direito de revogação do mandante não é absoluto: o mandante que, sem motivo legítimo, revoga o mandato, comete um acto ilícito e deve reparar o prejuízo causado ao mandatário; incumbe, todavia, ao mandatário o ónus da prova de ausência de motivos legítimos. E o princípio da revogabilidade do mandato tem excepções: primeiro, as partes podem estipular a irrevogabilidade; e, segundo, o mandato de interesse comum (isto é, caso o acto que o mandatário é incumbido de praticar tenha interesse para o mandante e também para o mandatário ou quanto ao mandato comercial) é irrevogável. Nestes dois casos, a revogação põe termo ao mandato, mas o mandante que não provar a existência de justa causa, de um caso de força maior ou de ilícito do mandatário fica obrigado a indemnizar os prejuízos causados pela revogação (cf. H., L. e J. MAZEAUD, *Leçons de Droit Civil,* vol. III, t. II, pág. 873 e segs.).

(⁴⁴) Cf. PAUL PIC, *Des Sociétés Commerciales*, vol. II, pág. 559 e seg. e *ob.* aí cit..
(⁴⁵) Cf. PAUL PIC, *ob. cit.*, vol. II, pág. 560.
(⁴⁶) Cf. PAUL PIC, *ob. cit.*, vol. II, pág. 560 e seg..

tar-se de mandato, seria um mandato legal (ou "mandato institucional"), comparável ao mandato público, só revogável por justa causa e sob controlo judicial ([47]). A esta crítica, de carácter teórico ("de jure condendo"), objectam alguns autores que a noção de instituição tem pouco interesse em relação às pequenas sociedades anónimas, que são a maioria; e que a definição legal dos poderes dos administradores é compatível com a sua responsabilidade ([48]).

Por outro lado, considera-se necessário assegurar aos administradores uma maior estabilidade que a dos mandatários, nomeadamente subordinando a revogação à existência de justa causa ou, pelo menos, admitindo o direito a indemnização no caso de revogação sem justa causa ([49]). Mas reconhece-se que a atenuação das soluções clássicas é dificilmente conciliável com a "economia da sociedade anónima" e apresenta riscos para a poupança e o crédito ([50]).

De qualquer modo, a doutrina da revogabilidade "ad nutum" dos administradores (sem pré-aviso, independentemente de justa causa e sem direito a indemnização) é claramente dominante até 1966 ([51]).

ii – A nova Lei fr de 24.7.1966 vem adoptar soluções diferentes para as sociedades anónimas com conselho de administração e para as sociedades anónimas com directório e conselho de vigilância.

O art. 90º, al. 2, desta lei estabelece que os *administradores* (que devem ser accionistas – art. 95º) "podem ser revogados em qualquer momento pela assembleia geral ordinária", mantendo assim o princípio da revogabilidade "ad nutum", considerado como uma regra de ordem pública. Perante ele, a doutrina francesa entende que os estatutos não podem conferir aos administradores um mandato irrevogável, nem limitar os casos de revogação, exigir condições de quórum formativo ou deliberativo mais rigorosas que as legais, conceder ao administrador revogado um direito automático a indemnização ou direito à indemnização

---

([47]) Cf. GAILLARD, *La société anonyme de demain*, pág. 132 e segs. e 190 e segs.; RIPERT-ROBLOT, *ob. cit.*, 6ª ed., vol. I, nº 1287, pág. 655, e ESCARRA, *Manuel de Droit Commercial*, nº 801.

([48]) Cf. ESCARRA-RAULT, *Les sociétés commerciales*, vol. IV, nº 1418, pág. 89.

([49]) Cf. ESCARRA, *Cours de droit commercial*, nº 801.

([50]) Cf. HÉMARD-TERRÉ-MABILAT, *ob. cit.*, vol. I, p. 747.

([51]) Neste sentido, A. BOISTEL, *Cours de Droit Commercial*, 3ª ed., 1884-87, pág. 220; HOUPIN-BOSVIEUX, *Taité*, 7ª ed., 1935, t. II, pág. 200, e HAMEL-LAGARDE, *Traité*, 1954, vol. I, pág. 769 e segs..

em caso de revogação sem justa causa, nem mesmo conferir ao tribunal o poder de apreciar a validade ou a oportunidade da revogação ou de conceder indemnização por revogação sem justa causa ([52]). A assembleia geral não tem sequer que declarar os motivos de revogação ([53]), nem esta tem de constar da ordem do dia (art. 160º, al. 3, da Lei fr 1966). Só quando a revogação seja abusiva é que o administrador terá direito a indemnização. Mas mesmo nesse caso a revogação não é anulável. A jurisprudência tem considerado como abusiva a revogação, sobretudo atendendo a considerações de forma e de processo: no caso de revogação intempestiva ou precipitada; de revogação por assembleia convocada irregularmente; quando o administrador não é ouvido; quando a revogação é acompanhada por publicidade abusiva; quando os motivos invocados são falaciosos ou a revogação é acompanhada por acusações ou ameaças ofensivas da honra ou reputação do administrador ([54]).

O princípio da revogabilidade "ad nutum" (sem pré-aviso, independentemente de justa causa e sem direito a indemnização) dos administradores de sociedades anónimas com estrutura monista continua, ainda hoje, a ser defendido pela doutrina francesa largamente dominante ([55]), embora apareçam algumas críticas "de jure condendo" ([56]).

Diversamente, a Lei fr de 1966 estabelece, quanto às sociedades anónimas com *directório* e conselho de vigilância, que "os membros do directório podem ser revogados pela assembleia geral, sob proposta do conselho de vigilância"; mas, "se a revogação for decidida sem justo motivo, pode dar lugar a indemnização" (art. 121º, al. 1).

Esta regra, considerada imperativa, foi introduzida na lei por emenda adoptada pelo Senado, considerando que os membros do directório deveriam tender a ser gestores profissionais, não necessariamente accionistas (maioritários ou não), e por isso com maior estabilidade que

---

([52]) Cf. HÉMARD-TERRÉ-MABILAT, *ob. cit*, vol. I, pág. 749, e jurisprudência aí cit..

([53]) Cf. id., *ibid.,* pág. 750.

([54]) Cf. HÉMARD-TERRÉ-MABILAT, *ob. cit.*, vol. I, pág. 750 e seg., e P. BÉZARD, *La société anonyme*, pág. 67.

([55]) Cf. PAUL DIDIER, *Droit Commercial*, vol. I, 1970, pág. 386; GOURLAY, *ob. cit.*, pág. 38 e segs.; RENÉ RODIÈRE, *Droit Commercial – Groupements Commerciaux*, 7ª ed., 1971, pág. 178 e seg.; P. MERLE, *Droit Commercial – Sociétés Commerciales*, 1988, pág. 355 e seg.; YVES GUYON, *Droit des Affaires*, 5ª ed., 1988, t. I, pág. 316 e segs., e P. BÉZARD, *La société anonyme*, 1986, pág. 66 e seg..

([56]) Cf. P. MERLE, *ob. cit*, pág. 355 e seg., GOURLAY, *ob. cit.*, pág. 38 e segs., e BERDAH, *Fonctions et responsabilité*, pág. 52 e segs..

os administradores. Em todo o caso, a falta de justo motivo não invalida a revogação nem confere um direito de reintegração, mas apenas um direito a indemnização. Considera-se que o justo motivo deve ser apreciado com referência ao interesse da sociedade e não implica, por isso, necessariamente a existência de uma infracção cometida pelo interessado: constitui justo motivo, por exemplo, a simples recusa de confiança manifestada pela assembleia geral ou uma reorganização da sociedade decidida por um novo grupo de accionistas maioritários em conflito com a direcção sobre a gestão social. Incumbe à sociedade o ónus da prova do motivo da revogação. É necessário que a revogação figure na ordem do dia da assembleia (art. 160º, al. 3). E a indemnização por revogação sem justo motivo é determinada em função do prejuízo, não sendo necessariamente igual à remuneração prevista para o período entre a revogação e o termo normal das funções ([57]).

Já quanto aos *membros do conselho de vigilância*, a Lei fr de 1966 estabelece que "podem ser revogados em qualquer momento pela assembleia geral ordinária" (art. 134º, al. 2), não sendo necessário que o assunto figure na ordem do dia da assembleia (art. 160º, al. 3). O sistema é, pois, o da revogabilidade "ad nutum", semelhante ao previsto para os administradores ([58]).

c. *Direito belga*

i — Na Bélgica, vigorou o Código Comercial francês de 15.9.1807, até à Lei sobre as sociedades de 1873, que tornou livre a constituição de sociedades anónimas.

ii — As Leis Coordenadas, de 30.11.1935, estabelecem, no art. 53º, ainda em vigor, que "as sociedades anónimas são administradas por mandatários temporários, revogáveis, assalariados ou gratuitos".

Compreende-se, por isso, que a doutrina belga siga de perto a francesa, afirmando o princípio da revogabilidade "ad nutum" dos administradores, sem necessidade de pré-aviso e sem direito a indemnização,

---

([57]) Cf. HÉMARD-TERRÉ-MABILAT, *ob. cit.*, vol. I, pág. 949 e segs., e P. BÉZARD, *La société anonyme*, pág. 107 e seg..
([58]) Cf. HÉMARD-TERRÉ-MABILAT, *ob. cit.*, vol. I, pág. 989, e P. BÉZARD, *ob. cit.*, pág. 116.

mesmo que não haja justa causa — a não ser que as circunstâncias da destituição sejam de tal modo ofensivas que constituam um delito civil ou que o administrador tenha, simultaneamente com as suas funções próprias, um contrato de trabalho (v. g., como director ou director geral) com a sociedade ([59]).

d. Direito espanhol

i — Em Espanha, o CCom de 1885, no art. 150º, caracteriza os administradores de sociedades anónimas como mandatários e, no art. 122º, nº 3, diz que eles são "amovíveis". Nesta base, a doutrina espanhola dominante, tal como a francesa, considera que eles são revogáveis "ad nutum", não tendo, em regra, direito a indemnização, mesmo que não haja justa causa nem aviso prévio.

ii — Esta orientação é retomada pela Lei das sociedades anónimas de 17.7.1951, cujo art. 75º dispõe que "a destituição ('separación') dos administradores poderá ser deliberada em qualquer momento pela assembleia geral". Esta redacção é tanto mais significativa quanto foi rejeitada a redacção do anteprojecto do Instituto de Estudios Politicos (comissão presidida por GARRIGUES), segundo a qual os administradores destituídos sem justa causa poderiam reclamar à sociedade indemnização de perdas e danos ([60]).

A revogabilidade "ad nutum" justifica-se "em razão da relação de confiança em que descansa", e não permite "conceder validade às cláusulas estatutárias que condicionem a revogabilidade do administrador ou estabeleçam a irrevogabilidade por prazo determinado ou vitaliciamente" ([61]).

([59]) Cf. P. COPPENS, *Cours de Droit Commercial*, 1985, vol. III, pág. 382 e segs.; L. FREDERICQ, *Précis de Droit Commercial*, 1970, pág. 375, e C. RESTEAU, *Traité des Sociétés Anonymes*, 1933, vol. II, pág. 69 e segs..

([60]) É a posição de GARRIGUES-URIA, *Comentario a la ley de sociedades anónimas*, 3ª ed., 1976, t. II, pág. 105 e segs.; F. SANCHEZ CALERO, *Instituciones de Derecho Mercantil*, pág. 193; MANUEL BROSETA PONT, *Manual de Derecho Mercantil*, pág. 224 e seg.. O Tribunal Supremo tem entendido que o princípio da revogabilidade é de ordem pública, não podendo ser desvirtuado pelos estatutos, por exemplo, elevando a maioria necessária para a destituição, e que não é necessário que esta conste da ordem do dia da assembleia geral. Cf. referências de F. VICENT CHULIA, *Compendio crítico de Derecho Mercantil*, 2ª ed., t. I, pág. 381.

([61]) Cf. R. URIA, *Derecho mercantil*, 8ª ed., pág. 260 e seg..

Alguns dos defensores desta posição (⁶²) consideram que o administrador tem direito a indemnização apenas em dois casos: caso a destituição seja acompanhada de palavras ou actos cuja publicidade possa causar o descrédito do administrador (⁶³) ou caso o administrador esteja ligado à sociedade por um contrato de prestação de serviços profissionais em razão das funções especiais que lhe tenham sido atribuídas (⁶⁴).

Todavia, outros autores defendem que o administrador destituído sem justa causa tem direito a indemnização, embora a destituição seja eficaz (⁶⁵).

e *Direito italiano*

i — Na Itália, o art. 121º do CCom de 1882 diz que os administradores são "revogáveis", sem mais distinções.

Por isso alguns autores sustentam a revogabilidade "ad nutum" dos administradores de sociedades anónimas, negando a estes qualquer direito a indemnização, mesmo na falta de justa causa e de aviso prévio (⁶⁶).

Consideram estes autores, v. g. OTTOLENGHI, "que a assembleia, ao revogar o administrador, exercita um direito expressamente concedido pela lei e que por isso não é obrigada a ressarcir os possíveis danos

---

(⁶²) Cf. GARRIGUES-URIA, *ob. cit.*, t. II, pág. 107.

(⁶³) Neste caso, parece que a indemnização terá mais por fundamento o carácter injurioso e por isso danoso de tais palavras ou actos do que a falta de fundamento da destituição em si.

(⁶⁴) Neste caso, parece que a indemnização se fundamenta no "contrato de prestação de serviços profissionais" (contrato de trabalho?) e não tanto na relação de administração.

(⁶⁵) Cf. GIRON TENA, *Derecho de Sociedades Anónimas*, pág. 354 e segs. (cit. por GARRIGUES-URIA, *ob. cit.*, t. II, pág. 107); JESUS RUBIO, *Curso de Derecho de Sociedades Anónimas*, pág. 245 e segs. (este caracterizando a relação de administração como uma relação interna contratual mista, de mandato e prestação de serviços, junto ao aspecto externo da representação — a pág. 236), e F. VICENT CHULIA, *Compendio crítico de Derecho Mercantil*, t. I, pág. 380 e seg..

(⁶⁶) Cf. OTTOLENGHI, *Il Codice di Commercio*, 1883, vol. II, pág. 383 (cit. por MORI, *Società anonima —Amministrazione*, vol. I, pág. 43), e A. SCIALOJA, "Nota a Cass. Torino de 2.3.1911", in *Riv. Soc. Comm.*, 1911, pág. 305 (cit. por NAVARRINI, *Trattato*, vol. IV, pág. 373 e seg., nota).

dependentes de tal acto, segundo as regras gerais sobre a (responsabilidade por) culpa. Quando a lei quer conceder a indemnização, di-lo expressamente, como no caso do mandatário e do administrador da sociedade em comandita, enquanto não diz nada quanto ao administrador da sociedade anónima'' ([67]). O citado art. 121º derroga o art. 366º do CCom it – que prevê o dever de indemnizar para a revogação do mandato comercial em geral ([68]).

SOPRANO ([69]) diz, a propósito do citado art. 121º: terão os administradores ''o direito ao ressarcimento dos danos no caso de revogação *sem justos motivos?* Um tal direito parece excluído precisamente pela norma diversa ditada para os administradores das comanditas por acções, ou melhor, pelo facto de o legislador não ter querido repetir no § 3º, relativo às anónimas, a norma ditada no parágrafo precedente para as comanditas por acções (art. 119º, nº 2); e não sem razão, pois que a revogação do gerente da comandita por acções tem um alcance bem diverso, constituindo uma derrogação do pacto social [...]. O mandato para administrar implica uma confiança ('fiducia') da parte da assembleia absolutamente pessoal e mutável e cujos motivos não podem ser apreciados pelo magistrado; e de resto os administradores que aceitam o mandato sabem que dependem exclusivamente da vontade da assembleia.

''O legislador quis de tal modo deixar aos accionistas das anónimas a maior liberdade de nomeação e de revogação, reflectindo que, se estes confiam a administração dos seus capitais a determinadas pessoas, devem ter o direito de lhes revogar o mandato, quando aquela confiança, por qualquer causa, mesmo imponderável, venha a faltar; e devem poder exercer tal direito sem que no seu ânimo recaia a preocupação de uma acção de indemnização'' ([70]).

A posição que tende a ser dominante é, todavia, no sentido de que é válida a revogação dos administradores em qualquer momento, mas, não ocorrendo justa causa, eles têm direito a indemnização – com base, não no art. 121º do CCom it, que seria omisso sobre o assunto, mas

---

([67]) Cf. OTTOLENGHI, *ob. cit.*.

([68]) Cf. SCIALOJA, *ob. cit.*.

([69]) Cf. *Trattato teorico-pratico delle società comerciali*, vol. II, pág. 758.

([70]) Neste sentido, SOPRANO cita ROUSSEAU, pág. 2182 e segs.; LYON CAEN e RENAULT, vol. II, pág. 812; THALLER, *Traité Elémentaire*, nº 650, e A. SCIALOJA, in *Riv. Soc. Comm.*, 1911, pág. 305.

por analogia com o regime do mandato e dos administradores de sociedades em comandita (CCiv it, art. 117º e 336º) ([71]).

MORI ([72]) considera que "não é justo impor (aos accionistas) um administrador, revesti-lo duma espécie de inamovibilidade; mas ao mesmo tempo também não é justo sacrificar os interesses de quem assume tão difíceis e importantes funções. O próprio interesse da sociedade exige uma conciliação equitativa destas diversas exigências; na verdade, não seria fácil encontrar indivíduos honestos e laboriosos, que assumissem um cargo tão delicado, se a assembleia fosse livre de revogá-los sem motivo atendível e de expô-los a danos e responsabilidade".

MORI rejeita a citada objecção de OTTOLENGHI, argumentando que foi necessário adoptar disposições especiais para o mandato e a administração de sociedades em comandita, "em que não se podiam aplicar convenientemente neste ponto as regras sobre a culpa. No campo civil, estabeleceu-se um princípio que se distancia destas regras, relativamente ao direito de renúncia ao mandato, cujo exercício cria a obrigação de ressarcir os danos causados, salvo quando o mandatário não possa continuar no mandato sem notável dano próprio (art. 1761º).

"No campo comercial, sancionou-se um tratamento de igualdade e de equidade. A renúncia e a revogação ocorridas fora de tempo e sem justo motivo obrigam a reparar os danos por elas causados (art. 366º) [...].

"As razões que aconselharam o legislador a sancionar tais normas militam ainda mais quanto à sociedade anónima. Além disso, é lógico aplicar às mesmas, por analogia, tais normas e seria incoerente e prejudicial recorrer à aplicação das normas sobre a culpa, que se reconhecem inadaptadas e perigosas para os interesses do administrador e da sociedade. O legislador julgou supérfluo ditar disposições expressas sobre o assunto, considerando que a identidade dos motivos e a analogia não deixavam surgir dúvidas sobre este ponto e que se tinha referido às regras do mandato, quando chamou os administradores de mandatários temporários e revogáveis".

([71]) Cf. MORI, *Società anonima —Amministrazione*, 1897, vol. I, pág. 42 e segs.; VIDARI, *Corso de diritto commerciale*, 1901, vol. II, pág. 25 e 150; VIVANTE, *Trattato di Diritto Commerciale*, 1912, vol. II, pág. 358; NAVARRINI, *Trattato*, 1920, vol. IV, pág. 373 e seg., e DE GREGORIO, *Delle società e delle associazioni commerciali*, 1938, pág. 217 e segs..

([72]) Cf. *ob. cit.*, vol. I, pág. 42.

NAVARRINI (⁷³), por seu lado, entende que o art. 121º recorda o princípio fundamental da revogabilidade do mandato, mas não trata das consequências da revogação, que vêm tratadas no art. 366º (⁷⁴).

E a confirmação da revogabilidade é importante porque, sem o art. 121º, poderia pensar-se em aplicar ao administrador o regime do mandato "in rem propriam", em que parte da doutrina e da jurisprudência exclui a responsabilidade (⁷⁵).

Como justa causa de revogação, a doutrina refere, por exemplo: o atraso na prestação de caução, no pagamento de impostos, no recebimento abusivo de mercadorias, má gestão culposa, ausência prolongada e injustificada do escritório (⁷⁶) — ou seja, comportamentos culposos do administrador. Mas refere também a revogação de administradores em consequência da demissão da maioria dos (outros) administradores, por força de cláusula estatutária que expressamente estabeleça a cessação de funções de todos nesse caso (⁷⁷).

MINERVINI considera como justa causa "um comportamento menos correcto do administrador, ainda que não consistente no cumprimento dos deveres que o contrato de administração lhe impõe, mas em actividades desenvolvidas fora do âmbito das suas funções. E ao lado dos casos de justa causa *subjectiva* de revogação, acima considerados, há os de índole *objectiva*, consistentes nas circunstâncias estranhas à pessoa do administrador, que não consentem a continuação da relação" (⁷⁸). Ou, noutra formulação de MIRABELLI, justa causa objectiva será "toda a circunstância que torne contrário aos interesses do mandante o prosseguimento da relação jurídica" (⁷⁹).

Aliás, MINERVINI considera que o legislador italiano rejeitou a tese dos que propunham considerar como justa causa a "perda de confiança" da sociedade "por uma razão qualquer".

Como critério geral para determinar o montante da indemnização refere-se o ganho presumível que o revogado teria durante o período de

---

(⁷³) Cf. *ob. cit.*.

(⁷⁴) No sentido da aplicabilidade do art. 366º à questão do direito a indemnização, cf. também DE GREGORIO, *ob. cit.*, pág. 219.

(⁷⁵) Cf. DE GREGORIO, *ob. cit.*.

(⁷⁶) Cf. DE GREGORIO, *ob. cit.*, pág. 219.

(⁷⁷) Cf. DE GREGORIO, *ob. cit.*, pág. 219.

(⁷⁸) Cf. MINERVINI, *Gli amministratori*, pág. 474 e seg., e MINERVINI, *Il mandato*, pág. 181.

(⁷⁹) Cf. MIRABELLI, *Il mandato*, art. 1722º, nº 3.

funções ainda não decorrido, deduzido do ganho presumível que ele poderá conseguir num outro emprego (que pareça provável) no tempo que lhe ficará livre a seguir à revogação ([80]).

ii – O CCiv it de 1942 resolve expressamente a questão no art. 2383º-3, segundo o qual "os administradores [...] são revogáveis pela assembleia em qualquer tempo, mesmo se nomeados no acto constitutivo, salvo o direito do administrador ao ressarcimento dos danos, se a revogação se der sem justa causa".

Em face deste preceito, a doutrina italiana considera que o poder de revogação é inderrogável, não pode ser renunciado ou limitado por cláusulas estatutárias e a revogação não tem de ser motivada ([81]).

Se não houver justa causa, o administrador tem direito a ressarcimento dos danos, incumbindo à sociedade a prova da justa causa ([82]).

Problema mais delicado é o da delimitação das hipóteses de justa causa. A jurisprudência dominante entende que se aplicam, em regra, os princípios vigentes sobre a revogação do mandato e, portanto, afirma que a causa justificativa da revogação pode consistir não só num inadimplemento imputável das prestações devidas pelo administrador ([83]), mas também numa circunstância objectiva, isto é, num facto estranho à pessoa do revogado, em consequência do qual fique afectado o vínculo de confiança e de colaboração que deve subsistir entre a sociedade e os administradores ([84]).

Assim, considera-se justa causa "uma situação de antagonismo danoso com a sociedade, mesmo prescindindo de culpa do administrador (por exemplo, em caso de litígio instaurado pelo administrador despedido de dirigente)" ou a dissolução antecipada da sociedade ([85]).

Mas não constitui justa causa de revogação a mera conveniência económica da sociedade (como a redução do número de administrado-

---

([80]) Cf. DE GREGORIO, *ob. cit.*, pág. 220, e BONELLI, *Gli amministratori*, pág. 74.

([81]) Cf. FRÈ, *Società per azioni*, pág. 371 e seg..

([82]) Cf. BRUNETTI, *Trattato*, vol. III, pág. 202, e FLORENTINO, *Gli organi*, pág. 106.

([83]) Cf. BRUNETTI, *Trattato*, vol. II, pág. 370, e MOSSA, *Trattato*, vol. IV, pág. 408 e seg..

([84]) Cf. MINERVINI, *Mandato*, pág. 178 e segs.; MINERVINI, *Gli amministratori*, pág. 474; FRÈ, *Società per azioni*, pág. 372; BONELLI, *Gli amministratori*, pág. 77; diversamente: GRECO, *Le società*, pág. 326 e seg..

([85]) Cf. BONELLI, *Gli amministratori*, pág. 77.

res) ([86]), nem o simples dissenso de um administrador sobre decisões ou sobre factos relativos à gestão ([87]).

"Uma hipótese particular de revogação, que é automaticamente e 'ope legis' incluída na ordem do dia, é prevista pelo art. 2393º do CCiv it, no caso de acção social de responsabilidade decidida com o voto favorável de, pelo menos, um quinto do capital social" ([88]).

f. Direito alemão

i – Na Alemanha, o ADHGB de 1861 estabelece que os membros do directório podem ser revogados a todo o tempo, sem prejuízo das pretensões a indemnização baseadas em contratos existentes (art. 227º, Abs. 3).

ii – O HGB de 1897, seguindo a Lei de 1884, estabelece que a sociedade pode revogar a nomeação a todo o tempo, sem prejuízo da pretensão à remuneração contratual (§ 231, Abs. 3) ([89]) ([90]) – mantendo assim o princípio da revogabilidade e apenas admitindo estipulação contratual de remuneração. Não diz se a revogação compete à assembleia geral ou ao conselho de vigilância (então facultativo) – o que pode ser resolvido

---

([86]) Neste sentido, cf. BONELLI, *ob. cit,*, pág. 78, que cita também vários arestos, e WEIGMANN, *Responsabilità*, pág. 160 e segs.; contra: PESCE, "Rapporto organico e mandato nella qualificazione della justa causa di revoca dell' amministratore di società di capitali", in *Foro pad.*, 1980, I, c. 65, e FRÈ, *Società per azioni*, pág. 372.

([87]) Em sentido diverso, FRÈ, *Società per azioni*, pág. 371, considera a dissolução antecipada da sociedade como não sendo um caso de revogação, mas uma hipótese de cessação regulada por lei (CCiv it, art. 2449º) em que o administrador não tem direito a indemnização.

([88]) Cf. BONELLI, *ob. cit.*, pág. 78 e seg..

([89]) Esta norma é considerada imperativa (cf. RENAUD, *Das Recht der Aktiengesellschaften*, 1875, pág. 538), não podendo restringir-se, nem sequer para estabelecer a destituição por causas importantes [cf. R. FISCHER, *Las Sociedades anonimas* (trad. esp.), 1934, pág. 284].

([90]) O GmbHG de 20.4.1892 (no § 38, não alterado posteriormente) estabelece regra um tanto diferente desta para as sociedades por quotas: "a nomeação de gerente é revogável a todo o tempo, sem prejuízo das prestações a indemnização baseadas em contratos existentes. No contrato de sociedade pode ser limitada a faculdade de revogação ao caso de motivos importantes a tornarem necessária. Como tais devem considerar-se, nomeadamente, a violação grave de deveres ou a incapacidade para uma gestão ordenada".

pelos estatutos (no silêncio destes, cabe ao órgão competente para a nomeação).

Entende a doutrina da época que não é necessário invocar uma justa causa de revogação para que esta produza o efeito de pôr termo aos poderes de representação e à relação contratual do administrador com a sociedade. A revogação não tem sequer de constar da ordem de trabalhos da assembleia geral (quando esta seja competente). Justifica-se este regime, considerando que "a amplitude dos poderes do directório envolve o perigo de abuso ou de utilização imprudente e a concomitante possibilidade de graves prejuízos para a sociedade. Isto acontece, sobretudo, quando os poderes de representação do directório são ilimitados" ([91]). Em todo o caso, também "parece injusto fazer depender o directório do capricho de uma assembleia geral numerosa e possivelmente trabalhada por agitadores. Dificilmente uma pessoa hábil quererá correr o risco de um dia ser posta na rua. Por isso, o direito a remuneração (emergente do contrato de colocação) só se perde caso a revogação tenha sido justificada segundo os princípios gerais do direito civil" (ADHGB, art. 227º, Abs. 3, e BGB, §§ 620 a 627). "O que seja justa causa no sentido do § 626 BGB é de determinar segundo as circunstâncias do caso" ([92]).

Assim, para o HGB, a revogação da nomeação ("Bestellung" ou "Auftrag") envolve necessariamente a revogação da relação de serviço ("Dienstverhaeltnis") – o que veio a ser criticado ([93]).

iii – O *AktG de 1937* alterou significativamente este regime ao estabelecer o princípio da revogação por justa causa apenas ([94]), tendo em vista assegurar a independência do directório ([95]).

O AktG de 1937 diz expressamente que "o conselho de vigilância pode revogar a nomeação ('Bestellung') para membro do directório e a designação ('Ernennung') para presidente do directório, quando se verifique justa causa ('wichtiger Grund'). Uma tal (justa) causa é, nomeadamente, a violação grave de um dever ('grobe Pfichtverletzung') ou a

---

([91]) Cf. KARL LEHMANN, *Das Recht der Aktiengesellschaft*, 1904, Bd. II, pág. 250 e seg., e RODOLFO FISCHER, *Las sociedades anónimas* (trad. esp.), 1934, pág. 284 e seg..
([92]) Cf. KARL LEHMANN, *ob. cit.*, Bd. II, pág. 251 e seg..
([93]) Cf. RITTER, *AktG*, 2. Aufl., 1939, § 75, Anm. 4.
([94]) Cf. A. HUECK, *Gesellschaftsrecht*, 17. Aufl., pág. 147.
([95]) Cf. GESSLER-HEFERMEHL, *AktG-Kommentar*, § 84, Anm. 67.

incapacidade para uma gestão ordenada. Isto aplica-se também ao directório nomeado pelo primeiro conselho de vigilância. A revogação é eficaz enquanto não for decidido definitivamente sobre a sua ineficácia. Às pretensões baseadas no contrato de colocação ('Anstellungsvertrag') aplicam-se as disposições gerais" (§ 75, Abs. 3).

Em face deste preceito, a doutrina entende que os estatutos não podem limitar o poder do conselho de vigilância de revogação a todo o tempo, nem determinar os casos de justa causa de revogação em termos de impedir a sua apreciação pelo tribunal. A revogação produz efeitos enquanto o tribunal não decidir, com trânsito em julgado, se houve ou não justa causa. Se o tribunal decidir que a revogação é ineficaz (v.g., por falta de justa causa), o membro revogado tem direito de reintegração, com todos os direitos e deveres. Reconhece-se que a possibilidade de regresso do director pode criar dificuldades e, por isso, recomenda-se que o conselho de vigilância submeta o caso à apreciação da assembleia geral, pois um voto de desconfiança desta considera-se sempre justa causa de revogação da nomeação ([96]).

Todavia, a doutrina alemã entende que a revogação da nomeação ("Bestellung") pode pôr termo simultaneamente ao contrato de colocação ("Anstellungsvertrag"), mas não tem necessariamente de ser assim ([97]). Segundo o § 75, Abs. 5, AktG de 1937, a este contrato aplicam-se as disposições gerais, ou seja, o disposto no BGB e, segundo o § 626 BGB, o contrato de prestação de serviço ("Dienstvertrag") pode ser revogado por justa causa, "quando se verifiquem factos com base nos quais não é exigível de quem revoga a continuação da relação de serviço, até ao fim do prazo de pré-aviso, tendo em conta todas as circunstâncias do caso e ponderando os interesses de ambas as partes". Note-se que esta regra é aplicável igualmente a ambas as partes e dela resulta um conceito de justa causa diverso do do AktG. Nomeadamente, a doutrina entende que um simples voto de desconfiança da assembleia geral é justa causa de revogação da nomeação, mas não do contrato de colocação. Só é justa causa de revogação deste se tal voto tiver, em si mesmo, justa causa objectiva ("sachlich") ([98]).

---

[96] Cf. SCHLEGELBERGER-QUASSOWSKI, *AktG*, 2. Aufl., 1937, § 75, Anm. 9-12.
[97] Esta situação é criticada por alguns autores: cf. SCHILLING, in HACHENBURG, *GmbHG*, 6. Aufl., § 38, Anm. 3.
[98] Cf. SCHLEGELBERGER-QUASSOWSKI, *AktG*, 2. Aufl., § 75, Anm. 13.

iv – O *AktG de 1965* reproduz, no § 84, Abs. 3, o que dispunha o AktG de 1937, no § 75, Abs. 3, com duas alterações significativas. Primeiro, acrescenta à enumeração exemplificativa de causas justas de revogação da nomeação "a retirada da confiança pela assembleia geral, a não ser que a confiança tenha sido retirada por motivos manifestamente não objectivos" ("offenbar unsachlichen Gründen"). Segundo, altera a redacção da 4ª frase, que passa a dizer que "a revogação é eficaz até que a sua ineficácia seja declarada com força jurídica ([99])" ("rechtskraeftig").

Além disso, o AktG de 1965 introduziu um novo Abs. 4 para salvaguardar as disposições especiais aplicáveis ao director do trabalho no sector do carvão e do aço.

Em face do AktG de 1965, a doutrina alemã actualmente dominante entende, no seguimento da anterior, que a revogação da nomeação só é possível com justa causa. Caso não haja justa causa, a revogação pode ser declarada ineficaz. Enquanto o não for, produz efeitos (o director não pode exercer os seus poderes). Caso seja declarada ineficaz, o director retoma a sua posição anterior, sendo esta retoma justa causa de revogação do director que o tenha substituído ([100]). Entretanto, o mesmo facto pode ser justa causa de revogação da nomeação ("Bestellung") e não ser justa causa de revogação do contrato de colocação ("Anstellungsvertrag") – porque o conceito de justa causa do § 84, Abs. 3, AktG, é diferente do do § 626 BGB. Caso isso aconteça, o contrato de colocação continua, tendo o director direito à remuneração, a não ser que a cessação do exercício de funções lhe permita realizar poupança ou consiga rendimentos pelo exercício de outra actividade ou não obtenha esses rendimentos por má intenção ([101]).

É de notar que a justa causa de revogação do contrato de colocação (segundo o § 626 BGB, que não pressupõe a culpa) é sempre considerada justa causa de revogação da nomeação ([102]).

([99]) Ou com trânsito em julgado.
([100]) Cf. MERTENS, in *Koelner Kommentar zum AktG*, § 84, Anm 73.
([101]) Cf. A. HUECK, *Gesellschaftsrecht*, pág. 149. Para maiores desenvolvimentos, cf. GESSLER-HEFERMEHL, *AktG-Kommentar*, § 84, Anm. 61-98; MERTENS, in *Koelner Kommentar zum AktG*, § 84, Anm. 55-74, e MEYER-LANDRUT, in *Grosskomm. AktG*, § 84, Anm. 27-46.
([102]) Cf. MERTENS, in *Koelner Kommentar zum AktG*, § 84, Anm. 58.

g. *Direito suíço*

Na Suíça, o art. 705º do COS dispõe que:
"1. A assembleia geral pode revogar os administradores e os controladores, assim como todos os procuradores e mandatários nomeados por ela.
"2. Fica reservada a acção de indemnização das pessoas revogadas".

Em face deste preceito, a doutrina e a jurisprudência entendem que o administrador pode ser revogado a todo o tempo e por qualquer motivo. O direito a indemnização é regulado pelo contrato entre o administrador e a sociedade ([103]). Admite-se, nomeadamente, que o administrador revogado tenha direito a indemnização do dano moral resultante de falta grave de parte da sociedade ou de uma ofensa grave à sua situação pessoal ([104]).

Assim, o direito suíço — em que a sociedade anónima tem uma estrutura de inspiração francesa (monista) — adopta um regime de revogabilidade intermédio entre o francês e o italiano ([105]).

h. *Direito comunitário*

i — α — Na Comunidade Económica Europeia, a *Proposta de Regulamento* do Conselho que institui o estatuto da *sociedade anónima europeia* (SE), apresentada em 30.6.*1970* ([106]), estabelece, no art. 63º, nº 7, que "o conselho de vigilância pode, por motivo grave, revogar os membros do directório e o presidente. A revogação acarreta a cessação imediata e definitiva das funções. Os outros efeitos da revogação decorrem do contrato e da lei que o rege".

Assim, pretende-se consagrar o princípio da revogabilidade, deixando para a lei nacional aplicável a decisão sobre a existência ou não de

---

([103]) Cf. SCHUCANY, *Kommentar zum Schweizerischen Aktienrecht*, 2. Aufl., 1960, pág. 139; *Rec. Officiel des arrêts du Tribunal Fédéral*, vol. II, 80, 118, e *Journal des Tribunaux*, 1955, 5.

([104]) Cf. F. DE STEIGER, *Le droit des sociétés anonymes en Suisse*, 1973, pág. 247.

([105]) Sobre o direito inglês, cf. Companies Act 1985, S. 303, 304 e 319; FARRAR, *Company Law*, 1985, pág. 291 e segs., e PENNINGTON, *Company Law*, 4ª ed., 1979, pág. 504 e segs..

([106]) In *JOCE*, nº C 124, de 10.10.1970, e *Bull. CE*, Suppl. 8/70.

um direito a indemnização – o que reflecte a divergência de sistemas entre Estados membros ([107]).
Quanto aos membros do conselho de vigilância, o art. 57º, nº 2, estabelece que "os membros nomeados pela assembleia geral podem ser, em qualquer momento, revogados por ela". Adopta-se, assim, uma formulação correspondente à do princípio da revogabilidade "ad nutum".

β – A *Proposta modificada de Regulamento*, de 30.4.1975 ([108]), alterou a segunda frase do nº 7 do art. 63º, relativa aos membros do directório, para tornar mais claro que "a decisão de revogação, mesmo se for invalidada por decisão judicial, acarreta sempre a cessação imediata e definitiva das funções" – mesmo que não haja justa causa. Mas manteve a remissão para a lei nacional quanto aos outros efeitos da revogação.
Quanto aos membros do conselho de vigilância, a redacção anterior do art. 75º, nº 2, foi suprimida e foi introduzido um novo art. 74ºe), que regula a revogação judicial "por violação grave das obrigações decorrentes do presente regulamento", em termos aplicáveis tanto aos representantes dos accionistas, como aos representantes dos trabalhadores.

γ – A nova *Proposta de Regulamento*, apresentada em 25.8.1989 ([109]), por seu lado, estabelece, na secção relativa ao sistema dualista, que "os membros do órgão de direcção são nomeados pelo órgão de fiscalização, que os pode destituir em qualquer momento" (art. 62º, nº 2).
E, na secção III, com as "regras comuns aos sistemas monista e dualista", dispõe no art. 75º o seguinte:
"1. Os membros do órgão de fiscalização ou de administração podem ser destituídos pelos mesmos órgãos ou pelas mesmas pessoas ou grupos de pessoas que, de acordo com o presente regulamento ou os estatutos da SE, são competentes para as designar.
"2. Além disso, os membros do órgão de fiscalização ou de administração podem ser destituídos, por justa causa, pelo tribunal da sede da SE, a requerimento da assembleia geral dos accionistas, dos representantes dos trabalhadores ou do órgão de fiscalização ou de administração.

([107]) Cf. RAFAEL PEREZ ESCOLAR, *La sociedad anonima europea*, Madrid, Moncorvo, 1972, pág. 211.
([108]) In *Bull. CE*, Suppl. 4/75.
([109]) In *JOCE*, nº C 263, de 16.9.1989.

O requerimento pode também ser apresentado por vários accionistas que detenham, em conjunto, 10% do capital da SE".

Nada se diz sobre um eventual direito a indemnização, pelo que são aplicáveis as disposições da lei do Estado da sede da SE (art. 7º).

ii – α – Entretanto, tendo em vista a harmonização das legislações dos Estados membros, a *Proposta de 5ª Directiva* do Conselho sobre a *estrutura das sociedades anónimas* e os poderes e obrigações dos seus órgãos, apresentada em 9.10.*1972* ([110]), estabelece o seguinte, no art. 13º, tendo em vista o sistema dualista:

"1. Os membros do órgão de direcção podem ser revogados pelo órgão de fiscalização.

"2. Os membros do órgão de fiscalização podem ser revogados em qualquer momento pelos mesmos órgãos e as mesmas pessoas que os nomearam e segundo os mesmos processos. Todavia, os membros do órgão de fiscalização nomeados por este segundo as disposições do artigo 4º, nº 3 ([111]), só podem ser revogados por justo motivo, por decisão judicial, a pedido do órgão de fiscalização, da assembleia geral ou dos representantes dos trabalhadores".

β – Posteriormente, a *Proposta modificada* de 5ª Directiva, apresentada em 19.08.*1983* ([112]), alterou, no art. 13º, nº 2, apenas a remissão para o art. 4º, nº 3, que substituiu pelo art. 4ºc) – o preceito para que passou a matéria da cooptação controlada.

Além disso, acrescentou todo um conjunto de preceitos sobre o sistema monista, entre os quais o art. 21ºt) estabelece o seguinte:

"1. Os membros gerentes do órgão de administração podem ser revogados pelos membros não gerentes, deliberando por maioria.

"2. Os membros não gerentes do órgão de administração podem ser revogados em qualquer momento pelos mesmos órgãos ou pelas mesmas pessoas que os nomearam e segundo os mesmos processos".

Com estas disposições, a proposta de Directiva apenas visa harmonizar as legislações relativamente à competência para a revogação, à possibilidade de revogação em qualquer momento e ao processo de

---

([110]) In *JOCE*, nº C 131, de 13.12.1972, e *Bull. CE,* Suppl. 10/72.

([111]) Refere-se ao sistema de cooptação controlada, correspondente ao regime holandês.

([112]) In *JOCE*, nº C 240, de 9.9.1983, e *Bull. CE,* Suppl. 6/83.

revogação. Nada se diz sobre os efeitos da revogação, nomeadamente sobre o direito a indemnização dos membros destituídos sem justo motivo — o que significa que essa matéria não será, provavelmente, objecto de harmonização, mantendo-se os regimes vigentes nos Estados membros. Isso porque as diferenças são muito profundas, como se viu, e os Estados membros não estão dispostos a alterar normas importantes que consideram estar a dar bons resultados.

i. Conclusão

Que concluir desta análise histórico-comparativa?

As leis dos países de língua latina (aí se incluindo a Bélgica e a Suíça) afirmam todas, no século XIX, o princípio da revogabilidade, que é entendido pela maioria da doutrina e jurisprudência como uma norma imperativa, no sentido da revogabilidade "ad nutum": sem necessidade de aviso prévio (ou sequer menção na convocatória do órgão competente), nem de invocação de justa causa, nem, na falta desta, obrigação de indemnizar.

Mas, enquanto, na França, a doutrina se mantém até hoje fiel a esse princípio, considerado de ordem pública (com raras críticas "de jure condendo" e poucas excepções, nomeadamente para casos de abuso de direito), na Itália, a partir de um texto praticamente igual (Lei fr de 1867 e CCom it de 1882), a doutrina encaminhou-se predominantemente para reconhecer que a revogação sem justa causa é válida, mas confere ao administrador um direito a indemnização — o que acabou por ser consagrado no CCiv it de 1942, obviamente influenciado pela Lei alemã de 1937, embora só até certo ponto.

Esta diversidade franco-italiana resulta, fundamentalmente, de as doutrinas dos dois países pressuporem regimes diferentes de revogação do mandato, em geral.

Por outro lado, o regime francês corresponde à situação, inicialmente mais frequente, do administrador accionista maioritário. À medida que aumenta a importância dos administradores profissionais (não accionistas ou accionistas minoritários), sente-se a necessidade de reforçar a protecção destes. Para isso, a Lei fr de 1966 — influenciada pela lei alemã — prevê a figura do director, a quem reconhece o direito a indemnização no caso de revogação sem justo motivo.

Só que a prática não tem vindo a corresponder ao desejo do legislador, pois a figura da sociedade anónima de estrutura dualista continua a ser rara, em França, e os administradores profissionais são cada vez mais frequentes, adquirindo algumas acções (quantas vezes apenas nominalmente) apenas para poderem ser administradores.

Por outro lado, uma interpretação historicista do CCom – em conjunto com o argumento da inexistência da obrigação de indemnizar prejuízos causados por factos lícitos, salvo previsão legal expressa, que não existe – pode, legitimamente, levar a ver no art. 172º a consagração do princípio da revogabilidade "ad nutum" – ainda hoje defendido maioritariamente na França, na Bélgica e em Espanha (embora aqui com vozes críticas cada vez mais frequentes). Na verdade, para além das referências atrás feitas à doutrina portuguesa mais antiga, é de admitir que o ambiente geral, nas últimas décadas do século XIX, era favorável a tal princípio.

Todavia, a experiência italiana e, em parte, também a espanhola levam a pensar que o texto da lei não é concludente e que a solução certa deve basear-se numa valoração equilibrada dos interesses em presença.

5. *Elemento racional*

a. *Considerações gerais*

É muito importante, por conseguinte, analisar agora o *elemento racional* de interpretação da lei.

A questão posta – de saber se o administrador destituído sem justa causa tem ou não direito a indemnização, em face do CCom – não pode resolver-se na base de argumentos conceptualistas.

Dizer – como diz a doutrina francesa ([113]) – que o administrador não tem direito a indemnização porque é um simples mandatário é tão incorrecto como dizer que ele tem esse direito por ser um órgão ou por ser um trabalhador subordinado.

Quando, como agora, está em causa justamente a natureza da relação de administração, esse tipo de argumentação conduziria a um evi-

---

([113]) Cf., por exemplo, GOURLAY, *ob. cit.*, pág. 40.

dente círculo vicioso, porque o regime de destituição é justamente um dos que definem o carácter da relação.

Mesmo abstraindo, porém, das circunstâncias deste estudo, não seria satisfatório afirmar, como postulado, determinada qualificação da relação para daí deduzir, como inevitável, certo regime. Pode defender-se a teoria do mandato e admitir-se a existência de espécies distintas de mandatos, com regimes diferenciados de revogação – como realmente existem. E o mesmo pode dizer-se quanto às outras teorias.

Na fase da construção jurídica, é mais correcto partir do regime para o conceito do que o inverso.

Por isso, há, fundamentalmente, que ponderar os interesses em presença.

b. Ponderação dos interesses

Ora, a questão posta coloca em confronto, sobretudo, os interesses da sociedade (os interesses dos sócios como tais) e os interesses do administrador, devendo considerar-se também o interesse público e os interesses dos demais grupos sociais que entram em relação com a sociedade (trabalhadores, financiadores, fornecedores, clientes, grupo de sociedades em que a sociedade se integra, etc.).

i – Interesse da sociedade

A sociedade tem como interesse principal a preservação e desenvolvimento do seu património: a sobrevivência e o progresso (o lucro). O administrador tem por missão satisfazer esse interesse: está ao serviço da sociedade e não o inverso. É um de entre os vários (porventura numerosos) servidores da sociedade.

Tendo o património social um valor normalmente muito elevado, compreende-se que seja importante assegurar que as pessoas que dele dispõem sejam capazes e queiram geri-lo, não só de modo lícito (legal e estatutário), mas também de modo eficiente e dinâmico – sem correr riscos excessivos, mas aceitando os necessários para realizar os lucros (a curto, médio ou longo prazo) pretendidos pelos accionistas (ou pela maioria destes).

Parece, assim, essencial que a maioria dos accionistas tenha confiança nos administradores. E que, no dia em que esta se perca, estes possam ser substituídos. A perda de confiança resulta normalmente da descoberta de actos ilícitos, de inabilidades ou erros de gestão, que não raro geram confrontos pessoais. Não pode admitir-se que um administrador nestas circunstâncias continue a ter um amplo poder de disposição sobre os bens dos accionistas que nele não confiam. Isso possibilitaria abusos graves e, porventura, irreparáveis. Daí a importância de reconhecer ao órgão competente para a destituição a possibilidade de decisão rápida e, porventura, até inesperada para o administrador (se este for prevenido, poderá, eventualmente, querer exercer represálias ou dificultar a prova dos seus actos).

Podem também verificar-se rápidas mudanças no mercado ou no quadro de circunstâncias em que a sociedade actua, que exijam alterações de estratégia e a escolha de novas pessoas mais adequadas para as realizar.

Por outro lado, os accionistas podem mudar fácil e rapidamente, em resultado do regime de transmissão das acções. É importante assegurar a confiança dos novos accionistas (porventura com diferentes concepções e estratégias para os negócios sociais) nos administradores.

Além disso, os administradores têm o papel de principais dinamizadores da actividade empresarial e só exercem plenamente essa sua função se estiverem motivados para isso. Como em qualquer actividade humana, a motivação baseia-se em prémios ou castigos, ou melhor, na satisfação de necessidades pessoais do agente ou na recusa dessa satisfação [incluindo, porventura, a criação de situações de carência ou sofrimento físico, patrimonial ou moral [114]]. Tal motivação, a alto nível, pode conseguir-se com elevadas remunerações (e outros benefícios); mas é importante para a sociedade que haja o risco da sua perda para que os administradores se sintam permanentemente estimulados a tudo fazer para merecer (aos olhos da maioria dos accionistas) continuar no lugar.

Se, para algumas pessoas bem formadas, basta o sentido de missão e a consciência profissional, para outras é necessário prever incentivos de outra ordem e, porventura, mais drásticos – e a lei tem de abranger todos (com respeito pelos direitos do homem, obviamente).

---

[114] A falta de prémios para quem trabalha bem e a falta de castigos para quem trabalha mal ou não faz nada está na origem de grandes ineficiências, sobretudo na Administração Pública, mas também em algumas grandes empresas privadas – com evidentes danos para o interesse público.

Os argumentos acima referidos são favoráveis à revogabilidade dos administradores, em qualquer momento e tanto por motivos (subjectivos) ligados ao comportamento do administrador (seja por acto ilícito, seja por gestão inadequada), como por motivos (objectivos) de conveniência da sociedade (incluindo a inadequação do administrador à estratégia ou ao programa da maioria dos accionistas actuais).

Não chegam, todavia, para sustentar a revogabilidade por capricho ou até com a mera intenção de prejudicar o administrador (por vingança, etc.), que não merece protecção da lei. O problema está em que podem facilmente camuflar-se os motivos de tais revogações abusivas.

Em qualquer caso, para satisfazer o interesse da sociedade basta, em regra, que a revogação seja eficaz, independentemente da licitude dos motivos.

O dever de indemnizar traduz-se, naturalmente, num encargo, maior ou menor, para a sociedade, que pode representar um obstáculo porventura inibitório da decisão de destituir o administrador.

Já se tem dito que o dever de indemnizar favorece a estabilidade dos administradores, que também é do interesse da sociedade. Todavia, o problema assim está mal posto. É evidente que a sociedade tem interesse na estabilidade dos administradores (porque mudar de administradores implica a perda dos conhecimentos e relações de que os destituídos dispunham). Mas quem melhor pode defender esse interesse da sociedade são os accionistas, porque são sobretudo eles que ganham (ou perdem) com isso. Só que há situações em que é preferível mudar de administrador do que continuar com o que está. E são também os accionistas que estão em melhor posição para ponderar as vantagens e inconvenientes relativos de cada uma dessas alternativas. Se optam pela instabilidade, é porque pensam mudar para melhor e que os custos da mudança em si são compensados pela melhoria a obter. Por outras palavras, o reconhecimento de um dever de indemnizar deve visar satisfazer interesses do administrador, não da sociedade.

Aliás, o princípio da destituição "ad nutum" não tem conduzido, nos países em que vigora (v. g., a França), a "instabilidade crónica do órgão de gestão, geradora de timidez incompatível com as necessidades da luta comercial e industrial e com as iniciativas corajosas" [115].

---

[115] Como afirma ILÍDIO DUARTE RODRIGUES, *A Administração das Sociedades*, pág. 257.

Pelo contrário, o risco de ser destituído é que estimula o dinamismo e, simultaneamente, a prudência, levando a correr riscos (para ganhar), mas não riscos excessivos (frequentemente ruinosos). Os verdadeiros profissionais sabem contar com isso.

São os accionistas, e não o Estado legislador, quem deve decidir, em cada momento, se a mudança é ou não melhor que a estabilidade.

Outro argumento frequentemente esgrimido decorre do potencial conflito entre as estratégias defendidas pelos accionistas (capital-propriedade) e pelos administradores. Diz-se que estes defendem melhor o interesse da empresa a longo prazo (de que depende a sobrevivência e progresso do seu "posto de trabalho"), enquanto os accionistas pretendem dividendos imediatos ou a valorização especulativa das acções.

Trata-se de uma visão simplista da realidade, pois a verdade é que também há accionistas investidores que apostam no longo prazo e administradores aventureiros que arriscam tudo no curto prazo.

Perante tais conflitos, parece que deve decidir quem arrisca o seu património (os accionistas) – pois os administradores encontram outra ocupação remunerada com relativa facilidade. E, sobretudo, não deve ser o Estado legislador a dizer se convém mais apostar no curto ou no longo prazo, pois só o conhecimento das circunstâncias concretas de cada negócio – que o Estado normalmente não tem – permite uma avaliação razoável.

Por outro lado, as necessidades da vida empresarial apontam actualmente para o derrube de obstáculos às ofertas públicas de aquisição, com as consequentes mudanças de administradores.

Vão nesse sentido as tendências dominantes na Comunidade Europeia, expressas na proposta de 13ª Directiva ([116]) e nas consequentes sugestões de alteração à proposta de 5ª Directiva ([117]).

A destituição "ad nutum" pode permitir a ingratidão ([118]). Mas para que esta não fique impune, basta um direito a indemnização, não sendo necessário consagrar um direito a reintegração.

([116]) Cf. *JOCE*, nº C 64, de 14.3.1989, e *Bol. CE*, Supl. 3/89; a proposta modificada foi apresentada em 10.9.1990.

([117]) Cf. Segunda modificação da Proposta de 5ª Directiva do Conselho, apresentada em 13.12.1990, in *JOCE*, nº C 7, de 11.1.1991.

([118]) Como refere ILÍDIO DUARTE RODRIGUES, *ob. cit.*, pág. 257.

ii — Interesse do administrador

Em sentido oposto, o *administrador* tem, naturalmente, interesse na estabilidade do seu vínculo, quer para assegurar continuidade à remuneração (que pode ser o seu meio de subsistência principal ou até único, sobretudo se se tratar de um gestor profissional não accionista), quer para manter uma ocupação em si mesma satisfatória.

É óbvio que o administrador não merece protecção, quando ele próprio tem um comportamento ilícito, culposo e danoso para a sociedade.

É justo admitir que, mesmo nesse caso, ele seja ouvido: porque os factos que lhe são atribuídos podem não ser verdadeiros, ou não lhe ser imputáveis, ou não ter a gravidade alegada, etc..

E é evidente que o administrador destituído por justa causa, que afinal vem a revelar-se infundada, tem interesse em ser reintegrado no lugar (não há dinheiro que pague certas honras ou a satisfação de realizar certas tarefas). Todavia, se este direito de reintegração é discutível ("de jure condendo") relativamente a trabalhadores subordinados — vinculados a um dever de obediência a ordens do superior que o dirige e controla durante todo o dia de trabalho e todos os dias úteis —, parece de todo inconveniente em relação a administradores com quase total autonomia e amplos poderes de gestão e disposição de bens alheios. Por um lado, ao longo do processo de impugnação não raro surgem acusações mútuas que envenenam as relações entre as pessoas e destroem a confiança recíproca — fundamental neste domínio. Por outro lado, o vencimento de um processo (judicial ou não) depende muito da prova e a experiência mostra que não raro perde a acção aquele sobre quem incumbe o ónus da prova — apesar de estar cheio de razão, só porque não há testemunhas ou estas já não se lembram (ou não lhes convém lembrarem-se).

Além disso, a demora de um processo judicial faz com que a sociedade não possa esperar pelo seu termo para nomear um novo administrador em substituição do destituído. E a reintegração deste não só suscitaria dificuldades em relação àquele, como se tornaria um novo factor de instabilidade para a gestão social.

De resto, em tais circunstâncias, o valor dos interesses em jogo do lado da sociedade é, normalmente, muito maior (em termos patrimoniais) do que do lado do administrador.

Daí que pareça mais conveniente recusar um direito de reintegração ao administrador destituído sem justa causa — o que, aliás, a doutrina raras vezes põe em dúvida. Tal direito é, de resto, claramente incompatível com o disposto no art. 172º do CCom.

E, sendo assim, não se justifica a exigência de um processo tendente a assegurar a defesa do administrador, pois este acaba sempre por ser destituído, mesmo que não se prove justa causa. Em qualquer caso, nem o CCom nem a doutrina exigem tal processo.

Mas será de reconhecer ao administrador destituído sem justa causa um direito a indemnização?

Caso o exercício de funções seja gratuito (por haver cláusula estatutária nesse sentido – CCom, art. 177º), não se vê fundamento para tal direito. Caso a destituição seja acompanhada de declarações injuriosas, o administrador terá direito a indemnização com fundamento, não na destituição, mas nas injúrias.

Caso o administrador seja remunerado e gestor profissional ("maxime", não accionista), a destituição sem justa causa e sem um pré-aviso razoável (de modo a permitir encontrar outro emprego) pode acarretar sérios prejuízos, que não é justo fazê-lo suportar. Quando a sociedade toma tal decisão, deve ponderar não só os seus próprios interesses, mas também os do administrador.

É certo que, no mercado de emprego, são (ainda) relativamente escassos os gestores qualificados e, por isso, um administrador profissional consegue, normalmente, encontrar novo emprego com relativa rapidez. Mas nem sempre isso acontece (sobretudo em relação aos mais idosos) e também é certo que tais lugares são muito cobiçados e que nem sempre são desejados os destituídos, por trazerem consigo, eventualmente (e, porventura, injustamente), a imagem de vencidos ou perdedores.

Por outro lado, se os administradores são frequentemente bem remunerados e podem, por isso, poupar para prevenir situações de desemprego, também é razoável admitir que assumam compromissos (v. g., contraiam empréstimos), confiando na possibilidade de os saldar com o produto do seu trabalho. A destituição inesperada pode então colocá-los em situação de impossibilidade de cumprimento pontual, com todas as consequências daí decorrentes.

Em resumo, parece mais justo reconhecer ao administrador profissional destituído sem justa causa um direito a indemnização dos prejuízos efectivamente sofridos em consequência da destituição.

Será de aplicar o mesmo regime ao administrador accionista?

O problema não chega a pôr-se quando o administrador é accionista maioritário, visto que ele não está impedido de votar na deliberação sobre a sua própria destituição sem justa causa ([119]) e naturalmente votará contra.

Quanto ao administrador accionista minoritário, não se vê motivo para aplicar regime diverso do referido para o administrador profissional. O facto de ser accionista minoritário (com uma participação que poderá variar de uma acção a metade do capital menos uma acção – o que não é despiciendo) não lhe assegura, necessariamente, um rendimento que o coloque ao abrigo da perda de remuneração resultante de uma destituição sem justa causa. E sempre poderá alegar-se que as duas qualidades de administrador e de accionista não se confundem.

iii – Interesse dos credores sociais

Os *credores sociais* têm, naturalmente, interesse em que a sociedade seja bem gerida, de modo relativamente estável (quem conhece bem os seus deveres pode cumpri-los melhor) e não sofra diminuições patrimoniais que afectem a garantia dos seus créditos. Tal interesse aponta no sentido do não reconhecimento de um direito a indemnização.

Todavia, não parece que este interesse deva sobrepor-se ao interesse do administrador vítima de uma decisão arbitrária da sociedade.

iv – Interesse de outros terceiros

Outros terceiros poderão ter interesse na estabilidade da administração, mas a mudança não os afecta necessariamente. De qualquer modo, não parece que o problema posto deva ser resolvido atendendo decisivamente aos interesses de terceiros.

v – Conclusão

Assim e em conclusão, parece mais justo reconhecer ao administrador destituído sem justa causa um direito a indemnização dos prejuízos efectivamente sofridos em consequência da destituição, mas não um direito a reintegração.

([119]) Cf. DL nº 49 381, de 15.11.1969, art. 20º, nº 3, e LUÍS BRITO CORREIA, *Direito Comercial*, vol. III, pág. 151 e 155.

Esta conclusão significa uma aproximação do regime da relação de administração ao do mandato, afastando-o do trabalho subordinado.

6. Conceito de justa causa

Problema subsequente é o de saber o que deve considerar-se como justa causa.

A lei comercial não define o conceito.

A doutrina e a jurisprudência portuguesas pouco contribuem para o esclarecer – como resulta do exposto acima.

Trata-se de um problema de integração de lacuna da lei, a resolver segundo a qualificação que se atribuir à relação de administração. Não tendo chegado ainda a conclusões sobre este problema, parece de relegar a solução definitiva daquele para posterior oportunidade.

Diga-se apenas que o conceito de justa causa de despedimento da lei laboral (o mais elaborado pela doutrina e pela jurisprudência) parece demasiado restritivo.

Todos os casos de justa causa de despedimento nele habitualmente incluídos podem considerar-se, "mutatis mutandis", justa causa de destituição. Mas admite-se a possibilidade de inclusão nesta de outras hipóteses configuradas pela doutrina e jurisprudência relativamente ao mandato.

7. Competência da assembleia geral

Resulta da parte final do proémio do art. 172º do CCom que o órgão social competente para revogar os administradores é, em regra, a assembleia geral. Adiante se verá em que medida é de admitir a destituição judicial.

A revogação pode ser deliberada por "qualquer assembleia geral", isto é, quer por uma assembleia geral ordinária ([120]), quer por uma assembleia geral extraordinária ([121]).

([120]) Cf. DL nº 49 381, de 15.11.1969, art. 20º, nº 2, em relação com o art. 179º, § único, do CCom.

([121]) Sobre esta distinção, cf. LUÍS BRITO CORREIA, *Direito Comercial*, 1983-84, vol. II, pág. 235 e segs..

8. Desnecessidade de indicação na convocatória

E poderá qualquer assembleia geral, ordinária ou extraordinária, deliberar sobre a revogação de administradores quando tais assuntos não constem da convocatória?

Apesar do disposto no § único do art. 181º do CCom, deve entender-se que tal é possível. A expressão do art. 172º "sempre que qualquer assembleia o julgue conveniente" mostra que a assembleia pode destituir os administradores mesmo que para isso não tenha sido convocada. Tal expressão foi introduzida nesse preceito pela Câmara dos Pares com esse objectivo, e tem sido essa a orientação da doutrina e da jurisprudência portuguesas ([122]).

No mesmo sentido e como aplicação concreta desse princípio geral, pode invocar-se o disposto no art. 20º, nº 2, do DL nº 49 381, de 15.11. 1969. Deve notar-se, todavia, que este preceito apenas dispensa a menção na ordem do dia quanto à destituição de administradores considerados responsáveis. Quanto aos demais casos, aplica-se a regra geral do art. 172º do CCom.

9. Regime da deliberação de destituição

Quanto ao regime da deliberação de destituição, em si mesma, a lei apenas estabelece o princípio de que "aqueles cuja responsabilidade estiver em causa não podem votar nas deliberações previstas nos números anteriores", isto é, nas "deliberações sobre a acção de responsabilidade e sobre a destituição dos administradores" (art. 20º, nº 2 e 3, do DL nº 49 381, de 15.11.1969).

Parece, pois, de admitir que, em princípio, se aplicam as regras gerais (legais e estatutárias) sobre deliberações das assembleias gerais, quer quanto à competência, forma, prazo e conteúdo da convocação (com a especialidade, já acima referida, da dispensa da inclusão da matéria na ordem de trabalhos da assembleia geral ordinária), quer quanto aos requisitos de validade da reunião (quórum constitutivo, etc.) e da deliberação (apresentação, discussão e votação das propostas, maioria absoluta dos votos expressos, etc.), quer quanto à acta ([123]).

([122]) Cf. VEIGA BEIRÃO, *Direito Comercial Portuguez*, 1912, pág. 70, e A. ANTERO, *Comentário*, vol. I, pág. 387.

([123]) Cf. LUÍS BRITO CORREIA, *Direito Comercial*, 1983-84, vol. II, pág. 244 e segs..

O problema que pode pôr-se é o de saber se o impedimento de voto constante do nº 3 do art. 20º do DL nº 49 381 se aplica apenas aos casos em que a revogação esteja relacionada com uma acção de responsabilidade (isto é, quando a assembleia delibere revogar administradores considerados civilmente responsáveis para com a sociedade), ou se se aplica a toda e qualquer revogação, com ou sem justa causa.

Aquele preceito concretiza, em matéria de responsabilidade civil dos administradores (a que se refere a secção do diploma em que se integra), o princípio geral expresso no § 3º do art. 39º da LSQ, segundo o qual "nenhum sócio por si, ou como mandatário, pode votar sobre assuntos que lhe digam directamente respeito".

A interpretação do § 3º do art. 39º da LSQ – que se considera aplicável por analogia às sociedades anónimas ([124]) – tem suscitado muitas dúvidas, que só parcialmente foram resolvidas pelo Assento do STJ de 26.5.1961 ([125]). Este Assento estabeleceu que, "nos termos do § 3º do art. 39º da Lei de 11.4.1901, o sócio só está impedido de votar sobre os assuntos em que tenha um interesse imediatamente pessoal, individual, oposto ao da sociedade".

Será este o caso da destituição do administrador? Admite-se pacificamente que o administrador (ou o gerente) está impedido de votar a sua própria destituição por justa causa ([126]). Mas é discutido o caso da destituição sem justa causa ([127]).

([124]) Cf. LUÍS BRITO CORREIA, *Direito Comercial*, 1983-84, vol. II, pág. 422 e segs..

([125]) In *DG*, 1ª série, de 23.6.1961.

([126]) Neste sentido, cf. TITO ARANTES, "Pode o sócio duma sociedade por quotas votar na deliberação referente à sua eleição ou destituição de gerente?", in *RT*, ano 73º, 1955, págs. 70 e segs.; EDUARDO RALHA, "Quem vota e como se delibera nas sociedades por quotas", in *RDES*, ano IX, 1956, págs. 8 e segs.; VAZ SERRA, in *RLJ*, ano 104º, pág. 77; ano 108º (1975-76), pág. 173 e 239; ano 111º, pág. 119, e ano 112º, pág. 175 e seg.; PEREIRA DE ALMEIDA, *La société à responsabilité limitée et sa reforme*, pág. 264 e segs.; ANTÓNIO CAEIRO, "A exclusão estatutária do direito de voto", in *Temas de Direito das Sociedades*, pág. 143 e seg., e LUÍS BRITO CORREIA, *ob. cit.*, vol. II, pág. 437.

([127]) No sentido da admissibilidade do voto, cf. TITO ARANTES, art. cit., in *RT*, ano 73º (1955), págs. 70 e segs.; EDUARDO RALHA, *ob. cit.;* VAZ SERRA, in *RLJ*, ano 104º (1971-72), pág. 77; ANTÓNIO CAEIRO, *ob. cit*, pág. 143 e seg.; LUÍS BRITO CORREIA, *ob. cit.*, vol. II, pág. 438; Ac STJ de 1.6.1956, in *BMJ*, nº 58, pág. 433, e *RLJ*, ano 90, pág. 38; Ac STJ de 13.7.1956, in *BMJ*, nº 59, pág. 475; Ac STJ de 19.7.1974, in *BMJ*, nº 239, pág. 230; no sentido da exclusão do voto, cf. Ac STJ de 13.7.1954, in *BMJ*, nº 44, pág. 434.

10. *Efeitos da destituição; determinação da indemnização*

a. A destituição, com ou sem justa causa, produz sempre o efeito de fazer cessar a relação de administração. Isto significa que o administrador deixa de ser administrador, deixa de ter o poder e o dever de administrar e (quando o cargo seja remunerado) não adquire mais direito a remuneração. Não significa, porém, que se extingam todos os direitos e deveres emergentes da relação de administração e constituídos antes da destituição: se o administrador tinha direito a remuneração vencida e não paga, mantém esse direito, apesar da destituição; se o administrador, enquanto tal, praticou algum acto ilícito, continua civilmente responsável pelos prejuízos causados, apesar da destituição.

Mas, caso a destituição tenha sido sem justa causa, nos termos expostos, ele terá direito a indemnização pelos prejuízos daí resultantes.

b. Como determinar essa indemnização? Na falta de disposição legal específica, será de aplicar o regime estabelecido para o contrato de mandato ou para o de trabalho subordinado?

No caso do mandato, a indemnização a pagar deve corresponder ao prejuízo efectivamente sofrido (CCiv, art. 1172º), determinado afinal nos termos gerais de direito, isto é, em função do prejuízo (dano emergente e lucro cessante) que for efectivamente provado (CCiv, art. 562º a 564º e 798º), incumbindo o ónus da prova ao administrador (CCiv, art. 342º)?

Para o contrato de trabalho subordinado, a lei estabeleceu critérios mais precisos, que se traduzem numa inversão do ónus da prova e mesmo em presunções (ilidíveis ou não) sobre o montante do prejuízo.

Assim, o trabalhador contratado sem termo tem direito à importância correspondente ao valor das retribuições que deixou de auferir, desde a data do despedimento até à data da sentença [LCCT, art. 13º, nº 1, al. *a*)], deduzida do montante correspondente ao período de demora na propositura da acção para além de 30 dias a contar do despedimento, bem como do montante das importâncias relativas a rendimentos de trabalho auferidos pelo trabalhador em actividades iniciadas posteriormente ao despedimento (LCCT, art. 13º, nº 2). Caso o trabalhador opte pela não reintegração, tem direito a uma importância correspondente a um mês de remuneração de base por ano de antiguidade ou fracção, não podendo ser inferior a três meses (LCCT, art. 13º, nº 3). O trabalhador contratado a termo tem direito à importância correspondente ao valor das retribuições que deixou de auferir desde a data do despedimento até ao termo certo ou incerto do contrato, ou até à data da sentença, se aquele termo ocorrer posteriormente.

A regra da al. *a*) do nº 1 do citado art. 13º pressupõe o direito do trabalhador a reintegração – que o administrador, contratado sempre a termo, não tem.

A inaplicabilidade ao contrato a termo das deduções previstas no nº 2 do art. 13º explica-se como modo de compensar os inconvenientes da instabilidade daquele e de favorecer a contratação por tempo indeterminado. Todavia, relativamente ao administrador o princípio é antes o da limitação temporal das funções.

O montante da indemnização estabelecido para os contratos sem termo assenta numa presunção (baseada na experiência) sobre o tempo normal de procura de novo emprego.

Poderá dizer-se que os pressupostos deste regime laboral, pensado para a generalidade dos trabalhadores, não se verificam quanto aos administradores. As pessoas capazes de exercer estas funções são mais raras e têm, por isso, mais facilidade de encontrar novo emprego. É certo que os quadros superiores das empresas estão sujeitos àquele mesmo regime laboral; mas essa situação pode, em certos casos, ser criticada por conduzir a injustiças (v. g., indemnizações de despedimento muito superiores aos prejuízos sofridos, causadores de pesados encargos para as empresas que acabam por afectar os trabalhadores menos favorecidos).

Por outro lado, como as funções da administração são necessariamente limitadas no tempo, os administradores devem estar preparados para a instabilidade daí resultante, que pode ser, de resto, um motivo de acréscimo da remuneração.

Estas considerações apontam no sentido de a questão ser resolvida caso a caso, em função dos prejuízos efectivamente verificados e provados.

11. *Destituição judicial*

O CCom de 1888, como aliás também a Lei port de 22.6.1867, não prevê qualquer acção judicial especial para destituição de administradores de sociedades anónimas, pelo que se pode entender que, até à entrada em vigor do DL nº 49 381, de 15.11.1969, os administradores só podiam ser revogados por deliberação da assembleia geral.

Na verdade, o disposto no art. 1484º do CPC de 1961 ([128]) apenas diz respeito às sociedades civis e, por força do art. 154º do CCom (na redacção do DL nº 368/77, de 2.9), às sociedades comerciais em nome colectivo.

Todavia, o DL nº 49 381, de 15.11.1969, veio estabelecer, no art. 29º, nº 1, que, "se houver fundada suspeita de graves irregularidades no exercício das funções dos administradores da sociedade [...], podem os accionistas que representam a décima parte do capital social denunciar os factos ao tribunal, solicitando a realização de inquérito para o seu apuramento e a adopção das providências convenientes para garantia dos interesses da sociedade". O nº 3 do mesmo artigo acrescenta que, "caso se provem irregularidades, pode o tribunal ordenar as medidas cautelares que considere convenientes para garantia dos interesses da sociedade e convocar a assembleia geral para tomar as deliberações adequadas; quando tal se justifique, pela gravidade dos factos, pode ainda o tribunal destituir os administradores [...]". E o nº 7 diz que "as providências previstas no presente artigo podem ser requeridas pelo Ministério Público" ([129]).

VI – CÓDIGO DAS SOCIEDADES COMERCIAIS

A – Considerações gerais

Sobre a destituição de administradores, o CSC estabelece o seguinte, no art. 403º:

"1 – Qualquer membro do conselho de administração que não tenha sido nomeado pelo Estado ou entidade a ele equiparada por lei para esse efeito pode ser destituído por deliberação da assembleia geral, em qualquer momento.

"2 – A deliberação de destituição sem justa causa do administrador eleito ao abrigo das regras especiais estabelecidas no art. 392º não produz quaisquer efeitos se contra ela tiverem votado accionistas que representem, pelo menos, 20 % do capital social.

([128]) Tal como o art. 1536º do CPC de 1939.

([129]) Sobre o poder dos tribunais de ajuizar se foi ou não adequada e prudente a gestão desenvolvida pela administração de uma sociedade anónima, cf., no sentido afirmativo, Ac RelL de 9.5.1990, in *CI*, 1990, III, pág. 179, "in fine".

"3 – Um ou mais accionistas titulares de acções correspondentes, pelo menos, a 10 % do capital social podem, enquanto não tiver sido convocada a assembleia geral para deliberar sobre o assunto, requerer a destituição judicial de um administrador, com fundamento em justa causa.

"4 – Relativamente a administradores nomeados pelo Estado ou entidades a ele equiparadas por lei para este efeito, pode a assembleia geral, na apreciação anual da sociedade, manifestar a sua desconfiança, devendo a deliberação ser transmitida pelo presidente da mesa ao ministro competente."

Deste modo, o CSC estabeleceu regimes diferenciados para os administradores designados pela maioria dos accionistas (no contrato de sociedade ou por eleição posterior), para os designados segundo as regras especiais do art. 392º e para os administradores nomeados pelo Estado ou entidades a ele equiparadas. Interessa agora considerar sobretudo o regime aplicável aos primeiros.

Quanto a estes, o CSC dispõe substancialmente que eles podem ser destituídos "por deliberação da assembleia geral em qualquer momento".

Assim, fica afirmado o princípio da revogabilidade em termos muito semelhantes aos que resultavam do CCom: órgão competente para a destituição é o mesmo órgão competente para a designação; a eficácia da destituição não depende de justa causa; a destituição pode ocorrer "em qualquer momento" (mesmo que não conste da convocatória); não se faz nenhuma referência ao direito a indemnização do administrador destituído sem justa causa.

Consequentemente, pode pôr-se de novo o problema de saber se o CSC consagrou o regime da revogação "ad nutum" ou antes o direito a indemnização do administrador destituído sem justa causa.

B – Posição da doutrina sobre o direito a indemnização por destituição sem justa causa

Sobre esta questão, ILÍDIO DUARTE RODRIGUES ([130]) diz que "anteriormente, perante o silêncio do art. 172º do Código Comercial sobre o problema, doutrina e jurisprudência, vinham entendendo ser devida ao administrador indemnização em caso de destituição sem justa causa ([131]).

([130]) Cf. *A Administração das Sociedades por Quotas e Anónimas*, pág. 255 e seg..

([131]) Dá, assim, a sensação de unanimidade a este respeito, que está longe de corresponder à realidade, como se viu atrás. De resto, cita em nota de rodapé um acórdão em sentido contrário, em confronto com dois no sentido do texto.

"E não se vê que, apesar do silêncio da lei apenas para a hipótese de destituição sem justa causa de administrador ([132]), haja razões que possam impor uma solução diversa. Primeiro, porque os gerentes e os directores não são pessoas que exijam uma especial disciplina, neste aspecto, em relação aos administradores; depois, porque os arts. 275º, nº 7, e 430º, nº 3, não são mais do que afloramentos de princípios gerais expressos nos arts. 987º, nº 1, e 1156º do Código Civil e 245º do Código Comercial. Ainda porque não pode deixar de se dar garantia mínima adequada aos interesses dos administradores como contrapeso ao direito que assiste à sociedade de os destituir *ad nutum* [...]".

C – Posição adoptada

Que posição adoptar sobre este problema?

1. Os elementos de interpretação aduzidos a propósito do CCom mantêm grande parte do seu valor e, por isso, não vão agora repetir-se. Mas há vários dados novos que importa considerar.

2. O *elemento literal* de interpretação não aponta para solução diversa da exposta acima relativamente ao art. 172º do CCom.

3. A análise do *elemento sistemático* leva a constatar que o CSC estabelece um regime para o administrador (no citado art. 403º do CSC) diverso do estabelecido para o director de sociedade anónima (no art. 430º do CSC) ([133]).

Na verdade, enquanto o art. 403º omite qualquer referência a um direito a indemnização, o art. 430º do CSC dispõe o seguinte:
"1. O conselho geral pode destituir qualquer director, com fundamento em justa causa.

([132]) "Por estar previsto no CSC o direito de indemnização para os gerentes e directores e não para os administradores, poderia pretender extrair-se, *a contrario,* que estes não beneficiariam daquela. De facto, limitando-se os arts. 257º, nº 7, e 430º, nº 3, a prever as hipóteses de destituição sem justa causa de gerentes e directores, seria de presumir que fora dessas hipóteses não há lugar a indemnização (estatuição dos citados preceitos). Só que o argumento *a contrario* é falível [...]".

([133]) É diferente também do estabelecido para o gerente de sociedade em nome colectivo (CSC, art. 191º, nº 4 a 7) e para o gerente de sociedade por quotas (CSC, art. 257º); mas o carácter mais pessoalista destes tipos de sociedades permite compreender mais facilmente as diferenças e dificulta a aplicação analógica destes preceitos ao administrador.

"2. Constituem, designadamente, justa causa de destituição a violação grave dos deveres do director, a sua incapacidade para o exercício normal das suas funções e a retirada de confiança pela assembleia geral.

"3. Se a destituição não se fundar em justa causa, o director tem direito a indemnização pelos danos sofridos, pelo modo estipulado no contrato com ele celebrado ou nos termos gerais de direito, sem que a indemnização possa exceder o montante das remunerações que receberia até ao final do período para que foi eleito".

Assim, a destituição do director é da competência do conselho geral [CSC, art. 430º, nº 1, e 441º, al. *a*)], e não já da assembleia geral. Esta apenas pode retirar a confiança ao director (CSC, art. 430º, nº 2), não deliberar destituí-lo [CSC, art. 373º, nº 2, 376º, nº 1, al. *d*), e 451º, nº 2 e 3].

Não diz o art. 430º que a destituição do director possa ser deliberada "em qualquer momento", como diz o art. 403º. Dada a dimensão relativamente pequena do conselho geral (CSC, art. 434º, nº 1) e o regime da convocação deste órgão (CSC, art. 445º, nº 2, 410º, nº 3, e 411º), não parece, todavia, que desta omissão possa resultar a exigência de que a destituição seja indicada na ordem do dia do conselho geral. Se tal não se exige para os administradores, como se viu, não há motivo para o impor quanto aos directores.

O nº 1 do art. 430º dá a entender, à primeira vista, que o conselho geral só pode destituir quando ocorra justa causa. Mas o nº 3 do mesmo artigo mostra que se aplica também ao director o princípio da eficácia da destituição, mesmo que não haja justa causa. Só que, na falta desta, a lei é expressa em reconhecer ao director um direito a indemnização — diversamente do que se passa com o administrador.

Por outro lado, também diferentemente do que faz quanto ao administrador, o CSC, no art. 430º, nº 2, contém uma enumeração exemplificativa das situações de justa causa (supondo, aliás, um conceito substancialmente diferente do da lei laboral) ([134]) e um critério de determinação da indemnização (também substancialmente diferente do da lei laboral).

Deverão aplicar-se ao administrador, por analogia, as disposições dos nº 2 e 3 do art. 430º?

O elemento sistemático não permite uma resposta segura a esta pergunta.

([134]) Cf. também CSC, art. 447º, nº 8.

Poderá dizer-se, por um lado, que a lei não estabelece para o administrador um direito de indemnização porque não quer que ele exista, pois podia impô-lo, à semelhança do que fez para o director.

Mas, por outro lado, também poderá dizer-se que a lei não estabeleceu tal direito porque não era preciso: mesmo sem estatuição legal, boa parte da doutrina e da jurisprudência anterior inclinavam-se já para admiti-lo.

E até pode dizer-se que o legislador não quis tomar posição clara sobre o assunto, deixando prosseguir o debate até melhor esclarecimento da questão.

4. Só parece possível compreender os motivos das referidas diferenças de regime recorrendo ao *elemento histórico*, nomeadamente aos trabalhos preparatórios e ao direito comparado.

O *Código das Sociedades (Projecto)*, de 1983, contém, no art. 418º, um preceito que precedeu, obviamente, o art. 403º do CSC e que apresenta algumas diferenças significativas.

Assim, o nº 1 do art. 403º do CSC apenas acrescentou ao nº 1 do art. 410º do Projecto a expressão final " em qualquer momento" — para resolver o conhecido problema da desnecessidade de indicação da destituição na convocatória da assembleia geral.

O CSC não contém preceito correspondente ao nº 2 do art. 410º do Projecto, que diz o seguinte: "Se a destituição não se fundar em justa causa o administrador tem direito a indemnização pelos prejuízos sofridos, não excedente ao montante das remunerações que possivelmente receberia até ao final do período para que foi eleito."

Os nº 2, 3 e 4 do art. 403º do CSC reproduzem, com pequenas alterações de redacção, os nº 3, 4 e 5 do art. 410º do Projecto.

A supressão da referência do nº 2 do art. 410º do Projecto ao direito a indemnização ocorreu na fase de revisão final do CSC, a cargo do autor destas linhas, por considerar preferível não alterar substancialmente o texto da lei antes de uma decisão mais firme da jurisprudência nesta matéria ([135]). A versão adoptada corresponde, aliás, ao texto da Proposta

---

([135]) Recorde-se que estava então (entre Janeiro e Maio de 1986) pendente o processo em que vieram a ser proferidos, contraditoriamente, os Ac RelC de 6.1.1987 (favorável à revogabilidade "ad nutum") e o Ac STJ de 26.11.1987 (favorável ao direito a indemnização), acima citados (a sentença do 2º Juízo Cível de Coimbra de 3.1.1986 foi favorável à revogabilidade "ad nutum").

modificada de 5ª *Directiva da CEE*, de 1983 (art. 13º e 21t) ([136]), então objecto da 1ª leitura no âmbito do Conselho.

De resto, ponderou-se que esta matéria teria de ser objecto de revisão aquando da aprovação da 5ª Directiva da CEE. Neste âmbito, parece hoje tender-se para deixar a decisão sobre o problema aos Estados membros (abstendo-se a Comunidade de harmonizar as legislações), dada a já referida dificuldade de encontrar uma solução consensual.

Neste contexto, é de interpretar o art. 403º do CSC do mesmo modo que se interpreta o art. 172º do CCom.

5. Ou seja, atendendo ao *elemento racional*, e pelos motivos já acima expostos ([137]), é de considerar que o administrador destituído sem justa causa tem direito a indemnização dos prejuízos sofridos. O disposto no art. 430º do CSC para o director deve considerar-se um caso análogo, cuja estatuição é aplicável, "mutatis mutandis", ao administrador, nomeadamente quanto ao conceito de justa causa e à determinação do montante da indemnização. Designadamente, a referência do nº 2 do art. 430º à "retirada da confiança da assembleia geral" deve entender-se no sentido da perda de confiança da colectividade dos accionistas – uma vez que o CSC não prevê, para a estrutura monista, uma deliberação de retirada de confiança distinta da destituição, diversamente do que faz para a estrutura dualista (art. 451º, nº 2).

VII – NÃO PRESTAÇÃO OU NÃO MANUTENÇÃO DA CAUÇÃO

I – Como se disse acima ([138]), na vigência do CCom, a prestação de caução é obrigatória, não podendo os administradores "entrar em exercício" enquanto não a houverem prestado (art. 174º). Caso comecem a exercer funções sem prestar caução, esta situação pode ser fundamento de revogação ([139]).

Não diz, porém, a doutrina qual a consequência do levantamento da caução antes do prazo devido (seis meses após a aprovação do balanço do último exercício em que tenha participado o caucionado ou, na sua

---

([136]) Cf. *JOCE*, nº C 240, de 9.9.1983, e *Bull. CE*, Suppl. 6/83.
([137]) Cf. pág. 698 e segs..
([138]) Cf. pág 593 e segs..
([139]) Cf. Cunha Gonçalves, *Comentário*, vol. I, pág. 437.

falta, passados cinco anos sobre a cessação das funções) ([140]). Todavia, se ele não pode começar a exercer funções sem prestar caução, e se a falta de prestação de caução pode ser fundamento de cessação das funções que ele tenha, apesar disso, começado a exercer, então parece dever entender-se que o levantamento antecipado da caução deve considerar-se também fundamento de revogação.

Importa analisar, porém, as circunstâncias em que isso se verifica. O levantamento da caução por decisão unilateral do administrador (quando possível), acompanhada da simultânea cessação de funções, pode corresponder à renúncia tácita às funções.

O levantamento da caução por decisão unilateral da sociedade (por exemplo, mediante entrega das acções por um administrador ao terceiro que a prestou) é um acto ilícito; mas é muito duvidoso que implique a destituição do administrador, mesmo depois de este tomar conhecimento do facto — este fica é obrigado a prestar caução. E, se o não fizer, pode ser destituído e deve cessar funções ou mesmo renunciar a elas.

Assim, perante o CCom, a não prestação de caução ou o levantamento da caução pode considerar-se fundamento de revogação ou de renúncia, mas não de caducidade.

II — O CSC vem estabelecer, entretanto, que "a responsabilidade deve ser caucionada nos 30 dias seguintes à designação ou eleição ([141]) e a caução deve manter-se até ao fim do ano seguinte àquele em que o administrador cesse as suas funções por qualquer causa, sob pena de cessação imediata de funções" (art. 396º, nº 4). Significará isto que a não prestação de caução e o levantamento antecipado da caução são causa de cessação automática da relação (caducidade) ([142])?

Não parece lógico que assim seja. O CCom não permitia a dispensa de caução e proibia o início do exercício de funções enquanto ela não fosse prestada. A prestação de caução era, pois, condição suspensiva da relação de administração (ou, pelo menos, do exercício de funções). O CSC vem permitir a dispensa de caução, em certos casos, e considerar a prestação de caução como um dever e não como condição suspensiva.

([140]) Cf. CUNHA GONÇALVES, *Comentário*, vol. I, pág. 437 e seg., e PINTO FURTADO, *Código*, vol. II, t. I, pág. 420 e seg..

([141]) Trata-se de um lapso, pois a eleição é uma espécie de designação.

([142]) ILÍDIO DUARTE RODRIGUES (*A Administração*, pág. 259) parece defender a opinião afirmativa, embora não claramente.

Não seria coerente tal flexibilidade no início da relação, com maior severidade no fim desta. Parece mais curial, por isso, admitir que a falta de prestação de caução ou o seu levantamento antecipado, para além de imporem ao administrador a cessação de funções (ou a prestação de caução), são justa causa de revogação, mas não fundamento de caducidade.

Em qualquer caso, não constitui uma causa autónoma de cessação da relação de administração ([143]).

SUBDIVISÃO V

Renúncia

§ 1º **Considerações gerais**

O regime da revogação unilateral dos contratos em análise, por iniciativa do mandatário, do prestador de serviço, do trabalhador e do administrador, respectivamente, apresenta diferenças menos acentuadas do que as referidas quanto à revogação pelo mandante, dador de serviço, empregador ou sociedade. Por isso, será analisado com menos desenvolvimento.

Deve observar-se, aliás, que o regime de renúncia ao mandato é aplicável à prestação de serviço (CCiv, art. 1156º).

§ 2º **Renúncia ao mandato**

I – Quanto ao *mandato civil*, o *CCiv de 1867* estabelece que "em caso de renúncia do mandatário, será este obrigado a continuar com a gerência, se do contrário puder seguir-se algum prejuízo ao constituinte, enquanto este não for avisado, e não tiver o tempo necessário para prover aos seus interesses".

Sobre este preceito, diz CUNHA GONÇALVES ([1]) que, "por simetria com a liberdade de revogação concedida ao mandante, dá a lei ao man-

---

([143]) Diversamente do que parece considerar ILÍDIO DUARTE RODRIGUES, *A Administração*, pág. 259.

([1]) Cf. *Tratado de Direito Civil*, vol. VII, pág. 523 e seg..

datário a liberdade de renunciar ao mandato. O mandato gratuito é um favor; e ninguém pode ser obrigado a prolongar um benefício; e o mandato remunerado não é razão para sacrificar a liberdade do mandatário, quando ele prefere renunciar à remuneração. A doença, a idade, a mudança forçada de residência, o exercício de funções públicas incompatíveis, podem determinar a renúncia do mandato.

"Todavia, pode o mandatário obrigar-se a não renunciar durante um certo prazo, ou por seu livre arbítrio, ou sem motivo justificado. Nesses casos, a renúncia intempestiva ou infundada será um ''abuso de direito''; e o mandatário será obrigado a indemnizar o mandante de todas as perdas e danos – o que está expresso no art. 246º do Código Comercial quanto à renúncia do mandato mercantil.

"A renúncia do mandato, quando conferido por procuração solene, deve ser feita nos termos dos arts. 648º e 649º do Código do processo civil: o mandante deverá ser judicialmente notificado da renúncia. Esta solenidade parece-me, porém, dispensável para a renúncia do mandato verbal, ou conferido por carta comercial, mormente quando inerente ao exercício dum emprego, que cessa.

"Se a procuração estiver junta a algum processo, a renúncia só produzirá efeitos depois de se apresentar a certidão da notificação (Cód. proc. civ., art. 648º, § único), certidão que deve ser também junta ao processo, por analogia do que o § único do art. 647º do mesmo Código determina quanto à notificação da revogação do mandato. E também neste caso são dispensáveis os anúncios.

"Pode também estipular-se que o mandatário renunciante, quando salariado, terá direito a uma indemnização, posto que a renúncia seja de sua exclusiva iniciativa. Por muito estranha que pareça, esta cláusula é válida ([2]).

"O mandatário renunciante, porém, não pode abandonar os negócios que lhe estão confiados antes da notificação ao seu constituinte; e esta notificação deverá ser feita com a antecipação precisa para que o mandante possa *prover aos seus interesses,* quer nomeando outro mandatário, quer assumindo ele próprio a direcção dos seus negócios (art. 1368º). Preceito análogo se encontra, como já vimos, no art. 1362º, quanto à renúncia do mandato judicial.

"Contudo, quando houver outro mandatário ou empregado a quem compete substituir o mandatário renunciante nas suas faltas ou impedi-

---

([2]) Cita BAUDRY & WAHL, nº 831.

mentos, não terá aplicação o art. 1368º; o mandatário poderá entregar os negócios ao seu substituto; mas, em todo caso, cumpre-lhe avisar disto o mandante, pela via mais urgente".

II – Actualmente, aplica-se à renúncia ao mandato civil o disposto no CCiv de 1966, nos art. 1170º, nº 1, e 1172º, e, quanto ao mandato com representação, nos art. 265º, nº 2, a 267º.

Daí resulta que o "mandato é livremente revogável por qualquer das partes, não obstante convenção ou renúncia ao direito de revogação". Deste modo, também para a renúncia vigora o princípio da revogabilidade "ad nutum".

Todavia, o mandatário renunciante deve indemnizar o mandante do prejuízo que este sofrer:

a) Se assim tiver sido convencionado;

b) Se tiver sido estipulada a irrevogabilidade ou tiver havido renúncia ao direito de revogação;

c) Se a renúncia não tiver sido realizada com a antecedência conveniente (CCiv, art. 1172º) ([3]).

III – Quanto ao *mandato comercial*, aplica-se à renúncia pelo mandatário a mesma regra da revogação pelo mandante: "a revogação e a renúncia do mandato, não justificadas, dão causa, na falta de pena convencional, à indemnização de perdas e danos " (CCom, art. 245º) ([4]).

IV – Confrontando o regime da revogação pelo mandante com o da renúncia pelo mandatário, verifica-se que as partes são colocadas, substancialmente, em posição de igualdade.

§ 3ª Rescisão pelo trabalhador

I – O regime de cessação do contrato individual de trabalho subordinado por iniciativa do trabalhador é significativamente diferente do regime da renúncia ao mandato, mas não tanto como o despedimento

---

([3]) Sobre o assunto, cf. MANUEL JANUÁRIO COSTA GOMES, *Em Tema de Revogação do Mandato Civil*, pág.165 e seg..

([4]) Sobre o assunto, cf. CUNHA GONÇALVES, *Comentário*, vol. II, pág. 41 e segs.; DURVAL CASTRO FERREIRA, *Do Mandato Civil e Comercial*, pág. 194 e segs., e MANUEL J. COSTA GOMES, *ob. cit.*, pág. 279 e segs..

diverge da revogação pelo mandante. E tem sido objecto de muito menos controvérsia que o despedimento.

II – Tal regime consta hoje dos art. 34º a 40º do Regime jurídico da cessação do contrato individual de trabalho (LCCT), aprovado pelo DL nº 64-A/89, de 27.2 ([5]), que distingue entre a rescisão com justa causa e a rescisão com aviso prévio.

III – Ocorrendo justa causa, o trabalhador pode fazer cessar o contrato imediatamente (sem aviso prévio), mediante declaração escrita ao empregador, tendo aquele direito a indemnização (correspondente a um mês de remuneração de base por cada ano de antiguidade ou fracção, não podendo ser inferior a três meses – LCCT, art. 34º e 36º).

Constituem justa causa tanto certos comportamentos ilícitos graves do empregador, como alguns comportamentos do empregador lícitos mas inconvenientes para o trabalhador (alteração das condições de trabalho ou falta não culposa de pagamento pontual da retribuição) e a necessidade de cumprimento de obrigações legais incompatíveis com a continuação do serviço (LCCT, art. 35º, nº 2).

IV – O trabalhador pode também rescindir o contrato, independentemente de justa causa, mediante comunicação escrita ao empregador com a antecedência mínima de 30 ou 60 dias, conforme tenha, respectivamente, até dois ou mais de dois anos de antiguidade, podendo aquele prazo ser alargado até seis meses por IRCT ou contrato individual, relativamente a certos trabalhadores (LCCT, art. 38º).

Este direito de rescisão é uma garantia da liberdade individual contra a servidão e o trabalho perpétuo ([6]).

V – A rescisão pelo trabalhador sem justa causa e sem aviso prévio é eficaz ([7]), mas o trabalhador é obrigado a pagar uma indemnização de valor igual à remuneração de base correspondente ao prazo de aviso prévio em falta, sem prejuízo da responsabilidade civil por danos even-

---

([5]) Anteriormente constava dos art. 24º a 27º do DL nº 372-A/75, de 16.7, que, por sua vez, substituíram os art. 101º e 103º a 110º da LCT de 1969.

([6]) Cf. Déclaration girondine, art. 20º, Déclaration de 1793, art. 18º, e DUGUIT, *Traité de Droit Constitutionnel*, vol. V, pág. 154.

([7]) Cf. Ac RelL de 23.11.1981, in *BTE*, 2ª s., nº 10-11-12/83, pág. 1324.

tualmente causados pela inobservância do prazo de aviso prévio ou emergentes de obrigações de prestação de serviço assumidas nos termos do n° 3 do art. 36º da LCT (LCCT, art. 39º).

O abandono do trabalho vale como rescisão do contrato e constitui o trabalhador na obrigação de indemnização referida acima (LCCT, art. 40º) (⁸) (⁹).

VI — O simples confronto entre o regime do despedimento e o da rescisão pelo trabalhador evidencia a vontade de proteger este último, presumido ("juris et de jure") como parte mais fraca e sociologicamente desfavorecida.

Nomeadamente, é diverso o conceito de justa causa. O despedimento ilícito é nulo, tendo o trabalhador direito a reintegração; a rescisão ilícita é válida e eficaz, apenas obrigando o trabalhador a uma indemnização (raras vezes satisfeita).

Não se admite a denúncia pelo empregador com aviso prévio e sem indemnização; enquanto é permitida a rescisão com aviso prévio e sem indemnização.

§ 4º Renúncia do administrador

I — O *CCom* não faz qualquer referência à possibilidade de renúncia ao cargo pelo administrador.

Todavia, a doutrina admite que o administrador renuncie ao seu cargo, não podendo a sociedade coagi-lo a exercê-lo (¹⁰).

A renúncia tem de ser expressa, pois o não exercício do cargo ou outra conduta donde, na falta de declaração expressa, se deduza a vontade de pôr termo a esse exercício corresponde a inexecução do mandato — que é fonte de responsabilidade civil (CCom, art. 173º) (¹¹). E tem de ser uma declaração recipienda (ou receptícia), embora possa ser verbal (¹²).

(⁸) Cf. Ac RelL de 5.7.1982, in *BTE*, 2ª s., nº 1-2-3/83, pág. 1539.
(⁹) Para maiores desenvolvimentos, cf. MONTEIRO FERNANDES, *Direito do Trabalho*, 7ª ed., vol. I, pág. 495 e segs., e A. MENEZES CORDEIRO, *Manual de Direito do Trabalho*, pág. 856 e seg..
(¹⁰) Cf. CUNHA GONÇALVES, *Comentário*, vol. I, pág. 426 e seg., que cita a opinião contrária de VIVANTE, *Trattato di diritto commerciale*, vol. II, nº 540.
(¹¹) Cf. PINTO FURTADO, *Código*, vol. II, t. I, pág. 376.
(¹²) Cf. PINTO FURTADO, *ob. cit.*, vol. II, t. I, pág. 276 e seg..

A renúncia deve ser comunicada ao órgão competente para a substituição, ou seja, ao conselho fiscal ou, na falta deste, à mesa da assembleia geral ([13]), sem prejuízo de cláusula estatutária sobre o assunto (CCom, art. 173º, § 2º).

Segundo CUNHA GONÇALVES ([14]), "a demissão ou renúncia produz efeitos desde logo, se a imediata substituição do renunciante for possível. Não havendo conselho fiscal ou mesa da assembleia geral, porque todos os corpos gerentes se demitiram, será forçoso apresentar a renúncia à assembleia geral, sob pena de perdas e danos".

Assim, a doutrina admite pacificamente que a renúncia seja lícita e eficaz, independentemente da existência de justa causa. E parece considerar o administrador obrigado a exercer as suas funções até ser possível a sua substituição (por administrador em exercício, por administrador suplente disponível ou por administrador substituto), também independentemente de justa causa. Se as exercer, não tem qualquer obrigação de indemnização; se, tenha ou não havido justa causa, as cessar antes da possibilidade de substituição, é obrigado a indemnizar os prejuízos daí resultantes.

Compreende-se este regime como modo de proteger minimamente os interesses da sociedade, que o administrador se obrigou a servir. Mas não deixa de parecer injusto exigir a um administrador, que tenha justa causa de renúncia, a continuação do exercício de funções pelo simples facto de a sociedade não ter previsto um mecanismo expedito de substituição.

II – Sobre esta matéria, o CSC dispõe hoje, no art. 404º, o seguinte:

"1 – O administrador pode renunciar ao seu cargo, mediante carta dirigida ao presidente do conselho de administração ou, sendo este o renunciante ou não o havendo, ao conselho fiscal.

"2 – A renúncia só produz efeito no final do mês seguinte àquele em que tiver sido comunicada, salvo se entretanto for designado ou eleito o substituto."

Quanto aos gerentes de sociedades por quotas, o CSC estabelece que "a renúncia sem justa causa obriga o renunciante a indemnizar a sociedade pelos prejuízos causados, salvo se esta for avisada com antecedência conveniente" (art. 258º, nº 2).

([13]) Cf. CUNHA GONÇALVES, *Comentário*, vol. I, pág. 426.
([14]) Cf. *ob. cit.*, vol. I, pág. 427.

Quanto aos administradores de sociedades anónimas ([15]), o CSC não estabelece explicitamente um tal dever de indemnização. Mas do nº 2 do art. 404º tem de deduzir-se que a renúncia, com ou sem justa causa, não o obriga a indemnizar, desde que o administrador continue a exercer funções até ao final do mês seguinte àquele em que tiver sido comunicada ou até à posterior designação ([16]) de um substituto. Caso o administrador renunciante deixe de exercer funções antes destes termos, então é obrigado a indemnizar os prejuízos causados por violação desse dever legal – haja ou não justa causa para a renúncia ([17]).

Por outro lado, o administrador que renuncie por justa causa só tem direito a indemnização, caso a sociedade tenha cometido alguma acção ou omissão ilícita, culposa e danosa. Se assim foi, a sociedade é responsável civilmente, nos termos gerais de direito (CCiv, art. 483º e segs.).

SUBDIVISÃO VI

Cumprimento

§ 1º **Considerações gerais**

O cumprimento das obrigações é considerado comummente uma das causas – a causa normal – de extinção das obrigações ([1]), inclusivamente das contratuais, logo, das correspondentes relações.

Não deixa de ser curioso observar, todavia, como é raro ver a doutrina falar do cumprimento a propósito dos contratos (ou das relações contratuais) agora em causa. E vale a pena dedicar alguma atenção a esse assunto.

([15]) Quanto aos directores de sociedades anónimas, o CSC manda aplicar, "com as necessárias adaptações, o disposto no art. 404º" (art. 433º, nº 4).

([16]) A expressão "designado ou eleito" é manifesto lapso, pois a eleição é uma espécie de designação.

([17]) Em sentido substancialmente igual, cf. ILÍDIO DUARTE RODRIGUES, *A Administração das Sociedades por Quotas e Anónimas*, pág. 241 e seg..

([1]) Basta confrontar a epígrafe dos capítulos VII e VIII do título I do livro II do CCiv.

§ 2º   Cumprimento do mandato

Nem o CCiv nem o CCom tratam do cumprimento como causa de extinção do mandato.

Mas parece óbvio que a lei não tem a intenção de, ao tratar da revogação e da caducidade, esgotar todas as causas possíveis de cessação do mandato. Em nenhuma delas cabe o cumprimento das obrigações nascidas do contrato e nem por isso se lhe pode negar eficácia extintiva — seria absurdo, como bem observa MANUEL JANUÁRIO DA COSTA GOMES ([2]).

Certo é que a doutrina não se ocupa do regime específico do cumprimento do mandato, como causa extintiva das correspondentes obrigações. Isto só pode significar, porém, que se lhe aplica o regime geral (CCiv, art. 762º a 789º).

§ 3º   Cumprimento do contrato de trabalho

I — Quanto ao contrato de trabalho, a situação é mais curiosa.

O trabalhador é, normalmente, contratado para exercer uma actividade de duração indeterminada.

Em face do *DL nº 781/76, de 28.10*, quando um empregador precisasse de contratar um trabalhador para uma tarefa limitada no tempo, tinha de o contratar a prazo certo. E, se a tarefa acabasse antes do prazo, o contrato (e o dever de retribuição) mantinha-se até ao fim do prazo (ou mesmo depois, caso faltasse o aviso prévio de denúncia); ou se a tarefa acabasse depois do prazo, era necessário estipular novo prazo certo.

Assim, o cumprimento acaba por se reconduzir à caducidade, como causa de extinção do contrato de trabalho.

II — Em face da *LCCT* (aprovada pelo DL nº 64-A/89, de 27.2), admite-se expressamente a celebração de contrato a termo (certo ou incerto) nos casos de "substituição temporária do trabalhador [...]", de "execução de uma tarefa ocasional ou serviço determinado precisamente definido e não duradouro", de "[...] trabalhos de construção civil, obras públicas, montagens e reparações industriais [...], bem como outros trabalhos de análoga natureza e temporalidade [...]", e de "desenvolvimento

---

([2]) Cf. *Em Tema de Revogação do Mandato Civil*, pág. 31.

de projectos [...] não inseridos na actividade corrente da entidade empregadora" [art. 41º, nº 1, al. *a*), *c*), *f*) e *g*)].

Embora seja, assim, permitida a celebração de contratos a termo incerto, definido por referência à duração efectiva da tarefa a executar, a LCCT considera que, cumprida a tarefa, o contrato "caduca", desde que haja aviso prévio (art. 50º, nº 1). Ou seja, o facto extintivo é a caducidade, pela verificação prevista do termo e prévia comunicação do desejo de cessação — não o cumprimento, em si mesmo.

É claro que este aparente desvio às regras gerais das obrigações se justifica pela vontade de proteger o trabalhador — se não através da estabilidade do contrato, ao menos através da clareza acerca do momento em que ele termina, de modo a permitir-lhe organizar a sua vida.

§ 4º Cumprimento da obrigação de administração

Não é habitual a doutrina falar do cumprimento da obrigação de administração, como causa de extinção da respectiva relação.

A funções de administração podem não exigir uma actividade continuada, podem ser intermitentes, mas subsistem desde que a sociedade se constitui até que se dissolva (seguindo-se, então, uma modalidade especial de administração, que é, afinal, a do liquidatário).

O cumprimento da obrigação de administrar vem assim a coincidir com o termo de cada período de funções (ou seja, com a caducidade), ou com a dissolução (também causa de caducidade).

SUBDIVISÃO VII

Relevância do regime da cessação da relação de administração

I — De todo o exposto nesta divisão pode concluir-se que o regime de cessação da relação de administração é profundamente diferente do aplicável quer ao mandato (e à prestação de serviço), quer ao trabalho subordinado.

O regime de cessação do mandato está concebido para uma relação ocasional, constituída para tarefas determinadas e limitadas no tempo (embora possam ser duradouras). As partes são tratadas em posição de igualdade, tendo em conta, porém, que a actuação do mandatário visa, caracteristicamente, servir os interesses do mandante (embora o mandato possa ser conferido também no interesse do mandatário ou de terceiro).

O regime da cessação do contrato individual de trabalho subordinado está concebido para uma relação duradoura, tendencialmente vitalícia, embora possa ser celebrado também a termo (certo ou incerto), aliás, desincentivado pela lei. Se bem que a actividade do trabalhador vise satisfazer o interesse do empregador, a lei protege aquele muito mais do que este, por presumir que seja aquele a parte socialmente mais desfavorecida e carecida de estabilidade.

O regime da cessação da relação de administração de sociedade anónima está concebida para uma relação com prazo determinado, renovável, mas também revogável em qualquer momento. A actividade do administrador visa satisfazer o interesse da sociedade e a protecção desta prevalece sobre a do interesse daquele.

II — Estas diferenças profundas de regime de cessação da relação de administração relativamente ao mandato (e à prestação de serviço) e ao trabalho subordinado justificam uma diferente qualificação do contrato ou podem compreender-se como simples regimes particulares de espécies diferentes de um mesmo contrato (seja de mandato ou prestação de serviço, seja de trabalho subordinado)?

A — Não devem considerar-se tais diferenças como decisivas, se outras não houver — embora essas diferenças possam confirmar outras mais importantes. A própria variação histórica e comparatística do regime do mandato e das suas várias espécies (mesmo atendendo só às incontestadas) leva a encarar o regime da cessação como algo de secundário, do ponto de vista conceptual, apesar de importante, do ponto de vista prático. Mas sobretudo a enorme variação, no tempo e no espaço, do regime da cessação do contrato de trabalho, apesar da permanência substancial do seu conceito, induz a pensar que esse regime é algo de conjuntural. Parece mesmo desejável que se restabeleça no futuro um maior equilíbrio na protecção das partes — naturalmente quando desaparecerem as desigualdades reais que agora existem.

B — 1. Se a relação de administração tem autonomia conceptual (o que ainda falta concluir), então será conveniente construir o seu conceito em moldes tais que permita abranger, como género próximo, tanto a administração e a direcção das sociedades anónimas, como a gerência de outros tipos de sociedades comerciais, senão mesmo a administração de outras pessoas colectivas ([3]).

Ora, as diferenças de regime entre os vários tipos de sociedades são muito acentuadas no que respeita à cessação da relação de administração ("lato sensu").

Sem querer entrar agora a aprofundar a análise relativa a outros tipos de sociedades, bastará observar o seguinte.

2. Nas *sociedades em nome colectivo*, em regra, são gerentes todos e só os sócios (CSC, art. 191º, nº 1). Pode estipular-se no contrato que alguns sócios não sejam gerentes (CSC, art. 191º, nº 1); mas só por unanimidade podem ser designadas gerentes pessoas estranhas à sociedade (CSC, art. 191º, nº 2).

Um gerente sócio, em regra, só pode ser destituído por justa causa (CSC, art. 191º, nº 5). O sócio designado gerente por cláusula especial do contrato de sociedade (isto é, com direito especial à gerência) só pode ser destituído por justa causa e mediante acção judicial (CSC, art. 191º, nº 4).

Em contrapartida, o gerente não sócio pode ser destituído independentemente de justa causa (CSC, art. 191º, nº 6). Se a sociedade tiver apenas dois sócios, a destituição de qualquer deles, por justa causa, só pode ser decidida pelo tribunal (CSC, art. 191º, nº 7).

Ou seja, um gerente destituído sem justa causa tem direito a reintegração. E não pode, obviamente, ser considerado trabalhador subordinado da sociedade, por manifesta falta de subordinação jurídica (seria subordinado dele próprio, embora em conjunto com outro ou outros sócios, por interposta sociedade). Logo, o direito a reintegração não pode considerar-se exclusivo do contrato de trabalho subordinado.

3. Nas *sociedades por quotas*, os gerentes podem ser sócios ou não sócios (CSC, art. 252º, nº 1). Podem ser designados no contrato de sociedade ou eleitos posteriormente por deliberação dos sócios; mas o contrato pode prever que certo sócio ou até um terceiro designe um ou mais gerentes ou que certo sócio tenha um direito especial a ser gerente (CSC, art. 252º, nº 2) ([4]). As funções dos gerentes subsistem até destituição ou renúncia, embora o contrato de sociedade ou o acto de designação possa fixar a duração delas (CSC, art. 256º).

([3]) Mas destas outras não se tratará agora.

([4]) Para maiores desenvolvimentos, cf. RAÚL VENTURA, *Sociedades por Quotas (Comentário ao Código das Sociedades Comerciais)*, vol. III, pág. 6 e segs..

Especificamente sobre a "destituição de gerentes", o art. 257º do CSC dispõe o seguinte:

"1 – Os sócios podem deliberar a todo o tempo a destituição de gerentes.

"2 – O contrato de sociedade pode exigir para a deliberação de destituição uma maioria qualificada ou outros requisitos; se, porém, a destituição se fundar em justa causa, pode ser sempre deliberada por maioria simples.

"3 – A cláusula do contrato de sociedade que atribui a um sócio um direito especial à gerência não pode ser alterada sem consentimento do mesmo sócio. Podem, todavia, os sócios deliberar que a sociedade requeira a suspensão e destituição judicial do gerente por justa causa e designar para tanto um representante especial.

"4 – Existindo justa causa, pode qualquer sócio requerer a suspensão e a destituição do gerente, em acção intentada contra a socidade.

"5 – Se a sociedade tiver apenas dois sócios, a destituição da gerência com fundamento em justa causa só pelo tribunal pode ser decidida em acção intentada pelo outro.

"6 – Constituem justa causa de destituição, designadamente, a violação grave dos deveres do gerente e a sua incapacidade para o exercício normal das respectivas funções.

"7 – Não havendo indemnização contratual estipulada, o gerente destituído sem justa causa tem direito a ser indemnizado dos prejuízos sofridos, entendendo-se, porém, que ele não se manteria no cargo ainda por mais de quatro anos ou do tempo que faltar para perfazer o prazo por que fora designado."

Assim, a gerência é, em princípio, revogável a todo o tempo. Mas o contrato de sociedade pode proibir a destituição sem justa causa, atribuindo assim um direito de reintegração.

No silêncio do contrato, o gerente destituído sem justa causa tem direito a indemnização dos prejuízos sofridos, com um limite máximo.

4. Nas *sociedades em comandita*, "só os sócios comanditados podem ser gerentes, salvo se o contrato de sociedade permitir a atribuição da gerência a sócios comanditários" (CSC, art. 470º, nº 1).

E o art. 471º do CSC dispõe o seguinte:

"1 – O sócio comanditado que exerça a gerência só pode ser destituído desta, sem haver justa causa, por deliberação que reúna dois terços dos votos que cabem aos sócios comanditados e dois terços dos votos que cabem aos sócios comanditários.

"2 – Havendo justa causa, o sócio comanditado é destituído da gerência por deliberação tomada por maioria simples dos votos apurados na assembleia.

"3 – O sócio comanditário é destituído da gerência por deliberação que reúna a maioria simples dos votos apurados na assembleia."

Assim, a destituição sem justa causa é possível desde que, quanto a sócios comanditados, seja deliberada por maioria qualificada, e quanto a sócios comanditários, por maioria simples. Relativamente aos demais aspectos do regime de destituição, aplicam-se as normas gerais sobre direito subsidiário (CSC, art. 474º e 478º).

5. Nas *sociedades civis*, em geral, "na falta de convenção em contrário, todos os sócios têm igual poder para administrar" (CSC, art. 985º), ou seja, todos os sócios são administradores.

"1. A cláusula do contrato que atribuir a administração ao sócio pode ser judicialmente revogada, a requerimento de qualquer outro, ocorrendo justa causa.

"2. É permitido incluir no contrato casos especiais de revogação, mas não é lícito aos interessados afastar a regra do número anterior.

"3. A designação de administradores feita em acto posterior pode ser revogada por deliberação da maioria dos sócios, sendo em tudo o mais aplicáveis à revogação as regras do mandato." (CCiv, art. 986º).

Assim, o sócio designado administrador por cláusula do contrato pode ser destituído (e a cláusula revogada) por decisão judicial (CPC, art. 1484º), desde que ocorra justa causa.

O administrador designado após o contrato pode ser destituído por deliberação social maioritária, aplicando-se aos outros aspectos do regime da destituição o regime do mandato, já exposto acima.

6. Sendo assim tão diferentes os regimes de cessação da relação de administração nos vários tipos de sociedades, ou se consideram tais regimes como não decisivos para a qualificação da relação ou terá de se encontrar qualificação diferente consoante os tipos de sociedades. Sem excluir, por agora, esta hipótese – que, à partida, não se quis aprofundar – parece, pelo menos, de tentar a qualificação subestimando as diferenças de regime de cessação.

C – O regime da relação de administração de sociedade anónima assemelha-se, historicamente, mais ao do mandato (quando não se identifica com ele). A evolução mais recente aproxima-o um tanto do trabalho subordinado, nomeadamente quando se reconhece ao administrador um direito a indemnização no caso de destituição sem justa causa, bem como um direito a reforma.

A isso não é estranho o fenómeno da profissionalização dos administradores, que deixam de ter de ser accionistas. Apesar disso, a relação de administração continua a ter, neste aspecto, mais semelhanças com o mandato do que com o trabalho subordinado, nomeadamente por ser necessariamente a prazo e não haver um direito de reintegração no caso de destituição sem justa causa (sendo esta concebida em termos muito mais amplos que os da lei laboral).

DIVISÃO X

Inaplicabilidade directa ao administrador do regime laboral de protecção ao trabalhador

I – Não é conhecida nenhuma disposição de direito laboral que, explicitamente e como tal, seja declarada aplicável aos administradores de sociedades anónimas, seja no âmbito da vigência do CCom, seja no do CSC.

Na Alemanha, a doutrina dominante considera que os gerentes de sociedades por quotas não são trabalhadores subordinados e, apesar disso, entende que certas disposições laborais lhes são aplicáveis, embora em certas condições e dentro de limites estreitos, nomeadamente as disposições relativas ao dever de fidelidade e zelo ("Treue und Fuersorgepflicht"). Por exemplo, referem-se as disposições sobre o aviso prévio de denúncia (BGB, § 622), o dever de entrega de certificado de trabalho (BGB, § 630), a indemnização por férias não gozadas (BULG, § 7), entre outras ([5]).

Não se exclui que algumas disposições da lei laboral portuguesa sejam aplicáveis aos administradores de sociedades anónimas, mas apenas por analogia, quando a lei directamente aplicável (v. g., o CSC) seja omissa e as disposições sobre o mandato (que se consideram aplicáveis subsidiadamente, em primeiro lugar, como adiante se dirá) o sejam também ([6]).

([5]) Cf. VOLKER GROSS, *Das Anstellungsverhaeltnis des GmbH – Geschaeftsfuehrers*, pág. 18 e segs..

([6]) Nomeadamente, é de concordar com a argumentação do Ac STJ de 20.1.1982, in *BMJ*, nº 323, pág. 405, já acima referido (na pág. 384).

Aliás, foi manifestamente intenção do CSC, ao estabelecer o princípio do art. 398º – já acima analisado –, impedir a aplicação directa ao administrador das normas da legislação laboral.

DIVISÃO XI

**Conclusões sobre a qualificação
da eleição e aceitação do administrador**

Em conclusão de tudo o exposto até aqui, no presente subtítulo VI, pode sustentar-se o seguinte, tendo em vista o direito português vigente:

1. A qualificação legal de uma figura jurídica pode não ser estritamente vinculativa para o intérprete, sendo permitido a este deduzir do conjunto do regime jurídico dessa figura uma qualificação diversa, desde que respeitado o sentido normativo substancial subjacente àquela qualificação; se assim não fosse, a relação de administração teria de qualificar-se, em face do CCom de 1888, como um mandato, podendo ter qualificação diversa em face do CSC.

2. O intérprete, que procura uma qualificação rigorosa para certa figura jurídica, não deve deixar-se influenciar pelas posições da doutrina estrangeira, sem verificar cuidadosamente se o quadro de conceitos e o regime jurídico da figura correspondente na ordem jurídica estrangeira respectiva coincidem ou não com os do seu próprio direito.

3. A eleição de administradores pela colectividade dos accionistas tem natureza negocial, embora seja necessária.

4. O facto de tal eleição se traduzir na execução do contrato de sociedade não impede o reconhecimento dessa sua natureza negocial.

5. As deliberações da colectividade dos acccionistas de uma sociedade anónima (deliberações sociais) são actos jurídicos que resultam da unificação jurídica de várias declarações de vontade de uma pluralidade de pessoas físicas (mesmo quando representam pessoas colectivas), reunidas num colégio ou agindo conjuntamente, que corresponde à posição da maioria dos votos dessas pessoas e que é imputável à pessoa

colectiva, de cujo órgão tais pessoas são titulares, podendo, em certos casos, ser imputável (e produzir efeitos em relação) simultaneamente aos próprios titulares do órgão; podem ser negócios jurídicos ou meras declarações negociais (componentes de outros negócios jurídicos), singulares (e unilaterais) ou plurilaterais, tendo, pois, natureza "sui generis".

6. A eleição de administradores pela colectividade dos accionistas tem a natureza de uma deliberação social e, como tal, de declaração negocial (negócio jurídico ou componente de um negócio jurídico mais complexo, inclusivamente de um contrato).

7. Do acto constitutivo da relação de administração resulta não só a concessão de poderes (ou melhor, poderes-deveres), mas também a constituição de direitos e deveres entre a sociedade e o administrador — o que só pode verificar-se com o consentimento do administrador; portanto, a aceitação é necessária.

8. E é necessária como elemento essencial do negócio, não como mera condição de eficácia da designação.

9. Embora a teoria da instituição tenha a sua parte de verdade, num plano jurídico-filosófico, a figura da instituição não serve de alternativa à do contrato, como facto constitutivo da relação de administração.

10. A procuração é um negócio jurídico (unilateral) atributivo de poderes de representação voluntária, mas não o único; a lei não exige que seja conferida ao administrador de sociedade anónima qualquer procuração (no sentido de documento ou de acto), como condição do exercício dos seus poderes de representação (orgânica) da sociedade, nem é usual passá-la de qualquer das formas previstas no CNot, bastando a deliberação dos accionistas comprovada por acta.

11. A própria lei associa à qualidade de administrador, não só poderes de representação, mas também deveres vários (v. g., o dever de diligência), que não podem constituir-se sem o consentimento do administrador à designação; não se vê como pode alguém praticar qualquer acto de representação da competência legal dos administradores sem adquirir essa qualidade (com todos os direitos e deveres a ela inerentes). Nem se vê como pode um administrador manter direitos e deveres

inerentes a essa qualidade, quando tenha perdido os poderes respectivos (não existindo qualquer preceito, na lei portuguesa, em que se possa fundamentar tal ideia, diversamente do que acontece com a lei alemã). Não se vê, por isso, necessidade de distinguir, quanto ao administrador, entre uma relação de representação — constituída por negócio unilateral — e uma relação de gestão — constituída por contrato —, diversamente do que entende a doutrina quanto à procuração e à respectiva relação subjacente (de mandato ou outra).

12. Os poderes de representação atribuídos aos administradores não são, em rigor, meros poderes, mas sim poderes funcionais (poderes-deveres); por conseguinte, para a constituição desses poderes, como dos demais direitos e deveres do administrador inerentes a esta qualidade, é necessário o seu consentimento, de tal modo que a designação e a respectiva aceitação constituem um negócio jurídico unitário — um contrato.

13. À natureza contratual da eleição e aceitação não obsta a possibilidade de participação do administrador, como accionista, na sua própria eleição: esta é um acto da sociedade (através de um dos seus órgãos), não do candidato a administrador, como tal.

14. A isso não obsta tão-pouco o facto de a remuneração do administrador poder ser fixada por deliberação da colectividade dos accionistas (em que o administrador, como accionista, não está impedido de votar) ou de um órgão estatutário, antes ou depois da aceitação da designação.

15. Há diferenças, mais ou menos profundas, entre os conceitos de mandato, de prestação de serviço e de trabalho subordinado adoptados em cada um dos direitos estudados e ao longo da história, e até mesmo entre o conceito de mandato da lei civil e o da lei comercial portuguesa. Por isso, quando se trata de saber se o contrato de administração é ou não, por exemplo, um mandato, em face da lei portuguesa, há que afastar argumentos baseados em características que o mandato tem noutros direitos, mas não no direito português. E há que adoptar um conceito de mandato de referência, optando pelo do CCiv de 1966 ou pelo do CCom de 1888, pois as conclusões são diferentes consoante se adopte um ou outro, sendo, naturalmente, de preferir o mais moderno (por ser mais rigoroso).

16. Do confronto do contrato de administração com os contratos de mandato, de prestação de serviço e de trabalho subordinado resulta, fundamentalmente, o seguinte.

a) Em todos eles há dualidade de partes.

b) O administrador de uma sociedade anónima obriga-se a praticar uma actividade (à semelhança do contrato de trabalho), não um resultado (divergindo, pois, da prestação de serviço, v. g., do mandato).

c) O administrador obriga-se a praticar tanto actos jurídicos (à semelhança do mandato e, possivelmente, do trabalho subordinado), como actos materiais (característicos de outras prestações de serviço e também do trabalho subordinado).

d) O administrador actua por conta da sociedade, como nos outros três tipos contratuais em confronto.

e) O administrador tem poderes de representação orgânica (os seus actos são, em si mesmos, imputados à sociedade), enquanto o mandatário e o trabalhador subordinado têm, eventualmente, poderes de representação por substituição de vontades (os seus actos são imputados a eles próprios e apenas os efeitos desses actos se produzem na esfera jurídica do representado), não tendo os demais prestadores de serviço nem uns nem outros.

f) Grande parte dos amplos e exclusivos poderes de representação dos administradores resulta da lei, sendo relativamente limitada a autonomia da vontade da colectividade dos accionistas, diversamente do que se passa com o mandato e o trabalho subordinado.

g) O regime da responsabilidade civil da sociedade por actos ilícitos do administrador deixou, desde 1969, de divergir, substancialmente, do regime da responsabilidade do mandante pelos actos ilícitos do mandatário — mas pode continuar a dizer-se que aquela é responsabilidade por acto próprio e esta por acto de outrem.

h) Em face do CCom, o administrador, accionista ou não, tem o dever de cumprir as instruções da assembleia geral dos accionistas, em situação comparável à do mandatário; mas tem muito maior autonomia que o trabalhador subordinado.

i) Em face do CSC, e no silêncio dos estatutos, o administrador, mesmo quando não seja accionista, tem grande autonomia, não estando juridicamente obrigado a cumprir as instruções da colectividade dos accionistas nem do órgão de fiscalização, visto que estes órgãos não têm, em regra, competência para deliberar sobre assuntos de gestão, tendo a administração poderes plenos e exclusivos de representação; assim, o administrador tem maior autonomia que o trabalhador subordinado e mesmo que o mandatário; aquela autonomia pode ser reduzida por cláusula estatutária, mas não em termos de criar um verdadeiro poder de direcção e um poder disciplinar, de tipo laboral.

j) O contrato de administração de sociedade anónima tanto pode ser oneroso, como (se o contrato de sociedade o estipular) gratuito, embora seja natural a onerosidade, dada a dimensão normal deste tipo de sociedade; neste aspecto, o contrato de administração aproxima-se da prestação de serviço e do mandato, afastando-se do trabalho subordinado.

l) A remuneração do administrador é, em regra, fixada por um órgão da sociedade (em cujas deliberações o administrador que seja accionista não está impedido de votar) — diversamente do que se passa quer com o mandatário e o prestador de serviço, quer com o trabalhador.

m) Há algumas inelegibilidades específicas dos administradores de sociedades anónimas, que não se aplicam aos demais contratos em confronto.

n) A proibição de cumulação da relação de administração com relações de trabalho, subordinado ou autónomo, decorrente do art. 398º do CSC, não fornece argumentos concludentes para confirmar ou afastar determinada qualificação para o contrato de administração.

o) O administrador tem, em regra, um dever de prestar caução, que, nos outros contratos em confronto, não é, em regra, obrigatória, embora possa ser estipulada ou eventualmente imposta por norma específica.

p) O administrador tem o dever de "actuar com a diligência de um gestor criterioso e ordenado, no interesse da sociedade, tendo em conta os interesses dos sócios e dos trabalhadores"; diversamente, o mandatário, como o prestador de serviço, deve usar da "diligência de um bom pai de família, segundo as circunstâncias do caso", no interesse do mandante e, porventura, também do mandatário ou de terceiro; o trabalhador subordinado deve usar também da diligência de um "bom pai de família, segundo as circunstâncias do caso", entre as quais é de considerar o "cargo ou posto de trabalho que lhe esteja confiado", devendo agir no interesse do empregador.

q) Enquanto a responsabilidade civil do mandatário, do prestador de serviço e do trabalhador subordinado está sujeita ao regime geral, a do administrador está sujeita a regras específicas e mais gravosas para ele; nomeadamente, é mais estrita a proibição de cláusulas de exoneração ou limitação de responsabilidade para com a sociedade; mais importante é, porém, o reconhecimento aos accionistas minoritários de um direito de acção social "ut singuli" (CSC, art. 77º) – acção sub-rogatória e subsidiária da acção social da sociedade ("ut universi" – CSC, art. 75º) –, pela qual aqueles podem pedir a totalidade da indemnização devida à sociedade, a favor desta; quanto ao mandato, à prestação de serviço e ao trabalho subordinado, essa acção não tem, em rigor, correspondência, pois à acção sub-rogatória dos credores, em geral (CCiv, art. 606º a 609º), corresponde a acção sub-rogatória dos credores sociais contra o administrador (CSC, art. 78º, n º 2); assim, o administrador é responsável perante a pessoa colectiva, de que é órgão, mas os sócios desta têm uma posição específica, juridicamente protegida como tal – o que não acontece (pelo menos nos mesmos termos) nas outras figuras.

r) Há muitas diferenças significativas entre os contratos em confronto no que respeita ao regime da sua cessação:

i – Em geral, pode dizer-se que a relação de administração é mais estável que o mandato ou a prestação de serviço e menos estável que o trabalho subordinado; e que há numerosas normas de protecção ao trabalhador, neste domínio, que não se aplicam aos demais contratos em confronto, para os quais vigora o princípio da igualdade entre as partes;

ii – Quanto à cessação por mútuo acordo, há exigências de forma relativas ao contrato de trabalho, não aplicáveis aos demais;

iii – Quanto à caducidade, há várias causas comuns a todos os contratos em confronto, com um regime próximo, ainda que com algumas diferenças (v. g., morte, dissolução ou interdição de qualquer das partes, impossibilidade superveniente do cumprimento); o trabalhador beneficia de um regime de protecção nos casos de contrato a termo (que é desincentivado, não sendo de admitir a estipulação de condição resolutiva) e de reforma por velhice ou invalidez (em regra, a cargo da Segurança Social); o administrador exerce funções com um prazo máximo de quatro anos (embora renovável), permitindo-se que os estatutos prevejam um regime de reforma por velhice ou invalidez a cargo da sociedade (acrescendo, porventura, ao da Segurança Social);

iv – É profunda e significativamente diferente o regime da revogação unilateral:

– Quanto ao mandato, vigora o princípio da revogabilidade "ad nutum" pelo mandante, embora com algumas limitações (v. g., no caso de mandato também no interesse do mandatário ou de terceiro) e tendo o mandatário, nalguns casos, direito a indemnização (v. g., havendo estipulação ou tratando-se de mandato oneroso e não havendo justa causa nem aviso com antecedência conveniente);

— Quanto ao trabalho subordinado, aplica-se o princípio da proibição dos despedimentos sem justa causa ou por motivos políticos ou ideológicos; o despedimento individual por justa causa subjectiva depende de processo disciplinar, com garantias de defesa do trabalhador; o despedimento individual ou colectivo por justa causa objectiva necessita também de um processo de consultas, com participação fiscalizadora e conciliatória do Ministério do Emprego e da Segurança Social; no caso de despedimento ilícito, por falta de justa causa ou por desrespeito de regras processuais, o trabalhador tem direito às retribuições até à data da sentença (com eventuais deduções) e a reintegração ou, se ele preferir, a indemnização de antiguidade; admite-se, em todo o caso, a revogação unilateral por qualquer das partes, independentemente de justa causa, de aviso prévio e de indemnização, durante o período experimental (de 15, 30 ou 60 dias a seis meses, consoante os casos);

— Quanto ao administrador, vale o princípio da revogabilidade: pode ser destituído em qualquer momento pela colectividade dos accionistas (não sendo admissíveis cláusulas estatutárias que excluam ou limitem tal poder), sendo a destituição válida e eficaz haja ou não justa causa; não se exige qualquer processo disciplinar, nem mesmo audiência prévia do administrador; em todo o caso, não havendo justa causa (subjectiva ou objectiva, em sentido mais amplo que o da lei laboral), a doutrina e a jurisprudência dominantes e que parecem preferíveis reconhecem ao administrador o direito a indemnização.

v — O regime da revogação unilateral por iniciativa do mandatário, do prestador de serviço, do trabalhador ou do administrador apresenta diferenças menos acentuadas:

— Quanto ao mandato, vigora o referido princípio da revogabilidade "ad nutum", tendo o mandatário o dever de indemnizar o mandante do prejuízo sofrido, se assim tiver sido convencionado, se tiver sido estipulada a irrevogabilidade ou renúncia ao direito a revogação, se a renúncia não tiver sido realizada com a antecedência conveniente, ou no caso de renúncia sem justa causa a mandato comercial;

— O trabalhador subordinado, ocorrendo justa causa, pode rescindir o contrato sem aviso prévio, mediante declaração escrita ao empregador, tendo aquele direito a indemnização de antiguidade; pode também rescindir o contrato, independentemente de justa causa, mediante comunicação escrita ao empregador, com a antecedência mínima de 30 ou 60 dias, consoante tenha, respectivamente, até dois anos ou mais de dois anos de antiguidade, podendo aquele prazo ser alargado por IRCT ou contrato individual, relativamente a certos trabalhadores; a rescisão sem justa causa nem aviso prévio é eficaz, mas o trabalhador fica obrigado a uma indemnização igual à remuneração de base correspondente ao prazo de aviso prévio em falta;

— O administrador pode renunciar ao seu cargo com ou sem justa causa, apenas tendo o dever de indemnizar os prejuízos causados caso cesse funções antes de ser substituído ou do final do mês seguinte àquele em que tiver comunicado a renúncia.

vi — Assim, o regime de cessação do mandato está concebido para uma relação ocasional, constituída para tarefas determinadas e limitadas no tempo (embora possam ser indeterminadas); as partes são tratadas em posição de igualdade, tendo em conta, porém, que a actuação do mandatário visa, caracteristicamente, servir os interesses do mandante (embora possa visar também os do mandatário ou de terceiro).

— O regime da cessação do contrato de trabalho subordinado está concebido para uma relação duradoura, tendencialmente vitalícia, embora possa ser celebrado também a termo (certo ou incerto), aliás desincentivado pela lei; se bem que a actividade do trabalhador vise satisfazer o interesse do empregador, a lei protege aquele muito mais do que este, por presumir que seja aquele a parte sociologicamente mais desfavorecida e carecida de estabilidade.

— O regime da cessação da relação de administração da sociedade anónima está concebido para uma relação com prazo determinado, renovável, mas também revogável em qualquer momento. A actividade do administrador visa satisfazer o interesse da sociedade e a protecção deste prevalece sobre a do interesse daquele.

vii — Apesar da importância prática das diferenças do regime de cessação dos contratos em confronto, não parece que elas sejam decisivas no sentido de autonomizar ou não a figura do contrato de administração, embora possam tomar-se como um sinal confirmativo da autonomia reconhecida por outros motivos.

s) Não se encontra, na lei laboral portuguesa vigente, nenhuma norma de protecção ao trabalhador que seja explícita e directamente aplicável ao administrador de sociedade anónima (embora possa ser indirectamente aplicável, v. g., por analogia).

18. Numa primeira aproximação, tendo em vista apenas o caso da designação do administrador mediante eleição pela colectividade dos accionistas, há que reconhecer que o contrato de administração não se reconduz nem ao mandato, nem à prestação de serviços, nem ao trabalho subordinado, devendo, por isso, considerar-se uma figura autónoma, "sui generis", que pode definir-se do seguinte modo: *contrato de administração é aquele pelo qual uma pessoa se obriga, mediante retribuição ou sem ela, a prestar a sua actividade de gestão e representação orgânica da sociedade anónima, sob a orientação da colectividade dos accionistas e sob a fiscalização do conselho fiscal ou fiscal único.*

19. Assim, distingue-se do mandato e da prestação de serviço, porque tem por objecto uma actividade e não um resultado; uma actividade que pode ser jurídica ou também material; uma actividade de gestão e de representação orgânica, e não de representação por substituição de vontades; e em posição de grande autonomia, uma vez que tem poderes exclusivos de representação e que a colectividade dos accionistas só pode deliberar sobre assuntos de gestão nos casos previstos nos estatutos ou a pedido do órgão de administração, não estando, portanto, em regra, obrigado a cumprir as instruções da colectividade dos accionistas, embora deva respeitar as suas orientações, sob pena de ser destituído. Distingue-se do trabalho subordinado por poder ser gratuito e por não ser juridicamente subordinado.

CAPÍTULO VI

Designação pelos fundadores

SECÇÃO I

Considerações gerais

Tanto o CCom, no art. 171º, § único, como o CSC, no art. 391º, nº 1 – seguindo, aliás, a orientação dos direitos estrangeiros estudados –, admitem que os primeiros administradores sejam designados "no instrumento de constituição da sociedade" ou "no contrato de sociedade", respectivamente.

Em rigor, esta designação pode assumir duas modalidades:

a) No caso de constituição simultânea (sem apelo a subscrição pública), a designação consta da escritura pública de constituição da sociedade (CCom, art. 163º; CSC, art. 391º, nº 1);

b) No caso de constituição sucessiva (com apelo a subscrição pública), a designação pode resultar:

i – Da escritura pública de constituição provisória da sociedade pelos fundadores (CCom, art. 164º, pr. e § 2º, nº 5; é hipótese não prevista pelo CSC);

ii – De eleição pela assembleia de subscritores ou assembleia constitutiva, logo após a deliberação sobre a constituição definitiva da sociedade (CCom, art. 164º, § 6º; CSC, art. 281º, nº 7) ([1]).

Há que reconhecer, em todo o caso, uma diferença profunda entre o regime do CCom e o do CSC. Em face do CCom (art. 113º, na redacção do DL nº 363/77, de 2.9), e segundo a doutrina comum, a sociedade constitui-se e adquire personalidade jurídica por efeito da própria escritura, no caso de constituição simultânea, ou por efeito da deliberação da assembleia de subscritores, no caso de constituição sucessiva ([2]). Diferentemente, em face do CSC (art. 5º), a sociedade anónima só se constitui e só adquire personalidade jurídica por efeito do registo comercial definitivo ([3]).

Por isso, importa analisar o problema separadamente, primeiro em face do CCom e, depois, em face do CSC.

SECÇÃO II

Regime do Código Comercial

I – Em face do CCom de 1888, a constituição de sociedade anónima não fica completa caso não sejam designados administradores (art. 114º, nº 5, e 164º, § 2º, nº 5, e § 6º).

([1]) Cf. Luís Brito Correia, *Direito Comercial*, 1989, vol. II, pág. 149.

([2]) Cf. Luís Brito Correia, *Direito Comercial*, 1981/82-86, vol. I, pág. 606 e 657 e segs., e bibliog. aí cit..

([3]) Cf. Luís Brito Correia, *Direito Comercial*, 1989, vol. II, pág. 173 e seg. e 184 e segs..

A designação, na escritura pública de constituição simultânea, de alguns dos fundadores como administradores constitui uma cláusula do próprio acto constitutivo da sociedade.

Este acto constitutivo tem a natureza de um contrato de fim comum, como se supõe ter demonstrado noutro lugar ([4]).

Trata-se, obviamente, de um contrato de conteúdo complexo, incluindo cláusulas de carácter normativo e cláusulas correspondentes a actos isolados, de várias espécies. Deverá entender-se que todas as cláusulas compartilham da mesma natureza contratual do acto em que se integram?

Uma análise mais aprofundada pode levar a admitir que um acto formalmente único produz efeitos jurídicos substancialmente diferentes, como sejam a constituição da sociedade propriamente dita (criação do substrato pessoal da pessoa colectiva), a aprovação dos estatutos (criação de normas jurídicas que hão-de reger a vida da sociedade e as relações desta com os sócios e os titulares dos seus órgãos), constituição de vários direitos e obrigações entre a sociedade e os sócios (dever de entrada, direito aos lucros e ao saldo de liquidação, etc.), designação dos administradores (e titulares de outros órgãos sociais), a aceitação desta designação e outros ainda.

Quererá isto dizer que o contrato de sociedade que inclua tal variedade de efeitos seja uma junção ou união de contratos ([5]), ou um contrato misto ([6])?

([4]) Cf. LUÍS BRITO CORREIA, *Direito Comercial*, 1981/82, vol. I, pág. 557 e segs..

([5]) Chama-se junção de contratos ao conjunto de contratos substancialmente autónomos e distintos, mas ligados entre si por um vínculo puramente exterior ou acidental – como o proveniemte de terem sido celebrados ao mesmo tempo ou de constarem do mesmo documento. Chama-se união ou coligação de contratos ao conjunto de contratos com individualidade própria, mas ligados entre si, segundo a intenção dos contraentes, por um nexo funcional que influi na respectiva disciplina – como, por exemplo, o resultante de um dos contratos funcionar como condição, contraprestação ou motivo do outro. Sobre o assunto, cf. J. ANTUNES VARELA, *Dreito das Obrigações*, 5ª ed., vol. I, pág. 264 e segs.; I. GALVÃO TELLES, *Dos Contratos em Geral*, 2ª ed., pág. 382 e segs., e A. MENEZES CORDEIRO, *Direito das Obrigações*, 1980/86, vol. II, pág. 424 e segs..

([6]) Chama-se contrato misto ao "contrato no qual se reúnem elementos de dois ou mais negócios, total ou parcialmente regulados na lei". Resulta da "fusão num só negócio de elementos contratuais distintivos que, além de perderem a sua autonomia no esquema negocial unitário, fazem simultaneamente parte do conteúdo desta". Cf. J. ANTUNES VARELA, *ob. cit.*, vol. I, pág. 262 e seg. e 269.

O contrato de sociedade é, por si mesmo e segundo o seu tipo legal, um contrato de conteúdo complexo e variável, em função da vontade das partes. Inclui necessariamente, como seus elementos componentes (essenciais), a própria constituição da sociedade e a aprovação dos estatutos, podendo incluir, além disso, ou não – mas sempre como seus elementos componentes (acessórios ou facultativos) – a designação e aceitação dos administradores, entre outros ([7]).

Parece evidente que da designação de um administrador e da respectiva aceitação resulta, por força do contrato de sociedade, uma relação jurídica de conteúdo igual à decorrente do contrato de administração, acima definido. Isso mostra apenas que a relação de administração pode resultar de negócios jurídicos de natureza diversa: a eleição pela colectividade dos accionistas (uma deliberação social) ou o contrato de sociedade.

Aliás, não é de estranhar que isso aconteça, pois também os poderes e deveres ligados à representação voluntária por substituição de vontades podem resultar de tipos contratuais diversos (mandato, trabalho subordinado, agência, etc.).

Mas, mais do que isso, tem de reconhecer-se que a designação de administradores no acto constitutivo da sociedade [que pode não ser um contrato, v. g., na hipótese de transformação novatória ou de cisão-constituição ([8])] não conduz a sujeitar a cláusula respectiva à disciplina das alterações estatutárias: o administrador designado no contrato pode ser destituído por deliberação ordinária ([9]). E, portanto, a designação de administradores pode considerar-se um acto distinto do acto constitutivo, embora formalmente incluído num único documento notarial ([10]).

Nesta perspectiva, pode admitir-se que a designação de administradores formalizada no acto constitutivo (consensual ou unânime) tenha a mesma natureza que a designação por eleição pela colectividade dos accionistas (deliberação maioritária), ou seja, de declaração negocial

---

([7]) Cf. Luís BRITO CORREIA, *Direito Comercial*, 1989, vol. II, pág. 143 e segs. – cujos termos podem aplicar-se "mutatis mutandis" ao regime do CCom.

([8]) Cf. Luís BRITO CORREIA, *Direito Comercial*, 1989, vol. II, pág. 6 e segs..

([9]) Neste sentido, a doutrina pode dizer-se unânime. Apenas não é assim quando haja um direito especial à gerência – que é admissível nas sociedades por quotas, mas não quanto à administração das sociedades anónimas, como se viu acima (cf. CSC, art. 391º, nº 2).

([10]) Neste sentido, cf. MINERVINI, *Gli amministratori*, pág. 24 e segs..

que, com a aceitação, vai integrar o contrato de administração, "sui generis".

Assim, parece de considerar que se trata aqui, não de um contrato misto (porque não há fusão dos contratos num só, com um mesmo regime), mas sim união de contratos, com dependência unilateral ([11]): porque a designação depende da constituição da sociedade, mas não esta daquele ([11a]).

II – Caso seja designado na mesma escritura um não sócio como administrador, o qual intervém como parte na própria escritura a aceitar a designação, já a situação é mais clara. O não sócio não é parte no contrato de sociedade, propriamente dito, intervindo apenas para aceitar a designação realizada pela sociedade (aí representada pelos sócios fundadores). Formalmente, a aceitação é expressa no mesmo documento (escritura); mas, substancialmente, parece dever discernir-se aí, por um lado, um acto de designação (integrado, também formalmente, no contrato de sociedade, mas que pode considerar-se imputável à própria sociedade recém-constituída e, por isso mesmo, distinto e posterior à constituição da sociedade), e, por outro lado, um acto de aceitação pelo administrador.

O administrador não participa no contrato de sociedade em si: apenas aceita a designação decorrente do contrato de sociedade. Pode, por isso, admitir-se que do contrato de sociedade decorre a designação, do mesmo modo que esta pode decorrer da eleição, como deliberação social; e que tal designação vem a ser completada pela aceitação, constituindo um verdadeiro contrato de administração, de natureza igualmente "sui generis".

III – No caso de designação na escritura pública de constituição provisória, a solução parece ser a mesma, mas com uma diferença importante. É que a sociedade não adquire logo personalidade jurídica – o que

---

([11]) Na terminologia de I. GALVÃO TELLES, *Dos Contratos em Geral*, 2ª ed., pág. 393 e seg..

([11a]) A constituição da sociedade não fica completa, como se disse, caso não sejam designados administradores nenhuns. Mas o facto de não serem logo providos alguns dos lugares de administradores não parece pôr em causa a regularidade da constituição. Por isso, pode dizer-se que a dependência é unilateral, tendo em vista a designação de cada administrador isoladamente.

só vem a verificar-se com a deliberação da assembleia de subscritores no sentido da constituição definitiva da sociedade ([12]).

Consequentemente, o administrador é designado titular de um "órgão" de uma sociedade sem personalidade jurídica, constituindo-se uma relação entre o administrador e o conjunto dos fundadores, em contitularidade, e não com a sociedade, como pessoa colectiva (que ainda não existe).

Os mesmos administradores passarão a relacionar-se com a sociedade-pessoa colectiva, a partir da constituição definitiva, desde que a assembleia dos subscritores os não substitua (CCom, art. 164º, § 6º): a relação de administração é assumida pela nova pessoa colectiva, por força da própria lei.

Todavia, substancialmente, pode atribuir-se à relação de administração constituída por esse processo a mesma natureza "sui generis" que à resultante de eleição pela assembleia geral — ao menos a partir da aquisição da personalidade jurídica pela sociedade.

Quanto ao período anterior a esta aquisição, não se rejeita que a solução possa ser análoga, mas uma conclusão segura exigiria um estudo mais aprofundado, que excede em muito o âmbito da presente dissertação.

Na verdade, importaria analisar se a figura do órgão (e da representação orgânica) é específica das pessoas colectivas ou se pode ser utilizada também por colectividades ou entidades não personificadas ([13]). E, no caso afirmativo, se ela sofre ou não modificações relevantes ao ser aí utilizada, de tal modo que o conceito de contrato de administração acima formulado tenha ou não de ser adaptado.

IV — No caso de eleição pela assembleia de subscritores, que se segue à constituição provisória da sociedade, o que acontece é que esta assembleia começa por deliberar a constituição definitiva da sociedade (CCom, art. 164º, § 6º). A partir desse momento, a sociedade existe como pessoa colectiva, a assembleia de subscritores passa a funcionar como órgão da sociedade e a eleição dos administradores é já uma deliberação social imputável à sociedade. Embora se esteja perante uma deliberação da assembleia constituinte, a natureza da designação e a res-

---

([12]) Cf. LUÍS BRITO CORREIA, *Direito Comercial*, 1983/84, vol. II, pág. 96 e segs..

([13]) Em sentido afirmativo, cf. SANTI ROMANO, *Framenti di un Dizionario Giuridico*, pág. 147 e segs..

pectiva aceitação suscita problemas e soluções idênticos aos que foram analisados no capítulo anterior.

Em rigor, pode até dizer-se que não se trata já sequer de uma designação pelos fundadores ([14]).

SECÇÃO III

Regime do Código das Sociedades Comerciais

I — Em face do CSC, pode pensar-se que o problema tem a mesma solução.

Há, todavia, a considerar, como se disse, que a sociedade só adquire personalidade jurídica a partir do registo definitivo do contrato constitutivo (CSC, art. 5º). E isso é assim tanto no caso de constituição simultânea (sem apelo a subscrição pública), como no caso de constituição sucessiva (com apelo a subscrição pública).

II — Consequentemente, no caso de constituição simultânea (sem apelo a subscrição pública) no momento da outorga da escritura, a sociedade ainda não existe como pessoa jurídica (CSC, art. 5º). Não pode, por isso, haver um contrato entre a sociedade (como pessoa) e o administrador. Pode, quando muito, haver um contrato a favor da sociedade a constituir (pelo registo) e que esta assume necessariamente por força da lei (CSC, art. 391º, nº 1), independentemente de um acto específico posterior ao registo ([15]).

Certo é que, ainda antes do registo, podem começar a ser praticados actos jurídicos em nome da sociedade (CSC, art. 40º). E, dada a frequência do fenómeno das sociedades irregulares ([16]), importa considerar a relação de administração antes e depois do registo.

Depois do registo, pode admitir-se que a natureza da relação seja a mesma que no caso de eleição pela colectividade dos accio-

---

([14]) No sentido referido em LUÍS BRITO CORREIA, *Direito Comercial*, 1983/84, vol. II, pág. 73 e seg., de "pessoas que tomam a iniciativa da criação da sociedade, reúnem os associados e os capitais necessários e praticam os actos ou formalidades legais [...] de constituição da sociedade, sendo por eles responsáveis" — por contraposição aos subscritores e aos accionistas.

([15]) Por isso o art. 19º do CSC não lhe faz qualquer referência.

([16]) Cf. LUÍS BRITO CORREIA, *Direito Comercial*, 1989, vol. II, pág. 108.

nistas ("sui generis"), por motivos semelhantes aos referidos quanto ao CCom ([17]).

Antes do registo, suscitam-se problemas semelhantes aos referidos acima, a propósito da designação na escritura pública de constituição provisória, em face do CCom ([18]).

III — No caso de constituição sucessiva (com apelo a subscrição pública), o CSC não prevê a designação de administradores por ocasião da elaboração do projecto de contrato de sociedade e do seu registo provisório (art. 279º). E dá a entender que todos os actos a praticar em nome da sociedade em vias de constituição antes do registo definitivo o são pelos promotores (art. 279º, nº 6 e 7, 280º, nº 1 e 4, 281º, nº 1, 2 e 11, e 283º, nº 1). Coerentemente, quando se refere às designações para os órgãos sociais [art. 281º, nº 7, al. *b*)], não menciona a hipótese de designação anterior (diferentemente do CCom, art. 164º, § 6º) ([19]).

Daqui parece resultar que os primeiros administradores serão sempre eleitos pela assembleia constitutiva após a deliberação sobre a constituição da sociedade (CSC, art. 281º, nº 7, e 391º, nº 1, "in fine").

Não custa, pois, admitir que o acto constitutivo da relação de administração tenha, neste caso, a mesma natureza (de contrato de administração "sui generis") que no caso de eleição pela colectividade dos accionistas. Apenas há a registar problema idêntico ao já referido quanto à constituição simultânea, decorrente de a aquisição da personalidade jurídica da sociedade ocorrer depois do registo definitivo da constituição, ou seja, depois da designação ([20]).

IV — Pode, assim, concluir-se que a designação de administradores no contrato de sociedade, acompanhada da aceitação simultânea ou sucessiva destes, se reconduz a um contrato de administração, com a mesma natureza "sui generis" que a eleição pela colectividade dos accionistas e a respectiva aceitação, embora suscite alguns problemas específicos.

([17]) Cf. pág. 742 e segs..
([18]) Cf. pág. 744 e segs..
([19]) O CSC segue, neste aspecto, o modelo do CCiv it, art. 2328º, 2335º-1-4, 2383º. Cf. MINERVINI, *Gli amministratori*, pág. 24 e segs..
([20]) Cf. pág. 746 e 744 e segs.

CAPÍTULO VII

Designação por accionistas minoritários

SECÇÃO I

Considerações gerais

A designação por accionistas minoritários suscita problemas mais delicados.

Já se viu acima, a propósito da eleição segundo regras especiais, quando é possível tal designação ([1]). Agora importa analisar o problema da natureza da designação e aceitação nesses casos, interessando distinguir consoante se aplique o CCom ou o CSC.

SECÇÃO II

Regime do Código Comercial

Em face dos art. 171º e 172º do CCom, é muito duvidoso que seja possível a designação por accionistas minoritários, uma vez que deles se deduz que os membros da direccção são "eleitos pela assembleia geral" (por maioria – art. 183º, § 2º) e que "a primeira direcção pode ser designada no instrumento da constituição da sociedade" (por unanimidade). Em lado nenhum se admitem cláusulas reconhecendo a accionistas ou categorias de acções o direito (especial) de eleger um ou mais administradores. Apenas quanto aos administradores substitutos e para "suprir faltas temporárias" se admitem cláusulas estatutárias sem limitações ([2]).

Parece, pois, que só para estes casos se poderá admitir a hipótese de designação de administradores por determinado accionista ou por certa categoria de acções.

([1]) Cf. pág. 449 e segs..

([2]) À semelhança do CCom it (de 1882, art. 125º), cf. MORI, *Società anonima – Amministrazioni*, vol. I, pág. 13.

A doutrina da época não se refere, sequer, a esta possibilidade (³).

E a jurisprudência considera "nula a cláusula pela qual é convencionado entre sócios de uma sociedade anónima serem os eleitores dos corpos directivos dessa sociedade para se elegerem a si próprios e os irem ocupar" (⁴).

Nestas circunstâncias, parece preferível analisar o problema posto em face do CSC, que, esse sim, admite tais cláusulas, embora em casos muito limitados.

SECÇÃO III

Regime do Código das Sociedades Comerciais

Já se viu acima (⁵) que o CSC, para além da eleição pela colectividade dos accionistas, através de uma deliberação por maioria relativa (CSC, art. 391º, nº 1, e 386º, nº 2), proíbe certos tipos de cláusulas estatutárias, permite outras e impõe outras ainda, em alternativa.

Nomeadamente, proíbe estipular a atribuição a certas categorias de acções do direito (especial) de designar administradores, inclusivamente de designar os próprios titulares das acções para tal função (art. 391º, nº 2, no final) (⁶).

Mas o art. 392º, nº 6, do CSC permite – ou, eventualmente, impõe (art. 392º, nº 8) – que o contrato de sociedade estabeleça que "uma minoria de accionistas que tenha votado contra a proposta que fez vencimento na eleição dos administradores tem o direito de designar, pelo menos, um administrador, contanto que essa minoria represente, pelo menos, 10 % do capital social".

Esta designação constitui uma deliberação de um grupo minoritário de accionistas, tomada por votação separada, entre apenas "os accionistas da referida minoria" (⁷).

(³) Cf. CUNHA GONÇALVES, *Comentário*, vol. I, pág. 419 e segs. e 425 e segs..
(⁴) Cf. Ac RelL de 18.5.1955, in *JR*, 1955, pág. 506.
(⁵) Cf. pág. 450 e segs..
(⁶) É um princípio oposto ao admitido quanto à gerência de sociedades por quotas (CSC, art. 257º, nº 3).
(⁷) Diz o art. 392º, nº 7, que "a eleição será feita por votação entre os accionistas da referida maioria, *na mesma assembleia geral*", o que parece ter em vista afastar a aplicabilidade do regime das assembleias especiais (CSC, art. 389º). Aliás, a "minoria

Deve notar-se que o administrador assim designado pela minoria de accionistas adquire uma qualidade de administrador da sociedade igual à dos demais: tem os mesmos poderes, direitos e deveres que os outros — uma vez que o CSC não estabelece para ele qualquer regime especial. Apenas a sua destituição sem justa causa "não produz quaisquer efeitos se contra ela tiverem votado accionistas que representem, pelo menos, 20 % do capital social". Mas é de salientar que esta minoria de bloqueio não tem de ser, necessariamente, composta pelos mesmos accionistas que elegeram o administrador destituído; e a percentagem é superior à mínima exigida para a eleição.

Assim, não pode dizer-se que o administrador represente a minoria de accionistas: embora tenha sido designado pela minoria e, naturalmente, propenda a defender os interesses desta, ele é administrador da sociedade, representa a sociedade e deve orientar-se pelo interesse social (CSC, art. 64º).

Se tem poderes para gerir e representar a sociedade, se os seus direitos (v. g., a remuneração) têm por sujeito passivo a sociedade e se os seus deveres (de prestação de actividade, de diligência, etc.) têm por sujeito activo a sociedade, então tem de concluir-se que a designação pelos accionistas minoritários constitui uma relação entre o administrador e a sociedade de conteúdo substancialmente idêntico à relação constituída por eleição da colectividade dos accionistas (embora com um regime especial de destituição).

Como explicar que isso aconteça?

A única explicação que parece fazer sentido consiste em entender que os accionistas minoritários são considerados como órgãos da sociedade para este efeito. O objectivo da lei é o de permitir que o conselho de administração reflicta, na sua composição, os vários grupos de accionistas. Deste modo, a colectividade dos accionistas funciona de modo disjunto: a maioria dos accionistas elege a maioria dos administradores; e uma minoria de accionistas elege uma minoria de administradores.

O fenómeno é, aliás, paralelo ao que se passa com os deputados à Assembleia da República: cada um é eleito pelo respectivo círculo elei-

---

de accionistas" não constitui, em rigor, uma categoria de accionistas, no sentido do art. 24º, nº 3, do CSC, uma vez que dela podem fazer parte quaisquer accionistas que, ocasionalmente, discordem da posição que vem a obter vencimento. Consequentemente, deve entender-se também que o direito estatutário resultante do art. 392º, nº 6, não deve considerar-se sujeito ao regime dos direitos especiais (CSC, art. 24º), pois é, em rigor, atribuído por igual a todos os accionistas.

toral, mas todos "representam todo o País e não os círculos por que são eleitos" (CRP, art. 152º, nº 3).

Se assim é – e não se vê outra explicação plausível –, então a designação pela minoria de accionistas constitui uma deliberação que deve ser considerada imputável à própria sociedade, tendo afinal natureza semelhante à da eleição pela maioria dos accionistas.

Podem, por isso, aplicar-se a esta modalidade de designação as conclusões a que se chegou quanto à eleição pela colectividade dos accionistas: com a aceitação ela dá origem a um contrato de administração de natureza "sui generis".

CAPÍTULO VIII

Designação pelos trabalhadores

I – Segundo o art. 30º, nº 3, da Lei nº 46/79, de 12.9, nas empresas do sector privado, "fica na disponibilidade das partes" a possibilidade de as comissões de trabalhadores designarem ou promoverem, "nos termos dos art. 2º a 5º, a eleição de representantes dos trabalhadores para os órgãos sociais da respectiva empresa".

Este preceito abrange, naturalmente, as sociedades anónimas – na medida em que se incluam no sector privado, o que acontece com a maioria delas.

Tal preceito, introduzido na Lei nº 46/79 por exigência de deputados sociais-democratas independentes ([1]), permite um sistema de participação inspirado na experiência germânica, embora divirja, em muitos aspectos, do regime vigente na Alemanha ([2]).

O citado art. 30º é manifestamente insuficiente para regular todos os problemas que tal sistema de participação suscita. Mas não foi ainda publicada a lei prevista no seu nº 4 ([3]).

([1]) Cf. *DAR*, 1ª s., nº 81, de 2.6.1978, pág. 2924 e segs. (quanto à segunda votação do Dec nº 93/I, de 27.7.1977), e *DAR*, 1ª s., nº 87, de 20.7.1979, pág. 3298 (quanto à votação do Dec nº 229/I).

([2]) Cf. LUÍS BRITO CORREIA, *Direito do Trabalho*, vol. III – *Participação nas Decisões*, pág. 300 e segs..

([3]) O Projecto de Lei nº 334/II, sobre a representação dos trabalhadores nos órgãos colegiais de administração das sociedades anónimas (apresentado pela ASDI – in *DAR*, 2ª s., nº 82, de 27.4.1982), não chegou a ser discutido, tendo voltado a ser apresentado como Projecto de Lei nº 46/III (in *DAR*, 2ª s., nº 2, de 9.6.1983), e também não discutido.

Trata-se de um sistema facultativo, como resulta do texto citado. Mas não diz a lei quem representa as "partes" para dispor sobre a introdução efectiva de tal sistema, nem qual a forma do acordo entre elas ([4]).
Não é de estranhar, por isso, que este regime tenha escassa aplicação ([5]).

Também não diz a lei qual o órgão da sociedade em que pode haver representação da comissão de trabalhadores ou, directamente, dos trabalhadores: tanto pode ser o conselho de administração, como o conselho fiscal, a direcção ou o conselho geral.

A lei apenas diz que "o número de trabalhadores a eleger e o órgão social competente são os previstos nos estatutos da respectiva empresa" (art. 30º, nº 2, para que remete o nº 3).

Caso haja um convénio colectivo a estabelecer a eleição de representantes dos trabalhadores como membros do conselho de administração de uma sociedade anónima, põe-se o problema de saber qual a natureza da relação entre esses membros representantes e a sociedade.

Dada a raridade da situação de facto, pode parecer que não vale a pena aprofundar esta questão. Todavia, considerando a experiência de vários outros países europeus, acima referida, e a tendência comunitária para um alargamento de sistemas de participação — ao menos, no âmbito da sociedade anónima europeia —, justifica-se uma análise, ainda que sumária, dela. Esta análise vem, aliás, a revelar-se muito sugestiva, porque põe em causa alguns conceitos fundamentais do direito das sociedades.

II – Não se conhece nenhum estudo da doutrina portuguesa sobre este problema.

Considerando que o sistema é inspirado na experiência alemã, não se estranhará que se procure na doutrina germânica solução para ele.

Deve notar-se, contudo, que a participação de representantes de trabalhadores nas sociedades anónimas alemãs (de certa dimensão) é imposta relativamente ao directório e ao conselho de vigilância [correspondentes à direcção e ao conselho geral, previstos no art. 278º, nº 1, al. *b*) do CSC], não existindo órgão correspondente ao conselho de

---

([4]) É defensável a ideia de um convénio colectivo de trabalho, a celebrar entre o órgão representativo da empresa (v. g., no caso de sociedade anónima, o conselho de administração) e a comissão de trabalhadores, tendo um regime análogo ao das convenções colectivas de trabalho. Mas a verdade é que tal figura não está regulada na lei.

([5]) Apenas se conhece um caso: o da sociedade Manuel Pereira Roldão, S. A., da Marinha Grande, em 1985.

administração português – como se disse acima. Por isso, terá interesse conhecer também as considerações da doutrina francesa.

III – A – Quanto aos representantes dos trabalhadores na direcção (v. g., o director do trabalho – "Arbeitsdirektor"), o § 13, Abs. 1, do MitbestG 1951 dispõe que "como membro com iguais direitos do órgão competente para a representação legal (da empresa) é nomeado um director do trabalho. O director do trabalho não pode ser nomeado contra os votos da maioria dos membros do conselho de vigilância eleitos segundo o § 6 (em representação dos trabalhadores). O mesmo se aplica à revogação da nomeação".

Assim, o director do trabalho é designado por deliberação maioritária do conselho de vigilância; só que, nessa deliberação, não pode haver votos contra da maioria dos representantes dos trabalhadores. Trata-se aqui de um requisito ligado ao quórum deliberativo, que não afecta a natureza da deliberação, enquanto acto da sociedade – visando apenas (e não é pouco) assegurar a eleição de pessoas que não mereçam a desconfiança dos representantes dos trabalhadores.

Em qualquer caso, a relação entre o director do trabalho e a sociedade tem a mesma natureza que a de qualquer outro director ([6]): segundo a doutrina alemã dominante, já acima referida, é constituída por um acto unilateral de nomeação ("Bestellung") e um contrato de emprego ("Anstellung").

B – Quanto aos representantes dos trabalhadores no conselho de vigilância, a doutrina alemã considera que eles são membros de pleno direito desse órgão, com os mesmos direitos e obrigações que os eleitos pelos accionistas. O conselho de vigilância é considerado um órgão homogéneo, cujos membros não se consideram representantes de uma parte nem da outra. Todos eles devem guiar-se pelo interesse da empresa ([7]) e todos têm as mesmas competências.

A relação de todos eles com a sociedade tem a mesma natureza: à semelhança do que se passa com os directores, a doutrina alemã dominante considera que existe um acto unilateral de nomeação ("Bestel-

---

([6]) Cf. H.- J. MERTENS, in *Koelner Kommentar zum AktG*, § 76, Anm. 40, § 84, Anm. 82, Anh. § 96, Anm. 140.

([7]) Neste sentido, cf. H.-J. MERTENS, in *Koelner Kommentar zum AktG*, Vorb. § 95, Anm. 1 e 3 e Anh. § 96, Anm. 72.

lung'') e um contrato de emprego ("Anstellungsvertrag"), tendo este a natureza de prestação de serviço ("Dienstvertrag" ou "Geschaeftsbesorg-ungsvertrag"), quando é oneroso, ou de mandato ("Auftrag"), quando é gratuito ([8]).

Em todo o caso, alguns autores entendem que se trata de um contrato "sui generis", a que se aplicam as regras do contrato de prestação de serviço ([9]).

E outros ainda ([10]) defendem que não existe qualquer contrato, nem sequer tácito, na base da relação de emprego ("Anstellungsverhaeltnis") entre a sociedade e os membros do conselho de vigilância. Isso porque não é necessária qualquer declaração de vontade tendente a criar tal relação, que resulta da lei e dos estatutos. Só em certa medida pode a assembleia geral alterar unilateralmente esta relação (por exemplo, quanto à remuneração, quando esta não esteja fixada nos estatutos). Não podem ser feitas estipulações com o membro do conselho de vigilância, nem pela assembleia geral, por não ter poderes para representar a sociedade em negócios jurídicos, nem pela direcção, uma vez que não pode alterar as condições fixadas por lei, pelos estatutos e pela assembleia geral e, portanto, também não tem poderes de representação para o efeito. A direcção apenas transmite aos membros do conselho de vigilância a nomeação pela assembleia geral e recebe a comunicação da eleição dos representantes dos trabalhadores (como núncio). As obrigações recíprocas resultam da situação jurídica objectiva ("aus der objektiven Rechtslage") e não de uma troca de declarações de vontade. A ideia da celebração de um contrato entre a sociedade e o membro do conselho de vigilância não passa, para estes autores, de uma construção fictícia de um pensamento jurídico conceptualista ("eine fiktive Konstruktion begriffs-juristischen Denkens").

([8]) Cf. BAUMBACH-HUECK, *AktG*, § 101, Anm. 7; FITTING-KRAEGELOH--AUFFARTH, *BetrVG nebst Wahlordnung, Handkommentar*, 9. Aufl., § 76, Anm. 120 e 125; SCHLEGELBERGER-QUASSOWSKI, *AktG*, § 87, Anm. 10; STAUB-PINNER, *HGB*, § 243, Anm. 2 e 2a, e TEICHMANN-KOEHLER, *AktG*, § 87, Anm. 3.

([9]) Cf. GODIN-WILHELMI, *AktG*, § 101, Anm. 2; MEYER-LANDRUT, in *Grosskomm. AktG*, § 101, Anm. 6, e RITTER, *AktG*, § 87, Anm. 2c.

([10]) Cf. H.-J. MERTENS, in *Koelner Kommentar zum AktG*, § 101, Anm. 5 e segs.; NATZEL, "Die Bestellung von Aufsichtsratsmitgliedern, insbesonderen von Arbeitnehmer-vertretern", in *AG*, 1959, 93, e NATZEL, "Das Rechtsverhaeltnis zwischen Aufsichtsratsmitglied und Gesellschaft unter besonderer Beruecksichtigung des Mitbestimmungsrechts", in *DB*, 1959, 171 e 201.

IV – Na doutrina francesa, a participação de representantes dos trabalhadores no conselho de administração (com poderes consultivos) e no conselho de vigilância (com poderes de fiscalização) é objecto de análise, do ponto de vista do seu regime jurídico-laboral ([11]) e jurídico--societário ([12]), sem aprofundamento da natureza jurídica da relação deles com a sociedade.

É de notar que os representantes do comité de empresa no conselho de administração não são considerados administradores, pelo facto de terem apenas poderes consultivos ([13]).

Diferentemente, os representantes dos trabalhadores no conselho de vigilância são considerados como membros plenos deste, em posição de igualdade tendencial com os representantes dos accionistas, embora se reconheçam algumas diferenças ([14]). Este é, aliás, um dos domínios em que a doutrina francesa encontra motivos para subestimar a teoria clássica do mandato e dar relevo às teses institucionalistas ([15]).

V – O regime legal português é, como se disse, extremamente lacónico e permite várias soluções, consoante o que for acordado pelas partes: representantes escolhidos pela comissão de trabalhadores ou eleitos directamente pelos trabalhadores; confirmados ou não pela assembleia geral; representantes com meros poderes de consulta e ou fiscalização ou com todos os poderes de gestão e representação; etc..

Deve notar-se que uma solução deste género envolve modificação das normas gerais sobre a designação dos administradores ([16]) e, por isso, deve ser objecto de cláusula estatutária (a introduzir no contrato constitutivo da sociedade ou em posterior alteração), não sendo suficiente a mera concordância do conselho de administração da sociedade,

---

([11]) Cf. николе CATALA, *L'entreprise*, pág. 847 e segs..

([12]) Cf. GOURLAY, *Le conseil d'administration de la société anonyme*, pág. 123 e segs., e PAUL LE CANNU, *La société anonyme à directoire*, pág. 163 e segs..

([13]) Cf. GOURLAY, *Le conseil d'administration de la société anonyme*, pág. 125, e PAUL LE CANNU, *La société anonyme à directoire*, pág. 163 e segs..

([14]) Cf. PAUL LE CANNU, *La société anonyme à directoire*, pág. 171 e segs..

([15]) Cf. PAUL LE CANNU, *La société anonyme à directoire*, pág. 177 e segs..

([16]) Pode, porventura, perguntar-se se o CSC de 1986 (art. 391º e 392º) revogou o art. 30º, nº 3, da Lei nº 16/79, de 12.9. Parece, todavia, dever entender-se que este preceito constitui uma disposição especial, que não deve considerar-se revogada por uma lei geral (CCiv, art. 7º, nº 3), como é, certamente, o CSC, não sendo outra a intenção inequívoca do legislador.

como órgão representativo desta. Isso também resulta, de resto, do nº 2 do art. 30º da Lei nº 16/79, para que remete o nº 3 do mesmo artigo.

Caso os representantes dos trabalhadores sejam eleitos membros do conselho de administração, com os mesmos poderes, direitos e obrigações que os administradores eleitos pela colectividade dos accionistas, a sua relação com a sociedade terá, do ponto de vista do conteúdo, a mesma natureza que a destes.

Todavia, o acto constitutivo da relação é uma deliberação da colectividade dos trabalhadores ou da comissão de trabalhadores, as quais não têm personalidade jurídica e não têm sido consideradas como órgãos da sociedade.

Poderá sustentar-se, então, que tal deliberação e a respectiva aceitação pelo representante eleito corresponde a um contrato entre este e a sociedade?

Num regime facultativo, como é o da lei portuguesa, a sociedade — primeiro, através do convénio colectivo e, depois, mediante estipulação estatutária — aceita que seja sua administradora a pessoa que for eleita pelos trabalhadores ou pela comissão de trabalhadores.

Poderá, por isso, pensar-se, à primeira vista, que da declaração de vontade abstracta da sociedade, completada pela eleição dos representantes dos trabalhadores, e da aceitação destes a essa eleição resulte um contrato. A isso não obsta a distância no tempo entre a estipulação estatutária (declarada para produzir efeitos duradouros) e a eleição. Na verdade, nada obriga a que a aceitação de uma declaração negocial seja imediata ([17]).

Todavia, parece mais curial entender que uma coisa é a aceitação pela sociedade do sistema de representação dos trabalhadores num seu órgão (através do convénio de empresa, completado pela correspondente alteração dos estatutos) e outra diferente a aceitação pela sociedade de um determinado representante dos trabalhadores como membro de um seu órgão.

A primeira tem a natureza de uma norma, num sentido amplo desta expressão ([18]), enquanto a segunda é um acto jurídico concreto.

([17]) Cf., por exemplo, o CCiv, art. 411º e 460º.

([18]) No mesmo sentido em que se poderá falar de norma em relação a uma cláusula estatutária. Sobre o assunto, cf. LUÍS BRITO CORREIA, *Direito Comercial*, 1989, vol. II, pág. 145. Em qualquer caso, parece de excluir a qualificação do convénio de empresa como contrato a favor de pessoa a nomear (cf. CCiv, art. 452º, e M. J. ALMEIDA COSTA,

Acontece, porém, que daquele convénio decorre a desnecessidade (ou até a impossibilidade) desta segunda aceitação. Se a sociedade não pode opor-se ao resultado da eleição, não faz sentido dizer que a aceitação pela sociedade do representante eleito é juridicamente relevante.

Deste modo, parece ter de reconhecer-se que a relação de administração se constitui por mero efeito da eleição pelos trabalhadores (ou pela comissão de trabalhadores) e da aceitação pelo representante eleito – obviamente, no quadro da lei e dos estatutos. Acentue-se, porém, que não basta a eleição pelos trabalhadores (ou pela comissão de trabalhadores), sendo necessária a aceitação pelo representante eleito – pelos mesmos motivos que não basta a eleição pelos accionistas, sendo necessária a aceitação do administrador (accionista ou terceiro).

Tal eleição e aceitação do representante dos trabalhadores parece, assim, reconduzir-se a uma espécie de contrato a favor de terceiro ([19]) – neste caso, a sociedade – cujo conteúdo corresponde à relação de administração, tal como foi acima caracterizada.

É óbvio que, por esta via, se introduz uma alteração substancial na própria sociedade, pois se admite que pessoas não sócias participem na formação da vontade social, em matérias tradicionalmente reservadas à colectividade dos accionistas.

E, do mesmo passo, introduz-se uma modificação igualmente importante nos contratos de trabalho dos trabalhadores a quem seja reconhecido o direito de voto na referida eleição, uma vez que, de meros subordinados, passam a participantes, indirectamente, nas decisões da sua empregadora. Ou seja, o contrato de trabalho subordinado passa a incluir um elemento de tipo associativo, que, em certa medida, reduz o grau de subordinação do trabalhador à respectiva empregadora. Os governados passam, em certa medida, a ser também governantes.

Direito das Obrigações, 3ª ed., pág. 264 e segs.), uma vez que tal convénio cria direitos e obrigações entre a sociedade e o conjunto dos trabalhadores, nomeadamente o direito de estes elegerem os seus representantes; e estes, ao serem eleitos, não assumem a posição de parte nestes direitos e obrigações, mas sim nos poderes, direitos e obrigações de administrador.

([19]) Cf. CCiv, art. 443º; I. GALVÃO TELLES, *Dos Contratos em Geral*, 2ª ed., pág. 415 e segs., e M. J. ALMEIDA COSTA, *Direito das Obrigações*, 3ª ed., pág. 260 e segs..

CAPÍTULO IX

Chamada de suplentes

I – Como se disse acima ([1]), os administradores suplentes são administradores designados para substituírem outros administradores (efectivos), nas suas faltas definitivas ou no caso de suspensão, antes de estas se verificarem. Têm a qualidade de administrador, mas não estão, enquanto suplentes, a exercer funções e, por conseguinte, não têm a plenitude dos poderes, direitos e obrigações dos administradores (efectivos).

II – O *CCom* não prevê a figura do administrador suplente, mas permite que os estatutos indiquem " o modo de suprir as faltas temporárias de qualquer dos directores" (art. 172º, § 2º) e, portanto, permite a escolha dessa solução, entre outras.

O CCom também não esclarece como se constitui a relação entre a sociedade e o administrador suplente. Mas, pela própria natureza das coisas e por analogia, pode entender-se que o administrador suplente é designado, como tal, pelos mesmos modos que os administradores efectivos (fundamentalmente, por eleição pela assembleia geral ou pelo contrato de sociedade – CCom, art. 171º).

Todavia, enquanto não iniciar o exercício efectivo de funções, tem poderes, direitos e obrigações muito reduzidos, como se disse acima ([2]).

Só quando se verificar a falta temporária de um administrador efectivo é que o administrador suplente é chamado a exercer plenamente funções de gestão e representação.

Assim, parece dever entender-se que a relação com o administrador suplente se constitui com a designação inicial, como suplente, sofrendo uma posterior modificação profunda – no sentido da ampliação dos poderes, direitos e obrigações – quando da chamada ao exercício pleno de funções.

Não diz o CCom a quem compete esta chamada de suplentes, devendo entender-se que os estatutos podem regular o assunto. Mais lógico é que seja o presidente do conselho de administração (ou quem legal ou estatutariamente o substitua) a proceder a essa chamada, uma vez que a ele compete a convocação de todos os membros do conselho de

---

([1]) Cf. pág. 233 e segs..
([2]) Cf. pág. 236.

administração para as reuniões e, por isso, ele está, normalmente, em melhor posição para conhecer a situação e remediá-la.

Sendo assim, pode admitir-se que a designação de um administrador suplente equivale à designação de um administrador efectivo sob condição suspensiva de se verificar a falta temporária de outro administrador efectivo e a chamada do primeiro ao exercício pleno de funções. Quer a designação inicial quer a posterior chamada são actos de órgãos sociais e, por isso, imputáveis à sociedade.

Pode, pois, sustentar-se que a relação de administração tem, quanto ao administrador suplente, a mesma natureza que a do administrador efectivo, verificando-se apenas uma diferença, aliás importante, no regime do facto constitutivo.

III – O *CSC* permite expressamente que o contrato de sociedade autorize "a eleição de administradores suplentes, até número igual a um terço do número de administradores efectivos" (art. 390º, nº 5).

Estabelece que, nos casos de falta definitiva ou suspensão de algum administrador, se procede à substituição, em primeiro lugar, "pela chamada de suplentes efectivada pelo presidente, conforme a ordem por que figuram na lista submetida à assembleia geral dos accionistas" [CSC, art. 393º, nº 1, al. *a*), e 4].

Só depois da chamada efectiva pelo presidente [do conselho de administração (^{3})] é que os administradores suplentes começam a exercer funções, passando a ter a generalidade dos poderes, direitos e obrigações característicos dos administradores efectivos.

Assim, parece dever entender-se que a relação de administração se constitui pela designação do administrador suplente no contrato de sociedade ou pela eleição pela assembleia geral ou constitutiva. Todavia, trata-se de uma relação de administração sob condição suspensiva — enquanto o administrador suplente não for chamado a exercer efectivamente funções.

A chamada de um administrador suplente traduz-se numa modificação profunda da relação anteriormente constituída. Em si mesma, a chamada de suplentes constitui um acto do presidente do conselho de

---

(^{3}) O CSC não diz claramente de que presidente se trata. Mas parece dever entender-se que se trata do presidente do conselho de administração, pois é este que, em virtude das suas funções, conhece melhor a situação dos demais administradores, competindo-lhe também a convocação das reuniões do conselho (CSC, art. 410º, nº1).

administração, que é um órgão da sociedade. Tal chamada é, pois, imputável a esta.

Pode, consequentemente, defender-se que, também em face do CSC, a relação de administração do administrador suplente tem a mesma natureza que a do administrador efectivo, embora sob condição suspensiva.

CAPÍTULO X

Cooptação

I – De entre os modos de substituição de administradores em falta temporária ou definitiva, há muito que se conta a cooptação ([1]), ou seja, a designação de novos membros para o órgão mediante deliberação tomada pelos membros do mesmo órgão que permanecem em exercício.

II – O *CCom* não prevê explicitamente este modo de designação de administradores, mas permite que os estatutos indiquem "o modo de suprir as faltas temporárias de qualquer dos directores" (art. 172º, § 2º), admitindo, portanto, que a cooptação seja um dos modos a estipular para esse efeito.

III – Diferentemente, o *CSC* estabelece que, "faltando definitivamente algum administrador, procede-se à sua substituição, nos termos seguintes: [...] *b*) não havendo suplentes, por cooptação, salvo se os administradores em exercício não forem em número suficiente para o conselho poder funcionar; [...]" (art. 393º, nº 1).

Deste modo, a cooptação torna-se um modo normal e obrigatório ([2]) de substituição de administradores em falta definitiva ou, acrescenta o nº 4, em situação de suspensão.

O objectivo é, manifestamente, facilitar a substituição provisória de administradores faltosos, presumindo que os administradores restantes

---

([1]) Cf. GOURLAY, *ob. cit.*, pág. 51 e segs.; CCiv it, art. 2386º, e FRÈ, *Società per azioni*, pág. 381 e segs..

([2]) Em sentido semelhante, em face do menos claro art. 2386º do CCiv it, cf. FRÈ, *Società per azioni*, pág. 382 e seg..

farão uma nova escolha, de harmonia com os critérios da maioria dos accionistas que os elegeram a todos ([3]).

O recurso à cooptação pressupõe, naturalmente, que os membros do órgão em exercício sejam em número suficiente para que o órgão possa funcionar, ou seja, que haja quórum constitutivo. De outro modo, o órgão não poderia deliberar validamente.

No caso do conselho de administração, o quórum é a maioria dos seus membros (CSC, art. 410º, nº 4).

Pressupõe, além disso, que não haja administradores suplentes — designados pelo contrato de sociedade ou eleitos pela colectividade dos accionistas (CSC, art. 390º, nº 5, 139º, nº 1).

Em qualquer caso, a cooptação é um acto de um órgão da sociedade (o conselho de administração). E o administrador cooptado tem os mesmos poderes, direitos e obrigações que os administradores efectivos, embora a cooptação esteja sujeita a ratificação na primeira assembleia geral seguinte (podendo a relação cessar, caso seja recusada – CSC, art. 393º, nº 2) e as funções do administrador cooptado durem só até ao fim do período para o qual os (demais) administradores foram eleitos (CSC, art. 393º, nº 3).

Por isso, pode sustentar-se que a relação de administração dos administradores cooptados tem a mesma natureza que a dos administradores eleitos pela colectividade dos accionistas, apesar da sua menor duração e maior precariedade.

CAPÍTULO XI

Designação pelo órgão de fiscalização

I. — Outro modo de substituição de administradores em falta temporária ou definitiva consiste na designação pelo órgão de fiscalização.

O regime desta designação é, contudo, diferente no CCom e no CSC.

([3]) O art. 2386º do CCiv it exige que a cooptação seja ainda aprovada pelo conselho fiscal, para assegurar que a escolha do administrador substituto corresponda o mais possível à que teria feito a assembleia (cf. FRÈ, *Società per azioni*, pág. 381).

II – No *CCom*, no caso de faltas temporárias de qualquer dos administradores, aplica-se, em primeiro lugar, o modo de substituição previsto nos estatutos; e só se estes não indicarem o modo de suprir essas faltas é que compete ao conselho fiscal "nomear os directores, até à reunião da mesma assembleia" (art. 172º, § 2º).

Após o DL nº 49 381, de 15.11.1969, podem os estatutos de sociedades, cujo capital não exceder 2 500 000$00, determinar que a fiscalização seja exercida por um único fiscal efectivo e um suplente (art. 1º, nº 2). E pode a assembleia geral, "salvo disposição estatutária em contrário, confiar a uma sociedade de revisão de contas o exercício das funções do conselho fiscal, não procedendo então à eleição deste" (art. 4º, nº 1).

Entre as obrigações do conselho fiscal, enunciadas no art. 10º do DL nº 49 381, não está explicitada a nomeação de directores substitutos; mas a alínea *i*) desse número refere-se às "demais obrigações impostas pela lei e pelos estatutos", o que, sem dúvida, visa abranger, entre outras, as que decorrem do citado art. 172º, § 2º.

Por outro lado, o disposto no referido art. 10º é aplicável ao fiscal único e à sociedade de revisão de contas, por força do art. 16º do mesmo DL nº 49 381.

Em qualquer caso, os actos do órgão de fiscalização, numa ou noutra das suas modalidades, são sempre imputáveis à sociedade.

Os poderes, direitos e obrigações dos administradores assim designados são idênticos aos dos administradores efectivos. Apenas a duração das funções daqueles é menor e mais precária que a destes, pois, como se disse, aquelas duram até à reunião da assembleia geral, que pode destituí-los independentemente de justa causa e, ao que parece, sem obrigação de indemnização.

Pode, assim, concluir-se que a relação de administração dos administradores designados pelo órgão de fiscalização tem a mesma natureza que a dos administradores eleitos pela colectividade dos accionistas, apesar da sua menor duração e maior precariedade.

III – Em face do *CSC*, chega-se a igual conclusão, embora o regime seja um tanto diferente.

Com efeito, faltando definitivamente algum administrador, o conselho fiscal pode designar um substituto, desde que não tenha havido cooptação dentro de 60 dias a contar da falta (art. 393º, nº 1), aplicando-se igual regime no caso de suspensão de um administrador (art. 393º, nº 4), bem como no caso em que, em vez de conselho fiscal, existe um fiscal único (art. 413º, nº 1 e 5).

A alínea c) do nº 1 do art. 393º (cuja redacção provém do Projecto de 1983) suscita um problema delicado. É que, interpretada à letra, conduz a pensar que o conselho fiscal só pode designar o administrador substituto depois de passarem 60 dias sobre a falta, sem que tenha havido cooptação. Todavia, parece corresponder melhor ao espírito da lei entendê-la no sentido de que esta exigência só é necessária caso a cooptação seja possível (isto é, caso haja quórum no conselho de administração). Se não houver suplentes nem administradores em número suficiente para o conselho poder funcionar, deve entender-se que o conselho fiscal pode designar o substituto imediatamente, sem ter de esperar pelo decurso do prazo de 60 dias.

Se assim não fosse, a sociedade teria de estar sem administradores operacionais durante 60 dias (ou, pelo menos, durante o prazo necessário à convocação de uma assembleia geral para a eleição de novo administrador — que é, normalmente, de 30 ou 21 dias, conforme os casos — CSC, art. 377º, nº 4). Ora, esta situação pode ser muito gravosa para a sociedade, não se vendo nenhum motivo para lha impor.

O objectivo da lei ao estabelecer esse prazo é, manifestamente, o de permitir a designação pelo órgão de fiscalização, caso os administradores em exercício (em número igual ou superior ao quórum) não consigam encontrar uma solução, por cooptação, dentro de um período razoável — é o "favor societatis" —, não o de protelar a resolução do problema, em prejuízo da sociedade e sem vantagem para ninguém.

A designação pelo órgão de fiscalização deve ser submetida a ratificação na primeira assembleia geral seguinte (CSC, art. 393º, nº 2); e dura até ao fim do período para o qual os (demais) administradores foram eleitos (CSC, art. 393º, nº 3). É, assim, menos duradoura e mais precária que a eleição pela colectividade dos accionistas.

Mas os poderes, direitos e obrigações dos administradores designados pelo órgão de fiscalização são iguais aos dos administradores efectivos, uma vez que a lei não estabelece qualquer diferenciação.

Pode, pois, concluir-se que a relação de administração dos administradores designados pelo órgão de fiscalização (um órgão social, cujos actos são imputados à sociedade) tem a mesma natureza que a dos administradores eleitos pela colectividade dos accionistas, apesar da sua menor duração e maior precariedade.

CAPÍTULO XII
Designação pela mesa da assembleia geral

I – Outro modo de substituição de administradores em falta temporária ou definitiva –previsto pelo CCom (art. 172º, § 2º), mas não pelo CSC – consiste na designação pela mesa da assembleia geral.

No caso de faltas temporárias de qualquer dos administradores, não havendo indicação estatutária e na falta do conselho fiscal, compete à mesa da assembleia geral "nomear os directores, até à reunião da mesma assembleia" (art. 172º, § 2º).

A mesa da assembleia geral é um órgão da sociedade e, por conseguinte, os seus actos são imputáveis à sociedade.

Os poderes, direitos e obrigações dos administradores assim designados são idênticos aos dos administradores efectivos. Apenas a duração das funções daqueles é menor e mais precária que a destes, pois, como se disse, aquelas duram até à reunião da assembleia geral, que pode destituí-los independentemente de justa causa e, ao que parece, sem obrigação de indemnização.

Pode, pois, concluir-se que a relação de administração dos administradores designados pela mesa da assembleia geral tem a mesma natureza que a dos administradores eleitos pela colectividade dos accionistas, apesar da sua menor duração e maior precariedade.

II – O *CSC*, como se disse, não prevê a designação de administradores substitutos pela mesa da assembleia geral.

E a redacção do nº 1 e, sobretudo, do nº 4 do art. 393º do CSC dá a entender que se trata de disposições imperativas, que não admitem cláusulas estatutárias em sentido diverso ([1]).

([1]) A doutrina italiana discutiu, em face do CCom it de 1882, a validade de cláusulas estatutárias, afastando a possibilidade legal de substituição de administradores em falta por cooptação e impondo sempre a substituição mediante nova eleição da assembleia geral, pronunciando-se a maioria no sentido da invalidade (cf. DE GREGORIO, *Società*, pág. 253; NAVARRINI, *Società*, pág. 545, nota 2, contra FRÈ, *Organo amministrativo nelle società anonime*, pág. 95 e segs.). Em face do CCiv it, a doutrina dominante é no sentido da validade de tais cláusulas, por entender que o princípio é que os administradores sejam eleitos pelos accionistas e que a possibilidade de substituição por cooptação é a excepção; a exclusão desta traduz-se, pois, no retorno à regra geral (cf. FERRI, *Le società*, pág. 521, e FRÈ, *Società per azioni*, pág. 383). É muito duvidosa a validade de tais cláusulas, em face da redacção do art. 393º do CSC, que é diferente da do art. 2386º do CCiv it.

CAPÍTULO XIII

Designação pelo Estado

I – Até aqui têm sido analisadas modalidades de designação de administradores em que é competente para a designação um órgão da sociedade (colectividade dos accionistas ou dos fundadores, presidente do conselho de administração, conselho de administração, órgão de fiscalização, mesa da assembleia geral) ou um conjunto de membros de um órgão (accionistas minoritários) ou um conjunto de pessoas com uma relação estável com a sociedade (trabalhadores ou comissão de trabalhadores) – mas sempre entidades jurídico-privadas (ou, pelo menos, tomadas como tais).

Todavia, referiu-se acima ([1]) que há várias situações em que a lei prevê a designação de administradores por parte do Estado ([1a]).

Importa, por isso, analisar em que medida a relação de administração assim constituída, por acto da Administração Pública, tem ou não a mesma natureza que a resultante de designação por entidades privadas.

Deve notar-se que estão em causa agora apenas os casos em que a designação é feita pelo Governo, como autoridade pública e não como accionista. Mesmo nos casos em que o Estado é accionista, a designação de administradores por parte do Estado, com o estatuto agora tido em vista, ocorre, não por força do seu direito de voto normal, mas por força do poder de autoridade que lhe advém da lei (e, por isso mesmo, excede o peso do voto que o Estado teria como accionista).

II – Em primeiro lugar, interessa saber se o acto constitutivo da relação de administração por parte do Estado tem a mesma natureza de contrato "sui generis" que a do administrador eleito pelos accionistas.

Parece necessário distinguir aqui a relação entre a sociedade e o Estado, a relação entre a sociedade e o administrador por parte do Estado e a relação entre o Estado e o administrador por parte do Estado.

A – A sociedade (representada pela colectividade dos accionistas ou por qualquer outro órgão) não tem qualquer intervenção na designação do administrador por parte do Estado. O administrador é, claramente,

---

([1]) Cf. pág. 122 e segs..

([1a]) O que se diz neste capítulo sobre a designação pelo Estado aplica-se, "mutatis mutandis", à designação por entidades equiparadas ao Estado.

imposto à sociedade pelo Estado, ao abrigo da lei. A sociedade não tem o poder de se opor à nomeação do administrador por parte do Estado (a não ser através de impugnação contenciosa). Não pode, por isso, falar-se em contrato entre a sociedade e o Estado.

O acto de designação pelo Governo é, manifestamente, uma conduta voluntária de um órgão da Administração que, no exercício de um poder público e para prossecução de interesses postos por lei a seu cargo, produz efeitos jurídicos num caso concreto. É um acto de intervenção do Estado, como autoridade pública, na vida da sociedade, para defesa de um interesse público e ao abrigo de uma autorização legal.

Tanto basta para qualificar tal acto como um acto administrativo ([2]).

Tal acto baseia-se numa relação jurídica entre a sociedade e o Estado, em que este se apresenta como tendo o poder (público) de nomear unilateralmente um administrador para aquela, encontrando-se a sociedade numa situação de sujeição à autoridade do Estado. Trata-se, obviamente, de uma relação de direito administrativo e, mais exactamente, de direito administrativo da economia, ou, se se preferir, de direito económico.

Isto é verdade em face dos sucessivos diplomas que regularam a nomeação de administradores por parte do Estado, com essa designação ou a de gestores públicos.

B — De tal acto nasce uma relação jurídica entre a sociedade e o administrador por parte do Estado, por imposição unilateral do próprio Estado, no exercício de um poder que lhe é conferido pela lei. A sociedade não pode deixar de considerar o administrador por parte do Estado como seu administrador, independentemente da aceitação ou não aceitação pela própria sociedade.

Não pode, por isso, falar-se em contrato entre a sociedade e o administrador por parte do Estado.

A relação entre eles constitui-se por um acto administrativo (unilateral) ([3]).

([2]) Sobre o conceito de acto administrativo, cf. MARCELLO CAETANO, *Manual de Direito Administrativo*, 10ª ed., vol. I, pág. 427 e segs.; DIOGO FREITAS DO AMARAL, *Direito Administrativo*, 1984/85, vol. III, pág. 63 e segs.; J. M. SÉRVULO CORREIA, *Noções de Direito Administrativo*, vol. I, 1982, pág. 288 e segs., e M. ESTEVES DE OLIVEIRA, *Direito Administrativo*, vol. I, pág. 371 e segs..

([3]) É sabido que a doutrina administrativista tem considerado que não vigora, no âmbito do direito público, aquela autonomia de vontade que se encontra histórica e doutrinariamente ligada à ideia de negócio jurídico (cf. SÉRVULO CORREIA, *Noções*

C—Todavia, para além desta relação jurídica entre a sociedade e o administrador por parte do Estado, existe uma relação jurídica entre o Estado e o administrador por parte do Estado.

1. Antes do DL nº 831/76, de 25.11, que aprovou o primeiro Estatuto do Gestor Público, tal relação é regulada pelos sucessivos diplomas que prevêem a respectiva nomeação ([4]), não interessando agora aprofundar cada um deles.

Bastará fazer referência ao regime decorrente do DL nº 40 833, de 29.10.1956.

Este diploma fala várias vezes da "nomeação" dos administradores por parte do Estado, nunca utilizando a expressão mandato ou outra conotada com qualquer contrato, nem referindo a necessidade de aceitação do administrador. Fica a sensação de que a lei considera a nomeação como um acto administrativo (unilateral), cuja aceitação pelo administrador é mera condição de eficácia — o que corresponde, aliás, ao estado da doutrina administrativista da época, em relação ao problema da admissibilidade de contratos administrativos ([5]).

2. Após o referido DL nº 831/76, passa a aplicar-se o citado Estatuto, que prevê a existência de gestores públicos profissionais e gestores públicos não profissionais, admitindo que as funções de uns e outros sejam exercidas "com base em contrato, em regime de requisição ou ainda por destacamento do quadro do pessoal especial de gestores públicos profissionais" (art. 6º).

O DL nº 831/76 foi, entretanto, revogado, pelo que não parece justificar-se uma análise mais aprofundada dele, neste contexto.

3. O DL nº 831/76 foi substituído pelo DL nº 464/82, de 9.12, que aprovou um novo Estatuto dos gestores públicos.

Segundo este novo diploma, actualmente em vigor, "a nomeação do gestor público envolve a atribuição de um mandato para o exercício das funções [...]" (art. 2º, nº 1).

---

de *Direito Administrativo*, 1982, vol. I, pág. 261). Tem de reconhecer-se, todavia, que, no caso da nomeação de administradores por parte do Estado, este goza de alguma discricionariedade, ao menos na escolha da pessoa a nomear.

([4]) Cf. pág. 122 e segs..

([5]) Para maiores desenvolvimentos, cf. J. M. SÉRVULO CORREIA, *Legalidade e Autonomia Contratual nos Contratos Administrativos*, pág. 344 e segs..

"O gestor público é nomeado e exonerado por despacho conjunto do Primeiro-Ministro, do Ministro de Estado e das Finanças e do Plano e do Ministro da tutela" (art. 2º, nº 2).

O art. 3º acrescenta que "1. A aceitação do mandato conferido resulta da simples tomada de posse pelo gestor das funções para que foi nomeado.

"2. Pode, porém, a aceitação do mandato processar-se através da celebração de um contrato formal de mandato para o exercício de funções de gestão, ou acordo de gestão, a celebrar entre o Estado e o gestor público [...]".

O art. 4º, por seu lado, prevê a nomeação, "em comissão de serviço, de funcionários da própria empresa". E o art. 5º permite a requisição de "agentes da Administração Pública e empregados das empresas públicas e privadas".

Não se pode dizer que estes preceitos primem pelo rigor terminológico. Mas não importa agora aprofundar a natureza e o regime desta relação de gestão pública, que cabe, certamente, no âmbito do direito administrativo da economia ou direito económico — fora, portanto, do direito comercial, em que o presente estudo pretende situar-se.

É de notar apenas que, em face da lei vigente, a relação de administração por parte do Estado pode constituir-se na base de actos jurídico-administrativos de natureza diferenciada: contrato de mandato (informal ou formal), acordo de gestão, nomeação em comissão de serviço, ou requisição.

Assim, quer em face do DL nº 40 833, quer do DL nº 464/82, o acto constitutivo da relação de administração por parte do Estado apresenta natureza significativamente diferente da eleição pelos accionistas e respectiva aceitação.

III — Interessa saber, em segundo lugar, se o conteúdo da relação de administração entre a sociedade e o administrador por parte do Estado, assim constituída por acto da Administração Pública, será idêntico ao da resultante de designação por uma entidade privada. Tomar-se-á como base apenas o disposto no DL nº 40 833 e no DL nº 464/82.

A — Ficou dito acima ([6]) que, em face do DL nº 40 833, de 29.10. 1956, os administradores por parte do Estado têm os mesmos direitos e

---

([6]) Cf. pág. 123.

obrigações que os demais administradores, "competindo-lhes zelar, juntamente com estes e segundo o seu prudente critério, os interesses das respectivas empresas" (art. 10º). Em caso de concorrência ou conflito de interesses, cabe-lhes, porém, defender os interesses do Estado, observando as instruções especiais que lhes sejam dadas pelo Governo (DL nº 40 833, art. 10º, § único).

Nesse tempo, a lei não era clara quanto à definição do interesse a prosseguir pelos administradores eleitos pela assembleia geral; mas sabe-se que a doutrina tinha em vista o interesse da sociedade ou interesse social, cuja determinação suscitava controvérsia ([7]).

Diferentemente, os administradores por parte do Estado devem prosseguir, em primeiro lugar, o "interesse da empresa" (que pode não coincidir com o interesse da sociedade, consoante o entendimento que se dê a este); mas, em caso de conflito de interesses, devem fazer prevalecer os interesses do Estado, segundo as instruções dos respectivos Ministros, podendo, inclusivamente, provocar a suspensão das votações, a suspensão da executoriedade das deliberações tomadas, a declaração de nulidade e a revogação destas (DL nº 40 833, art. 11º, 14º, 15º, §§ 2º e 4º, e 17º, §§ 1º e 3º).

Por outro lado, "os administradores por parte do Estado terão remuneração idêntica à dos demais administradores" (art. 6º).

Os administradores por parte do Estado estão, todavia, sujeitos a incompatibilidades (art. 8º e 9º), a obrigações de informar o Governo (art. 18º) e a responsabilidades (art. 19º), que não recaem, normalmente, sobre os administradores eleitos pelos accionistas. E estão sempre dispensados de prestar caução (art. 1º, § 3º).

Esta gama de poderes e deveres revela que os administradores por parte do Estado se encontram numa relação triangular: são administradores da sociedade, mas são nela representantes da autoridade do Estado, a quem se mantêm vinculados e cujas orientações devem cumprir.

Trata-se, pois, de uma situação que, em parte, corresponde à dos administradores eleitos pelos accionistas, mas, noutra parte igualmente importante, faz deles instrumentos da autoridade pública na empresa. Trata-se, pois, de uma relação híbrida – comercial e administrativa.

([7]) Cf. Luís BRITO CORREIA, *Direitos Inderrogáveis dos Accionistas*, pág. 77 e segs..

B – Em face do DL nº 464/82, de 9.12, o gestor público "deverá observar na sua gestão uma conduta de total independência, prosseguindo exclusivamente na sua actividade de gestor os interesses e atribuições da empresa cuja gestão lhe foi confiada" (art. 8º, nº 2). Todavia, ao mesmo tempo que é reconhecida ao gestor público "plena autonomia no exercício das suas funções de gestão, não se encontrando, nessa qualidade, sujeito a qualquer subordinação hierárquica nem aos deveres específicos próprios dessa relação", isso é "sem prejuízo do disposto no número anterior e dos poderes de intervenção do Governo expressamente consagrados na lei" (art. 9º, nº 2).

Ora, o número anterior manda os gestores públicos "exercer as suas funções e gerir as respectivas empresas segundo critérios de eficiência económica e de acordo com os objectivos assinalados à empresa e à gestão, no quadro do processo de desenvolvimento económico do País, cumprindo-lhes, nomeadamente:

a) Prosseguir a realização do objecto da empresa e assegurar o seu equilíbrio económico-financeiro;

b) Observar, no quadro da alínea anterior, as orientações que lhe sejam dadas pelos ministros da tutela, com o objectivo de conveniente enquadramento na política económico-social do sector [...];

c) Promover a elaboração de planos anuais e plurianuais coerentes com as estratégias superiormente definidas [...]".

Assim, embora, por um lado, se afirme a plena autonomia dos gestores públicos e a sua obrigação de prosseguir os interesses da empresa, também se estabelece, por outro lado, a obrigação de observar as orientações dos ministros da tutela e de atender ao desenvolvimento económico-social do País e à política económico-social do sector. Deste modo, a afirmação de uma "plena autonomia", simultaneamente limitada, não pode significar senão que as limitações a essa autonomia devem ser apenas as que a lei permite introduzir e não mais, ou seja, devem ser interpretadas restritivamente (segundo o princípio da subsidiariedade do Estado) – o que não quer dizer que não sejam muitas. Por outras palavras, a autonomia não é, realmente, "plena"; a redacção da lei é que, neste aspecto, é infeliz, porque contraditória.

"As funções de gestor público, quando membro das comissões executivas, são exercidas a tempo inteiro", embora se admitam excepções (art. 10º). Os gestores públicos têm certas obrigações de informação (art. 8º) e certas incompatibilidades (art. 11º), que não afectam os administradores eleitos pelos accionistas (CSC, art. 398º). E têm um regime de remuneração e benefícios sociais (DL nº 464/82, art. 7º) diverso do destes (CSC, art. 399º).

Pode, assim concluir-se que o conteúdo da relação de administração por parte do Estado é significativamente diferente do conteúdo da relação entre a sociedade e um administrador eleito pelos accionistas.

IV — Em terceiro lugar, importa saber se a cessação da relação de administração por parte do Estado tem o mesmo regime que a cessação da relação entre a sociedade e um administrador eleito pelos accionistas.

A — Em face do DL nº 40 833, de 29.10.1956, os administradores por parte do Estado exercem funções pelo prazo "que, segundo os estatutos, for fixado para a duração dos mandatos sociais", "sem prejuízo da faculdade de exoneração a todo o tempo por conveniência de serviço" [art. 3º, § 2º ([8])]. Mas as suas nomeações "são renováveis, independentemente do que nos estatutos estiver estabelecido para o mandato dos membros eleitos" (art. 3º, § 3º).

B — Em face do art. 6º do DL nº 464/82: "1. O gestor público pode ser livremente exonerado pelas entidades que o nomearam, podendo a exoneração fundar-se em mera conveniência de serviço.

"2. A exoneração dará lugar, sempre que não se fundamente no decurso do prazo, em motivo justificado ou na dissolução do órgão de gestão, a uma indemnização de valor correspondente aos ordenados vincendos até ao termo do mandato, mas não superior ao vencimento anual do gestor.

"3. Considera-se motivo justificado para efeitos do número anterior:

a) A falta de observância da lei ou dos estatutos da empresa;

b) A violação grave dos deveres de gestor público.

"4. O apuramento do motivo justificado para a revogação do mandato pressupõe a prévia audiência do gestor sobre as razões invocadas, mas não implica o estabelecimento de qualquer processo [...].

"7. O gestor público pode renunciar ao mandato conferido com a antecedência mínima de três meses sobre a data em que se propõe cessar funções [...]".

([8]) Na redacção original, que veio a ser alterada pelo DL nº 139/70, de 7.4.

Da simples leitura destas disposições decorre que há diferenças significativas entre este regime e o aplicável aos administradores eleitos pelos accionistas, descrito no capítulo V.

V — Pode, assim, concluir-se que a designação pelo Governo de administradores para uma sociedade anónima tem uma natureza e um regime profundamente diferentes da designação pelos accionistas.

Perante a sociedade, a designação pelo Governo constitui um acto administrativo (unilateral), que se baseia numa relação jurídico-administrativa entre o Estado (autoridade pública) e a sociedade, e que cria, por força da lei, uma relação jurídica entre a sociedade e o administrador por parte do Estado, com uma natureza e um regime específicos.

Mas, além disso, a designação pelo Governo, condicionada ou integrada pela aceitação do administrador designado, constitui uma relação jurídica entre o Estado e o administrador por parte do Estado, aliás gestor público, regida por um estatuto próprio e com uma natureza (unilateral ou contratual) variável, consoante a modalidade escolhida pelas partes de entre as previstas pela lei.

CAPÍTULO XIV

Nomeação pelo tribunal

SECÇÃO I

Considerações gerais

A designação de administradores compete, em regra, aos sócios (no contrato social ou por eleição posterior) ou, em certos casos, a determinado órgão social, e só excepcionalmente a estranhos à sociedade. Compreende-se, por isso, que sejam raros os casos em que a lei permite a designação de administradores pelo tribunal [fora, naturalmente, de situações de insolvência ou falência (¹), que não interessa agora considerar].

Para os objectivos agora tidos em vista, interessa analisar, separadamente, os casos de designação judicial de administradores para substituir administradores destituídos por justa causa ou em falta (²) e os casos de administradores designados para empresas sujeitas a um processo judicial de recuperação da empresa e de protecção dos credores.

SECÇÃO II

Administradores judiciais substitutos

I – A designação de administradores pelo tribunal não está prevista pelo CCom de 1833, nem pelo CCiv de 1867, nem pelo CCom de 1888, para nenhum dos tipos de sociedades civis ou comerciais.

O Código de Processo Comercial de 24.1.1895 permite a nomeação pelo tribunal de administrador para sociedades em nome colectivo, a pedido de um ou mais sócios, "no caso do socio administrador fazer mau uso da faculdade que lhe confere o contracto social" e se "da sua gestão resulta prejuizo manifesto para o fundo social" (art. 111º).

Este preceito foi reproduzido pelo CPCom de 14.12.1905 (art. 120º), mas não já pelo CPC de 1939 (que apenas prevê processos especiais para destituição de administrador e para investidura em cargos sociais – art. 1536º e 1553º). O CPC de 1961, actualmente em vigor, segue esta mesma orientação (art. 1484º e 1500º).

Em nenhum destes diplomas processuais se prevê, todavia, a designação de administradores pelo tribunal para sociedades anónimas.

(¹) Cf. CPC, art. 1142º, nº 1, al. *a*), 1143º, 1208º a 1217º, 1246º, 1261º, 1270º, 1307º e 1315º. Nos processos de insolvência ou falência, trata-se da liquidação universal dos patrimónios, pelo que as funções do administrador judicial são significativamente diferentes das do administrador de uma sociedade em situação normal.

(²) Não deve confundir-se o administrador judicial com o representante especial da sociedade também nomeado pelo tribunal (CSC, art. 76º). Na verdade, o administrador judicial tem os poderes de gestão e representação que cabem ao órgão de administração da sociedade, enquanto o representante especial tem poderes limitados de representação da sociedade, em casos em que esta não pode ou não deve ser representada pelos membros do seu órgão representativo normal.

O CCom prevê apenas, no art. 131º, § 2º, a nomeação judicial de liquidatários, a respeito da qual parece valer a pena analisar considerações feitas pela doutrina da época – apesar de o regime destes estar fora do núcleo do presente estudo –, na medida em que alguns argumentos utilizados podem, talvez, ser invocados em face do regime dos administradores constante do CSC.

Efectivamente, RAÚL VENTURA ([3]) afirma que a nomeação judicial de liquidatários tem a natureza de acto unilateral, sendo a aceitação outro acto jurídico unilateral, que condiciona os efeitos da nomeação – à semelhança do que sustenta quanto aos administradores. "Se o acto de nomeação do liquidatário tivesse natureza contratual, ou deveríamos aceitar que o juiz, actuando como órgão da sociedade, celebra um contrato com o liquidatário, em nome da sociedade – o que é manifestamente absurdo –, ou teríamos necessidade de atribuir duas naturezas jurídicas à nomeação, conforme fosse realizada pela assembleia ou pelo juiz – o que é artificioso. Nada disto é necessário se a nomeação se desdobrar nos dois actos unilaterais indicados [...]".

É de notar que RAÚL VENTURA, em paralelismo com o que defende quanto aos administradores, considera os liquidatários, não como mandatários, mas como órgãos da sociedade, embora diferentes dos administradores, pela necessidade de substituição dos administradores na fase de liquidação, pela composição, pelas regras de constituição e sobretudo pela diversidade de funções ([4]).

Parece, na verdade, de admitir que o liquidatário nomeado pelo tribunal seja órgão da sociedade, do mesmo modo que o eleito pelos accionistas. E também parece irrecusável que a nomeação pelo tribunal tem a natureza de acto unilateral, pois não faz sentido considerar o juiz como órgão da sociedade e não se pode sustentar que a vontade do administrador esteja em posição de igualdade relativamente à do juiz.

Mas não se vê motivo para considerar "artificioso" atribuir natureza diferente à "nomeação", consoante seja feita pela assembleia ou pelo juiz. Pelo contrário, parece necessário reconhecer essa diferença, na medida em que a eleição pela assembleia geral é um acto de autonomia privada (uma declaração negocial), enquanto a nomeação pelo juiz é um acto de uma autoridade pública (um acto processual).

([3]) Cf. *Sociedades Comerciais: Dissolução e Liquidação*, vol. II pág. 163 e seg..
([4]) Cf. *ob. cit.*, vol. II, pág. 127 e segs..

Pode mesmo duvidar-se de que a aceitação pelo administrador (como pelo liquidatário) da eleição pela assembleia, ou até mesmo a nomeação pelo Governo, tenha a mesma relevância jurídica da aceitação da nomeação judicial: não será esta uma ordem, obrigatória por si mesma e por força da lei ([5]), sendo dispensável a aceitação? A recusa de aceitação não significa desobediência? O nomeado pode pedir escusa, mas esta terá de ser fundamentada e depende da decisão do tribunal, pois também neste domínio parece de reconhecer o dever de colaboração com a justiça ([6]). Este dever é, aliás, mais vinculativo do que o dever de obediência às autoridades administrativas, atendendo não só à subordinação destas aos tribunais (CRP, art. 208º, nº 2, e 268º, nº 4), como também à natureza e medida da sanção aplicável à desobediência (CPen, art. 388º).

Parece assim inevitável a distinção de natureza entre a designação pela colectividade dos sócios (ou outro órgão social), a designação pelo Estado (Administração Pública) e a designação pelo tribunal, por motivos ligados à estrutura e força vinculativa desses actos — para além dos motivos acima referidos, a propósito da aceitação da eleição ([7]).

II – Entretanto, o DL nº 49 381, de 15.11.1969, estabelece, no art. 29º, que, caso se provem graves irregularidades no exercício das funções dos administradores de sociedades anónimas, pode o tribunal destituir os administradores e "nomear um administrador judicial, fixando os seus poderes e o prazo das suas funções", a pedido de accionistas que representem a décima parte do capital social, ou do Ministério Público. "O administrador pode demandar os administradores e os membros do conselho fiscal pela responsabilidade em que tenham incorrido para com a sociedade" (art. 29º, nº 4). "O administrador judicial deve solicitar à mesa, antes do termo das suas funções, a convocação da assembleia geral para a eleição dos novos administradores [...], ou para lhe propor, se for caso disso, a dissolução da sociedade" (art. 29º, nº 5).

O DL nº 49 381 não define outros aspectos do estatuto deste administrador judicial. Torna-se, por isso, delicado determinar a sua natureza jurídica.

([5]) À semelhança do que se passa com os peritos, em processo civil (CPC, art. 583º).

([6]) Cf. CPC, art. 266º, 519º, 531º, 582º, 614º, 629º e 645º.

([7]) Cf. pág. 460 e segs..

Sabe-se que o administrador é designado pelo tribunal, ou seja, por um acto de uma autoridade pública – um acto processual. Essa designação não depende, obviamente, da aceitação da sociedade e, nessa medida, em relação a ela, é um acto unilateral.

Não diz a lei se os efeitos da designação dependem da aceitação do administrador ou se este é simplesmente obrigado a acatá-la. Atendendo à função do juiz, parece mais curial esta segunda alternativa, sem prejuízo da possibilidade de o designado pedir escusa, por motivos justificados. A ser assim, o acto é unilateral, mesmo em relação ao administrador. Trata-se, pois, de uma nomeação, no sentido estrito desta expressão.

A lei diz que o tribunal pode fixar os poderes do administrador, não falando dos seus direitos e deveres. Entre aqueles poderes contam-se, naturalmente, poderes de representação da sociedade perante terceiros, como, por exemplo, os referidos no citado nº 4 do art. 29º, de demandar os administradores e membros do conselho fiscal pela sua responsabilidade perante a sociedade. Aliás, falando a lei de administrador judicial, parece dever entender-se que o tribunal nomeia um membro de um órgão da sociedade. Assim, no silêncio da lei, parece que da nomeação judicial resulta a constituição de uma relação jurídica entre o administrador judicial e a sociedade de conteúdo idêntico à dos demais administradores (eleitos pelos accionistas), ressalvadas as limitações decorrentes dos poderes definidos pelo tribunal. Nomeadamente, parece dever entender-se que o administrador tem direito a remuneração, a pagar pela sociedade, uma vez que é esta que, primariamente, beneficia com a sua actividade.

É claro que o administrador judicial não pode ser destituído pelos accionistas. Em princípio, quem tem poderes para designar é que tem poderes para destituir. A relação de administração dura pelo prazo fixado pelo tribunal.

Em conclusão, trata-se de uma relação de administração de conteúdo semelhante à dos administradores eleitos pelos accionistas, mas constituída por um acto de natureza diferente (um acto processual, unilateral, do juiz – uma sentença) e com um regime, em parte, diverso.

III – Posteriormente, o DL nº 154/72, de 10.5, permite a "qualquer sócio requerer a nomeação de um administrador judicial, que exercerá as respectivas funções conjuntamemte com os outros administradores ou gerentes, quando os haja'', e isso ''quando em duas reuniões da assembleia geral distanciadas entre si pelo menos sessenta dias, nas quais hajam participado todos os sócios com direito de voto ou, devidamente convocados, sócios que representem, pelo menos, 90 por cento do capital social, não puderam ser tomadas, devido a ter-se verificado empate de votos, deliberações: *a*) De nomeação de administradores ou de gerentes, desde que tornada necessária por força da lei ou dos estatutos; [...]'' (art. 4º e 5º, nº 1).

''O tribunal fixará os poderes do administrador judicial e a duração das suas funções, sendo aplicável, quanto ao mais, com as necessárias adaptações, o disposto nos nº 5 e 6 do artigo 29º do Decreto-Lei nº 49 381, de 15 de Novembro de 1969'' (DL nº 154/72, art. 5º, nº 2).

''As funções do administrador judicial cessam necessariamente logo que a assembleia geral eleja um administrador ou gerente'' (DL nº 154/72, art. 5º, nº 3).

Também neste caso o administrador é designado pelo tribunal, ou seja, por um acto de uma autoridade pública – um acto processual. Essa designação não depende da aceitação da sociedade e, nessa medida, em relação a ela, é um acto unilateral. Em todo o caso, a situação é um tanto diversa da regulada no art. 29º do DL nº 49 381, pois a assembleia geral pode fazer cessar, em qualquer momento, as funções do administrador judicial, bastando para isso eleger um novo administrador (DL nº 154/72, art. 5º, nº 3).

A lei também não diz se os efeitos da designação dependem da aceitação do administrador ou se este é obrigado a acatá-la. Parece igualmente mais curial esta segunda alternativa, sem prejuízo da possibilidade de o designado pedir escusa, por motivos justificados. A ser assim, o acto é unilateral, mesmo em relação ao administrador. Trata-se, pois, também de uma nomeação, no sentido estrito desta expressão.

À semelhança do DL nº 49 381, o DL nº 154/72 diz que o tribunal fixará os poderes do administrador judicial, o que leva a entender que esses poderes podem ser mais ou menos amplos que os dos demais administradores. Em todo o caso, refere que aquele exercerá as suas funções ''conjuntamente com os demais administradores'' – o que induz a pensar que terá, em regra, as mesmas funções, inclusivamente as de representação da sociedade (quanto mais não seja, por remissão do art. 5º, nº 2, do DL nº 154/72 para o DL nº 49 381).

Aliás, falando a lei de administrador judicial, parece dever entender-se que o tribunal nomeia um membro de um órgão da sociedade.

Também não fala o DL nº 154/72 dos direitos e deveres do administrador judicial, remetendo, em todo o caso, para os nº 5 e 6 do art. 29º do DL nº 49 381.

Assim, parece que da nomeação judicial resulta a constituição de uma relação jurídica entre o administrador judicial e a sociedade, de conteúdo substancialmente idêntico à dos demais administradores (eleitos pelos accionistas), ressalvadas as limitações decorrentes dos poderes definidos pelo tribunal. Nomeadamente, parece dever entender-se que o administrador tem direito a remuneração a pagar pela sociedade, uma vez que é esta que, primária e presumivelmente, beneficia com a sua actividade.

O tribunal deve fixar a duração das funções do administrador judicial, mas, diversamente do regime do art. 29º do DL nº 49 381, este pode ver caducar a sua relação caso a assembleia geral eleja um administrador.

Em conclusão, trata-se aqui também de uma relação de administração de conteúdo semelhante à dos administradores eleitos pelos accionistas, mas constituída por um acto de natureza diferente (um acto processual, unilateral, do juiz — uma sentença) e com um regime, em parte, diverso e, sobretudo, mais precário.

IV – O CSC não reproduz o art. 29º do DL nº 49 381, de 15.11.1969, nem os art. 4º e 5º do DL nº 154/72, de 10.5, dispondo apenas no art. 394º o seguinte:

"1. Quando durante mais de 60 dias não tenha sido possível reunir o conselho de administração, por não haver bastantes administradores efectivos e não se ter procedido às substituições previstas no artigo 393º, e, bem assim, quando tenham decorrido mais de 180 dias sobre o termo do prazo por que foram eleitos os administradores sem se ter efectuado nova eleição, qualquer accionista pode requerer a nomeação judicial de um administrador, até se proceder à eleição daquele conselho.

"2. O administrador nomeado judicialmente é equiparado ao administrador único, permitido pelo artigo 390º, nº 2.

"3. Nos casos previstos no nº 1, os administradores ainda existentes terminam as suas funções na data da nomeação judicial de administrador".

Qual a natureza da relação deste administrador judicial com a sociedade?

O acto constitutivo da relação é, também neste caso, um acto processual, unilateral.

O conteúdo da relação é definido por remissão para a figura do administrador único. Note-se, todavia, que o CSC usa a expressão "equiparado", o que exclui uma identificação completa. De qualquer modo, o administrador judicial tem os mesmos poderes, direitos e deveres que o administrador único e, portanto, deve considerar-se órgão da sociedade.

A relação de administração cessa com a eleição de novos administradores — naturalmente, pelos accionistas —, ou, obviamente, por destituição judicial.

Pode, assim, concluir-se que se trata de uma relação de administração de conteúdo semelhante à do administrador único eleito pelos accionistas, mas constituída por um acto de natureza diferente (um acto processual, unilateral, do juiz — uma sentença) e com um regime um tanto diverso.

SECÇÃO III

Administradores de empresas em recuperação

I — Num plano diferente, o DL nº 177/86, de 2.7 ([8]), que criou o processo especial de recuperação de empresas e de protecção dos credores, prevê a nomeação de um "administrador judicial incumbido de dirigir e orientar temporariamente a gestão dos negócios da empresa" [art. 8º, nº 1, al. *a*), e 9º], bem como um meio de recuperação que consiste na gestão controlada da empresa (art. 3º, nº 2, e 33º a 49º).

O administrador judicial intervém, em regra, desde o despacho inicial do juiz até ao início da execução da deliberação da assembleia dos credores sobre o meio de recuperação a adoptar, seja este a concordata, o acordo de credores ou a gestão controlada [DL nº 177/86, art. 8º, nº 1, al. *a*), 20º, nº 4, 26º e 33º)].

Deve notar-se que este processo é anterior a uma declaração de falência ou insolvência [embora os seus pressupostos sejam, em parte, idênticos ([9])], donde decorre que o administrador judicial e a nova administração da empresa sob gestão controlada vão, de facto, administrar (para tentar recuperar) e não apenas liquidar a empresa.

([8]) Modificado e completado pelo DL nº 10/90, de 5.1.
([9]) Cf. DL nº 177/86, art. 1º, e CPC, art. 1174º.

II – O *administrador judicial* é designado pelo juiz, de entre as pessoas propostas pelos credores, ou, na sua falta, escolhidas pelo próprio juiz (DL nº 177/86, art. 9º, nº 1).

Tendo em vista a aplicação prática do processo de recuperação de empresas e de protecção dos credores, o DL nº 276/86, de 4.9, definiu, em certa medida, o estatuto do administrador judicial de empresas sujeitas ao processo especial de recuperação. Este diploma cria uma lista nacional de pessoas com preparação profissional e idoneidade moral para exercerem as funções de administrador judicial (recrutadas por uma comissão nomeada pelo Ministro da Justiça). A inscrição nessa lista não investe, porém, o inscrito na qualidade de agente ou servidor do Estado nem garante o pagamento de qualquer remuneração por parte do Estado. A remuneração do administrador judicial é fixada pelo juiz e paga pela empresa em recuperação.

Por outro lado, o administrador judicial pode coexistir com os administradores eleitos pelos sócios, caso não seja decretado o afastamento destes [DL nº 177/86, art. 3º, nº 2, al. *m*)].

E pode ter poderes mais ou menos amplos, consoante o que for decidido pelo juiz, inclusivamente poderes para obrigar a empresa (DL nº 177/86, art. 9º, nº 2 e 3). Em qualquer caso, tem algumas funções específicas, que a generalidade dos administradores não tem: relacionar o activo e o passivo da empresa, elaborar o relatório para os credores, tomar ou propor medidas urgentes e informar a comissão de credores (DL nº 177/86, art. 9º, nº 4). Ou seja, o administrador judicial tem, primariamente, funções de observador da empresa, devendo fazer um diagnóstico da situação desta e propor a terapêutica adequada à "doença" detectada.

O administrador judicial encontra-se sob a orientação e fiscalização do juiz e da comissão de credores (DL nº 177/86, art. 9º, nº 2, e 10º, nº 2), não tendo os titulares da empresa (v. g., os sócios da sociedade), ao que parece, qualquer autoridade sobre ele. Aliás, quando os administradores da empresa se mantêm em funções, podem os seus actos ficar dependentes do acordo do administrador judicial (DL nº 177/86, art. 9º, nº 2) – o que confere a este uma posição de superioridade sobre aqueles.

O administrador judicial pode, em qualquer momento, ser substituído, pelo juiz, ouvida a comissão de credores (DL nº 177/86, art. 9º, nº 3).

Pode assim concluir-se que se trata de uma relação de administração de conteúdo só parcialmente semelhante à do administrador eleito pelos accionistas, mas constituída por um acto de natureza diferente (um acto processual, unilateral) e com um regime bastante diverso.

III – No caso de os credores optarem pela *gestão controlada* da empresa e de tal ser homologado pelo juiz, é designada uma "nova administração" para executar o plano de recuperação aprovado (DL nº 177/86, art. 33º, nº 1). Não diz a lei quem designa os administradores desta "nova administração", mas parece dever entender-se que são os credores, com homologação do tribunal. A lei diz: "conforme for deliberado pelos credores, nos mesmos termos em que for aprovado o plano" (art. 33º, nº 1); e, mais adiante, "o plano, aprovado pela assembleia de credores e homologado por decisão judicial [...]" (art. 33º, nº 3).

Todavia, "os credores podem deliberar que a administração seja substituída por uma empresa especializada, mediante contrato de gestão" (DL nº 177/86, art. 33º, nº 2).

Qual a natureza da relação daqueles administradores ou desta empresa especializada com a sociedade?

A – Quanto aos administradores, deve observar-se, em primeiro lugar, que se trata de designar um ou mais ([10]) administradores para a sociedade, em substituição dos anteriormente designados (pelos accionistas ou outrem). A sociedade continua a sua existência jurídica: não se dissolveu, podendo mesmo os sócios abandonar (ou não) as suas participações a favor dos credores sociais (DL nº 177/86, art. 44º a 46º). Os administradores designados pelos credores são, portanto, órgãos da sociedade ([11]).

Em segundo lugar, e em consequência disso, deve entender-se que os administradores são designados pelos credores, mas não são mandatários dos credores – como os administradores eleitos pelos sócios também não são mandatários dos sócios. Em face de uma sociedade impossibilitada de satisfazer pontualmente os seus créditos e, por isso, de reduzido valor para os seus sócios (logo, desmotivados presumivelmente para a gerir bem), mas ainda com valia para os seus credores e traba-

---

([10]) O art. 33º, nº 1, do DL nº 177/86 fala de "nova administração", sem dizer como se compõe. Mas, ao acrescentar "conforme for deliberado pelos credores", dá a entender que estes podem escolher livremente a composição mais adequada, atendendo às necessidades da empresa, aos recursos disponíveis e a outros interesses dos credores.

([11]) Cf. DL nº 177/86, art. 37º, nº 5.

lhadores e aparente viabilidade económica, a lei admite que sejam os credores sociais, em vez dos sócios, a escolher e orientar a sua administração, sob a vigilância do tribunal.

Em terceiro lugar, salienta-se que a designação compete aos credores, não ao tribunal: este apenas homologa (ou não) a escolha daqueles. A homologação é indispensável, uma vez que é anómalo este poder dos credores para intervir na esfera jurídica da sociedade (logo, indirectamente, dos sócios). Mas a designação, em si, é um acto substancialmente jurídico-privado (ainda que ocorra num contexto processual): o tribunal limita-se a sancionar a escolha dos credores.

Consequentemente, a aceitação pelo designado é necessária para que a designação produza os seus efeitos próprios (de atribuir poderes--deveres, deveres e direitos) e é facultativa para o designado (que pode recusá-la, sem ter de invocar qualquer justificação). Por outras palavras, as declarações negociais de designação e de aceitação situam-se em plano de igualdade, sendo ambas necessárias para a produção dos efeitos jurídicos do acto.

Por isso, parece de concluir que, do ponto de vista estrutural, a designação e aceitação têm a natureza jurídica de um contrato de administração, semelhante ao que decorre da eleição pelos accionistas e respectiva aceitação.

Do ponto de vista do conteúdo, diz a lei que competem "à nova administração todos os poderes indispensáveis à realização dos actos por ele (plano) exigidos, quer se trate de simples actos de administração, quer de actos de alienação ou oneração de bens" (DL nº 177/86, art. 33º, nº 3). Deste preceito e dos art. 3º, nº 2, e 36º do mesmo diploma parece resultar a ideia de que os administradores designados pelos credores têm poderes para determinadas espécies de actos, enquadrados no plano de recuperação da empresa, mas não total liberdade para gerir a empresa como entenderem, nomeadamente para iniciar novas espécies de actividades (salvo, é claro, alteração do plano, por nova deliberação dos credores, homologada pelo tribunal). Têm assim um espaço de actuação mais restrito que o dos administradores designados pelos sócios [este já limitado pelo princípio da especialidade ([12])].

Não diz a lei como são remunerados os administradores designados pelos credores. Mas, sendo eles administradores da sociedade, é lógico que seja esta a suportar esse encargo.

([12]) Cf. Luís Brito Correia, *Direito Comercial*, vol. II, 1989, pág. 245 e segs..

De resto, os administradores estão sujeitos a fiscalização e a certas autorizações ou deliberações da assembleia de credores (DL nº 177/86, art. 37º, nº 2, 38º, nº 1, 39º, nº 1, 41º e 43º), podendo esta constituir uma comissão de fiscalização (DL nº 177/86, art. 34º e 36º, nº 2).

Pode perguntar-se se tais administradores estão também sujeitos à fiscalização dos sócios da sociedade sob gestão controlada. O DL nº 177/86 não é claro quanto ao papel desses sócios. Reconhece-lhes expressamente o direito a serem ouvidos sobre a alienação de participações sociais (art. 40º) ([13]) e o direito de abandono (art. 44º a 46º). Mas não faz qualquer referência a um papel fiscalizador. Em todo o caso, parece razoável admitir que eles fiscalizem também a administração dos bens que, indirectamente, ainda lhes pertencem e possam defender os seus interesses no processo em que a sociedade é parte. Contudo, tratando-se de uma sociedade anónima (porventura com grande número de accionistas), tal papel de defesa dos interesses dos accionistas parece dever caber, mais directamente, aos membros dos órgãos de administração e de fiscalização por eles eleitos — e que, por isso mesmo, devem manter-se em exercício (embora com funções limitadas, em consequência da intervenção dos administradores designados pelos credores).

"A gestão controlada terá a duração fixada no plano, não excedente a dois anos, podendo o prazo ser prorrogado, por um ano mais e uma só vez, mediante decisão do juiz, a requerimento da nova administração ou de um ou mais credores que representem, no mínimo, 75 % do passivo nessa data existente" (DL nº 177/86, art. 35º, nº 1). Assim, a relação de administração caduca no fim do prazo fixado no plano ou da sua prorrogação. Os administradores podem, além disso, ser destituídos, em termos análogos aos estabelecidos para os administradores eleitos pelos

---

([13]) Segundo o nº 1 do art. 41º do DL nº 177/86, "a devedora será sempre notificada do valor proposto para a dação" em cumprimento de bens da empresa ou cessão de bens aos credores e pode opor-se a esse valor. Quando a "devedora" (a empresa sob gestão controlada) é uma sociedade, não é claro quem deve ser o destinatário desta notificação. O administrador judicial (que representa a sociedade sob gestão controlada) não precisa de ser notificado, porque a ele vai ser confiada a negociação (art. 41º, nº 2), nem faz sentido que se lhe possa opor. Exigir a notificação de todos e cada um dos sócios da sociedade pode revelar-se inviável, v. g. quando se trate de uma sociedade anónima com acções ao portador dispersas pelo público. Por isso, parece decorrer do referido preceito que os administradores eleitos pelos sócios mantêm essa qualidade (embora não exerçam as funções correspondentes), ao lado dos administradores designados pelos credores, quanto mais não seja para receber a mencionada notificação.

accionistas (na falta de disposição directamente aplicável), só que competente para a destituição é a assembleia de credores, cuja deliberação terá de ser homologada pelo juiz (na base do princípio de que pode destituir quem pode designar).

Pode assim concluir-se que a designação de administradores pelos credores de uma sociedade sob gestão controlada e a respectiva aceitação têm a natureza jurídica de um contrato de administração, estruturalmente semelhante ao que decorre da eleição pelos accionistas e respectiva aceitação, mas com diferenças significativas de conteúdo e de regime.

B – Quanto à "empresa especializada", o problema é mais delicado.

O DL nº 177/86 diz que "os credores podem deliberar que a administração seja substituída por uma empresa especializada, mediante contrato de gestão" (art. 33º, nº 2).

Significa isto que a "empresa especializada" é designada administradora, em vez de qualquer outra pessoa singular ou colectiva?

Se fosse essa a interpretação correcta do preceito, ele não teria qualquer utilidade, visto que os credores seriam sempre livres de escolher uma pessoa (singular ou colectiva, especializada ou não na gestão de empresas em recuperação) – ao menos naqueles tipos de sociedades em que se admite que a administração seja confiada a pessoas colectivas, como é o caso das sociedades por acções (CSC, art. 390º, nº 4, e 478º). Quanto a tipos de sociedades em que isto não é, normalmente, possível (CSC, art. 191º, nº 3, 252º, nº 1, e 474º), ainda se poderia dizer que ele serve para tornar possível essa solução, mas continua a ser redundante o qualificativo "especializada".

Se fosse essa a ideia da lei, teria sido mais curial dizer que os credores podem designar um ou mais administradores de entre pessoas singulares ou colectivas.

Todavia, parece que a ideia terá sido antes de abrir caminho a um estatuto específico para a PAREMPRESA – Sociedade Parabancária para a Recuperação de Empresas, S. A. ([14]), sem excluir outras hipotéticas concorrentes.

([14]) Criada pelo DL nº 125/79, de 10.5, sob a denominação de PARAGESTE, alterada pelo DL nº 310/79, de 20.8, tendo por accionistas instituições de crédito do sector público.

Em que consiste esse contrato de gestão? A lei não diz.

A primeira dúvida consiste em saber se a "empresa especializada" fica ou não a ter a natureza de órgão da sociedade.

No caso afirmativo, não se vê qual seja a diferença substancial entre esse "contrato de gestão" e o contrato de administração acima analisado — para além, porventura, de cláusulas específicas, cuja compatibilidade com este último importaria analisar caso a caso.

No caso negativo, pergunta-se quais os poderes que são conferidos à "empresa especializada" para gerir a empresa em recuperação: apenas poderes de gestão (no sentido do art. 406º do CSC) ou também poderes de representação (obviamente, por substituição de vontades, senão cai-se no caso anterior)? Parece que têm de ser ambos, pois, de outro modo, a empresa em recuperação não pode exercer actividade externa, uma vez que a administração eleita pelos sócios está afastada da gestão e não existe "nova administração" eleita pelos credores (porque é "substituída" pela dita "empresa especializada"). Parece, assim, evidente que o "contrato de gestão" tem de incluir poderes de gestão e poderes de representação por substituição de vontades.

A qualificação deste "contrato de gestão" como uma espécie de mandato suscita, todavia, duas dificuldades: abrange a obrigação de praticar não só actos jurídicos, mas também actos materiais; e tem por objecto uma actividade e não um resultado ([15]).

Por outro lado, se a "empresa especializada" não for um órgão da sociedade em recuperação, cria-se uma situação curiosa: é que esta, continuando a ser uma pessoa colectiva (porventura sociedade anónima), deixa de ter um "órgão" de administração, passando esta função a ser exercida por uma entidade exterior à própria sociedade. Teoricamente, esta solução é concebível, embora não corresponda à concepção normal da personalidade colectiva. Tem, para a sociedade e para os credores, o inconveniente de o contrato de gestão estar sujeito a um regime pouco conhecido (tudo dependendo do estipulado em cada caso) e de atribuir à "empresa especializada" uma responsabilidade menos gravosa que a aplicável aos administradores em geral.

Apesar destes desvios ao regime normal, parece preferível — embora com muitas dúvidas — optar pelo entendimento de que a

---

([15]) O que é relevante, atendendo aos conceitos de contrato de trabalho e de contrato de prestação de serviço, constantes do CCiv, art. 1152º e 1154º, já acima analisados.

"empresa especializada" não adquire a qualidade de órgão de administração da sociedade (sob pena de se violar o art. 9º, nº 3, do CCiv).

Sendo assim, pode concluir-se que a relação entre a sociedade e a empresa especializada é uma relação "sui generis", baseada num contrato de gestão de natureza específica, pelo qual a empresa se obriga a uma actividade de gestão e representação (não orgânica) da sociedade.

CAPÍTULO XV

Qualificação do administrador em face do direito da segurança social

I – Alguns autores, nomeadamente alemães ([1]), preocupados com a unidade da ordem jurídica, comparam a natureza da relação de administração resultante do direito civil, comercial e laboral com a decorrente do direito da segurança social e do direito fiscal. Pretendem com isso pôr à prova a coerência entre o regime desses vários ramos de direito e encontrar argumentos para confirmar ou afastar uma determinada teoria sobre a natureza da referida relação.

Embora não se exclua, à partida, que a relação de administração possa ser qualificada de modo diverso consoante os efeitos tidos em vista (efeitos de direito civil ou comercial, de direito laboral, de direito da segurança social ou de direito fiscal), considera-se conveniente estudar a qualificação que para ela decorre das disposições dos ramos de direito ainda não analisadas.

Será, porém, um estudo sumário, limitado ao direito português recente. Isso porque não parece que os argumentos decorrentes dele sejam decisivos para a resolução do problema primacialmente em análise. E porque uma análise mais aprofundada alongaria excessivamente a presente exposição e atrasaria inconvenientemente a sua apresentação.

([1]) Cf., por exemplo, VOLKER GROSS, *Das Anstellungsverhaeltnis des GmbH--Geschaeftsfuerers in Zivil-, Arbeits-, Socialversicherungs- und Steuerrecht*, Colónia, 1987, *passim*.

II – O sistema de segurança social previsto na Constituição de 1976 (tal como resulta da revisão de 1982) visa proteger todos os cidadãos na doença, velhice, invalidez, viuvez e orfandade, bem como no desemprego e em todas as situações de falta ou diminuição de meios de subsistência ou de capacidade de trabalho (art. 63º, nº 1 e 4).

Sendo um sistema unificado e garantido pelo Estado, embora descentralizado e participado, aproxima-se mais da concepção de Lord WILLIAM BEVERIDGE do que da anterior concepção de BISMARCK, inspiradora da previdência social corporativista ([2]). Em todo o caso, mantêm-se importantes vestígios deste último sistema.

O diploma fundamental sobre a matéria é hoje a Lei nº28/84, de 14.8.

III – Esta lei distingue dois regimes de segurança social: o regime geral e o regime não contributivo (art. 10º, nº1).

"São abrangidos obrigatoriamente no campo de aplicação do regime geral os trabalhadores por conta de outrem e os trabalhadores independentes" (art. 18º). Esta é, pois, a classificação fundamental dos beneficiários do regime geral da segurança social.

Por força do art. 68º da mesma Lei, a regulamentação deste regime geral integra, fundamentalmente:

a) O regime geral das caixas sindicais de previdência, ou seja, o Dec nº 45 266, de 23.2.1963, e legislação complementar (mantidos em vigor pelo art. 83º da Lei nº28/84), quanto aos trabalhadores por conta de outrem;

b) O regime de segurança social dos trabalhadores independentes, definido pelo DL nº 8/82, de 18.1.

O DL nº 45 266, de 23.9.1963 (Regulamento Geral das Caixas Sindicais de Previdência), delimitava o seu âmbito de aplicação no art. 17º, que dispunha o seguinte:

"1. Serão inscritos obrigatoriamente nas caixas sindicais de previdência, como beneficiários, os trabalhadores e, como contribuintes, as entidades patronais por aqueles abrangidas nos termos das convenções colectivas ou diplomas da sua criação, dos seus estatutos e dos despachos de alargamento de âmbito [...]".

([2]) Sobre estas concepções, cf. J. J. DUPEYROUX, *Droit de la Sécurité Sociale*, 10ª ed., 1985, pág. 38 e segs..

Este preceito foi revogado e substituído pelo art. 1º do DL nº 103/80, de 9.5, que, todavia, o reproduz com apenas duas alterações insignificantes em relação ao problema agora em estudo: fala em "caixas de previdência", em vez de "caixas sindicais de previdência", e em "convenções colectivas de trabalho", em vez de "convenções colectivas".

O art. 18º, nº 1, do DL nº 45 266, ainda em vigor, acrescenta que "a obrigatoriedade de inscrição como beneficiários é extensiva aos sócios das empresas que, ao serviço destas, mediante remuneração e subordinados à sua administração, exerçam profissões abrangidas pelas caixas".

Tendo-se levantado dúvidas "quanto ao enquadramento pela segurança social de beneficiários cuja situação laboral não figura de forma iniludível a situação típica do contrato de trabalho ou do contrato de prestação de serviços", o DespNorm nº 38/87, de 10.4 (emitido ao abrigo do art. 201º do DL nº 45 266), determina o seguinte:

"1. Os trabalhadores cuja actividade seja exercida com efectiva subordinação a outra entidade, qualquer que seja de facto a forma pela qual sejam remunerados, ainda que a mesma revista carácter eventual e assuma a forma de contrato de prestação de serviços, são obrigatoriamente abrangidos pelo regime geral de segurança social dos trabalhadores por conta de outrem".

Por outro lado, "os administradores, directores e gerentes das sociedades ou em situação profissional idêntica" consideram-se abrangidos pelo regime de segurança social dos trabalhadores independentes [DL nº 8/82, art. 2º, al. *a*)] ([3]).

Deste modo, torna-se evidente que os administradores de sociedades anónimas não são tidos como trabalhadores subordinados, nem trabalhadores por conta de outrem, mas antes como trabalhadores autónomos ou independentes — o que é compatível com a qualificação da relação de administração como um mandato ou outra espécie de contrato de prestação de serviço ou de prestação de actividade não subordinada.

([3]) Este diploma substitui a P nº 115/77, de 9.3, que "integra a generalidade dos trabalhadores independentes (administradores, directores e gerentes de sociedades, comerciantes em nome individual e profissionais livres) na segurança social num regime considerado transitório".

CAPÍTULO XVI

Qualificação do administrador em face do direito fiscal

I — Interessa considerar, em seguida, a qualificação do administrador em face do direito fiscal português, valendo a pena atender quer ao direito vigente (posterior à reforma de 1988), quer ao direito imediatamente anterior a ele (baseado na reforma de 1958/63).

Importa, sobretudo, analisar o regime dos impostos sobre o rendimento.

II — Imediatamente antes da reforma fiscal de 1988, vigorava, como é sabido, um sistema de impostos cedulares — incidentes sobre as diferentes fontes de rendimento e prescindindo da situação pessoal dos contribuintes — completado por um imposto complementar — incidente sobre a globalidade dos rendimentos já submetidos aos impostos reais e atendendo à situação pessoal dos contribuintes.

Para o objectivo agora em vista interessa apenas considerar o imposto profissional, regulado pelo Código do Imposto Profissional (CIP), aprovado pelo DL nº 44 305, de 27.4.1962.

Trata-se de um imposto real, parcelar, incidente sobre rendimentos do trabalho (subordinado ou autónomo) de pessoas físicas ([1]).

Objecto mediato do imposto é o rendimento proveniente de três ordens de fontes: actividade por conta de outrem, actividade por conta própria e autoria de obras intelectuais (CIP, art. 2º).

O Código não define claramente o que entende por actividade por conta própria e por conta de outrem, o que suscitou dúvidas na doutrina.

Por exemplo, F. PESSOA JORGE diz que "a distinção entre actividade *por conta própria* e *por conta de outrem* [...] não está definida com clareza. De um modo geral, parece corresponder à distinção entre *trabalho subordinado ou dependente* e *trabalho autónomo,* entendido o primeiro quer como trabalho sujeito à direcção de outrem, quer como trabalho de

---

([1]) Cf. VICTOR FAVEIRO, *Noções Fundamentais de Direito Fiscal Português,* Coimbra, 1986, vol. II, pág. 103 e segs..

alguém que se acha integrado numa organização, numa empresa 'lato sensu' (cf. § 1º do art. 2º)" (²).

Diversamente, para VICTOR FAVEIRO, a actividade por conta de outrem corresponde a contratos de trabalho subordinado (citando o art. 1152º do CCiv e o art. 1º da LCT), enquanto a actividade por conta própria corresponde a contratos de prestação de serviço (citando o art. 1154º do CCiv), desde que constantes da tabela anexa ao CIP (³).

A questão é tanto mais delicada quanto é certo que o § 1º do art. 2º do CIP considera incluídos entre os que exercem actividade por conta de outrem "os membros dos corpos gerentes [...] ou de outros órgãos das sociedades [...]" (⁴). Ou seja, os administradores de sociedades anónimas são incluídos entre os que exercem actividade "por conta de outrem".

Não parece, todavia, que tenha sido intenção do CIP qualificar os administradores como trabalhadores subordinados. A expressão "actividade por conta de outrem" tem um significado que inclui, sem dúvida, esses trabalhadores, mas abrange também figuras de natureza diversa, como as dos membros dos órgãos de sociedades (ao tempo considerados pela doutrina portuguesa dominante como mandatários) e as demais referidas no dito § 1º do art. 2º do CIP. É, pois, mais correcta a interpretação de PESSOA JORGE, acima citada.

Aliás, os sócios administradores e outros membros de órgãos de sociedades estão sujeitos a um regime especial quanto às taxas do imposto (art. 23º do CIP, na redacção do DL nº 48 700, de 23.11.1968), tendo em vista prevenir uma fácil evasão fiscal, consistente na transformação de rendimentos de actividade comercial ou industrial em rendimentos do trabalho, através da atribuição de remunerações elevadas (⁵).

Em qualquer caso, pode concluir-se que, em face do CIP, os administradores de sociedades anónimas são tratados como exercendo uma actividade por conta de outrem, o que é compatível com qualquer das

---

(²) Cf. *Curso de Direito Fiscal*, 1964, pág. 235.

(³) As actividades por conta própria não constantes da tabela anexa estão sujeitas a contribuição industrial. Cf. *ob. cit.*, pág. 110 e segs..

(⁴) Quer na redacção inicial do CIP, quer na redacção do DL nº 237/70, de 25.5, e do DL nº 115-B/85, de 18.4.

(⁵) Cf. nº 5 do preâmbulo do CIP, e LEMOS PEREIRA-CARDOSO MOTA, *Teoria e Técnica dos Impostos*, Lisboa, 1971, pág. 60 e seg..

qualificações defendidas pela doutrina portuguesa: seja mandato, seja prestação de serviço, trabalho subordinado, contrato "sui generis", negócio unilateral ou negócio unilateral e contrato.

III — Com a reforma fiscal de 1988 foi criado um imposto sobre o rendimento das pessoas singulares (IRS), com carácter único e progressivo, ao lado do imposto sobre o rendimento das pessoas colectivas (IRC).

O IRS [regulado pelo Código do Imposto sobre o Rendimento das Pessoas Singulares (CIRS), aprovado pelo DL nº 442-A/88, de 30.11] incide sobre o valor dos rendimentos de várias categorias diferenciadas, entre as quais se incluem, nomeadamente:

— Categoria A — rendimentos do trabalho dependente;
— Categoria B — rendimentos do trabalho independente;
— Categoria C — rendimentos comerciais e industriais.

De harmonia com o art. 2º do CIRS: "1. Consideram-se rendimentos do trabalho dependente todas as remunerações pagas ou postas à disposição provenientes de trabalho por conta de outrem, prestado quer ao abrigo de contrato de trabalho ou outro a ele legalmente equiparado, quer por força de função, serviço ou cargo públicos, ainda que atribuídas a título de pré-reforma, ou de abonos relativos a situação de reserva [...].

"3. Consideram-se ainda rendimentos do trabalho dependente: *a*) As remunerações dos membros dos órgãos estatutários das pessoas colectivas e entidades equiparadas, com excepção dos que neles participem como revisores oficiais de contas [...]".

Deste modo, esclarecem-se as dúvidas suscitadas pelo Código anterior. E fica claro que as remunerações dos administradores de sociedades anónimas (como membros de um órgão estatutário de uma pessoa colectiva) são consideradas como rendimentos do trabalho dependente e que esta expressão abrange tanto o trabalho subordinado como o trabalho autónomo (em sentido amplo).

Assim, o regime da lei fiscal vigente é compatível com qualquer das qualificações da relação de administração defendidas pela doutrina portuguesa e com a perfilhada.

CAPÍTULO XVII

Conclusões (teses)

Em conclusão de todo o exposto acerca da natureza da relação de administração de sociedades anónimas, na presente parte IV, parece possível sustentar as seguintes teses.

1. A teoria do mandato continua a ser a dominante em França, enquanto é unanimemente rejeitada pela doutrina italiana actual, que, todavia, se encontra muito dividida, sendo dominante a teoria da nomeação como negócio unilateral condicionado; e a teoria dualista (da nomeação e contrato de emprego) é unanimemente seguida na Alemanha.

2. Esta situação, à primeira vista estranha, está manifestamente relacionada com o regime estabelecido para a relação de administração na lei de cada país. Mas depende também do quadro de conceitos em que se pretende classificar a relação de administração.

3. A qualificação legal de uma figura jurídica pode não ser estritamente vinculativa para o intérprete, sendo permitido a este deduzir do conjunto do regime jurídico dessa figura uma qualificação diversa, desde que respeitado o sentido normativo substancial subjacente àquela qualificação; se assim não fosse, a relação de administração teria de qualificar-se, em face do CCom de 1888, como um mandato, podendo ter qualificação diversa, em face do CSC.

4. O intérprete, que procura uma qualificação rigorosa para certa figura jurídica, não deve deixar-se influenciar pelas posições da doutrina estrangeira, sem verificar cuidadosamente se o quadro de conceitos e o regime jurídico da figura correspondente na ordem jurídica estrangeira respectiva coincidem ou não com os do seu próprio direito.

5. A *eleição* de administradores pela colectividade dos accionistas tem natureza negocial, embora seja necessária.

6. O facto de tal eleição se traduzir na execução do contrato de sociedade não impede o reconhecimento dessa sua natureza negocial.

7. Uma deliberação da colectividade dos accionistas de uma sociedade anónima (deliberação social) é um acto jurídico que resulta da unificação jurídica de várias declarações de vontade de uma pluralidade de pessoas físicas (mesmo quando representam pessoas colectivas), reunidas num colégio ou agindo conjuntamente, que corresponde à posição da maioria dos votos dessas pessoas e que é imputável à pessoa colectiva, de cujo órgão tais pessoas são titulares, podendo, em certos casos, ser imputável (e produzir efeitos em relação) simultaneamente aos próprios titulares do órgão; pode ser um negócio jurídico ou uma mera declaração negocial (componente de outro negócio jurídico), singular (e unilateral) ou plurilateral, tendo, pois, natureza "sui generis".

8. A eleição de administradores pela colectividade dos accionistas tem a natureza de uma deliberação social e, como tal, de declaração negocial (negócio jurídico ou componente de um negócio jurídico mais complexo, inclusivamente de um contrato).

9. Do acto constitutivo da relação de administração resulta não só a concessão de poderes (ou melhor, poderes-deveres), mas também a constituição de direitos e deveres entre a sociedade e o administrador — o que só pode verificar-se com o consentimento do administrador; portanto, a aceitação é necessária.

10. E é necessária como elemento essencial do negócio, não como mera condição de eficácia da designação.

11. Embora a teoria da instituição tenha a sua parte de verdade, num plano jurídico-filosófico, a figura da instituição não serve de alternativa à do contrato, como facto constitutivo da relação de administração.

12. A procuração é um negócio jurídico (unilateral) atributivo de poderes de representação voluntária, mas não o único; a lei não exige que seja conferida ao administrador de sociedade anónima qualquer procuração (no sentido de documento ou de acto) como condição do exercício dos seus poderes de representação (orgânica) da sociedade, nem é usual passá-la de qualquer das formas previstas no CNot, bastando a deliberação dos accionistas comprovada por acta.

13. A própria lei associa à qualidade de administrador, não só poderes de representação, mas também deveres vários (v. g., o dever de diligência), que não podem constituir-se sem o consentimento do administrador à designação; não se vê como pode alguém praticar qualquer acto de representação da competência legal dos administradores sem adquirir essa qualidade (com todos os direitos e deveres a ela inerentes). Nem se vê como pode um administrador manter direitos e deveres inerentes a essa qualidade, quando tenha perdido os poderes respectivos (não existindo qualquer preceito, na lei portuguesa, em que se possa fundamentar tal ideia, diversamente do que acontece com a lei alemã). Não se vê, por isso, necessidade de distinguir, quanto ao administrador, entre uma relação de representação − constituída por negócio unilateral − e uma relação de gestão − constituída por contrato −, diversamente do que entende a doutrina quanto à procuração e à respectiva relação subjacente (de mandato ou outra).

14. Os poderes de representação atribuídos aos administradores não são, em rigor, meros poderes, mas sim poderes funcionais (poderes-deveres); por conseguinte, para a constituição desses poderes, como dos demais direitos e deveres do administrador inerentes a esta qualidade, é necessário o seu consentimento, de tal modo que a designação e a respectiva aceitação constituem um negócio jurídico unitário − um contrato.

15. À natureza contratual da eleição e aceitação não obsta a possibilidade de participação do administrador, como accionista, na sua própria eleição: esta é um acto da sociedade (através de um dos seus órgãos), não do candidato a administrador, como tal.

16. A isso não obsta tão-pouco o facto de a remuneração do administrador poder ser fixada por deliberação da colectividade dos accionistas (em que o administrador, como accionista, não está impedido de votar) ou de um órgão estatutário, antes ou depois da aceitação da designação.

17. Há diferenças, mais ou menos profundas, entre os conceitos de mandato, de prestação de serviço e de trabalho subordinado adoptados em cada um dos direitos estudados e ao longo da história, e até mesmo entre o conceito de mandato da lei civil e o da lei comercial portuguesa. Por isso, quando se trata de saber se o contrato de administração é ou não, por exemplo, um mandato, em face da lei portuguesa, há

que afastar argumentos baseados em características que o mandato tem noutros direitos, mas não no direito português. E há que adoptar um conceito de mandato de referência, optando pelo do CCiv de 1966 ou pelo do CCom de 1888, pois as conclusões são diferentes consoante se adopte um ou outro, sendo, naturalmente, de preferir o mais moderno (por ser mais rigoroso).

18. Do confronto do contrato de administração com os contratos de mandato, de prestação de serviço e de trabalho subordinado (segundo os conceitos que decorrem do CCiv de 1966) resulta, fundamentalmente, o seguinte.

a) Em todos eles há dualidade de partes.

b) O administrador de uma sociedade anónima obriga-se a exercer uma actividade (à semelhança do contrato de trabalho), não um resultado (divergindo, pois, da prestação de serviço, v. g., do mandato).

c) O administrador obriga-se a praticar tanto actos jurídicos (à semelhança do mandato e, possivelmente, do trabalho subordinado), como actos materiais (característicos de outras prestações de serviço e também do trabalho subordinado).

d) O administrador actua por conta da sociedade, como nos outros três tipos contratuais em confronto.

e) O administrador tem poderes de representação orgânica (os seus actos são, em si mesmos, imputados à sociedade), enquanto o mandatário e o trabalhador subordinado têm, eventualmente, poderes de representação por substituição de vontades (os seus actos são imputados a eles próprios e apenas os efeitos desses actos se produzem na esfera jurídica do representado), não tendo os demais prestadores de serviço nem uns nem outros.

f) Grande parte dos amplos e exclusivos poderes de representação dos administradores resulta da lei, sendo relativamente limitada a autonomia da vontade da colectividade dos accionistas, diversamente do que se passa com o mandato e o trabalho subordinado.

g) O regime da responsabilidade civil da sociedade por actos ilícitos do administrador deixou, desde 1969, de divergir, substancialmente, do regime da responsabilidade do mandante pelos actos ilícitos do mandatário — mas pode continuar a dizer-se que aquela é responsabilidade por acto próprio e esta por facto de outrem.

h) Em face do CCom, o administrador, accionista ou não, tem o dever de cumprir as instruções da assembleia geral dos accionistas, em situação comparável à do mandatário; mas tem muito maior autonomia que o trabalhador subordinado.

i) Em face do CSC, e no silêncio dos estatutos, o administrador, mesmo quando não seja accionista, tem grande autonomia, não estando juridicamente obrigado a cumprir as instruções da colectividade dos accionistas, nem do órgão de fiscalização, visto que estes órgãos não têm, em regra, competência para deliberar sobre assuntos de gestão, tendo a administração poderes plenos e exclusivos de representação; assim, o administrador tem maior autonomia que o trabalhador subordinado e mesmo que o mandatário; aquela autonomia pode ser reduzida por cláusula estatutária, mas não em termos de criar um verdadeiro poder de direcção e um poder disciplinar, de tipo laboral.

j) O contrato de administração de sociedade anónima tanto pode ser oneroso, como (se o contrato de sociedade o estipular) gratuito, embora seja natural a onerosidade, dada a dimensão normal deste tipo de sociedade; neste aspecto, o contrato de administração aproxima-se da prestação de serviço e do mandato, afastando-se do trabalho subordinado.

l) A remuneração do administrador é, em regra, fixada por um órgão da sociedade (em cujas deliberações o administrador que seja accionista não está impedido de votar) — diversamente do que se passa, quer com o mandatário e o prestador de serviço, quer com o trabalhador.

m) Há algumas inelegibilidades específicas dos administradores de sociedades anónimas que não se aplicam aos demais contratos em confronto.

n) A proibição de cumulação da relação de administração com relações de trabalho, subordinado ou autónomo, decorrente do art. 398º do CSC, não fornece argumentos concludentes para confirmar ou afastar determinada qualificação para o contrato de administração.

o) O administrador tem, em regra, um dever de prestar caução, que, nos outros contratos em confronto, não é, em regra, obrigatória, embora possa ser estipulada ou eventualmente imposta por norma específica.

p) O administrador tem o dever de "actuar com a diligência de um gestor criterioso e ordenado, no interesse da sociedade, tendo em conta os interesses dos sócios e dos trabalhadores"; diversamente, o mandatário, como o prestador de serviço, deve usar da "diligência de um bom pai de família, segundo as circunstâncias do caso", no interesse do mandante e, porventura, também do mandatário ou de terceiro; o trabalhador subordinado deve usar também da diligência de um "bom pai de família, segundo as circunstâncias do caso", entre as quais é de considerar o "cargo ou posto de trabalho que lhe esteja confiado", devendo agir no interesse do empregador.

q) Enquanto a responsabilidade civil do mandatário, do prestador de serviço e do trabalhador subordinado está sujeita ao regime geral, a do administrador está sujeita a regras específicas e mais gravosas para ele; nomeadamente, é mais estrita a proibição de cláusulas de exoneração ou limitação de responsabilidade para com a sociedade; mais importante é, porém, o reconhecimento aos accionistas minoritários de um direito de acção social "ut singuli" (CSC, art. 77º) – acção sub-rogatória e subsidiária da acção social da sociedade ("ut universi" – CSC, art. 75º) –, pela qual aqueles podem pedir a totalidade da indemnização devida à sociedade, a favor desta; quanto ao mandato, à prestação de serviço e ao trabalho subordinado, essa acção não tem, em rigor, correspondência, pois à acção sub-rogatória dos credores, em geral (CCiv, art. 606º a 609º), corresponde a acção sub-rogatória dos credores sociais contra o administrador (CSC, art. 78º, nº 2); assim, o administrador é responsável perante a pessoa colectiva de que é órgão, mas os sócios desta têm uma posição específica, juridicamente protegida como tal – o que não acontece (pelo menos nos mesmos termos) nas outras figuras.

r) Há muitas diferenças significativas entre os contratos em confronto, no que respeita ao regime da sua cessação:

i – Em geral, pode dizer-se que a relação de administração é mais estável que o mandato ou a prestação de serviço e menos estável que o trabalho subordinado; e que há numerosas normas de protecção ao trabalhador, neste domínio, que não se aplicam aos demais contratos em confronto, para os quais vigora o princípio da igualdade entre as partes;

ii – Quanto à cessação por mútuo acordo, há exigências de forma relativas ao contrato de trabalho, não aplicáveis aos demais;

iii – Quanto à caducidade, há várias causas comuns a todos os contratos em confronto, com um regime próximo, ainda que com algumas diferenças (v. g., morte, dissolução ou interdição de qualquer das partes, impossibilidade superveniente do cumprimento); o trabalhador beneficia de um regime de protecção nos casos de contrato a termo (que é desincentivado, não sendo de admitir a estipulação de condição resolutiva) e de reforma por velhice ou invalidez (em regra, a cargo da Segurança Social); o administrador exerce funções por um prazo máximo de quatro anos (embora renovável), permitindo-se que os estatutos prevejam um regime de reforma por velhice ou invalidez, a cargo da sociedade (acrescendo, porventura, ao da Segurança Social);

iv – É profunda e significativamente diferente o regime da revogação unilateral:

– Quanto ao mandato, vigora o princípio da revogabilidade "ad nutum" pelo mandante, embora com algumas limitações (v. g., no caso de mandato também no interesse do mandatário ou de terceiro) e tendo o mandatário, nalguns casos, direito a indemnização (v. g., havendo estipulação ou tratando-se de mandato oneroso e não havendo justa causa, nem aviso com antecedência conveniente);

– Quanto ao trabalho subordinado, aplica-se o princípio da proibição dos despedimentos sem justa causa ou por motivos políticos ou ideológicos; o despedimento individual por justa causa subjectiva depende de processo disciplinar, com garantias de defesa do trabalhador; o despedimento individual ou colectivo por justa causa objectiva necessita também de um processo de consultas, com participação fiscalizadora e conciliatória do Ministério do Emprego e da Segurança Social; no caso de despedimento ilícito, por falta de justa causa ou por desrespeito de regras processuais, o trabalhador tem direito às retribuições até à data da sentença (com eventuais deduções) e a reintegração ou, se ele preferir, a indemnização de antiguidade; admite-se, em todo o caso, a revogação unilateral por qualquer das partes, independentemente de justa causa, de aviso prévio e de indemnização, durante o período experimental (de 15, 30 ou 60 dias a seis meses, consoante os casos);

– Quanto ao administrador, vale o princípio da revogabilidade: pode ser destituído em qualquer momento pela colectividade dos accionistas (não sendo admissíveis cláusulas estatutárias que excluam ou limitem tal perda), sendo a destituição válida e eficaz haja ou não justa causa; não se exige qualquer processo disciplinar, nem mesmo audiência prévia do administrador; em todo o caso, não havendo justa causa (subjectiva ou objectiva, em sentido mais amplo que o da lei laboral), a doutrina e a jurisprudência dominantes e que parecem preferíveis reconhecem ao administrador o direito a indemnização.

v – O regime da revogação unilateral por iniciativa do mandatário, do prestador de serviço, do trabalhador ou do administrador apresenta diferenças menos acentuadas:

– Quanto ao mandato, vigora o referido princípio da revogabilidade "ad nutum", tendo o mandatário o dever de indemnizar o mandante do prejuízo sofrido, se assim tiver sido convencionado, se tiver sido estipulada a irrevogabilidade ou renúncia ao direito a revogação, se a renúncia não tiver sido realizada com a antecedência conveniente, ou no caso de renúncia sem justa causa a mandato comercial;

— O trabalhador subordinado, ocorrendo justa causa, pode rescindir o contrato sem aviso prévio, mediante declaração escrita ao empregador, tendo aquele direito a indemnização de antiguidade; pode também rescindir o contrato, independentemente de justa causa, mediante comunicação escrita ao empregador, com a antecedência mínima de 30 ou 60 dias, consoante tenha, respectivamente, até dois anos ou mais de dois anos de antiguidade, podendo aquele prazo ser alargado por IRCT ou contrato individual, relativamente a certos trabalhadores; a rescisão sem justa causa nem aviso prévio é eficaz, mas o trabalhador fica obrigado a uma indemnização igual à remuneração de base correspondente ao prazo de aviso prévio em falta;

— O administrador pode renunciar ao seu cargo com ou sem justa causa, apenas tendo o dever de indemnizar os prejuízos causados, caso cesse funções antes de ser substituído ou do final do mês seguinte àquele em que tiver comunicado a renúncia.

vi — Assim, o regime de cessação do mandato está concebido para uma relação ocasional, constituída para tarefas determinadas e limitadas no tempo (embora possam ser indeterminadas); as partes são tratadas em posição de igualdade, tendo em conta, porém, que a actuação do mandatário visa, caracteristicamente, servir os interesses do mandante (embora possa visar também os do mandatário ou de terceiro).

— O regime da cessação do contrato de trabalho subordinado está concebido para uma relação duradoura, tendencialmente vitalícia, embora possa ser celebrado também a termo (certo ou incerto), aliás desincentivado pela lei. Se bem que a actividade do trabalhador vise satisfazer o interesse do empregador, a lei protege aquele muito mais do que este, por presumir que seja aquele a parte sociologicamente mais desfavorecida e carecida de estabilidade.

— O regime da cessação da relação de administração da sociedade anónima está concebido para uma relação com prazo determinado, renovável, mas também revogável em qualquer momento. A actividade do administrador visa satisfazer o interesse da sociedade e a protecção deste prevalece sobre a do interesse daquele.

vii — Apesar da importância prática das diferenças do regime de cessação dos contratos em confronto, não parece que elas sejam decisivas no sentido de autonomizar ou não a figura do contrato de administração, embora possam tomar-se como um sinal confirmativo da autonomia reconhecida por outros motivos.

s) Não se encontra, na lei laboral portuguesa vigente, nenhuma norma de protecção ao trabalhador que seja explícita e directamente aplicável ao administrador de sociedade anónima (embora possa ser indirectamente aplicável, v. g., por analogia).

19. Tendo em vista a designação do administrador mediante eleição pela colectividade dos accionistas, há que reconhecer que o contrato de administração não se reconduz nem ao mandato, nem à prestação de serviços, nem ao trabalho subordinado, devendo, por isso, considerar-se uma figura autónoma, "sui generis", que pode definir-se do seguinte modo: *contrato de administração é aquele pelo qual uma pessoa se obriga, mediante retribuição ou sem ela, a prestar a sua actividade de gestão e representação orgânica da sociedade anónima, sob a orientação da colectividade dos accionistas e sob fiscalização do conselho fiscal ou fiscal único.*

20. Assim, distingue-se do mandato e da prestação de serviço, porque tem por objecto uma actividade e não um resultado; uma actividade que pode ser jurídica ou também material; uma actividade de gestão e de representação orgânica, e não de representação por substituição de vontades; e em posição de grande autonomia, uma vez que tem poderes exclusivos de representação e que a colectividade dos accionistas só pode deliberar sobre assuntos de gestão nos casos previstos nos estatutos ou a pedido do órgão de administração, não estando, portanto, em regra, obrigado a cumprir as instruções da colectividade dos accionistas, embora deva respeitar as suas orientações, sob pena de ser destituído.

21. Distingue-se do trabalho subordinado por poder ser gratuito e por não ser juridicamente subordinado.

22. A designação de administradores no contrato de sociedade, acompanhada da aceitação simultânea ou sucessiva destes, reconduz-se a um contrato de administração, com a mesma natureza "sui generis" que a eleição pela colectividade dos accionistas e a respectiva aceitação.

23. A designação de administradores por uma minoria de accionistas constitui uma deliberação que deve considerar-se imputável à própria sociedade, tendo natureza semelhante à da eleição pela maioria dos accionistas. Podem, por isso, aplicar-se a esta modalidade de designação, as conclusões a que se chegou quanto à eleição pela colectividade dos accionistas.

24. Quando admitida, a eleição pelos trabalhadores da sociedade ou pela respectiva comissão de trabalhadores de representantes seus no conselho de administração precisa de ser aceite por estes, mas não carece, em princípio, de aceitação casuística pela sociedade, bastando a sua previsão no convénio colectivo e nos estatutos da sociedade. Tal eleição e aceitação pode reconduzir-se a uma espécie de contrato a favor de terceiro (neste caso, a sociedade), cujo conteúdo corresponde à relação de administração, tal como ficou acima caracterizada (ou seja, é substancialmente igual à dos administradores eleitos pelos accionistas, excepto quanto à competência para a constituição e a cessação).

25. A relação de administração do administrador suplente constitui-se pela eleição pela colectividade dos accionistas ou pela designação pelo contrato de sociedade, ficando sob condição suspensiva até que o suplente seja chamado a exercer efectivamente funções. Esta chamada é um acto do presidente do conselho de administração (um órgão da sociedade), que se traduz numa modificação profunda da relação de administração anteriormente constituída. Assim, a relação de administração do administrador suplente tem, substancialmente, a mesma natureza que a do administrador efectivo, embora sob condição suspensiva.

26. A relação de administração dos administradores designados pelo próprio conselho de administração (por cooptação), pelo órgão de fiscalização ou, ao tempo do CCom, pela mesa da assembleia geral (todos eles órgãos da sociedade) tem a mesma natureza que a dos administradores eleitos pela colectividade dos accionistas, apesar da sua menor duração e maior precariedade.

27. A designação de administradores por parte do Estado (ou entidade a ele equiparada) para uma sociedade anónima tem uma natureza e um regime profundamente diferentes da designação pela colectividade dos accionistas ou por outro órgão social. Perante a sociedade,

a designação pelo Estado (em regra, pelo Governo) constitui um acto administrativo (unilateral) – uma nomeação –, que se baseia numa relação jurídico-administrativa entre o Estado (autoridade pública) e a sociedade, e que cria, por força da lei (independentemente de aceitação pela sociedade), uma relação jurídica entre a sociedade e o administrador por parte do Estado com uma natureza e um regime específicos. Além disso, a designação pelo Estado, condicionada ou integrada pela aceitação do administrador designado, constitui uma relação jurídica entre o Estado e o administrador por parte do Estado, aliás gestor público, regida por um estatuto próprio e com uma natureza (unilateral ou contratual) variável, consoante a modalidade escolhida pelas partes de entre as previstas na lei.

28. A relação de administração dos administradores judiciais substitutos tem conteúdo semelhante à dos administradores eleitos pela colectividade dos accionistas, mas constituída por um acto de natureza diferente (um acto processual, unilateral, do juiz – uma sentença de nomeação) e com um regime parcialmente diverso.

29. A relação de administração do administrador judicial de uma sociedade em recuperação (segundo o DL nº 177/86, de 2.7) tem um conteúdo só parcialmente semelhante ao do administrador eleito pela colectividade dos accionistas, mas é constituída por um acto de natureza diferente (um acto processual, unilateral, de nomeação) e tem um regime bastante diverso.

30. A designação de administradores pelos credores de uma sociedade sob gestão controlada e a respectiva aceitação pelo designado têm a natureza de um contrato de administração, estruturalmente semelhante ao que decorre da eleição pela colectividade dos accionistas e respectiva aceitação, mas com diferenças significativas de conteúdo e regime, nomeadamente dependendo de homologação pelo tribunal.

31. A relação entre uma sociedade anónima sujeita a gestão controlada e a empresa especializada escolhida pelos credores e homologada pelo tribunal (nos termos do art. 33º, nº 2, do DL nº 177/86) é uma relação "sui generis", baseada num contrato de gestão de natureza específica, pelo qual a empresa se obriga a uma actividade de gestão e representação (não orgânica) da sociedade.

32. Os administradores de sociedades anónimas não são considerados pelo direito da segurança social vigente como trabalhadores subordinados nem trabalhadores por conta de outrem, mas antes como trabalhadores autónomos ou independentes – o que é compatível com a qualificação da relação de administração como mandato ou outra espécie de prestação de serviço ou de prestação de actividade não subordinada.

33. O regime fiscal vigente é compatível com qualquer das qualificações da relação de administração defendidas pela doutrina portuguesa e com a perfilhada.

34. Deste modo e em síntese, pode dizer-se que **administrador de uma sociedade anónima é a pessoa que se obriga, mediante retribuição ou sem ela, a prestar a sua actividade de gestão e representação orgânica a uma sociedade anónima, podendo essa situação resultar tanto de um contrato de administração, de natureza jurídico--comercial "sui generis", como de um acto administrativo (unilateral), de um contrato administrativo ou de um acto processual (unilateral).**

35. São os administradores que exercem, colegial, conjunta ou disjuntamente, o poder na sociedade anónima. Mas quem, em última análise, detém esse poder é quem os designa e pode destituir: os accionistas (segundo várias modalidades) e, em certos casos, o Estado, o Tribunal ou, em empresas em recuperação, os credores sociais.

TÍTULO VIII

Disposições aplicáveis à relação de administração

I – Os Códigos e leis avulsas dos vários direitos estudados contêm disposições, mais ou menos numerosas, directamente aplicáveis aos administradores de sociedades anónimas. Não resolvem, porém, todas as questões suscitadas ou suscitáveis pela prática.

Para integrar essas lacunas, entende-se correntemente que deve recorrer-se à aplicação analógica das regras relativas ao mandato (^{1}).

Tendo-se concluído que a relação de administração não é um mandato, mas sim uma relação de natureza "sui generis", que pode ser constituída, quer por um contrato de administração (jurídico-comercial), quer por acto administrativo (unilateral), ou por contrato administrativo, quer por acto processual (unilateral), importa esclarecer se deve continuar a aplicar-se subsidiariamente a tal relação o regime do mandato.

II – Em face do *CCom* português, o regime aplicável aos administradores de sociedades anónimas, enquanto sociedades comerciais (ou civis sob forma comercial), deve ser integrado, em primeiro lugar, por recurso à analogia no âmbito do próprio direito comercial (CCom, art. 3º). Por isso, deverão aplicar-se, "mutatis mutandis", as regras estabelecidas para os gerentes de sociedades por quotas (LSQ, art. 26º a 32º), de sociedades em comandita por acções, de sociedades em

---

(^{1}) Cf. FIORENTINO, *Gli Organi*, pág. 95 e seg.; ASCARELLI, *Appunti di Diritto Comerciale, Società*, 3ª ed., pág. 150; DE GREGORIO, *Delle società*, pág. 213, e FERRER CORREIA, *Lições de Direito Comercial*, 1968, vol II, pág. 331 e seg..

comandita simples (CCom, art. 203º, 205º e 206º) e de sociedades em nome colectivo (CCom, art. 154º).

Por remissão expressa deste art. 154º do CCom, deverão aplicar-se analogicamente, quando seja caso disso, as disposições dos art. 985º a 987º do CCiv.

O nº 3 do art. 986º e o art. 987º do CCiv, por seu turno, declaram aplicáveis à revogação e aos direitos e obrigações dos administradores as normas do mandato.

Por isso, e também por força da referência legal ao mandato contida no art. 173º, pr., do CCom, o regime do mandato é também subsidiariamente aplicável aos administradores de sociedades anónimas.

Todavia, uma vez que estes têm um regime basicamente comercial (CCom, art. 2º), deverão primeiro aplicar-se-lhes as normas sobre o mandato comercial (CCom, art. 231º e segs.) e, só na falta destas, as relativas ao mandato civil com representação (CCiv, art. 1157º e segs.) e, por força do art. 3º do CCom, as demais normas do direito civil (v. g., CCiv, art. 162º a 165º, 170º, 171º, 195º a 200º).

Além disso, por força do art. 157º do CCiv, ''quando a analogia das situações o justifique'', são aplicáveis às sociedades em geral — logo, também às sociedades anónimas — as disposições do capítulo do CCiv relativo às pessoas colectivas, nomeadamente os art. 162º a 164º ([2]), 170º e 171º ([3]).

Sendo, assim, o próprio texto da lei a mandar aplicar subsidiariamente aos administradores o regime do mandato, não se vê como pode recusar-se tal aplicabilidade. Trata-se aí de normas de reenvio e não de normas qualificadoras, como bem observa FERRER CORREIA ([4]). Aliás, o recurso à analogia traduz-se sempre na aplicação a certa figura jurídica de regras estabelecidas para outra figura jurídica, de natureza, porventura, diversa.

Em todo o caso, há questões que as regras relativas ao mandato não resolvem completamente, como, por exemplo, as que respeitam ao regime da remuneração. A essas questões parece curial aplicar, por ana-

---

([2]) Este art. 164º remete também para as regras do mandato.

([3]) Escusado será dizer que estes preceitos não se aplicam quando exista disposição directamente aplicável aos administradores de sociedades anónimas sobre a mesma matéria — o que acontece, obviamente, nalguns casos (cf. FERRER CORREIA, *ob. cit.*, vol. II, pág. 332).

([4]) Cf. *ob. cit.*, vol. II, pág. 332.

logia, as disposições relativas a outros tipos contratuais próximos que, porventura, as resolvam, v. g., ao contrato de trabalho subordinado ([5]).

III – O CSC introduziu um preceito importante sobre o direito subsidiário (o art. 2º), que altera, em alguns aspectos, as conclusões que podem retirar-se da lei anterior.

Diz o art. 2º que "os casos que a presente lei não preveja são regulados segundo a norma desta lei aplicável aos casos análogos e, na sua falta, segundo as normas do Código Civil sobre o contrato de sociedade, no que não seja contrário nem aos princípios gerais da presente lei nem aos princípios informadores do tipo adoptado".

Da primeira parte deste preceito decorre a aplicabilidade analógica aos administradores de sociedades anónimas – quando seja caso disso, é claro – das disposições relativas aos gerentes de sociedades por quotas ou de sociedades em nome colectivo ou de sociedades em comandita.

A este respeito, o CSC tem de novo o facto de não remeter em nenhuma das suas disposições para as regras do mandato.

No entanto, a segunda parte do art. 2º do CSC manda aplicar "as normas do Código Civil sobre o contrato de sociedade" (v. g., os art. 985º a 987º, 996º a 998º e, por força do art. 157º, os art. 162º a 165º e 170º). E nelas (v. g., nos art. 164º, nº 1, 986º, nº 3, e 987º, nº 1) voltam a encontrar-se remissões para as regras do mandato.

Em todo o caso, o CSC estabeleceu dois limites importantes à aplicação subsidiária das regras do CCiv.

Em primeiro lugar, as normas do CCiv sobre o contrato de sociedade não são aplicáveis quando sejam contrárias aos princípios gerais do próprio CSC.

Em segundo lugar, tais normas não são aplicáveis quando sejam contrárias aos princípios informadores do tipo adoptado.

Quais sejam esses princípios é questão que o próprio CSC não resolve claramente e irá, por certo, resultar da elaboração doutrinária e jurisprudencial. E quando é que se verifica tal contrariedade é questão a analisar caso a caso.

É de observar também que o CSC não prevê a hipótese de recurso analógico ou subsidiário a normas do CCom, nem a outros capítulos do CCiv. E esta omissão tem particular interesse neste campo, pois pode pôr-se a questão de saber se, para resolver questões sobre os administra-

---

([5]) Como decidiu, e bem, o Ac STJ de 20.1.1982, in *BMJ*, nº 323, pág. 405.

dores de sociedades anónimas, deverá recorrer-se subsidiariamente às regras do mandato civil (v. g., às do art. 1172º, por força do art. 987º, nº 1, do CCiv) ou, primeiro, às regras do mandato comercial (v. g., às do art. 245º do CCom, como resultaria do art. 3º do CCom).

Sendo o CSC, inequivocamente, uma lei comercial, deve entender-se o art. 2º do CSC como uma regra especial, relativamente à regra geral do art. 3º do CCom. E compreende-se a remissão imediata do CSC para as normas do CCiv sobre o contrato de sociedade, quanto a matérias especificamente societárias — como é a que se estuda agora. O que parece é dever entender-se que, quando o CCiv remete para as regras de certo tipo contratual (como, por exemplo, o mandato), que está regulado simultaneamente no CCiv e no CCom, para integrar lacunas do regime de um acto de comércio, deve recorrer-se primeiro a disposições da lei comercial e, só se esta for omissa (ou totalmente inadequada para resolver a questão), a disposições da lei civil.

Assim, também em face do CSC há lugar para a aplicação subsidiária ao administrador de uma sociedade anónima das regras sobre o mandato. E, quando estas sejam insuficientes, podem aplicar-se regras sobre o contrato de trabalho que não sejam contrárias aos princípios gerais do CSC nem aos princípios informadores da sociedade anónima.

Estas conclusões aplicam-se também, "mutatis mutandis", aos administradores designados por outros modos que não a eleição pela colectividade dos accionistas.

BIBLIOGRAFIA

ABBADESSA, "Organizzazione della funzione amministrativa nella società per azioni: esperienze straniere e prospettiva di riforma", in *Rivista delle Società*, 1970, pág. 1238 e segs..

ABBADESSA, *La gestione dell'impresa nella società per azioni. Profili organizzativi*, Milão, Giuffrè, 1975.

ABRANTES, JOSÉ JOÃO, *Do Contrato de Trabalho a Prazo*, Coimbra, Almedina, 1982.

ABREU, JORGE MANUEL COUTINHO DE, *A Empresa e o Empregador em Direito do Trabalho*, Coimbra, 1982.

ABREU, JORGE MANUEL COUTINHO DE, *Do Abuso do Direito — Ensaio de um Critério em Direito Civil e nas Deliberações Sociais*, Coimbra, Almedina, 1983.

ALARCÃO, RUI, *A Confirmação dos Negócios Anuláveis*, Coimbra, Atlântida, 1971, vol. I.

ALESSI, "Responsabilità del pubblico funzionario e responsabilità dello Stato in base all'art. 28 Cost.", in *Riv. trim. dir. pubbl.*, 1951.

ALFAIA, JOÃO, *Conceitos Fundamentais do Regime Jurídico do Funcionalismo Público*, Coimbra, Almedina, 1985-88, 2 vols..

ALLEGRI, *Contributo allo studio della responsabilità civile degli amministratori*, Milão, 1979.

ALLEN, EDUARDO, *Contrato de Trabalho — As Novas Leis (com Anotações)*, Lisboa, AAFDL, 1989.

ALLORIO, in *Foro Italiano*, 1938, I, 252.

ALMEIDA, ANTÓNIO PEREIRA DE, *La société à responsabilité limitée en droit portugais et sa réforme* (dissertação), Paris, 1975.

ALMEIDA, CARLOS FERREIRA DE, *Direito Económico*, Lisboa, AAFDL, 1979, 2 vols..

ALMEIDA, L. P. MOITINHO DE, *Anulação de Deliberações Sociais*, separata da *Jurídica*, Rio de Janeiro, 1972.

ALMEIDA, L. P. MOITINHO DE, *Anulação e Suspensão de Deliberações Sociais*, Coimbra, 1983.

ALMEIDA, MÁRIO DE, *Elementos de Direito Comercial*, 2ª ed., Coimbra, 1923.

AMARAL, DIOGO FREITAS DO, *Curso de Direito Administrativo*, Coimbra, Almedina, 1986, vol. I; vol. II e IV (lições), 1987-88; vol. III (lições), 1984-85.

AMIGO, MANUEL GARCIA, *Cláusulas limitativas de la responsabilidad contratual*, Madrid, Ed. Tecnos, 1965.

ANDRADE, MANUEL DE, *Teoria Geral da Relação Jurídica*, Coimbra, Almedina, 1960, 2 vols..

ANDRADE, MANUEL DE-RUI DE ALARCÃO, *Teoria Geral das Obrigações*, Coimbra, Almedina, 1958, vol. I.

ANGELICI, CARLO, "Amministratori di società, conflitto di interessi e art. 1394º Cod. Civ.", in *Rivista di Diritto Commerciale*, ano LXVIII, 1970.

ANGIELLO, *Autonomia e subordinazione nella prestazione lavorativa*, Pádua, 1974.

ANTAS, MARIA LUÍSA, *A comparison between the law of individual dismissal of United States and Portugal* (dissert. inédita), Harvard, 1981.

ANTHERO, ADRIANO, *Comentário ao Código Commercial Portuguez*, Porto, Companhia Portuguesa Ed., 2ª ed., sem data (1930), 3 vols..

ANTUNES, C. A. MORAIS-AMADEU RIBEIRO GUERRA, *Despedimentos e Outras Formas de Cessação do Contrato de Trabalho*, Coimbra, Almedina, 1984.

Appendice ao Código Commercial Portuguez, Coimbra, Imprensa da Universidade, 3ª ed., 1906.

ABRANTES, TITO, "Pode o sócio duma sociedade por quotas votar na deliberação referente à sua eleição ou destituição de gerente?", in *Revista dos Tribunais*, ano 73º, 1955, pág. 66-72.

ARTIGAS, FERNANDO RODRIGUEZ, *Consejeros Delegados, Comisiones ejecutivas y Consejos de Administración*, Madrid, Montecorvo, 1971.

ASCARELLI, TULLIO, *Appunti di diritto commerciale; Società*, 3ª ed., Roma, 1936.

ASCARELLI, TULLIO, *Note preliminari sulle intese industriali*, sep. *Riv. it. sc. giur*, 1933.

ASCARELLI, TULLIO, *Problemas das Sociedades Anónimas e Direito Comparado*, São Paulo, 1945.

ASCARELLI, TULLIO, *Società e associazioni commerciali*, 3ª ed., Roma, 1936.

ASCENSÃO, JOSÉ DE OLIVEIRA, *O Direito — Introdução e Teoria Geral*, 3ª ed., Lisboa, Fundação Gulbenkian, 1984, 6ª ed., Coimbra, Almedina, 1991.

ASCENSÃO, JOSÉ DE OLIVEIRA, *Teoria Geral do Direito Civil* (lições), Lisboa, vol. I, 1984-85; vol. II e III, 1983-84; vol. IV, 1985.

AUBERT, JEAN LUC, "La révocation des organes d'administration des Sociétés Commerciales", in *Revue Trimmestrielle de Droit Commercial*, t. XXI, 1968.

AUBRY-RAU, *Cours de Droit Civil Français*, Paris, 6ª ed., 12 vols..

AULETTA, *Appunti di diritto commerciali. Imprenditori e Società*, Nápoles, 1946.

AULETTA, GIUSEPPE-NICCOLÒ SALANITRO, *Diritto Commerciale*, Milão, Giuffrè, 1984.

Autogestão em Portugal — Relatório da Comissão Interministerial para Análise da Problemática das Empresas em Autogestão (Cadernos de Ciência e Técnica Fiscal, nº 117), Lisboa, Ministério das Finanças, 1980.

AZEVEDO, RUI MOURA, *Cessação do Contrato de Trabalho — Regime Jurídico Anotado e Comentado*, Coimbra, Coimbra Editora, 1976.

BALENSI, IVAN, *Les conventions entre les sociétés commerciales et leurs dirigeants*, Paris, Economica, 1975.

BALLANTINE, HENRY WINTHROPE, *On Corporations*, Chicago, Callaghan, 2ª ed., 1946.

BALTZER, JOHANNES, *Der Beschluss als rechtstechnisches Mittel organschaftlicher Funktion im Privatrecht*, Colónia, Grote, 1965.

BARASSI, *Diritto del Lavoro*, Milão, 1969.

BARBERO, *Contributo alla teoria della condizione*, Milão, Giuffrè, 1937.

BARBRY, P., *Le régime actuel de l'administration des sociétés anonymes. La responsabilité des administrateurs*, Paris, Sirey, 1943.
BARTHOLOMEYCZ, "Der Koerperschaftsbeschluss als Rechtsgeschaeft", in *ZHR*, 105 (1937), págs. 293-334.
BARTHOLOMEYCZ, *Die Stimmabgabe im System der Rechtshandlungen*, Bresland, 1937.
BARZ, in *Grosskomm. AktG* (de GADOW-HEINICHEN, etc.).
BASTIAN, *Juris-Classeur-Sociétés*, fasc. 130-3, nº 4.
BAUER, ULRICH, *Organklagen zwischen Vorstand und Aufsichtsrat der Aktiengesellschaft*, Colónia, Carl Heymanns, 1986.
BAUMBACH, ADOLF-ALFRED HUECK, *GmbH-Gesetz*, Munique, Beck, 11. Aufl., 1964.
BAUMBACH, ADOLF-ALFRED HUECK, *Kommentar zum AktG*, 12. Aufl., 1965, 13. Aufl., 1968.
BAUMS, THEODOR, *Der Geschaeftsleitervertrag*, Colónia, V. Dr. O. Schmidt, 1987.
BEIRÃO, FRANCISCO ANTÓNIO DA VEIGA, *Appendice ao Código Commercial Portuguez*, Coimbra, 1906.
BEIRÃO, FRANCISCO ANTÓNIO DA VEIGA, *Direito Commercial Portuguez (Esboço do Curso)*, Coimbra, Imprensa da Universidade, 1912.
BEKKER, "Beitraege zum Aktienrecht", in GOLDSCHMIDTS *Zeitschrift fuer das gesamte Handelsrecht*, 17, 1872, pág. 379 e segs..
BEKKER, *System des heutigen Pandektenrechts*, 1886, vol. II.
BELVISO, *L'institore*, Nápoles, 1966, vol. I.
BENEVIDES, JOSÉ, *Um Projecto de Lei e a Responsabilidade na Gerência das Sociedades Anónimas*, 1893.
BERDAH, JEAN-PIERRE, *Fonctions et responsabilité des dirigeants de sociétés par actions*, Paris, Sirey,1974.
BÉRGAMO, ALEJANDRO, *Sociedades anonimas (Las acciones)*, Madrid, 1970, 3 vols..
BERLE, A. A., JR.-G. C. MEANS, *The modern corporation and private property*, Nova Iorque, 1932 (trad. it., *Società per azioni e proprietà privata*, Turim, 1966).
BERR, CLAUDE, *L'exercice du pouvoir dans les sociétés commerciales*, Paris, Sirey, 1961.
BERSET, MARIE-FRANCE, *L'administrateur non directeur de la société anonyme en droit suisse et américain* (tese Neuchâtel), Morges, Cabédita, 1988.
BESELER, *Erbvertraegen*, vol. I, 1835.
BESELER, *System des Deutschen Privatrechts*, 1ª ed., 1847; 2ª ed., 1866, e 3ª ed., 1873.
BESELER, *Volksrecht und Juristenrecht*, 1843.
BETTI, EMILIO, *Teoria generale del negocio jurídico*(trad. esp.), 2ª ed., 1950.
BÉZARD, PIERRE, *La société anonyme*, Paris, Montchrestien, 1986.
BIEDENKOPF, K. H.-C. P. CLAUSSEN-G. GEILEN-H. G. KOPPENSTEINER-A. KRAFT-H. KRONSTEIN-M. LUTTER-H.-J. MERTENS-W. ZOELLNER, *Koelner Kommentar zum Aktiengesetz*, Colónia, C. Heymanns, 1970-85, 4 vols..
BIERMANN, *Bürgerliches Recht*, 1908, vol. I.
BIGIAVI, *Difesa dell'imprenditore occulto*, 1962.
BIGIAVI, *L'imprenditore occulto*, Pádua, 1954.
BINDER, *Das Problem der juristischen Persoenlichkeit*, Leipzig, 1907.
BLOCH-LAINÉ, *Pour une réforme de l'entreprise*, Paris, 1963.

BOEHMER, *Der Erfuellungswille*, 1910.
BOHN, *Wesen und Rechtsnatur des Gesellschaftsbeschlusses* (dissertação), Hamburgo, 1950.
BOISTEL, A., *Cours de Droit Commercial*, Paris, Ernest Thorin, 3ª ed., 1884-87.
BOLAFFIO, "Responsabilità degli amministratori de una società anonima", in *Riv. it. scienze giuridiche*, 1890.
BOLAFFIO-VIVANTE, *Il Codice di Commercio Commentato*, Verona, 1902, vol. III.
BONELL, MICHAEL JOACHIM, *Partecipazione operaia e diritto dell'impresa*, Milão, Giuffrè, 1983.
BONELLI, "La personalità giuridica delle società di commercio", in *Legge*, 1887.
BONELLI, F., *Commentario al Codice di Commercio — Fallimento*, vol. II.
BONELLI, FRANCO, *Gli Amministratori di Società per Azioni*, Milão, Giuffrè, 1985.
BONELLI, FRANCO, *La Responsabilità degli Amministratori di Società per Azioni*, Milão, Giuffrè, 1985.
BONELLI, *La personalità giuridica dei beni di liquidazione giudiciale*, 1889.
BONET, ARIAS, "Societates publicanorum", in *AHD*, XIX, 1948-1949.
BONNECASE, *La pensée juridique française de 1804 à l'heure présente*, 1933.
BORGES, JOSÉ FERREIRA, *Das Fontes Especialidade e Excellencia da Administração Commercial segundo o Código Commercial*, Porto, Tipographia Commercial Portuense, 1835.
BORGES, JOSÉ FERREIRA, *Diccionario Juridico-Commercial*, Porto, Tipographia de Sebastião José Pereira, 1856.
BORGES, JOSÉ FERREIRA, *Jurisprudência do Contrato Mercantil de Sociedade, segundo a Legislação e Arestos dos Códigos e Tribunais das Nações mais Cultas da Europa*, 1844.
BORGIOLI, ALESSANDRO, *I Direttori Generali di società per azioni*, Milão, Giuffrè, 1975.
BORGIOLI, ALESSANDRO, *L'Amministrazione Delegata*, Florença, Nardini, 1982.
BOUCHAUD, "Mémoire sur les sociétés que formèrent les publicains pour la levée des impôts", in *Mémoires de littérature tirés des registres de l'Académie Royale des Inscriptions*, Paris, 1774, vol. XXXVII.
BOULOC, BERNARD, "Mandat Commercial", in *Encyclopédie Dalloz*, nº 6 e 7.
BOURSAN, GEORGES-G., *Droit Français de l'administration des sóciétés anonymes* (tese), Paris, L. Larose et Forcel, 1883.
BOURSAN, GEORGES-G., *Droit Romain du Contrat de Société* (tese), Paris, L. Larose et Forcel, 1883.
BOUTARD-LABARDE, M. C., "Droit Communautaire et Privatisation", in *Droit et Pratique du Commerce International*, 1987.
BRACCO, "L'accettazione e la pubblicità della nomina ad amministratore di società per azioni", in *Dir. prat. com.*, 1943, pág. 269.
BRANDMUELLER, GERHARD, *Der GmbH-Geschaeftsfuehrer im Gesellschafts-, Steuer- und Sozialversicherungsrecht*, Bona, Stollfuss, 1989.
BRINZ, *Lehrbuch der Pandekten*, 1. Aufl., 1857.
BROSETA, "La necessaria reforma del consejo de administración español ante la sociedad anonima europea", in *Estudios Juridicos en Homenaje al Profesor F. de Castro*, I, Madrid, 1976, pág. 837 e segs..
BRUN, ANDRÉ-HENRI GALLAND, *Droit du Travail*, Paris, Sirey, 1978, 2 vols..

BRUNETTI, ANTONIO, *Trattato del Diritto delle Società*, Milão, Giuffrè, 1948-50, 3 vols..
BRUSCHY, *Manual de Direito Civil Português segundo a Novíssima Legislação*, Coimbra, 1872, vol. III.
BULOW, OSKAR, *Gesetz und Richteramt*.
BURGARD, "Heurs et malheurs de la sociétés anonyme à directoire", in *Rev. Jur. Com.*, 1975.
BURGARD, "L'Age des Dirigeants", in *Revue des Sociétés*, 1971.
BURNHAM, JAMES, *L'ère des organisateurs*, 4ª ed., Paris, 1948.
CABRILLAC, *L'acte juridique conjonctif en droit privé français*, Paris, LGDJ, 1990.
CAEIRO, ANTÓNIO AGOSTINHO, "A destituição judicial do administrador ou gerente de sociedade civil, em nome colectivo ou por quotas", in *Revista de Direito e Estudos Sociais*, ano XV, 1968, pág. 417 e segs., e in *Temas de Direito das Sociedades*, 1984, pág. 301 e segs..
CAEIRO, ANTÓNIO AGOSTINHO, "A exclusão estatutária do direito de voto", in *Temas de Direito das Sociedades*, págs. 9 e segs..
CAEIRO, ANTÓNIO AGOSTINHO, "As cláusulas restritivas da destituição do sócio-gerente nas sociedades por quotas e o exercício do direito de voto na deliberação de destituição", in *Revista de Direito e Estudos Sociais*, ano XIII, 1966, nº 1 e 2, pág. 82 e segs., e in *Temas de Direito das Sociedades*, 1984, pág. 161 e segs..
CAEIRO, ANTÓNIO AGOSTINHO, "Assembleia totalitária ou universal. Direito do administrador a uma percentagem dos lucros. Indemnização do administrador destituído sem justa causa", in *Revista de Direito e Economia*, ano VIII, 1982, e in *Temas de Direito das Sociedades*, 1984, pág. 461 e segs..
CAEIRO, ANTÓNIO AGOSTINHO, "De novo sobre destituição do gerente designado no pacto social", in *Revista de Direito e Economia*, ano III, 1977, nº 2, pág. 337 e segs., e in *Temas de Direito das Sociedades*, 1984, pág. 443 e segs.
CAEIRO, ANTÓNIO AGOSTINHO, "Destituição do gerente designado no pacto social", in *Revista de Direito e Economia*, ano I, 1975, pág. 283 e segs., e in *Temas de Direito das Sociedades*, 1984, pág. 363 e segs..
CAEIRO, ANTÓNIO AGOSTINHO, *Temas de Direito das Sociedades*, Coimbra, Almedina, 1984.
CAEIRO, ANTÓNIO-NOGUEIRA SERENS, *Código Comercial e Legislação Complementar*, Coimbra, Almedina, 3ª ed., 1986.
CAETANO, MARCELLO, "Algumas notas sobre a interpretação da Lei nº 2105", in *O Direito*, ano 93º, 1961.
CAETANO, MARCELLO, "As pessoas colectivas no novo Código Civil", in *O Direito*, ano 99º, 1967, nº 2, pág. 85 e segs..
CAETANO, MARCELLO, *Manual de Direito Administrativo*, Lisboa, Coimbra Editora, vol. I, 10ª ed., 1973, e vol. II, 9ª ed., 1972.
CAGNASSO, *Gli organi delegati nelle società per azioni*, Turim, 1976.
CALAMANDREI, "La sentenza soggettivamente complexa", in *Studi sul processo civile*, 1930, vol. II.
CALERO, FERNANDO SANCHEZ, *Instituciones de Derecho Mercantil*, Valladolid, 3ª ed., 1973, 10ª ed., 1984.

CAMERLYNCK, G. H., *Contrat de Travail* (vol. I do *Traité de Droit du Travail*), Paris, Dalloz, 1ª ed., 1968, 2ª ed., 1982.

CAMMEO, *Commentario delle Leggi sulla giustizia amministrativa*.

CAMPOS, RUI FALCÃO DE, "A sociedade anónima europeia: projectos e perspectivas", in *Revista de Direito e Estudos Sociais*, ano XXXI, 1989, pág. 255 e segs..

CANDIAN, AURELIO, "L'azione civile di responsabilità contro gli amministratori di società anonime", in *Rivista di diritto e procedura civile*, 1933, I, pág. 178 e segs., e in *Saggi di Diritto*, vol. II.

CANDIAN, AURELIO, "L'imprenditore indiretto", in *Temi*, 1950, pág. 611 e segs..

CANDIAN, AURELIO, *Nullità e annulabilità di delibere di assemblea delle società per azioni*, Milão, Giuffrè, 1942.

CAÑIZARES, FELIPE DE SOLÀ, "Le caractère institutionnel de la société de capitaux — Rapport au 3e congrès de droit comparé", Londres, 1950, in *RevS*, 1950.

CAÑIZARES, FELIPE DE SOLÀ, *Tratado de Derecho Comercial Comparado*, Barcelona, Montaner y Simón, 1963, 3 vols..

CANOTILHO, J. J. GOMES-JORGE LEITE, "A inconstitucionalidade da lei dos despedimentos", in *Estudos em Homenagem ao Prof. Doutor A. A. Ferrer Correia*, 1984.

CARBONNIER, JEAN, *Droit Civil*, vol. II — *Les Biens et les Obligations*, Paris, PUF, 4ª ed., 1964.

CARDOSO, J. PIRES, *Problemas do Anonimato. I — Sociedade Anónima — Ensaio Económico*, Lisboa, Empresa Nacional de Publicidade, 1943.

CARDOSO, J. PIRES, *Problemas do Anonimato. II — Fiscalização das Sociedades Anónimas*, Lisboa, Empresa Nacional de Publicidade, 1943.

CARINCI, FRANCO-RAFFAELE DE LUCA TAMAJO-PAOLO TOSI-TIZIANO TREU, *Diritto del Lavoro — 2. Il Rapporto de Lavoro Subordinato*, Turim, UTET, Ristampa, 1988.

CARNAXIDE, VISCONDE DE, *Sociedades anonymas. Estudo theorico e pratico de direito interno e comparado*, Coimbra, França Amado, 1913.

CARNELUTTI, "Contratto e diritto pubblico", in *Studi per Ascoli*, Messina, 1930, e in *Riv. dir. pubbl.*, 1929, págs. 659 e segs..

CARNELUTTI, "Il diritto di privativa nel contratto di lavoro", in *RivDCom*, 1910, II.

CARREIRA, ANTÓNIO, *As Companhias Pombalinas de Grão-Pará e Maranhão e Pernambuco e Paraíba*, Lisboa, Ed. Presença, 1983.

CARVALHO, MESSIAS DE-V. NUNES DE ALMEIDA, *Direito do Trabalho e Nulidade do Despedimento*, Coimbra, Almedina, 1984.

CARVALHO, TITO AUGUSTO DE, *As Companhias Portuguesas de Colonização*, *Congresso Colonial Nacional*, Lisboa, Imprensa Nacional, 1902.

CASERTA, "Accordo e contratto", in *Annali dell' Università di Bari*, 1943.

CASSOTANA, *La Responsabilità degli amministratori nelle fallimento di s.p.a.*, Milão, Giuffrè, 1984.

CASTELLO, MARIA JOSÉ-BRANCO, *Trabalho a Prazo. Trabalho Temporário*, Lisboa, Fundação Oliveira Martins, 1984.

CASTRO, ARMANDO DE, "Sociedades anónimas", in *Dicionário de História de Portugal*, vol. IV.

CATALA, NICOLE, *L'entreprise* (vol. IV de CAMERLYNCK, *Droit du Travail*), Paris, Dalloz, 1980.

CATTANEO, *Nomina di amministratori e sindaci in deroga al principio maggioritario nelle società per azioni e a responsabilità limitata*, Turim, 1970.
CAUSSAIN, J.-J., *Le directoire et le conseil de surveillance dans la nouvelle société anonyme* (tese), Paris, 1968.
CAVAZUTTI, "Considerazioni in Tema di amministratori impiegato", in *Riv. Soc.*, 1965, pág. 843 e segs..
CEREXHE, ÉTIENNE, *Le Droit Européen — La Libre Circulation des Personnes et des Entreprises*, Bruxelas, Nauwelaerts, 1982.
CHAMBOULIVE, *La direction des sociétés par actions aux États-Unis d'Amérique*, Paris, Sirey, 1964.
CHAMPAUD, CLAUDE, *Le pouvoir de concentration de la société par actions*, Paris, Sirey, 1962.
CHAMPAUD-PAILLUSSEAU, *L'entreprise et le droit commercial*, Paris, Armand Colin, 1970.
CHAUSSE, ÉMILE, *Des administrateurs des sociétés anonymes* (tese), Marselha, Imprimerie Marseillaise, 1901.
CHESSNÉ, GUY, "L'exercice 'ut singuli' de l'action sociale dans la société anonime", in *Revue trimestrielle de Droit Commerciale*, ano 15,1962.
CHULIA, F. VICENT, *Compendio crítico de Derecho Mercantil*, Barcelona, Bosch, 2ª ed., 1986, 2 vols..
Código das Sociedades (Projecto), Lisboa, Ministério da Justiça, 1983.
COELHO, JOSÉ GABRIEL PINTO, *Das Cláusulas Acessórias dos Negócios Jurídicos*, vol. I, *A Condição*, Coimbra, 1910.
COELHO, JOSÉ GABRIEL PINTO, *Lições de Direito Comercial — Obrigações Mercantis em Geral, Obrigações Mercantis em Especial (Sociedades Comerciais)*, 2 fasc., 1966.
COELHO, JOSÉ GABRIEL PINTO, *Lições de Direito Comercial*, Lisboa, vol. I, 3ª ed., 1957.
COELHO, WILSON DO EGITO, "Da responsabilidade dos administradores das sociedades por acções em face da nova lei e da Lei nº 6024/74", in *Revista Forense*, vol. 275, ano 77, 1981.
COFFY, MARIE JOSEPH, "Le nouveau type d'administration des sociétes commerciales", in *JNot*, 1971, art. 50309º.
COFFY, MARIE-JOSEPH, *Le Recrutement des dirigeants des Sociétés Anonymes en Droit français et Droit allemand* (tese), Estrasburgo, 1972.
COING, *Die juristischen Auslegungsmethoden und die Lehren der allgemeinen Hermeneutik*, 1959.
COING, *Grundzuege der Rechtsphilosophie*, Berlim, W. De Gruyter, 3. Aufl., 1976.
CONCEIÇÃO, APELLES DA, *Segurança Social — Sector Privado e Empresarial do Estado — Manual Prático*, Lisboa, Rei dos Livros, 3ª ed., 1989.
COPPENS, PIERRE, *Cours de Droit Commercial*, Louvain-la-Neuve, Cabay, 1985, 5 vols..
COPPER-ROYER, *Traité des sociétés anonymes*, Paris, Dalloz, 4ª ed., 1931, 5 vols..
CORDEIRO, ANTÓNIO MENEZES, "Anotação — Concorrência laboral e justa causa de despedimento", in *Revista da Ordem dos Advogados*, ano 46, 1986.
CORDEIRO, ANTÓNIO MENEZES, *Da Boa Fé no Direito Civil*, Coimbra, Almedina, 1984, 2 vols..

CORDEIRO, ANTÓNIO MENEZES, *Direito das Obrigações*, Lisboa, AAFDL, 1988-91, 3 vols..

CORDEIRO, ANTÓNIO MENEZES, *Manual de Direito do Trabalho*, Coimbra, Almedina, 1991.

CORDEIRO, ANTÓNIO MENEZES, *Teoria Geral do Direito Civil*, Lisboa, AAFDL, 1986--87, 2 vols..

CORRADO, RENATO, *Manuale di Diritto del Lavoro*, Turim, UTET, 1973.

CORREIA, AIRES, "O direito das sociedades na Comunidade Económica Europeia", in *Boletim do Ministério da Justiça*, nº 190, pág. 118 e segs..

CORREIA, ANTÓNIO A. FERRER, "A procuração na teoria da representação voluntária", in *Boletim da Faculdade de Direito*, vol. XXIV, 1948, pág. 258 e segs..

CORREIA, ANTÓNIO A. FERRER, *Aditamentos às Lições de Direito Comercial*, Coimbra, 1963.

CORREIA, ANTÓNIO A. FERRER, *Lições de Direito Comercial*, vol. II, *Sociedades Comerciais* (com a colaboração de V. G. LOBO XAVIER, MANUEL HENRIQUE MESQUITA, JOSÉ MANUEL SAMPAIO CABRAL e ANTÓNIO CAEIRO), Coimbra, 1968.

CORREIA, ANTÓNIO A. FERRER-ANTÓNIO A. CAEIRO, *Ante-projecto de Lei das Sociedades Comerciais, Parte geral*, I, Coimbra, 1973.

CORREIA, ANTÓNIO A. FERRER-VASCO XAVIER-ANTÓNIO CAEIRO-MARIA ÂNGELA COELHO, *Sociedade por Quotas de Responsabilidade Limitada – Anteprojecto de Lei – 2ª Redacção* (separata da *Revista de Direito e Economia*, ano 3, 1977, nº 1 e 2, ano 5, 1979, nº 1).

CORREIA, FRANCISCO ANTÓNIO, *História Económica de Portugal*, vol. I.

CORREIA, JOSÉ MANUEL SÉRVULO-BERNARDO DA GAMA LOBO XAVIER, "Reforma do trabalhador e caducidade do contrato", in *Revista de Direito e Estudos Sociais*, ano XX.

CORREIA, JOSÉ MANUEL SÉRVULO, "Teoria da relação jurídica de seguro social", in *Estudos Sociais e Corporativos*, ano VIII, 1968, nº 27.

CORREIA, JOSÉ MANUEL SÉRVULO, *Legalidade e Autonomia Contratual nos Contratos Administrativos*, Coimbra, Almedina, 1987.

CORREIA, JOSÉ MANUEL SÉRVULO, *Noções de Direito Administrativo*, Lisboa, Danúbio, 1982, vol. I.

CORREIA, LUÍS BRITO, "A adesão de Portugal e os movimentos de trabalhadores", in *Portugal e o Alargamento das Comunidades Europeias*, Conferência Internacional, INTEUROPA, Lisboa, 1981.

CORREIA, LUÍS BRITO, "A Comunidade Económica Europeia e a harmonização das legislações sobre sociedades", in *Boletim do Ministério da Justiça*, nº 182, pág. 248 e segs.

CORREIA, LUÍS BRITO, "Direito europeu das sociedades", in *Temas de Direito Comunitário*, Lisboa, Ordem dos Advogados, 1983, pág. 53 a 77.

CORREIA, LUÍS BRITO, "Grupos de sociedades", in *Novas Perspectivas do Direito Comercial*, Coimbra, Almedina, 1988, pág. 377 e segs..

CORREIA, LUÍS BRITO, "Vinculação da sociedade", in *Novas Perspectivas do Direito Comercial*, pág. 337 e segs..

CORREIA, LUÍS BRITO, *Direito Comercial*, Lisboa, AAFDL, vol. I, 1981/82-86; vol. II, 1983/84-86, e vol. III, 1983/84.

CORREIA, LUÍS BRITO, *Direito Comercial*, Lisboa, AAFDL, vol. I, 1987/88; vol. II — *Sociedades Comerciais*, 1989, e vol. III — *Deliberações dos Sócios*, 1990.
CORREIA, LUÍS BRITO, *Direito do Trabalho*, Lisboa, Universidade Católica Portuguesa, vol. I, 1980-81; vol. III — *Participação nas Decisões*, 1984.
CORREIA, LUÍS BRITO, *Direitos Inderrogáveis dos Accionistas* (dissertação policopiada), Lisboa, 1966.
CORREIA, LUÍS BRITO, *Efeitos Jurídicos dos Contratos de Trabalho Inválidos Executados* (separata de *Anais do ISCEF*), Lisboa, 1970.
CORREIA, MIGUEL PUPPO, *Direito Comercial*, Lisboa, Univ. Lusíada, 1988.
COSTA, MÁRIO JÚLIO ALMEIDA, *Direito das Obrigações*, Coimbra, 3ª ed., Almedina, 1979; 4ª ed., Coimbra Editora, 1984.
COTTINO, GASTONE, *Diritto Commerciale*, Pádua, 1976.
COULOMBEL, *Le particularisme de la condition juridique des personnes morales en droit privé*, Nancy, 1979.
COVIELLO, *Doctrina General del Derecho Civil* (trad. esp. da 4ª ed.), México, UTEHA, 1949.
COVIELLO, *Manuale di diritto civile italiano*, Milão, 1924.
CRISTÓBAL-MONTES, ANGEL, *La Administración Delegada de la Sociedad Anonima*, Pamplona, Ed. Univ. Navarra, 1977.
CUNHA, PAULO DE PITTA E, "As pessoas colectivas como administradoras de sociedades", in *Revista da Ordem dos Advogados*, ano 45, 1985, I.
CUNHA, PAULO OLAVO, *Direito Comercial. II, Sociedades Anónimas — Programa, Bibliografia, Casos Práticos e Sumários*, Lisboa, AAFDL, 1990/91.
CUNHA, PAULO, *Teoria Geral da Relação Jurídica* (lições de 1959-60, coligidas por DANIEL GONÇALVES, LUÍS BRITO CORREIA e ALBERTO MELO), Lisboa, 2 vols..
D'ORS, ALVARO, *Derecho Privado Romano*, Pamplona, 1968
DAERDEN, MICHEL, *Introduction à l'étude des sociétés*, Bruxelas, Labor, 1988.
DAVID, RENÉ, *Les grands systèmes de droit contemporains*, Paris, Dalloz, 1964.
DE BACKER, JEAN-MARIE-OLIVIER RALET, *Responsabilités des Dirigeants de Sociétés*, Bruxelas, Duculot, 1984.
DE BOISDEFFRE, M.-J. COFFY, "La Loi nº 86-793 du 6 aout 1986 relative aux modalités d'application des privatisations", in *Actualité Législative Dalloz*, 1987, 3e. Cahier - Com. Légis..
DE BOUBÉE, ROUJOU, *Éssai sur l'acte juridique collectif*, Paris, LGDJ, 1961.
DE CUPIS, ADRIANO, *Il danno. Teoria Generale della Responsabilità Civile*, 2ª ed., Milão, 1970.
DE GREGORIO, *De las sociedades y de las asociaciones comerciales*, vol. VI, Buenos Aires, 1950.
DE GREGORIO, *Delle società e delle assoziazioni commerciali*, Turim, UTET, 1938.
DE STEIGER, FRITZ, *Das Recht der Aktiengesellschaft in der Schweiz*, Zurique, Poligraphischer Verlag, 4. Aufl., 1970; *Le droit des sociétés anonymes en Suisse* (adaptation française de J. COSANDEY-P. SUBILLIA), Lausana, Payot, 1973.
DEL VECCHIO, GIORGIO, *Lições de Filosofia do Direito* (trad. port.), Coimbra, Arménio Amado, 2ª ed. 1951.
DELAHAYE, J.-L., "La golden share à la française: l'action spécifique", in *DPCI*, 1987.
DELOS, "La théorie de l' institution", in *Arch. Phil. Droit*, 1931, cahiers 1 e 2.

DEMELIUS, "Ueber fingierte Persoenlichkeit", in *JherJb*, vol. IV, pág. 113-158.
DEMELIUS, *Jahrbuch für Dogmatik*, IV, 1861.
DENFERT-ROCHEREAU, *Des fonctions et de la responsabilité des administrateurs*, Paris, 1884.
DESLANDES, "Réflexions sur le cumul d'un mandat social et d'un contrat de travail", in *Recueil Dalloz*, 1982, C III.
DESOAX, M., *L'entreprise et le droit*, Paris, LGDJ, 1958.
DETTI, "Organi amministrativi delle società capitalistiche. Mandatario con rappresentanza e procura a terzi", in *Riv. Not.*, 1966.
DEVESCOVI, "Controllo degli amministratori sull' attività degli organi delegati", in *RS*, 1981.
DIDIER, PAUL, *Droit Commercial*, Paris, PUF, 1970, vol. I.
DIETLER, HANS, *Die rechtliche Stellung der Verwaltung der Aktiengesellschaft nach den Bestimmungen des schweizerischen Obligationenrechts* (Dissertation Bern), Lucerna, H. Keller, 1895.
DINE, JANET, *EC Company Law*, Chancery Law Publ., 1991.
DJIAN, YVES, *Le contrôle des sociétés anonymes dans les pays du Marché Commun*, Paris, Sirey, 1965.
DONATI, A., "Natura giuridica delle deliberazioni di assemblea delle società commerciali", in *Scritti in memoria de Ageo Arcangeli*, 1º, 1939.
DONATI, A., *L'invalidità della deliberazione di assemblea delle società anonime*, Milão, Giuffrè, 1937.
DOSE, *Die Rechtsstellung der Vorstandsmitglieder einer Aktiengesellschaft*, Colónia, Otto Schmidt, 1975.
DUARTE, INNOCENCIO DE SOUSA, *Diccionario de Direito Commercial*, Lisboa, Empreza Litteraria de Lisboa, 1880.
DUARTE, RICARDO TEIXEIRA, *Commentário ao Titulo XII, Parte I, Livro II do Código Commercial Portuguez*, Lisboa, Imprensa Nacional, 1843.
DUGUIT, LÉON, *Traité de Droit Constitutionnel*, Paris, 2ª ed., 1921-25, 5 vols..
DURAND, PAUL, "La notion juridique d'entreprise", in *Journées de l'Association H. Capitant*, 1947.
ECKARDT, *AktG Kommentar*.
EHRENBERG, *Handbuch des gesamten Handelsrechts*, Leipzig, 1918.
EHRLICH, EUGEN, *Freie Rechsfindung und Freie Rechtswissenschaft*.
EISELE, "Zur Lehre von der Conditiones juris", in *AcP*, 1871, 64, 109, 113.
EMERY, F., *Systems thinking*, Harmondsworth, Penguin Books, 1969.
ENNECCERUS-KIPP-WOLFF, *Handbuch des Bürgerlichen Rechts*, Marburgo, 1928, vol. I.
ENNECCERUS-LEHMANN, *Recht der Schuldverhaeltnisse*, 14ª ed., 1954.
ESCARRA, J. e E.-RAULT, *Traité Théorique et Pratique de Droit Commercial — Les Sociétés Commerciales*, t. IV — *Sociétés par Actions. L'Administration des Sociétés Anonimes*, Paris, Sirey, 1959.
ESCARRA, J., *Cours de droit commercial*, Paris, 2ª ed., 1952.
ESCOLAR, RAFAEL PEREZ, *La Sociedad Anonima Europea*, Madrid, Ed. Montecorvo, 1972.

Esposito, "La responsabilità dei funzionari e dipendenti pubblici secondo da Costituzione", in *Riv. trim. dir. pubbl.*, 1951.

Esser, J., *Schuldrecht*, Bd. I — *Allgemeiner Teil*, Bd. II — *Besonderer Teil*, Karlsruhe, C. F. Mueller, 4. Aufl., 1970-71.

Estorninho, Maria João, *Requiem pelo Contrato Administrativo*, Coimbra, Almedina, 1990.

Falzea, *La condizione e gli elementi dell'atto giuridico*, Milão, Giuffré, 1941.

Fanelli, *La Delega di Potere Amministrativo nelle società per azioni*, Milão, 1952.

Faria, Avelino de, *Noções Elementares e Práticas sobre a Lei das Sociedades por Cotas*, Coimbra, Atlântida, 1945.

Farrar, John H., *Company Law*, Londres, Butterworths, 1985.

Fernandes, António Monteiro, *Noções Fundamentais de Direito de Trabalho*, vol. I, 3ª ed.; 1979, 6ª ed. (sob o título *Direito do Trabalho*); 1987, 7ª ed., 1991.

Fernandes, Luís Carvalho, *Teoria Geral de Direito Civil*, Lisboa, AAFDL, vol. I, t. I, 1979, t. II, 1980; vol. II e III, 1974.

Fernandez-Galliano, A., *Derecho Natural — Introducción Filosofica al Derecho*, Madrid, 4ª ed., 1985.

Ferrara Jr., Francesco, *Gli Imprenditori e le Società*, Milão, Giuffrè, 4ª ed., 1962, 7ª ed. 1987.

Ferrara Jr., Francesco, *Le persone giuridiche*, Turim, UTET, 2ª ed., 1958 (vol. II, t. II, do *Trattato di Diritto Civile Italiano*, de Filippo Vassalli).

Ferrara Jr., Francesco, *Teoria delle persone giuridiche*, Turim, UTET, 1923.

Ferreira, Dias, *Código Civil portuguez anotado*, Coimbra, Imprensa da Universidade, 2ª ed., 1894-1905, 4 vols..

Ferreira, Durval Fonseca e Castro, *Do Mandato Civil e Comercial. O Gerente de Sociedades. O Contrato de Mediação. Na Lei (Novo Código Civil), na Jurisprudência e na Doutrina, no Direito Comparado*, Famalicão, 1967.

Ferreira, Waldemar, *Tratado de Direito Comercial*, São Paulo, Saraiva, 1960-64, 12 vols..

Ferri, Giuseppe, "Eccesso di potere e tutela delle minoranze", in *RivDCom*, 1934, I, pág. 723-746.

Ferri, Giuseppe, in *Dir. e prat. comm.*, 1932, I, 190.

Ferri, Giuseppe, *Le Società*, Turim, UTET, 1971 (vol. X, t. III, do *Trattato di Diritto Civile Italiano*, de Filippo Vassalli).

Ferri, Giuseppe, *Manuale di diritto commerciale*, Turim, UTET, 4ª ed., 1976; 7ª ed., 1988.

Fiorentino, Adriano, *Gli organi delle società di capitali*, Nápoles, E. Jovene, 1950.

Fischer, Rudolf, *Las Sociedades anonimas* (trad. esp. de W. Roces), Madrid, Reus, 1934.

Foglia, Raffaele, "La partecipazione dei dipendenti alla gestione della società", in *Il Foro Italiano — Cronache Comunitarie*, 1987, pág. 175 e segs..

Franco, António Luciano Sousa, *Noções de Direito da Economia*, Lisboa, AAFDL, 1983.

Franco, Manuel da Costa, *Tractado Practico Jurídico e Cível*, Lisboa, Off. de Joseph da Silva Nazareth, 1768.

FREDERICQ, LOUIS, *Précis de Droit Commercial*, Bruxelas, Bruylant, 1970.
FRELS, "Die Geschaftsverteilung im Vorstand der Aktiengesellschaft", in *ZHR*, v. 122, H. 1.
FRÈ, GIANCARLO, "Il rapporto fra l'organo amministratore delle società anonime e la società", in *Riv. dir. com.*, 1938.
FRÈ, GIANCARLO, *L'organo amministrativo nelle società anonime*, Roma, 1938.
FRÈ, GIANCARLO, *Società per azioni*, Bolonha, N. Zanichelli, 3ª ed., 1959 (ristampa de 1966) (in *Commentario del Codice Civile*, de SCIALOJA e BRANCA).
FROTA, MÁRIO, *Contrato de Trabalho*, Coimbra, 1978.
FURTADO, J. PINTO, *Código Comercial Anotado*, Coimbra, Almedina, vol. I, 1975; vol. II, t. I e II, 1979.
FURTADO, J. PINTO, *Curso de Direito das Sociedades*, Coimbra, Almedina, 1983.
GADOW, W.-E. HEINICHEN-E. SCHMIDT-W. SCHMIDT-O. WEIPERT-R. FISCHER-C. H. BARZ-U. KLUG-J. MAYER-LANDRUT-H. WIEDEMANN-H. BROENNER-K. MELLEROWICZ-W. SCHILLING-H. WUERDINGER, *Aktiengesetz. Grosskommentar*, Berlim, 2. Aufl., Schweizer, 1959-62, 2 vols.; 3. Aufl., De Gruyter, 1973-75, 4 vols..
GAILLARD, ÉMILE, *La société anonyme de demain—La théorie institutionnelle et le fonctionnement de la société anonyme*, Paris, Sirey, 1932.
GALGANO, FRANCESCO, *Degli amministratori di società personali*, Pádua, CEDAM, 1963.
GALGANO, FRANCESCO, *Diritto Commerciale*, vol. II — *Le società*, Bolonha, Zanichelli, 2ª ed., 1985.
GALGANO, FRANCESCO, *Il negozio giuridico*, Milão, Giuffrè, 1988.
GALGANO, FRANCESCO, *La Società per Azioni*, Pádua, CEDAM, 2ª ed., 1988.
GANGI, CALOGERO, *Persone fisiche e persone giuridiche*, Milão, Giuffrè, 2ª ed., 1948.
GARRIGUES, JOAQUIN, *Curso de Derecho Mercantil*, vol. I, Madrid, Ed. Tecnos, 6ª ed., 1972.
GARRIGUES, JOAQUIN, *Nuevos hechos, nuevo Derecho de sociedades anónimas*, 1933.
GARRIGUES, JOAQUIN-RODRIGO URIA, *Comentario a la Ley de sociedades anónimas*, Madrid, 3ª ed., 1976, 2 vols..
GELLA, VICENTE Y, *Curso de Derecho mercantil*, Saragoça, 1948.
GELLA, VICENTE Y, *Las resoluciones de la assemblea general de una sociedad anonima*, 1932.
GENY, *Méthode d' interprétation et sources en droit privé positif*, 2ª ed., reimpressão de 1954.
GESSLER, E.-W. HEFERMEHL-U. ECKARDT-B. KROPFF, *Aktiengesetz Kommentar*, Munique, F. Vahlen, 1973-76, 4 vols..
GHIDINI, MARIO, *Diritto del Lavoro*, Pádua, CEDAM, 8ª ed., 1981.
GIERKE, OTTO VON, *Das Deutsche Genossenschaftsrecht*, Berlim, 1868, 1873 e 1887, reimp. 1954, 4 vols..
GIERKE, OTTO VON, *Das Wesen der menschlichen Verbaende*, 1902, reimpressão, Darmstadt, Wissenschaftliche Buchgesellschaft, 1962.
GIERKE, OTTO VON, *Deutsches Privatrecht*, vol. I, Leipzig, 1895.
GIERKE, OTTO VON, *Die Genossenschaftstheorie und die deutsche Rechtssprechung*, Berlim, 1887, reimpressão Berlim, Weidmann, 1963.

GIULIANI, "Comentario a la sentencia de la S.C. de 25 de enero de 1965", in *Riv. Not.*, 1965.
GIVERDON, *L'évolution du contrat de mandat* (tese dactilografada), Paris, 1947.
GIVERDON, "Mandat Commercial", in *Encyclopédie Dalloz, Droit Commercial*.
GLEICHMANN K.-T. CATALA, " Le statut des Sociétés anonymes européennes selon la proposition de la Commission des Communautés Européennes", in *Rev. des Soc.*, 90º-a, 1972, nº 1.
GODIN, R. F. VON-HANS WILHELMI, *Kommentar zum Aktiengesetz*, 2. Aufl., 1950, 4. Aufl., 1971, 2 vols..
GOLDMAN, B.-A. LYON-CAEN, *Droit commercial Européen*, Paris, Dalloz, 4ª ed., 1983.
GOLDSCHMIDT, L., *Handbuch des Handelsrechts*, vol. I, 1: *Universalgeschichte des Handelsrechts*, 3ª ed., Estugarda, 1891, reimpr. 1973.
GOLDSCHMIDT, "La responsabilidad civil de los administradores en las sociedades por acciones", in *Estudios de Derecho Comparado*, pág. 664.
GOMES, J. J. VEIGA, *Sociedade anónima (Uma Perspectiva de Direito Económico)*, Lisboa, 1981.
GOMES, MANUEL JANUÁRIO DA COSTA, *Contrato de Mandato*, Lisboa, AAFDL, 1990.
GOMES, MANUEL JANUÁRIO DA COSTA, "Apontamentos sobre o contrato de agência", in *Tribuna da Justiça*, nº 3.
GOMES, MANUEL JANUÁRIO DA COSTA, *Em Tema de Revogação do Mandato Civil*, Coimbra, Almedina, 1989.
GOMES, NUNO SÁ, *Nacionalizações e Privatizações* (Cadernos de Ciência e Técnica Fiscal, nº 155), Lisboa, 1988.
GONÇALVES, LUÍS DA CUNHA, *Comentário ao Código Comercial Portuguez*, Lisboa, Empreza Editora J. B., 1914, 3 vols..
GONÇALVES, LUÍS DA CUNHA, *Dos Contratos em Especial* , Lisboa, Ática, 1953.
GONÇALVES, LUÍS DA CUNHA, *Tratado de Direito Civil em Comentario ao Código Civil Português*, Coimbra, Coimbra Editora, 1929-45, 14 vols..
GORDILLO, *La representacion aparente*, Sevilha, 1978.
GOURLAY, PIERRE-GILLES, *Le conseil d'aministration de la société anonyme. Organisation et Fonctionnement*, Paris, Sirey, 1971.
GOUVEIA, JAIME A. C. DE, *Da Responsabilidade Contratual* (dissert.), Lisboa, 1932.
GOWER, L. C. B., *The Principles of Modern Company Law*, Londres, Stevens, 3ª ed., 1969.
GRAZIANI, ALESSANDRO, *Diritto delle Società*, Nápoles, Morano, 5ª ed., 1963.
GRAZIANI, ALESSANDRO-GUSTAVO MINERVINI, *Manuale di diritto commerciale*, Nápoles, Morano, 1979.
GRECO, PAOLO, *Le società nel sistema giuridico italiano — Lineamenti generali*, Turim, Giappichelli, 1959.
GROSS, VOLKER, *Das Anstellungsverhaeltnis des GmbH-Geschaeftsfuehrers im Zivil-, Arbeits-, Sozialversicherungs- und Steuerrecht*, Colónia, Verlag Otto Schmidt, 1987.
GUEDES, AGOSTINHO CARDOSO, "A limitação dos poderes dos administradores das sociedades anónimas operadas pelo objecto social no novo Código das Sociedades Comerciais", in *RDE*, XIII, 1987.

GUGLIELMI, "L'art. 28 Cost. e la responsabilità dello Stato e degli enti pubblici", in *Rass. Auv. Stata*, 1949.
GUIMARÃES, RUY CARNEIRO, *Sociedades por Acções*, Rio de Janeiro, Forense, 1960, vol. III.
GUYON, YVES, *Droit des Affaires*, Paris, Economica, 5ª ed., 1988, vol. I.
HACHENBURG, MAX-WALTER SCHMIDT-WOLFGANG SCHILLING-REINHARD GOERDELER-*et al.*, *Kommentar zum Gesetz betreffend die Gesellschaften mit beschraenkter Haftung*, Berlim, Walter de Gruyter, 6. Aufl., 1956, 2 vols., 8. Aufl., 1989-...(em publicação).
HADDEN, TOM, *Company Law and Capitalism*, Londres, Weidenfeld and Nicolson, 2ª ed., 1972.
HAEGEN M. VANDER-E. M. KNOPS, "La proposition de cinquième directive CEE relative à la structure des sociétés anonymes ainsi qu'aux pouvoirs et obligations de leurs organes", in *Journal Trib.*, 1976.
HAEMMERLE-WUENSCH, *Handelsrecht*, Bd. II – *Gesellschaftsrecht*, Viena, 1978.
HAENEL, *Deutsches Staatsrecht*, Leipzig, 1892.
HAMEL, JOSEPH-GASTON LAGARDE, *Traité de Droit Commercial*, Paris, Dalloz, 1954, vol. I, 2ª ed. (com A. JAUFFRET), 1980.
HAMIAUT, *La Réforme des Sociétés Commerciales*, Paris, Dalloz, 1966, vol. III.
HARDE, HANS-ERNST, *Die Abberufung des Geschaeftsfuerers der GmbH von der Geschaeftsfuerung und Vertretung*, Bad Shwartau, Wissenschaftlicher Verlag der Praxis, 1971.
HAURIOU, MAURICE, "De la personalité comme élément de la réalité sociale", in *Rev. gén. de droit*, 1898.
HAURIOU, MAURICE, "L'institution et le droit statutaire", in *Rec. Acad. Legisl. Toulouse*, 1906.
HAURIOU, MAURICE, "La théorie de l'institution et de la fondation", in *Cahiers de la Nouvelle Journée*, nº 4, 1925, pág. 2-45.
HAURIOU, MAURICE, *Principes de droit constitutionnel*, Paris, 1929.
HAURIOU, MAURICE, *Principes de droit public*, Paris, 1910.
HAURIOU, MAURICE, *Théorie de l'institution*, 1935.
HECK, PHILIPP, "Gesellschaftsbeschluesse und Willensmaengel bei der Gesellschaft des BGB", in *Festschrift fuer Otto Gierke*, Weimar, 1911.
HECK, PHILIPP, "Gesetzesauslegung und Interessen jurisprudenz", in *AcP*, 112.
HEFERMEHL, W., "Zur hoechstdauer der Vorstandsvertraege bei Aktiengesellschaften", in *Deusche Justiz*, 1942, pág. 619-622.
HEINEN, MARC-EMILE DENNEWALD, *Éléments de Droit Commercial Luxembourgeois – Les Sociétés Commerciales*, 2ª ed., Luxemburgo, J.-P. Krippler-Muller, 1985.
HÉMARD, JEAN-FRANÇOIS TERRÉ-PIERRE MABILAT, *Sociétés Commerciales*, Paris, Dalloz, 1972-78, 3 vols..
HENLE, *Lehrbuch des Buergerlichen Rechts*, vol. II, 1934.
HENN, HARRY G., *Handbook of the Law of Corporations and other Business Enterprises*, St. Paul (Minn.), West Publishing, 2ª ed., 1970.
HOELAND, *Die Organen der Aktiengesellschaft*, Iena, 1886.
HOLZACH, *Der Ausschuss des Verwaltungsrats der Aktiengesellschaft und die Haftungsverhaeltnisse bei Verwaltungsrats internen Delegierungen* (tese), Basileia, 1960.

HOPT, KLAUS, "Problèmes fondamentaux de la participation en Europe. Bilan de droit comparé — Appréciation des propositions pour l'harmonisation des législations sur la participation des salariés dans les Communautés Européennes", in *Rev. Comm.*, 1981.

HORRWITZ, HUGO, *Das Recht der Generalversammlungen der Aktiengesellschaften und Kommanditgesellschaften auf Aktien*, Berlim, Franz Vahlen, 1913.

HOUPIN, C.- H. BOSVIEUX, *Traité Générale Théorique et Pratique des Sociétés Civiles et Commerciales et des Associations*, Paris, *Journal des Notaires*, Sirey 2, t. II, 7ª ed., 1935.

HUECK, ALFRED, "Die Rechtsstellung der Mitglieder von Organen der juristischen Personen", in *Der Betrieb*, 1954, pág. 274-276.

HUECK, ALFRED, *Gesellschaftsrecht*, Munique, Beck, 17. Aufl., 1975.

HUECK, ALFRED-HANS CARL NIPPERDEY, *Grundriss des Arbeitsrechts*, Berlim, Franz Vahlen, 2. Aufl., 1962.

HUECK, ALFRED-HANS CARL NIPPERDEY, *Lehrbuch des Arbeitsrechts*, Berlim, 7. Aufl., 1963/67/70, 3 vols..

ISAY, H., *Rechtsnorm und Entscheidung*, 1929.

JAKISCH, "Der Begriff der Erfuellung im heutigen Recht", in *JherJb.*, 68, 287.

JELLINEK, *Allgemeine Staatslehre*, 1ª ed., 1910, e 3ª ed., 1922 (trad. fr. *L'État moderne et son Droit*, Paris, 1912).

JELLINEK, *System der subjektiven oeffentlichen Rechte* (trad. it., 1912).

JENKS, *A short History of English Law*, 1934.

JHERING, *Geist des Roemishen Rechts*.

JHERING, *Zweck im Recht*, 6ª e 8ª eds., 2 vols. (trad. port. de ABEL D'AZEVEDO, *A Evolução do Direito*, Lisboa, Bertrand, s. d.).

JOLLY, J., "Das Recht der Aktiensgelleschaften", in *Zeitschr. fuer deut. Recht und deut. Rechtswissenschaft*, vol. II (1847).

JORGE, FERNANDO PESSOA, *Direito das Obrigações*, Lisboa, Serv. Soc. Univ. Lisboa, 1971-72, vol. I.

JORGE, FERNANDO PESSOA, *Ensaio Sobre os Pressupostos da Responsabilidade Civil* (Cadernos de Ciência e Técnica Fiscal, nº 80), Lisboa, Min. Fin., 1968.

JORGE, FERNANDO PESSOA, *Mandato sem Representação*, Lisboa, Ática, 1961.

JORGE, FERNANDO PESSOA, "Mandato", in *Enciclopédia Polis*, vol. IV, Lisboa, Verbo.

JUGLART, MICHEL-BENJAMIN IPPOLITO, *Traité de Droit Commercial*, vol. II, *Les Sociétés*, Paris, Montchrestien, 3ª ed., 1980.

KANTOROWICZ, *Der Kampf um die Rechtswissenschaft*, 1908.

KASER, MAX, *Roemisches Privatrecht*, Munique, Beck, 13. Aufl., 1983.

KASKEL-DERSCH, *Arbeitsrecht*, 5. Aufl., 1957.

KASTNER, W., *Grundriss des oesterreichischen Gesellschaftsrechts*, Viena, Manz, 1979.

KELSEN, HANS, *Das Problem der Gerechtigkeit*, Viena, Franz Deuticke, 1960 (trad. port. de JOÃO BAPTISTA MACHADO, *A Justiça e o Direito Natural*, Coimbra, Arménio Amado, 1979).

KELSEN, HANS, *Reine Rechtslehre*, Viena, Franz Deuticke, 2. Aufl., 1960 (trad. port. de JOÃO BAPTISTA MACHADO, *Teoria Pura do Direito*, Coimbra, Arménio Amado, 1962, 2 vols.).

KOONTZ-O'DONNEL, *Principles of Management – An Analysis of Managerial Functions*, Nova Iorque, McGraw Hill, 4ª ed., 1968.

KORMANN, *System des rechtsgeschaftlichen Staatsaktes*, 1910.

KRESS, *Lehrbuch* des *Allgemeinen Schuldrechts*, 1929.

KRETSCHMAR, "Beitraege zur Erfuellungslehre", in *JherJb.*, 85, 184; 86, 145.

KRETSCHMAR, *Die Erfuellung*, 1. Teil, 1906.

KUEBEL, F. P. V., *Recht der Schuldverhaeltnisse, Teil 2, Besonderer Teil* (Nachdruck Berlin/New York, 1980).

KUNTZE, *Krit. Zeitscher. f. d. gesamte Rechtswiss.*, V, 1859.

LABAND, PAUL, "Die Stellvertretung bei dem Abschluss von Rechtsgeschaeften nach dem allgemeinen Deutschen Handelsgesetzbuch", in *ZHR*, 10, 1867, pág. 183--241.

LABAND, PAUL, *L'Etat moderne et son droit*, vol. II.

LACAMBRA, LUIS LEGAZ, *Filosofia del Derecho*, Barcelona, Bosch, 1953.

LACAN, "L'action sociale exercée 'ut singuli'", in *Rev. Soc.*, 1946.

LALOU, *Traité pratique de la responsabilité civile*, Paris, Dalloz, 5ª ed., 1955.

LANGHANS, F. P. ALMEIDA, "Poderes de gerência nas sociedades comerciais", in *Revista da Ordem dos Advogados*, ano 11º, 1951, nº 1 e 2, pág. 104-168, e in *Estudos de Direito*, pág. 25-110.

LARENZ, KARL, *Allgemeiner Teil des deutschen buergerlichen Rechts – Ein Lehrbuch*, Munique, Beck, 2. Aufl., 1972.

LARENZ, KARL, *Derecho de obligaciones* (trad. esp.), Madrid, Ed. Revista de Derecho Privado, 1958, 2 vols..

LARENZ, KARL, *Methodenlehre der Rechtswissenschaft*, Berlim, Springer, 1960.

LAUTENBURG, *Die Rechtliche Stellung des Vorstands der Aktiengesellschaften* (dissert.), Goettingen, 1890.

LE CANNU, PAUL, *La société anonyme à directoire*, Paris, Librairie Générale de Droit et de Jurisprudence, 1979.

LEBLOND, "Note sous Paris", in *J. S.*, 1932, pág. 149.

LEBLOND, "Sur la cooptation dans les sociétés anonymes lorsqu'il n'existe plus qu'un seul administrateur en fonctions", in *J. S.*, 1951, pág. 256.

LEHMANN, KARL, *Das Recht des Aktiensgesellschaften*, Berlim, 1898, vol. I, 1904, vol. II, Neudruck, Aalen, Scientia Verlag, 1964.

LEHMANN, KARL, *Geschichtliche Entwicklung des Aktienrechts bis zum Code de Commerce*, Berlim, 1895, reimp. 1964.

LEITE, JORGE, *Direito do Trabalho – Da Cessação do Contrato de Trabalho* (lições), Coimbra, 1978.

LEITE, JORGE-F. JORGE COUTINHO DE ALMEIDA, *Legislação do Trabalho*, Coimbra, Coimbra Editora, 4ª ed., 1990.

LENER, RAFFAELE, "L'organo di amministrazione", in *Il Foro Italiano – Cronache Comunitarie*, 1987, pág. 163 e segs..

LEVY-BRUHL, *Histoire Juridique des Sociétés de Commerce en France au XVIIe et XVIIIe siècles*, Paris, 1938.

LIEB, M.-B. ECKARDT, *Die GmbH-Geschaeftsfuehrer in der Grauzone zwischen Arbeits- und Gesellschaftsrecht. Ausgewaehlte Fragen zu Widerruf, Kuendigung, Schutzbeduerftigkeit und Haftung*, Dt. Anwalterverlag, 1990.

LIMA, PIRES DE-ANTUNES VARELA, *Código Civil Anotado*, Coimbra, Coimbra Editora, vol. II, 2ª ed., 1981; 3ª ed., 1986.
LIMA, PIRES DE-ANTUNES VARELA, *Noções Fundamentais de Direito Civil*, Coimbra, Coimbra Editora, 4ª ed., 1957-58, 2 vols..
Livro Branco sobre o Sistema Financeiro: 1992 — As Instituições de Crédito, Lisboa, Ministério das Finanças, 1991.
LOPES, FERNANDO RIBEIRO, *Direito do Trabalho* (sumários desenvolvidos das aulas), Lisboa, 1977-78, 1989-91.
LORDI, *Istituzioni di diritto commerciale*, Pádua, 1943.
LOURENÇO, JOSÉ ACÁCIO, *Estudos sobre Temas de Direito do Trabalho*, 1979.
LOURENÇO, SANTOS, *Das Sociedades por Quotas — Comentário à Lei de 11 de Abril de 1901*, Lisboa, Ottosgrafica, 1926, 2 vols..
LOVATO, "Natura giuridica e trattamento tributario dell'atto di nomina degli amministratori di società di capitali", in *Riv. not.*, 1949.
LUTTER, MARKUS, "Genuegen die vorgeschlagenen Regelungen fuer eine Europaeische Aktiengesellschaft", in *Die Aktiengesellschaft*, 1990.
LUTTER, MARKUS, *Die Europaesiche Aktiengesellschaft*, Colónia, Carl Heymans, 2ª ed., 1978.
LUTTER, MARKUS, *Europaeisches Gesellschaftsrecht — Texte und Materialien zur Rechtsangleichung nebst Einfuehrung und Bibliographie*, Berlin, De Gruyter, 2. Aufl., 1984.
LUTTER, MARKUS-HOMMELHOFF-KNOBBE-KEUK-VON MAYDELL, "Bonner Symposium zur Europaeischen Aktiengesellschaft", in *Die Aktiengesellschaft*, 35 Jhrg., 10/90, pág. 413 e segs.
LUZZATTO, *Storia del Commercio*, vol. I.
LYON-CAEN, GÉRARD, *Contribution à l'étude des formes de représentation des intérêts des travailleurs dans le cadre des sociétés anonymes européennes* (Coll. Études — Série Concurrence — Rapprochement des législations nº 10), Bruxelas, 1970.
LYON-CAEN-RENAULT-AMIAUD, *Traité de Droit Commercial*, Paris, 5ª ed. 1921-1936, 8 vols..
MACEDO, PEDRO DE SOUSA, *Manual de Direito das Falências*, Coimbra, Almedina, 1964.
MACHADO, BAPTISTA, *Pressupostos da Resolução por Incumprimento*, 1979.
MACK, *Die Begruendung und Beendigung der Rechtsstellung von Organmitglieder* (tese), Mainz, 1974.
MAGALHÃES, BARBOSA DE, *Indivisibilidade e Nulidade de um Negócio Jurídico de "Sindicato de Voto"*, Lisboa, 1956.
MAGALHÃES, JOSÉ CALVET, *História do Pensamento Económico em Portugal*, Coimbra, 1967.
MAGGIORE, GIUSEPPE RAGUSA, *La responsabilità individuale degli amministratori*, Milão, Giuffrè, 1969.
MAIORCA, *La nozione di organo nel diritto privato*.
MARCHAL, ANDRÉ, *Systèmes et structures économiques*, Paris, PUF, 4ª ed., 1969.
MARCORA, *L'azione civile di responsabilità contro gli amministratori di società anonima*, Milão, Società Editrice "Vita e Pensiero", 1931.

MARQUES, DIAS, "A simulação nas deliberações sociais", in *ROA*, ano 11.° (1951), n° 3-4, págs. 334 e segs..
MARQUES, JOSÉ DIAS, *Noções Elementares de Direito Civil*, Lisboa, 1971.
MARQUES, JOSÉ DIAS, *Teoria Geral do Direito Civil*, Coimbra, Coimbra Ed., 1958.
MARTIN, *La représentation des sociétés commerciales par leurs organes* (tese), Nancy, 1977.
MARTINEZ, PEDRO SOARES, *Filosofia do Direito*, Coimbra, Almedina, 1991.
MARTINEZ, PEDRO SOARES, *Manual de Direito Corporativo*, 2ª ed., Lisboa, 1967.
MARZIALE, GIUSEPPE, "Le società nel diritto comunitario – Nota Introdutiva", in *Il Foro Italiano – Cronache Comunitarie – Le Società nel diritto Communitario*, 1987, pág. 159 e segs..
MATOS, ALBINO, *Constituição de Sociedades*, Coimbra, Almedina, 1988, 2ª ed., 1990.
MAUREIL-DESCHAMPS P, *De la Situation respective du Conseil d'Administration et du Directeur dans la société anonyme* (tese), Paris, A. Michalon, 1909.
MAYER, OTTO, *Deutsches Verwaltungsrecht*, Berlim, 3ª ed., vol. I.
MAYER, OTTO, " Zur Lehre vom oeffentlichen Vertrage", in *AOER*, 1888, pág. 40 e segs..
MAZEAUD, HENRI-LÉON MAZEAUD-A. TUNC, *Traité théorique et pratique de la responsabilité civile delictuelle et contractuelle*, Paris, Ed. Montchrestien, 5ª ed., 1960, 3 vols..
MAZEAUD, HENRI-LÉON MAZEAUD-JEAN MAZEAUD, *Leçons de Droit Civil*, Paris, Montchrestien, 6ª ed., 1981.
MAZEAUD, L.-J. M. MICHAUD-J. L. DELVOLVE, "Le statut du président directeur général est-il soumis à l'article 40 de la loi du 24.7.1966 "?, in *Recueil Dalloz*, 1964, Chron. 257.
MAZZONI, GIUSEPPE, *Manual di Diritto del Lavoro*, Milão, Giuffrè, 4ª ed., 1971.
MEDEIROS, TAVARES DE, *Commentario da Lei das sociedades anonymas de 22 de Junho de 1867*, Lisboa, Liv. Ferreira, 1886.
MEIER-HAYOZ, ARTHUR-PETER FORSTMOSER, *Grundriss des Schweizerischen Gesellschaftsrechts*, Berna, Staempfli, 2. Aufl., 1976.
MEIER-HAYOZ, *Der Richter als Gesetzgeber*, 1951.
MENDES, JOÃO DE CASTRO, "Da condição", in *BMJ*, n° 263, pág. 37 e segs..
MENDES, JOÃO DE CASTRO, *Teoria Geral do Direito Civil*, Lisboa, AAFDL, 1978, 2 vols..
MENDONÇA, CARVALHO DE, *Tratado de Direito Comercial Brasileiro*, Rio de Janeiro, Freitas Bastos, 3ª ed., 1940, vol. IV.
MERLE, PHILIP, *Droit Commercial – Sociétés Commerciales*, Paris, Dalloz, 1988.
MERTENS, in *Koelner Kommentar zum AktG* (de BIEDENKOPF, etc.)
MESSINEO, *Doctrina general del contrato* (trad. esp.), Buenos Aires, 1952, vol. I.
MESSINEO, *Manuale di Diritto Civile e Commerciale*, vol. I, vol. III, 1943.
MESTMAECKER, ERNST J., *Verwaltung, Konzerngewalt und Rechte der Aktionaere*, Karlsruhe, C. F. Mueller, 1958.
MEYER, *Die rechtliche Stellung des Delegierten des Verwaltunsrats*, Zurique, 1945.
MEYER-LANDRUT, in *Grosskomm. AktG* (de GADOW-HEINICHEN).
MICHOUD, *La théorie de la personalité morale et son application au droit français*, Paris, LGDJ, 1ª ed., 1906, e 3ª ed., 1930, 2 vols..
MIELE, *La volontà del privato nel diritto amministrativo*, Roma, 1931.

MINERVINI, "Alcune riflessione sulla teoria degli organi delle persone giuridiche private", in *Riv. trim. dir. proc. civ.*, 1953.
MINERVINI, *Gli amministratori di società per azioni*, Milão, Giuffrè, 1956.
MINERVINI, *Il mandato, la commissione, la spedizione*, Turim, UTET, 1957.
MINGUZZI, ITALO GIORGIO, *Gli amministratori di società per azioni. I poteri*, Rimini, Maggioli, 1981.
MIRABELLI, *Dei contrati in generale*, Turim, UTET, 1980.
MOLITOR, ERICH, "Die Rechtsverhaeltnisse der Vorstandsmitglieder", in *Die Aktiengesellschaft*, 1957, 193-197.
MOLITOR, ERICH, "Die Bestellung zum Vorstandsmitglied einer Aktiengesellschaft, ihre Voraussetzungen und Folgen", in *Leipziger Festschrift fuer Victor Ehrenberg*, 1927, pág. 41 e segs..
MONCADA, LUÍS CABRAL DE, *Lições de Direito Civil*, Coimbra, Atlântida, 2ª ed., 1954, 2 vols..
MONTEIRO, ANTÓNIO PINTO, *Contrato de Agência*, Coimbra, Almedina, 1987.
MONTELLÁ, GAY DE, *Tratado de Sociedades Anónimas*, 3ª ed., 1962.
MONTESQUIEU, *De l' esprit des lois*.
MORAIS, LUÍS, *Privatização de Empresas Públicas — As Opções de Venda*, Lisboa, AAFDL, 1990.
MOREAU, *La société anonyme*, 2ª ed., 1955, 3 vols..
MOREIRA, ANTÓNIO JOSÉ, *O Regime Jurídico dos Despedimentos*, Porto, Porto Editora, 1987.
MOREIRA, GUILHERME, "Da personalidade colectiva", in *RLJ*, anos 40º, 41º e 42º.
MOREIRA, GUILHERME, "Estudo sobre a responsabilidade civil", in *RLJ*, ano 37º, 38º e 39º.
MOREIRA, GUILHERME, *Instituições do Direito Civil Português*, Coimbra, Coimbra Editora, 1925, 2 vols..
MORI, *Società anonima — Amministrazione*, Turim, Fratelli Bocca, 1897, 2 vols..
MOSCO, L., *La rappresentanza voluntaria nel diritto privato*, Nápoles, 1961.
MOSSA, " L'ineficacia della deliberazione dell'assemblea nelle società per azioni", in *Riv DCom*, 1915, I, pág. 444.
MOSSA, LORENZO, *Trattato del nuovo diritto commerciale*, Pádua, CEDAM, 1954, vol. IV.
MOURA, JOSÉ BARROS, *Direito do Trabalho — Notas de Estudo*, Lisboa, 1980-81.
NATOLI, UGO, *La rappresentanza*, Milão, Giuffrè, 1977.
NAVARRINI, "Del diritto dell'azionista di società anonima", in *Giur. it.*, 1898, vol. I, 1.
NAVARRINI, *Trattato teorico-pratico di diritto commerciale*, Turim, Fratelli Bocca, 1913-1926, 6 vols..
NEPPI, *La rappresentanza nel diritto privato moderno*, Pádua, 1930.
NEPPI, VITTORIO, *La rappresentanza*, Milão, Giuffrè, 1961.
NICOLA, "La vocazione ereditaria diretta e indiretta", in *Annali del Istituto di scienzie giuridiche*, da Univ. Messina, VII.
NICOLINI, GIUSEPPE, "Il funcionamento dell'assemblea di società per azioni nella proposta modificata di quinta direttiva", in *Il Foro Italiano — Cronache Comunittarie —Le Società nel Diritto Comunitario*, 1987, pág. 187 e segs..

NIELSEN-STOKKEBY, *Die Organe der Aktiengesellschaft – Ein Beitrag zur Frage der Aktienrechtsreform* (dissert.), Hamburgo, 1954

NIKISCH, *Arbeitsrecht*, Tuebingen, Mohr, 3. Aufl., 1961, vol. I.

NOVA, SOCCO E. DE, *Obbligazioni e contratti – II* (vol. 10 do *Trattato di Diritto Privado*, de RESCIGNO).

OERTMANN, *Recht der Schuldverhaeltnisse*, 5ª ed., 1928, vol. I.

OERTMANN, *Rechtsbedingung ("conditio juris")*, 1924.

OLAVO, FERNANDO, "Termo do exercício das funções dos membros do conselho de administração e do conselho fiscal nas sociedades anónimas", in *CJ*, ano IX, 1984, t. 5, pág. 10 e segs..

OLAVO, FERNANDO, *Direito Comercial*, vol. I, 2ª ed., Lisboa, 1974; vol. II, Lisboa, AAFDL, 1963.

OLIVEIRA, ERNESTO DE, *Despedimentos e Outros Casos de Cessação do Contrato de Trabalho – Legislação Anotada*, 2ª ed., Lisboa, 1977.

OLIVEIRA, MÁRIO ESTEVES DE, *Direito Administrativo*, Coimbra, Almedina, 1980, vol. I.

OMMESLAGHE, PIERRE VAN, *Le régime des sociétés par actions et leur administration en droit comparé*, Bruxelas, Bruylant, 1960.

OTTOLENGHI, *Il Codice di Commercio*, 1883, vol. II.

PAES, P. R. TAVARES, *Responsabilidade dos Administradores de Sociedades*, São Paulo, Ed. Rev. Tribunais, 1978, pág. 3.

PAILUSSEAU, *La société anonyme – Technique d' organisation de l'entreprise*, Paris, Sirey, 1967.

PALANDT, *Buergerliches Gesetzbuch*, Munique, Beck, 16ª ed., 1957.

"Participation des travailleurs et structure des sociétés", *Bull. CE*, Suppl. 8/75.

PAVONE LA ROSA, A., *Il registro delle imprese. Contributo alla teoria della pubblicità*, Milão, 1954.

PENNINGTON, ROBERT, *Company Law*, Londres, Butterworths, 4ª. ed., 1979.

People and Companies – Employee Involvment in Britain, Londres, H. M. Stationery Office, 1989.

PERCEROU, in *JS*, 1907.

PERROUD, J., *De l'exercice des actions judiciaires* (tese Lião), Paris, Arthur Rosseau, 1901.

PERROUD, J., in *Études Ripert*, Paris, 1950, II.

PESCE, ANGELO, "Rapporto organico e mandato nella qualificazione della justa causa di revoca dell' amministratore di società di capitali", in *Foro Padovense*, 1980, I, c. 65.

PESCE, ANGELO, *Amministrazione e Delega di Potere amministrativo nella società per azioni (Comitato esecutivo e amministratore delegato)*, Milão, Giuffrè, 1969.

PETERSEN, V.-V. PECHMANN, *Gesetz betreffend die Kommanditgesellschaften auf Aktien und die Aktiengesellschaften, vom 18. Juli 1884* (vol. III de PUCHELT, *Kommentar zum deutschen Handelsgesetzbuch*).

PIC, PAUL, *Des Sociétés Commerciales*, Paris, Rousseau, 2ª ed., 1925, 4 vols..

PIÉDELIÈVRE, B., "Le directoire et le conseil de surveillance des sociétés anonymes de type nouveau", in *Gaz. Pal.*, 1968, 1º sem, Doct..

PIEDELIÈVRE, B., *Situation juridique et responsabilité des dirigeants des sociétés anonymes*, Paris, Dunod, 1967.

PIMENTA, ALBERTO, *Suspensão e Anulação de Deliberações Sociais*, Coimbra, Coimbra Editora, 1965.

PIMENTEL, DIOGO FORJAZ DE SAMPAIO, *Anotações do Código de Comércio Portuguez*, Coimbra, 1866, 6 vols..

PINTO, CARLOS MOTA, *Direito Público da Economia*, Coimbra, 1982-83.

PINTO, CARLOS MOTA, *Teoria Geral do Direito Civil*, Coimbra, 1973.

PINTO, MÁRIO-FRANCISCO SOUSA FIALHO, *O Despedimento — Um Estudo de Direito Comparado*, Lisboa, Fundação Oliveira Martins, 1983.

PIPKORN, J., *Rapprochement des législations et plus particulièrement du droit des sociétés*, Bruxelas, Syllabus, 1979-1980.

PIRES, FRANCISCO LUCAS, "Art. 56º, alínea e)", in *Estudos sobre a Constituição*, Lisboa, Petrony, 1977, vol. I, pág. 376 e segs..

PIRES, GUDESTEU, *Manual das Sociedades Anônimas*, Rio de Janeiro, Freitas Bastos, 1942.

PLANDER, H., "Zur Bestellung der Geschaeftsfuehrer einer mehrgliedrigen GmbH", in *GmbHRundschau*, 1968, pág. 197-203.

PLANIOL-RIPERT-ESMEIN-RADOUANT-GABOLDE, *Traité pratique de droit civil français*, vol. VI e VII, *Obligations*, Paris, LGDJ, 1930-31.

PONT, MANUEL BROSETA, *Manual de Derecho Mercantil*, Madrid, Tecnos, 1982.

PONTES, A. LOPES, *Sociedades Anónimas*, 4ª ed., 1957, vol. II.

PRADA, JUAN LUIS IGLESIAS, *Administración y Delegación de Facultades en la Sociedad Anonima*, Madrid, Ed. Tecnos, 1971.

PRAZERES, M. A. GAMA, *Das Sociedades Comerciais* (sem lugar de edição), Athena, 1974.

PREUSS, "Stellvertretung oder Organschaft", in *Jherings Jahrbuecher*, 1902, vol. 44.

PREUSS, "Ueber Organpersoenlichkeit", in *Schmollers Jahrbuch*, 1902.

Programa do Partido Social-Democrata, Lisboa, 1974.

PUCHTA, *Institutionen*.

PUCHTA, *Lehrbuch der Pandekten*.

PUCHTA, *Vorlesungen*.

PUGLIATI, SALVATORE, "Il rapporto di gestione sottostante alla rappresentanza", in *Ann. Ist. Scienze Giur. Univ. Messina*, 1929, vol. 3, e in *Studi sulla rappresentanza*, 1965.

PUGLIATTI, SALVATORE, *Istituzioni di diritto civile*, Milão, 1935.

PUGLIATTI, SALVATORE, *Studi sulla rappresentanza*, Milão, Giuffré, 1965.

RALHA, EDUARDO, "Quem vota e quem delibera nas sociedades por quotas", in *RDES*, ano 9º (1956), págs. 8 e segs..

"Recurso contencioso dos actos praticados mediante competência conferida por delegação", in *Rev. Jurisp.*, vol. I.

REGELSBERGER, F., *Beitraege zur Lehre von der Haftung der Behoerder und Beamter der Aktiengesellschaften*, Giessen, 1872.

REGELSBERGER, F., *Pandekten*, Leipzig, 1893, vol. I.

RENARD, GEORGES, *L'institution — Fondement d'une Rénovation de l'Ordre Sociale*, Paris, Flamarion, 1923.

RENARD, GEORGES, *La philosophie de l'institution*, 1935.
RENARD, GEORGES, *La théorie de l'institution – Essai d'ontologie juridique*, Paris, Sirey, 1930.
RENAUD, A., *Das Recht der Aktiengesellschaften*, Leipzig, 2ª ed., 1875.
RENKL, GUENTER, *Der Gesellschafterbeschluss*, Estugarda, Kohlhammer, 1982.
RESCIGNO, "Condizione (diritto vigente)", in *Enciclopedia del Diritto*, vol. VIII.
RESTEAU, CHARLES, *Traité des sociétés anonymes*, Bruxelas, Polydore Pée, 1933-34, 5 vols..
RETAIL, L., *Administration et Gestion des Sociétés Commerciales*, Paris, Sirey, 2ª ed., 1947, 2 vols..
RIBEIRO, AURELIANO STRECHT, *Código Comercial Português Actualizado e Anotado*, Lisboa, Procural, 1939, 3 vols..
RIEZLER-STAUDINGER, *Buergerliches Gesetzbuch*.
RIPERT, GEORGES, *Aspects juridiques du capitalisme moderne*, 2ª ed., Paris, LGDJ, 1948.
RIPERT-ROBLOT, *Traité élémentaire de droit commercial*, Paris, LGDJ, vol. I, 9ª ed., 1977, 11ª ed., 1984.
RITTER, CARL, *Aktiengesetz*, Berlim, Schweizer, 2. Aufl., 1939.
RITTNER, *Die werdende juristische Person*, Tuebingen, 1973.
ROCCO, ALFREDO, *Le società commerciale in rapporto al giudicio civile*, 1898.
ROCCO, ALFREDO, *Principi di diritto commerciale – Parte generale*, Turim, UTET, 1928.
ROCHA, M. A. COELHO DA, *Instituições de Direito Civil Portuguez*, Coimbra, 4ª ed., 1857.
RODIÈRE, RENÉ, "Mandat", in *Encyclopédie Jur. Dalloz – Droit Civil*, V, nº 1 a 6.
RODIÈRE, RENÉ, *Droit Commercial – Groupements Commerciaux*, Paris, Dalloz, 7ª ed., 1971.
RODRIGUES, F., *Consejeros Delegados, Comissiones Ejecutivas y Consejos de Administración*, Madrid, Ed. Moncorvo, 1971.
RODRIGUES, ILÍDIO DUARTE, *A Administração das Sociedades por Quotas e Anónimas – Organização e Estatuto dos Administradores*, Lisboa, Liv. Petrony, 1990.
ROLLERI, *Der Fuehrergrundsatz im Vereinsrecht*, Bona, Leipzig, 1936.
ROMANO, SANTI, *Corso di diritto amministrativo*, Pádua, CEDAM, 1937.
ROMANO, SANTI, *Frammenti di un dizionario giuridico*, Milão, Giuffrè, 1947.
ROMANO, SANTI, *L' ordinamento giuridico*, Pisa, 1918.
ROMANO, SANTI, *Nozione e natura degli organi costituzionali dello Stato*, Palermo, 1898.
ROMANO, SANTI, "Osservazioni preliminari per uma teoria sui limiti della funzione legislativa", in *Arch. dir. pubbl.*, 1902, pág. 7 e segs..
ROMANO-PAVONI, GIUSEPPE, *Le deliberazioni delle assemblee delle società*, Milão, 1951.
ROPPO, ENZO, *O Contrato* (trad. port. de ANA COIMBRA e M. JANUÁRIO C. GOMES), Coimbra, Almedina, 1988.
ROQUE, J. G. JESUS, *Da Justa Causa do Despedimento face à Actual Lei Portuguesa*, Lisboa, Rei dos Livros, 1980.
RUBIO, JESUS, *Curso de Derecho de sociedades anónimas*, Madrid, Ed. de Derecho Financero, 1964, 3ª ed., 1974.
RYN, JEAN VAN, *Principes de Droit Commercial*, Bruxelas, Bruylant, vol. I, 1954.

SABATO, FRANCO DI, *Manuale delle Società*, Turim, UTET, 2ª ed. (reimpr.), 1988.
SALANDRA, "Ancora sui mutamenti sociali pubblicati", in *Foro it.*, 1933, 1, pág. 755 e segs..
SALANDRA, *Manuale di diritto commerciale*, Bolonha, s. d. (1947).
SALEILLES, *De la personnalité juridique*, Paris, 1910, 2ª ed., 1922.
SALEILLES, *Les associations dans le nouveau droit allemand (Rapport au IV Congrés sur le droit d'association)*.
SALGADO, ANTÓNIO MOTA, *Falência e Insolvência – Guia Prático*, Lisboa, Ed. Notícias, 1982.
SANDERS, PETER, "Vers une société anonyme européenne", in *RivS*, 1959, pág. 1163 e segs..
SANDULLI, *Manuale di diritto amministrativo*, Nápoles, 13ª ed., 1982.
SANTA MARIA, ALBERTO, *Diritto Commerciale Communitário*, Milão, Giuffrè, 1990.
SANTO AGOSTINHO, *De libero arbitrio*.
SANTORO-PASSARELLI, F., "Responsabilità del fatto altrui, mandato, contratto di lavoro gestorio", in *Foro it.*, 1937, vol. IV.
SANTORO-PASSARELLI, F., *Teoria Geral do Direito Civil* (trad. port. de MANUEL DE ALARCÃO), Coimbra, Atlântida, 1967.
SANTOS, JOSÉ BELEZA DOS, *A Simulação*, Coimbra, 1921, 2 vols..
SÃO TOMÁS DE AQUINO, *Summa Theologica*, I-II.
SAVIGNY, FRIEDRICH KARL VON, *System des heutigen Roemischen Rechts*, Berlim, 1840 (trad. franc. de GUENOUX, 1841; trad. ital. de SCIALOJA, 1888).
SAVIGNY, FRIEDRICH KARL VON, *Vom Beruf unserer Zeit fuer Gesetzgebung und Rechtswissenschaft*, 1814.
SCHAPIRA, JEAN-GEORGES LE TALLEC-JEAN-BERNARD BLAISE, *Droit Européen des Affaires*, Paris, PUF, 1984.
SCHAUB, GUENTER, *Arbeitsrechtshandbuch*, Munique, Beck, 3. Aufl., 1977.
SCHEURL, "Zur Lehre von der Nebenbestimmungen bei Rechtsgeschaefte", in *Beitraege zu B.d. roem. R.*, 1871, II. 2, 95.
SCHLEGELBERGER-QUASSOWSKI, *Kommentar zum AktG*, Berlim, Franz Vahlen, 2. Aufl., 1937, 3. Aufl., 1939.
SCHLOSSMANN, "Organ und Stellvertreter", in *Jehr JB*, 1902.
SCHMALZ, *Die Verfassung der Aktiengesellschaft*, Berlim, 1950.
SCHMIDT, *GrossKommentar AktG* (de GADOW-HEINICHEN), 1961.
SCHOLZ, F., *Kommentar zum GmbH-Gesetz*, Colónia, Otto Scmidt, 4. Aufl., 1959-60.
SCHUCANY, *Kommentar zum Schweizerischen Aktienrecht*, Zurique, Orell Fuessli, 2. Aufl., 1960.
SCHUMACHER, "Die Entwicklung der inneren Organisation der Aktiengesellschaft im deutschen Recht bis zum ADHGB", in *Abhandlungen aus dem gesamten Handelsrecht, Buergelichen Recht und Konkursrecht. Beiheft der ZHR*, Heft 10 (1937).
SCIALOJA, A., "L'opposizione del socio alle deliberazioni delle assemblee nelle società anonime", in *Riv DCom*, 1903, I, pág. 202 e seg., e in *Studi di dir. priv.*, Roma, 1906.
SCIALOJA, A., "Nota a Cass. Torino, 2.3.1911", in *Riv. delle Soc. Comm.*, 1911, pág. 305.
SCIALOJA, A., *Saggi di vario diritto*, Roma, Soc. Edit. Foro Italiano, 1927, vol. I.

SCONAMIGLIO, RENATO, *Dei contratti in generale*, Bolonha, N. Zanichelli, 1970.
SCORZA, "Gli amministratori di società per azioni di fronte alle delibere invalide dell'assemblea", in *Riv. Soc.*, 1963.
SCORZA, "L'eccesso di poteri come causa di invalidità delle deliberazioni di assemblea delle anonime", in *Riv DCom*, 1933, 1.
SCORZA, *Ancore sull'esecuzione di mutamenti statutari non pubblicati di una società regolarmente costituita*, Nápoles, 1933.
SCORZA, *Gli statuti degli enti a tipo associativo*, Roma, 1934.
SCOTT, W. R., *Joint Stock Companies to 1720*, Cambridge, 1909-1912, vol. II.
SENDIM, PAULO, *Lições de Direito Comercial e de Direito da Economia*, Lisboa, Univ. Católica, 1979-80, 2 vols..
SERRA, VAZ, "Cláusulas modificadoras da responsabilidade. Obrigações de garantia contra responsabilidade por danos a terceiros", in *BMJ*, nº 79, págs. 105 e segs..
SERRA, VAZ, "Anotação ao Acórdão do STJ de 7.3.1969", in *RLJ*, ano 103º, pág. 239.
SERRA, VAZ, "Anotação ao Acórdão do STJ de 20.2.1969", in *RLJ*, ano 104º, 1971-72, pág. 78 e segs.
SERRA, VAZ, "Anotação ao Acórdão do STJ de 23.4.1974", in *RLJ*, ano 108º, 1975-76, pág. 167 e segs.
SERRA, VAZ, "Anotação ao Acórdão do STJ de 2.2.1975", in *RLJ*, ano 109º, 1976-77, pág. 350 e segs.
SERRA, VAZ, "Anotação ao Acórdão do STJ de 7.7.1977", in *RLJ*, ano 111º, 1978-79, pág. 116 e segs..
SERRA, VAZ, "Assento do STJ de 9.11.1977", in *RLJ*, ano 111º, 1978-79, pág. 175 e segs..
SERRA, VAZ, "Anotação ao Acórdão do STJ de 15.6.1978", in *RLJ*, ano 112º, 1979--80, pág. 55 e segs..
SERRA, VAZ, "Responsabilidade patrimonial", in *BMJ*, nº 75, pág. 5-410.
SERRA, VAZ, "Tempo da prestação — Denúncia", in *BMJ*, nº 50, pág. 184 e segs..
SERRÃO, VERÍSSIMO, *História de Portugal*, Lisboa, Verbo, vol. V, 1980, e vol. VI, 1982.
SEUFERT, recensão a BEKKER, in *Krit. Vierteljahresschrift*, nova série, vol. IV.
SILVA, MARIA DA CONCEIÇÃO TAVARES DA, *Direito do Trabalho* (apontamentos das lições), Lisboa, Inst. Est. Soc., 1964-65.
SILVA, RODRIGUES DA, "O processo judicial de despedimento", in *RDES*, ano XXXII, 1990, pág. 57 e segs..
SIMÕES, PATRÍCIO, *Direito Económico*, Lisboa, AAFDL, 2ª ed., 1981-82.
SINAY, R., "La société anonyme de type nouveau du project de loi français sur les sociétés commerciales", in *Gaz. Pal.*, 1966, vol. I, Doct..
SINVET, HERVÉ, "Enfin la Société européenne?", in *RTDE*, 1990, nº 2.
SMITH, ADAM, *Wealth of Nations*.
Société anonyme européenne — Projet d'un statut des Sociétés Anonymes Européennes, "Études – Série Concurrence", nº 6, Bruxelas, Comissão CEE, 1967.
Société, in *Repértoire de Jurisprudence Générale Dalloz*, 1859, nº 1513.
SOELNER, ALFRED, *Arbeitsrecht*, Estugarda, Kohlhammer, 4. Aufl. 1969.
SOHM-MITTEIS-WENGER, *Institutionen, Geschichte und System des Roemischen Privatrechts*, Berlim, Duncker & Humblot, 17. Aufl., 1949.
SOLMI, *Storia del diritto italiano*.

SOPRANO, *Trattato teorico-partico delle società comerciali*, Turim, 1934.
SOULEAU, "La démission des dirigeants des sociétés commerciales", in *Rev. Trim. Dr. Com.*, 1972, n° 26, n° 12.
SPIELER, W., *Kirche und Mitbestimmung*, Freiburg i.Ve., Schweiz. Nat.-Kommission Justitia et Pax, 1976.
STAUDINGER, J. VON, *Kommentar zum Buergerlichen Gesetzbuch*, 11. Aufl., Berlim, 1958.
STEIN, *Handbuch der Verwaltungslehre*, Estugarda, 1888.
STEVENS-BORRIE, *Mercantile Law*, Londres, Butterworths, 17ª ed., 1978.
STOLFI, CATERINA, *La società multinazionale nell diritto communitario*, Milão, Giuffrè, 1984.
STOLL, in *ZAdR*, 1934.
SUDHOFF, *Rechte und Pflichten des Geschaeftsfuehrers einer GmbH*, Colónia, Otto Scmidt, 4. Aufl., 1966.
TAVARES, ASSIS, *As Sociedades Anónimas — Conceitos Fundamentais — Regime Tributário*, Lisboa, Clássica, 1969, 2ª ed., 1972.
TAVARES, JOSÉ, *Sociedades e Empresas Comerciais*, 2ª ed., 1924.
TAVARES, JOSÉ, *Princípios Fundamentais de Direito Civil*, Coimbra, 1928, 2 vols..
TEICHMANN-KOEHLER, *Aktiengesetz*, Heidelberga, Lambert Schneider, 3. Aufl., 1950.
TEIXEIRA, ANTÓNIO BRAZ, *Filosofia do Direito*, Lisboa, AAFDL, 1988.
TEIXEIRA, ISABEL MEIRELES-NUNO LOURO COELHO, *Regime Jurídico Geral dos Funcionários Civis*, Almada, Livraria Técnica, 1980.
TELLES, INOCÊNCIO GALVÃO, "Contratos civis", in *BMJ*, n° 83, pág. 165 e segs..
TELLES, INOCÊNCIO GALVÃO, "Contratos civis", in *Rev. Fac. Dir. Univ. Lis.*, vol. IX, 1953.
TELLES, INOCÊNCIO GALVÃO, *Direito das Obrigações*, 1979.
TELLES, INOCÊNCIO GALVÃO, *Dos Contratos em Geral*, 1ª ed., 1945-46, 2ª ed., 1962, e 3ª ed., 1965.
TELLES, INOCÊNCIO GALVÃO, *Lições de Direito das Obrigações*, 1960/61.
TELLES, INOCÊNCIO GALVÃO, "Mandato sem representação", in *CJ*, ano VIII, 1983, t. III, pág. 9.
TENA, GIRON, *Derecho de sociedades anónimas*, Valladolid, 1952.
THALLER, EDMOND, "Note sous Cass. Civ. 30.5.1892", in *D*, 1893, 1105.
THALLER, EDMOND, *Traité élémentaire de Droit Commercial*, Paris, 1931.
THALLER, EDMOND-PAUL PIC, *Traité général théorique et pratique de Droit Commercial — Des Sociétés Commerciales*, Paris, Rousseau, vol. I, 1907; vol. II, 1911.
THANH, NGO BA, *Les rapports entre l'assemblée générale et le conseil d'administration de la société anonyme moderne (droit français et droit comparé)* (tese), Paris, 1960.
THIBIERGE, *Le statut des sociétés étrangères*, 57ᵉ Congrès des Notaires de France à Tours, 1959, Paris, 1959.
TILLMANN, BERT, *Der Geschaeftsfuerervertrag der GmbH und GmbH & Co. — Vertragsbeispiele mit zivil-, steuer- und sozialversicherungsrechtlichen Erlaeterungen*, Colónia, Dr. Otto Schmidt, 3. Aufl., 1981.
TOSI, PAOLO, *Il dirigente d'azienda. Tipologia e disciplina del rapporto di lavoro*, Milão, Franco Angeli, 1974.

TRABUCCHI, *Commentario breve al Codice Civile*, Pádua.
TRABUCCHI, *Istituzioni di Diritto Civile*, Pádua, CEDAM, 28ª ed., 1986.
TRENTIN, *L'atto amministrativo*, Roma, 1915.
TREVISANO, GARCIA, "Relación orgánica y relación de servicio", in *Revista de Administración pública*, 1954, nº 13.
TRIEPEL, *Voelkerrecht und Landesrecht*, Leipzig, 1889.
TRIMARCHI, U. M., "Accordo (Teoria generale)", in *Enciclopedia del Diritto*, vol. I, 1958.
TUHR, ANDREAS VON, *Der Allgemeine Teil des Deutschen Buergerlichen Rechts*, Berlim, Duncker und Humboldt, 1910 (Nachdruck 1957), vol. I.
URIA, RODRIGO, *Derecho mercantil*, Madrid, 8ª ed., 1972.
VALE, MARIA DE LOURDES CORREIA E, "Evolução da sociedade anónima", in *ESC*, nº 6, 1963.
VALLES, DE, *Teoria giuridica dell'organizzazione dello Stato*, vol. I, 1931.
VALVERDE, TRAJANO DE MIRANDA, *Sociedades por Acções*, Rio de Janeiro, Forense, 3ª ed., 1959, vol. II.
VAMPRÉ, SPENCER, *Tratado Elementar de Direito Comercial*, Rio de Janeiro, Briguiet, 1922, vol. II.
VANDAMME, JACQUES, *Employee Consultation and Information in Multinational Corporations*, Londres, Croom Helen, 1986.
VAN HILLE, J. M., *La Société Anonyme*, Bruxelas, Bruylant, 1990.
VAN RYN, JEAN, *Principes de Droit Commercial*, Bruxelas, Bruylant, 1970.
VARELA, JOÃO DE MATOS ANTUNES, *Direito das Obrigações*, Coimbra, Almedina, 2ª ed., 1973-74; vol. I, 6ª ed., 1989; vol. II, 4ª ed., 1990.
VASCONCELOS, JOANA DE, "Despedimento ilícito, salários intercalares e deduções (art. 13º nº 2 do DL 64-A/89)", in *RDES*, ano XXXII, 1990, pág. 157 e segs..
VASELLI, *Deliberazioni nulle e annulabili delle società per azioni*, Pádua, CEDAM, 1948.
VAVASSEUR, *Traité des sociétés civiles et commerciales*, 1883, vol. II.
VAZ, MANUEL AFONSO, *Direito Económico – A Ordem Económica Portuguesa*, Coimbra, Coimbra Editora, 1984.
VEIGA, ANTÓNIO JORGE DA MOTA, *Direito do Trabalho*, Univ. Livre, 1982-83, 2 vols.; 2ª ed., Univ. Lusíada, 1990.
VELASCO, GAUDENCIO ESTEBAN, *El Poder de Decision en las Sociedades Anónimas – Derecho Europeo y Reforma del Derecho Español*, Madrid, Ed. Civitas, 1982.
VENTURA, RAÚL, "Adaptação do direito português à Primeira Directiva do Conselho da CEE sobre direito das sociedades", in *Documentação e Direito Comparado*, nº 2, 1981.
VENTURA, RAÚL, "Duração e prorrogação da sociedade", in *Scientia Iuridica*, XXVI, 1977.
VENTURA, RAÚL, "Exoneração de gerentes de sociedade por quotas", in *CTF*, nº 82, 1965 (separata de 1966).
VENTURA, RAÚL, "Extinção da relação jurídica do trabalho", in *ROA*, 1950, nº 1-2, pág. 215 e segs..
VENTURA, RAÚL, "Funcionamento da gerência das sociedades por quotas", in *O Direito*, ano 100, 1968.

VENTURA, RAÚL, "O liquidatário de sociedades comerciais", in *RFDUL*, vol. XII, 1958.
VENTURA, RAÚL, "Objecto da sociedade e actos ultravires", in *ROA*, ano 40, 1980, vol. I.
VENTURA, RAÚL, *Comentário ao Código das Sociedades Comerciais — Dissolução e Liquidação de Sociedades*, Coimbra, Almedina, 1987.
VENTURA, RAÚL, *Comentário ao Código das Sociedades Comerciais — Sociedades por Quotas*, Coimbra, Almedina, 1987/89/91, 3 vols..
VENTURA, RAÚL, *Sociedades Comerciais: Dissolução e Liquidação*, Lisboa, Ática, 1960, 2 vols..
VENTURA, RAÚL, *Teoria da Relação Jurídica de Trabalho*, Porto, 1944, vol. I.
VENTURA, RAÚL-LUÍS BRITO CORREIA, *A Responsabilidade Civil dos Administradores de Sociedades Anónimas e dos Gerentes de Sociedades por Quotas* (separata do *BMJ*, nº 192, 193, 194 e 195).
VERDROSS, ALFRED, *Abendlaendische Rechtsphilosophie*, Viena, Springer, 2ª ed., 1963.
VICI, C. ATHANASO, *Les pouvoirs des gerents dans les sociétés à responsabilité limitée* (tese), Paris, 1929.
VIDARI, *Corso di diritto commerciale*, Milão, Ulrico Hoepli, 5ª ed., vol. II, 1900.
VIGHI, A., *Notizie Storiche sugli amministratori ed i sindaci delle società per azioni anteriori al Codice di Commercio Francese*, Camerino, 1898, e in *RivS*, ano XIV, 1969, pág. 663 e segs..
VILLARD, *Des attributions et de la responsabilité des administrateurs*, Paris, 1884.
VITTA, *Gli atti collegiali*, Roma.
VIVANTE, "Il consiglio di amministrazione e el esecutivo nelle societa anónima", in *RivDCom*, 1910.
VIVANTE, *Trattato di diritto commerciale, Le Società Commerciali*, vol. II, F. Vallardi, 4ª ed., Milão, 1912.
WAHL, *Note sous Milan 5 Février 1907*, S. 1908.4.1.
WEIGMANN, *Responsabilità e potere legitimo degli amministratori*, Turim, 1974.
WEIL, ALEX-FRANÇOIS TERRÉ, *Droit Civil — Introduction générale*, Paris, Dalloz, 4ª ed., 1979.
WEIL, ALEX-FRANÇOIS TERRÉ, *Droit Civil — Les personnes, la famille, les incapacités*, Paris, Dalloz, 5ª ed., 1983.
WEISKE, *Rechtslexikon*, III.
WELCH, JANE, "The Fifth Draft Directive — A False Down?", in *European Law Review*, 1983.
WERTH, H. J., *Vorstand und Aufsichtsrat in der Aktiengesellschaft*, Dusseldórfia, 1960.
WESTMANN, *Die Rechtsstellung des aus mehreren Personen bestehenden Vorstands*.
WIEACKER, "Zur Theorie der juristischen Person im Privatrecht", in *Festschrift fuer Ernest Rudolf Huber*, Goettingen, 1973, pág. 339-383.
WIELAND, *Handelsrecht*, Munique, 1931, vol. II.
WIETHOELTER, RUDOLF, *Interessen und Organisation der Aktiengesellschaft*, Karlsruhe, C. F. Mueller, 1961.
WILHELM, *La responsabilité civile des administrateurs de sociétés anonymes (droit français, allemand et suisse)*, Genebra, Lib. Droz, 1967.
WINDSCHEID, "Die ruhende Erbschaft", in *Krit. Ueberschau*, vol. I.

WINDSCHEID, *Lehrbuch der Pandekten*, Frankfurt-am-Main, L. A. Nuetten & Loening, 9. Aufl., 1906.

WOLF, ERNST, *Allgemeiner Teil des buergerlichen Rechts Lehrbuch*, 3. Aufl., 1982, Carl Heymanns.

WOLF, ERNST, *Lehrbuch des Schuldrechts*, Bd. II, *Besonderer Teil*, Colónia, Karl Heymanns, 1978.

WOLFF, HANS, J., *Organschaft und Juristische Person — Untersuchungen zur Rechtstheorie und zum oeffentlichen Recht*, Berlim, Carl Heymanns, 1933, 2 vols..

WOODLAND, PHILIPPE, "Le procéssus législatif dans la CEE (Aspects du Droit des Sociétés)", in *Rev. du Marché Comun;* nº 290, Sept.-Oct. 1985, pág. 503-511.

WOODRIGDE, FRANK, *Company Law in the United Kingdom and the European Community — Its Harmonization and Unification*, Londres, Athlone, 1991.

XAVIER, BERNARDO DA GAMA LOBO, "A estabilidade no direito do trabalho português", in *ESC*, nº 31.

XAVIER, BERNARDO DA GAMA LOBO, "A recente legislação dos despedimentos", in *RDES*, ano XXIII, 1978, nº 1/4.

XAVIER, BERNARDO DA GAMA LOBO, "Deficiência da nota de culpa e direito de defesa em processo disciplinar laboral", in *RDES*, ano XXIX, 1987, nº 3, pág. 373 e segs..

XAVIER, BERNARDO DA GAMA LOBO "Deslocação de delegado sindical; ónus da prova da justa causa de despedimento", in *RDES*, ano XXIX, 1987.

XAVIER, BERNARDO DA GAMA LOBO, "Justa causa de despedimento: conceito e ónus da prova", in *RDES*, ano XXX, 1988, nº 1, pág. 1 e segs..

XAVIER, BERNARDO DA GAMA LOBO, *Da Justa Causa do Despedimento no Contrato de Trabalho*, supl. XIV ao *BFD*, 1965.

XAVIER, BERNARDO DA GAMA LOBO, *Direito do Trabalho*, 1986-87.

XAVIER, BERNARDO DA GAMA LOBO, *Pareceres da Comissão Constitucional*, 13º vol..

XAVIER, BERNARDO DA GAMA LOBO, *Regime Jurídico do Contrato de Trabalho Anotado*, Coimbra, Atlântida, 2ª ed., 1972.

XAVIER, VASCO DA GAMA LOBO, *Anulação de Deliberação Social e Deliberações Conexas*, Coimbra, Atlântida, 1976.

ZANOBINI, *Corso di diritto amministrativo*, Milão, 1958, 6ª ed., vol. I.

ZITELMANN, *Begriff und Wesen der sogenannten juristischen Personen*, Leipzig, 1873.

ZOELLNER, WOLFGANG, *Arbeitsrecht — Ein Studienbuch*, Munique, Beck, 1977.

ZOELLNER, WOLFGANG, in *Koelner Kommentar* (de BIEDENKOPF etc.).

ZURARA, GOMES EANES DE, *Crónica do Descobrimento e Conquista da Guiné*.

ZWEIGERT, *Einfuehrung in die Rechtsvergleichung auf dem Gebiet des Privatrechts*, Tuebingen, Mohr, 2. Aufl., 1984.

ÍNDICE DE AUTORES CITADOS

ABBADESSA, Pietro: 109
ABRANTES, José João: 630, 631, 632
ABREU, Jorge Manuel Coutinho de: 671
ALESSI: 211
ALFAIA, João: 477
ALLEN, Eduardo: 650
ALLORIO: 468
ALMEIDA, António Pereira de: 391, 565, 670, 677, 708
ALMEIDA, Carlos Ferreira de: 410
ALMEIDA, Mário de: 378
AMARAL, Diogo Freitas do: 477, 766
AMIGO, Manuel Garcia: 605
ANDRADE, Manuel de: 62, 63, 176, 181, 192, 213, 215, 419, 425, 428, 432, 456, 466, 467, 468, 545, 599, 604
ANTAS, Maria Luísa: 650
ANTHERO, Adriano: 249, 379, 599, 636, 666
ANTUNES, C. A , Morais e Amadeu Ribeiro Guerra: 622, 628, 631, 632, 650
ARANTES, Tito: 708
ARTIGAS, Fernando Rodriguez: 277, 285, 286, 287
ASCARELLI, Tullio: 79, 181, 210, 327, 333, 436, 437, 805
ASCENSÃO, José de Oliveira: 20, 29, 30, 31, 39, 176, 179, 181, 192, 193, 202, 207, 419, 440, 456, 468, 486, 488, 515
AUBRY-RAU: 644
AULETTA: 341
AZEVEDO, Rui Moura: 650

BALENSI, Ivan: 579, 580, 581
BALTZER, Johannes: 457
BARBERO: 467
BARTHOLOMEYCZ: 426, 429, 433, 436, 437
BARZ: 430
BASTIAN: 314
BAUDRY-WAHL: 643, 644, 714
BAUMBACH, Adolf-Alfredo HUECK: 253, 281, 356, 358, 362, 369, 564, 606, 754
BAUMS, Theodor: 348, 349, 350, 360, 361, 362, 367, 369, 637
BEIRÃO, Francisco António da Veiga: 378, 666, 707
BEKKER: 427
BELVISO: 332
BERDAH, Jean-Pierre: 198, 308, 309, 310, 311, 312, 313, 314, 316, 318, 420, 494, 541, 641
BERLE, A. A., Jr.-G. C. MEANS: 134
BERR, Claude: 311, 318
BERSET, Marie-France: 139
BESELER: 179, 201
BETTI, Emilio: 194, 198, 200, 204, 205, 206, 335, 458, 467, 468
BEZARD, Pierre: 106, 314, 324, 682, 683
BIERMANN: 427
BIGIAVI: 332
BINDER: 178
BLOCH-LAINÉ: 102
BOEHMER: 422
BOHN: 426
BOISTEL, A.: 681

BOLAFFIO: 326
BOLAFIO-VIVANTE: 54
BONELLI: 177, 197, 204
BONELLI, Franco: 58, 208, 234, 267, 268, 271, 277, 283, 284, 287, 294, 327, 329, 332, 346, 521, 559, 565, 637, 664, 689, 690
BONET, Arias: 78
BONNECASE: 32
BORGES, José Ferreira: 81, 82, 114, 376, 380
BORGIOLI, Alessandro: 24
BOUCHAUD: 78
BOULOC, Bernard: 314
BOUCART: 308
BOURSAN, Georges-G.: 78, 308, 309
BOUTARD-LABARDE, M. C.: 134
BRACCO: 330, 340, 466
BRINZ: 177, 197
BRODMAN: 362
BRUN, André-Henri GALLAND: 57
BRUNETTI, Antonio: 75, 78, 81, 106, 107, 109, 113, 176, 181, 201, 203, 208, 210, 276, 327, 330, 331, 332, 341, 342, 426, 431, 437, 606, 689
BRUSCHY: 512
BULOW, Oskar: 33
BURGARD: 318
BURNHAM, James: 136
CABRILLAC: 434, 435
CAEIRO, António Agostinho: 450, 663, 668, 676, 677, 708
CAEIRO, António-NOGUEIRA SERENS: 513
CAETANO, Marcello: 202, 203, 207, 224, 250, 277, 300, 425, 476, 477, 678, 766
CAGNASSO: 283
CALAMANDREI: 437
CALERO, Fernando Sanchez: 684
CAMERLYNCK, G. H.: 598
CAMMEO: 204
CAMPOS, Rui Falcão de: 158, 162, 167
CANARIS, C. W.: 35, 36, 188
CANDIAN, Aurelio: 327, 329, 332, 338, 339, 341, 342, 420

CANIZARES, Felipe de Solà: 180, 563
CANOTILHO, J. J. Gomes-Jorge LEITE: 650
CARBONNIER, Jean: 201, 457, 604, 605
CARDOSO, J. Pires: 79, 81, 115, 202, 296, 380, 381
CARINCI, Franco-Raffaele de Luca TAMAJO-Paolo TOSI-Tiziano TREU: 506, 524
CARNAXIDE, Visconde de: 378, 610, 666
CARNELUTTI; 435, 504
CARREIRA: António: 82, 85, 113, 114
CARVALHO, Messias de e V. NUNES DE ALMEIDA: 650
CARVALHO, Tito Augusto de: 82, 114
CASERTA: 458
CASSI: 583
CASTELLO-BRANCO, Maria José: 632
CASTRO, Armando de: 115
CATALA, Nicole: 101, 755
CAUSSAIN, J.-J.: 316
CEREXHE, Étienne: 142, 147, 157, 158, 160, 162, 167
CHAMPAUD, Claude: 318
CHAMPAUD-PAILLUSSEAU: 184
CHAUSSE, Émile: 308
CHESSNÉ, Guy: 613, 615, 617
CHULIA, F. Vicent: 140, 372, 684, 685
COELHO, José Gabriel Pinto: 467, 514, 667
COFFY, Marie Joseph: 316, 317
COING: 28, 30, 32, 36
CONCEIÇÃO, Apelles da: 635
COPPENS, Pierre: 371, 684
COPPER-ROYER: 320, 321
CORDEIRO, António Menezes: 62, 63, 379, 407, 408, 419, 421, 457, 460, 466, 519, 525, 527, 530, 554, 564, 568, 572, 574, 628, 640, 641, 643, 650, 656, 722, 742
CORRADO, Renato: 506
CORREIA, Aires: 158, 166
CORREIA, António A. Ferrer: 57, 213, 221, 260, 381, 398, 399, 401, 461, 483, 484, 486, 512, 530, 805, 806

CORREIA, António A. Ferrer-Vasco XAVIER-António CAEIRO-Maria Ângela COELHO: 273
CORREIA, Francisco António: 82
CORREIA, José Manuel Sérvulo: 473, 477, 766, 767
CORREIA, José Manuel Sérvulo-Bernardo da Gama Lobo Xavier: 629
CORREIA, Luís Brito: 19, 21, 27, 56, 57, 64, 69, 71, 74, 92, 93, 95, 96, 99, 101, 122, 126, 135, 136, 137, 141, 142, 144, 145, 148, 161, 167, 188, 189, 206, 214, 215, 216, 244, 246, 247, 259, 260, 261, 263, 294, 441, 444, 448, 456, 458, 462, 480, 490, 493, 494, 502, 514, 515, 516, 518, 520, 526, 527, 534, 535, 547, 554, 555, 563, 564, 568, 570, 572, 574, 575, 577, 578, 582, 585, 586, 587, 588, 595, 602, 622, 625, 628, 630, 705, 706, 707, 708, 741, 742, 743, 745, 746, 751, 756, 769, 782
CORREIA, Miguel Puppo: 426, 459
COSTA, Mário Júlio Almeida: 457, 640, 756, 757
COVIELLO: 435
CRISTOBAL-MONTES, Angel: 78, 80, 81, 83, 84, 89, 277, 285, 287
CRUZ, Pedro: 650
CUNHA, Paulo: 181, 192, 213, 419, 466, 512
D'ORS, Álvaro: 500
DAERDEN, Michel: 139, 371
DAVID, René: 41
DE BOISDEFFRE, M.-J. COFFY: 134
DE BOUBÉE, Roujou: 434, 435
DE CUPIS, Adriano: 604
DE GREGORIO: 69, 74, 108, 208, 210, 294, 326, 328, 334, 346, 420, 438, 669, 688, 689, 764, 805
DE STEIGER, Fritz: 372, 606, 687, 694
DEL VECCHIO, Giorgio: 34
DELAHAYE, J.-L.: 134
DELOS: 180

DEMELIUS: 177, 197
DENFERT-ROCHEREAU: 308, 309
DESPAX, M.: 184
DETTI: 278
DEVESCOVI: 283
DIDIER, Paul: 314, 682
DIETLER, Hans: 199, 348, 350, 351, 372
DINE, Janet: 142
DJAN, Yves: 148
DONATI, A.: 73, 204, 205, 327, 339, 341, 426, 427, 428, 429, 430, 431, 432, 433, 435, 436, 437
DOSE, 51, 78, 79, 84, 87, 89, 90, 243, 279, 280, 281, 282, 358
DUARTE, Ricardo Teixeira: 59, 114, 115, 376, 665
DUGUIT, Léon : 721
DUPEYROUX, J. J.; 787
DURAND, Paul, 184
ECKARDT: 351
EHRENBERG: 350, 353, 361, 365
EHRLICH, Eugen: 33
EISELE: 468
Enneccerus-KIPP-WOLFF: 427
ENNECCERUS-LEHMANN: 422
ESCARRA, J.: 81, 681
ESCARRA, J.. e E.-RAULT: 97, 98, 99, 201, 260, 271, 276, 278, 279, 287, 318, 324, 480, 614, 615, 681
ESCOLAR, Rafael Perez: 158, 695
ESPOSITO: 211
ESSER, J.: 423, 506, 509, 510
FALZEA: 467
FANELLI: 276, 278, 283, 299, 300, 327, 329, 331, 334, 339, 341, 342, 420, 582
FARIA, Avelino de: 296, 382, 677
FARRAR, John H.: 139, 373, 694
FAVEIRO, Victor: 789, 790
FERNANDES, António Monteiro: 57, 379, 407, 408, 524, 525, 527, 530, 554, 564, 568, 572, 574, 625, 651, 722
FERNANDES, Luís Carvalho: 176, 181, 203, 419, 420, 443, 455, 456, 467
FERNANDEZ-GALLIANO, A.: 34, 35

FERRARA Jr., Francesco: 176, 179, 181, 192, 197, 201, 283, 299, 326, 331, 332, 349, 549
FERREIRA, Dias: 512, 642, 643, 644
FERREIRA, Durval Fonseca e Castro: 393, 394, 408, 478, 530, 574, 595, 608, 623, 626, 627, 645, 647, 720
FERREIRA, Rogério Fernandes: 528
FERREIRA, Waldemar: 86, 372
FERRI, Giuseppe: 109, 254, 283, 342, 343, 471, 565, 764
FICK: 80
FIORENTINO, Adriano: 194, 201, 205, 206, 210, 276, 330, 338, 339, 341, 346, 466, 606, 689, 805
FISCHER, Rudolf: 341, 350, 690, 691
FITTIN-KRAEGELOH-AUFFARTH: 754
FOGLIA, Raffaele: 155
FRANCO, António Luciano Sousa: 410
FRANCO, Manuel da Costa: 81, 376
FRANK: 243
FREDERICO, Louis: 684
FRELS: 286
FRE, Giancarlo: 54, 203, 254, 283, 329, 330, 341, 342, 346, 420, 421, 453, 466, 565, 584, 669, 689, 690, 760, 761, 764
FUDICKAR, Susanne: 148
FURTADO, J. Pinto: 111, 118, 122, 221, 249, 277, 286, 382, 384, 395, 396, 426, 430, 459, 464, 565, 568, 572, 573, 586, 594, 625, 636, 640, 668, 717, 722
GADOW-HEINICHER-E. SCHMIDT-W. SCHMIDT-WEIPERT-FISCHER--BARZ-KLUG-MAYER-LANDRUT--WIEDEMANN-BROENNER--MELLEROWICZ-SCHILLING--WUERDINGER: 362
GAILLARD, Émile: 180, 480, 681
GALGANO, Francesco: 25, 283, 329, 337, 422, 467, 484, 488
GANGI, Calogero: 176, 197, 201
GARRIGUES, Joaquin: 81
GARRIGUES, Joaquin-RODRIGO URIA: 86, 134, 140, 216, 276, 278, 372, 437, 669, 684, 685
GELLA, Vicente Y: 428
GENY: 32
GESSLER, E.-W. HEFERMEHL-U. ECKARDT-B. KROPFF: 266, 281, 358, 362, 364, 365, 369, 430, 577, 637, 691, 693
GHIDINI, Mario: 506, 507
GIERKE, Otto von: 80, 176, 179, 192, 197, 201, 203, 204, 215, 432
GIULIANI: 278
GIVERDON: 308, 497, 502
GLEICHMANN K.-T. CATALA: 158, 358
GODIN, R. F. VON-Hans WILHELMI: 281, 357, 369, 430, 438, 577, 606, 754
GOLFMAN, B.-A. Lyon-Caen: 147
GOLDSCHMIDT, L.: 78, 79, 80, 351, 362, 615
GOMES, Manuel Januário da Costa: 407, 408, 483, 484, 485, 486, 488, 514, 516, 517, 530, 532, 533, 533, 545, 546, 552, 574, 621, 622, 623, 627, 640, 641, 645, 647, 648, 720, 725
GOMES, Nuno Sá: 134
GONÇALVES, Luís da Cunha: 122, 225, 234, 249, 255, 256, 276, 286, 378, 450, 464, 515, 548, 565, 568, 594, 604, 606, 610, 611, 618, 620, 623, 624, 625, 626, 627, 641, 642, 643, 644, 667, 675, 716, 717, 718, 720, 722, 723, 749
GORDILLO: 483
GOURLAY, Pierre-Gilles: 76, 97, 98, 99, 243, 245, 253, 254, 255, 260, 267, 318, 324, 580, 698, 755, 760
GOUVEIA, Jaime A. C. de: 604
GOWER, L. C. B.: 81, 84, 85, 116, 304, 305, 373
GRAZIANI, Alessandro: 283, 337, 339, 341, 430, 437, 565
GRAZIANI, Alessandro-Gustavo MINERVINI, 109
GRECO, Paolo: 337, 342, 437, 438, 689

GROSS, Volker: 25, 63, 96, 353, 354, 362, 363, 364, 365, 366, 367, 509, 560, 731, 786
GUGLIELMI: 211
GUIMARÃES, Ruy Carneiro: 372
GUYON, Yves: 106, 310, 682
HACHENBURG-SCHMIDT-SCHILLING-GOERDELER-et al.: 430, 606, 692
HAEGEN, M. Vander-E. M. KNOPS: 148
HAENEL: 204
HAMELL, Joseph- Gaston LAGARDE: 316, 324, 325, 615, 681
HAMIAUT: 96
HAUPT: 362
HAURIOU, Maurice: 179, 180
HECKKK, Philipp: 33, 428
HEFERMEHL, W.: 357
HEINEN, Marc-Emile DENNEWALD: 139 [por lapso, omitida a referência, a seguir à nota 12]
HÉMARD, Jean-François TERRÉ-Pierre MABILAT: 57, 58, 98, 99, 100, 101, 102, 103, 104, 105, 134, 234, 243, 247, 254, 256, 262, 266, 267, 271, 278, 287, 310, 311, 312, 314, 316, 319, 324, 373, 545, 564, 579, 580, 581, 582, 637, 640, 681, 682, 683
HENLE: 422
HENN, Guenter: 358
HENN, Harry G.: 59, 139, 373
HOELAND: 199
HOFMANN-BECKING: 358
HOLZACH: 278, 286
HOPT, Klaus: 147, 148
HORRWITZ, Hugo: 353, 430
HOUPIN, C.-H. BOSVIEUX: 276, 308, 316, 604, 613, 681
HUECK, Alfred: 81, 89, 90, 94, 95, 103, 104, 136, 246, 253, 351, 356, 357, 358, 359, 362, 367, 691, 693
ISAY, H.: 33
JAKISCH: 422
JELLINEK: 179, 203, 204, 215, 300, 428
JENKS: 84

JEHRING: 32, 179
JOLLY, H. 348
JORGE, Fernando Pessoa: 194, 457, 468, 483, 497, 501, 502, 511, 512, 530, 533, 537, 538, 596, 641, 790
JUCIUS, Michael: 528
JUGLART, Michel-BENJAMIN IPPOLITO: 314
KASER, Max: 500
KASKEL: 353
KASTNER, W.: 371
KELSEN, Hans: 33
KOONTZ-O'DONNEL: 20, 59, 60
KORMANN: 428
KRESS: 422
KRETSCHMAR: 422
KUEBEL, F. P. V.: 384
KUNTZE: 197, 433
LABAND, Paul: 349
LACAMBRA, Luis Legaz: 35
LACAN: 316
LALOU: 604
LANGHANS, F. P. Almeida: 62, 63, 202, 209, 250, 276, 286, 378, 397
LARENZ, Karl: 32, 33, 36, 201, 414, 422, 423, 433, 457, 467
LAUTENBURG: 199
LE CANNU, Paul: 182, 183, 184, 185, 186, 188, 309, 311, 312, 315, 319, 321, 322, 323, 581, 755
LE DOUAREC: 96
LEBLOND, J. S. : 98
LEFEBVRE, Francis: 580
LEHMANN, Karl: 78, 79, 80, 81, 83, 86, 88, 89, 90, 111, 112, 113, 265, 348, 368, 371, 576, 691
LEITE, Jorge: 630, 650
LEITE, Jorge; F. Jorge Coutinho de ALMEIDA: 601
LENER, Raffaele: 155
LEVY-BRUHL: 80, 81
LIMA, Pires de; Antunes VARELA: 213, 408, 461, 483, 512, 533, 536, 546, 552, 565, 617, 626, 645
LOPES, Fernando Ribeiro: 630
LORDI: 330

Lourenço, José Acácio: 630
Lourenço, Santos: 378, 677
Lovato: 329, 420
Lutter, Markus: 142, 158, 159
Luzzatto: 79
Lyon-Caen, Gérard: 166
Lyon-Caen-Renault-Amiaud: 176, 324, 686
Macedo, Jorge Borges de: 114
Macedo, Pedro de Sousa: 74
Machado, Baptista: 645
Magalhães, Barbosa de: 271
Magalhães, José Calvet: 85
Maggiore, Giuseppe Ragusa: 212, 301, 326, 331, 332, 341, 571
Maiorca: 202
Marchal, André: 658
Marcora: 606
Marques, José Dias: 176, 181, 213, 419, 434, 435, 437, 514, 626
Martin: 318
Martinez, Pedro Soares: 34, 500
Matos, Albino: 257
Maureil, P.; Deschamps: 308
Mayer, Otto: 204
Mazeaud, Henri-León-Mazeaud-A. Tunc: 604, 605
Mazeaud, Henri-Léon Mazeaud-Jean Mazeaud: 201, 457, 502, 503, 680
Mazeaud, L.-J. M. Michaud-J. L. Delvolve: 312
Mazzoni, Giuseppe: 502, 506, 525
Medeiros, Tavares de: 54, 86, 116, 117, 119, 235, 249, 254, 377, 608, 620, 625, 665
Mendes, João de Castro: 70, 74, 176, 181, 192, 202, 419, 439, 443, 445, 456, 466, 467, 468, 626
Mendonça, Carvalho de: 371
Merle, Philip: 682
Mertens, H. J.: 58, 93, 113, 266, 281, 282, 358, 362, 364, 369, 577, 637, 693, 753, 754
Messineo: 200, 210, 332, 434, 435, 605
Mestmaecker, Ernest J.: 268

Meyer: 278
Meyer-Landrut: 94, 234, 236, 245, 246, 255, 258, 262, 281, 351, 358, 359, 369, 409, 577, 578, 606, 693, 754
Michoud: 176, 179, 180, 200
Miele: 342
Minervini: 199, 209, 210, 211, 212, 243, 254, 283, 329, 331, 334, 335, 336, 337, 340, 341, 346, 420, 488, 504, 521, 531, 552, 565, 582, 583, 584, 606, 688, 689, 743, 747
Mirabelli: 488, 688
Molitor, Erich: 353, 354, 355, 356, 357, 365, 367
Moncada, Luís Cabral de: 181, 419, 512
Monteiro, António Pinto: 517, 624
Montella, Gay de: 669
Montesquieu: 27
Morais, Luís: 134, 650
Moreira, António José: 650
Moreira, Guilherme: 181, 213, 483, 512, 533, 599, 604
Mori: 107, 109, 328, 329, 333, 450, 685, 687, 748
Mosco, L.: 484
Mossa, Lorenzo: 75, 209, 243, 345, 434, 435, 689
Mota, J. C. Freitas: 121
Moura, José Barros: 630
Natoli, Ugo: 488
Natzel: 754
Navarrini: 107, 108, 109, 326, 428, 435, 606, 685, 687, 688, 764
Neppi, Vittorio: 198, 199
Nicola: 468
Nicolini, Giuseppe: 155
Nielsen-Stokkeby: 79, 83, 87
Nikisch: 357, 362
Nova, Socco E. de: 488
Oertmann: 422, 468
Olavo, Fernando: 382, 514, 515, 637
Oliveira, Ernesto de: 650
Oliveira, Mário Esteves de: 477, 766

OMMESLAGHE, Pierre Van: 243, 253, 255, 276, 606
OTTOLENGHI: 685, 686
PAES, P. R. Tavares: 372
PAILUSSEAU: 136, 184, 318
PALANDT: 201, 369, 422
PAVONE LA ROSA, A. : 341
PENNINGTON, Robert: 139, 305, 373, 694
PERCEROU: 98
PEREIRA, Lemos-Cardoso MOTA: 790
PERROUD, J.: 315
PESCE, Angelo: 108, 109, 110, 690
PETERSEN, V.-V. PECHMANN: 350
PETINO, Placido: 582, 584
PIC, Paul: 680
PIÉDELIEVRE, B.: 314, 315, 319, 320
PIMENTA, Alberto: 443
PIMENTEL, Diogo Forjaz de Sampaio: 114, 376, 665
PINTO, Carlos Mota: 410, 419, 456, 466
PINTO, Mário-Francisco Sousa FIALHO: 650
PIRES, Francisco Lucas: 132
PIRES, Gudesteu: 371
PLANIOL-RIPERT-ESMEIN-RADOUANT-GABOLDE: 604, 605
PONT, Manuel Broseta: 372, 684
PONTES, A. Lopes: 372
PRADA, Juan Luis Iglesias: 278, 285, 287
PRAZERES, M. A. Gama: 296, 382
PREUSS: 204, 214
PUCHTA: 32, 176, 197
PUGLIATTI, Salvatore: 326, 435, 485, 488
RALHA, Eduardo: 708
RANELLETTI: 200
REGELSBERGER, F.: 348, 429
REIS, Alcino Ferreira: 379
RENARD, Georges: 180
RENAUD, A.: 78, 80, 86, 690
RENKL, Guenter: 430
RESCIGNO: 467
RESTEAU, Charles: 684
RIEZLER-STAUDINGER: 353

RIPERT, Georges: 136, 180, 184, 186, 299, 318, 606, 614
RIPERT-ROBLOT: 58, 98, 99, 100, 102, 201, 278, 279, 318, 324, 480, 681
RITTER, Carl: 356, 357, 369, 577, 691, 754
ROCCO, Alfredo: 326, 432, 434
ROCHA, M. A. Coelho da: 501, 533
RODIERE, René: 682
RODRIGUES, Ilídio Duarte: 24, 222, 257, 287, 399, 400, 401, 402, 403, 404, 405, 409, 451, 463, 464, 565, 570, 592, 593, 594, 663, 701, 702, 712, 717, 718
ROLLERI: 243
ROMANO, Santi: 30, 179, 180, 201, 202, 203, 204, 342, 435, 437, 745
ROMANO-PAVONI, Giuseppe: 202, 327, 339, 342, 426
ROPPO, Enzo: 485
ROQUE, J. G. Jesus: 650
RUBIO, Jesus: 81, 372, 669, 685
RYN, Jean Van: 371
RYN, Jean Van-J. Heenen: 86
SABATO, Franco Di: 247
SALANDRA: 330, 341, 466
SALEILLES: 179, 180
SALGADO, António Mota: 74
SANDERS, Peter: 157
SANDULLI: 342
SANTA MARIA, Alberto: 142
SANTO AGOSTINHO: 35
SANTORO-PASSARELLI, F.: 211, 343, 428, 457, 458, 467, 487, 582
SANTOS, José Beleza dos: 512
SÃO TOMAS DE AQUINO: 35
SAVIGNY, Friedrich Karl Von: 32, 176, 197
SAVINO: 583
SAYAG, A.: 580, 581, 582
SCHAUB, Guenter: 508, 509, 595, 608
SCHEURL: 468
SCHLEGELBERGER-QUASSOWSKI: 90, 91, 92, 112, 113, 265, 281, 356, 369, 577, 629, 754

SCHLOSSMANN: 214
SCHMALZ: 83, 87, 243
SCHMIDT: 89
SCHMIDT, Karsten: 358
SCHOLZ, F.: 606
SCHUCANY: 372, 694
SCHUMACHER: 86
SCIALOJA, A.: 79, 84, 254, 434, 435, 468, 606, 685, 686
SCONAMIGLIO, Renato: 488
SCORZA: 331, 428, 435
SCOTT, W. R.: 81
SENDIM, Paulo: 515
SERRA, Vaz: 378, 398, 533, 599, 604, 605, 616, 627, 641, 648, 708
SERRÃO, Veríssimo: 82, 85
SEUFERT: 429
SILVA, Maria da Conceição Tavares da: 629
SILVA, Rodrigues da: 650
SIMÕES, Patrício: 410, 587
SINAY, R.: 319
SINVET, Hervé: 159
SMITH, Adam: 85
SOHM-MITTEIS-WENGER: 500
SOPRANO: 25, 108, 198, 201, 204, 214, 296, 327, 420, 432, 434, 437, 438, 606, 686
SOULEAU: 314
STAUB: 350
STAUB-PINNER: 754
STAUDINGER, J. Von: 356, 423
STEIN: 204
STEVENS-BORRIE: 304
STOLL: 243
STRAUSS-SAYLES: 528
SUDHOFF: 606
TABATONI, P.-P. JARNIOU: 60
TAVARES, José: 181, 378, 512, 667
TEICHMANN-KOEHLER: 356, 369, 754
TEIXEIRA, António Braz: 34, 419
TEIXEIRA, Isabel Meireles-Nuno Louro COELHO: 477
TELLES, Inocêncio Galvão: 385, 423, 424, 432, 434, 436, 456, 457, 466, 471, 478, 483, 486, 512, 516, 519, 525, 530, 539, 552, 584, 599, 604, 616, 640, 742, 743
TENA, Giron: 206, 209, 372, 669, 685, 757
THALLER, Edmond: 180, 278, 686
THALLER, Edmond-Paul Pic: 72, 78, 81, 98, 176, 197, 276, 308, 324
THIBIERGE: 157
TRABUCCHI: 488
TRENTIN: 204, 437
TREVISANO, Garcia: 300
TRIEPEL: 428
TRIMARCHI, U. M.: 438, 458
TUHR, Andreas Von: 351, 352, 422, 432
URIA, Rodrigo: 684
VALE, Maria de Lourdes Correia e: 79, 81
VALLES, De: 204, 437
VALVERDE, Trajano de Miranda: 372
VAMPRÉ, Spencer: 372
VAN HILLE, J. M.: 371
VAN RYN, Jean: 278
VARELA, João de Matos Antunes: 421, 457, 460, 478, 519, 533, 742
VASCONCELOS, Joana de: 650
VASELLI: 339
VAVASSEUR: 276
VAZ, Manuel Afonso: 410
VEIGA, António Jorge da Mota: 630
VELASCO, Gaudencio Esteban: 80, 86
VENTURA, Raúl: 23, 26, 66, 70, 145, 260, 381, 385, 390, 392, 393, 407, 448, 450, 451, 500, 564, 570, 599, 629, 663, 670, 676, 677, 728, 774
VENTURA, Raúl-Luís Brito CORREIA: 24, 56, 118, 120, 145, 213, 214, 219, 249, 286, 549, 555, 595, 596, 598, 599, 601, 603, 608, 609, 615, 618, 619
VERDROSS, Alfred: 34
VICI, C. Athanaso: 308
VIDARI: 106, 107, 199, 326, 687

VIGHI, A.: 78, 80, 81, 83, 89, 308, 326
VILLARD: 308
VITTA: 435
VIVANTE: 108, 109, 326, 327, 342, 428, 434, 435, 687, 722
WAECHTER: 362
WAHL: 324
WEIGMANN: 690
WEIL, Alex-François TERRÉ: 201, 457
WEISKE: 176, 197
WELCH, Jane: 148
WESTMANN: 353
WIELAND: 111, 113, 357, 361
WIETHOELTER, Rudolf: 79, 81, 87, 88, 89, 112
WILHELM: 614

WINDSCHEID: 32, 177, 197
WOLF, Ernst: 201, 457
WOLFF, Hans, J.: 175, 203
WOODRIDGE, Frank: 142
WUERDINGER, Hans: 360
XAVIER, Bernardo da Gama Lobo: 629, 630, 632, 650, 656
XAVIER, Vasco da Gama Lobo: 425, 431, 432, 438, 515, 550
YAMULKI: 606, 608
ZANOBINI: 299, 342
ZITELMANN: 179, 197
ZOELLNER, Wolfgang: 57, 86, 246, 432, 507, 508
ZURARA, Gomes Eanes de: 80
ZWEIGERT: 304

ÍNDICE IDEOGRÁFICO

Acção social de responsabilidade civil do administrador: 607 ss.

Acções de voto plural: 90

Acordo: 458

Acordos parassociais: 569

Acto:

— colectivo ("Gesamtakt"): 433 ss.
— complexo: 433 ss., 443
— jurídico: 529 ss.
— material: 529 ss.
— simples: 437, 433
— singular: 443

Acumulação das qualidades de administrador e de trabalhador: 575 ss.

Agência: 505, 517, 624, 627

Agente ("agent"): 304, 373

Agente/autor: 192, 207

Administração:

— noção 49 ss.
— composição: 229 ss.
— competência: 118 s., 126, 130, 205, 218 s., 489, 542 ss., 545 ss.
— funcionamento: 126, 219 ss.

Administrador:

— acumulação das qualidades de administrador e de trabalhador: 575 ss.
— cessação de funções: 621 ss.
— por acordo: 625
— por caducidade: 635 ss.
— por destituição: 663 ss.
— por renúncia: 722 ss.
— delegado: 108 ss., 119, 127, 140, 275
— direito especial a ser -: 449 s.
— direito especial de designação de: 451, 452
— efectivo: 233 ss.
— inelegibilidades: 571 ss.
— judicial: 23
— pessoa colectiva: 127, 203, 272 s., 441
— pessoa singular: 127
— poderes de representação: 327, 330
— por parte do Estado: 23, 122 ss., 568, 570
— reforma por velhice ou invalidez: 639 s.
— remuneração: 494 s., 564 ss., 776, 778, 780, 782
— responsabilidade fiscal: 133
— suplente: 233 ss.
— substituto: 233 ss., 453

Assembleia geral:

— 25, 73, 125 s.
— natureza (órgão): 209

Assistência: 195

Autonomia: 551 ss.

Autor/agente: 192, 207

Banca di San Giorgio: 79

Capital mínimo: 244

Cargo de direito privado: 200

Caução: 463, 465, 593 s., 716 ss.

Cláusula "simul stabunt simul cadent": 521, 664

Co-gestão (V. participação dos trabalhadores nas decisões): 92

Colectividade dos accionistas: V. Assembleia geral

Comenda: 80

Comissão: 501, 503, 505, 511

Comissão executiva: 109, 121, 127, 140

Companhias coloniais: 80 s.

Companhias pombalinas: 84 s.

Conselho geral (V. conselho de vigilância):
— 130
—membro pessoa colectiva: 130
—membro pessoa singular: 130

Conselho de vigilância ("Aufsichtsrat"; V. conselho geral): 87 s., 117, 146 s., 148 s., 683, 753 s.

Contrato:
— 454 ss., 456, 465 ss.
— de adesão: 478
— de empreitada: 503, 505, 516
— de mandato:
  — cessação:
    — por acordo: 623 s.
    — por caducidade: 626 ss.
    — por revogação: 642 ss., 709
    — por renúncia: 718 ss.
  — noção e regime: 497 ss., 500 s., 502 s., 504 s., 510, 511 ss., 516, 531 ss., 536, 551 ss., 547 ss., 564, 567, 571, 573, 593, 600
  — teoria do - : 303 ss., 305 ss., 325 ss., 347 ss., 371 ss., 375 ss.
— de obra: 503, 505, 507, 509 s.
— de prestação de serviço:
  — cessação: 622
    — por acordo: 624
    — por caducidade: 628
    — por revogação: 642 ss.
    — por renúncia: 718
  — noção e regime do - -: 501 s., 505, 507 ss., 516, 534, 536, 553, 567, 593
  — teoria do - -: 317, 350, 383
— de trabalho subordinado:
  — cessação:
    — por acordo: 624
    — por caducidade: 628 ss.
    — por reforma por velhice ou invalidez: 633 ss.
    — por despedimento: 649 ss., 709 s.
    — por rescisão: 720 ss.
  — noção e regime do - -: 499 s., 501 s., 503, 506, 507, 508, 515 s., 534, 550, 553 s., 564, 567 s., 571 s., 574, 598, 606
  — teoria do - -: 317, 333, 362, 383

Cooptação: 238 s., 760, 764

Decisão: 205

Declaração de ciência: 206, 438

Declaração negocial: 440

Deliberação:
— 425 ss.
— do conselho de administração: 426, 459
— social: 426 ss., 445

Desconsideração da personalidade jurídica ("Durchgriff", "lifting the veil"): 214, 444

Designação:
— noção: 417
— pela colectividade dos accionistas (assembleia geral): 416, 418 ss.
— pela mesa da assembleia geral: 416, 764
— pelo contrato de sociedade (pelos fundadores): 416, 740 ss.
— pelo Estado: 416, 765 ss.
— pelo órgão de fiscalização: 416, 761 ss.
— pelo tribunal: 416, 772 ss.
— pelos trabalhadores: 416, 751 ss.
— por accionista ou terceiro indicado no contrato de sociedade: 416
— por accionistas minoritários: 748 ss.
— por cooptação: 416, 760 ss.
— termo: 414

Destituição:
— 25, 663 ss.
— judicial: 710 s., 712
— justa causa de -: 682, 683, 685, 688, 689, 691 ss.

Dever de diligência: 89, 91, 595 ss.

Direcção (V: directório):
— 130, 146 ss.
— membro pessoa singular: 129

Director:
— 682 s., 690 ss., 713
— do trabalho: 92, 94, 693, 753

Director geral: 91, 99, 102, 104, 108, 119

Directório ("Vorstand"; V. direcção): 87 s.

Direito alemão
— da Alemanha Federal: 86 ss., 347 ss., 507 ss., 565, 576 ss., 637, 690 ss., 753
— da Alemanha democrática: 96

Direito americano: 139, 373

Direito austríaco: 371

Direito belga: 86, 138 s., 371, 638 s.

Direito brasileiro: 86, 112, 372 s.

Direito comparado: 25 s., 31, 77 ss., 134 ss., 304, 496 ss., 517 ss.

Direito comunitário: 142 ss., 694 ss.

Direito da segurança social: 786 ss.

Direito dinamarquês: 138, 373, 494

Direito espanhol: 86, 139, 372, 684 s.

Direito fiscal: 789 ss.

Direito francês: 96 ss., 138, 140, 307 ss., 502 ss., 564, 579 ss., 636, 679 ss.

Direito grego: 139

Direito holandês: 138, 142, 563

Direito inglês: 139, 304, 373, 694

Direito irlandês: 139

Direito italiano: 106 ss., 325 ss., 504 ss., 565, 582, 637, 685 ss.

Direito luxemburguês: 139

Direito português: 113 ss., 140, 375 ss.

Direito suíço: 139, 372, 694

Direitos especiais: 451, 452, 453, 459 s.

Dualidade de partes: 520

Eleição:

— 418 ss., 446 ss.
— invalidade parcial: 471

Empreitada ("entreprise"): V. contrato de empreitada

Empresa: 19

Empresa especializada: 784 ss.

Estatística das sociedades: 67

Falência:

— administrador judicial: 65, 772 s.
— por fuga do comerciante: 74

Fiscalização: 73, 74

Força do trabalho: 523

Forma: 573 ss.

Gerência: 62

Gerente comercial ("institore"): 199, 332, 515, 523

Gerente de sociedade de pessoas:

— natureza: 329

Gerente de sociedade em comandita: 675, 729 s.

Gerente de sociedade em nome colectivo: 574 s., 728

Gerente de sociedades por quotas:

— cessação de funções: 636, 676 ss. 690, 728 s.
— natureza: 363, 378, 379, 391, 398
— direito especial à gerência: 450, 451

Gestão:
— 57 ss.
— contrato de -: 781, 784 ss.
— controlada: 781 ss.
— corrente: 219
— poderes de -: V. administração - competência
— por objectivos: 528

Gestor público: 124, 383, 410 ss., 678

Grupos de sociedade: 93, 96, 563

Hermenêutica: 28 s.

Impedimento de voto do administrador na deliberação:

— de eleição: 493
— de destituição: 708
— de determinado da remuneração: 494, 570
— sobre acção de responsabilidade: 708

Inelegibilidades: 571 ss.

"Institore": V. gerente comercial

Instituição:

— teoria da - (institucionalismo): 99, 135, 180, 317 s., 338 ss., 478 ss.

Interpretação:

— regras de - : 29 s.

Intervenção do Estado: 124, 137

Justa causa de destituição: v. destituição

Liquidação: 65 s.

Liquidatário: 23, 65 s., 392 ss.

"Management" (V. gestão): 59

Mandato: V. contrato de mandato

Maone: 79 s.

Mediador: 505

Minoria de bloqueio: 750

Moção: 438 s.

Nacionalizações: 124, 136

Negócio jurídico:

— bilateral: 455
— espécies: 454 ss.
— plural: 455
— plurilateral: 455 s.
— unilateral
— 454 ss.
— condicionado à aceitação: 465, 467 s.

Nomeação (V. designação):

— 767 ss., 776, 777
— termo: 413 s.

— teoria da -: 303, 317 ss., 338 ss., 351, 392 ss.,

Núncio: 193, 444, 446

Objecto social: 311

Órgão:

— 202 ss.
— Consequências da falta de um - : 70 s.
— Consequências da falta de proveniente dos titulares de um - : 72 s.
— de entidade sem personalidade jurídica: 202 s., 209, 745
— Espécies: 218 ss.
— Membro de um - : 203
— Pessoa colectiva membro de um -: 127, 203, 272 s., 441

Parte: 436, 455 s.

Participação dos trabalhadores nas decisões (V. co-gestão): 92 s., 99, 130 s., 137, 141, 149 ss., 577 s., 580, 581 s., 586 ss., 751 ss.

Participação dos trabalhadores na elaboração da legislação do trabalho:131 s.

Pelouros: 280 ss., 288

Personalidade jurídica da administração: 76, 214

Pessoa colectiva:

— como membro de um órgão de outra (V. administrador):127, 203, 272 s., 441
— natureza: 175 ss.

Poderes de representação: 327, 330

Prestação de serviço: V. contrato de prestação de serviço

Princípio do chefe ("Fuehrerprinzip"): 90 s., 94, 99, 243, 265

Privatizações: 21, 133 s.

Processo especial de recuperação de empresas e de protecção dos credores: 779 ss.

Procuração:

— 193, 461, 482 ss.
— no interesse próprio: 532 s.

"Prokurist": 94

Recondução (reeleição): 417

Reforma por velhice ou invalidez do administrador: 639 s.

Reforma por velhice ou invalidez do trabalhador: 633 ss.

Reeleição (recondução): 417

Registo comercial: 494, 465

Remuneração: 494 s., 564 ss., 776, 778, 780, 782

Representação:

— 57 ss., 191 ss., 538 ss.
— judicial: 295
— orgânica: 205 s., 207, 208
— passiva: 206, 462, 544
— poderes de -: V. administração - competência

Representante especial: 773

Requisição civil: 23

Responsabilidade civil dos accionistas: 217, 444

Responsabilidade civil do administrador:

— 595 ss.
— acção social: 607 ss.
— cláusulas de -: 603 s.

Responsabilidade civil da sociedade por actos ilícitos do administrador: 549 ss.

Responsabilidade fiscal do administrador: 133

Revisores de contas: 91 s., 94 s., 112, 136, 149

Segurança social: 786 ss.

Sistema: 35 ss., 182 ss., 189

Sistema dualista: 93, 110 ss., 136, 137 ss.

Sistema monista: 110 ss., 136, 137 ss.

Sociedade anónima europeia: 157 ss., 373

"Societates publicanorum": 78

Subordinação jurídica: 553 ss.

Subrogação: 195

Trabalho subordinado: V. contrato de trabalho subordinado

Tribunal competente: 25, 385 ss.

Voto:

— de confiança: 438 s.
— de louvor, de pesar, etc.: 438 s.
— dos bancos: 90
— plural: 90

ERRATA

pág.	linha	onde se lê	deve ler-se
39	3	para sua	para a sua
53	15/16	admin-istração	admi-nistração
89	18	mais	mais,
92	9	**1951**), introduziu	**1951**) – introduziu
107	22	Não	O CCom it 1882 não
111	12	dualista	dualista, por outro.
114	25	e seg.	e seg..
125	32	admitido indiscutivelmente	admitido
127	27	um ano	um ano, respectivamente
128	29	que	quem
133	4	sociedades	sociedades,
134	25	segs.	seg.
136	27	1946	1946, pág. 283 e segs.
136	35	países	países,
136	37	adequado	adequado,
137	18	acentuada	marcada
139	3	belga)	belga (^{12aa}))
139	24/25	-	(12^{aa}) cf. MARC HEINEN, *Elements de droit commercial Luxembourgeois*, Luxemburgo, Ed. J.-P. KRIPPLER--MULLER, 1985, pág. 100 e segs..
143	17	que será	que poderá vir a ser
148	12/13	existên-cia	existên-cia,
148	13	monista	monista,
154	37	Directiva	Directiva (^{11a})
154	39		(^{11a}) Aprovada em 10.4.1982, in *JOCE* nº L 126, de 12.5.1984.
157	7/8	interna-cionais aparece defendido	interna-cionais, aparece defendida
159	31	Europaesische	Europaeische
164	35	ocasional, por ocasião	ocasional, no caso
178	última	1907	1907, ERNST WOLFF, *Allgemeiner Teil des buergerlischen Rechts*, 3. Aufl., pág. 177 e 650 e segs.
179	25	*Verbande*	*Verbaende*
179	31	FERRADA	FERRARA

192	última	vol. IV	vol II
189	15	noção do	noção de
192	8	dessa	desta
195	26	incapazes	incapazes,
200	4/5	inca-paz	inca-paz,
204	20	carece	carece de
205	26	da representação	do representante
213	8	fundado	fundada
218	20	direcção	direcção)
224	13	questões	dúvidas
235	15	substitutos	substitutos, em sentido estrito
249	15	227º), o HGB de 1987 (art. 282º nº 2)	227º),
252	27	as sociedades	às sociedades
281	4	órgão	órgão,
287	18	por vários	pelos
295	11/13	394º), ou para representar (...) (^{4}).	394º) (^{4}).
299	20	num contrato	num contrato ou acto
300	20	e do	e de
312	22	CCiv fr	CCiv fr,
341	9	encargo)	encargo),
354	14	conduziu	conduziu à
358	25/26	GODIN-WILHELM	GODIN-WILHELMI
358	33	*Handbruch*	*Handbuch*
359	última	Bd., 10.5.	Bd. 10, S.
373	31	sociedade	sociedade,
373	31	constitutivo	constitutivo,
373	32	sociedade	sociedade,
376	29	cousa	cousas
376	última	art. 987º	art. 1267º
387	10	Lei nº 82/77	Lei nº 82/77, de 23.12
396	26	Lisboa	Lisboa,
405	16	cotrato	contrato
409	22	no contrato,	no contrato de sociedade
410	3	concebidada	concebida
412	14	cuja	cujo
415	14	qualificação	contradição
415	23	muita	muito
438	22	voluntário	de vontade
439	3/4	sociedade elege administradores,	sociedade,
442	32	de direitos	de poderes, direitos
454	25	jurídico,	jurídico unilateral
464	7	quer	quer,
478	26	um plano	num plano
480	17	órgãos	titulares de um órgão
482	10	da sociedade	de sociedade
485	1	procuração	procuração,

500	21	risco	o risco
503	15	*empresa*	*empreitada* ("entreprise")
503	22	empresa	empreitada ("entreprise")
506	31	contrato de trabalho de	contrato de trabalho subordinado de
519	4	contratos	contrato
520	1	analisar	importa analisar
523	24	críticas	dúvidas
524	10	e portanto	e, portanto,
524	22	que mais	que outra
531	8/9	dos contratos de prestação de serviço e	do contrato
531	24	e mais exactamente	e, mais exactamente,
535	14	CCInd	CIRC
541	6	para	para o
549	30	risco	risco (^{34a})
549	32	este preceito (CCom,art. 186º, § 2º),	o § 2º do art. 186º do CCom,
549	39	-	(34a) Cf. RAÚL VENTURA-L. BRITO CORREIA, *ob. cit.*, pág. 304 a 309 e 319 a 329.
553	24	aplicar o disposto	atender ao disposto
567	2	elidível	ilidível
572	25	se deva	deva
575	18	a do	a de
579	14	acumulação efectiva	acumulação dessas qualidades supunha uma acumulação efectiva
580	35	SAXAG	SAYAG
589	5	38 977	389/77
589	14	incluindo	inclusivamente
607	15	ou não	quer não
610	13	1988	1888
610	22	revogado	revogado (e não substituído)
611	13	da qual, diz CUNHA GONÇALVES, o nosso	da qual o nosso
634	33	Têm direito	2. Têm direito
641	32	a outro tipo	ao correspondente tipo
648	7	legislada".	legislada" (art. 819º).
652	25	desciplinar	disciplinar
655	22	requer	requerer
657	35	"determinado"	"determinada"
663	25	subordinado.	subordinado e a semelhança relativamente ao regime do mandato
688	7	responsabilidade	revogabilidade
689	38	pág. 77.	pág. 77 [continua na nota 87 da pág. 690].
690	2	gestão (87).	gestão.
698	5	apenas	só

Errata

Pág.	Linha	Onde se lê	Deve ler-se
699	2	definem	podem definir
709	21	342º)?	342º).
722	16	rescisão	rescisão pelo trabalhador
726	18	dissolva	dissolve
728	22	gerente	gerente sócio
735	16	e o trabalhador subordinado têm, eventualmente,	e, eventualmente, o trabalhador subordinado têm
743	5/6	podendo incluir, além disso, ou não – mas sempre como seus elementos componentes (acessórios ou facultativos) – a designação e aceitação	devendo incluir, além disso, – como seus elementos componentes – a designação
743	8/9	administrador e da respectiva aceitação resulta, por força do contrato de sociedade,	administrador, por força do contrato de sociedade, e da respectiva aceitação resulta
743	37/38	CSC, art. 391º, nº 2	pág. 449 e seg.
744	5	unilateral	bilateral
744	6/7	mas não esta daquele	e esta daquela
758	21	falta temporária	falta
781	29	créditos	débitos
795	23	e o trabalhador subordinado têm, eventualmente,	e, eventualmente, o trabalhador subordinado têm
810	16	ABRANTES	ARANTES
818	7	DESOAX	DESPAX

Por lapso, não foram incluídas na bibliografia (pág. 808 e segs.) as referências aos autores seguintes (indicando-se entre parênteses a pág. do texto em que pode encontrar-se a citação respectiva): BOURCART (308), CANARIS (35, 188), CASSI (583), PEDRO CRUZ (650), DUPEYROUX (787), VICTOR FAVEIRO (789), ROGÉRIO FERNANDES FERREIRA (528), FICK (80), FITTING-KRAEGELVA-AUFFARTH (754), FRANK (243), S. FUDICKAR (148), HAUPT (362), G. HENN (358), HOFMANN-BECKING (358), MICHAEL JUCIUS (528), F. LEFEBVRE (580), J. BORGES DE MACEDO (114), J. C. FREITAS MOTA (121), NATZEL (754), LEMOS PEREIRA-CARDOSO MOTA (790), P. PETINO (582), RANELLETTI (200), ALCINO FERREIRA DOS REIS (379), SAVINO (583), SAYAG (580), KARSTEN SCHMIDT (358), STAUB (350), STRAUSS-SAYLES (528), TABATONI-JARNIOU (60), WAECHTER (362), WUERDINGER (360), YAMULKI (606).

ÍNDICE

ABREVIATURAS 7
SUMÁRIO 13

INTRODUÇÃO

Capítulo I – **Delimitação e importância do tema** 19
Capítulo II – **Método** 27
Capítulo III – **Plano da exposição** 41

PARTE I

NOÇÃO DE ADMINISTRAÇÃO: LUGAR DA ADMINISTRAÇÃO ENTRE OS ÓRGÃOS DA SOCIEDADE ANÓNIMA

Capítulo I – **Noção de administração; terminologia e distinção de figuras afins** 49

Secção I – Considerações gerais 49
Secção II – Terminologia 50
Secção III – Conselho de administração, administrador único, direcção e director único 51
Secção IV – Administração, gestão e representação 57
Secção V – Administração e disposição 62
Secção VI – Administração e gerência 62

Secção VII – Administração e administradores 64
Secção VIII – Administração e liquidação 65

Capítulo II – **Necessidade do órgão de administração** 67
Capítulo III – **Sistemas de organização das sociedades anónimas:
história e direito comparado** 77

Secção I – Considerações gerais 77
Secção II – Das origens ao século XVIII 78
Secção III – Sistema alemão 86
Secção IV – Sistema francês 96
Secção V – Sistema italiano 106
Secção VI – Sistema português 113

Subsecção I – *Do século XVIII a 1833* 113
Subsecção II – *O Código Comercial de 1833* 114
Subsecção III – *A Lei de 22.6.1867* 116
Subsecção IV – *O Código Comercial de 1888* 117
Subsecção V – *A Lei da Fiscalização das Sociedades Anónimas (DL
nº 49 391, de 5.11.1969)* 120
Subsecção VI – *O Dec.-Lei nº 729/74, de 20.12* 121
Subsecção VII – *O Dec.-Lei nº 389/77, de 15.9* 121
Subsecção VIII – *O art. 30º da Lei sobre as Comissões de Trabalhadores (Lei nº 46/79, de 12.9)* 121
Subsecção IX – *Administradores por parte do Estado* 122
Subsecção X – *O Código das Sociedades Comerciais* 124
Subsecção XI – *O Dec.-Lei nº 68/87, de 9.2* 133
Subsecção XII – *Privatizações* 134

Secção VII – Síntese histórico-comparativa 134
Secção VIII – Harmonização e unificação das legislações nas Comunidades
Europeias 142

Subsecção I – *Considerações gerais* 142
Subsecção II – *A 1ª Directiva* 143
Subsecção III – *A Proposta de 5ª Directiva* 146
Subsecção IV – *As Propostas de Regulamento e de Directiva sobre a
Sociedade Anónima Europeia* 157

PARTE II

NATUREZA DA ADMINISTRAÇÃO ENQUANTO ELEMENTO DA PESSOA COLECTIVA; DISPOSIÇÕES APLICÁVEIS

Capítulo I – **Colocação do problema**	173
Capítulo II – **Natureza da pessoa colectiva**	175
Secção I – Considerações gerais	175
Secção II – Teoria da ficção	176
Secção III – Teoria do património-fim	177
Secção IV – Teorias individualistas	178
Secção V – Teoria orgânica	179
Secção VI – Teoria da instituição	180
Secção VII – Teoria da realidade jurídica	181
Secção VIII – Teoria dos sistemas	182
Secção IX – Posição adoptada	188
Capítulo III – **Natureza da administração enquanto elemento da pessoa colectiva**	191
Secção I – Considerações gerais	191
Secção II – Teoria da representação	191
Subsecção I – *Considerações gerais*	191
Subsecção II – *Teoria da representação voluntária*	197
Subsecção III – *Teoria da representação legal*	199
Secção III – Teoria orgânica	201
Secção IV – Posição adoptada	214
Secção V – Enquadramento da administração entre as espécies de órgãos	218
Capítulo IV – **Disposições subsidiariamente aplicáveis à administração enquanto elemento da pessoa colectiva**	223

PARTE III

COMPOSIÇÃO E ESTRUTURA DO CONSELHO DE ADMINISTRAÇÃO

Capítulo I – **Considerações gerais** 231
Capítulo II – **Administradores efectivos, suplentes e substitutos** 233

    Secção I – Considerações gerais 233
    Secção II – Regime do Código Comercial 234
    Secção III – Regime do Código das Sociedades Comerciais 237

Capítulo III – **Número de administradores** 241

    Secção I – Unidade e pluralidade de administradores: limite mínimo e proporções legais 241
    Secção II – Limite máximo legal 253
    Secção III – Cláusulas estatutárias 254
    Secção IV – Administradores suplentes 257
    Secção V – Sanções 258

Capítulo IV – **Presidente do conselho de administração, vice-presidente e secretário** 265
Capítulo V – **Representação voluntária de administradores** 271
Capítulo VI – **Administradores-delegados e comissão executiva** 275

PARTE IV

RELAÇÃO ENTRE A SOCIEDADE E O ADMINISTRADOR: NATUREZA

TÍTULO I
CONSIDERAÇÕES GERAIS 293

TÍTULO II
TEORIA DA IDENTIDADE ENTRE A RELAÇÃO DE ADMINISTRAÇÃO DE DIREITO PRIVADO E A RELAÇÃO ORGÂNICA DE DIREITO PÚBLICO ... 299

TÍTULO III
SÍNTESE DAS TEORIAS SOBRE A RELAÇÃO DE ADMINISTRAÇÃO DA SOCIEDADE ANÓNIMA 303

TÍTULO IV

O problema em França 307

Capítulo I – **Considerações gerais** 307
Capítulo II – **Teorias contratualistas** 308

   Secção I – Teoria do mandato 308
   Secção II – Teoria do contrato de prestação de serviço 317
   Secção III – Teoria do contrato de trabalho 317

Capítulo III – **Teoria unilateralista ou da nomeação** 317
Capítulo IV – **Teoria dualista** 318
Capítulo V – **Teorias mistas** 320

   Secção I – Teoria do mandato e representação legal 320
   Secção II – Teoria do mandato e instituição 321

Capítulo VI – **Administradores não eleitos pela assembleia geral** 324

TÍTULO V

O problema na Itália 325

Capítulo I – **Considerações gerais** 325
Capítulo II – **Teorias contratualistas** 325

   Secção I – Teoria do mandato 325
   Secção II – Teoria do contrato de trabalho 333
   Secção III – Teoria do contrato de administração 333

Capítulo III – **Teorias unilateralistas ou da nomeação** 338

   Secção I – Considerações gerais 338
   Secção II – Teoria do negócio unilateral 340
   Secção III – Teoria do negócio unilateral condicionado 341

Capítulo IV – **Teoria dualista** 343
Capítulo V – **Teorias mistas** 345
Capítulo VI – **Administradores não eleitos pela assembleia geral** ... 345

TÍTULO VI

O problema na Alemanha 347

Capítulo I – **Considerações gerais** 347
Capítulo II – **Teorias contratualistas** 347

   Secção I – Teoria do mandato 347
   Secção II – Teoria do contrato de prestação de serviço 350
   Secção III – Teoria do contrato "sui generis" 350

Capítulo III – **Teoria unilateralista ou da nomeação** 351
Capítulo IV – **Teorias dualistas da nomeação e contrato de emprego** ... 353

Secção I – Antes da Lei de 1935 353
Secção II – A Lei de 1935 356
Secção III – A Lei de 1965 357

Subsecção I – *Considerações gerais* 357
Subsecção II – *Teoria da nomeação como negócio unilateral condicionado e do contrato de emprego como prestação de serviço ou mandato* 358
Subsecção III – *Teoria da nomeação como contrato "sui generis" e do contrato de emprego como contrato complementar* 360
Subsecção IV – *Rejeição do carácter laboral da relação entre a sociedade e o director* 362

Capítulo V – **Membros do directório não eleitos pelo conselho de vigilância** 368

TÍTULO VII
CONCLUSÕES DA ANÁLISE COMPARATIVA 371

TÍTULO VIII
O PROBLEMA EM PORTUGAL 375

SUBTÍTULO I
CONSIDERAÇÕES GERAIS 375

SUBTÍTULO II
TEORIAS CONTRATUALISTAS 375

Capítulo I – **Teoria do mandato** 375
Capítulo II – **Teoria do contrato de prestação de serviço** 383
Capítulo III – **Teoria do contrato de trabalho subordinado** 383
Capítulo IV – **Teoria do contrato de administração** 391

SUBTÍTULO III
TEORIA UNILATERALISTA 392

SUBTÍTULO IV
TEORIA DUALISTA 397

SUBTÍTULO V
REFERÊNCIA AO ESTATUTO DO GESTOR PÚBLICO 410

SUBTÍTULO VI

Posição adoptada 412

Capítulo I – **Considerações gerais** 412
Capítulo II – **Valor das qualificações legais** 413
Capítulo III – **Relevância da doutrina estrangeira** 415
Capítulo IV – O problema da natureza do acto constitutivo: sequência 416
Capítulo V – **Eleição pela colectividade dos accionistas** 418

   Secção I – Natureza negocial da eleição 418

      Subsecção I – *Natureza negocial da eleição; necessidade da eleição* 418
      Subsecção II – *A eleição como execução do contrato de sociedade* 421
      Subsecção III – *A eleição como deliberação social* 425

         Divisão I – Considerações gerais 425
         Divisão II – Natureza das deliberações sociais 425

            Subdivisão I – *Teoria do contrato* 427
            Subdivisão II – *Teoria do acordo* 428
            Subdivisão III – *Teoria da pluralidade de negócios de voto* 429
            Subdivisão IV – *Teoria do acto jurídico (não negocial)* 430
            Subdivisão V – *Teoria do acto jurídico negocial ou não* 430
            Subdivisão VI – *Teoria do negócio jurídico* 431
            Subdivisão VII – *Teoria do acto plurilateral* 431
            Subdivisão VIII – *Teoria do acto colectivo ou complexo* 433
            Subdivisão IX – *Teoria do negócio unilateral plural heterogéneo* 436
            Subdivisão X – *Teoria do acto simples colegial* 437
            Subdivisão XI – *Posição adoptada* 438

         Divisão III – A eleição de administradores enquanto deliberação social 445

            Subdivisão I – *Considerações gerais* 445
            Subdivisão II – *Eleição segundo a regra geral* 446
            Subdivisão III – *Eleição segundo regras especiais* 449

               § 1.º *Considerações gerais* 449
               § 2.º *Regime do Código Comercial* 449
               § 3.º *Regime do Código das Sociedades Comerciais* 450
                  I – CONSIDERAÇÕES GERAIS 450
                  II – PROIBIÇÃO DE DIREITOS ESPECIAIS DE DESIGNAÇÃO DE ADMINISTRADORES 451
                  III – ELEIÇÃO POR MAIORIA ESPECIAL 451
                  IV – APROVAÇÃO DA DESIGNAÇÃO DE ADMINISTRADORES MINORITÁRIOS POR CERTA CATEGORIA DE ACCIONISTAS 452

V – ELEIÇÃO ISOLADA DE ADMINISTRADORES MINORITÁRIOS ENTRE PESSOAS PROPOSTAS POR GRUPOS DE ACCIONISTAS MINORITÁRIOS 452
VI – DESIGNAÇÃO DE ADMINISTRADORES POR UMA MINORIA DE ACCIONISTAS 453
VII – SUBSTITUIÇÃO DE ADMINISTRADORES 453
VIII – CONCLUSÃO 454

Secção II – Natureza contratual da eleição e aceitação 454

Subsecção I – *Distinção entre negócio unilateral e contrato* 454
Subsecção II – *Necessidade da aceitação* 460
Subsecção III – *A aceitação como elemento essencial do negócio e não mera condição de eficácia* 465
Subsecção IV – *Contrato ou instituição* 478
Subsecção V – *A eleição e a aceitação como negócio unitário* 482
Subsecção VI – *Participação do administrador na sua própria eleição* 492
Subsecção VII – *Determinação da remuneração do administrador* 494
Subsecção VIII – *Conclusões* 495

Secção III – Caracterização do contrato de administração em confronto com os contratos de mandato, de prestação de serviço e de trabalho subordinado 496

Subsecção I – *Distinção entre os contratos de mandato, de prestação de serviço e de trabalho subordinado: análise histórico-comparativa* 496

Divisão I – Considerações gerais 496
Divisão II – Direito romano 497
Divisão III – Direito intermédio 500
Divisão IV – Direito francês 502
Divisão V – Direito italiano 504
Divisão VI – Direito alemão 507
Divisão VII – Direito português 511
Divisão VIII – Conclusões da análise histórico-comparativa 517

Subsecção II – *Confronto do contrato de administração com os contratos de mandato, de prestação de serviço e de trabalho subordinado* 520

Divisão I – Dualidade de partes 520

Divisão II – Obrigação de exercício de actividade por conta e em nome da sociedade com relativa autonomia 522

Subdivisão I – *Obrigação de exercício de actividade* 522
Subdivisão II – *Actos jurídicos e actos materiais* 529
Subdivisão III – *Actuação por conta da sociedade* 531
Subdivisão IV – *Actuação em nome da sociedade: representação orgânica; responsabilidade da sociedade por actos ilícitos do administrador* 535
Subdivisão V – *Autonomia* 551

Divisão III – Onerosidade ou gratuitidade 564

Subdivisão I – *Considerações gerais* 564
Subdivisão II – *Determinação da remuneração* 567

Divisão IV – Ineligibilidades específicas do administrador 571
Divisão V – Forma 573
Divisão VI – Proibição de acumulação das qualidades de administrador e de trabalhador 575
Divisão VII – Prestação de caução 593
Divisão VIII – Dever de diligência e responsabilidade civil do administrador 595

Subdivisão I – *Considerações gerais* 595
Subdivisão II – *Dever de diligência* 596
Subdivisão III – *Cláusulas de responsabilidade* 603
Subdivisão IV – *Acção social "ut universi" e acção social "ut singuli"* 607

Divisão IX – Cessação da relação de administração 621

Subdivisão I – *Considerações gerais* 621
Subdivisão II – *Acordo das partes* 623
Subdivisão III – *Caducidade* 626
Subdivisão IV – *Destituição* 640

§ 1.º *Considerações gerais* 640
§ 2.º *Revogação do mandato* 642
§ 3.º *Despedimento do trabalhador* 649
§ 4.º *Destituição do administrador* 663

I – CONSIDERAÇÕES GERAIS 663
II – PRINCÍPIO DA REVOGABILIDADE: PROBLEMA DO DIREITO A INDEMNIZAÇÃO POR DESTITUIÇÃO SEM JUSTA CAUSA 663
III – CÓDIGO COMERCIAL DE 1833 664

IV – LEI DE 22.6.1867 665
V – CÓDIGO COMERCIAL DE 1888 665

   A – Interpretação da doutrina e jurisprudência 665
   B – Posição adoptada 673

      1. *Formulação do problema* 673
      2. *Elemento literal* 673
      3. *Elemento sistemático* 674
      4. *Elemento histórico* 679

         a. Trabalhos preparatórios 679
         b. Direito francês 679
         c. Direito belga 683
         d. Direito espanhol 684
         e. Direito italiano 685
         f. Direito alemão 690
         g. Direito suíço 694
         h. Direito comunitário 694
         i. Conclusão 697

      5. *Elemento racional* 698

         a. Considerações gerais 698
         b. Ponderação dos interesses 699

            i. Interesse da sociedade 699
            ii. Interesse do administrador 703
            iii. Interesse dos credores sociais 705
            iv. Interesse de outros terceiros 705
            v. Conclusão 705

      6. *Conceito de justa causa* 706
      7. *Competência da assembleia geral* 706
      8. *Desnecessidade de indicação na convocatória* 707
      9. *Regime da deliberação de destituição* 707
      10. *Efeitos da destituição; determinação da indemnização* 709
      11. *Destituição judicial* 710

VI – CÓDIGO DAS SOCIEDADES COMERCIAIS 711

   A – Considerações gerais 711
   B – Posição da doutrina sobre o direito a indemnização por destituição sem justa causa 712
   C – Posição adoptada 713

VII – NÃO PRESTAÇÃO OU NÃO MANUTENÇÃO DA CAUÇÃO 716

Subdivisão V – *Renúncia* 718

§ 1.º   Considerações gerais 718
§ 2.º   Renúncia ao mandato 718
§ 3.º   Rescisão pelo trabalhador 720
§ 4.º   Renúncia do administrador 722

Subdivisão VI – *Cumprimento* 724

§ 1.º   Considerações gerais 724
§ 2.º   Cumprimento do mandato 725
§ 3.º   Cumprimento do contrato de trabalho 725
§ 4.º   Cumprimento da obrigação de administração 726

Subdivisão VII – *Relevância do regime da cessação da relação de administração* 726

Divisão X – Inaplicabilidade directa ao administrador do regime laboral de protecção ao trabalhador 731
Divisão XI – Conclusões sobre a qualificação da eleição e aceitação do administrador 732

Capítulo VI – **Designação pelos fundadores** 740

Secção I – Considerações gerais 740
Secção II – Regime do Código Comercial 741
Secção III – Regime do Código das Sociedades Comerciais 746

Capítulo VII – **Designação por accionistas minoritários** 748

Secção I – Considerações gerais 748
Secção II – Regime do Código Comercial 748
Secção III – Regime do Código das Sociedades Comerciais 749

Capítulo VIII – **Designação pelos trabalhadores** 751
Capítulo IX – **Chamada de suplentes** 758
Capítulo X – **Cooptação** 760
Capítulo XI – **Designação pelo órgão de fiscalização** 761
Capítulo XII – **Designação pela mesa da assembleia geral** 764
Capítulo XIII – **Designação pelo Estado** 765
Capítulo XIV – **Nomeação pelo tribunal** 772

Secção I – Considerações gerais 772
Secção II – Administradores judiciais substitutos 773
Secção III – Administradores de empresas em recuperação 779

Capítulo XV – **Qualificação do administrador em face do direito da segurança social** 786

Capítulo XVI – **Qualificação do administrador em face do direito fiscal** 789
Capítulo XVII – **Conclusões (teses)** 792

TÍTULO VIII
DISPOSIÇÕES SUBSIDIARIAMENTE APLICÁVEIS À RELAÇÃO DE ADMINISTRAÇÃO 805

BIBLIOGRAFIA 809

ÍNDICE DE AUTORES CITADOS 837
ÍNDICE IDEOGRÁFICO 847

NOTA: A redacção deste texto terminou em 15-10-1991

Execução Gráfica
G. C. – Gráfica de Coimbra, Lda.
Tiragem 2100 ex. – Maio, 1993
Depósito Legal n.º 66766/93